质优创新铸品牌

植根中国，扬名海外，
在国际模具业界稳占领导地位

龙记集团于中国河源、中国上海、中国台州、中国台湾及日本、马来西亚设有生产工厂，杭州龙记亦将于2012年投产；并配合由国内外超过50间店铺及代理，组成亚洲独特的庞大销售网络。集团于欧美等地方均设有代理，并透过多年经验在当地市场享有不俗的知名度。不论客户身在何方，也能轻而易举地订购龙记产品。

龙记分公司

龙记分销商

细琢精雕，帮助客户成功，共同打造未来

深圳市银宝山新科技股份有限公司自1993年成立以来，一直致力于高端、大型精密模具的研发和制造。经过18年的不懈努力，业已成为国家高新技术企业，中国大型精密注塑模具骨干企业，广东省模具工业协会副会长企业，在国内汽车模具行业名列前茅，产品在国际模具市场上享有极高的美誉度。

公司占地面积逾5万m^2，产品涉及汽车、通信、家电和医疗行业，主要服务客户包括丰田TOYOTA、日产NISSAN、雷诺RENAULT、菲亚特FIAT、福特FORD、通用GM、大众VW、奔驰MERCEDES、宝马BMW、华为HUAWEI、思科CISCO、中兴ZTE、TCL、通用医疗GE等国际大型企业。

2007年，公司抓住国家兴建“环渤海经济开发区”的热点，在天津滨海新区按照国际标准投资设立了北方生产基地——天津国丰模具有限公司，标志着银宝山新公司一南一北战略格局正式形成。

2008年，银宝山新公司被深圳市认定为深圳市自主创新行业龙头企业，同年，中国模具工业协会授予银宝山新公司“中国大型精密注塑模具重点骨干企业”称号，2009年，通过认定获得“国家高新技术企业”称号。2010年，公司技术中心被评为深圳市级企业技术中心，公司品牌“银宝山新”被评为“深圳知名品牌”。

2010年，公司为满足客户对高端精密结构件的需求，斥资在惠州建立子公司，利用母公司在高端精密模具领域积累的丰富经验和优质客户资源，充分发挥公司的模具制造优势，为客户提供从模具开发到精密结构件制造的一体化服务。

凭借优秀的专业人才、先进的生产设备、丰富的管理经验和完善的海外技术服务网络，银宝山新将为客户提供全方位的优质服务和精良产品，依靠稳定的质量、快捷的响应、真诚的服务成为客户的优先选择。

融汇尖端科技

雕琢世界品牌

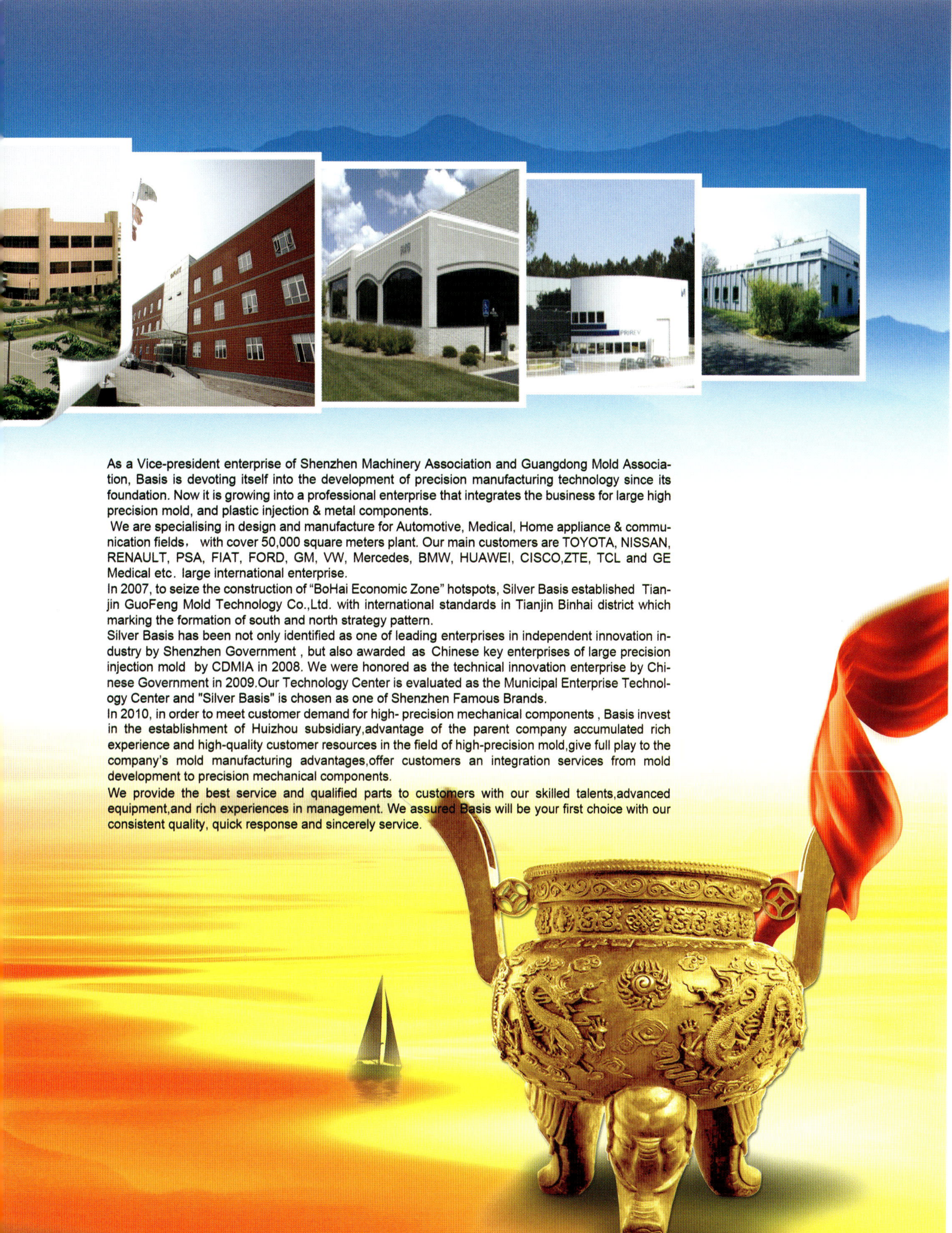

As a Vice-president enterprise of Shenzhen Machinery Association and Guangdong Mold Association, Basis is devoting itself into the development of precision manufacturing technology since its foundation. Now it is growing into a professional enterprise that integrates the business for large high precision mold, and plastic injection & metal components.
We are specialising in design and manufacture for Automotive, Medical, Home appliance & communication fields, with cover 50,000 square meters plant. Our main customers are TOYOTA, NISSAN, RENAULT, PSA, FIAT, FORD, GM, VW, Mercedes, BMW, HUAWEI, CISCO,ZTE, TCL and GE Medical etc. large international enterprise.
In 2007, to seize the construction of "BoHai Economic Zone" hotspots, Silver Basis established Tianjin GuoFeng Mold Technology Co.,Ltd. with international standards in Tianjin Binhai district which marking the formation of south and north strategy pattern.
Silver Basis has been not only identified as one of leading enterprises in independent innovation industry by Shenzhen Government , but also awarded as Chinese key enterprises of large precision injection mold by CDMIA in 2008. We were honored as the technical innovation enterprise by Chinese Government in 2009.Our Technology Center is evaluated as the Municipal Enterprise Technology Center and "Silver Basis" is chosen as one of Shenzhen Famous Brands.
In 2010, in order to meet customer demand for high- precision mechanical components , Basis invest in the establishment of Huizhou subsidiary,advantage of the parent company accumulated rich experience and high-quality customer resources in the field of high-precision mold,give full play to the company's mold manufacturing advantages,offer customers an integration services from mold development to precision mechanical components.
We provide the best service and qualified parts to customers with our skilled talents,advanced equipment,and rich experiences in management. We assured Basis will be your first choice with our consistent quality, quick response and sincerely service.

厦门市捷昕精密科技有限公司

Xiamen Jiexin Precision Technology Company Ltd.

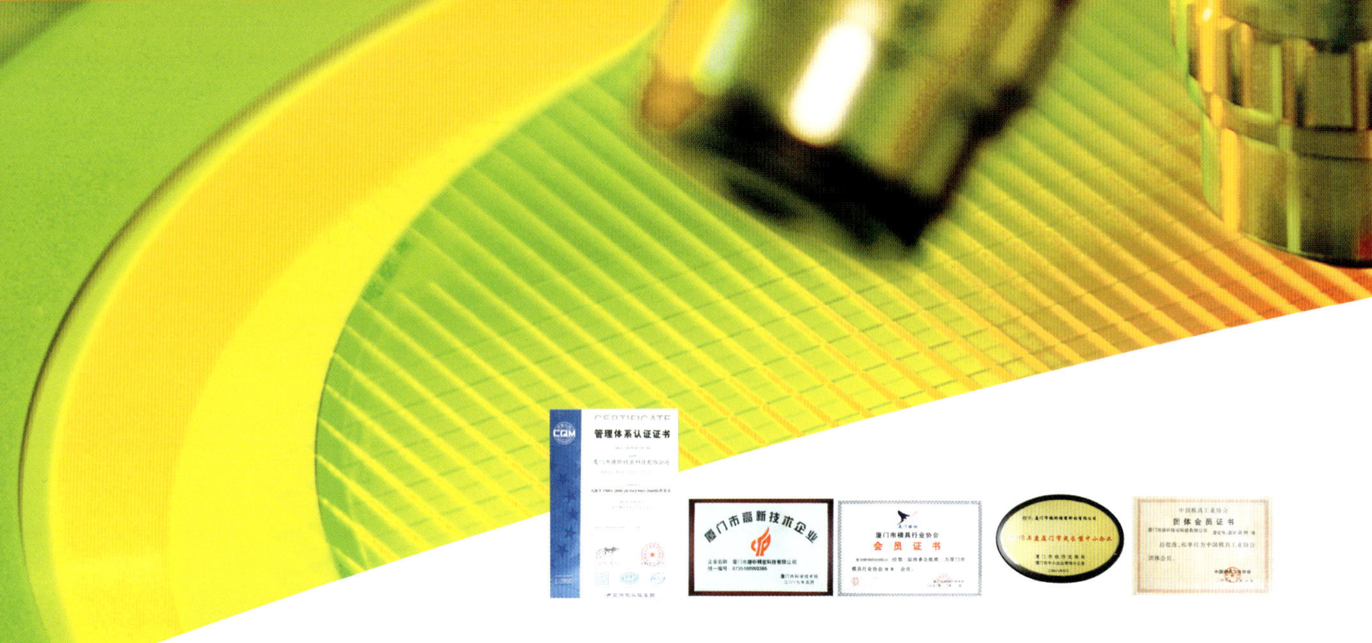

厦门市捷昕精密科技有限公司创建于2002年，位于厦门市湖里区，是一个高标准、高起点的集冷冲模具设计、模具制造、精密工装治具加工、精密慢走丝加工、光学曲线磨以及慢走丝加工、冲压产品于一体的生产企业。

公司拥有一流的冷冲模具设计开发能力，具有丰富的软硬件资源，现有瑞士阿奇夏米尔慢走丝机床、数控电火花加工机床、精密磨床、数控加工中心等先进精密模具加工设备，为企业提供产品设计、模具零件加工及装配的整套服务。

公司本着“顾客至上”的信念，经过五年多的发展，在同行业和客户中树立了良好的口碑。为了加强内部管理，公司采用ERP管理模式，并通过了ISO9000质量管理体系认证。为了给客户提供更完整、更优质的服务，公司秉承“追求先进的技术，推进科学的管理，永恒地向客户提供满意的产品和服务”的宗旨，用诚信经营，开拓进取，追求“零缺陷、精细化”，并贯彻于产品生产、供应、服务的全过程。

The Xiamen Jiexin Precision Technology Company Ltd .was founded in 2002, and is based in the Huli District of Xiamen City. The company is a high-standard manufacturing operation that primarily deals in the design of cold-punching dies, die production, precision jig processing and precision low-speed wire cutting.

The company is a first rate designer and developer of cold-punching dies, and boasts a large array of hardware and software to this end. The company is also home to a series of highly advanced precision die processing equipment, such as an Agie Charmilles low-speed wire cutting machine from Switzerland, a numerically controlld electro-sparking machine, a precision grinder and a numerically controlled machining centre. Our solid base of equipment allows us to provide a complete range of services, from product design right down to die part processing and assembly.

In the eyes of the company, the customer always comes first. Following 5 years of rapid development, the company has established a good name both in the industry and among clients. Realizing the need to improve internal management, the company has implemented an ERP management model. In addition to this, the company has also been ISO9000 certified(Quality Management System). The Xiamen Jiexin Precision Technology Company's core tenets are the pursuit of leading technology, the promotion of scientific management and total customer satisfaction through the provision of top products and services. The company operates with the spirit of honesty, integrity and enterprising, and aims to achieve “zero defect and high precision”in product manufacture, supply and services.

GF阿奇夏米尔 工模具及精密零件制造领域一流的系统供应商

瑞士GF阿奇夏米尔集团是世界领先的工模具及精密零件加工领域的系统供应商。总部位于瑞士，分支机构遍布五大洲，在50多个国家和地区建有驻地。GF阿奇夏米尔的产品供应线包括放电加工机床、铣削加工中心、三维激光纹理加工机以及相关的机床附件、耗品和自动化设备。

自从20世纪90年代初进入中国，GF阿奇夏米尔在中国已经有着20多年的历史。如今，GF阿奇夏米尔在中国地区拥有4家销售公司和2家生产基地。以客户为导向一直是GF阿奇夏米尔的企业文化和基本原则。我们通过完善的应用支持和服务网络，成为中国用户的优选合作伙伴。

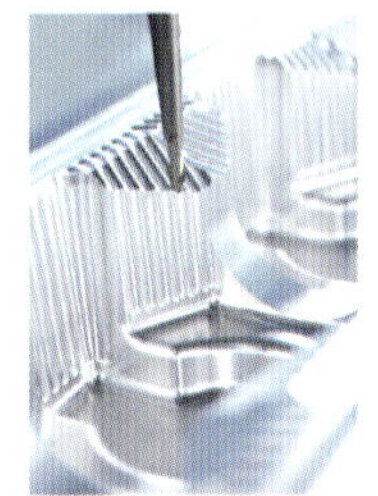
铣削加工

放电加工

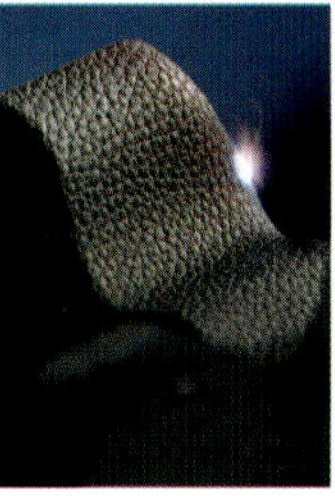
激光加工

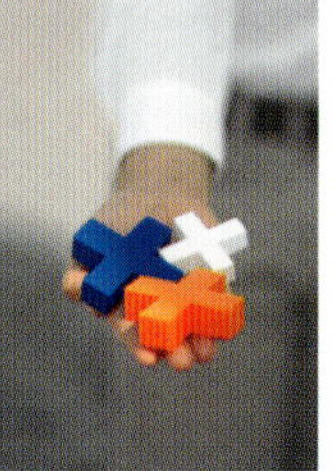
客户服务

自动化

GF阿奇夏米尔长期以来一直专注并致力于模具行业，在精密电子模具、汽车模具、ICT（通信）模具等方面有着领先的加工设备和技术。

CHARMILLES
"我信赖GF阿奇夏米尔"
"我们与GF阿奇夏米尔有着20年的合作，共拥有32台GF阿奇夏米尔的机床。作为一家中国精密模具旗舰企业，我认为GF阿奇夏米尔的机床是我们加工精度和稳定性的重要保证。"
中国模具工业协会副理事长
无锡国盛精密模具有限公司
董事长兼总经理　戴品荣
更多信息请致电GF阿奇夏米尔各地分公司
北京：010-64606822
上海：021-58685000
东莞：0769-85473000
香港：00852-26201290
www.gfac.com/cn
工模具及精密零件制造领域
一流的系统供应商

追求卓越

《中国模具工业年鉴》由现状综述、五年规划专题、行业概况及专文、地区概况、统计资料、展会专栏、企业概况、附录8个部分组成，集中反映模具工业自2008年以来的发展现状，总结模具工业在“十一五”时期取得的各项成就，展望模具工业未来的发展趋势，系统提供模具工业的权威统计数据。

《中国模具工业年鉴》的主要发行对象为政府决策机构，模具工业相关企业决策者，从事市场规划、企业规划的中高层管理人员。同时，《中国模具工业年鉴》也发往国内外的投资机构、银行及证券机构等。

《中国模具工业年鉴》2012年刊开辟了“模具产业集聚区建设”、“中国重点骨干模具企业”和“国家模具技术创新机构”等专栏，旨在全面展示模具工业四年来的发展特色。

图书在版编目(CIP)数据

中国模具工业年鉴.2012/中国机械工业年鉴编辑委员会，中国模具工业协会编.—北京：机械工业出版社，2012.5

(中国机械工业年鉴系列)

ISBN 978-7-111-38213-3

Ⅰ.①中… Ⅱ.①中… ②中… Ⅲ.①模具—机械工业—中国—2012—年鉴 Ⅳ.①F426.4-54

中国版本图书馆CIP数据核字(2012)第083147号

机械工业出版社(北京市百万庄大街22号 邮政编码100037)

责任编辑：董 蕾

北京宝昌彩色印刷有限公司印制

2012年5月第1版第1次印刷

210mm×285mm · 20.5印张 · 184插页 · 840千字

定价：400.00元

中国机械工业年鉴系列

作为"工业发展报告"

记录企业成长的每一阶段

中国机械工业年鉴

编辑委员会

中国模具工业年鉴

现代工业 模具领先

中国模具工业年鉴
执行编辑委员会

中国模具工业年鉴

现代工业 模具领先

中国模具工业年鉴 执行编辑委员会

中国模具工业年鉴

现代工业

模具领先

中国模具工业年鉴 执行编辑委员会

中国模具工业年鉴

现代工业 模具领先

中国模具工业年鉴编辑出版工作人员

总 编 辑 郭 锐

主 编 李卫玲

副 主 编 刘世博 肖新军

执行主编 朱彩绵

责任编辑 董 蕾

市场编辑 贾铭芳 陈美萍 回荣英 贾宝振 蒋 斌

图文设计 刘 青

地 址 北京市西城区百万庄大街22号(邮编 100037)

编 辑 部 电话（010）88379829 传真（010）68997966

发 行 部 电话（010）68326643 传真（010）68326017

E-mail: cmiy@vip.163.com

http: //www.cmiy.com www.mepfair.com

中国模具工业年鉴特约顾问单位
特约顾问、特约编辑

（排名不分先后）

单位名称	特约顾问	特约编辑
一汽模具制造有限公司	褚克辛	刘淑梅
天津汽车模具股份有限公司	常世平	
青岛海尔模具有限公司	张　平	王　涛
东风模具冲压技术有限公司	李建华	胡道钟
广东巨轮模具股份有限公司	洪惠平	陈志勇
河源龙记金属制造有限公司	丁宗浩	
南京南汽模具装备有限公司	方　禾	彭福生
深圳市银宝山新科技股份有限公司	胡作寰	高国利
山东潍坊福田模具有限责任公司	武　军	李庆玲
铜陵中发三佳科技股份有限公司	陈迎新	郑义东
厦门唯科塑胶科技有限公司	庄辉阳	傅元梧
宁波合力模具科技股份有限公司	施良才	钱朝宝
宁波横河模具有限公司	胡志军	孙　辉
宁波全力机械模具有限公司	陈行全	史丹丹
四川成飞集成科技股份有限公司	程福波	黄绍浒
广东星联精密机械有限公司	张伟明	焦　墨
慈溪市盛艺模具有限公司	景伟德	陈　勇
安徽韦尔汽车科技有限公司	陈志华	翟纪云
豪迈集团股份有限公司	冯民堂	邓宏进
瑞鹄汽车模具有限公司	柴　震	倪友全
厦门市捷昕精密科技有限公司	林敬捷	王金珂
上海赛科利汽车模具技术应用有限公司	阳春启	马云鹏
浙江德玛克机械有限公司	王巍植	高荣标
浙江精诚模具有限公司	梁　斌	符　慧
安徽鲲鹏装备模具制造有限公司	宗海啸	高兴业
象山同家模具制造有限公司	蔡　波	蔡晓悠
宁波勋辉电器有限公司	陆如辉	邓昌权
大桥铜材（深圳）有限公司	胡彦明	王　飞
浙江凯华模具有限公司	梁正华	王俊叁
宁波方正汽车模具有限公司	方永杰	郭建淼
安徽江淮福臻车体装备有限公司	严　刚	金　荣
昆山嘉华电子有限公司	周芝福	蒋宏湘
湖南晓光汽车模具有限公司	仲志刚	杜俊鸿
青岛吉泰汽车模具有限公司	王建强	黄绪港
苏州汇众模塑有限公司	骆安君	骆松夫
湖北鄂丰模具有限公司	武　军	王定芬
宁波强盛机械模具有限公司	杨友利	杨　夏
陶氏模具集团有限公司	陶永华	张文豪
盘起工业（大连）有限公司	王继业	李　英
齐齐哈尔齐车集团方圆工模具有限责任公司	金正哲	王玉坤
成都宏明双新科技股份有限公司	孙道俊	旷　燕

现代工业　模具领先

中国模具工业年鉴

现代工业 模具领先

中国模具工业年鉴特约顾问单位 特约顾问、特约编辑

（排名不分先后）

单位名称	特约顾问	特约编辑
滁州市宏达模具制造有限公司	吕俊斌	李玉华
烟台泰利汽车模具制造有限公司	马振溪	于艳玲
深圳市模具技术学会	谭超武	苏江武
宁波跃飞模具有限公司	张德标	李静霞
深圳市华益盛模具有限公司	邹　强	徐　莉
安徽大道模具股份有限公司	王卫国	许　方
宁波市北仑辉旺铸模实业有限公司	金　辉	曲道理
泊头市金键模具有限责任公司	及　建	及瑞雪
宁波鸿达电机模具有限公司	宋红杰	岑　凯
一胜百模具技术(上海)有限公司	梁致忠	车　琦
广东圣都模具股份有限公司	陈森兴	刘木丰
宁波震裕模具有限公司	蒋震林	梁　鹤
揭阳市天阳模具有限公司	蔡木藩	陈玩声
海克斯康测量技术(青岛)有限公司	王　晋	廖　鲁
安徽力源数控刃模具制造有限公司	张迎年	张先进
昆山久锦精密模具有限公司	唐建刚	韩灵芳
宁海县第一注塑模具有限公司	鲍明飞	顾初清
安徽联盟模具工业股份有限公司	孙宪华	李　亨
广州市型腔模具制造有限公司	马广兴	吴耀荣
中国南方航空工业(集团)有限公司工模具公司	谭洲平	陈志伟
泊头市兴达汽车模具制造厂	王长锁	杨国旗
浙江黄岩冲模厂	黄良国	张　懃
中航工业哈尔滨东安发动机(集团)有限公司	解维生	左　刚
四川省宜宾普什模具有限公司	杨　明	刘继华
杭州萧山精密模具标准件厂	黄银霞	金汝根
洛阳轴承集团工模具制造有限公司	李建初	王学增
无锡国盛精密模具有限公司	戴品荣	徐秋花
深圳市东方亮彩精密技术有限公司	刘鸣源	葛文广
宁海县大鹏模具塑料有限公司	胡家存	陈根才
群达模具(深圳)有限公司	杨金表	汪智勇
宁海县模具城有限公司	李修登	林淑萍
宁波中誉模具有限公司	张智强	张　萍
湘潭电机力源模具有限公司	郭建桥	易天姿
天津市津兆机电开发有限公司	姜立忠	胡春莲
东莞钜升塑胶电子制品有限公司	陈世昌	蒋仕元
安徽迈吉尔模具有限公司	刘维龙	杨国林
江苏卡明模具有限公司	薛士春	朱于杰
昆山荣腾模具部品制造有限公司	杨　荣	徐新建
扬州恒德模具有限公司	庄瑞斌	秦赤球
武汉益模软件科技有限公司	易　平	魏　青
世模投资有限公司昆山国际模具城	闻人耀	
正泰隆投资发展(昆山)有限公司	侍贤君	

前　言

《中国模具工业年鉴》自2004年、2008年的两次出版后，2012年5月再次与大家见面。《中国模具工业年鉴》四年一次的编辑出版格局基本形成。

《中国模具工业年鉴》（以下简称《年鉴》）的编辑出版，系统总结了我国模具行业各时期的发展历程，全面介绍了这个高技术行业在成长发展中取得的成就，突出展示了行业主力军企业的风采，同时，也通过详实的数据资料客观分析了行业发展过程中存在的问题与差距，对帮助政府部门了解模具行业状况、制定有关产业政策、指导行业正确投资、提高模具企业的核心竞争力、开拓国内外市场都起到了积极的作用，受到了政府部门和国内外同行的肯定和欢迎。因此，中国模具工业协会和中国机械工业年鉴编辑委员会决定再度合作，编辑出版《年鉴》2012版，以忠实记录《年鉴》2008版出版以来模具行业的进步和发展，同时，也作为献给中国模具工业协会第七次会员代表大会的一份礼物。

2008年以来，我国经济受到国际金融危机和欧洲主权债务危机的双重冲击，发展环境中的不确定因素增加。我国模具行业同各制造行业，特别是模具的重要客户行业一样，在复杂的经济环境中难以独善其身，增长速度受到制约，同时，连续十余年高速发展积累的结构性矛盾也开始显露。我国模具行业充分认识到产业转型升级的重要性，在国家《装备制造业调整和振兴规划》以及扩大内需、转变发展方式方针的指引下，团结奋斗、开拓创新，不但全面完成了模具行业“十一五”发展规划提出的任务和目标，保持了模具工业的稳步较快发展，而且在模具产业聚集区和公共服务平台建设、提升模具产业核心竞争力、重点骨干企业转型升级和开拓国际市场、增加模具出口等方面取得了突出进展。《年鉴》2012版在全面展示四年来模具行业发展历程的同时，重点记录了我国模具工业“由大变强”的历史进程。

《年鉴》2012版基本保持了2008版的结构布局，由现状综述、五年规划专题、行业概况及专文、地区概况、统计资料、展会专栏、企业概况、附录8个栏目组成。在内容上着重强调了政策调整和技术进步带来的产业发展变化，并设立模具产业集聚区建设、中国重点骨干模具企业和国家模具技术创新机构几个专栏，采用图文并茂的方式，突出展示四年来在这些方面取得的进步。

受国家工业和信息化部委托，2009年中国模具工业协会编制了《模具行业“十二五”发展规划》，并于2011年以工信部名义发布，成为我国模具工业“十二五”发展的重要指导性文件，《年鉴》2012版对其编制过程和要点进行了介绍。

《年鉴》2012版在编撰过程中得到各地方模协、各委员会、有关企业、研究机构、大专院校和关心支持模具事业的领导、专家、学者的大力支持和诚心帮助，在此深表感谢！

中国模具工业协会将一如既往，竭尽全力，为企业、为行业、为国家和社会真诚服务。

中国模具工业协会副理事长兼秘书长：

2012年5月

栏目索引 INDEX

广告索引

中国重点骨干模具企业专栏

索引

广告索引

企业形象展播专栏

索引

序号	公司名称	页码
120	烟台泰利汽车模具制造有限公司	E6～E7
121	无锡曙光模具有限公司	E8
122	四川集成天元模具制造有限公司	E9
123	昆山申凌精密金属工业有限公司	E10
124	江苏泽恩汽机车部品制造有限公司	E11
125	滨海模塑集团有限公司	E12
126	浙江索特电气有限公司	E13
127	宁波华朔模具机械有限公司	E14
128	宁波臻至机械模具有限公司	E15
129	泊头市金键模具有限责任公司	E16～E17
130	昆山市中大模架有限公司	E18～E19
131	昆山国际模具城	E20～E21
132	仕泰隆国际塑料城	E22
133	正泰隆国际装备采购中心	E23
134	盘起工业(大连)有限公司	E24～E25
135	齐齐哈尔齐车集团方圆工模具有限责任公司	E26～E27
136	佛山市南海华达模具塑料有限公司	E28
137	烟台汽车模具厂	E29
138	宁波市星火模具有限公司	E30
139	湖北兴升科技发展有限公司	E31
140	宁波隆源精密机械有限公司	E32
141	宁波万隆模塑成型有限公司	E33
142	沈阳金杯汽车模具制造有限公司	E34
143	宁波市北仑新生模具制造有限公司	E35
144	浙江黄岩东方模具厂	E36
145	宁波市北仑区大矸银河模具厂	E37
146	宁波市北仑华盛模具厂	E38
147	机械工业出版社	E39

国家模具技术创新机构专栏

序号	公司名称	页码
148	材料成形与模具技术国家重点实验室	F2～F3
149	河南郑工橡塑模具国家工程研究中心有限公司	F4
150	上海模具技术研究所有限公司	F5
151	国家家电模具工程技术研究中心	F6
152	北京机电研究所精密成形国家工程研究中心	F7

目　　录

现 状 综 述

五年规划专题

行业概况及专文

地 区 概 况

HUIZHONG

苏州汇众模塑有限公司成立于 1993 年 5 月，是以开发大中型注塑模具为主的专业模具制造企业，是中国模具工业协会理事单位，上海市、苏州市模具行业协会常务理事单位，华东地区注塑模具的主要制造基地。

公司占地面积 30 000m²，生产面积 15 000m²。主要产品：汽车前后保险杠、汽车仪表板、汽车门内饰板等汽车内外饰塑料件模具；电视机、空调、冰箱、洗衣机外壳、面板等家用电器塑料件模具；摩托车饰件及电动工具外壳等多种系列注塑模具。

公司的设计开发团队中高、中级职称人员超过 45 人，设计、分析和加工采用 CAD/CAM/CAE 系统，已形成从产品三维造型、注塑过程模拟分析、模具结构设计、数控加工编程、模具加工、模具检测到试模一体化的生产工艺体系。设计加工技术在国内处于领先地位，能开制 60t 的大型注塑模具，年生产模具 500 副以上。

公司模具的生产周期短、精度高、使用寿命长，已成为以汽车、摩托车、空调、冰箱、洗衣机、电动工具六大系列产品为主的专业化模具制造基地。先后为国内著名企业和中外合资企业配套，产品广泛应用于一汽、东风汽车、上汽、福特、海马、郑州日产、金城摩托等整车企业；与三星电子等企业建立了长期配套合作关系。公司模具还出口到欧美及东南亚国家。

公司通过了德国 TÜV、ISO9001：2008 和 ISO/TS16949：2002 质量管理体系认证。愿以一流的产品、合理的价格、先进的服务理念与国内外新老客户广泛合作，共创美好明天！

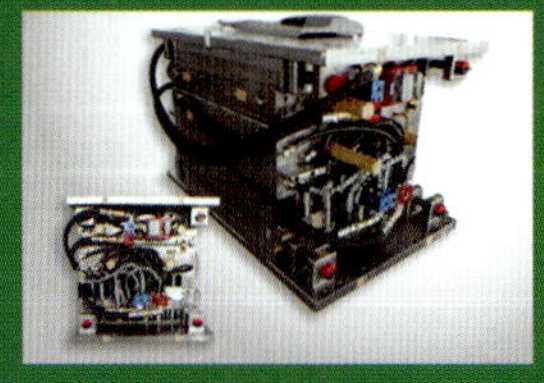

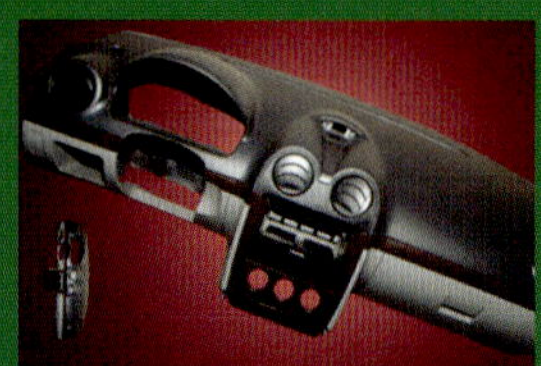

地址：江苏省苏州市相城区渭塘镇渭中路 399 号　邮编：215134
电话：0512-65902588　传真：0512-65902558　http://www.huizhong.cn　E-mail:hz@huizhong.cn

统计资料

展会专栏

企业概况

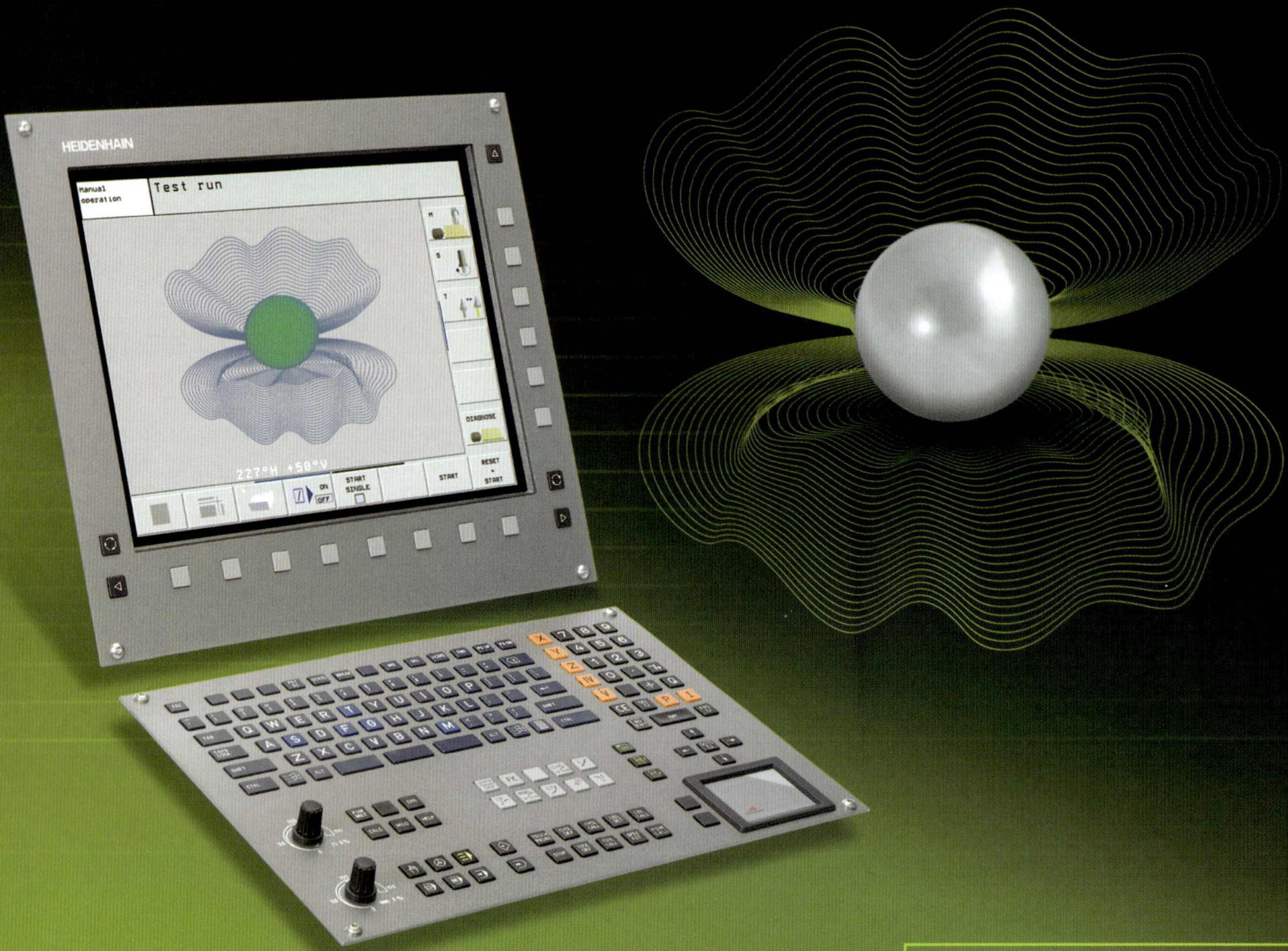

附　　录

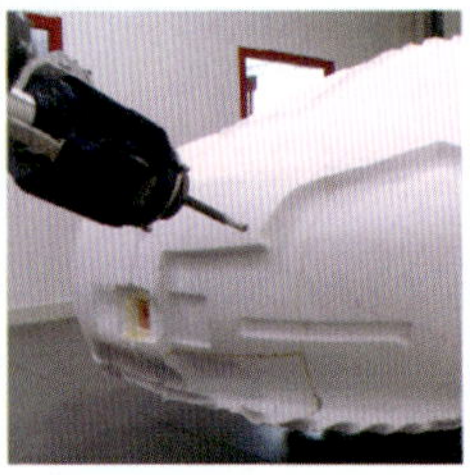

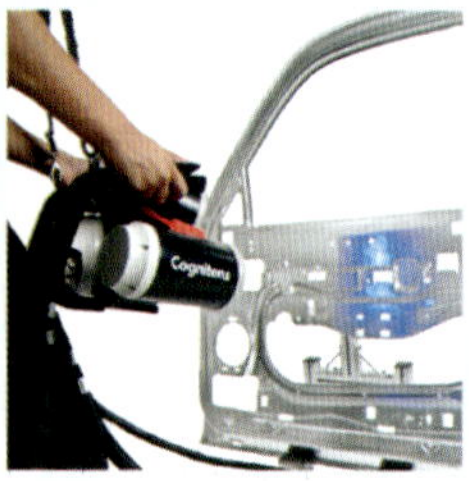

Contents

Overview of present situation

Special topics of five – year plan

General situation of die & mould industry and feature articles

A survey of domestic regions

Statistical data

Special column of exhibitions

A survey of enterprises

Appendix

中国机械工业年鉴系列

《中国机械工业年鉴》
《中国电器工业年鉴》
《中国工程机械工业年鉴》
《中国机床工具工业年鉴》
《中国通用机械工业年鉴》
《中国机械通用零部件工业年鉴》
《中国模具工业年鉴》
《中国液压气动密封工业年鉴》
《中国重型机械工业年鉴》
《中国农业机械工业年鉴》
《中国石油石化设备工业年鉴》
《中国塑料机械工业年鉴》
《中国齿轮工业年鉴》
《中国磨料磨具工业年鉴》
《中国机电产品市场年鉴》

编辑说明

一、《中国机械工业年鉴》是由中国机械工业联合会主管、机械工业信息研究院主办、机械工业出版社出版的大型资料性、工具性年刊，创刊于1984年。

二、根据行业需要，1998年中国机械工业年鉴编辑委员会开始出版分行业年鉴，逐步形成了中国机械工业年鉴系列。该系列现已出版了《中国电器工业年鉴》、《中国工程机械工业年鉴》、《中国机床工具工业年鉴》、《中国通用机械工业年鉴》、《中国机械通用零部件工业年鉴》、《中国模具工业年鉴》、《中国液压气动密封工业年鉴》、《中国重型机械工业年鉴》、《中国农业机械工业年鉴》、《中国石油石化设备工业年鉴》、《中国塑料机械工业年鉴》、《中国齿轮工业年鉴》、《中国磨料磨具工业年鉴》和《中国机电产品市场年鉴》。

三、《中国模具工业年鉴》作为该年鉴系列之一，2004年创刊，每四年出版一次，2012年为第3期。该年鉴集中反映了模具工业的总体发展情况、产品状况、技术水平及发展趋势，系统提供了模具工业的主要经济技术指标。

四、《中国模具工业年鉴》2012年版内容由现状综述、五年规划专题、行业概况及专文、地区概况、统计资料、展会专栏、企业概况、附录8部分构成。统计数据由国家统计局、中国机械工业联合会相关统计部门和中国模具工业协会提供，数据截至2011年12月31日。

五、《中国模具工业年鉴》主要发行对象为政府决策机构、模具工业相关企业决策者，从事市场规划、企业规划的中高层管理人员。同时，《中国模具工业年鉴》也发往国内外的投资机构、银行、证券机构等。

六、本年鉴在编撰过程中得到了中国模具工业协会及所属委员会、研究院所和企业的大力支持和帮助，在此深表谢意。

八、由于水平有限，难免出现错误及疏漏，敬请批评指正。

中国机械工业年鉴编辑部

2012年5月

现状综述

介绍2011年模具行业的发展情况，以及中国模具工业协会合作交流等重大事件

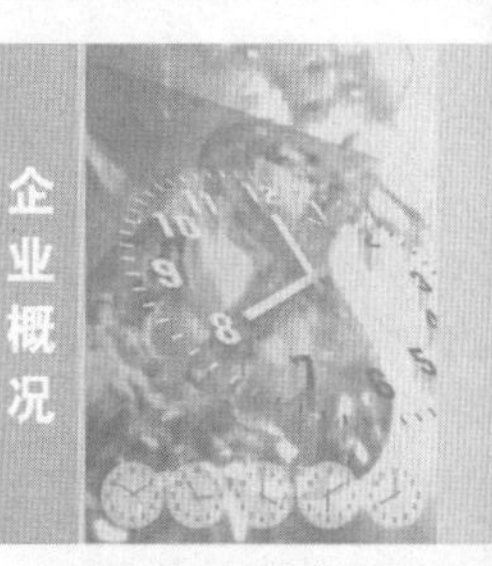

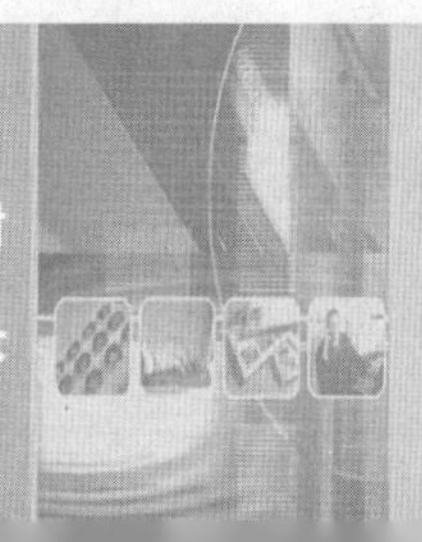

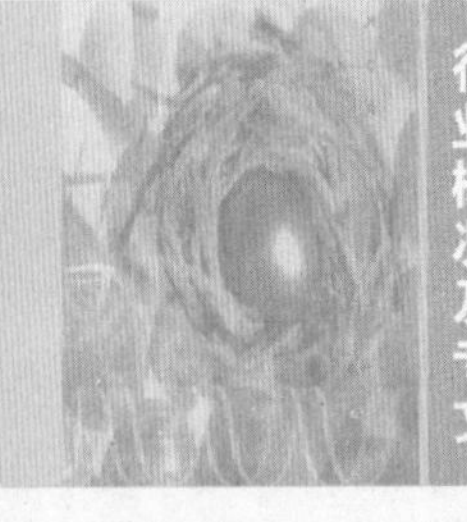

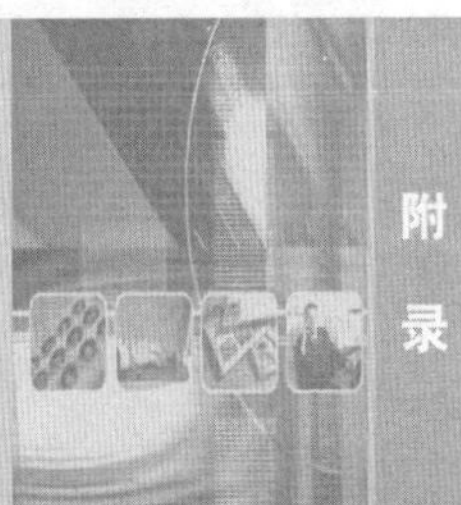

现状综述

2011 年中国模具工业运行情况分析

由于受欧洲债务危机等不利于经济发展因素的影响，2011 年欧、美、日等工业发达国家经济尚未走出困境，复苏情况差于预期。国内由于 CPI 长时间高企以及房地产等宏观调控，2011 年的经济增长速度也比上年有所回落，全年 GDP 增速只达到 9.2%。在国际、国内诸多不利因素的影响下，2011 年我国模具工业发展速度也比上年有所回落，全国模具总销售额为 1 240 亿元，比上年增长 10.7%。

2011 年我国模具工业经济运行呈如下特点：

1. 行业总体发展速度虽有所放缓，但出口好于预期，保持高速增长

2011 年全行业总销售额比上年只有 10.7% 的增长，但出口情况很好，全年共出口模具 30.05 亿美元，比上年增长 36.87%，增速比上年提高 19.59 个百分点。取得如此骄人的成绩主要有三条原因：一是我国模具产品技术水平提高很快，性价比进一步提高，竞争力进一步增强；二是模具企业开拓国际市场的措施得力，步伐加快，业绩显现；三是工业发达国家为了降低生产成本，所需模具向我国转移态势进一步发展。

2. 结构调整取得成效，行业技术水平进一步提高

2011 年，模具行业创新成果增加，涌现出大量专利，产品水平有较大提高，中高档模具占比继续上升，产品水平有较大提高，模具生产周期进一步缩短，不少模具的交货期由早期的以月为单位变为前几年的以周为单位，现在则以天为单位计算。

2011 年从各地方反映的情况看，高水平企业的发展情况要比低水平企业的好得多，大企业的运营情况相对好于小企业，中高端产品的市场好于中低端产品。这说明模具行业的产品结构、技术结构和市场结构的调整升级已收到成效，同时还促进了包括企业结构和进出口结构在内的整个模具行业的结构优化以及发展模式的转变和升级。例如，我国模具第一大省广东，以大型、精密、高效、高性能为主要代表的高技术含量的高端模具 2011 年销售额增长率要高出行业总体增长率一倍以上，而低端模具销售额增长率却只有行业总体水平的一半。

3. 模具企业以模具为核心，产业链向上、下游延伸势头进一步增强

由于原材料和能源价格上涨以及人工成本大幅上升等原因，2011 年模具产品利润率进一步下滑。为了生存与发展，许多企业采取延伸产业链的办法以维持生存、保障发展。这一发展趋势对模具行业的结构产生了重大影响，一是在整个行业的产能、产值和投资的增长中，非模具产品占主导地位；二是模具的产能、产值中自产自用占比相对提高，商品模具销售额占比相对减少；三是由于出口额增速高于产值和销售额增速，出口模具在模具总销售额中的占比快速提高，2011 年达到 15.5%，比上年提高 3 个百分点。

4. 模具集聚生产地和生产性服务业得到进一步发展

据初步统计，冠以“模具城”、“模具园区”、“模具生产基地”等名称的模具集聚生产地全国已有 50 多个。2011 年已形成规模的 20 多个集聚生产地总产出近 400 亿元，其中模具占 60% 左右，其他 40% 为以流通和服务为主的“模具城”的收入以及为广大中小模具企业服务的各种公共服务平台和模具企业的多种服务收入。模具行业的生产性服务业的产值增加较快，这其实也是行业结构调整成效之一。

在回顾取得成绩的同时，还应该重视困难和问题，认清差距，明确未来发展方向与目标。困难和问题有一些是长期以来一直存在的，有一些是新形势下产生的，综合起来大致有如下几点：

第一，模具工业的重要性虽然已被越来越多的人所认识，但至今仍未达到应有的高度，因此地位尚未完全摆正，政策不能完全落实，获得支持的强度不够，力度也不足。至于模具工业的特点，除业内人士外真正了解的人并不太多。为获更大的支持，宣传任务仍旧很重。

第二，我国模具工业与国际先进水平相比，在理念、设计、工艺、技术、经验和经营等方面都存在较大差距，总体还处于以向先进国家跟踪学习为主阶段，创新不够，尚未达到信息化制造、管理和创新阶段，只处于世界中等水平。行业整体水平与国际先进水平大约有 15 年的差距，其中模具加工在线检测和信息化管理方面的差距在 15 年以上，缩短差距任重道远。

第三，我国要积极稳妥处理好保持经济平稳较快发展，调整经济结构、管理通胀预期的关系，能源和生态环境的约束力将越来越大，结构调整和增长方式的转变迫在眉睫，国际上可变因素增多。在这种形势下，模具行业要维持较高速度的平稳增长和可持续发展，难度很大但又必须实现。这一难题的破解是业内人士面临的一项艰巨任务。

第四，人才尤其是中高级人才的匮乏已成模具行业发展的主要瓶颈。虽然近年来在人才培养方面已取得不少成绩，但离需要尚有很大差距。我国人口红利在不断减少，人力资源将长期趋紧。这既要求加强人才培养以满足需要，同时又要应用高新技术，搞好两化融合，发展信息化、标准化、自动化，以减少生产用工。这些都是摆在模具行业面前的任务，虽然有一些是较为长期的任务，但都必须认真对待。

第五，中小企业融资困难、应收款增多、资金紧张、成本上升、利润率下降依然是普遍存在的问题，尚未有较好的解

决途径。南方部分省市能源供应紧张，工业用电受限情况也仍旧存在。

2011 年是“十二五”起始之年，起始的第一步走得还不错。2011 年7 月，工业和信息化部装备工业司印发了《模具行业“十二五”发展规划》；11 月，工信部还发布了《机械基础件、基础制造工艺和基础材料产业“十二五”发展规划》。这些规划为广大模具企业和整个模具行业指引了发展方向。考虑到世界经济形势不确定因素增多，欧债危机一时难以解决，发达国家经济很难在短期内有很大起色，我国经济 2012 年的增长速度会进一步放缓，以及家电下乡、以旧换新、节能惠民政策的逐步退出等不确定因素的影响下，预计模具工业的发展速度也将进一步放缓。但由于我国模具在国际市场上的比较优势依然存在，加之国内新兴产业的加速发展，模具市场预期将继续看好，预计“十二五”模具销售额仍会保持年 10% 左右的增长。

为我国到 2020 年步入世界模具强国奠定坚实的基础，这是模具行业“十二五”的总目标。实施项目带动和出口带动是模具行业“十二五”的重要发展战略。模具产品将向以大型、精密、高效、高性能模具为主要代表的，与高精工艺生产装备相配套的高新技术模具产品方向发展；模具生产将向管理信息化、技术集成化、设备精良化、制造数字化、精细化、加工高速化及自动化和智能控制及绿色制造方向发展；企业经营将向品牌化和国际化方向发展；行业将向信息化、绿色制造和可持续方向发展。2012 年，我国模具行业将沿着这些方向和目标发展。

〔撰稿人：中国模具工业协会周永泰〕

2011 年中国模具工业协会国际合作与交流概况

2011 年，在世界经济逐步复苏、国际市场需求回暖和国内经济发展势头向好、稳外需扩进口政策效应不断显现、企业竞争力进一步增强等共同作用下，我国模具工业经济总量继续保持平稳增长态势，出口结构进一步优化，出口大幅攀升，进出口再创历史新高。2011 年我国模具工业完成销售额 1 240 亿元，同比增长 10.7%；实现模具进出口总额 52.40 亿美元，其中出口 30.05 亿美元，同比增长 36.87%；进口 22.35 亿美元，也略有增加；实现贸易顺差 7.70 亿美元，比上年增加 6.36 亿美元。模具外贸形势持续向好。

我国模具工业设计制造技术虽然达到一个新水平，但是与先进发达国家相比，仍有较大差距，特别是进口的大型、精密、复杂、长寿命的高档模具仍占 40%。

为了更快更好地适应国内外各行各业发展的需要，促进我国模具工业技术的发展，中国模具工业协会积极开展和加强国际交流与合作，通过签署对外合作协议，促进双边贸易发展，实现互惠互利和双赢；通过举办国际模具技术会议和国际模具交流研讨会及模具论坛，推动模具技术进步和技术创新，加快模具新产品的开发、研制及生产；促进模具技术与世界前沿先进模具技术保持同步发展；通过组织有能力的模具企业出国参加国际著名模具展览会和出国考察参观学习，开拓思路，学习发达国家先进的管理经验，寻找与世界先进水平的差距，提升模具技术水平，使我国的模具逐步与国际接轨，融入世界，打造一批具有国际竞争力的优秀企业，拓宽海外模具市场，扩大模具进出口贸易；通过与世界各国有关政府、商会、协会及相关企业建立联系和友好往来，促进双边贸易合作与经贸往来；外资在我国模具行业的投资热情普遍高涨，投入日益增加，三资企业对我国模具的发展作出了很大贡献；通过积极参加国际模协和亚洲模协的活动，与世界各国模具同行切磋模具技术、相互交流经验、促进贸易合作，增进了各国模具界的友谊。

一、出国交流

为了促进我国模具行业与世界各国模具及相关行业的交流与合作，帮助企业了解“金砖国家”的模具及汽车等领域的状况，加强交流，开拓市场，中国模具工业协会组织考察团拜会了“俄罗斯技术”国家集团，并与“俄罗斯技术”国家集团共同举办了“中俄汽车领域和模具合作洽谈会”。“俄罗斯技术”国家集团组织下属的俄罗斯卡马斯开放式股份有限公司、俄罗斯发动机厂、俄罗斯柴油机厂、俄罗斯电子集团、俄罗斯无线电器材集团、俄罗斯机械集团、俄罗斯冶金、俄罗斯飞机制造厂等 20 家国家大型企业集团的 22 名总裁级的领导参加了合作洽谈会。中方参加合作洽谈会的有东风汽车公司、东风冲压技术有限公司、一汽模具制造有限公司、青岛海信模具有限公司、群达（深圳）模具有限公司、浙江赛豪实业有限公司、浙江精超力模塑有限公司、厦门市弛杰技术工业有限公司、东莞市中泰模具有限公司、浙江恒大塑料模具有限公司等国内重点企业的 20 名代表。“俄罗斯技术”国家集团沃洛布耶夫 N. A. 副总经理在大会致词中谈到，集团非常重视这次中国代表团的来访，认为必须与中国企业发展合作关系，特别是在民用产品方面发展合作关系，促进俄罗斯高科技产品的发展和出口。总经理还谈到，合作会谈将促进两国之间在机械制造、机床制造、汽车零配件制造等行业探索进一步合作的途径。东风汽车公司刘卫东副总经理代表中方致词，他在讲话中介绍了中国汽车工业的现状和东风汽车公司的概况，以及中俄汽车及其模具的发展前景。中国模具工业协会副理事长、东风模具冲压技术有限公司总经理李建华代表中国模具工业协会作了讲话。中国模具工业协会副秘书长李玉华介绍了中国模具工业现状和发展趋势。一汽模具制造有限公司徐朝继副总经理、青岛海信模具有限公司刁军臣部长、群达(深圳)模具有限公司杨金表执行董事等8位代表在会上作了发言,向俄罗斯企业介绍了本企业的基本概况、特色和具有竞争力的优势产品以及在模具制造方面拥有的先进技术。合作洽谈会在紧凑、有序、友好的气氛中进行。这是中俄双方首次举办高层次的汽车模具经贸合作洽谈会,标志着中俄汽车、模具合作具有广阔的前景,同时也增进了中国汽车和模具业与俄罗斯汽车等工业同行的友谊。通过这次合作洽谈会,中俄双方将进一步加深了解、交流,促进更多的技术、贸易合作和经贸发展。

为了加强与南非的技术贸易合作和开拓南非模具市场,中国模具工业协会会长褚克辛、副会长兼秘书长武兵书率考察团访问了南非。代表团应邀参观考察了位于南非东开普敦省曼德拉市的南非库哈开发区,受到了南非东开普敦省政府和曼德拉市政府的有关领导以及库哈开发区领导的热情接待,双方在热情友好的气氛中共进晚餐,并进行了交流洽谈。代表团还参观了库哈开发区、德国大众在南非的汽车公司以及生产汽车零部件的公司。库哈开发区举办了交流研讨会,会上东开普敦省介绍了该省的概况。该省是南非汽车和零部件生产的聚集地,许多世界大型零部件制造商在南非设有代表处,共有300多家一级供应商,200多家二、三级供应商向车辆装备与制造商提供支持。这其中,东开普敦省有一级零部件供应商100多家,其中有3家原始设备制造商坐落于东开普敦地区。库哈开发区汽车项目部经理介绍了库哈开发区的概况,希望中国企业到南非投资建厂,该园区还将规划一个新的模具园区,以补充基础装备制造能力的不足。南非东开普敦省和曼德拉市政府和开发区,对中国模具工业协会代表团的来访相当的重视。双方就中国和南非在模具及汽车零部件的贸易合作及技术发展方面,进行了深层次的探讨,建立了友好关系,并商定:库哈开发区与中国模具工业协会将定期进行交流,东开普敦省政府的领导和曼德拉市政府领导及库哈开发区领导将出席2012年在上海举办的国际模具展;库哈开发区将组团到中国为开发区建立的模具园区进行招商引资,与中国模具同行进行交流;继续安排中国模具工业协会组织的模具企业和模具园区代表到南非参观考察和参加南非国际模具展览会。

二、出展工作

为了帮助广大模具企业开拓国际市场,除继续巩固欧盟、美国、日本三大主要贸易伙伴的经贸合作关系外,中国模具工业协会加大了新兴市场和“金砖国家”俄罗斯、印度、巴西、南非的开拓力度,密切经贸关系,促进共同发展,实现互利共赢。

2011年中国模具工业协会继续组织模具企业参加“2011美国国际模具展览会”、“2011印度国际模具展览会”、“2011俄罗斯国际模具展览会”、“2011南非国际模具展览会”、“2011美国金属板材加工展览会”和“2011欧洲国际模具展览会”。在展会期间,还组织企业参观当地相关工厂并进行技术交流和贸易洽谈,为广大参展者提供了一个很好地了解世界模具先进技术及相关行业技术发展的平台。广大模具企业通过出展和参观企业,交流和洽谈,不仅开阔了视野,学习了新的技术,找到了差距,发现了新的发展契机,促进了我国模具出口的快速增长,同时也展示了我国模具行业发展的成果,展现了我国模具企业走向世界的强劲势头和实力。通过参展参观还练就了一批在国际上享有盛名的优秀模具企业,成为对外贸易的主力军,如一汽模具制造有限公司、东风汽车模具有限公司、四川成飞科技集成有限公司、青岛海尔模具有限公司、青岛海信模具有限公司、深圳群达精密模具有限公司、浙江赛豪实业有限公司、台州精超力模塑有限公司、宁海第一注塑模具有限公司等。

三、国际交流

为促进亚洲各国模具界的交流与合作,3月18~19日中国模具工业协会常务副理事长曹延安、副理事长李志刚出席在新加坡举行的2011年亚洲模具协会联合会理事会,期间进行了亚洲模协的换届选举,中国模具工业协会当选为亚洲模具协会联合会理事会副理事长单位。会议期间,与亚洲模协会员相互介绍了各国模具行业概况,交流了技术,沟通了信息,研讨了亚洲模具的发展方向。

2011年中国模具工业协会还开展了多项国际合作交流活动,与意大利对外贸易协会合作,意方出资,选派我国模具企业经理赴意大利参观相关展会及交流考察;参加了东盟理事会的联席会议等多项外事活动;接待了来自日本、瑞典、加拿大、美国、德国、意大利、澳大利亚、韩国等国家(地区)的模具协会和模具、机床厂商代表团,接待了澳大利亚国际商会,开展了经贸洽谈和技术研讨,增进了友谊,促进了贸易。

〔撰稿人:中国模具工业协会李玉华〕

2011年中国模具工业协会主要活动纪事

3月18~19日 亚洲模具协会联合会理事会(FADMA)2011年会在新加坡举行,中国模具工业协会常务副理事长曹延安、副理事长李志刚代表中国模具工业协会出席了会议。此次会议上,中国模具工业协会当选为亚洲模具协会联合会理事会副理事长单位。

4月26日 在泊头市举行"中国(泊头)汽车冲压模具生产基地"授牌仪式。中国模具工业协会副理事长兼秘书长武兵书宣读了授牌决定,常务副理事长曹延安向泊头市市长谢荣珂授牌,仪式隆重热烈。

6月1日 中国模具工业协会第六届四次理事会在上海召开,150余人参加了会议。会议由杨世伟副理事长和武兵书副理事长兼秘书长分别主持,褚克辛理事长作工作报告。秘书处通报了关于继续做好中国重点骨干模具企业评定授牌工作和做好2012年《中国模具工业年鉴》编辑出版工作等有关情况,曹延安常务副理事长做"关于中国模协第七次会员代表大会及理事会换届筹备工作"的报告。会议通过了关于成立中国模具工业协会第七次会员代表大会换届筹备工作组的决定:换届筹备工作组由现任理事长、副理事长、秘书长和副秘书长共21人组成,褚克辛理事长担任筹备工作组组长,曹延安常务副理事长和武兵书副理事长兼秘书长担任副组长,武兵书秘书长全面协调换届筹备工作。会议还就实施"项目带动"战略,推进模具行业"十二五"发展规划落实等工作进行了交流。

6月2~5日 由中国模具工业协会和上海市国际展览公司共同主办的"2011中国国际模具制造应用设备及相关工业展览会"在上海新国际博览中心举办。以"十二五"发展与高端智能技术发展为主题,以精密机床与模具制造为重点,共有15个国家和地区的800多家厂商参展,展出面积38 000m^2,观众达48 000人次,总成交额4.38亿元。展览会期间,中国模具工业协会汽车车身模具与装备委员会举办了以"协同发展,共创未来"为主题的"2011中德汽车模具制造技术高端发展论坛",褚克辛理事长做了"中国汽车覆盖件模具的整体水平及未来发展方向"报告,5位嘉宾发表了演讲,会议还就委员会工作进行了交流和研讨。展会同期还举办了2011模具标准化研讨会、2011高端先进模具制造技术研讨会、BOSCH汽车零部件模具采购交流会等丰富多彩的活动。

6月15日 根据广东省东莞市横沥镇人民政府的申请,中国模具工业协会批准授予东莞市横沥镇"中国(东莞横沥)模具制造名镇"称号。

7月28日 中国模具工业协会编印了《模具行业"十二五"发展规划》。该规划是首次以政府主管部门名义发布的机械行业系列规划之一,标志着模具行业发展规划成为国家"十二五"制造业发展中的重要组成部分,将在国家及地方政府制定产业政策和指导企业发展中发挥重要作用。

8月30日 由中国机械工程学会编写、中国科学出版社出版的《中国机械工程技术路线图》在北京钓鱼台国宾馆举行了首发式,武兵书秘书长应邀出席。模具作为路线图的一章(第十二章),共七节:概述、模具信息化制造、模具材料热处理、冲压模具、塑料模具、铸造模具、锻造模具,共15 000字,模具行业8位专家教授参加了撰稿和审稿。

9月21~22日 由中国模具工业协会主办的2011中国模具企业信息化推进会议在青岛召开,工信部信息化推进司和青岛经信委领导出席了会议并讲话,共有来自21个省市的230多名代表出席。该会的主题是认真贯彻落实国家"两化融合"的工作方针和任务,进一步推进中国模具企业信息化建设。会议由中国模具工业协会副理事长兼秘书长武兵书主持,中国模具工业协会褚克辛理事长、曹延安常务副理事长等到会并讲话。全体代表实地参观和考察了青岛海尔模具有限公司、海克斯康测量技术(青岛)有限公司和青岛海信模具有限公司。

10月13日 在横沥举行了"中国(东莞横沥)模具制造名镇"授牌仪式。中国模具工业协会副理事长兼秘书长武兵书宣读了授牌批准文件,曹延安常务副理事长向横沥镇党委副书记、镇长刘国康授牌。500多人出席了授牌仪式。

11月25日 工业和信息化部发布《机械基础件、基础制造工艺和基础材料产业"十二五"发展规划》。中国模具工业协会参与了规划的相关工作。规划将大型、精密、高效、多功能模具作为发展重点,在20种标志性机械基础件中,C级轿车整体车身成形模具和高光无痕、叠层旋转大型塑料模具列入其中;在基础材料方面,列出了需要重点发展的5类模具钢,部分模具钢被列入12种标志性基础材料中。规划中提出研究设立"三基"产业发展专项,培育100家具有知名品牌的"专、精、特"企业,优化30个特色产业集聚区,重点支持国家创新型企业试点、国家技术创新示范企业、国家认定的企业技术中心等创新能力建设和国家重点实验室、国家工程实验室、国家工程研究中心、国家工程技术研究中心等公共研发平台建设等内容,都为模具行业的发展提供了良好的政策环境。

12月24日 中国模具工业协会第六届第七次常务理事会在北京召开。会议审议通过了第七届理事会组织架构,并一致同意推荐海尔模具有限公司作为第七届理事会理事长候选单位,推荐海尔模具有限公司总经理曹春华为理事长候选人。中国模具工业协会换届筹备工作组于12月27日向中国机械工业联合会递交了《关于中国模具工业协会换届的报告》。

五年规划专题

回顾“十一五”时期我国模具工业的总体发展情况，指出“十二五”时期模具工业及其技术发展方向

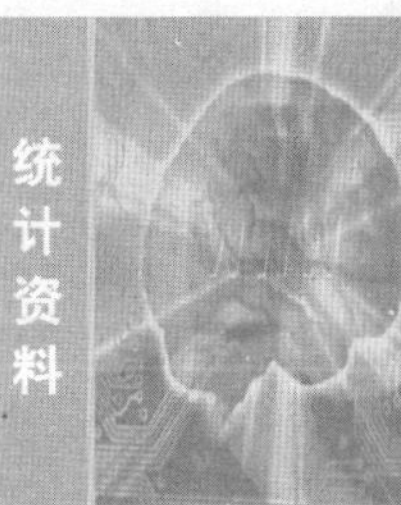

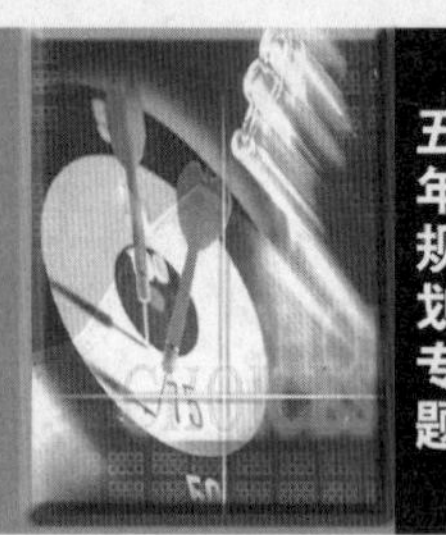

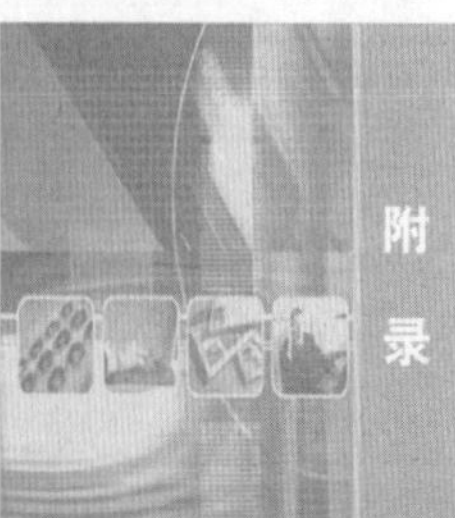

五年规划专题

中国模具工业“十一五”发展情况回顾

“十一五”期间,我国模具行业经受住了国际金融危机的严峻考验,虽然2008年和2009年增速放慢,但仍取得了销售额年均增长12.9%、出口额平均增长24.4%的好成绩,分别完成和超额完成了“十一五”规划目标,显示出我国在世界模具市场的竞争优势。2005~2010年模具销售总额见表1。2005~2010年模具进出口情况见表2。

表1　2005~2010年模具销售总额

年份	销售总额（亿元）
2005	610
2006	720
2007	870
2008	950
2009	980
2010	1 120

表2　2005~2010年模具进出口情况

年份	进口额（亿美元）	出口额（亿美元）
2005	20.68	7.38
2006	20.47	10.41
2007	20.53	14.13
2008	20.04	19.22
2009	19.64	18.43
2010	20.62	21.95

从表2可见,2010年我国模具首次实现外贸顺差,改变了长期的逆差局面。

比数量发展更重要的是模具行业整体水平的提升和产品质量水平的提高。模具行业“十一五”规划中确定的“经过五年努力,使我国模具水平到2010年时进入亚洲先进水平的行列”这一总体目标已经达到。“十一五”规划发展目标中的8项具体水平目标,有5项已完全达到,有3项基本达到。“十一五”规划中水平目标的实现情况见表3。

表3　“十一五”规划中水平目标的实现情况

序号	项 目 名 称	发 展 目 标	2010年现状
1	模具精度	±0.001mm	已达到
2	模具生产周期	比2005年缩短30%左右	已达到
3	机床数控率,CAD/CAM技术应用率	比2005年提高一倍	已达到
4	骨干企业信息管理和质量管理水平	基本实现信息化管理,通过认证	基本达到
5	中高档模具在模具总量中的占比	40%	已达到
6	国产模具在国内市场上的占有率	85%以上	已达到
7	模具标准件使用覆盖率	60%	基本达到
8	模具商品化程度	55%	基本达到

模具行业“十一五”规划中列示并得到较好贯彻执行的一系列发展战略、指导思想、发展重点和措施意见等,不但要使我国进一步成为模具生产大国,更要努力逐渐成为模具生产强国。在实施“十一五”规划的过程中,中国模具工业协会深入贯彻落实党中央和政府有关部门的方针政策,紧紧抓住发展重点,在鼓励企业科学发展和科技进步,积极推进人才培养战略,努力培育行业重点骨干企业,大力组织企业进行国内外交流,开拓国内外市场,以及加强与政府部门联系,积极反映行业情况和企业诉求,提出意见和建议等方面开展了许多具体工作,对完成“十一五”规划起到了积极的促进作用。

“十一五”期间,模具行业取得的成就,除了行业协会在规划实施中发挥作用之外,还主要得益于形势、政策、市场和企业自身努力等因素。

“十一五”期间,国际形势总体相对稳定,国内虽然曾在国际金融危机的影响下经济发展速度减慢,但总体仍处于高速发展期。在这一形势之下,发展机遇大于挑战,这是行业发展的先决条件。

2006~2008年,国家继续执行对部分模具企业模具产品实行增值税先征后退的优惠政策,有230家模具企业合计获得返税款约7亿元。根据统计,返税政策国家虽然付出7亿元,但带动企业投入共约40亿元。由于在研发和技术改造方面加大了投资力度，这些企业的技术进步和能力提升普遍好于一般企业，在行业中起到了带头示范作用。在这一政策的引导下，各地方也相继出台了一些支持当地模具工业发展的政策，有效地促进了模具产业的发展。《装备制造业调整与振兴规划》中明确提出要重点发展大型精密型腔模具、精密冲压模具和高档模具标准件，并出台了相关的配套政策，同时在国家相关产业政策中大型精密模具一直被列为鼓励发展的产品，这都为模具行业的发展提出了明确的方向，推动了行业的结构调整和健康发展。

"十一五"期间，中国模具工业协会成功举办了三届（第十一、十二、十三届）中国国际模具技术和设备展览会和两届（2007、2009）中国国际模具、模具装备及相关工业展览会。这两个展览会已成为我国模具行业开展交流合作、拓展市场的重要而有效的平台。五年间，中国模具工业协会组团20多个，共有100多家企业500多人到国外参加展览会、开展中外交流与合作，推动了我国模具工业的技术进步和国际市场的开拓。企业在国内、国际两个市场上积极开拓，为行业发展提供了较好的条件。

在中国模具工业协会2008年和2009年两次模具企业信息化推广大会的推动下，广大模具企业加快了以信息化建设为主要内容的技术改造步伐，两化融合成效显著。"十一五"期间，企业还着力于创新能力的提高及人才的培训，至2010年模具专利已超过万项，中国模协人才培训基地从2005年的46个发展到2010年的78个，五年共培训各类模具人才30多万人次，这些都是行业发展的重要保证。

"十一五"是我国模具行业的快速发展期，经过五年的快速发展，我国模具产业规模与布局、产品与技术进步、外贸和人才培养等方面都取得了很大的业绩。

1. 主要成就

规模与布局方面：我国模具行业已经从2005年的2万多家生产企业（厂、点）、60多万名职工、610亿元模具销售额，发展到2010年的约3万家企业、近100万名职工、1 120亿元模具销售额。形成了以珠江三角洲和长江三角洲为主要集中地，以广东、浙江、江苏、上海、环渤海地区、成渝地区、合肥和芜湖地区等为主要生产基地的模具产业集群，具有一定规模的模具产业园区（模具城）已有20个，重点骨干企业已有110家。国家统计局数据表明，2010年模具制造行业主营业务收入500万元以上企业2 884家，实现工业总产值1 630亿元（含模具及非模具产品），资产总计1 529亿元，职工43.7万人，利润总额94亿元。

产品与技术进步方面：从模具产需情况看，中低档模具已完全实现自给，供过于求；以大型、精密、高效、高性能模具为主要代表的高技术含量模具自给率不足70%，很大一部分仍旧依靠进口。当前，模具总销售额中塑料模具占比最大，约占45%；冲压模具约占37%；铸造模具约占9%；其他各类模具合计占9%。近年来，模具产品向高端发展的趋向较为明显。一些模具产品已达到或接近世界先进水平，其中具有代表性的如单套模具重量达到120t的巨型轮胎模具、加工精度达到0.3~0.5μm的超精模具、使用寿命达到3亿~4亿次的长寿命精密冲压模具、能与2 500次/min高速冲床配套的高速精密冲压模具、能实现多料和多工序成型的多功能复合模具、能实现智能控制的复杂模具等。当然，能生产高水平模具的企业在行业中还占少数。

从产业技术进步看，"十一五"以来，在政府政策扶持和引导下，模具行业投入较大，企业装备水平和技术实力有了很大提高，生产技术长足进步，CAD/CAM技术已普及；热流道技术和多工位级进冲压技术已得到较好推广；CAE、CAPP、PLM、ERP等数字化技术已有一部分企业开始采用，并收到了较好的效果；高速加工、并行工程、逆向工程、虚拟制造、无图生产和标准化生产已在一些重点骨干企业实施。随着时代的进步和科技的发展，过去长期依赖钳工、以钳工为核心的粗放型作坊式的生产管理模式，正逐渐被以技术为依托、以设计为中心的集约型现代化生产管理模式所替代。同时，企业越来越重视专利技术，全行业已有发明专利5 000多项，实用新型专利7 000多项。

经过"十一五"的努力，模具行业外贸情况发生了根本好转，2010年实现了有史以来的外贸顺差（1.33亿美元）。随着我国模具产品质量和技术水平的提高，模具已出口到140多个国家和地区，且出口逐年增长，也因此促使模具进口价格连年下降，部分进口模具价格在最近5年内下降50%左右。

"十一五"期间，模具人才也得到了相应的发展。2009年，"模具工"被列入《中华人民共和国职业大典》。

在取得成绩的同时，也必须看到如下不足之处：高新技术采用还不够广泛，企业管理水平亟待进一步提高；创新能力仍旧较弱，产品水平与用户要求和国际水平仍有较大差距；高素质人才严重匮乏，整个行业结构调整和上新台阶的任务还很艰巨。我国幅员辽阔，模具企业众多，发展水平各异，虽然已经有少数企业发展到较高水平，有些产品和技术已经接近国际先进水平。但总体来看，我国模具行业整体水平与国际先进水平仍有15年左右的差距，其中模具加工在线检测和企业信息化管理方面的差距在15年以上。模具代表性指标国内外先进水平的比较见表4。典型模具国内外先进水平的比较见表5。

表4　模具代表性指标国内外先进水平的比较

序号	指 标 名 称	国际先进水平	国内先进水平
1	模具最高精度	亚纳米级	微米级
2	汽车零部件冲压模具中多工位自动化级进模的比例	30%以上	10%左右
3	注塑模具中热流道模具比例	70%~80%	20%左右

（续）

序号	指标名称		国际先进水平	国内先进水平
4	出口模具占模具总量的比例		30%左右	13%左右
5	最大多工位级进模长度		10m以上	6m
6	模具最高使用寿命	高效精密多工位级进模	5亿次	3亿次
		一般钢板精冲模一次刃磨	4万次	2万次
		注塑模	2 000万次	1 000万次
7	模具制造周期	大型压铸模	2~3个月	3~4个月
		整体车身冲压模具	8~10个月	一年左右
8	模具平均价格	冲压模具	20 000美元/t	8 000美元/t
		橡塑模具	3 000美元/套	900美元/套
9	全员劳动生产率		25万~35万美元/人	3万~4万美元/人

表5　典型模具国内外先进水平的比较

项目	模具名称	国际先进水平	国内先进水平
精度(mm)	大型汽车覆盖件模具	0.03~0.05	0.05~0.10
	高效精密多工位级进模步距	0.001~0.002	0.002~0.005
	大型注塑模型腔	0.01~0.02	0.02~0.05
	中型铝压铸模型腔	0.01~0.03	0.02~0.05
表面粗糙度(μm)	大型汽车覆盖件模具	0.2~0.4	0.4~0.8
	高效精密多工位级进模具	0.05~0.1	0.1~0.2
	大型注塑模	0.03~0.08	0.06~0.16
	中型铝压铸模	0.2~0.4	0.4~0.8
制造周期(月)	大型汽车覆盖件模具	6~10	8~12
	高效精密多工位级进模具	1~2	2~3
	大型注塑模	2~3	2~4
	中型铝压铸模	1~2	2~3
使用寿命(次)	大型汽车覆盖件模具	50万~100万	40万~80万
	高效精密多工位级进模具	3亿~5亿	2亿~3亿
	大型注塑模	100万~200万	50万~100万
	中型铝压铸模	10万~25万	8万~15万

〔撰稿人：中国模具工业协会周永泰〕

重视模具标准化工作　推动转型升级　勇于参与国际竞争

模具产业已进入“数字化集成制造”的时代，在模具全面为制造业提供成型工艺装备与成型工艺解决方案的大背景下，以市场需求为导向，以产业结构调整与发展方式转变为主线，实施标准化提升战略，着力提高行业标准化、智能化技术的应用，加强标准化工作的科学性和有效性，推动企业建立、健全符合自身发展需求的包括技术、管理等在内的企业标准体系，积极参与新型材料成型、新兴产业产品的标准化确立，对于促进模具行业的持续发展和技术进步具有积极意义。模具标准化作为产业技术发展的基础，已经成为推动时代发展的重要和必需的手段，模具标准化水平与应用程度已成为衡量模具工业水平的重要标志。

我国模具标准的基本构架由国家标准、行业标准、企业标准三方面组成。国家标准作为行业基础性标准由国家质量监督检验检疫总局组织制定。模具行业标准也属于基础性标准的范畴，由国家发展和改革委员会组织制定，均为推荐性标准，分为产品标准和基础通用标准。而企业标准应严于国家标准和行业标准，某个企业标准为众多企业采用，说明了其领军地位；同时，企业牵头、参与起草国家标准、行业标准也是对其地位的认可。天汽模具标准、海尔模具装配标准，MISUMI、DME、HASCO、盘起、龙记等企业标准均代表模具的高水平。我国模具标准化体系包括模具基础标准，模具工艺、质量标准，模具零部件标准及与模具生产相关的技术标准。截至2010年，模具行业共有国家标准99项、行业标准209项，涉及冲模、塑料模、压铸模、锻模、塑封模、塑料挤出模、玻璃模、聚晶金刚石拉丝模具等主要模具类型，已基本形成体系。模具标准按模具分类主要有冲压模具标准、塑料注塑模具标准、压铸模具标准、锻造模具标准、紧固件冷镦模具标准、拉丝模具标准、冷挤压模具标准、橡胶模具标准、玻璃制品模具标准和汽车冲模标准等14大类。

在我国从模具大国向模具强国迈进的今天，标准化是提升企业的综合实力的前提和基础，只有建立标准化的制造流程，应用标准化的制造管理技术，才能真正实现模具制造的现代化。在企业数据库建设、标准制定的基础上，二次开发适宜本企业的制造管理系统，在解决夹具优化、加工机械群组自动化、加工件的数据跟踪，实现流程自动化后，排产自动化、装配自动化将最终实现，流水线生产模具的企业已经出现。在模具标准化的基础上实现模具生产制造的自动化是模具行业发展的方向，模具制造进入了标准化时代。

全国模具标准化技术委员会是国家有关部门制修订国家标准、行业标准的归口承担单位，中国模具工业协会参与其中并积极鼓励模具企业建立健全企业标准，建立符合各自制造特点、满足需求差异的企业标准；进一步推动企业标准的建设水平，特别是重点骨干模具企业标准的建设能力，同时集成用户标准、国家标准、行业标准，建立模具企业标准化体系。为了指导模具企业开展标准化工作，交流标准化建设的经验，使制定的模具标准更加符合生产实际，同时为了以标准化制造进行技术改造、促进模具产品结构优化，进一步推动企业信息化、现代化建设，中国模具工业协会开展了模具企业使用模具标准情况调查，从标准类别、采用本企业标准、采用我国国家标准、行业标准、采用其他用户企业标准、采用其他用户行业标准等几个方面进行了调研。在模具制造技术标准方面，调研了设计标准、工艺标准、加工标准、装配标准、试模标准、检测标准、项目管理标准、质量标准、质保体系建立等基本标准化建设及信息化、集成技术标准的采用；在模具企业管理水平提升方面，调研了财务管理标准，采购、物流标准，客户管理标准以及模具产品全生命周期管理等各方面，力求全面掌握企业标准化的应用水平和能力，指导提高标准的适用性和有效性，推动企业建立健全符合自身发展需要的包括技术、管理和工作标准在内的企业标准体系。

调查表明，100%模具企业都已建立企业标准，工艺标准、加工标准、质保标准绝大部分都采用国家标准；模具制造技术标准方面的装配标准、试模标准、检测标准建设能力较差。一些汽车模具企业采用本领域主导模具企业的标准，如一汽模具、天汽模具标准；家电塑料模具采用海尔模具装配标准；但更多的模具企业采用国际先进企业标准，如日本荻原模具标准，标准件则采用MISUMI、DME、HASCO、盘起、龙记等主导模具企业标准。模具行业20.59%的企业未建立财务管理标准，采购、物流标准，客户管理标准；55.88%的企业不同程度地开展了信息化方面的建设。很多企业已积极开展标准化工作，但标准化水平能力普遍较低，在设计、制造模块化、集成化，信息化、自动化制造、标准化工厂方面几乎没有国际普遍采用的标准，作为行业标准被采用的也寥寥无几。针对我国模具标准化的现状，以及未来模具行业面临的国际化市场竞争的新形势，要把模具标准化工作作为未来企业、行业的迫切工作来抓。

零部件产品优化升级对模具的依存、零部件产品标准对模具产品的要求、模具标准对零部件产业技术发展的作用，使得模具与模具用户形成了水乳交融、互为你我的关系。企业的问卷调查表明，41.2%的模具企业采用了用户产品标准、用户企业标准作为模具设计标准、检测标准，汽车模具企业绝大部分采用日系丰田、日产，美系通用、上海延锋伟世通汽车饰件，德系大众、福特、马勒、贝尔，法系法雷奥、美嘉等汽车企业的标准。模具制造技术规范的制定源于模具制件标准，用户标准直接应用于模具的设计与制造，将有效协同主机零部件产业，大幅提高模具在制件成形中的工艺水平，提升模具的质量水平，减少模具生产周期，降低生产成本，最终服务于零部件的规模化生产，增强模具企业与模具制件企业的市场竞争力。实施模具与成形工艺系列标准，也有力推动模具制件技术水平的提高与市场开拓的发展。

模具的配件行业，即衍生为模具标准件行业的模具零部件行业，其标准也在基础标准上具有与产业模具、用户行业交融的特征，如盘起的模具标准件就有塑料模具标准件、冲压模具标准件和汽车模具标准件。广东是我国模具制造业的领军地区，云集了世界模具标准件、配件精英企业，产品配套优势明显，通过由比较优势发展到聚集优势，做精做专同时做出高效，成为各自不可复制却高度标准化、模块化制造的制造模式，在模架、导向件、推杆推管、斜楔机构、弹性元件经济规模批量生产的同时发展非标模具精框类个性化配套服务，大力发展标准凸凹模、浇口套、定位组件、热流道元件等精密模具配件，这些都是未来模具标准关注的产品领域。有的模具配件产品适宜规模生产，应重组做大；有的产品适宜做精做专，应联合发展，共同创立品牌，组建品牌联盟，为品牌建立质量标准、供货标准、验收标准等。积极推进模具标准件、配件在模具企业中的应用，需要模具企业、模具用户企业与模具配件标准件企业三方合作，在市场化的前提下，围绕提高模具质量、缩短模具制造周期的中心任务展开，通过标准化的建设实现模具制造由单件生产组织向自动化生产迈进，企业由技能型向技术型转变。

2011年5月在工信部苗圩部长“加强标准化工作 为工业转型升级提供支撑和保障”的报告中指出：要围绕新一代信息技术、两化深度融合、节能环保、新材料等重点领域，突出做好各层面标准的相互衔接、协调协同，加快自主标准制定，夯实行业发展基础。我国模具标准化的现状还很难满足这样的要求，在实现模具由大国到强国的迈进中，模具标准化程度的概念极为丰富，在未来以汽车、电子、家电、医疗器械等领域以信息化与工业化深度融合产品标准为核心的企业标准体系中，产业模具将直接参与到产品的研发制造中，产品标准、产品的企业标准将离不开为其配套的模具标准，模具标准也在产品标准的发展中具有基础意义，产业模具的产品模具标准在模具基础标准的基础上将更针对企业，模具基础标准与产业模具两大体系的相互衔接，是未来企业面临的标准化工作内容。在制造业转型升级的今天，适应模具制件行业的需求，适时调整完善模具企业标准、行业标准将是长期的任务，模具标准化工作的重要性也在于此。

未来，完善标准体系和开展重要技术标准的研究方面要加大工作的力度，抓重点的同时兼顾层次性、成套性、程序性以及行业性，提升模具企业标准化工作水平，使企业成为标准化工作的主要参与者、受益者。在推进标准体系建设的同时，标准化已成为促进机械工业产业结构调整和优化升级、有效参与国际竞争的重要工具和手段。在国际贸易中，模具标准化工作还要破解发展转型期中技术贸易工作中碰到的新问题，密切关注以安全、环保、节能、低碳等为特征的技术性贸易措施发展趋势，加强预警和应对，学习、熟悉、遵守和运用国际规则，尽快实现从国际规则的使用者向国际规则的制定者和引领者的角色转变，这也将是未来模具行业标准化工作的内容。

在我国从模具大国向模具强国迈进的今天，模具标准化已是一项刻不容缓的工作。模具标准化工作是模具企业、模具行业优化产品结构和制造方式的重要工作，通过考察行业标准化现状，分析国内外模具制造技术、成形技术、管理技术的综合协同发展并将其固化，研究建立符合我国模具行业需求和发展的模具标准工作的新内容，在制造、管理两大层面用先进适用技术提升我国模具标准化的总体水平，是必须开展的重要工作。同时，以标准的方式参与其中，用标准化的方法规范企业，提升产品质量，促进我国模具工业技术水平、管理水平的全面提升。模具标准化工作是基础更是手段，它将是实现现代模具强国的重要组成部分，将有利于提高我国模具产业的市场竞争力，对于促进模具行业的技术进步和转型升级具有积极意义。

〔撰稿人：全国模具标准化技术委员会秦珂〕

“十一五”中国模具工业协会国际合作与交流回顾

2006年是“十一五”的开局之年，我国模具销售额达到720亿元，模具出口首次突破10亿美元大关，模具生产能力达到一个新水平，但是与发达国家相比仍存在较大差距。2006年模具进口20.41亿美元，其中大型、精密、复杂、长寿命的高档模具进口占比达40%以上。“十一五”是我国模具行业飞跃发展的五年，也是极不平凡的五年，虽然经历了国际金融危机的冲击，我国模具工业总产值仍以10%～15%的速度增长，2010年，我国模具出口已达到20亿美元。

为了适应国内外各行业发展的需要，促进我国模具工业技术进步，中国模具工业协会积极开拓国际合作渠道，加强国际交流活动；遵循互惠互利的原则，通过签署对外合作协议，促进国际贸易发展和技术交流。

中国模具工业协会通过举办各类国际模具技术会议、国际模具交流研讨会及模具论坛，促进了技术交流和合作，学习了发达国家的先进技术和管理经验，找到了与世界先进水平的差距，推动了我国模具行业的技术进步和技术创新。

中国模具工业协会作为模具工业全国性的行业协会，每年组织会员单位和模具企业出国考察国外模具企业，参加国际模具展览会，为模具企业提升技术水平，拓宽海外市场，扩大进出口贸易，提升国际竞争能力提供了良好的合作机会。

通过参加国际会议和行业考察，与各国政府、商会、协会及相关企业建立了联系，加强了友好往来。随着国际交往日益增多，外资在我国模具行业的投入也逐年增加，三资企业对我国模具的发展作出了很大贡献。

中国模具工业协会作为国际模协和亚洲模协会员，积极参加国际模协和亚洲模协的各类会议及国际交流活动，与世界各国模具同行切磋模具技术、交流管理经验、促进贸易合作，并与各国模具界建立了深厚友谊和良好关系。

一、签署协议，加强国际合作

中国模具工业协会与印度模具制造商协会签署代理协议，印度模具制造商协会委托中国模具工业协会为其主办的2008～2010三届“印度国际模具技术和机床展览会”的中国销售和推广的总代理。

中国模具工业协会与日本 INTERMOLD 签署代理协议,委托中国模具工业协会为其组办的2008~2010三届"日本国际金属加工及模具展览会"的中国代理。

中国模具工业协会与俄罗斯展览公司签署合作协议,成为"2008、2009、2010俄罗斯国际模具展览会"的中国代理。

同时,还与巴西、美国、德国等国际知名展会的主办单位签署了合作协议。

二、举办国际模具技术会议和论坛,促进技术交流和信息沟通

中国模具工业协会通过举办国际模具技术会议和国际模具论坛,为国内外模具及相关企业提供了相互了解、相互交流、相互学习的极好机会,使企业了解世界模具工业发展和模具技术的新动向新趋势,进一步促进了我国与世界各国模具界同行的技术经济合作,推动了模具工业的技术进步和技术创新,保持了与世界前沿先进模具技术的同步发展。

中国模具工业协会组办了2006中德模具论坛。德方参加论坛的有德国机械制造技术协会模具委员会 Alfred Zedtwitz 经理、德国德福宏中国公司的 Dirk Meyer 总经理以及由他们率领的德国汽车、模具及其相关企业代表团39人、德国大众公司及其欧洲汽车零部件供应商代表团20人,中方参加论坛的有中国工程院阮雪榆院士、中国一汽模具制造有限公司、东风汽车模具公司等中方模具重点企业及地方模具协会代表90余人。"中德模具论坛"的召开,对加强中国与德国模具行业的技术交流和经贸合作,提高我国模具行业的技术水平,起到了积极的促进作用。

在2006年德国法兰克福模展上,中国模具工业协会成功策划和举办了"2006中国模具论坛",副秘书长李玉华在会上作了《中国模具工业概况和发展趋势》的主题报告。来自德国、欧洲各大汽车公司的采购商、德国模具协会和德国汽车联合会的会员等320多名外国厂商参加了会议,会议还邀请德国西门子公司、德国布朗公司、欧洲著名的 LEIFHEIT 公司、FRIMO GROUP 公司、德国海拉公司、西班牙 ICM 公司、德国 MONEVA 公司、RODERS TEC 公司共8位经理介绍了他们如何走向中国市场以及在中国成功合作的经验。中国的15位重点模具厂商代表,介绍了企业的概况和产品,还与有需求的外国企业进行了面对面的经贸洽谈,会议取得了圆满成功。随着世界制造业格局的改变,我国模具行业面临着巨大的机遇和挑战,国际上关注我国模具发展和市场的国家和企业越来越多,对我国模具的需求强烈,由于我国拥有工资较低的优质劳动力资源、比较有实力的技术基础和配套设施,我国中、低档模具在国际市场中性价比较高,越来越多的跨国采购公司到我国来采购模具及其相关产品。

2007年12月5日,在德国法兰克福欧洲国际模具展览会上,中国模具工业协会与德国展览会主办方和有关单位,又一次成功举办了"2007中国模具论坛"。中国模具工业协会常务副理事长兼秘书长曹延安到会作了题为《中国模具工业现状及发展趋向》的主题演讲。会议还邀请德国 VEM TOOLING 公司、德国博世公司、德国大众中国公司、蒂森克鲁伯公司等八家公司的负责人作了有关中国的市场和进入中国的经验、体会以及如何与中国客户做生意等内容的演讲。有来自德国及欧洲各国汽车、模具、材料及相关企业代表200余人及中国模具企业家20余人参加了会议。大连市原市长魏福海、大连经济开发区张亚东副主任也应邀出席了会议,并介绍了有关大连模具园区和招商事宜。中方10位重点模具企业的代表介绍了企业情况,并与有需求的欧洲企业进行了面对面的经贸洽谈,建立了联系,气氛热烈。许多跨国采购商也纷纷参加会议,关注中国的市场和产品,寻找中国供应商,有的甚至带着产品要求报价。论坛收到很好的效果。

2008年,在德国法兰克福欧洲模具展上,中国模具工业协会再一次与德国、印度、俄罗斯等有关单位共同举办了"2008中国、印度、俄罗斯模具论坛"。论坛邀请了中国模具工业协会、印度模协、俄罗斯有关协会及相关国际知名企业以及我国6家重点模具企业作了重点发言,中国模具工业协会副秘书长李玉华在会上作了《中国模具工业概况和发展趋势》的主题报告。论坛充分交流了中国、印度、俄罗斯的模具工业概况、模具生产技术水平及市场需求情况。

2006~2010年中国模具工业协会组织和参加的国际论坛、技术交流会情况见表1。

表1　2006~2010年中国模具工业协会组织和参加的国际论坛、技术交流会情况

时间	论坛、交流会	地点	人数(人)
2006.01	举办中印模具交流洽谈会	北京	60
2006.05	出席中美汽车配件与汽保行业座谈会	北京	
2006.05	组办中德论坛	上海	200
2006.09	举办中加模具技术交流和经贸洽谈会	加拿大温莎	60
2006.12	组办中国模具论坛	法兰克福	320
2006.12	举办中瑞模具精密加工交流会	瑞士	30
2007.01	出席中葡企业委员会第一次工作会议	北京	

（续）

时间	论坛、交流会	地点	人数(人)
2007.07	举办中巴模具交流洽谈会	巴西圣保罗	25
2007.12	组办中国模具论坛	法兰克福	280
2008.05	协办德国泰明顿集团模具采购会	杭州	25
2008.06	俄中机械、模具论坛	俄罗斯	80
2008.12	组办中国、印度、俄罗斯模具论坛	法兰克福	280
2009.10	中国—香港科技经贸交流洽谈会	北京	40
2010.04	协办中日韩大学生模具展示会	大阪	100
2010.05	国际模具采购商与中国模具企业见面会	上海	100
2010.06	参加2010年英国尖端工程行业高端论坛	上海	
2010.07	出席中国—东盟行业联席会	北京	
2010.08	出席中国—南非论坛	北京	
2010.08	出席中国—越南论坛	北京	
2010.09	出席中国—摩尔多瓦论坛	北京	
2010.12	举办中捷机床模具交流洽谈会	捷克	16

三、国际展览会，提供交流的机会与贸易的平台

为了帮助广大模具企业拓宽海外模具市场，扩大进出口贸易，“十一五”期间，中国模具工业协会根据企业和市场的需要，除了巩固稳定的欧洲市场外，积极开拓了美国、日本、印度、俄罗斯、巴西、南非等市场，参加了北美、南美、欧洲及亚洲地区的塑料模具展、冲压模具展、铸造模具展及模具综合展览会。国际金融危机以来，在艰难的形势下，中国模具工业协会积极引导很多出口型企业通过贸易对象多元化，加大新兴市场的开拓力度，努力开发中低端的新兴市场，以“金砖五国”为重点对象，弥补欧美市场的缺口。

通过组团出国参加各类国际知名模具及相关展会，一方面国内企业看到了世界上技术水平最高、规模最大、最具专业水准的模具展览会，对国际模具技术的发展动向和国际模具市场的需求有了更深的了解，增强了走出国门和积极参与国际市场竞争的信心。展会也为我国模具、模具装备及其相关行业的企业提供了一个展示企业形象和品牌产品、相互交流与学习、开展经贸活动的高质量平台，提供了开拓国际市场的重要商机。另一方面也展示了我国模具行业在新技术应用、新产品开发及体制创新方面的生机与活力。有些企业连续七年参加欧洲国际模展，他们不仅在展会上收获丰盈，客户群连年增加，订单不断，企业知名度越来越大，同时通过制造出口模具，学到了不少国外先进技术，提高了自身水平。

同时，也可以看出，我国模具工业经过20年的艰苦努力和飞速发展，通过引进技术、引进人才、引进管理、合资合作生产、联合设计等方式，积累了开发、生产和管理经验，提高了我国模具行业的整体水平，生产的模具产品已符合国际标准、达到同期世界先进水平，已能满足国内外市场需求；涌现出一批具有国际市场竞争力和国际水准的优秀骨干企业，也培养出一批具有国际市场竞争力的民营企业，它们已成为模具产品的出口主力军，为模具出口突破20亿美元大关作出了很大的贡献。

2001年中国模具工业协会首次组织模具企业参加的最大的国际模展是在德国法兰克福举办的欧洲国际模展，并连续10年组团参加，同时在2006年、2007年、2008年连续三年在欧洲模展期间举办“中国模具论坛”和“中国、印度、俄罗斯模具论坛”。中国模具工业协会结合展会组织企业赴瑞士、意大利、法国、奥地利、捷克、德国等考察参观企业和开展技术交流。由于参展成果显著，参展者收益颇多，这一活动深受广大模具企业的欢迎，参展规模也一年比一年大。

中国模具工业协会组织塑料模具企业参加2006年、2009年在美国芝加哥举办的“美国国际塑料展览会(NPE)”。该展会是美国规模最大、历史最悠久的塑料展览会，也是集展览、会议和特别活动为一体的世界第二大塑料行业盛会。

中国模具工业协会首次组织铸造模具企业参加2007年6月12~16日举办的“杜塞尔多夫国际铸造、冶金及热处理技术”展览会，促进了我国铸造模具行业与欧洲和世界其他国家及地区企业界的经贸合作与技术交流，进一步巩固、开拓了国际市场。国内铸造模具企业共8家赴德国参展，为我国广大铸造模具企业开拓国际市场提供了一个较好的平台，收到较好的效果。

中国模具工业协会首次组织中国冲压模具代表团赴美国芝加哥参加美国国际金属冲压成形技术展览会及研讨会(MATAL FORM2007)。该展会由美国精密金属成形协会主办的，也是整个北美地区最大、最专业、最具影响力的专业冲压、钣金和金属成形展览会。

本次参展的我国企业有中国最大的冲压模具生产厂一汽模具制造有限公司、一汽铸造模具有限公司、中国一汽集团进出口公司、宁波震宇模具有限公司、广州勇威模具机械有限公司、湖南博云东方粉末冶金有限公司和贵州凯顺贸易有限公司。在展会上,北美地区及其他国家的专业观众对首次参展的中国企业产生了极大的兴趣,到展位上参观和询价的客商络绎不绝,如一汽模具制造有限公司的样本全部发光。参加展览的企业收获都不小,与北美的客户建立了广泛的联系,有许多外商表达了希望进一步加强联系和交流合作的意向。

中国模具工业协会组织模具企业参加在巴西圣保罗市举行的2007、2009巴西国际模具展览会(Intertooling Brasil)。我国参展企业的产品和技术显示了我国模具行业发展的成果,表现了我国模具企业走向世界的强劲势头和实力,引起了许多参观者的兴趣,受到了广泛的关注和重视,扩大了我国模具企业在巴西的影响。巴西经济较高速度的发展对模具产品产生较强的需求,许多巴西的商家对中国模具企业的质优价廉的模具产品表现出浓厚的兴趣,都希望成为中国企业的代理商。巴西是我国模具企业应该予以更多关注的市场,今后应与巴西模具使用行业和商家建立更为密切的联系。

中国模具工业协会首次组织模具企业参加“2008日本国际模具加工技术展览会”,每年一届,2008年、2009年、2010年已连续三年组团参展,日本有些企业和模具采购商明确表示,受全球金融危机影响,不少企业董事会及企业主管明确要求在保证产品质量的前提下,一定要压缩生产成本,降低模具成本就是其中的一个重要途径。这就给模具性能价格比较高的我国模具企业带来了良好机遇。

中国模具工业协会组织模具企业参加2008、2009、2010印度国际模具展览会。中国模具参展团受到展会举办者和印度客户的重视和青睐,我国参展商带来的样本、名片在展览进行到一半便散发一空。我国参展商也积极抓住商机,介绍自己的产品和技术,了解印度市场和客户的需求。4天的展览,我国模具参展团的参展商收获颇丰:有的企业带来的展品开展当天就售出,并有多家要货,开始选择代理商;有的企业签订了多个供货意向,并确定了客户来华考察日程;有的谈成了合作生产模具意向,展会期间被印方厂商邀请到公司考察。参加展会,了解了发展中的印度、明确了自己产品和技术的开发方向,坚定了我国模具走向世界的信心。

中国模具工业协会组织参加2008、2009、2010俄罗斯国际模具展览会。该展会是目前俄罗斯规模最大、最具权威性的模具展览会,得到了莫斯科工商业委员会、莫斯科企业家(雇主)联盟、俄罗斯机械工具制造联盟及俄罗斯汽车制造商联盟的大力支持。该展览会规模不大,仅对专业观众开放,比较专业,展出效果较好。参展商通过展会不仅可以及时了解和掌握当下国际模具行业最新的发展动态,同时还可直接与国际采购商见面,寻找代理商和分销商,接近各种潜在客户,洽谈合资、合作事宜,是企业开拓国外市场的极好机会。

中国模具工业协会首次组织模具冲压企业参加的“欧洲国际金属板材加工技术展览会”(EUROBLECH 2008)是世界金属冲压与钣金成形行业规模最大、展品最全、水平最高、影响力最大的专业展览会,是业内一流企业展示最新设备和技术的奥林匹克盛会。此次出国参展和考察的代表团成员都受益匪浅:开阔了视野与思路;找到了合适的设备,获得了新的购买意向;达成了合作意向。设备厂商获得了不少订单,模具厂商都与上百家国外用户建立了进一步联系渠道,为日后开拓国际市场提供了良好的条件。该展会两年一届,2010年中国模具工业协会再一次组织我国的冲压模具、多工位级进模企业和板材加工成形设备厂参加展会,开拓国际新市场。

出展存在的问题及建议:

(1)出展组团秩序混乱,组团单位太多,服务质量差。

(2)参展企业产品低价位竞争,外商渔利。

(3)不要盲目出展。刚起步的企业需要待质量和水平上去之后,再参与国际市场竞争。

(4)战略性地选择出展地区。学会海外营销,步步为营、稳抓稳打、持续沉淀几年经营客户,才能有收获。

(5)既要出展又要学习跟踪世界先进水平,在展会上学习进步。企业要将当年最新产品及技术登展亮相。

(6)精心设计展位,突出自己的特长和亮点。出展的外贸人员素质需不断提高。

(7)以模具为重点园区的地方政府,要在政策上给予支持,积极将园区推向国际市场,推出园区龙头企业,树立形象,树立品牌,出口创汇。

2006~2010年中国模具工业协会组团出国参展情况见表2。

表2　2006~2010年中国模具工业协会组团出国参展情况

时间	展会名称	地点
2006.06	美国国际塑料展	芝加哥
2006.09	美国、加拿大模具考察团	美国、加拿大
2006.12	欧洲国际模具展	法兰克福
2007.03	美国金属冲压成形技术展、研讨会	芝加哥
2007.06	德国杜塞尔多夫铸造展	杜塞尔多夫
2007.07	巴西国际模具展	圣保罗
2007.12	欧洲国际模具展	法兰克福
2008.02	印度国际模具展	班加罗尔
2008.04	日本国际模具展	大阪
2008.06	俄罗斯国际模具展	莫斯科
2008.10	欧洲国际金属板材加工技术展	汉诺威
2008.12	欧洲国际模具展	法兰克福
2009.04	日本国际模具展	东京
2009.04	印度国际模具展	孟买
2009.06	俄罗斯国际模具展	俄罗斯

（续）

时间	展会名称	地点
2009.06	美国国际塑料展	芝加哥
2009.07	巴西国际模具展	圣保罗
2009.12	欧洲国际模具展	法兰克福
2010.03	印度国际模具展	孟买
2010.04	日本国际模具展	大阪
2010.06	俄罗斯国际模具展	俄罗斯
2010.10	欧洲金属板材加工技术展	汉诺威
2010.12	欧洲国际模具展	法兰克福

四、开展国际交流与合作，促进模具技术与经贸发展

2006～2010年，中国模具工业协会组织国内模具企业厂长、经理，多次组团赴德国、法国、意大利、美国、加拿大、日本、俄罗斯、瑞士、西班牙、葡萄牙、巴西、捷克等国家考察和参观模具企业及大学、研究院所、培训中心，开展模具技术交流和经贸洽谈；与当地有关协会共同举办中加模具技术交流和经贸洽谈会、中瑞精密模具加工交流研讨会、中捷精密模具加工交流洽谈会、中意精密加工技术交流会、中日韩大学生模具展示会等活动；与当地模具协会和有关商会建立了联系，结识了许多国外模具同行，学习了国外先进管理经验。通过考察学习，我国模具企业看到了国际高水平的模具和模具厂、培训中心、国外模具的标准化、商品化水平、专业化分工、模具质量监控、模具产销分包、模具软件公司、模具加工设备公司、模具材料公司，找到了我们的差距和不足，学习和借鉴了国外先进理念，推动了我国模具工业的发展。

2006～2010年，中国模具工业协会还积极参加各类国际交流会议，如中美汽车配件与汽保行业座谈会、中国—东盟行业商会联席会第二次会议、中国—南非高端商务论坛、中国—越南商务与投资合作论坛、中国—摩尔多瓦经贸合作高层论坛、中葡企业委员会第一次工作会议、2010年英国尖端工程行业高端论坛等，促进了我国模具企业对世界各国经济、技术和贸易的了解，加强了与世界各国模具及相关行业的友好往来，增进了友谊。

2006～2010年，中国模具工业协会先后接待了来华访问的国际模协和各国模协及有关国际组织负责人，多次接待了来访的美国模协代表团、德国模具代表团、英国模具代表团、韩国模协代表团、日本模协代表团、葡萄牙模协代表团、印度模具代表团、澳大利亚模协代表团、加拿大模协代表团、爱尔兰模具代表团等，以及世界各国的模具公司和相关产业的公司负责人代表团，并安排这些代表团参观访问了我国有关模具工厂，与我国模具同行进行了技术交流和贸易洽谈，促进了国际模具行业间的合作。有些工厂通过外国朋友的来访，建立了联系，接到了模具订单，双方受益，促进了国际贸易的发展。

中国模具工业协会还与世界许多国家的驻华使馆商务处建立了联系，相互支持，共同组织国际经贸合作和技术交流会。2005年、2006年、2010年应西班牙、意大利政府的热情邀请和出资，中国模具工业协会组织重点模具企业负责人代表团赴西班牙、意大利参观考察，受到当地政府部门和有关协会的友好接待和欢迎，结识了许多新朋友，增进了与各国模具同行的友谊，建立了联系渠道，为促进在模具方面的经济技术合作和贸易打下了良好的基础。

2006～2010年中国模具工业协会组团出国考察交流情况见表3。

表3　2006～2010年中国模具工业协会组团出国考察交流情况

时间	考察团	地点	人数(人)
2006.06	赴美国模具交流参观团	美国	20
2006.09	赴美国、加拿大模具考察团	美国、加拿大	38
2006.12	赴瑞士模具交流参观团	瑞士	30
2006.12	赴意大利模具交流参观团	意大利	42
2007.07	赴巴西模具交流参观团	巴西	25
2008.02	赴印度模具交流参观团	印度	28
2010.12	赴捷克模具交流参观团	捷克	16
2006～2010	2006、2007、2008、2009、2010上海国际模展招展团10个团组	欧洲等多国	40人次

五、积极参加国际组织活动

中国模具工业协会作为国际模协和亚洲模具协会联合会的成员，积极参加亚洲模具协会联合会和国际模协举办的各种会议和各项工作，加强与国际模协和亚洲模协的合作，通过相互沟通和交流经验，促进国际和亚洲模具工业的发展，以及技术水平和管理水平的提高。国际模协（ISTMA）、亚洲模具协会联合会（FADMA）、其他国家的模协和有关国际组织越来越重视中国模具工业协会和模具企业，邀请中国出席国际模具会议、参加国际模具展览会等行业活动越来越多，到中国来考察和交流的国外同行也越来越频繁，我国模具行业已经成为国际模具工业中的不可忽视的力量。至今，中国模具工业协会已与美国、加拿大、德国、法国、意大利、西班牙、葡萄牙、英国、芬兰、瑞士、巴西、爱尔兰、日本、新加坡、马来西亚、印度、韩国、澳大利亚、泰国、菲律宾、印度尼西亚等20多个国家和中国台湾、中国香港的模具协会、商会等同行业相关组织建立了合作关系和互访机制，开展了技术、经济贸易等多方面的合作和交流以及业务咨询服务。这些活动为广大会员提供了了解国外模具工业发展动态和模具技术发展趋势的平台，促进了国内外模具界的信息交流和经济技术交流。

2006年6月12～13日，国际模协（国际专用工具和加工协会，ISTMA）在葡萄牙召开理事会和全体成员大会，李志刚副理事长、李玉华副秘书长代表中国模具工业协会应邀出席会议。在交流信息、听取ISTMA近期工作和财务情况报告、讨论修改ISTMA章程之后，会议安排了技术报告和参观企业。在葡期间，中国模具工业协会还与葡萄牙模协就模具人才培训和经贸合作等有关事宜交换了意见。

2007年3月27～29日，中国模具工业协会常务副理事长兼秘书长曹延安和中国模具工业协会副理事长李志刚代表中国模具工业协会出席在新加坡召开的亚洲模具工业协会联合会换届大会，会议选举了FADMA新一届领导。主席——印度，第一副主席——韩国，第二副主席——日本，司库——印度尼西亚。会议决定下一次理事会将于2008年5月在上海召开。

2008年5月11～13日，中国模具工业协会在上海承办2008亚洲模具协会联合会理事会（FADMA AGM 2008），来自亚洲11个国家和地区的27名代表和国际模协秘书长共28人出席了会议。中国模具工业协会常务副理事长曹延安、副理事长李志刚、副秘书长李玉华出席了会议。会议日程有主席报告、2007年亚洲模协年会和常务领导会议有关事项通报、2007年度财务报告及2008年财务预算报告，并确定了下届理事会将于2009年3月在韩国召开。国际模协秘书长贝拉先生在会上介绍了国际模协网站，希望各成员单位积极与国际模协网站对接，真正做到国际资源共享。与会代表于12日参加了第12届中国国际模具技术和设备展览会的开幕式并参观了展览会，还参观了上海交通大学模具技术研究所有限公司和上海千缘汽车车身模具有限公司。

2009年3月，中国模具工业协会褚克辛理事长和李志刚副理事长参加了在韩国首尔举行的亚洲模具协会联合会（FADMA）理事长会议。李志刚副理事长代表中国模具工业协会在会上作了有关“中国模具工业的发展及目前状况”的发言，得到了高度评价。会议决定下次主席会议将在印度召开。国际模协（ISTMA）主席 Mr. Joaquim Menezes 先生参加了此次会议并发表了重要讲话，他充分肯定了FADMA的工作成绩，希望亚洲模具工业在未来能有更好更快的发展。

2009年6月，中国模具工业协会副秘书长李玉华出席在美国芝加哥举办的国际模具协会年会，以及2010年12月在德国法兰克福举办的国际模协年会，与国际模协的成员进行了友好交流。

2010年3月，亚洲模具协会联合会（FADMA）2010年年会在印度孟买举行。会议通报了各会员国（地区）年度模具工业发展情况，讨论了关于国际模协拟改变亚洲会员会费交纳办法的意见等事项。曹延安常务副理事长和李志刚副理事长代表中国模具工业协会出席了会议，同时还应邀出席了2010年第七届印度国际模具及机床展览会开幕式并为其剪彩。

2006～2010年中国模具工业协会出席和承办的国际组织会议情况见表4。

表4　2006～2010年中国模具工业协会出席和承办的国际组织会议情况

年份	会议名称	地点	人数（人）
2006	出席国际模具协会年会	葡萄牙	2
2007	出席亚洲模具协会联合会理事会	新加坡	2
2008	承办亚洲模具协会联合会理事会	上海	2
2009	出席亚洲模具协会联合会理事会	韩国首尔	2
2009	出席国际模具协会年会	美国芝加哥	2
2010	出席亚洲模具协会联合会理事会	印度孟买	2
2010	出席国际模具协会年会	德国法兰克福	2

加入WTO，我国模具行业迎来了新的机遇和挑战，既为模具行业创造了更多的发展空间，更好的国际合作大环境，更大的国际舞台，同时也使模具行业面临更加激烈的市场竞争和更大的挑战，对模具行业提出了更高的要求。受对外开放政策及加强国际交流与合作的拉动，我国模具企业的核心竞争力和国际竞争力正在逐步提高，模具产品外贸发展迅速，进出口结构正在朝着合理的方向发展。我国模具正在加速融入世界，在世界模具中的地位越来越重要，影响越来越大，实现了国际共赢。为了在技术上保持与国际同步发展，在管理上运用先进的管理模式和先进的管理经验及理念，在质量上实现优质控制，达到国际一流水准，在模具人才上运用高科技新技术培养21世纪的高级人才，以及应用现代化信息技术带动和提升模具工业的设计和制造管理水平，推动市场全球化，加速与国际接轨等，是“十二五”我国模具行业的重要任务，任重而道远。

希望模具行业各企业把握机遇，迎接挑战，迅速提升，把模具行业推向一个更高更新的台阶。中国模具工业协会将继续坚持求真务实的精神，为模具企业开展国际合作发挥桥梁和纽带作用，推动我国模具行业和世界模具行业协同发展，实现共赢！

〔撰稿人：中国模具工业协会李玉华〕

“十一五”国家级新产品(模具)评审推荐工作总结

一、概述

为了支持企业和科研单位加速新产品开发和产业化,促进企业技术创新,提高产品的市场竞争力,中央有关部委制定相关政策,对国家重点新产品予以适当财政专项补贴。

中国模具工业协会技术委员会按照国科发计字[1997]503号文《国家重点新产品计划管理办法》以及财政部相关文件精神,在“十一五”期间每年根据模具企业申报的材料,组织专家评审推荐符合条件的模具产品,参加国家重点新产品评审。

“十一五”期间,国家级模具新产品评审推荐工作得到了地方政府、地方模协和各专业委员会的大力支持,模具制造企业积极参与。

从申报参评的模具种类来看,参评项目从以前的塑料模、冲压模、压铸模、橡胶模等几种,扩展到挤压模、粉末成形模和其他模具。国家级新产品(模具)评审正在由以企业获得国家财政补助为主,向创造模具品牌方向转变。

从申报参评模具项目的技术水平来看:与“十五”期间相比,参评项目的技术水平明显提高。在模具的复杂程度、制造精度、性能和质量、使用寿命、制造周期以及拥有自主知识产权、运用先进制造技术、出口或进口替代、追求生产效率、与国际接轨等方面,均具有国内领先水平,很大一部分模具产品已经达到国外同类模具先进水平。

二、参评模具项目的基本情况

“十一五”期间,通过评审推荐,一批优秀的模具产品被批准为国家级模具新产品,得到了国家相关政策的扶持。有的得到专项拨款,有的得到各级政府财政补贴或奖励,更有不少企业因此而获得退返增值税的丰厚回报。

为了促进各地方模具行业的发展与交流,更好地为模具企业服务,国家级新产品(模具)评审推荐形式由原来的集中评审,改在申报数量相对集中的地区进行现场评审。

评审推荐国家级模具新产品有力地促进了各模具企业的技术交流和技术进步,创造出一大批名牌模具产品,大大提高了国产模具的市场竞争力,原来依靠进口的许多模具完全实现了国产化,同时不少类型的模具实现了出口欧美等发达国家和地区。

“十一五”期间,企业申报的主要模具类型、模具制品的精度、获得国家专利情况以及采用的先进制造技术如下:

(一)塑料模

1. 参评的塑料模及其塑料制品均达到很高的精度水平

四川华丰企业集团有限公司的6032连接器16位热流道注塑模,佛山市顺德区百年科技有限公司的DGX88电子琴底壳注塑模,广联塑胶模具制品有限公司的用于生产闪存外壳的注塑模等,塑料模及其塑料制品均达到很高的精度要求。

2. 自主研发新型模具,并申请了国家专利

浙江精诚模具机械有限公司的多层复合分配器、PVB渐变色自动控制模头等,属于自主研发的新型模具,并申请了国家专利。

浙江合兴集团的汽车电子零部件模具的创新性主要在于实现了注塑与冲压成形模具的集成,生产的制件质量好、精度高、生产效率高,获得了很好的技术经济效益,并申请了国家专利。

3. 使用热流道技术、气体辅助注塑技术等先进技术以及CAD/CAM/CAE

广东国珠精密模具有限公司参评的瓶坯48腔全自动阀模具、浙江金典模具有限公司的手柄注塑模和宁波跃飞模具有限公司的中央空调面框模具,均采用了热流道技术或气体辅助注塑技术。

深圳市群达行精密模具有限公司的超市购物篮、支架塑胶模除了运用气体辅助注塑技术外,还运用了溢流槽自动开闭装置、热流道程序控制启闭技术等。

陶氏模具集团有限公司参评的47in液晶彩电机壳注塑模,采用外沿多点(10点)针阀式热流道的按时程序控制的进料方式消除了熔接痕、缩痕和气体辅助注塑中的手指痕等各种缺陷。

浙江嘉仁模具有限公司参评的C307后保险杠注塑模属大型注塑模,模具总重35t。模具制品是为长安福特C307轿车配套的后保险杠,是整车的外观功能件,因而对模具的要求很高,而该制品在外表还有一倒钩,按常规无法处理。该模具的浇注系统采用了按时程序控制的热流道系统,大大减少了塑制件的变形,并可控制熔接痕的位置,进一步确保了塑制品的外观品质。

浙江亨达塑料模具有限公司承接法国客户的汽车塑料模,要求很高,塑料制品在整车喷漆时需要承受160℃的高温,塑制品变形不得超过0.2mm。因此,塑料制品所用材料为PPE+PA,材料的流动性很差,所以模具设计时通过CAE分析,要求模温高达100~120℃,从而使模具制品成形时,既保证了塑料流动性又保证了制品质量。

广东圣都模具股份有限公司承接的雷诺汽车车灯架注塑模,采用了先进国家的设计标准,吸收了国外先进经验,利用内滑块实现产品上侧倒出模,解决了产品倒扣的问题;利用弹针实现了产品上两个角度的侧抽芯。设计了自制的

装夹工具,解决了机床在加工深型腔时主轴不到位的问题。该模具采用先进的两点开口试热流道系统,由两点同时注射,保证了产品的注塑均匀性和外观质量。

东莞康佳模具塑胶有限公司的电视机面壳高光无痕绿色注塑模,模具外形尺寸 1 410mm × 1 080mm × 880mm,重 7.4t。该模具采用了速冷速热先进技术,产品高光无痕,外观质量好,省去了传统注塑件的工艺打磨和喷涂等工序,成本降低约 17%。

4. 模具出口及替代进口模具

参评的出口模具和替代进口模具占有很大的比例,其中不少模具出口欧美、日本等发达国家。

广东广联塑胶模具制品有限公司出口法国 ABB 公司低压开关类模具。

浙江赛豪实业有限公司出口日本本田汽车保险杠上、下巴注塑模。

浙江模具厂申报的哈飞 9 右侧围内饰板注塑模具结构设计合理,材料选用 GD2738,氮化处理,经 CAE 应力分析和流动分析,采用了热流道六处进料的浇注系统和加大的推管内径,从而解决了产品缩影问题。模具重量 15t,关键安装孔采用油缸内抽芯,模具分型面研合紧密,产品光滑圆润。模具冷却系统设计合理,生产效率高,可替代进口模具。

(二) 冲压模(级进模)

1. 部分参评模具与国外同类模具水平相当

参评的冲压模具中大型级进模和一模多列的模具占很大比例。从模具的技术水平来看,许多参评模具在总体技术和档次上已与国外同类模具先进水平相当,完全可以替代进口。

慈溪鸿达电机模具制造中心参评的磁悬浮直线电动机长定子铁心冲片冲压模,模具重量 4t,制造精度 2μm,6 个工位。该模具采用先进的双片套裁冲压工艺,设置专用送料机构,突破了双列等宽套裁的送料和窄长冲片的出模难题,材料利用率达到 90% 以上。模具达到国外同类模具先进水平。

2. 参评的多工位级进模制造水平及技术含量较高

参评的多工位级进模的主要特点是模具制造水平及技术含量较高。

宁波鸿达电机有限公司参评的 108mm × 108mm 电动机铁心大回转自动叠铆双列级进模具有自动冲裁、转子铁心扭槽、方形定子铁心大回转、叠片、厚度分组、产品输出及误差检测等技术功能。模具结构上有新创新,且开发了伺服电动机控制系统,保证了大回转的定位精度和产品的回转角度在 0° ~ 180° 任意可调,消除了带料的厚度误差,提高了电动机铁心产品的性能。模具重量 3.5t,在 200t 高速冲床上使用,寿命在 1.5 亿冲次以上。

北京康迪普瑞模具技术有限公司参评的多排多列(24 列)引线框架级进模(SOT - 23B6/D6),46 个工位,凸模凹模材料采用超微细颗粒硬质合金,凸模数量 303 个,最小刃口厚度仅为 0.13mm。模具在 120t 高速冲床上使用,冲次速度 400 ~ 500 冲次/min,单次刃磨后冲次寿命达到 500 万冲次,模具总寿命预计达到 4 亿冲次以上。该模具总体水平与日本同类模具相当,但在模具的多排多列(24 列)和纳米涂层技术的应用方面处于领先地位。

南京长江电子模具有限公司参评的 D198 吊扇电动机硬质合金叠装级进模,是目前国内铁心规格最大的叠装级进模,外转子铁心,直径为 198mm,模具重 4t,10 个工位,具有定、转子铁心自动叠装功能,在 300t 高速冲床上使用,寿命 1 亿冲次。该模具槽形拼块多达 89 件,拼块可互换,在设计制造中突破了大规格收紧装置旋转的技术难题。

南京长江电子模具有限公司参评的"发电机铁心级进模",5 个工位,外形尺寸 ϕ2m,重量 4.8t,冲片外径尺寸 ϕ432mm,制造精度 2μm,是目前国内最大的电机定转子铁心冲片级进模。

峰川模具有限公司参评的汽车座椅配件级进模,重量 7t,18 个工位,冲件为三维空间曲面,形状复杂,模具可一次冲出不同形状的两种零件。模具设计制造按照美国 ASTM 标准要求,配置快换凸模结构,加工周期仅 45 天。

四川华丰企业集团参评的 HM2 接触器簧片级进模,制品的插口、细长筋及微型孔达 25 处,设置了多处调节机构控制微型尺寸的成形精度,是一副国内领先水平的小型精密接插件 45 工位级进模,冲速 350 次/min,寿命 1 亿次。

深圳盛凌实业公司参评的 SDH 光纤通信高速连接器 52 工位接插件级进模,冲压材料厚度为 0.64mm 黄铜,模具冲裁尺寸小、冲压精度高、要求冲速快,对模具的凸凹模设计要求极高。该模具采用限边冲裁加局部强压技术很好地解决了搭边仅 0.2mm 的 2 个 0.4mm 椭圆孔的冲裁难题。模具出口美国 3M 公司,达到国外同类模具先进水平。

3. 采用 CAE/CAD/CAM 技术的级进模

参评的汽车零件大型级进模在应用 CAE 技术模拟冲压成形过程方面,取得了明显效果。通过 CAE 模拟成形分析,优化了模具结构、冲压工艺和制造手段,从而提高了生产效率,降低了生产成本,缩短了新产品的研制周期,保证了模具质量和用户要求。

天津市津兆机电开发有限公司参评的现代汽车摇窗机 GUIDF RAIL 级进模,重量 5.2t,14 个工位。工作模块采用新型材料 HMD—5,成形模块组装后采用组合加工的方法,应用数控高速铣削加工技术,提高了模具精度和制品表面质量。应用 CAE 模拟成形分析,对成形形状的回弹系数进行了精确修正,保证了模具一次试模成功,制造周期 40 天。模具使用寿命预计 3 000 万冲次,替代了原韩国现代汽车的 5 工位单工序模具,生产效率提高 3.5 倍。

广东科龙模具有限公司参评的 1726 SKIL 级进模,重量 17t, 10 个工位,一模冲出两件制品,不仅制品尺寸标注有 600 多处,而且形状复杂要求高。通过 CAE 模拟成形分析,模具结构采用大量的拼块组合,压型部位采用多组氮气弹簧装置,解决了 1.2mm 厚冷轧钢板制品的起皱及破裂难题,并在料带上设置了工艺加强筋,保证了又长又重的料带运行正常可靠。该模具总体水平达到了美国用户的验收要求。

广东科龙模具有限公司参评的"汽车刮雨器底盘级进模"属于大型、薄板、多工位级进模,9个工位,制件尺寸大,形状复杂,板料模具厚0.61mm。模具应用CAD/CAM/CAE技术,提高了生产效率,降低了生产成本,得到了美国用户的认可。该模具的研制成功为我国汽车大型覆盖件模具采用级进模提供了示范。

烟台泰利汽车模具制造有限公司参评的油箱底壳多工位联合安装模属6工位模具,配以机械手可以实现连续自动化生产,同时又可以分别作为单工序模具使用。该模具的开发成功为用户节约了成本,提高了效率,并替代了进口。

(三)铸造模(压铸模)

参评的铸造模(压铸模)项目虽然较少,但水平较高。主要集中在汽车行业使用的大型、复杂、高精度模具,且基本上是国内初次开发的新模具。

象山同家铸造模具厂参评的893504C/893505C缸盖铸造模具参照了国外标准设计,采用CAE分析技术辅助设计,用于制造美国水星海事发动机公司的薄壁、轻型、大功率的发动机缸盖。该模具水冷、气冷系统布置合理,满足了产品对缩松及用户全自动化生产的要求。外模为五开模,镶块材料选用进口H13钢,淬火后表面渗氮处理,底架材料采用QT500—7,二次时效处理。芯盒为七腔的组合形式,七个模块组合后上下合模间隙不能超过0.1mm,要求加工精度高,芯盒中还有许多小气孔,要求定位精确。该模具已经得到批量生产验证,说明我国制造的铸造模具部分已经接近国际先进水平,可以替代进口模具。

广州市型腔模具制造有限公司提交的"汽车直排四缸缸体压铸模具",是在消化吸收国外多家公司的设计和制造经验基础上研发制造的,该类模具过去一直依靠进口。该模具结构相当复杂,由6 000多个零件组合而成;共有11个不同方向的油缸抽芯机构,位置安排设计特别紧凑。温控系统复杂和庞大,共布置100多个温控点;冷却点密集,线路复杂,冷却形式多样,对细长型芯进行强制冷却,极大地增强了模具的冷却能力,提高了压铸生产的效率。该模具还采用真空压铸技术,大大减少了铸件的内部气孔,铸件的合格率达到进口模具的先进水平。

浙江宁波象山同家铸造模具厂申报的1QA汽缸体压铸模37属大型、复杂汽车零件压铸模。模具尺寸1 500mm×1 400mm×1 500mm,重25t。型腔材料采用1.2344和国产H13钢,模架采用50钢,多抽芯结构,模具结构复杂,制品质量和班产要求较高,预计寿命在6万模次。这类模具在国内只有为数不多的厂家能生产。模具采用方导柱导向,加精定位,设计时通过CAE进行流道分析,充分考虑了模具冷却效果,保证了模具工作时型腔热平衡控制在有效温度范围内。该模具已交付使用,运作正常。

宁波市北仑辉旺铸模实业有限公司提交的"汽车四缸缸体压铸模具"创新点多:浇道形式与现有国内、外同类模具相比作了重大改变,采用双边进料的浇道;模具共有6个滑块机构,采用双油缸抽拔,保证滑块运行平稳;改变了滑块的传统前定位,采用平滑块结构,有利于排气;铸件的成品率较高。

该公司申报的另一套模具"汽车仪表盘骨架镁合金压铸模",是目前国内制造的最大镁合金压铸模具,铸件形状复杂,透空位多,产品壁薄。该模具采用多路浇口加辅助浇道的浇注系统,根据铸件形状及结构特点,选取不一致的收缩率,确保零件尺寸准确;为保持模具热平衡,模具上安置有加热、冷却两套系统,生产过程中部分区域加热升温,部分区域冷却降温;模具总装时,采用了模拟热状态下进行贴配的先进工艺方法。

宁波合力模具科技股份有限公司送审的"江淮汽车的变速器壳体压铸模具",外形尺寸3 300 mm×3 000 mm×1 315mm,总重量32t,在35 500N压铸机上使用,属大型、复杂、精密的压铸模具。针对产品形状较为复杂,外侧附有油路板,以及成形过程的工艺性问题,该模具采用U形浇道,在有油路板一侧的滑块上增设有顶模和二级开模机构,保证了油路上的细槽成形及排气,消除了因滑块抽拔运动而造成该处易变形或拉裂的现象,同时各模块的温度场实现了独立控制。此外,该公司的"荣威KV6(2.5L)缸体铝合金低压浇注模",铸件形状复杂,技术要求高及成形工艺特殊。该铸件由23个砂芯的组合通过一个浇注平台浇注而成。该模具组是由5副砂芯模和一个浇注平台组成,5副砂芯模用来制造23款砂芯,一模多个型腔(最多有7腔),砂芯布置合理,模具结构紧凑,拆装方便,提高了铸造设备的效率。其中"水套芯"一模两件,采用二级抽芯机构解决了升模取样的问题。特殊部位设置冷却装置,提高了铸件的致密性。模具能满足"多个砂芯组合和低压铸造相结合"的特殊工艺要求(正申报发明专利)。

从评审推荐的模具可见,我国铸造模具的设计制造技术有了长足的进步,各类大型、复杂、精密铸造模具已接近或达到国外先进水平,但在模具的寿命、效率等方面还与国外有一定的差距。

(四)橡胶模

橡胶模主要以轮胎模具为主。如广东揭阳市天阳模具有限公司的"大型工程车子午线轮胎活络模具",轮胎外径尺寸达2.3m,模具重14t。该模具的设计技术、制造技术和模具质量均达到国内领先水平,接近国际同类产品先进水平。另外,广东巨轮模具股份有限公司研制的"高性能一次法成形鼓",其技术也达到国内领先水平。

(五)汽车覆盖件模具

参评的汽车覆盖件模具数量逐步增加,其中出口或替代进口模具较多,反映出各汽车覆盖件模具生产企业更加重视技术创新和技术进步,通过技术创新承接国外高端汽车模具以及承制替代进口高精模具的能力越来越强。

东风汽车模具有限公司参评的模具共5套,是汽车覆盖件模具申报最多的厂家。公司采用 CAD/CAM/CAE 技术,全部实现了三维设计,无图加工。“神龙 T53 前后门双拉延模”实现了大型覆盖件拼接拉延;“神龙 T53 左右纵梁激光拼焊板料冲模”是不等厚高强度板拉延模具,采用了 CAE 分析和精确的定位,有效地解决了零件的回弹与板料的漂移与蹿动问题。

四川成飞集成科技股份有限公司参加评审推荐的“FAW—BORA—A5—发动机盖内外板冷冲模”完全采用了德国大众汽车模具结构的设计规范,并采用了进口铸件,对成形区域进行了过拉处理,有效地解决了零件的回弹问题,得到了用户的认可。

上海千缘汽车车身模具有限公司参加评审推荐的“力帆 FL7160—520 汽车左右侧围外板冷冲模”属于大型汽车覆盖件模具,目前国内只有个别大模具公司能够开发制造。该模具制件形状复杂,冲压成形难度大,全部通过 CAE 分析确定工艺方案,最终达到了用户满意的效果。

三、我国模具技术发展趋势

从国家级新产品(模具)的评审推荐以及国际模展情况看,我国模具技术显示出以下发展趋势:

1. 企业和模具信息化取得重大的进展

参评模具在企业及模具信息化的两个方面取得了进展。企业信息化包括:制造的数字化、制造的集成化、制造的柔性化、制造的智能化、制造过程的虚拟化、制造过程的网络化、制造过程的全球化等方面。

模具企业的信息化是随着模具产品的信息化发展而发展的。因此,如何实现模具的信息化,一直是模具企业长期探索的问题。

模具信息化方面:一是模具无图加工技术的迅速推广,如四川成飞集成科技股份公司的汽车座椅托板冲模,在生产过程中完全实现了模具的无图加工。二是模具产品信息化的进步,深圳市银宝山新实业有限公司的汽车扶手饰条注塑模,首次在模具内采用压力测控装置,测定注塑时的模内压力。用时间继电器控制热流道的进胶先后次序,通过控制注塑工艺参数,达到控制产品质量的目的,从而实现了模具产品本身的信息化,为模具产品信息化开创了一个很好的范例。

2. 模具出口的迅速增长,有力地促进了模具水平的提高

近年来,随着我国模具工业的迅速发展,大型、复杂中高档模具的出口增长迅速,模具出口与对进口模具的消化吸收、再创新研发的替代进口模具,成为与国际接轨的重要途径。本次参评模具 70% 以上是出口或进口替代模具,模具主要出口美国、日本、意大利、印度、法国、澳大利亚等国。有的模具企业直接采用国外标准和国外模具结构进行模具的设计制造,或在国外技术的基础上开发出新型结构,以迅速提高国内模具企业的创新能力和设计制造水平,加速与国际接轨。

3. 特大型级进模开辟了国内覆盖件级进模制造的新途径

2006 年的第十一届中国国际模具技术和设备展览会首次展出了将级进模冲压技术与汽车覆盖件冲压技术结合起来的特大型级进模,显现出国内覆盖件级进模新的制造技术路径。

4. 模具企业注重技术创新

在国家自主创新政策的推动下,模具企业的创新意识迅速增强,技术创新显现出良好的发展态势,与国际接轨的模仿创新、集成创新的新技术已经成为国内模具企业技术进步的重要动力。

5. 模具企业的知识产权意识越来越强

模具知识产权的保护对模具行业的发展有着重要的推动作用。参评项目申请国家专利的产品占有很大比例,有的甚至申请国外专利,表明国内模具企业开始由以前的经验型模仿设计向自主创新设计方向转变。

四、“十二五”期间主要工作

从国内模具企业的生产组织形式上看,我国的模具企业大多数还没有摆脱“大而全”、“小而全”的组织结构形式。从评审推荐活动中可以看出,一些模具企业积极努力向专业化方向发展,如电机定转子模具企业专业化程度较高,技术与国外先进水平相当。但是总体来说,目前我国模具企业专业化水平还比较低,多种模具并存于一个厂家生产的情况依然较多,我国的模具企业和模具技术的专业化之路任重道远。

随着制造业的国际化以及世界制造业向我国转移的深入发展,我国模具行业迅速与国际接轨,模具行业设计制造技术发展很快,成效斐然,但面临的问题也是严峻的。尽管国内模具生产设备水平逐步与国外接近,我国模具与国外先进水平模具的差距依然不容乐观。如何迅速提高我国模具设计制造技术水平,是模具行业“十二五”期间的主要工作和目标。

温家宝总理在国家“十一五”发展规划中明确指出“要大力发展生产性服务业,细化深化专业化分工,降低社会交易成本,提高资源配置效率”,这实际上为生产型服务业指明了一条发展道路,也为我国模具行业向生产性服务业转型指明了方向。

为了提高国家级新产品(模具)评审推荐工作效率,“十二五”期间要加强宣传力度,扩大受众面,广泛挖掘和积极推荐具有国际设计制造水平的模具企业申报国家级新产品评审,为强化模具企业和生产的专业化,提升模具企业和生产的社会化能力而努力。

〔撰稿人:中国模具工业协会李玉华〕

中国模具行业“十二五”发展规划编制工作总结及规划要点

2009年7月,工业和信息化部向中国模具工业协会发出委托函,决定将编制我国模具行业“十二五”发展规划的任务委托给中国模具工业协会。自此,中国模具工业协会开始了规划的各项工作。

经反复研究,中国模具工业协会明确了编制模具行业“十二五”发展规划的指导思想:要根据行业发展状况和市场需求提出“十二五”期间模具行业发展的战略思路、预期目标、应对策略及措施建议;要认真分析模具行业发展的主要矛盾,抓住重点,确定明确的奋斗目标,并制定出能使规划目标得以实现的可行措施。规划应避免就模具谈模具,要与主要产制成品的发展相联系,要参与国家重大技术和产品开发计划和项目中去,让模具工业更好地为国民经济发展服务。明确了指导思想之后,中国模具工业协会秘书处一方面从调研工作入手,采取召开座谈会、到企业考察等方式了解行业情况,另一方面广泛发动各专业委员会、重点骨干企业、科研单位、大专院校和专家教授积极参与规划工作,并提出意见。

2010年4月7日,中国模具工业协会在广东省汕头市召开理事长会议和专业委员会工作会议,审议了秘书处提交的《“十二五”模具行业规划要点(审议稿)》,并提出了许多修改补充意见,责成秘书处在对规划要点作出修改补充后即按照要点编制规划。

在汇集各方意见和有关资料之后,根据修改完善后的规划要点及各专业委员会提交的各分行业的规划意见,秘书处于2010年7月完成了《模具行业“十二五”发展规划(审议稿)》,并于8月4日提高中国模具工业协会六届四次常务理事会审核,理事会提出修改补充意见后,原则通过。根据常务理事提出的修改补充意见,秘书处经过认真修订,于2010年10月上旬完成并上报了《模具行业“十二五”发展规划》。同时,在《中国模具信息》2010年10月刊上,中国模具工业协会全文刊登了这一历经15个月编制完成的规划。

规划上报之后,工业和信息化部进行了审议,并召开了专家论证会,提出了修改补充意见。中国模具工业协会根据有关意见,进行多次修改。2011年7月,工业和信息化部正式发布《模具行业“十二五”发展规划》。至此,“十二五”规划工作基本结束。

《模具行业“十二五”发展规划》基本反映了我国模具行业的实际情况,是全行业共同努力取得的成果。

在编制规划的15个月中,中国模具工业协会还同时完成了许多与规划相关的工作。主要成果如下:

根据商务部2010年5月委托,10月完成并上报了《模具行业“十二五”进出口规划》。

根据中国机械工业联合会委托,2010年10月完成并上报了《战略性新兴产业智能制造装备——模具专题规划》的有关论证材料。

根据中国机械工业联合会委托,2010年10月完成并上报了《特种原材料“十二五”规划》中模具钢的专题资料。

根据工信部要求,申报了“基础零部件专项——模具项目”有关资料,七大模具产品及相关项目作为机械基础零部件产业的重要发展项目,列入工信部2010年10月11日印发的《机械基础零部件产业振兴实施方案》中。

《装备制造业调整和振兴规划》三年(2009~2011年)有效期内,中国模具工业协会一直致力于这一规划的贯彻、落实与实施,先后完成了《关于对模具行业实行新的扶持政策的建议》和《关于对研究制定铸件、锻件、模具等四类产品的新的税收扶持政策的意见》等报告,并上报相关部门。同时中国模具工业协会还多次向有关部门反映和提交了要求在调整《装备制造业技术进步和技术改造投资方向》目录时增列有关模具产品的意见,获得采纳,汽车覆盖件模具、高等级子午线轮胎模具和高档模具标准件纳入新的目录,获得了国家支持。

《模具行业“十二五”发展规划》要点摘录

一、模具工业在国民经济中的作用、地位及行业现状

模具是工业生产中极其重要而又不可或缺的特殊基础工艺装备。工业要发展,模具须先行。模具制造行业具有技术密集、资金密集、均衡生产和企业管理难度大、增值税税负重、投资回收期长等特点。

当前,全国共有模具生产企业(厂、点)约3万家,从业人员近100万人,2010年模具销售额约1 120亿元。根据2008年我国工业普查资料,模具制造行业主营收入500万元以上企业全国共有2 813家,从业人员41.22万人,工业总产值1 178.35亿元(含模具及非模具产品),资产总计

1 206.34亿元,利税总额133.90亿元。根据海关统计,2010年我国共进口模具20.62亿美元,出口21.96亿美元。出口模具约占模具总销售额的13.00%。

模具产业的快速发展,促进了模具集聚地建设和重点骨干企业的形成,现在具有一定规模的模具园区(模具城)全国已有20个左右,被中国模具工业协会认定和授牌的重点骨干模具企业已达110家。

二、我国模具工业与国际先进水平的主要差距及存在的主要问题

1.主要差距

总体来看,我国模具行业还处于以向先进国家跟踪学习为主的阶段,创新不够,尚未达到信息化生产管理和创新发展阶段,只处于世界中等水平。我国模具行业与发达国家水平仍有10年以上的差距,其中模具加工在线测量和计算机辅助测量及企业管理的差距在15年以上。主要表现为:模具使用寿命低30%~50%(精冲模寿命一般只有国外先进水平的1/3左右),生产周期长30%~50%,质量可靠性与稳定性较差,制造精度和标准化程度较低等。与此同时,我国在研发能力、人员素质、对模具设计制造的基础理论与技术的研究等方面也存在较大差距,致使模具新领域的开拓和新产品的开发速度较慢,高技术含量模具的占比比国外低得多(国外约为60%,国内不足40%),劳动生产率也低许多。

2.主要问题

存在的主要问题大致如下:

(1)研发及自主创新能力薄弱。

(2)企业管理水平落后于技术水平。

(3)数字化、信息化水平还较低。

(4)标准和标准件生产供应滞后于模具生产的发展。

(5)人才与发展不相适应。

(6)以模具为核心的产业链各个环节协同发展不够,模具材料发展滞后尤为明显。

三、"十二五"发展目标及战略

1.发展环境与市场

我国模具在国际模具市场上的比较优势仍旧存在,国内模具市场预期也继续看好。由于模具行业创新能力较弱,在某些高端领域尚缺乏竞争优势。

2.指导思想和总任务

坚持科学发展观,以提高行业整体实力和企业核心竞争力为主要目标,以结构调整为主线,以技术进步为依托,创新驱动,"好"字当头,搞好信息化与工业化的融合,深化改革,开拓市场,苦练内功,着力转变发展方式,提升软实力,更好地为提高装备制造业总体水平、为我国发展低碳经济和国防现代化服务,为我国到2020年步入世界模具强国奠定坚实的基础。

3.发展战略

(1)大力推进产品结构调整。

(2)积极推动企业向"大而强"和"小而专"的方向发展。鼓励有条件的企业扩充以模具为核心的产业链,扩大服务范围。

(3)努力开拓市场。多方面开发国际、国内两个市场,积极提高模具产品出口比例,进一步提高出口产品的档次和附加值,通过增加出口带动产业水平的提升。

(4)积极推进模具生产信息化、数字化、精细化、自动化、标准化;加强产学研用相结合,促进创新与研发能力的提高。

(5)大力发展现代制造服务业(生产性服务业)。

(6)尽快转变发展方式。

(7)对发展重点和主要任务,围绕重点服务对象,实施"项目带动"工程。

(8)加快技能人才培训基地建设。

4.具体目标

(1)2015年总销售额达到1 800亿元左右,其中出口模具占15%左右,即至2015年达到44亿美元左右。

(2)国内市场国产模具自配率达到85%以上,中高档模具的占比达到40%以上。

(3)在行业中全面推广模具全三维CAD和CAD/CAM/CAE/PDM设计生产技术,重点骨干企业率先基本实现。

(4)提高企业信息化管理的总体水平,40%左右规模以上企业基本实现信息化管理,积极提高模具集成化制造水平。

(5)重点发展大型、精密、复杂、组合、多功能复合模具和高速多工位级进模、连续复合精冲模、高强度厚板精冲模、子午线轮胎活络模以及微特模具。

(6)积极发展高档模具标准件和模具基础零部件,如热流道元件、氮气弹簧、特殊斜楔等。

(7)在适用于模具企业的自主品牌软件的开发与提高方面有明显成效。

(8)大力发展现代制造服务业。

四、发展重点和主要任务

在信息化社会和经济全球化的进程中,模具行业的主要发展趋势是:模具产品向以大型、精密、复杂、长寿命模具为代表的,与高效、高精工艺生产装备相配套的高新技术模具产品方向发展;模具生产向管理信息化、技术集成化、设备精良化、制造数字化、精细化、加工高速化及自动化和智能控制及绿色制造方向发展;企业经营向品牌化和国际化方向发展;行业向信息化、绿色制造和可持续方向发展。

1.产品发展重点

(1)为C级及以上等级中高档轿车配套的汽车覆盖件模具、为汽车配套的模夹一体化产品和为电子、信息、光学等产业及精密仪器仪表、医疗器械配套的精密模具。

(2)大尺寸零件和厚板精冲模及复杂零件连续复合精冲模具等。

(3)高强度板、超高强度板和不等厚板冲压模具。

(4)大型、精密塑料模具。

(5)大型精密铸造模具

(6)高等级子午线轮胎活络模具。

(7)新型快速经济模具。

(8)高档模具标准件。

2. 技术发展重点

(1)模具数字化设计制造及企业信息化管理技术(以推广应用为重点,并进行软件集成和二次开发),包括模具全三维 CAD 和 CAD/CAM/CAE/生产技术及 CAPP、ERP、MES、PLM 等管理技术。

(2)模具加工新技术,如高速高精加工、复合加工、精细电加工、表面光整加工及处理新技术、快速成形与快速制模技术、新材料成形技术、智能化成形技术、热压成形技术、厚板精冲技术、连续复合精冲技术、标准化自动化加工技术、大规模定制生产技术、网络虚拟技术等。

(3)具有自主知识产权的模具生产和管理的专用软件的开发及升级。

(4)模具精细化制造和精益生产。

(5)与模具直接关联的模具制品成形过程在线智能化控制技术。

3. 主要任务

(1)在继续跟踪、学习国外先进模具制造技术,跟上全球科学技术发展步伐的同时,要在创新上多下功夫,多创造出具有自主知识产权的技术和产品。

"研"、"用"联合,不断实现技术和产品的创新。重点骨干企业要在创新上走在前面,多出成果,多创专利。

(2)要切实抓住模具数字化设计制造及企业信息化管理技术、大型及精密冲压模具设计制造技术、大型及精密塑料模具设计制造技术、大型精密铸造模具设计制造技术、高级子午线轮胎活络模具设计制造技术、高档模具标准件生产技术等六项重大关键技术,结合重点项目进行突破,并通过高新技术的采用、技术攻关和创新使这些代表行业先进水平的技术获得重大进步,以点带面,加速成果产业化,带动整个行业水平的提高。

汽车轻量化、智能成形、新能源设备以及航空航天、生物医学、轨道交通、智能电网等新兴产业都是"十二五"期间的国家发展重点。为这些重点产业配套的模具自然也是模具行业的发展重点,其中有许多是需要新开发的模具,许多技术有待突破。要以此为突破口带动行业整体水平的提高。

(3)扩大外贸,发展出口。以出口带动我国模具技术及行业综合水平的提高。

(4)积极培育重点骨干模具企业队伍和行业"龙头"企业,充分发挥它们引领行业发展的作用。

(5)加强人才队伍建设,提高信息化管理水平。

(6)因地制宜推进模具集群式生产方式的发展,大力发展现代制造服务业。

(7)加大技术改造力度,大力推进科技创新,搞好两化融合和现代企业制度的建立,努力提升产品档次。

五、政策措施建议

鉴于模具在工业生产中的重要作用及产业特点,要尽快研究落实《装备制造业调整和振兴规划》中明确提出的给予模具行业的新扶持政策。

鼓励和支持模具行业开拓市场、扩大外贸。

对模具产业集聚区建设和重点骨干企业的技术进步及两化融合等项目在立项方面给予倾斜。

对新建的国家级工程研究中心、工程技术研究中心和重点实验室给予大力支持。

充分发挥行业协会作用。

"十二五"模具产业技术发展指南及重点项目建议

一、模具产业技术发展指南

模具是制造业的重要工艺装备,模具技术已成为衡量一个国家产品制造水平的重要标志之一。经过几十年发展,我国模具技术已取得很大进步,但总体来说与国际先进水平尚有10年以上的差距,一些高技术含量的模具还需大量进口,近几年每年都超过20亿美元。模具技术落后制约了制造业许多产品的自主发展,如中高档轿车、大规模集成电路和许多精密电子产品以及高档机电产品和军工产品等。尽快发展模具技术已是当务之急。模具种类繁多,技术要求各异,现选取如下一些影响重大、前景广阔、经过努力可以取得成果并可以产业化和广泛推广应用的关键技术作为模具产业技术的发展指南。

(一)技术名称:模具数字化设计制造及企业信息化管理技术

技术说明:该技术是国际上公认的提高模具行业整体水平的有效技术手段,能够极大地提高模具生产效率和产品质量,提升企业的综合水平和效益。以大型、精密、复杂模具为代表的高技术含量模具目前大量进口,进口模具占据国内中高端模具市场的50%左右。就这类高技术含量的模具而言,我国与国际先进水平尚有10~15年的差距。差距主要表现在精度、寿命、制造周期及使用稳定性和可靠性等方面,模具数字化设计制造技术的落后是造成产品落后的最主要原因之一。

该项技术所包含的主要关键技术有:模具优化设计与 CAD/CAM/CAE 一体化技术,尤其是三维设计和计算机仿真模拟分析技术、模具模块化、集成化、协同化设计技术;模具企业 ERP、PDM、PLM、MES 等信息化管理技术;快速成形与快速制模技术;虚拟网络技术及公共服务平台的建立等。突破这些关键技术,可极大地提高模具企业自主创新能力和市场竞争力,有效提高高技术含量模具的国内市场满足率,并能大量出口,从而提高我国模具行业的整体水平及企业效益。

这项技术当前在国内虽已有不同程度的应用,但高端软件国内开发能力弱，主要依靠进口，应用水平低。

（二）技术名称：大型及精密冲压模具设计制造技术

模具大型化和精密化一直是重要的发展趋势，高强度板和不等厚激光焊接板冲压成形技术的应用已越来越普遍，高强度钢板热冲压成形和大型铝合金板冲压成形技术在汽车生产中的应用也日益增多。高速冲床的运行速度越来越高，集成电路脚距越来越细密，接插件精度越来越高且体积越来越小，推动超精密加工进一步发展。然而我国B级以上中高档轿车和超大规模集成电路及精密电子产品的模具还主要依靠进口，为汽车零部件配套的大型多工位级进模刚起步不久，板料热冲压成形及其模具技术在国内也刚起步，基本还是空白。模具生产技术水平不高已成为影响我国汽车和高档电子产品自主创新能力提高的重要因素。大型及精密冲压模具生产技术的提高，不但能提高汽车和高档电子产品的性能及自主创新能力，还将带动模具行业整体水平的提高。

该项技术所包含的主要关键技术有：汽车大型覆盖件模具生产技术；汽车零部件大型多工位级进模生产技术；高强度板及不等厚焊接板冷冲压模具生产技术；高强度板热压成形及模具生产技术；厚板精冲模具生产技术；精度达到0.001mm的模具，为引线脚100以上及间距0.15mm以下的引线框架和超大规模集成电路配套的模具，为高于5μm精度的精密微型连接件和为特大（ϕ400mm以上）、特小（ϕ16mm以下）、特型（ϕ12mm以下笔式等）电机铁心及高要求显像管、电子枪等配套的模具生产技术等。

（三）技术名称：大型及精密塑料模具设计制造技术

技术说明：随着社会进步和工业的快速发展，用户对塑料模具的要求越来越高，塑料模的比例逐年提高，已占模具总量的45%左右。作为现代工业基础的模具，不但要满足生产零件的需要，而且要满足生产组件的需要，还要满足产品轻量化和节能降耗及环保等生产要求。现在，汽车、轻工、机电、电信、建材等行业及航空航天、新能源设备、医疗器械等新兴产业对塑料零部件的需求越来越大，要求越来越高。因此，大力发展大型及精密塑料模具生产技术已成为提高我国模具制造水平的重要环节之一，其中一些新型的塑料成形技术及相应模具的开发尤为重要，这对于提高工业生产效率、节能降耗和环保有重要意义。

该项技术包含的主要关键技术有：热流道技术及其在精密注塑模具上的合理应用；多注射头塑料封装模具生产技术；为10 000kN锁模力以上注塑机和200t以上热压压力机配套的大型塑料模具以及精度达到0.01mm以上的精密注塑模具生产技术；多色多材质模具生产技术；金属与塑料零件组合模生产技术；不同塑料零件叠层模具生产技术；高光无痕不需再进行塑料件表面加工的注塑模具生产技术；塑料模模内装配及装饰技术和热压快速无痕成形技术；新型塑料和多层复合材料的成型技术及模具技术；气液等辅助注塑技术及模具技术；塑料异型材共挤及高速挤出模具生产技术等。

（四）技术名称：大型精密铸造模具设计制造技术

技术说明：铸造模具为铸造工艺配套，主要有压力铸造模（压铸模）、低压铸造模、重力铸造模、无箱挤压铸造模和精密铸造模等，模具水平对铸件水平影响很大，而大型精密铸造模生产技术难度也很大，进口也不少。当前，铸造模具水平低下致使铸件“肥头大耳”和质量不高的现象仍普遍存在。这一模具生产技术的提高将对提高铸件质量，发展新型铸件，提高近净加工水平具有很大意义。

该项技术所包含的主要关键技术有：镁合金压铸模具及为20 000kN以上锁模力压铸机配套的大型压铸模和精度达0.03mm以上的精密压铸模生产技术；模具制品重量大于10kg，精度达到0.05mm的低压铸造模具和精度达到0.07mm的重力铸造模具制造技术；为自动造型线配套的无箱挤压造型铸造模具生产技术等。

（五）技术名称：高等级子午线轮胎活络模具设计制造技术

技术说明：汽车子午线轮胎有其独特的花纹造型，高等级子午线轮胎活络模具需设计成特殊而又复杂的三维立体结构，其圆度、均匀度、几何精度的要求特别苛刻，以保证轮胎的抓着性能、散热性能、转弯性能、防滑性能和排水性能，确保汽车轮胎行驶的舒适度、高速度和安全性。它是模具家族中个性化最强和唯一“动态”的模具。为了准确无误地将轮胎花纹设计通过轮胎模具反映在轮胎上，现代轮胎模具的设计与制造过程应用CAD/CAM/CAE技术将轮胎花纹总图转化为轮胎模具参数，完成轮胎模具花纹造型和结构设计数字化；对制造工艺进行数字化编程，生成NC程序；由数控机床进行精密加工，整个设计和生产制造过程完全通过数字化信息在内部局域网上传递。完成这一过程需要数字化设计、数字化传输、数字化加工、数字化检验与管理等一系列高精尖技术的支撑。

该项技术所包含的主要关键技术有：铝合金精密铸造和锻造技术；花纹块分块组合加工和精密滑动配合控制技术；模具合模同心度及精确度控制技术；CAD/CAM/CAE技术和CNC精密加工及复合加工技术；高速并行加工技术；模具综合热处理和表面处理技术、真空热处理技术；模具智能网络化制造技术等。

（六）技术名称：高档模具标准件生产技术

技术说明：模具标准件是模具的基础件之一，广泛使用模具标准件不但能缩短模具生产周期，提高模具质量，还能降低模具生产成本，有利于模具维修。当前我国模具标准件生产落后于模具生产，一些高档模具标准件至今还是空白，只好大量进口。这里只选取对模具生产影响最大的两种模具标准件先行突破，即寿命达到100万次的模具用高压氮气缸和温控达到±1℃的热流道及系统。此外，斜楔机构在冲压模中具有十分重要的作用，无油润滑推杆推管在精密塑料模具中也非常重要，也属于应予大力发展的高档模具标准件。这些产品生产技术的突破，将有助于提升我国大型精密模具的水平。该项关键技术主要有：活塞、活塞杆和缸体的精密加工技术，高可靠性密封及安全技术，热流道材料及精密温控技术，热流道喷嘴精密加工技术，塑料在模腔内流动的三维计算机模拟分析技术，新型高档斜楔的设计技术及无油润滑耐磨材料的研发与加工技术等。

二、重点项目建议

基于上述模具产业关键技术，提出较为具体的重点项目建议如下：

（一）先进模具设计加工的基础理论和共性技术研究与开发

模具是为制件，也就是为成形产品服务的，而制件的发展趋势是轻巧、精美、快速与高效生产、低成本与高质量。为此，有些新材料应运而生，例如各种新型塑料、改性塑料、金属塑料、镁合金、超高强度板、复合材料以及耐高温、耐磨、耐腐、强韧材料等，先进模具必须满足各种新材料的成形要求。为了制造出更好、更美、更环保的制件，必须从先进模具的设计制造基础理论和基础技术研发抓起。它们主要包括如下方面：

（1）新型材料成形机理、工艺与技术研究。

（2）复合成形、精密成形与特殊成形的成形工艺与技术研究。

（3）模具设计与制造新方法、新工艺及关键技术研究。

（4）模具对柔性生产和自动化生产的适应性研究。

（5）模具柔性加工和标准化、自动化生产技术的研究与开发。

（6）提高模具可靠性与使用寿命的研究，包括模具失效分析、模具材料及热处理、模具表面强化、高性能模具材料的研发和模具钢选材系统等技术研究。

（7）基于网络环境模具 CAD/CAM/CAE 技术的异地协同分析与研究和运用全球网络的综合系统的研发。

（8）模具设计知识库系统开发。

（9）网络虚拟技术及模具虚拟制造系统的研发。

（10）模具设计制造过程最优化的智能化、信息化技术研究，包括模具设计制造智能化知识集成技术的研发。

（11）模具的超精加工、特种加工和细微加工技术的研究及推广应用。

（12）模具制造在线检测技术，设计、加工、测量一体化技术和数字化调试技术的研究及推广应用。

（13）快速原型技术在快速经济模具中的应用和无模快速制造技术研究。

（14）模具绿色设计制造与再制造技术研究及推广应用。

（二）具有自主知识产权的模具设计制造和管理软件的研发、提高及推广应用

模具生产今后将越来越依赖于高性能的装备与软件。当前国产软件不但数量少，而且在性能、功能方面与国际先进水平尚有不少差距，应进行如下开发：

（1）三维 CAD/CAM 软件开发与提高。

（2）CAE 软件的开发与提高。

（3）模具生产企业 PDM 系统研发。

（4）CAD/ CAM/CAE 无缝集成与一体化及与 PDM 集成技术的研发与推广应用。

（5）逆向工程、并行工程、敏捷制造技术的提高与推广应用。

（6）模具数字化设计制造技术系统研发与推广应用。

（7）模具生产及模具企业信息化管理技术及有关软件的开发、提高和推广应用。

（三）汽车轻量化节能降耗材料成形工艺与模具开发

2009 年，我国已成为汽车生产和使用大国，产量和销售量均列世界首位，“十二五”期间我国将继续保持世界第一的地位，但汽车的质量水平与发达国家相比仍有较大差距。单以汽车的自重来说，轿车自重下降 10% 即可节约燃油 6% ~ 8%，降低排放 4%，节能减排效果十分明显，因此汽车轻量化发展对低碳经济意义重大。“以塑代钢”理念已成为汽车工业的主流，“以塑代钢”和“以铝镁代钢铁”是汽车轻量化的必然之路。塑料替代金属能在汽车减重的同时降低传动件之间的摩擦力，提高耐磨性，减少零件数量，降低加工能耗等。此外，塑料替代金属还可保证汽车的安全性、舒适性、密封性及隔噪效果更好。在欧、美、日等工业发达国家，塑料和铝合金制品在整车重量中的占比已各占到10% ~15%。如工业发达国家每辆轿车塑料平均使用量已超过 150kg（北美接近 200 kg，德国达到 300 kg），预计到 2020 年，发达国家制造的汽车平均塑料用量将达到 500kg /辆以上；而我国目前每辆轿车塑料使用量平均只有约100kg，占汽车总重的 8% 左右。发达国家已有 60 多种镁合金零件用于汽车，我国目前只有 20 多种，差距非常大。纤维增强塑料、金属塑料、塑料镜片和塑料玻璃、各种复合材料以及铝合金、镁合金和新型填充材料等轻量材料的不断涌现，必须使用模具来成形，因此，模具必须满足各种相关材料和各种汽车零部件形状的要求。汽车轻量化模具的开发与产业化十分关键，对发展低碳经济非常重要，其主要内容有：

1. 汽车覆盖件轻量化模具项目

包括功能塑料成型模具，铝、镁合金板成形模具，高强度板、超高强度板和不等厚激光焊接板成形模具等。

2. 汽车发动机轻量化模具项目

包括铝合金发动机缸体缸盖压铸模、发动机气管塑料模具及钛铝合金汽车气门阀压铸模和新能源汽车电池模具等。

3. 汽车其他零部件轻量化模具项目

包括汽车油箱多层塑料吹塑成型模、行李箱板中空吹塑模、汽车方向盘和仪表盘等零件镁合金压铸模及发泡注塑模、汽车零部件特种塑料和复合材料成型模、汽车内饰件特殊工艺复合成形模、汽车精冲零件的连续复合精冲模及汽车中空件内高压成形模等。

（四）高档轿车和节能型汽车模具开发与产业化

目前，我国 C 级及 C 级以上高档轿车外覆盖件等重要部件的模具绝大部分依靠进口，这严重制约我国高档轿车的发展。“十二五”期间必须攻克一些关键技术，并使这类

高技术含量模具基本立足国内，争取部分出口。节能型汽车中有些零部件对模具有特殊要求，也必须加紧研发。

(1)C级轿车车身冲压模具国产化、模夹一体化产品及综合性多功能总成检具等。

(2)汽车零部件大型多工位级进模。

(3)高档轿车保险杠、仪表板等大型复杂精密成形模具。

(4)高强度厚板精冲模。

(5)节能型汽车动力装置模具、变速器系列高精度压铸模具等。

(五)多功能复合高效模具与智能化模具开发与产业化

随着信息化与工业化融合的不断深入发展，依靠信息传递与控制的多功能复合成形与智能化成形技术将不断发展，与此相应的多功能模具与智能化模具应运而生，但亟需提高水平，扩展品种。这些高水平、高技术含量的模具涉及的模具类型比较多，从设计到加工都有许多关键技术必须予以攻克。其主要内容如下：

(1)多功能复合高效冲压模具。

(2)冲压与注射多功能复合成形模具。

(3)用于塑料智能化成型的模具。

(4)参数传感反馈控制压铸模。

(5)用于板材智能化成形的精冲模具。

(6)多层共挤复合模具。

(7)多色多物料共注射成型模具及玻璃橡塑一体化注射模具。

(8)叠层模具、旋转模具、高光无痕及模内装配装饰模具。

(9)新型高等级子午线轮胎模具及智能专用设备和自动生产线的研发。

(六)战略性新兴产业新型特殊模具研发及产业化

新能源、新材料、航空航天、生物工程、海洋工程、物联网和智能电网等战略性新兴产业以及高速铁路、城市轨道交通、电子信息、医疗器械等正在快速发展的产业对零部件各有其特殊要求，许多零部件必须用模具才能生产出来。加强新型特殊模具的研发不但能提高为战略性新兴产业配套的能力，而且也是我国模具行业调整结构、提高水平的重要举措。这些新型特殊模具主要有：

(1)塑料、金属等材料超薄、超精和微特零件的成形模具。

(2)航空航天及国防工业特殊材料成形模具及快速经济模具。

(3)高强度和超高强度板及新型材料的快速经济模具。

(4)真空压铸、半固态金属铸造、金属挤压铸造、金属液锻等技术及模具。

(5)特种有色金属冲压模具。

(6)高速、超高速精密多工位级进模。

(7)金属粉末注射成型模具。

(8)动车组齿轮箱模具和超高速(>300km/h)精密轴承模具。

(9)兆瓦级风力发电机新型桨叶模具和主轴模具等。

(10)光学玻璃非球面镜片成形模具、光学塑料非球面及特种镜片成形模具。

(七)高档模具标准件及模具基础零部件研发和推广应用

模具标准件是模具的基础部件，是专用于模具制造的特殊标准件。广泛应用模具标准件不但可以提高模具质量和水平，而且可有效缩短模具生产周期及降低成本，并有利于维修。据行业统计资料，模具标准件应用得好，可缩短模具生产周期30%～40%，可降低模具制造成本20%～30%，因此，发展模具标准件是国际公认的一条发展模具工业有效而必要的途径。发展高档模具标准件和模具基础零部件是提升模具标准化制造水平进而提升模具水平的重要任务。高档模具标准件目前主要依靠进口，“十二五”期间应主要转为国内配套。这些高档模具标准件和基础零部件主要有：

(1)高性能热流道元件及系统。

(2)高性能长寿命氮气缸和可控氮气弹簧系统。

(3)机械斜楔、液压斜楔等高精度高性能斜楔与机构。

(4)无油润滑推杆推管。

(八)模具行业中小企业公共服务平台建设

模具生产企业99%以上都是中小企业，因此服务于广大中小企业的资源共享、市场化运作的公共服务平台和工程技术中心的建设对行业发展非常重要，尤其是在模具生产集聚区域中小企业密集，这一工作就更为迫切。目前国内有些地方已开始建设公共服务平台，但总体来看水平还比较低，功能还不完善，亟需国家支持。

根据我国模具行业具体情况，“十二五”期间拟建设下列平台：

(1)模具行业中小企业精益研发服务平台(含软件集成及产品研发等)。

(2)模具及其零部件质量控制与检测服务平台。

(3)模具行业信息交流和加工协作平台。

(4)模具人才培训网络。

(九)模具行业工程技术中心建设

我国模具行业已有2个国家级工程技术中心和1个国家重点实验室，它们虽然已为我国模具行业的发展，尤其是技术进步作出了很大贡献，但仍不能满足发展所需。为促进我国模具行业更好更快的发展，建议国家和各级政府有关部门及时作出建设以下国家级工程技术中心及一些省、区、市级工程技术中心项目的决策。

(1)国家级精密冲压模具工程技术中心。

(2)国家级快速经济模具工程技术中心。

(3)国家级汽车模具工程技术中心。

(4)国家级电子模具工程技术中心。

(5)国家级模具材料工程技术中心。

(6)省、区、市级模具工程技术中心。

〔供稿单位：中国模具工业协会〕

国家产业政策(模具部分)汇编

工信部发布《机械基础件、基础制造工艺和基础材料产业“十二五”发展规划》

机械基础件、基础制造工艺及基础材料(以下简称“三基”)是装备制造业赖以生存和发展的基础,其水平直接决定重大装备和主机产品的性能、质量和可靠性。机械基础件是组成机器不可拆分的基本单元,包括轴承、齿轮、液压件、液力元件、气动元件、密封件、链与链轮、传动联结件、紧固件、弹簧、粉末冶金零件、模具等;基础制造工艺是指机械工业生产过程中量大面广、通用性强的铸造、锻压、热处理、焊接、表面工程和切削加工及特种加工工艺;基础材料特指机械制造业所需的小批量、特种优质专用材料。为贯彻落实《国民经济和社会发展第十二个五年规划纲要》关于“装备制造行业要提高基础工艺、基础材料、基础元器件研发和系统集成水平”的要求以及“十二五”国家工业转型升级的总体部署,大幅度提升“三基”产业整体水平,提高为装备制造业的配套能力,实现装备制造业转型升级,特制定《机械基础件、基础制造工艺和基础材料产业“十二五”发展规划》(以下简称《三基规划》),于2011年11月正式发布。

《三基规划》通过“发展现状与面临形势”,“指导思想与发展目标”,“机械基础件、基础制造工艺、基础材料发展重点”以及在“加强自主创新,推动产业技术进步、优化产业结构,促进企业协同发展、建设研发和服务平台,增强持续发展能力、加大技术改造力度,转变产业发展方式、加强行业管理,提升产业整体素质、推进‘两化融合’,提高信息化水平、实施“机械基础件和基础制造工艺双提升工程”等方面的主要任务等章节的内容,指明了未来五年的发展方向;在保障措施方面从加强宏观统筹协调,加强产业政策引导,加强资金引导和支持,优化产业发展环境,推进国际交流合作,充分发挥行业协会的作用等方面进行了表述。在组织实施方面,提出了机械基础件重点发展方向、50项推广应用的先进绿色制造工艺及基础材料重点发展方向,提出我国“三基”产业发展严重滞后于主机并被固化在产业链中低端的状况,提升“三基”产业整体水平和国际竞争力刻不容缓。

一、发展现状与面临形势

在“发展现状”中列出了我国“三基”产业存在的主要问题:

1. 自主创新能力薄弱

“三基”产业研发投入明显不足,投入力度远低于主机行业,缺乏高水平的人才队伍。产业技术基础薄弱,共性技术研究体系缺失,基础性与共性技术研究弱化,新产品、新技术的推广应用困难,行业基础数据的传承、跟踪、积累和共享机制尚不健全。

2. 产业结构不尽合理

“三基”中低端产品产能过剩、高端产品供给能力不足的矛盾十分突出,同质化竞争激烈,贸易摩擦不断。专业化程度低,具有国际竞争力的大型企业集团和具有知名品牌的“专、精、特”企业群体尚未形成。

3. 产品总体水平偏低

“三基”产品的性能和质量与主机用户的需求之间还有一定差距,内在质量不稳定,精度保持性和可靠性低,产品生产过程的精度一致性与国外同类产品水平相比差距明显。生产工艺装备落后。优质、高效、节能、节材的先进基础制造工艺和自动化、数字化装备的普及程度不高,能源消耗、材料利用率及污染排放与国际先进水平差距较大。

在“面临形势”方面,提出科学技术进步助推“三基”向高端发展,机械基础件向长寿命、高可靠性、轻量化、减免维修方向发展。与此同时,信息技术、生物技术、新材料等高技术的快速发展及与传统产业的融合,将“三基”产业带入崭新的发展阶段,成形技术向净成形和近净成形方向发展;超精密加工的尺寸精度由亚微米级向纳米级发展;铝合金、铝镁合金、复合材料、新型工程材料的应用越来越广泛。另一方面,国际经济格局变化给“三基”产业带来双向挤压。金融危机后,工业发达国家再工业化趋势明显,节能、减排、降耗、低碳要求更为严格,将促进更加激烈的新一轮产业竞争。我国“三基”发展不仅受到来自工业发达国家知识产权、技术标准、绿色壁垒等贸易保护措施的“高端卡位”,也面临发展中国家更低成本竞争优势形成的“低端挤压”。我国工业转型升级也对“三基”产业提出了更高要求。

二、发展目标

《三基规划》中提出以产品突破为主攻方向,密切产需合作,加强基础技术研究,加速创新能力建设,着力推进产品质量、可靠性和寿命的升级，加大先进技术推广应用和产业化力度，营造有利于“三基”产业向高端发展的环境，提升“三基”产业整体水平和国际竞争力。

具体指标有：

1. 配套能力增强目标

重大装备所需机械基础件配套能力提高到75%以上；基础制造工艺水平全面提升，高端大型及精密铸锻件基本满足国内需求；重大装备所需的基础材料配套水平大幅提升。

2. 创新能力提升目标

机械基础件的可靠性、性能一致性和稳定性得到显著提升，产品使用寿命提高15%～20%，突破一批关键基础件、基础制造工艺和基础材料的核心技术和产业化技术，形成一批研发和试验检测公共服务平台。

3. 组织结构优化目标

建立起与主机发展相协调、技术起点高、专业化、大批量的配套体系；形成若干年销售收入超100亿元的具有国际竞争力的大型企业集团，培育100家具有知名品牌的“专、精、特”企业，优化30个特色产业集聚区。

2020年，形成与主机协同发展的产业格局，能够满足重大装备和高端装备对机械基础件、基础制造工艺和基础材料的需求，创新能力和国际竞争力处于国际先进水平，部分领域国际领先。

三、发展重点

在发展重点中提出：围绕重大装备和高端装备配套需求，重点发展11类机械基础件、6类基础制造工艺和2类基础材料。集中优势资源，重点开发20种标志性机械基础件、15项标志性基础制造工艺和12种标志性基础材料并实现产业化。

1. 机械基础件

大型、精密、高效、多功能模具发展重点：高档乘用车车身及汽车(超)高强钢板热成形模具，高速精密多工位级进冲压模具，高光无痕、叠层旋转大型塑料模具，超大规模集成电路引线框架及超大超薄LED大型塑料模具，多料多腔精密电子、医疗器械注塑模具，大型工程机械轮胎橡胶模具，轻金属高精压铸模具等方面的发展重点。

在20种标志性机械基础件中，提出了两大类模具标志产品：

(1)C级轿车整体车身成形模具。实现车门、前翼子板表面形状精度0.08～0.05mm，结构面精度±0.05mm，多副模具总成尺寸匹配与控制(含回弹控制)内轮廓精度±0.7mm以内、外轮廓精度±1.0mm以内、总成件之间对接精度±0.5mm以内，车身总体尺寸精度达到或接近2mm。

(2)高光无痕、叠层旋转大型塑料模具。开发宽1 200mm及以上、模具精度u级、模具型腔A0－A1级镜面光洁度，模具总装精度≤0.02的高光无痕、模内装饰技术、超大超薄LED大型镜面、复杂高效精密的汽车发动机塑料进气歧管的精密注塑模具；加热恒温浇注系统总误差＜0.02mm，加热恒温±1℃，H7/g6精密滑动配合，实现注塑叠层模具的高效生产。

2. 基础制造工艺

重点发展6类先进、绿色制造工艺，降低能源、材料消耗，改善环境，提高产品质量和效率。从重点发展的基础制造工艺中，提出50项先进绿色制造工艺作为推广的重点，同时选择15项标志性基础制造工艺作为开发的重点。

与模具相关的基础制造工艺有：大型薄壁结构件整体成形工艺，多工位冷、温锻工艺，高速精密镦锻工艺，大型复杂结构件精密体积成形工艺，板材管材精密成形工艺，高强钢板热成形工艺，曲轴、风电主轴及阀门全纤维近净成形技术，汽车铝合金精密锻造工艺，精冲工艺。

其中，切削加工及特种加工工艺重点发展：高速/超高速切削加工工艺，复合加工工艺(车铣复合、铣磨复合等)，复合材料切削工艺，超精密加工工艺(轴系精度0.02～0.05μm)，超大零件切削加工工艺，微量润滑切削工艺，干式切削工艺，“三束”(电子束、离子束、激光束)加工工艺，电火花加工工艺，超声加工工艺，增量制造工艺，粉末冶金零件的精密成形工艺。

3. 基础材料

在基础材料方面提出以经济可承受性为主旨，重点发展关键基础零部件所需的高品质结构材料和工艺材料。

(1)结构材料。突出发展高性能结构钢，涡轮叶片、涡轮盘等用高温合金，高压精密液压铸件用铸铁，密封材料，绝缘材料，复合材料，仪表功能材料等。

(2)工艺材料。突出发展中厚预硬模具钢、高耐蚀耐磨镜面塑模钢、高韧高耐磨冷作模具钢、大型轻质合金压铸模具钢、高性能粉末冶金模具钢。

从“十二五”期间基础材料的重点发展方向中选择12种标志性基础材料作为开发的重点。其中，在第四位提出要重点开发大型、耐蚀模具钢：厚度超过600mm、探伤级别达欧洲E/e级制造级进模具的高精度高质量冷作模具扁钢和中厚预硬模具钢，表面到心部硬度波动不大于3HRC高耐蚀耐磨镜面塑模钢，大型铝、镁合金轻金属压铸模具钢等大型、耐蚀模具钢。

四、主要任务

在“主要任务”中提出：健全技术创新体系，开发一批标志性“三基”产品，完善人才培养机制，优化产业结构，推进组织结构调整，加强自主创新，建设一批公共研发中心，推进产品结构调整，在优化特色产业集聚区建设中，结合“新型工业化示范基地”建设，发展一批专业特色鲜明、品牌形象突出、服务平台完备、热加工相对集中的现代产业集聚区。培育30家专业化分工、产业链协同的特色产业集聚区，形成布局合理、协调发展的产业格局，建设区域基础制造工艺中心，建设一批检测实验公共服务平台。促进企业协同发展，建设产需对接平台，推动产业技术进步。

《三基规划》中将推广50项先进绿色制造工艺，支持企业技术改造，优先加强科研和检测实验能力建设，提高工艺、技术和装备水平;鼓励企业进行节能降耗和资源综合利用改造;引导企业利用数字化控制技术和先进适用技术改造传统制造工艺和装备。提升经营管理水平,推进"两化融合",提高信息化水平,提升产品质量,培育知名品牌,大力发展数字化集成化的基础件,落实《智能制造装备发展规划》和《"数控一代"装备创新工程行动计划》。实施"机械基础件和基础制造工艺双提升工程",全面提升对重大装备和高端装备的配套保障能力。

五、保障措施

在保障措施方面提出:在继续贯彻落实《机械基础零部件产业振兴实施方案》的基础上,组织部署和实施"机械基础件和基础制造工艺双提升工程"。加强产业政策引导,制定《机械基础件、基础制造工艺和基础材料产品推广目录》。研究设立"三基"产业发展专项,重点支持机械基础件、基础制造工艺和基础材料企业的技术研发和产业化,先进工艺推广应用,新产品的试点示范,研发、检测、培训等行业服务平台建设,加大国家相关计划对"三基"产业技术创新和技术改造的投入力度,支持产学研合作,联合攻克产业关键技术。鼓励金融机构设立"三基"产业发展专项基金。引导地方、企业和社会资本加大对"三基"产业的资金投入等等。

〔供稿单位:中国模具工业协会〕

国家发展和改革委员会、商务部发布新的《外商投资产业指导目录》

2011年12月24日,《外商投资产业指导目录(2011年修订)》(以下简称《目录》)正式发布,自2012年1月30日起施行,《外商投资产业指导目录(2007年修订)》同时停止执行。

我国已成为全球第二大引资国。新《目录》紧紧围绕加快经济发展方式转变这一主线,统筹国内发展和对外开放,重点强调优化外资结构,推动科技创新、产业升级,对我国实施"十二五"规划,提高利用外资水平,调整优化经济结构,在更高层次、更大范围参与国际合作和竞争将发挥积极的促进作用。《目录》修订过程中,首次将草案上网公开征求意见,充分体现出我国在外商投资政策形成过程中注重听取各方意见,提高政策制定的透明度。

一、调整和变化

1. 进一步扩大对外开放

以开放促改革、促发展,营造良好的投资环境。新《目录》增加了鼓励类条目,减少了限制类和禁止类条目。同时,取消部分领域对外资的股比限制,有股比要求的条目比原目录减少11条。

2. 促进制造业改造提升

将高端制造业作为鼓励外商投资的重点领域,促进外商投资使用新技术、新工艺、新材料、新设备改造和提升传统产业。新《目录》在鼓励类中增加了纺织、化工、机械制造等领域新产品、新技术条目。同时,鼓励外商投资循环经济,鼓励类增加了废旧电器电子产品、机电设备、电池回收处理条目;考虑汽车产业健康发展的要求,将汽车整车制造条目从鼓励类中删除;为抑制部分行业产能过剩和盲目重复建设,将多晶硅、煤化工等条目从鼓励类中删除。

3. 培育战略性新兴产业

抓住国际战略性新兴产业发展机遇,鼓励外商投资节能环保、新一代信息技术、生物、高端装备制造、新能源、新材料、新能源汽车等战略性新兴产业,提升我国承接国际产业转移的层次和水平,培育国际合作和竞争新优势。新《目录》在鼓励类中增加了新能源汽车关键零部件、基于IPv6的下一代互联网系统设备等条目,取消了新能源发电设备条目的股比要求。

4. 促进服务业发展

积极引导外商投资服务业,推动产业结构调整。鼓励外商投资现代服务业,支持面向民生的服务业扩大利用外资,推进服务业开放进程。新《目录》增加了9项服务业鼓励类条目,包括机动车充电站、创业投资企业、知识产权服务、海上石油污染清理技术服务、职业技能培训等,服务业条目在鼓励类中的比重进一步增加。同时,将外商投资医疗机构、金融租赁公司等从限制类调整为允许类。

5. 促进区域协调发展

贯彻落实《国民经济和社会发展第十二个五年规划纲要》提出的推进新一轮西部大开发、全面振兴东北地区等老工业基地、大力促进中部地区崛起等部署,继续实行差别化的产业导向政策。此次修订中删除的部分鼓励类条目,将根据促进中西部地区承接产业转移、发展中西部地区特色优势产业等原则,在修订《中西部地区外商投资优势产业目录》时予以考虑。

二、模具及与模具制造相关设备列入情况

(十七)通用设备制造业

1. 高档数控机床及关键零部件制造:五轴联动数控机床、数控坐标镗铣加工中心、数控坐标磨床、五轴联动数控系统及伺服装置、精密数控加工用高速超硬刀具

2. 1 000t及以上多工位镦锻成形机制造

6. 特种加工机械制造:激光切割和拼焊成套设备、激光精密加工设备、数控低速走丝电火花线切割机、亚微米级超细粉碎机

(十八)专用设备制造业

18. 金属制品模具(铜、铝、钛、锆的管、棒、型材挤压模具)设计、制造

19. 汽车车身外覆盖件冲压模具，汽车仪表板、保险杠等大型注塑模具，汽车及摩托车夹具、检具设计与制造

21. 精密模具（冲压模具精度高于0.02mm、型腔模具精度高于0.05mm）设计与制造

22. 非金属制品模具设计与制造

（二十一）通信设备、计算机及其他电子设备制造业

5. 集成电路设计，线宽0.18μm及以下大规模数字集成电路制造，0.8μm及以下模拟、数模集成电路制造，MEMS和化合物半导体集成电路制造及BGA、PGA、CSP、MCM等先进封装与测试

11. 计算机辅助设计（三维CAD）、辅助测试（CAT）、辅助制造（CAM）、辅助工程（CAE）系统及其他计算机应用系统制造

12. 软件产品开发、生产

14. 电子专用设备、测试仪器、工模具制造

〔供稿单位：中国模具工业协会〕

《中华人民共和国进出口税则》2012版发布

《中华人民共和国进出口税则》2012版于2012年1月1日实施。

在海关进出口商品编码修订工作中，中国模具工业协会根据模具行业发展和模具进出口形势的变化，连续多年提出修订意见并上报财政部、商务部、海关总署，希望将海关商品的分类编码及统计用产品分类与模具行业的发展相一致，并与国际标准统一。

《中华人民共和国进出口税则》2012版采纳了中国模具工业协会提出的部分意见，新增硫化轮胎用囊式型模、压铸模、玻璃用型模、粉末冶金用压模等税则号列，使原12个模具产品税则号列增至17个。

表 《中华人民共和国进出口税则》2012版模具部分

税则号列	货品名称
金属拉拔或挤压用模	
82072010	带有天然或合成金刚石、立方氮化硼制的工作部件
82072090	其他
82073000	锻压或冲压工具
ex82073000	加工小轿车车身冲压件用的4种关键模具（侧围外板模具、翼子板模具、拼接整体侧围内板模具、拼焊整体侧围加强板模具）
ex82073000	加工小轿车车身冲压件用的4种特种模具（$\sigma b \geq 980N/mm^2$的冷冲压模具、热成型模具、内高压成型模具和铝板模具）
84801000	金属铸造用型箱
84802000	型模底板
84803000	阳模
金属、硬质合金用型模	
注模或压模	
84804110	压铸模
84804120	粉末冶金用压模
84804190	其他
84804900	其他
84805000	玻璃用型模
84806000	矿物材料用型模
塑料或橡胶用型模	
注模或压模	
84807100	硫化轮胎用囊式型模
84807190	其他
84807900	其他

〔供稿单位：中国模具工业协会〕

中国模具工业协会

中国模具工业协会（简称中国模协），英文名称 CHINA DIE & MOULD INDUSTRY ASSOCIATION(英文缩写CDMIA)，成立于1984年10月，是经国家民政部核准登记注册、具有社会团体法人资格的模具行业全国性社会团体。

中国模协的主管是国务院国有资产监督管理委员会。中国模协接受国务院国有资产监督管理委员会、民政部的业务指导和监督管理。

中国模协的宗旨是为会员、模具行业和政府服务，维护国家和会员的合法权益，促进我国模具工业的发展和进步，在会员、模具企业、模具行业与政府之间发挥桥梁纽带作用。

中国模协现有团体会员1 200个，包括有关模具企业、科研院所、院校和各省、自治区、直辖市、计划单列城市及重要工业城市的模具行业协会等团体会员。中国模协的最高权力机构是会员代表大会，会员代表大会闭幕期间由理事会、常务理事会行使其职权，领导协会工作。中国模协的常设办事机构是中国模协秘书处。

中国模协是亚洲模具协会联合会（FADMA）的发起成员单位之一，是国际模协（ISTMA）的成员单位。中国模协与许多国家或地区的模具界有着广泛的联系与合作。

名誉理事长：杨　铿　　于　珍

第六届理事会理事长和副理事长：

理事长　　褚克辛

常务副理事长　　曹延安

副理事长　　王锦田　叶　军　邬永林　李志刚　李建华　柳学宏

杨世伟　杨国华　陈迎志　武兵书　赵西金　洪惠平

胡津生　郭　椒　陶永华　戴品荣

秘书长、副秘书长：

秘书长　　武兵书（兼）

副秘书长　　李玉华　秦　珂　董宝林

专务　　周永泰

顾问：

于　恒　王　都　王敏杰　石　峰　孙玉鼎　卢秉恒　申长雨　许发樾　阮雪榆

居乃仁　张鼎承　陈蕴博　胡　平　崔　昆　钟志华　雷　毅　颜永年　魏富海

各专业委员会主任委员：

技术委员会主任	叶　军	苏州电加工机床研究所所长
模具标准件委员会主任	刘晶波	西安航光仪器厂厂长
经营管理委员会主任	曹曙峰	无锡曙光模具有限公司总经理
模具材料委员会主任	蔡安定	上海材料研究所所长
汽车车身模具及装备委员会主任	李建华	东风模具冲压技术有限公司总经理
兵器模具委员会主任	尹晓舜	中国兵器装备集团公司研究员级高工
橡胶模具委员会主任	洪惠平	广东巨轮模具有限公司总经理
拉丝模具委员会主任	王建拓	上海久元拉丝模有限公司总经理
人才培训部主任	翁史振	桂林电器科学研究所《模具工业》主编
经济技术信息委员会		

CHINA DIE & MOULD INDUSTRY ASSOCIATION

China Die & Mould Industry Association (CDMIA) was founded in October 1984. It is the sole nationwide organization in the trade of dies and moulds in China.

The competent organization of CDMIA is State-owned Assets Supervision & Administration Commission. CDMIA is under the direction, supervision and administration of State-owned Assets Supervision & Administration Commission, Ministry of Civil Affairs, and held in trust by China Machinery Industry Federation.

The main purpose of CDMIA is to serve its members and assist the government so as to maintain the legitimate rights and interests of its members push forward the development and technological advancement of the die & mould industry in China, and serve as a bridge between the die & mould enterprises and the government.

CDMIA has 1 200 group members, including relevant die & mould enterprises、research institutes、college & university and regional die & mould associations in all the provinces, municipalities, autonomous regions, and major industrial cities. The organization of supreme power of CDMIA is the Congress. The Council and the Standing Council exercise leadership function when the Congress closes, and the Secretariat functions as its standing administrative body.

China Die & Mould Industry Association is a founding member of FADMA and a formal member of ISTMA/FADMA. CDMIA has already established good relations with die and mould industries in various countries and/or regions.

Honorary President： Yang Keng　Yu Zhen

President and Vice-President of the sixth Council：

President：Chu Kexin

Executive Vice-President：Cao Yan′an

Vice-President：Wang Jintian　Ye Jun　Wu Yongling　Li Zhigang　Lijianhua　Liu Xuehong　Yang Shiwei　Yang Guohua　Chen Yingzhi　Wu Bingshu　Zhao Xijin　Hong Huiping　Hu Jinsheng　Guo Jiao　Tao Yonghua　Dai Pinrong

General Secretary, Vice-General Secretary：

General Secretary　Wu Bingshu (Part time)

Vice-General Secretary　Li Yuhua　Qin ke　Dong Baolin

Commissoner　Zhou Yongtai

Adviser：

Yu Heng　Wangdu　Wang Minjie　Shi Feng　Sun Yuding　Lu Bingheng　Shen Changyu
Xu Fayue　Ruan Xueyu　Ju Nairen　Zhang Dingcheng　Chen Yunbo　Hu Ping　Cui Kun
Zhong Zhihua　Lei Yi　Yan Yongnian　Wei Fuhai

Director of each special committee：

Technical Committee: Ye Jun	Director of Suzhou Research Institute of Electric Machining
Die & Mould Standard part and Component Committee: Liu Jingbo	Director of MBS Xian Hangguang Instrument Factory
Operation and Management Committee: Cao Shufeng	President of Wuxi Dawn Die & Stamping Co., Ltd.
Committee of Materials of Die & Mould: Cai Anding	Director of Shanghai Research Institute of Materials
Committee of Automobile Body Die & Equipment: Li Jianhua	General Manager of Dongfeng Mould & Stamping Technology Co., Ltd.
Rubber Mould Committee: Hong Huiping	General Manager of GuangDong GREATOO MOLDS INC.
Weapons Die & Mould Committee: Yin Xiaoshun	Prof. Engineer of China Weapons Equipment Group Company
Wire Drawing Die & Mould Committee: Wang Jiantuo	General Manager of Shanghai CIMIC WIRE DIE Co., Ltd.
Personnel Training Department: Weng Shizhen	Director of Gui Lin Electrical Equipment Scientific Research Institute
Economic and Technology information Committee	

中国模具工业协会组织机构
China Die & Mould Industry Association Structure

会员代表大会
Membership Representative Congress

理事会
Council

常务理事会
Standing Council

秘书处
Secretariat

技术委员会
Technical Committee

经营管理委员会
Operation and Management Committee

模具材料委员会
Committee of Materials of Die & Mould

模具标准件委员会
Die & Mould Standard part and Component Committee

橡胶模具委员会
Rubber Mould Committee

拉丝模具委员会
Wire Drawing Die & Mould Committee

经济技术信息委员会
Economic and Technology information Committee

兵器模具委员会
Weapons Die & Mould Committee

汽车车身模具及装备委员会
Committee of Automobile Body Die & Equipment

人才培训部
Personnel Training Department

北京中模咨询部
Beijing Zhongmo Consultancy Department

会刊《模具工业》
Die & Mould Industry

会刊《中国模具信息》
China Die & Mould Information

中国模具工业信息网
www.cdmia.com.cn

2008～2011年，中国模具工业协会组团参加了众多国际展会，为国内模具企业拓宽海外市场，扩大进出口贸易提供了良好的合作机会。

2008年2月15日，中国模具工业协会秘书长武兵书在印度班加罗尔参加印度国际模具展览会开幕式

2010年3月18日，中国模具工业协会常务副理事长曹延安在印度国际模具展览会上

2009年6月，中国模具工业协会组团参加美国芝加哥美国国际塑料展览会

中国模具工业协会参展团

2010年12月，中国模具工业协会组团参加德国法兰克福欧洲国际模具展览会

中国模具工业协会参展团

横沥以产业集聚地的形象展示

中国模具工业协会积极参加国际模协和亚洲模协的会议及各类国际交流活动

2009年6月24日，美国塑料协会会长在芝加哥会见中国模具工业协会代表

2010年3月19日，亚洲模具协会理事会在印度孟买召开，中国模具工业协会常务副理事长曹延安出席会议

2011年6月15日，中国模具工业协会与俄罗斯国家技术集团共同举办中俄汽车与模具高层论坛

主要活动掠影

DMC 国际模展是国际性的模具、设备盛会，展会同期举行丰富的行业活动，起到助推行业技术进步、促进市场发展的作用。

展会同期活动

掠影

BOSCH 公司汽车零部件模具采购交流会

高效先进模具制造技术研讨会

活动

设计制造新技术论坛

中国汽车模具制造技术高端发展论坛

众多行业专家参观展会并出席活动

中国机械工业联合会执行副会长陆仁琪出席开幕式

中国模具工业协会名誉理事长于珍参观展会

行业资深专家阮雪榆院士出席同期活动

中国模具工业协会主要活动掠影

中国模具工业协会第六届理事会第四次全体会议于 2011 年 6 月 1 日在上海召开。会议通过了关于成立中国模具工业协会第七次会员代表大会换届筹备工作组的决定，就实施“项目带动”战略，推进模具行业“十二五”发展规划落实等工作进行了交流。

中国模具工业协会理事长褚克辛

中国模具工业协会常务副理事长曹延安

中国模具工业协会副理事长兼秘书长武兵书

中国模具工业协会主动走进企业，了解企业发展状况，协助企业解决发展中面临的问题。同时，利用组团参展的机会，组织企业与国际采购商及设备提供商见面。

马斯特模具(昆山)有限公司

苏州海华集团有限公司

2011 年 8 月，由武兵书秘书长带队的中国模具工业协会一行人前往浙江宁波地区进行调研。

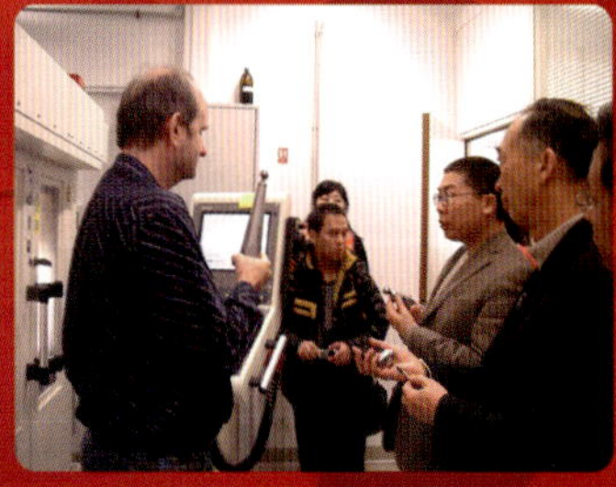

2010 年 12 月 6 日，中国模具工业协会代表团在捷克海德汉分公司交流

2011 年 9 月 28 日，中国模具工业协会代表团访问南非大众汽车有限公司

模具企业名单

序号	公司（厂）名称	授牌名称
1	一汽模具制造有限公司	中国汽车覆盖件模具重点骨干企业
2	天津汽车模具股份有限公司	中国汽车覆盖件模具重点骨干企业
3	东风模具冲压技术有限公司	中国汽车覆盖件模具重点骨干企业
4	四川成飞集成科技股份有限公司	中国汽车覆盖件模具重点骨干企业
5	泊头市兴达汽车模具制造厂	中国汽车覆盖件模具重点骨干企业
6	哈尔滨哈飞模具制造有限责任公司	中国汽车覆盖件模具重点骨干企业
7	上海千缘汽车车身模具有限公司	中国汽车覆盖件模具重点骨干企业
8	湖北十堰先锋模具股份有限公司	中国汽车覆盖件模具重点骨干企业
9	亿森（上海）模具有限公司	中国汽车覆盖件模具重点骨干企业
10	重庆长安汽车股份有限公司渝北模具工厂	中国汽车覆盖件模具重点骨干企业
11	河北兴林车身制造集团有限公司	中国汽车覆盖件模具重点骨干企业
12	北京比亚迪模具有限公司	中国汽车覆盖件模具重点骨干企业
13	南京南汽模具装备有限公司	中国汽车覆盖件模具重点骨干企业
14	山东潍坊福田模具有限责任公司	中国汽车覆盖件模具重点骨干企业
15	瑞鹄汽车模具有限公司	中国汽车覆盖件模具重点骨干企业
16	泊头市京泊汽车模具有限责任公司	中国汽车覆盖件模具重点骨干企业
17	湖南湖大三佳车辆技术装备有限公司	中国汽车覆盖件模具重点骨干企业
18	湖南晓光汽车模具有限公司	中国汽车覆盖件模具重点骨干企业
19	安徽江淮福臻车体装备有限公司	中国汽车覆盖件模具重点骨干企业
20	河北金环模具有限公司	中国汽车覆盖件模具重点骨干企业
21	青岛吉泰汽车模具有限公司	中国汽车覆盖件模具重点骨干企业
22	四川省宜宾普什模具有限公司	中国汽车覆盖件模具、精密多腔注塑模具重点骨干企业
23	浙江炜驰机械集团有限公司	中国汽车零部件冲压模具重点骨干企业
24	浙江黄岩冲模厂	中国汽车零部件冲压模具重点骨干企业
25	苏州金鸿顺汽车部件股份有限公司	中国汽车零部件冲压模具重点骨干企业
26	江苏卡明模具有限公司	中国汽车零部件冲压模具重点骨干企业
27	吉林省元隆达工装设备有限公司	中国汽车零部件冲压模具重点骨干企业
28	浙江赛豪实业有限公司	中国汽车零部件塑料模具重点骨干企业
29	浙江伟基模业有限公司	中国汽车零部件塑料模具重点骨干企业
30	宁波双林模具有限公司	中国精密注塑模具重点骨干企业
31	宁波横河模具有限公司	中国精密注塑模具重点骨干企业

序号	公司（厂）名称	授牌名称
32	宁波舜宇模具有限公司	中国精密注塑模具重点骨干企业
33	烟台天隆模塑有限公司	中国精密注塑模具重点骨干企业
34	厦门唯科模塑科技有限公司	中国精密注塑模具重点骨干企业
35	深圳市昌红模具科技股份有限公司	中国精密注塑模具重点骨干企业
36	深圳市信懋实业有限公司	中国精密注塑模具重点骨干企业
37	东莞钜升塑胶电子制品有限公司	中国精密注塑模具重点骨干企业
38	忠信制模（东莞）有限公司	中国精密注塑模具重点骨干企业
39	深圳市东方亮彩精密技术有限公司	中国精密注塑模具重点骨干企业
40	亿和精密工业控股有限公司	中国精密注塑模具重点骨干企业
41	揭阳市大立模具厂有限公司	中国精密注塑模具重点骨干企业
42	苏州胜利精密制造科技股份有限公司	中国精密注塑模具重点骨干企业
43	慈溪市盛艺模具有限公司	中国精密注塑模具重点骨干企业
44	青岛海尔模具有限公司	中国大型精密塑料模具重点骨干企业
45	群达模具（深圳）有限公司	中国大型精密塑料模具重点骨干企业
46	陶氏模具集团有限公司	中国大型精密塑料模具重点骨干企业
47	四川长虹模塑科技有限公司	中国大型精密塑料模具重点骨干企业
48	宁波跃飞模具制造有限公司	中国大型精密注塑模具重点骨干企业
49	青岛海信模具有限公司	中国大型精密注塑模具重点骨干企业
50	深圳市银宝山新科技股份有限公司	中国大型精密注塑模具重点骨干企业
51	东莞康佳模具塑胶有限公司	中国大型精密注塑模具重点骨干企业
52	苏州汇众模塑有限公司	中国大型注塑模具重点骨干企业
53	宁海县第一注塑模具有限公司	中国大型注塑模具重点骨干企业
54	广东科龙模具有限公司	中国大型注塑模具重点骨干企业
55	深圳华益盛模具有限公司	中国大型注塑模具重点骨干企业
56	宁海县大鹏模具塑料有限公司	中国大型注塑模具重点骨干企业
57	浙江黄岩美多模具厂	中国大型注塑模具重点骨干企业
58	上海崴泓模塑科技有限公司	中国大型注塑模具重点骨干企业
59	浙江嘉仁模具有限公司	中国大型注塑模具重点骨干企业
60	浙江凯华模具有限公司	中国大型注塑模具重点骨干企业
61	宁波远东制模有限公司	中国大型塑料模具重点骨干企业
62	黄岩星泰塑料模具有限公司	中国大型塑料模具重点骨干企业
63	宁波申江汽车部件有限公司	中国大型塑料模具重点骨干企业
64	佛山市顺德区百年科技有限公司	中国塑料模具重点骨干企业
65	东莞市中泰模具有限公司	中国大型级进冲压模具重点骨干企业
66	湖南同心模具制造有限公司	中国大型冲压模具重点骨干企业
67	湖北齐星模具制造股份有限公司	中国大型冲压模具重点骨干企业

序号	公司（厂）名称	授牌名称
68	无锡国盛精密模具有限公司	中国精密冲压模具重点骨干企业
69	昆山嘉华电子有限公司	中国精密冲压模具重点骨干企业
70	北京航天振邦精密机械有限公司	中国精密冲压模具重点骨干企业
71	成都宏明双新科技股份有限公司	中国精密冲压模具重点骨干企业
72	天津市津兆机电开发有限公司	中国精密冲压模具重点骨干企业
73	昆山荣腾模具部品制造有限公司	中国精密冲压模具重点骨干企业
74	北京康迪普瑞模具技术有限公司	中国精密冲压模具重点骨干企业
75	扬州恒德模具有限公司	中国精密冲压模具重点骨干企业
76	昆山久锦精密模具有限公司	中国精密冲压模具重点骨干企业
77	黄山三佳谊华精密机械有限公司	中国精密级进冲压模具重点骨干企业
78	合兴集团有限公司模具中心	中国小型精密模具重点骨干企业
79	宁波鸿达电机模具有限公司	中国电机铁芯模具重点骨干企业
80	湘潭电机力源模具有限公司	中国电机铁芯模具重点骨干企业
81	宁波震裕模具有限公司	中国电机铁芯模具重点骨干企业
82	中国南方航空工业（集团）有限公司工模具分公司	中国冲压模具、压铸模具重点骨干企业
83	安徽联盟模具工业股份有限公司	中国钣金折弯模具重点骨干企业
84	安徽力源数控刃模具制造有限公司	中国钣金折弯模具重点骨干企业
85	广州市型腔模具制造有限公司	中国压铸模具重点骨干企业
86	宁波市北仑赛维达机械有限公司	中国压铸模具重点骨干企业
87	宁波市北仑辉旺铸模实业有限公司	中国压铸模具重点骨干企业
88	宁波旭升机械有限公司	中国压铸模具重点骨干企业
89	象山同家铸造模具厂	中国铸造模具重点骨干企业
90	哈尔滨东安发动机（集团）有限公司航空锻铸公司	中国铸造模具重点骨干企业
91	宁波合力模具科技股份有限公司	中国铸造模具重点骨干企业
92	宁波强盛机械模具有限公司	中国铸造模具重点骨干企业
93	宁波全力机械模具有限公司	中国铸造模具重点骨干企业
94	通裕重工股份有限公司	中国铸铁管铸造模具重点骨干企业
95	沈阳子午线轮胎模具有限公司	中国子午线轮胎模具重点骨干企业
96	广东巨轮模具股份有限公司	中国子午线轮胎模具重点骨干企业
97	揭阳市天阳模具有限公司	中国子午线轮胎模具重点骨干企业
98	豪迈集团股份有限公司	中国子午线轮胎模具重点骨干企业
99	合肥大道模具有限责任公司	中国子午线轮胎模具重点骨干企业
100	安徽迈吉尔模具有限公司	中国橡胶轮胎模具重点骨干企业
101	铜陵中发三佳科技股份有限公司	中国塑料异型材挤出模具、塑料封装模具重点骨干企业
102	浙江精诚模具机械有限公司	中国塑料异型材挤出模具重点骨干企业
103	洛阳市建园模具制造有限公司	中国塑料异型材挤出模具重点骨干企业

序号	公司（厂）名称	授牌名称
104	北京长城牡丹模具制造有限公司	中国塑料异型材挤出模具重点骨干企业
105	连云港杰瑞模具技术有限公司	中国塑料异型材挤出模具重点骨干企业
106	安徽耐科挤出科技股份有限公司	中国塑料异型材挤出模具重点骨干企业
107	龙口市丛林机械制造有限公司	中国大型铝合金挤压模具重点骨干企业
108	昆山市三建模具机械有限公司	中国真空吸塑模具重点骨干企业
109	宁波方正汽车模具有限公司	中国注塑、吹塑模具重点骨干企业
110	安徽鲲鹏装备模具制造有限公司	中国塑料发泡模具、真空吸塑模具重点骨干企业
111	滁州市宏达模具制造有限公司	中国塑料发泡模具、真空吸塑模具重点骨干企业
112	滁州市经纬模具制造有限公司	中国塑料发泡模具、真空吸塑模具重点骨干企业
113	滁州市科创模具制造有限公司	中国塑料发泡模具、真空吸塑模具重点骨干企业
114	广东星联精密机械有限公司	中国注坯及吹瓶模具重点骨干企业
115	广东国珠精密模具有限公司	中国注坯及吹瓶模具重点骨干企业
116	浙江德玛克机械有限公司	中国注坯及吹瓶模具重点骨干企业
117	洛阳轴承集团工模具制造有限公司	中国轴承模具重点骨干企业
118	成都新志实业有限公司	中国玻璃模具重点骨干企业
119	常熟市精工模具制造有限公司	中国玻璃模具重点骨干企业
120	台州市黄岩双盛塑模有限公司	中国玻璃钢模具重点骨干企业
121	湖北鄂丰模具有限公司	中国塑料管材管件模具重点骨干企业
122	湖北航天三江红林机电科技有限公司	中国医用丁基胶塞模具重点骨干企业
123	安徽宁国中鼎模具制造有限公司	中国橡胶密封减震制品模具重点骨干企业
124	天津鑫茂天和机电科技有限公司	中国汽车模具标准件重点骨干企业
125	河源龙记金属制品有限公司	中国模具标准件重点骨干企业
126	广东圣都模具股份有限公司	中国模具标准件重点骨干企业
127	杭州萧山精密模具标准件厂	中国模具标准件重点骨干企业
128	北京永茂机电科技有限公司	中国模具标准件重点骨干企业
129	深圳市平进股份有限公司	中国模具标准件重点骨干企业
130	广州市启泰模具工业有限公司	中国模具标准件重点骨干企业
131	嘉兴迈特尔宝欣机械工业有限公司	中国模具标准件重点骨干企业
132	深圳市大通精密五金有限公司	中国模具标准件重点骨干企业
中国模具制造服务业重点骨干企业		
133	苏州海华集团有限公司	中国模具制造服务业重点骨干企业

Haier 海尔

厚重，坚实

我们将这样的评语赋予

这些推动中国模具行业“阔步前行”的卓越企业

作为行业的中流砥柱

他们是中国模具工业发展的践行者

在他们身上彰显出行业发展的勃勃生机

作为行业的中坚力量

海尔模具心怀信念一直走到了今天……

海尔模具始终坚持设计一次做对

加工一次到位

服务一票到底的做事原则

用严谨的态度打造产品

专业的技术提升质量

便捷的营销网络创造价值

这便是一个进取、睿智的海尔模具

发展

1993

2003年，海尔模具启动了信息化工程，并在国内率先完成了大型汽车仪表板模具开发，改写了同类模具依赖进口的历史

2004年，无熔接痕模具开发成功，填补了国内空白

2005年，IMD模具开发成功，填补了国内空白

2006年，内分型技术引进

——国内内分型保险杠模具在海尔诞生，使塑料翼子板产品在国内成功开发

2008年，模具工业园建成并正式投产使用

2009年，『青岛塑料模具工程技术研究中心』揭牌

2010年，『国家家电模具工程技术研究中心』落户海尔模具

叠层模具技术获中国模具工业协会精模奖一等奖

Haier

研发与技术实力

·研发能力 图1、 图2

·研发中心 图3

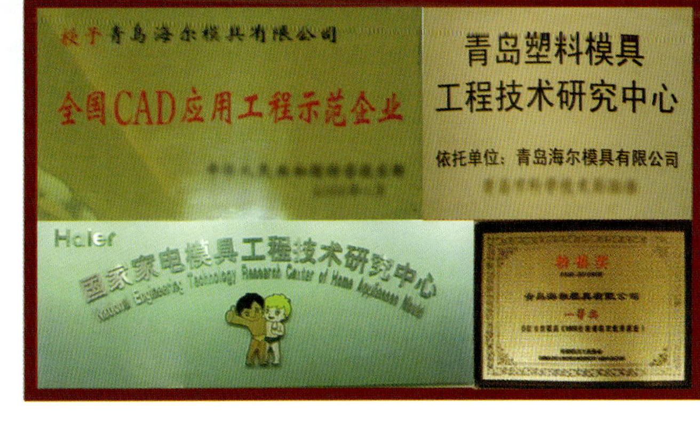

中国模具工业领跑者，科技创新引领行业发展

给我一个概念、还您一个产品

做世界级客户的世界级优选模具供应商

对内一票到底、对外一站到位

开放、对等、共享、端到端，感动全球客户

流程信息化、设计标准化、制造自动化、供货模块化

创新的模具技术，贴心的售后增值服务

人单合一，自主经营，打造世界品牌

Pacemaker of China's die & mould industry, leading the industry development by science and technology innovation

Give me a concept, return you a product

To be a world–level optimal die & mould supplier for world-level customers

For domestic customers, one ticket is valid up to the destination; for foreign ones, all procedures are handled at one stop

Opening up, equivalence, sharing, end-to-end, thereby affecting the global customers

Process Informatization, design standardization, manufacture automation, goods-supply modularization

Innovative die & mould techniques, thoughtful after-sales value-added service

Each employee being responsible for his (or her) customers' orders, operating independently, and establishing world brand

海尔模具
——续写成功的故事

GUO SHENG 无锡国盛精密模具有限公司 WUXI G.S PRECISION TOOL CO.,LTD.

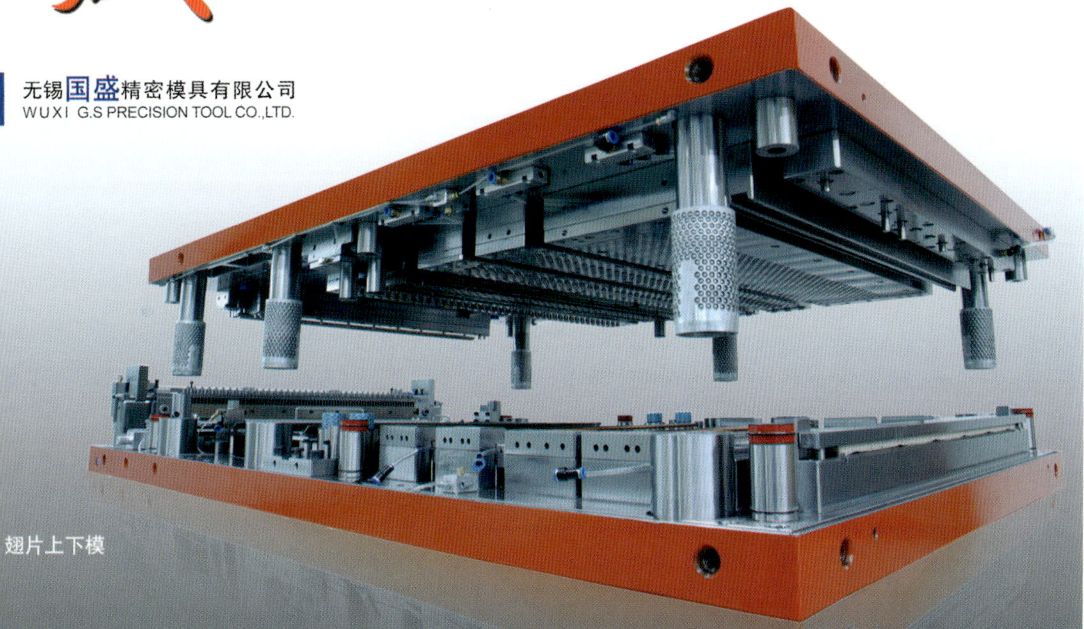

翅片上下模

无锡国盛精密模具有限公司成立于1999年10月，坐落在无锡市扬名高新技术产业园内，占地面积15 333m²、厂房面积18 000m²，员工430名，设备总投资1.6亿元，公司拥有完善、先进的加工设备，恒温、恒湿、恒氧、超静控制的高标准工作环境。

公司主要从事连接器端子模、半导体（IC）类的引线框架、自动切筋打弯模具、显像管类电子枪模具、电机马达定转子模具、空调翅片模具等各类"精密冲压类"模具及其备件、"精密注塑类"模具主要备件的制造加工，产品精度达到±0.002mm。

公司全力实施品牌战略，做精、做专，做成规模化，做出高尖端技术核心产品，扩大出口规模，力争在未来进入更高的领域，站在世界精密模具的前列，为精密模具行业作出更大的贡献！

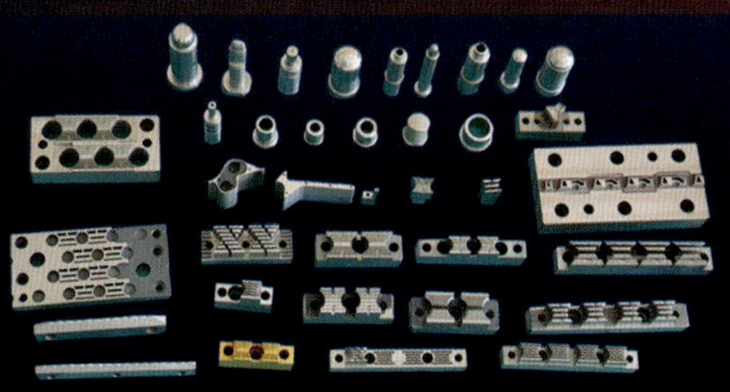

空调翅片模具零件系列

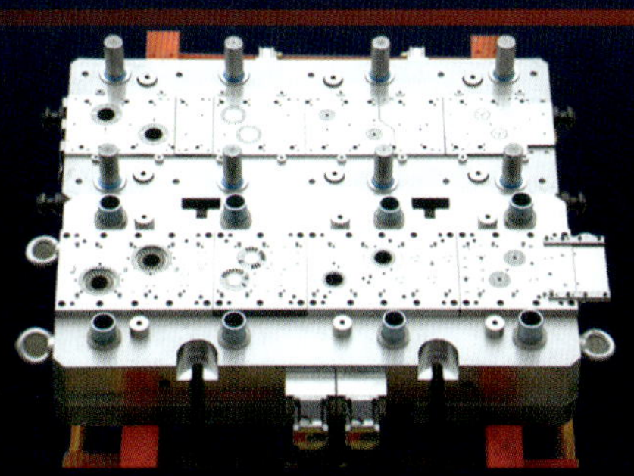

马达铁心

地址：江苏省无锡市扬名高新技术产业园B区088号　邮编：214024

电话：0086-510-85430310　传真：0086-510-85430320

E-mail: sales@gstool.cn　http: //www.gstool.cn

公司性质、产品和规模

一汽模具制造有限公司是1997年成立的有限责任公司（法人独资），是国家重点高新技术企业。主要产品有：汽车冷冲模具、汽车验证模型、检验夹具、焊接夹具、汽车内饰模具、冲压件及技术服务。

一汽模具制造有限公司位于长春市，占地面积25万m^2，建筑面积10万m^2，固定资产8亿元，在册员工1 206名。拥有大型数控铣床34台、五轴和六轴激光切割机各1台、数控磨刀机1台、大型测量机4台、三坐标测量划线机7台、大型调试压力机39台。拥有图形工作站、微机工作站239台，服务器24台，办公计算机162台，CATIA、PRO-E、ICEMSURF、UG、ATOS、DELMIA、AUTOCAD、AUTOFORM、POWERSHAPE、POWERMILL等软件210套，硬件水平国内领先。公司是技术密集、资金密集、人才密集的企业。

公司经营状况

公司成立以来，始终处在快速发展状态。经营指标呈跨越式增长，销售收入从成立之初的3 268万元增至2011年的120 425万元，利润由亏损1 627万元发展到2011年的盈利8 881万元。

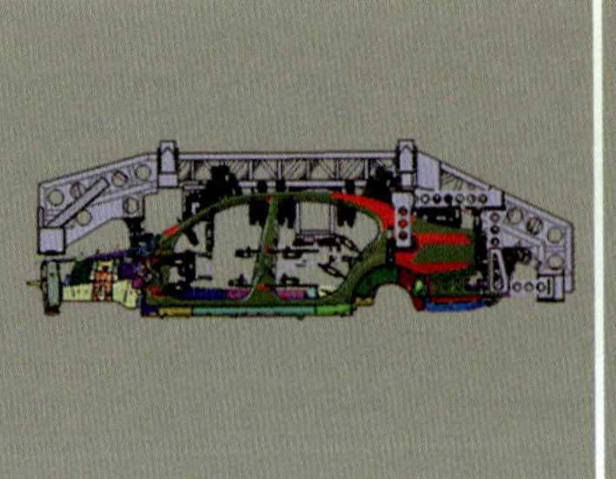

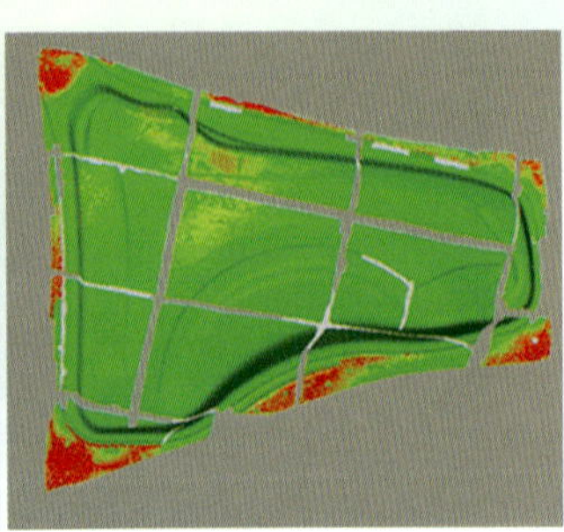

地址：吉林省长春市东风大街5519号　　邮编：130011　　电话：0431-85901462　　传真：0431-85905984

公司市场与业绩

经过多年的发展与技术积累，企业加快了对顾客需求的响应速度，提高了产品和服务质量的有效性，创造了一汽模具品牌，赢得了用户的信任。实现了CAD/CAM /CAE一体化数字制造，搭建了轿车整车模具制造的平台。可替代大批车身模具进口产品，模具出口量增加，能够参与国际市场的竞争，支撑了自主品牌的发展，促进了民族工业的进步。公司先后承担了一汽轿车303、131、130、“奔腾”、501、J61，一汽大众的NCS、FC、奥迪T99、“速腾”、“迈腾”及“新捷达”，天津威姿国产化、C1、C2、吉轻森雅、V70等整车外覆盖件模具与焊装，成功地完成了上海大众“明锐”轿车的整体侧围的开发与制造。国际市场也实现新的突破，先后向美国GM通用公司、克莱斯勒以及西班牙、阿根廷、印度、印度尼西亚、南非、泰国、德国、英国等出口模具近3亿元。

模具公司通过自身的拼搏，培育出一流的人才队伍，全面实现了网络数字化管理，实现了集团公司模夹一体化的战略目标，实现了走出国门，经营国际化，挡住进口的奋斗目标。公司始终奉行“帮助客户成功，共同打造未来”的经营理念，是中国模具夹具行业中技术先进、具有核心竞争力的龙头企业。

巨轮股份

广东巨轮乘风破浪

FRONT

精模奖
一等奖
广东巨轮模具股份有限公司
荣誉证书
中国重点骨干模具企业
子午线轮胎模具
中国模具工业协会 颁
二零零九年三月

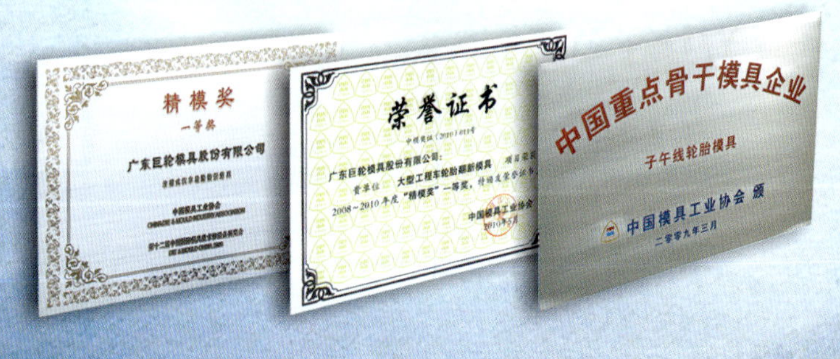

唱响民族工业品牌
发明专利证书
发明专利证书
实用新型专利证书
实用新型专利证书

产品发展

2011年

特种轮胎模具进入国际
轮胎十大品牌采购供应链
列入广东省重大产学研项目

2010年

高精度液压式轮胎硫化机

广东省高新技术产品
国家重点新产品计划项目
全国液压式硫化机细分行业领先品牌

巨型工程车子午线轮胎活络模具

国际先进水平（省级鉴定）
获得实用新型专利1项
（证书号：zl200820044068.x）

广东省科学技术奖一等奖
国家火炬计划重点项目

2009年

注射式胶囊模具和子午线轮胎硫化胶囊

注射式胶囊模具

国内领先水平（省级鉴定）
发明专利1项
（证书号：zl200410026464.6）
实用新型专利1项
（证书号：zl200420043486.9）
精模奖一等奖
广东省专利奖优秀奖
揭阳市科学技术进步奖一等奖

高精度液压式轮胎硫化机

国际先进水平（国家鉴定）
发明专利1项
实用新型专利1项
（证书号：zl200920056320.3）

国家重点产业振兴和技术改造项目
广东省科学技术进步奖二等奖
揭阳市科技进步奖一等奖

2008年

胎面花纹橡胶块
大型工程车翻新胎模具

大型工程车翻新胎模具

国内领先水平（国家鉴定）
实用新型专利1项
（证书号：zl200620055192.7）

国家重点新产品计划
揭阳市科学技术进步奖二等奖

轮胎模具高速高精度并行加工技术

国内领先水平（省级鉴定）
实用新型专利1项
（证书号：zl200810026495.x）

广东省科学技术奖二等奖

2007年

轿车轮胎成型鼓
军用越野车轮胎成型鼓

高性能轿车轮胎一次法成型鼓

国内领先水平（省级鉴定）
实用新型专利1项
（证书号：zl200620055191.2）

国家重点新产品计划
精模奖一等奖

股份有限公司

GREATOO MOLDS INC.

发展历程

2011年

成功发行3.5亿元可转换公司债券，投向高精度液压式轮胎硫化机和大型工程车轮胎及特种轮胎模具扩产项目

被认定为国家技术创新示范企业

实施管理层股权激励计划

设立印度全资子公司

参股德国欧吉索机床有限公司

被认定为广东省战略性新兴产业重点骨干企业

2010年

被授予国家火炬计划重点高新技术企业称号

高精度液压式轮胎硫化机、大型工程车轮胎及特种轮胎模具扩产项目列入广东省现代产业500强项目

被认定为广东省百强民营企业、广东省自主创新100强企业

2009年

列入广东省百强创新型企业培育工程示范企业

被认定为广东省创新型企业

被授予广东省装备制造业50骨干企业称号

获全国五一劳动奖状

主导产品汽车子午线轮胎模具（63.5H380；55H350；48H360；48H300）和高精度液压式轮胎硫化机（LLY—B1220×1800×2）被列入广东省自主创新产品

2008年

企业技术中心被认定为国家企业技术中心

被认定为广东省高新技术企业

2007年

成功发行2亿元可转换公司债券，全部投向“年产200台高精度液压式轮胎硫化机”，项目已在2010年达产

LKM® 龍記集團 LUNG KEE GROUP

一站式服务

标准模架

龙记标准模架系列凭着稳定品质及供应充足，在亚洲享有非常高的认受性及评价。模具商可以直接由集团旗下店铺购买标准模架并实时现场取货，有效缩短模具生产周期，增加成本效益。

订造模架

龙记拥有超过700台加工中心，具备高精度及五轴金属切削能力，是行业之冠。加上专业及有经验的技术团队，龙记能轻易处理模具商各种复杂加工要求。

模具钢材

龙记钢材超级市场为模具商提供多元化的钢材选择，包括名牌进口钢材，及高性价比的龙记特殊钢。所有钢材均经过严谨品质测试，务求令模具商无后顾之忧。

内模件

龙记的高速加工中心可按客户订单要求的规格加工出高精度的内模件，每一块内模件均会刻上附有LKM标识的镭射印记以示区分，在整个亚洲市场，仅龙记一家公司提供如此超值的服务。

热处理

龙记凭着专业知识、经验丰富的技术人员及先进设备，锐意为客户提供可靠及优质的热处理服务。

订造模架

模具钢材

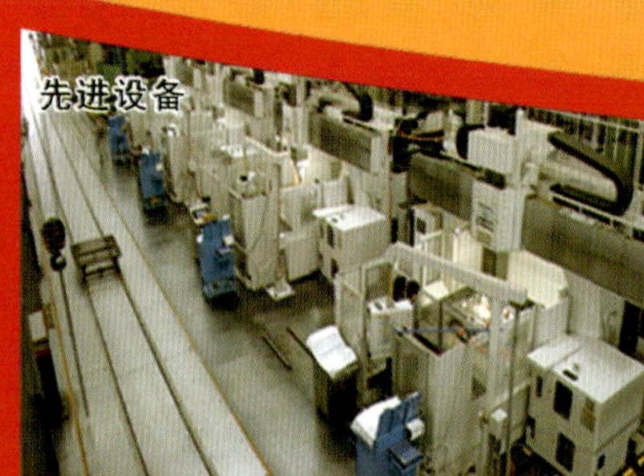
先进设备

标准模架

热处理

LKM 龍記集團 LUNG KEE GROUP

中国香港总公司

中国上海龙记

日本龙记

中国台湾龙记

马来西亚龙记

中国河源龙记

中国台州龙记

香港总公司

地址：中国香港九龙观塘开源道79号鳄鱼恤中心20楼

电话：(852)23422248 23412321

传真：(852)23418544 23430990

邮箱：lkmsales@lkm.com.hk

河源龙记

地址：中国广东省河源市高新技术开发区

电话：(86)0762-3210502

传真：(86)0762-3210501

邮箱：lkmsales@lkm.com.hk

上海龙记

地址：中国上海市松江工业区新桥分区民益路68号

电话：(86)021-57686371

传真：(86)021-57686375

邮箱：lkmsales@lkm.com.hk

台州龙记

地址：中国浙江省台州经济开发区纬五路296号

电话：(86)0576-88522888

传真：(86)0576-88505366

邮箱：lkmsales@lkm.com.hk

日本龙记

地址：日本群馬県邑楽郡大泉町吉田914-1

电话：(81)2-76203900

传真：(81)2-76203901

邮箱：lkmsales@lkmj.co.jp

台湾龙记

地址：中国台湾台中县大雅乡民生路三段267巷28号

电话：(886)4-25681155

传真：(886)4-25681160

邮箱：tssales@lkm-taiwan.com.tw

马来西亚龙记

地址：Lot825(1&2A),JalanSS13/1K,Kawasan Perindustrian Subang Jaya,47500 Petaling Jaya,Selangor Darul Ehsan,Malaysia

电话：(60)3-56339862

传真：(60)3-56332659

邮箱：lkm@lkmm.com

HLGY合力模具

中国铸造模具重点骨干企业——宁波合力模具科技股份有限公司，属国家高新技术企业、浙江省级企业技术中心、省级高新技术企业研究发展中心。商标被评定为“浙江省知名产品”，检测中心被授予CNAS认可资格。

公司通过20余年的不断创新与发展，已打造成一个拥有固定资产1.5亿元、产值2.5亿元的中国铸造模具重点骨干企业、中国铸造模具行业排头兵企业，拥有员工278人。50余名工程技术人员组成的技术中心为浙江省级企业技术中心和省级高新技术企业研究发展中心。公司占地面积41 000m^2，建筑面积28 000m^2，是一个集模具开发、设计（包括铸造工艺设计）、制造于一体的专业化铸造模具生产基地，在压铸模具、低压铸造模具、重力铸造模具等方面有较强的试模能力，可满足客户的“交钥匙”工程要求。连续12年被宁波市命名为“重合同、守信誉”单位和象山县强势型企业。据中国模具工业协会统计，产值、销售连续9年位居行业前列，成为中国铸造模具的领军企业。

发展历程

1983年 公司成立，名称为象山县东海模型厂

1989年 象山县东海模型厂迁址，成立象山县模型厂

1994年 公司与日本铃木金属株式会社合作，成立宁波合力模具公司，产业结构初步调整，形成自己的模具设计能力

1997年 购入加工中心，CAD/CAM技术得到应用，并被宁波市授予CAD/CAM应用推广企业，产业结构再次调整

1998年 购入三坐标测量机

1999年 购入龙门加工中心

2000年 CMM技术得到应用

2000年 进口带有激光扫描功能的三坐标测量机，逆向工程、激光扫描技术得到应用，通过ISO9001质量体系认证。产业结构再次调整

2002年 成立企业技术中心

2003年 CAE技术得到应用，进口高速加工中心

2004年 模具产品被评定为“国家重点新产品”

2005年 进口五轴加工中心

2006年 进口大型四轴联动卧式加工中心。产业结构再次调整

2007年 进口大型三坐标测量机，“HLGY”被评为宁波市知名商标

2008年 通过ISO14001环境管理体系与OHSA18001职业健康安全体系认证

获国家高新技术企业称号

2009年 被中国模具工业协会审定为“中国铸造模具重点骨干企业”

“HLGY”被省评定为“浙江省知名产品”

被评定为“浙江省企业技术中心”

被评定为“省级高新技术企业研究发展中心”

与国际先进模具公司签订技术合作框架协议，为模具开发、进入国际市场奠定良好的基础

购买制芯机、重量铸造机、低压铸造机为设计、生产的模具进行试模，浇出合格样件，以满足客户的“交钥匙”工程要求

2010年 被中国铸造协会授予“中国铸造模具行业排头兵企业”称号

购买3300大型压铸机，为设计、生产的大型发动机缸体、变速箱壳体压铸模具进行试模，浇出合格样件，以满足客户的“交钥匙”工程要求

宁波合力模具科技股份有限公司

地址：浙江省象山县工业园区西谷路358号　　邮编：315700
电话：0574-65724681　　传真：0574-65724167

HLGY合力模具

技术篇

多名工程技术人员组成的高素质科技队伍，一流的压铸、有色、黑色铸造工艺设计、模具机构设计人员，利用CAD、UG、PRO/E、CATIA、CIMATRON、LK/DIMS5.5、METRIS SCCAN4.2等加工、检测软件，为制造一流的铸造模具提供技术保障。

装备篇

公司拥有进口高速、大型四轴联动镗铣、大型卧式、立式、五轴高速、五轴钻铣、高速石墨、龙门等31台加工中心；400T合模机、大型行车、数控电火花成型机、智能型中走丝线切割机，带有反求及扫描功能的德国温泽大型LH3020-400、英国LK三坐标测量机等各种高精度加工、检测设备，确保模具制造工艺流程快速、有效、准确。拥有大型压铸机、低压铸造机、重力铸造机、冷（热）芯盒制芯机等，为制作的模具进行调试，满足客户的交钥匙工程。

产品篇

各种大型复杂压铸模具；低压铸造模具；重力铸造模具；各种造型线、冷、热、壳芯盒砂型铸造模具，产品覆盖汽车、船舶、电机、阀门、风电等行业，为全国百余家铸造企业配套。部分模具出口美国、德国、西班牙、巴西等。

硕果篇

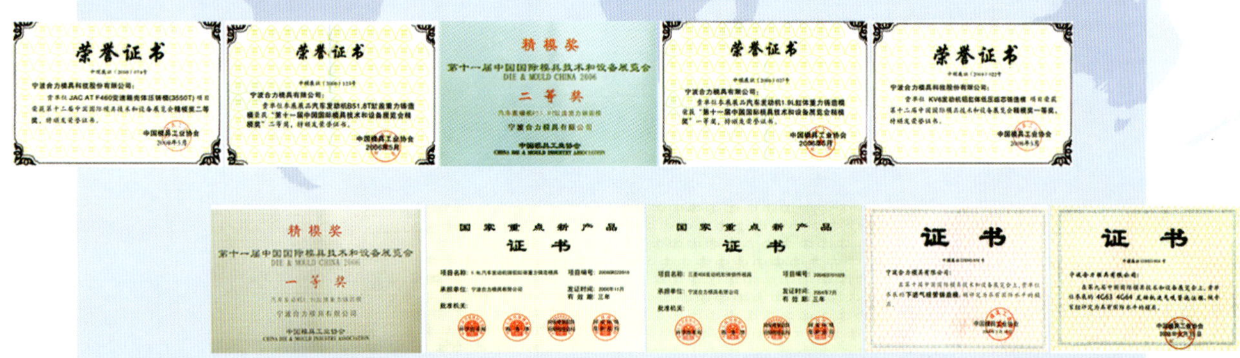

宁波合力模具科技股份有限公司

地址：浙江省象山县工业园区西谷路358号　　邮编：315700
电话：0574-65724681　　传真：0574-65724167

TIANYANG 天阳模具 TIANYANG MOULD

揭阳市天阳模具有限公司是国家定点生产轮胎模具的专业厂家,始建于1958年，经过50多年的发展，已发展成为全国模具行业的龙头企业。公司占地面积73 260m^2，建筑面积约20 000m^2，拥有各种工艺、动力设备500台(套)，其中精密设备及数控设备200台(套)。企业现有员工430人，其中专业技术人员223人(专门从事研究开发的技术人员48人)，占企业职工总数的59%，是技术密集型企业。子午线轮胎活络模具占产品产销的90%以上。2006年被评为“中国子午线轮胎模具重点骨干企业”，年产销量领先于全国同行业同类产品。公司自行开发、研制的子午线轮胎活络模具填补了国内空白，中国从此有了自己研制生产的子午线轮胎活络模具，改变了以前依靠进口的历史。该项目是国家“八五”火炬计划、“九五”国家重点火炬计划项目，为我国子午线轮胎活络模具行业的技术与国际一流水准接轨、替代国外进口产品起到带头和促进作用,为行业发展做出了巨大贡献。2008年4月被评为“广东省诚信示范企业”；2009年被认定为“国家高新技术企业”；2010年“天阳”商标被认定为中国驰名商标，开辟行业先例；2011年天阳技术中心被评为“省级企业技术中心”。

揭阳市天阳模具有限公司

天阳模具有限公司致力打造国内轮胎模具的巨头企业，与国际一流水平接轨，投巨资引进一整套完善的轮胎模具CAD/CAM系统，拥有世界一流的高端设备，保证了企业产品质量在国内同行业中处于领先地位。2008年1月23日，以天阳模具公司为依托单位的“广东省汽车轮胎模具工程技术研究开发中心”组建成立。

天阳产品畅销国内各大中型轮胎厂，并出口东南亚及南太平洋等地区。在中国，有生产轮胎的企业就有天阳模具；在国外，天阳模具销往日本普利司通轮胎公司（日本本土）、日本住友轮胎公司（日本本土）、日本横滨轮胎公司（日本本土）、利士中轮胎集团有限公司（泰国本土）、诺基亚轮胎公司（芬兰本土）、库柏轮胎橡胶公司（美国本土）、德国大陆集团（德国本土）等。

天阳模具有限公司以“真诚、务实、优质、高效”的经营理念，以先进的技术装备、一流的制作工艺、完善的售后服务，竭诚为国内外轮胎制造业服务，努力打造世界轮胎模具行业“航母”企业，打造世界驰名品牌。

打造世界轮胎模具行业“航母”企业，
打造世界驰名品牌

TIANYANG 天阳模具

TIANYANG MOULD

揭阳市天阳模具有限公司

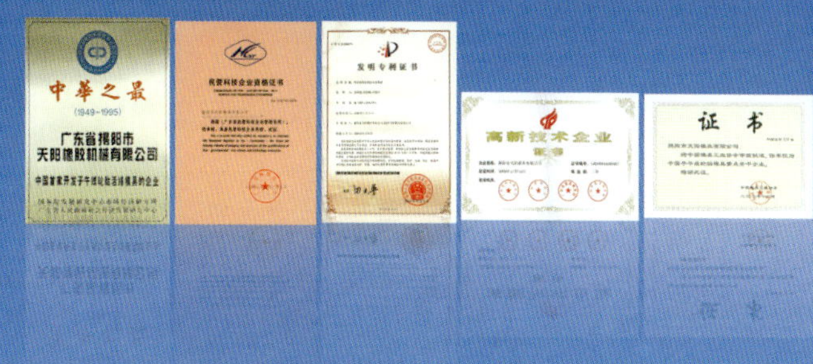

地址：广东省揭东县炮台镇天鹅山
邮编：515559
电话：0663-3353505
传真：0663-3353502

宁波全力机械模具有限公司

宁波全力机械模具有限公司地处浙东沿海的象山半岛，距“东海明珠”——宁波市70km，三面环海，环境秀美，气候宜人，经济繁荣，水陆交通十分便捷。

公司是国家高新技术企业、中国铸造模具重点骨干企业、浙江省重质量守合同创品牌三满意单位、宁波市创业发展示范企业、象山县优秀民营企业、中国铸造协会会员单位，是中国铁道部门下属车辆有限公司定点生产机车金属模具的单位。公司创建于2005年10月，成立的时间虽不长，但是在发展历程中，始终以科学发展观为指导，统筹兼顾，坚持在引进和创新的基础上，迅速增强自身科技实力和核心竞争力。

公司现有员工313人，大专以上工程技术人员72人，占总人数的23%；研发人员32人，占总人数的10.2%；专业模具加工设备75台，其中加工中心 15台，三坐标测量仪2台。

公司生产的模具产品覆盖各种类型发动机机体、缸盖、汽车零部件；机车摇枕、侧架、车钩、钩舌以及各种规格的泵、阀等系列。模具适用于各种类型的冷、热制芯机及制芯中心、造型机、自动造型线、气冲线、壳芯机、叠砂芯、重力浇铸机、压铸机等铸造设备生产。有色铸造以重力浇注为主，目前生产的产品有压缩机机体、盖、电动机壳体、进气管、变速器壳体、缸盖等。公司的铸造模具深受上汽、一汽二铸、东风汽车、山东重汽、山西柴油机、东风本田、潍柴、铁道部门各下属单位等众多知名品牌厂家的好评。

追求发展 追求卓越

公司以高效的管理体系提升企业凝聚力，使企业聚集了一批优秀的设计、制造、销售人员，同时企业以世界机模行业的领先技术作为基础，并以先进的加工检测设施打造出高质量的产品。“零缺陷、零误差”是企业的生产准则，“高效节能”是企业发展策略，从而杜绝企业不必要的浪费，提高产品的竞争力。同时，不断技术创新，提升企业核心竞争力，将企业打造成机模行业的领导者。

地址：浙江省宁波市象山滨海工业园区金兴路
邮编：315712
电话：0574-65808888 13906609068
传真：0574-65803788
http://www.qlmold.com
E-mail:quanli@vip.163.com

宁波全力机械模具有限公司

汽车模具

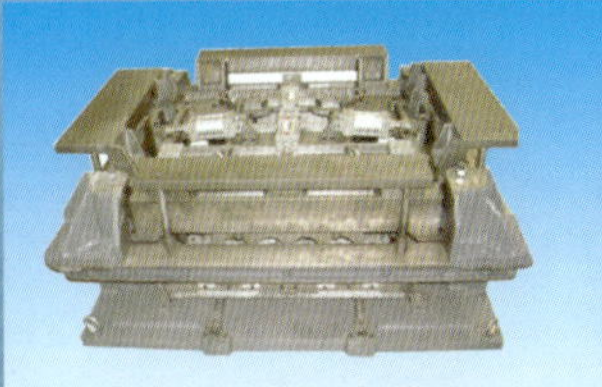

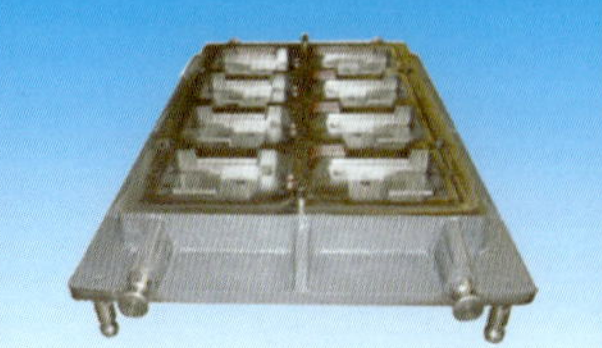
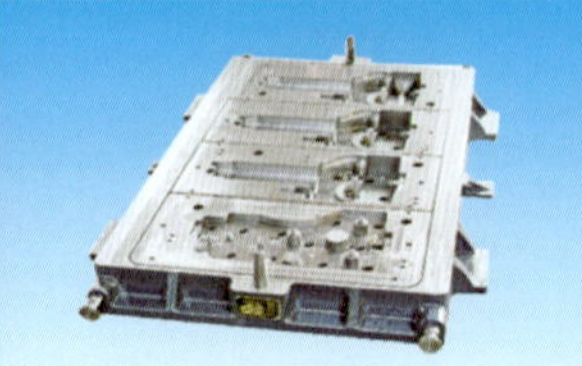
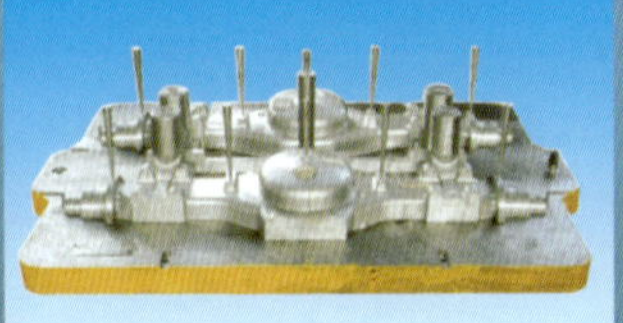
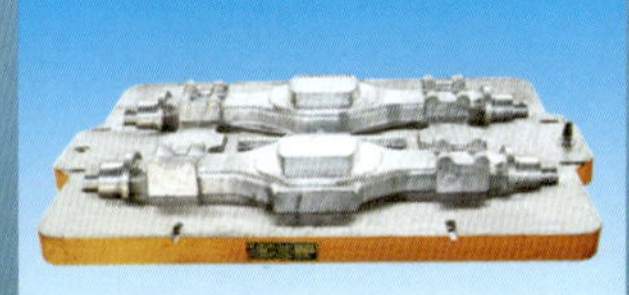
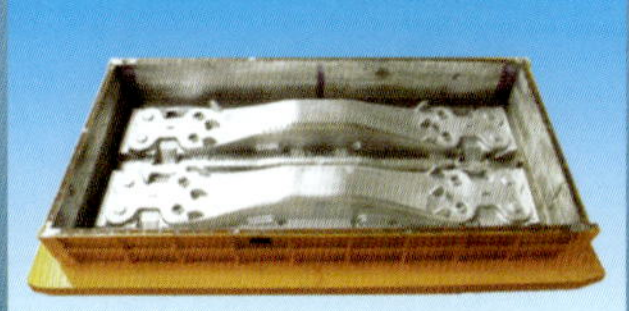

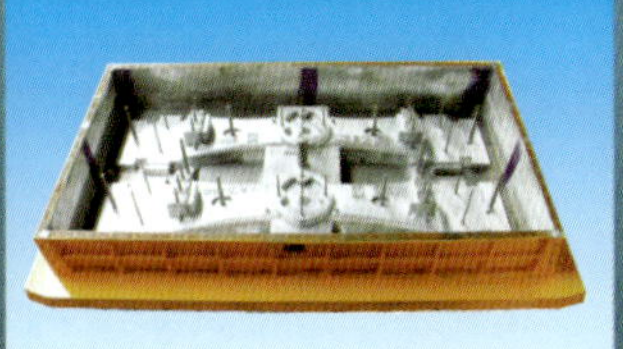

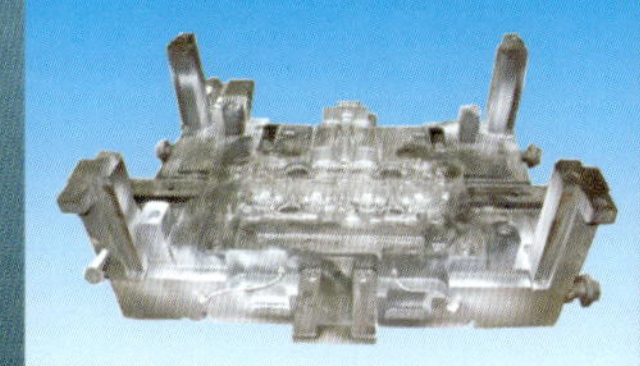

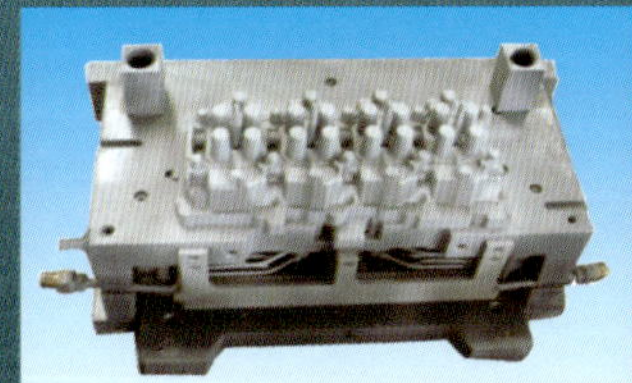

设备设施

地址：浙江省宁波市象山滨海工业园区金兴路　　邮编：315712　　电话：0574-65808888 13906609068

追求发展　追求卓越

有色金属

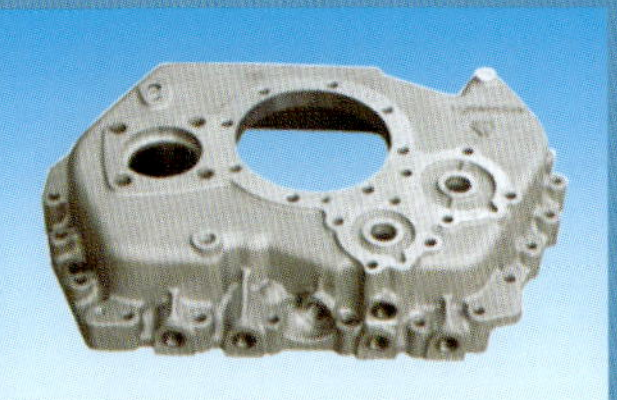
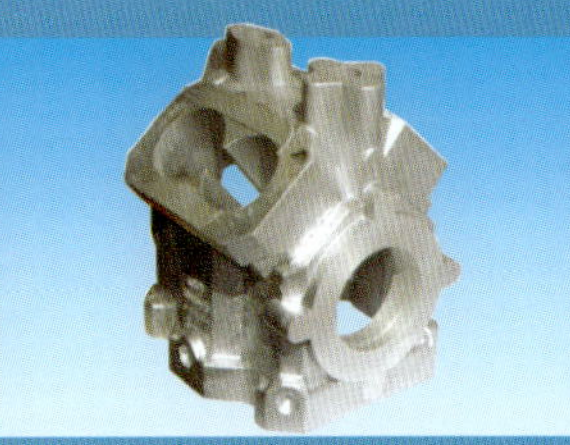
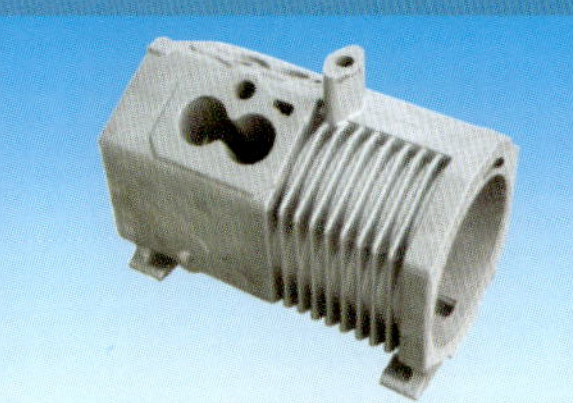

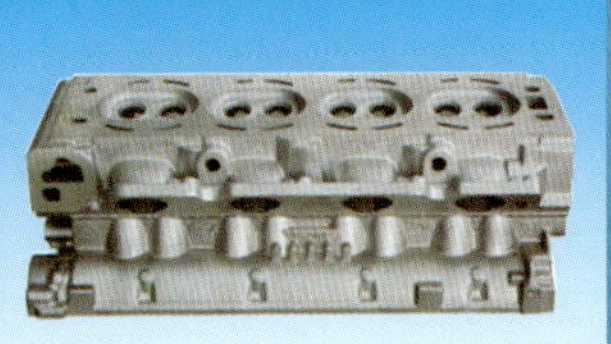

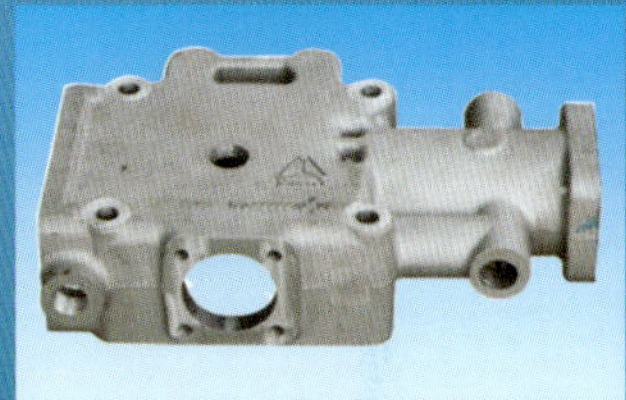

砂 芯

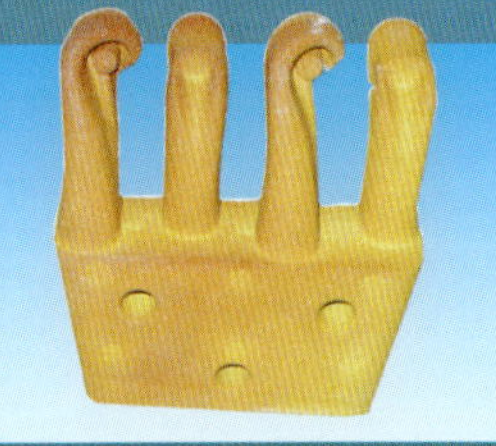
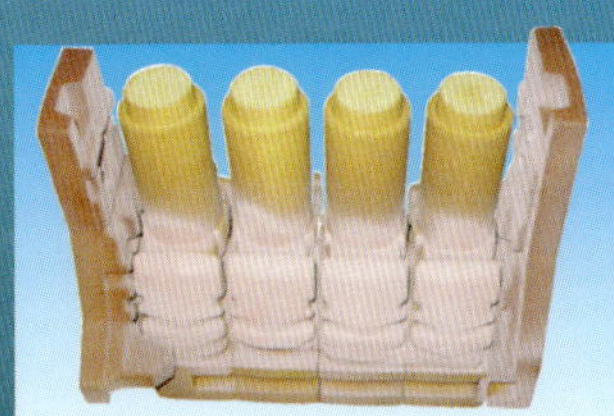
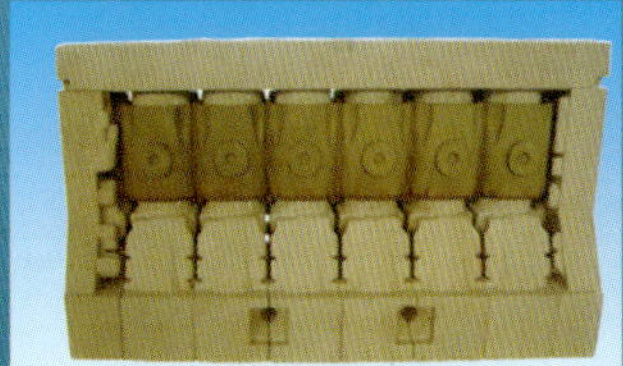
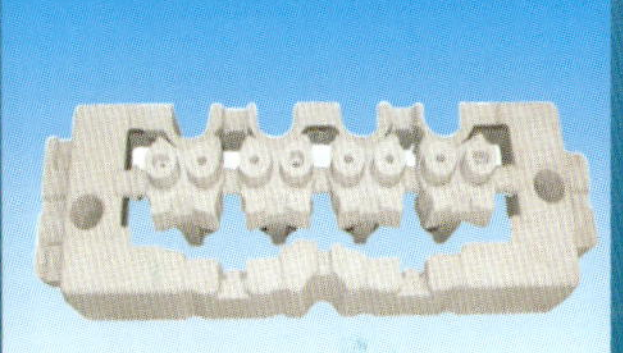

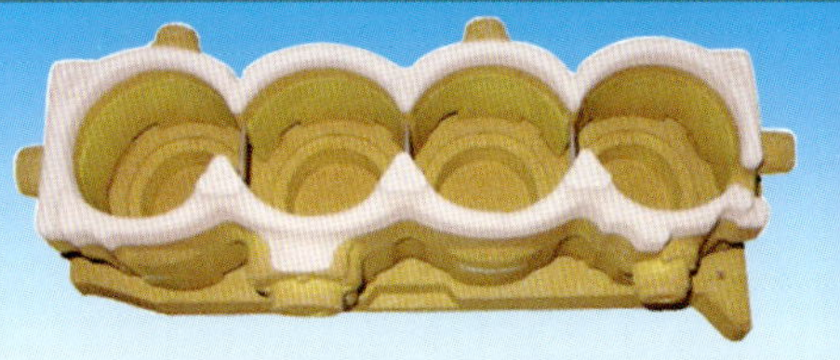
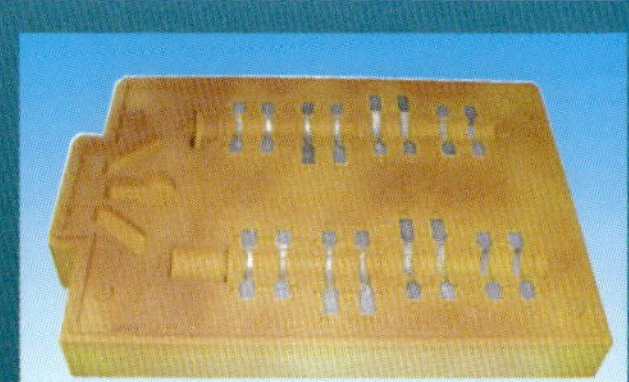

传真：0574-65803788　http://www.qlmold.com　E-mail:quanli@vip.163.com

HOMIN
宏明双新

成都宏明双新科技股份有限公司

Chengdu Homin Technology Co.,Ltd.

引领精密潮流 E化快乐生活

2000年7月成都宏明双新精密模具零件有限责任公司成立，2007年9月进行股份制改制，并变更名称为成都宏明双新科技股份有限公司。我们致力于以3C为核心领域的精密零组件的研发和制造，主营业务包括精密模具、精密零件的研发、制造及销售。

我们积极引进、吸收、研发新技术。先后引进、消化和吸收了瑞士、德国、美国等世界一流的技术和原理，并形成了本公司的核心竞争力。现在，我们已发展成为集精密模具、精密冲压零件、精密注塑及嵌塑零件、电镀生产为一体的高新技术企业。

我们积极推行5S管理、6σ管理，坚持“精益求精，让顾客完全满意”的质量方针，重视质量体系建设，并先后通过了ISO9001、QS9000、TS16949、ISO14001、OHSAS18001等体系认证。

公司荣获国家“高新技术企业”、“中国精密冲压模具重点骨干企业”称号；多次获得国家优质模具奖和中国模具工业协会精模奖；公司已成为众多国内外知名企业的长期合作伙伴。

向着“争创以3C为核心领域的精密零组件国际一流制造商”的愿景，本着“引领精密潮流，E化快乐生活”的使命，我公司将不断进行自我改进，为客户提供更完善的服务，竭诚与广大国内外客户携手合作、共创未来。

成都宏明双新科技股份有限公司
Chengdu Homin Technology Co.,Ltd.

地址：四川省成都市青羊区工业集中发展区腾飞大道265号　　邮编：610091
总机：028-87335511　　传真：028-87073539　　http://www.cnhomin.com

成都宏明双新科技股份有限公司

Chengdu Homin Technology Co.,Ltd.

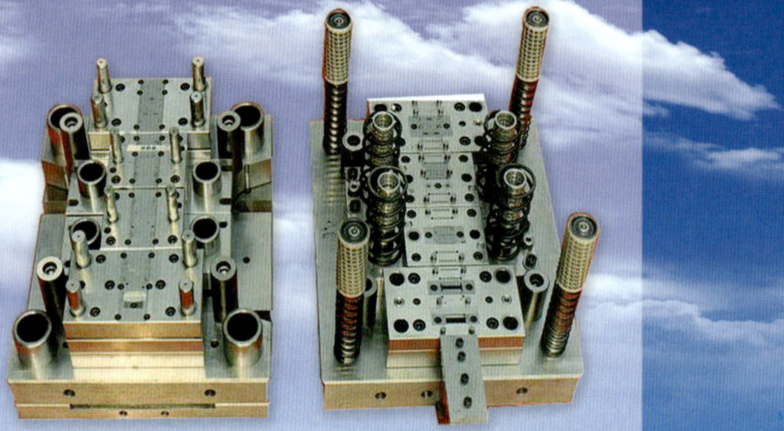

电子枪级进模

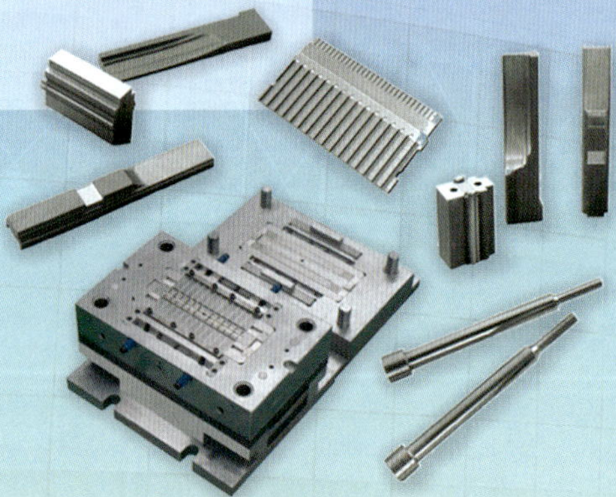

嵌塑模具

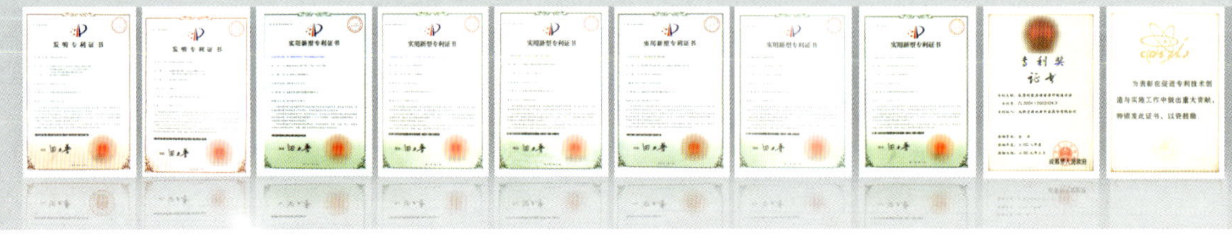

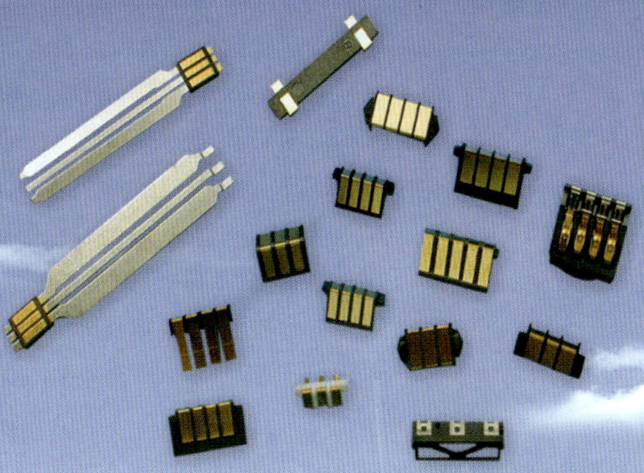

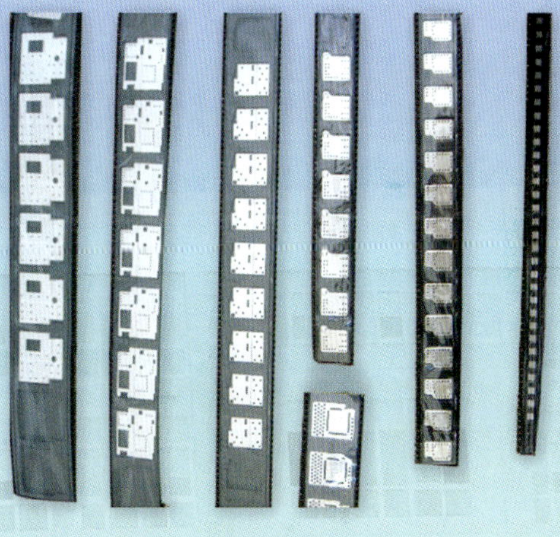

HM HENGHE MOULD
横河模具

宁波横河模具有限公司

宁波横河模具有限公司始建于1992年，主要从事精密注塑模具的设计制造和塑料制品的成型加工、涂装、印刷及装配，现有员工760人。公司是高新技术企业和中国精密注塑模具重点骨干企业，在上海、深圳成立了以成型加工和装配为主的分公司。

Founded in 1992 , Ningbo Henghe Mould Co.,ltd. Which has 760 employees , specializes in the design and manufacture of precise injection moulds as well as the molding , coating and assembly . As a hi-tech enterprise and a key enterprise of precise injection mould in China , we also established subsidiary companies in Shanghai and Shenzhen , which mainly deal with molding assembly .

地址：浙江省慈溪市横河工业园区横彭公路8号
邮编：315318
电话：0086-574-63268129 63266685　　传真：0086-574-63265678
http://www.mouldcenter.com　　E-mail:nhm@china.com

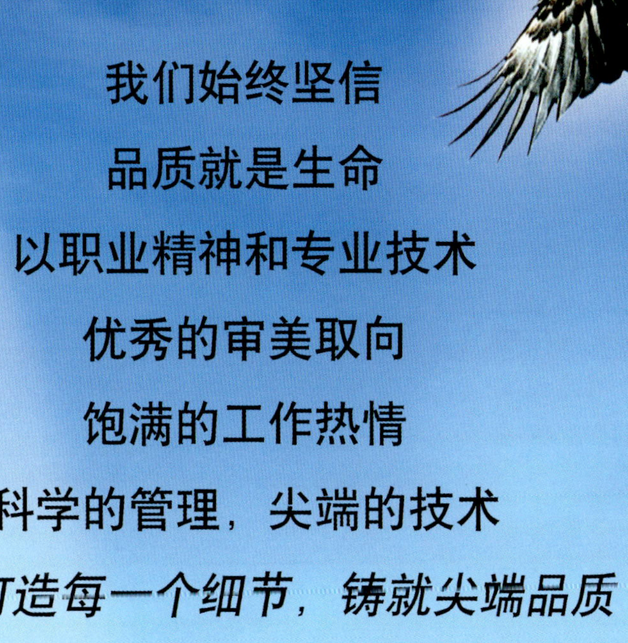
NING BO
我们始终坚信
品质就是生命
以职业精神和专业技术
优秀的审美取向
饱满的工作热情
科学的管理，尖端的技术
精心打造每一个细节，铸就尖端品质
精心打造每一个细节
铸就尖端品质

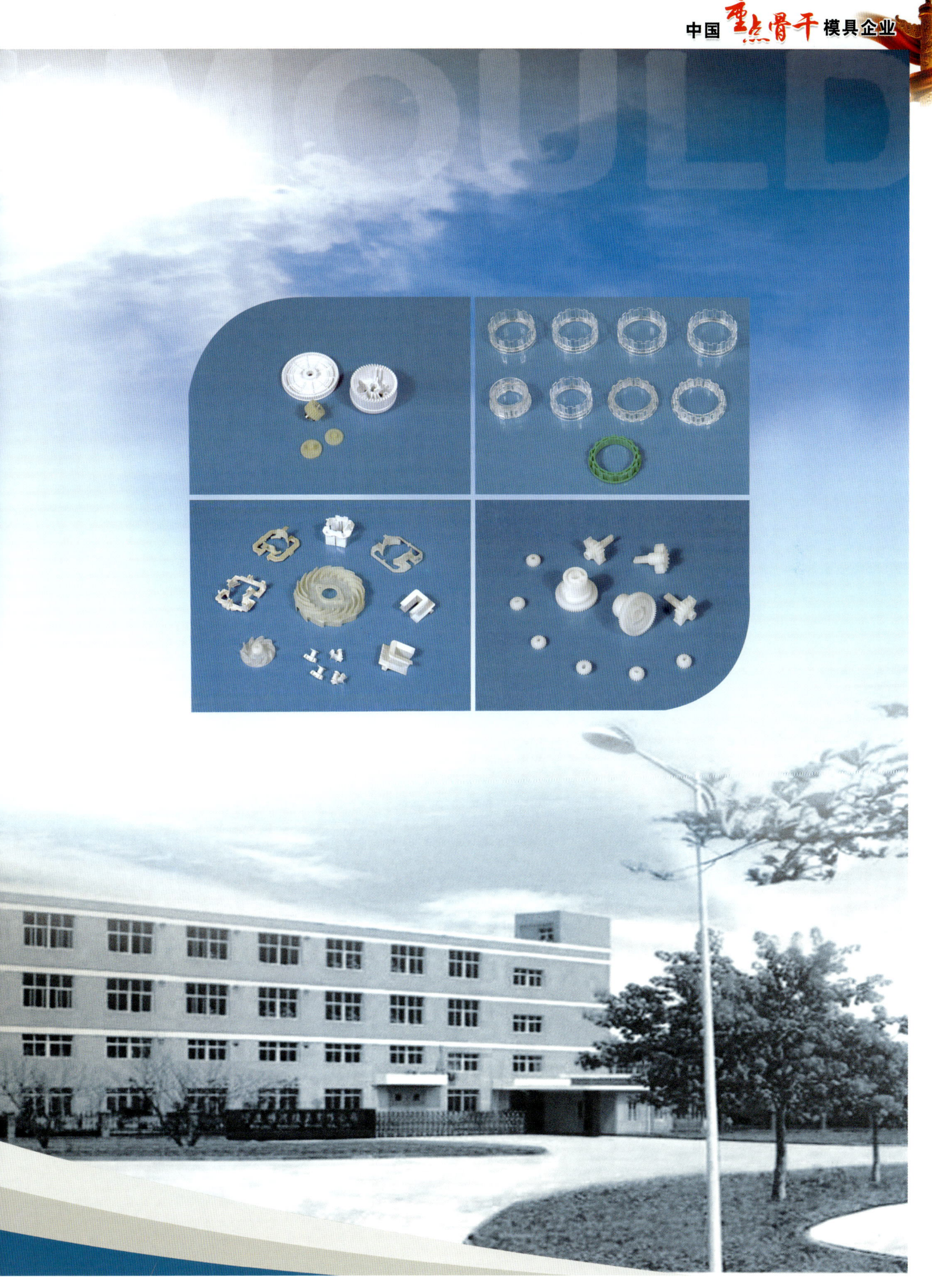

东莞钜升塑胶电子制品有限公司

DG Jusheng Plastic and Electronic Products Ltd.

东莞钜升塑胶电子制品有限公司成立于20世纪80年代中期，坐落于东莞长安厦岗建安路与振安路的复兴工业区，总占地面积58 600m^2，毗邻金铭国际模具城，主要从事精密模具制造、精密结构件（手机等移动通信配套产品、LED、医疗产品、家用电器及汽车配件等）生产及高端产品表面处理的国家高新技术企业。公司集研发、设计、制造、销售于一体，经过20多年的发展，品牌客户已遍及全球。

公司经历了开拓、发展、壮大和成熟阶段，从1997年开始，公司陆续通过ISO9001、ISO14001、TS16949、索尼GP、GMP、ISO13485等各种质量和环境管理体系认证，满足不同类型的客户群对产品品质和环保方面的要求。

公司导入国际知名的SAP管理系统，并和国际模具加工设备巨头阿奇夏米尔合作研发各种自动化信息管理软件，与香港理工大学、华南理工大学、中山大学、中南大学和广东工业大学等同步开展多项产学研合作项目，建立了坚实和卓有成效的校企合作关系。目前，本公司自主研发的"模具离散制造信息化与自动化融合系统"已被鉴定为具有"国内领先，国际先进"水平；公司和华南理工大学组建的联合技术研发中心，正在积极申请市级模具工程研发中心；申报专利100余项。

公司秉承"以人为本"的优良传统，不断为员工创造良好的生活条件。从2008年开始，公司连续五年被当地政府评为"员工满意企业"。

地址：广东省东莞市长安镇厦岗复兴工业区复兴路26号　邮编：523875　联系人：蒋仕元

电话：0769-88611111　传真：0769-86075261　http://www.asahicn.com

东莞钜升塑胶电子制品有限公司

DG Jusheng Plastic and Electronic Products Ltd.

DG JUSH
AND E
PRODU

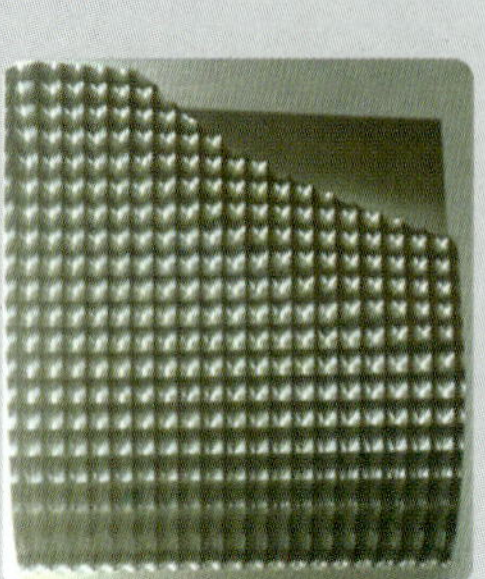

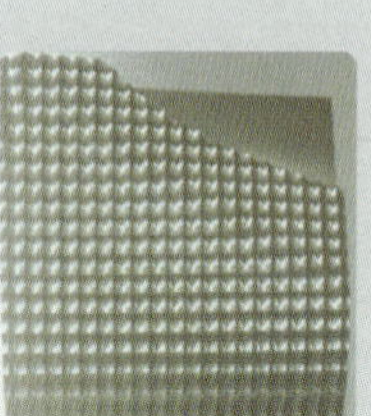

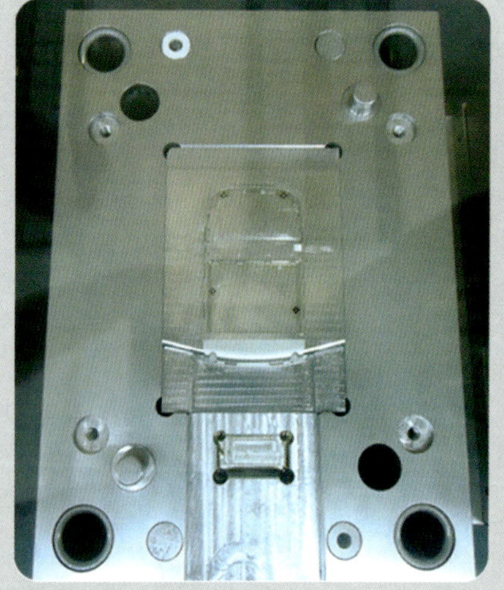

设备车间

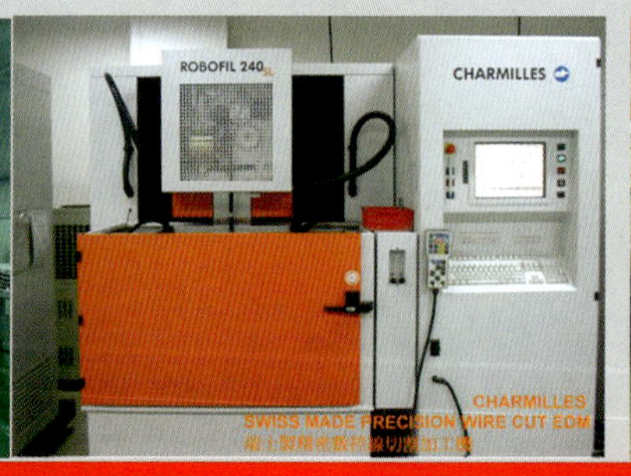

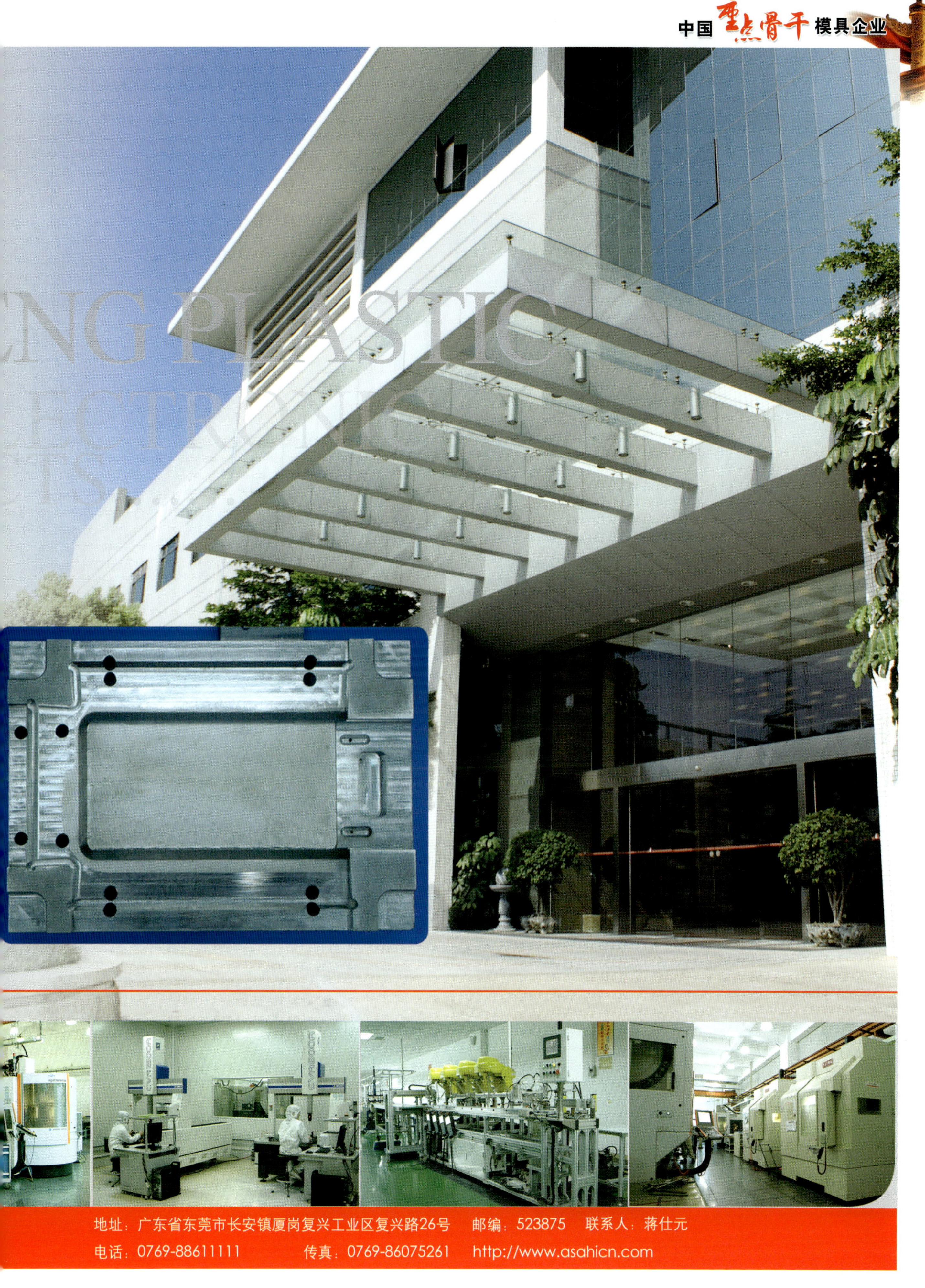
地址：广东省东莞市长安镇厦岗复兴工业区复兴路26号 邮编：523875 联系人：蒋仕元
电话：0769-88611111 传真：0769-86075261 http://www.asahicn.com

青岛吉泰汽车

质量为本

模具有限公司

青岛吉泰汽车模具有限公司创建于1993年，专业从事汽车覆盖件模具的设计与生产制作，公司现有员工200余人，资产总值9 926万元。经过十多年的发展，公司规模不断扩大，具备了比较雄厚的技术力量及加工制作能力，积累了丰富的制模经验。

公司拥有雄厚的技术力量和先进的研发设施，2008年企业技术中心被青岛市评定为青岛市市级技术中心。拥有产品研发人员36人，工程技术人员60余人。技术中心拥有AUTOCAD、CAM、CAE和CIMATEON、UG等先进设计、编程软件，同时拥有激光切割机、三坐标测量机、大型试模压力机、数控模型铣床和加工中心等先进仪器设备。这些先进设备的应用大大提高了模具的设计水平、制作速度和产品质量，更好地满足了客户对产品的需求。公司2010年生产汽车模具3 000余吨，实现销售收入8 000多万元，与一汽集团、东风集团等大型整车生产企业建立起了良好的合作关系。

公司以质量为本、诚信经营，在业内赢得了良好的信誉，被授予“中国汽车覆盖件模具重点骨干企业”、“中国模具工业协会团体会员”称号。

地址：山东省青岛即墨市北四路199号　　邮编：266221
电话：0532-87501730　87502031　　传真：0532-87502031

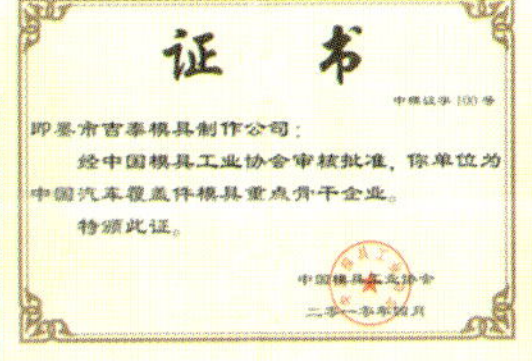

青岛吉泰汽车

钳工研配车间

大型冲压线

工人操作

工人操作

工人操作

工人操作

工人操作

数控加工车间

三坐标测量机

技术中心内部一角

地址：山东省青岛即墨市北四路199号　　邮编：266221

电话：0532-87501730　87502031　　传真：0532-87502031

模具有限公司

○ 产品展示

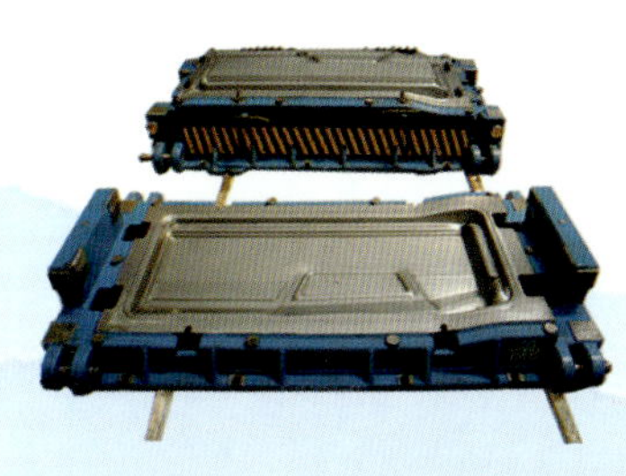

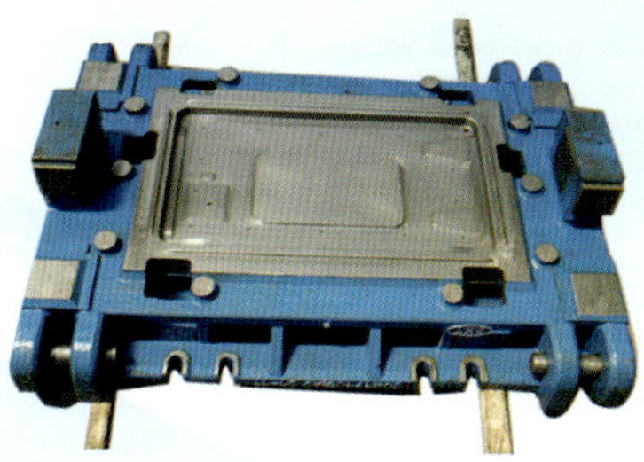

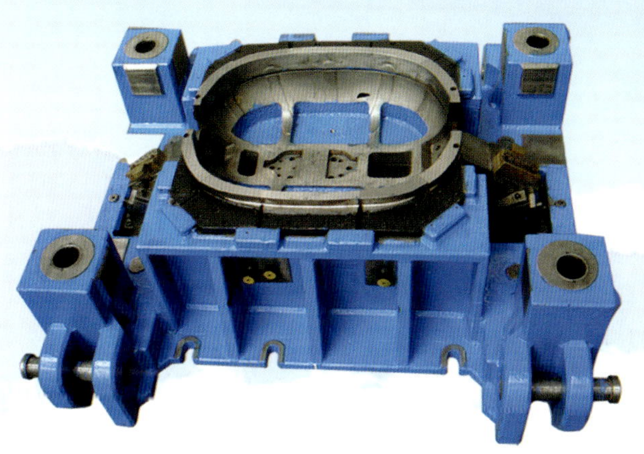

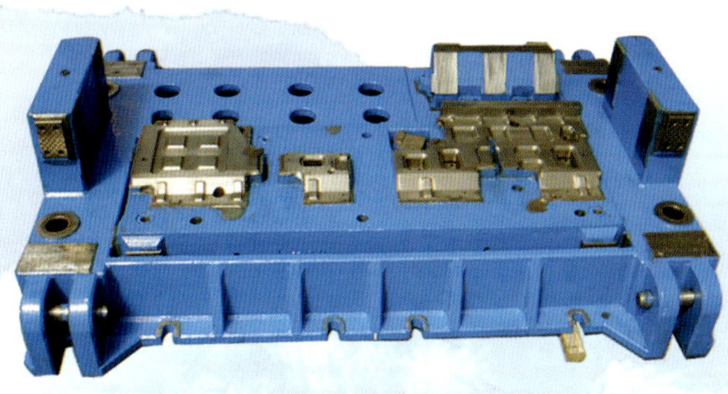

宁海县第一注塑

MINGFEI 明飞

开创国产双桶洗衣机连体桶注塑模具先河的明飞模塑创建于1984年，是专业从事大中型、精密注塑模具的设计制造公司，产品涉及汽车配件、家用电器等多个行业领域。同时，公司还提供产品设计、注塑成型、无尘喷涂和橡胶产品加工等一系列配套服务，年模具制造能力达到600套。

早在1995年，公司引进了大型CNC数控加工中心，推动模具生产由传统向信息化制造方式转变。现在，公司拥有一支经验丰富的模具设计、制造团队，建立了完整的CAD/CAM/CAE系统，实行模具制造流程信息化管理，并引用先进的E－man软件进行企业管理。公司拥有的设备包括立式、卧式、龙门式高速数控加工中心，多功能深孔加工机，大型合模机，大型数控火花机等。2000年以来，企业先后通过ISO9001、ISO/TS16949、ISO14001等第三方认证，是中国模具工业协会常务理事单位、中国大型注塑模具重点骨干企业、国家高新技术企业，并获得“宁波市名牌产品”和“宁波市知名商标”等荣誉称号。2009年有4个产品分别荣获“第十一届中国国际模具技术和设备展览会精模奖”一等奖及国家新产品奖。公司模具远销德国、意大利、法国、瑞士、西班牙、美国、加拿大、英国、印度、土耳其和澳大利亚等十多个国家和地区。

模具有限公司

主要服务客户

DAIMLER

地址：浙江省宁海县兴宁中路131号
邮编：315600
电话：0574-65595828
传真：0574-65200605
E-mail:mfmould@chinamold.com
http://www.chinamold.com

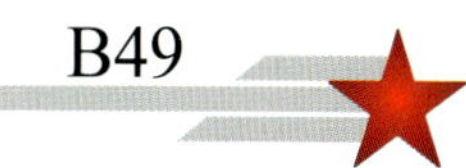

四川成飞集成科技股份有限公司

SICHUAN CHENGFEI INTEGRATION TECHNOLOGY CO.,LTD.

四川成飞集成科技股份有限公司（简称成飞集成）是2000年12月在原成飞汽模中心的基础上由成都飞机工业（集团）有限责任公司作为主发起人发起设立的，以工模具设计、研制和制造为主业的高科技股份有限公司，是国内率先独立于汽车整车厂的大型汽车覆盖件模具制造企业，于2007年公开发行股票并上市（股票代码：002190），成为国内汽车覆盖件模具行业的率先上市公司。

成飞集成注册资本2.66亿元，现已发展成从事汽车工装制造和锂离子电池生产的集团化公司。从事汽车工装制造业务（含控股子公司安徽成飞集成瑞鹄汽车模具有限公司）的员工近800人，占地面积10万m²；拥有国际上先进的大型数控加工设备和检测调试设备60余台。

成飞集成在行业内率先引入国际先进的ERP软件，率先通过德国汽车工业联合会的VDA6.4质量认证，将计算机信息工程技术贯穿整个设计、制造环节，实现了模具设计、工程分析、测量、造型、编程、加工全过程的数字化传递，具备承接整车外覆盖件模具的设计、制造及总体协调的能力，在模具设计、制造技术方面处于同行业的领先地位。

成飞集成的模具产品远销到美国、英国、德国等国家，成功为通用、福特、路虎、雷诺、沃尔沃、欧宝、奥迪等国际知名汽车制造商的新车型配套，并与国内知名的汽车制造商均建立了良好的业务关系。

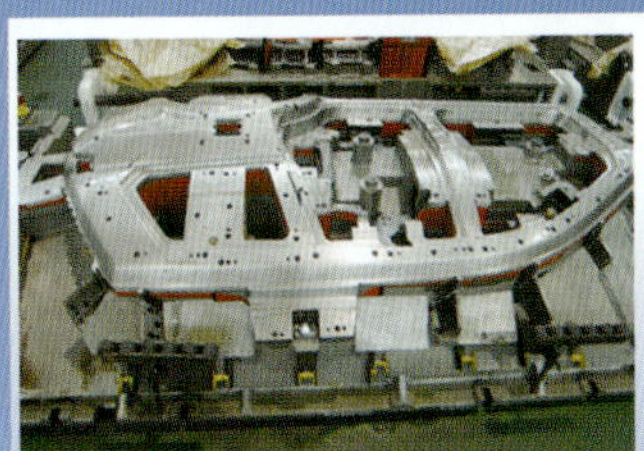

模具展示

产品展示

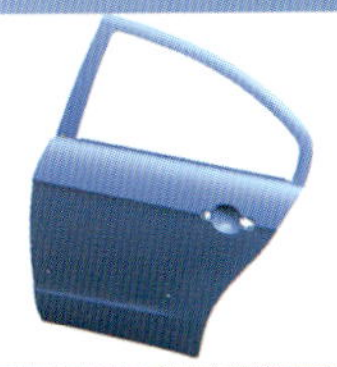

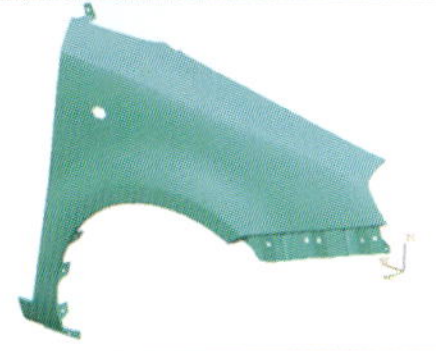

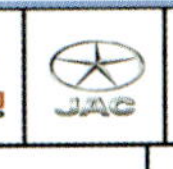

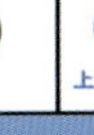

地址：四川省成都市青羊区日月大道 666 号附 1 号　　邮编：610091
电话：028-87455322　028-87455115　传真：028-87455111　http://www.cac-citc.com.cn

慈溪市盛艺模具有限公司

CIXI SHENGYI MOULD CO.,LTD.

盛艺模具，成立于1993年。经过20多年来的稳健发展，盛艺已从一家小型模具厂发展成为宁波东部地区模具行业及注塑行业内颇具规模及代表性的集团公司。公司创始人——董事长景伟德先生担任“慈溪市模具行业协会会长”及“宁波市模具行业协会副会长”。

盛艺模具，位于宁波329国道范市段“慈溪模具科技城”。厂区占地面积25 000m²，建筑面积30 000m²，固定资产1亿多元。公司现有员工300人，拥有一支经验丰富，技术过硬的模具设计、制造团队。其中管理、技术人员40多人，10年以上模具钳工50多人。

盛艺模具，一直致力于大型注塑模具、高要求外观模具、高精度塑胶模具的设计、加工及制造。产品涉及汽车内饰件及外饰电镀件、家用空调、冰箱、洗衣机及小家电等塑料模具，多年以来一直服务于国内外优秀企业乃至世界500强企业，并获得优秀供应商奖。

盛艺模具，于2005通过了ISO9001质量体系认证，并在2011年1月通过了SGS公司的TS16949，IS014001体系认证；建立了完整的CAD/CAE/CAM系统，与浙江大学合作开发M-EMS专业的模具企业管理软件，实行模具设计及制造全程的信息化管理。公司先后引进多台日本牧野立式镗铣加工中心、高精度大型龙门进口加工中心、多功能深孔加工机、大型合模机、大型双头火花机、日本沙迪克慢走丝线割机等制造设备及三坐标测量仪等检查设备。

本着“科学管理促发展，追求质量增效益”的宗旨，盛艺模具将不懈努力，立志成为一家高起点、高标准、高要求的大型汽车模具、家电模具的一流制造商。

服务伙伴

Samyeamould was founded in 1993 , after nearly 20 years steady development, it has become a group company with a considerable scale and representative for the mould and injection moulding industry in the east of Ningbo. The legal representative Mr.Jing Weide is nominated as the vice president of Ningbo Mould Association and the president of Cixi Mould Association.

Samyeamould located in"Cixi Mould Technology City" in Ningbo ,our land covers an area of 30,000㎡ . At present we have a staff of 300 people ,40 senior designers and group of experienced mould manufacture team with 50 staffs which with more than 10 years rich experiences.

Samyeamould has been committed to the design and manufacturing of large-sized, high requirement appearance and precision mould. The product involves the Automobile internal parts and external electroplated accessies , Air conditioner,Washing machine , Refrigerator ,and small home appliances. For many years Samyeamould has excellently serviced for domestic and overseas enterprises and even the world Top 500 enterprises, and obtained the Excellent Supplier Award.

Samyeamould has approved by ISO9001/ISO14001/TS16949 since 2005, and with up to date CAD/CAE/CAM system (UG/ProE/Mold Flow) , Same time, with advanced Mould Manufacture Equipment, such as Makino High Speed CNC,SODICK E.D.M,3Axis Coordinate Measuring System etc., to assure samyea mould provide high quality product & service within shortest time. This year, our annual capacity of mould making is up to 600 sets.

Line with the tenet " Sicentific Administration and Pursuit of Quality", samyea mould through unremitting efforts, resolves to become a first-class manufacturer of Automotive and Home Appliance Mould with high starting point & high standard.

地址：浙江省慈溪市龙山镇范市湖滨北路8号

No.8,North hubin rd,Fanshi,Longshan town,Cixi,Zhejiang,China　　邮编(Zip Code)：315312

电话（Tel）：0574-63700008　　传真（Fax）：0574-63704008

E-mail:symold@samyeamold.com　sy-mj@163.com　　http://www.samyeamold.com

模具加工车间及部分设备

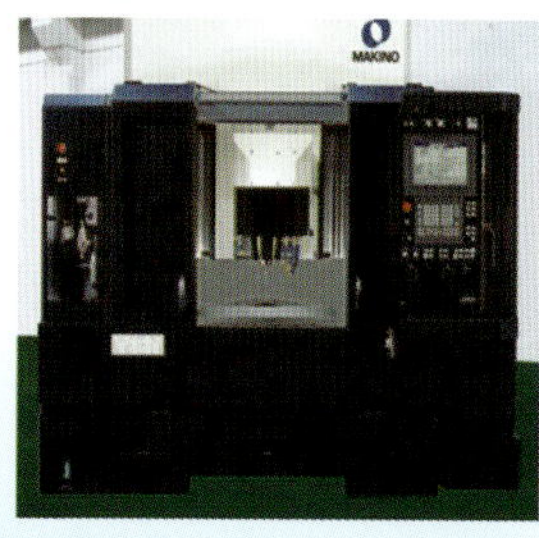

家用电器类试样件

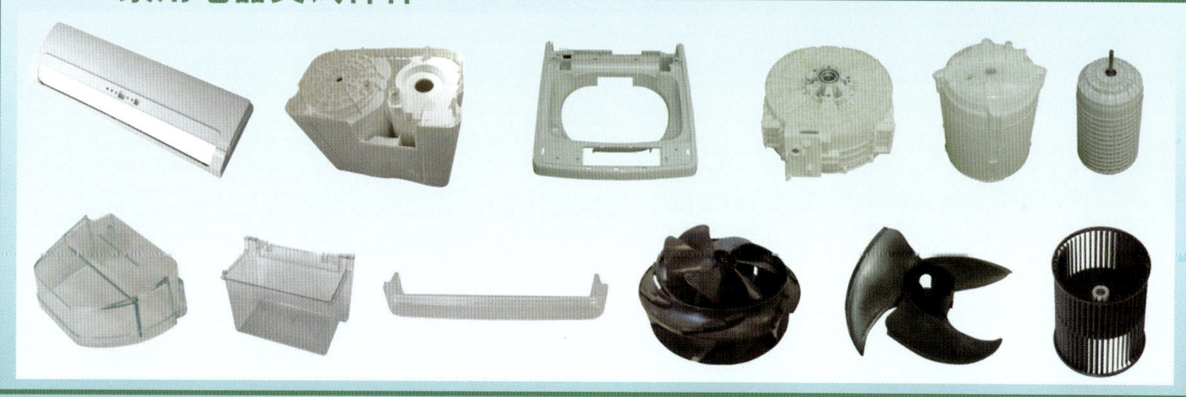

精密类试样件

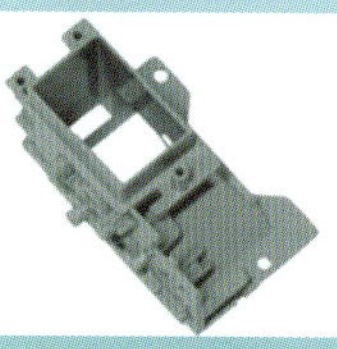

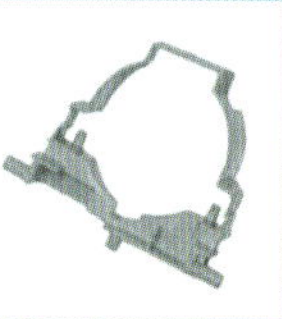

地址：浙江省慈溪市龙山镇范市湖滨北路8号
No.8,North hubin rd,Fanshi,Longshan town,Cixi,Zhejiang,China　邮编(Zipcode)：315312
电话(Tel)：0574-63700008　传真(Fax)：0574-63704008
E-mail:symold@samyeamold.com　sy-mj@163.com　http://www.samyeamold.com

山东潍坊福田模具有限责任公司位于中国山东潍坊高新技术产业区，是北汽福田汽车股份有限公司汽车模具工艺装备事业部。现有固定资产3.5亿元，员工372人。

福田模具现拥有意大利高速五轴联动数控铣床、日本高速数控铣床、美国激光扫描测量机、日本激光切割机等模具制造关键设备16台，模具制造能力达60万工时，一年具有2个整车车身模具装配协调能力。大型试冲、研配压床设备34台，冲压件加工能力年产可达百万件。福田模具先后为福田汽车开发了欧曼重卡、欧V客车、欧马可高端轻卡、传奇SUV、蒙派克、MIDI等系列车型车身模具2 500余套。长期为日本、韩国、一汽、二汽、上海大众、上海通用等国内外著名汽车厂商加工、制造汽车模具，并与其建立了稳定的战略合作关系。

自2000年至今，福田模具先后获得全国CAD应用示范单位称号和山东省制造业信息化工程重点示范企业称号，被认定为高新技术企业和山东省汽车模具工程技术研究中心。顺利通过ISO900国际质量管理体系、ISO14000环境管理体系、GB/T28000职业健康安全管理体系认证。连续三届获得上海国际模具展览会大会最高奖，福田欧曼汽车车身模具被评定为国家重点新产品，获机械工业科技进步奖一等奖。被中国模具工业协会授予“中国汽车覆盖件模具重点骨干企业”称号。

SHANDONG WEIFANG FOTON MOULD CO.,LTD. is located in Hi-Tech Industrial Development Zone, Weifang, Shandong Province, Which is an auto mould technique and equipment department of Foton Motor , possessing the fixed assets of 350 million RMB and 372 staff.

There are 16 key equipments in mould manufacture including high speed five-axes digital control milling machine made in Italy, high speed digital control milling machine made in Japan, laser scan gauge made in U.S, laser cutter made in Japan, etc. The capability of making mould has reached 600 000 man-hours, and it also has the ability of assembly and coordination for two whole auto body's moulds in one year;There are other 34 equipments— huge test punch machines and mullers. The annual output of punch and press machines amounts to millions of pieces. Foton Mould has successively developed over 2500 body moulds in various models like Auman heavy truck、AUV Bus、legend SUV、MP-X Midi etc. It also has developed auto moulds for famous auto companies at home and abroad like Japan,Korea,FAW,Dongfeng Motor,Shanghai Volkswagen,Shanghai General,and established stable strategic cooperative relations with them.

From 2000 to now, Foton Mould has received national title of CAD engineering practical demonstration enterprise, and ranked as the high-tech company by Shandong Province; successively passed the ISO9000 international quality system recognition; earned the highest awards at the 9th /10th /11th Shanghai International Exhibition; gained the title of "the important Model Corporation in Manufacture and Information Industry" in Shandong province; The car-body mould of Auman was ranked as the National Important New Production; was recognized as Provincial Auto Mould Engineering Technique Research Center in Shandong Province; passed the ISO 14000 Environmental Management System and GB/T28000 Occupational Health and Safety Assessment System recognitions; was ranked as "the Important Backbone Enterprise" by China Die and Mould Industry Association.

FOTON
FOTON
福田模具 中国典范
高新技术企业
全国CAD应用工程技术示范企业
山东省汽车模具
工程技术研究中心
山东省汽车模具工程技术研究中心
山东省两化融合信息化示范企业
山东潍坊福田模具有限责任公司
地址：山东省潍坊市高新技术产业区
邮编：261206
电话：0536－7602270
传真：0536－7527009

VOKE

Credible Technology

业成于精

精益求精

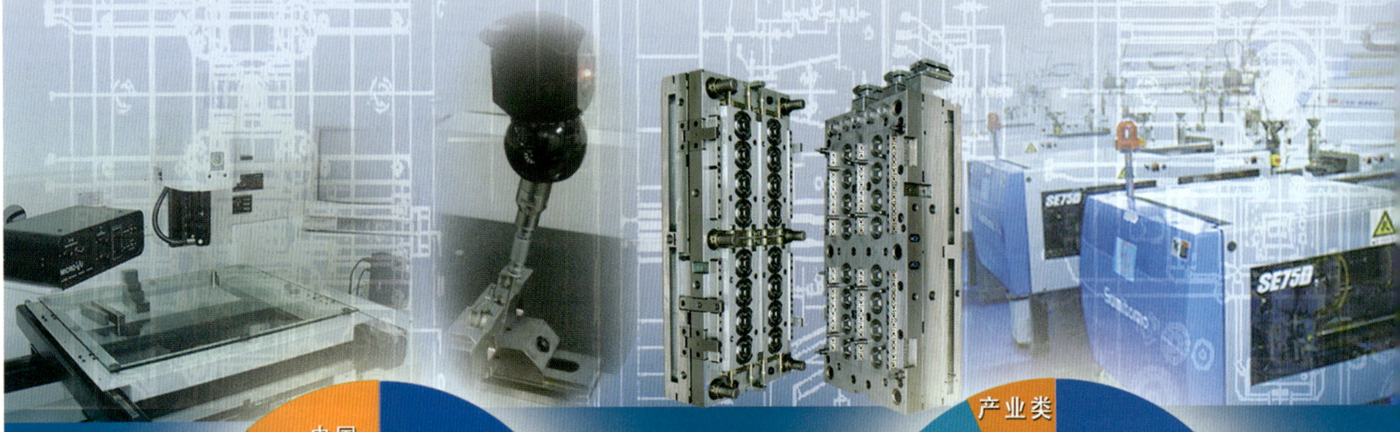

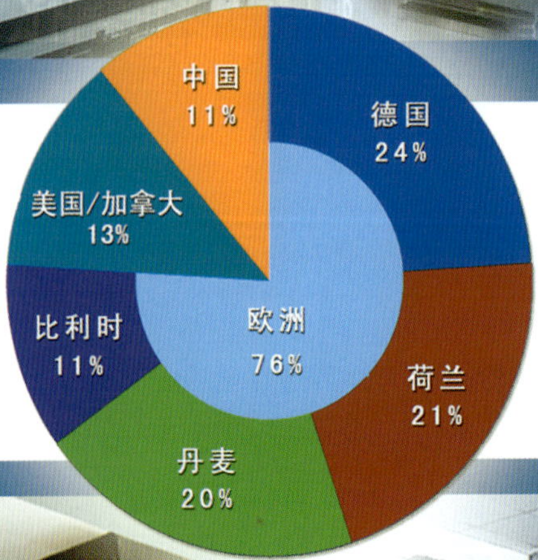
中国
11%
德国
24%
美国/加拿大
13%
比利时
11%
欧洲
76%
荷兰
21%
丹麦
20%

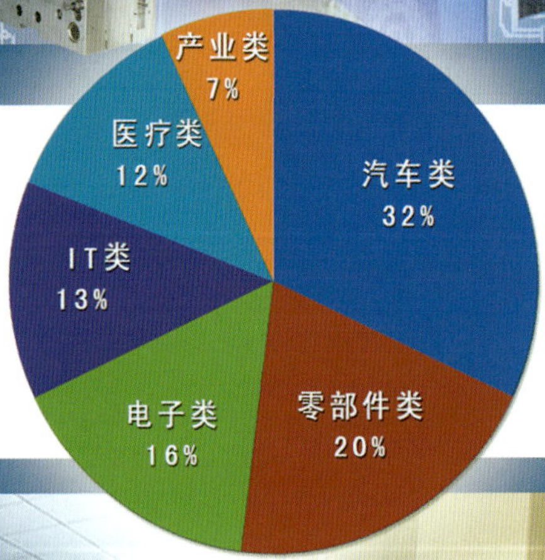
产业类
7%
医疗类
12%
汽车类
32%
IT类
13%
电子类
16%
零部件类
20%

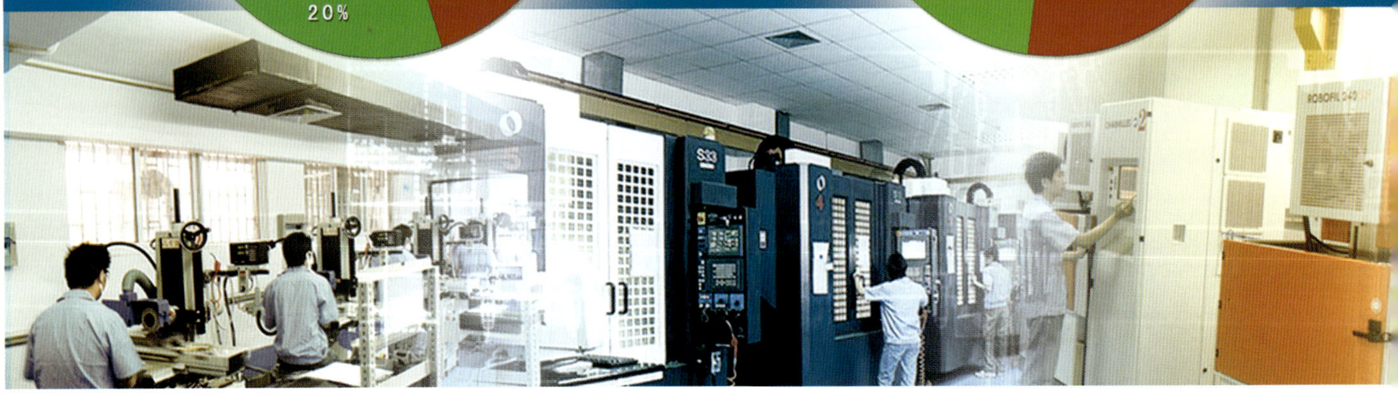

厦门唯科模塑科技有限公司

系由香港迈科公司于2003年投资设立，主要产品涉及医疗电子、汽车、光电、通信、IT、接插件、家用电器等领域的精密模具及塑胶产品。经不断增资扩大，投资总规模已超过1 200万美元，是一家产品研发、生产和市场营销三位一体的精密塑胶模具及相关产业一体化制造商。

唯科采用Mold Flow软件，利用计算机模拟分析模具注塑成型过程中塑胶熔融体的流动、冷却，优化模具结构，提高效率，降低成本。同时引进了牧野高速数控加工中心、牧野和夏米尔精密镜面火花机、高精度磨床、夏米尔慢走丝等一系列精密加工设备，以及德国温泽三坐标测量仪、日本三丰和尼康投影仪、数字式高度测量仪等精密检测设备，加工精度可达2μm。

SUCCESS FROM CONTINUOUS IMPROVEMENT

被中国模具工业协会认定为国内和国际先进模具制造水平

在中国国际模具展会上分获"精模奖"一等奖、二等奖

中国精密注塑模具重点骨干企业

厦门市高新技术企业

公司地址:福建省厦门翔安火炬高新区翔虹路16号

业务咨询:0086- 592-7769619

传真:0086-592-7769648

邮编:361101

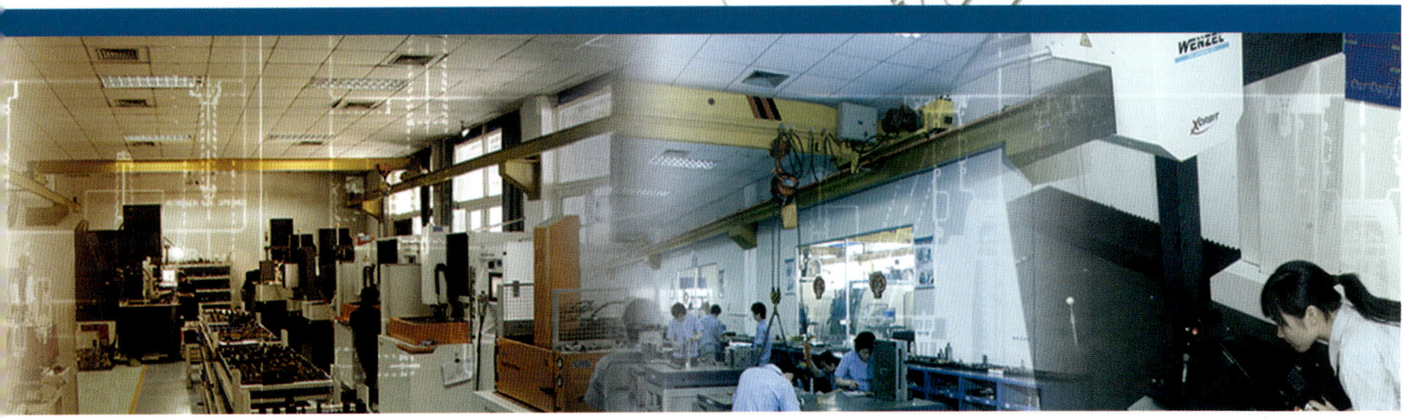

ROC 宁海县大鹏模具塑料有限公司

大鹏是您产品开发的

宁海县大鹏模具塑料有限公司历经20余年的发展，已成为华东地区颇具规模和实力的模具公司，是中国模具工业协会大型注塑模具定点骨干企业。专业生产洗衣机系列注塑模具及汽车装饰、其他家用电器模具。

拥有模具行业齐全的硬件设备。

拥有本地区强大的设计开发队伍。

拥有CAD、CAE、CAM系列软件。

拥有产品设计、模具设计、模具制造、产品成型、产品涂装、丝网印刷等一条龙生产线。

率先在国内外同行中执行模具管理系统M—EMS。

优秀合作伙伴！

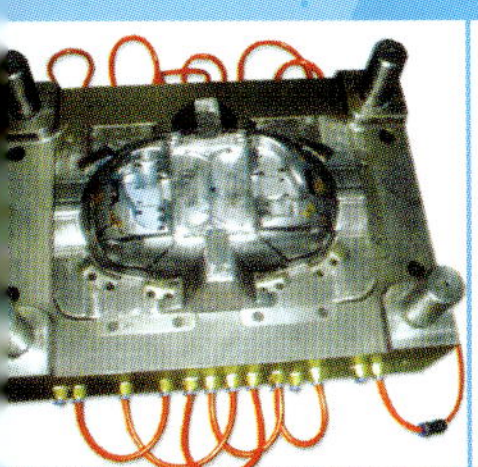

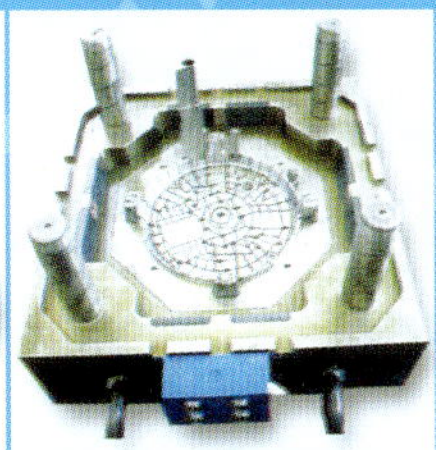
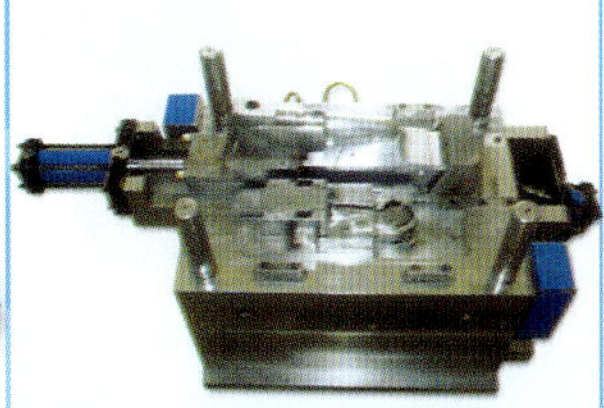
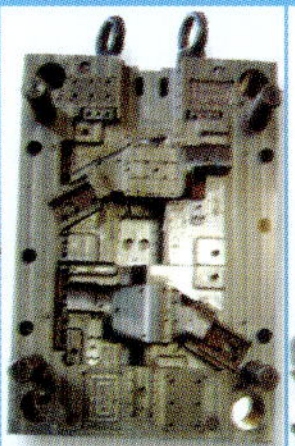
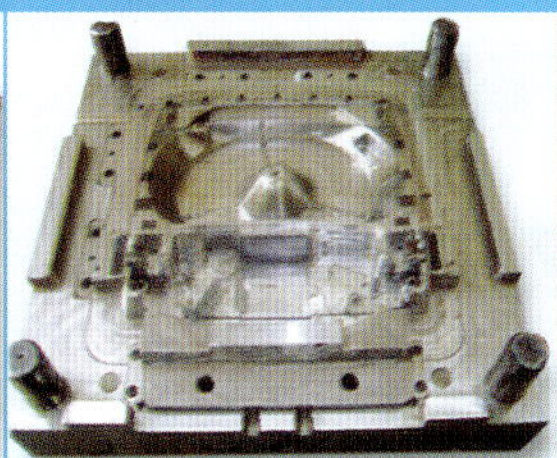

地址：浙江省宁海县科技工业园区竹泉路41号

电话：0574-65593515　传真：0574-65593618

低压铸造模具(缸体)

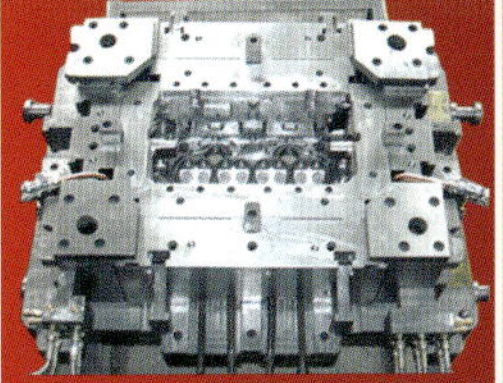
低压铸造模具(缸盖)

重力浇注模具(气缸盖)

设计部门

车间一角

宁波强盛机械模具有限公司位于浙江省象山县工业园区，专业设计制作高难度、复杂铸件模具。公司本着“诚信为本，科技创新”的宗旨，希望与国内外朋友通力合作、共铸辉煌。

公司占地面积：30 000m²，建筑面积17 000m²

公司员工：200人，其中中高级职称人数35人

固定资产：7 000万元

主要加工设备：数控加工中心13台,三坐标测量机2台,普通机床50台

年生产能力：1.5亿元

应用软件：CAD、CAE、UG、PRO/E、CIMATRON、SOILDWORK

应用技术：CAD/CAM技术、逆向工程、激光扫描技术、快速成型CAD/CAM

产品种类：造型线,造型机,重力浇注。低压浇注,冷、热芯盒等各种铸造模具

服务对象：汽车、航空、拖拉机、摩托车、机床、船舶、水泵、阀门、电站、铁路、压缩机等

Ningbo Qiangsheng Machinery & Moulds Co., Ltd. is located in Xiangshan Industry Zone, Zhejiang, China. It is a private enterprise specializing in producing very difficult and complicated technical moulds. Our company is proud to have achieved ISO9001:2008 Certification. In good sincerity and creativity first, we would like to build business relations with customers all over the world.

Company Area: Ground area 30 000m², Building area 17 000 m²

Number of employee: 200, including engineering 35

Fixed assets: CNY 70 millions

Main equipment: CNC 13 sets, CMM 2 sets, machine tool 50 sets

Annual production capacity: CNY 150 millions

Application software:CAD、CAE、UG、PRO/E、CIMATRON、SOILDWORK

Technical Application: CAD/CAM, Reverse Engineering, Laser scanner technique, Rapid Prototyping

Main products: Molding line & Machine casting pattern, Gravity casting pattern, Low-pressure die-casting pattern, Hot & Cold core box pattern

Casting Services: Automobile, Aviation, Tractors, Motorcycles, Machine tools, Ships, Water pumps, Valves, Railway, Air compressors etc.

地址：浙江省象山县工业园区园中路98号
邮编：315700
电话：0574-65083266
传真：0574-65780333
手机：(0)13606787796
网址：www.nbqsmoulds.com
邮箱：nbqs@nbqsmoulds.com

ADD: No.98 Yuanzhong Road,Xiangshan Industry Zone, Zhejiang, China
TEL: 0574-65083266
FAX: 0574-65780333
MB: 13606787796
http://www.nbqsmoulds.com
E-mail:nbqs@nbqsmoulds.com

陶氏模具集团有限公司

陶氏模具集团有限公司是中国大型的塑料模具设计制造企业之一，是国家火炬计划塑料模具特色基地、国家高新技术认定企业、中国塑料模具重点骨干企业、浙江省质量管理先进企业，拥有省级技术研发中心。企业主要从事模具设计制造和塑件产品的开发、生产、销售。产品为汽车、家电（电视机、空调、洗衣机、冰箱、吸尘器）、电子通信、摩托车、日用品、箱管类等多个行业配套，拥有50多项知识产权专利，产品远销美国、法国、英国、日本、加拿大、意大利、西班牙、巴西、印度等国家和地区。

地 址：浙江省台州市黄岩二环西路356号（客运中心北侧）
邮 编：318020
电 话：0576-84111000
传 真：0576-84112968,84112778
http://www.taoshimould.com
E-mail：tsjt@taoshimould.com

陶氏 引领模具行业先锋

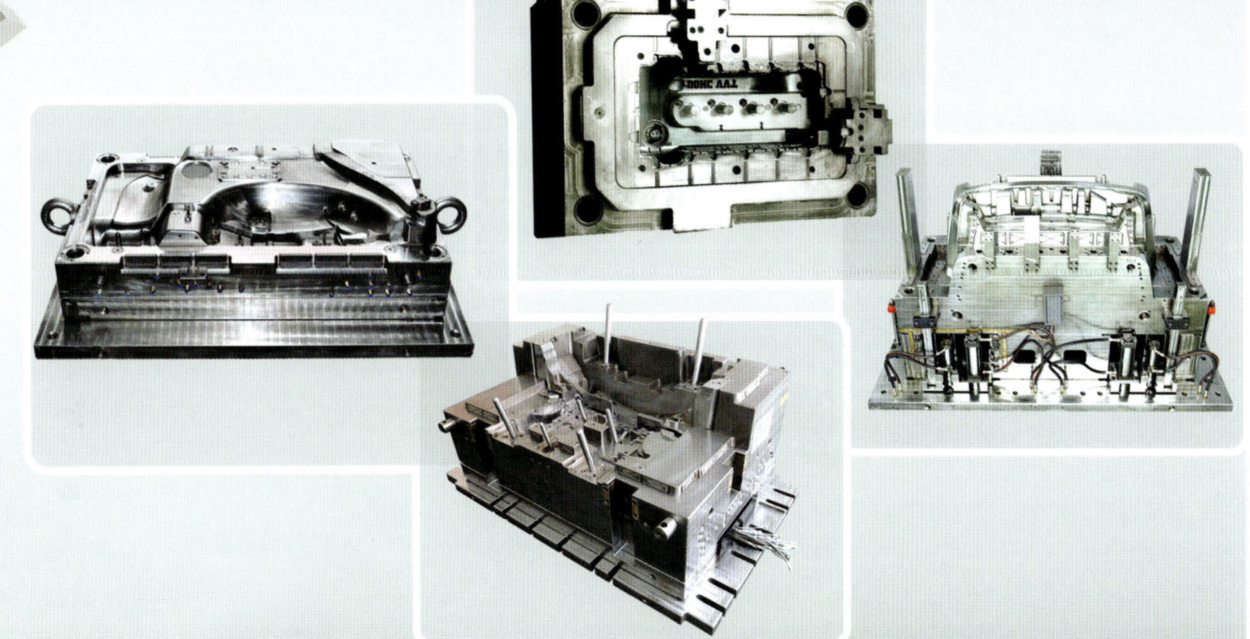

KUNDA® 群達控股 KUNDA HOLDINGS

力臻卓越

群达模具（深圳）有限公司是从事各类大型、精密、复杂注塑模具设计和开发的国家高新技术企业和广东省创新型企业，主营业务为高档精密汽车塑料模具和IMD/IML新产品。

群达引进和消化吸收了发达国家的先进模具技术，联合海内外知名理工科大学开展产学研合作，并取得了许多技术创新成果。公司已成功开发了汽车内饰件模内层压技术、汽车发动机塑料进气歧管、汽车门板、汽车立柱、汽车前后保险杠、汽车仪表盘、汽车车灯和倒车镜等核心部件的高中档汽车塑料模具和进行相关技术服务。如今，公司开发的汽车模具已进入全球汽车零部件的主流市场，供货给宝马、奔驰、奥迪、大众、通用、波音等欧美发达国家和国内跨国公司制造商。

群达坚持以技术创新和产学研相结合为主的企业发展战略，开辟了一条产学研相结合的企业发展新路，并建立了一系列的产学研研发平台。群达是广东省教育、科技部门产学研结合示范基地及广东省重大科技专项实施单位，是广东省、教育部门、科技部门“数字化制造装备产学研战略联盟”重点成员，广东省名牌产品及广东省学习型企业先进单位，并设立了深圳市 “先进注塑成型与模具技术研究工程中心”。公司具有强大的“产学研”研发基础，与华南理工大学、华中科技大学、香港科技大学强强联合，分别建立了广东省及深圳市博士后创新实践基地、“群达——华中科技大学”联合实验室、深圳创新圈项目等合作，并在2011年与香港科技大学联合申报广东省产学研合作院士工作站和深圳市海外高层次人才创新团队孔雀计划项目。

群达领导班子立足于自主创新、建立实力雄厚的技术研发队伍。蔡考群总裁和营运总裁杨金表分别被广东省评为高级工程师和高级经济师职称。近五年来，群达已申报专利64项，获授权专利41项，其中授权发明专利8项、实用新型专利24项、外观专利9项。公司于2008年承担的广东省省部产学研合作重大科技专项项目“汽车内饰件模内层压工艺及数控注射机研制”，获得了中国机械工业科学技术奖二等奖、中国产学研合作创新成果奖、广东省科技进步二等奖、深圳市科技创新奖等多项科技奖励，并在2011年被商务部门评为全国加工贸易转型升级示范企业。

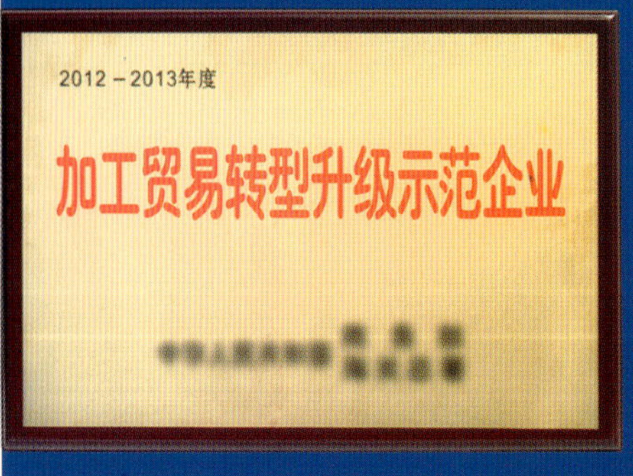

2012—2013年度全国加工贸易转型升级示范企业

群达模具（深圳）有限公司—2010年度国家高新技术企业证书

广东省教育部门科技部门产学研结合示范基地

服务全球

群达模具（深圳）有限公司
博士后创新实践基地
华南理工大学
二〇一一年六月二十九日

中国机械工业科学技术奖
二等奖
汽车内饰件模内层压成套技术研究与产业化应用
群达模具（深圳）有限公司

地址：广东省深圳市龙岗区坂田街道坂雪岗大道南路6号
邮编：518129
电话：0086-755-28778999
传真：0086-755-28778099
http: //www.kunda.com
E-mail: kunda@kunda.com

群达模具（深圳）有限公司广东省博士后创新实践基地

2011年度中国机械工业科学技术奖二等奖

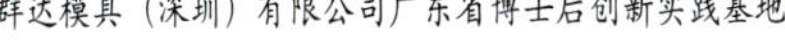

PROFESSIONAL TOOLING MANUFACTURER

宁波鸿达电机模具有限公司（原慈溪市鸿达电机模具制造中心）创建于1988年，专业制造电机铁心多工位级进模及精密冷冲模，是中国电机铁心模具重点骨干企业，是国家高新技术企业、宁波市冷冲模委员会主任委员单位。公司经过20多年的艰苦创业和不断技术创新，企业的人才队伍、电机模具研发、生产基础设施、高精尖设备规模均居同行业领先，成为中国在规模、专业性、先进性等方面均领先的电机铁心片精密冷冲模技术开发中心和生产制造基地。公司先后投入近1亿元，占地面积34 345m²，建筑面积43 338 m²，其中生产厂房建筑面积31 639 m²（全恒温生产厂房18 939 m²），拥有世界级的精密加工及检测设备。形成可生产电机铁心模具冲片直径Ø3 ～ 1 600mm、模具最大尺寸达2 000mm×4 000mm的生产能力，包括定转子硬质合金多工位级进模、定转子复式冲槽模、大型复式落料模、定转子全复模、磁极片复式冲模、大型扇形片复式冲模、合金高速单槽冲模。公司已通过ISO9001质量管理体系认证。年产硬质合金多工位级进模200副，定转子铁心复合模6 000副，生产的精密模具连续10年被中国模协评定为"国产优质模具"和"国家新产品模具"，硬质合金多工位级进模在2009年中国国际模展中被中国模具工业协会专家组评定为具有国际水平的模具和精模奖一等奖，可替代欧美、日本等发达国家制造的模具，长期占据中国电机铁心模具市场销量前列。现在，全球有近1 000家企业正在使用鸿达的精密产品。

美国穆尔G48坐标磨床
American MOORE Model G48 Coordinate Setting (Jig) Grinder

美国穆尔G18坐标磨床(二台)
American MOORE Model G18 Coordinate Setting (Jig) Grinder (2 sets)

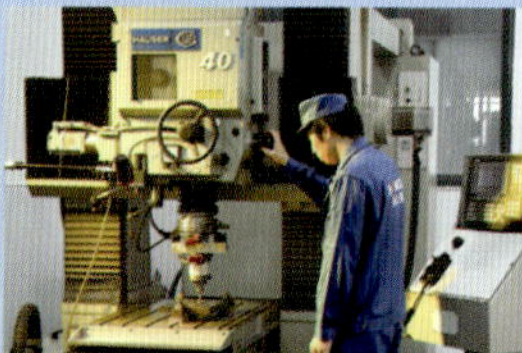
瑞士豪泽S40坐标磨床
Swiss REISHAUER Model S40 Coordinate Setting (Jig) Grinder

日本沙迪克慢走丝线切割机10台
Japanese SODIC Wire Cutting EDM (10 sets)

瑞士夏米尔慢走丝线切割机9台
CHARMILLES Wire Cutting EDM (9 sets)

大型龙门精密平面磨床(4 000mm x 2 000mm)
Large Longmen Precision Surface Grinder

大型龙门加工中心(2 700mm x 1 700mm)
Large Longmen Processing Center

日本WAIDA数控光学曲线磨床
Japanese WAIDA CNC Projection Grinder

美国哈挺精密加工中心
American HARDINGE Precision Processing Center

大型精密车磨床
Large Precision Lathe Grinder

日本山田200t高速冲床
Japanese Yamada Dobby 200-ton High-speed Stamping Press

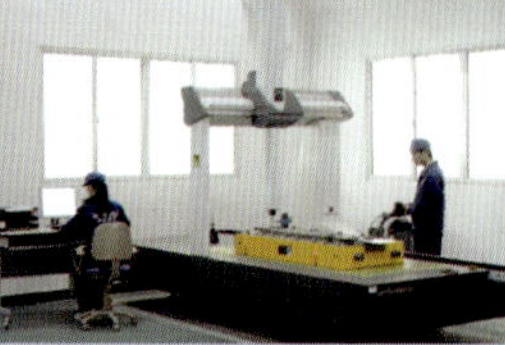
三坐标测量仪(行程1 200mm x 3 000mm)
3D measurement instrument Brown&sharpe Globa(1 200mm x 3 000mm)

三坐标测量仪(行程900mm x 2 000mm)
3D measurement instrument Brown&sharpe Global (900 mm x 2 000mm)

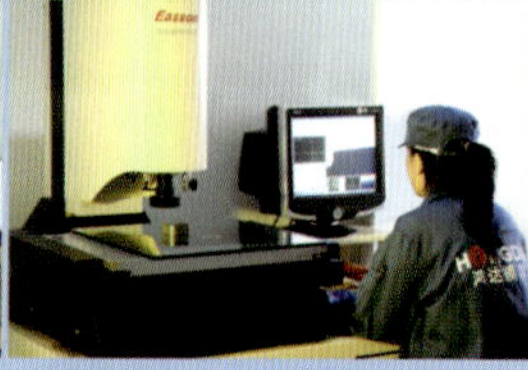
投影测量仪
2D Projection measurement Instrument(400mm x 300mm)

售后服务
After Sales

宁波鸿达电机模具有限公司
NINGBO HONGDA MOTOR DIE CO.,LTD.
地址：浙江省慈溪市匡堰工业区 Add: Kuangyan Industrial Zone, Cixi City, Zhejiang Province, China.
Tel: 0086-574-63530266 Fax: 0086-574-63531088/63534999 E-mail:info@hongdamuju.com
免费服务热线Free hot line: 8008-574-176

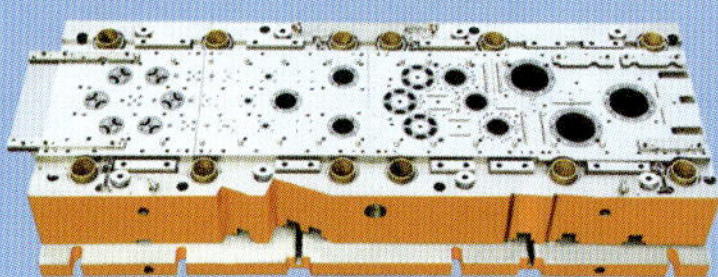

Ø110 air conditioner compressor motor core automatic interlocked three-row progressive die
Overall dimension: 1 850 mm x 800 mm x 480 mm
Ø110空调压缩机电机铁心自动叠铆三列级进模
外形尺寸：1 850 mm x 800 mm x 480 mm

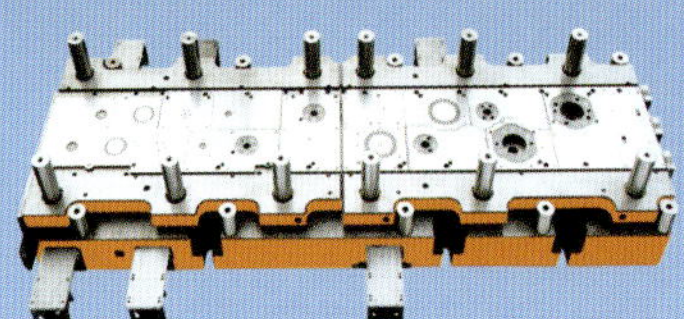

Ø140 air conditioner compressor motor core automatic interlocked two-row progressive die
Overall dimension: 1 860 mm x 750 mm x 480 mm
Ø140空调压缩机电机铁心自动叠铆双列级进模
外形尺寸：1 860 mm x 750 mm x 480 mm

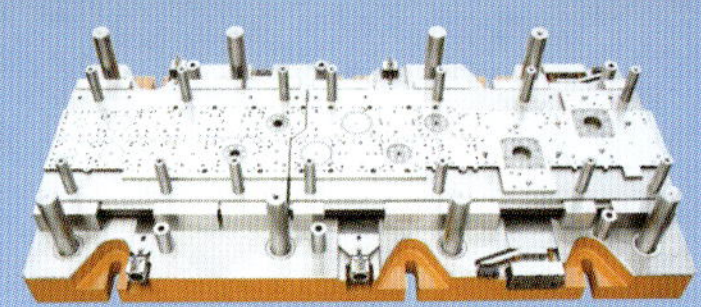

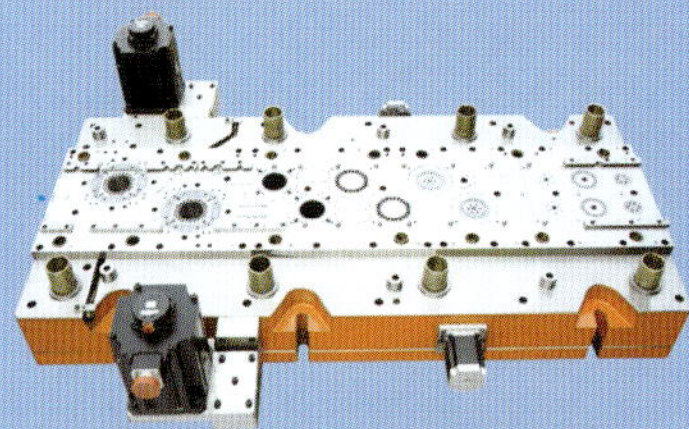

107x107 washing machine motor core automatic interlocked two-row progressive die (180° rotation)
Overall dimension: 1 660 mm x 760 mm x 405 mm
107x107洗衣机电机铁心自动叠铆双列级进模(180°大回转)
外形尺寸：1 660 mm x 760 mm x 405 mm

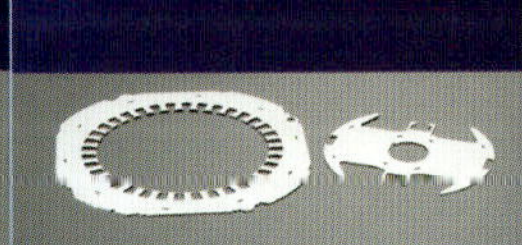

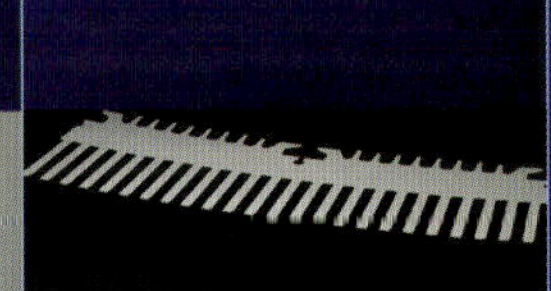

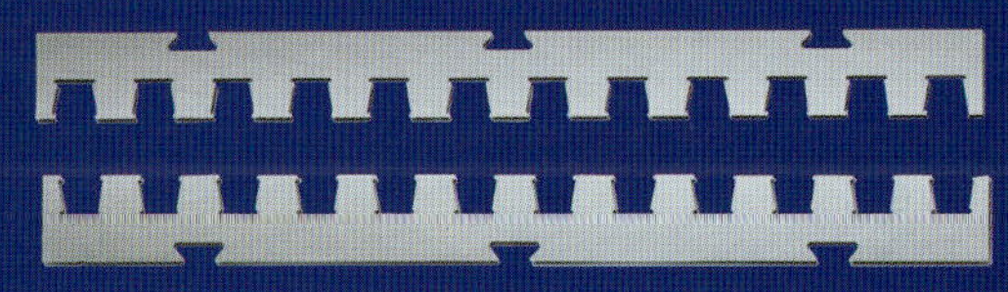

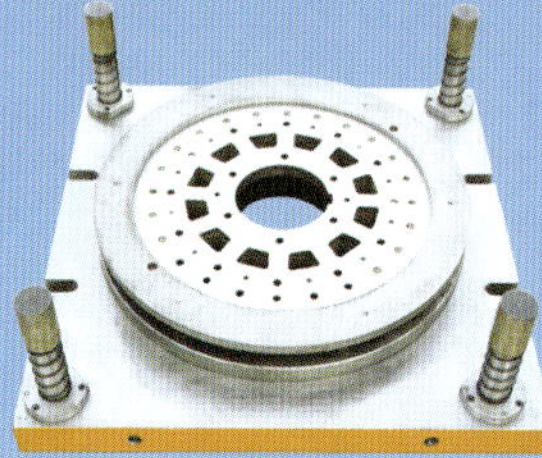

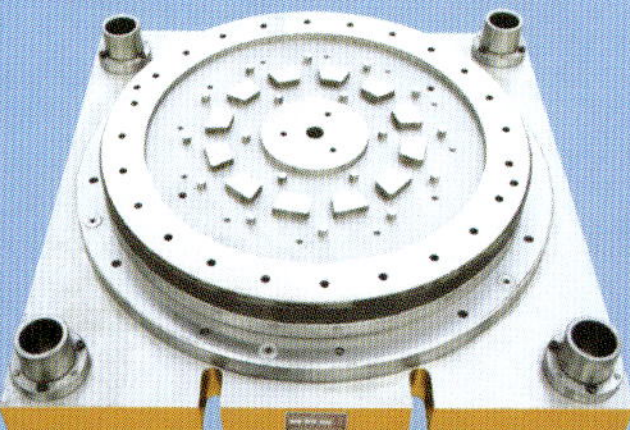

Ø570 excitation machine motor lamination precision compound die
Ø570励磁电机冲片精密复合模

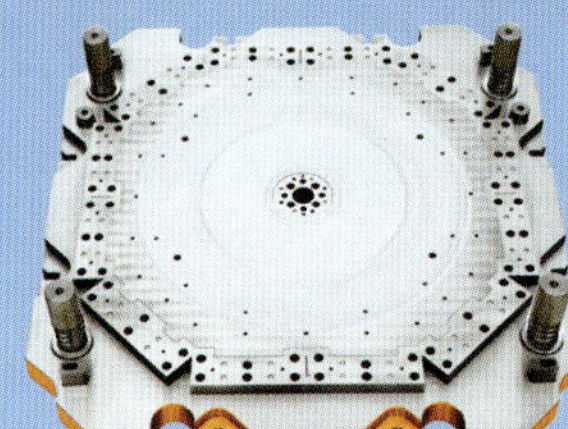

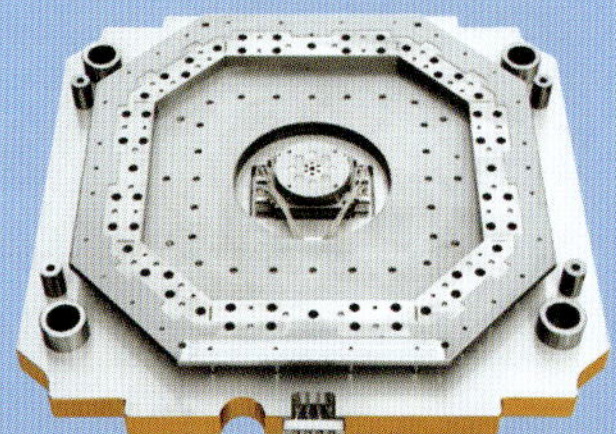

974mm x 974mm Motor lamination precision compound die
974mm x 974mm电机冲片精密复合模

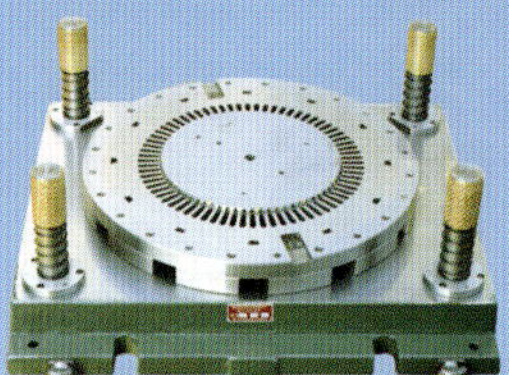

Y2-355-4P (stator lamination lower die)
Y2-355-4P(定子片下模)

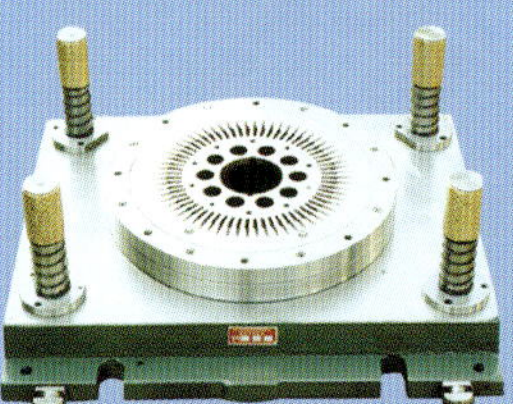

Y2-355-4P (rotor lamination lower die)
Y2-355-4P(转子片下模)

●销售副总: 杨健 0086-574-63533999 (0)13867884565 ●销售经理: 许红群 0086-574-63532666 (0)13600613766 ●外贸部经理: 高科其 0086-574-63537090
E-mail:gkq@hongdamuju.com ●市场部经理: 华立波 0086-574-63533999 (0)13566060575
●上海区域: (0)13506741401 ●江苏区域: (0)13506741917
●广东区域: (0)15824204382 ●安徽区域: (0)13566060575
●浙东片区: (0)13777993599
Http://www.hongdamuju.com

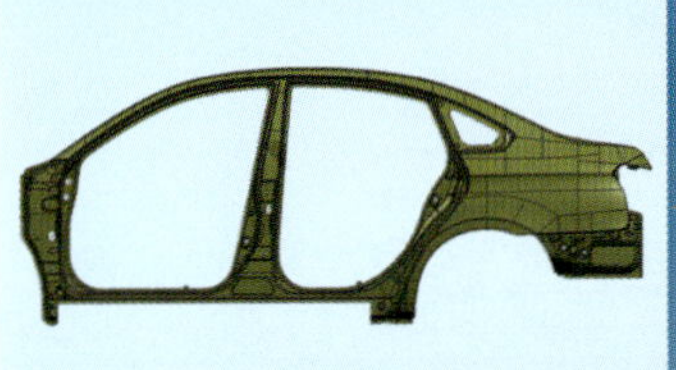
A60轿车侧围

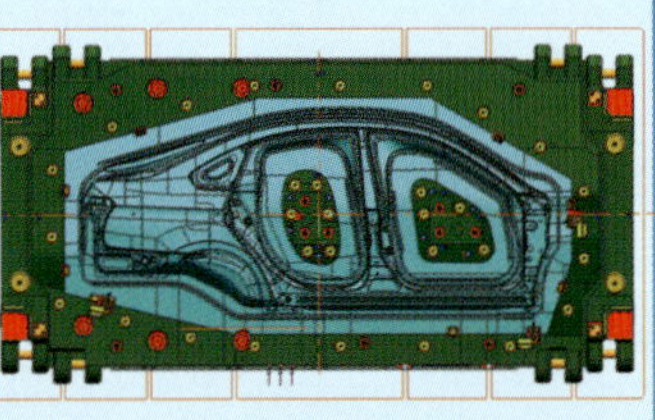
A60轿车侧围拉延模

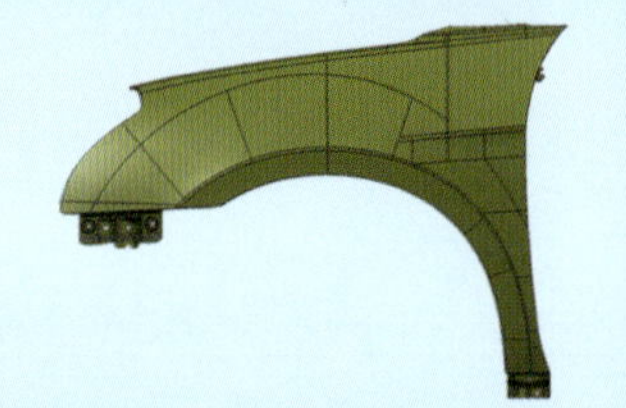
A60轿车翼子板

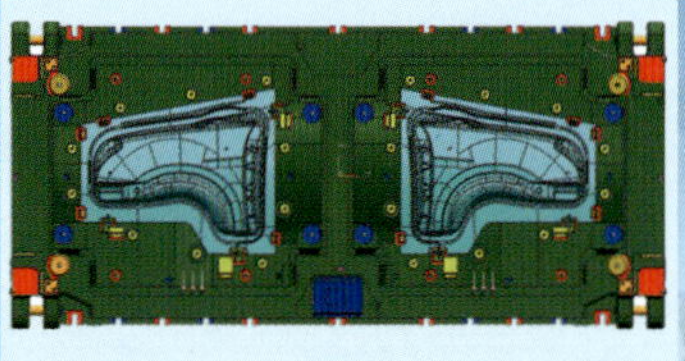
A60轿车翼子板拉延模

东风模具冲压技术有限公司注册资本4亿元，占地面积20.8万m^2。公司拥有员工2 183人，其中研发及工程技术人员230人、管理人员204人、质量技术人员27人。下设模具公司（十堰）和冲焊工厂（武汉），形成跨十堰、武汉两地生产的运营格局。公司具有国内一流的商用车及乘用车整车模具研发与制造能力，是华中地区具有核心竞争力的冲压件生产企业。

东风模冲紧紧抓住模具与冲压件一体化采购的产业发展趋势，以模具冲焊事业为核心，缩短模具与冲压件的开发周期，降低产品开发和制造成本，为用户提供良好的技术支持。我们秉行“精心设计、精工制造、优质产品、优良服务”的质量方针，追逐先进制造技术，誓与客户同发展，集中精力提升和强化公司核心竞争力，致力于打造东风模冲品牌，服务中国汽车制造业。

东风模冲，审时度势，以全球化的视野剖析市场，加大结构调整力度，以领先的品牌理念赢得市场认可，以整车车身模具、轿车覆盖件模具、大型多工位级进模具、高强度板模具和大型化、总成化、系列化的冲焊产品为发展方向，开创企业发展的新纪元。

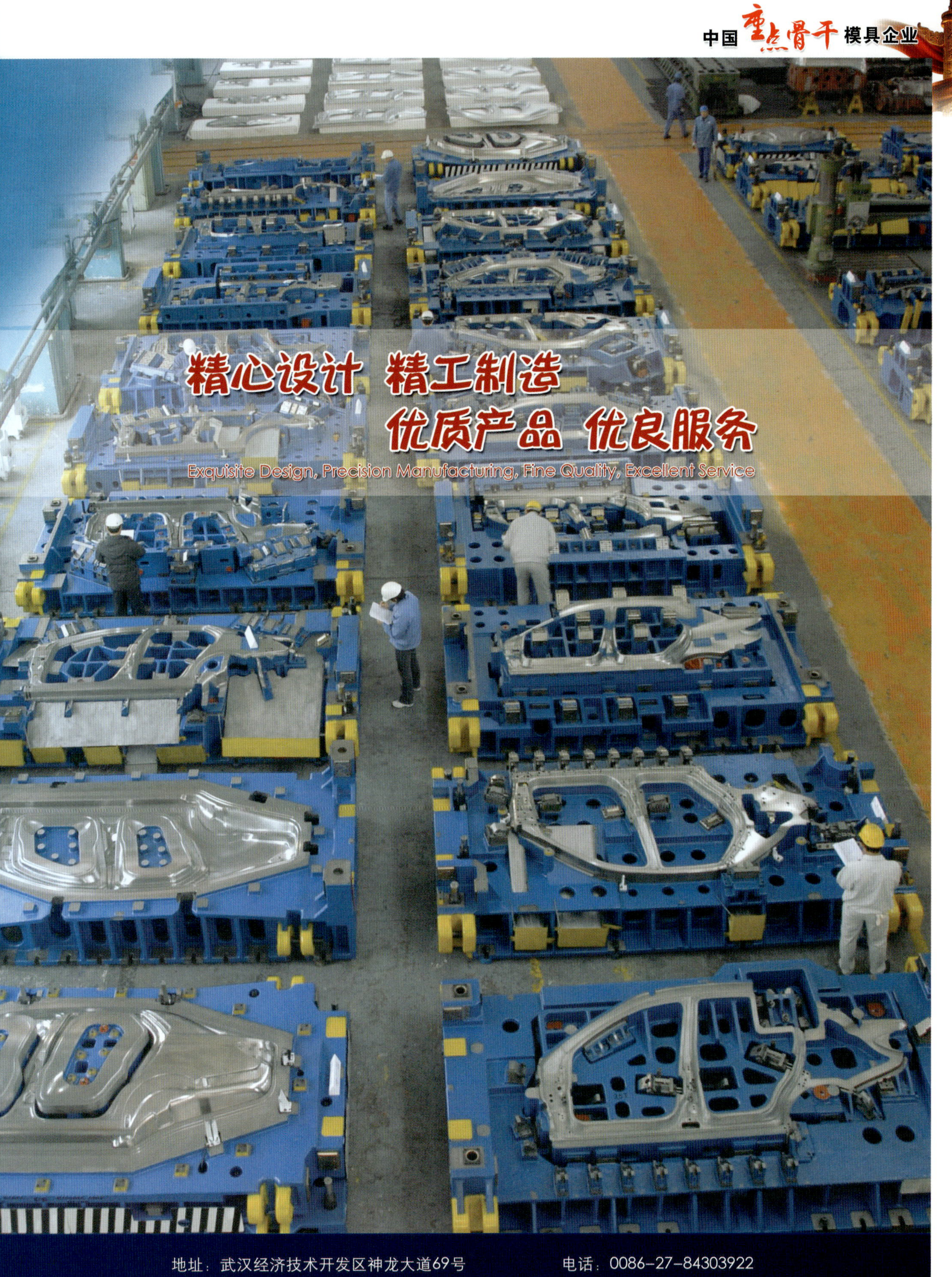
精心设计 精工制造
优质产品 优良服务
Exquisite Design, Precision Manufacturing, Fine Quality, Excellent Service

天津汽车模具股份有限公司

Tianjin Motor Dies Company.Ltd.

- 主要客户
- Main Customers

学习 诚信 简单 快速

Improvement Sincerity Simplifcation Timing

http://www.tqm.com

天汽模集团主要产业及所属单位分部

Tianjin Motor Dies Granp`s Main Industries and Subordinate Units

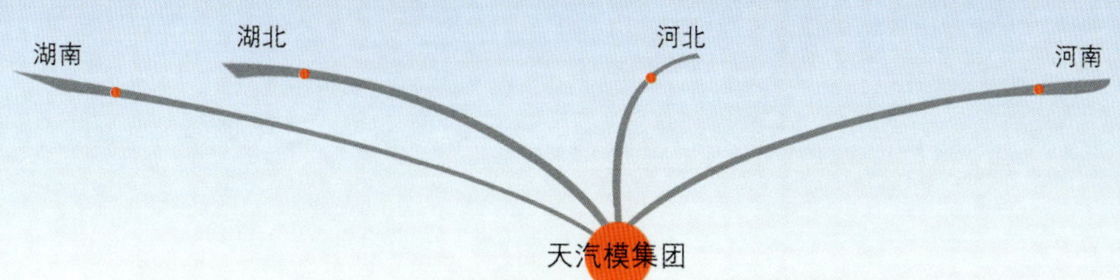

■ 模具制造

一工厂（侧围工厂）
二工厂（外板工厂）
三工厂（内板工厂）
天津志诚模具有限公司
鹤壁天淇汽车模具有限公司
湘潭天汽模热成型技术有限公司（筹建）
黄骅天汽模汽车模具有限公司（2011年新建）

■ 模具技术

模具技术研究院
技术中心
天汽模（湖南）汽车模具技术有限公司（2011年新建）
天津志诚模具有限公司技术部
三工厂技术部（内板工厂技术部）
鹤壁天淇汽车模具有限公司技术部
黄骅天汽模汽车模具有限公司技术部（2011年新建）

■ 模具产业

天津天汽模车身装备技术有限公司
实型工厂
天津天汽模模具部件有限公司
鹤壁天淇金山模具铸造科技有限公司

■ 冲压事业

天津天汽模汽车部件有限公司
株洲汇隆实业发展有限公司（2011年新建）
东风天汽模（武汉）金属材料成型有限公司（2011年新建）
湘潭普瑞森传动部件有限公司（2011年新建）

■ 产品事业

天津敏捷网络技术有限公司
航空产品部

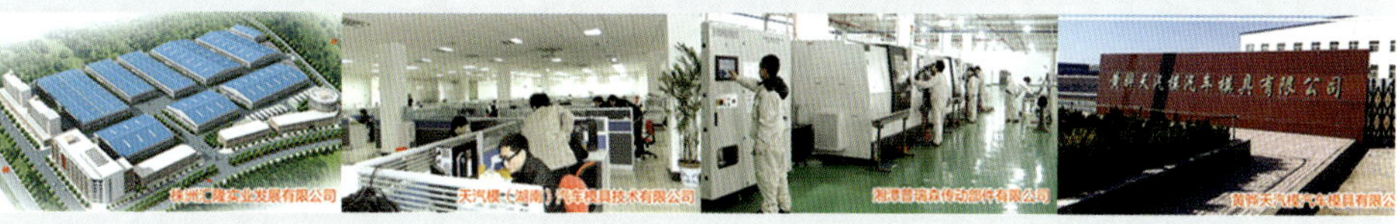

业绩

Performance

销售收入（万元）
SALES

年	销售收入（万元）
2012	
2011	100513
2010	83153
2009	59554
2008	55418
2007	42246
2006	31196
2005	17000
2004	10000

（年）

发展历程

History

2011 天汽模初步形成天津、河北、湖北、湖南、河南五大产业基地。当年合资新建：
- 东风天汽模（武汉）金属材料成型有限公司
- 株洲汇隆实业发展有限公司
- 天汽模（湖南）汽车模具技术有限公司
- 湘潭普瑞森传动部件有限公司
- 黄骅天汽模汽车模具有限公司

2010 天汽模成功上市
三工厂（内板工厂）建成，内板工厂搬迁并投产

2009 航空产品基地当年建设当年投产

2008 空港经济区新厂区二期工程开工建设
志诚模具搬迁并投产

2007 完成公司股份制改造，更名为天津汽车模具股份有限公司
空港经济区厂区一工厂（侧围工厂）建成并投产

2006 天津天汽模车身装备技术有限公司建成并投产

2005 天津天汽模汽车部件有限公司成立

2004 空港经济区新厂区一期工程开工建设
二工厂（外板工厂）实现当年建设当年投产

2003 进行国企改制，成为民营有限责任公司

1995 天津汽车模具厂正式成立

2010年11月25日天汽模成功上市
TQM IPO Date,Nov.25th,2010

中国南方航空工业（集团）

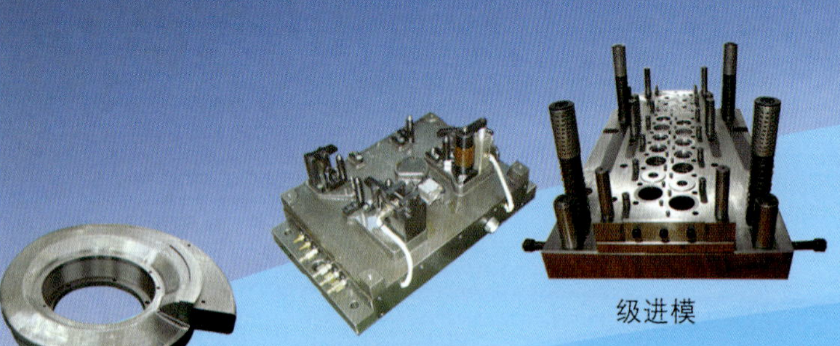

型腔模　气动夹具　级进模

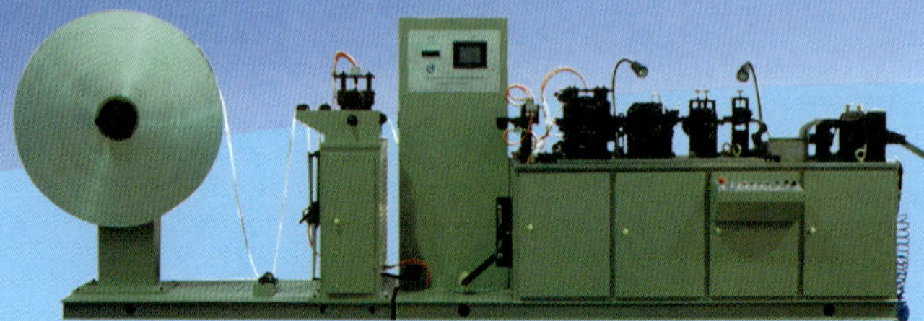

翅片成型机（轧波机）

中国南方航空工业（集团）有限公司工模具公司地处湖南省湘江之滨的株洲市，是京广、浙赣、湘黔三大铁路的交汇点，有高速公路直通长沙黄花机场，交通十分方便。

公司厂房面积26 000m^2，拥有金属切削设备400多台，其中有数控平面成型磨床、瑞士豪泽数控坐标磨床、瓦尔特刀具磨床等现代加工设备。拥有先进的设计制作绘图软件，具有设计与制造各种模具、夹具、量具等工装的能力。

公司现有职工600多名，其中高级技工170余名、技师27名、工程师29名、高级工程师10名、研究员级高工1名。

公司长期以来为航空及其他民用产品提供优质高效的工装服务，积累了50多年专业生产各类模具、家具、刀量具的技术经验，集聚了雄厚的技术实力，在同行业中享有盛誉，并成为国内外许多知名企业的合作供应商。

公司宗旨：用户第一，信守合同，保证质量，价格合理。热忱欢迎国内外客户来人、来函、来电、来图洽谈合作。

blohm数控平磨床

HSM800高速铣床

数控龙门铣床

有限公司工模具公司

翅片成型刀具（轧波刀）

硬质合金铣刀

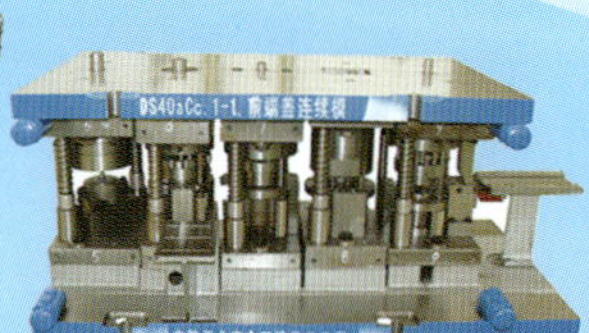
多工位连续模

位置度测具

风机

现任领导班子

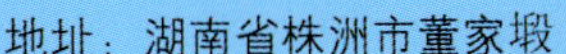

地址：湖南省株洲市董家塅
邮编：412002
电话：0731-28554607 28554608
传真：0731-28558369
E-mail: nfgmj@21cn.com
http: //www.nfgmj.com.cn

轧波机生产现场

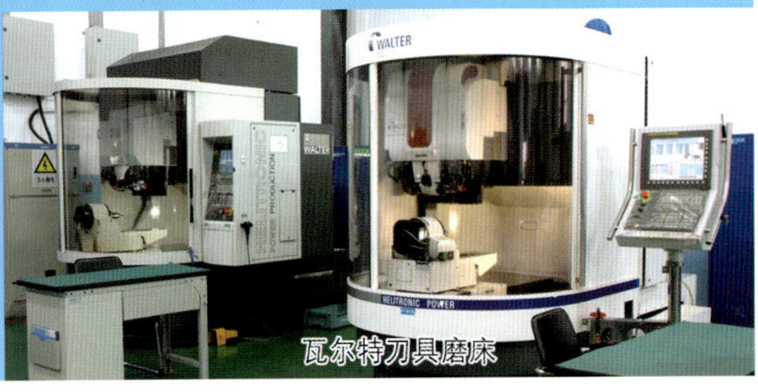
瓦尔特刀具磨床

湖北鄂丰模具有限公司

HUBEI EFENG DIE&MOULD CO.,LTD.

中国塑料管材管件模具重点骨干企业

- 世界一流的塑料管材管件模具供应商
  The world-class plastic pipe and fitting mould supplier
- 20年的塑料管材管件模具设计制作经验
  With 20 years experience in mould design and manufacturing
- 融合欧洲与美洲国家的产品标准
  Integrate European and American product standard
- 专业设计制作PVC、PE、PP、PA、PB、ABS管件和阀门模具
  Specialize in PVC,PE,PP,PA,PB,ABS fitting and valve mould design and manufacturing
- 提供一站式服务
  Offer whole set service of plastic pipe and fitting production line

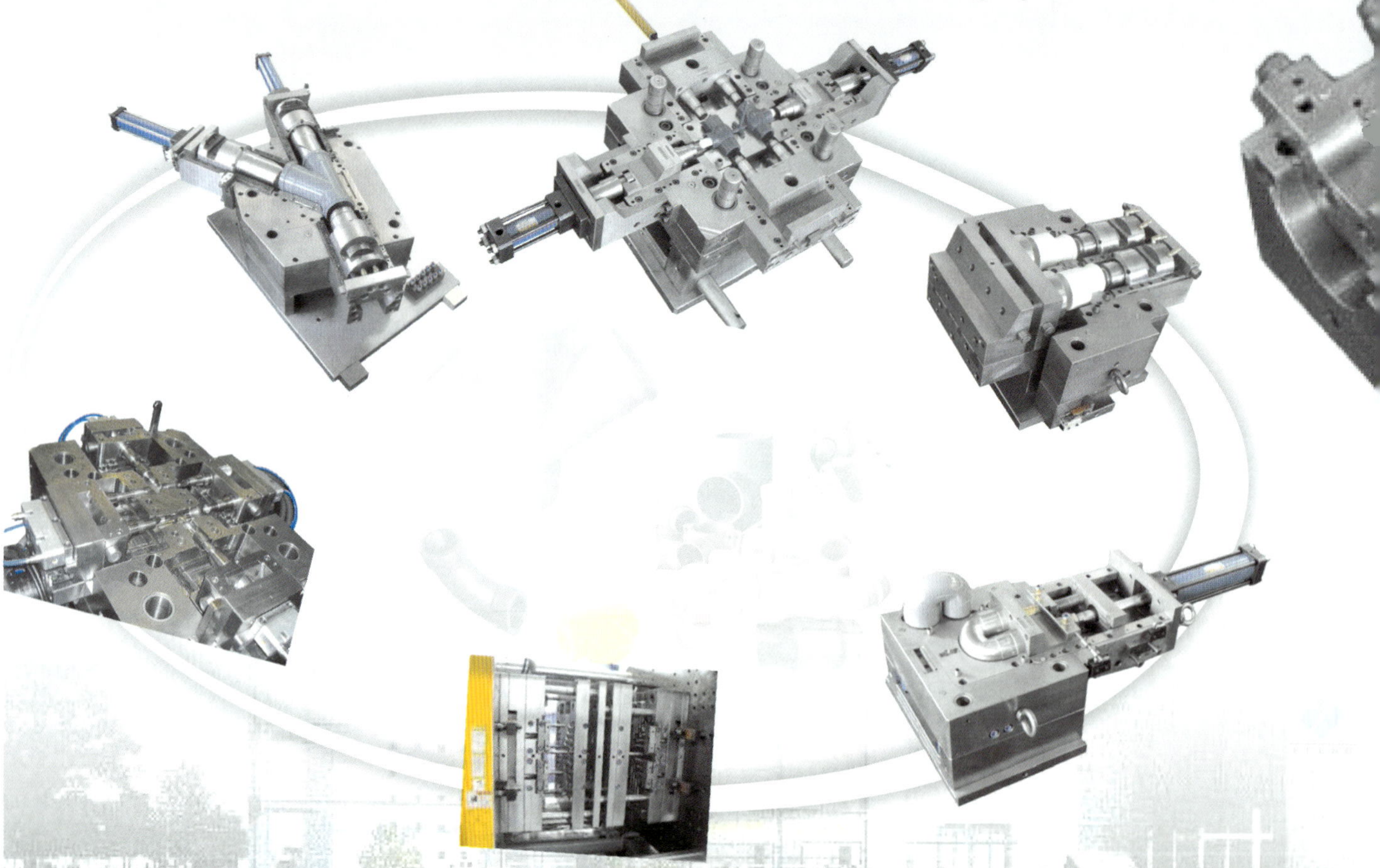

地址：湖北省鄂州市吴都大道59号 电话：

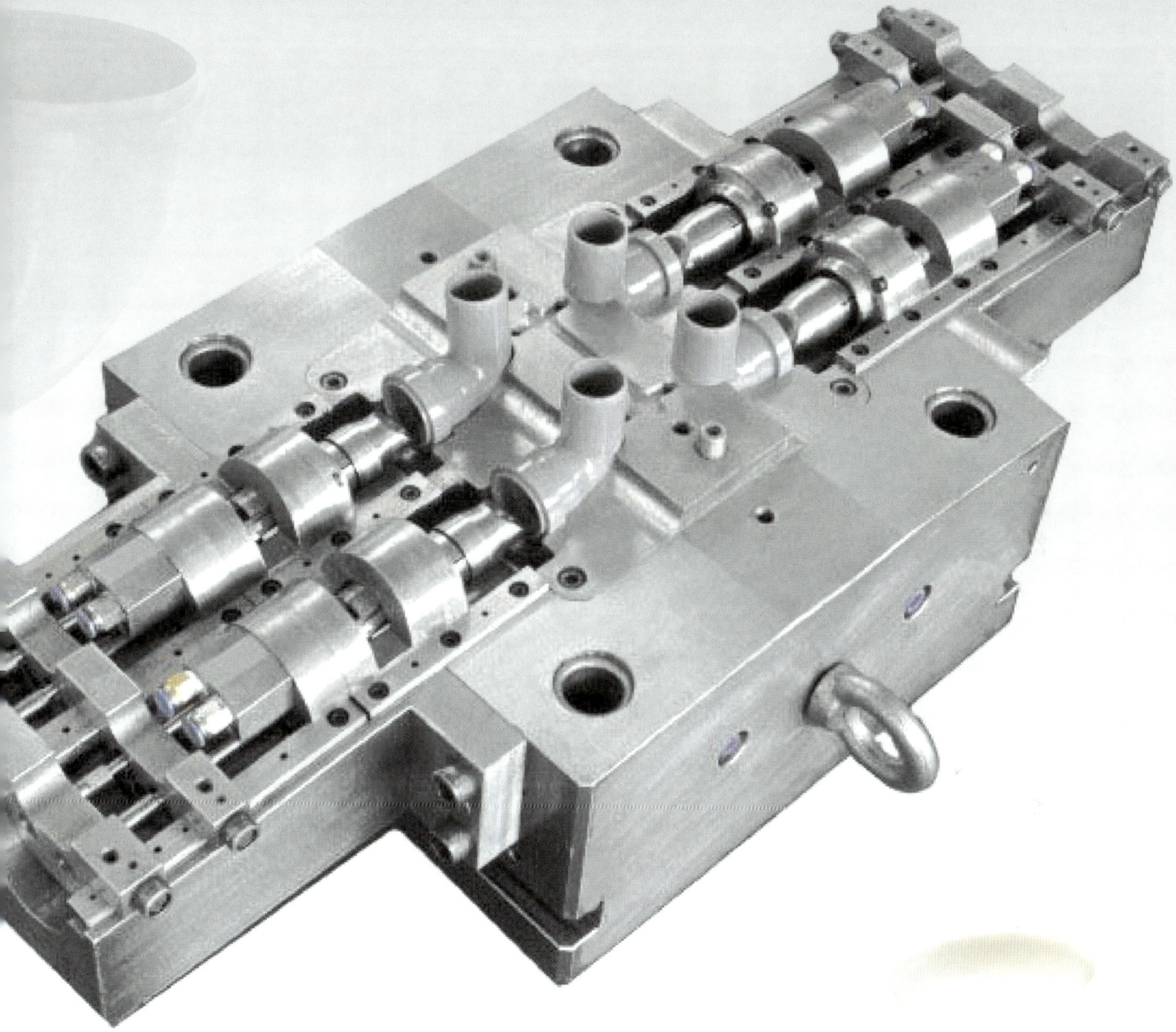

0711-3350566/3350266 http://www.efeng.com E-mail: market@efeng.com

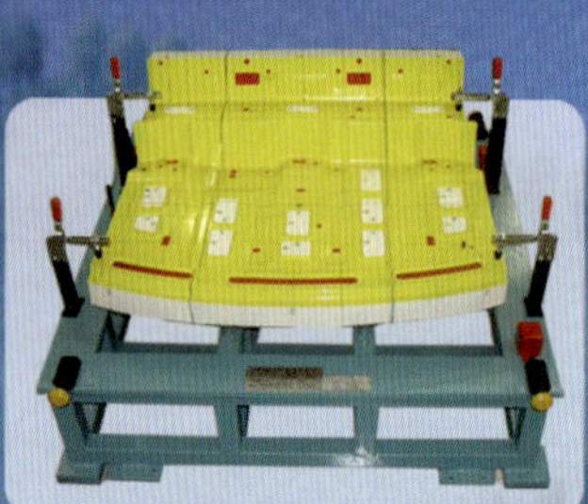

湖南晓光汽车模具有限公司位于湖南环保科技产业园，占地面积16.13万m^2，第一期投资2.6亿元，是中国汽车模具重点骨干企业。公司主要生产汽车大中型覆盖件模具，检具、装焊夹具及汽车零部件，2008年6月首期工程顺利投产。公司拥有汽车模具从业经验丰富的管理团队、专家和高级技工，目前有员工490余人，其中工程技术人员130余人、技术工人300余人。

公司拥有一批高、精、尖汽车模具加工装备，包括15台大中型高精度CNC加工中心、19台大型压力机床、进口五轴联动激光切割机以及高精度三坐标测量机。“晓光”定位中高档汽车车身覆盖件模具设计与制造，使用UG/CATIA等CAD/CAM软件、AUTOFORM/DYNAFORM等CAE软件，模具生产全面实现计算机辅助设计和制造。

目前，国内客户已覆盖东风汽车、北汽集团、广汽长丰、力帆集团、比亚迪汽车、吉利汽车、同心实业等汽车厂，也包括三一重工、南车集团、湘潭电机、山河智能等知名机械企业，同时已与英、美、法、德等国的客户开展广泛的交流与合作。

“晓光”本着“诚信为本，追求卓越”的经营理念，致力打造“国内一流、国际领先”的汽车模具及零部件制造企业。

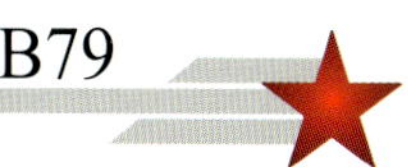

安徽联盟模具工业股份有限公司

ANHUI LIANMENG MOULD INDUSTRIAL CO.,LTD.

安徽联盟模具工业股份有限公司坐落在安徽省马鞍山市，是一家专业生产大型折弯成型模具及数控钣金折弯模具的专业制造厂商。经过十余年的发展，公司占地面积30 000m²，从最初的20人发展到现在的200多人。“LMRM”品牌为安徽省著名品牌，产品覆盖全国各地，并远销东南亚、欧美等地区。

公司属安徽省高新技术企业、马鞍山市级企业技术中心、马鞍山市“专精特新”企业、马鞍山市民营100强企业等。已有两类产品通过省级部委鉴定，成功获得6项国家专利。2004年通过ISO9001质量体系认证；2009年3月，被中国模具工业协会评为“中国钣金折弯模具重点骨干企业”。2009年6月，公司项目“新型大尺寸高精度长寿命数控折弯模具”荣获2009年度国家创新基金资金支持。2011年4月，公司开发的“大型精密V开口自动可调下模”和“新型折弯机用多点补偿工作台”2个新产品通过省级新产品鉴定。

当前，公司为满足国内外市场对长规格高精度数控折弯模的需求，立足于技术创新，开发新一代数控折弯模具，主要是长规格无压痕折弯模和数控加凸补偿工作台，以填补国内相关技术空白，使公司产品在尺寸规格上达到国内领先，主要精度指标超过国内同类产品。以“科技创新、诚信服务、专业创造价值”为经营理念，积极引进高科技人才，不断加强企业自主创新能力；以现代化的企业管理方法治理企业，在设计、制造、检验至售后服务等部门均建立了严格的企业管理制度，形成了生产组织专业化、生产管理精细化、售后服务周到化等特色，产品质量、技术性能、工艺水平已达到国内同行业领先水平，特别是在数控折弯模具设计、开发上形成了自己的特色，产品质量、技术性能、工艺水平已达到国内同行业领先水平。

地址：安徽省马鞍山市东郊博望工业区　邮编：243131　电话：0555-6761897 6769232 7168208 7168218
传真：0555-6766568　http://www.cnlm.com　E-mail:sunxh@cnlm.com

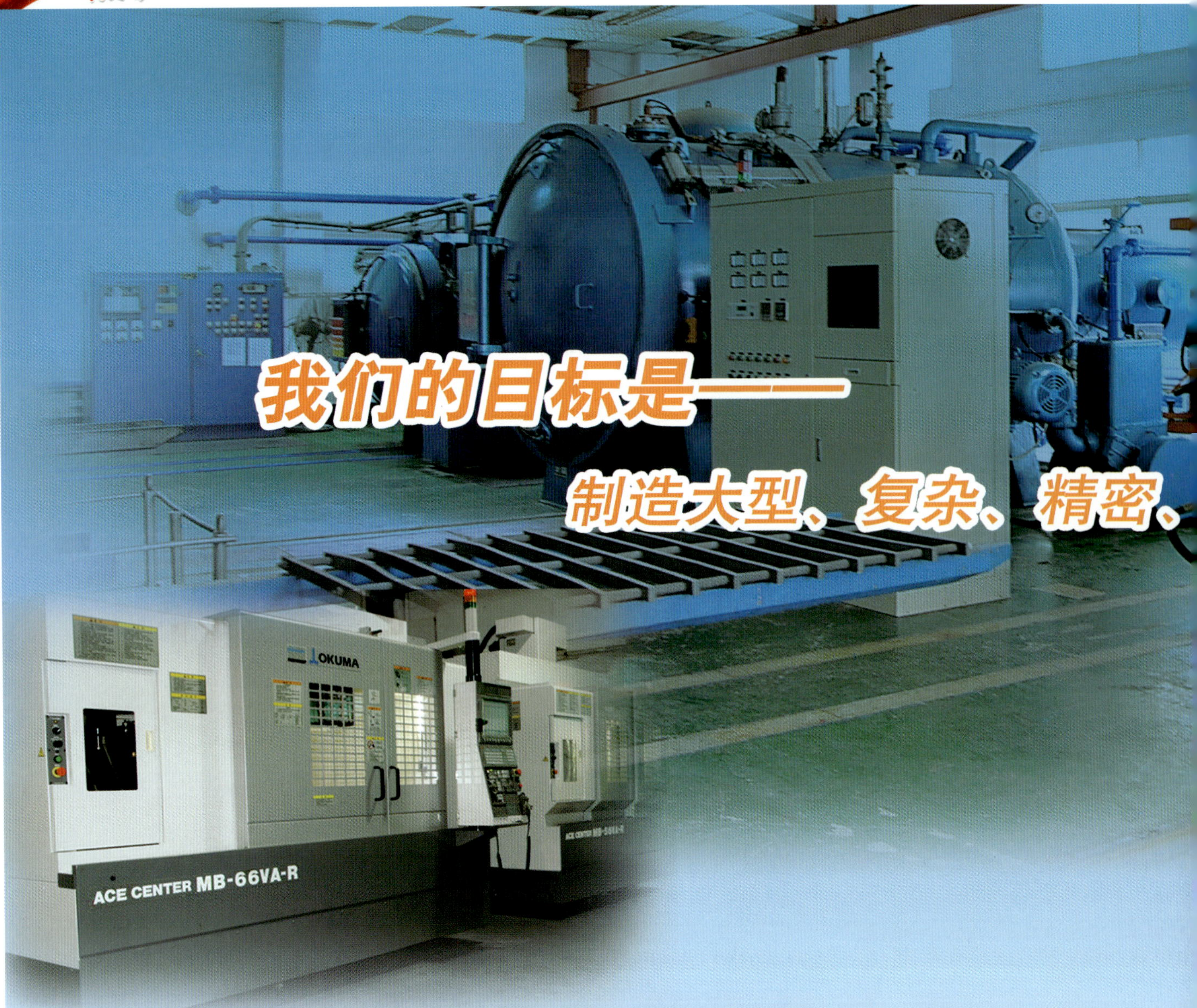

广州市型腔模具制造有限公司

Guangzhou Die & Mould Manufacturing Co.,Ltd.

广州市型腔模具制造有限公司（原广州型腔模具厂）是一家享有盛誉的专业压铸模具生产厂家，成立于1943年，在国内拥有丰富的压铸模具生产经验和强大的模具研究能力，是使用CAD/CAM/CAE生产的模具企业之一。自1965年至今，承担和完成了多项国家和省、市重要攻关项目，其中“大型复杂压铸模具的研究开发”、“提高铝合金压铸模具使用寿命的研究”等项目获得省、市科技进步奖一等奖；2001年负责起草压铸模具国家标准，为中国压铸模具行业发展作出显著贡献。

公司员工过百，工程技术人员50多人；厂内八成以上设备为进口高精度设备，拥有各类加工中心、高速加工中心共40多台，从美国引进VFS高压真空气淬热处理炉，从欧洲和日本引进多台高精度三坐标测量机、数控慢走丝线切割机、数控电火花机、400t大型合模机、数控深孔钻床、摇臂钻床等。我司通过了ISO9001质量体系认证，切实保证每套模具高质高效完成。

目前，公司产品主要分为四大类：第一类是汽车零件压铸模具，占生产总量的50%；第二类为梯级模具，约占30%；第三类为摩托车零件压铸模具，约占10%，第四类为电机产品、通信腔体等，约占10%。制造的模具适应100~3 500t压铸机使用。现时，我司的出口模具业务占全年业务的50%，主要客户有雷诺，通用，标致，奥的斯，三菱，康明斯等。我们愿广交各界朋友，为你提供一流的产品和优质的服务。

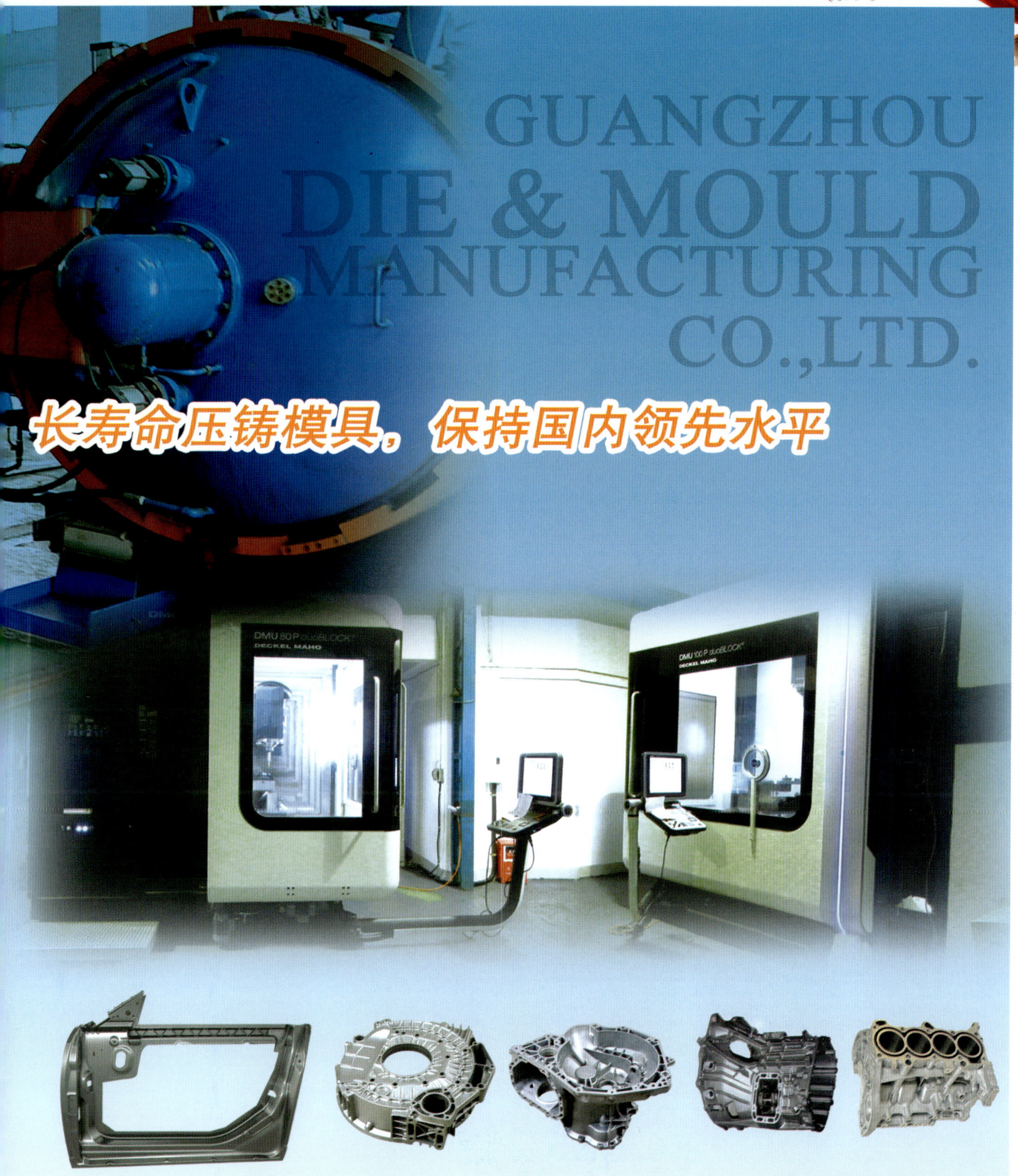

GUANGZHOU DIE & MOULD MANUFACTURING CO.,LTD.

长寿命压铸模具，保持国内领先水平

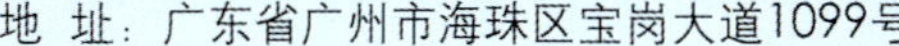

地 址：广东省广州市海珠区宝岗大道1099号

电 话：020-8423 4113 传 真：020-8442 9134

E-mail：trade@gzmould.com technology@gzmould.com

http://www.gzmould.com

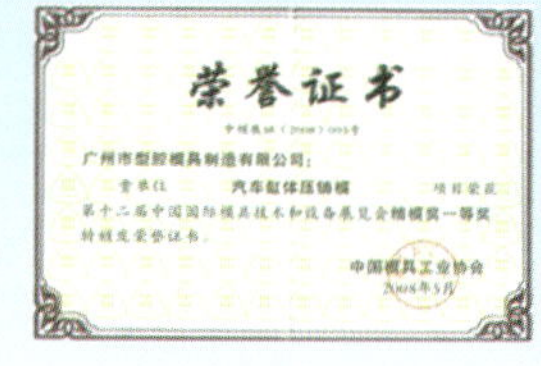

浙江黄岩冲模厂

浙江黄岩冲模厂坐落于著名的"模具之乡"——黄岩西城工业区，创建于1995年，是中国模具工业协会会员单位，专业从事汽车车身冲压件模具、检具设计和制造。2000年12月通过ISO9001质量认证，2004年10月通过SVW、SGM模（检）具供应商评估并被指定为定点模（检）具供应商。是黄岩地区冷冲模行业的龙头企业。2009年成为浙江省高新技术企业。

本厂占地面积16 000m^2，厂房建筑面积12 000m^2。固定资产4 500万元。拥有数控加工设备11台（套），CMM测量机（GLOBAL122210）2台，其他加工及试模设备60余台。员工330余人，其中中、高级技术人员30人，设计人员30人。采用法国ESI公司的三维钣金件冲压计算机模拟分析系统（PAM-STAMP2G）进行冲压工艺分析，模具设计、制造全过程均采用CAD/CAM辅助完成。

本厂始终坚持"质量第一，信誉至上"的宗旨，以顾客的需求为关注焦点，持续改进技术和管理水平，致力于为顾客提供满意的产品和服务，赢得了国内外客户的广泛好评。客户遍及全国、东南亚及欧美地区。1998年为惠而浦公司设计制造的微波炉底板模具被中国模协评为优秀模具，2002年为SVW设计制造的SVW240车型的后车门窗框模具荣获国家优秀新产品奖。

级进模、传递模、多工位模

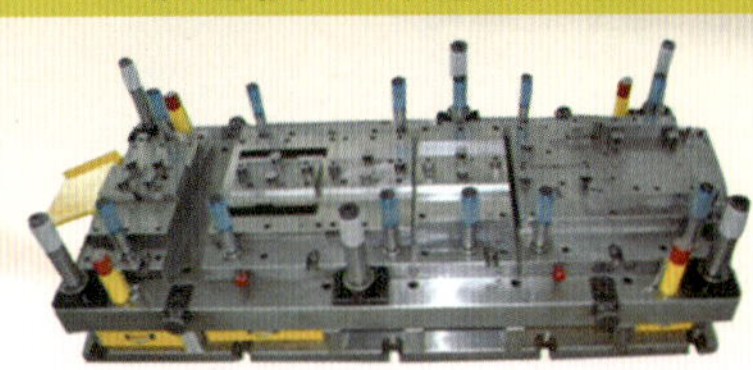

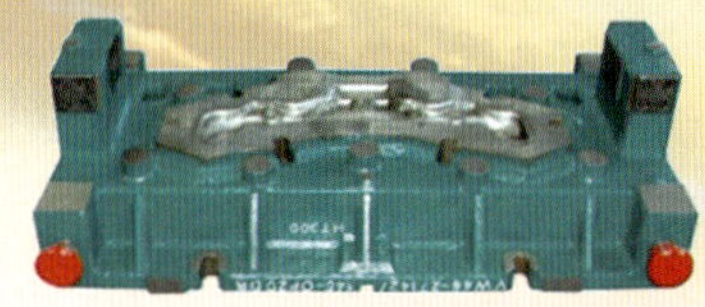

零件检具及总成检具

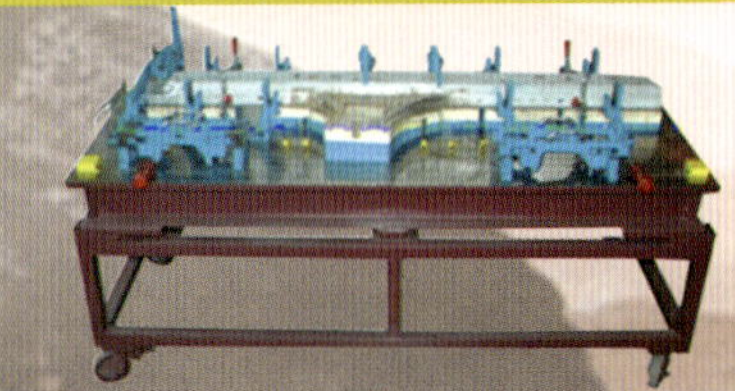

金龟 

机械

浙江萧山金龟机械有限公司
杭州萧山精密模具标准件厂

J76G–16型
高性能高速精密压力机

本公司为国家高新技术企业、中国重点骨干模具企业，专业制造"金龟"牌机械压力机、精密冷冲模架及冲压机械配套附件等系列产品，是国内生产台式压力机和冷冲模架领先企业之一，已通过ISO9001:2008质量体系认证，起草并制修订多项国家（行业）标准，注册商标"金龟"为浙江省著名商标。

"金龟"牌精密冷冲模架采用先进技术及特殊工艺生产，曾获全国优质模具标准件和浙江省优质产品，多次荣获中国国际模具技术精模奖一、二等奖，技术达到国际水平和国内先进水平，具有滑动平稳、耐磨性强、精度高、使用寿命长等特点。可供应各类大、中、小型滑动、滚珠铸铁和钢板模架，并承接各类定制及深加工业务。

GOLDEN TORTOISE MACHINERY

JM-S系列
高精度水晶模具

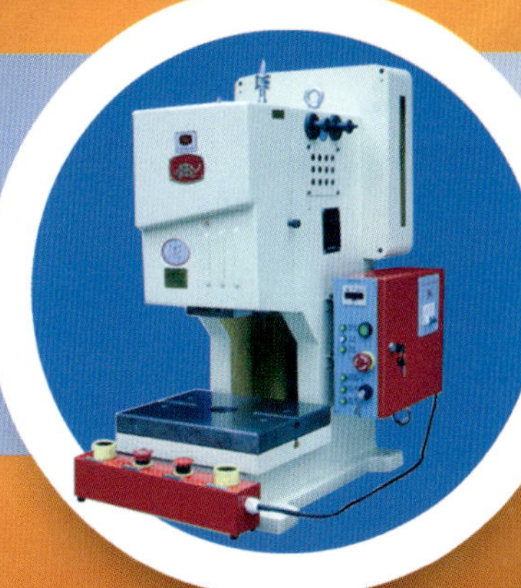

JC04-5A型
高性能精密台式压力机

SJ系列
全自动水晶磨珠机

"金龟"牌JB04系列台式压力机曾获国家部委优质产品、可靠性认定产品，广泛适用于电子、五金、仪器、仪表、汽车线束、摩托车、计算机、照相机和首饰等行业，可对薄板、条料、卷料进行剪切、冲孔、落料、铆合、弯曲、浅拉深及成形等工序。

承接各类特殊定制业务。

拉链贴布模架

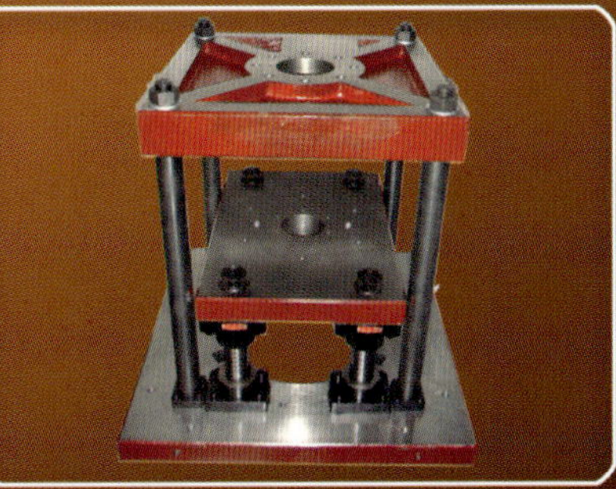

汽车制动器检测模架

拉链修齿模架

法定代表人：黄银霞
地址：浙江省杭州市萧山区湘湖路40号 邮编：311203
电话：0571-82677357 82677358 82674989 传真：0571-82679814
E-mail：xspp@xs.hz.zj.cn http://www.jingui.com.cn

方正模具 FANGZHENG TOOL

宁波方正汽车模具有限公司是一家专业从事大型汽车注塑、吹塑、精密及发泡模具设计与制造的模具公司,公司占地面积41 500m²，生产能力3.5亿元。2008年5月公司被认定为高新技术企业，省级工程技术中心；获得宁波市“创业创新示范企业”、“和谐企业”、“诚信企业”称号；是中国模协的重点骨干企业，为“模具之都”50强企业。

企业配备了CAD/CAM/CAE、Moldflow等先进的加工软件和DELL工作站，掌握欧洲（德国、法国、英国、俄罗斯）、美洲（北美、墨西哥）、亚洲（日本、印度）等国家与地区的模具设计、制造标准和经验。拥有德国OPS五轴加工中心、Fidia D318五轴加工中心、FANUC慢走丝机、牧野镜面火花机等一流的加工设备。

公司十分重视内部质量管理，严格执行ISO9000国际质量标准，推行客户项目管理制，以“为客户创造最大价值为目标”为企业的价值观。主导产品轿车油箱模具、汽车内饰件等系列高新技术产品的设计、制造水平已经跻身于国内同行前列，达到欧美标准。为世界一流企业法国伟斯通，德国考泰斯、英瑞杰，派格、麦格纳英堤尔以及中国燃油系统龙头企业亚普、TI等公司提供优质模具，并得到了国际知名汽车品牌奔驰、宝马公司的高度认可，成为通用、丰田、一汽大众、上海大众等公司的一级配套商。公司的模具产品被评为“精模奖”一等奖。

公司与多家高等院校进行产学研合作，发挥各自优势，形成强大的研究、开发、生产一体化的先进系统，提升自主创新能力，提高全球同步研发能力。公司将不断追求卓越，成就钢铁艺术，真情回馈社会。

公司经过多年的积累和发展，客户已经遍布15个国家及地区，赢得不同层面客户的信赖和肯定。未来，公司在完善内部管理的同时，将进一步拓展业务领域，扩大企业经营规模，与全球一流的汽车制造公司建立紧密的战略合作关系，实现从“模具大国”向“模具强国”的战略转变。立志成为世界一流的汽车模具制造公司！

地址：浙江省宁海县塔山工业园区七星北路28号 电话：0574-65570188 65530588 传真：0574-65570088

专业品质 专业服务

Famous trademark

http://www.fzmould.com E-mail:fzt@fzmould.com fyj@fzmould.com

航空报国

中航工业哈尔滨东安发动机（集团）有限公司航空锻铸公司是以航空发动机、航空传动系统的铸件、锻件、模具产品的开发、设计和制造为主的高科技企业，是中国国防工业铝镁合金铸造基地、国家铝镁合金科技园的龙头企业。

公司拥有先进的模具设计、制造技术，实施企业 PDM 管理系统，设计、研发、制造了大量的飞机发动机、直升机传动系统的铸造、锻造、冲压等模具，大量汽车发动机铸锻模具，如缸盖、缸体、进气岐管、排气歧管等重力、低压铸造模具、变速器壳体等压铸模具。

模具设计生产手段达到国际先进水平，采用 UG、CIMATRON 等 CAD/CAM 软件，Procast 等 CAE 分析软件，Surfacer 等逆向工程软件、Vericut 等模拟切削软件进行复杂模具的设计与制造，模具设计水平国内领先。拥有各类模具制造设备 70 余台，其中先进数控加工设备 30 余台，高精密设备 20 余台，从瑞士引进的数控电火花机床可进行模具复杂型腔加工，产自瑞士、意大利、美国，以及中国台湾的高端加工中心可精确加工各种复杂型面，还拥有从意大利引进的数控翻转式模具研合机，国产激光快速成型机、数控雕铣机等。

公司以“敬业诚信 创新超越”的企业理念，立足国内市场、开拓国际市场，竭诚欢迎国内外各界人士来我公司参观指导、洽谈业务。

地址：黑龙江省哈尔滨市平房区保国大街51号　邮编：150066　电话：0451-86574996　传真：0451-86573696
E-mail:404mj_center@vip.163.com

强军富民　　敬业诚信　　创新超越

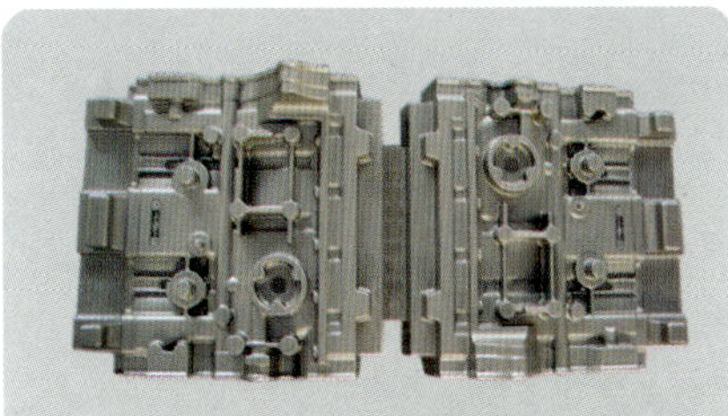
缸体造型线型板

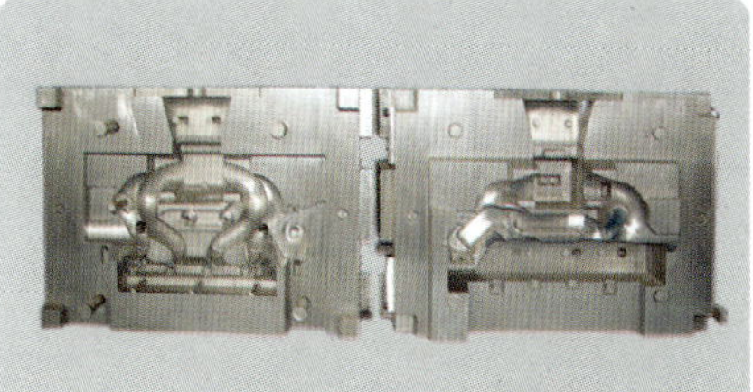
进气歧管金属型

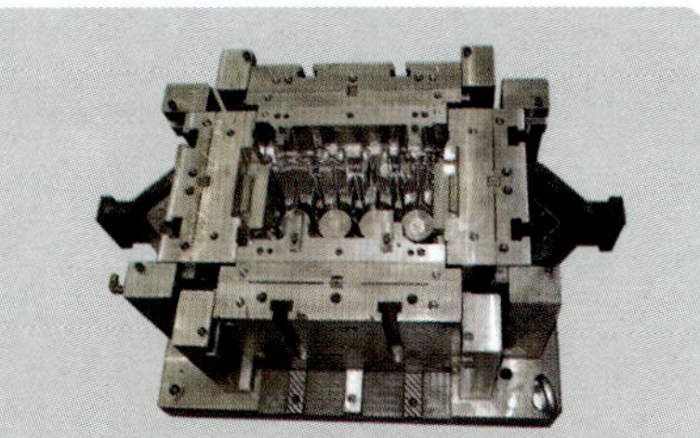
缸盖重力铸造金属型

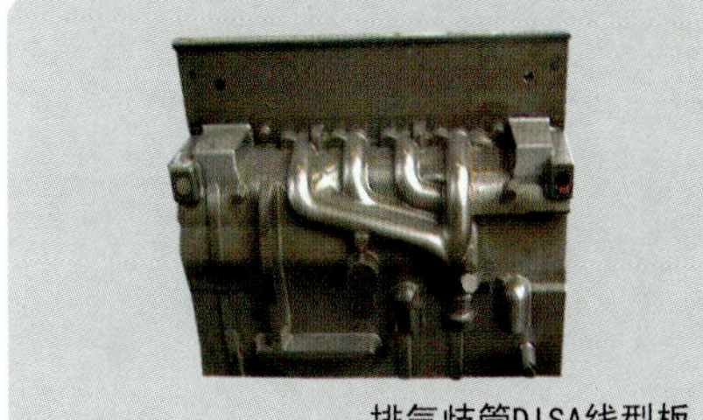
排气歧管DISA线型板

缸体快速原型件

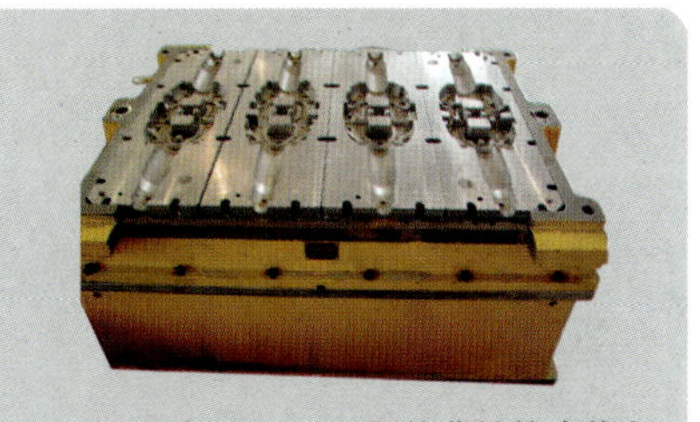
缸体曲轴箱冷芯盒

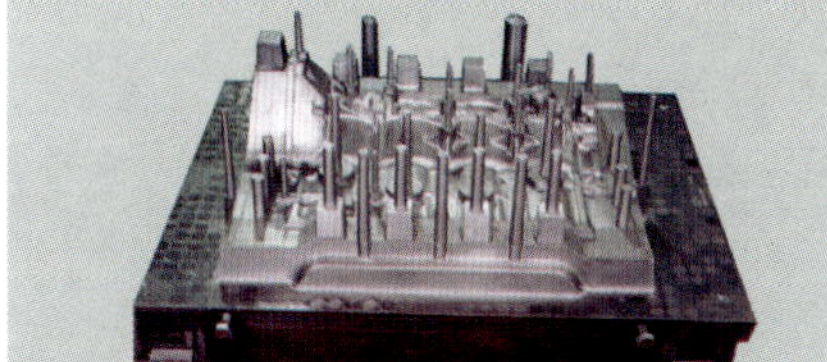
缸体造型线型板

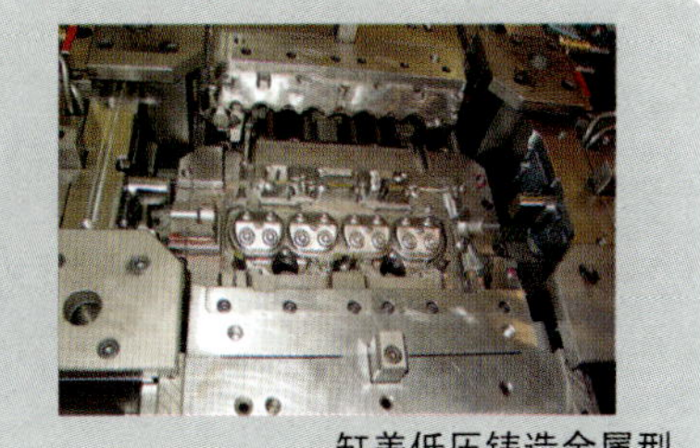
缸盖低压铸造金属型

四川省宜宾普什模具有限公司

四川省宜宾普什模具有限公司是五粮液普什集团旗下的全资子公司，于2000年开始筹建，2003年4月正式成立。公司固定资产逾10亿元，员工1 100余人，占地面积约13万m²，拥有产自欧、美、日厂家的各类加工中心、激光加工中心、深孔钻床、平面磨床、水刀切割机、坐标磨床、挤压研磨机和各类热处理设备250余台，拥有250~2 300t冲压调试压机15台，拥有产自英国、德国、意大利企业的大型高精尖三坐标测量机及非接触扫描仪检测设备50余台（套）。

公司建立并通过了ISO9001、ISO14001、TS16949及 ISO10012等体系认证。

主要从事精密注塑模具、汽车冲压模具/检具/夹具、汽车冲焊零件配套生产、大型/精密机械加工以及工具产品的研发、设计及制造；产品涉足航空、汽车、能源、家电、通信、军工、食品饮料、医疗卫生等行业。已完全具备从产品的概念、造型、结构设计、逆向设计、逆向工程到快速成型、模具制造直至汽车冲压件、注塑件产品配套的为客户提供一站式全生命周期解决方案的执行能力，是中国模具重点骨干企业。

汽车覆盖件

汽车磨具

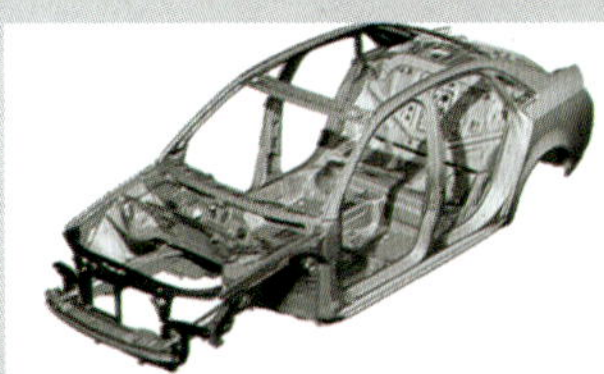

后车门内板件

汽车冲压模具

汽车全套冲压件

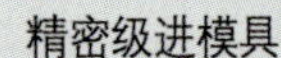
精密级进模具

地址：四川省宜宾市岷江西路150号　电话：0831-3566290　传真：0831-3567050

模具制造基地

高腔瓶坯模具试模　车间一角　汽车覆盖件　试制现场

注塑模具

72腔瓶盖模具　热流道模具　模具调试

精密制造

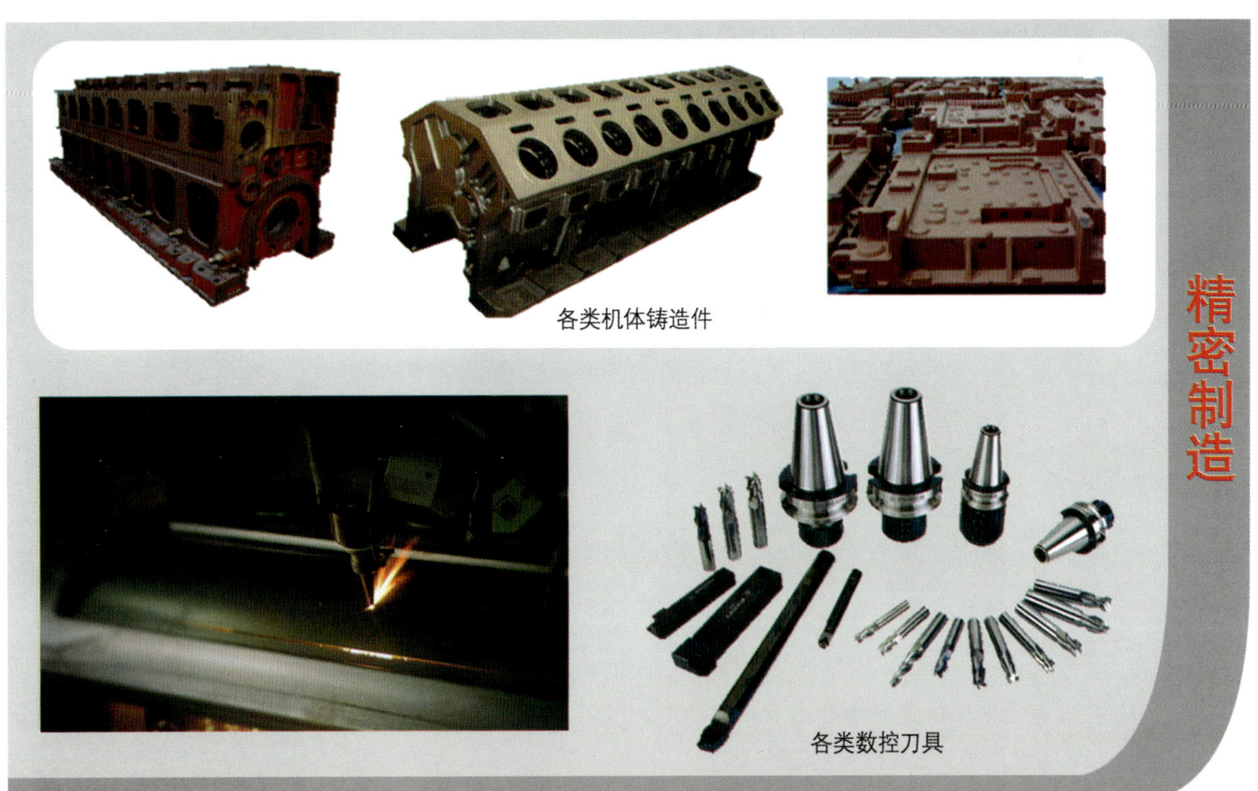

各类机体铸造件

各类数控刀具

E-mail: sales@pushmould.com　http: //www.pushmold.com

公司简介

Company Introduction

昆山嘉华电子有限公司致力于精密模具和电子连接器的研发制造，为IT、汽车电子产业提供可靠连接解决方案，产品应用于笔记本电脑、手机、数码相机、家用电器、汽车电子等领域。

企业建有技术中心、CNAS检测实验室、江苏省精密高速模具工程技术研究中心，与多个高校、研究机构开展产学研合作。建立了符合ISO/TS16949、ISO14001、SONY GP、ISO17025要求的管理体系。企业已具备持续研发创新能力，快速响应未来市场需求。

昆山嘉华是江苏省高新技术企业、全国模具标准化技术委员会委员单位、中国精密冲压模具重点骨干企业、中国模具工业协会常务理事单位、江苏省模具工业协会副理事长单位、昆山模具特色产业基地骨干企业。2011年牵头起草《电连接器级进冲模技术条件》行业标准，公司已发展成为集精密模具研发和产品规模化生产于一体的连接器解决方案供应商。

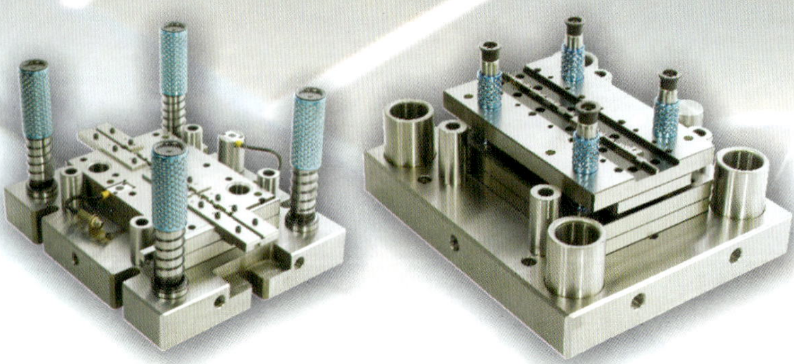

◆美国摩尔坐标磨床
American MOORE coordinate grinder

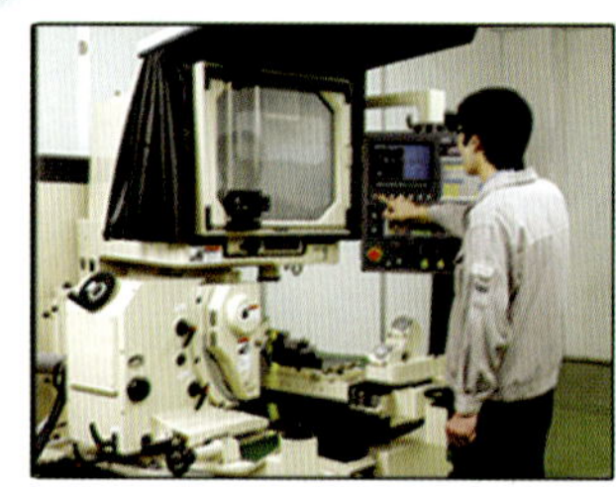

◆日本瓦依达光学曲线磨床
Japanese WAIDA optical profile grinder

◆瑞士夏米尔慢走丝线切割机床
Swiss CHARMILLES wire cutting machine

FAF昆山工厂：昆山嘉华电子有限公司

公司地址：江苏省昆山市玉山镇华富路8号
江苏省昆山市玉山镇玉杨路188号

电话: 0086-512-57169666　传真:0086-512-57781117

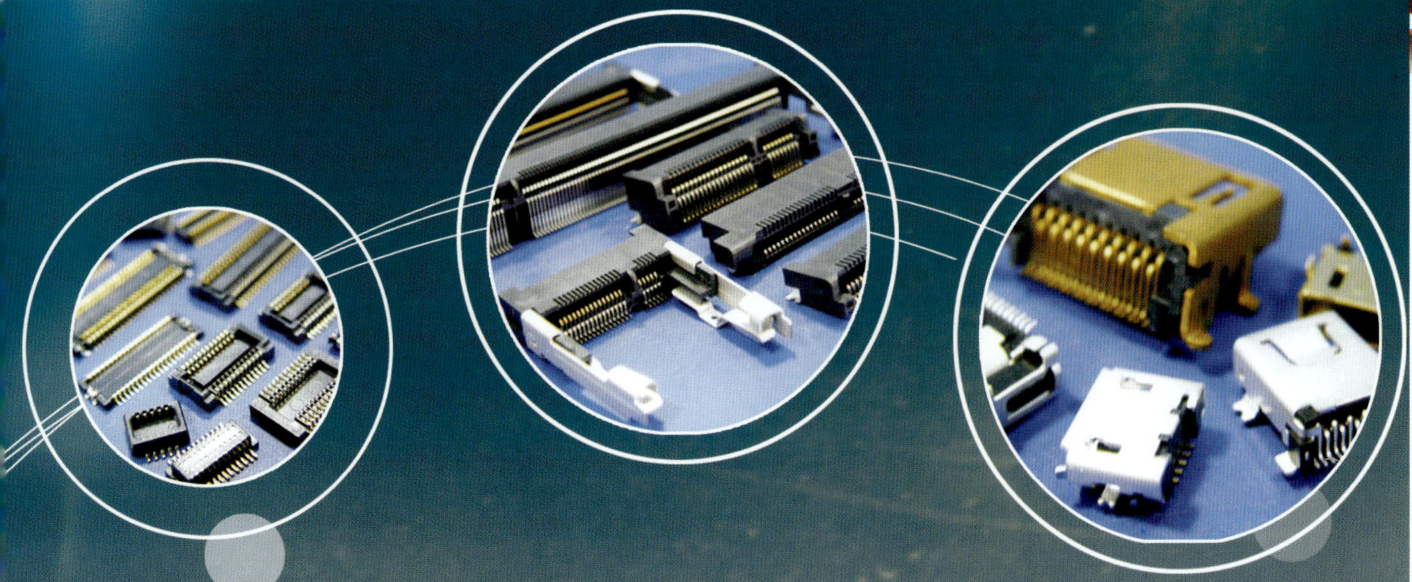

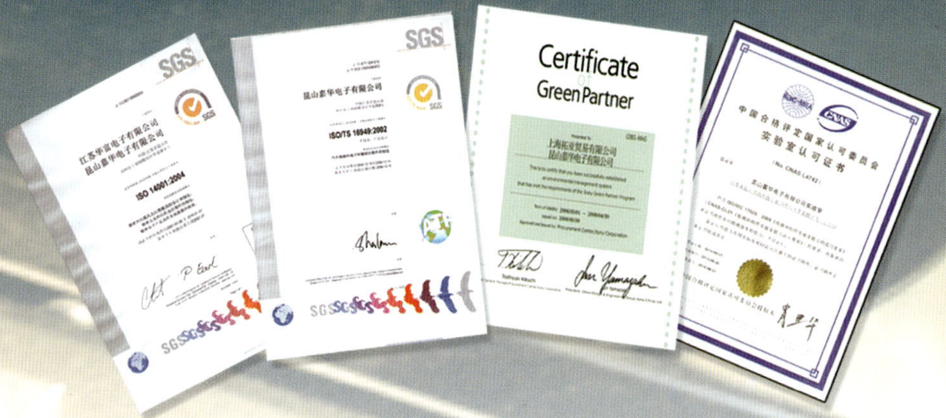

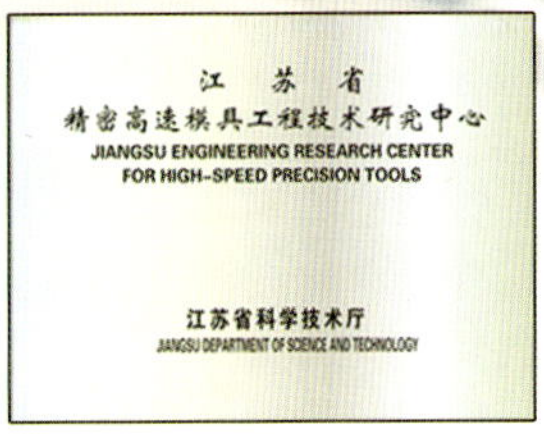

SGS
ISO 14001:2004
SGS
ISO/TS 16949:2002
Certificate
Green Partner

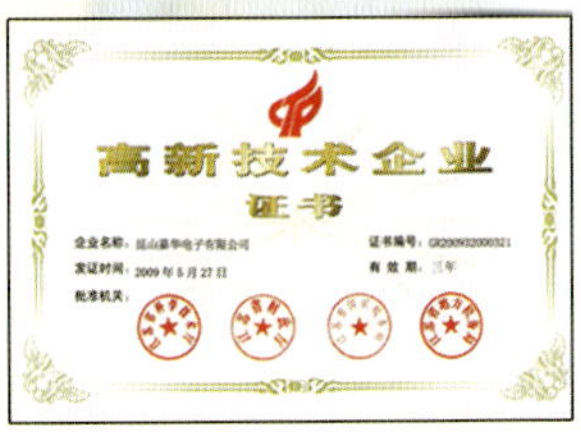

高新技术企业
证书

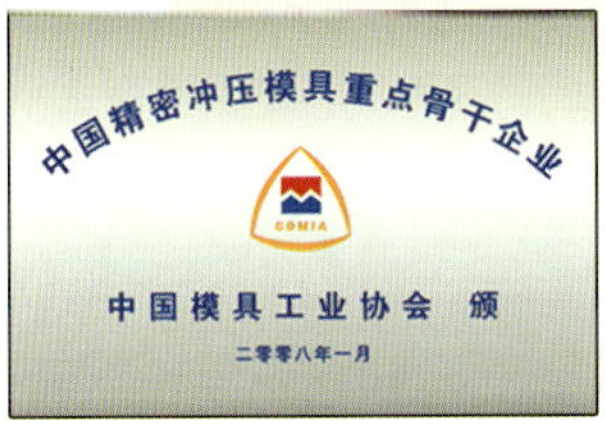

中国精密冲压模具重点骨干企业
CDMIA
中国模具工业协会 颁
二零零八年一月

江 苏 省
精密高速模具工程技术研究中心
JIANGSU ENGINEERING RESEARCH CENTER
FOR HIGH-SPEED PRECISION TOOLS
江苏省科学技术厅
JIANGSU DEPARTMENT OF SCIENCE AND TECHNOLOGY

为表彰在机械
工业科学技术进步
中做出突出贡献的
单位，特颁发此证
书，以资鼓励。

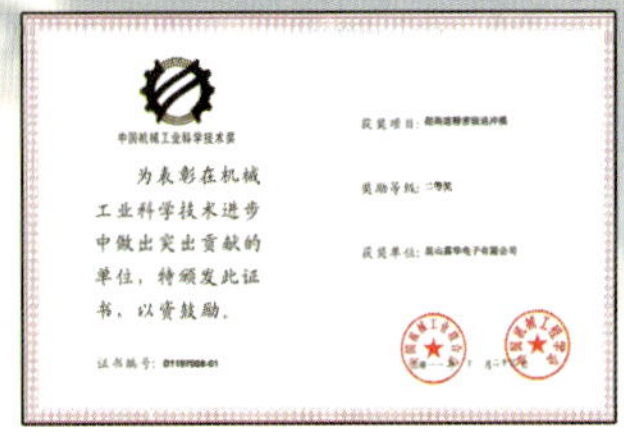

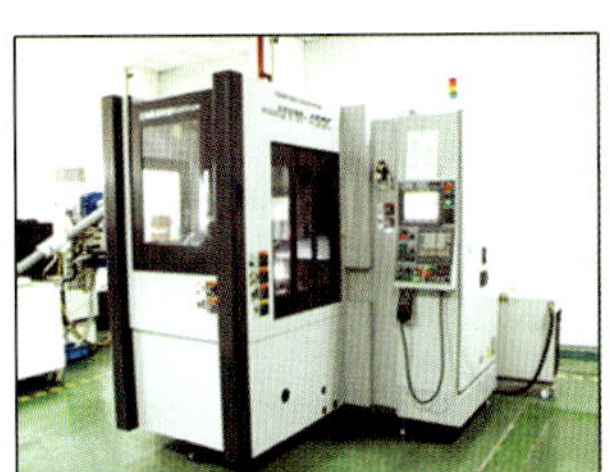

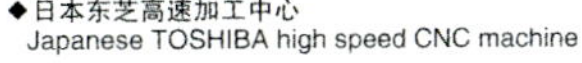

◆日本东芝高速加工中心
Japanese TOSHIBA high speed CNC machine

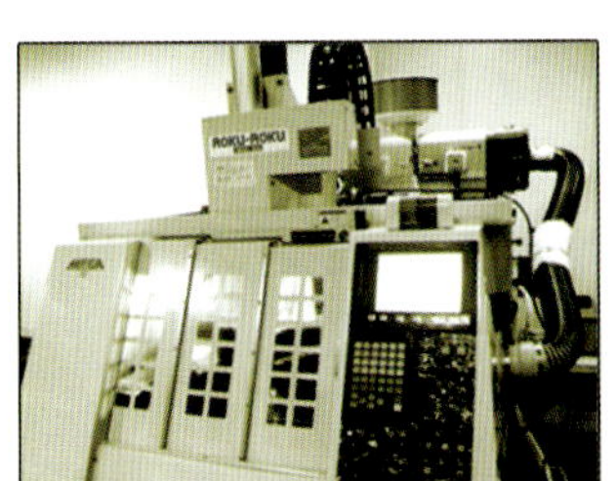

◆日本ROKU-ROKU高速加工中心
Japanese ROKU-ROKU high speed CNC machine

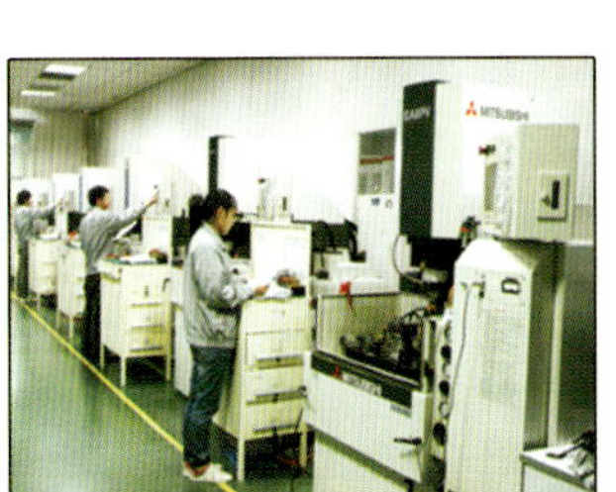

◆日本三菱放电加工机床
Japanese MITSUBISHI EDM machine

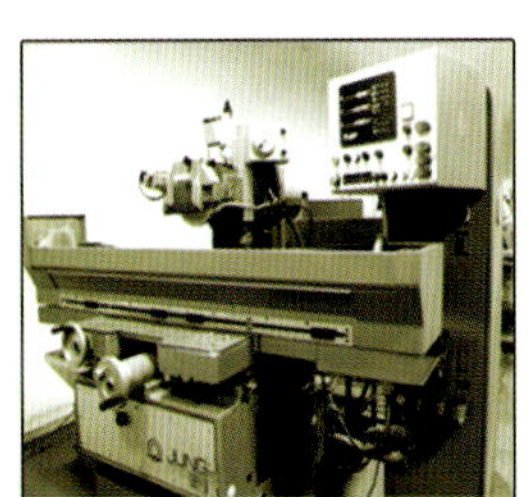

◆德国琼格数控成型磨床
German JUNG CNC grinder

WWW. FAMFULL . COM

铜陵市三佳电子
铜陵中发三佳

铜陵市三佳电子(集团)有限责任公司成立于1996年11月，其前身是创建于20世纪60年代的军工三个厂（4150厂、4524厂和4963厂），2004年改制为股权多元化的股份制企业。公司现位于安徽省铜陵市石城路电子工业区内，同时在铜陵经济技术开发区内开工建设了占地面积逾48.6万m²（730亩）的新厂区。

铜陵市三佳电子(集团)控股一个上市公司——铜陵中发三佳科技股份有限公司(简称：中发科技，股票代码：SH600520)，并与韩国丰山微电子株式会社合资建立了铜陵丰山三佳微电子有限公司。中发科技下属3个控股子公司（铜陵三佳山田科技有限公司、铜陵富仕三佳机器有限公司、安徽中智光源科技有限公司）、2个全资子公司（安徽中发电气设备有限责任公司、中发电气（铜陵）海德精密工业有限公司）、2个专业分厂（挤出模具厂、电镀厂）和1个省级技术中心，并在北美设立了子公司。

公司是安徽省50家重点骨干工业企业，国家高新技术企业，国家火炬计划铜陵电子材料产业基地和“863”计划成果产业化基地重点骨干企业。公司先后获得“中国青年科技创新行动示范基地”、“全国职业培训先进单位”、“安徽省优秀企业技术中心”、“安徽省人才工作先进单位”、“安徽省产、学、研示范企业”、“安徽省出口名牌”、“安徽省守合同重信用单位”等荣誉称号，是中国科技大学创新与实践基地，已连续多年被授予“铜陵市突出贡献工业企业”和“经济效益十佳企业”称号。

公司秉承“追赶世界一流技术，振兴民族科技发展，为全球用户创造价值”的企业理念，以科学的管理体系为保障，努力实现从“市场推动型”公司向“科技推动型”公司的转变，致力于把铜陵中发三佳建设成国际化的现代企业集团。

主导产品：

半导体塑封模具　封装设备
半导体切筋成套设备及模具
PVC挤出模具及下游设备
LED支架　成套电气
精密冲压件　注塑件
精密零部件加工

铜陵市三佳电子（集团）有限责任公司
铜陵中发三佳科技股份有限公司

地 址：安徽省铜陵市石城路电子工业区
邮 编：244000
电 话：0562-2627780　2627535
传 真：0562-2627555　2627535
http://www.chinatrinity.com
E-mail：office@chinatrinity.com

(集团)有限责任公司
科技股份有限公司

Trinity Electronic (Group) Co., Ltd. was established in Nov. 1996, based on former three military plants (plant 4150, plant 4524 and plant 4963) in 1960s. In 2004, Trinity was restructured as joint-stock company with diversified equity. The company is now located at Electronic Zone, Shicheng Rd., Tongling, Anhui, China. And another new plant which occupied 730 acres is under construction in Tongling Economic&Technological Development Zone.

Trinity Electronic (Group) holds one listed company-Tongling Zonfa Trinity Technology Co., Ltd.(abbre.: Zonfa Technology, stock code: 600520), and establishes a joint venture company named Tongling Poongsan Sanjia Microtec Co., Ltd with South Korean Poongsan Microtec Co., Ltd. Zonfa Technology has three holding companies (Tongling Sanjia Yamada Technology Co., Ltd., Tongling Fushi Sanjia Machinery Co., Ltd., and Anhui Zhongzhi Light Source Technology Co., Ltd.), and two wholly-owned subsidiaries(Anhui Zonfa Electric Equipment Co., Ltd. and Zonfa Electric (Tongling) Haide Precision Industry Co., Ltd.), two branch plants (Extrusion Tooling Plant and Electroplating Plant), a provincial level technical center, and a subsidiary in North America. Zonfa Trinity is one of 50 backbone industrial enterprises in Anhui Province, National Class Hi-Tech Enterprise, Key Enterprise of Tongling Electronic Material Industrial Base under National Torch Plan and Industrialization of National "863" Plan. Zonfa Trinity has won many titles, including "China Youth Technology Innovation Demonstration Base", "National Advanced Enterprise of Vocational Training", "Anhui Outstanding Enterprise Technology Center", "Anhui Advanced Enterprise of Talent Employment","Anhui Demonstration Enterprise on Production, Study and Research", "Anhui Famous Export Brand", "Anhui Honoring Contract and Observing Credit Enterprise". Zonfa Trinity is also the Innovation and Practice Base together with University of Science and Technology of China, and is titled in several continuous years as "Tongling Outstanding Contribution Industrial Enterprise" and "Top Ten Excellent Economic Enterprise".

Zonfa Trinity adheres to the philosophy of "Catching-up world class technology, Promoting national science-technology, Creating value for customers all over the world". With guarantee of scientific management system, Zonfa Trinity endeavor to realize company transform from "Market-Driven" to "Tech-Driven", and develops Zonfa Trinity into an international modern enterprise.

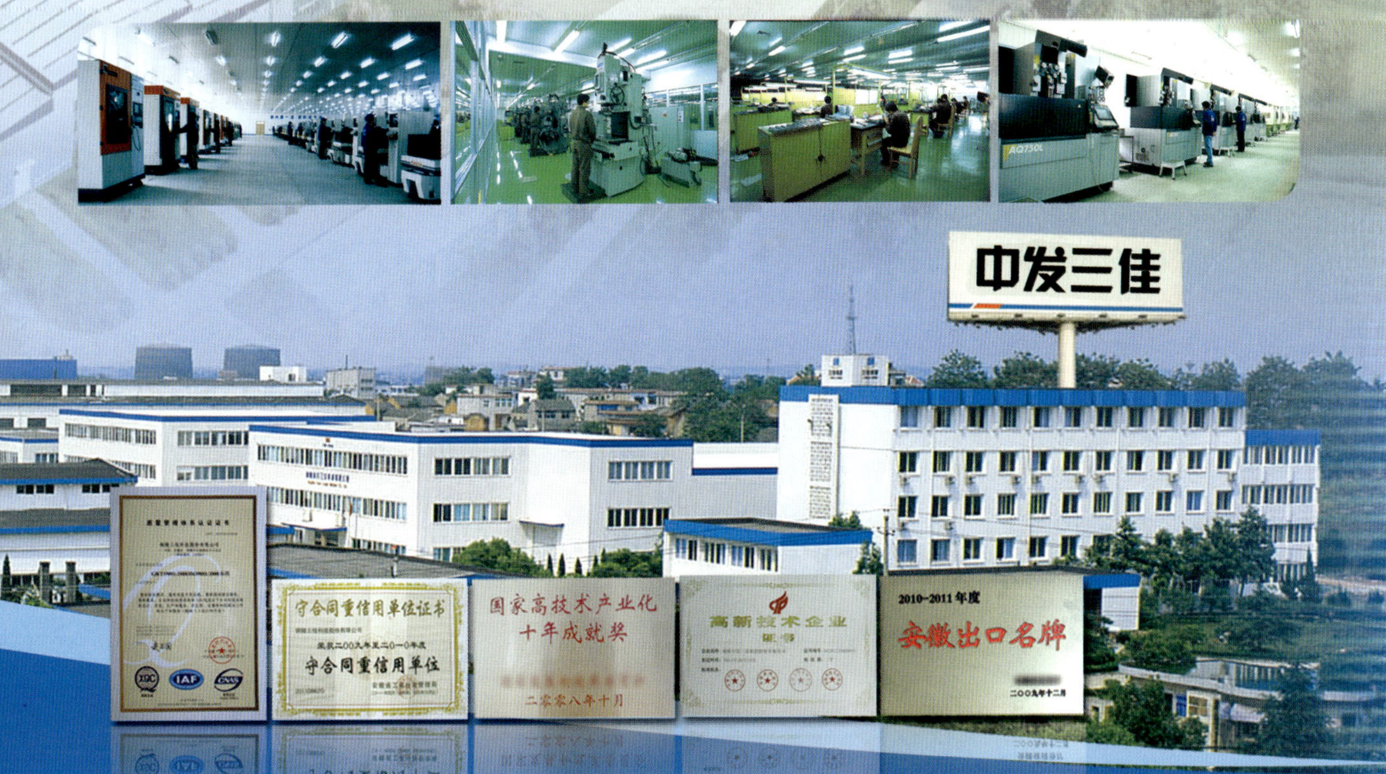

河北兴林车身制造集团有限公司

Hebei Xinglin Automobile Body Making Group Co.,LTD.

河北兴林车身制造集团是国内具有竞争力的汽车模具骨干企业之一，是设计制造大中型汽车车身覆盖件模具、冲压件、检具、夹具的专业公司，能独立完成汽车样车试制和车身模具的生产制造。

公司成立于1986年，已有20多年的发展历程，积累了丰富的汽车模具制造经验，拥有众多CAE/CAD/CAM技术精英，并具有逆向工程和三维实体模具设计能力。模具加工周期短，加工精度和使用寿命均达到国内先进水平。

公司占地面积8.2万m^2，生产面积2.2万m^2，固定资产1.5亿元；现有430名员工，其中工程技术（管理）人员70人，技术工人360人。公司已通过ISO9001:2000质量体系认证。2007年被中国模具工业协会评为“中国汽车覆盖件重点骨干企业”。

公司以“一流的设备、一流的人才、一流的产品、一流的服务”提升中国汽车模具制造水平，积极参与国际市场竞争，促进中国民族汽车工业的发展。

左右前门外板拉延凸模

前舱盖外板

机盖外模拉延凸模

后背门外板拉延凸模

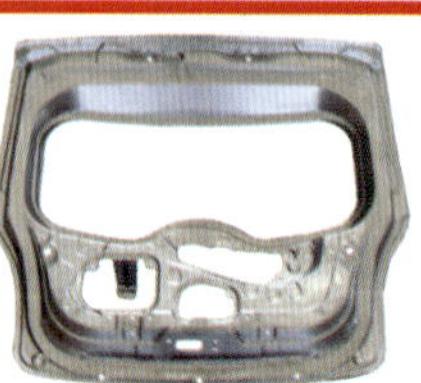
SDC11201

SDC11196

意大利三坐标测量机 西班牙五面加工中心 五面数控加工中心 日本激光切割机 1300t压力机

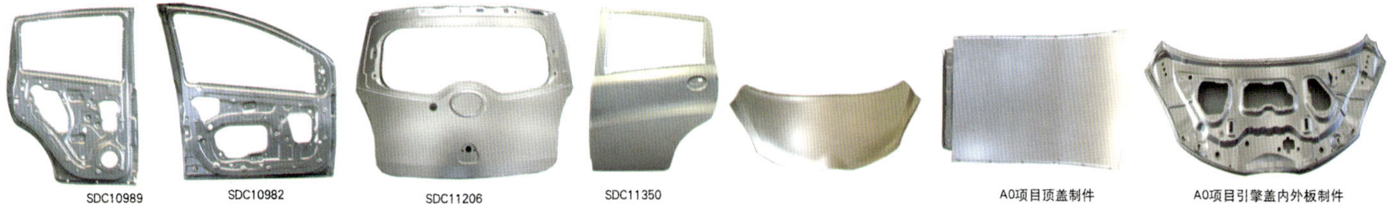

SDC10989 SDC10982 SDC11206 SDC11350 A0项目顶盖制件 A0项目引擎盖内外板制件

地址：河北省泊头市工业区8号 邮编：062150 电话：0317-8316588 8188461 传真：0317-8188461 8184999E-mail:xinglin@vip.sina.com http://www.hbxinglin.com

洛阳轴承集团工模具制造有限公司

洛阳轴承集团工模具制造有限公司拥有数控设备、普通加工设备300余台。公司主要生产：包括冷墩模，冷冲模，冷、温挤压模，机车轮毂模，热锻模，淬火模，铝压铸模，塑料、尼龙、橡胶模，装配模及砂轮模等各类模具；各类仪器；各类量具；各类夹、辅具和轴承工装；各类电主轴、皮带轴、工件轴、导轮轴及各类非标（异型）轴承。产品覆盖面大，信誉好，远销美国、波兰等国家。

洛阳轴承集团工模具公司是重点骨干模具企业，质量管理实行“军工全覆盖”模式并通过新版ISO9001质量体系认证和ISO14001环境体系认证。

地址：河南省洛阳市涧西区建设路96号　　邮编：471039

电话：0379-64986556 64986895　　传真：0379-64986679 64984115

E-mail :LYCgmjjsb@163.com　　http://www.LYC.com.cn

滁州市宏达模具制造有限公司

滁州市宏达模具制造有限公司成立于1996年9月，坐落于风景秀丽的琅琊山脚下，是专业从事家电模具及其配套设备的高新技术企业，也是中国模具工业协会认定的"塑料发泡模具、吸塑模具重点骨干企业"，拥有员工160人，厂房面积10 000m²，资产5 000万元。

多年来，公司十分重视科技创新和技术投入，培养了一支理论知识全面、实践经验丰富的技术队伍，员工中45%具有大专以上学历。依托雄厚的技术力量和多台先进的数控加工设备，公司产品的技术水平和加工质量在同行业中名列前茅，深得客户的信赖，2009年被海信容声（广东）冰箱公司评选为优秀供应商。

2003年起公司与国外公司多方接触，先后有美国、意大利、越南、菲律宾等多家国外公司前来考察。已有多批模具出口越南、加拿大、菲律宾等国，累计出口创汇100多万美元。

近年来，公司愈加重视新产品的开发研制。2009年成立企业技术中心，以提高新产品开发和技术创新能力。2009～2011年，公司开发研制了节能型对开门冰箱模具、超大型冰箱吸塑模发泡模、多门零度室箱吸、特大型商用冰箱发泡模、对开门冰箱内胆冲孔转机等10项新产品，获得了14项实用新型专利，通过技术查新节能型对开门冰箱模具、超大型冰箱吸塑模发泡模，有偏心锁紧机构锁模、气动随行滑块和压力控制回路、大抽芯面积三项关键指标填补国内空白，一举改变了此类模具一直从国外进口的状况。在第十二届中国国际模具技术和设备展览会上，对开门冰箱发泡模被中国模具工业协会专家组评定为"精模奖"一等奖，产品已在博西华电器公司、合肥美的冰箱公司等多家用户中应用。公司新产品的销售收入占比达40%。

地址：安徽省滁州市凤阳路488号　　邮编：239000　　电话：0550–3211607　　传真：0550–3211607

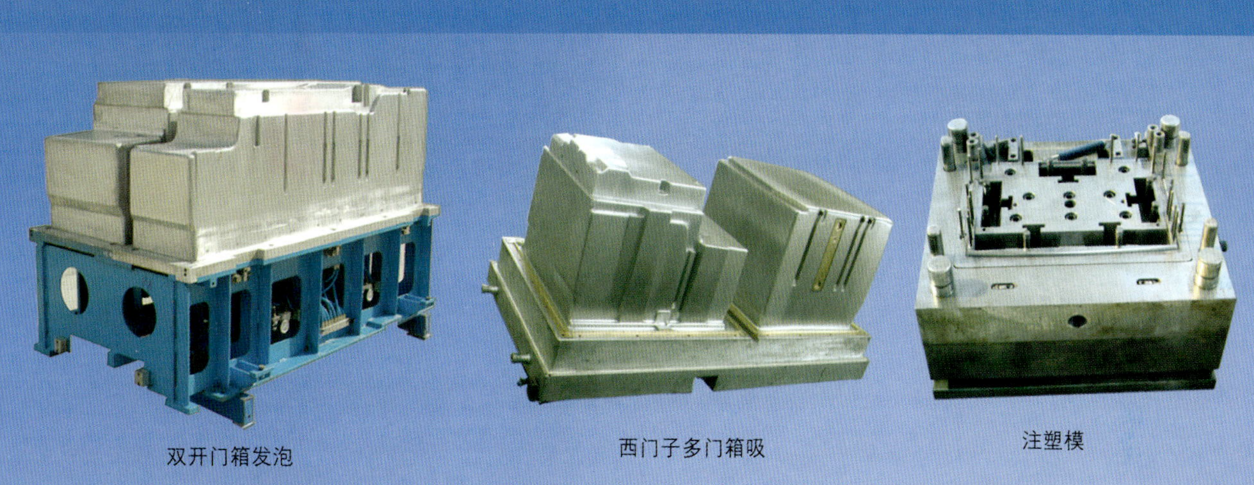
双开门箱发泡　　西门子多门箱吸　　注塑模

真空成型机

冲孔专机

震裕模具 ZHENYU MOULD

公司简介

宁波震裕模具有限公司地处浙江省宁波市宁海县西店镇。公司创建于1994年10月，现投资总额为9 600多万元，年产值超过1.2亿元 。 公司现有员工305人，其中专业技术人员达160人，是国内知名的精密多工位级进模专业制造商。

公司拥有世界一流的精密加工检测设备：瑞士豪泽、美国穆尔连续轨迹坐标磨床（6台），瑞士阿奇夏米尔慢走丝线切割机床（20台），日本瓦西诺光学曲线磨床（8台），德国德马吉大型精密加工中心（2台），200t 、300t 高速冲床，以及高精度三坐标测量仪、万能工具显微镜等过百台(套)高精密加工检测设备。

公司专业制造和销售各类电机铁心、汽车电器及变压器高速冲压级进模具及转子铝压铸模。所有模具均由资深设计师主持开发设计，能够充分保证模具的高精度、长寿命、超长稳定性，为客户创造更多价值，实现更高的投资收益。

公司全体员工热忱欢迎各界人士莅临参观考察，共创美好明天！

BRIEF INTRODUCTION

Ningbo Zhenyu Mould Co.,Ltd. which was established in 1994, is located at Ningbo, Zhejiang, China. The total investment of the company is RMB96, 000,000, with annual production over RMB120, 000,000. There are 305 employees, 160 of which are professional engineers and operators. We are one of the largest and most professional manufacturers of progressive die in China.

The company possesses many precise equipments, such as Swiss Hauser and American Moore jig grinders (6 sets), punch press (200t and 300t), 3D-CMM, universal microscope.

The company specializes in progressive lamination stamping die for various motor cores used in home appliance,automotive electrical, transformer and so on.And also develop well recently in rotor die casting. All dies are designed by senior engineers, and we can ensure their high precision, long life, and good stability. By strict quality control, we bring along more benefits and values for our customers.

We welcome friends in all walks of life.

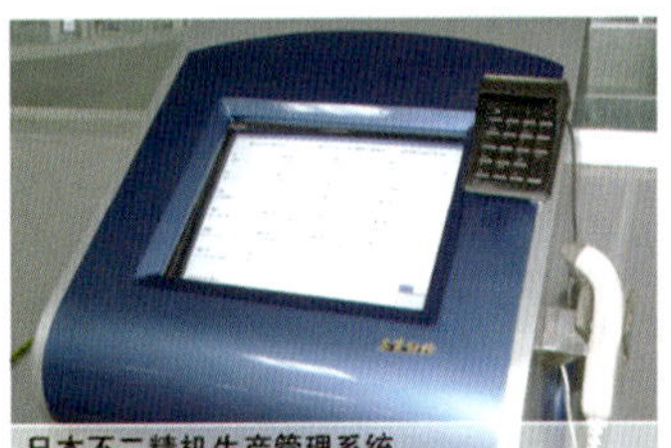

日本不二精机生产管理系统
Japanese Fuji Seiki Production Management System

美国穆尔坐标磨床(1台)
American MOORE Jig Grinder（1 set）

瑞士豪泽坐标磨床（5台）
Swiss Hauser Jig Grinder（5 sets）

德国德马吉加工中心（2台）
German DMG Machining Center（2 sets）

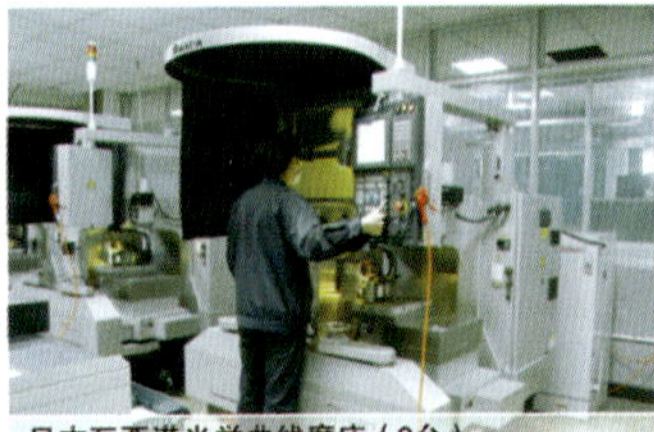

日本瓦西诺光学曲线磨床（8台）
Japanese Wasino Profile Grinder（8 sets）

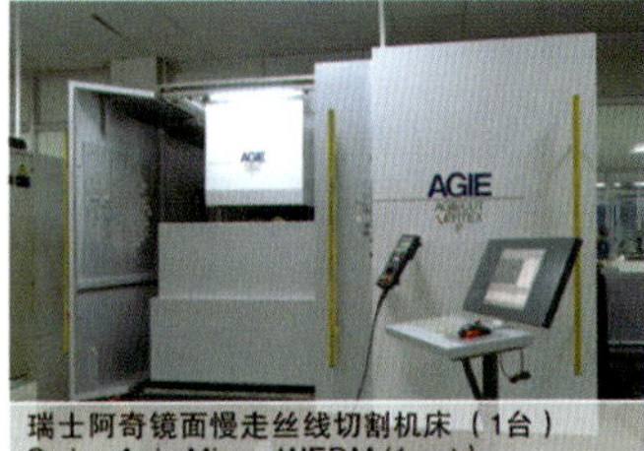

瑞士阿奇镜面慢走丝线切割机床（1台）
Swiss Agie Mirror WEDM (1 set)

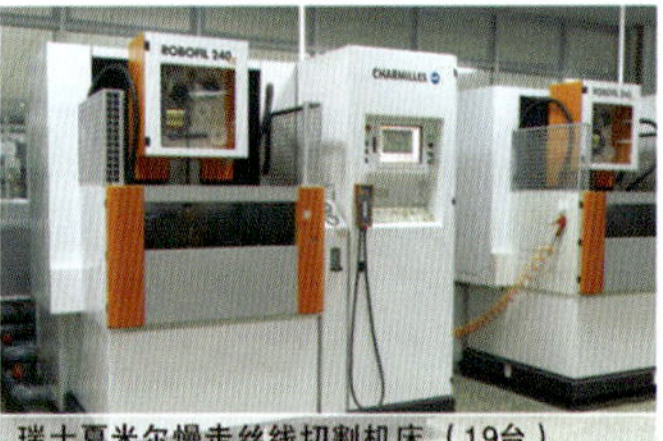

瑞士夏米尔慢走丝线切割机床（19台）
Swiss Charmilles WEDM（19 sets）

卧式深孔钻（2台）
Horizontal Deep Driller（2 sets）

大型龙门磨床（1台）
Large Plano Grinder（1 set）

200t 、300t 高速冲床（2台）
Punch Press in 200t and 300t（2 sets）

三坐标检测仪（2台）
3D-CMM（2 sets）

万能工具显微镜（2台）
Universal Microscope (2 sets)

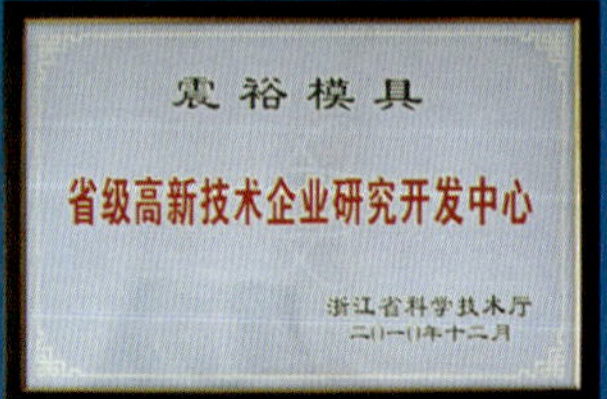

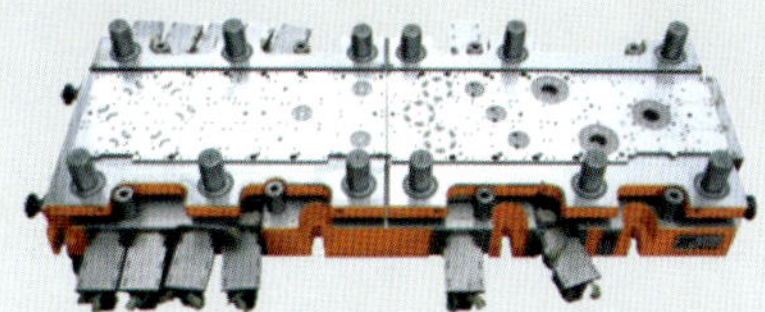
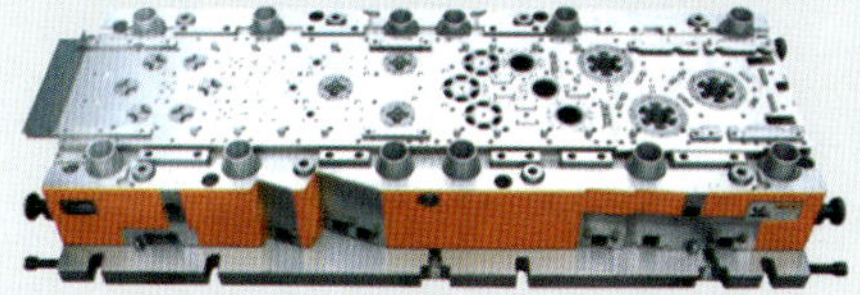

三列空调直流变频电机铁心级进模
Three rows progressive die for air-condition DC frequency conversion motor lamination

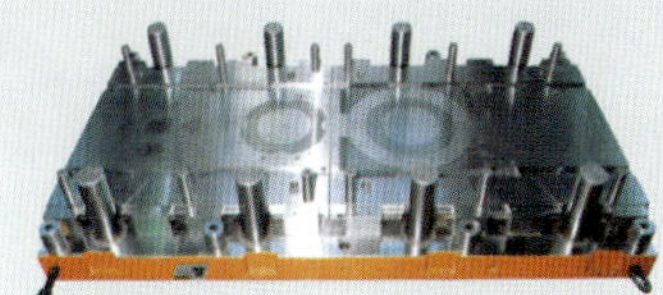
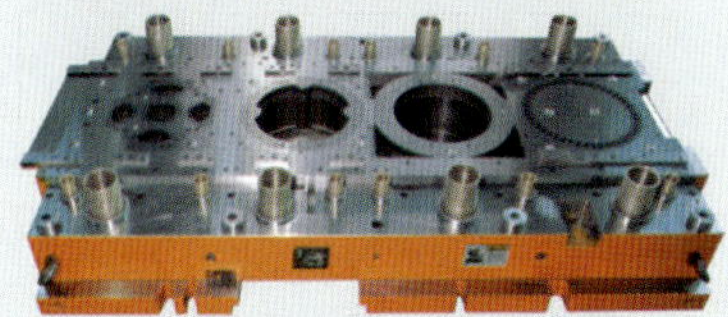

Φ420mm单列发电机铁心冲片级进模
Single row progressive die for Φ420mm generator motor lamination

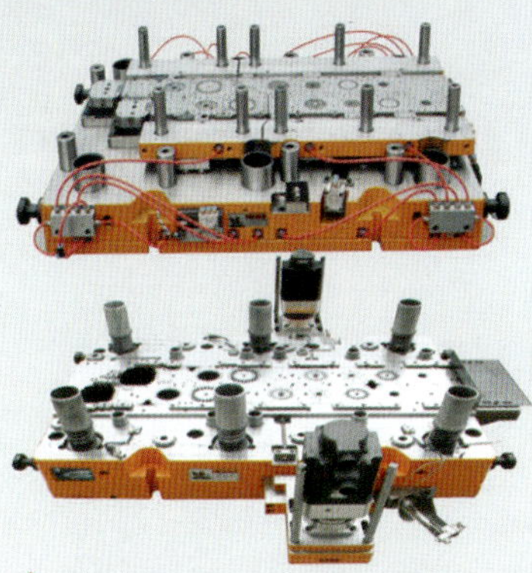

双列冰箱压缩机电机铁心级进模
Double rows progressive die for refrigerator compressor motor lamination

Φ121.7mm三列空调电机铁心级进模
Three rows progressive die for Φ121.7mm air compressor motor lamination

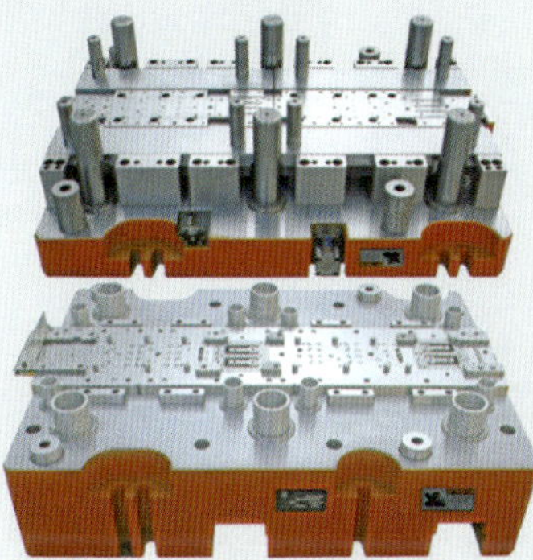

62.5mmx31mm四列U型电机铁心级进模
Four rows progressive die for 62.5mmx31mm U-type motor lamination

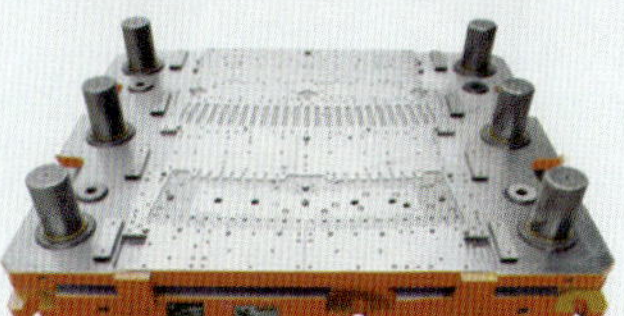

1.5MW单列风力发电机铁心级进模
Single row progressive die for 1.5MW wind turbine motor lamination

宁波震裕模具有限公司
NINGBO ZHENYU MOULD CO.,LTD.
地址：浙江省宁波市宁海县西店镇香山
Add: Xiangshan, Xidian, Ninghai, Ningbo, Zhejiang, China
电话(Tel): 0086- 574- 65189195　传真(Fax):0086-574-65184616
http ://www.zhenyumould.com　E-mail :info@zhenyumould.com

销售部（Sales）
电话（Tel）:0086-574-65172919
传真（Fax）:0086-574-65172929
广东办事处：（0）139 2873 9970
售后服务电话（After-sales Service）：0086-574-83519206

SUNNY MOULD

宁波舜宇模具有限公司

宁波舜宇模具有限公司成立于2002年4月，主要从事精密、复杂、长寿命、多色、多腔注塑模具的设计和制造。公司注重新技术的应用和开发，在气辅成型模具、水辅成型模具、高光无痕成型模具、模内装配技术方面积累了丰富的经验。

2009年，公司与上海交大、模具CAD国家工程研究中心合作，成立了由模具设计、项目管理、CAD/CAM/CAE技术专家、开发应用工程师和技师组成的联合技术中心。中心主要围绕“基于数字化制造技术的精密模具研究与开发”课题开展相关的研究工作，大大提升了企业的核心竞争能力。

近年来，公司持续进行技术改造、信息化建设，拥有各类先进模具加工设备80多台（套），精密测试设备和仪器30余台（套）；同时引进了专业的设计软件和加工软件，建立了全3D模具设计、MOLDFLOW成型工艺分析、PowerMILL数控加工编程软件系统，具备了完善的精密注塑模具设计、制造和塑件生产、试验、检测设备体系，具备年产750套精密注塑模具的生产能力。公司实施了ISO9001和TS16949质量管理体系，并建立了信息化平台、导入了ERP管理。设计制造的精密注塑模具型腔精度≤0.005mm，Ra0.10～0.050μm，模具寿命100万～200万模，达到国际先进水平；已有10副模具荣膺“精模奖”，获得机械工业科学技术奖1项，专利授权10多项。2009年被认定为高新技术企业，成立了宁波级精密模具工程技术中心，建立了包括世界500强企业在内的客户群体。

地址：浙江省余姚市城区金舜东路518号　　邮编：315400
电话：0574-62882308 62882309　　传真：0574-62882301 62882302
http://www.sunnymould.com　　E-mail:Business@sunnymould.com

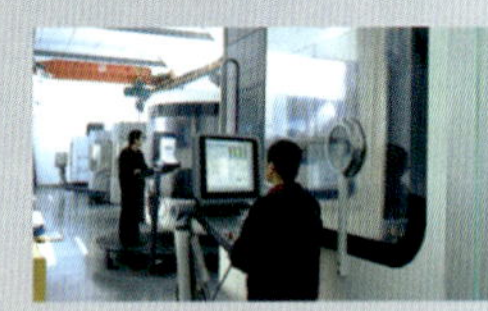
德国DMG五轴联动加工中心（5台）

东芝卧式加工中心

进口电火花机

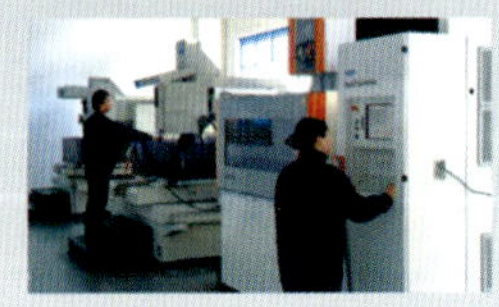
夏米尔慢走丝机床

先进的装备

- 拥有包括德国五轴联动加工中心(5台)、东芝卧式加工中心等加工中心20余台；
- 拥有包括夏米尔慢走丝机（3台）、进口电火花机、龙门磨床等各种加工设备40余台；
- 拥有500t、400t、100t合模机各1台；
- 拥有280～2 200t 各型号压铸机。

领先的技术

- 省级大型、精密压铸模具研发中心，拥有包括高级工程师在内的30余人的研发队伍；
- 为本田、铃木、上汽、三菱、吉利、长安等开发近20套缸体压铸模具的成功经验；
- 十余套高难度的AT、CVT自动档变速器壳体、阀体压铸模具成功开发经验；
- 创造包括V6缸体、转向器铸管、AT自动档变速器壳体、汽车IP仪表盘等众多国内先期成功开发案例。

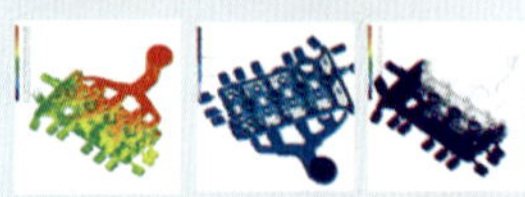

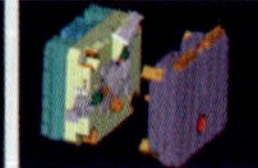

金属探伤机

可靠的质量

- 完善的质量保证体系；
- 完备的质量检测手段,拥有三坐标探伤机（2台）、金相分析仪、冲击试验机、X光探伤仪等；
- 丰富的压铸经验，提供交钥匙工程的一站式服务。

金相分析

我们的骄傲

- 汽车V6缸体、重型载货汽车变速器壳体分别荣获近两届中国铸件博览会金奖；
- AT自动档变速器壳体荣获汽车工业技术进步奖一等奖；
- 2.4汽车缸体、IP汽车镁合金仪表盘荣获国家创新产品；
- 企业获得国家高新技术企业称号；
- 获得国家专利20余项。

三坐标检测

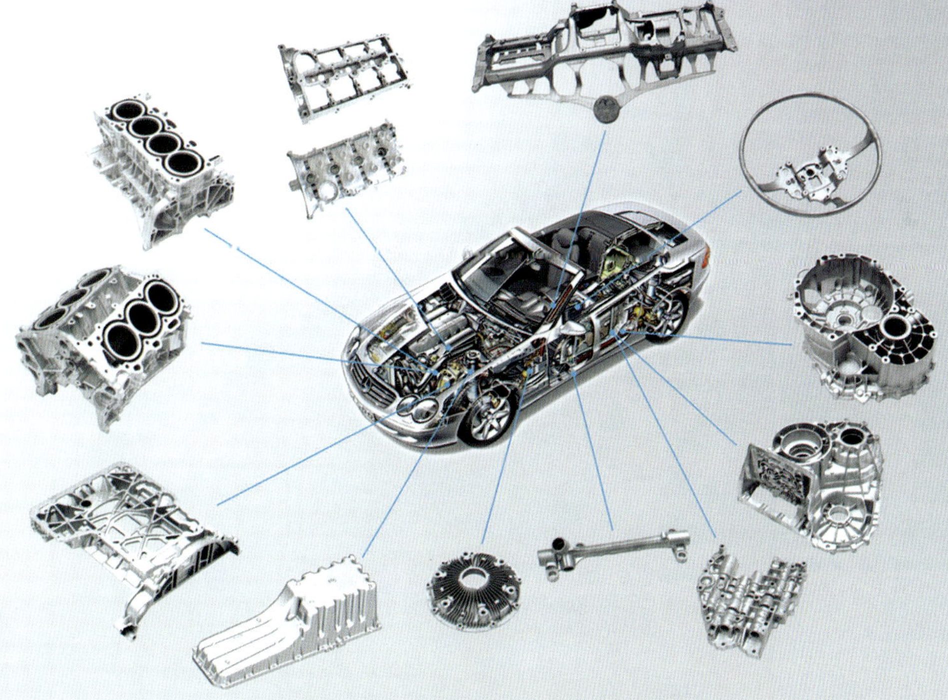

www.cn-huiwang.com

宁波市北仑辉旺铸模实业有限公司

地址: 浙江省宁波市北仑庐山西路2号 电话: 0574-86141999 传真: 0574-86142222 E-mail: huiwang@cn-huiwang.com

天津市津兆机电开发有限公司

天津市津兆机电开发有限公司成立于2000年6月，是一家以冲压多工序连续模具设计、制造为核心，集技术研发、精密冲压加工、深层加工、部品组装为一体的高新技术企业，产品覆盖汽车、家电、移动通信、电机等领域。

公司旗下拥有天津、东莞、常州三大生产基地，形成了纵横南北、覆盖全国的市场格局。天津公司主要从事多工位、大型连续冲压精密模具的设计制造、精密冲压件的生产、冲压后序深层次加工和部品组装，年生产模具800套、冲压产品10 000万件、组装产品100万套。东莞级进与常州津兆主要设计、生产微型电机、手机振动电机系列壳体、端盖、转子、定子及弹片等五金冲压件，年生产冲压产品3.5亿套。

公司现有日本SODICK AQ750L/550L/360L慢走丝线切割机6台，中国台湾健升慢走丝线切割机5台，瑞士Agie慢走丝线切割机1台，德国DMG/CHIRON加工中心16台，中国台湾数控龙门铣床2台，线切割机床62台，45～630t全自动冲压机床126台，数控磨床、数控铣床等各类机加工设备118台，冲压周边设备165台。完备的生产设施与先进的工艺技术、科学的管理体制相结合，建立了一套以"快速反应、高效服务"为特征的生产运营体系，充分实现客户利益最大化。

津兆人将以"求实、创新、级进、攀峰"的精神，为客户服务，为中国模具行业的发展作出更加辉煌的贡献。

Tianjin JinZhao Machine & Electronics Development Co., Ltd. established in June, 2000. Known as high-tech enterprise that dedicated to multi-station large-scale precision progressive stamping tool design and manufacturing with the complete capacity of technology R &D, precision stamping process, value added manufacturing and module assembly. The products cover in the fields of household appliance precision parts, electrical commercial and high end communication device, electrical machinery and automobile industry.

With three production bases in Tianjin 、Dongguan and Changzhou, the market of Jinzhao covers all regions across the China from North to South. Tianjin plant specialized in design and manufacturing of multi-station large-scale precision progressive tool and the extensive & intensive process and assembly modules for stamping parts with the annual capacity of 800 sets of tools, 100 million pieces of stamping parts and 1 million sets of assembly modules. Dongguan Jijin and Changzhou Jinzhao mainly engaged in design and manufacture of micro motor, mobile phone vibration motor, such as motor shell, top cover, stator, rotor, spring splinter, etc. with the annual capacity of 0.35 billion pieces of stamping parts.

The precision manufacture equipment in the company include: 6 sets of SODICK AQ750L/550L/360L wire EDM from Japan original, 5 sets of Jiansheng wire EDM from Taiwan original, 1set of Agie wire cut EDM from Switzerland， 16 sets of DMG and Chiron CNC mill from German,62 sets of EDM machine ,126 sets of automatic stamping machines that capability ranged from 45t to 630t, 118 sets of all kinds of universal milling and grinding machines etc. and 165 sets of stamping-assisted equipments. With the perfect facility plus advanced technology and excellence management, to drive operation group featured in "prompt action, efficient service" to maximize value to customer.

JinZhao people will always hold the spirit of "keeping innovation based on fact, improving step by step to the peak" and making splendid contribution for customer and national die industry development of China.

天津工厂：
地址：天津市西青区泰和工业园大明道营玉路5号
联系人：田先生
联系电话：022-27796721 13920091628
N0.5 yingyu Rd.DaMing road,TaiHe IND.Park,XiQing District TianJin ,China.

东莞工厂：
地址：广东省东莞市凤岗镇管井头村杰灵工业区2幢厂房
联系人：李女士
联系电话：0769-87556575 15820938098
No.2 Workshop JieLing Industrial Park,GuanJingTou Hamlet,FengGang District,DongGuan,China.

常州工厂：
地址：常州市新北区清江路9号
联系人：阎先生
联系电话：0519-85609559 13828747701
No.9 QingJiang Road,XinBei District,ChangZhou,China.

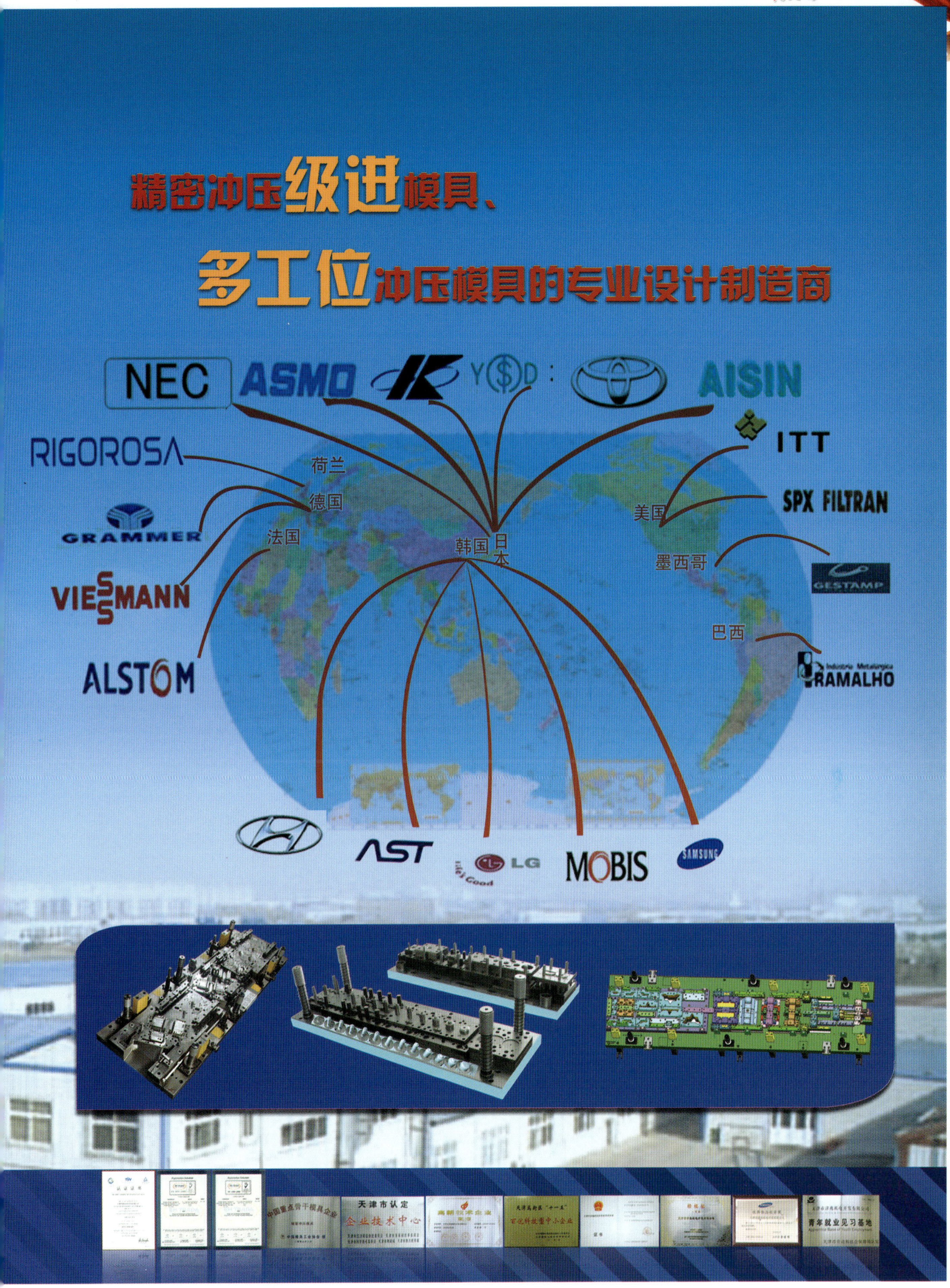

精密冲压级进模具、多工位冲压模具的专业设计制造商

NEC ASMO YSD AISIN ITT SPX FILTRAN GESTAMP RAMALHO RIGOROSA GRAMMER VIESSMANN ALSTOM

荷兰 德国 法国 韩国 日本 美国 墨西哥 巴西

AST LG MOBIS SAMSUNG

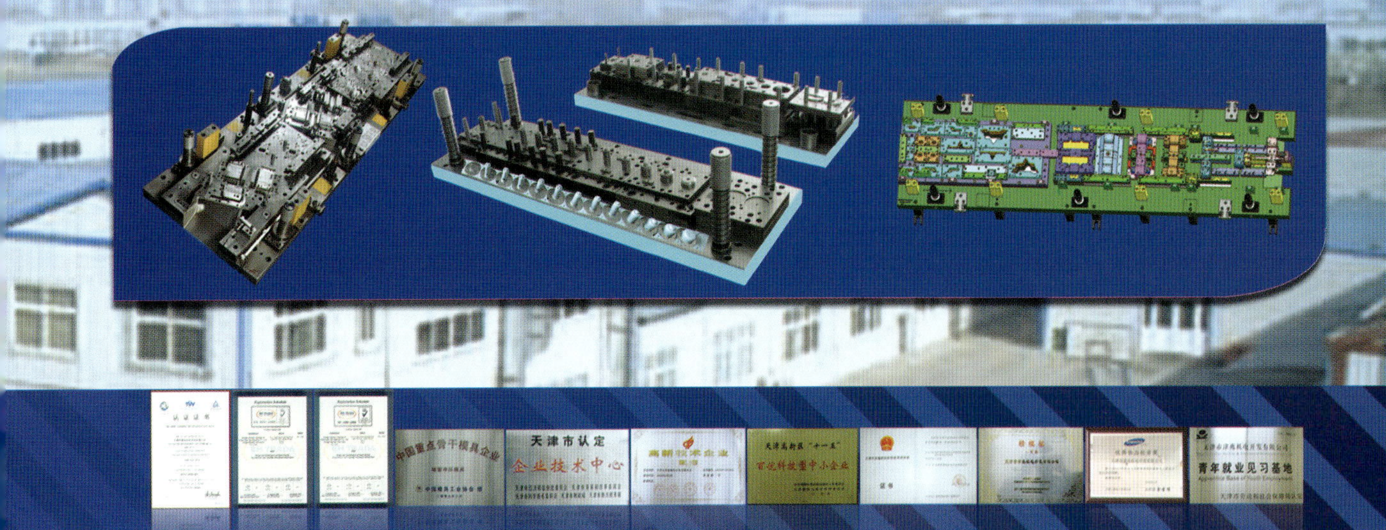

东方亮彩 领航未来

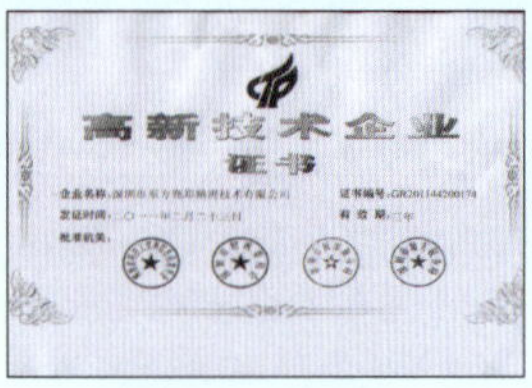

国家高新技术企业证书

ISO9001 认证

专利证书

专利证书

ISO14001 认证

CNC 车间

喷涂车间

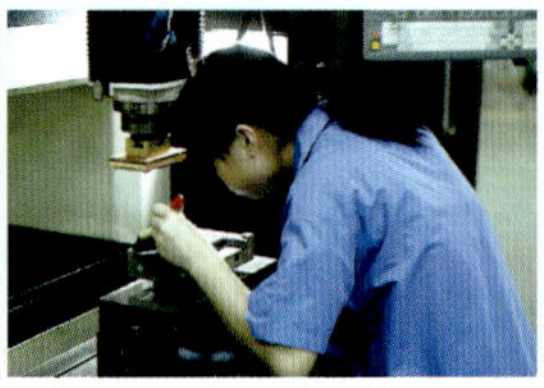

精工细作

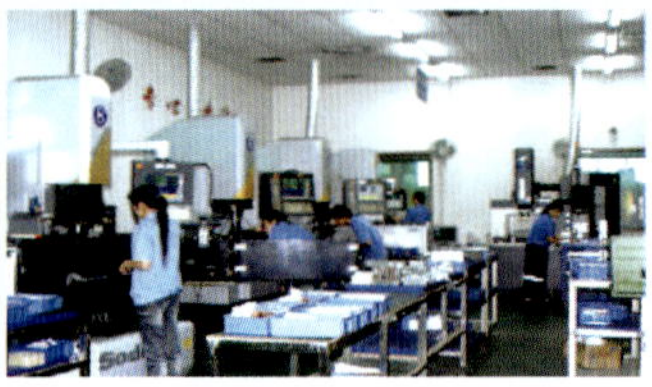

火花机车间

一丝不苟

高管团队

注塑车间

东方亮彩 DFLC

公司总部地址：广东省深圳市宝安区松岗镇潭头西部工业区 B25/29/33 栋
联系电话：0755-61869929 http://www.dflc.com.cn

深圳市东方亮彩精密技术有限公司成立于2001年，专业从事通信产品的精密模具研发、设计与制造、注塑成型、表面涂装、真空电镀、套件组立等业务。东方亮彩秉持着“让客户满意，谋员工福祉，尽社会责任”的使命，立志“成为全球知名通信品牌最信赖的合作伙伴”，经过十多年发展，成为诺基亚、摩托罗拉、OPPO、酷派、华为、金立等高端手机品牌客户的核心供应商，现已发展成包括松岗总公司。沙井分公司、沙井子公司在内，总人数近4 000人，营业规模达10亿元的集团化企业。

产品是客户价值的源泉，品质是企业尊严的体现。成为更健康、更长久的企业，是东方亮彩人永恒的追求。从项目立项到模具设计、模具制造、试模再到小量试产、中量试产、量产，严格实施项目评审制度，做到小试大检讨、中试小检讨，把品质问题解决在研发阶段。

客户是我们的衣食父母，以客户为导向，让客户满意，在东方亮彩公司有着具体的体现。在这个“快鱼吃慢鱼”的时代，对市场的快速响应是终端企业制胜的关键。为了满足客户的新产品上市要求，东方亮彩人积极想办法缩短研发周期，1出1的模具12天，1出2的模具15天，1出4模具周期20天，目前公司的平均研发周期降为15天，一次设计合格率可达99.8%。同时，公司在项目立项前就积极参与客户的产品研发，深入了解客户的核心需求，在外观设计、产品结构方面给出更为专业的意见，帮助客户在产品定义时就满足低成本、高质量、高品位的特点，真正为客户提供设计－制造－售后服务全程跟进。

“精工制造，顶尖之选”，是我们对客户的承诺。目前，模具事业部拥有米克朗、森精、法兰克等精密高速CNC20台；牧野、沙迪克镜面火花机30余台，沙迪克慢走丝10余台，各类先进数控制模设备共计60余台。东方亮彩注塑车间拥有以日本住友、日精为主的精密型注塑机160台；涂装部配备了5条万级全自动环保喷涂生产线和4条往复式喷涂线；真空镀车间配备了9条全自动喷涂线和12台镀膜机，日产能达到30万件；无尘装配车间拥有30多条组装线，日组装能力已达80万件。一流的设备和强大的生产能力，是满足客户需求的强有力保障。

人才是企业最重要的资产，人力资源是企业最大的资源。公司实施战略人力资源规划，每年大量从高校招聘储备干部定向培养，并对关键岗位实施人才梯队制度，定期组织各类管理和技术培训，不断提升员工技能。公司80%以上的技术骨干都是公司内部培养和晋升的，具有良好的稳定性。目前，公司项目研发团队100人，模具设计团队100余人，95%以上具有大专以上学历。有了一流的团队，才可能有一流的产品。公司已在多个领域获得多项专利，并获得“深圳宝安区百强企业”、“国家高新技术企业”称号。成为全国塑胶行业的领先选手，是东方亮彩人不懈的追求！

心梦想，信未来。东方亮彩人怀揣梦想，不断挑战新的高度。未来，公司将继续走高科技路线，不断革新工艺设备，生产绿色产品实现污染预防，东方亮彩将以更优秀的企业形象及超群的品质赢得客户信赖，在塑胶行业发展的大潮中，永立潮头，领航未来。

MCGILL 迈吉尔 安徽迈吉尔模具有限公司

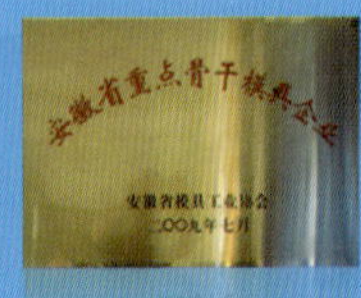

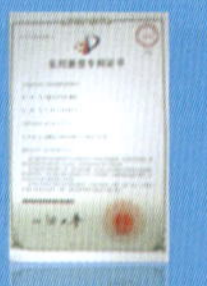
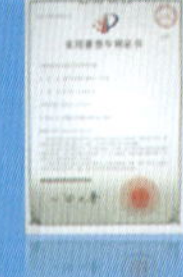
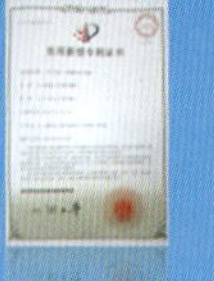

安徽迈吉尔模具有限公司是专业从事轮胎模具的大型生产制造企业，位于宁国市经济技术开发区，公司新征地79 287m²（119亩），项目总投资1.58亿元。项目计划于2012年6月建成，建成后年产各类全钢子午线活络模具、工程胎模具、巨胎模具、农用胎模具、轻型载货汽车、载重胎模具1 200余副，产值3.6亿元。

公司拥有国内外先进的数控加工设备，同时引进专业人才参与技术、生产管理，严格控制技术与生产环节。

公司的质量管理在同行业中处于领先地位，公司已通过ISO9001:2008质量管理体系认证。现为中国模具工业协会橡胶模具委员会常务理事单位、安徽省模具工业协会常务理事单位；安徽省重点模具骨干企业；获得国家科技中小企业技术创新基金项目，企业拥有多项发明专利和实用新型专利、省级科技进步奖，荣获中国机械工业科学技术奖一等奖，并在第十三届国际模具和设备展览会上获得模具“精模奖”一等奖。2011年，我公司本着优越的技术条件和雄厚的实力，进一步完善内部管理体系，力图更上一个新台阶！

子午线轮胎活络模具（斜平面）

子午线轮胎活络模具

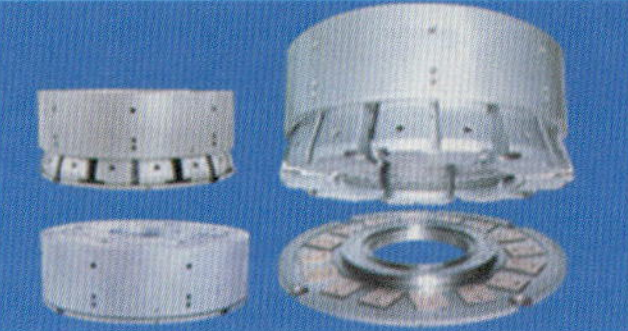
子午线轮胎活络模具（圆锥面）

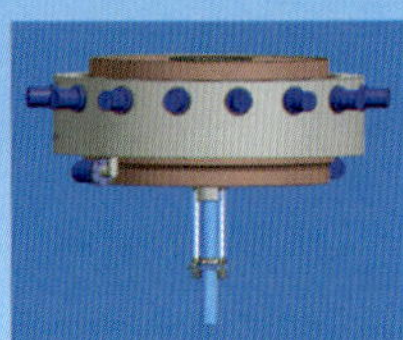
液压全自动锁模模具

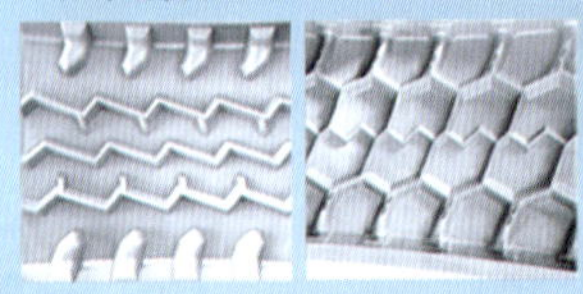
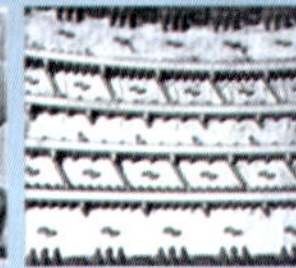

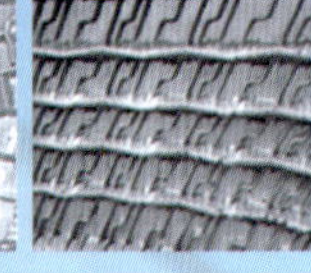
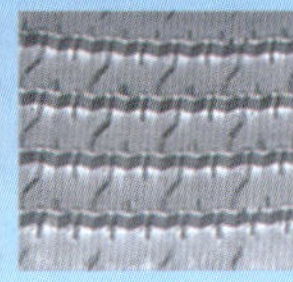
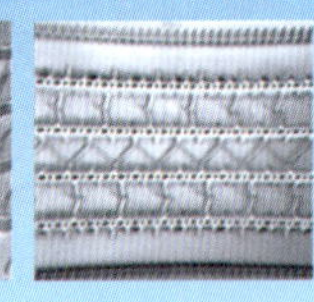
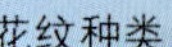
花纹种类

联系人：刘维龙 13856328888 地址：安徽省宁国经济技术开发区白云路1号 http：//www.mcgillmould.com

轻型载货汽车胎模具

工程胎模具

活络模具加工中心

工程胎模具加工中心

农用胎模具

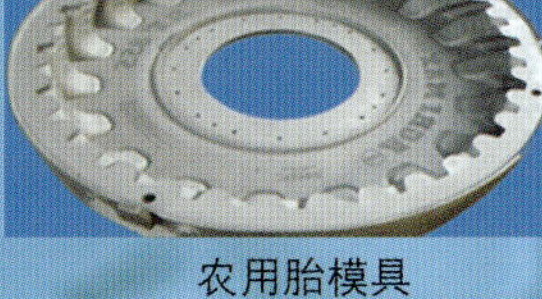
农用胎模具

电火花机床

龙门加工中心

机模一体化模具

巨胎模具

合作公司

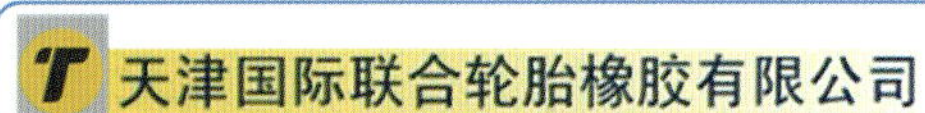

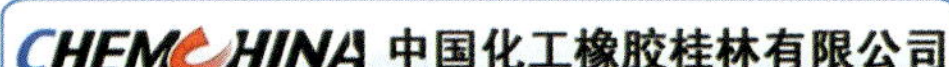

BLUESTONE
富宇蓝石轮胎

E-mail：mcgillmould@163.com 传真：0086-563-4180458 营销热线：0563-4184448

瑞鹄汽车模具有限公司

RAYHOO MOTOR DIES CO., LTD.

瑞鹄汽车模具有限公司成立于2001年12月，坐落于芜湖经济开发区，注册资金6 160万元，占地面积48 000m²。

集团化的瑞鹄拥有技术研发中心、多家模具制造公司及检具、夹具、冲压件等专业公司，目前已形成冲压焊装、SE分析、冲压模检具设计与制造、冲压焊装件及小批量生产能力，率先成为了业内集团性综合企业。瑞鹄模具具备整车车身装备设计、制造能力，以国际先进的CAE/CAD/CAM技术、20多台大型数控加工中心和10多年的现代汽车模具生产经验，为国内外汽车厂商的车身开发提供服务。

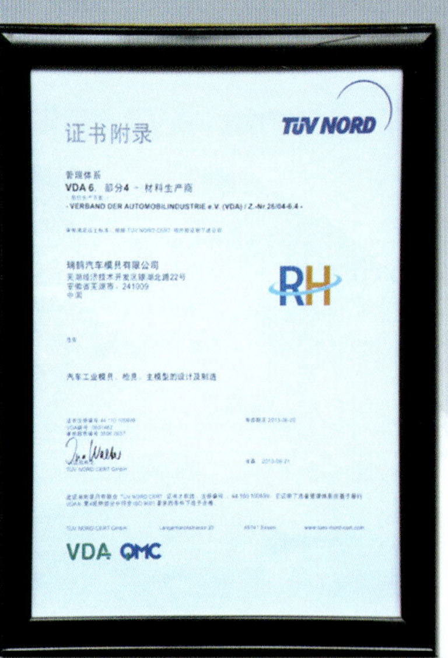

让世界汽车行业选择瑞鹄

地址：中国安徽省芜湖市经济技术开发区银湖北路22号　邮编：241006
E-mail：niyq@rayhoo.net　http://www.rayhoo.net
电话：0553-7517588-205　传真：0553-7517588-815

设备展示

←AMINO伺服冲压线

→数控加工车间

客户群

产品展示

安徽力源数控刃模具制造有限公司位于安徽省马鞍山市博望镇，占地面积 13 000 多 m^2，注册资金 1 000 万元，中国重点骨干模具企业。

作为国内早期研发生产数控折弯机模具及剪板机刀片的专业厂家之一，安徽力源数控刃模具制造有限公司自创业之初便确立了走自主创新的发展之路，全力打造具有自主知识产权的品牌产品。近几年来，公司先后建立了“质量管理体系”、“测量管理体系”、“标准化体系”等一系列企业管理标准，从根本上保证了产品质量的有效控制和企业规范的经营秩序。

公司采用优质钢材生产的“能达”牌系列模具、刃具，广泛适用于国内外各种品牌的剪折机械设备。公司产品畅销全国，并与国内众多著名的机床制造商建立了牢固的合作关系，长期、稳定地为其提供优质的配套产品，并获得了良好的口碑。除广泛供应国内市场外，公司产品还随配套机床一同销往欧洲、美洲、东南亚等地。

公司拥有一支稳定的专业技术人才队伍，与合肥工业大学成熟的“产学研”合作机制，使企业的发展轨迹始终立足于国内同行业的前沿。

公司立足于做好售前、售中、售后的服务工作，把服务与拓展结合起来，进一步打造“能达”产品的品牌知名度。凭借良好的市场口碑和突出的管理绩效，公司“能达”商标被评为“安徽省著名商标”，“能达”牌板料折弯机模具荣获 2010 年度安徽名牌产品称号。公司先后有 11 项实用新型专利获国家知识产权机构授权。

作为两项行业标准的主要起草单位，2012 年 4 月，安徽力源数控刃模具制造有限公司被中国模具工业协会评定为中国重点骨干模具企业。

公司自始至终致力于产品质量的提高和品牌形象的提升，一贯坚持“信誉至上，以人为本”的经营理念，与时俱进，不断攀登新台阶。

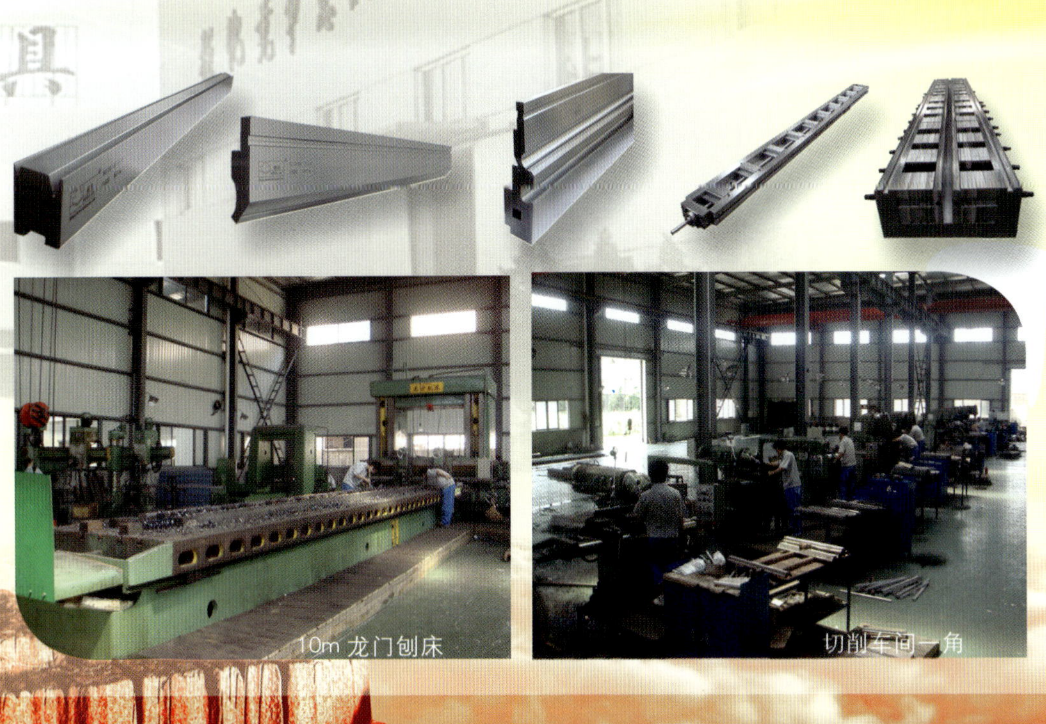

10m 龙门刨床

切削车间一角

地址：安徽省马鞍山市博望工业开发区　　邮编：243131
电话：0555-6768158 13965618888　　传真：0555-6767116
E-mail: web@ahliyuan.com　　http: //www.ahliyuan.com

昆山久锦精密模具有限公司

KUNSHAN JIUJIN

昆山久锦精密模具有限公司是一家从事半导体、连接器、LED等五金、塑胶类模具的设计、加工及制造的新兴成长型独资企业。公司秉持“品质优先、顾客信赖”的政策，以“您的持久满意是我们的无限追求与不懈努力”为经营基本方针，致力于不断创造社会与企业共赢的发展局面。公司成立之初，即大量采用国外先进高精机床及检测设备，引进高精技术人才与管理团队，着力建立具备本行业核心竞争力的市场定位。

公司的先进生产设备主要包括日本SODICK公司的数控电火花线切割机，瑞士ACM公司的精密数控慢走丝切割机（模具加工精度可保证±0.002mm），日本MAKINO公司的镜面放电火花机(模具加工可保证表面粗糙度Ra0.2，加工精度可保证±0.002mm），日本MAKINO公司锋速加工中心，日本WAIDA公司的数控光学曲线磨床（模具加工精度可保证±0.001mm），日本OKAMOTO公司的数控精密平面磨床和数控精密成型磨床（模具加工精度可保证±0.002mm），中国台湾庆鸿公司的细孔放电机等；主要检测设备包括日本NIKON公司的投影仪和工具显微镜，瑞士TESA公司的测高仪，德国MICROMAR公司的高度计和二次元、三次元影像仪等世界先进设备。我们的经营范围主要包括计算机及手机高端连接器、汽车电子原器件连接器、半导体引线框架、半导体切筋、LED灯及显示屏等精密模具的设计、加工及制造。公司的各项产品受到客户的一致好评。

公司广泛引进高精模具专业技术人才，采用先进管理模式，秉持“以人为本”的科学发展观，缔造和谐团队，提高创新能力，积极开拓世界500强及具备潜力发展的优质企业作为主要客户市场。2010年荣获“昆山国际模具城优秀企业”称号，2011年1月荣获“昆山模具工业协会优秀会员单位”称号，2011年3月成为昆山市高校毕业生就业见习基地，2011年4月成为江苏模具工业协会理事会成员。2011年10月荣获东方模具自主创新企业。公司现为昆山市模具工业协会常务理事单位、江苏省模具工业协会常务理事单位、中国模具工业协会理事单位。热忱欢迎国内外各界朋友莅临我公司进行商务洽谈与技术合作，携手共创辉煌！

地 址：江苏省昆山国际模具城模具制造区19幢

（昆山市玉山镇城北北门路3888号）

电 话：0512-50128688

传 真：0512-50126098

http://www.jjmould.cn　www.cnjmmj.com　www.cnjmmj.mobi

JIUJIN
品质优先 顾客信赖
您的持久满意是我们的无限追求
与不懈努力
Certificate
认证证书
团体会员证书
昆山市模具工业协会
KSMA
理事单位
(2008~2011)
江苏省模具工业协会
常务理事单位
2012年2月
昆山市模具工业协会
KSMA
常务理事单位
二〇一二年三月
中国模具工业协会
理事单位证书

江苏卡明模具有限公司

江苏卡明模具有限公司是专业从事汽车及工程机械模具及冲压件产品研发、制造、销售的国家高新技术企业。公司长期致力于创新发展,先后取得了中国模具工业协会会员资质和江苏省民营科技型企业证书，是江苏省内较大、业内知名的汽车覆盖件模具供应商。产品有6个系列、60多个品种规格。

公司地处江苏省扬州市江都经济开发区，毗邻泰州、北枕京沪高速、宁启铁路，交通十分便利。现占地面积5万m^2，拥有总资产1.2亿多元。2011年企业销售收入近2亿元，实现利税突破1 000万元。企业现有职工近300人，大专以上学历科技人员占企业职工总数的 30%以上。

2010年11月，以扬州大学机械工程学院为技术支撑,经批准成立的市级工程研究中心和企业技术中心是企业技术创新的主要平台。以新工艺、新技术、新产品研发为起点，以争创一流汽车覆盖件模具企业为主攻方向，持续开展获取更多自主知识产权为目标的技术创新，是企业最重要的战略目标，也是推动企业发展壮大的动力源泉。近年来，技术创新成果先后共申报国家专利20余项，其中15项专利获得授权，多项发明专利进入实审。

公司注重技术创新队伍的建设，不但拥有自身的技术开发队伍，还建有广泛的技术开发协作网络，聘请国内汽车模具行业知名专家、教授担任企业技术顾问，通过制度保障企业技术创新工作的有序推进。

企业先后研发加强板模具回弹控制，CAE回弹分析数据库，新型拔销器，油底壳复合精密模，挖掘机配重罩壳镶块拼装长寿命拉延模，冲孔冲头快换、装配工艺，轿车左右侧梁、左右侧支撑板精密模具，汽车前端梁构件精密模等多项长寿命、高精度模具产品，其技术水平，均在国内处于领先水平，有8项产品通过江苏省高新技术产品认定。

国际化 数字化 规模化
瞄准世界一流水平 做中国汽车模具强者

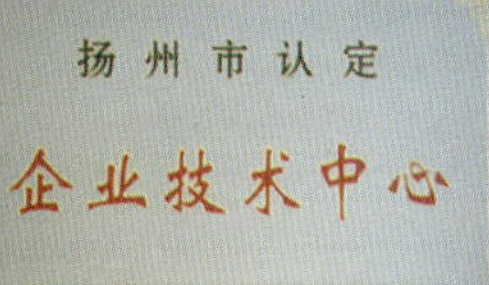

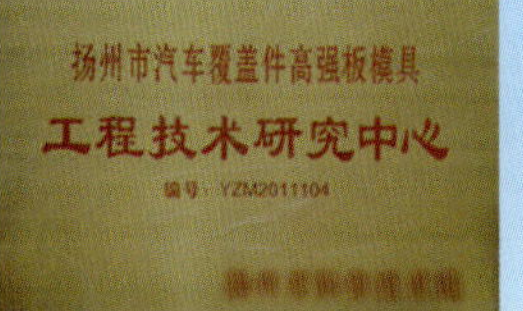

地址：江苏省扬州市江都沿江开发区大桥工业园

邮编：225211

电话：0514-86497022 0514-85182169

传真：0514-86497012 0514-86446622

E-mail：kmmj2000@126.com

http：//www.csqccs.com

江苏卡明模具有限公司

JIANGSU KAMINGMOLD CO.,LTD.

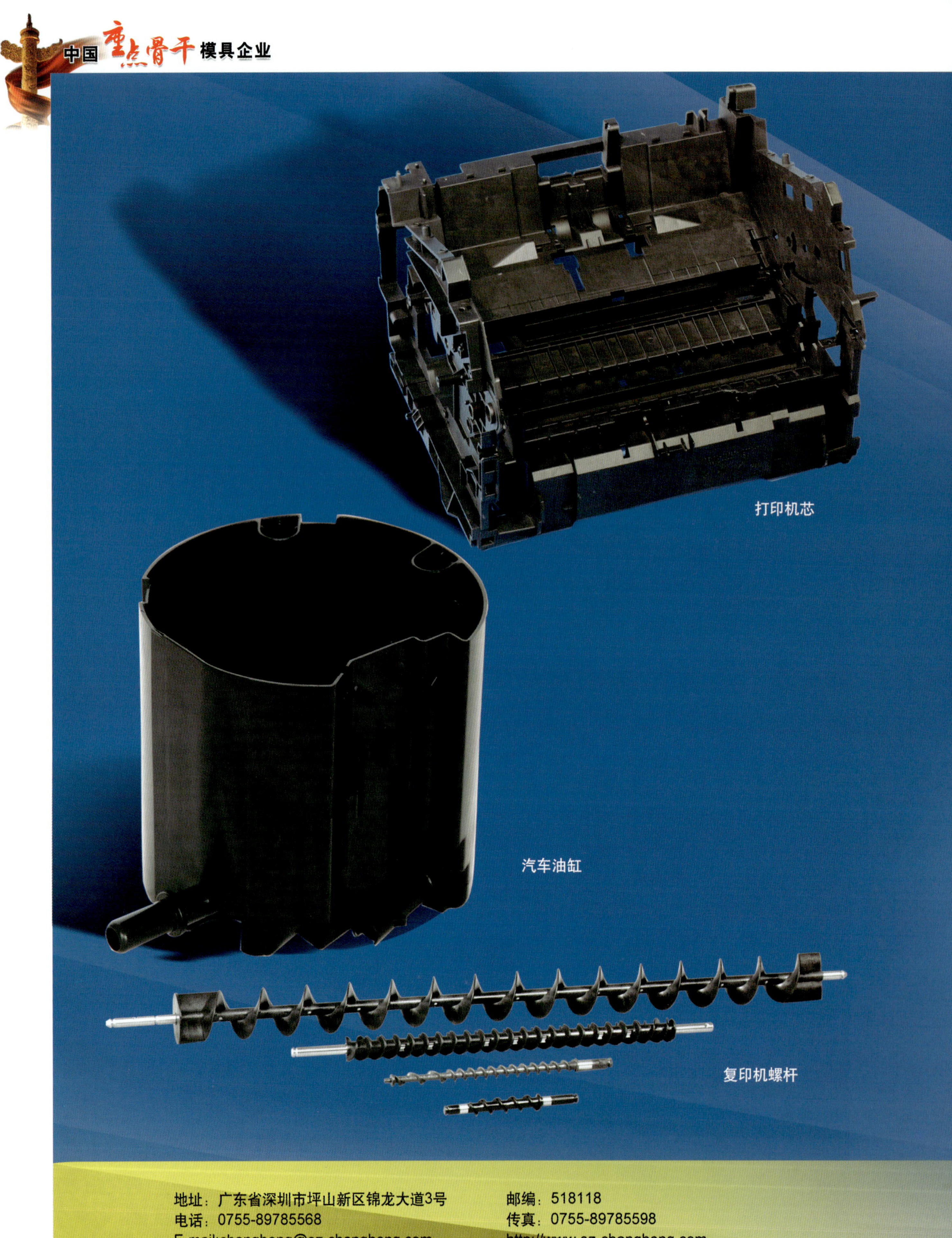

地址：广东省深圳市坪山新区锦龙大道3号　　邮编：518118
电话：0755-89785568　　传真：0755-89785598
E-mail:changhong@sz-changhong.com　　http://www.sz-changhong.com

CHANGHONG TECHNOLOGY
CHT 昌红科技

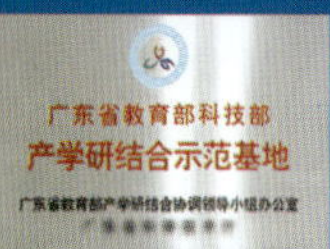

深圳市昌红模具科技股份有限公司创立于2001年，总部及工业中心设在广东省深圳市，在上海、广东河源、安徽芜湖及中国香港地区设有分支机构，是集研发、制造、贸易、服务为一体的专业精密模具制造以及注塑产品开发生产的企业集团。公司经营范围包括:精密塑胶模具开发制造，医疗、汽车、OA、家用电器等产品的精密塑胶成型以及模具技术咨询和服务。

公司通过实现经营管理体系(包括产品研发、项目管理、质量控制、客户服务以及市场开发等流程)，始终为全球客户提供技术领先、性能卓越、品质一流的精密模具和塑胶产品，集团年产塑胶模具500套，加工精密塑胶件制品6 000t。

公司现为国家高新企业，也是中国重点骨干模具企业，拥有20多项模具制造专利，通过ISO9001、ISO/TS16949:2009国际质量体系认证以及ISO14001:2004环境体系认证，医疗产品通过了美国FDA和ISO13485认证。公司连续多年被客户授予品质金奖及贡献奖。

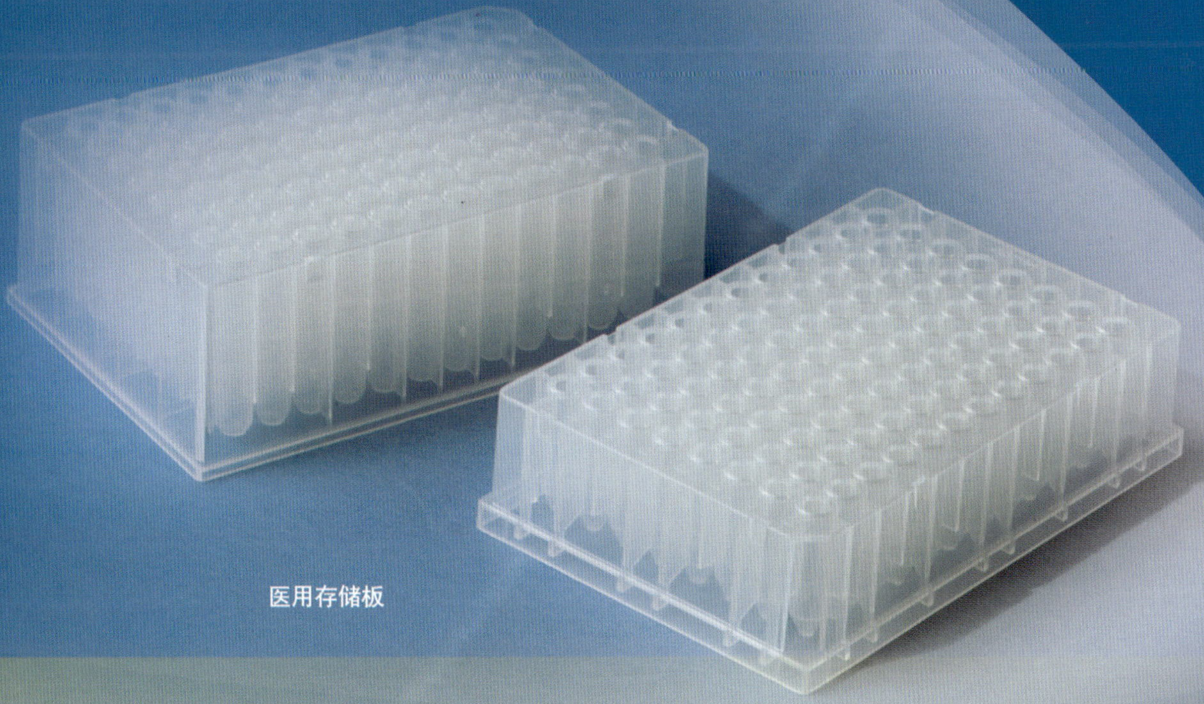

医用存储板

湘潭电机力源模具(设备)有限公司

湘潭电机力源模具（设备）有限公司是湘电集团有限公司下属的全资子公司，是模具和非标设备制造的专业厂家，是湖南省模具工业协会常务理事单位和省重点模具骨干企业。公司占地面积24 000m²。拥有日本产慢走丝线切割机床、日本进口数控高速铣床、日本进口精密电火花机床，中国台湾协鸿产3M数控龙门铣床、3M龙门精密平面磨床、KP-48精密平面磨床，宁江产连续轨迹坐标磨床、三坐标测量机以及各类数控车床、数控铣床等先进设备共75台。主要生产各类电机冲片复冲模、各类五金模、塑料注射模、橡胶化压模、金属压铸模、多工位级进模、量刃具、夹具、工装、百吨电动轮自卸车悬挂、金刚石压机、钨钼拉丝机、电动平车等产品和非标设备，还广泛承接各类标准、非标准设备大中修业务和数控设备的维修、改造。公司现有员工360人，其中各类专业工程技术人员和高级技师35人。2009年通过华信技术检验有限公司第三方GB/T19001－2008版认证。

公司凭借雄厚的技术开发能力、精湛的工艺装备，依靠强大的生产基地，服务于电机、风能发电、家电、摩托、汽车、工程机械和矿山等行业。

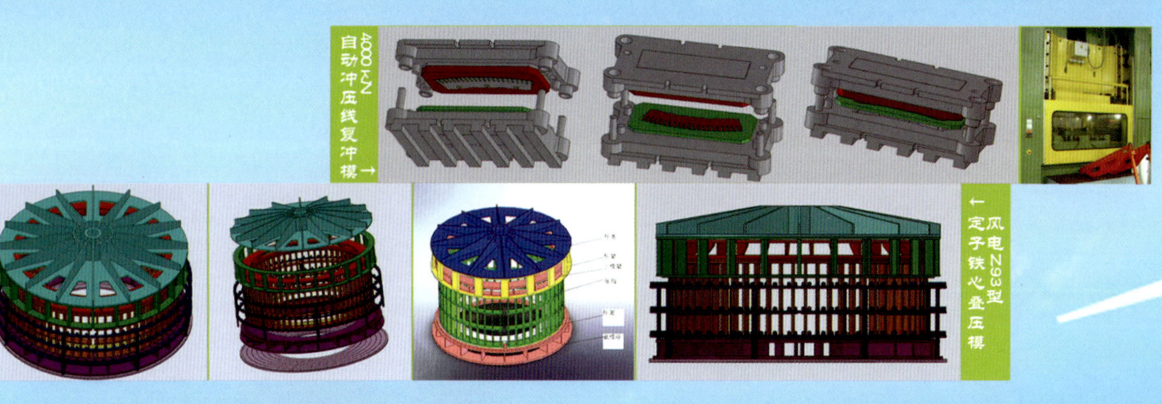

聚百年万力 转动世界

技术设备

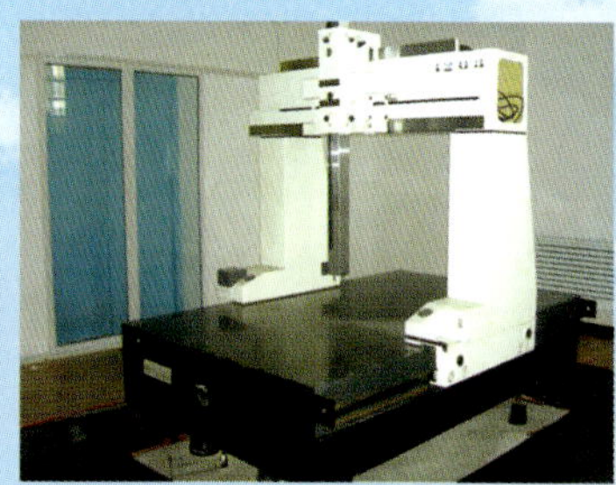

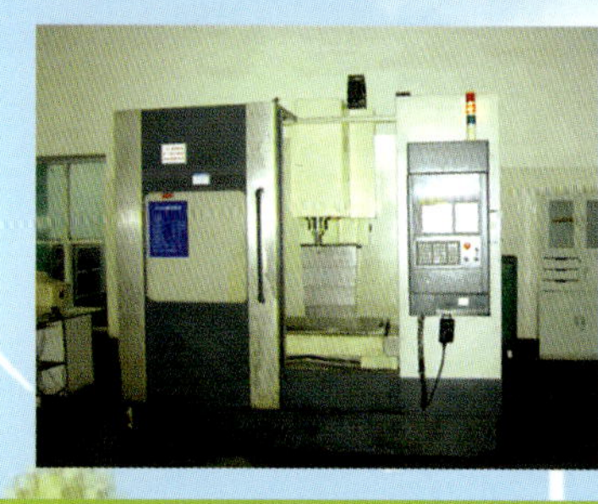

联系人：魏境
地址：湖南省湘潭市下摄司街302号　　邮编：411101
电话：0731-58596054　　传真：0731-58595801
E-mail: xiaozi.8708@163.com　　http: //www.xemc.cn

NTC 南京南汽模具装备有限公司

南京南汽模具装备有限公司（以下简称“南汽模”）为“上南合作”后，于2008年由上海汽车集团（股份35%）、宝钢国际（股份35%）、东华汽车（股份30%）三方合资组建而成，主要面向国内外整车企业的白车身集成（含汽车模具、检夹具及焊接线）研发和制造，是一家汽车模、检、夹等工装研发制造和大型车身冲压件及焊接总成生产企业，也是国内领先的高精度机械零部件制造基地，采用现代化科学管理的股份制企业。

企业现有在职职工474人，其中从事研究开发的技术人员136人，从事技术研发管理的有12人。享受国家津贴的专家2名，中高级职称以上的专家47名，其中研究员级高工2人。技术研发人员中有50余名工程技术人员曾在日本、德国、美国、意大利等国以及国内如一汽集团、上汽集团、广汽集团、奇瑞、华普等汽车企业参与研发汽车车身制造装备和白车身的研发，其开发的产品已全部取代和超越了进口同类产品。

南汽模现有两大厂区：位于南京市玄武区红山路118号的工装研发制造基地和位于南京高新区锦湖路3号的大型车身冲压件及焊接总成制造基地。

南汽模具秉持的核心价值观：“诚信 满意 创新 持续改进”，执着进取，努力打造百年企业，以服务客户满意为目标，经过多年来的努力，在行业客户中积累了良好的口碑，在全行业中位居前列。

业务现状

南汽模具现有的业务主要由四大块组成：

①为白车身集成（含大型模具、检夹具及焊接线）研发及制造

②大型覆盖件冲压、焊接部件总成制造

③高精度机械零部件制造

④白车身试制及其技术输出（车身同步开发、合作车身研发）

目前与国内外整车企业紧密合作新车型的整车开发及试制，以取得阶段的决定性成功，今后将朝着全面一体化整车车身开发方向发展。南汽模具通过多年的口碑积累拥有国内、国际稳定的大批知名汽车企业客户群。

轿车侧围检具

高精度零部件加工线

冲压线机器人

车身冲压件抽检

昆山荣腾电机铁芯模具制造有限公司

Kunshan Ronten Motor Tooling Co.,Ltd.

★ 电机铁心模具设计制造

★ 冲片铁心生产

昆山荣腾模具部品制造有限公司地处江苏省昆山模具开发区,现有员工160名，技术骨干30人，占地面积2万m²，公司专业设计制作硬质合金电机铁心级进模具。

公司拥有先进的精密加工设备：如瑞士豪泽50L连续轨迹坐标磨床，日本三井坐标磨床,瑞士进口GF夏米尔慢走丝FI440,220机床，冈本大型精密平面磨床，大型精密加工中心，200t，60t精密高速冲床以及高精度大型三坐标测量仪、日本三丰高度仪，德国精密圆度测量仪等，专业制造和销售各类电机铁心（汽车电机、空调压缩机、水泵、电动工具、风力发电机等）、汽车电器、电表及变压器铁心高速冲级进模，电机冲片复合模及转子铝压铸模。公司拥有资深的设计团队，能够充分保证模具的高精度、长寿命、高稳定性的要求，有很强的性价比，为客户创造更多的价值，实现更高的投资收益。公司全体员工热诚欢迎各界人士莅临参观考察！

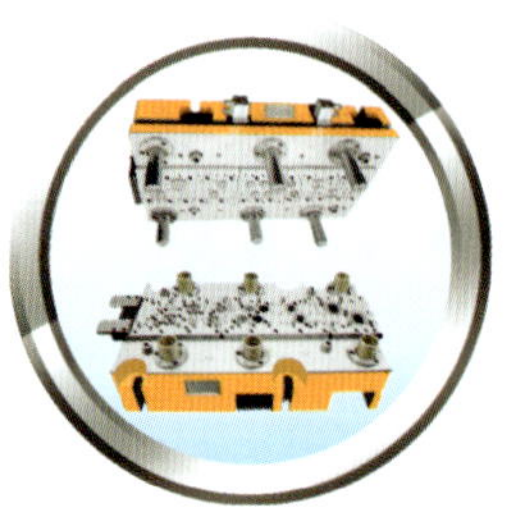

地址：江苏省昆山市高科技模具区益胜路108号

电话：0512-57789406

手机：13806266984 杨伟

E-mail: sales@rontem.com

http：//www.rontem.com

★中国大型精密注塑模具重点骨干企业
★国家高新技术企业
★宁波市知名商标　宁波市名牌产品
★ISO9001:2000质量管理体系认证
★ISO14001:2004环境管理体系认证

宁波跃飞模具有限公司

董事长兼总经理：张德标

宁波跃飞模具有限公司创建于1987年，是专业从事大型、精密、复杂、长寿命注塑模具的设计、制造公司，开发各类汽车、摩托车、家用电器、IT产品、视听产品和日用品等精密复杂的注塑模具。公司占地面积35 000m²，建筑面积15 000m²，年生产能力为450～600套大、中型注塑模具。

公司拥有先进的CAD/CAM/CAE系统，拥有强大的设计、制造、管理队伍，掌握日本、韩国、北美、欧洲、大洋洲等国家和地区的模具设计、制造的标准和经验，主要的设备有立式、卧式、龙门式数控加工中心，包括意大利萨克曼RC270五轴联动高速加工中心，日本牧野V77、德国德马吉DMC—64V高速加工中心，多功能深孔加工机，慢走丝线切割机，大型立式、卧式合模机，大型双头高精度数控火花机，并备有大、中、小型的注塑机（80～1 250t）。

公司十分重视内部质量管理，严格遵循ISO9001：2000质量管理体系的要求，并积极推行现场6S管理，保证质量，满足客户提出的各种合理要求。迄今为止，我公司为国内外众多知名大公司提供优质的模具服务，模具出口美国、加拿大、墨西哥、巴西、澳大利亚、德国、法国、意大利、西班牙、韩国和日本等国家。热情欢迎国内外新老客户光临惠顾。

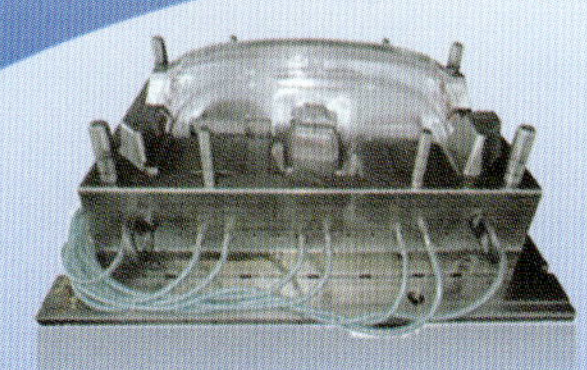

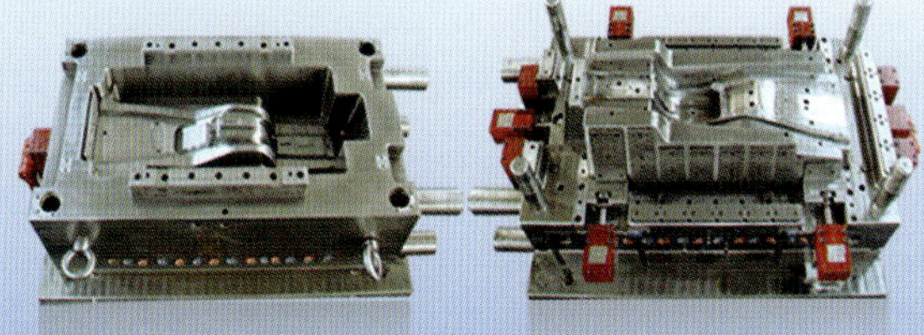

石墨加工中心
Graphite Machining Center

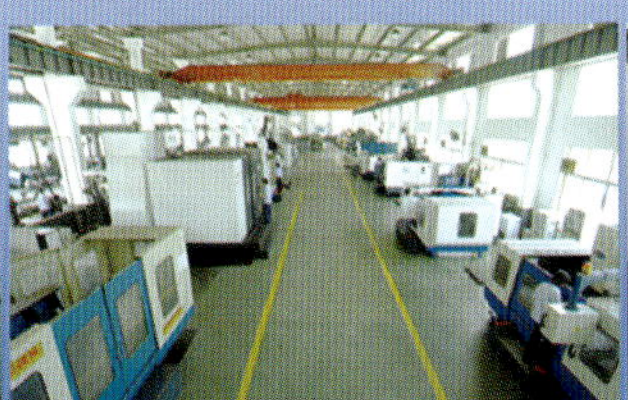
精加工车间
Machining Workshop

五轴联动高速加工中心(意大利)
Highly Precise Five-axis High Speed CNC Machine(ITALY)

样品室
sample room

地址：浙江省宁波市宁海县新兴工业园区C区
Address:C Zone Rising-Industry Park Ninghai,Ningbo,Zhejiang
邮编(Zip Code)：315600　电话：0574-65332688 65332668　传真：0574-65332690 65332666
E-mail:business@yfmould.com　http://www. yfmould.com

四川长虹模塑科技有限公司

SICHUAN CHANGHONG MOLD&PLASTIC TECH.CO.,LTD.

四川长虹模塑科技有限公司拥有亚洲领先的大规模注塑机群和先进的模具数控加工机群，提供电视、空调、冰箱、小家电、通信、汽摩配件、日用消费品等行业的成套塑料模具开发制造和塑料制品加工。

公司在无锡、青岛、长春、合肥、中山建立有5个分（子）公司，构筑起以绵阳为中心并辐射全国的生产、销售网，并与国内众多知名企业保持长期稳定的战略合作关系。

模具加工车间

注塑机群

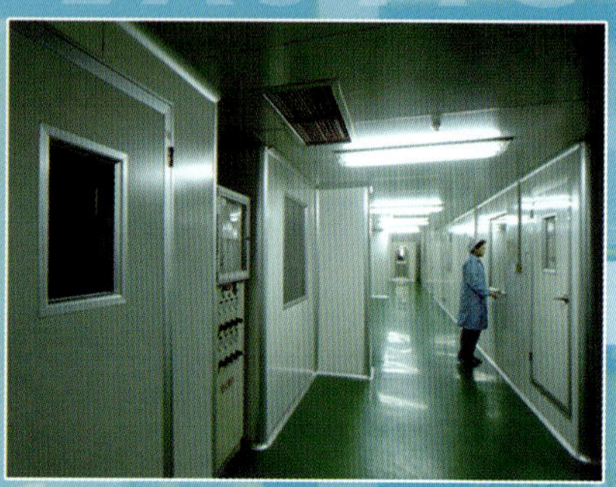

无尘喷涂厂房

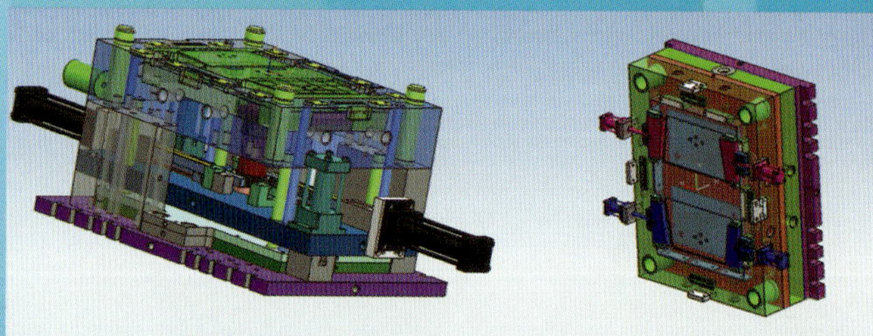

双色注塑模具

荣誉证书

四川长虹模塑科技有限公司：

2008－2010年度“精模奖”一等奖，特颁发荣誉证书。

中国模具工业协会

2010年5月

荣誉证书

四川长虹模塑科技有限公司：

特颁发荣誉证书。

中国模具工业协会

2008年5月

四川长虹模塑科技有限公司

SICHUAN CHANGHONG MOLD & PLASTIC TECH. CO., LTD.

地址：四川省绵阳市高新区绵兴东路35号

邮编：621000

电话：0816－2410843　0816－2410844

传真：0816－2410887　0816－2410334　0816－2410833

http://www.changhong.com

发明专利中温压花模头
（专利号：zl 2008100500914）

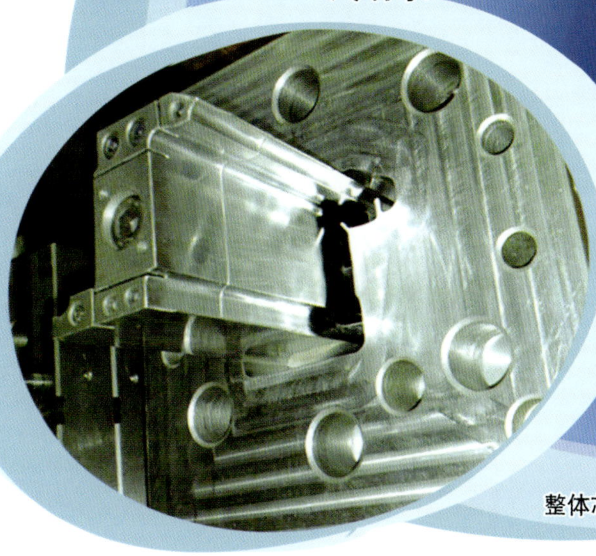

整体芯体

河南省偃师市位于伊、洛二水之间，距离洛阳市约30km，这里是迄今确认的中国的王朝都城——“华夏第一都二里头遗址”。洛阳市建园模具制造有限公司就坐落于此。

洛阳市建园模具制造有限公司通过十几年的技术沉淀，逐步发展成为集研发、设计、制造、销售、售后服务为一体的专业化塑料挤出模具制造高新技术企业。公司采用先进的CAD/CAM/CAPP/ERP设计、制造、管理集成系统，进一步提升了模具的品质及生产的快捷性反应。

工欲善其事必先利其器。公司先后引进了国际先进的瑞士阿奇公司、日本沙迪克公司的慢走丝切割设备，美国哈斯公司、美国辛辛那提公司的加工中心铣削设备，进一步实现了设计和生产的完美结合。国内先进的三位一体三坐标测量仪为模具的全方位检测提供了保障。

专业的售后服务团队是“洛阳建园”快速发展的强大推动力。拥有德国进口克劳斯玛菲90m²双挤出机、国内先进的冷冻机和水处理系统的调试基地，可以实现理想工艺、高速条件下的厂内初调。高效、一流、敬业的售后服务，受到了国内外客户的好评。

公司致力于为客户创造更高价值的产品，专注节能环保，并与新老客户共同建设美好家园。

洛阳市建园模具制造有限公司

地址：河南省偃师市商都西路开洛高速引线西50米　　邮编：471900
电话：0379-67758299　　传真：0379-67758219

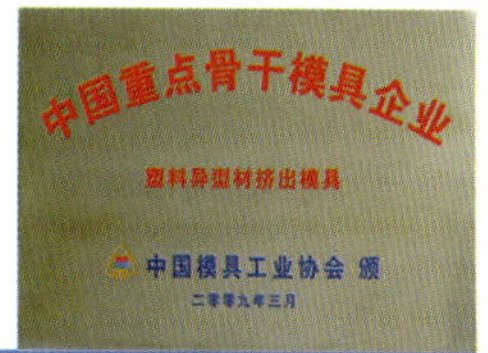

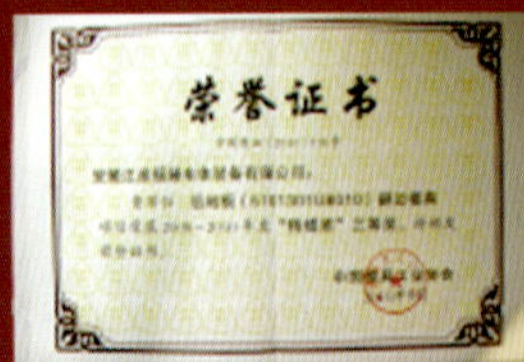

安徽江淮福臻车体装备有限公司

安徽江淮福臻车体装备有限公司（英文名称：ANHUI JIANG HUAI-ASSET BODYWORK EQUIPMENT CO., LTD.）系安徽江淮汽车股份有限公司与台湾福臻实业股份有限公司共同建立的合资公司，占地面积42000m^2，位于合肥市经济技术开发区繁华大道216号。

公司专业从事汽车车身各类模具、夹具、检具的设计和制造。Dynaform软件的前期CAE分析，UG、CATIA三维软件的数模设计，PowerMill、UG、HyperMill数控编程。主要设备有：数控镗铣床14台、高速镗铣床2台、研配压机（200－1600t）11台，年产销车身模具2 500t。

江淮汽车和悦RS项目
JAC and Yue RS project

江淮汽车N721(W)项目
JAC N721 (W) Project

生产设备
Equipment

精致的模具
出自精湛的技术
和精益的管理

地址：安徽省合肥经济技术开发区繁华大道216号
Address:Hefei Economic and Technological Development Zone, China's bustling Avenue, No. 216
邮编（P.C.）：230601
电话（Tel）：86-551-2297178
传真（Fax）：86-551-2297179
邮箱（E-mail）：jacctzb@163.com

CWB 合兴集团模具中心
CWB Group Molding Center

合兴集团模具中心是合兴集团下属的模具技术研发中心。拥有25年小型精密模具制造经验，专业致力于汽车电器/电子、低频连接器、低压电器等领域精密模具的开发，模具研发技术得到Delphi、BOSCH、GE、三星、通用等客户的一致好评。中心现有员工500余人，90%以上人员具备中专及中专以上学历；其中大部分为CAD/CAM/CAE/PDM专业工程师。配备了模具设计、工艺分析、加工控制等各类软件，拥有各类国内外一流的专业加工、检测设备450多台，配备了高性能工作站和高档微机400余台，自主开发的模具管理系统实现了全员数据共享及无纸化运行的有效结合。先后通过了质量、环境管理和职业健康安全管理体系认证。于2008年1月15日被中国模具工业协会授予“中国小型精密模具重点骨干企业”称号。2010年模具中心共研制塑胶模具700余套，五金模具500余套。

我们愿以精湛的技术，双赢、信誉、进取、和谐的经营理念与您携手并进、共同发展。

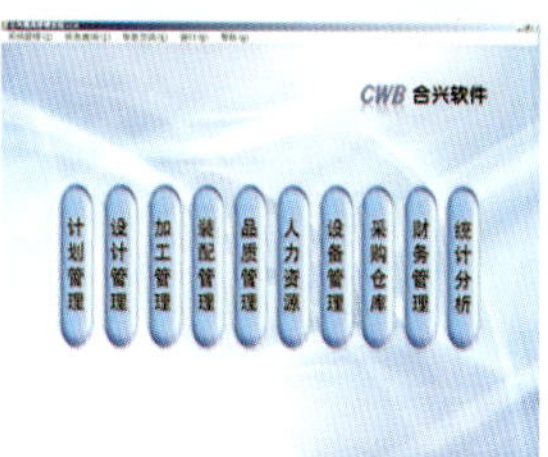

自主开发的模具管理系统

典型模具

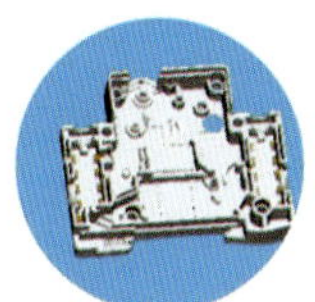

● 热流道模具

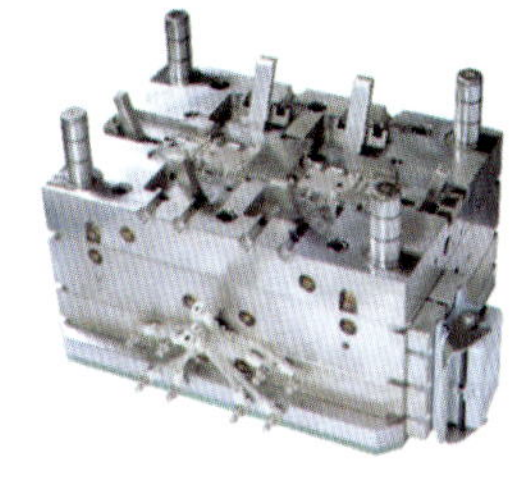
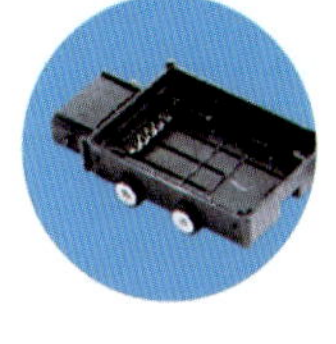

● 精密汽车ECU连接器模具

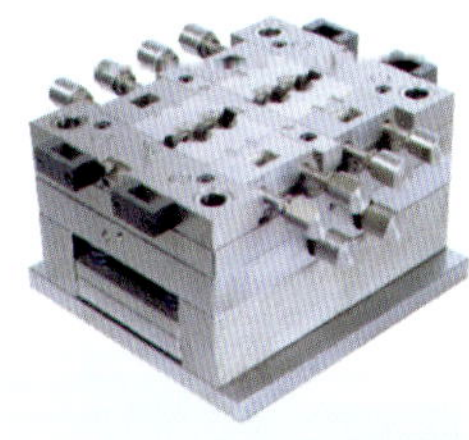

● 精密高温连接器模具

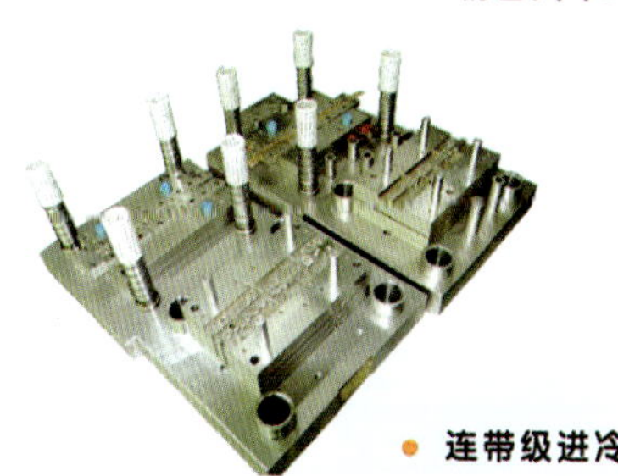

● 连带级进冷冲模具

中国·浙江省乐清市虹桥高新工业区A-8号
Tel:0086-577-62338888 62337107
Fax:0086-577-62335881
E-mail:tm04@cwb.com.cn
http://www.cwb.com.cn

WWW.SUASE.NET

SMC MOULD | BMC MOULD | GMT MOULD | LFT MOULD | PUR-PHC MOULD

BRIEF 公司介绍 INTRODUCTION

台州市黄岩双盛塑模有限公司地处中国活跃的“长三角经济圈”的地理中心，总部坐落于“中国模具之乡”浙江黄岩，以独特的区位优势，深得中国经济发展先机。经过10年的发展，双盛已经成为国内知名的专注于SMC/BMC/GMT/LFT模具生产的企业。

双盛塑模与世界一流模压工厂建立了模具标准体系，拥有了自主 核心技术； 通过了 ISO9001等管理体系的认证，为做大做强 SMC/BMC/GMT/LFT 模具提供了坚实保障。

双盛塑模致力于高品质的 SMC/BMC/GMT/LFT 模具及其模压产品 研发，产品广泛应用于汽车、卡车、农业机械设备、轨道交通、电工电器、建材、卫浴、休闲运动用品等领域。

双盛塑模致力于建设成为规模领先、技术先进、管理一流、队伍优秀、执行有力、业绩优良、高速成长的企业集团。

· 汽车内外饰件系列
Vehicle Internal and External Parts

· 整体卫浴系列
Bathroom Series

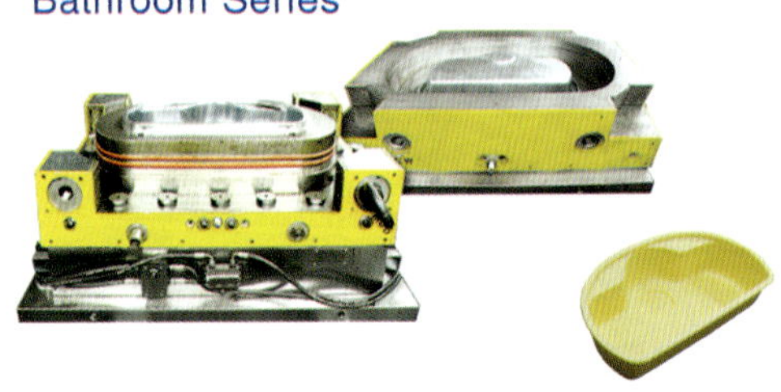

· 工程机械系列
Engineering Machine

· 电工、电器系列
Electric apparatus and Instrument

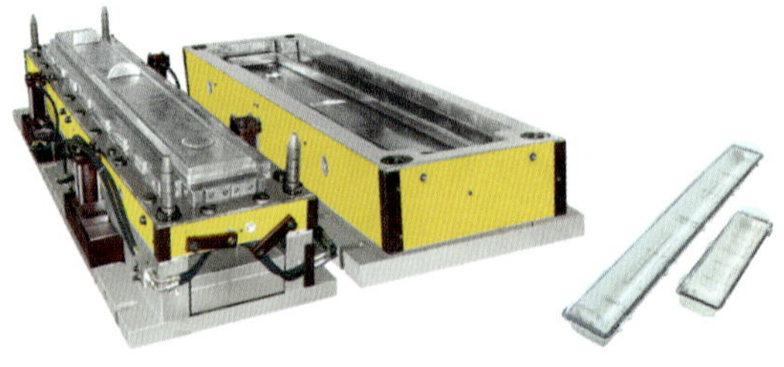

台州市黄岩双盛塑模有限公司
SHUANGSHENG PLASTIC MOULD CO.,LTD.
Add: Qiaotouwang, Chengjiang street, Huangyan district, Taizhou, Zhejiang, China.
Tel: 0086-576-84317680 Fax: 0086-576-89172668 E-mail: suase@china.com sales@suase.net

中国重点骨干模具企业

KELON

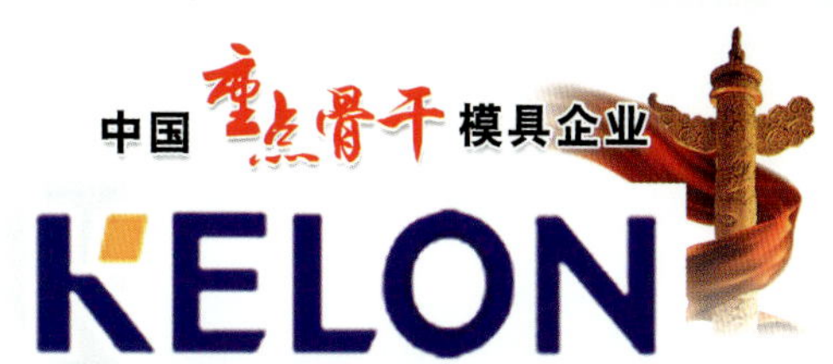

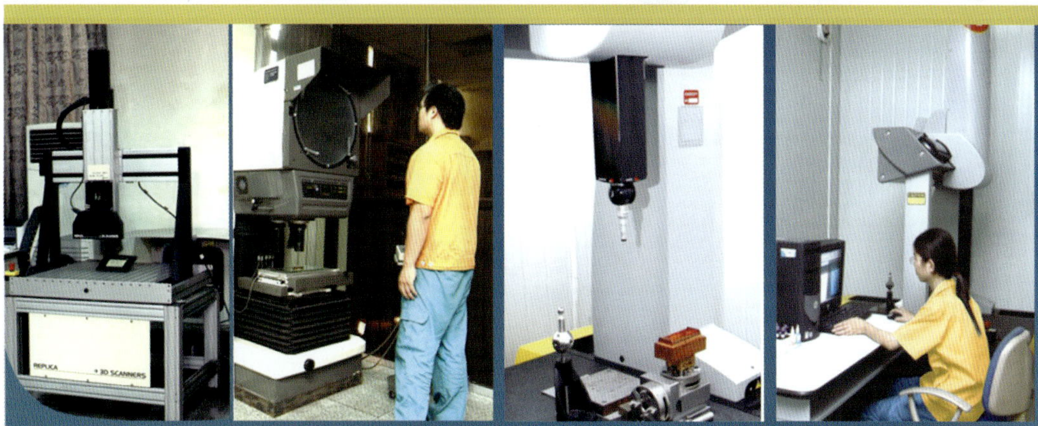

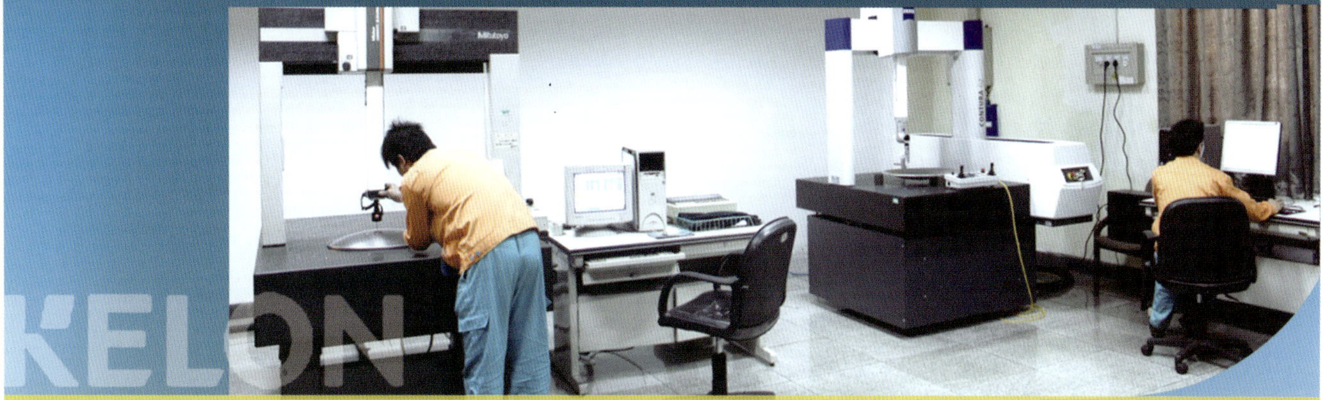

广东科龙模具有限公司隶属于海信科龙电器股份有限公司，于1995年6月建成投产，注册资金1.2亿元，占地面积1.4万m^2。公司汇聚国内模具界精英，拥有80多人的技术研发队伍和300多名训练有素的技术工人。公司专业从事各类大中型冲压、注塑、吸塑发泡模具的研发、设计与制造，致力于为家电、汽车、厨卫用品等制造企业提供优质的产品与服务。年产冲压模具1 000余套，注塑模具600余套，吸塑发泡模具80余套，是珠三角地区规模、技术设备、实力均领先的模具制造中心之一。

公司秉承专业、诚信的原则，以市场为导向，致力于开发国内外市场，与许多国内外知名企业建立了长期合作关系。主要的国际客户有：Arcelik、Whirlpool、IKEA、Renault、Franke、Dawlance、Emersun等，主要的国内客户有：海信、广州本田、东风汽车等。

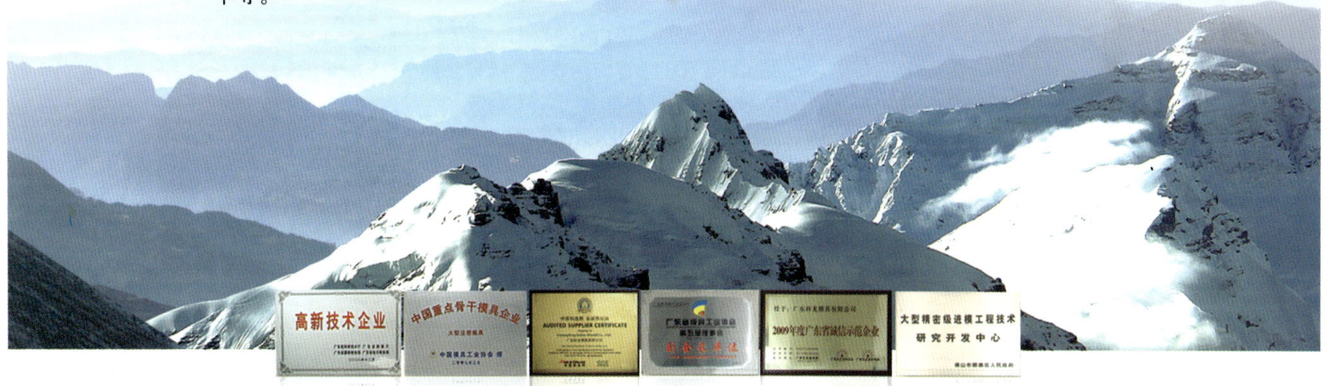

地址：广东省佛山市顺德区容桂镇容港路11号　邮编：528303　电话：0757-28362938　http://www.kelonmould.com

美多模具
MEIDUO MOULD

成立年份：1980年　　员工人数：280人
工厂面积：17 800 m²　　年营业额：1.2亿元
质量体系：ISO9001

专业制造：白色家电模具、汽车内外饰件模具、高档办公用品模具
Specialized in:Home Appliance Mould; Auto Part Mould; High-grade OA mould

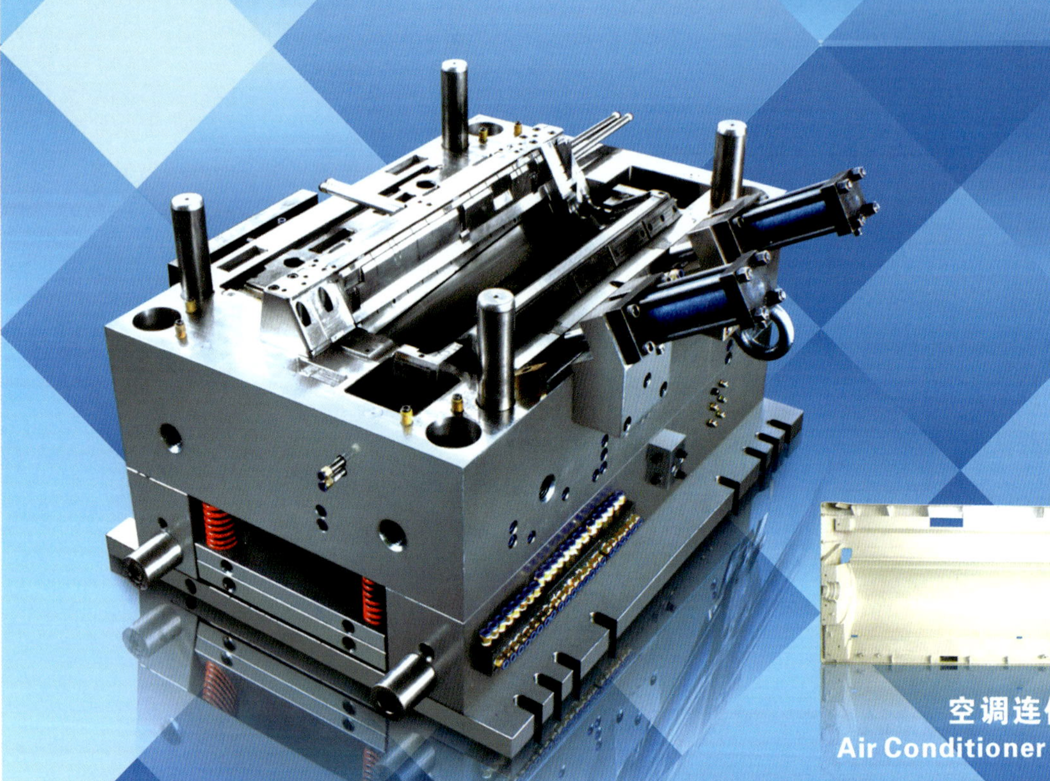

空调连体底座
Air Conditioner Conjunct Base

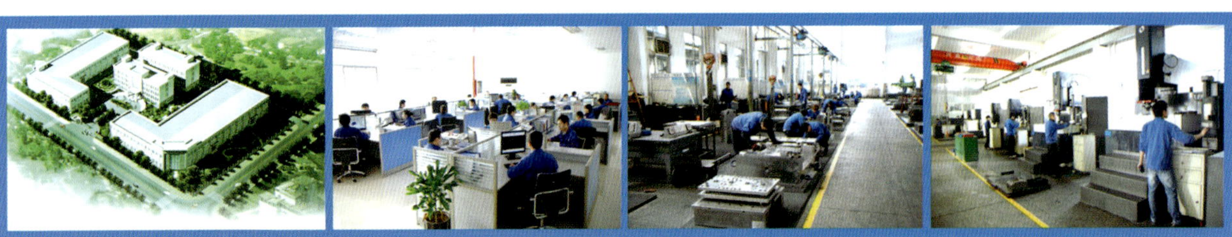

Our Home Appliance Mould Partners

Haier　Hisense 海信　AUX　CHANGHONG 长虹　LG　Panasonic　GREE 格力　VIDEOCON　SNOWA　STP

Our Automotive Mould Partners

GM　Visteon　COBO

浙江黄岩美多模具厂
ZHEJIANG HUANGYAN MEIDUO MOULD FACTORY

地址：浙江省黄岩市新前工业园区朝元路31号
Add:No.31# chaoyuan RD.Xinqian Industry Zone Areas,huangyan,zhejiang,China.
电话（Tel）:0576-84632886　　传真（Fax）:0576-84632887
E-mail: contact@mdmould.com　　http://www.mdmould.com

浙江伟基模业有限公司

浙江伟基模业有限公司成立于2002年5月，是一家专业设计、制作汽车灯具模具的企业。公司投资7 000余万元建设的车灯模具生产基地拥有包括瑞士米克朗高速加工中心，日本牧野四轴卧式加工中心、立式加工中心、电火花设备等高精设备在内的70余台（套）模具生产、检测设备，组成了一条高起点、高精度、高效率的车灯模具生产线。

公司多项产品具备国内先进、领先水平，双色模具、三色模具的设计、开发、制造技术领先，研发的汽车车灯多色精密模具列入国家火炬计划项目。

公司通过了VDA6.4德国汽车行业标准和ISO9001：2008质量管理体系认证，并先后被客户评为“优秀配套商”、“优秀协力厂商”。顺利通过市级高新技术企业和省级科技型中小企业的认定。

创宏伟基业 耀光明前程

电话：0086-576-84089766　　传真：0086-576-84089789
http: //www.weijimould.com　　E-mail: hywjmy@163.com

安徽宁国中鼎模具制造有限公司

安徽宁国中鼎模具制造有限公司是中鼎密封件股份有限公司控股的核心模具制造高新技术企业。公司位于安徽省宁国市经济技术开发区中鼎工业园内，占地面积11 000m²。公司一直秉持"敬业、务实、完善、求新"的经营思想，以科学而灵活的管理，先进而不断创新的技术，开发与引进相结合的原则，研发、生产汽车、家电、办公自动化等领域的橡胶和塑料零部件模具，年生产模具能力达10 000余套。中鼎公司具备丰富的模具开发制造经验，拥有具有国际先进水平的模具专业加工及检测设备，采用CAD/CAM/CAE、PRO/E、UG等设计、编程和加工技术软件。模具设计加工能力、质量保证水平位居国内橡塑制品行业前列，能够为客户提供从新产品开发到模具制造的完整解决方案，进行高精度、高品质、高效率模具的开发和研制。

地址：安徽省宁国市经济技术开发区中鼎工业园　邮编：242300　电话：0563-4182121　传真：0563-4182880

宁波双林模具有限公司

三坐标测量机

大型三坐标测量机

瑞士阿奇高精度火花机

大型龙门加工中心

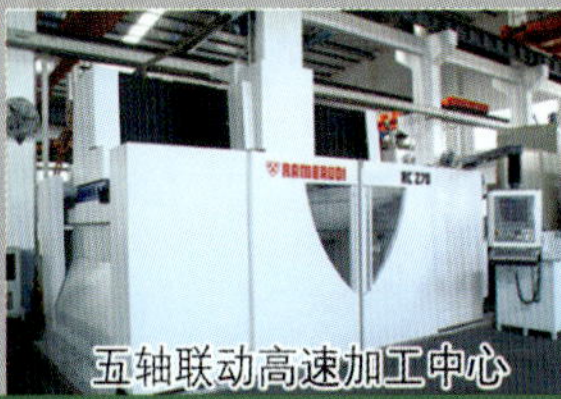
五轴联动高速加工中心

德马吉高速加工中心

大型翻转合模机

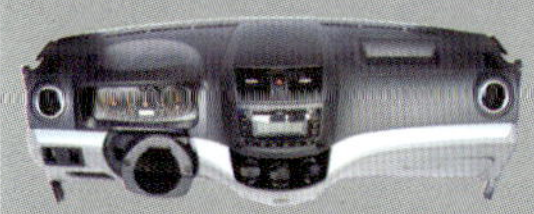

宁波双林模具有限公司创建于1987年，是中国模具工业协会副理事长单位、宁波模具协会会长单位和中国精密模具重点骨干企业。公司占地面积7 200m²，总资产2.2亿元，模具年加工能力1 600余套，可制造各类大中型、高精度注塑模具、橡胶模具和冲压模具，2010年实现产值1亿元，模具出口额5 000多万元。

公司配备了260余台（套）先进的模具制造设备，大中型三坐标测量机等高精度检测设备以及110～280t试模注塑机。

公司生产的“储油桶注塑模具”获精模奖二等奖，“塑料蜗杆模具”、“汽车空调风门组件注塑模具”获精模奖三等奖，“塑料蜗杆成型模具”获第六届宁波市发明创新大赛发明创新奖。慢走丝加工细长铍青铜精密镶件的防变形工艺方法、螺杆塑料斜齿轮模具、塑料蜗杆成型模具、一种注塑成型柔性滑拉门制品的技术方案获发明专利授权。模具技术中心被授予“省级模具技术研究开发中心”称号。

双林模具已与通用、福特、大众、丰田、佛吉亚、法雷奥、贝洱、博泽、博格华纳、AutoLiv、TRW、博世、李尔等国际知名企业建立了良好的合作关系。

地址：浙江省宁波市宁海县西店璜溪口 邮编：315613
电话：0574-65178888
传真：0574-65183500
http://www.shuanglin.cn
E-mail: slmj@shuanglin.com

XINGTAI星泰

黄岩星泰塑料模具有限公司

星泰公司成立于 1999 年，是专业设计制造汽车内外饰件塑料模具和塑料产品的企业。

公司在国内汽车领域的主要合作伙伴有：一汽、上海大众、上海通用、北京奔驰、福特、铃木等主机厂，以及延锋•伟世通、江森—富奥、华翔等汽车零部件供应商；海外市场有丰田、铃木、通用、宝马、奥迪等。公司的优势产品有：前后保险杠、仪表板、副仪表板、门板及双色模具等。

公司致力于“做模具精品，创百年企业”，是国家“高新技术企业”、中国模具工业协会“中国大型塑料模具重点骨干企业”、黄岩区“百强企业”。

公司占地面积 16 000m^2，建筑面积 12 000m^2，拥有固定资产 1 亿多元，年产值达 1.2 亿多元，现有员工 350 余人，其中管理和专业技术人员 100 余人。公司引进了 ERP 管理软件，通过了 ISO9001:2008 和 TS16949 质量体系认证，配备了先进的设计软、硬件和各种高精度、多功能的国内外先进数控加工设备数十台，可开发设计各种大、中型塑料模具，具备年生产各种大、中型模具 300 余套和整车塑料饰件 2 万套的生产能力。

地址：浙江省台州市黄岩区北城经济开发区惠民路 12 号　　邮编：318020

电话：0086-576-84081886 84081818　　传真：0086-576-84081234

http://www.chinaxingtai.com

浙江嘉仁模具有限公司

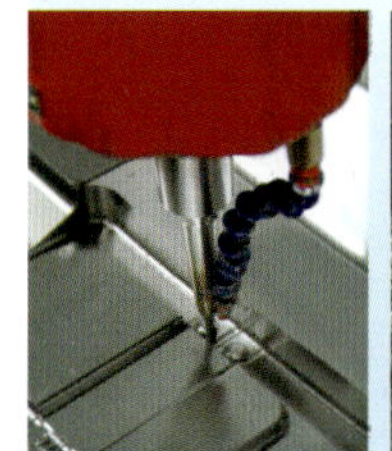

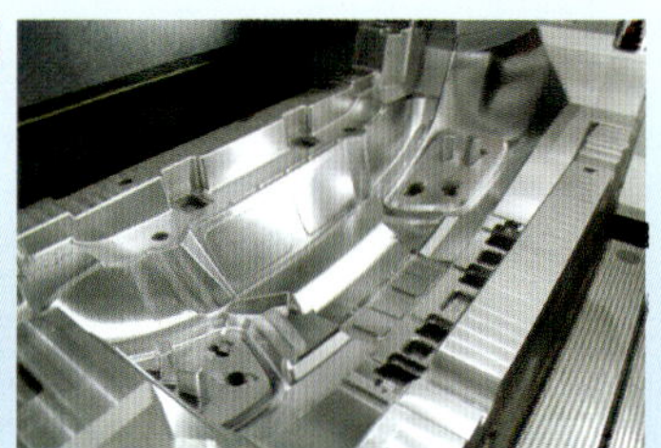

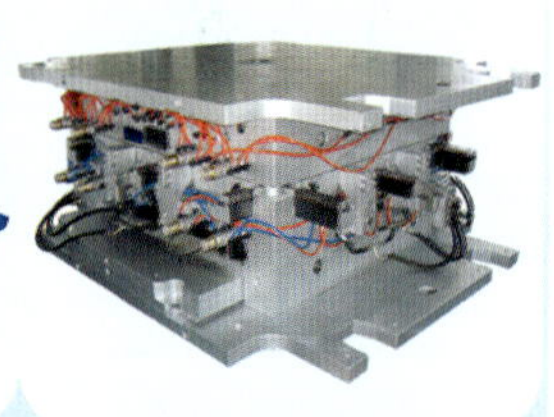

浙江嘉仁模具有限公司是一家专业制造塑料模具的厂家，公司成立于1994年，主要制作汽车前后保险杠、仪表台、内外饰件、家电及各类日用品等塑料模具，模具年生产能力400套左右。经过数年的发展，公司固定资产8 100万元，拥有齐全的加工及检测设备。为了进一步加强公司的科技实力，2003年与浙江工业大学共同成立了浙江工业大学模具实验创新基地；2004年与华中科技大学合作设立了模具技术国家重点实验室黄岩研究开发中心；2007年嘉仁博士后工作站揭牌成立,成为中国模具行业领先成立的博士后工作站。

地址：浙江省台州市黄岩区西城模具城
邮编：318020
电话：0086-576-84025826
传真：0086-576-84025828
http: //www.jiarenmould.com
E-mail: jr@zjjrmj.com

浙江赛豪实业有限公司

ZHEJIANG SAIHAO INDUSTRIAL CO.,LTD.

浙江赛豪实业有限公司自1975年始创以来，一直专注于汽车塑料零部件模具的开发。历经30多年近万个项目的积累与沉淀，现已在汽车车灯模具、汽车内外饰件模具领域里赢得了HONDA、AL、VALEO、HELLA、VISTEON、PO等国内外知名客户的信赖。

公司现有员工300多人，是中国汽车零部件塑料模具重点骨干企业、浙江省高新技术企业。配备了大型五轴高速加工中心、瑞士阿奇放电加工机、四色注塑机等精密设备。成熟的CAE/CAD/CAM应用技术及二次开发技术，为前期的产品分析、模具结构分析、工艺设计等提供了宝贵的数据积累。同时，完善的服务体系为赛豪稳定如一的品质提供了可靠的保障。

赛豪人，传承创业时期既定的诚信、创新、精益、共赢的经营理念，用自己的实践诠释了世界上成功模具企业的共同体会——对客户的需求做出快速反应，永远致力于创新，方能基业长青。

面对未来，赛豪的目标更为清晰，将以更强的实力打造一个国内领先、国际知名的模具企业。赛豪愿与您携手并肩，共同进步！

地址：浙江省台州市黄岩区西工业园区北院大道36号　邮编：318020
电话：0576-84062888　传真：0576-84051089
E-mial: saihao@china.com　http: //www.saihao.com

湖北航天三江红林机电科技有限公司是中国三江航天集团下属的专业化模具生产企业，占地面积12 000多m²，资产总额5 000万元，现有员工200多人。

公司主要从事丁基胶塞模具、热锻模具、吸塑模具、注塑模具、冷冲模具以及工装夹具生产，同时承接船用产品、石油仪器零件的加工，产品涉足医药包装、船用电机、模具、机械制造等多个领域，是一家综合实力较强的专业化模具生产企业。

公司技术力量雄厚，能够充分运用CAD/CAM、Pro/E、SolidWorks、inventor、Mastercam等多种设计软件进行工艺设计和流程再造。对各种复杂的机加工件和高难度的工装夹具具有较高的加工能力，在特殊材料（如钛合金、模具钢等）和异形零件的生产加工方面积累了丰富的经验。拥有8项国家专利，生产的模具产品获“具有国际水平的模具”金奖称号，是“中国医用丁基胶塞模具重点骨干企业”。

公司拥有各种加工中心、数控铣床、数控车床、真空淬火炉、快慢走丝线切割机、电火花成型机、喷砂机等设备80多台（套），具备较强的整体加工实力，年生产加工能力逾1亿元。

公司秉承航天军工企业的优良传统，坚持“求实改进，创业创优，追求卓越，行业领先”的经营理念，为广大客户提供优质的产品和满意的服务。

车间全貌　　个人式高空作业平台

联 系 人：李洁
电　　话：0712-2959350

湖北航天三江红林机电科技有限公司
地址：湖北省孝感市北京路46号　　邮编：432100
传真：0712-2959350 2951130　　E-mail:honglinmould@vip.163.com
http://www.sjhl-mould.com　　http://www.hl-mould.cn/

研发队伍

钳工

数控加工

车间外

非凡品质 铸就辉煌

HEBEI JINHUAN MOULD CO., LTD.

公司成立于2004年，是一家专业设计、制造中高档汽车覆盖件模具的民营企业，占地面积62 000m^2，建筑面积33 000m^2。公司拥有大型高精度数控加工设备14台、大吨位模具调试设备8台、高精度大型三坐标测量机1套。

河北金环模具有限公司

地址：河北省石家庄高新区长江大道338号
邮编：050035
电话：0311-85903751
传真：0311-85903756 85903738
E-mail: hbjhmj@126.com
http://www.jinhuanmould.com

滁州市经纬模具制造有限公司

滁州市经纬模具制造有限公司始创于2001年2月，是一家专业设计、制造吸塑、发泡模具的科技型民营企业，现有员工约200余人，其中40%以上为工程技术人员。

公司是中国塑料吸塑、发泡模具重点骨干企业，具备国家高新技术企业、市级技术中心资质，并于2010年荣获中国模具工业协会颁发的精模奖一等奖。

公司采用先进CAD/CAM/CAE辅助设计及制造系统，UG、Pro/E造型软件及Cimatron加工软件,拥有完善的检测设施和20余台数控加工中心、数显卧式镗铣床等精密机械加工设备，设备资源丰富，业务领域已拓展至高铁配件及军品生产加工。

地址：安徽省滁州市来安工业新区A区　邮编：239200　电话：0550-5682266　传真：0550-5682222

新志阳光 成都新志实业有限公司

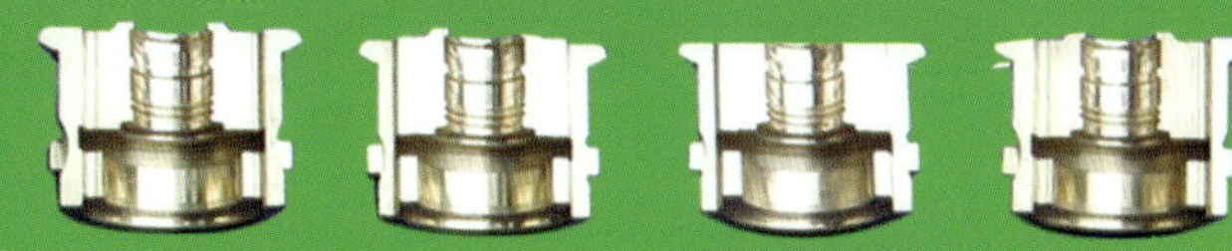

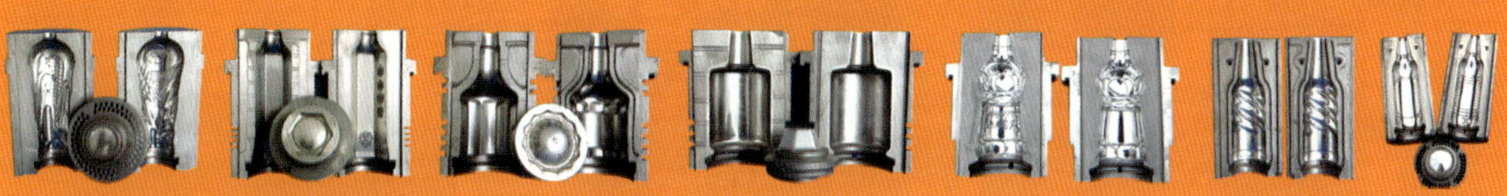

成都新志实业有限公司是一家专业从事玻璃制品模具设计、生产、销售的企业。公司产品"新志阳光"模具主要采用铜铬合金、中硅钼合金、蠕墨铸铁等合金材料，具有耐高温、抗氧化等特点，产品经久耐用，使用寿命30万次以上。产品机型主要有：手工机、数控机、行列机（单滴机、捷克机、双滴机）等机型。产品系列有酒瓶模具、化妆瓶模具、医药瓶模具、器皿模具、灯饰模具、绝缘子模具、活塞模具、工艺品模具等数千个品种、上万个类型。

公司产品销售、服务网络覆盖浙江、广州、重庆、新疆、山东等28个省、自治区、直辖市。公司生产的白酒瓶模具主要有：五粮液、茅台、剑南春、国窖1573、水井坊、泸州老窖、郎酒、古井贡、汾酒、宋河粮液、酒鬼酒等；啤酒瓶模具主要有：青岛、华润、重啤、百威、嘉士伯、金星、燕京、黄河、金威等 。

"新志阳光"模具被评为四川省名牌产品，"新志阳光"模具商标被评为成都市著名商标。"新志阳光"模具已成为用户信赖的名牌产品。

地址：四川省成都市经济技术开发区龙工南路1133号　　邮编：610100
电话：028-88432818　　传真：028-88432548
http://www.xzyg.com　　E-mail: feifei@xzyg.com

湖南同心模具制造有限公司是湖南同心实业有限责任公司的下属公司，主要从事汽车覆盖件模具、工装夹具的设计、制造生产，已有20多年历史，是中南地区规模较大的汽车车身模具生产基地。占地面积1.8万m^2，拥有员工共350人，其中工程师、各类技术人员占30%；拥有Flexme3000i柔性三维激光扫描系统、三坐标测量仪、数控龙门铣加工中心、日本进口的三维五轴激光切割机、大型龙门铣床和各类模具加工、检测、热处理等先进设备以及全套CAD设计、分析、办公用计算机和辅助设计系统、辅助制造系统等信息化装备。设计制造速度快，产品开发周期短，年生产大型模具200套以上，小型模具1 000套以上，模具年产值过亿元。

公司严格按照ISO9001:2000质量管理体系进行规范管理，成立了“企业技术中心”和“湖南省汽车车身工程技术研究中心”，先后开发了小、轻、中、重系列载货汽车车身产品、SUV多功能运动车等高档轿车车身覆盖件共120多个品种的冲压模具。通过与湖南大学机械与运载工程学院合作，在人才培训、技术攻关、设备改造等方面取得显著效果，其中薄板冲压工艺获国家科学技术进步奖一等奖，汽车覆盖件冲压成型CAD/CAE/CAM一体化技术与装备获湖南省科技进步奖一等奖。

公司将依托科技兴企，加大模具科技研究开发力度，奉行“生产毋忘质量，发展必须创新”的理念，把优质的产品、优良的服务奉献给广大用户，竭诚和全国各地业界同仁携手合作，共创模具业的美好明天！

数控加工中心

中国模具工业协会领导来公司视察

尽我所能 诚信天下

湖南同心模具制造有限公司

地址：湖南省长沙县江背镇
邮编：410135
传真：0731-86293037
电话：0731-86264637
http://www.hntx.com

HYS Mould 深圳市华益盛模具有限公司

一汽大众高尔夫前保险杠　　一汽大众高尔夫后保险杠　　阿根廷奔驰上仪表板骨架

深圳市华益盛模具有限公司成立于1995年，自建厂房占地面积4.5万m²，建筑面积达8万m²；拥有员工1 300余人，固定资产2亿元，年销售额近5亿元。公司CAD/CAM/CAE专业技术人员共120人，下设有工模事业部、注塑事业部、精密模具事业部、IMD/IML事业部等核心部门。公司于2007年在江苏省昆山设立鸿永盛分公司，自建厂房面积3.5万m²，现有员工300余人。公司拥有大型进口CNC加工设备52台、火花机37台，注塑机2 800t和3 200t。模具精度控制在0.02mm以内，最大能制造重达60t的注塑模具，主要以汽车保险杠、仪表板、门板、副仪表板、格栅、大型双色模具、家电等大中小塑胶注塑模具为主。公司技术实力雄厚，拥有气体辅助成型、铸铁模坯、大型叠层模具、高光成型、IMD/IML等国际模具行业领先技术。

自2003年以来，公司先后通过由摩迪国际认证公司认可的ISO9001:2000、ISO14001:2004、ISO/TS16949:2002认证。

华益盛人本着“尽善尽美，追求卓越”的精神，遵循以“规范管理，严守纳期，品质第一，顾客满意”的指导方针，不断壮大公司实力，成为国内、国际模具行业的佼佼者。华益盛期待与您成为诚挚的朋友及战略合作伙伴，我们愿与您携手共创美好的未来！

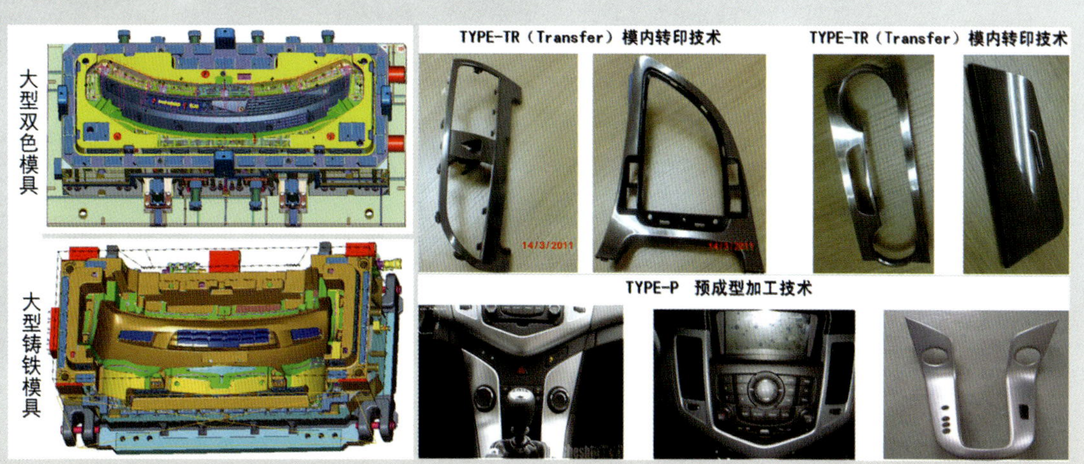

地址：广东省深圳市宝安区福永镇凤凰村第四工业区华益盛工业园　　邮编：518103
电话：0755-61150888-1045　市场部直线：0755-61150881　　传真：0755-61150883
E-mail:hys@hysmould.com　　http://www.hysmould.com

北京比亚迪模具有限公司

Beijing BYD Mould Co., Ltd.

北京比亚迪模具有限公司是我国规模较大的模具制造中心。公司占地面积19万m^2，新建模具加工厂房40 000m^2，技术中心3 000m^2。公司拥有一批模具制造经验丰富的高级专业人才和高级技工，目前共有职工900余人，其中工程技术人员200余人，技术工人500余人。

北京比亚迪模具有限公司主要生产汽车大中型外覆盖件模具、内板件模具、冲压件检具、装焊卡具以及白车身试装、整车协调等技术服务。其模具制造系统已全面实现计算机辅助设计和计算机辅助制造（CAD/CAE/CAM），可以为用户提供从工装设计、制造、调试到合格产品的全套服务。目前，年设计制造两款新车型的整车模具。

北京比亚迪模具有限公司目前共有金属加工设备200余台（其中数控加工设备37台）及铸造生产线1条。

我们以“质量为本、信誉为魂、追求卓越”为经营理念，希望通过精诚合作，让双方的事业共同发展，共创辉煌！

Beijing BYD Mould Co., Ltd. is one of the mould-manufacturing centers in China, covering 19 hectares with newly-built workshop of 40,000 square meters and technique center of 3,000 square meters. We have a group of experts and technicians with rich experience in mould manufacturing, with staff of 900 including 200 engineers and 500 skilled workers.

We are engaged in tools for skin panel and structure panel, checking fixture, welding fixture and screw body, whole car harmonization. We utilize CAD, CAE and CAM in our manufacturing system and provide comprehensive service of designing, manufacturing, testing and so on. We can design and manufacture whole body dies of 2 newly invented cars.

We have 200 metal-processing machines (of which there are 37 sets of CNC machines) and one casting line.

"Quality-our root; reputation-our soul; perfection-our goal" is our management theory. We hope that our faithful cooperation can bring prosperous future.

Hope that our faithful cooperation can bring prosperous future.

北京比亚迪模具有限公司根据公司发展的要求、市场及客户的要求，不断完善项目、设计、生产、制造等工作管理的流程。2005年成功引进ERP系统，改变了依靠现场管理的模式、制造资源不能充分利用、不能给客户交货期的许诺、模具加工品质不稳定、不能及时知道企业具体发生的费用等诸多现象，并在执行过程中不断完善，目前公司的生产、项目管理围绕ERP系统进行；每个产品的制造工艺、加工等均采用条形码扫码的方式控制，做到时时跟踪、监控，提高了生产效率，降低了生产成本，满足了客户的要求。

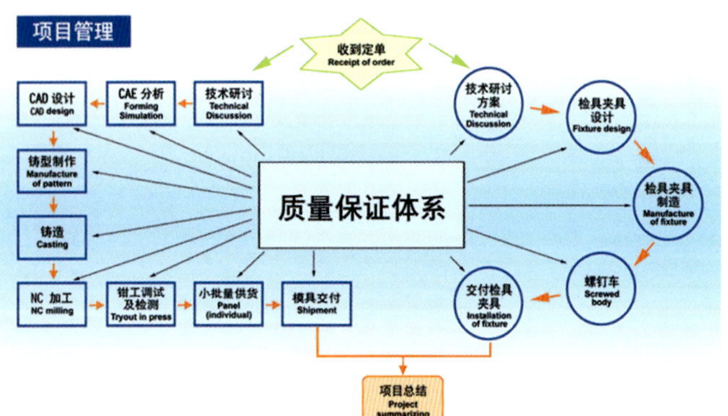

总 经 理:郝福春

地址:北京市通州区光机电一体化产业基地科创东五街1号

邮编:101111

电话:0086-10-69508888转5102、5156

传真:0086-10-69509999

E-mail:hao.fuchun@byd.com.cn

创中国铝压铸行业一流企业

宁波旭升机械有限公司
NINGBO XUSHENG MACHINERY CO.,LTD.

宁波旭升机械有限公司成立于2003年8月，坐落于中国压铸模具之乡——宁波北仑，是一家集模具设计与制造、铝锌合金压铸、精密机械加工、热处理及表面处理等工艺为一体的现代化企业。公司投资总额600万美元，注册资金300万美元，占地面积20 000m²，建筑面积26 000m²。业务范围包括：高压清洗设备配件、电机配件、汽车零配件、灯具配件、注塑机配件等压铸件，具备年产模具200余套、铝锌合金产品5 000余t的制造能力。

公司主要加工设备包括200~900t日本东芝、中国香港力劲等高性能全自动压铸机10余台，日本、韩国等进口CNC加工中心40余台，海天精工等数控车床30余台。检测中心配有德国进口三坐标测量仪3台，还有光谱仪、X光探伤仪、拉力试验机、粗糙度仪等先进检测仪器。

公司管理规范，先后导入并通过ISO9001、ISO/TS16949质量管理体系、ISO14001环境体系、OHSAS18001职业健康与安全体系认证。2009年被评为国家高新技术企业；2010年通过宁波市企业工程技术中心审核，获得宁波市清洁生产企业、宁波市安全达标示范企业等称号。公司是带动中国压铸行业发展的领军企业之一。

公司本着"立足模具开发、精密压铸与机加工，满足并超越顾客持续提高的期望"的经营理念，立志打造中国一流的压铸企业，成为客户信赖的合作伙伴和受社会尊重的企业。

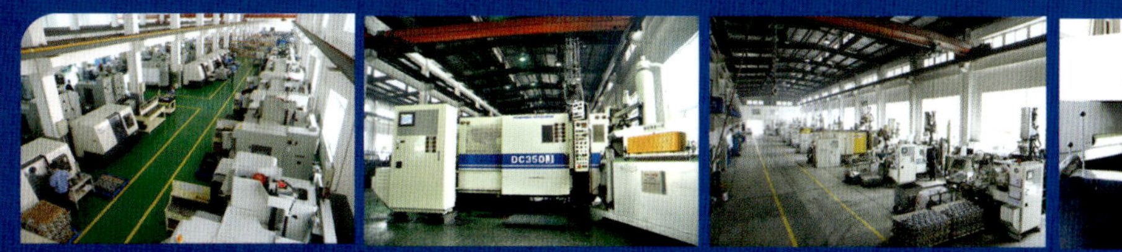

宁波旭升机械有限公司　　**联系人：徐晓东**

地址：浙江省宁波市北仑区沿山河北路68号　　邮编：315806
电话：0574-86109785　　传真：0574-86109782
E-mail：xuskf@nbxus.com　　http:// www.nbxus.com

黄山三佳谊华精密机械有限公司

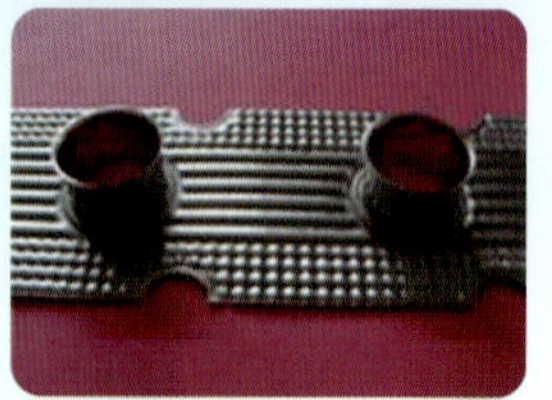

黄山三佳谊华精密机械有限公司地处世界名山——黄山脚下，主要生产空调换热器翅片模具以及各类模具备件加工等，是国内外知名的模具制造商。

公司创建于 2001 年，现有员工 180 人、专业技术人员 60 人、中日专家 10 人。公司吸取日本日高、美国 OAK 的尖端技术并加以创新，具备强大的新技术研发、新产品生产能力。

公司拥有世界一流的精密加工设备：高速铣、坐标磨，光学曲线磨、五轴四连加工中心、微米数控成形磨等精密加工设备以及坐标测量仪、投影放大仪等高精度测量设备，并拥有日本进口真空淬火、深冷处理等热处理设备。公司生产的空调翅片模具配合在运行稳定的高速冲床上，冲次高达 200～300 次/min，使用寿命可达 10～15 年。

公司是国家高新技术企业，安徽省重点骨干模具企业，于 2005 年通过 ISO9001:2000 体系认证。公司全体员工以诚信经营，为客户创造价值为前提，把好的产品交于客户，本着"和谐、敬业、团队、创新"的精神力创世界品牌。

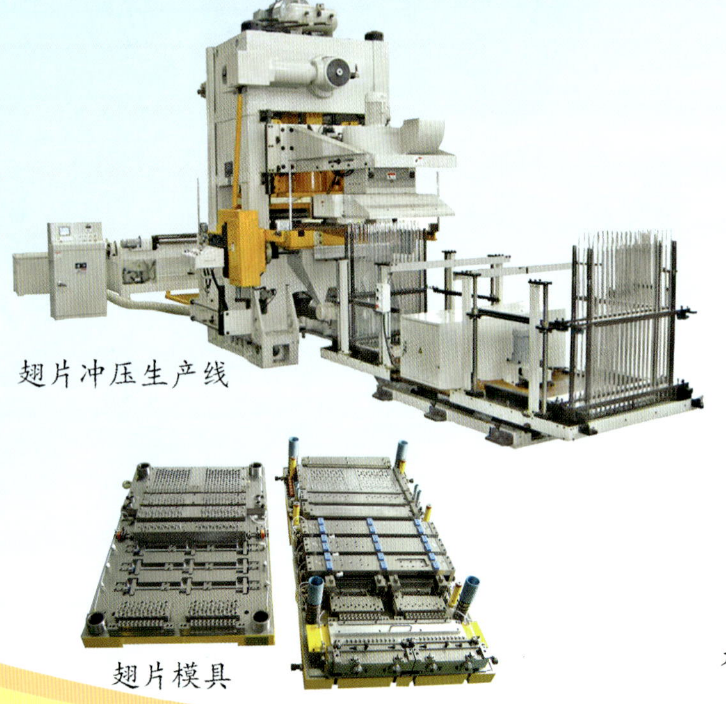

翅片冲压生产线

翅片模具

无收缩胀管机

地址：安徽省黄山市休宁县海阳镇玉宁街228号

邮编：245400

电话：0559—7510012

传真：0559—7516598

E—mail：sjyhd@yhaaa.com

http：//www.yhaaa.com

No.1

黄山三佳谊华精密机械有限公司

天津鑫茂天和机电科技有限公司

Tianjin Xinmaotianhe Tooling Electronics&Technology Co.,Ltd.

本公司是一家专业的大型模具标准件制造公司，它的前身是天津众鑫模具标准件有限公司，成立于2001年。多年来，凭借先进的技术设备并利用优良ERP的管理，保持着国内模具标准件行业的领跑者地位，我们致力于为客户提供量身定制的产品和服务，始终以满足客户需求为目的，不断提供适合您的专业化解决方案。主要客户为长春一汽、比亚迪汽车、福田模具、日本高津、麦格纳、天汽模、先锋模具、兴达模具等。公司经营与发展理念:质量至上，追求完美。期待国内外各大汽车与模具制造商的莅临指导。

地址：天津市西青区中北工业园区辰星路22号　邮编：300112
电话：022-87911668　传真：022-26953723
http://www.tjxmth.com.cn　E-mail: tj-zhongxin@vip.sina.com

中国模具制造服务业重点骨干企业

苏州海华集团有限公司

Suzhou Haihua Group Co.,Ltd.

专业经营机床、塑机、模具材料、模架、模具配件、量具工具、刀具刃具、磨具磨料、化工料剂

苏州海华集团营业大厅

韩国YG-1刀具专卖店

龙记模架苏州特许经销商

苏州海华集团有限公司是中国模具制造服务业重点骨干企业，其下属企业有：苏州市华东机电化工配套公司、苏州润华机械模具制造有限公司、中外合资苏州乐普精密模具机械有限公司、苏州富华物流有限公司、苏州统华机电设备有限公司等；关联企业有苏州市模具行业技术中心、苏州市模具技术职业培训学校等。

苏州海华集团本着“高效、务实、和谐、创新”企业精神，已成为400多家知名企业在苏州地区的经销代理。2005年海华集团经国家批准成为中华人民共和国进出口企业后，有效开展了国际贸易活动，机床设备、塑机、模具材料及配件等产品的销量不断扩大。

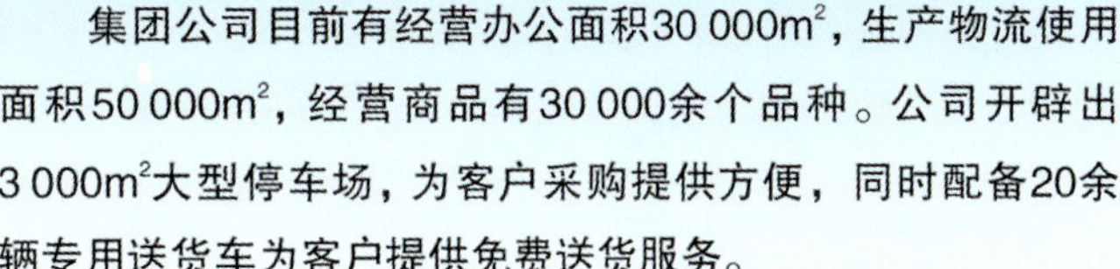

集团公司目前有经营办公面积30 000m^2，生产物流使用面积50 000m^2，经营商品有30 000余个品种。公司开辟出3 000m^{2}大型停车场，为客户采购提供方便，同时配备20余辆专用送货车为客户提供免费送货服务。

集团核心企业已通过ISO9001：2000质量体系认证，多年来被中国人民银行南京分行评为“AAA”资信等级单位，公司连续几年被苏州市评为“重合同、守信用”企业、“诚信企业”和“零投诉企业”。2008年,在北京召开的中国工业论坛盛会上，海华集团荣获“中国工业经济百佳单位”荣誉称号。

海华集团愿在互利双赢、共同发展的基础上，同国内外新老客户进一步合作，共同创造美好未来。

地址：江苏省苏州市平江新城梅巷工业区(312国道梅巷加油站旁)　邮　编：215031

电话：营业大厅：0512-67530419　机床公司：67532802　塑机公司：67539335

销售部：67537853　供应部：67519851　传　真：0512-67524677　67518726

E-mail:szhdjd@163.com　http://www.szhdm.com　服务热线：0512-67514513

湖北十堰先锋模具股份有限公司始建于1995年8月，致力于汽车整车冲压模具的研发与制造，系中国模具工业协会常务理事单位，国家高新技术企业，中国汽车覆盖件模具重点骨干企业。模具已出口至日本、英国、法国、印度、墨西哥、西班牙、俄罗斯和土耳其等国。

公司下设白浪工厂和茅坪工厂，有固定资产1.7亿元，员工360人，其中3D—CAD/CAE/CAM 100人，高级技工170人。拥有数控加工、调试、冲压、检测等设备104台，其中调试压床16台，大中型数控机床28台，三坐标测量机3台，五轴激光切割机和数控磨刀机各1台。

"出精品模具、树先锋品牌"。公司已为东风公司、神龙公司、东风日产、广州本田、郑州日产、上海通用、奇瑞、江铃、比亚迪、陕汽、郑州海马、英国蒂森、武汉蒂森、广州东升、武汉中人和广州爱机等国内外知名汽车和零部件公司提供了数以千计的模具、检具。

为行业服务，永做先锋！

Hubei Shiyan Xianfeng Die Co., Ltd. was founded in Aug. 1995. Our company devotes ourselves to develop & manufacture car body dies. We are the director of CDMIA and hi-tech enterprise. From the foundation to now, our customers have spread all over the famous automobile company in China and Overseas. The dies have been exported to Japan, British, France, India, Mexico, Spain ,etc.

Xianfeng Die Co.,Ltd.is consisted of Bailang Factory and Maoping factory. Its fixed assets are 170 million RMB. We are 360 employees including 100 employees for3D—CAD/CAE/CAM,170 skilled-labors.There are 104 set machine for NC machining,tryout,stamping and testing,including 16 set presses,28 set large NC machines,3 set CMMS, 1set 5 axle laser cutting machine and 1 set NC grinding machine.

"Produce qualified dies, set Xianfeng brand". From the foundation to now, we have provided thousand of tools and checking fixtures to our customers such as Donfeng, Nissan, DPCA, JMC, BYD, Wuhan Gestamp, Sunrise, Zhengzhou Haima, etc.

Serve automobile industry, to be pioneer forever.

湖北十堰先锋模具股份有限公司

地址：湖北十堰白浪高新技术开发区滨河东路66号　　邮编：442013
电话 0719—8301886　　传真：0719—8301880　　http://www.xfmj.com

扬州恒德模具有限公司

扬州恒德模具有限公司成立于2002年5月，地处风景秀丽的中国历史文化名城——扬州市。公司主要从事数控冲床模具、数控折弯机模具和数控剪板机刀具及精密机床附件的研发和生产，是国家火炬计划——邗江金属数控板材加工设备产业基地6家骨干企业中的模具生产企业、国家高新技术企业、江苏省民营科技企业，是中国模具工业协会、中国热处理协会、中国钣金协会会员单位。2004年通过了ISO9001:2000质量体系认证，2010年被认定为扬州市企业技术中心，2011年被认定为扬州市数控冲压模具技术研究中心。

公司现已成为我国较大的数控冲床模具生产商之一。公司秉承“做人重品德，做事重品质”的经营理念，全心致力于为客户创造更好更优质的服务。

地址:江苏省扬州市邗江经济开发区扬力路16号
邮编:225127
电话: 0514-87847838
传真: 0514-87843700
http: //www.hdmj.cn
E-mail: hdmj@hdmj.cn

http://www.whmold.com

上海崴泓模塑科技有限公司

上海崴泓模塑科技有限公司（原名上海威虹模塑制造有限公司）的主要产品有：空调机模具和塑件（Air-condition Model and Plastic Injection）、电冰箱模具和塑件（Refrigerator Model and Plastic Injection）、洗衣机模具和塑件（Washer Model and Plastic Injection）、数码产品模具和塑件（Digital Products Model and Plastic Injection）。我公司可以进行众多塑料件的开模及大批量生产，价格、质量、效率、周期、管理及售后服务上一流。我公司长期为三星电子、日立、夏普、乐金、三菱、东芝、博西威、伊莱克斯等公司设计制造高质量的模具与注塑件，产品出口印度、巴西、墨西哥、韩国、日本、以色列等国家与地区,以精度高、寿命长、周期短、价格合理、交货及时、售后服务优良等特点，深受客户的信赖与好评。

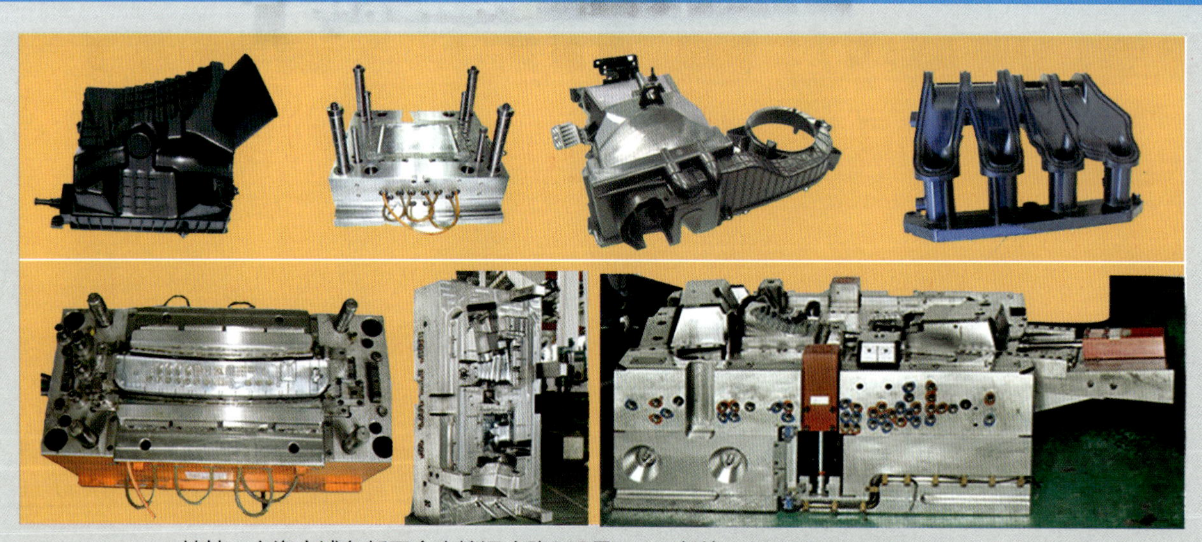

地址：上海市浦东新区合庆镇汇庆路218号　　邮编：201201

电话：021-68915038　021-68915039　　传真：021-58977338　021-58975959

京泊模具 JINGBO 泊头市京泊汽车模具有限责任公司

泊头市京泊汽车模具有限责任公司，位于中国著名的“铸造之乡”、“模具之乡”——泊头市，占地面积69 900m²。公司主要从事各种汽车车身内、外覆盖件冷冲压模具、检具、装焊卡具的设计、制造和销售。公司现有员工320人，其中具有高、中级职称的工程师30人。公司拥有先进的计算机系统，全面采用CAD／CAM／CAE技术，利用软硬件标准接口技术(IGES、STEP专用接口)，可与现行主要CAD软件进行数据交换。公司现有德国产高速五轴数控加工中心2台、大型铣床12台、大台面研配调试压床7台、三坐标测量仪1台以及其他工艺辅助设备60余台（套），年产模具800当量套，铸造年产量12 000t，能铸造各种材质的模具铸件和铸钢件。“精心设计、精工制造、精益求精”是公司视为企业生命的产品质量方针。公司建立了完善的质量保证体系，规范执行用户厂家的技术协议，使用户的产品性能与质量得到可靠的保障。公司始终致力于高新技术的开发和应用。丰富的汽车车身数值模型造型经验(逆向工程)以及多年的模具设计、加工制造经验积累，使我公司跻身于中国国内汽车车身模具制造的先进厂家行列。

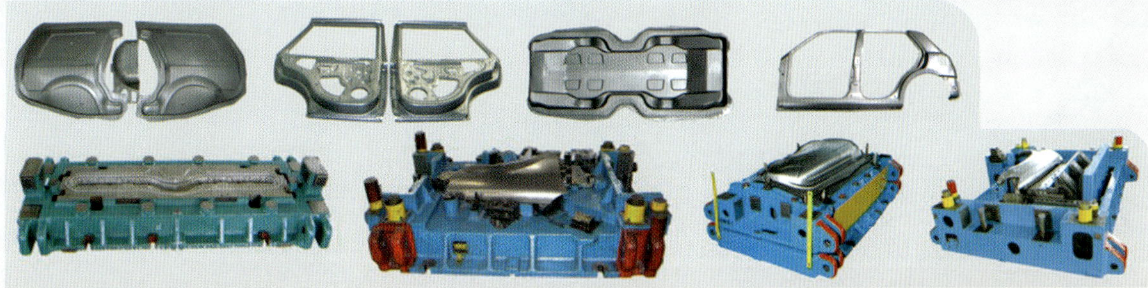

地 址：河北省泊头市工业开发区1号路　　邮编：062150
电话：0317-8308068　　传真：0317-8188046
http://www.jbqm.com

JING BO

中国重点骨干模具企业
他们，是效率与奇迹的创造者
他们，是行业责任与意志的实践者
他们，代表行业实力的最高水准
他们，带动行业进入了一条快速发展之路

四部委联合发布《重大技术装备自主创新指导目录》

为继续贯彻落实国务院关于做强做大装备制造业的战略部署，更好适应大力培育战略性新兴产业和推动传统产业优化升级对重大技术装备的新需求，结合近3年重大技术装备的发展，工业和信息化部、科学技术部、财政部、国务院国有资产监督管理委员会对《重大技术装备自主创新指导目录(2009年版)》进行了修订，形成了《重大技术装备自主创新指导目录(2012年版)》(以下简称《目录》)，2012年1月17日起施行，2012年2月22日对外发布。《目录》共包含19个重大技术装备领域、260项装备项目。目录:17关键基础件中，6.子目录为模具产品。

表 《重大技术装备自立创新指导目录》模具部分

编号	产品名称	类别	主要技术指标	需突破的关键技术
17.6	模具			
17.6.1	大型及精密、高效塑料模具	I	为锁模力20 000kN以上注塑机配套的大型注塑模具；精度达±0.003mm的精密塑料模具；叠层及模内装饰装配塑料模具	
17.6.2	铸造模具	I	镁合金压铸模具；为锁模力20 000kN以上压铸机配套的大型铝合金压铸模具；模具制品重量大于15kg的低压铸造模具	1.金属流体充模计算机仿真及CAE分析技术 2.耐热高性能模具钢及模具快速冷却技术 3.机电一体化精密传感及控制技术
17.6.3	轮胎模具	I	为高档轿车配套的高等级子午线轮胎活络模具；为大型工程车辆配套的轮胎模具；直径4m以上的子午线轮胎活络模具；飞机轮胎模具；机模一体化智能产品	1.铝合金精密铸造成形技术 2.花纹块分块组合加工和精密滑动配合控制技术 3.模具合模同心度及精确度控制技术 4.智能控制技术
17.6.4	精密、高效多工位级进冲压模具及超高强度钢板热成形模具	I	精度达±0.001mm的精密多工位级进冲压模具；与高速冲床(2 500r/min以上)配套的精密冲模；具有智能控制功能的多工位级进冲压模具；多工位自动化冲压模具；1 000MPa以上钢板热成形模具	1.薄带超精密成形工艺与技术 2.在线自动化检测技术 3.模具对自动化和智能制造的适应技术 4.模具超精加工、特种加工和细微加工技术 5.超高强度钢板热成形技术及模具设计制造技术
17.6.5	为C级轿车整车车身成形生产配套的覆盖件及车身模具	I	实现多副模具总成尺寸匹配与控制(含回弹控制)，内轮廓精度±0.7mm以内，外轮廓精度±1.0mm以内；总成模具制件对接精度±0.5mm以内；车门、前翼子板表面形状精度0.08～0.05mm，结构面精度±0.05mm。C级车轿模夹一体化产品	1.复杂型面成形制造与分析技术 2.高强度钢板成形回弹控制技术 3.不等厚钢板模具成形技术

〔供稿人:中国模具工业协会秦珂〕

模具技术发展路线图研究

模具是材料成形的重要工艺装备，材料在外力的作用下受模具约束产生流动变形，从而制得所需形状和尺寸的零件。使用模具可生产结构和形状复杂的制品，具有生产效率高、制件的一致性高、制件的精度较高和节能节材等特点，因此模具成为产品制造业高效、低成本生产的重要技术支撑，模具工业水平已经成为衡量一个国家制造业水平的重要标志之一，也是一个国家工业产品保持国际竞争力的重要保障之一。

按照成形工艺的不同，模具可分为冲压模具、铸造模具、锻造模具、挤压模具、注塑模具、拉丝模具、玻璃成形模具、橡胶成形模具、粉末冶金模具和模具标准件等。随着成形工艺的发展和融合以及新材料的应用，新的成形工艺不断涌现，如汽车超高强板热成形工艺等，因此，根据成形工艺对模具的分类也要不断补充和完善。模具结构一般由上模、下模和模具标准件组成，现代大型复杂模具，往往包含有独立动力系统、加热冷却系统和控制系统，本身就是一套完整的制造装备，因此，精密、复杂、长寿命模具本身也是一种高技术产品。

进入21世纪，我国制造业快速发展，成为我国国民经济重要的支柱产业。“十一五”末，我国的产品制造业每年消耗金属材料达到1.5亿t、非金属材料超过1亿t(其中塑料超过6000万t、橡胶600万t、玻璃1000万t)。这些材料中有5000万t金属、5000万t以上塑料、500万t橡胶等材料是模具成形为制品或零件(主要是汽车、IT产品、OA设备、包装品、家电和日用品等产品的零部件)的。

我国材料加工行业，特别是塑料制品加工行业，今后10年仍将保持高速发展。汽车、IT、OA、包装品、家电和日用品等行业产品的零部件，90%以上需模具成形，是模具使用量最大、要求最高的行业。预计到2020年，这些产品用模具的产值年均增速不低于10%。轨道交通、航空航天、新能源、医疗器械、建材等行业，将为模具提供新的市场。成形技术的发展和新材料的应用，既需要模具技术的支撑，也将促进模具技术水平的提高。

模具技术包括模具的设计和制造技术、装配和检测技术、材料与处理技术及维修和再制造技术等，是精密成形技术的重要组成部分。

未来20年，模具技术主要向精密、复杂、高效、多功能方向发展。复杂主要指能实现智能控制的复杂模具，模具本身具有动力系统、加热冷却系统和控制系统；高效主要指模具的结构和性能能满足一模多件和高速成形等工艺要求，如多层注塑模具及2000次/分以上高速冲压多工位级进模；多功能主要指能实现多料、多工序成形的多功能复合模具，如多料注塑模具、40工步以上的多工位级进模和同时完成冲、叠、铆等工序的电机铁心模具等。

未来20年，模具设计制造技术的发展目标为：

(1)大幅度提高我国模具行业的自主创新能力和装备水平以及具有自主知识产权产品的比重，初步改变大而不强的局面，使我国模具制造技术与装备进入世界强国行列。

(2)创造一批原创性的技术与产品。包括：模具数字化设计、制造技术及企业信息化管理技术、模具加工新技术等以及与新工艺新材料相对应的新模具。

(3)模具产品满足我国重大技术装备、汽车、造船、航空航天、电子、工程机械等国民经济重要产业和战略性新兴产业的需求。

(4)到2020年，模具产品精度、人均劳动生产率、生产自动化等指标达到先进工业化国家21世纪初期水平，2030年达到先进工业化国家21世纪20年代水平，与先进工业化国家差距缩短到10年以内。

本研究涉及模具共性技术——模具数字化设计制造技术、模具材料热处理技术以及冲压模具、塑料模具、铸造模具、锻造模具四类专业模具技术。

模具数字化设计制造技术

一、概述

模具数字化设计制造技术的核心是CAD/ CAM / CAE，应用模具数字化设计制造技术可以显著缩短模具开发周期，改善模具产品质量，降低生产成本，提高服务水平，即可以提高模具企业的TQCS水平。这对于推动模具行业的转型升级和提升模具工业的核心竞争力具有深远的意义。

当前，我国模具行业中CAD/CAM已经普及，CAE、CAPP已在部分企业应用。但是，和发达国家相比，我国模具数字化技术水平仍较低，而且发展不平衡。

我国数字化模具设计制造技术的重点将集中在两个方面：①通过高可靠性的模具设计技术彻底改变长期存在的凭经验设计模具，可靠性无法保证的状况。②采用高效、精密的模具制造技术大幅提高模具制造的效率和精度。

到2030年，我国模具数字化设计制造技术总体将达到当时的国际先进水平。

二、未来市场需求及产品

随着制造业的发展，模具交货期要求越来越短，质量指标越来越高，因此模具的设计应具有更高的可靠性，模具的制造需要大幅提高效率和精度。新兴产业的发展要求模具工业提供新材料成形所需的精密模具，有的模具精度要求将达到亚微米甚至纳米级。为此，必须发展和应用超精模具加工技术。

传统的模具设计制造是凭借经验和试错的过程，设计可靠性差，制造成本高，开发周期长。为此，亟待从模具设计和制造方法上取得突破，使模具开发从“经验”走向“科学”。应用以CAD/CAE/CAM为核心的数字化模具技术，是解决上述问题的必由之路。

三、关键技术

(一)高可靠性的模具设计技术

1. 现状

改善产品零件的可制造性是保证模具设计高可靠性的重要前提，实现高可靠性模具设计的基础技术是成形工艺过程的精确仿真。当前的产品工艺性较差，造成模具开发困难，成形工艺仿真采用的模型为宏观仿真模型，即将成形材料视为连续介质或均匀体，尚不能完全反映材料的真实成形特性。大多成形工艺和模具设计是基于经验完成的，模具加工、装配后需经多次试模和修改才能满足产品的成形要求。

2. 挑战

模具的智能化设计集建模、分析和优化于一体,需考虑多学科的协同以及材料的宏观、介观、微观特性和成形过程中多物理场的耦合。

3. 目标

模具设计将在知识驱动的设计平台上进行,实现知识资源的共享,发展成形工艺过程的仿真技术和智能化的模具设计技术,实现高可靠性的模具设计,以减少试模次数,最终达到零试模。预计到2020年,该技术将使一次试模成功率达到90%以上;2030年达到95%以上。

(1)产品的可制造性设计技术:通过并行工程、协同设计、成形仿真等开发技术,使模具设计人员在产品开发的早期介入产品设计,及早发现产品零件存在的成形性问题,以保证其良好的可制造性,为高可靠性的模具设计提供基础。

(2)基于知识的智能化模具设计技术:模具的智能化设计集建模、分析和优化于一体,更加注重多学科的协同,模具设计将在知识驱动的设计平台上进行,实现知识资源的共享。这不仅可以充分利用历史的设计经验和成功案例,还可以在已有的设计知识基础上衍生出新的设计知识,具有更加完美的全关联模具设计功能,从而避免设计错误的产生,实现高可靠性的模具设计。

(3)基于精确建模的成形工艺仿真技术:实现高可靠性模具设计的基础是成形工艺过程的精确仿真。未来的成形工艺仿真将建立在精确的材料模型基础上,同时考虑材料的宏观、介观、微观特性和成形过程中多物理场的耦合,以提高仿真结果的准确性。

(二)高效、高精的模具制造技术

1. 现状

目前高效率的模具加工技术,如高速切削和高效的电火花加工尚未得到普遍应用;其他的高效模具加工技术,例如高能束加工、快速成形技术、高效的表面抛光技术及柔性自动化模具制造技术,虽然显现出巨大的优越性,但仍在起步阶段。

2. 挑战

在模具生产中实际使用的机床转速将达到10万r/min以上,机床、刀具和高速切削理论均需有所突破;超精密模具加工技术不仅使用性能极高的加工设备,对加工环境的要求极高,同时还必须考虑极微小尺寸产生的尺寸效应和界面效应问题,以及在微纳尺度条件下的摩擦机理、热传导、精密测量与误差补偿等问题。

3. 目标

以信息技术、仿真技术和虚拟现实技术为基础,实现虚拟模具制造。在实际制造模具之前,准确预测未来模具的性能和制造系统的状态,从而正确制定并优化实施方案。通过采用高效的模具加工技术、超精密加工技术、柔性自动化制造技术和基于仿真的虚拟模具制造技术,模具加工的效率比现在提高10倍以上,加工精度达到纳米级。

(1)高效的模具加工技术:高速切削机床和高效的电火花加工机床的加工效率大幅提高,高能束加工、快速成形技术和高效表面抛光等技术将得到普遍应用。

(2)超精密模具加工技术:为满足制件的微米、纳米级特征尺寸或精度要求,须协调处理高性能加工设备和加工环境以及极微小尺寸所产生的尺寸效应和界面效应等问题,实现精密测量与误差补偿,达到跨尺度高精度的控形和控性。

(3)柔性自动化模具制造技术:柔性自动化模具制造技术融合了先进制造技术、传感技术、网络技术和控制技术等高新技术,具有高效率、高柔性和高可靠性,体现了模具制造数字化和网络化的发展方向。未来的柔性自动化模具制造系统具有智能感知和自治控制的能力,将给模具生产带来重大的变革。

(4)基于仿真的虚拟模具制造技术:虚拟模具制造在虚拟的环境下实现模具制造过程,可以预测模具的性能和制造系统的状态。虚拟制造过程不仅可以实现制造系统仿真和加工过程仿真,还可模拟生产计划和工艺路线的执行过程,获得最佳的生产实施方案。

四、技术路线图

模具数字化设计制造技术路线图见图1。

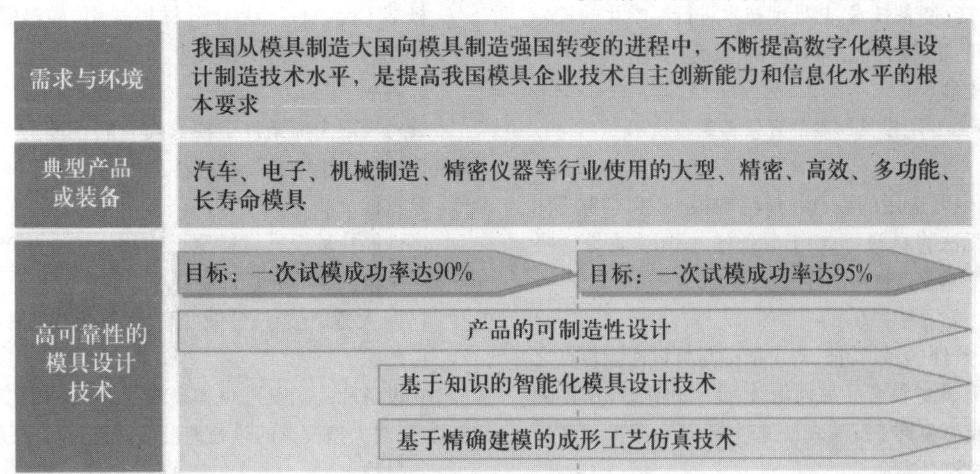

（续）

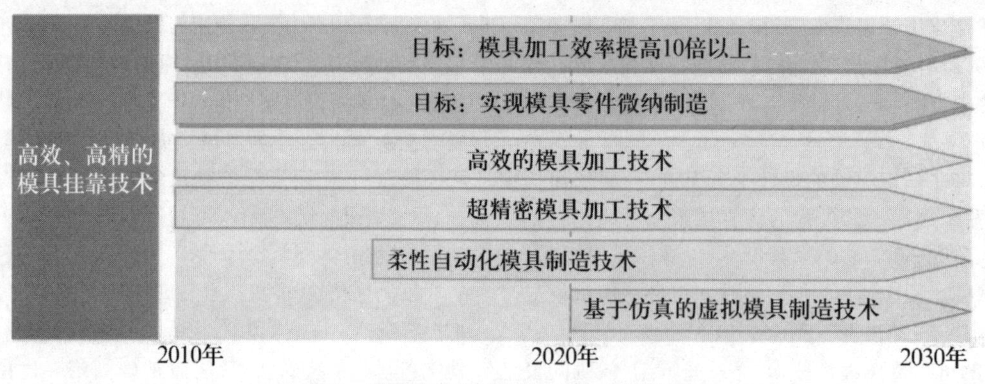

图 1　模具数字化设计制造技术路线图

模具材料和热处理技术

一、概述

模具材料是现代模具设计、制造的基础。由于精密成形工况条件的要求，金属材料在当前及今后相当长时间内仍是模具材料的主体，其中钢铁材料占主导地位，铜及铜合金、铝及铝合金等合金材料也开始用作模具材料。高品质、高性能、低成本将主导未来模具材料的研发方向，欧美日等发达国家垄断高档模具材料研发和生产的局面将被打破。

热处理技术是提高复杂、精密、长寿命模具水平的关键因素。热处理及表面改性技术将围绕最大限度地挖掘材料特性，降低模具制造成本，提高模具加工速度，获得稳定、长寿命模具方向发展，大型无氧化热处理装备技术，微变形热处理工艺技术和高效清洁耐磨的表面改性技术将在未来 20 年内得到充分发展。

二、未来市场需求及产品

预计到 2015 年模具钢的市场需求将不低于 100 万 t；2020 年，模具材料的市场需求将达到 150 万 t，其中中高端模具材料将实现完全替代进口的目标。

将材料性能、制备技术、热处理技术进行标准化的长寿命、低成本、高品质、高性能模具材料将具有广阔的市场。

三、关键技术

（一）长寿命专用模具材料的开发与制备技术

1. 现状

实际工况中可选用的模具材料范围很小，基本为通用型模具材料，无法将材料特点、工况条件、使用寿命综合考虑，无法充分发挥模具材料的性能。

2. 挑战

建立工况条件、失效特征、寿命指标与材料性能特点之间的关系图，完成材料产品系列化、性能系列化、应用系列化；使材料性能与模具工况实现最佳对接，最大限度地发挥材料性能，延长模具寿命。

3. 目标

通过对模具材料的系列化开发，实现各类模具使用条件与材料性能特点的对接，专材专用，既可充分发挥材料的性能特点，又可有效提高模具的使用寿命，还可大大降低材料的生产成本。

（二）高品质优质模具材料的开发与制备技术

1. 现状

与国外模具材料相比，国内模具材料最大的差距是材料性能的稳定性较差，严重制约了国内模具材料在中高端模具中的使用。

2. 挑战

根据材料各向同性、原始晶粒度、成分均匀性的要求，对冶炼、高温扩散、多向锻造、预处理进行全方位研究，利用现代化生产装备，生产高品质优质模具材料。

3. 目标

在高端模具材料制备技术上全面赶超发达国家，实现高、中端模具材料的国产化。

（三）高性能特种模具材料的开发与制备技术

1. 现状

极端工况条件下无合适材料选用，如温锻、镁合金压铸、高速镦锻、钢管挤压顶头等。

2. 挑战

针对极端工况条件下模具对材料性能的苛刻要求，研发性能特点突出的模具新材料及相应的制备和处理技术。

3. 目标

高性能特种模具材料全面应用于工业生产，满足各种极端工况条件下的模具寿命要求。

（四）大型、复杂模具微变形、无氧化热处理技术

1. 现状

在设备和工艺上已可实现中小模具的微变形、无氧化热处理，对大型模具的热处理设备、工艺正开展研究。

2. 挑战

大型真空高压气淬炉和高精度可控气氛保护设备为实现大型复杂模具的微变形、无氧化处理创造了条件。通过

装备、工艺和后续精加工的配套协调实现了大型复杂模具的快速、经济制造。

3. 目标

全面采用大型复杂模具表面无氧化、变形小的热处理工艺，使后续精加工做到少切削或无切削，缩短模具加工周期 30%。

（五）高效、环保、耐磨表面改性技术

1. 现状

有效用于模具表面改性、提高模具寿命的主要技术有：氮化（氮碳共渗）、表面渗金属（TD）、气相沉积、表面涂覆、离子注入等技术。

2. 挑战

实现高效、清洁、大型化模具的表面改性技术，增强表面硬化层与基体的结合力，大幅度提高模具的使用寿命。

3. 目标

渗层组织、渗层厚度、结合力、耐磨性能、模具寿命的集成化控制，以小镶块解决大模具长寿命问题。

（六）模具材料规模化精确预处理技术

1. 现状

随着模具加工设备的自动化、多功能化和加工速度的大幅度提高，模具制造工艺发生了根本性变革，大型化、复杂化及短周期制造成为未来模具技术的发展趋势。这就要求模具材料进行精确预处理，以满足模具工作性能要求和组织要求。该项技术目前只在塑料模具材料上有一定应用。

2. 挑战

在大规格、大批量模具材料的预硬化处理、组织超细化处理、组织均匀化处理中，热处理设备保障、处理工艺技术保障和材料性能稳定性保障都将是关键难点。

3. 目标

通过设备和工艺研究，对模具材料进行精确预处理控制并实现规模化生产。为减少或消除模具热处理后的精加工工序做好铺垫，从而大大提高模具的制造效率，降低生产成本。

四、技术路线图

模具材料和热处理技术路线图见图 2。

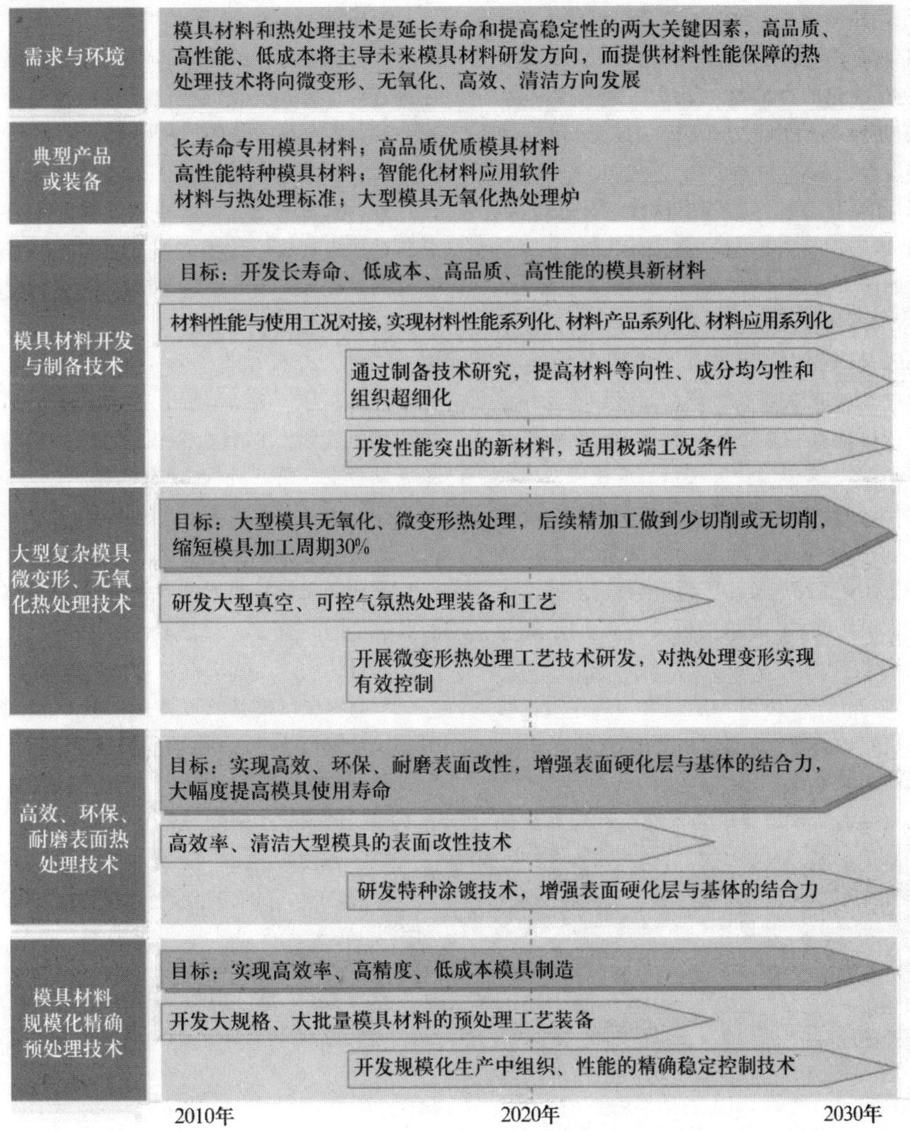

图 2　模具材料和热处理技术路线图

冲压模具技术

一、概述

冲压模具主要指先进多工位与多功能冲压模具、精密冲压模具和汽车车身冲压模具等。

先进多工位与多功能冲压模具的代表主要有精密多工位级进模、精密多工位冲压传递模、复杂精密多功能冲压模具等，是汽车、电子电器等制造业的关键工艺装备。这类模具的总体性能与国际先进水平接近，部分模具已出口到工业发达国家和地区。但是与国外先进冲压模具水平相比仍然有差距，如模具寿命较短，模具试模周期长，模具调整和维修时间较长，模具材料、标准件等模具基础技术差距较大，特别是在设计和制造方面缺乏相关基础理论技术的支撑等。

精冲模具是采用负间隙或零间隙冲裁金属板材类零件的模具，在精密零件成形领域的应用越来越广泛。我国在精冲模具方面具备了一定的开发能力，而在复杂精冲模具，特别是精冲复合成形模具的开发方面仍缺乏经验，水平不高，进口模具仍占较大比重。

汽车冲压模具主要用于汽车的外形件、结构件以及内饰件成形制造等。国内模具企业已经可以设计制造B级轿车的全套模具，开始向C级轿车的高难度复杂模具进军。

冲压模具技术的总体发展趋势是“由模具自身的品质提升向冲压件产品的控形控性方向发展”。即，客户要求从主要考虑模具本身品质向控制模具生产的最终冲压产品品质方向发展，从对冲压模具品质的单一要求向为企业产品提供系统解决方案发展。多领域交叉技术的应用以及以模具为核心的系统解决方案将是今后模具技术发展的主要方向。冲压模具技术的主要发展方向：特大型高精、超高速冲压、超薄、超强和微细型零件成形冲压模具的设计、制造关键技术；多功能复合模具技术以及该类模具的试模技术、模具可靠性技术等。

未来20年，我国冲压模具设计制造综合技术接近当时国际先进水平，差距缩短到5年左右。

二、未来市场需求及产品

随着汽车、电子电器等制造业快速发展及产品更新换代周期加快，先进多工位与多功能冲压模具，特别是大型高精、超高速冲压、超薄、超强和微细型零件成形冲压模具的市场需求将稳定增长。

随着客户从主要考虑模具本身品质向控制模具生产的最终冲压产品品质方向的转移，为用户企业提供产品冲压系统解决方案的技术服务方式将得到快速发展。

三、关键技术

（一）冲压模具产品的信息化和智能化

1. 现状

当前冲压模具主要考虑的是冲压件的“控形”问题，同时考虑“控形和控性”尚缺乏冲压成形“控形和控性”技术理论研究、模具产品的信息化和智能化等基础条件。

2. 挑战

需掌握冲压件的成形形状智能控制技术，冲压件强度、刚度和厚度合理分布的控制技术与模具设计技术、冲压成形过程及零部件质量的控制技术等。

3. 目标

预计到2030年，突破冲压件的控形和控性理论障碍，掌握冲压模具成形过程的信息获取、应用与冲压件的控形控性模具设计实现方法等关键技术，达到世界先进水平。

（二）新型工艺及冲压模具理论与技术

1. 现状

新材料和新工艺不断出现，如硼钢板热冲压技术、管材的内高压成形技术、镁合金板的冲压技术等，然而由于国内缺乏综合工程研发机构，现有的模具成形理论与技术尚不能完全适应新材料和新工艺的要求。

2. 挑战

需协调新材料变形特性研究、新成形工艺开发和模具设计制造间的关系。

3. 目标

新材料成形模具的设计制造技术、新成形工艺所需模具的设计制造技术达到国际先进水平。

四、技术路线图

冲压模具技术路线图见图3。

需求与环境	汽车、电子电器等制造业快速发展及产品更新换代周期加快，先进多工位与多功能冲压模具将有旺盛的市场需求。多领域交叉技术的应用以及以模具技术为核心的系统解决方案是今后模具技术新的经济增长点
典型产品蔌装备	汽车、电子电器、精密仪器等行业使用的大型、精密、高效、我功能、长寿命冲压模具

（续）

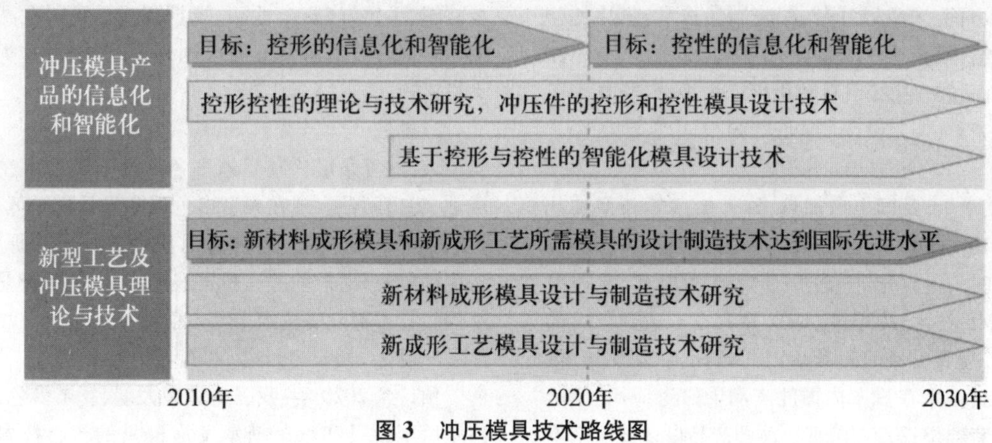

图 3　冲压模具技术路线图

塑料模具技术

一、概述

塑料模具是塑料零件制造的支撑工艺装备，主要包括注射成型、挤出、吹塑、吸附、发泡、压注、搪塑等模具类型。塑料模具广泛应用于家电、汽车、铁路、航空航天、军工等领域的塑料零件的生产，其中注射成型模具是应用最为广泛的塑料模具。

国内中低端的塑料模具技术基本成熟，而高技术含量的大型、精密、复杂、长寿命塑料模具仍不能满足市场需求。未来 20 年，塑料模具技术将围绕"通过模具技术提升塑料制品制造业水平，带动模具的上下游产业的发展"开展研究，主要研究方向为高效生产、环保制造、高品质外观。预计到 2030 年，我国塑料模具技术将达到国际先进水平，部分技术达到国际领先水平。

二、未来市场需求及产品

2010 年，我国人均塑料消费量约为 46kg，仅为发达国家的 1/3，存在较大的差距。塑料制品行业的快速发展将带动塑料模具市场的快速增长。

约 90% 的汽车内外饰塑料零件是通过塑料模具生产的，汽车工业的快速发展促使塑料模具技术向高效生产、环保制造、高品质外观、以塑代钢等方向发展，如低压一体注塑模具、注塑后压模具、搪塑模具、发泡模具、快速模具等。约 70% 的家电产品零件是通过塑料模具生产的，高端家电产品的制造需要具有高效生产、环保制造、高品质外观等功能的新型塑料模具，如大型多色注塑模具，免喷涂高光模具，高精超薄、超厚制品塑料模具等。其他行业，如电子产品、医疗器械等也需要高精度、高效率、环保制造的新型塑料模具。

三、关键技术

（一）高效生产的塑料模具技术

1. 现状

汽车、电子、电器、包装品等行业的塑料制品应用日益广泛，批量生产的零部件规模往往达到千万级，甚至亿级，因此要求生产效率高，以缩短生产周期，降低生产成本。但制件成形必须经历合模、注射、保压、冷却、开模制造流程才可达到质量要求，所以高效模具技术成为提高塑料制件生产效率的重要选择。国外发达国家已开发出多种高效模具用于生产，如一模多腔、叠层模具、高冷速模具等。我国掌握高效模具核心制造技术的企业不多，模具效率和稳定性与国外差距较大。

2. 挑战

结构设计、高性能模具材料以及模具使用稳定性是高效模具研发中需突破的关键技术。

3. 目标

（1）叠层模具技术：预计到 2020 年，叠层模具技术研发成熟，上下游产业配套到位；预计到 2030 年，达到世界先进水平，完成行业内产业化推广。

（2）高导热性模具技术：国内领头企业已经开始对铝合金、铜合金、金属烧结材料等进行应用试验。预计到 2020 年，基本实现新型导热材料国产化，模具设计技术基本成熟。预计到 2030 年，达到世界先进水平。

（3）快速模具技术：预计到 2020 年，国内将研发出降低快速模具成本的新型技术，对于汽车原型件、医疗器械等量少而高附加值的产品，可以应用该技术进行小批量生产。预计到 2030 年，该技术达到世界先进水平，实现在塑料产品研发制造领域的广泛应用。

（二）环保制造模具技术

1. 现状

低污染、节能节材是塑料制品加工技术发展方向，其中模具技术是实现这一目标的关键因素。我国在塑料制品环保制造模具技术研发和稳定性方面与国外差距较大，该类模具仍需大量进口。

2. 挑战

新型高光模具技术方面，国内普通高光模具技术已基本成熟，但还存在寿命短、制品表面硬度低等问题。在IMD/IML技术方面，未掌握复杂、深腔制品技术，膜片的印刷国内无法自给，模具生产自动化水平低。在低压一体注塑模具技术方面，需解决模具自动化生产水平低、模具上下游产业配套不完善、产品设计水平低等问题。

3. 目标

预计到2020年，我国电磁加热、红外加热等新型加热方式的高光模具技术基本成熟；2030年，新型加热方式的高光模具达到当时的世界先进水平。预计到2020年，掌握复杂形状IMD/IML技术；2030年，IMD/IML技术达到当时的世界先进水平，模具实现自动化生产。预计到2020年，低压一体注塑模具技术在汽车内饰件产品中广泛应用，模具上下游产业配套到位；2030年，低压注塑产品设计技术基本成熟，模具达到当时的世界先进水平。

（三）高品质外观的塑料模具技术

1. 现状

汽车内饰、车灯和大小家电、自动化办公设备、日用品等产品外覆盖件既要求视觉外观，又必须满足手感和安全性要求。这就要求研发新的模具技术，实现制件的无飞边、少接缝、手感好、安全性高、视觉美观。我国在高品质外观的塑料模具技术研发方面与国外差距较大，这类模具仍需大量进口。

2. 挑战

大型、复杂形状制品的多色注塑模具技术在国内尚未成熟，突出问题表现在大型多色设备设计水平低，国内无法自制。国内刚开始进行注塑后压模具技术的研发，还不具备应用条件；尚未掌握搪塑发泡模具技术，关键是大型电铸造镍壳技术被欧美国家垄断。

3. 目标

预计到2020年，我国将掌握大型、复杂多色注塑模具、注塑后压模具和汽车搪塑发泡模具的核心技术。预计到2030年，达到当时的世界先进水平，能够满足高品质外观塑料制品的需求。

四、技术路线图

塑料模具技术路线图见图4。

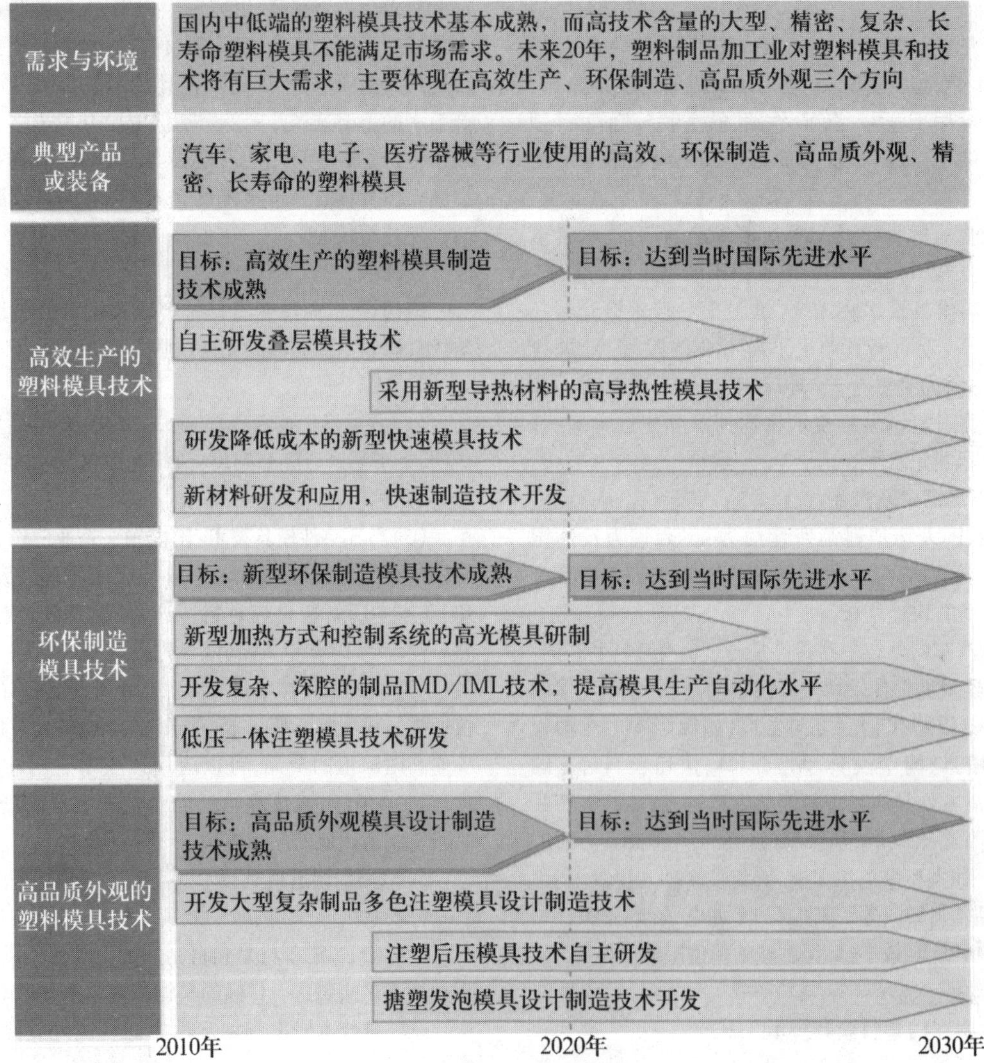

图4　塑料模具技术路线图

锻造模具技术

一、概述

锻造模具是在锻造工艺过程中使用的模具，原材料在外力的作用下在锻模中产生塑性变形，从而得到所需形状和尺寸的零件。锻造模具可根据锻造温度的不同分为热锻模、温锻模和冷锻模。热锻模因设备的不同还可分为锤锻模、螺旋压力机锻模、机械压力机锻模、平锻模和液压机锻模等。在压力机模锻时需要设计加工模架，在锻造工艺过程中还需要制坯（如辊锻、楔横轧）模、切边模、冲孔模、校正模、冷精压模等，这些模具和装置也属于锻造模具类别。

锻造模具的主要技术发展方向是提高模具设计水平，采用新型模具材料，使用高效高精度加工手段，以期在模具长寿命的状态下保证锻件高精度。

随着我国制造业整体水平的提高，在未来 10 ~ 20 年，我国锻造模具技术将达到国际先进水平，部分有创新性与独特性的技术将达到国际领先水平。

二、未来市场需求及产品

锻造技术在汽车工业中应用最为广泛，在铁路、航空、航天、船舶等工业领域的应用也在逐渐增加。预计未来国内汽车工业和其他行业仍将保持持续快速发展的态势，锻造工业也将随之持续发展，锻造模具的需求将会逐渐增加。

由于设计、制造、使用、修复、翻新密切关联，锻造模具大部分由锻造企业自己制造使用，随着工业生产分工的细化，专业化的锻模制造企业将逐渐增多。

三、关键技术

（一）锻造模具 CAD/CAM/CAE 一体化技术及信息化技术

1. 现状

CAD/CAM 技术已广泛应用，CAD/CAM/CAE 一体化技术应用还较少，锻造模具信息化技术鲜有使用。

2. 挑战

CAD/CAM/CAE 软件大部分来自国外，价格昂贵，使用不便。成形过程数值模拟技术尚需突破。

3. 目标

普遍采用 CAD/CAM/CAE 一体化技术，精确化数值模拟替代传统工艺调试，开发出具有自主知识产权的锻造模具 CAD/CAM/CAE 软件，广泛使用集成 PDM、ERP、MIS 系统与 Internet 平台的锻造模具信息化网络技术。

（二）锻造模具延寿、快修及再制造技术

1. 现状

锻造模具寿命较短，热锻模平均寿命 6 000 件、温锻模 4 000 件、冷锻模 10 000 件，锻造模具快速修复及再制造技术刚刚起步。

2. 挑战

国内模具材料技术水平还不高，对热处理和表面处理技术重视程度不够，缺乏针对不同工艺条件下的模具润滑技术的研究。

3. 目标

锻造模具普遍采用真空热处理技术，按需要采用氮化、CVC、PVC 等表面处理技术。热锻模采用高强高韧性耐热合金制造，依据变形材料、工艺、变形条件使用专用润滑剂，模具寿命 2 万件；温锻模使用专用温锻模具材料和专用温锻润滑剂，寿命 1 万件；冷锻模采用硬质合金甚至高韧性工业陶瓷制造，使用无公害绿色润滑剂，寿命 10 万件。推广锻模快修及再制造技术，大幅度减少模具材料消耗。

（三）高速、高效、高精度锻模加工技术

1. 现状

数控电火花加工机床和少量转速在 12 000r/min 以上的高速加工中心。

2. 挑战

锻件精度的提高要求锻造模具尺寸精度高、表面质量好、硬度高。

3. 目标

开发出主轴转速 100 000r/min 专用模具高速加工中心，锻模工作部分尺寸精度达 IT4 级，表面粗糙度R_a0. 1μm，可加工硬度 60HRC 以上模坯。

（四）精密多功能数控有动力锻造模架技术

1. 现状

导柱导套式模架为主，导锁式模架开始使用，没有采用自动夹紧装置。

2. 挑战

传统模架功能单一，导向精度差，模架无动力，无液压系统，无控制系统。

3. 目标

带自动润滑的导轨式模架，导向精确。普遍采用液压自动夹紧装置，自带伺服电动机驱动系统，有独立控制系统，可以实现按时序顶料、飞边托举等功能。

（五）精密化与复合化的辅助工序锻造模具技术

1. 现状

辊锻模、楔横轧模使用不多，辊锻工艺多为制坯辊锻，辊锻模寿命 2 万件左右。冲孔、切边模和热校正模分工序、分设备进行，工件经历变形—校正过程。冷精压模主要为平面精压，以矫正工件变形为主。

2. 挑战

传统的自由锻制坯方法效率低、能耗大、制坯精度低，冲孔、切边模和热校正模生产流程长、操作人员多、锻件质

量低,平面冷精压模不能提高锻件精度。

3. 目标

辊锻模、楔横轧模在轴类件制坯工序中广泛使用,辊锻工艺向预成形辊锻发展,辊锻模寿命 10 万件。冲孔、切边、热校正等工序在一台设备上以复合模的方式完成,工件无变形。冷精压模采用体积精压,提高锻件精度 1 ~2 级。

四、技术路线图

锻造模具技术路线图见图 5。

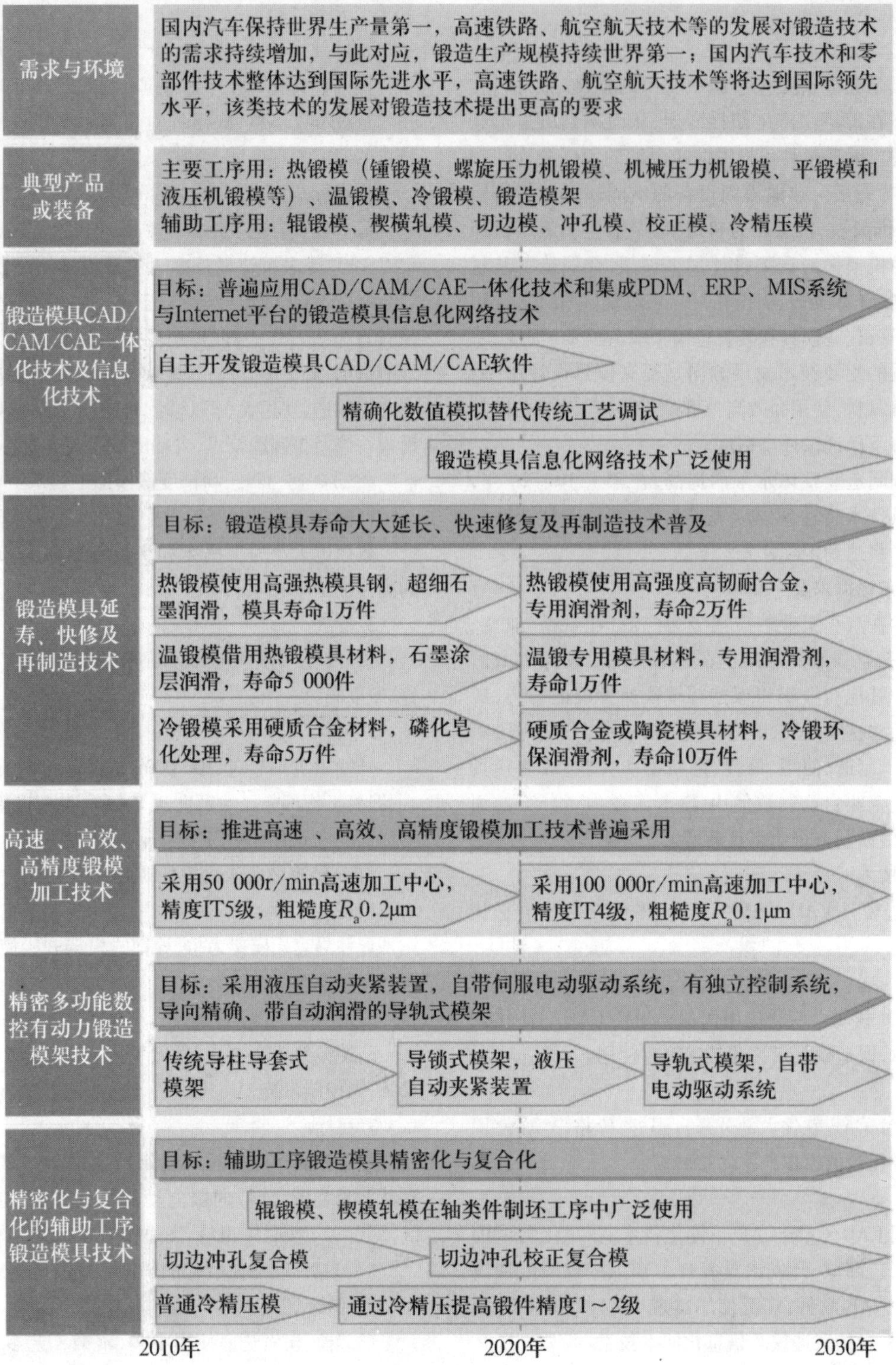

需求与环境

国内汽车保持世界生产量第一，高速铁路、航空航天技术等的发展对锻造技术的需求持续增加，与此对应，锻造生产规模持续世界第一；国内汽车技术和零部件技术整体达到国际先进水平，高速铁路、航空航天技术等将达到国际领先水平，该类技术的发展对锻造技术提出更高的要求

典型产品或装备

主要工序用：热锻模（锤锻模、螺旋压力机锻模、机械压力机锻模、平锻模和液压机锻模等）、温锻模、冷锻模、锻造模架

辅助工序用：辊锻模、楔横轧模、切边模、冲孔模、校正模、冷精压模

锻造模具CAD/CAM/CAE一体化技术及信息化技术

目标：普遍应用CAD/CAM/CAE一体化技术和集成PDM、ERP、MIS系统与Internet平台的锻造模具信息化网络技术

自主开发锻造模具CAD/CAM/CAE软件

精确化数值模拟替代传统工艺调试

锻造模具信息化网络技术广泛使用

锻造模具延寿、快修及再制造技术

目标：锻造模具寿命大大延长、快速修复及再制造技术普及

热锻模使用高强热模具钢，超细石墨润滑，模具寿命1万件

热锻模使用高强度高韧耐合金，专用润滑剂，寿命2万件

温锻模借用热锻模具材料，石墨涂层润滑，寿命5 000件

温锻专用模具材料，专用润滑剂，寿命1万件

冷锻模采用硬质合金材料，磷化皂化处理，寿命5万件

硬质合金或陶瓷模具材料，冷锻环保润滑剂，寿命10万件

高速、高效、高精度锻模加工技术

目标：推进高速、高效、高精度锻模加工技术普遍采用

采用50 000r/min高速加工中心，精度IT5级，粗糙度R_a0.2μm

采用100 000r/min高速加工中心，精度IT4级，粗糙度R_a0.1μm

精密多功能数控有动力锻造模架技术

目标：采用液压自动夹紧装置，自带伺服电动驱动系统，有独立控制系统，导向精确、带自动润滑的导轨式模架

传统导柱导套式模架

导锁式模架，液压自动夹紧装置

导轨式模架，自带电动驱动系统

精密化与复合化的辅助工序锻造模具技术

目标：辅助工序锻造模具精密化与复合化

辊锻模、楔横轧模在轴类件制坯工序中广泛使用

切边冲孔复合模

切边冲孔校正复合模

普通冷精压模

通过冷精压提高锻件精度1～2级

2010年 2020年 2030年

图 5 锻造模具技术路线图

铸造模具技术

一、概述

铸造模具为铸造工艺配套，主要有重力铸造模具、高压铸造模具(压铸模)、低压铸造模具、挤压铸造模具等。铸造模具是铸造生产中最重要的工艺装备之一，对铸件的质量影响很大。提高铸造模具技术水平，对提高铸件质量、发展新型铸件、提高铸件近净加工水平有重要意义。铸造模具技术的进步，将为汽车、电力设备、船舶、轨道交通、航空航天等国家支柱性产业提供更多精密、复杂、高质量的铸件，促进我国制造业整体水平的提升。

二、未来市场需求及产品

随着汽车、摩托车、航空航天等工业的高速发展，铸造模具产量每年将以超过25%的速度快速增长，铸造模具技术有了很大的进步，但是以轿车发动机铝合金缸体为代表的大型、复杂压铸模具当前仍主要依靠进口。但可以预测未来10~20年，我国铸造模具技术在汽车工业的强劲推动下将高速发展。在节能减排的背景下，黑色金属重力铸造模具增量将放缓，而铝镁合金压铸模具、低压铸造模具和挤压铸造模具产量将大幅度增长。

三、关键技术

在未来10~20年内，铸造模具技术发展需要解决的关键技术有：

(一)CAD/CAM/CAE/CAPP一体化技术

1.现状

计算机辅助设计(CAD)和辅助制造(CAM)已经开始普遍应用于铸造模具行业，但是铸造过程的辅助分析(CAE)和辅助工艺过程设计(CAPP)才刚刚起步。

2.挑战

建立合理有效的铸造过程分析模型、优选边界条件及参数，是铸造模具热平衡、铸造过程充型和凝固模拟技术的关键。同时，从订单开始，通过网络有效地组织铸造模具的生产和销售，是模具企业信息化面临的一个挑战。

3.目标

通过CAD/CAM/CAE/CAPP一体化技术在铸造模具中的应用，大大提高铸造模具的质量、缩短制造周期。

(二)高速精密数值化加工和检测技术

1.现状

数控铣削技术和三坐标检测技术已经广泛应用于模具加工，但高速铣削加工刚刚起步。

2.挑战

亟需解决数控高速铣床价格过高和运行稳定性问题以及与之配套的编程和刀具问题。

3.目标

铸造模具加工精度大大提高，表面粗糙度降低，加工效率提高3倍以上。

(三)快速制模、快速成形以及逆向工程技术

1.现状

快速制模、快速成形以及逆向工程技术还未在铸造模具行业广泛应用

2.挑战

开发并推广普及低成本、高效、稳定的快速成形设备及其成形工艺。

3.目标

大大提高铸件和铸造模具的开发速度和开发质量。

(四)高寿命模具技术

1.现状

与国外模具相比，国产铸造模具寿命普遍较低。

2.挑战

开发高性能的模具新材料和有效的模具热处理的表面处理技术，是提高模具寿命的关键。同时，在模具制造和使用过程中应保证铸造模具的热平衡，提高铸造模具寿命。

3.目标

使我国铸造模具的寿命与发达国家相当。

四、技术路线图

铸造模具技术路线图见图6。

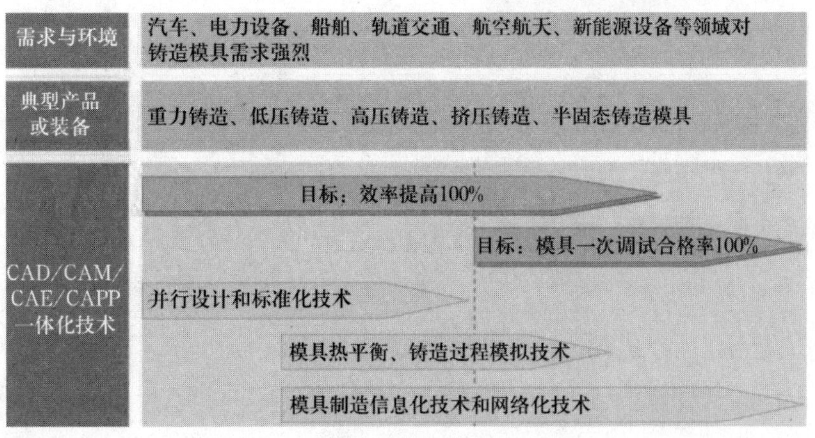

（续）

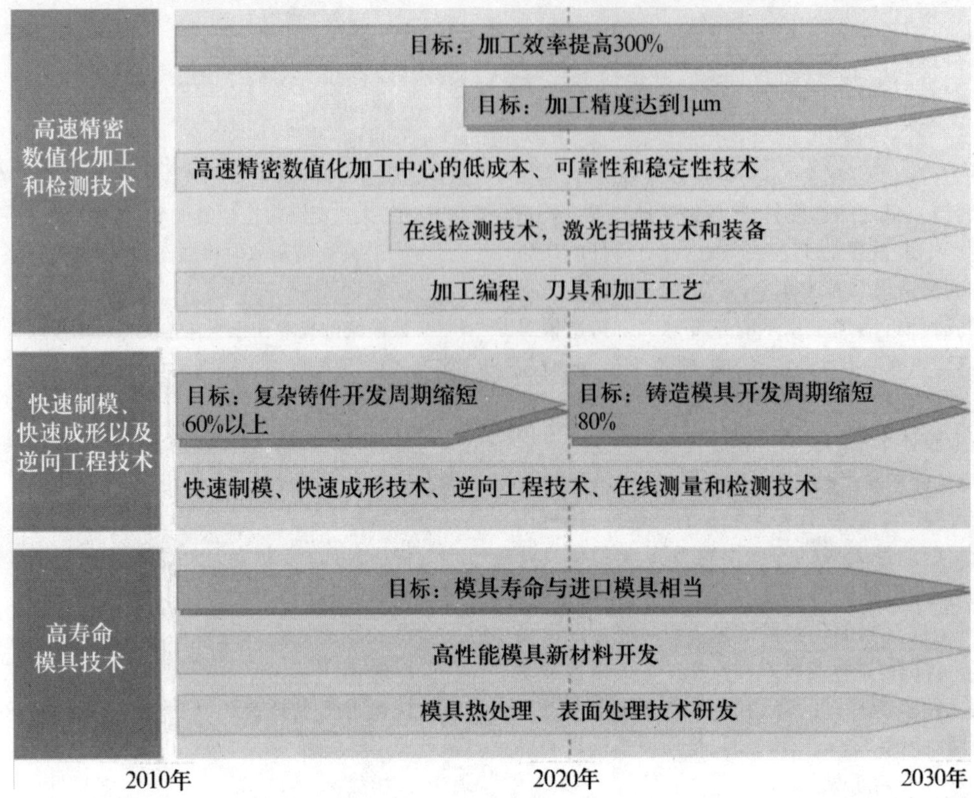

图6　铸造模具技术路线图

〔撰稿人：武兵书、李志刚、褚作明、林建平、赵西金、蒋鹏、方建儒　审稿人：李敏贤、周永泰〕

中国模具工业年鉴2012

行业概况及专文

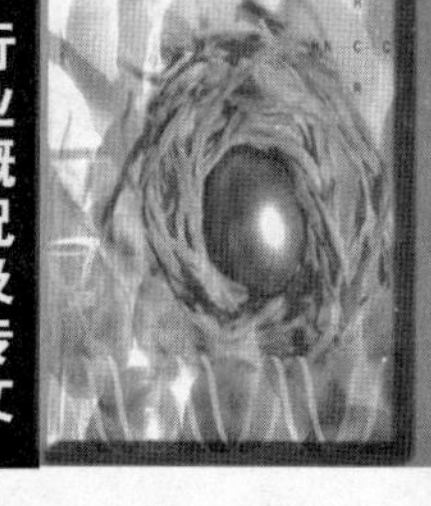

分析模具工业各子行业发展现状及其发展趋势，模具工业先进技术进展及其应用、发展趋势

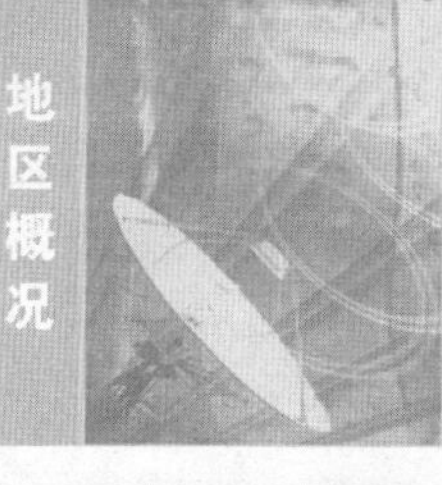

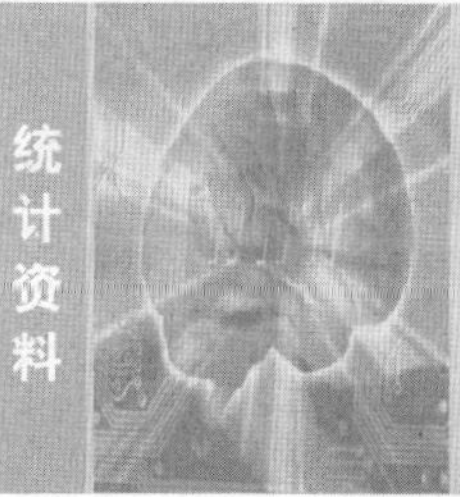

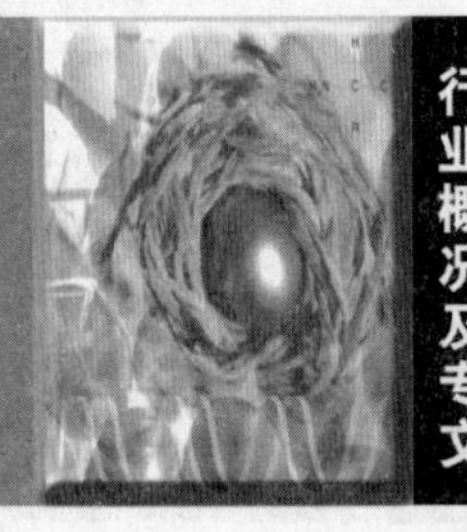

行业概况及专文

我国冷冲模具现状与发展趋势

近年来,我国模具销售额持续攀升,民营模具企业雨后春笋般地涌现,国外著名企业和资本的进入更是促进了模具行业的快速发展,我国已成为名副其实的模具生产大国。冲压模具占模具生产总量40%左右,其制品覆盖电子、通信、汽车、机械、电机电器、仪器仪表和家电等产品范畴,在新能源设备、自动化装备、医疗器械、航空航天和节能减排产品等领域使用的模具发展势头强劲。与此同时,模具企业的竞争日趋白热化,中低水平的模具供大于求,高精度、复杂、大型多功能模具依然依靠进口。提升我国模具企业的整体技术水平,提升企业的核心竞争力,促进模具产业结构优化,仍然是我国模具行业的当务之急。

冷冲模具主要包括多工位与多功能冲压模具、汽车覆盖件模具和精冲模具等,由于汽车覆盖件模具和精冲模具的现状与发展趋势将用专文描述,这里只针对多工位与多功能冲压模具阐述其现状与发展趋势。

一、多工位与多功能冲压模具现状

先进多工位与多功能冲压模具的代表主要有精密多工位级进模、精密多工位冲压传递模、复杂精密多功能冲压模具等,其中精密多工位级进模占据主流产品地位,占模具市场的绝大份额。先进精密多工位级进模主要包括电机铁心硅钢片级进模、空调器翅片级进模、集成电路引线框架级进模、电子连接器级进模、彩色显示管电子枪零件级进模、汽车零件级进模、家电零件级进模等模具类别。

受国内市场产品档次提升的推动,我国的先进多工位与多功能冲压模具的总体技术水平得以提升,特别是产量最大的精密多工位级进模在技术水平、制造精度、使用寿命和制造周期等性能指标方面均有明显进步,无论从技术还是产能上已具备向先进国家模具挑战的能力。其中相当一部分高档优质模具的总体性能已接近或达到国际同类模具先进水平,不仅可替代进口,一部分模具还出口到工业发达国家和地区。多工位冲压传递模具也已基本达到国外同类模具先进水平,如电机铁心片级进模制造精度达1μm,步距精度达3μm,回转精度1′,表面粗糙度R_a0.10μm。模具在高速冲床上使用,具有自动冲压、叠片、扭槽、分组、回转等功能,自动叠片铁心组合的厚度可达到100mm以上,铁心组合的外径可达200mm左右,模具寿命2亿冲次以上。

空调器翅片级进模制造精度达1μm,模具的冲裁间隙10~15μm,高速冲压,包括引伸、冲孔、变薄拉伸、百叶窗成形、翻边、异形边、边切、纵切、拉料、横切等工位。刃口备件可互换,模具使用寿命3亿冲次以上。研发的一次冲出12列、24列、36列、42列、48列、60列、72列、76列翅片等高档级进模的总体功能已达到国际同类模具水平。其中国内首创能满足5类片形快速切换生产的12列翅片级进模和76列复合型空调翅片级进模已接近国际同类模具先进水平。

集成电路引线框架级进模制造精度达2μm,作为半导体和集成电路的载体引线框架,引线的脚数多、尺寸小、精度高、形状复杂,冲出的制品在镀镍处要求无毛刺。国内研发的引线框架级进模产品中,引线脚数量最多的已达128条,最小间距尺寸为0.09mm,排数最多框架已达8排。易损备件可互换,高速冲压,模具使用寿命5 000万冲次以上。研发的集成电路框架、晶体管框架、分立器件框架等高档级进模的总体功能已接近或达到国际同类模具水平。

电子连接器级进模制造精度达1μm,步距精度达2μm,工位数多达几十步。其冲制的制品形状复杂、精度高、成形的一致性要求达10μm。高速冲压,刃口备件可互换,模具使用寿命2亿冲次以上。研发的电子连接器、接插件、电刷件、电器端子等高档级进模的总体功能已接近国际同类模具水平。其中自主研发的微型电子连接器超高速精密级进模,最高冲速达2 000次/min以上,模具使用寿命达3亿冲次以上。

彩色显示管电子枪零件级进模制造精度达2μm,步距精度达3μm,包含冲切口、展开轮廓、拉深、压筋、切边、翻边、变薄拉深、整形、精冲小孔等工位。冲制材料为厚0.245mm的无磁不锈钢片带料,经自动冲压成形G5的零件,精度达到10μm内,变薄拉深的孔径形位公差0.02mm内,制品外形品质要求零缺陷。高速冲压,备件可互换,模具使用寿命5 000万冲次。

汽车零件级进模是近几年出现的特大型级进模,重量20t左右,包含切口、拉深、弯曲、成形、整形、冲孔等多种工序,制品形状复杂、曲面深度起伏大、精度要求高、材料厚、强度高。国内该类模具技术进步很快,模具结构新颖,成形精度迅速提高,部分模具寿命100万冲次以上。

二、与国际先进水平相比存在的主要问题

近年来,我国先进多工位与多功能冲压模具水平提高较快,模具制造装备技术已经达到国际先进水平,模具设计制造水平有了很大的提高,一部分精密、复杂级进模进入了规模化生产阶段,模具的进口替代成效明显,出口逐年递增。但是与国外先进冲压模具相比,仍然存在以下几个方面的差距。

1. 模具设计制造技术方面

通过多年的引进消化吸收以及模仿创新,我国的多工

位与多功能冲压模具设计技术进步显著，制造技术明显提升。但与国际水平相比，差距还是明显的。主要体现在创新不够，很多先进模具中的关键设计内涵和技术，以及制造工艺中的"KNOW HOW"等基础技术、理论和核心技术掌握不够，导致模具整体水平提升困难，始终处于技术跟进与追踪阶段，达到甚至超越国际先进水平还缺乏相关设计和制造基础技术的支撑。

2.模具的寿命方面

由于模具材料、热处理技术以及制造装配技术等影响，我国冷冲模具寿命普遍低于国际先进水平，差距在30%～50%。特别是一次刃磨寿命低导致模具维护次数增加，降低了冲压生产效率，提高了模具维护成本，进而影响我国模具的市场竞争力。

3.模具的试模技术与模具的可靠性和稳定性方面

试模是模具设计制造完成后对模具的一个综合实验、评估和调整过程，可集中暴露模具设计制造中的问题，它也是冲压模具设计、制造技术以及专业人员水平的综合反映。而模具的可靠性和稳定性则是模具设计制造质量好坏的评价基准和模具正常使用的保障。由于国内缺乏对多工位与多功能冲压模具的设计、制造工艺中的隐性知识和技术积累的深入挖掘，与国际先进模具企业相比，国内多工位与多功能冲压模具的试模，以及模具使用中的调整和维修时间增加30%以上。对比国外目前正在研究无试模程序的模具前沿技术，国内在模具的试模技术与模具的可靠性和稳定性的差距是显而易见的。

4.模具的基础理论与关键技术方面

模具设计制造是一项实践性很强的专业技术，长期以来，国内对模具设计和制造的实践性非常重视，但对冲压模具基础理论和技术研究重视不够，模具设计和制造的基础理论和技术发展缓慢。加上国内冲压模具企业的专业化分工还不够细化，小而全、大而全的模具企业还占主导地位，企业的核心技术竞争力难以形成，企业自有技术以及创新能力远远落后于国外先进模具企业。另外，模具材料、标准件等模具基础技术落后，直接影响了国内多工位与多功能冲压模具的整体技术水平。因此，在多工位与多功能冲压模具的基础技术支持方面还存在很多薄弱环节。

5.新型模具技术及其拓展方面

随着新工艺、新产品的不断涌现，国外冲压模具已经从常规的单副级进模向多功能组合模具、生产线配套组合模具工装、特大型级进模以及微细零件冲压成形模具等方向发展，而国内企业大多数仍将重点放在常规的单副级进模系列化和产业化方面，还未掌握特种高精尖模具如特大型高精、超高速冲压、超薄、超强和微细型零件成形冲压模具的关键技术，对多功能复合模具还涉及不多。我国需要不断开展新型模具的关键技术研究，拓展其应用领域，为赶超国际先进水平打好基础。

6.模具制造关键设备方面

多工位与多功能冲压模具的关键制造设备目前几乎全部依赖进口，近几年，虽然国内的模具加工装备如线切割机床、电火花机床等性能已经提升很快，但还不能满足国内的模具制造需要，主要关键加工设备如光学曲线磨床、成形工具磨床、慢走丝电火花线切割机床等还依赖进口，制约了多工位与多功能冲压模具整体制造水平的提高。

7.基础零部件和配套件方面

多工位与多功能冲压模具的基础零部件和配套件是模具整体快速发展的基本条件，而国内由于热处理、材料、标准件等模具基础零部件和配套件技术和质量水平较低，高档模具的基础零部件和配套件主要还是依赖进口。甚至起吊螺栓也需要进口，国内急需提升基础零部件和配套件的技术和质量水平。

三、多工位与多功能冲压模具的发展趋势

在经济全球化和我国从"制造业大国"向"制造业强国"挺进中，以及"服务科学"和"服务制造"等现代理念的出现，对我国模具行业的发展将产生重大影响。模具行业的服务制造业的特征将大大增强，模具也应该是最先融入"服务制造"的生产装备。

纵观模具技术的发展路线和模具行业的发展前沿，模具技术的总体发展趋势是"由模具自身的品质提升向冲压件产品的控形控性以及一体化解决方案方向发展"。即客户要求从主要考虑模具本身品质向控制模具生产的最终产品品质的方向发展，从对模具品质的单一要求向为用户产品提供一体化解决方案发展。客户的要求突破了模具产品本身的界限，必须从产业链上寻求系统的解决方法，迫使模具技术和企业向制造业的相关产业链延伸。因此，一大批多领域交叉技术的应用以及以模具为核心的系统解决方案将是今后模具发展的主要特征。

综合我国目前冲压模具的发展及其存在的问题，可以看出多工位与多功能冲压模具是最有希望赶上国际先进水平的模具之一。虽然模具设备硬件已经达到国际先进水平，但与国外相比，在模具设计技术、制造工艺技术以及冲压基础理论等软知识方面，还有相当的差距。还需要模具企业在专业化细分、自主创新以及设计和制造工艺基础理论与技术方面做深入细致的研究工作。因此，多工位与多功能冲压模具的发展方向是：推进模具企业的专业化分工，大力开展模具设计技术、制造工艺技术及其基础理论等研究和开发工作，自主创新，努力提高达到国际先进水平的多工位与多功能冲压模具的种类及其在冲压模具中的占比（主要类型的级进模技术基本达到国际先进水平），为我国多工位与多功能冲压模具的整体技术赶上世界先进水平打好基础。

近期多工位与多功能冲压模具发展重点是：在保持电机铁心自动片级进模、半导体和集成电路载体引线框架级进模、接插件级进模等高水平模具发展的同时，积极发展其他类型的多工位级进冲模与多功能冲模，注重发展大型汽车零部件级进模以及多功能一体复合冲压模具、微小零件冲压模具、特殊板料的冲压模具等微特冲压模具及其技术，整体提升多工位与多功能冲压模具的水平。另外,“控形和控性”是模具发展的大方向,首先需要解决的是“控形”技术问题,冲模具的“控形”技术必然是近期需要突破的重要关键技术。其重点技术的发展方向有以下几方面:

1. 先进冲模设计理论、成形机理与技术的系统研究

目前,冲模的设计理论、成形机理和技术的研发落后于冲模的设计需求,特别是我国冲模设计理论与设计技术落后、体系不全,已经直接影响冲模技术水平的进一步提升。若要促进主要类型冲模技术基本达到国际先进水平,必须建立完善的、先进的冲模设计理论与技术体系,带动冲模设计理论与技术的发展。

2. 冲模先进制造工艺及其关键技术研究

先进制造工艺与技术是提升模具技术水平的基本保障。我国冲模与国际先进水平存在一定差距的主要原因之一,就是我国模具企业缺乏制造工艺与技术“KNOW HOW”。为此,必须研究先进的模具制造工艺和新技术,构建我国冷冲模具制造工艺和技术体系,为主流冲模技术基本达到国际先进水平提供保障。

3. 模具的信息化和智能化

智能化是全球的发展趋势,也是“服务时代”的主要特征。对模具行业来说,模具的信息化和智能化是实现“控形和控性”的重要手段,是赶超国际模具先进水平的一个重要方面,它可以带动一系列模具先进技术的发展,具有重要的战略意义。目前我国模具的信息化和智能化刚开始起步,要实现模具的信息化和智能化还有很长的路要走,同时需要相关政策的推动。

4. 冲压成形的“控形和控性”理论研究

必须深入研究冲压成形“控形和控性”的深层次理论和技术问题,借以掌握“控形和控性”技术,真正实现模具的智能化制造。另外,“控形和控性”技术的实现以及产业链问题的解决必然涉及大量的技术交叉领域,这是对模具技术的突破,势必给模具技术的发展带来巨大的推动作用。加强对模具的多领域交叉技术的研究是模具技术向深层次发展的关键。

5. 新型金属冲压工艺与模具技术研究

随着航空航天技术、轿车轻量化以及各种新材料的广泛应用,涌现出各种新型金属材料乃至金属与复合材料复合的“三明治”材料,这给传统的冷冲压模具和技术带来了很大的挑战。新材料必然导致新工艺的出现,需要新型模具和成形技术支撑。如近年出现的硼钢板热冲压技术、管材的内高压成形技术、镁合金板的冲压技术等,而现有的模具成形理论与技术不能完全适应新材料和新工艺对模具的要求,必须针对这些新材料新工艺研究模具设计理论和技术,推动模具技术的发展。

〔撰稿人:同济大学林建平、中国模具工业协会技术委员会张顺福〕

汽车车身模具的现状与发展趋势

未来5年,我国汽车车身模具行业将拥有一个非常好的发展机遇。一是我国汽车工业仍将保持较快的发展,2015年汽车产量将达到3 000万辆。据行业数据,2010年我国汽车产销量为1 840万辆,相当于美国历史上最高的汽车销售纪录。虽然当前国内汽车价格大战越演越烈,但就汽车模具装备需求总量来说,相当一段时间内汽车模具装备的产能尤其是中高档模具装备的生产能力差距依然很大,这也是汽车车身模具装备进口量仍在增大的主要原因。二是近年来我国汽车模具装备制造水平的快速提高,得到了欧美汽车工业的关注。由于成本上的优势,发达国家的装备制造业向亚洲转移,并向我国采购大量的汽车模具装备。我国汽车模具装备行业,要做好充分准备,迎接国内和国际模具装备制造业的挑战。

一、已形成要成为“汽车强国”就必先成为“车身模具强国”的新思路

好的裁缝加好的成衣匠等于高档服装,模具就是裁缝,焊夹就是成衣匠,好的模具加好的焊夹就等于好的白车身。汽车换型就像换衣服,用户第一个要求就是外观和款式,所以,要成为“汽车强国”就必先成为“车身模具装备强国”。

中国模具工业协会资料显示:2010年全国模具销售总额为1 120亿元,同比增长14.3%;模具出口21.96亿美元,模具进口20.62亿美元,模具出口已略大于模具进口,稍有顺差。这说明我国汽车车身模具装备业已经得到较大发展,完全依赖进口的局面彻底打破。

未来汽车企业之间的竞争会更加激烈,成本压力会越来越大,汽车企业一定要通过高自动化的大批量生产,采用新材料等手段,降低成本,因而对汽车冲压模具和焊接夹具的开发和制造提出了更高的要求,许多模具新产品将应运而生,以满足汽车工业的发展需求。

1. 大型自动化模具的开发与制造

大型自动化冲压线,全封闭无人自动冲压,效率高,产品稳定性好,同时也对模具设计提出了更高的要求,大型自动化模具为汽车企业提高生产效率作出巨大贡献。

2. 双槽、多槽模具的开发与制造

双槽、多槽模具大而复杂,设计、制造、调试难度均大,

但能减少总模具套数，节约成本。能够采用双槽结构模具冲压的外覆盖件通常有：门内外板、发动机罩内外板、行李箱内外板、左右翼子板等。根据产品特点，合理分配冲压工艺，在一套模具上可实现一模四件，即前门内外板、后门内外板。一模四件模具见图1。

图1　一模四件模具

3. 多工位、级进模的开发与制造

随着汽车产品开发平台化战略的实施，一个平台多种车型的产品会不断出台，这样多种车身共用同一种冲压件会更多，对模具品种的需求也会发生变化。为了满足汽车平台化战略的需要，大型多工位自动化快速模具、大型自动化快速级进模的需求也会迅速增加。多工位模具见图2。级进模见图3。

图2　多工位模具

图3　级进模

4. 高强度、超高强度钢板冷冲模具制造技术

绿色环保、安全性要求模具行业跟随汽车产业的发展调整自身的发展方向。近年来，高强钢板、超高强钢板等轻量化材料应用越来越多，发展迅速，大部分中高级车骨架件中高强板比重基本达到50%以上，但高强钢板成形性差、扭曲变形难以控制，是汽车模具行业必须解决的难题。

5. 新材料在汽车覆盖件中的应用

汽车车身中新材料的比重也在逐渐增加。这是车身制造技术和模具制造业的发展方向。德国“大众一号”高级轿车前翼子板就是塑料的，靠塑料模具生产；奥迪A8采用全铝车身；东京大学汽车研究院开发出碳纤维材料翼子板，只有普通材料重量的1/4，而强度能达到钢板的效果。这些新材料的应用，给汽车模具提出了新的课题。

二、传统的制造过程向技术开发前沿转移，出现生产过程更加便捷的新概念

随着时代的进步和科技的发展，过去长期依赖钳工、以钳工为核心的粗放型作坊式的生产管理模式，正逐渐被以技术为依托、以设计为中心的集约型现代化生产管理模式所替代。随着模具制造过程的前移，调试问题被提前到加工数模设计，乃至冲压工艺设计阶段解决，这已经成为当前被广泛应用的模式。模具产品的传统概念也正被模具高新技术产品的概念所替代。

汽车研发过程的工艺同步工程技术（Simultaneous Engineering）的研究，使冲压工艺设计人员在参考车分析阶段、模型设计阶段、产品工程化阶段、样车制作阶段，就能够深入了解车身零件的工艺性，借助计算机辅助工程（CAE）进行冲压工艺分析，判断可能产生变形不足的部位、冲击线与滑移线产生部位、开裂及起皱产生部位，并提出解决措施；预测可能产生的线滑移；开展回弹分析及提出解决措施等，使工艺问题解决于车身设计阶段，有利于车身质量、成本和制造周期的全面控制。

采用网络应变分析技术，获取实际冲压结果（减薄率、主次应变），并与模拟分析结果进行对比，最终形成设计前期CAE分析、调试过程中的虚拟试模、调试过程中冲压件的实际应变比对、调试后模面采集数据的再分析验证等全过程的模具CAE闭环分析控制系统及验证体系。这样可减少钳工研修工作量30%以上，减少压床占用时间20%，缩短模具调试周期15%～20%。

精细模面设计——基于材料变薄及模具动态弹性变形的模面补偿。均匀厚度的板料在拉延成形阶段会减薄。数控加工完全到位的模具凸凹模型面为均匀的等料厚间隙，型面与板料间隙不均匀，会影响制件着色率；采用板料冲压CAE分析获取所需成形力后，将该成形力直接施加到下模（带压机台面），分析结果为下模下凹。

精细模面设计示意图见图4。

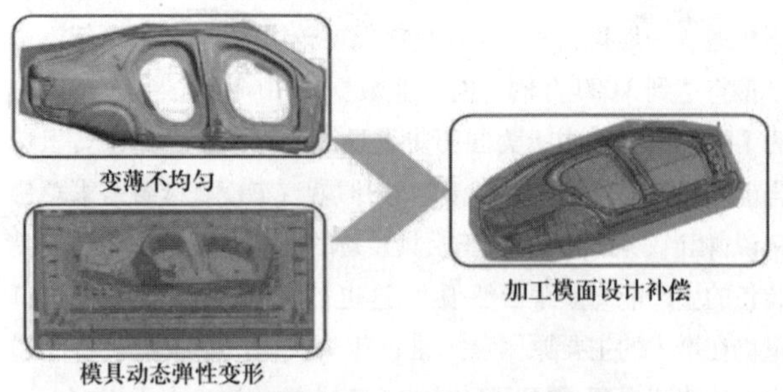

图4　精细模面设计示意图

虚拟合模技术——在数控加工前，考虑影响模具合模率的相关因素，对加工模面进行补偿，以减少手工研修量，提升模具合模率。

主要应用快速数据采集手段，对模具的关键部位进行数据采集分析，并进行数据虚拟合模，直观地分析模具的实际合模间隙，从而减少占用压床的调试时间。

虚拟合模示意图见图5。

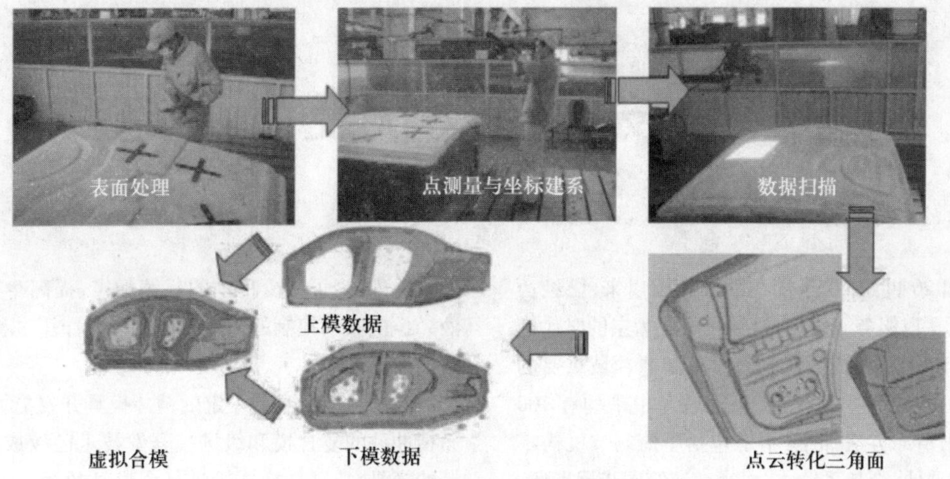

图5　虚拟合模示意图

对于左右对称零件，重点调整单侧零件模具后，通过虚拟合模技术进行数据采集及合模分析，记录模具的修磨过程，以此为基础指导后工序型面和另一侧模具的调整，对于手工调整大的区域可直接对对称扫描数据进行数控加工。对调试合格后的模具型面进行数据积累与分析，将调试钳工的调整经验结果进行电子数据备份，逐步形成模具型面调整经验数据库，并将此经验数据逐步融入到设计最前期的冲压工艺造型和加工数模补充面不等间隙设计中（精细模面构造），进一步提高设计数据的可靠性，逐步减少钳工研修工作量。

三、打破传统的冲压件检测理念，树立新观念，以适应汽车安全对模具开发技术提出的更高要求

当前汽车企业在传统的制造基础上向更高的低碳环保安全方向发展。当汽车进入高级发展阶段的时候，汽车模具行业要追求更高层次的发展，掌握高新技术和前沿的分析能力。目前对模具的要求不仅仅是表面质量和尺寸精度，还要求制件成形安全、稳定。如：C级轿车侧围翼子板模具，上下模平行度0.01mm/500mm，上下模有效研合面积大于90%，达到AUDIT评定等级：侧围≤2.2，翼子板≤1.8。同时，要分析成形曲线的危险区和安全区，因此不能简单地用传统的检测手段如三坐标、检验夹具等来判断制件是否合格，而是要用高超的检测技术如光照检测、成形极限检测等检查材料组织内部是否合格、安全。

四、车身模具由单件生产向流水生产迈进

我国的汽车车身模具企业近十年进步速度的确很快，世界先进国家基本没有我国这么大规模的汽车车身模具生产企业。汽车车身模具企业是单件生产，几乎没有完全一样的产品，汽车模具开发制造过程实际是汽车产品开发过程的延续，从而使得车身模具装备企业的管理比一般汽车流水生产管理复杂得多，更多的变数贯穿于模具开发和制造的全过程。企业的技术能力和管理水平决定着企业的兴衰，如何提高能力和水平一直是企业管理者追求的目标。

德国大众模具生产方式是当今汽车模具生产方式的最高水平。传统的单件生产通过信息化技术，实现了自动化流水生产。可换工作台式自动化加工，减少了工件反复装夹，提高了前后工序的衔接效率。自动化数控加工，在模具加工车间几十台带工作台的无人驾驶小车带着被加工零件行驶在加工中心之间，按照信息指令在不同的设备上完成所有的工序加工，并按计划时间准时送达装配工位，解决了长期困扰模具管理的大型模具的装配和调试难题。这样的“流水作业的生产方式”可称之为汽车模具生产管理的一次革命。

五、信息化技术是汽车车身模具制造企业流水化生产的保障

车身模具企业信息化技术包括：模具优化设计与CAD/CAM/CAE一体化技术，尤其是三维设计和计算机仿真模拟分析技术；模具企业ERP、PDM、MES等信息化管理技术；虚拟网络技术及企业知识管理平台的建立等。只有掌握这些关键技术，才能实现车身模具装备制造过程的准时化生产、敏捷制造、精益模式、流水化作业、数字化工厂。

成为车身模具强国一直是行业的追求。伴随我国汽车工业的快速发展，对车身模具的需求也会更加多样化和复杂化，模具行业要根据需求的变化及时调整产品结构，提升技术研发能力，我国模具行业“十二五”规划目标已经明确：把中国制造变为中国创造。具体地说，就是设备的升级、技术的升级、管理体系的调整、企业管理模式及企业信息化的建设，最后是合作能力的升级。相信我国汽车模具企业全体同仁通过自身的努力与拼搏，一定能把我国汽车模具事业做好，把我国汽车车身模具做强，把更多更好的低价优质模具和优质服务提供给汽车工业，担负起支撑我国汽车工业发展的重任。

〔撰稿人：一汽模具制造有限公司褚克辛〕

精冲模具技术的现状及发展趋势

精冲技术自20世纪20年代在欧洲发明以来，已经历90多年的历程，从以服务于钟表、打字机行业为主的时代进入主要服务于汽车工业的时代，成为厚板制造领域重要的精密冲压成形方式之一。据统计，一辆轿车中平均有100多个零件需采用精冲方法加工，主要包括座椅调节机构零件、汽车安全带零件、冷却系统法兰盘、变速箱同步器齿环、手动变速器零件、自动变速箱传动部件、汽车空调阀板、制动刹车零件等。

虽然精冲技术进入我国已经50多年，但发展速度缓慢，经过几代工程技术人员的不懈努力，目前已具备一定的开发能力，形成了如湖北中航精机科技股份有限公司、苏州东风精冲工程有限公司、广州华冠精冲零件有限公司等多个有实力的生产基地。目前，我国近16个省市拥有专业精冲生产设备，其中进口精冲机100余台，国产20余台（不含液压模架），精冲从业人员超过5 000人。华东（上海、江苏）和华中（湖北）是我国精冲制造企业相对集中的地区。

精冲是一项系统工程，需要综合考虑零件设计、零件材料、模具设计、模具材料、润滑剂、精冲机等因素，其中精冲模具是实现日益复杂的精冲工艺的保证。作为精冲技术的核心环节，精冲模具随着我国精冲制品市场的不断扩大和精冲零件品种的多样化，在功能结构设计上已初具水平，与国外的差距在不断缩小。

一、精冲模具技术的发展

1. 模具设计和开发

精冲模具结构可分为活动凸模式模具和固定凸模式模具。活动凸模式模具是精冲技术的早期产物，主要用于薄板小尺寸精冲件的冲裁；固定凸模式模具主要用于复杂精冲件的冲压，代表了精冲技术的发展方向。

根据精冲件复杂程度和精冲工艺的发展要求，目前已开发的精冲模具类型有：复合模（Compound die）、级进模（Progressive die）、级进复合模（Progressive compound die）、传递模（Transfer die）和模块化模具（Modular die）。其中级进复合模是使用最广泛的精冲模具类型，占精冲模具总数的50%以上。它在广义上属于连续模，在某些工位上可以完成两道或两道以上工序，又具有复合模的特征，可以有效减少工步数。

在精冲模具设计中，为了提高精冲件的同轴度和尺寸精度、进一步减少模具工位和延长模具寿命，采用垂直级进模（Vertical progressive die），即在模具的成形工步设计辅助力液压缸，增加冲压成形所需的动能，其典型的应用是在3动精冲机上通过改造实现汽车座椅调角器的5动精冲成形。此外，为了减少精冲的后续加工，提高生产效率，采用液、气、电联动控制的传递模可在一次冲压过程中实现落料后的成形加工。

我国目前已具备一定的精冲模具开发能力。中小型平面精冲件的复合模和级进模开发技术已较成熟，但在复杂精冲模具，特别是精冲级进复合模具的开发方面仍缺乏经验。有些企业对某些特定产品具备了一定的技术积累，但总体上与国外先进水平仍有较大的差距。此外，持续的技术创新使精冲模具技术不断发展，出现了模具内去毛刺技术、无齿圈精冲成形技术、工件间小搭边精冲技术、机械手移除零件和废料技术等一批模具新技术，对模具的设计工作也提出了新的挑战。

2. 模具加工

模具的工作元件（如落料凸模、冲孔凸模、凹模或压印凸模等）在成形过程中的表现取决于其制造方式。对于精冲模具，其凸凹模单边间隙约为材料厚度的0.5% ~1%，当模具制造精度不高时，致使冲裁间隙不均匀，严重影响模具寿命和制件质量。就加工精度而言，在模具加工设备方面，国内已拥有精冲模加工所必需的各类精密加工设备和检测设备，完全具备精冲模具的制造能力。但对于涉及复杂工艺的精冲模具，国内企业的整体制造能力与国外企业尚存在一定的差距。

此外，对于精冲模具型腔的加工，线切割加工造成白层的影响不可忽略。目前，国内对于模具加工表面的白层多用手工研磨的方法去除，有时也采用喷丸方法进一步提高加工表面质量，但是这样易降低模具精度。为此，国外提出了一种新技术——挤压研磨，也称作磨料流加工。它是使磨料流通过模具零件的某些部位，对通道面和边角去毛刺和抛光的过程，这一工艺尤其适用于通常较难加工成形状的内腔。

3. 模具材料

模具材料会影响模具寿命和生产率。粉末高速钢是精冲模工作元件的首选材料。近年来，一些国外模具钢企业不断扩大在我国的服务范围，提供了多种粉末高速钢牌号。但在模具产量不很大的情况下，国内企业大多仍采用国产模具钢（如W18Cr4V、W6Mo5Cr4V、Cr12MoV等）。

此外，为了提高模具寿命，精冲模具的主要工作元件都采用表面强化处理技术，以提高模具表面硬度和降低成形过程中的摩擦系数。模具涂层技术（PVD/CVD）在国内精冲模具制造行业已普遍使用，有效提高了模具寿命。

4. 精冲模具基础技术研究

精冲工艺的复杂性导致模具设计的复杂性。由于精冲复合成形中含有大量体积成形工艺，如板料挤压、平面压扁（板料镦粗）等，致使整副模具上的力能分布异常复杂，而不合理的力能分布将降低模具寿命，甚至影响精冲机导轨和油缸的寿命。目前，国内在设计复杂精冲模具时，大都基于经验或参考国外设计，但已开始采用有限元模拟及知识工程等手段提高设计质量。

上海交通大学模具 CAD 国家工程研究中心通过与 FEINTOOL 公司合作，采用知识工程（Knowledge - Based Engineering，KBE）技术，将精冲模具设计中的知识、经验和方法集成到计算机软件系统中，开发了软件系统，可以实现精冲及其成形特征的工艺性分析、材料可行性分析、毛坯优化排样、精冲复合成形工步排样、精冲力能估算等多种功能。北京机电研究所、华中科技大学、武汉理工大学、重庆理工大学等高校和科研院所在大倒角精冲成形模具技术、精冲模具的结构仿真、模具寿命预测方面开展了一系列研究工作。

5. 精冲模具标准化建设

目前，我国已颁布一些精冲行业标准，如 JB/T 9175.1—1999《精密冲裁件 结构工艺性》、JB/T 9175.2—1999《精密冲裁件 质量》、JB/T 6957—2007《精密冲裁件 工艺编制原则》、JB/T 6958—2007《精密冲裁件 通用技术条件》、JB/T 7714—1995《精密模具润滑剂 技术条件》和 JB/T 7177—1993《精密冲裁液压机 精度》等。此外，在精冲模具设计领域，上海交通大学、北京机电研究所、苏州东风精冲工程有限公司联合开展的《精冲模 技术条件》国家标准制定项目正在进行，预计将于 2013 年完成。国内已有模具标准件企业按国外标准制造部分精冲模架，但总体而言，我国精冲模具标准化建设工作仍需加强。

二、精冲模具的发展趋势

我国汽车工业的高速发展需要大量精冲件的支撑。各种迹象表明，我国精冲行业已进入高速发展期，精冲模具也将得到快速发展，主要体现在：

复杂精冲复合成形模具开发技术不断提高，自主开发的级进复合模、传递模、模块化模具等占比不断提高；

有限元数值仿真、知识工程等现代数字化设计手段引入精冲模具开发过程，设计质量不断提高；

用液、气、电联动控制的智能化精冲模具将逐步进入精冲技术领域；

数控精密高效加工设备的应用，将大大提高精冲模具的自动化制造水平；

精冲模具材料及热处理、模具涂层等技术支撑不断完备；

构建我国精冲模具设计标准体系，提高精冲模标准化程度；

越来越多的国内研究机构进入精冲领域，特别是精冲模具领域，开展形式多样的研究工作，夯实行业基础。

〔撰稿人：上海交通大学塑性成形技术与装备研究院赵震、苏州东风精冲工程有限公司谷圣光〕

塑料模具的现状和发展概况

模具技术水平已成为衡量一个国家产品制造能力的重要标志，模具的研发能力直接决定了新产品的质量、成本、上市周期。据估算，1 亿元的塑料模具投入，将带动 100 亿元的产品产出。因此，模具是工业产品保持市场竞争力的重要保证，是重要的基础工业。

我国塑料模具在整个模具行业中的占比约为 45%，主要包括注射成型、挤出、吹塑、吸附、发泡、搪塑等模具类型，其中注射成型模具占比最大。塑料模具广泛应用于家电、汽车、铁路交通、航空航天、军工等领域的塑料零件生产。随着汽车、家电、电子通信行业的迅速发展，塑料模具占模具总量的比例仍将逐步提高，且发展速度将快于其他种类模具。

“十一五”期间，我国塑料模具市场需求旺盛，年均增幅达到两位数，“十一五”末我国塑料模具销售总额超过 500 亿元，年增速近 15%。

一、塑料模具产业规模

“十一五”以来，国家十分重视模具行业的投入。模具市场进一步拓展，在国内市场，汽车轻量化、新能源、医疗器械、航空航天、节能减排等领域已成为模具行业重要的新的增长点。国际市场方面，我国模具已出口 40 多个国家和地区，除传统的欧、美、东南亚市场外，巴西、印度、俄罗斯、南非、澳大利亚等新兴市场开拓已取得成效。

目前，全国塑料模具生产企业（厂、点）约 2 万个，从业人员近 50 万人，2011 年塑料模具总销售额约 560 亿元，其中出口约 18 亿美元，大量自产自用的模具未计入内。

从塑料模具产业布局来看，珠江三角洲和长江三角洲是我国塑料模具最集中的地区；近年来，环渤海地区也在快速发展。相对发达的省市有广东、浙江、上海、江苏、山东等。模具生产集聚地主要有深圳、宁波、台州、苏锡常地区、青岛及胶东地区、珠江下游地区及大连等。

在行业技术进步方面，塑料模具成果突出。2010 年 5 月，在第十三届国际模具技术及设备展览会上获得“精模奖”的塑料模具共有 90 项，其中一等奖 29 项、二等奖36 项、三等奖25项，数量和技术水平都有较大提高，很多项目达到国际先进水平，自主研发能力大幅度提高，如海尔模具研发的叠层模具获得"精模奖"一等奖，拥有多项自主知识产权。

二、塑料模具市场简介

从模具需求情况看，经过"十一五"期间的快速发展，我国塑料模具在数量、质量以及技术能力等方面都有了很大的提升，但与世界先进水平相比仍有较大差距。一些大型、精密、复杂、长寿命的高档塑料模具每年仍需进口，一些技术含量不太高的中档塑料模具趋于饱和，技术含量低的中低档模具已供过于求。

与欧美等发达国家相比，我国塑料模具的价格优势逐渐减弱；与印度、南非等新兴模具市场相比，我国塑料模具的市场竞争力也逐渐减弱。我国传统的低人工成本优势不复存在，因此，需要大力发展高端模具产业，提高我国塑料模具在国际市场上的竞争力。塑料模具企业应重点发展技术含量高的大型、精密、复杂、长寿命模具，并大力开发国际市场。

三、塑料模具技术现状

以塑代钢技术在工业产品中的大量应用促使我国人均塑料消费量大幅提高，与其相关的塑料模具研发制造技术日新月异。"十一五"以来，塑料模具行业在大型、精密、复杂、高效、绿色模具方面取得很多成果。例如，制造出能够生产单件重量达150kg塑料制品的塑料模具，部分电子元器件等精密塑料模的精度已可达到3μm，制件精度为0.5μm的小模数齿轮模具以及达到高光学要求的车灯模具等高端模具已具备自制能力，汽车仪表板、保险杠等大型复杂塑料模具技术日趋成熟，已能够研制单套模具重量40t以上的大型叠层高效注塑模具。高光免喷涂模具技术，IMD技术、IML技术消除了喷涂工序造成的环境问题，降低了生产成本，低压一体注塑模具使装饰表层与塑料制品一次成型，消除了黏合剂带来的污染。

塑料模具的发展带动了上下游产业的技术进步，包括塑料模具的生产设备、自动化工艺装备、新型注塑材料、新型模具钢材、新型成型工艺等。例如，高效叠层模具的产业化推广需要研发高容模量注塑机，高光免喷涂模具技术需要高亮度、高硬度、高阻燃性的塑料，快速验证模具需要新型模具材料以降低模具制造成本。

"十一五"以来，在政府政策的扶持和引导下，模具行业大力投入，企业装备水平和实力有了很大提高，CAD/CAM技术已普及；CAE、CAPP、PLM、ERP等数字化技术已有一部分企业采用，并收到较好的效果；高速加工、并行工程、逆向工程、虚拟制造、无图生产、标准化生产已在一些重点骨干企业实施。

四、塑料模具的发展方向

"十二五"期间，塑料模具应继续向大型、精密、复杂、高效、绿色方向发展，研发能够实现高效生产、环保制造、具有高品质外观、以塑代钢的模具。用于汽车塑料零部件生产的模具，如低压一体注塑模具、注塑后压模具、搪塑模具、发泡模具、快速验证模具等；用于高端家电、电子产品、医疗器械等塑料零部件生产的模具，如大型多色注塑模具、免喷涂高光模具、高精超薄、超厚制品塑料模具等一系列模具有着广阔的市场前景。塑料模具需要重点向以下四个方向发展。

1. 塑料模具新技术、新工艺

研发新型加热方式的高光免喷涂模具技术，重点是电磁加热、红外加热等方式，实现更高效、更节能、长寿命的模具生产。同时，研发用于解决高光制品表面硬度低、耐磨性差等缺陷的关键技术，拓展高光免喷涂模具的应用领域。

研发推广大型叠层注塑模具技术，研制大容模量注塑机，使更多塑料制品能够应用叠层模具技术。同时，研发多层模具叠加的关键技术，如：专用热流道系统、开合模联动系统、承载导向机构等，进一步降低注塑成本，实现模具高效生产。

研发用于生产复杂形状、高品质外观制品的多色注塑模具技术，对产品设计、CAE模流分析、模具结构、注塑工艺等方面进行技术攻关，消除制品外观缺陷，通过模具结构创新，提升模具设备配套能力，促进该技术的产业化推广。

随着市场需求的扩大，塑料模具行业需要进行技术创新，研发一些新技术、新工艺，如低压一体注塑模具的自动化生产技术、快速模具的新材料研制、目前还依赖进口的搪塑发泡模具等。

2. 塑料模具数字化设计、制造技术

针对塑料模具开发CAD、CAE、CAM数字化工作站，基于企业技术平台和通用工具软件二次开发平台，对标准模块、批处理工具进行二次开发集成，形成具有自主知识产权的专业化CAD工作站，实现工程设计人员的自动化设计；建立把工艺参数、材料性能、分析经验集成在一起的CAE工作站，实现产品设计、模流分析一次到位；开发基于模具信息化制造的工艺、程序、刀具、夹具数据库，形成标准化、自动化制造的CAM工作站。

基于数字化工作站的塑料模具研发体系分为三部分。首先，利用CAE数字化工作站对产品结构进行优化设计，保证产品结构达到产品整机要求的刚度、强度、性能等指标，同时满足模具的成型要求，输出指导注塑生产的最优化的注塑工艺参数。利用CAD数字化工作站对模具进行标准化设计，基于产品零件特征、接口标准化，利用标准模块数据库、批处理工具实现模具模块化设计、自动化设计。利用CAM数字化工作站调用标准工艺、程序、刀具、夹具，实现模具零件自动化加工。通过数字化工作站的实施，模具的研制周期将缩短20%～30%，产品的上市时间将缩短40%～50%，模具的制造、试制成本将降低10%～20%，模具的可靠性和稳定性将得到较大提升。

3. 塑料模具零件加工自动化技术

将机器人技术和柔性自动装夹技术应用到模具的零部

件加工中，实现模具零件的自动化装夹、自动化加工、自动化物流和无人值守作业。

研究模具零件加工过程中的劳动密集型工序的自动化生产技术，如自动抛光技术，通过抛光机器人的研发及应用，提高抛光效率、抛光质量，减少人为因素造成的质量缺陷。

研究模具零部件柔性加工工艺技术，根据产能负荷与设备负荷情况，借助生产管理信息化系统，选用不同的标准化加工工艺方案，充分利用现有设备资源，扩大制造能力。

4. 塑料模具信息化管理技术

企业应结合自身的经营生产情况实施全流程的信息化管理，选择适合本企业的PLM、ERP、MES等系统软件，对市场、财务、项目、设计、采购、制造、物流仓储等业务流程各环节进行开发，形成智能化的管理系统。市场部门可以通过系统与客户进行远程同步信息交流，及时获取客户需求。项目部门可通过信息化系统发布订单信息和订单计划并实施全流程管控。设计、采购、制造通过系统可实现并行设计，提前采购，预先制造。成本、财务部门可通过系统对经济指标进行实时监控。通过开发塑料模具信息化管理技术，实现整个业务流程无纸化数据传输，实现高效经营。该系统提供的综合信息还可辅助企业决策。

我国塑料模具行业已实现与国际接轨，国外模具发达国家的先进技术已大量被我国模具企业引进，但还存在消化再创新方面的不足。随着模具行业"十二五"规划的实施，塑料模具技术水平将达到发达国家水平，为我国成为制造强国贡献力量。

〔撰稿人：青岛海尔模具有限公司张平〕

塑料异型材挤出模具的现状与发展趋势

塑料型材及门窗产业经过30多年的发展，截至2010年底，我国已拥有各种型号的挤出设备生产线约12 000～13 000条，各类塑料异型材年产量500万t以上，年均增加约30万～50万t，塑料异型材及门窗制品得到了广泛的应用。在"节能、减排"政策的推动下，塑料型材和门窗产业在今后若干年内将伴随我国国民经济的转型与发展得到快速发展和提升。塑料型材及门窗产业的发展对塑料异型材挤出模具(以下简称挤出模具)的需求量很大。自1985年由铜陵中发三佳科技股份有限公司自主研制的第一套挤出模具问世以来，挤出模具及相关产品在设计和制造上均获得了快速的发展。

一、塑料异型材挤出模具的发展现状

1. 国内挤出模具进步较快

在"十一五"期间，我国的挤出模具产业获得了快速发展，各挤出模具生产企业逐步向规模化、专业化迈进，行业内涌现一批较大规模的企业，挤出模具的设计、制造和技术均取得了长足的进步。近年来我国挤出模具的进步主要体现在：

(1)规模化、专业化水平逐渐提高。虽然铜陵中发三佳科技股份有限公司于1985年就研发成功我国第一套挤出模具，但随后的十年左右的时间，挤出模具行业仍处在仿制及摸索阶段，精密加工设备严重缺乏，制造技术及工艺落后，挤出模具质量普遍较低。但经过20多年的发展后，已经形成一批规模较大的挤出模具企业。各模具生产厂家通过不断提升技术水平，更新制造设备，广泛应用高精密的数控加工设备，优化工艺流程，模具制造水平有了显著提高。

(2)模具设计和制造更加精细化。从测绘、仿制到自主研发，目前大部分厂家都形成了一套较为完整的设计体系。在市场竞争及行业自身发展要求的推动下，各厂家不断完善自己的设计方法，在满足不同客户实际需求的同时，尺寸设计更加精细化、模具结构更加人性化。模具设计的精细化，对模具制造提出了更高的要求，模具加工的精度也逐渐提高。同时，三坐标测量仪及型材断面投影仪的运用，也大大提高了对模具型腔加工精度和型材形状尺寸的检测能力。

(3)与行业相关的新产品及下游设备研发能力逐步增强。近年来，随着行业的发展，逐步形成了以硬质PVC挤出模具为核心，向其他类相关产品辐射的局面。表面共挤、回收料共挤、全包覆共挤、表面浮雕成型等技术已经逐步走向成熟，在PVC发泡、WPC木塑、PE木塑、PE木塑发泡等领域也取得了长足的发展。

2. 行业整体水平有待提高

在"十一五"期间，我国的挤出模具产业虽获得了快速发展，但行业内的水平参差不齐，整体水平还有待提高。以安徽铜陵、洛阳、连云港、湖北黄石等为代表的模具企业，近几年规模不断扩大，市场竞争不断加剧，造成大部分企业把主要精力放在抢占市场上，而在新品研发及技术水平提升上投入很少。我国模具质量与国外先进水平还存在一定的差距。主要体现在：

(1)模具设计的理论支撑不足。我国的挤出模具设计思想，基本上还是沿袭经验积累路径，模具设计缺少理论支撑，对挤出制品配方性能的分析较少，根据配方特性来设计模具的能力很弱，导致型腔的尺寸取值准确性欠佳，模具适应性不强，在客户生产条件发生变化时，只能通过不断调试和修模来解决问题。而以奥地利为代表的国外模具企业比我国起步早，在研发上投入很大，不断进行理论研究及相关的二次开发，对模具设计中的问题预见性比较强。

(2)模具制造精度有待提高。加工工艺流程不够完善，设备维护保养不够重视，为抢占市场盲目赶交货期等，对模具的制造精度产生了严重影响，降低了模具的核心竞争力，技术研发成果未能充分体现。模具制造精度的偏差，导致制品质量稳定性欠佳，设备的产能不能有效发挥。

(3)新产品虽多，但不能做精做强。我国挤出模具近几年发展很快，各类模具新产品不断涌现，挤出产品的种类也越来越多。但是，模具质量未能随之显著提升，又因木塑等制品模具的技术门槛较低，不少厂家陷入低价竞争的怪圈，不利于行业的长期发展。

(4)企业发展的方向不够明确。发展规模和提高质量通常是相互促进并相互制约的关系，模具企业必须在两者之间找到合适的平衡点，不能一味追求做大而不注重产品质量的提高。

二、塑料异型材挤出模具的发展方向

1. 加大技术研发的投入，坚持“产、学、研”相结合，努力提高模具技术水平

挤出模具企业的技术研发应从以下几个方面着手：

(1)建立挤出成型过程的模拟分析系统，进一步提高模具设计的准确性，最终实现参数化辅助设计。参数化辅助设计见图1。

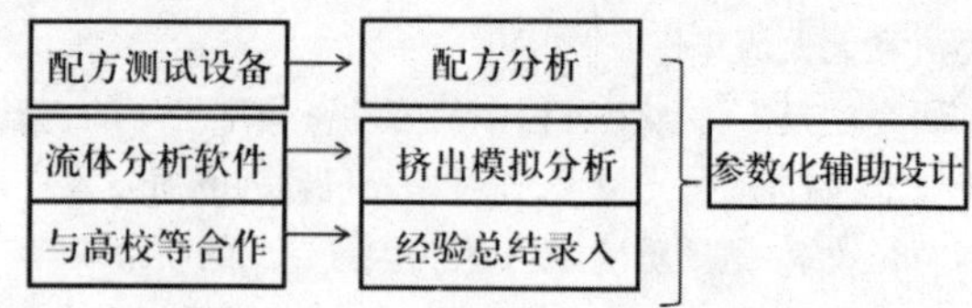

图1 参数化辅助设计

首先，对不同的配方成分进行测试与分析，作为设计输入的资料，是设计成功的基础。由于许多挤出模具生产企业，单纯以经验为主体从事设计，缺乏理论的支撑，不能适应不同客户配方成分的差别以及同一客户配方成分的变化，不能适应多变的市场。早在2005年，铜陵中发三佳科技股份有限公司虽然成功地为德国一客户设计制造挤出速度为6m/min的型材，但为另一客户设计制造的挤出速度为4m/min时，型坯就无法正常进入定型模，模具喘气现象严重。对两种配方进行的测试比较见表1。200℃挤出试样的表面情况及出模膨胀比见表2。

表1 对两种配方进行的测试比较

名称	塑化时间(s)	塑化扭矩(N·m)	平衡扭矩(N·m)
1#	84	36.0	29.9
2#	64	38.0	29.4

表2 200℃挤出试样的表面情况及出模膨胀比

剪切速率(s^{-1})	长径比20:1				长径比25:1			
	1#		2#		1#		2#	
	膨胀比	表面情况	膨胀比	表面情况	膨胀比	表面情况	膨胀比	表面情况
500							1.13	有点粗糙
450	1.31	粗糙	1.27	光滑				
400	1.35	粗糙	1.28	光滑	1.33	粗糙	1.27	光滑
350	1.40	粗糙	1.29	光滑	1.34	粗糙	1.26	光滑
300	1.42	有点粗糙	1.28	光滑	1.35	粗糙		
250	1.43	光滑	1.29	光滑	1.36	光滑	1.26	有点降解
200	1.40	开始降解	1.26	开始降解	1.38	光滑	1.27	有点降解
150	1.40	开始降解	1.27	开始降解	1.37	光滑	1.22	有点降解
100	1.40	开始降解	1.23	开始降解	1.36	开始降解	1.21	有点降解
50	1.43	开始降解	1.16	降解	1.32	开始降解	1.18	有点降解

通过比较分析不难发现，在同等情况下，虽然是同一体系的配方，但两个样料的塑化时间明显不同，对剪切速率的敏感度不同，离模膨胀也明显不一样。根据分析结果，对模头的压力及尺寸进行了相应的调整，成功地解决了以上问题。

其次，通过挤出过程的模拟分析，提高了设计准确性。不同的配方对应不同的流动性，挤出成型过程也有一定的差异，只能通过模拟分析才能较为准确地把握这种差异。铜陵中发三佳科技股份有限公司也进行了一些研究，寻求一种适应挤出模具的分析软件。通过分析，应该适当优化模头的流道设计并改进定型模的冷却系统。

第三，与高校等社会力量合作，坚持理论和实践相结合，建立挤出模具设计“专家系统”，最终实现挤出模具的参数化设计。坚持理论和实践相结合，提高模具设计的准确性，必须借助于计算机辅助设计来完成。而经验的数值如何转化为理论的数据，是计算机辅助设计的难点。配方分析结果的运用，软件的二次开发，速度场与温度场的耦合，以及模拟分析结果的使用等都需要强大的知识面作为支撑。与高校、型材生产企业、软件商及社会人士进行有效合作，才能攻克面临的一系列难题，并最终使挤出模具在设计上获得大的飞跃。挤出成型模拟系统建立后，很多技术性的难题必将迎刃而解。

（2）研发挤出模具自动化生产线（或集成加工系统）制造系统，提高模具制造精度、缩短模具制造周期。传统的挤出模具制造的工艺流程，都是以车、铣、刨、磨、切割、电火花、加工中心为主的加工工艺路线。目前国内较大规模的模具企业已经具有以上全套的加工设备，慢走丝机、加工中心、高速铣床等进口的高精度设备也基本齐全。

但是，传统的加工工艺路线，普遍存在周转工序多，多次装夹造成累积误差大，装配后尺寸精度难以达到理想要求。集成加工系统的研发就是在这种需求下提出的。国外个别挤出模具企业已经开始在这方面进行研究，五轴加工中心及机械手等已经开始投入使用。

集成加工系统可以大大减少周转工序，降低人为误差的概率，对提高模具质量意义重大。研发集成加工系统需要人力资源和资金的大量投入，而目前我国的挤出模具企业多而小，年产值普遍不高，尚不具备研发条件。集成加工在注塑模具加工等方面运用较广，对提高模具质量有重大的意义。从长远发展来看，我国的挤出模具企业要想大幅度提高模具制造精度及加工效率，摆脱低价竞争的漩涡，必须走集成加工这条道路。

2. 注重品牌战略、加强行业自律

我国企业品牌管理有“三强三弱”的特点：意识强战略弱，产品强形象弱，投入强产出弱。我国企业在意识上普遍认同品牌对企业的重要性，然而这种意识却没有很好地体现在实际战略规划上，战略规划能力远跟不上意识力。特别是近两年来，原材料价格、电价、运费、财务费用、从业人员工资等都在不同程度的上涨，税费压力加重，全行业长期面临低利润困境，企业仅能维持生存，无力顾及产品质量和品牌，产品价格也难以提升。为此，挤压模具企业必须痛下决心，彻底摆脱粗放式发展模式，加快发展方式转型和产品结构调整，注重提高产品技术含量和质量，掌握核心技术，建立品牌战略，提升品牌价值和产品附加值，提高产品在国内外高端市场的竞争力。行业自律对维护市场秩序，建立平等竞争机制，促进行业健康发展也十分重要，也应引起业内人员的高度重视，自觉履行行业自律行为。

3. 提高挤出速度及生产稳定性

国内型材生产厂家受挤出设备及现场工艺条件的限制，主型材基本在2.5～3m/min的挤出速度上徘徊。出口订单的主流挤出速度基本保持在3.5～4m/min。随着生产经营成本的不断增加，型材生产厂家越来越注重挤出效率的提升，特别是国外客户对此要求更高；挤出设备厂家也在不断研发大功率的挤出机，挤出模具速度的提升也势在必行。

2005年，铜陵中发三佳科技股份有限公司率先研发并使用新型的定型模结构，在干式定型模之后增加了一节真空定型短水箱，成功地将主型材挤出速度提高至6m/min。随后其他的同行也采用类似的结构形式。这种结构虽然提高了冷却效率及生产能力，但是对真空度非常敏感，对操作人员的技能及生产工艺提出了很高的要求，挤出成型过程中的稳定性难以控制，另外对加工精度要求很高，所以这种结构并没有得到推广及市场的认可。目前，提高产能应用最广泛的方法是增加定型模及水箱长度、优化冷却循环系统。此方法与传统方法比较接近，在高速生产的情况下，模具的稳定性好。通过此种方法，铜陵中发三佳科技股份有限公司可以将双腔主型材生产速度提升到4m/min，设备产能发挥至570kg/h的水平。

4. 积极研发适合挤出节能环保型断面型材和配方的模具

节能环保的重要性众所皆知，塑料门窗的断面正朝多腔室迈进，原材料也向无铅型靠拢。如何把握时代脉搏，积极研制适合此类型材生产的挤出模具是模具行业近一个时期的发展方向之一。

5. 新产品研发要注重实效，力争做到“研发一个、成功一个、推广一个”

我国企业每年研发经费投入相对较少，研发品种相对较多，但是具有市场前瞻性的品种研发很少。考虑到研发经费投入的风险，大部分模具企业是等新产品上市以后再进行仿制，不愿意做前沿的学术研究，这样研发的新品只能算企业新品而非行业新品。要想主导市场，成为行业的领头羊，新产品的研发就必须要有前瞻性及深层次。

综上所述，我国的挤出模具企业应该不断加强理论研究，有效运用模拟分析软件并进行深入的二次开发，配置高精度优良设备，努力提高制造精度及生产效率，坚定走自主研发及提高产品品质的道路。

〔撰稿人：铜陵中发三佳科技股份有限公司张金银、倪健、王波〕

塑料板片、膜挤出平模头的发展概况

一、概述

高效能的平面挤出工艺，保障了塑料板片、膜的稳定供应，而挤出平模头是塑料加工成型中的关键部分。我国的塑料挤出工艺可追溯到20世纪80年代，当时的生产线主要从欧美以高端技术装备的形式引进；使用的原材料主要以聚烯烃为主，包括PP、PE、PS；使用的模具精度不高，设计简易，幅宽在1.5m以内。制品规格相对较小，品种单一，板材厚度1~5mm，薄膜主要以防护膜和简单的食品包装膜为主。

90年代，我国塑料机械行业进入全新发展阶段。一些企业重金引入一批先进的加工设备并加强技术攻关，加快了我国塑料机械的国产化进程，也为板片、膜制品的稳定生产提供了保障。但由于挤出模具没有样品和图样可资借鉴，只能根据客户的描述、物料属性从事研发，因此相对注塑模具其研发难度更大。虽然我国的挤出模具起步较晚且基础薄弱，但通过多年的努力和技术升级，现已与国外先进技术同步发展。以挤出平模头为例，90年代后期，我国每年生产的模头500~900套，基本可以实现自足；2000年后，产量突破千套，并因高性价比受到东南亚及欧美市场的青睐；2010年后，在保证年产5 000套的前提下，实现质的突破，成功对接国际高端挤出技术。

二、技术变革

随着市场需求的进一步扩大，加工工艺的不断完善，挤塑工艺的技术特点与运用领域均发生变化。塑料原料从原来的PP、PE、PS等聚烯烃材料拓展到高分子材料、特殊热敏性材料、改性工程塑料，几乎包含了所有的塑料原材料。使用的模具精度大幅度提高，可实现高效快速生产，模具设计更加科学和人性化。板片模具幅宽从1.5m延伸到10m，制品厚度突破50mm，塑料薄膜厚度可以达到0.001~0.005mm。随着微层倍增技术的发展，薄膜实现了从单纯的三层、五层到几十层甚至上百层的突破，制品广泛运用于特殊包装、电子通信、航天技术等重要领域。

2000年是我国挤塑模具行业的里程碑。通过引入先进的三轴、五轴加工中心和国际同步的熔体流变分析软件，采用衣架式结构或特殊渐变式设计，模具品质得到最大程度的提升。如精诚时代集团始终锁定国际尖端技术，巨资引入德国的超大、超精度加工设备，引进欧洲精密级超镜面抛光技术，经特殊处理的模唇棱边圆角系数达0.045mm左右。经过持续的投入和设备的更新，我国的塑料板片、膜（模头）发展势头强劲，已具有较高的生产能力和生产技术水平。

三、未来趋势

随着企业制造实力的不断升级、人才队伍的持续壮大、品牌服务的魅力展现，以及国际市场的进一步拓展，在未来的五到十年，国内外挤塑模具市场总体向好。市场需求总量平稳增长，其中中低端模具市场需求逐渐下降，高端产品占比将逐步上升；更多的市场空间将会出现在印度、俄罗斯、巴西、东欧各国等，国际市场预计有20%左右的增长空间。

未来，挤塑模具将向更加高效精密、节能环保的方向发展，这势必对模具设计的能耗控制、使用寿命以及产能等提出更高的要求。此外，挤塑模具还将向更加高端的产业延伸，如光伏太阳能产业、新型建筑材料产业、光学薄膜及特殊改性材料产业。鉴于此，国内的许多模具企业选择走出国门，参与欧美国际行业会议，通过引进高精尖设备和顶尖人才，持续提升综合实力。

〔撰稿人：浙江精诚模具机械有限公司梁斌〕

锻造模具的现状与发展趋势

一、概述

锻造是一项古老的金属成形技术，一般分为自由锻和模锻两大类。模锻是利用模具使毛坯变形而获得锻件的锻造方法，模锻工艺适用于高效率、大批量生产锻件，在汽车工业中应用最为广泛，在铁路、航空、航天、船舶等工业领域的应用也在逐渐增加。我国的锻件产量已连续多年保持世界第一，为锻造模具技术的持续发展提供了强大的市场推动力。

锻造模具是锻造时使坯料成形所用的模具，简称锻模。锻造模具可根据锻造温度的不同分为热锻模、温锻模和冷锻模。在锻造工艺过程中还需要制坯模、切边模、冲孔模、校正模等，模架也是锻造模具不可分割的组成部分。这些模具和装置也属于锻造模具类别。锻造模具的基本分类见表1。

表1 锻造模具的基本分类

模具（锻模工作部分）	主要工序用	热锻模	锤锻模、螺旋压力机锻模、机械压力机锻模、平锻模、液压机锻模、热镦锻模等
		温锻模	
		冷锻模	冷镦模、冷挤压模等
	辅助工序用	锻前工序	辊锻模、楔横轧模等
		锻后工序	扭曲模、切边模、冲孔模、热校正模、冷精压模等
模架（模具与设备连接部分）	无导向模架		
	有导向模架	导柱导套式	
		导锁式	

二、锻造模具行业的特点

1. 模具加工装备水平明显提高

近年来，一些高精尖的机床从原来专用于电子军工、航空航天等行业开始向机械行业扩展应用。表现在锻模加工行业最明显的例子是：用于模具型腔加工的电火花机床在减少，越来越多的锻模加工厂（或车间）采用高速铣削直接加工经过热处理的高硬度模膛，提高了效率和精度。普通热锻模的硬度不是特别高，在普通转速的加工中心上配用特殊刀具，也可以加工。另外，锻模真空热处理技术等应用逐渐广泛，这有利于锻模整体加工水平的提高。

2. 锻模堆焊修复技术已经得到广泛应用

近年来，由于焊接材料和焊接工艺技术的进步，锻造模具模膛的焊接修复技术已经在锻模行业广泛应用，焊接修复模具有取代传统落面修复的趋势。焊接修复后的模具，其寿命有时还高于修复前的模具寿命，但焊接修复的效率比较低，焊条的高成本也导致焊接修复成本较高。

3. 在拉近与世界先进水平差距的同时创造出独具特色的锻模技术

近几年，锻模行业的发展使得国内先进厂家的模具制造技术已经接近世界先进水平，比如以前依赖国外进口的一些高精度冷锻模具，现在已经可以自行制造，其技术水平与国外相当。与此同时，国内还自行研发了一些具有特色的工艺与模具技术，如北京机电研究所开发的汽车前轴精密辊锻和预成形辊锻技术，在国内自行开发研制的1 000mm加强型辊锻机上使前轴辊锻接近或达到锻件最终形状，这种技术需要大型复杂辊锻模具的技术支撑。经过多年的摸索，汽车前轴精密辊锻模具技术已经成熟，广泛应用于汽车前轴锻件生产。

4. 锻模生产能力迅速扩大

最近几年是锻造的快速发展时期，摩擦压力机在国内中小型锻造厂广泛应用；热模锻压力机在国内大型锻件的自动化生产中广泛应用，近期建成或在建的 80MN 或以上热模锻压力机生产线有近十条，如桂林福达重工锻造有限公司建成的 80MN、140MN 和正在建设的 125MN 热模锻压力机生产线，山西舜达锻造股份有限公司正在建设的 80MN、165MN 热模锻压力机生产线。为适应模锻行业产能快速扩张的需求，国内锻造模具行业的生产能力迅速扩大。

5. 专业化锻模工厂还不多

由于设计、制造、使用、修复、翻新密切关联，锻造模具大部分由锻造企业自制自用。随着经济发展和产业分工的细化，专业化的锻模制造企业将逐渐增多。专业化锻模厂应该具有明显的设计、加工、调试的技术优势，与特定锻造厂密切结合，最好占有地缘优势，以便服务响应迅速。

6. 有经验的锻模设计人员和模具技术工人短缺

锻模行业的快速发展对锻模设计人员和高水平的模具技术工人需求剧增，但是相关人力资源明显不足，致使有经验的锻模设计人员和模具技术工人短缺。由于大学专业设置的变化，工厂人才培养机制的不健全，这一现象将会持续一段时间。总体而言，大型国有企业的人才状况明显好于民营中小企业。

三、锻造模具若干关键技术现状及发展趋势

1. 锻造模具 CAD/CAM/CAE 一体化技术及信息化技术

国内冲模、塑料模、橡胶模等行业应用 CAD/CAM/CAE 一体化技术及信息化技术水平较高，锻模行业则比较低。当前，国内锻模行业 CAD/CAM 技术已广泛应用，CAD/CAM/CAE 一体化技术应用还较少，锻造模具信息化技术鲜有使用。CAD/CAM/CAE 软件大部分来自国外，价格昂贵、使用不便。成形过程数值模拟技术的开发和应用尚需突破。

未来，锻模行业将普遍采用 CAD/CAM/CAE 一体化技术，用精确化成形过程数值模拟替代或者部分替代传统工艺调试，有可能开发出具有自主知识产权的锻造模具 CAD/CAM/CAE 软件，促进集成 PDM、ERP、MIS 系统与 Internet 平台的锻造模具信息化网络技术广泛使用。

2. 锻造模具延长寿命技术

当前，锻造模具寿命较低，热锻模平均寿命 6 000 件、温锻模 4 000 件、冷锻模 10 000 件，锻造模具快速修复及再制造技术刚刚起步。国内模具材料技术水平还不高，对热处理和表面处理技术重视程度不够，缺乏针对不同工艺条件下的模具润滑技术的研究。

未来，锻造模具将普遍采用真空热处理技术，按需要也可采用氮化、CVC（化学气相沉积）、PVC（物理气相沉积）等表面处理技术。热锻模采用高强高韧性耐热合金制造，依据变形材料、工艺、变形条件不同使用专用润滑剂，模具目标寿命 1 万 ~2 万件；温锻模采用专用温锻模具材料制造，使用专用温锻润滑剂，模具目标寿命 0.8 万 ~1 万件。冷锻模采用硬质合金甚至高韧性工业陶瓷制造，使用无公害绿色润滑剂，模具目标寿命 5 万 ~10 万件。

3. 高速、高效、高精度锻模加工技术

目前还有不少锻模企业使用数控电火花机加工模具模膛，工序长、精度较低。一部分企业已经开始使用转速在 12 000r/min以上的高速加工中心加工模膛，取得了较好的技术经济效果。锻件精度的逐步提高，将推动锻造模具向尺寸精度高、表面质量好、硬度高方向发展。

未来，高速加工将会得到越来越广泛的应用，国内有可能开发出主轴转速 30 000r/min 以上的专用模具高速加工中心，锻模工作部分尺寸精度达 IT5 级，表面粗糙度 R_a0.2μm，可加工硬度 55HRC 以上的模坯。

4. 锻造模具快修及再制造技术

模锻工艺在生产过程中消耗大量的锻造模具，因此应该推广锻模快修及再制造技术，以大幅减少模具材料的消耗，降低锻件生产成本，实现绿色生产。

锻模快修技术包括模具局部缺陷的修复和模膛整体尺寸精度的恢复。局部缺陷一般视情况采用打磨或局部焊接的方式修复，模膛整体尺寸精度的恢复一般采用小进给量整体加工的方法完成。模具快修对于保证锻件的高品质十

分必要。

模具的再制造技术包括模具工作部分再制造和一些辅助零件的回用。当前模块一般采用堆焊后再加工的方式实现再制造。堆焊一般要经过较长时间预热,模具的原模膛扩大后将全部空间焊满后再重新加工模膛,这样将造成焊接材料的浪费,延长加工时间,增加刀具费用。采用数控立体焊接技术可以有效地防止以上问题的发生,应加强这方面技术与装备的开发研究和推广应用。

5. 精密多功能数控有动力锻造模架技术

模架连接设备和模具工作部分,对锻件质量的影响举足轻重。传统模架功能单一,导向精度差,模架无动力,无液压系统,无控制系统,不能快速换模。当前,锻模模架以导柱导套式为主,导锁式模架开始使用,一般没有采用自动夹紧装置。

未来发展目标为:导锁式模架逐渐替代导柱导套式模架,并逐渐发展成为带自动润滑的导轨式模架,导向精确,抗偏载能力强。普遍采用液压自动夹紧装置,快换副模架结构,可实现模具的快速更换。自带伺服电机驱动系统,有独立控制系统,可以实现按时序顶料、飞边托举等功能。

6. 精密化与复合化的辅助工序锻造模具技术

当前,还有不少热锻生产线采用空气锤制坯,辊锻模、楔横轧模使用不多,辊锻工艺多为制坯辊锻,辊锻模寿命2万件左右。冲孔模、切边模和热校正模分工序、分设备进行,工件经历变形——校正过程。冷精压模主要为平面精压,以矫正工件变形为主。

未来,辊锻模、楔横轧模在轴类件制坯工序中广泛使用,辊锻工艺向预成形辊锻发展,辊锻模寿命5万~10万件。冲孔、切边、热校正等工序在一台设备上以复合模的方式完成,工件无变形。冷精压模采用体积精压,提高锻件精度1~2级。

展望未来,国内汽车技术和零部件技术整体将达到国际先进水平,高速铁路、航空航天等技术将达到国际领先水平,这些技术的发展将对锻造技术提出更高的要求。锻造模具的主要技术发展方向是提高模具设计水平,采用新型模具材料,使用高效、高精度加工手段,以期在模具高寿命的状态下实现锻件的高精度。随着我国制造业整体水平的提高,在未来10~20年,我国锻造模具技术将达到国际先进水平,部分有创新性与独特性的技术将达到国际领先水平。

〔撰稿人:北京机电研究所蒋鹏〕

轮胎模具行业的发展情况

轮胎模具是轮胎生产线中的硫化成形装备,是高技术含量、高精度和高附加值的个性化模具产品。轮胎的花纹、图案、字体以及其他外观特征的成形都依赖于轮胎模具,其制造技术难度很高。在国际轮胎模具行业发展过程中,保持成功、持续发展的轮胎模具企业都是资金和技术实力强大的高科技型企业。

随着汽车对高速、舒适、安全要求的不断提高,决定轮胎牵引力、制动力、耐磨性、散热性、操控稳定性的轮胎花纹的造型和式样更新不断加快。近年来,在保证轮胎质量和性能的前提下,追求轮胎花纹的美观、时尚,已成为轮胎未来发展的一大特点。轮胎花纹的更新变化对轮胎模具的设计制造技术和轮胎模具的精度提出了更高、更严格的要求。

一、我国轮胎模具行业的总体情况

我国轮胎模具制造业起步于20世纪80年代,伴随着我国汽车工业的起步和发展,在良好的经济环境和国家产业结构调整的推动下健康、快速发展,技术及管理水平迅速提升,设计制造水平大幅提高,新技术、新工艺、新产品不断涌现,产品由中低档向中高档过渡,开创了替代进口轮胎模具的局面,出口模具数量也逐年增加。我国子午线轮胎模具的高速发展,在模具行业独树一帜。

1. 行业规模和结构

当前,国内轮胎模具生产企业100家左右,其中产值5 000万元以上且有能力生产子午线轮胎模具的规模企业13家;从业人员约3万人。2011年,我国轮胎模具企业销售收入总额约35亿元;轮胎模具产量2万套左右,其中子午线轮胎模具1.7万套。随着我国轮胎模具企业的迅速发展和产能的快速提升,国内轮胎模具市场的竞争日益激烈;同时,随着世界轮胎制造中心向以中国为代表的亚洲国家转移,国际专业轮胎模具制造商以合资、独资、合作等方式陆续进入我国市场,加剧了国内轮胎模具市场的竞争。近年来,轮胎模具企业分化现象明显,市场份额逐渐向规模大、品种全、质量好、技术领先的轮胎模具企业集中。我国轮胎模具行业呈现出区域发展不平衡和市场集中度高的特点。

我国轮胎模具行业区域发展不平衡体现在:轮胎模具企业主要集中在东部沿海省份(例如山东、广东、辽宁等),西部省份发展相对滞后。这一方面是由于东部区域经济发展速度快,发展程度相对较高,技术消化吸收能力和创新能力强;另一方面是由于东部区域集中了国内外众多的轮胎制造企业，轮胎模具的市场需求相对旺盛。

我国轮胎模具行业发展的另一个特点是市场集中度高。由于轮胎模具产品个性化强，高中低档模具产品价格存在很大的差异，轮胎模具企业在市场上的定位决定于模具设计制造水平和产品的质量优劣，同时也决定了产品价格。当前，轮胎模具行业排名前四位的企业(按销售额依次为：山东豪迈机械科技股份有限公司、广东巨轮模具股份有限公司、天阳模具有限公司、山东万通模具有限公司)几乎都定位于中高端产品，技术含量和产品附加值较高，价格也相对较高。这四家企业的合计模具销量占市场份额的65%左右，合计销售额占销售总额的80%，市场集中度高。

2. 技术发展状况

我国轮胎模具行业起步较晚，经过20多年的发展，技术水平虽有大幅提高，但整体较国外专业轮胎模具制造商还存在一定差距。随着我国轮胎模具制造水平的提高以及技术创新能力的提升，部分加工技术和轮胎模具产品已接近或达到国际先进水平，可以替代进口产品。

轮胎模具制造的关键技术之一是轮胎模具花纹的加工。轮胎花纹的特殊结构决定了加工技术要求高，工艺复杂。早期的子午线轮胎模具花纹圈多采用铝合金精密铸造。沈阳模具厂1987年从德国引进了第一条轮胎模具花纹圈精密铸造生产线，可以制造复杂花纹，但铸造缺陷较多，精度保持性和力学性能较差，使用寿命短。轮胎制造企业需要大量生产周期短、质量好、适合大批量生产的轮胎模具，因此钢制花纹圈应运而生，与之相适应的电火花加工工艺也日趋成熟，并被广泛运用于子午线轮胎模具的生产。经山东豪迈机械科技股份有限公司的研究和探索，电火花加工工艺技术不断完善和提高，模具材质的选择范围更大。由于锻造工艺克服了铸造工艺的缺点，锻钢和锻铝材质的子午线轮胎模具已成为代替传统铝合金子午线轮胎模具的升级换代产品。

生产高质量、高精度的轮胎模具必须依靠先进的模具加工技术，而先进加工技术又离不开高、精、尖的加工设备。因此，国际上先进的轮胎模具生产企业都将不断提高模具加工设备的精度和性能作为发展和投资的主要方向，各种专业轮胎模具生产设备被广泛应用。目前已经面市的专用轮胎模具生产设备包括轮胎模具专用电火花成形机床、轮胎模具专用刻字机床、CNC切削机床等精密、高速、数控加工设备及检测设备。

当前，轮胎模具特别是结构复杂的子午线轮胎模具已从传统的手工经验设计转化为计算机辅助设计，设计制造中广泛采用CAD/CAM/CAE等数字化模具技术，使模具设计、分析、加工、检验、试模等工作数字化。此外，成形过程的计算机模拟，并行工程、人工智能，快速原型制造等先进制造技术的应用以及标准化、专业化生产等大幅提高了轮胎模具的加工效率和加工精度。

二、我国轮胎模具行业的市场发展情况

轮胎模具行业的发展与轮胎制造业、汽车制造业以及交通运输业发展密不可分，在相关行业快速发展的同时，我国轮胎模具亦呈现产需两旺的局面。

1. 汽车工业的高速发展为轮胎模具行业提供了巨大的发展空间

我国公路运输业的高速发展以及人民消费水平的大幅提高，极大地推动了我国汽车的生产和消费，为轮胎工业提供了良好的发展机遇。我国汽车工业从2002年起保持了良好的发展势头，汽车产量和民用汽车保有量连续创历史新高。2011年底，我国汽车产量达1 800多万辆，保持世界第二大汽车消费市场的地位。但是，我国汽车保有量仅占世界汽车保有总量的6.7%，世界平均每千人拥有汽车120辆，而我国尚不足44辆，仅略高于世界平均水平的1/3，因此我国汽车消费潜力仍然巨大。

汽车产量决定汽车轮胎配套市场的容量，而汽车保有量则决定汽车轮胎替换市场的容量。一般来讲，轮胎需求量和汽车产量、汽车保有量基本保持稳定的比例关系，综合考虑汽车产量和汽车保有量因素，汽车轮胎综合配套系数为7～8，轮胎综合替换系数为6～9。因此，随着汽车产量、保有量的增加，为其配套和替换的轮胎市场将保持快速增长的趋势，尤其是替换轮胎市场，几乎占整个轮胎市场近70%的份额。轮胎市场的需求旺盛为上游轮胎模具产业的发展提供了广阔的空间。

仅以我国汽车产量推算配套和替换轮胎的需求量，估计2012年我国子午线轮胎模具市场需求量将保持8%左右的增长速度。2012年子午线轮胎及其模具的市场需求量见表1。

表1　2012年子午线轮胎及其模具的市场需求量

汽车产量预测		子午线轮胎		子午线轮胎模具	
产量（万辆）	增长率（%）	内需（亿条）	增长率（%）	需求量（套）	增长率（%）
2 000	8	4.32	8	18 000	2

注：1. 表中数据未考虑国外市场需求和出口因素。
2. 如果考虑国外轮胎模具市场需求以及轮胎模具出口等因素，子午线轮胎模具的市场需求量将更大。

2. 国内外轮胎企业的快速发展拉动了轮胎模具的市场需求

随着世界轮胎生产向发展中国家转移以及轮胎子午化率的提高，我国正成为世界子午线轮胎的生产基地。近年来，国内轮胎企业投资热情高涨，拟建和扩建的子午线轮胎项目众多，跨国轮胎企业也加大了在我国的投资，全球排名前12位的大型轮胎公司在我国基本都建立了独资或合资的生产厂家。新进入的外国公司多采取收购或合资形式，以较低的成本获得生产能力和市场渠道，并且都有大幅度的产能扩张计划。国内外轮胎企业在我国的轮胎扩建项目投资已经超过10亿美元/a。根据需求预测，2012年我国轮胎需求量将达到4.83亿条，子午化率将达89%。到2020年，我国汽车轮胎的子午化率将达96%，其中轿车轮胎子午化率将达100%，2012～2020年我国轮胎产品需求预测见表2。

表2　2012～2020年我国轮胎产品需求预测

项目	2012年		2015年		2020年	
	需求量（亿条）	子午化率（%）	需求量（亿条）	子午化率（%）	需求量（亿条）	子午化率（%）
轮胎总计	4.83	89	6.00	92	7.03	96

国内外轮胎企业扩大生产规模，势必加大对轮胎模具的采购量。国外轮胎制造企业加大在我国投资力度的同时，轮胎模具的采购亦呈现本土化的趋势。包括米其林、固特异、大陆等公司在内的世界著名轮胎制造企业，正在不断减少模具设备的自供率，转而从市场购买轮胎模具，轮胎模具的采购开支计划每年增长3%～4%。仅此一项，每年全球轮胎模具的销售额就有望增长10%左右。因此，随着国内轮胎模具制造水平的提高，以及与国际专业轮胎模具商技术差距的缩小，跨国轮胎制造企业在我国的轮胎模具采购量必将逐年增加。

3.汽车轮胎产品的更新换代推动轮胎模具市场需求持续快速增长

轮胎模具需求量不仅随着轮胎企业生产规模的扩大而保持增长，还受到汽车轮胎品种、规格更新换代速度的影响。以子午线轮胎模具为例，一套子午线轮胎模具的设计生产能力是1.5万～2万条子午线轮胎，但由于车型、轮胎花纹、规格等受市场需求影响更新加快，子午线轮胎的实际生命周期越来越短。轮胎企业为增强市场竞争力，不断推出新的轮胎品种，一套子午线轮胎模具往往生产不足1万条轮胎就需要更换。轮胎企业竞争加剧和轮胎产品升级换代的加速，势必导致轮胎模具的市场需求量持续扩大。

另外，我国加入WTO之后，世界知名汽车制造商大多进入我国市场。我国汽车行业呈现高速、持续发展的局面，汽车行业的竞争也日趋激烈，汽车新产品不断涌现。现在，汽车产品的更新周期已由原来的5年缩短到2年左右，并且还有进一步缩短的趋势。伴随着汽车新产品的不断涌现及其生命周期的缩短，轮胎的花纹更新也愈加频繁，致使轮胎模具在自然使用寿命到来之前就需要更换，这就大大增加了轮胎模具的市场需求。

综合考虑汽车产量和消费的增长、轮胎产量的增加、轮胎更新速度的加快和配套轮胎市场的发展，预计到2015年我国子午线轮胎模具市场需求量将达到2.9万套。2010～2020年我国子午线轮胎模具的市场需求见表3。

表3　2010～2020年我国子午线轮胎模具的市场需求

年份	2012	2015	2020
子午线轮胎模具（套）	18 000	29 000	50 000

注：钢材质模具的发展速度高于铝合金模具的发展速度。

因此，我国轮胎模具市场的发展前景十分广阔，预计2015年以后我国将有望成为全球最大的轮胎模具制造基地。

我国轮胎产品向高速度、高精度、高生产率、更安全、更环保、更节能的方向发展，对轮胎模具的质量、技术提出了更高的要求。为提高模具设计和制造技术水平，轮胎模具制造企业和轮胎生产厂商之间必须加强技术交流合作，建立畅通信息通道，形成互相支持、互惠双赢的良性循环机制。另外，在轮胎模具行业内亟须研发和推广应用更高效率和更高精度的专用加工设备，不断改进和完善轮胎模具的加工工艺技术。

旺盛的市场需求和不断提高的技术要求，对于我国轮胎模具企业未来的发展既是机遇又是挑战。在这种形势下，只有那些具备规模优势和雄厚技术研发能力的创新型轮胎模具企业，才能领跑轮胎模具行业的发展。

〔撰稿人：山东豪迈科技股份有限公司冯民堂〕

中国兵器工业模具行业的现状与发展趋势

中国兵器工业由中国兵器工业集团公司和中国兵器装备集团公司两大集团公司组成，有大、中型企业100余家，分布在全国大部分省市，2010年销售收入近5 000亿元。两大集团公司在世界五百强企业排行榜中分别位于第250位与第226位。中国兵器工业在民品生产领域已经形成规模化产业的有汽车产业（包括轿车、微车、重型汽车、专用特种车辆等）、摩托车产业、新能源及输变电设备产业、铁路车辆产业、石油矿山机械设备产业、光学电子产业等。其中，模具用量很大的汽车产业已进入中国汽车工业第一阵营，摩托车产量位居中国摩托车工业第一的位置，在其他产业的产品中模制件的使用比例也是较高的。

一、兵器工业模具行业的现状

改革开放30年来，随着“军转民”、市场化的深入发展，兵器工业模具业企业已基本完成由计划经济时代封闭的、自成体系的“大而全”、“小而全”模式向开放的、社会化的、专业化的格局转变，基本完成了从内部“辅助车间”向独立或相对独立的产业化转变，基本完成了从主要依靠人工技能向大量依靠信息化、数字化进行设计和加工的现代化改造，基本完成了有进有退、有保有舍、面向社会或依靠社会的资源重组。基础好、内部和外部相应类别工装需求量大、经营管理层观念开放、思路明晰的单位已经逐步发展成在一定范围内有实力、有市场、有品牌的专业公司，有的还成为国内模具行业中的知名企业。而那些发展无望的工具车间已基本退出重要模具制造业务，收缩、分解成为工装模具修理班组。这些转变的完成既实现了兵器系统要求的“辅业分离”，又提高了模具生产供应社会化的集中度，促进了地区模具专业市场的形成与扩大。

在兵器工业系统内已形成规模、具有突出的专业特长，在社会上已具有品牌优势的模具生产单位当属为汽车、摩托车配套的企业。隶属于长安汽车股份有限公司的长安汽车模具有限公司完成了大规模搬迁改造，建成了新的模具产业园区，增添了多台大型高精度模具加工设备，提高了模具设计制造的信息化和数字化软硬件水平。长安汽车股份有限公司注重工装设计制造与新车开发同步，为新车开发提供技术支撑。2010 年从美国底特律招聘引进了汽车工装研发人才作为模具公司的主要领导，为提高汽车模具工装的研发制造能力，保障长远发展打下了坚实的人才基础。隶属于内蒙古第一机械制造集团的瑞特精密工模具有限公司基于包头地区重工业发达，已成为重型和特重型汽车生产基地的实际情况，着力发展用于 160MN 压力机制造重型汽车底盘的特大型冲模和特大型锻模。借助其在厚板冲压工艺和模具结构设计制造方面积累的丰富经验，公司已经成为奔驰、昌河、长城、北汽、丹东曙光汽车制造企业的模具配套企业。脱胎于中国摩托车重点企业重庆嘉陵集团的重庆亿基科技发展有限公司是中国西南地区摩托车模具的重点生产企业，经过近几年的多次投资、技术改造，已经具备年产 2 000 套冲模和塑料模的生产能力，成为川渝地区最大的摩托车模具生产企业之一。位于西安的西北工业集团有限公司工具制造分厂是由两个企业的工具车间合并而成的专业工模具制造单位，具有包括压铸模、塑料模、冷冲模（精冲模、级进模、引伸模）、粉末冶金模、刀具、夹具、量具在内的较全面的工具工装设计制造能力。为了更好地发挥区域经营能力，工具分厂与浙江凤川特钢公司合作成立了冷热模具钢经销机构，凭借自有的热处理能力为模具钢用户提供全面的技术服务。其他企业的工模具制造单位也基本按照“保证主产，服务周边，突出专长，互相协作”的指导思想行事，发展成为“精、专、特”的生产保障单位。

二、兵器工业模具行业的发展趋势

兵器工业有关军、民品发展的指导思想是“保证军品，发展民品，以民养军，平战结合”，这就说明军工企业的发展宗旨中首要的一条是国家利益和政治使命，并不能完全按照市场需求和“以盈利为目的”的规律行事。因此，某些军工企业工模具制造单位能力的发挥和发展规划的制定是受到限制的。除此之外的模具生产单位已经找到妥善处理内部生产保障和外部商业化协作的模式，制定了很好的中长期发展规划，正在健康发展。

长安汽车模具有限公司是兵器工业模具行业的代表，其发展思路、发展趋势在兵器工业模具行业内起到引领和典范的作用。其汽车模具工装发展总体目标是“根据整车自制率提升公司战略发展要求，以产业发展为方向，以工艺装备自主供应为发展目标，通过快速业务和产业布局，建立起为大长安各基地提供轿车、商用车、轻型车等全谱系车型的模具、焊接生产线、检具、塑料模具一体化的整车工艺装备基地，以工艺装备为长安汽车核心产业并构建长安汽车完整产业链，打造长安汽车的核心竞争力，有力推动自主品牌汽车的发展。”在这个总体目标的引导下，模具专业制造能力升级的近期目标是“具备轻型车、商用车及 A 级轿车整车模具自主研制能力，并通过联合开发方式制造 B、C 级轿车模具”；中期目标是“具备 B、C 级轿车整车模具自主研制能力和焊接生产线、夹具研制能力，并通过联合开发方式制造 D 级轿车整车模具”；长期目标是“将模具企业打造成为国内领先的模具、焊接生产线、检具、塑料模具一体化的整车工艺装备基地”。在制造基地建设方面，2013 年前再投资 3 亿元建立鱼嘴模具基地；2013 年起将在北京和南京地区建立新的模具基地，实现“模具基地随汽车基地分布，多基地协同、集群式研制、就近实施模具供应服务”的目标。为了实现这一目标，将采用“派出去”、“引进来”及“联合开发”的方式加速人才的培养和提高；将通过建立和推广 VDA6. 4 系统，建成一套从设计到制造、交付完整的工装质量控制体系和控制标准；将通过加强信息化技术应用促进产业升级，建立以 CAD/CAM/CAPP/CAE/PDM 为基础的工装一体化开发系统；建立以 CMM 和应用摄像测量技术为基础的工装检测和虚拟调试技术系统，全面推进工装制造 ERP 和 MES 系统建设；建立无图纸化生产系统，实施数字化生产管理，全面实现工装信息化制造的产业升级。兵器工业的其他模具企业也制定了很好的发展规划和实施计划，努力实现自己的发展目标。瑞特精密工模具有限公司围绕内蒙古第一机械制造集团铸锻基地建设规划，凭借用于 160MN 压力机的大型模具的设计、制造和试模优势，发展相应技术，购置相应设备，努力实现建设蒙中及周边地区大型锤锻模具基地的发展目标。中国嘉陵集团亿基科技发展有限公司围绕嘉陵集团的发展规划和重庆地区国内最大的摩托车制造基地的区域优势，在不断改造硬件的基础上，着力提高模具制造数字化水平和管理信息化水平，优化外协资源协调能力，努力加快模具制造速度，缩短交货周期，争取在新、快、优上创造优势，以满足摩托车行业产品更新换代愈加频繁、愈加快速的市场需求。

兵器模具委员会在年度专家委员会上督促各成员单位以集团主产、自身优势、地域需求为依据，注重数字化、信息化的产业升级，制定既有总体目标又有阶段目标的切实可靠的措施计划，制定既有硬件计划又有软件计划，既有时间计划又有区域发展的空间计划，瞄准模具技术的发展前沿和兵器用特种模具的需求，努力把兵器行业模具业打造成具有军工特色、国内一流的模具企业集团军。

〔撰稿单位：洛阳北方企业集团有限公司高鹏〕

模具材料的现状与发展趋势

模具材料是模具制造最重要的基础要素之一。近年来,我国模具工业总产值以年均15%的速度快速增长。据中国模具工业协会统计,2010年全国模具销售总额达到1 120亿元,比上年增长14%;模具进出口总额42.58亿美元,比上年增长11.85%,其中进口20.62亿美元,出口21.96亿美元,出口首次大于进口,实现了顺差。1994~2010年模具产值与销售额见图1。1994~2010年模具进出口总额见图2。

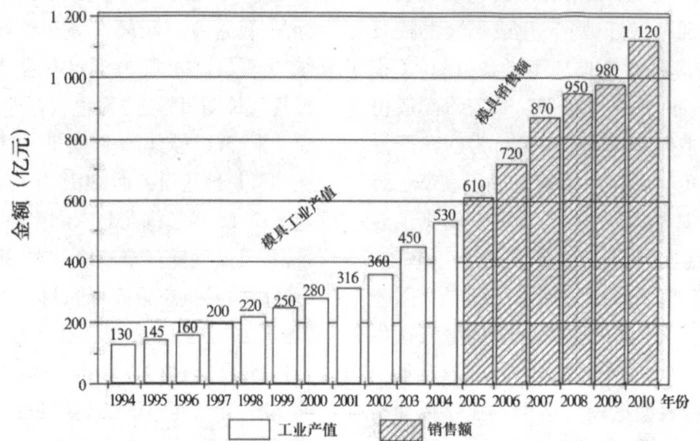

图1 1994~2010年模具产值与销售额

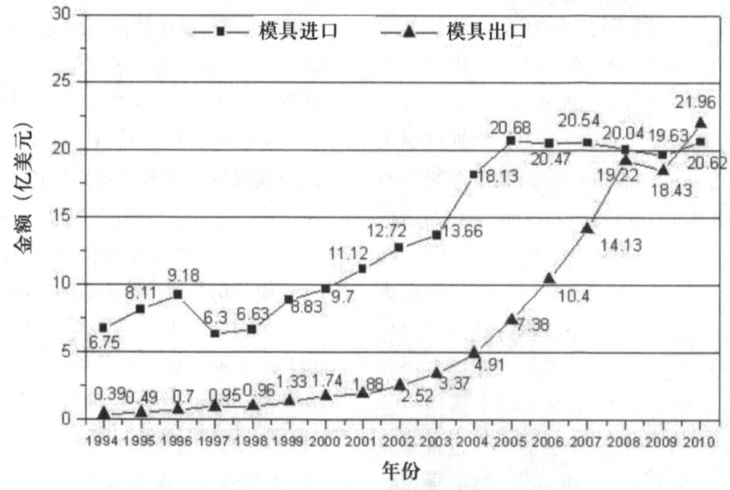

图2 1994~2010年模具进出口总额

随着模具工业的快速发展,我国模具材料市场迎来了更多的机遇和挑战。高端模具产品的需求越来越多,对模具材料提出了更高的技术要求。

一、我国模具材料的现状

我国工业产品向高精尖发展对模具提出了越来越高的要求。为适应模具产品的更新和发展,满足工业发展的需求,模具材料生产企业在材料的生产、工艺、设备和新材料开发方面,投入了很大的技术力量和资金,开展了大量研发工作,国产模具材料在质量、规格品种、生产周期方面取得了较大的成绩。

近年来,国内模具材料生产企业对钢材的质量相当重视,不仅引进先进的生产设备提高材料的纯净度、降低材料偏析,同时在模具材料的生产工艺和质量验收标准上积极向国外先进企业靠拢,运用国外先进的生产标准指导生产,并积极制定我国的模具材料标准。

进入21世纪以来,我国模具材料发展十分迅速,模具材料的钢种系列不断完善,质量和生产工艺水平都有了很大的提升,模具材料的产量也随之增加。2000~2010年全国主要特种钢企业合金工模具钢产量见图3。

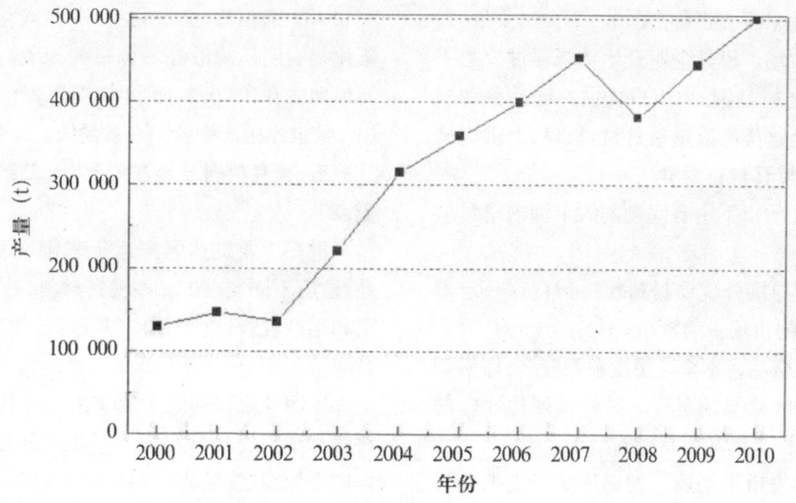

图3 2000～2010年全国主要特种钢企业合金工模具钢产量

据不完全统计，2010年工模具钢产量68.24万t，其中合金工模具钢50.02万t，分别比上年增长8.5%和12.6%。

近几年，虽然我国模具材料的制造技术进步较快，产量不断攀升，但国内模具材料仍不能满足国内模具行业发展的需求。原因之一是国内模具材料在品种、规格、质量及性能等方面，比国际先进模具材料仍有一定的差距，以致每年有40%以上的中高档模具材料需从国外进口；另一原因是国内模具钢的供应体系（含售后服务和技术支持）不完善，致使众多国外模具材料生产企业和经销商纷纷进入我国市场，世界著名的模具材料生产企业都在我国建有独资公司或代理商。

二、我国模具材料的水平

近年来，我国模具材料市场竞争越来越激烈，提高模具生产效率和提供高品质模具的能力成为企业竞争力的重要标志之一。

2010年塑料模具和冲模分别占模具市场总量的45%和37.14%。2010年各类模具在国内的市场占有率见图4。

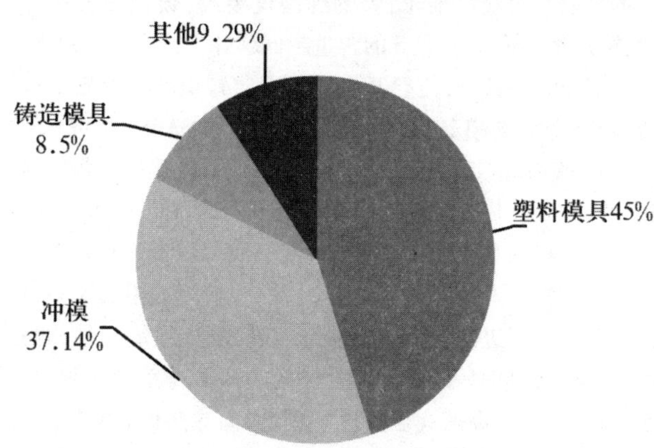

图4 2010年各类模具在国内的市场占有率

热作模具钢：近年来经过国内生产厂商、大学、科研院所的共同努力，技术水平和国外的差距逐年缩小，研制了许多高强韧性的热作模具钢如HM1、Y4、Y10、HD2等，国外生产的先进热作模具钢国内基本都能生产。近年来国内对H13钢高温匀质处理和最终热处理前的碳化物细化处理技术开展了应用研究，显著提高了国内H13钢的质量，基本可达到国外同类钢的水平。

冷作模具钢：国内仍以Cr12MoV、Cr12、D2为主，研制生产的新型冷作模具钢仅有LD（7Cr7Mo2V2Si）、65Nb（6Cr4W3Mo2V2Nb）等几种尚有一定的批量和市场。东北特钢集团抚顺特钢公司最早开发了DC53（Cr8Mo2VSi）钢并实现了批量化生产，该公司还能生产薄板和中厚板的D2钢产品。近年来宝钢特殊钢公司和上海大学合作开发了SD90和SD99，用以替代DC53。经检验，其批量实物质量优于进口的DC53钢。

塑料模具钢：汽车工业、家电行业和IT行业的迅速发展，对塑料模具钢提出了更高的要求。为了满足高端塑料模具日益增长的需求，国内特钢生产企业不断努力研发新钢种，缩小与国外的差距。如大型塑料模具718钢，厚度在800mm以下，基本达到进口钢的水平；800～1 000mm厚度塑料模具钢基本可满足用户需要；大于1 000mm厚度的还需改进和优化生产工艺。宝钢特殊钢公司在2010年中国国际模具技术和设备展览会上展示了718大型预硬化模块，尺寸1 130 mm×1 320 mm×2 620mm，重达30t。2011年5月，江苏宏晟重工集团和上海大学合作开发了替代进口2738的超大截面预硬型塑料模具材料SD2738，压注和注塑模具材料的截面超过1 000mm，重达35t。

高镜面塑模具钢：上海材料所早年开发的PMS（10Ni3MoCuAl）钢，广泛应用于制作车灯、镜片、仪表面板等镜面要求高的模具。近年抚顺特钢批量生产圆钢和扁钢10Ni3MoCuAl，年产量近千吨，但更高级别的镜面塑料模具钢国内尚无厂家生产。

三、模具材料生产及市场

模具材料生产企业在技术更新和设备引进方面投入力度较大。冶炼方面除了炉外精炼、电渣重熔外，有的企业采用真空自耗炉冶炼高品质模具材料；在热加工方面，采用大型快锻机、精锻机、精轧机和扁钢专用轧机；热处理方面，采用大型连续可控气氛退火炉和真空热处理炉，提高了模具材料的质量。有的企业采用先进标准验收，不少高质量、高性能的模具材料推向市场。模具企业开始重视通过冷加工获取剥皮圆钢和六面光精品钢，为用户提供不同品种和规格的优质模具材料。但这类高质量模具材料市场上供应量很少，还不足以和进口模具材料竞争。

模具生产企业存在的以下主要问题制约了国内模具材料企业的快速发展。

(1)模具材料质量与国外优质材料相比仍存在一定差距，国产优质模具材料的市场份额较小。

(2)模具材料的规格品种不全。黑皮圆钢较多，扁钢材料较少，特别是六面光的精品钢更少。另外预硬化处理的塑料模具材料较少，延长了模具的制造周期。

(3)模具材料销售渠道不畅通。大钢厂只接受批量订单，一般经销商经销的规格品种比较少，很难满足中小企业模具制造的需求。

(4)缺少技术服务以及技术咨询。销售商无力为企业提供模具材料的选材服务，如提供材料的热处理服务等。

(5)进口模具钢占有国内市场一定的份额。虽然这类材料价格高，但性能优良、使用寿命长，仍受到用户的青睐，销量逐年上升。

从模具材料的需求市场来看，华东地区容量最大，占全国总量的50% ~55%，年需求超过30万t；华北和华南地区需求量10万t以上；西南、中南和东北地区也有一定的规模用量。广东是国内模具市场的龙头，全国模具产值的40%来自广东。上海以信息产业和汽车行业模具为主导，大力发展IT行业的精密镁合金压铸模具、汽车覆盖件模具、精密多工位级进模等，2010年总产值200亿元左右。浙江以塑料模具为主。

四、模具新材料的开发和应用

国内模具材料新品种开发较少，大多是引进、消化国外先进模具材料，或适当做成分调整。如对热作模具钢从冶炼、锻造工艺到热处理进行改进，取得了较好的效果。在引进、消化ASSAB8407的基础上开发了SWPH13，通过控制钢中化学成分，减少P、S杂质元素的含量；通过电渣重熔、二次精密冶炼，提高钢的纯净度，电渣锭锻造前采用高温均质化处理，锻造后采用超细化处理等新工艺，使H13的性能显著提高，基本达到同类进口产品的水平。另外在日本大同NAK80基础上，开发生产了10Ni3MnCuAl镜面塑料模具钢。

近年来，国内一些模具材料生产企业、大学和研究所相继开发了性能优良的冷作模具、热作模具和塑料模具等新型钢种，其中一些新钢种的技术性能已达到国外同类产品水平，并在应用中取得了较好的效果。但由于新钢种生产企业各自为政，缺少强有力的推广及技术服务措施，营销简单，没有形成规模效应。

长期以来，我国模具钢的国家标准主要有GB/T 1299—2000《合金工具钢》，生产标准落后，新钢种比较少，验收标准低，远远不能适应发展的需要。国产H13和进口的ASSAB8407钢相比，夹杂物、一次性碳化物较多，退火组织中碳化物有明显的沿晶界分布的现象，心部横向冲击韧性只有纵向的0.2~0.3，而8407钢为0.6~0.8，进口钢中的S、P含量也比国产钢低一个数量级。

五、模具材料发展方向及“十二五”模具材料行业发展重点

世界工业发达国家近年来都在积极开发具有各种特性、适应不同要求的新型模具材料，并对品种、质量、生产工艺和生产设备进行了研究和改进，主导模具钢行业的发展方向。

国内外模具钢的发展基本以冷作模具材料、热作模具材料和塑料模具材料为主。在模具材料的生产工艺上，总体向高纯净度(特别是热作模具材料和塑料模具材料)、高等向性(热作模具材料)、高韧性(冷作模具材料)、高均匀性(塑料模具材料)方向发展。

我国模具材料产量较少(小于65万t/a)，规格品种不全，需大力发展优质新型模具材料，生产低成本高性能的新型模具材料，增加产量和规格品种。

冷作模具材料随着汽车、电子、计算机、家电、航空等领域的高速发展及精冲技术的广泛应用，对其性能的要求日益提高。先进国家精冲模具的一次刃模寿命(冲一般钢板材料)大于4万次，总寿命几十万次。国内冷冲模具钢寿命只有国外的50%左右。影响模具寿命的主要原因是模具材料和热处理质量。国内冷冲模具材料在冲切方面基本可达到使用要求，但模具材料的高强度和高韧性不能同时满足挤压成形的技术要求。汽车轻量化要求采用高强度钢板制造零件，钢板的强度达到900MPa，因而对精冲模具钢的强度和韧性提出了更高的要求，这也是国内冷冲模具钢的发展方向。

热作模具钢要求具备较高的高温强韧性、高的热稳定性、优良的耐热疲劳性和良好的导热性。因此，对热作模具钢的材质有很高的要求：钢的纯净度要高，碳化物分布均匀，S、P含量低，特别是S的含量越低越好。热作模具钢，特别是热压铸模具钢，需要开发具有自主知识产权的新型低成本、高寿命的模具钢，使用寿命高于ASSAB8407或ASSAB DIEVAR的钢。近年来，对热作模具钢开发了高温匀质处理和最终热处理前的碳化物细化处理工艺技术，进一步改善和提高了热作模具钢的性能。我国从事汽车发动机缸体压铸件生产的厂家不少于20家，但使用的模具大多是从日、欧、美引进的。因此急需开发超纯净、组织均匀的高性能热作模具钢。该模具钢含极低的S、P及杂质元素，超细化的组织，较高的高温强度和韧性，高导热性，模具使用寿命长，这是今后的发展方向。

塑料模具钢朝大型化、预硬化方向发展，应满足易切削、易抛光和耐腐蚀性的要求。近年来，国内塑料模具钢面临优化冶炼工艺的问题，如精细控制钢中硅锰比，严格控制氧、氮含量，以及优化热处理预硬工艺，改善钢的组织，提高产品成材率，降低生产成本。

塑料模具钢要发展超大规格汽车保险杠预硬化钢，生产单重≥30t的特大型预硬化塑料模具钢，开发厚度≥400mm的大规格沉淀硬化型超镜面塑料模具钢产品。根据需求开发新型耐腐蚀镜面塑料模具钢。塑料制品大多依靠模具压制成形。因此，模具用量很大，要发展并形成我国塑料模具钢专用系列，其中包括普通碳素模具钢、预硬化钢、易切削钢、耐蚀钢、时效硬化钢、非调质钢、高耐磨钢和渗碳钢等，使我国塑料模具钢产品进入先进国家的行列。

模具材料有以下几项发展重点：

1. 提高模具钢的质量

国内大多数模具钢生产厂都已采用先进的冶炼设备和先进生产工艺技术，如炉外精炼、真空脱气、电渣重熔、精锻精轧等技术，但与国外先进模具钢生产厂相比，尚有不小的差距。因此，应加强新工艺、新设备的引进，改进生产工艺，改善管理，生产纯净度高、均匀性好、大规格的产品，扩大采用先进工艺生产模具材料的比重。

2. 提高国产模具钢的产量

大力发展国产优质模具材料，根据“十二五”模具行业规划，模具行业需求的模具材料产量将较快增长。预计到2015年，国产模具材料的产量将超过100万t。

3. 开发新型模具钢

我国已有较完整的模具钢系列，随着模具产品的发展，对模具钢也提出了更高的技术要求。要开发易切削模具钢、玻璃模具钢，建立塑料模具钢系列，向大型化、精密化和预硬化发展，大力生产低成本高性能的模具钢。

4. 建立专业化、系列化和高水平的模具钢产品标准

先进的技术标准是提高产品质量的关键因素之一，因此要及早修订我国模具钢标准，加速与世界先进标准接轨。

工业和信息化部已公布由中国模具工业协会编制的《模具行业“十二五”规划》，在国家的支持下，模具材料生产企业应与科研单位、有关院校及模具企业构建生产、研发和推广应用于一体的产学研用联合体，推动我国的模具钢研发制造技术迈上新的台阶，步入先进生产国家的行列。

〔撰稿人：中国模具工业协会模具材料专业委员会高余顺〕

模具标准件的现状与发展

模具标准件是模具的重要组成部分，是模具的重要配套件。模具的结构设计及其零部件的水平和标准化程度直接影响模具的质量、交货周期和生产成本，是体现一个国家模具技术水平的重要标志，亦是模具工业发展的重要环节。

一、模具标准件的现状

根据中国模具工业协会统计数据及模具标准件部分企业统计数据综合测算，2011年全行业的销售额约100亿元，同比增长15%。

各企业狠抓机遇，针对实际情况，瞄准市场需求，特别是汽车工业对零部件的需求，积极开拓营销市场，适时扩建改造，提高产能，市场份额不断扩大。行业内出现销售额超10亿元的企业，超亿元的企业亦有数家，个别企业销售额增幅甚至达到40%。

各企业积极扩大出口，探索“走出去”战略，一些企业积极寻求同国际著名品牌商的合作机遇，实现出口。

模具标准件行业不断推进技术创新，加大了技术研发力度，注重运用新工艺，出现了一批自主创新的企业，在氮气弹簧和热流道产品方面的创新尤为突出。

外资、独资企业进入加快。随着我国经济的迅速崛起，特别是汽车工业、装备制造业的迅速发展，外资企业加快了在我国投资办厂的步伐，以向主机厂及其配套模具厂销售为主。独资、内资企业相互参股、联合发展已显态势。

二、发展过程中存在的问题及建议

我国模具标准件经过几十年的发展，已基本形成了门类较齐全、整体规模较大的基础件产业。近年来，标准件新品种增加较多，生产规模逐年扩大，技术水平也相应提高，已基本满足模具工业发展的需要，整体供求平衡。但与国际标准件同行比较，我国标准件行业存在扩展较为粗放、结构性矛盾突出、核心技术不足、产品品质差距明显、低端产品供大于求、高端产品竞争力不强等问题。

1. 模具标准件技术标准的制定、修订滞后于模具工业的发展

随着我国模具进出口量的增多，进口模具的维修、国产化以及三资企业对其配套模具标准要求的提出，许多模具标准件生产企业只能根据市场需求，采用不同国家标准、企业标准生产标准件。国内市场应用的标准混乱，多以日本、欧美著名的标准件厂商的标准为主，我国的国家标准、行业标准和部分企业标准逐渐被边缘化。我国应加快模具标准的制修订工作，尽量采用国际标准，包括采用先进的国外企业标准。

2. 技术含量较低的模具标准件占比仍偏高

由于我国自主开发能力不足，技术含量高、结构先进的模具标准件基本按照日本、欧美标准生产。新型模具标准

件的研究、开发工作仍是我国标准件行业的薄弱环节，亟待加强。

3. 国内模具标准件企业对引进的国外标准消化、吸收不足

国内模具标准件企业大都直接采用日本、美国等国家的企业标准，对于较复杂的标准件，如斜楔机构、预翻边连杆机构等标准件的运动原理和结构受力状况，缺乏理论分析和数据计算的积累，严重制约了模具标准件结构尺寸的改进创新。因此，国内从事模具标准件设计的技术人员，在依照国外标准资料进行仿制、改制的同时，还要加强理论的探索学习和实践经验的积累。

4. 模具标准件厂产品结构基本相同，同质化现象严重，无序竞争加剧

国内少数模具标准件厂为了争夺市场份额，频繁降价，整个行业的利润水平进一步下降。无序竞争势必导致质量下降，弱化企业的开发创新能力。各模具标准件厂应加强新品的开发，增加模具标准件的品种，提高精度，提高生产集中度，避免恶性竞争。

5. 原材料质量问题

模具标准件需要的某些特殊材料及热处理工艺国内仍无法满足。

6. 外资品牌对国内品牌的蚕食

外资品牌随产品进入国内，前期在国内寻求 OEM 供应商，很多国内企业沦为其贴牌供应商，自身品牌的市场覆盖率萎缩，应当引起注意。

7. 设备的需求问题

国内企业大多还是使用通用机械加工设备及刀具来加工模具标准件。建议采用引进吸收、联合研究、联合开发、整机开发、关键部件开发、模块开发等多种途径，尽快改变我国标准件制造的落后状况。

8. 人工成本快速提高

人工成本的快速提高，特别是一、二线城市用工成本的上升是始料不及的。要加快调整企业的经营结构和产品结构，加强技术改造，提高产品技术含量。

三、展望

长期以来，在装备制造业的发展上存在重主机、轻零部件的突出问题，零部件、基础件的发展跟不上主机发展的需要。现在，中央及有关部门在“十二五”发展规划中要求“突破一批基础零部件的关键制造技术，产品技术达到21世纪初国际先进水平”，这为基础件行业的发展创造了良好的政策环境，也为模具标准件行业提供了广阔的发展天地。

充分发挥中国模具工业协会的行业引导和专项资金扶持作用，搭建协会内重点骨干模具企业与模具标准件企业的桥梁，采取有力措施，不仅帮标准件企业寻找市场，同时帮助其从模具的发展进步中寻找新型模具标准件的开发课题。模具标准件企业必须提高专业化水平，建立数字化 CAD 标准件库，满足模具企业定型设计的需求，同时制造满足模具企业需求的高精度、长寿命标准件。模具标准件企业不能只着眼于规模，还要从专业化分工角度来制定企业自己的产品战略。

〔撰稿人：中国模具工业协会标准件委员会刘晶波〕

模具行业信息化现状与发展趋势

一、前言

制造业信息化是促进我国由“制造大国”迈向“制造强国”的关键技术。无论从国家发展战略的高度，还是从企业技术进步和核心竞争力的角度，重视信息化技术的研究与应用都具有重要的意义。在《国家中长期科学和技术发展规划纲要》以及《2006－2020 国家信息化发展战略》中，制造业信息化都作为重要方向和重点任务给予了明确的规划。因此，采用信息化技术已成为制造业发展的必然趋势。

模具作为制造业的基础工艺装备，其设计制造过程具有独特性。模具制造企业必须针对这种独特性，采用合适的信息化技术，才能高质量、低成本地快速响应客户需求，设计制造出高水平的模具，在激烈的市场竞争中生存并发展。所谓合适的信息化技术，就是要将现代信息化技术（如 CAD、CAM、CAE、ERP、MES、CRM 等）与模具的设计制造过程紧密结合在一起，通过定制开发或流程再造等方式，形成满足模具制造业需求的信息化技术。根据信息化技术特点的不同，可将模具制造业信息化技术分为两类：一是设计制造过程的信息化技术，另一是企业管理信息化技术。设计制造过程信息化技术主要解决模具企业内部技术系统的信息化问题，而管理信息化技术则是解决管理系统的信息化问题。若将这两类技术从信息、过程两个方面集成在一起，即可使模具制造企业在整个生产经营活动中，实现集成的全信息化技术应用，从而极大地提高模具制造企业的技术水平和核心竞争力。

二、模具设计制造过程信息化技术现状

模具企业技术系统信息化的核心内容是模具 CAD/CAM/CAE 技术的应用，实现模具设计制造过程的信息化或数字化。

（一）模具设计制造过程信息化技术的研究现状

CAD 技术包括两个方面，一是以几何形状和结构设计为主要对象的通用（或称基础）技术，该技术可适用于任何行业的设计要求，但由于不具备专业领域知识，其使用效率低，对设计人员要求高。另一是在通用 CAD 技术基础上发展起来的面向行业的专业 CAD 技术。当前，针对模具设计要求，国际上著名的 CAD/CAM 软件厂商纷纷推出了功能完善、操作方便的专用模具 CAD/CAM 系统，如 Siemens 公司的 UG（NX）、法国达索公司的 CATIA、美国 PTC 公司的 Pro/E、英国达尔康公司的 DelCAM 、法国 Missler 公司的 TopSolid、以色列 Cimatron 公司的 CimatronE、日本 UNISYS 公司的 CADCEUS 等常用三维设计软件，都有对应的冲压模和注塑模专用设计系统。这些系统为模具设计过程中的每项设计活动，提供了相应的功能模块，并将模具设计知识融入这些功能模块，同时还提供了丰富的模具标准件和典型结构库，可帮助设计人员快速地完成模具设计任务。这些系统在国外的模具企业已获得广泛应用，在我国也有部分企业在使用。近年来，模具行业对 CAD/CAM 技术的强劲需求促使国内不少研究单位和公司针对国内企业的特点，在通用 CAD 技术（系统）之上，开发了面向模具行业的 CAD/CAM 集成系统，达到了较高的实用水平。如华中科技大学材料成形与模具技术国家重点实验室、上海交通大学国家模具 CAD 工程研究中心、浙江大学旭日科技开发公司、北航海尔软件有限公司、北京艾克斯特科技有限公司、山大华天软件有限公司、武汉益模软件科技有限公司等。其中，华中科技大学基于 UG（NX）研发了覆盖件模 CAD 系统、注塑模 CAD 系统，已在东风汽车、北京比亚迪、青岛海信、广东科龙、深圳康佳、深圳群达行、深圳麦斯优联（斯洛模具）、美的模具、广东毅昌等许多公司应用，取得了良好的效益，具备一定的行业影响力。

当前，CAM 技术主要包括零件数控加工指令生成技术和虚拟加工仿真技术。SIMENS、PTC、达索、Cimatron 等软件开发商在提供 CAD 技术同时，也提供 CAM 技术，从而在统一的设计模型下实现 CAD/CAM 无缝集成。为了提高 CAM 技术的应用效率，也有些软件开发商专门研究 CAM 技术，提供专业的 CAM 系统，如 PowerMill、HyperMILL、WorkNC 等。由于专业技术水平较高，这些系统在 CAM 方面的表现非常突出，零件的加工质量和效率都较高，受到很多企业的青睐。国内也有相关单位如华中科技大学、北航海尔公司等，为了克服 CAM 编程存在的效率低、易出错、对编程人员要求高的问题，开展了基于知识的自动 CAM 编程技术的研究，以提高 CAM 编程的效率和质量。近几年随着柔性加工单元技术的出现，CAM 技术也从单纯的数控加工编程扩展到数控加工过程控制。德国的思威公司、美国的 3R 公司等都开发了面向柔性加工单元的 CAM 技术。

模具 CAE 技术也即成形过程的数值模拟技术，它为模具设计过程中的成形工艺设计提供决策支持。在模具设计过程中加强前期的分析仿真，可尽早预测出可能的成形缺陷，发现设计存在的问题，从而提高成形工艺和模具结构设计的水平，减少试模的工作量，降低模具制造成本，缩短模具新产品的设计制造周期。当前，国际著名的注塑成型模拟软件有 MOLDFLOW、Moldex3D，冲压成形（锻造成形）模拟软件有 DYNAFORM、PAM - STAMP、AUTOFORM、DEFORM 等，铸造模拟软件有 CastCAE、ProCAST、SIMULOR 等。国内在成形过程模拟技术方面的研究工作已达到国际先进水平，开发的成形模拟系统与上述国际著名软件水平相当。在注塑成型模拟技术方面，有华中科技大学的华塑 CAE、郑州大学的 Z—CAE；在铸造模拟技术方面，有华中科技大学的华铸 CAE、清华大学的 FT - STAR；在冲压成形模拟技术方面，有华中科技大学的 FASTAMP、湖南大学的板料 CAE 分析系统、吉林大学的 KMAS 等。由于 CAE 技术是独立发展的一门技术，它主要通过零件模型的数据交换文件来获得模具设计信息，需要在不同系统间切换，易出错。为解决这一问题，华中科技大学、吉林大学（大连理工大学）等将 CAE 系统直接嵌入 CAD 系统使设计和分析过程实现了无缝集成。设计人员可直接在 CAD 系统下完成成形过程的模拟，并将其直接反馈到设计系统；而设计人员对模具的设计修改又可直接反馈到 CAE 系统进行分析，极大地简化了设计分析过程，提高了设计分析的效率和质量。

（二）模具设计制造过程信息化技术应用现状

在我国模具制造业中，企业的模具设计制造信息化技术的应用水平参差不齐。从当前相关模具企业的应用现状来看，模具设计信息化技术总体可分为以下四个层次：

1. 2D 设计为主，3D 设计为辅

该设计方法主要以 2D 设计软件（AUTOCAD）为设计工具，进行模具的总体方案以及结构和零件的详细设计，仅对复杂的模具型腔进行 3D 设计。这主要由于型腔形状较复杂，2D 难以表达清楚；另外，型腔采用数控加工，需要 3D 的模型数据。但这种设计方法易出错，修改不方便，且审核麻烦。国内有很大一部分模具企业（特别是冲压模具企业）采用这种方法进行模具设计。

2. 3D 设计为主，2D 设计为辅

该设计方法采用 2D 的 CAD 软件进行方案设计，采用 3D 的 CAD 软件进行模具结构和零件的详细设计，然后将设计结果转换到 AUTOCAD 软件，出零件图。这种方法能够快速地进行方案设计，最终的模具设计结果直观，能够较容易地发现设计错误。但是，有些设计人员为了提高设计效率，通常采取简化的方式设计模具结构和零件，这导致一些错误结果不易被发现。因此，采用这种方法设计，要尽量避免简化。当前，有不少覆盖件模和注塑模企业采用这种方法进行模具设计。

3. 采用专用的 3D 设计软件

当前，CAD/CAM 软件开发商都提供了相应的模具设计专用软件。国内已有部分用户使用这类专用的模具 CAD 系统进行模具设计，如用 NX 的 MoldWizard 设计注塑模，用 NX 的 PDW 设计连续模等。也有一些企业，如康佳模具公司、北京比亚迪模具公司、上海赛科利模具公司、美的模具公司等,根据其制定的内部设计规范,委托华中科技大学在通用3D CAD软件基础上,定制开发相应的设计工具,如塑模的冷却系统和顶出系统设计,覆盖件模的工艺和结构设计等,以提高设计效率,减少出错。这类设计软件包含了大量的模具设计知识,减少了设计人员繁重的低价值的重复“造型”工作,设计结果的准确性和设计效率都得到大幅度地提高。

4. 协同设计

这种设计方法是在3D CAD软件技术支持下,多人协同完成一副模具的设计工作。它不仅可极大地提高设计效率,且可充分利用设计人员资源。另外,由于设计知识被很好地保存在整个系统中,设计人员的流失对企业的设计活动影响也较小。但这种设计方法对企业的设计规范、标准化水平、设计管理水平要求都较高。国内富士康的模具厂基本实现了协同设计,康佳模具公司也部分实现了这种设计模式。

在CAM技术应用方面,由于数控加工机床已成为模具的基本加工装备,因此,CAM技术在国内已非常普及。只是多数企业采用人工编程,编程质量和效率依赖编程人员的经验,很多企业经常会因编程问题,出现加工质量不满足要求或导致碰刀事故,造成浪费。当前,已有很多企业开始重视应用虚拟仿真技术模拟加工过程,以发现编程可能存在的问题;重视优化编程技术,以提高加工效率和质量。

成形过程模拟技术对提高模具设计质量、减少试模次数的作用已受到模具企业的关注。国内虽有很多企业购置了相应的模拟分析软件,但模拟分析并没有作为设计过程中必须的流程加以规范使用,加上成形过程模拟分析需要用到专门的知识,而掌握这方面知识的人才又较缺乏,导致部分模具企业的模拟分析软件成为摆设。目前,仅有管理规范、人员素质较高的大型覆盖件模具和注塑模具企业全面采用了CAE技术。在某些模具企业,仍然存在设计人员相信经验、轻视模拟结果的现象。

三、模具企业管理信息化现状

所谓企业管理信息化,就是采用计算机技术对企业生产经营过程的人、财、物、活动(设计、制造)等进行管理,包括经营管理、财务管理、物料管理、生产管理、企业资源管理、产品开发管理、办公管理等,以提高管理水平和效益。针对这些管理发展了一系列技术,如企业资源规划(ERP)、项目管理(PM)、客户关系管理(CRM)、供应链管理(SCM)、制造执行系统(MES)等。

(一)模具企业管理信息化技术研究现状

模具企业作为订单型单件生产企业,其规模一般较小,属于中小型企业,生产经营活动中所关联的资源、物料、财务、人员及组织结构等都相对简单。但是,订单的随机性、设计制造过程的不确定性、试修模的动态多变性导致模具企业的生产计划复杂多变,生产过程难以控制,因此,生产管理信息化成为模具企业管理信息化的关键。国内外一些著名的信息化管理系统如SAP、用友、金蝶等是基于MRPII思想开发的,难于处理模具企业生产过程中出现的问题。目前,很少有模具企业能够利用这些系统来管理生产。为此,国内外一些研究机构和公司,针对模具企业的特点,开发了专用的模具企业信息化管理系统。这些系统通常是以模具生产过程管理为基础,集成了订单管理、物料管理、资源管理、人员管理等。如日本不二精机开发的模具企业管理系统,主要是以其模具企业的模具生产管理模式为基础开发的,可对模具企业从接订单到交付模具的整个过程进行管理,并可实时查看生产过程中的各种相关信息,从而对生产过程进行控制。目前,该系统在国内主要通过代理进行销售和服务。法国Sescoi公司开发的workplan是针对订单型制造企业研发的管理系统,主要解决订单型生产企业的生产计划管理问题,也适用于模具企业,已开始在国内销售。在国内,尽管围绕模具企业管理特点开展管理信息化技术研究工作的单位较多,如华中科技大学、山东大学、广东工业大学、大连理工大学、郑州大学等,但已推出商业化系统并在行业获得应用的主要有武汉益模软件科技公司、深圳伟博思公司、宁波海迪公司等。武汉益模软件科技公司是专业开发模具企业管理信息化系统的公司,针对模具生产特点开发了Eman模具生产管理系统,可管理从企业接订单到最后交付模具的整个过程,包括订单管理、资源管理、设计管理、制造工艺管理(CAPP)、物料管理、生产管理、动态优化调度管理等,并可根据生产进展情况优化生产调度,以控制模具交付期。Eman系统已在国内近100家模具企业获得应用,取得了良好的效果。深圳伟博思公司是我国较早开展模具企业管理系统研究与开发的单位之一,其推出的I-M3系统,可对模具企业的整个生产过程,包括订单管理、物料管理、资源管理、生产管理、财务管理等进行管理,在国内也有不少的用户。

(二)模具企业管理信息化技术应用情况

模具生产过程难以控制、模具交付期难以保证是一直困扰模具企业的管理瓶颈。随着模具市场竞争的日趋激烈,我国大多数模具企业已深刻认识到采用信息化技术提升企业管理水平的重要性。但是,由于企业的管理水平、人员素质以及对管理信息化认知程度的差异,企业管理信息化的应用水平也存在很大的差异,主要可分为以下三类。

1. 单元管理技术的应用

国内大多数模具企业的管理信息化停留在单元管理技术的应用上,主要包括办公管理、订单管理、财务管理、物料管理、人员管理等。这些管理信息化技术不需要全员参与,因而实施应用相对简单。但仅使用这些管理信息化技术并不能解决企业面临的生产管理的核心问题。

2. 实施了全过程管理信息化,但效果不明显

当前,国内有部分企业为了提高企业的管理水平,对整个过程实施了信息化管理,却没有起到应有的效果,管理信息化系统处于半瘫痪或瘫痪状态。造成这一结果有企业自身原因,如企业本身的管理基础较差,采用作坊式生产模

式,无规范的工艺管理,管理执行力不够,缺乏掌握信息化技术的人才等;也有提供管理信息化技术服务商的原因,如在信息化技术实施过程中未能很好地了解企业需求,不能针对企业特点进行定制开发,不能对企业实施应用过程中遇到的问题给出对应的解决方案,未能为企业实施流程再造提供咨询服务等。

3. 实施了全过程管理信息化,取得显著效果

国内一些管理基础良好、人员素质较高、对管理信息化具有较深刻理解的模具企业,如一汽模具、天汽模具、国盛精密模具、海尔模具、格力大金模具、上海赛科利、美的百年科技、宁波双林模具等实施了全过程的信息化管理,包括订单管理、物料管理、制造工艺管理、生产管理、资源管理、计划管理等,极大地提高了企业的模具制造质量和模具的准时交付率,模具制造成本也得到有效的控制。这些企业之所以能够成功实施全过程的管理信息化技术,关键是其本身的管理基础好,人员素质普遍较高。在实施管理信息化之前,模具的整个制造过程实现了零件化生产,具有规范的工艺管理和良好的流程管理模式,且企业的执行力强,高层领导足够重视,并有专门的队伍负责与服务商对接,以维护整个系统的正常运行和完善。

总体上,我国模具企业管理信息化技术应用水平还相对较低,需要进一步加强面向模具行业管理信息化技术的研究开发工作、人才培养工作以及推广应用的工作。

四、模具行业信息化技术发展趋势

随着网络技术、计算机技术、制造技术的快速发展,制造业信息化技术的内涵也在不断丰富,新的技术不断涌现。模具制造业信息化技术将主要朝以下几个方向发展:

1. 设计制造过程的全三维无纸化

受现有制造管理模式的制约,多数模具企业都是通过图样对模具零件的加工过程进行管理。这就使得模具企业在完成模具的三维设计后,还需要花费50%的设计时间进行二维工程图的绘制。实际上采用二维工程图的方式管理模具零件的制造过程,主要是为了标注加工要求,这是传统的二维设计方法遗留下来的。如果直接在三维设计模型上标注设计和加工要求,并通过 PDM 系统对设计模型进行管理与维护,制造部门就可通过 PDM 系统直接获取设计模型进行加工工艺的编制与工件的加工,实现设计制造过程的全三维无纸化,提高设计制造效率和质量。

2. 设计制造过程的智能化

当前,模具的设计制造过程主要依赖设计制造人员的经验,设计制造的质量和可靠性因人而异。实现设计制造过程的智能化,就是要减少对人的依赖,以提高模具设计制造的可靠性和质量,缩短设计制造时间。而实现设计制造过程智能化的关键,是要基于知识工程的方法,研制开发出基于知识的模具设计制造系统。该系统不仅可在设计制造人员的指导下完成模具设计制造过程中的主要任务,还可在这一过程中,通过自学习完善并丰富所拥有的知识,使系统的能力不断增强;同时该系统还能将模拟仿真技术无缝地集成在一起,预测设计制造存在的缺陷,优化模具的设计与制造,从而提高模具设计制造的可靠性。

3. 全流程信息系统的协同化

模具企业从接订单到最后的模具交付,各项活动间存在着互相制约。如果各系统以“孤岛”的形式互相独立使用,必将导致各部门间条块分割,各活动间不连续,降低效率。只有整个过程中的相关活动所使用的信息化应用系统协同工作,才能取得良好的效果。这就必须从全流程的角度实现这些系统的信息集成和共享,并通过流程管理技术实现整个过程的控制与优化,从而使企业的各个部门能够并行协同地完成模具设计制造任务,达到效益最大化。

4. 生产过程的自动化

过去,自动化生产技术主要是针对批量生产型或流程生产型企业而言的。但是随着数控加工技术的发展,特别是柔性加工单元技术的逐渐普及应用以及控制和信息采集技术的发展,单件小批量、多品种生产型企业采用自动化生产技术也成为可能。只要在模具设计标准化、模具制造工艺标准化等方面建立良好的标准体系,并采用大规模客户化定制设计制造技术、物料的自动化传输技术、柔性加工单元技术、加工现场数据实时采集技术、工件自动装夹技术等,模具制造企业就有可能实现自动化生产(或者部分的自动化生产)。从模具制造业的特点来看,专业化程度较高的模具企业特别适合实施自动化生产技术,国外已有专业生产手机模具的企业实现了自动化生产,取得了良好的效果。采用自动化生产技术将极大地提高模具制造质量和效率,能够快速地响应客户需求并取得规模经济效益。它改变了传统的模具制造模式,是模具制造业的一场革命。

5. 模具企业的数字化

数字化模具企业的基本特征就是从企业接单到交付模具的整个过程都实现了全数字化的设计、制造与管理,且制造过程具有自动化的特征。它将引领模具制造业的发展,成为高质量、高效率的代表。实现上述“四化”的模具企业,将为最终成为数字化的模具企业奠定良好的基础。

〔撰稿人:华中科技大学材料成形与模具技术国家重点实验室李建军、王华昌〕

快速原型技术在模具制造中的应用

一、应用概述

快速原型(Rapid Prototyping,RP)技术是20世纪80年代末及90年代初在美国开发的高新制造技术,是直接根据CAD模型快速生产样件或零件的成组技术总称,其重要意义可与数控技术(CNC)相比。它集成了CAD技术、数控技术、激光技术和材料技术等现代科技成果,是先进制造技术的重要组成部分。与传统制造方法不同,快速成形从零件的CAD几何模型出发,通过软件分层离散和数控成形系统,用激光束或其他方法将材料堆积而形成实体零件。由于它是把复杂的三维制造转化为一系列二维制造的叠加,因而可以在不用模具和工具的条件下生成几乎任意复杂的零部件,极大地提高了生产效率和制造柔性。

多品种小批量时代的逐步来临使得企业要求模具制造能保证新产品快速占领市场,开发快速经济模具越来越引起模具企业的重视。快速原型技术的一个飞跃就是进入模具制造领域,其优势正是能降低模具制造成本并减少模具开发时间。

快速原型技术在模具制造中的应用称为快速模具(Rapid Tooling,RT)技术,可分为由CAD数据及RP系统制作的快速原型复制金属模具的间接法和根据CAD数据直接由RP系统制造金属模具的直接法两大类。直接法虽然受到关注,但由于尺寸范围及精度、表面质量、综合机械性能等方面存在问题,离实用化尚有相当距离,目前最成熟的仍是间接法。基于RP的快速模具制造方法的分类及应用的流程框图见图1。

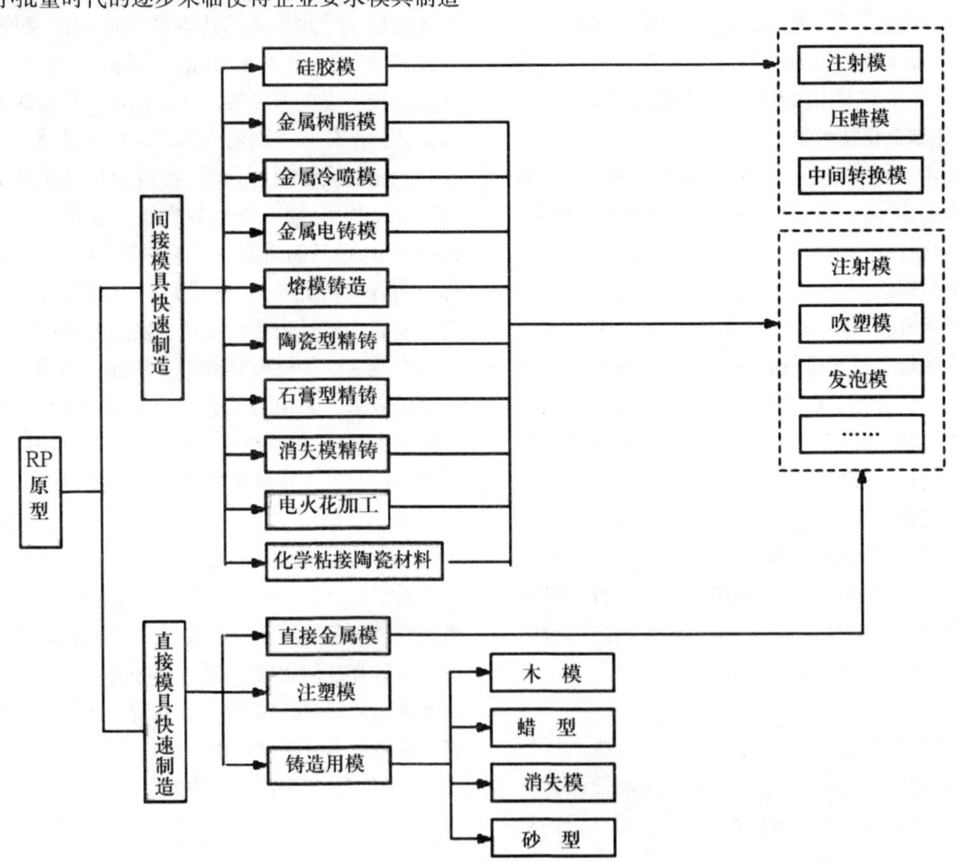

图1 基于RP的快速模具制造方法的分类及应用的流程框图

1.直接制模法

直接法尤其是直接快速制造金属模具(Direct Rapid Metal Tooling,DRMT)方法在缩短制造周期、节能省资源、发挥材料性能、提高精度、降低成本方面具有很大潜力,从而受到高度关注。当前DRMT技术研究和应用的关键在于如何提高模具的表面精度和制造效率以及保证其综合性能质量,以便直接快速制造、精度和表面质量能满足工业化批量生产条件的长寿命金属模具。目前已出现的DRMT方法主要有:以激光为热源的选择性激光烧结法和激光生成法,以等离子电弧等为热源的熔积法,喷射成形的三维打印法。

(1)SLS选择性激光烧结。SLS选择性激光粉末烧结法的工艺路径大致为:先在基底上铺上一层粉末,用压辊压实后,按照CAD数据提供的层面信息,用激光对薄层粉末有选择地烧结。然后将新的一层粉末通过铺粉装置铺在上面,进行新一层烧结。反复进行逐层烧结和层间烧结,最终将未被烧结的支撑部分去除就得到与CAD形体相对应的三维实体模具。

(2)激光熔敷。LG中有代表性的Sandia National Lab的LMF(Laser Metal Formina)工艺是在激光熔敷基础上开发的直接制模工艺。该工艺采用高功率激光器在基底或前一层金属上生成出一个移动的金属熔池,然后用喷枪将金属粉末喷入其中,使其熔化并与前一层金属实现紧密的冶金结合。在制造过程中,激光器不动,计算机控制基底运动,直到生成最终的零件形状。制件密度为理论密度的90%,强度接近于铸件,力学性能较好,而且还可调整送粉组分实现组织结构优化。但由于残余热应力的影响和缺乏支撑材料,精度难以保证,只适用于制作简单几何形状的模具,而且与SLS过程类似,由于未熔颗粒的黏结,R_a只达到12μm。

(3)三维打印。3DP工艺类似喷墨打印机,铺粉装置将一层粉末铺在基底或前一层粉末上面,通过喷头在粉末上喷射固化结合剂,层层堆积形成三维实体,经过烧结、浸渗,得到最终的模具。Michaelss等采用MIT的3DP技术直接制造的模具密度相当于理论密度的60%,强度低于铸件,而且精度和表面粗糙度差。

(4)等离子熔积。等离子熔积法(PDM)具有使用材料范围广、能获得满密度金属零件的特点。起源于德国Kruoo和Thvssen公司的埋弧焊接,能够实现大型或特大型容器的成形焊,其力学性能、组织优于铸锻件,通过适当选择工艺参数可以减少残余应力和裂纹发生,提高堆焊高度。此外,薄钢板的LOM技术也可用于制造金属模具,但叠层间需进行焊接等紧固处理,且材料利用率低,薄板热变形也影响成形精度和表面粗糙度。

(5)分层金属片板。使用金属片板生产分层金属模具的设想和LOM的过程类似。不过,与一般的LOM不同的是,它直接在成型机上进行金属薄板的叠层制造,根据CAD模型,采用激光或水射流方法形成轮廓。采用扩散黏结将切割的薄板叠加起来,形成伪金属实体零件,由于板材较厚,会产生台阶效应,因此需要精加工处理,同时必须解决层间冶金结合技术的问题,确保最终产品的结构完整。

然而,上述方法都是基于堆积成形的原理,不可避免地产生侧表面阶梯效应,致使精度低、表面质量差,且综合力学性能不高。值得注意的是,Stanford大学的AmonC. H等最近开发出形状沉积制造(SDM)工艺,并研制出与CNC机床加工集成的装置。其工艺特点是利用焊接原理熔化焊材(丝状),借助热喷涂原理使超高温熔滴逐层沉积成形,实现层间冶金结合。但因焊接弧柱的不稳定,以及可控参数的协调性等问题,很容易出现翘曲和剥离。采用CNC机床对外轮廓和表面进行精整加工,在解决快速制造技术中共有的、因逐层堆积产生的侧表面阶梯效应造成的精度和表面质量问题方面做了有益的尝试,但这种工艺目前尚局限制造简单形状的金属零件。

根据要求,直接制模法能够在不同部位采用不同材料。然而,直接制模法受到工艺本身限制,制造的模具在表面粗糙度及尺寸精度、大小规格、形状自由度等方面尚不能满足高精度金属模具的要求。

2. 间接制模法

将快速原型与铸造、喷涂、电镀、粉末成形等传统成形工艺相结合的间接制模法是具有竞争力的快速制模方法。间接制模法主要有以下几种方法。

(1)铸造用快速模具。传统使用RP模型铸造金属零件通常不被认为是RT,而是快速加工或者快速铸造。然而,它是RP与模具有关的最普遍的应用,直接导致了RT的产生。除去那些铸造方法,铸造工业有一个核心工序,就是利用物理模型制造铸造金属的模具。铸造模型产生过程中使用RP技术,使得铸造厂在生产少量金属零件时可以不使用模具。

①陶瓷型精密铸造法。在单件生产或小批量生产钢模时,可采用此法。其工艺过程为:RP原型作母模→浸挂陶瓷砂浆→在烤炉里固化模壳→烧去母模→预热模壳→烧铸钢(铁)型腔→抛光→加入浇注、冷却系统→制成生产用注塑模。其优点在于工艺装备简单,所得铸型具有极好的复印性和极好的表面粗糙度以及较高的尺寸精度。工程塑料可以高温气化,没有残渣,适用于熔模制造。

②砂型铸造法。用RP原型作模型制作砂型,再浇注钢液而得到模具的工作部分,可以使浇钢的性能得到大幅提高,用此法几乎可以制造各种模具,且模具寿命较高。ABS材料的高强度特性,适合制造大的坚固实心模型。

③石蜡精密铸造法。在批量生产金属模具时一般可采用此法。先利用RP原型或根据翻制的硅橡胶、金属树脂复合材料或聚氨酯制成蜡模的成型模,然后利用该成型模生产蜡模,再用石蜡精铸工艺制成钢(铁)模具。另外,在单件生产复杂模具时,亦可直接用RP原型代替蜡模。若用SL法,可将原型制成疏松多孔的蜂窝状结构以便快速浇损,在氧气充足的条件下,树脂原型可在980℃左右分解成水汽和CO_2。

④石膏铸造法。利用RP原型翻制成石膏铸型,然后在真空下浇铸铝、锌等制成非铁合金铸模,它也可小批量生产塑料产品。用RP原型作模型浇注低熔合金,作成低熔合金模具,可用来压制铸造用的砂芯。

(2)软模。基于模具的刚性和耐久性,相对于比较硬的金属模具,一般把聚合物模具当做软模。

①硅胶模。硅胶模应用非常广泛。首先用RP法制做出“正”的与待成形件相同的母模,然后在母模周围浇满硅

橡胶。固化后,沿所要求的分型面将硅橡胶切开,取出母模后就制成了硅胶模。为了保证硅胶模的质量,要求母模表面经过抛光处理,因为模具翻制过程中会将母模表面的几乎所有特征包括细微的手印复制到硅胶模成形面上进而复制到零部件上。硅胶模具有制作速度极快,可以浇注多种热固性塑料,成形件具有较高精度,价格非常便宜等优点。但硅胶模的使用局限于低压、小体积和低温的生产过程,不能制作精度要求很高的零件,且寿命短,通常只能浇注 25 ~ 30 件。

②环氧树脂模。使用环氧树脂模经常是完成注射模生产的功能件短期运转的最快方法,制作过程类似硅胶模制作过程,只是将硅胶换成了掺有铝粉的环氧树脂。整个模具需分两次浇注制成,因为环氧树脂不能像硅胶那样用刀切分型。环氧树脂在固化过程中伴有少量收缩,因此母模常会损坏。环氧树脂的导热性极差,用纯环氧树脂制作的模具在注塑成型时的热量难以散出,解决的办法是在制作环氧树脂的模具特征表面时,背后充填导热性好的材料。这样制作的模具具有很好的抗压强度,完全可以用于注塑成型一类的压力成型,也可以注塑具有研磨性的材料,寿命达数千件。环氧树脂模具与传统注塑模具相比,成本只有传统模具的几分之一,生产周期也大大缩短。模具寿命不及钢模,但比硅胶模高,寿命可达 500 ~ 5 000 件,基本可满足中小批量生产的需要。

(3)硬模。硬模通常是指钢质模具,即用间接方式制造金属模具和用快速成形直接加工金属模具。

①金属喷涂模。用高速惰性气体将熔化的金属液体雾化,喷射在石蜡、塑料或陶瓷原型(通过 SLA、SLS 或 LOM 方法制造)上,生成一薄层金属,补强背衬并除去原型后得到模具。受喷涂设备和母模耐温限制,通常所用金属材料是低熔点金属,如铅锡合金、锌合金和镍等,常用的喷涂方法是电弧喷涂。如果母模能够耐受高温,也可以喷涂高熔点金属如不锈钢。此法可制作注塑模具和冲压模具,但是为了提高制件的表面质量和力学性能,模具需要进行时效处理,增加了制模时间。

②镍和陶瓷混合物模具制造技术。此法利用塑料 RP 模型作为母型,在母型上用电镀的方法镀上一层镍金属,制造出一个镍金属薄壳,这个薄壳与母型接触的表面完全反映了待注射成型零件的表面形状及尺寸特征。由于薄壳的强度低,因此在薄壳的非成形面以高强度陶瓷粉充填,要求陶瓷材料具有很小的收缩系数和合适的热物理性能。这种复合材料模具非常适合制造尺寸较大零件(大于 250 mm × 250 mm ×250 mm),如若母型用立体光造型方法制作,则此法的尺寸精度将不低于原型件的精度,用于塑料注射成型时其寿命至少为 5 000 件。此方法比较关键问题是电镀壳体所需的时间较长。

③3D Keltool 模。Keltool 是目前被认为最有发展前景的一种快速制造金属模具的方法。它首先用 RP 母模型制造出精度较高的硅胶模,再往硅胶模中注入精细粉状的 A6 工具钢(或不锈钢)与颗粒更加细小的碳化钨形成混合物(注意粉末颗粒的大小是控制模具最终质量的一个非常重要的因素)。然后再向混合物中加入环氧树脂类的黏结剂,从而使金属粉末混合物在硅胶模中形成绿件。开模后把绿件在炉中加热从而使黏结剂挥发,同时将金属粉末混合物烧结成形。这时的模件中仍有 30 % 的空隙,所以还需做最后渗铜处理,最终得到可用于大批量生产(达百万件)的硬模具。

④利用 RP 原型制作电火花加工(EDM)用的电极。EDM 方法在模具制造领域应用非常广泛,它可用来加工形状极其复杂的型腔和型芯,它可以加工硬度极高的用 CNC 机床无法加工的材料,它还可以加工热处理后的材料,从而避免了加工后热处理造成的热变形。EDM 电极的质量是决定加工件质量的关键因素,电极本身的费用占 EDM 加工过程费用的 50 % ~80 %。目前多用石墨或铜电极,其使用寿命极短,有时为加工一个型腔需更换多个电极,严重影响 EDM 的加工效率。用 RP 方法就可快速制造任意形状的 EDM 电极,可以弥补 EDM 的不足。

石墨电极成形法:利用 RP 原型翻制石墨电极研具,再利用研具以平动研磨法制造石墨电极,然后用电火花加工金属模具。

电铸铜电极法:它是在 RP 原型表面喷涂一层导电介质,然后用电铸法在 RP 原型的表面沉淀一层一定厚度的铜得到电镀铜电极,再利用电极电火花加工模具。电极成形法的优点在于随着模具型腔复杂程度的提高,批量的增大,其优越性越能得到体现。

运用 RT 技术的突出特点是经济效益显著。基于 RP 技术的快速模具制造由于技术集成程度高,从 CAD 数据到物理实体转换过程快,因而同传统的数控加工方法相比,加工一件模具的制作周期仅为前者的 1/10 ~ 1/3,生产成本也仅为前者的 1/5 ~ 1/3。虽然目前由于高速铣削技术的发展,大大提高了模具的制造速度,但是各种 RP + RT 技术更具有强大的生命力。无论是硅胶模、喷涂金属模、锌合金模,还是直接 AIM 模、SLS RapidTool 技术、3D keltool 技术,都有其市场的需求和发展的空间。

二、工程实例

快速制造国家工程研究中心(National Engineering Research Center of Rapid Manufacturing,缩写 NERC - RM)是一个依托西安交通大学的人才与技术优势建立的国家级先进制造技术创新平台,致力于快速制造技术的创新研究和发展。目前 NERC - RM 在 RP + RT 方面的应用主要取得以下成果。

1. 金属电弧喷涂模具

金属喷涂法制造模具,采用自动送丝机构,将锌铝合金丝材送至电接触区时,电弧熔化金属丝,高压空气使其雾化,成为半固态的金属液滴,喷洒在原型表面,凝固成形,对原型复形,脱模后,即可获得一定厚度的模具型壳,背后再用一系列加强材料填充加固,即制造成功经济快速模具。

该法可用于注塑模具、大型冲压模具的快速制造，使用寿命可达数千件。该工艺具有制模速度快、成本低，原型母模来源广泛的特点，RP是其中一个重要母模来源。

以某车内饰件为例，零件尺寸650mm×650mm，用RP的光固化快速成形工艺（SL）制作成形母模，再进行金属电弧喷涂，制作快速模具。当模具尺寸较大时，可用SL分块成形，预设计组装工艺结构，以保证最终拼接成大尺寸原型母模的质量精度。通过金属电弧喷涂，制作完成型壳后进行背衬补强，脱模（将SL原型与金属型壳分开）形成所需要工作型面的模具，该模具完全复制SL表面尺寸和形状精度，表面质量好，尺寸精度高，只需抛光处理，即可用于生产零件。RP母模见图2。RP母模表面电弧喷涂沉积金属见图3。脱模后模具见图4。

图2　RP母模

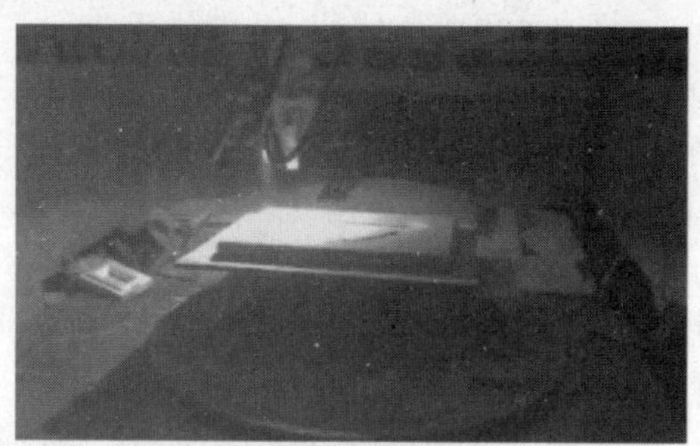

图3　RP母模表面电弧喷涂沉积金属

图4　脱模后模具

金属电弧喷涂模具可用于薄板冲压，并已应用于快速样车的生产。同时还适用于冲压、压塑、吸塑、发泡等多种塑料成形工艺，应用前景广泛，具有极大的市场潜力。某车型发动机盖板金属电弧喷涂快速模具及产品见图5。发泡模具见图6。玻璃钢模具见图7。

图5　某车型发动机盖板金属电弧喷涂快速模具及产品

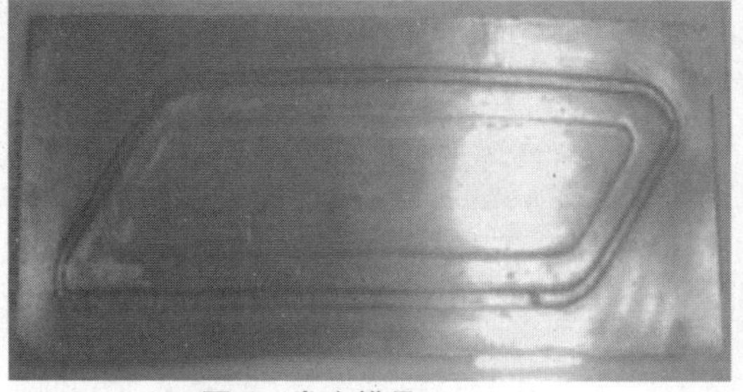

图6　发泡模具

图7　玻璃钢模具

2. 光固化树脂制作模具(SLA 快速模具)

快速原型技术几乎可以制作各种形状的复杂零件,效率高,制作方便,将其用于模具行业,可以解决传统制造工艺中部分结构难以加工的瓶颈。

(1)直接快速模具。①树脂与金属模具相结合的注塑模具。表面光滑,收缩率低,强度、硬度高,耐高温的光敏树脂材料,可以在传统的 SLA 设备上进行制件生产。NERC-RM 对光敏树脂材料在快速模具上的应用进行了研究,以这种材料制作的模芯,表面光滑,表面纹路精细(精度取决于 SL 设备,一般在 0.1mm 左右),变形小,结果表明该种材料完全可以直接以 SL 方式制作快速模具,用于制作塑料制品。

根据产品特点,直接设计模具型芯和型腔,将 SLA 成型模具直接嵌入标准模架进行注塑成型。该种方法直接光固化成型,省去机加工和电火花等加工过程,节约了加工成本,缩短了制作周期。SL 方法制作模芯不受产品形状限制,不仅可轻松制作各种复杂形状模芯,而且突破了传统加工方式在流道加工上的局限性,可在模芯内部任意布置各种复杂轨迹的冷却流道,从而优化了产品成型工艺,提高了产品质量。

SLA 快速模具成本低、效率高,可用于制作注塑、挤塑、吹塑、压塑、浇注等多种塑料制品的成型模具,具有广阔的应用前景。目前工程中心正致力于对该种材料进行深入研究,并根据实验结果,对材料性能进行优化;开展快速模具结构优化研究,致力于提高快速模具本身精度,延长使用寿命,拓宽其在塑料制品行业的应用领域。SLA 与标准模具相结合快速模具见图 8。

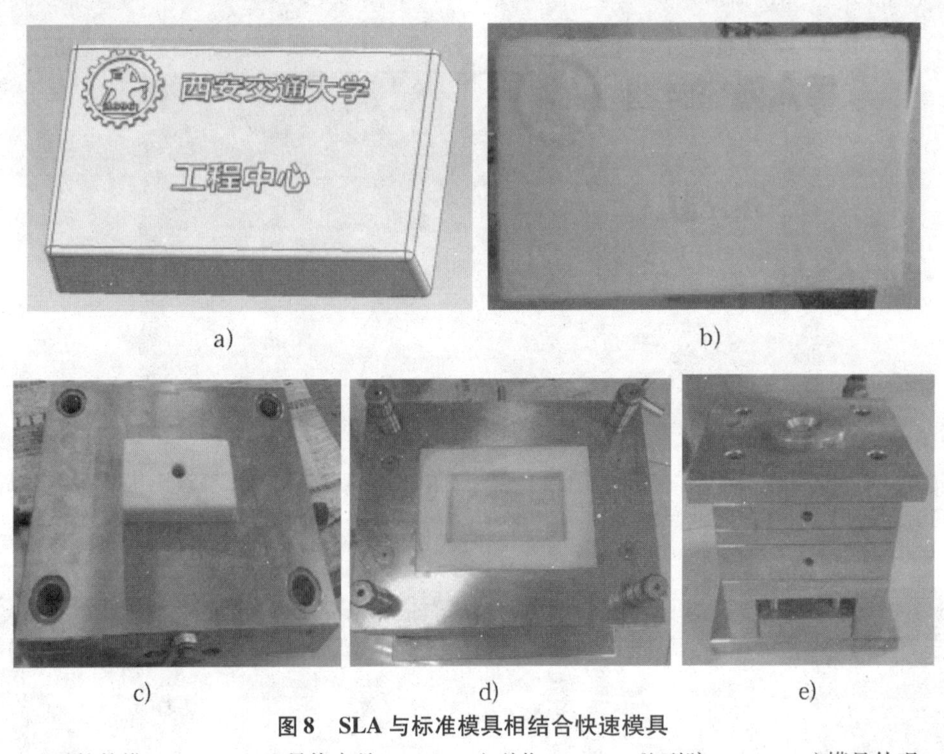

a)　b)　c)　d)　e)

图 8　SLA 与标准模具相结合快速模具

a)零件数模　b)最终产品　c)型芯　d)型腔　e)模具外观

②压蜡模具。蜡型作为铸造原型一般为合金材料制作,制作周期长、费用高,是影响熔模铸造周期和成本的关键;快速成形可以快速、低成本制作压蜡模具。压蜡模具见图 9。

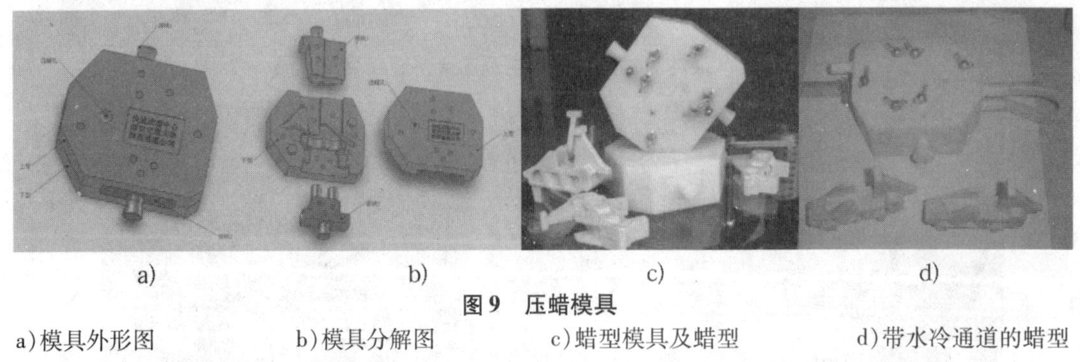

a)　b)　c)　d)

图 9　压蜡模具

a)模具外形图　b)模具分解图　c)蜡型模具及蜡型　d)带水冷通道的蜡型

③SLS 粉末烧结快速成型机制作铸造模具。SLS 快速成型可以直接制作铸造砂型的外砂型和型芯，烧结粉末为覆膜砂。烧结后需要二次固化以提高模具强度，可以直接浇铸金属。连接板 SLS 烧结模具见图 10。

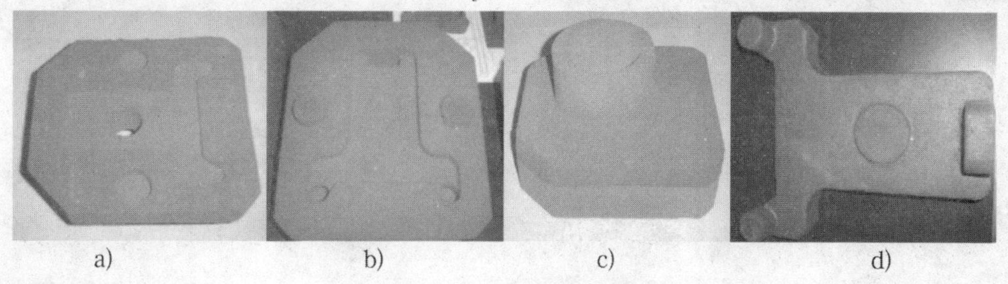

图 10　连接板 SLS 烧结模具

a）连接板上型　b）连接板下型　c）连接板组合砂型　d）连接板铸件

（2）间接模具。①制作熔模铸造中的铸造原型。以 SLA 快速成型件制作熔模铸造中的树脂熔模，代替常规熔模铸造中的蜡型（蜡型熔模实质上是一种可以熔失的原型模具），在树脂熔模的外周均匀的涂浆料、撒砂，形成多层型壳，再焙烧除去树脂熔模形成铸造型壳，浇铸金属从而翻制出铸件。制作模具精度高、速度快、效率高、成本低，适合于新品开发中的单件、小批量生产。用 SLA 模具翻制的缝纫机机头铸件见图 11。

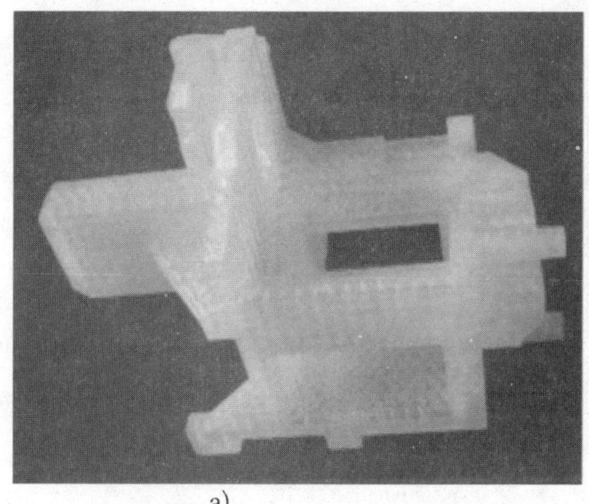

a)

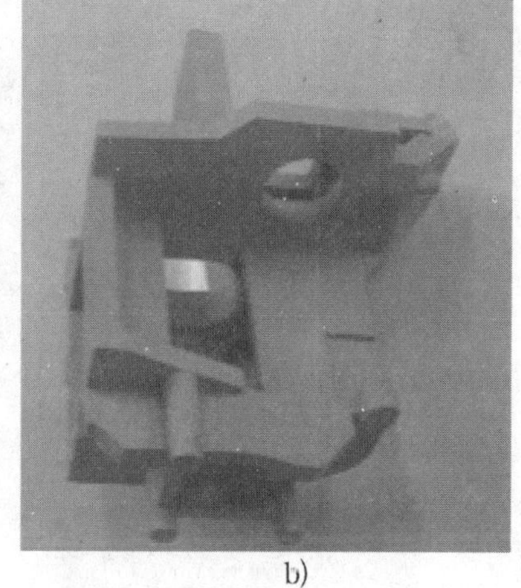

b)

图 11　用 SLA 模具翻制的缝纫机机头铸件

a）标准缝纫机机头 SLA 原型　b）标准缝纫机机头 SLA 原型

②石膏型铸造模具。以 SLA 工艺制作铸造原型，用石膏浆料灌注铸型，通过焙烧去除树脂原型从而形成铸型。与熔模铸造工艺类似，只是以石膏型代替型壳。石膏型为整体型壳，而熔模铸造型壳为多层型壳。戒指首饰 SLA 见图 12。

图 12　戒指首饰 SLA

③陶瓷型铸造模具。SLA 快速成型工艺可以制作陶瓷型铸造模具的原型。该原型为树脂易熔模，可以在脱蜡或者焙烧过程中去除，由于陶瓷型壳铸造模具强度高，适合于铸造形状复杂、结构细小的零件，如飞机发动机涡轮空心叶片、叶轮等。

涡轮空心叶片是高性能发电设备和航空发动机的核心部件，由于处于温度最高、应力最复杂、环境最恶劣的部位而被列为第一关键件；当前涡轮叶片的制造主要采取熔模铸造工艺。该工艺一方面过程复杂，产品开发周期长，成本高，另一方面由于型芯、型壳分开成型，组合时易产生误差，造成叶片穿孔，成品率低，难以满足我国航空工业发展的要求。

采用 SLA 快速成形工艺制作用于浇注陶瓷浆料的型腔模具，陶瓷固化后手工去掉外面的树脂模具，再通过焙烧去除包裹在陶瓷内部的树脂原型，形成陶瓷型芯、型壳一体化铸型，保证了型芯之间、型芯与型壳之间相互位置精度，从而提高了薄壁空心涡轮叶片的铸造质量和合格率，同时也可避免穿孔、偏芯、露芯等缺陷发生。陶瓷型铸造模具见图 13。

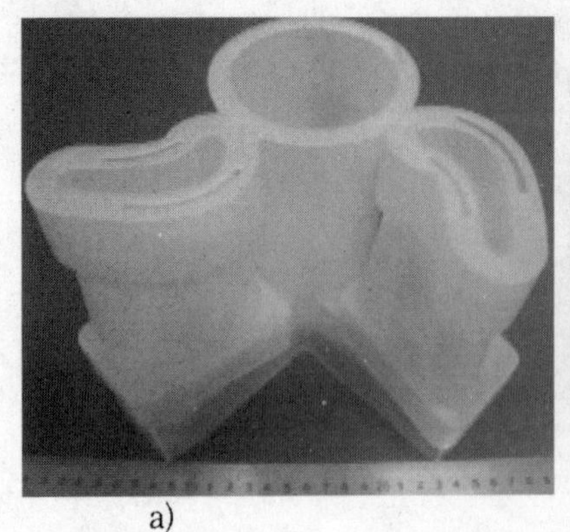
a)

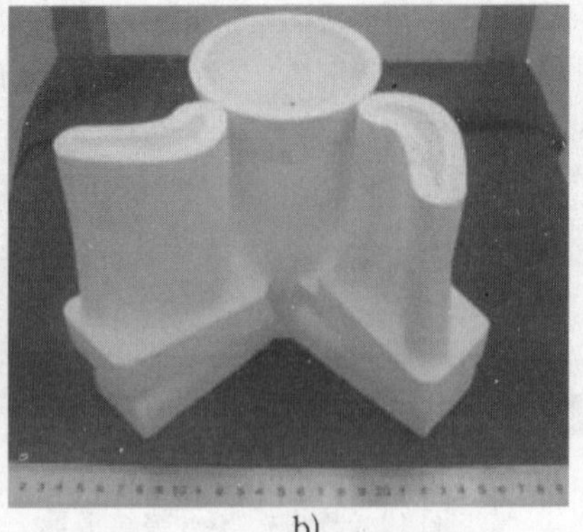
b)

c)

图13 陶瓷型铸造模具

a）空心涡轮叶片SLA模具 b）整体陶瓷铸型 c）高温合金叶片铸件

④制作树脂模具代替砂型铸造中的铸造原型。砂型铸造的铸造原型是制约生产高质量铸件的重要因素，特别是近年来技术工人短缺，木模工出现断层，SLA快速成形可以制作复杂薄壁模具代替传统木模，并且，SLA快速原型件还可以重现构件内部的复杂结构，给铸造模具的生产提供了新的手段。SLA原型代替木模见图14。SLA原型内部复杂结构见图15。

a)

b)

图14 SLA原型代替木模

a）护罩SLA模具 b）翻制出的护罩铸件

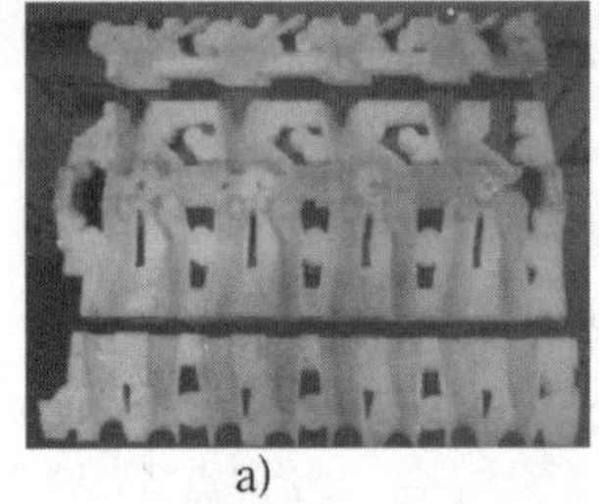
a)

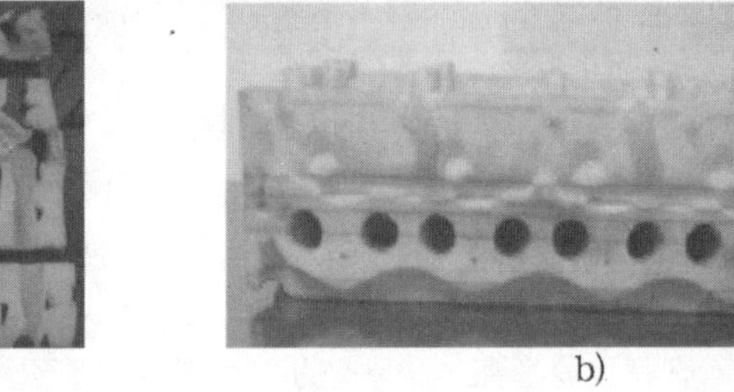
b)

c)

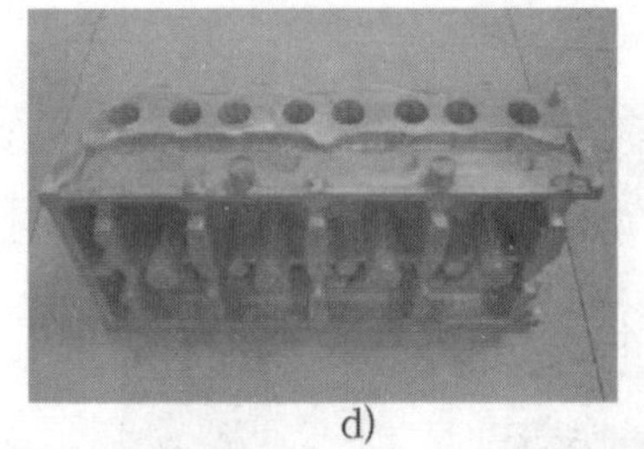
d)

图15 SLA原型内部复杂结构

a）发动机缸盖SLA原型气道部分 b）发动机缸盖SLA模具组合 c）发动机缸盖气道部分砂型 d）发动机缸盖铸件

在砂型铸造中，由于零件形状复杂（如叶轮），造型后有些模具不能脱模，SLA原型由于在高温下可以烧蚀汽化，形成消失法砂型铸模，特别适用铸造形状复杂的零件。利用SLA原型，用常规的黏土砂造型，在500℃保温，SLA原型汽化，形成砂型，最后浇铸出铸件。SLA铸造原型消失法模具见图16。

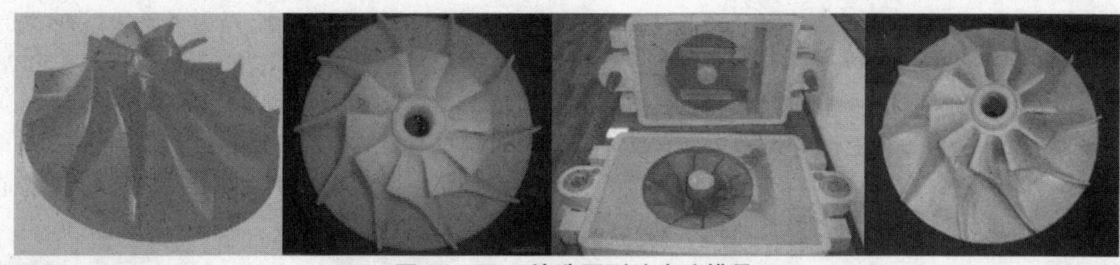

图16 SLA铸造原型消失法模具

〔撰稿人:西安交通大学/机械工程学院/快速制造国家工程研究中心王永信、吴华英、郭成、卢秉恒〕

模具的高速精密加工

经过30多年的发展,通过引进国际工业发达国家(主要是欧洲、美国、日本等)的设计制造技术和自主创新,我国模具技术设计制造有了长足进步,已可以生产制造业所需要的几乎全部类型的模具,其中精密、复杂、高效、多功能复合模具已占有一定的份额,部分模具的设计制造水平已进入国际先进行列。我国已建有许多家国家级、行业级、企业级模具技术研发机构,模具设备制造体系、工艺技术服务体系、模具材料生产和供应体系也已形成。CAD/CAM技术已普及应用,CAE、CAPP、PLM、ERP等数字化技术已有一部分企业开始采用,并收到了较好的效果,高速加工、并行工程、逆向工程、虚拟制造、无图生产和标准化生产已在一些重点骨干企业实施,模具加工技术逐步向多轴化、复合化、微细化、自动化、智能化、低碳化等方向发展。全球技术领先的机床制造商不断创新研发加工新技术,不断推出高性能的数控设备装备模具企业,为模具企业产品转型升级提供了保障。本文将介绍模具制造所需的部分数控高速高精度机床及其高速精密加工技术,为模具企业实现跨越式发展提供帮助。

近些年,制造业产品的不断升级,对模具企业提出了更高要求,模具加工制造面临极大的挑战,优化制造工艺流程、控制模具质量、提高效率已成为产品、企业转型升级的重要内容。

光学仪器生产商要求:加工面应达到无需研磨的要求,表面粗糙度 $R_a<0.1\mu m$;

电子零部件制造商要求:细微的形状以微小刀具加工保证加工精度在 $\pm 2\mu m$ 以内;

刀具制造商要求:可加工极小的口径孔(孔径 $D\leqslant 0.03mm$),并且要保证机床的加工效率;

家电制造商要求:微细加工追求加工效率及长时间的加工稳定性等;

同时对CAD/CAM技术以及集成技术则要求更快、更简捷。

高速切削技术,因其高效率、高质量为人们所推崇。高速切削技术不仅涉及高速加工工艺,而且还包括高速加工机床、数控系统、高速切削刀具及CAD/CAM技术以及集成技术等。由于高速切削技术具有传统加工技术无可比拟的优势,特别是数控高速铣削集高效、优质、低耗于一身,加之可以获得较高的金属切除率、很高的加工精度和良好的加工表面质量,以及在加工三维曲面、超硬材料和薄壁零件方面的显著优势,作为一项先进的制造技术已经在模具制造业中受到重视,并逐步被推广应用,成为模具加工技术最重要的发展方向。

高速精密加工中心和高速铣削加工机床,无疑在整个加工工艺过程中起着决定性作用。以高速铣削加工中心为例,与普通加工中心相比,在机床结构、切削主轴、进给驱动装置、冷却和润滑方式、安全防护以及数控系统等方面都要与机床的高速性能相匹配,以满足对模具加工表面质量、精度和加工效率的更高要求。

高速铣削加工的特点主要是具有温升低(加工工件只升高3℃)、热变形小等优点。随着切削速度的提高,单位时间毛坯材料的去除率增加,单位功率的金属切除率提高30%~40%,切削时间减少,加工效率提高,从而缩短了产品的制造周期,提高了产品的市场竞争力;高速加工的小吃刀量、大进给速度减少了作用在工件上的切削力,切削力降低30%,低价切削振动几乎消失,刀具的切削寿命提高70%;切屑的高速排出减少了传递到工件上的切削热,留于工件的切削热大幅度降低,相应地减少了热应力变形,提高了工件的加工刚性,并为薄壁零件的切削加工提供了可能。对硬度超过60HRC的材料进行高速铣削加工可在一定程度上替代效率较低的电火花加工,这样,一定程度上缩短了模具的制造周期。同时,应用高速切削技术切削效率可提高1倍,可节省模具后续加工中约80%的手工研磨时间,节约加工成本近30%,模具表面粗糙度可达 $R_a0.1\mu m$。

高速铣削主要从以下几方面降低了被加工零件的表面

粗糙度：

高速切削机床的床身等支撑部件都采用封闭式床身设计和高质量、高刚性和高抗张性的材料，如高阻尼特性的聚合物混凝土，整体制造，确保高的结构刚性，增强了高速加工中的耐冲击性，其抗振性和热稳定性保证了机床的精度稳定，可防止切削时刀具的振颤，从而大大地提高了被加工工件的表面质量。

高速铣削一般采用油/气冷却润滑的干式切削方式。这种方式可以用高压气体迅速吹走切削区产生的切屑，从而带走大量的切削热，同时经雾化的润滑油可以在刀具刃部和工件表面形成一层极薄的微观保护膜，起到润滑和减少摩擦的作用，有效地延长了刀具寿命。

高速加工的小吃刀量、大进给速度降低了切削力，铣削力波动也随之减小，从而可获得更好的表面加工质量。

下面以世界著名的瑞士、日本、德国和我国的部分模具精密加工设备为例，介绍其在模具高速加工中的应用。

国际最著名的瑞士GF阿奇夏米尔集团是专门向工模具和高精密零件制造商提供设备及系统解决方案的供应商，其产品涵盖了电加工机床、高速铣削加工中心和高性能加工中心，以及装夹定位装置、测量系统和自动化解决方案。其MIKRON HSM400和HSM500高速铣削加工中心的床身等支撑部件普遍采用封闭式床身设计，具有很好的动、静刚度，热刚性和最佳阻尼特性的材料，整体铸造，热稳定性好。进给电动机和电主轴采用恒温水冷却，提高了机床本身的精度。另外一些先进的智能加工模块如米克朗推出的智能温度控制系统和高级工艺控制系统的使用，也使机床的加工精度大大提高。瑞士GF阿奇夏米尔集团生产的MIKRON HSM500高速铣削加工中心见图1。

图1　瑞士GF阿奇夏米尔集团生产的MIKRON HSM500高速铣削加工中心

在模具高速加工中，由于采用小吃刀量、大进给速度，在开粗和半精加工中，加工余量很少而且均匀，有利于降低表面粗糙度。在精加工的过程中，由于采用高转速，比常规铣削高10倍以上，细密的刀轨可以大幅地降低表面粗糙度，特别是在自由曲面上，径向进给量一般在0.01～0.1mm，表面粗糙度可达到R_a0.1μm。MIKRON HSM400U五轴联动高速铣削加工中心加工聚焦镜型芯实例见图2。MIKRON HSM400高速铣削加工中心加工手机外壳模具型腔实例见图3。MIKRON HSM500高速铣削加工中心加工的模具零件实例见图4。

图2　MIKRON HSM400U五轴联动高速铣削加工中心加工聚焦镜型芯实例

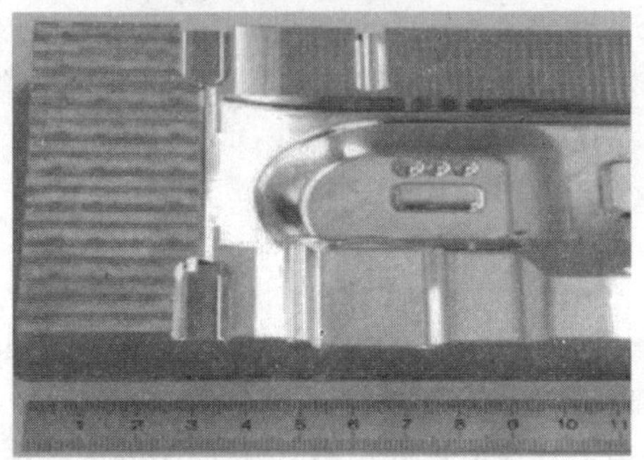

图3　MIKRON HSM400高速铣削加工中心加工手机外壳模具型腔实例

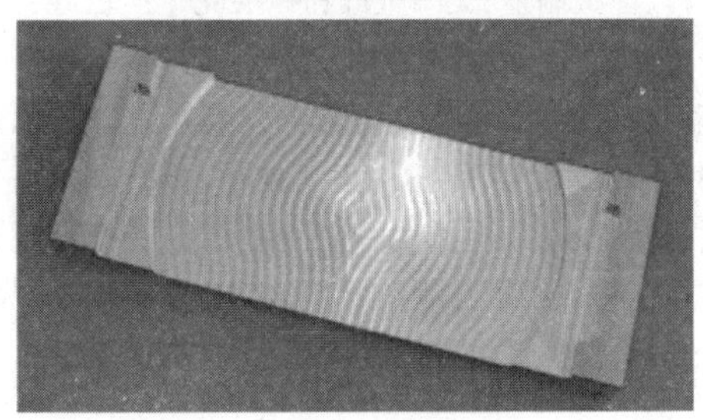

图4　MIKRON HSM500高速铣削加工中心加工的模具零件实例

高速铣削的切屑形成方式不同，产生的绝大部分热量由切屑带走，加工区域热量聚集少，同时走刀速度比常规走刀速度快得多，热量更不容易聚集，被加工工件的温升低、热变形小，保持了恒定、理想的切削条件，从而保证了加工精度。

高速铣削加工的电极精度高，表面质量好，轮廓形状一致性好，一般不需要抛光处理，不会由于手工抛光的误差而降低了电极的精度，有利于提高模具的制造精度。高速铣削采用轻切削，切削力很小，可加工薄壁，因而可以加工带肋的整体电极，这就消除了多个电极在EDM加工中多次装夹产生的位置累积误差，目前，电极的加工精度一般可达到±0.005mm。

在高速铣削淬硬钢模具时,采用小直径的刀具和硬铣技术,可以将热处理后的淬硬钢工件一次装夹加工成形,从而有效地避免了零件多次装夹造成的装夹误差,提高了零件的尺寸精度和几何位置精度。甚至可使用直径为 0.3mm 的刀具对硬度达 54HRC 的模具材料进行高速铣削加工,将模具直接加工到位,而无需进行电极加工和效率较低的电火花加工。在不能直接加工到位的情况下,通过小刀具的清角,不仅电加工余量很小而且均匀。因此可以考虑取消粗电极,从而减少电极的数量和电火花加工的时间。在控制刀具磨损的情况下,非淬硬钢模具的加工轮廓精度也可达到 ±0.005mm。

对于淬硬钢模具,传统的加工工序为:模具粗加工→热处理→模具半精加工和精加工→相关的电极加工→电火花成形加工→打磨抛光。以前因为难以直接加工到位,一般采用电极加工,再打磨抛光。而在高速铣削中,采用硬铣技术粗、精加工淬硬钢模具,减少甚至消除了电极制造、电加工和打磨抛光的工序,使加工周期大为缩短,加工质量也得到了可靠保证。

iQ300 精密高速高效加工中心是牧野机床(中国)有限公司推出的可以引领模具加工技术未来的新产品,该机床标配高性能 45 000r/min 主轴,NRRO(动态跳动量)控制 0.2μm以下;0.005μm 的全闭环光栅尺,精益求精的机械装配精度,可以达到 ±0.001 0mm 的定位精度,±0.000 5mm 的重复定位精度;高性能直线电机可以保证微细加工的敏捷性;高刚性机械结构及滚柱丝杠导轨,可以保证机床良好的刚性。为保证加工精度及长时间的精度保持性,对控制温度变化有很多对策,对控制机床内部热量变化的对策,如配置滚柱丝杠冷却系统、直线电机冷却系统、工作台冷却系统、床身冷却系统、低接触面滑动系统、主轴轴芯冷却系统和外部夹套式冷却系统等,可以消除热量的产生或者极大地减少热量的产生;对控制环境温度变化的对策,如机床采用全封闭的热防护罩用以隔离环境,电器控制柜等热源与机床床身立柱的隔离配置,采用冷光源 LED 照明系统等。iQ300 精密高速高效加工中心见图 5。

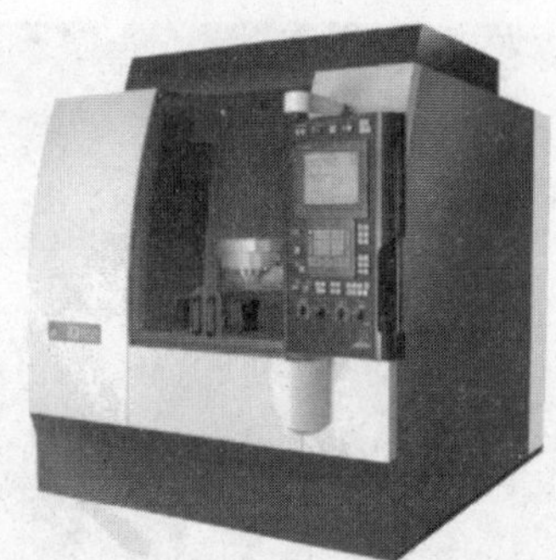

图 5　iQ300 精密高速高效加工中心

iQ300 精密高速高效加工中心可以帮助客户解决行业的技术难题。加工实例——LED 多腔型芯;高速铣削加工达到微细加工的新高度,加工面无需研磨,表面粗糙度 R_a <0.05μm,同底面交接处 R 角小于 0.03mm,加工后无需抛光。此 LED 型芯用于手机液晶显示屏侧面显示(Side View)的背光源制造行业。LED 多腔型芯见图 6。

图 6　LED 多腔型芯

LED 多腔型芯材料 ELMAX(60HRC),尺寸 60 mm×40 mm×30mm,采用高性能 4 把 CBN 刀具加工,加工时间 6.5min/件,型芯加工完测量粗糙度(R_a) 0.03μm,且无转折痕。iQ300 与普通设备加工对比见图 7。

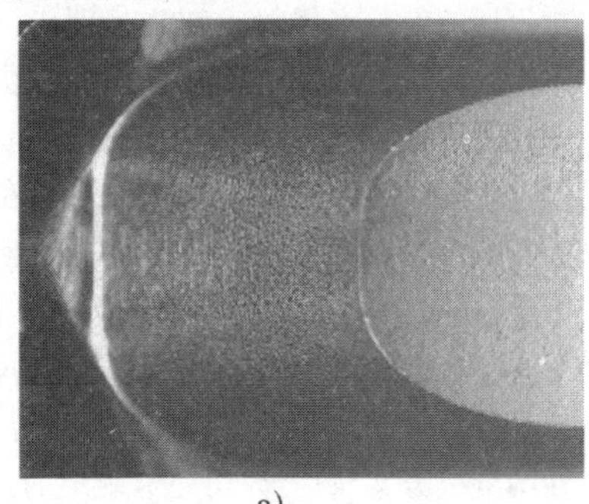

a)

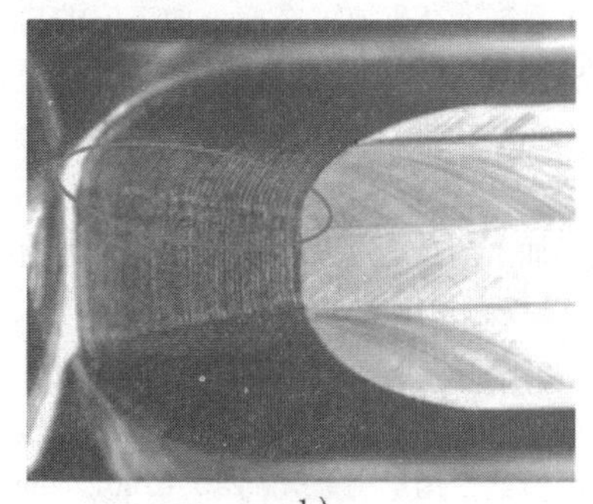

b)

图 7　iQ300 与普通设备加工对比

a) iQ300 加工无转折痕　　b) 普通设备加工有转折痕

加工实例:数码相机伸缩镜头模具。依照传统加工工艺,斜齿轮模具的电极加工依靠专用齿轮加工设备。对于一些非标齿轮,加工刀具需要定制,加工精度差,加工周期较长。牧野创新性地研发了通用设备 iQ300 和高精度直接驱动电机,并研发了专利的加工技术——刮削加工,可很好地解决以上问题。数码相机伸缩镜头模具见图 8。

图 8　数码相机伸缩镜头模具

加工技术关键点是：超高精度直线电机驱动装置；DD 电机直驱第四轴；多轴联动的插补加工；用齿轮加工刮刀；依靠专利的加工技术——刮削加工。

此外为拓展低碳制造工艺，牧野公司大力发展低碳化的加工设备及制造过程。机床作为一种耗能产品，其设计、制造、使用和回收将受到有关法规和标准的制约。作为世界著名的制造设备厂商，牧野公司已经将机床与环境和使用者关系的和谐作为机床研发的主要着眼点。关注机床的高性能、绿色化、智能化的集成和融合，为模具制造企业的低碳制造和转型升级提供全方位的支持。首先，通过对机床进行能源管理，即：牧野在最新加工中心的主操作面板上配置了开启节能模式（ECO 模式）的按钮，通过启动机床内置节能模式，最大耗电量可减少 30%。启动节能模式后，机床不运行时可以自动切断辅助装置，以减少能源消耗。其次，通过技术创新及进步来减少能源的消耗。牧野机床 ECO 模式机床能源管理界面见图 9。

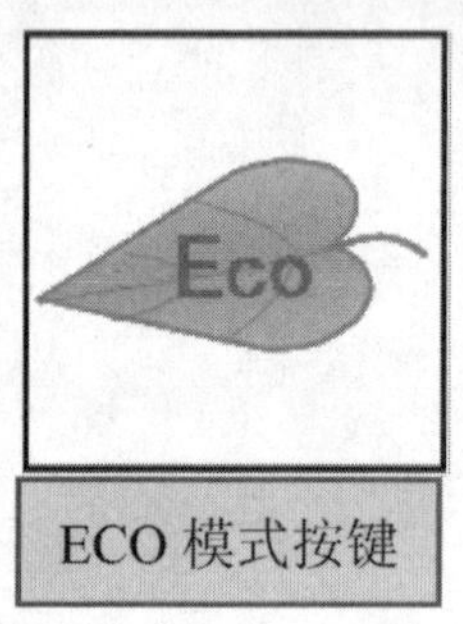

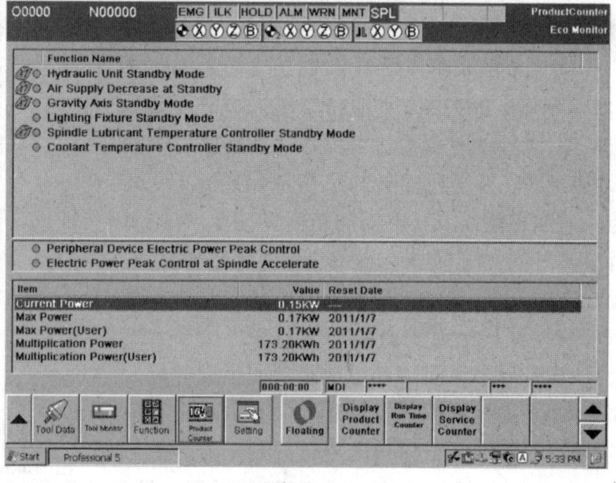

图 9　牧野机床 ECO 模式机床能源管理界面

大型的 CAD/CAM 系统及高速加工在模具加工中的广泛应用，可以保证复杂的模型具有极高的分辨率，从而产生大量的刀具定位数据。超级几何控制功能 SGI 是牧野独创的专利技术，可以对加工程序进行预读及预处理，可以在高速加工过程中保证模具加工的高精度及高效率。同时通过 SGI 功能的不断升级，以提高加工效率，减少能源的消耗。最新开发的 SGI4 功能比先前的 SGI3 可以提高 30% 左右的加工效率。应用微量的油气润滑技术 MQL，可减少加工过程中耗材的消耗。润滑液的使用量由原先的 20～100L/min 减少到 0.03～0.2L/h。此外 MQL 润滑技术还可以大幅度提高高速加工的润滑效果，提升加工效率。

智能化设备及模具制造过程的实时控制反馈实现模具生产自动化。当前，伴随国内外市场变化，我国模具企业以往所依赖的低成本优势正在逐步消失，提升国际竞争力成为我国大中型模具企业必须考虑的问题。由于市场对新产品的开发周期、产品的精度等方面有了更高的要求，势必推动模具企业去考虑更新生产方式，以降低人工劳动强度，提升生产效率，提高产品品质，减少人为因素对产品稳定性的影响等，届时生产自动化成为现代模具制造技术的可选道路之一。在模具加工自动化方面，装备供应商为客户提供机床，更重要的是为用户提供针对性的技术支持和各种综合性的解决方案，牧野公司凭借雄厚的技术实力、成熟的经验，已成功地通过智能化设备及模具制造过程的实时控制反馈，实现了模具生产的自动化，这些经验很值得借鉴。牧野公司组建的全自动化生产线见图 10。

图10　牧野公司组建的全自动化生产线

世界知名的德国机床制造商德马吉(DMG)集团为有效地提升模具制造企业的模具加工面表面质量、加工精度、加工效率及长时间的加工稳定性，提升模具企业的市场竞争力，陆续推出了五轴加工中心 DMC70V、DMU50 eVolution 配备自动化单元 Erowa Robot Heavy 的立式精密加工中心 DMC105 V linear 以及五轴高速精密加工中心 HSC 20 linear 及其托盘存储系统 PH 10—100。前两种加工中心用于硬质材料、复杂模具的加工，可省去电火花切削工序，而后两种专用于小型铜电极的加工，可实现微米级的加工精度。

德马吉生产的五轴高速精密加工中心 HSC 20 linear，其主轴转速可达 42 000r/min，加工的轮廓和模槽可以达到异乎寻常的精度，对几何形状相当复杂、直径不到 1mm 的精密部件，也可达到微米级的加工精度。HSC 20 linear 为所有的工作轴，无论是线性轴还是转台的转动轴，都配备了直接传动装置。整体式设计的龙门结构配以直接传动装置，使 HSC 20 linear 即使在五轴高速加工时也能保证极高的稳定性、动态性能以及热稳定性。其微米级高精度的线性传动装置可以保证微小零件在高度智能化的工艺流程中完成铣削加工，并在微米级误差范围内确保工艺流程的安全可靠。德国 Krallmann 制造集团运用 HSC 20 linear 生产的 SOFTPICKS 模具制品见图 11。加工的高精度铜电极见图 12。

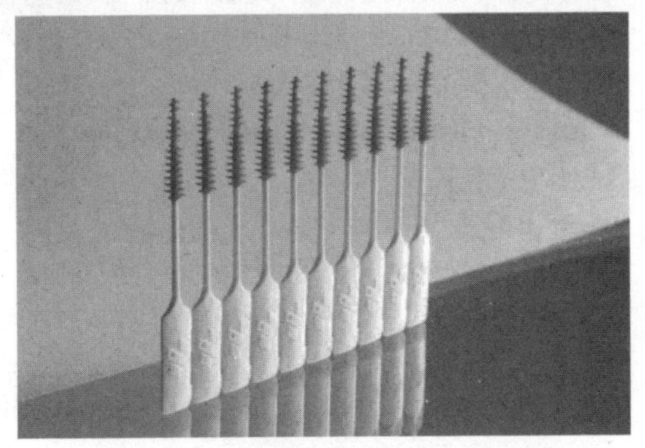

图11　德国 Krallmann 制造集团运用 HSC 20 linear 生产的 SOFTPICKS 模具制品

图12　加工的高精度铜电极

HSC 20 linear 配备的托盘存储系统 PH 10 - 100，在夜间和周末可实现无人连续作业，从而达到极高的产能。即使是小批量甚至是单件生产，生产设备的自动化运转也是实现经济性生产不可或缺的一环。使用 HSC 20 linear 加工铜电极的加工周期一般大约为 40min 到几个小时。所以，只要能够协调组织好，那么，员工就可在机器加工关键零部件的过程中，优化工艺参数、装填托盘库以及将实际库存同程序中的存储进行比对统一。下班时，员工只需按一下按钮，机器就将全自动运行。这样的存储系统，是模具企业自动化生产线的一个重要组成部分。

北京精雕科技有限公司以高速雕铣技术的开发，在我国名声显赫。高速雕铣作为高速加工领域的一个分支，也受到模具制造企业越来越多地重视和应用。高速雕铣具备以小刀具高速雕刻加工的能力，也具有以小刀具高速铣削的能力，同时具有多轴定位加工、五轴曲面投影精加工、五轴弯管加工和叶轮加工等专用功能，从而实现小刀具的多轴高速加工。

由北京精雕科技有限公司生产的精雕 CNC 雕刻机是高速雕铣机的典型代表，因其拥有小刀具高速加工的基础技术和前沿技术，使得高速雕铣的加工方式在模具制造中得到广泛应用。

精雕高速雕铣机床具有两大特点：

1. 设备的定位精度和运动特性好

以 Carver600V_AU 型精雕 CNC 雕刻机为例，$X/Y/Z$ 轴运动定位精度 0.008 mm /0.008 mm /0.006mm，$X/Y/Z$ 轴重复定位精度 0.008 mm /0.008 mm /0.006mm；高速电主轴转速 1 000 ~ 20 000r/min；最高快速移动速度 12m/min，部分型号机床可达 15m/min；最高切削进给速度 6m/min，部分型号机床达 9m/min。

2. 数控系统的高分辨率和小插补周期

精雕 JD45 数控系统系专为精雕 CNC 雕刻机而配置，可更好地支持小刀具高速雕铣加工。其运动控制精度高，最小控制步长 0.005mm，数控插补周期为 0.01ms(常规数控系统的插补周期一般为 0.1 ~ 0.2ms)，因此可保证在加工小细节时具有较高的清晰度。

精雕 CNC 雕铣机床可用于加工硬度为 62HRC 的中小型淬火钢模，加工效率高，表面粗糙度可以达到 0.4μm；加工难切削材料的精密不锈钢工件时，可避免产生积屑瘤和鳞刺，加工尺寸精度可以控制在 0.02mm 以内；加工纯铜和石墨电极时，可消除因石墨材料脆性大，加工中容易产生崩边和崩角的缺陷，从而确保母模的还原效果。精雕 CNC 雕铣机床具有在钢材、铝材上加工最小直径为 0.2mm 微孔的加工能力；能以较高的效率铣削不同规格的螺纹，尤其是 M3 以下的小螺纹，而且可以铣削淬火材料和不锈钢等难切削材料的螺纹零件。

精雕高速雕铣机床还具有自主开发的高速雕铣 CAD/CAM 软件——JDPaint，在小刀具高速加工编程技术上具有重大突破。如开槽式等量切削技术：通过优化刀具轨迹，可保持小刀具在高速加工中切削力的相对恒定，解决了小刀具断刀问题，并使小刀具的高速加工得以实现；自动曲面倒角：在加工编程之前，可以在造型中面面相交的凹角处自动生成指定刀具半径的圆角，防止平底刀（或小圆角牛鼻刀）开粗时在角落处留下切痕，而球头刀具精加工的清根路径又无法消除的现象；大浮雕模型（网格曲面）的编程技术：支持几何曲面和网格曲面混合加工，所有曲面加工方法都可用于网格曲面浮雕模型的编程，并且可对浮雕模型进行优化，缩短路径计算时间，提高工作效率；对于数据量较大的网格曲面模型，可以采用专业的网格优化功能，大量减少曲面模型的顶点数，大幅缩短路径计算时间，这一编程技术是加工安全的保障技术，具有专业的加工过切分析、刀柄碰撞检查、加工载荷分析功能，在计算路径过程中能够自动删除过切和干涉的路径。

以上介绍，不过是少数高速精密加工的几个重点设备制造厂商及其部分典型产品，国内外的一些高速精密加工设备的供应厂商仍在加工技术应用领域继续不断地开拓创新。随着全球制造业转移向纵深发展，我国模具工业已经站在全球模具工业的中心舞台，我国的模具企业需要先进的制造技术来支持自身的发展，相信作为模具加工未来发展方向的高速精密加工技术必将在我国广大的模具制造企业中获得更为广泛地应用。

〔撰稿人：中国模具工业协会秦珂〕

精密高效电加工关键技术进展

为了紧紧抓住国家振兴装备制造业、高度重视数控机床发展的重大机遇，特种加工机床行业积极参与并推动电加工、特种加工项目在国家层面的立项，组织了有关课题的申报。主要有：国家高技术研究发展计划（“863”计划）重点项目“高效、精密电加工技术与装备”，国家科技重大专项“高档数控机床与基础制造装备”中的“自动穿丝精密、高效数控单向走丝电火花线切割机床”和“五轴联动精密数控电火花成形机床”2 个电加工方面的课题和“全浸泡式精密电加工机床专用密封精密数控回转工作台”课题。

两年多来，由产、学、研、用组成的课题组在电加工领域关键技术研究方面取得了重大突破。

一、精密高效数控单向走丝电火花线切割加工技术与装备

该研究方向包括“863”计划 1 个课题和数控机床重大专项 1 个课题（2 个课题组）。

（一）课题目标

1.“863”计划课题

研发出高效精密单向走丝型数控线切割加工机床，掌握设计控制核心技术，使我国数控单向走丝电火花线切割技术在性能指标上达到国际先进水平，提高我国特种加工机床行业的竞争力。针对重要应用领域的 3 种以上典型特殊材料复杂型面零件的加工要求，与用户合作开发出成套工艺方案及数据库进行示范应用，加工零件精度达到用户要求，申请发明专利 2 项以上。

2. 数控机床重大专项课题

研制成功的自动穿丝、精密、高效、数控单向走丝电火花线切割机床，基本达到当前国外同类机床产品水平。

（二）课题突破的关键技术及取得的成果

1. 高性能的数控单向走丝电火花线切割机床

（1）自动穿丝恒张力运丝；

（2）ϕ0.05 mm 细丝切割；

（3）最大切割效率≥320 mm^2/min；

（4）最佳表面粗糙度 R_a <0.2 μm；

（5）加工零件精度 ±0.002 mm；

（6）不同材料、不同厚度、不同直径电极丝的工艺专家系统；

（7）可增设 A 轴；

（8）具有拐角控制策略。

数控机床重大专项课题研制的样机见图 1。

a)

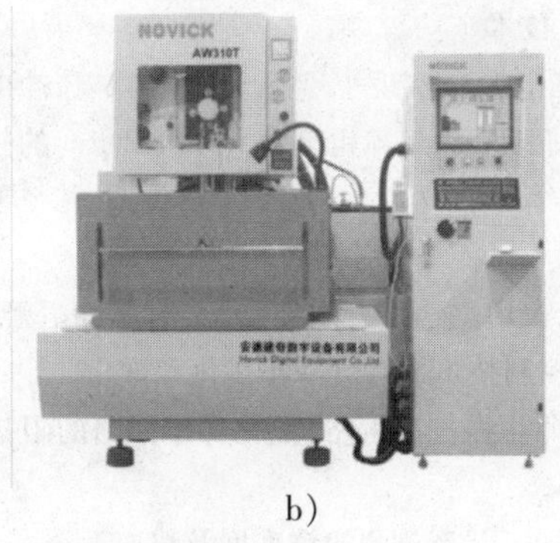

b)

图1　数控机床重大专项课题研制的样机

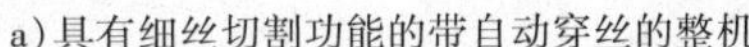

a)具有细丝切割功能的带自动穿丝的整机　　b)带自动穿丝的整机

2. 高精度单向走丝电火花线切割机床主机

(1)全闭环交流伺服电动机驱动。主运动轴采用交流伺服电动机直联方式,以降低传动链的传动误差和迟滞,提高响应的快速性。位置环由分辨率为0.1 μm高精度直线光栅构成。

制造过程中采用双频激光干涉仪和球杆仪进行误差测量和补偿,提高系统的定位精度、重复定位精度及精度的保持性。

(2)机床采用经典的C型结构,左右对称设计。T型超宽高刚性床身底座、高强度的机械构造。通过有限元结构分析,有效设置加强筋防止扭曲变形。

(3)主机发热部件采用绝缘性能和热稳定性高的陶瓷材料制作,提高了电气稳定性,降低了温漂影响,保证了加工过程的高精度和高稳定性。

通过采用综合技术措施,主机数控轴的定位精度±3 μm,重复定位精度±1 μm,为保证机床加工精度和切割表面粗糙度打下了很好的基础。

3. 高成功率的自动穿丝系统

研制成功高成功率的自动穿丝系统,其自动穿丝成功率达95 %以上,填补了国内空白。自动穿丝系统见图2。

图2　自动穿丝系统

4. 细丝切割技术

为实现微细丝切割,设计了微张力下的恒张力、恒速细丝走丝机构。

(1)走丝速度由速度轮后面的交流伺服电动机闭环控制,由计算机控制无级变速;

(2)放丝速度由放丝轮后面的交流伺服电动机根据角位移传感器位置的变化进行闭环控制,保持电极丝的张紧力和运丝速度恒定;

(3)采用ϕ0.05 mm电极丝进行稳定加工。

微细丝运丝系统及切割的零件见图3。

a)

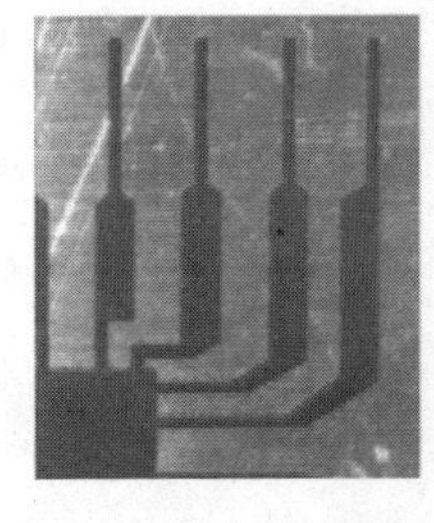

b)

图3　微细丝运丝系统及切割的零件

a)微细丝运丝系统　　b)采用微细丝切割的零件

5. 微精表面加工技术

纳秒级微精加工电源可实现小于 50 ns 的功率脉冲的放大及传输，以达到加工表面最佳粗糙度 $R_a \leqslant 0.2$ μm 的技术指标。

6. 高效切割技术

以进一步提高最大切割速度为主要目标，对脉冲电源、加工状态检测、伺服控制技术进行进一步优化和强化。

(1) 优化脉冲电源主振控制策略，强化功率回路的阻抗配置和能量传输效率；

(2) 进一步提高加工状态检测的精准度及快速性；

(3) 增强脉冲产生和能量传输回路的抗干扰措施；

(4) 较大幅度地提高切割效率，最大加工速度350mm²/min。

7. 具有切入、切出、拐角精度控制策略及变厚度切割策略的加工过程智能控制技术

加工过程中由于放电爆炸力、二次放电及高压冲液的作用，对电极丝在加工轨迹上的滞后影响很大，导致拐角切割精度及小圆弧切割精度变差，切入工件和切出工件时的冲液条件的剧烈变化又会加大断丝概率。课题研究的具有切入、切出、拐角精度控制策略及变厚度切割策略有效缓解了上述现象，实现了加工过程的智能控制，具有明显的科学性和先进性。

加工实验表明，未加拐角控制策略的拐角误差达到 129 μm，实施拐角控制后中央平面拐角误差为 11 μm，上下平面拐角误差为 16 μm，可见控制策略能有效减少拐角误差。

8. *A* 轴联动切割技术

通过第六数控 *A* 轴与相关轴联动或 *A* 轴分度控制，实现盘状 PCD 刀具以及其他零件的加工。*A* 轴结构及加工的工件见图 4。

a)

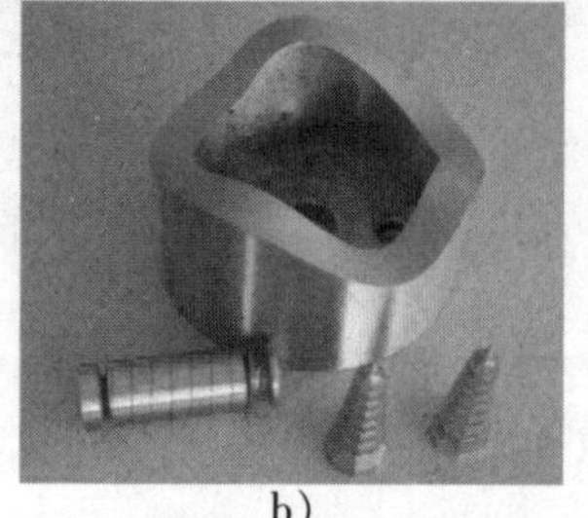

b)

图 4　*A* 轴结构及加工的工件

a) *A* 轴　　b) 工件

9. 五轴四联动单向走丝线切割加工数控系统

(1) 开发并完善了基于 Windows 平台的数控系统；

(2) 开发了基于 Linux 平台的数控系统；

(3) 建立了更完善的智能化工艺专家系统。

10. 完成多个试验研究平台建设

建立了微精加工脉冲电源试验平台、高效脉冲电源试验平台、数控化伺服系统测试平台、自动穿丝试验平台、走丝系统试验平台。

11. 形成一批自主知识产权

获得或已申报国家发明专利 3 项、实用新型专利 4 项、软件著作权 6 项，发表论文 9 篇，参与修订行业标准 1 项，参与制定国际标准 1 项。

二、特殊材料高效数控放电铣削加工技术与装备

(一) 高效数控放电铣削加工专用设备

(1) 六轴数控五联动；

(2) 最大加工电流 300 A；

(3) 最大加工效率 3 000 m³/min；

(4) 最佳表面粗糙度 <2.5 μm；

(5) 具有电极损耗在线检测及自动补偿功能。

高效数控放电铣削加工专用设备见图 5。

图 5　高效数控放电铣削加工专用设备

(二) 数字化大功率高效节能放电铣床脉冲电源

(1) 根据高效放电铣削特点，主回路采用 45 V 低压，降能耗 60 %；

(2) 根据高效放电铣削特点实施“三层级”高效放电铣削加工脉冲电源适应控制策略。

(三) 外置式卸荷全闭环 *A* 轴

密封简单，运行可靠；维护方便；操作空间大，装夹工件方便；已申报国家发明专利。外置式卸荷全闭环 *A* 轴见图 6。

图6　外置式卸荷全闭环 A 轴

（四）满足高效放电铣削要求的专用主轴

专用主轴见图7。

图7　专用主轴

（五）高效放电铣削专用六轴五联动数控系统

（1）六轴五联动；

（2）各加工轴的伺服控制；

（3）脉冲电源、工作液压力流量、电极旋转各工艺参数适应控制；

（4）根据电极补偿策略对电极损耗进行在线检测及实时补偿。

（六）高效放电铣削加工电极损耗在线检测和实时补偿技术

（1）电极损耗在线检测“对刀”系统；

（2）对刀块防电解技术；

（3）提高“对刀”水平的对刀策略；

（4）基于放电能量的电极损耗在线实时检测及补偿技术。

（七）数控高效放电铣削工艺技术

（1）通过对高效放电脉冲电源的主要参数进行“3因素8水平”正交试验，确定了脉冲电极损耗和加工效率的影响显著度，找到了优化的工艺数据组；

（2）建立了10种不同规格电极、3种特殊材料、5种工艺参数优化配置的工艺数据库。

（八）特殊材料典型零件的高效放电铣削加工

完成了航空发动机特殊材料制作机匣和整体叶盘两大类5种典型零件的加工，并形成了成套工艺方案。

（1）加工特殊材料零件电极费用仅为刀具费用的1/30～1/20；

（2）加工效率提高30%～50%；

（3）设备购置费用及使用成本是加工中心的1/10；

（4）单边留2 mm余量。

高效数控放电铣削加工的典型零件见图8。

图8　高效数控放电铣削加工的典型零件

a）发动机机匣复杂型面　　b）某新型发动机整体叶盘扭曲叶形

（九）形成一批自主知识产权

该课题研发的技术及装备具有完全自主的知识产权，课题前期已获3项发明专利，课题执行中获1项发明专利，申报2项发明专利，课题研制的1项标准已完成报批稿。

三、五轴联动精密电火花加工技术与装备

（一）研发出DK7132、DK7140、DK7150（AA50）及N850等4种规格的五轴联动精密数控电火花成形机床

（1）五轴联动：可实现对带冠整体涡轮盘扭曲叶形及其他复杂型面的数控电火花成形加工；

（2）高精度：直线数控轴定位精度<5 μm，重复定位精度<2 μm；转动数控轴定位精度<15″，重复定位精度<5″；

（3）实现对高温耐热合金、钛合金材料的高效稳定加工；

（4）加工电流50～150A；

（5）最低电极损耗0.1%；

（6）最佳表面粗糙度 R_a<0.2μm；

（7）配置智能工艺数据库。

五轴联动精密数控电火花成形机床见图9。

DK7150

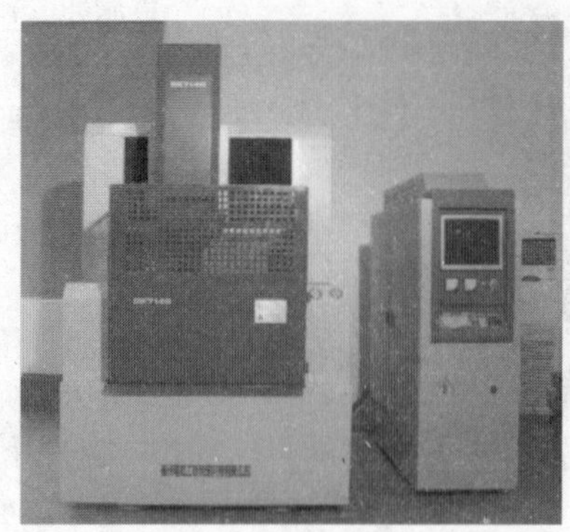

DK7140

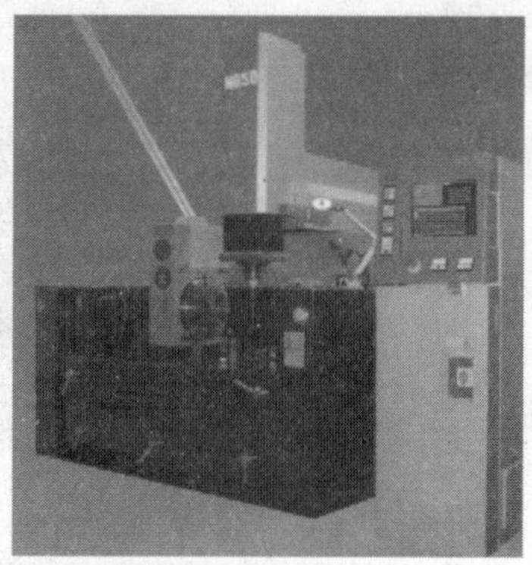

N850

图 9　五轴联动精密数控电火花成形机床

（二）研制高精度电火花加工专用数控转台

1. 直驱式精密 *C* 轴

采用先进的直驱电机、全闭环控制；结构简单、无中间传动元件；体积小，使用灵活；高精度，定位精度 < 15″，重复定位精度 < 5″。

直驱式精密 *C* 轴见图 10。

数控C轴

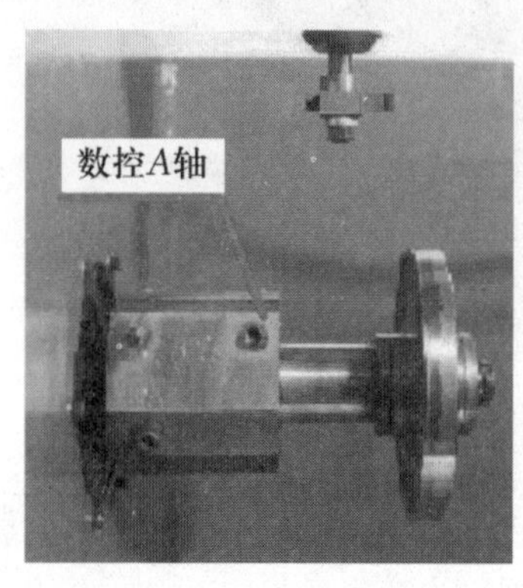

图 10　直驱式精密 *C* 轴

2. 外置、卸荷式 *A* 轴（*B* 轴）

回转分度机构全置于工作液槽外部；密封结构简单、可靠、寿命高，维护方便；操作、加工空间大，装调方便；全闭环、高精度，定位精度 < 15″，重复定位精度 < 5″。

外置、卸荷式 *A* 轴（*B* 轴）见图 11。

图 11　外置、卸荷式 *A* 轴（*B* 轴）

3. 全密封浸泡式数控回转工作台

全闭环、精度高，定位精度 < 15″，重复定位精度 < 5″，可作为 *A*、*B*、*C* 轴灵活使用。

（三）研制高精度主机

（1）数控轴全闭环控制，控制当量 0.1 μm 和 1″；

（2）主要结构件有限元分析，优化设计；

（3）建立变形检测平台，进行主机变形分析，工作液温控，保证工作精度；

（4）全新固定工作台牛头式布局。

（四）主轴高速抬刀技术

精心分析、设计，运用主轴结构、导轨、丝杠、传动、支撑，科学规划高速抬刀速度、加速度曲线。最大抬刀速度 12 m/min，深窄槽加工效果显著。一般抬刀速度下宽 2 mm 窄槽深度超过 30 mm 就很难加工，采用高速抬刀后加工 100 mm 深度也十分方便。

（五）加工钛合金、高温耐热合金等难加工材料的高效脉冲电源

（1）高精度的稳压电源；

（2）脉冲前沿快速、精准检测，实现等能量加工；

（3）对放电状态和加工过程的适应控制；

（4）钛合金加工效率 829 mm^3/min，加工表面粗糙度 R_a 0.166 μm；高温耐热合金加工效率 2 351 mm^3/min，加工表面粗糙度 R_a 0.078 μm，达到国际先进或领先水平。

（六）超光加工技术

（1）研发了特殊回路超光加工脉冲电源，科学设计、搭配组合电感及间隙电容，实现放电和微能量的有限控制；

(2)大量工艺试验参数的合理选取,伺服状态、工作液的科学控制;

(3)最佳表面粗糙度 R_a0.078 μm。

(七)五轴五联动电火花成形加工专用数控系统

(1)以 Linux 为操作系统平台,较 Windows 平台开放性、安全性更好,可充分利用软、硬件资源;

(2)五轴五联动全闭环控制;

(3)实现加工过程的伺服及适应控制。

(八)智能工艺专家系统

可利用人工神经网络,进行数据训练、计算、优化生成新的加工工艺数据。

(九)带冠整体涡轮轮盘扭曲叶形的五轴联动电火花成形加工技术

开发了带冠整体涡轮轮盘扭曲叶形五轴联动电火花成形加工 CAD/CAM 软件系统;形成了整套加工工艺方案;完成了高温耐热合金、钛合金材料带冠整体涡轮轮盘扭曲叶形的五轴联动电火花成形加工。

钛合金双极整体带冠涡轮轮盘见图 12。

图 12　钛合金双极整体带冠涡轮轮盘

四、特殊材料复杂形面电解加工技术与装备

针对特殊材料的整体叶盘/叶片电解加工设备和工艺开展研究,通过突破工具电极空间运动轨迹的优化与控制、主动分流与减振控制的电解液流场设计、整体叶盘电解加工稳流密封单元设计、工具电极计算机辅助几何形状快速设计方法、电解加工过程检测与控制、电解加工脉冲电源等关键技术,研制出整体叶盘/叶片电解加工设备,实现高温合金、钛合金等材料整体叶盘/叶片的精密、高效电解加工,提高了发动机整体叶盘/叶片的制造水平。

(一)数控整体叶盘电解加工机床

实现七轴分组联动,快速进给,轨迹控制,精确对刀,高效加工。整体叶盘电解加工机床见图 13。

图 13　整体叶盘电解加工机床

(二)电解加工系统软件

基于虚拟仪器技术的复杂形面电解加工控制系统,实现阴极空间进给、叶盘加工、数据采集等功能。

(三)复杂型面精密电解加工工作液循环系统

电解液稳定输送至加工区,电解液两级精密过滤,电解液压力、流量、温度等参数实时监测。

(四)工具电极进给路径优化模式和方法

采用三面柔性进给新模式;工具电极任意角度进给,非对称角度进给,曲线进给;轨迹优化控制,实现工具电极无干涉运动。

(五)电解液主动分流控制方法

(1)叶盆、叶背电解液主动分开,减少流场杂乱现象,消除流量不均、随机变化显著弊端,提高加工稳定性;

(2)设计 W 型电解液流动方式,改变电极两侧承压状态,减少薄片电极变形。

(六)复杂型面电解加工稳流密封单元

保证整体叶盘电解加工稳定。

(七)工具电极数字化综合设计系统

(1)阴极型面的逆向求解;

(2)求解工具电极最优进给角度和路径;

(3)分析叶片型面各种样点间隙分布;

(4)计算工具电极型面几何形状及实体造型。

(八)开展复杂型面叶片电解加工试验研究

(1)复杂型面电解成形加工各工艺参数及其影响规律研究;

(2)脉冲电流电解加工研究;

(3)建立复杂型面电解加工工艺数据库。

五、微细结构多功能电加工技术与装备

(一)课题目标

(1)针对精密微细孔加工和微小模具制造的要求,研究开发出微细构件多功能电加工系统技术,制造了由微细电火花加工、微细电化学加工、微细超声加工及其复合加工模块的多功能模块集成的微细加工装备;

(2)研究解决各加工核心机构模块、高频脉冲电源、加工状态检测、加工进给伺服控制、三轴联动数控软件以及系统控制等关键技术问题;

(3)完成微细孔顺序加工、二维阵列微细结构批量加工以及三维微细复杂结构加工等 3 种典型工艺的研究开发。

(二)突破的关键技术及已取得的成果

1. 研制出高精度多用途微细电加工机床样机

机床三轴联动;设计重复定位精度 ±1 μm;机床采用模块化设计,可以实现微细电火花加工、微细电化学加工、微细超声加工的自由组合。

2. 四轴联动微细加工机床数控系统开发

(1)采用实时 Linux 作为操作系统平台,PMAC 运动控制器作为运动控制核心,通过基于上、下位机方式实现数控系统的集成控制功能;

(2)可实现对微细电火花加工、微细超声加工、微细电化学加工的集中控制;

(3)可实现工具电极在线加工、点位控制、三维扫描加工及自动补偿等。

3. 微细电火花加工模块、微细电化学加工模块和微细超声加工模块设计与制作

(1)设计并制作微细电火花加工用 Z 轴及回转主轴部件，可用于微细电火花加工、微细电化学加工、微细超声加工及微细超声复合加工；

(2)采用模块化设计思想，完成微细电化学加工模块、微细超声加工模块的设计制作，使其与微加工机床本体之间有较好的机械接口和电气接口，方便多种加工方法的组合。

4. 微细电火花加工高频脉冲电源

该电源具有纳秒级脉宽晶体管脉冲回路及 RC 放电回路，满足微细电火花加工工艺要求，并与数控系统完成硬件及软件集成；显著提升了微细电火花的加工功能，最佳加工尺寸精度由原来的 20 μm 减少到现在的 5 μm。

5. 研制微细电化学加工用纳秒级脉宽多模式微能脉冲电源

利用分组模式间隔时间的周期性抬起伺服控制电极，以利于间隙内电解液的循环更新，使加工顺利进行。

6. 微孔加工新方法

提出了电极摇动和超声波振动辅助加工微孔的新方法，使微孔加工的深径比达到 29。

7. 三维微细电火花加工新方法

提出了电极均匀损耗法与层内线形补偿法相结合的三维微细电火花加工新方法，提高了加工效率，降低了电极损耗和表面粗糙度。

8. 形成一批知识产权

已发表 18 篇学术论文，获得发明专利 2 项，待申请发明专利 3 项、软件著作权 1 项。

六、电加工课题实施的重大作用与意义

(1)电加工技术与装备的一系列关键技术取得了重大突破，实现了原始创新，整体技术明显缩小了与国际先进技术的差距，其中某些技术达到了国际先进或领先水平。这些成果涉及电火花线切割加工、电火花成形加工、电火花微细加工、电火花高效铣削、电解成形加工等一些主要的电加工技术及主导产品，将有力地支撑我国电加工、特种加工技术的发展，提升相关电加工装备在国内、国外两个市场上的竞争优势。

(2)课题成果将为我国航天、航空、军工、精密模具、船舶、汽车、发电设备等重要制造领域提供急需的、传统加工方法难以解决的先进制造技术及装备，提高这些领域的制造能力和技术水平。

(3)明显增强了我国电加工、特种加工机床行业的技术创新能力。一大批专业技术人员在课题实施中得到了很大的锻炼，提高了水平，积累了经验，增强了创新的实力。产、学、研、用相结合的模式从事课题研究，也为我国电加工、特种加工领域更好地整合行业技术资源、聚力创新打下了良好的基础。

七、存在的问题

(1)与国际先进水平相比，我国高端电加工、特种加工技术与装备的部分关键技术还存在明显差距，装备的综合技术水平不够高。

(2)我国电加工、特种加工创新能力与国际先进水平相比，还相对薄弱，人才队伍的数量特别是高端人才明显不足，科研支撑条件及企业的创新投入力度仍然不够强，创新体系及机制也不够完善。

(3)所取得的科研成果还需进一步完善、提升、整合，提高成熟度，以得到更好的推广应用效果。

〔撰稿人：苏州电加工机床研究所有限公司叶军〕

模具制造中的测量新技术

一、概述

汽车模具具有尺寸大、重量重、型面复杂等特点，设计制造技术要求很高。面对越来越激烈的市场竞争，如何提升技术优势，提高产品质量和缩短生产周期，是模具制造商一致追求的目标。

冲压成形和注塑成型是汽车零部件制造的基本手段。据统计，汽车制造中有 70% ~80% 的零部件需经模具成型。汽车外饰件大都采用冲压成形，而内饰件多采用注塑成型。因此，冲压和注塑工件的制造工艺水平及质量，对汽车制造质量和成本有直接的影响。

模具是冲压和注塑成型的关键工具，模具制造成本和周期对汽车的制造成本以及新产品的开发周期有重要影响。目前，国外汽车界提出缩短产品的市场化周期、降低产品开发费用和减轻汽车质量的发展战略，其中的一个重要环节就是降低车身件模具的制造费用和缩短生产周期。同时，模具制造技术也正向高效节能、安全清洁的生产方向发展。

将检测设备贯穿在模具的制造环节中，能够对加工中的模具进行阶段性的有效监控和检查，快速地反馈制造中的问题，为工程技术人员的工艺修改提供依据；将检测设备

应用在模具试制阶段中,能够对虚拟或实际的配合关系进行分析,对模具合模状态提前预警,大大缩短了制造周期,减少了制作成本;将检测设备应用在模具验收阶段中,可以以数字化的形式记录模具状态,存档数据备份,从而为后期模具修改及精度恢复提供原始根据。

由此可见,适用于模具生产环境及制造工艺要求的检测设备,在模具的整个制造环节中是非常重要的。因为模具的检测或问题诊断,往往发生在制造过程中,而且模具重量一般较大不易搬离,因此除测量功能需满足检测要求以外,检测设备还要具备能够在焊接、冲压等恶劣环境条件下工作,而且具有可移动的功能。

二、白光拍照测量技术及主要应用

近年来,工业测量不再只局限于局部点及形位公差的测量,而是在此基础上更侧重于最终产品的外观形状的质量控制,因此光学测量技术以其测量数据的完备性,测量及分析方法的多样性而在工业测量中占有越来越重要的地位。作为光学测量的一种,白光拍照式测量设备则以其高效率,便携性的特点在模具制造中应用尤为突出,得到越来越多的关注。

拍照式测量机 Cognitens WLS400,提供了一个多功能的测量平台,可在工业制造尤其是汽车试产和量产阶段完成焊装夹具和模具的开发试验、零件和总成件的校准以及复杂的根源分析。

Cognitens WLS400 由一个投影镜头及三个拍照镜头组成,采用高速单幅立体成像与无规则点阵投影相结合的技术,三个拍照镜头可以在 0.01s 之内快速捕捉投影镜头所投射在工件表面的图像,并通过特有的算法重构三维点云数据,进而在软件中形成标准的三维检测报告。由于高频快门数据采集时间极短,毫秒之间即可从测量物体表面获取数据信息,测量性能不受振动、工业照明或温度变化的影响,且其结构紧凑,操作简便,从模具设计开发到完善再到最后的模具上线的各环节,Cognitens WLS400 均能对各种疑难问题提出综合的解决方案。Cognitens WLS 400 的工件拍照见图 1。车间现场的模具测量见图 2。

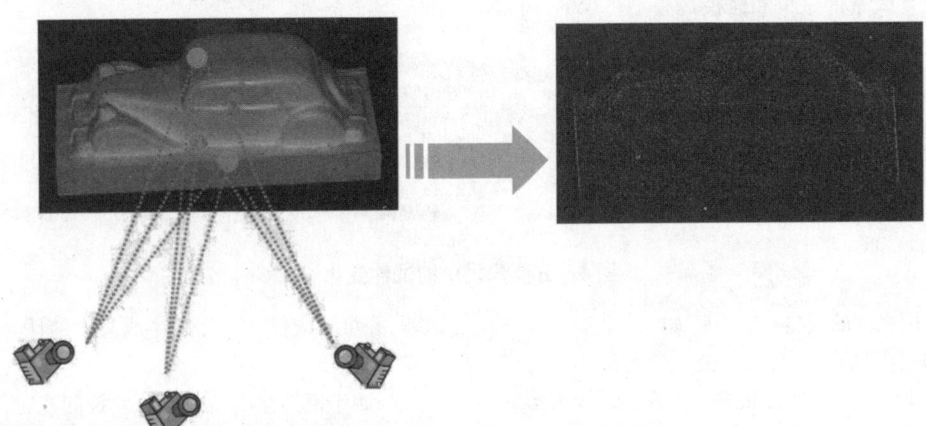

图 1 Cognitens WLS 400 的工件拍照

图 2 车间现场的模具测量

三、拍照式测量机:快速完成型面测量与分析

拍照式测量机作为一种新型的型面测量技术,具有数据采集量大、效率高的特点。海克斯康集团最早与美国通用汽车公司合作,将拍照式测量系统(Cognitens)用于汽车车身件的测量已有 5 年多历史。不同于其他仅用于逆向工程的设备,新推出的 WLS400 的曝光时间小于 0.001s,这得益于高灵敏度的成像器件和高速快门技术,将环境振动的影响几乎完全消除。因此也并不需要固定的相机三角架和工件的固定隔振。实际上,该系统是地道的手持设备,操作方便而可靠,这是生产车间使用的重要要求。该系统的另一显著特点是不需要在工件上粘贴大量用于保证精度的参考目标,仅有少量用于找正用途的参考点即可。

由于汽车模具和车身件的紧密关联性,拍照式测量系统被用于模具行业,就是顺理成章的事。通过在现场环境下快速测量,有效地缩短了模具制造周期。尤其在现场修模、根源问题追溯中其优势尤为明显。

以下列举 WLS400 白光测量设备在模具制造环节中的几种典型应用案例。

1. 毛坯件加工前智能逆向——防止空切及大进刀量

众所周知,模具的铸造毛坯件因材料的收缩引发无法控制的变化量,所以粗加工余量往往是个不确定值。因此在实际的机加工过程中,毛坯件粗加工时无法避免空切(铣刀没有实际加工到毛坯)和大进刀量(铣刀铣削面积过大),导致浪费机床工时,损伤机床部件和刀具。铸造毛坯及面形数据采集见图 3。

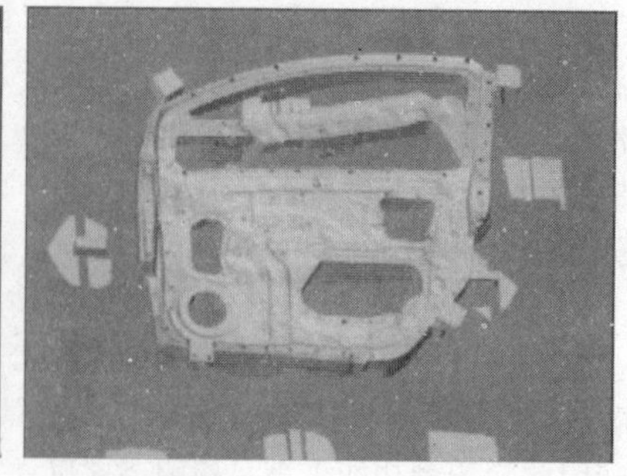

图 3　铸造毛坯及面形数据采集

拍照式测量机因其能快速地对毛坯的外表面进行数据采集和智能逆向，生成 STL 三维三角网格数据，并结合 CAM 软件，快速设计出最合理的粗加工路径，大大提高了机床的利用率（通过与北美获原的合作分析提升约 20%），并对刀具和机床起到保护作用，大大降低了机床维护成本。

2. 模具调试阶段的快速测量

众所周知，模具型面是按零件的 CAD 数模加工而成的，但最终的要求是成形后的零件符合 CAD 数模，而并不是模具本身。因此反复大量的试模和修模是必不可少的，而且是影响生产周期的主要因素。这期间，对零件的型面测量是一项费时而细致的工作，拍照式测量系统则可以完美地完成这一任务。

由于拍照式测量机的高速性，可以实现快速的现场测量，从而使原先的修模（红丹粉试模→工人经验修模）提升为数字化测量和加工模式（拍照式测量→精修模具），可以实现精确加工，大大节约试模的时间。分步修模中的试件变化见图 4。

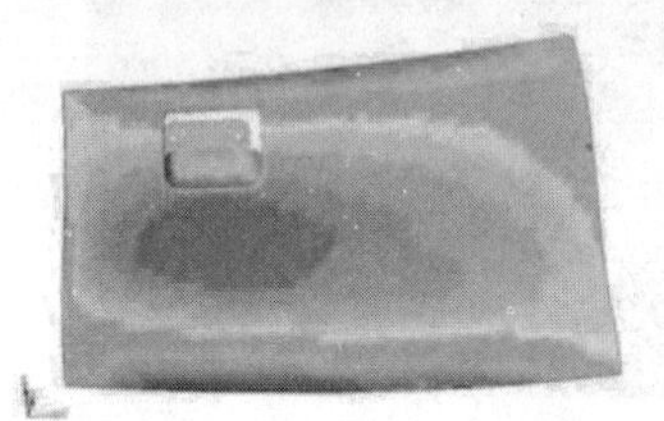
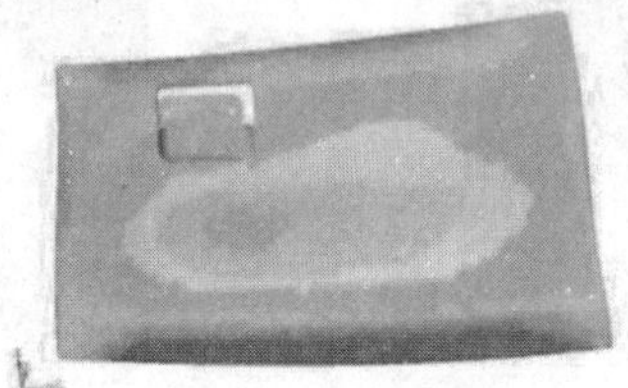
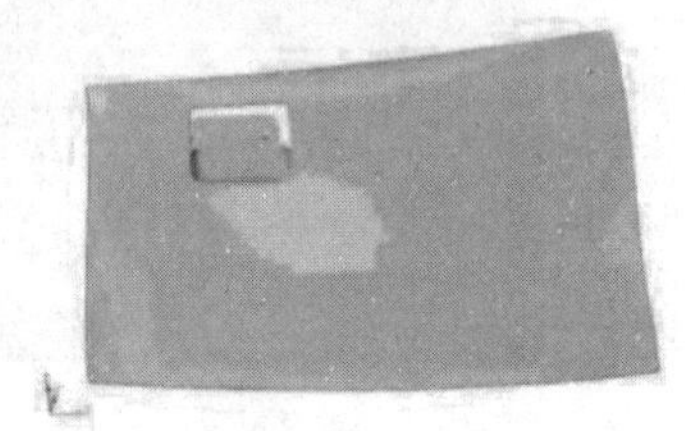

图 4　分步修模中的试件变化

3. 连续模各模之间的调整

在连续模的生产过程中，会用到类似装配过程中的过程监控。举例来说，有一套四序模具，经四步冲压成形后可能发现最终结果不能满足要求。产生这种结果的原因有很多种，但是问题出现后的分析往往需要大量的试模过程和人工经验判断。

拍照式测量能同步记录同一个零件在各工序间的变化过程，并可对应任一工序的半成品中的任一测点进行横向跟踪分析。

当四序模具在成品件部分发现问题时，可回溯四序中任一工序找出问题所在，大大节省了试模材料和时间，并由以前只能依靠经验的修改变成清晰而直观的量化修改方式。连续模过程分析见图 5。

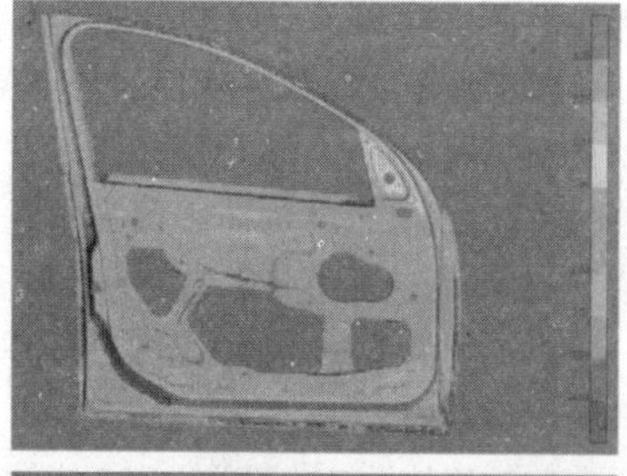
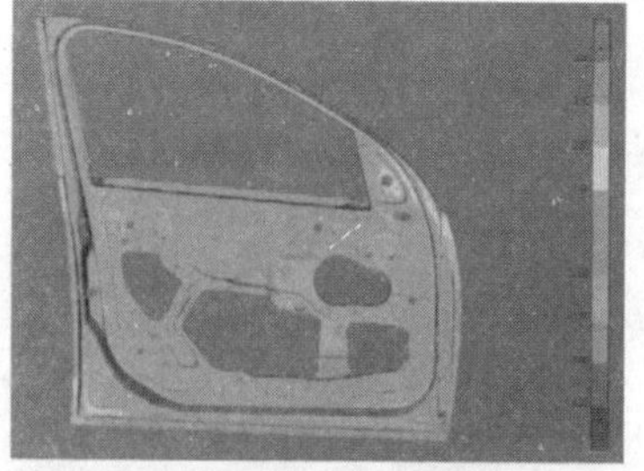

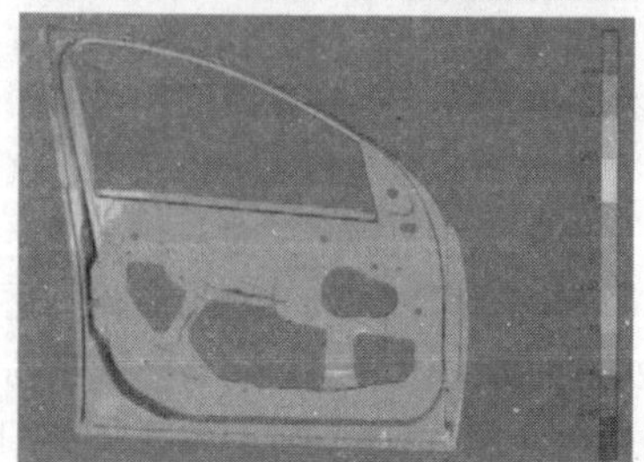

图 5　连续模过程分析

4. 小批量生产中的统计分析功能

对交付的模具产品,客户并不完全关心和了解模具在生产过程中的质量控制手段,只关心两点,即零件的合格率(或称PIST)以及模具的重复性(或称R&R)。此项工作的核心是大量的数据测量,使用传统的CMM测量效率极低。

拍照式测量技术能非常完美地解决这个问题。首先,拍照式测量是一种面测量手段,也就意味10个测点和100个测点甚至1 000个测点的测量速度是一样的,单个零件的测量速度大大高于传统CMM测量。其次,白光测量的图形化显示和自带的报告模板编辑能力使得PIST计算和小批量的R&R计算全部在程序内部完成,提高了精确性。

快速测量与R&R分析见图6。

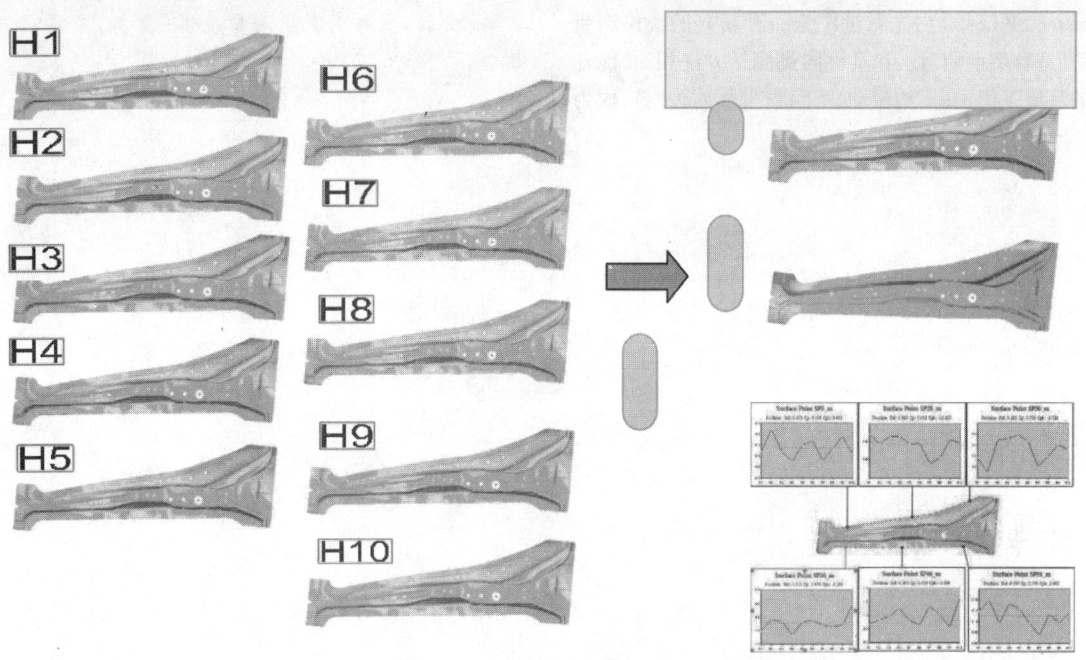

图6　快速测量与R&R分析

5. 合模分析

为检查上下模之间的间隙,需要进行合模试验,这同样是一件困难而耗时的工作。

采用WLS400系统可以提供快速测量和数字化装配,模拟合模效果。对上下模分别测量后,在系统提供的软件中进行数字装配操作,就可以检查任意截面上的间隙大小,为修模提供定量的依据。凸模/凹模测量数据见图7。数字装配及截面分析见图8。

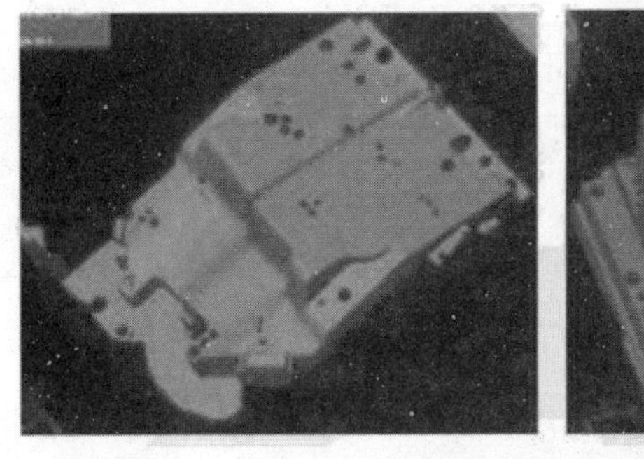

图7　凸模/凹模测量数据

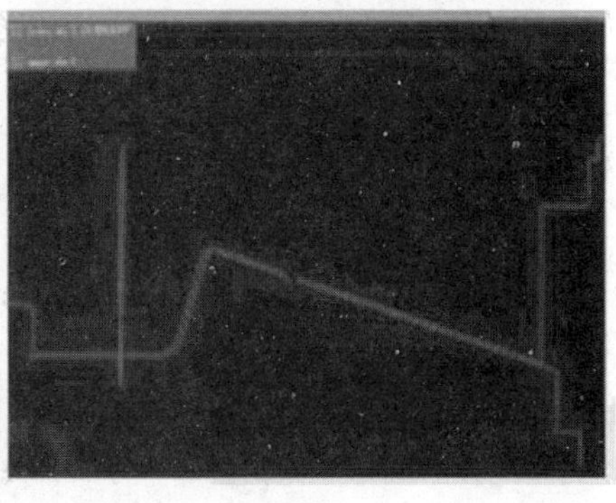

图8　数字装配及截面分析

6. 成品数据保存

经试模合格的最终成品模具，其面形往往早已偏离了最初的理论数模。为保证日后的复制和维修，必须作数据保存，这实际上是一个简单的逆向工程数据采集工作，用白光系统就可以非常容易地完成。

四、结论

Cognitens WLS400 白光测量作为一种新兴的快速测量手段，特别适合型面测量。和其他同类测量方法相比，能在更恶劣的环境下使用（不怕振动、车间粉尘及油污染），成为一种非常理想的现场检测设备。加上专业开发的应用软件系统，简单易懂的图形显示，多种的报告及分析手段，将给模具行业带来全新的测量控制手段，可完成工业设计、产品开发和质量评估、现场测量、过程检测、模具的设计与试制、现场根源分析和车辆试产支持等各种测量与检测任务，从而在模具的生产加工过程中发挥越来越重要的作用。

〔撰稿人：海克斯康测量技术（青岛）有限公司王晋、廖鲁〕

地区概况

分析全国26个省市模具工业的发展情况、出现的问题及解决措施

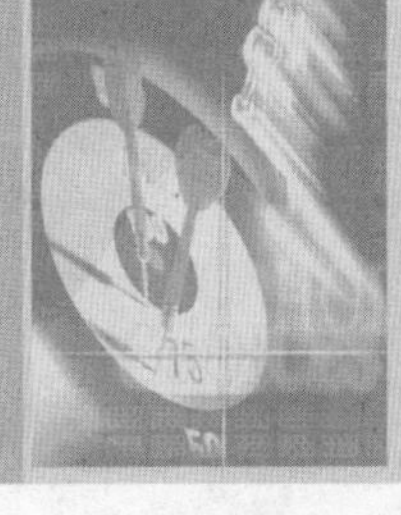

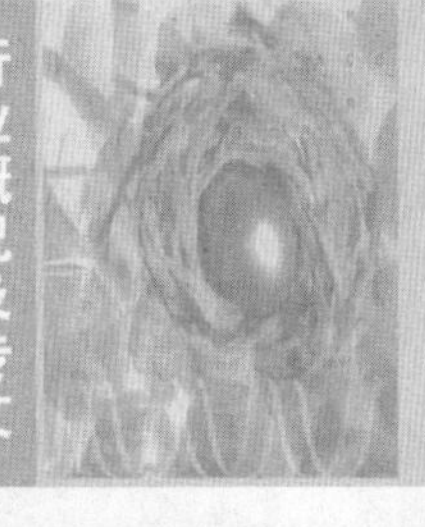

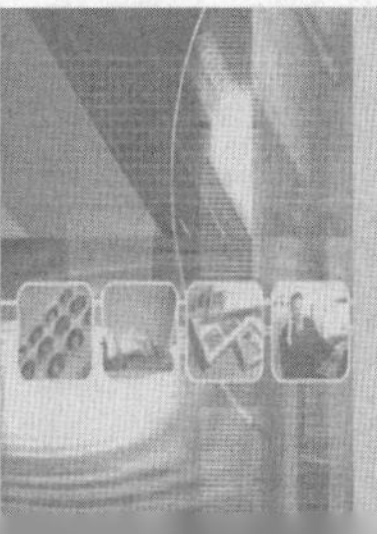

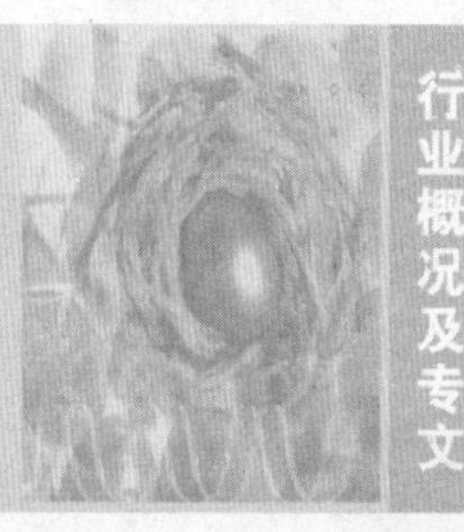

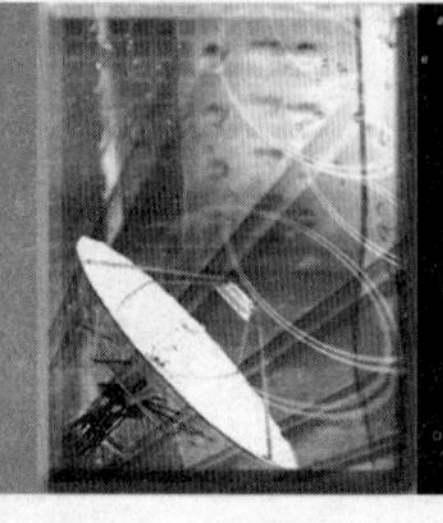

地区概况

模具产业集聚区建设专栏
Jiju Qu

前言

新中国成立以来，特别是经过改革开放三十多年的发展，我国模具工业已经形成基本完善的工业体系，集聚式生产已成为中国模具产业发展的特色之一。

集聚，走的是集群规模效应和专业化分工道路，它使得模具制造配套服务体系日趋完善，有利于产业结构调整和集群优势的发挥。

从 20 世纪 80 年代黄岩被机械工业部副部长、中国模具工业协会首任理事长杨铿誉为“模具之乡”以来，一批各具特色的产业集聚地如春潮涌动般发展，并分别被中国模具工业协会等行业协会、政府部门授予模具产业聚集地称号，如：

昆山——精密模具生产基地

黄岩——塑料模具产业基地

余姚——国家火炬计划塑料模具特色产业基地

横沥——中国模具制造名镇

泊头——中国汽车冲压模具生产基地

长安——中国机械五金模具名镇

象山——中国铸造模具之乡

北仑——中国压铸模具产业基地

模具集聚地尽管形成过程各自不同，但都根据当地状况和市场、用户的实际情况灵活运作。产业集聚地在近十年的发展尤其迅速，他们凸显了模具行业“效益放大器”的作用，不但带动地区相关产业进入了发展的快车道，而且成为进入国际市场的主力军，同时也正在成为制造业转型升级的助推器。

我们撷取了发展良好、特色显著的集聚地，不仅仅是记录他们的发展状态，展现他们的成就，关注他们的发展规划，更重要的是借助媒体扩大其知名度，唱响其集体品牌。

目录

中国模具产业集聚生产基地模具园区分布及现状分析

中国模具工业协会

模具产业集聚生产基地和模具园区既是自然形成的，也是当地政府重视和促进的结果。

一般来说，模具产业集聚生产地都具有比较悠久的模具生产历史和传统，因此其发展初期往往表现为当地传统产业模式。由于这一传统产业是一种基础工业，对当地和周边地区的工业发展起到显著的拉动作用，发展到一定程度之后，已逐渐成为部分地区的支柱产业，并与当地民生休戚相关。在当地政府的积极支持与推动之下，模具园区应运而生，模具产业集聚生产基地的规模和水平不断提升，从而促使当地模具工业更好、更快的发展。浙江、江苏许多地方的模具园区和模具产业集聚地大都是这样发展起来的。

另一种情况是改革开放后，出于配套的需要，外资企业在模具方面进行了大量的投入，引进了先进技术、装备、人才和理念。在其带动下，民营企业也很快发展起来，再经过当地政府的促进，模具园区和集聚生产基地在短时间内发展起来。广东许多地方大都是这样发展起来的。

当然还有其他情况。例如安徽，因为汽车对模具的大量需求，模具园区也就应运而生。又如大连，由于领导对模具的重视以及与日本有着广泛的联系，模具城也很快形成了规模等。

不管在何种情况下形成了模具园区和模具产业集聚生产地，一般都有行业协会的身影。

珠江三角洲和长江三角洲是我国模具工业最发达的地区，广东和浙江是我国模具第一、第二大省，环渤海地区、成渝地区、上海、安徽、山东等地近年来模具工业发展也很快，模具产业集聚生产基地和模具园区大都集中在这些地方。现在，已形成一定规模的模具园区（模具城）已有20个左右，具有年产200亿元模具的能力。如果加上与模具有关的产出，则总产出已超过300亿元。模具园区大都分布在模具集聚生产基地之内。深圳、东莞、佛山、揭阳、宁波、台州、上海、昆山、泊头、成都、青岛等地都是有较强生产能力的模具集聚生产基地，这些生产基地大都有一个或多个模具园区（城），我国半数以上的模具生产能力已经集中到这些集聚地内。

模具产业集聚生产基地，尤其是模具城（园区）内模具生产企业很集中，配套协作非常方便，使模具具有生产成本低、周期短的优点。当地政府一般都有优惠政策来支持模具城（园区）或模具集聚生产地的发展；模具城（园区）或模具集聚生产地内的各种公共服务平台，服务于广大中小企业的作用也正在进一步显现。可以预计，我国模具产业集聚生产基地和模具园区的建设还将进一步发展。中国模具工业协会也将致力于这方面的工作。

中国模具产业集聚生产基地和模具园区的现状总体来看是比较好的，优点不少，成就显著，前景美好，值得进一步支持并推动其向更好、更快、更健康的方向发展。但除了已经形成一定规模的20个左右的模具园区（城）之外，目前正在规划、筹建或已经或曾经在行业中亮出牌子的园区至少尚有十多个，这其中确有迟迟未形成规模的，也有名存实亡和难以为继的，还有转向其他行业的，当然，发展势头很好的也有。

种种情况说明，模具产业集聚生产基地和模具园区的发展建设，不但要根据情况、条件、市场、需要与可能，还要视各种软、硬环境和当地具体的影响因素来确定。只有经过多方面的慎重研究和踏踏实实的前期工作，才能做出正确的决策。有了正确的决策之后，还要进行恰当的定位，并跟进有效的政策与措施。因此，在积极支持与促进模具产业集聚生产基地和模具园区建设的同时，还必须提倡因地制宜，力戒盲目。

中国汽车冲压模具生产基地

河北泊头

中国汽车模具之乡

泊头集聚地综述

泊头市从1984年开始依托铸造传统产业优势，大力发展汽车模具产业。政府通过设立“产业升级奖”等政策引导、扶持、加速推进汽车模具产业转型升级，实现从数量型到效益型、从低附加值到高附加值的转变，全力促进汽车模具产业的发展。

作为泊头市的新兴特色产业，汽车模具业经过20多年的发展，在技术水平、装备能力、管理水平等方面已具备一定基础，可为轿车提供内板覆盖件模具并具备整车模具研发、制造的综合能力。从企业规模和数量衡量，泊头已经成为我国最大的车身模具产业集群，其能力在同行业中处于先进行列。“十一五”期间，泊头汽车模具产品在中国国际模具技术和设备展览会（DMC）上获“精模奖”15项。

车身模具是泊头市的新兴特色产业，也是带动泊头市经济发展的主导产业，年平均增长速度30%，2011年销售收入达到25亿元，占全国商品模具产量的16%。中国机械工业联合会执行副会长张小虞称：“泊头汽车模具产业的装备水平、加工能力，在短时间内得到了迅速提高，完成了同行业其他企业需要五年、十年，甚至更长时间才能完成的过程。”2004年，泊头被中国机械工业联合会命名为“中国汽车模具之乡”。2011年4月1日，中国模具工业协会正式批准泊头市为“中国汽车冲压模具生产基地”。

泊头汽车模具产业将以其群体优势和适应市场的经营机制成为中国汽车模具行业的新亮点。

Beginning from 1984, Botou City has vigorously developed automobile die & mould industry by relying on its advantage in traditional casting industry. Through policies such as setting up Industrial Upgrading Award to guide, support and accelerate the transformation and upgrading of automobile die & mould industry, Botou City has implemented the changes from quantity type to benefit type and from low added value to high added value, thus promoting the development of automobile die & mould industry with all efforts.

As a rising characteristic industry of Botou City and through more than 20 years' development, the automobile die & mould industry has possessed a certain foundation in respects of technical level, equipment capability and management level, it can provide auto panel dies & moulds and has the comprehensive capability of R&D and manufacture of dies & moulds for complete vehicles. Measured by enterprise scale and production, Botou has become China's largest industrial cluster of car-body dies & moulds, and its capability is among the best of its profession. During the 11th Five-Year Plan period, Botou automobile die & mould products won 15 items of Fine Mould Award at Die & Mould China.

Car-body die & mould is a rising characteristic industry of Botou City, and is also a leading industry to bring along the economic development of Botou City, with an annual growth rate of 30%, and an annual sales income of 2.5 billion yuan, accounting for 16% of the national output of commodity dies & moulds. In 2004, Botou was named as China's Hometown of Automobile Dies & Moulds by China Machinery Industry Federation. On April 1st, 2011, China Die & Mould Industry Association officially approved Botou City as China's Production Base of Automotive Stamping Dies & Moulds.

发展历程篇

20世纪80年代初期，泊头汽车模具产业开始起步……

萌芽期（1984～1992年）

这个阶段主要以生产农用车模具为主，产量规模较小，技术力量薄弱。

扩张期（1992～1999年）

这个阶段表现为生产厂家增多、产能扩大、技术力量增强，已经从以生产农用车模具为主上升到以生产汽车模具为主。

崛起期（2000年以后）

这个阶段汽车模具业的崛起引起政府的特别关注，政策的出台有力刺激了泊头汽车模具业的发展，表现为：生产厂家大量增加，先进数控加工中心大量引进，企业设计能力增强，产品档次迅速提升，具备了整车汽车模具开发能力，并向研发生产轿车模具升级。2004年，为日本本田株式会社加工大型车身模具，标志着泊头市整体技术力量已达到国际水平。

今天……

在泊头可以完成从产品设计—铸造基础件—标准件—车身整体模具加工—汽车冲压件等整个生产过程。泊头市已成为国内汽车模具生产企业最密集的地区。

泊头市现有汽车模具企业40家，企业固定资产总值10亿元；从业人员6 000人左右；年销售收入25亿元；车身模具生产能力15 000台（套）。全国有17家汽车覆盖件模具骨干企业，泊头占3家（泊头市兴达汽车模具制造厂、河北兴林车身制造集团有限公司、泊头市京泊汽车模具有限责任公司）。与汽车模具相关联的铸造厂、锻件厂、配件厂、标准件厂达到了150家。

加工制造能力强，研发能力突出

泊头汽车模具生产企业现有大型数控加工中心230台（其中：五轴5台、五面铣床13台、激光切割机8台），三坐标测量机36台，大型压力机110台，研配压力机40台，普通机加工设备1 000台（套）。

泊头模具企业建有研发中心8个，其中兴达模具、兴林模具、京泊模具都在天津建有研发中心，兴林研发中心与韩国SDM公司、启航模具与韩国UC公司进行了设计合作。企业全部采用先进的CAD/CAE/CAM和计算机网络信息技术，快速地进行数据交换和信息传递。在车身产品的测绘、建型、冲压工艺分析、模具结构设计中，运用逆向工程和三维实体模具设计的先进技术确保模具参数的准确及结构的合理性。车身模具的技术水平已经进入国内先进行列。

任何一个产业的发展都离不开与之匹配的技术人才。泊头现有模具从业人员6 000人，其中工程技术人员600人，占从业人员总数的10%左右；具备独立承担模具设计、工艺设计的工程人员300人。在泊头市13个公办和私立的技术培训学校中，有6所学校开设了数控、加工、模具装配等专业，不仅为泊头模具企业提供了专业技术人才，还为全国的汽车模具企业输送了技术力量。

市场空间广阔，外向度高

与一汽集团、东风汽车、奇瑞、哈飞、长安、哈飞、上汽五菱、广州本田、北京吉普、北汽福田等40余家知名汽车生产企业保持了良好的业务协作关系。同时，产品已相继出口日本、俄罗斯、泰国、意大利等国家和中国台湾。英国皇家模具协会、韩国新永金属株式会社、意大利峰塔纳集团纷纷来泊头参观、洽谈合作事宜。

泊头模具企业还分别在天津、合肥、上海和重庆等地组建了汽车模具子公司，将产业触角延伸到了汽车主机厂周围，进一步提升了泊头汽车模具的知名度。在上海南浦投资亿元成立了上海千缘汽车车身制造有限责任公司，在德州投资2 000万元成立了广德有限责任公司。经过长期的发展，泊头市汽车模具产业已形成了集行业群、产业链、优势企业群为一体的互动协调的发展格局。

政府高度重视、政策支持有力

针对国内汽车模具行业发展的良好态势，泊头政府积极进行宏观指导，通过政策引导，对模具行业引进大型先进设备、引进先进技术软件、进行技术培训和参加行业展览等提供资金奖励支持，极大地刺激了汽车模具业的发展，每年递增速度30%以上。年用于模具行业的设备、软件奖励达500万元（泊头市奖励金额1 000万元）。

发展规划篇

《泊头工业区汽车模具产业发展目标》显示：到2015年，泊头工业区汽车模具产业产值达到65亿元，工业增加值达到18亿元，就业人数达到1万人，产品在全国市场中处于优势地位，争取成为世界知名产品。

以企业技术进步、发展高附加值模具为重点，促进增长方式的转变，如为汽车轻量化服务和提高配套档次的各种模具。

以开拓国内外市场特别是开拓国外市场作为突破口，提升模具制造水平，扩大市场。

坚持重点发展和全面提升相结合，充分发挥龙头企业和重点骨干模具企业的示范作用，带动整个产业水平的提升。

用现代化生产方式改造传统的粗放经营，搞好企业信息化建设，促进信息化与工业化的融合，走新型工业化的道路。

加强企业专业化生产的分工与协作，做好产业链的延伸工作，使资源配置更合理，效益更好。有条件的企业可逐渐从单纯为用户提供模具的供应商向成为用户产品整体解决方案的合作者和模具及其制件的提供者方向发展。

建立公共技术研发中心，为基地发展提供必要支持。

2011年，昆山地区完成工业总产值8 002亿元，比上年增长14.3%，其中高新技术产业产值2 982.2亿元，占规模以上工业总产值的40.2%；完成进出口总额855.3亿美元，是改革开放以来18个典型地区之一。

昆山现有模具企业近1 560家（民营企业近1 000家），从业人员约8万人（其中工程技术人员近4万人）。2011年，模具产品销售超130亿元（亿元以上的企业近20家，产值超5 000万元的企业100余家），年均增长率超过18%，出口总额7 800万美元。

经过"十一五"时期的发展，昆山地区用于电机铁心片、集成电路框架、空调器散热片等产品的多工位硬质合金级进模已可替代进口；热流道、气辅成型技术和RPM技术得到全面推广，国产注塑模具已达到相当高的水平；标准件使用覆盖率不断提高，从原来的50%提高到70%左右。

昆山模具产业基地以电了信息和汽车两大产业为主要服务对象，重点发展精密冷冲模、复杂大型塑料模、压铸模，形成了鲜明的产业特色。基地与多所高校及科研单位建立了密切的产学研合作关系，初步形成了技术创新体系。经过十年的发展，已基本形成模具技术研究、开发、成果转化和产业化为一体的、产业链较完善的高新技术示范基地，其生产技术和产品质量已接近或达到国际先进水平，具备了较强的国际竞争力。

领导题词

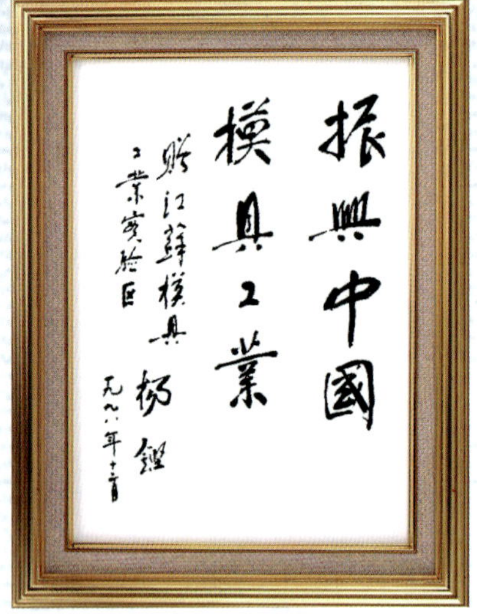

中国模具工业协会名誉理事长杨铿题词

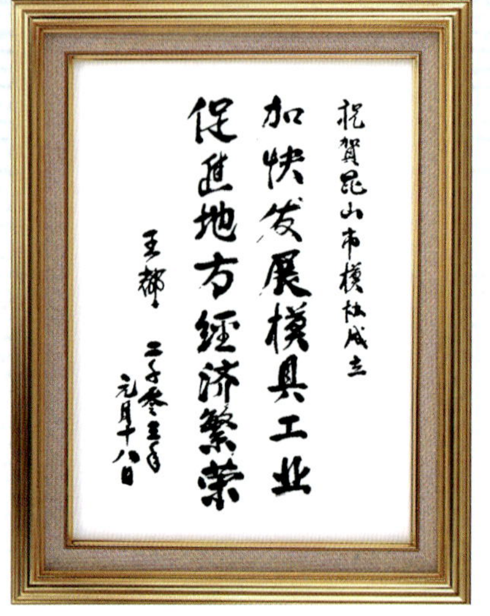

原中国模具工业协会秘书长王都题词

领导关怀

2006年3月江苏省省长梁保华视察基地

中国模具工业协会秘书长武兵书到昆山国际模具城视察

一、规划目标

以汽车、电子信息产业等模具主要用户为服务对象，积极培育模具大市场，促进模具行业的产业升级，主动切入国际产业链，转变经济增长方式，建成具有较强研发能力和较高制造水平的，在国内市场上占有重要份额、在国际市场上占有一席之地的产业集群。

二、主要措施

1．推进工业化和信息化融合

推广CAD、CAE技术，建立面向模块化、参数化的产品优化设计平台和集成技术的产品数据管理平台，建立电子商务贸易平台，促进模具制造企业进入全球工业分包系统。

2．推广先进制造技术及装备

开展产、学、研结合，以数控高速加工作为实现数字化加工的重点，为模具制造厂提供编程服务。

3．建设中小企业服务平台

一是整合已建各种服务平台，实现资源共享和互补；二是建立健全平台的工作机制；三是逐步转变为非盈利公共服务平台。

4．以产业链为导向，搞好招商引资

围绕模具研发、模具材料、模具制造设备、模具标准件、模具制造、模具交易等招商，延伸和完善产业链、提升产业结构，不断优化模具产业的发展环境。

5．发展生产性服务业

以昆山国际模具城、仕泰隆机电模具城、正泰隆国际装备采购中心等为重要载体，推动生产性服务业集群化、规模化、国际化发展，实现商业化营运，完善电子商务平台，提高模具行业的竞争力和经济效益。

6．加强人才培训，提高企业素质

一是加强企业家队伍建设；二是引进、培养国内外模具高级设计人才；三是利用高校、科研院所等师资、设备优势，联合培养模具专业大专生、本科生及工程硕士；四是加快模具职业技术学校建设，培养模具技术工人。

7．充分发挥中介组织的作用

充分发挥行业协会、生产力促进中心等社会中介组织的作用，建议政府尽快出台有利于行业协会发展的政策法规。

发展历程及成就

1998年10月，经省政府批准，建立江苏模具工业实验区

2003年9月，行业首家“国家火炬计划昆山模具产业基地”

2008年8月， 获“江苏省科技兴贸出口创新基地（精密模具）”称号

2008年9月， 获“中国（昆山）精密模具生产基地”称号

2008年11月，入选“全国百家产业集群”，产业规模列全国县级市第一

2009年9月，模具行业首家“国家科技兴贸创新基地”

2010年8月，获“江苏省中小企业产业集聚示范区”称号

2010年4月，在“江苏省科技兴贸出口创新考核”中获评优秀

2011年1月， “江苏省昆山模具科技产业园”称号

2011年1月，科技部将基地建设经验写入年度报告

2011年4月，在“江苏省科技兴贸出口创新考核”中蝉联优秀

中国压铸模具生产基地

宁波北仑

中国模具之乡

模具行业首个注册『集体商标』的地区

综述
集聚地

北仑是我国压铸模具最为集中的地区，全国50%的汽车发动机压铸模具都出自北仑，“北仑模具”也是模具行业首家注册集体商标的模具地区。北仑地区在发展过程中，出现了模具制作社会协作网络，可以提供从上游的原材料、设备到模具设计、制造直至后期不出厂完成成品加工的一条龙服务。

截至2011年年底，模具工业总产值已达78亿元，其中商品模具产值48.38亿元。拥有模具成套企业1 743余家，配套企业300多家，工程中心10多个，国际领先加工机械设备600多台。北仑模具业从业人员4万余人，其中高级技术人员600多名。

北仑模具产品包括汽车、摩托车、家用电器、电动工具等压铸、塑料模具，压铸模具的制造技术和产品质量在全国堪称一流，除了供应国内大众、一汽、长安、奇瑞、春兰等企业外，还为摩托罗拉、博世、飞利浦、三星、LG等世界知名企业提供模具产品，压铸模主打产品远销美国、欧洲、日本。

北仑初步形成了一批骨干企业，如宁波勋辉电器有限公司、宁波北仑辉旺铸模实业有限公司、宁波北仑燎原模铸有限公司、宁波华朔模具机械有限公司等，成为整个行业发展的领军企业。

宁波市北仑区人民政府副区长 徐斌

宁波市北仑区大碶街道党工会副书记 陈进元

宁波市北仑区模具工业协会会长 陆如辉

宁波市北仑区模具工业协会秘书长 沈建平

Beilun is a region in China famous for the concentration of die casting moulds. Fifty percent of national die casting moulds of automobile engines come from Beilun. Beilun Mould is a mould region where the mould industry first registers a collective trademark. In the development process of Beilun region, social coordination network for die and mould manufacturing emerged, and it could provide serial services from upstream raw material, equipment, die and mould design and manufacture, to the completion of processing of final product.

Up to the end of 2011, the gross output value of die and mould industry already reached 78 billion yuan, in which the output value of commercial dies and moulds accounted for 4.838 billion yuan. The die and mould industry possesses more than 1 743 whole-set die and mould enterprises, more than 600 supporting enterprises, over ten engineering centers, more than 600 units of world advanced processing machines. In the die and mould industry of Beilun, there are over 40 000 employees, including more than 300 high-level technical talents.

Beilun die and mould products include die casting and plastic moulds for automobiles, motorcycles, home appliances and electric tools. The manufacturing technology and product quality of die casting moulds are first-class in China. Besides supplying domestic enterprises such as Volkswagen, FAW, Chang' an, Chery and Chunlan, Beilun also provides die and mould products to world famous enterprises such as Motorola, Bosch, Philip, Samsung and LG, and its core products, namely, die casting moulds, are exported to USA, Europe and Japan.

Beilun has initially formed a group of key enterprises, such as Ningbo Xunhui Electric Appliance Co. Ltd, Ningbo Beilun Huiwang Mould Industrial Co., Ltd., Ningbo Beilun Liaoyuan Mould Casting Co., Ltd., and Ningbo Huashuo Die & Mould Machinery Co., Ltd, thus becoming the bellwether in the development of the whole profession.

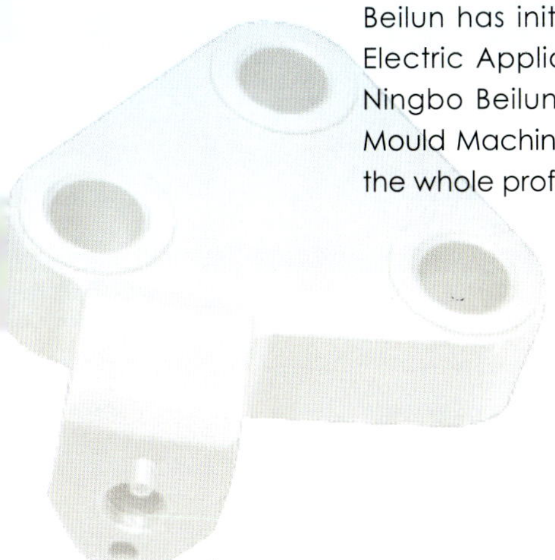

发展历程 介绍

20世纪60～70年代

- 萌芽状态（手工制作）

20世纪80年代

- 拥有一批技术人才，并向全国各地漫延

20世纪90年代

- 出现集聚雏形（使用设备生产），北仑模协成立

21世纪

- 创新、专利、品牌

上海永生珠笔有限公司的叶信富、上海新明机器厂的陆信惠师傅下放到大碶青林村，以锉刀、破老虎钳、旧凿子等工具办起集体模具厂，招收了40余名初中生做学徒，撒下了北仑模具业种子，培养了北仑第一批模具制造人才。

北仑的模具中心位于大碶、霞浦等街道，大碶也是北仑模具业的发祥地。十一届三中全会后，大碶模具业如雨后春笋般迅速发展，模具技术人才纷纷成长，一部分流入霞浦、柴桥，还有一部分北上哈尔滨，西去重庆，南下广州、深圳等地创业，兴办模具加工厂。

模具小作坊纷纷投资办企业，开始购买新的国产模具加工设备，包括数控机床，引进人才。企业规模越来越大，年产值超千万元，甚至超亿元，如宁波久腾车灯电器有限公司、宁波北仑模具压铸有限公司、宁波鑫达模具制造有限公司、宁波北仑辉旺铸模实业有限公司等。当时大碶的青林村有模具企业130余家，全村工业年产值3.02亿元，从业人员1 200人，占全村1 600人的75%。北仑模具业驶上快车道，北仑模具迅速上规模、上档次。这些新崛起的模具制造企业和一些大城市中老企业相比，在保持同等质量的情况下，开模时间能缩短一半，价格能减少一半，设备利用率很高，具有很强的竞争力。北仑业务扩展到海南、深圳等地，直至扩展到美国、英国、日本、东南亚、阿拉伯等26个国家和地区，成为全国压铸模生产基地之一。

1998年3月，北仑区政府牵头成立了北仑模具工业协会。此后，北仑区模具工业协会每年组织几十家模具企业参加国内外的模具技术与设备展览会，打响了“北仑模具”品牌。同时，在北仑先后召开了全国汽车、摩托车压铸经济技术交流会，进一步提高了北仑模具业的知名度。另外，北仑区模具工业协会还与西北工业大学达成人才培养和技术合作协议，增强了北仑模具业发展的后劲。

北仑模具走进第四个里程。“草根”企业家越来越重视“创新”、“专利”乃至“品牌”，纷纷投入巨额研发和技改资金，采购国外先进的设备和技术，如顶级品牌的五轴五联动加工中心。不少企业在创新研发和员工培训方面的投入占销售收入的比例达到8%，个别企业甚至达到10%～12%，投入的技改资金总计多达数亿元。模具的技术含量不断提高，高新技术产品越来越多。

技术打造品牌

创新篇

在激烈的国际竞争中，北仑许多企业认识到了“品牌”和“专利”的重要性，越来越多的模具生产企业被各级政府有关部门认定为高新技术企业。目前模具行业国家级高新技术企业有16家，还有6家省市区级工程技术中心。2010年，宁波压铸模工程技术中心和宁波塑料模具工程技术中心两个研发机构，分别成功升级为省级和国家级工程技术中心。北仑模具协会已向国家工商总局申请注册了全国同行业第一个集体商标——“北仑模具”，尝试推动“北仑制造”向“北仑创造”的迈进。

企业自主创新的资金投入力度和能力不断提高。宁波久腾车灯电器有限公司自主研发了高新技术产品约80个，多项模具制造技术填补国内空白，生产的产品在国内车灯通信设备精密结构件、气动元件等行业处于领先地位，产品综合技术性能达到国际同类产品先进水平。宁波市北仑区辉旺铸模实业有限公司自主研发的自动档变速器壳体、汽车ＴＰ仪表盘镁合金压铸模具被中国模具工业协会推荐为国家创新产品，占推荐总数的50%；2个模具项目获得“精模奖”二等奖，7个模具项目获得“精模奖”三等奖，分别占参评模具项目总数的4%和10%。

■ 成就篇 ■

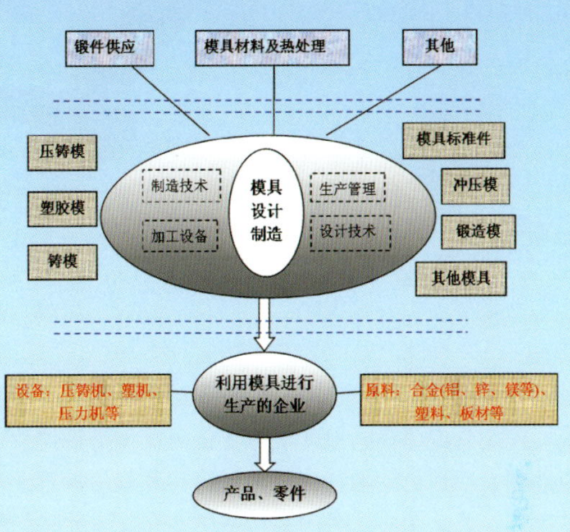

北仑地区已形成了模具制作社会协作网络。其中，配套加工服务企业为数众多，门类齐全，可提供各种机械加工、热处理加工、模锻加工、钳工加工、测绘设计等服务，模具制造的全部工序一般都可协作解决，如特殊钢材来自“一胜百”，加工可到“华胜”，热处理由“兴波”负责，试模在“辉旺”完成。社会化协作网络的形成使北仑模具业以小投入获得大产出，缩短了模具制造时间。

为推进北仑模具的“二次飞跃”，宁波久腾车灯电器有限公司、宁波北仑辉旺铸模实业有限公司等4家企业和陆升旗共同投资800万元组建了宁波三创模具技术服务公司，宁波工程学院、深圳伟博思技术有限公司、华中科技大学模具技术国家重点实验室为其技术合作单位。“三创”服务平台的建设加快了北仑模具产业产品结构调整，促进和提升了模具产业的技术水平和档次，有利于北仑模具整体水平向高精尖方向发展，加速形成北仑模具工业的产业集群。

展望、规划篇

北仑区政府为了促进模具行业发展壮大，已开始建设新的模具园区，模具园区的建设，使北仑成为模具技术、行业信息及上下游产业各生产要素富集且综合成本最低的地区，以此树立起自己的独特优势，使模具及其延伸产业成为北仑工业的主要核心之一，把北仑建成国内一流、国际上有一定知名度的模具重要生产基地。

园区总规划：

园区总面积约173.3万m^2，实行政府引导，市场化运作，采用“总体规划，分步实施”模式逐步推进。以市场运作方式使用政府启动资金和银行贷款进行基础设施建设，以规划、产业政策和优惠政策等引导市场经济主体建设园区，开发建设公用道路、给排水、电力、通信等基础设施并统一管理。

根据模具行业特点，园区拟建设公共服务中心、模具制造区和生活配套服务区三大功能区。公共服务中心主要为企业搭建包括研发中心、检测中心、交易中心、培训中心、加工中心和展示中心等六大功能在内的高效公共服务平台，形成完整产业链服务平台。模具制造区根据入园企业规模和发展需求，设置若干档次，建设用地规模统一规划，形成高档、精品模具制造区。生活配套服务区主要为园区企业提供环境卫生、治安、商业、餐饮配送、员工宿舍、银行等物业管理和社区服务。

规模规划：

争取5年内培育1～2家模具上市企业，20家模具及制品产值超亿元企业，带动北仑新增50家模具工业产值5 000万元以上企业，100家模具工业产值超2 000万元企业。

产值规划：

园区内模具配套服务市场年交易额突破20亿元，北仑模具工业总产值力争突破100亿元。

技术水平规划：

能设计制造大型、精密、复杂、长寿命以及重型压铸模具，在压铸模具设计、制造等方面达到国际先进水平，并建立起被国际SGS认可的质量控制检测中心以及协会压铸模具行业标准，最终使北仑压铸模具行业标准成为国家级标准，同时，兼顾大型精密塑料模具、精密冲压模的发展。

象山
中国铸造模具之乡

象山概述

象山铸造模具创始于20世纪70年代，现从业人员近万人，模具企业140余家，年销售额500万元以上的企业42家，各种专业技术人员1 000余人。近十年来，涌现出宁波合力模具科技股份有限公司、宁波全力机械模具有限公司、宁波强盛机械模具有限公司、象山同家模具制造有限公司4家“中国铸造模具重点骨干企业”，2家“国家高新技术企业”，6家“省级高新技术企业”，1家“浙江省级企业技术中心”，1家“省级高新技术企业研究发展中心”，1家企业获“CNAS认可资格”，4项产品获“国家级重点新产品”称号，20项产品获“精模奖”，**HLGY**商标被评定为“浙江省知名商标”。

象山已成为世界同行业及全球铸造界刮目相看的中国铸模之乡。我国85%以上的商品铸造模具产自象山，为全国汽车、船舶、电机、水泵、阀门、工程机械、机车机床等500多家铸造行业企业配套，2010年产值15亿元，铸模的区域性总配套数跃居世界前茅。替代了铸造模具的进口，部分模具出口美国、德国、巴西、西班牙等国家，为我国从铸造大国到铸造强国作出了重大贡献。2010年象山被中国铸造工业协会授予“中国铸造模具之乡”称号。象山铸造模具已成为象山参与国内、国际竞争的优势行业。

Xiangshan casting mould industry started in 1970s, now it has nearly 10 000 employed persons, more than 140 die & mould enterprises including 42 enterprises with annual sales over 5 million yuan, and more than 1 000 technical personnel of various specialties. In the last ten years, there emerged four "Chinese key die & mould enterprises", namely, Ningbo Heli Mould Technology Co., Ltd., Ningbo Quanli Machinery & Moulds Co., Ltd., Ningbo Qiangsheng Machinery & Moulds Co., Ltd. and Xiangshan Tongjia Mould Manufacturing Co., Ltd., two "national high-tech enterprises", six "provincial high-tech enterprises", one "Zhejiang provincial enterprise technology center", and one "provincial high-tech enterprise R&D center", one enterprise obtaining "CNAS" certification, four items of products obtaining the title of "national key new product", and 20 items of products winning "Fine Mould Award". HLGY trademark was appraised as "Zhejiang famous trademark".

Xiangshan has become China's hometown of casting moulds, and is looked at by world peers and global casting circles with new eyes. More than 85% of commercial casting moulds are produced in Xiangshan, supporting 500 casting industry enterprises of national automobile, ship, electrical machine, pump, valve, construction machinery, locomotive and machine tool, with annual output value of 1.5 billion yuan in 2010. The total regional supporting number of casting moulds has leaped to among the best in the world, thus substituting the import of casting moulds. A part of dies and moulds are exported to USA, Germany, Brazil, Spanish, etc., making great contribution to China's change from a big country in foundry to a powerful country in foundry. In 2010 Xiangshan was conferred the title of China's Hometown of Casting Moulds. Xiangshan casting mould industry has become Xiangshan's advantage industry to participate in domestic and international competitions.

象山模具业发展历程

20世纪70年代

萌芽于手工业社的木模车间。第一笔业务是产值2 000元的机床部件木模

80年代

开始大办乡镇企业。1982年创办了象山第一家模具企业，8人起家，主产品为阀盖、阀体与机床的手工木制模具和铝木结构模具

1990年

国营、集体、乡镇企业全部转制

民营企业产生，形成了象山模具行业的雏形

12家模具企业诞生

1995年

模具企业产业结构开始调整

模具企业达40多家

模具企业产值首次突破1亿元

1997年

产业结构再次调整

购入第一台加工中心

CAD/CAM技术得到应用

1998年

模具企业购入第一台三坐标测量机

1999年

模具企业购入第一台龙门加工中心

2001年

产业结构再次调整

进口第一台带有激光扫描功能的三坐标测量机

逆向工程、激光扫描技术及CMM技术得到应用

两家企业通过ISO90001质量体系认证

2002年

一家模具企业成立企业技术中心

2003年

CAE技术得到应用

进口第一台高速加工中心

2004年

两家企业两个模具产品首次被国家科技部等四部委评定为“国家级重点新产品”

一家模具企业获宁波市高新技术企业称号

2005年

进口第一台五轴加工中心

2006年

产业结构再次调整，模具企业产值首次突破10亿元

进口第一台大四轴联动卧式加工中心

2007年

进口第一台大型三坐标测量机

被评为宁波市知名商标

2008年

象山模具工业协会成立

形成丹城、贤庠、西周、大徐（含白岩山）四个集群区块

2009年

三家模具企业被中国模具工业协会审定为“中国铸造模具重点骨干企业”

“HLGY”牌铸造模具被评定为“浙江名牌产品”

支持产业转型和结构升级的113号文件出台

2010年

象山被中国铸造协会授予 “中国铸造模具之乡”

模具企业产值首次突破15亿元

一家模具企业购买3 300t大型压铸机，为设计、生产的大型发动机缸体、变速箱壳体压铸模具进行试模，以满足客户的“交钥匙”工程要求

一家模具企业被中国铸造协会授予“中国铸造模具行业排头兵企业”

全国铸造行业排头兵企业
中国铸造协会

2011年

宁波合力模具科技股份有限公司获得“CNAS认可资格”认证

象山模具行业发展规划

指导思想

按照"市场导向、政府推动、转型升级、重点突破"的原则，以转型升级为主导，以技术进步为依托，打造一批具有特色优势的产业群，推动象山模具行业向技术自主化、集约化、成套化、标准化、网络化、国际化发展。

主要目标（截至2015年）

——产值在2 000万元以上的模具企业总产值突破16亿元，优势企业的规模和技术水平位居全国前列。

——模具产值年均增长率11%以上。

——形成10个以上具有自主设计和自主制造能力的国家级、省级企业研发机构。

——培育6家以上优势企业进入"国家模具重点骨干企业"行列。国家模具重点骨干企业的研发投入占销售收入的比重达到10%以上，自主创新能力在若干领域取得标志性突破，达到国际先进水平。

——培育3个创新能力强、市场占有率高的在全国和国际市场具有上档竞争力的产业集群。

——增加8家以上国家级高新技术企业。

具体目标

行业总产值：25亿元

实现利润：4.2亿元

出口额：5 000美元

研发经费投入：2.1亿元

高新技术企业：10家

授权发明专利：60个

主要任务

1.加速生产过程的技术进步

将传统生产过程转向以科技为依托，以数控机床、加工中心、精密检测等高精设备为主体，以设计为中心的集约型现代化生产模式。CAD/CAM技术全行业普及应用；年产值5000万元以上企业适当采用CAE、CAPP、PLM、ERP等数字化技术；高速加工、并行工程、逆向工程、虚拟制造、无图生产和标准化生产，重点骨干企业带头实施。努力引进先进高端加工设备，参与国际合作，促进自主创新，实现模具智能化水平有突破性提高。

2.建设重点公共服务平台

启动模具行业的公共服务平台项目，以中小企业为服务对象，建立多种形式的服务平台。重点实施研发设计中心、模具检测中心、模块铸造中心、热处理中心、标准件生产中心五个服务平台及一个模具综合服务区（城）。

3.抓好主型模具，拓展其他模具

在壮大发展铸造模具的同时，努力扩充压铸、塑料、冲压、橡胶等模具的规模。适量吸收及填补空白模具类型，形成以铸造模具为主体拥有其他多种模具的格局。2015年其他模具的产值比重达到全行业的30%左右。

4.鼓励和创造条件增加生产模具和产品一体化的企业

以并购等方式设立原材料基地、研发基地、制造基地和营销网络，促进象山县模具业的产业升级和结构转型。有条件的企业在生产商品模的同时，开展产品生产，在企业内部延伸生产链。支持中小企业与大企业建立以市场配置资源为基础，稳定的原材料供应、生产、销售、技术开发和技术改造等方面的协作关系，引导中小企业向“专、精、特、新”方向发展。

政策建议

1.加强支持行业平台建设实施

对公共服务平台项目的基础建设资金、用地价格，要加大财政支持力度；对非生产性的服务平台应建立产业链公共平台投资基金。五大服务平台营业后，实行税收优惠。对其中的检测、研发中心可实行免税经营。

2.推进开展铸造模具标准化工作

分两步制订铸造模具的标准。第一步，拟定铸造模具主要企业的企业标准，建立数据库并作参考执行；第二步在企业标准的基础上提炼，筛选出台行业标准（试行草案）。企业采标生产，可规范生产形态。

3.大力鼓励企校、企所协作

积极创造条件，鼓励有更多企业联系大专院校、研究所协作攻关，协作创新，协作建设技术中心和研发中心。

4.建立人才培训网络

象山模具行业的人才培养要以本地培养考量为主，基于模具行业人才培养周期较长，工种配套性强的特点，应建立一套行之有效的人才培训网络，在政府扶持下委托教育部门承办。

象山铸造模具荣誉榜

据中国模具工业协会的不完全统计，象山铸造模具总产值占全国市场铸造模具总产值的85%，汽车、船舶发动机、电机、水泵、阀门、工程机械、机车、机床等行业的重力铸造模具、低压铸造模具，各种造型线模具、冷热芯盒模具、超大型砂型（芯）手工造型模具等产量位居全国第一，2010年产值突破15亿元，宁波合力模具科技股份限公司在全国同行业企业中已连续10年产值、销售额领先。模具质量国内领先，多种模具产品获奖，大型压铸模具兴起且起点高。

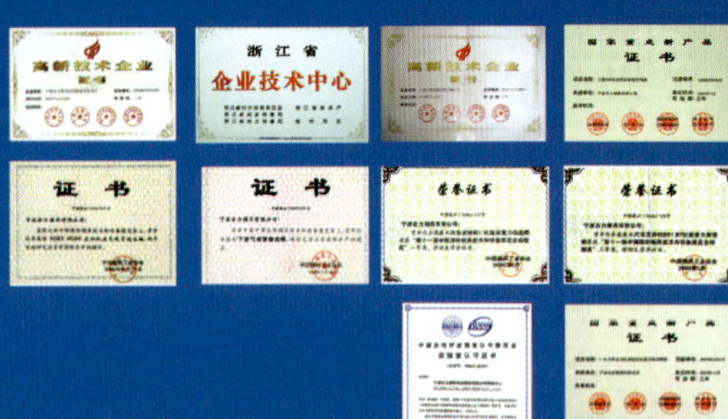

宁波合力模具科技股份限公司的发动机铸铝缸体低压组芯铸造模在第十二届中国国际模具技术和设备展览会上获“精模奖”一等奖

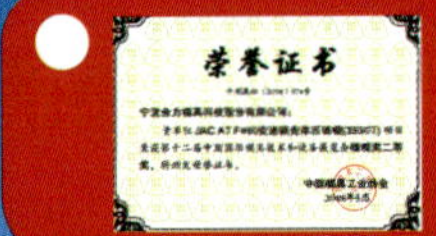

宁波合力模具科技股份限公司的变速器壳体压铸模在第十二届中国国际模具技术和设备展览会上获”精模奖”二等奖

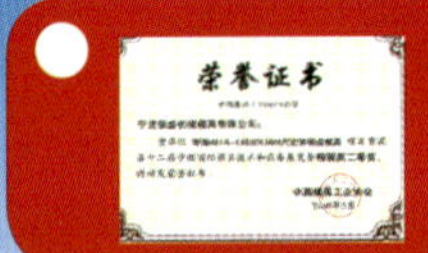

宁波强盛机械模具有限公司的汽缸体铸造模具在第十二届中国国际模具技术和设备展览会上获“精模奖”二等奖

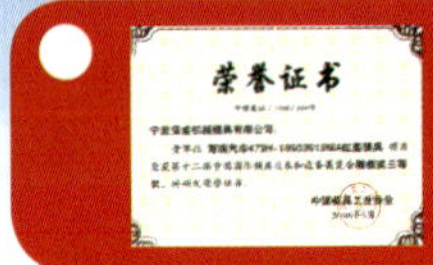

宁波强盛机械模具有限公司的缸盖模具在第十二届中国国际模具技术和设备展览会上获“精模奖”三等奖

宁波凯利机械模具有限公司的涡轮增压器叶轮机精铸模具在第十二届中国国际模具技术和设备展览会上获“精模奖”三等奖

宁波合力模具科技股份限公司的发动机缸体铸造模具获中国模具工业协会2008～2010年度精模奖一等奖

宁波合力模具科技股份限公司的自动变速器壳体压铸模具获中国模具工业协会2008～2010年度精模奖二等奖

黄岩
中国模具之乡
塑料模具产业基地

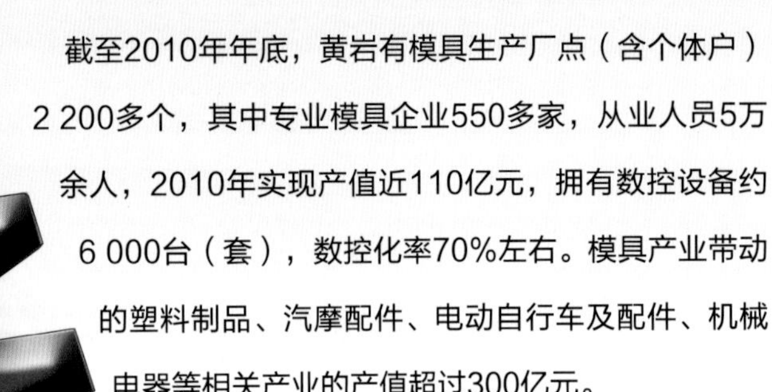

截至2010年年底，黄岩有模具生产厂点（含个体户）2 200多个，其中专业模具企业550多家，从业人员5万余人，2010年实现产值近110亿元，拥有数控设备约6 000台（套），数控化率70%左右。模具产业带动的塑料制品、汽摩配件、电动自行车及配件、机械电器等相关产业的产值超过300亿元。

黄岩模具产业已经形成以塑料模具为主，挤出模具、金属制品的冲压模、铸造模、压铸模及其他模具为辅的生产格局，其中塑料模具主要分为日用塑料制品、汽车配件、摩托车及电动自行车配件、家电配件、建筑材料等五大系列。经过50多年的发展，黄岩的模具研发水平得到很大的提升。2003～2010年，中国模具工业协会技术委员会共推荐329副模具为国家级新产品，黄岩有151副，占被推荐模具的45.9%；国际水平模具118副，占被推荐模具的35.9%。黄岩模具产品技术水平在国内具有很强的竞争力。

黄岩模具商品化率超过70%。塑料模具的销售产值约占黄岩模具销售总产值的85%，主导产品汽车配件注塑模在国内市场占有率约为30%，电动车配件占有率60%以上，特色产品挤出模具、吹塑模具在国内市场占有率分别为30%和20%，均处于业内领先地位。模具外销104个国家，年出口超2亿美元。

黄岩·中国模具之乡

Up to the end of 2000, Huangyan had more than 2 200 die & mould producers (including self-employed ones), among which 550 were specialized die & mould enterprises with more than 50 000 employees. In 2010, these producers realized an output value of 11 billion yuan and possessed about 6 000 units (sets) of NC equipment, reaching a NC rate of 70%. The output value of related industries, such as plastic products, automobile and motorcycle parts, electric bicycles and parts, and machinery and electrical apparatus, brought along by the die & mould industry exceeded 30 billion yuan.

Huangyan die & mould industry has formed a production structure which takes plastic die & mould as the principal part and takes extrusion die, metalwork punching die, casting die, die casting die and other dies & moulds as auxiliary parts. In which, the plastic die & mould are divided into five series, namely, daily-use plastic products,automobile parts, motorcycle and electric bicycle parts, household appliance parts and building materials. Through more than 50 years' development. The die & mould R&D level of Huangyan has achieved a great promotion. Between 2003 and 2010, the Technical Committee of China Die & Mould Industry Association totally recommended 329 sets of moulds as national-level new products, Huangyan had 151 sets, accounting for 45.9% of the recommended ones; 118 sets of moulds reached international level , occupying 35.9% of the recommended ones. The technical level of Huangyan die & mould products has very strong competitive power in China.

The commercialization rate of Huangyan dies & moulds has exceeded 70%. The sales value of plastic moulds represents 85% of the total sales value of Huangyan dies & moulds. The leading products, i.e. injection moulds of automobile parts, occupy 30% of domestic market share, and the occupation rate of those of electric bicycle parts is above 60%. Characteristic products, namely extrusion die and blow mould, occupy 30% and 20% of domestic market share respectively, they all maintain a leading position at home. Huangyan dies & moulds are sold to 104 countries, and the annual export value exceeds USD200 million.

2015年发展目标

总产值200亿元，年均增速超过15%，商品化率70%，出口比重20%以上。

培育年产值3亿元以上企业2家，2亿元以上企业3家，1亿元以上企业5家，5 000万元以上企业50家。

中小板上市企业2家，引进3～5家国际知名模具企业在黄岩投资生产。

规模以上模具企业研发投入达到生产总值5%以上；建立国家级模具技术中心1家，国家级模具检测中心1家，国家级模具人才培训中心1家；与行业综合性研究所、大专院校共建研究机构或公共技术平台3～4家。

模具标准件使用覆盖率70%，全行业推行模具质量标准联盟。

发展重点

3个主要发展方向：高精度、高寿命和高效益。

大力发展中高档汽车塑料覆盖件模具和大中型汽车内饰件模具，发展为家电配套的大型注塑模具和为集成电路配套的精密塑封模具，发展塑料板、片、膜挤出模头及配套生产设备，发展新型建材及节水农业配套塑料异型材挤出模。

发展技术含量高、附加值高的多工位级进模和小型精密模具，开拓新能源、新材料、医疗和航天等模具使用新领域，拓展精冲模、精密型腔模具、大型薄壁精密压铸模具制造等。

提高大型、精密、复杂与长寿命模具的设计与制造技术，快速提高汽配、家电等大型模具设计制造能力，加快引进国外先进制模设备，应用国际先进模具设计软件特别是CAE软件，提高模具制作的数字化水平。

积极采用快速成型设备和技术，发展推广模具标准件制作，推广热流道、气体辅助注射等新技术和工艺，提高大型精密复杂模具的制造水平。

大力发展激光焊接、三维微加工技术（DME）、三维型腔的精密成型和镜面电火花加工一体化技术等模具技术和工艺领域，以及稀土元素表面强化、化学镀、纳米表面处理、铝材模等大量先进加工工艺、材料和技术。

寻求与模具配套领域的重大突破，如铸造、锻造、粉末冶金、热处理与表面处理技术等；进一步开发应用快速原型、快速经济模具制造新技术、模具制造的节能、节材技术。

产业布局

构建“一主一副一中心”的产业布局，大力提升各类公共平台作用。

“一主”中国（黄岩）模具新城

黄岩模具产业发展的最核心区块。总投资80亿元，形成近5 000亩（1亩=666.67m^2）纯模具及配套企业专业园区，其中200～300亩为模具企业孵化基地。功能定位为模具制造园区和模具企业孵化基地。一期规划占地面积622亩，已启动建设，投入5 000万元的园区基础设施建设基本完成，16家入园企业中已有14家基本建成；二期规划1 600亩，于2011年年底正式启动，另两家正在施工。

“一副”西城和北城

黄岩模具产业后备力量的重要培育区域。依托西城和北城两大拥有较强产业发展基础片区的优势，在鼓励区块内优质企业向模具新城集聚的同时，着力培育和孵化有潜力、有特色的模具企业。

“一中心”中国黄岩模具博览中心

黄岩模具产业最集中、最重要的公共服务平台和交易平台。总建筑面积约28万m^2，模具及模具业配套市场约10万m^2，总投资15亿元。一期占地面积83亩、总投资2亿元的模具专业市场已进入招商阶段，2011年主体工程完工；二期工程即将启动。

模具博览中心分为公共服务平台和模具市场两个功能区块。公共服务平台包括模具研发中心、检测中心、信息中心、培训中心和展示中心五个中心及相关配套设施；模具市场是指模具及其为上下游产业服务的综合性市场，包括模具市场、模具原材料、配件标准件、加工设备、塑料原料、注塑设备、日用塑料制品、工业塑料制品等市场。

长安

中国机械五金模具名镇

国家火炬计划东莞长安模具特色产业基地

长安镇位于广东省东莞市南端，东邻深圳市，南临珠江口，西连虎门港；是广州往深圳、香港的必经之地。行政区域总面积97.87km²，常住户籍人口4万多人、非户籍人口60多万人，旅港同胞3万多人。

千年古镇 长安镇起源于东晋，始建于北宋，有1 000多年的历史，涌现出南宋理学大师李用、现代革命志士蔡日新等历史名人，是孙中山先生的先代故乡。

活力之城 全镇经济在高平台上继续保持平稳较快发展。2010年全镇生产总值237.1亿元，税收总额39.2亿元，镇、社区、居民小组三级集体资产总额188.3亿元，社会消费品零售总额45.3亿元；14年获评为全市镇街年度考核综合总分第一名。

产业重镇 是中国机械五金模具名镇和中国电子信息产业重镇，也是中国市场名镇，每年一届的“中国（长安）国际机械五金模具展览会”，已经成为中国乃至东南亚地区一个大型专业展会。近年来，坚持把推动产业结构调整和转型升级作为应对金融危机的重要抓手，选择了“三旧”改造、自主创新、产业转型、节能降耗四个重点进行突破，取得积极成效。编制了《长安镇“三旧”改造专项规划及年度实施计划》，长安第一高楼长安万科中心成功奠基；积极推进科技创新，成功协助环球石材入选上市后备军，帮扶劲胜公司在创业板成功上市。

文化名镇 是全国文明村镇、全国民族民间艺术之乡、中国书法之乡、中国粤剧之乡和中国摄影之乡。计划用10年时间，把长安打造成在全国具有一定影响力和知名度的文化名镇。

魅力新城 长安气候温和，四季如春，依山傍海，环境优美，水电路网、通信等基础设施完善，交通便捷。全镇绿化覆盖率44.75%，道路绿化覆盖率100%，是全国造林绿化百佳镇之一。

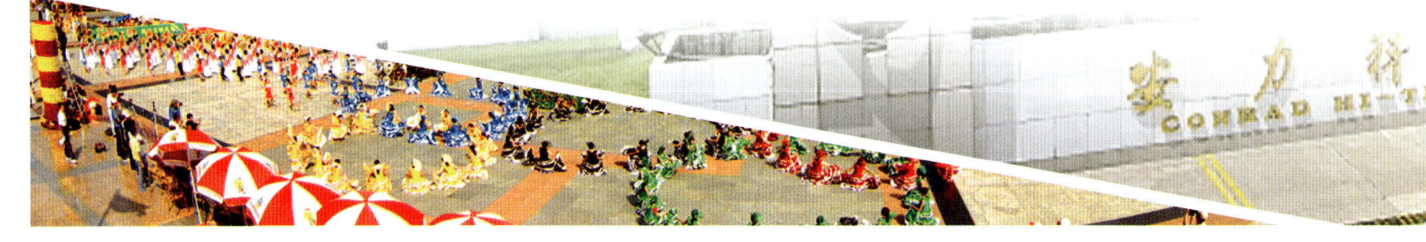

Chang'an Town is situated in the southern end of Dongguan City of Guangdong Province. It adjoins Shenzhen City in the east, borders Pearl River Mouth in the south, and links Humen Port in the west, thus being a place which must be passed if one goes from Guangzhou to Shenzhen or Hong Kong. The total area of the administrative region is 97.87km^2, and there are more than 40 000 registered permanent residents, more than 600 000 non-registered residents, and more than 30 000 Hong Kong compatriots.

Millennium Eldest Town Chang'an Town originated in East Jin Dynasty, and its construction Started in North Song Dynasty, so it has a history of more than 1 000 years.Many historic celebrities were born in Chang'an Town, such as Neo-Confucianism master Li Yong in South Song Dynasty and modern revolutionist Cai Rixin, and it also is the hometown of the ancestors of Dr. Sun Yat-sen.

City of Vigor The economy of the whole town continues to maintainstable and rapid development on a high platform. In 2010, the total output value of the whole town was 23.71 billion yuan, and the total tax revenue was 3.92 billion yuan. The total assets of three-level collectives (town, communities and residents' groups) were 18.83 billion yuan, and the total amount of retail sales of social consumer goods was 4.53 billion yuan. In 14 successive years, it was evaluated as the first place by the synthetic scores in the annual assessment of towns and streets of Dongguan City.

Significant Industrial Town It is China's famous town of machinery, hardware and mould, China's significant town of electronic information industry, and also China's famous town of market. The yearly China (Chang'an) International Machinery Hardware & Mould Industry Exhibition has become a large-scale professional exhibition of China and even Southeast Asia. In recent years, it has insisted on taking the promotion of industrial structure adjustment and transformation and upgrading as an important approach to alleviating the financial crisis, and selected four main points, namely, urban redevelopment, independent innovation, industrial transformation and energy saving and consumption reduction, for carry out a breakthrough, and which has made positive achievements. It has compiled the Special Planning for Chang'an Town "Urban Redevelopment" and Its Annual Implementation Plan, and the foundation of the first high-rise building Chang'an Wanke Center was successfully laid. Chang'an Town actively pushed forward science and technology innovation, and successfully assisted Global Stone Material to be enrolled on the list of IPO reserve, and helped JANUS Precision Components Co., Ltd. successfully listed on the Growth Enterprise Market.

Famous Culture Town Chang'an Town is a national civilized town, a land of national folk art, Chinese calligraphy, Guangdong opera, and photography. It is planned to spend ten years to build Chang'an as a famous culture town with certain influence force and reputation nationwide.

Charming New City Chang'an has a mild climate, spring-like seasons, and beautiful surroundings; the infrastructures such as water, power and road networks and communication facilities are perfect, and the traffic is convenient. The greening coverage rate of the whole town is 44.75%, the road greening coverage rate is 100%, so it is one of the national 100 excellent towns of afforestation and greening.

发展历程

- 2001年，中国（长安）国际机械五金模具展览会开幕
- 2002年，被评为『广东省电子五金专业镇』
- 2003年，东莞市五金机械模具行业协会在长安成立
- 2005年，被评为『中国机械五金模具名镇』
- 2006年，被评为广东省五金模具产业集群升级示范区
- 2006年，『华中科技大学模具技术国家重点实验室东莞实验中心』落户长安
- 2007年，机械五金模具企业组团到德国法兰克福参展
- 2008年，获『国家火炬计划东莞市长安模具产业基地』称号
- 2009年，长安镇与广东省计量科学研究院合作成立振安模具检测服务中心
- 2010年，长安镇模具企业——东莞劲胜精密组件股份有限公司成功上市
  广东万濠精密仪器股份有限公司、
  东莞市冠辉五金有限公司等成功申报广东省名牌名标企业

产业成就

机械五金模具产业是长安镇的特色支柱产业，行业年产值达 180 亿元，占全镇工业总产值的 31%。全镇有 420 多家外资企业从事机械五金模具生产，投资额 100 万元以上的 600 多家民营企业专注机械五金模具的生产和销售，C 200 多家个体工商户从事机械五金模具的销售和服务。

长安拥有 5 个大型机械五金模具专业市场，每年一届的中国长安（国际）机械五金模具展览会已成功举办 11 届，成为全国知名度较高的机械五金模具展览会品牌之一。

由于行业地位突出，长安先后获评为中国机械五金模具名镇、国家火炬计划东莞长安模具特色产业基地和广东省五金模具产业集群升级示范区。

近年来，长安镇在原有产业基础上，进一步完善发展思路和举措，大力推动五金模具产业向高端化、品牌化方向发展，产业链条日益完善，产业转型升级初见成效，建立了华中科技大学模具技术国家重点实验室东莞实验中心和振安模具检测服务中心 2 个技术创新科研团队，五金模具企业劲胜公司成功在深圳证券交易所挂牌上市，成为中国创业板首家中外合资企业上市公司。环球石材和祥鑫汽车模具成功入选东莞市上市后备企业。长安镇已成为华南地区机械五金模具配件采购的集散地和生产基地，并逐渐在全国乃至世界的机械五金模具行业中享有盛名。

未来发展目标

未来5年，长安镇五金模具产业将以立足东莞、连接海外、服务珠三角、辐射全中国作为发展定位，进一步发挥长安镇现有的模具制造、设备、原料、配件交易的优势，坚持外资企业带动和民营企业自主创新相结合的原则，加速模具产业产品结构和技术的优化升级，建立起具有一定自主创新能力和较强区域竞争力的模具产业体系，同时对长安镇的装备类专业交易市场加强规划和建设，实现资源的整合、功能的分化和效益的最大化。以机械五金模具产业为抓手，以本土民营经济为主体，坚定转型升级的信心，把长安镇机械五金模具产业和民营经济发展高度结合，形成合力，相互促进发展，创造新的经济优势。

五个大型机械五金模具专业市场：

金铭国际工业模具城、聚和国际机械模具五金城、长荣国际机械五金广场、东莞市长安模具五金广场、东莞市时富五金广场

一个著名机械五金模具展览会品牌： 中国（长安）国际机械五金模具展览会

11 年来，长安机械五金模具产业迅速成长，展会规模不断壮大，已经成为在华南乃至东南亚地区占据重要地位的专业展会，为海内外机械五金模具行业提供了良好的合作交流平台。与此同时，展会依托良好的产业基础，凭借准确的办展定位，逐步发展成为五金模具行业的品牌盛会，成为东莞市推介特色产业的亮丽名片。

一个市级行业协会： 东莞市五金机械模具行业协会

协会的主要任务是在五金机械模具企业与政府部门之间发挥桥梁纽带作用，贯彻执行国家的方针政策法令，接受政府部门委托进行行业管理及承担相关任务，充分发挥政府部门助手的作用，为推动五金机械模具工业的发展服务。

一个国家模具技术实验室： 华中科技大学模具技术国家重点实验室东莞实验中心

华中科技大学模具国家重点实验室东莞实验中心是由华中科技大学与东莞市联冠实业集团、东莞市科技局和东莞长安镇政府共同建设的行业性公共创新服务平台。包括模具技术展示、模具技术研发、模具技术服务、计算机辅助设计与制造、精密模具制造、模具技术信息、模具检测、模具行业技术标准推广八大功能，将打造成为模具产业的公共技术研发与服务平台，为珠三角模具产业的快速发展提供更强劲的源动力。

一个五金模具检测中心： 长安镇五金模具科研及检测中心

检测中心主要提供模具产品检验检测、模具快速设计、机械零部件逆向造型、机械产品测绘服务等业务，具体业务将主要围绕失效及材料分析、数字检测两个方面展开。中心投入正式运营后，计划第一年内建设 50 个企业级模具检测协作平台，近 10 名骨干专家成为中心常驻或客座专家，为 500 家以上企业提供 2000 批次的各种类型检测服务等。

政策扶持

一是

行政服务措施。成立镇机械五金模具产业经济发展领导小组，定期研究解决产业发展中遇到的问题，并对龙头企业实行专人跟踪服务，做到重点扶持。

二是

财政扶持措施。包括拨出专项经费推广五金机械模具产业，高规格办好一年一届的机械五金模具交易会。

三是

引进人才的措施。凡在长安镇投资生产五金模具的企业投资或纳税达到一定额度的，可给予一定比例的人员入户名额。

四是

建立为中小企业服务的多元化投资融资机制。针对企业规模小、资金筹集难的问题，长安镇一方面准备引进或成立担保公司，专门为中小企业提供担保；另一方面由商会或协会对会员进行信用担保。

五是

构建技术创新平台。成立长安镇五金机械模具专业技术创新工作领导小组，组织协会联同技术咨询机构、知识产权事务所、认证中心、管理咨询公司、律师事务所等，为企业提供优质服务。

横沥

滨河绿城　模具名镇

横沥镇位于东莞市东部，面积50km^2，区位优越，交通便利，东部快速干线贯穿全镇，中心区距离东莞火车站仅10min车程。横沥先进制造业发达，模具产业支柱地位突出，是“中国模具制造名镇”、“广东省模具制造专业镇”、“东莞市首批重点扶持发展产业集群”，“广东东莞模具制造•机械展览会”每年吸引大批国内外企业参展参观。横沥社会和谐，民风淳朴，是“国家卫生镇”、“广东省教育强镇”。“百年牛墟风情节”以500年牛墟为依托，以牛元素为特色，展示横沥人民勤劳、朴实、好客的精神，成为东莞文化旅游新亮点。

2008年，横沥镇获得“广东省模具制造专业镇”称号，2009年入选“东莞市首批市重点扶持发展产业集群”，2010年“东莞市横沥模具专业镇技术创新平台”成功立项，2011年6月获得“中国（东莞横沥）模具制造名镇”称号。

2009年，横沥镇模具产业产值超过31亿元，占工业总产值（96.2亿元）的32%。2010年，全镇模具产业产值40亿元，占工业总产值（121亿元）的33%。2011年，全镇模具产业产值46亿元，占全镇工业总产值（126亿元）的36.5%。

目前，全镇从事模具相关产业经营的企业650多家，涵盖汽车零配件、玩具、机械配件、家用电器、办公设备、通信设备、音响器材、合金产品等行业。上规模的模具和模具机械企业发展到70多家，产值过亿元的忠信、中泰、天倬、鑫品、盈拓、富裕等一批大型模具制造企业，在亚洲享有盛名。经过多年的积累，横沥镇先后建成了新城、西城、三江、桃子园等8个大型工业园区，模具行业已经形成产业集群效应，模具产业链越趋完善。

In 2008, Hengli Town won the title of "Mold Manufacture Specialty Town of Guangdong Province". In 2009, it was enrolled on the list of "the first batch of industrial cluster with its development mainly supported by Dongguan City". In 2010, the project "technical innovation platform of Hengli Mold Specialty Town of Dongguan City" was successfully established. In June 2011, it won the title of "China (Dongguan Hengli) Mold Manufacture Famous-Town".

In 2009, the output value of mold industry of Hengli Town exceeded 3.1 billion yuan, accounting for 32% of the gross industrial output value (9.62 billion yuan). In 2010, the output value thereof was 4 billion yuan, constituting 33% of the gross industrial output value (12.1 billion yuan). In 2011, the output value thereof was 4.6 billion yuan, occupying 36.5% of the gross industrial output value (12.6 billion yuan) of the whole town.

Presently, there are more than 650 enterprises in the town engaged in the business of mold-related industries, covering industries such as automobile parts, toys, mechanical fittings, household appliances, office equipment, communication equipment, stereo equipment and alloy products. The number of mold and mold machinery enterprises with a considerable scale has increased to more than 70. A group of large mold manufacturing enterprises with output value exceeding 100 million yuan each, such as Zhongxin, Zhongtai,Tianzhuo,Xinpin,Yingtuo and Fuyu, enjoy a high reputation. After many years of accumulation, Hengli Town has successively built eight large industrial parks, including Xincheng, Xicheng, Sanjiang and Taoziyuan;the mold industry has achieved an industrial cluster effect, and the industrial chain of molds is more and more improved.

横沥镇委书记
镇人大主席 卢少雄

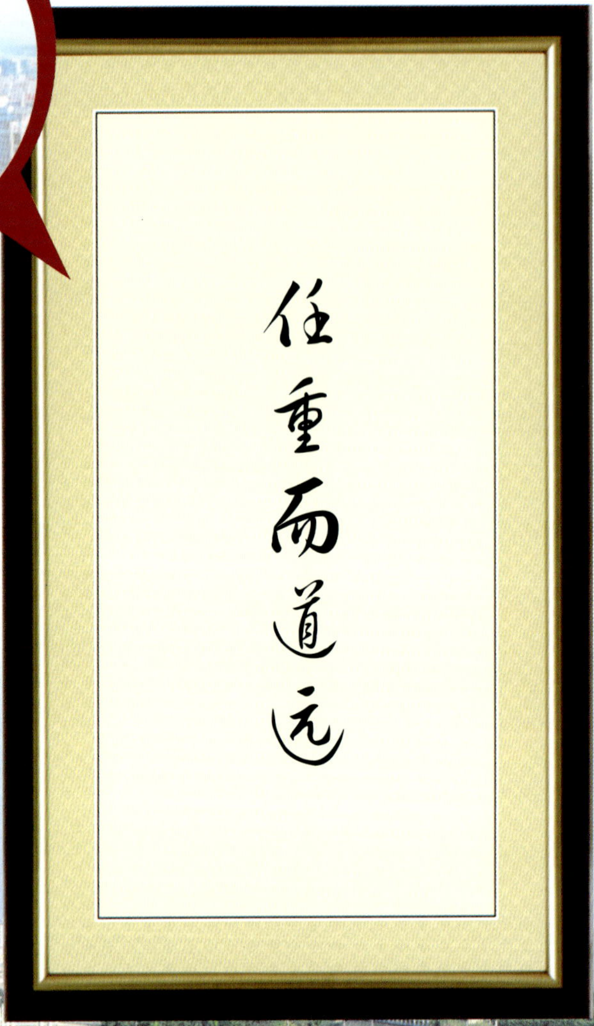

任重而道远

实事求是 科学决策

横沥镇委副书记
镇长 刘国康

横沥镇委委员 朱柱明

充分发挥协会的桥梁、纽带作用，搭建交流平台、信息平台，让模具协会成为企业利益的代言人、政府发展经济的合作人和促进产业发展的带头人，引领会员企业做好做强、创先争优，推动横沥模具机械行业共同发展。

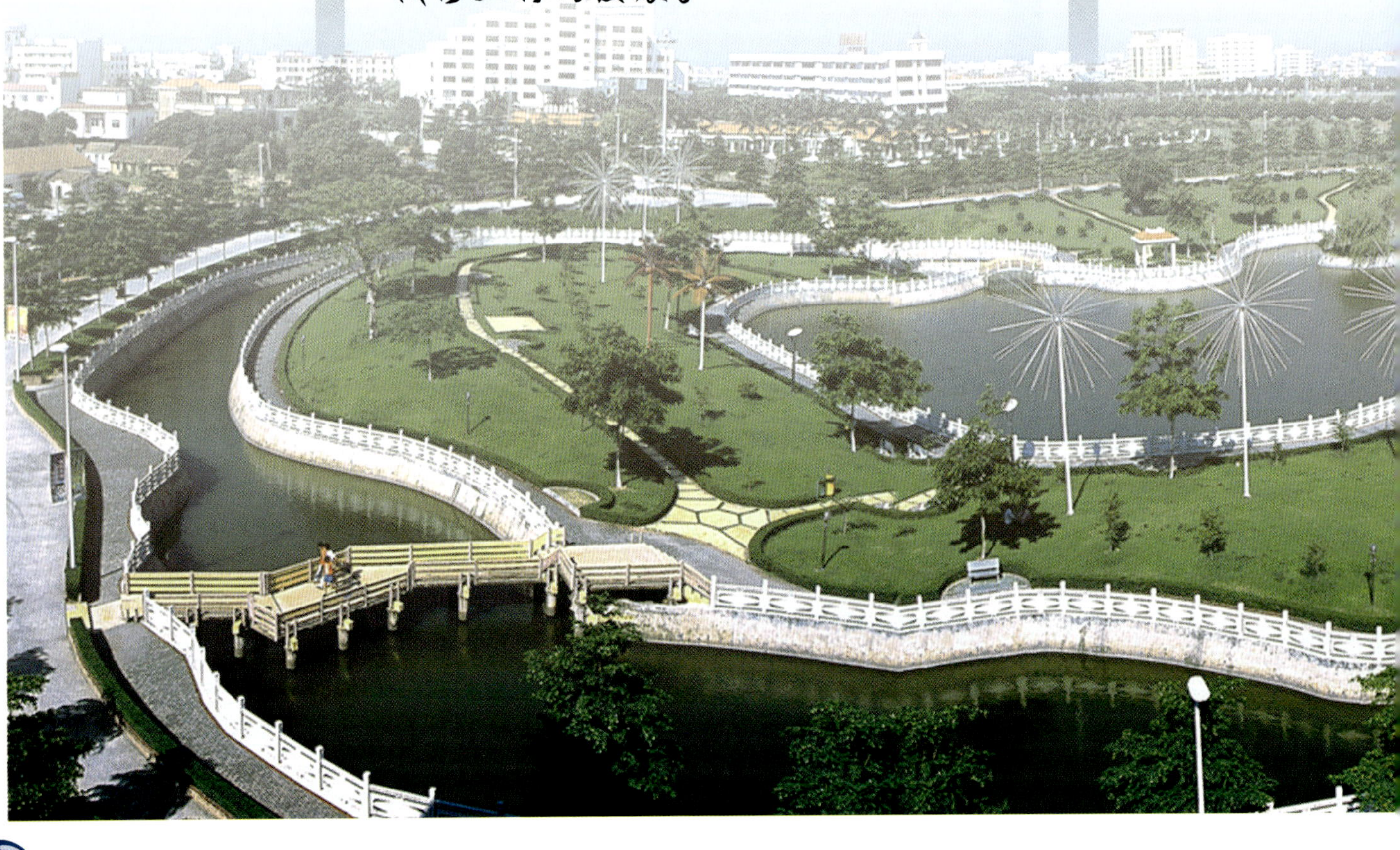

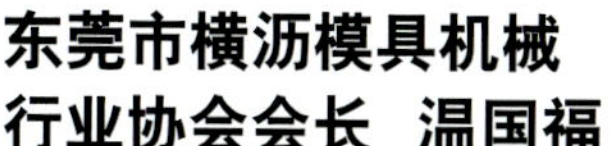
东莞市横沥模具机械
行业协会会长 温国福

以成功创建“中国模具制造名镇”为契机，坚定信心，把握机遇，乘势而上，充分利用省、市的优惠政策，抓好模具展、模具城、模具网、模具园的建设，将模具产业进一步做大做强，树立产业转型升级的典范。

2006年

2006年6月 模具城奠基

2006年12月 模具城动工典礼

2007年

2007年4月 开始实施第一期“横沥镇百名模具师傅培训工程”

2008年

2008年9月 获得“广东省技术创新专业镇”称号

2008年12月 制定了塑胶模具联盟标准《塑料注射模》

2009年

2009年4月　首届“广东东莞模具制造•机械展览会”开幕

2009年7月　南方冲压模具联盟首批会员企业落户横沥镇

2009年

2009年10月 第二届“广东东莞模具制造•机械展览会”开幕

2009年12月 “东莞市横沥模具专业镇技术创新平台”成功立项

2010年

2010年4月 第三届“广东东莞模具制造•机械展览会”开幕

2010年10月 第四届“广东东莞模具制造•机械展览会”开幕

2011年

2011年3月 与盛世商朝集团公司签订合作协议，共建“横沥模具信息化公共服务平台”

2011年6月 东莞市横沥模具机械行业协会正式成立

2011年

2011年6月 获得“中国（东莞横沥）模具制造名镇”称号

2011年10月 第五届“广东东莞模具制造•机械展览会”开幕

2011年10月 “横沥模具信息化公共服务平台”成功上线

2006年，横沥镇进行的全面调研显示，横沥镇拥有较多模具企业，自主形成小规模模具产业聚集，模具加工业日益成熟、发展势头良好，已逐步成为全镇的特色产业。为加速产业集群，提升横沥模具产业的竞争力，做大做强模具产业，横沥镇提出“一年建新城、两年见规模、三年树品牌”的工作目标，推进产业集群升级，打造中国模具名镇。2006年11月制定了《建造横沥（国际）模具城，推动模具产业集群的实施方案》，大力建设集加工、生产、销售、研发、信息、人才培训于一体的横沥（国际）模具城，积极培育模具产业集群，力争达到“建好一个市场、带动一个产业、搞活一片经济、富裕一方百姓”的目标。与此同时，有针对性地开展人才培训，实施“横沥镇百名模具师傅培训工程”，为产业长远发展提供支撑。通过多管齐下，产业基础得到很好的强化。现形成中小模具企业以模具城为中心聚集经营、大型模具企业以桃子园高新产业园为依托靠拢发展的格局；通过举办本土展会和外出参展，不断提高横沥模具产业的知名度；通过实施“百名模具师傅培训工程”，培育出一批本土模具人才，增强产业发展原动力；通过建设“横沥模具信息化公共服务平台”，推动产业信息化，促进模具产业升级优化。模具产业产值增速较快，且在工业总产值中所占的比重较大。在发展的过程中，横沥镇的产业优势得到强化，模具产业链越趋完善，产业集聚升级得到有效推进。横沥模具产业的优势主要体现在“六个有”：

一有产业基地。目前，规划用地逾20万m^2、投资3.5亿元的横沥汇英（国际）模具城已基本完成，建成店铺共555间，一栋1万多m^2的大型展示厅。此外，在模具城周边预留了逾6.67万m^2土地，计划根据未来的发展需要进行合理的规划。模具城的建设吸引了众多五金机械模具企业商户落户，推动了分散经营向集中经营转变，对模具企业的集聚和升级作用显著，推动了整个行业发展。2009年，规划建设模具专业园区——桃子园高新产业园，将其作为重点承接大型模具企业的核心平台，园区分区规划为：五金模具园、塑胶模具园、模具机械园、模具配件园以及生活区、休闲区，以带动更多本地的中小规模企业和国内外的模具企业落户，把桃子园高新工业园打造成模具企业的集聚地。

二有专业展会。横沥镇结合自身实际，突出“以展聚人、以展带市”，打造东莞东部最佳展贸平台。2009年4月至2011年10月期间，横沥镇成功举办了五届广东东莞模具制造•机械展览会,取得了非常好的效果，共有14.9万人次参观参会，现场成交金额1.15亿元。与参展商达成购销意向金额约4.46亿元，充分展示了横沥镇打造广东省模具制造专业镇的实力和潜力。此外，横沥镇积极组织企业“走出去”参展。2009年9月，组织了20家企业到沈阳市参加第八届中国国际装备制造业博览会。2010年4月，组织了15家企业赴西安参加“第十四届中国东西部合作投资贸易洽谈会”；5月，组织了10家企业赴上海参加“第十三届中国国际模具技术和设备展览会”；11月，组团赴中国台湾考察学习，借鉴其他地区的好经验、好做法，同时开展招商引资宣传推介活动；12月，组团赴德国参加德

国法兰克福模具展。外出参展加强了企业间的交流，帮助企业学习经验、开拓市场，有效推动“广东省模具制造专业镇”的建设。

三有专业人才。为配合“广东省模具制造专业镇”的建设，横沥镇委、镇政府制定了一系列人才培训计划，努力打造模具专业人才。从2007年开始，在全镇范围实施“百名模具师傅培训工程”，每年拨出150万元专项经费作为培训经费，为长久实施该工程、培养更多的模具人才提供资金保障，至今共开办五期培训班，已培训的450多名模具学员全部走上模具工作岗位。此外，还出台了《横沥镇模具学员培训学费补贴方案》，对自费参加模具相关项目培训的本地模具学员，给予培训学费补贴。出台了《横沥镇扶持就业创业资金管理办法》，对本镇户籍有意创业的模具学员给予最高10万元两年免息贷款；在模具城内从事模具相关行业创业的模具学员，还可享受1年免租金及管理费的优惠。接下来，计划以东莞职教城的兴建为契机，利用职教城的教育和培训功能，开展各类专业人才，特别是模具人才的培训工作，建立技能人才培训基地，为企业提供订单式的模具专业人才，为产业发展提供人才支撑。

四有配套服务。2011年，横沥镇投资建设了“横沥模具信息化公共服务平台”，实现线下实体市场与线上网络虚拟市场的联动发展，以信息化促模具产业升级优化。同年6月成立了“东莞市横沥镇模具机械行业协会”，打造互动互惠新平台，集聚资源、形成合力，繁荣模具行业，促使模具企业共谋发展。接下来将继续完善配套服务体系，包括建设模具检测中心和模具研发中心等，加快培育模具技术创新平台。

五有区域品牌。为进一步提升专业镇的档次和品牌优势，横沥镇在2010年成功创立了“横沥模具”品牌商标，并在2010年4月份的“西洽会”上首次亮相，获得了普遍赞誉，有效增强了“横沥模具”的知名度和影响力。为进一步提升“横沥模具”区域品牌优势，横沥镇将继续对全镇范围内的优秀中小型模具企业和优质模具产品授权使用“横沥模具”集体商标，以提升横沥模具产业的影响力和专业镇的档次。

六有政策支持。横沥镇在2009年出台了《横沥镇扶持企业发展奖励办法》，对进行自主创新、转型升级、创建名牌名标、参加重点展会等的企业给予不同程度的奖励或补贴，大力鼓励和引导企业发展模具产业。近期，又根据省、市“十二五”规划的相关文件精神，进一步修订《横沥镇扶持企业发展奖励办法》，加强政策引导，加大力度鼓励企业进行技术改造，对引进高端模具生产设备（整机）的企业给予一定的资金扶持，促使企业提高生产水平。

2012年，横沥镇继续优化模具产业，充分利用好四大平台，进一步完善产业集群公共服务平台和专业镇技术创新平台，引进科研院所，促进“产学研”对接，打造与产业发展匹配的创新载体，把自办展会与外出参展结合起来，将横沥牛文化元素融入到模具展当中。

积极宣传横沥模具品牌，推广横沥模具产业，扶持企业深度沟通搜索市场信息、拓展市场。要优化建设“横沥模具信息化公共服务平台”，推动“工业化、信息化”两化融合。促使横沥模具产业实现跨越性发展，提升横沥模具品牌知名度，力争成为广东省产业集群升级示范区。进一步优化升级横沥“模具城”，完善配套服务体系，认真探索模具检测中心和模具研发中心的建设思路，加快培育模具技术创新平台。

引进更多的大型高新模具企业落户桃子园，把桃子园高新产业园打造成模具企业的集聚地、重点产业园区。做

汇英（国际）模具城效果图

好第六期“百名模具师傅培训工程”工作，继续跟进前五期模具学员的学习、工作情况，大力培育本地化模具人才，为产业的长远发展提供人才支撑。

大力培育引进科技服务中介机构，整合各类科技服务资源，推进“一镇一校”产学研联合，如与大中院校对接、与行业协会合作等，加快科技成果转化。努力壮大行业协会，更好地保护横沥镇模具机械行业的正当权益，使企业健康发展，同时塑造横沥模具机械行业形象。

进一步修订《横沥镇扶持企业发展奖励办法》，加强政策引导，加大力度鼓励企业进行技术改造，对引进高端模具生产设备（整机）的企业给予一定的资金扶持，促使企业提高生产水平。

桃子园高新工业园效果图

中国轻工余姚模具城

Chinese light Industry (Yuyao) mould city

国家火炬计划塑料模具特色产业基地
中国塑料模具制造基地
中国百佳产业集群
中国高档模具产业基地

截至2010年，余姚市模具工业总产值达到110.25亿元，商品模具销售额79.34亿元，其中出口模具额7.95亿元。117副模具被评定为国家级优质模具，其中67副达到国际先进水平。全市有模具企业1 300余家，从业人员约5万人。

余姚模具篇

中国轻工（余姚）模具城
Chinese light industry (Yuyao) mould city

国家火炬计划塑料模具特色产业基地　中国塑料模具制造基地　中国百佳产业集群　中国高档模具产业基地

余姚模具城在开发建设过程中得到了原国家轻工部、国家机械部、国家冶金部的支持和指导。图为原国家机械部常务副部长杨铿到模具城指导工作

宁波市委常委、宁波市政府副市长余红艺参观余姚模具城精品模具展示厅

市领导对模具城的开发建设极为关注，图为余姚市人大常委会副主任谢建华到模具城展厅指导工作

十年来，余姚市模具工业协会引导企业加快走向国内外市场。模具企业参展热情空前高涨，一批企业已走出国门到国外参展

截至2006年上半年，余姚市有67副模具被中国模具工业协会技术委员会评定为国家级优质模具，其中24副模具达到国际同类产品的先进水平

中国模具工业协会对余姚模具工业发展极为关注，并给予了多方面的支持和指导。图为中国模具工业协会常务副理事长兼秘书长曹延安在余姚模具展厅指导工作

遠東制模
Far-East Mould

MERLIN
中美合资
China & America Joint Venture
美灵塑模
MERLIN MOLD MAKING
宁波美灵塑模制造有限公司
共同创造

余姚模具篇

中国轻工（余姚）模具城

Chinese light Industry (Yuyao) mould city

国家火炬计划塑料模具特色产业基地　中国塑料模具制造基地　中国百佳产业集群　中国高档模具产业基地

舜宇集团

舜宇模具 SUNNY MOULD

宁波富诚模具

宁波世泰模具

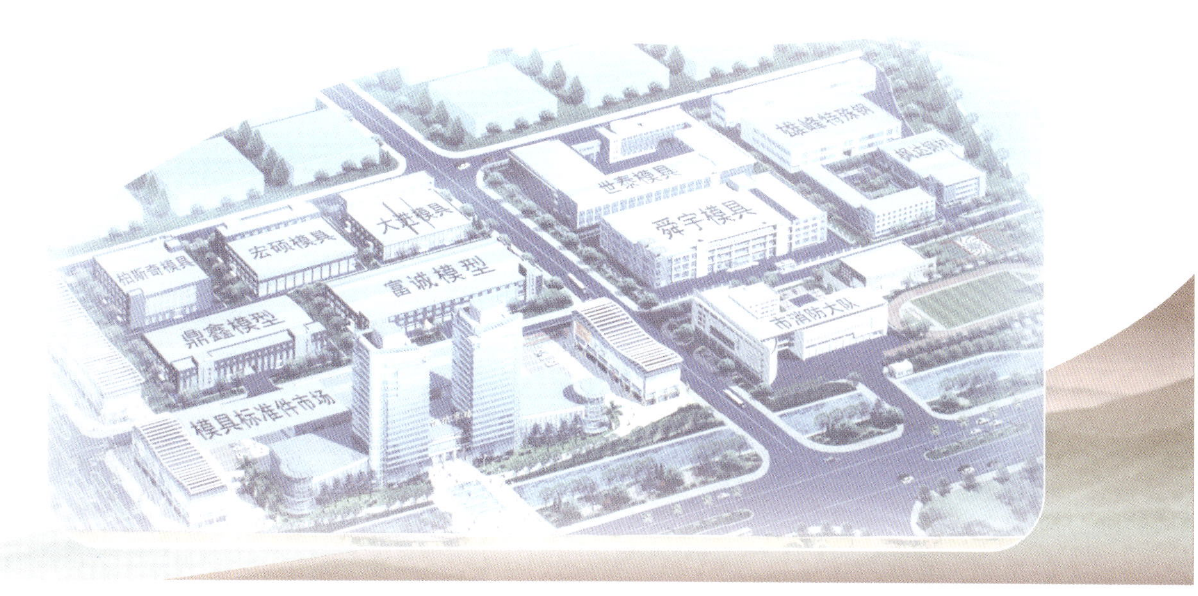

中国（宁海）模具城

借助产业优势
立足创新发展推进宁海

宁海模具城约投入10.2亿元，建成标准式厂房近40万m²，配套用房1.7万m²，综合大楼6 500m²。已有620家企业入城生产，就业人员逾1.1万人，2010年产值达到11亿元。为扩大规模、更好地服务模具企业，预算投资14亿元、占地面积8万m²的模具城工贸区建设方案已基本确定，并被列为县政府重点项目。

自2003年模具城一期建成开业以来（目前已完成三期建设），模具城先后被评为"省级塑料模具高新技术特色产业基地"、"省级小企业创业基地"、"省级小企业创业示范基地"、"宁波市中小企业公共服务平台"、"宁波市中小企业技术服务平台"等称号。2007～2010年连续四年荣获"年度优秀服务平台"奖，被评为"2009年度浙江省供销社系统十强社有企业"。

2003年以来至今，随着一期、二期、三期工程的相继建设完成和一批批模具企业的入城生产，宁海模具城已初显企业孵化器的功能，一批小企业在模具城里由小变大，完成了成长蜕变。企业间逐步形成了从设计、生产、组

装到热处理等分工协作的“大生产链”，其中激光、锻打、热处理、皮纹四大项目的规模和技术水平在全省模具行业处于领先地位。

2005年至今，模具城已成功搭建了宁海模具信息中心、宁海县模具产业培训服务中心、宁波市模具检测中心、宁波国际模具产业开发中心、宁海县模具展示中心和宁海模具城热处理中心六个公共服务平台。合作建成浙江工商职业技术学院宁海产学研基地（机电学院），引进国家产学研激光技术中心宁海产业基地——宁海县盛源激光科技有限公司。

宁海模具城已初具规模，产生了良好的经济效益和社会效益，也带动了“三产”的发展。宁海模具城将借助宁海县模具产业优势，立足创新发展，进一步完善六大公共服务平台，加快推进工贸区建设，努力引进优质高科技项目，吸引更多的中小企业入城创业发展，把模具城建设成为名副其实的集制造加工、原辅材料供应、信息技术交流、培训展览等功能于一体的综合性、上规模、国内一流的产学研、工贸学互动的模具企业创业公共服务平台。

滁州市涧谯模具城

中国·滁州（国际）家电模具城

中国·滁州（国际）家电模具城的建设有利于集聚模具企业、加工制造企业，合理配置工业资源，快速稳定地形成模具产业链，缩短模具制造周期，降低工业成本，提高生产效率，挖掘创新能力。它位于滁州市城北工业园，它的落成将为滁州打造千亿元家电城打下坚实的战略基础。

一、项目建设的总体规划

在市委、市政府的大力支持和正确领导下，滁州市经济开发区协调有关部门，对中国·滁州（国际）家电模具城进行高标准、高起点的规划，制定了具体的实施方案，采取边招商边建设的方法，多渠道筹集资金，发挥家电模具龙头企业的带动作用，以点带面，逐步形成模具产业区，实现模具城的规模化建设。模具城的建设开发大致分三步走：

第一步：

以家电模具龙头企业率先入驻为契机，逐步开发新园区，采取优惠政策，吸引一批有竞争实力的高新技术模具企业入驻。

第二步：

重点扶持具备发展潜力的企业，带动中小企业，实现品牌联盟。产权关系实行买断和租赁“两条线”的灵活方式，实现增值性与高效性相统一。

第三步：

通过招商引资、引智方式，吸引国内外高水平模具企业及相关企业、投资财团、技术顾问，招纳国内模具企业精英整体落户、逐步吸引大专院校、科研单位、技术服务公司等多层面合作，并融合当地模具及相关企业相互促进、共同发展，逐步形成滁州家电模具产业集群，全力打造先进制造业的产业区——中国·滁州（国际）家电模具城。

二、家电模具城建设功能

拟在滁州征地53.3万m^2建立家电模具产业园，一期征地约33万m^2，其中模具生产辅助配用地约3.3万m^2，有针对性地进行建设。具体建设内容如下：

1．研发、设计中心

针对企业研发及自主创新能力的不足，模具园区内拟建设研发、设计中心，由各入园企业高级人才、各大高校知名专家入驻，解决园内企业产品、工艺、设计等自主创新能力不足的问题。拟在园区建立流动式博士后工作站、新型模具制造研究中心、新型模具材料研究中心、新型装备制造研究中心、开放式试验中心。

2．制造基地

针对中小型模具企业资金、生产场地的难题，园区拟建设标准厂房，租、售两种方式灵活结合，为潜能升值型模具企业解决后顾之忧。

3．培训中心

针对行业内人才缺乏，尤其是高级人才更加匮乏的问题，园区拟与高校、大型企业合作，建立模具人才培训中心。由高校教授、企业高端技术人才分期、分行业为入园企业进行员工培训，提高人才素质，减少人员流动性。

4．模具配件交易中心

针对标准件、刀具、模具材料、软件等各配套设备衔接不足的问题，园区拟建设交易中心。交易中心内分区域设定标准件、设备、模具材料供应区，为模具企业的正常生产做好配套工作。

5．检测中心

针对模具行业标准化程度不高的问题，并结合模具行业的特殊性，拟成立检测中心。检测中心主要职责为：辅助园区内企业编制企业标准，制定相关的行业及国家标准；作为第三方检测机构，为园区内模具企业的产品质量提供保证。

三、项目投融资

项目建设总投资约15亿元，其中基础设施投资3亿元，加工、检测、服务等设备购置10亿元。

四、经济和社会效益

预计2016年，项目建成后规模以上入园企业达到30户，园区年实现销售收入约10.6亿元，年上交税收不少于4 000万元。引进相关重点企业，培育一到两家本市成长性企业上市。

项目建成后，滁州将成为中国大型的家电装备制造业基地。除重点发展冰箱真空成型模具和发泡模具，发展成套生产线非标装备外，还积极发展家电成套模具、精密塑料模具及其他新领域装备制造。

五、项目组织实施

由滁州市涧谯模具城投资有限公司为投资主体，联合当地知名模具制造企业，共同组建中国·滁州（国际）家电模具城项目筹建领导小组。与滁州市经济开发区以及土地、规划、城建配套、市政、交通、消防、电力、金融、工商、税务、环保、财政等各级部门协调，同时负责模具城各规划项目的施工建设、招商工作，对园区进行统一的经营管理，创造更为良好的投资、创业环境。

聚集区

JijuQu

他们

特色迥异 优势明显

他们

谋而后定，行且坚毅

他们

在追逐梦想的路上

行进……

北京市模具工业

一、北京模具工业发展情况

北京模具工业共有生产企业(厂、点)200 多家,规模以上企业 20 家,全行业从业人员近万人。2010 年实现模具销售额 32 亿元。2006 ~ 2010 年北京模具工业销售额见图 1。

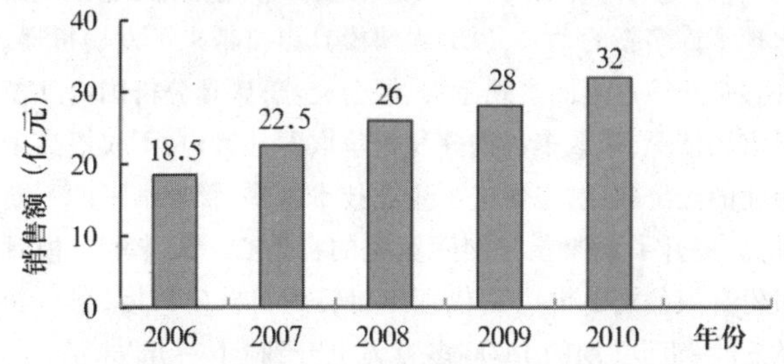

图 1　2006 ~ 2010 年北京模具工业销售额

“十一五”期间,在市场经济的推动下,模具行业有了较大的发展,形成了一批重点骨干企业,起到了引领行业发展的作用。据不完全统计,模具企业每年技术改造投资逾 2 亿元,购置数控加工设备 300 多台,装备水平和实力有了很大提高。

在技术方面,CAD/CAM 技术已普及应用,部分企业开始采用 CAE、CAPP、PDM 等数字化、信息化管理技术,并收到较好的效果。一些重点骨干企业已采用高速加工、并行工程、逆向工程技术进行标准化生产。由于技术进步,模具水平有了很大提高,许多模具已达到或接近世界先进水平。北京比亚迪模具有限公司的汽车大型覆盖件模具制造水平在国内领先,富士康精密组件(北京)有限公司、北京东明兴业科技有限公司、宝德强模具公司、北京康迪普瑞模具技术有限公司等生产的电子行业模具处于国内领先水平,爱王模具有限公司、莱比德模具有限公司研发的医疗器械模具水平较高,机电院模具中心、吉驰汽车模具有限公司、夏金宇模具有限公司针对交通运输设备产品研发了很多新的模具产品。

为了适应市场发展的需要,很多模具企业都在创新研发和应用新的模具成型技术,如 3D 数字化、智能化加工技术,CAD/CAM/CAE 一体化技术,网络化制造技术等。然而,高水平企业在行业中仅约占 10%,北京市模具行业总体水平还比较低。

二、协会最近几年主要工作

北京模具行业协会经过 20 多年的发展,已在行业中具有较高声誉和影响力。近几年,北京模具行业协会立足服务政府、服务行业、服务企业,开展了一系列工作。

走访企业,开展调研工作,帮助企业解决实际困难。北京模具行业协会每年走访 10 多家企业,在 2008 年下半年和 2009 年上半年更将这项工作作为重点来做。针对企业资金紧张、融资贷款困难,协助企业采用国内贸易信用保险等方式解决贷款问题。

组织模具新技术交流活动,提高企业技术创新意识。如,模具新材料推广介绍,模具 CAD/CAM 正版软件推广应用,提高了企业模具设计水平和制造能力;采用优惠团购方式组织企业集体采购,有力地打击了盗版软件的使用。

组织有关模具企业参加、参观国际模具及加工设备展览会,每年都有优质模具被评为“精模奖”一等奖。

提出北京“十二五”期间模具工业发展意见。通过调研、走访和座谈,形成了《北京市模具工业“十二五”期间发展规划》(建议),对北京模具工业发展从目标、政策、措施、建议等六个方面进行了论述。有关部门收到后,已请协会提出具体支持的科技创新项目。

构建网络化制造服务平台,加强服务会员功能。利用服务平台及时公布协会动态,介绍新技术、新工艺,加强与会员单位的沟通。平台还建立了包括设备、人才、标准件等在内的资源库。

组织模具技工培训,提高行业技能水平。2008 年以来共组织 6 次中、高级模具工培训班,200 多人经过培训取得了中、高级模具工证书。2009 年,108 人参加北京市模具工技能大赛,20 人受到表彰,1 人获得“状元”称号。

〔供稿单位:北京模具行业协会〕

天津市模具工业

天津市模具工业在“十一五”期间仍然保持了较好的发展势头。自国家批准建设开发滨海新区以来,天津进一步加快了经济发展的步伐。全市工业总产值由 2007 年的 8 000亿元,上升到 2011 年的 21 000 亿元,从而带动了天津模具工业的发展。其中,占全市工业总产值90%以上的航空航天、石油化工、装备制造、电子信息、生物医药、新能源新材料、国防科技、轻工纺织等八大优势支柱产业更为天津模具工业提供了广阔的发展空间。

一、天津模具工业近况

近几年,天津模具工业不断发展壮大,主要表现为:

1. 模具行业的企业群体不断扩大,生产能力也有较大提高

截至2010年底,全市从事模具生产的企业已达800余家,从业人员超过2万人。尽管受国际金融危机的影响,近几年模具产值仍保持10%~15%的速度增长,2011年,模具总产值已达50亿元。

2. 结构调整出现新变化

天津市政府为确保全市经济的可持续发展,近几年一直把工业经济的调结构、增活力、上水平作为经济工作的重中之重。天津模具工业也遵循全市工业整体的结构调整部署,发生了许多新变化。

(1)天津模具工业"十五"期间主要为汽车、电子等产业配套服务,"十一五"期间逐步向其他行业延伸服务领域。如天津近几年发展较快的航空航天产业、轨道交通产业、新能源风电设备产业等,都成为天津模具工业新的客户群体。

(2)天津模具工业的队伍不断壮大,出现了许多新亮点。一批发展较快的重点骨干企业,不仅保持着良好的发展势头,而且又出现了许多新突破。天津汽车模具股份有限公司2010年在深圳成功上市,不仅完成了企业新厂二期建设和老厂的全部搬迁工作,还进入航空航天领域,为拓宽企业的发展空间打下了基础。企业年产值突破8亿元大关,成为国内领先、国际知名的汽车模具生产企业。天津津荣天和机电有限公司在保持精密注塑模具优势的同时,又组建了以生产精密冲压模具为主的津荣天宇精密机械有限公司,为国际知名的施耐德、ABB、丰田公司等世界500强企业提供优质服务。津兆机电开发有限公司以生产级进模为主,多年来拓展机电、电子行业领域取得较好业绩,获得三星、LG、丰田等知名厂商的认可,使企业销量在市场波动的低潮中保持连续增长的势头。近几年,天津模具工业还涌现出许多新兴模具企业,给天津模具工业注入了新活力,如以生产汽车冲压模具为主的隆之珠模具科技有限公司、奥源汽车零部件有限公司、斯坦雷电气有限公司等以及以生产精密模具为主的鑫野精密模具有限公司、中环亚光电子有限公司等。这些企业近几年发展迅猛,都具有了年产值几千万元到近亿元的生产能力,带动了天津模具工业整体能力的不断提高。

(3)随着天津模具工业近几年的快速发展,其产业链也在逐渐形成。天津除有大批模具制造企业外,还有一批围绕模具生产的配套服务企业,如为模具生产提供材料和铸件的金耘特殊金属有限公司、梅田特殊钢模具(天津)有限公司等,为模具企业提供设计服务的力超精工设计有限公司、麦迪模具设计服务有限公司等。他们既满足了模具生产企业的需求,也为缩短模具制造周期、提升模具产品质量、降低模具生产成本提供了有力的保障。

(4)天津模具工业重点为产业园(区)服务。经过几年的探索和实践,结合天津工业涵盖门类较多和地域分布较广的实际情况,天津模具企业多以区域性产业(或产品)为龙头进行布局和建设。在全市的4个国家级开发区和11个省市级开发区中,现有各具特色的产业园(区)30多个,为这些产业园(区)配套的模具占全市模具行业产值的近60%左右,其中包括冲压模具、塑料模具、压铸模具、精密模具、级进模和快速成形模具等多种模具产品。

(5)近几年,国内外模具市场受国际金融危机的影响,出现了许多新的动向,也为天津模具出口带来了发展机遇。许多企业通过出国参观考察、展会交流,认真分析国内外模具市场情况,采取多种措施积极争取国外客户,不仅提高了企业的经济效益,也促进了企业技术水平、管理水平的不断提高,提升了企业参与国际竞争的自信心。天津汽车模具股份有限公司由供应商代理出口转为自营出口后,出口额从"十一五"初期的1 000多万元上升到"十一五"末的近3亿元。天津津兆机电开发有限公司、津荣天宇精密机械有限公司、英辰精密模具有限公司、列奥纳多(天津)汽车模具有限公司、天津市泰亨模具制造有限公司、奥联(天津)模具有限公司也都有不同程度的出口。天津模具出口到美国、英国、德国、法国、西班牙、瑞典、土耳其、俄罗斯、日本、澳大利亚、印度、韩国、巴西等十几个国家。

3. 积极开展技术创新

在国家创新发展、持续发展策略和政府政策的引导鼓励下,"十一五"期间,天津模具企业积极开展技术研发和创新争优活动。许多企业加大投入,组织广大员工在提高设计研发能力、确保产品质量和交货周期、加强工艺管理等方面开展了大量工作。当前,大多数企业已掌握相关软件的应用,部分企业对软件的应用进行了再开发。许多企业逐步向数字化、集成化、智能化和网络化方向发展,企业和行业的信息化水平有所提高。已有15家企业成为高新技术企业,并申请了多项专利。"十一五"期间,共获得机械工业科学技术奖二等奖1项,国家级模具新产品推荐评审项目10项和精模奖20项。

4. 加强人才培养

天津模具工业近几年的发展和进步,与天津地区对模具人才资源的培养及人才水平的不断提高有直接关系。随着模具市场的竞争越来越激烈,模具人才的需求问题也越来越突出。在国家教委和天津市政府的关注下,天津的职业教育取得了长足的进步,其中与模具相关的院校和专业越来越受到重视。拥有数控技术和模具专业的中德职业技术学院和天津职业大学被列为国家级职业教育基地;天津职业技术师范大学建立模具研究所;天津轻工职业技术学院模具专业被列为天津市职业教育的重点专业,并承担了国家教委下达的模具专项研究课题,连续4次承担了全国职业院校技能大赛模具项目的接待任务。为了培养更多的

应用型人才，天津市教委和市人力资源部门通过厂校挂钩、校企合作方式，在重点骨干企业建立青年实训基地，建立在职员工的专接本、中接专等培训班，并给予承认学历和职称评定资格等扶持政策。天津轻工职业技术学院和牧野（中国）机床有限公司开办了定向培养的短训班，既为企业提供了销售渠道，又解决了高端设备应用人才的短缺问题。几年来，从天津地区各院校毕业的模具相关专业的本科、专科和中专学历的学生数千名，不仅满足了天津市的人才需求，还为全国模具行业提供了大量的人力资源。

二、天津模具工业存在的主要问题

（1）近几年天津市工业总产值年增速一直保持在25%以上，但模具产值的增长速度远低于工业增长速度。模具行业的配套能力仍然较低，模具产业链的形成和发展仍有很大上升空间。

（2）新技术应用、推广、创新、开发工作进展不平衡。一些重点骨干企业如天津汽车模具股份有限公司、津荣天和机电有限公司、津兆机电开发有限公司、鑫茂天和机电公司等每年都有技术突破，但相当一部分企业仅以维持企业现状、保持市场稳定为基点，缺乏进取和前瞻意识。也有部分企业在提升企业技术水平方面，仅注重设备等硬件的改善，忽视了软件的应用开发，特别是管理软件的应用开发更为欠缺。

（3）模具生产聚集效应仍不够。经过几年的探索，部分园区发展的较好，但大部分园区缺乏整体规划和政策引导。因此在实现模具生产的专业化、标准化和商品化等方面，仍需要不断地完善和提高。

（4）由于模具行业的特点所限，加上地方统计渠道不畅等因素，统计数据很难反映全市模具工业的真实情况，不利于模具工业的整体规划与发展。

三、天津模具工业的今后发展

天津工业的整体水平近几年有较大幅度的提升，不仅体现在产值的大幅增长，工业产品的结构也发生很大变化，同时有一定基础的产业也发展较快。如以一汽丰田、天津夏利、长城汽车为代表的汽车产业除了产量大幅提高外，在新车型开发、新能源设备的开发和关键零部件的研发方面都有重大突破。以曙光计算机、中兴通讯、腾讯数码、中芯国际集成电路（中国）公司、中环半导体等为代表的电子产业，都为天津工业发展带来新的活力。即使是传统的自行车、手表行业，在保持国内领先地位的情况下，也加速走向世界，向世界最高级的产品靠拢。在全市优势支持产业中，60%～70%的产品将为天津模具市场提供广阔的发展空间。

在国家模具行业“十二五”规划发展战略、发展目标和主要任务的引领下，天津模具工业应积极开展模具新技术、新工艺、新材料的研究与应用，充分发挥汽车冲压模具、级进模、精密模具等方面的优势，提升塑料模具、压铸模具、橡胶轮胎模具的整体水平。

继续创造良好的投资环境，吸引国内外优秀模具及相关企业入驻天津，带动天津模具工业的发展和水平的提升，为天津工业发展提供良好的配套环境。

在天津市经济和信息化委员会等有关部门的领导和支持下，加强模具企业数字化、信息化工作的宣传、普及和开发，提高企业的研发能力和现代化管理水平。充分利用和发挥网络平台作用，调动全市模具工业各方面的资源为天津工业服务。

发挥全市22家大本、大专、中专等教育机构和培训机构的优势，采取多种模式，充分利用天津新建的职业教育基地所提供的软硬件条件为全市及全国培养、输送更多的高素质模具人才。

〔供稿单位：天津市模具工业协会〕

河北省模具工业

一、发展现状及在同行业中的地位

河北省模具种类比较齐全，十大种类模具分布在不同的区域。

沧州地区：主要生产农用汽车、商务用车、越野车、轿车等内外板、五金制品、电子产品等冲压模具，不锈钢产品、汽车零部件、结构件用精密铸造模具，线缆、铁丝拔丝模具，管件、弯头、瓶盖、产品外壳塑料模具。

廊坊地区：主要生产汽车管道、电子产品塑料模具，医用部件铸造模具，密封件压胶模具、医疗器械压铸模具、铝合金挤压模具。

邢台地区：主要生产自行车部件、摩托车外板件、结构件冲压模具，自行车、电动自行车轮圈低压铸造模具。

衡水地区：医用设备挤压板、高铁桥墩缓冲垫、密封垫压胶模具，汽车零部件、农机配件等锻造模具，玻璃钢模具。

保定地区：汽车内外板、底盘结构件、电工电器部件、变压器硅钢片冲压模具，塑料门窗挤压模具，汽车内饰件塑料模具，汽车轮毂低压铸造模具。

唐山地区：洁具陶瓷模具、地板砖模具、高速列车钣金件冲压模具。

石家庄地区：医用包装、家用电器、随车工具箱、民用商品等塑料模具,医用包装、手表零部件、电机钢片等冲压模具,挤压模具,桥墩缓冲垫、车轮、机车底盘零件锻造模具,医用制品、工艺美术制品玻璃模具。

承德、张家口、邯郸等地区也有不同种类的模具生产企业,但是数量少而松散。

河北省成规模的模具产业园区有四处:泊头——中国汽车冲压模具生产基地,黄骅——中国北方塑料模具城,霸州塑料模具基地,南皮——小五金模具集散地。

生产的模具种类中,冲压模具占45%,塑料模具占40%,精密铸造模具占10%,压注模具、挤压模具、锻造模具、陶瓷模具等合计占5%。

河北省从事模具加工的企业3 000余家,其中,民营企业占95%以上,股份制企业占4%,三资企业、国有专业模具厂合计占比不到1%。从业人员6万余人,其中,工程技术人员占10%,管理人员占5%。河北省模具生产总值2006年为20亿元左右,2007年34亿元,2008年40亿元,2009年43.2亿元,2010年53亿元。河北省商品模具产值占模具总产值的85%以上,占全国商品模具产值的4%,只相当于广东省商品模具产值的12.5%,浙江宁波市的20%,上海市的26.6%,安徽省的31%,江苏省的40%,浙江黄岩的49.5%,山东省的80%。

按照河北省装备制造业年产值3 000亿元计算,年需相当产值90亿元模具,再加上玻璃、陶瓷、橡胶、建材等制品所需要的模具,河北省维持工业正常生产年需产值110亿元模具。而河北省现有商品模具产值仅为45亿元左右,自产自用模具产值约8亿元,装备制造业所需模具缺口率41.1%,每年有30多亿元的模具从省外或国外购进。

二、生产能力和技术水平

1.装备能力和设计水平

近年来,河北省模具企业的装备能力和生产水平有很大的提高。据不完全统计,共拥有大型数控加工设备500多台,其中五轴联动机床50余台;精密检测设备120余台(进口设备占80%)。80%的企业甩掉图板,应用CAD技术完成产品的设计;40%的企业应用CAD/CAM技术完成设计和生产;重点骨干企业在模具研发、加工制造中都采用了先进的信息技术、网络技术、计算机辅助设计和机电一体化技术、先进的检测技术和逆向工程技术,在CAD/CAM/CAE的实际应用方面也取得很大的成效。

2.模具制造水平

随着汽车工业的迅猛发展,河北省进入汽车领域的模具企业和模具产品逐年递增。汽车对模具的要求不断提高,促使模具水平不断提高,已能生产20t以上大型冲压模具、乘用车整体侧围覆盖件模具,汽车内饰件、仪表盘、前后保险杠等塑料模具在河北省已不是空白。在电子、家电、医药等行业,能生产手机接插件模具、照相机零部件模具、型腔300以上的医用瓶盖模具;小模数齿轮模具;从单纯的熔融塑料的注射成型发展到双色注射、气体辅助注射、一次注射二次合模的塑料模具等,部分模具已达到国际水平。在CAD/CAM技术得到普及的同时,CAE技术应用越来越普遍,CAD/CAM/CAE一体化技术得到发展并取得较好成果;模具新结构、新品种、新工艺、新材料广泛应用。

3.信息化建设受到重视,多数企业从中受益

模具企业的信息化加速了企业的现代化步伐。河北省模具产值千万元以上的企业,基本采用现代信息化技术管理和指导生产,计算机辅助设计与制造已成为现代模具制造企业必不可少的工具和手段。通过引进和掌握国内外先进的技术和管理软件,建立数据库,可针对产品需要进行二次开发。信息化管理缩短了生产周期,提高了生产效率。

4.企业投资高涨,集群产业进一步发展

产需两旺的市场环境及良好的发展前景,使得模具行业发展迅速。一些地区在政府各级部门的指导和支持下,根据当地的产业结构,以不同的管理模式构建不同规模的模具园区和产业集群工业园,泊头市、黄骅市、衡水市、霸州市、河间县、文安县、平乡县、南皮县、巨鹿县等先后建立产业园区。除当地企业投资以外,还吸引了国内其他地区的企业前来投资建厂。

5.品牌建设和技术进步得到进一步重视,高新技术企业队伍不断扩大

由于模具的从属性和对特殊用户的依赖性,品牌在模具行业长期不被重视。随着市场经济的发展,品牌效应已日显重要,“经营品牌”、“区域品牌”在市场运营中具有非常重要的作用,泊头市的“中国汽车模具之乡”、黄骅市的“北方模具工业园”在国内具有很高知名度。“十一五”期间部分模具企业通过了ISO 9000国际质量体系认证及ISO 14000环境管理认证,一些大型模具企业和产业园区建立了模具技术中心和研发中心,高新技术企业数量增多。这些都是技术进步的体现。

随着科学技术的快速发展以及企业结构调整优化,模具企业的生产能力和技术水平、管理水平都有不同程度的提高,特别是一些大型模具生产企业,在模具生产能力、吸收消化先进技术的能力和经营管理能力方面都有较大提升。尽管如此,与国内发达省市相比,河北省模具企业生产能力及技术水平等相差仍比较大,河北省多数模具企业加工手段比较落后。就模具加工手段,河北省模具企业大体处于如下几个阶段:手工操作与机械化加工阶段(主要集中在县区的个体企业)、普通机床与数控机床加工阶段(主要集中在中小规模的企业)、CAM与数控机床加工阶段(主要集中在中等规模的企业)、CAD/CAM/CAE信息化网络技术一体化阶段(主要集中在大型的模具企业)。

三、河北省模具产业特色

河北省模具产品较突出的是车身覆盖件模具,生产汽车覆盖件模具企业37家,其中有4家被中国模具工业协会授予“中国重点骨干模具企业”称号。近几年,随着汽车制造业的迅猛发展,模具行业企业结构不断调整,市场反应速度和适应能力不断提高,装备和技术水平不断升级,车身模具制造水平提升很快,已能够生产中高档轿车内板、外板的

车身模具，且在质量、工期和价位上都具有很强的竞争力。重点企业在装备能力、模具产品质量和制造技术上处于国内先进水平，多项车身模具获得大奖。河北省车身模具企业与国内一汽、二汽、上海大众、哈飞、北汽福田、上汽五菱、重庆长安、广州本田、吉利、奇瑞、长城股份等40余家知名汽车企业有着良好的业务合作关系，产品还相继出口日本、美国等国家和中国台湾。河北省已成为国内汽车模具生产企业最密集的地区。

“十一五”期间，河北省模具企业总投资20亿元，用于购买技术软件和大型精密设备，其中车身模具企业投资13亿元。

目前，车身模具生产企业数量占全国同类模具生产企业的20%，模具产值占全国车身模具总产值的25%，泊头市已成为国内最大的车身模具产业基地。

四、存在的问题与差距

1. 存在的差距

与长三角、珠三角等发达地区相比，河北省模具工业在设计理念、工艺、技术、经验等方面存在差距，总体差距在10年以上，其中模具加工在线测量和计算机辅助测量及企业管理的差距在15年以上。信息化、数字化技术只有部分企业掌握应用，一些高精度、高难度的模具产品还不能承制。由于缺乏对模具设计制造基础理论与技术的研究，新领域模具和模具新产品开发慢，劳动生产率大约只有国内先进省市的1/3。

2. 主要问题

存在的主要问题大致有如下方面：

(1)模具企业的技术装备和工艺水平虽然有较大提高，但大多数小企业设备依然陈旧、精度差、工效低，不仅不能满足用户对产品质量的要求，还影响行业的发展。

(2)数字化、信息化水平低。部分企业数字化、信息化停留在CAD/CAM上，多数企业尚未普及CAE、CAPP。

(3)管理落后甚于技术落后。多数企业仍停留在粗放式的管理模式，沿用作坊式生产的小企业还不少，只有少数企业采用信息化管理，但层次也不高。

(4)专业化和标准化水平低、标准件生产供应能力滞后于模具生产的发展。标准件品种规格少，高档标准件还主要依靠进口，模具标准化率低，这些都影响和制约了模具行业的发展和产品质量的提高。

(5)人才与发展不相适应。人才发展的速度跟不上行业发展速度，目前模具行业人才缺乏，高级人才更加匮乏，学校与培训机构不足，培养目标不高，企业培训积极性及个人上进动力不足。

(6)研发及自主创新能力薄弱。基础差、能力不足、投入少、不够重视、缺乏长期可持续发展观念等都是造成研发及自主创新能力薄弱的重要原因。

(7)模具材料落后。模具材料对模具质量影响极大，模具材料的品种、质量、数量满足不了模具生产的需要，高档材料使用率低。

(8)以模具为核心的产业链各个环节之间协同程度较差，造成模具工业发展缓慢。

(9)模具生产成本不断上升，模具价格下降，利润率不断下滑，企业资金回笼不畅，不少企业已难以为继。

五、改进措施与建议

(1)针对国家建设重点项目和战略性新兴产业的需求以及国际新兴市场的需求，努力调整产业和产品结构，开发中高档模具，开拓市场，扩大出口。

(2)积极培育重点骨干企业队伍和行业“龙头”企业，充分发挥其引领行业的作用。

(3)因地制宜推进模具集群式发展方式，在各级政府有关部门支持下完善公共服务体系，特别要重视为广大中小企业服务的公共服务平台和信息网络的建设与完善。

(4)加大技术改造力度，大力推进科技创新，搞好两化融合和现代企业制度的建立，努力提升产品档次。

(5)搞好标准化工作，推广标准化流程生产方式，加快国家标准、行业标准、地区标准、企业标准的制定和修订。

(6)加强人才培训工作及培训基地建设，建立和培育教育培训示范基地，加速技能人才的培训，积极开展职工技能鉴定工作，提升员工素质和企业素质。

(7)争取各级政府支持，出台相关扶持政策促进行业发展。

(8)充分发挥行业协会的作用。为实现河北省“十二五”模具产业规划的长远战略目标，行业协会要发挥应有的作用，协助政府有关部门制定促进行业发展的相关法律、法规及相关政策，按照市场运行规律认真组织实施。同时，要发挥政府与企业之间的桥梁纽带作用，履行好服务职能，积极为企业办好事、办实事，为企业创造良好的发展环境。

〔供稿单位：河北省模具工业协会〕

辽宁省模具工业

沈阳市模具行业

2005年以来,随着振兴东北老工业基地一系列举措的出台,在装备制造业迅猛崛起的拉动下,沈阳市模具行业得到较快的发展。2009年7月3日,为满足沈阳模具行业发展的需要,沈阳市工装模具行业协会重新成立。现有成员80家(其中大专院校6家),从业人员2.6万人,模具产值40亿元,其中商品产值14亿~15亿元。

沈阳市是以装备制造业为重点的重工业城市,机床、汽车、重型机械、航天航空等作为重点发展行业,与工业电器、电机、IT、农业、军工及办公设备等产业相结合构成了沈阳工业经济体系。这些产业门类对模具的需求非常强烈。

沈阳模具品种主要为汽车覆盖件模具、子午线轮胎活络模具、中小型压铸模和塑料模、冲模、铸造模具及IT产业塑封模具和多工位级进模等,高精密模具产值占比不足10%。随着模具产品向高性能、高品位发展,沈阳市模具行业不断投入资金促使其向高精密模具方向发展。

沈阳市模具企业中,生产冲模、塑料模、压铸模的最多,其余为铸造模具、橡胶模(含子午线轮胎活络模具)、锻模、玻璃模及拉丝模等,高精密模具企业占比不大,部分企业生产微电子接插件高精密模具,并准备生产接插件制件。

依据沈阳市"十二五"规划精神,沈阳市工装模具行业协会将精密、长寿命、高效率以及节能减排作为模具行业重点发展方向,确定沈阳市重点模具企业如下:

沈阳金杯汽车模具制造有限公司:国有企业,以汽车覆盖件模具为主,兼营汽车冲压件,年产值1亿元。

沈阳长胜汽车模具制造有限公司:民营企业,以汽车覆盖件模具为主,兼营汽车冲压件,年产值1亿元左右。

沈阳瑞博精密部件制造有限公司:民营企业,以汽车覆盖件模具为主,是新投入生产的企业。

以上三家企业在"十二五"时期向高档汽车和外覆盖件模具发展。

沈阳锦达精密模具有限公司:民营企业,主导产品为高精密多工位级进模和塑封模,以小型精密模具为主。"十二五"期间年产12亿只半导体中大功率管引线框架生产线将投入生产。

沈阳中天汽车压铸件有限公司:民营企业,以压铸模及压铸件为主,具有精密加工的硬件和软件。"十二五"期间再进行适当投入,向高科技和高精密模具方向发展。

沈阳华泰模具有限公司:民营企业,主营精密压铸模,模具产品85%出口和供给外资企业。工厂扩建后产量扩大,将进一步提高模具的精度水平,继续对外出口。

沈阳子午线轮胎模具有限公司:国有企业,曾在"七五"至"九五"期间成功地将子午线轮胎活络模具推入市场并可以替代部分进口产品。"十二五"期间,企业借搬迁之机再次投入,将加强内部管理,特别是在工程轮胎模具方面实现重大突破,提高市场占有率和经济效益,年产值将达到3亿元。

沈阳中金模具钢有限公司:民营企业,以经营中高档模具钢为主,服务东北地区。"十二五"期间将提高模块精度,推进模具标准化。

沈阳沈信模具有限公司:股份制企业,是历史悠久的模具加工企业,具有较强的软硬件加工能力,在中小型冲模和塑料模精密加工方面占有优势。

沈阳明瑞模塑有限公司:民营企业,中小型塑料模生产基地,小微企业。经改造后,"十二五"精密塑料模产值将达到5 000万元(2010年1 000万元)。

辽宁巨子实业有限公司:新建的民营企业,以生产高精密大中型塑料模为企业发展方向,是产学研一体的示范基地。

沈阳万龙伟业机械制造有限公司:民营企业,主产品为汽车覆盖件检具。"十二五"主产品将增加再生可加工塑料(专利),产品可用于模具、教学、国防军工等领域。

"十二五"期间,沈阳模具行业将进一步向高精密、长寿命、高效率方向发展,在技术上推进CAD/CAM/CAE三位一体,普及数字化、信息化,软件开发落实到位,"十二五"末实现商品模具产值50亿~60亿元。针对沈阳模具行业的现状,沈阳市工装模具行业协会提出五条议案:关于对与模具相关的新技术、新工艺、新材料开发立项给予政策及资金支持的建议,700号提案《对创办模具企业给予政策及资金支持的建议》,702号提案《关于鼓励企业参加展会的报告》,703号提案《关于企业购买精尖设备给予补贴的建议》,765号提案《关于调整产业结构、拉长工业产业链提高我市工业配套能力的议案》。政府相关部门正在协商、落实。

在辽宁省贸促会和沈阳市政府的支持下于2011年4月成功举办首届沈阳(国际)工装模具展览会,并筹备了

2012年第二届展会。沈阳(国际)工装模具展览会今后将成为年度展。

沈阳有2个模具工职业技能培训鉴定站和1所中国模具工业协会定点“中国模具人才培训基地”,沈阳的工科大学每年有近400名模具专业毕业生。沈阳市工装模具行业协会教培委员会牵头把沈阳6所开设模具专业的大学和相关中等专业学校组织起来,开展厂校挂钩,以实用人才培养为主,已在辽宁巨子实业有限公司对毕业前的大学生开展理论与实践相结合的教学试点。

〔供稿单位:沈阳市工装模具行业协会〕

大连市模具行业

大连市地处欧亚大陆东岸,是重要的港口、贸易、工业、旅游城市。作为辽宁沿海经济带国家发展战略的核心和龙头,大连市近几年在装备制造、汽车、电子通信、办公设备、家用电器、医疗设备等多个领域发展迅速,为模具产业的发展提供了良好的市场环境。同时,大连市模具产业的快速发展也为相关产业的升级发展起到了有力的支撑。2011年大连市实现模具产值15亿元,同比增长15%;出口模具约占模具总销售额的40%。模具及相关企业200多家,其中塑胶模具生产企业占40%,冲压模具生产企业占35%,压铸模具生产企业占15%,其他模具生产企业占10%;外资企业占企业总数的1/3以上。模具从业人员9 000多人。具有塑胶模具、冲压模具、压铸模具、粉末冶金模具、玻璃制品模具等多种模具的批量生产能力,30%的模具应用在办公设备领域,20%应用在电子电器领域,40%应用在汽车行业。

为促进大连市模具产业集约式发展,2003年起,大连市政府开始建设占地面积60多万 m^2 的模具工业园。2008年大连模具工业园成为辽宁沿海经济带的重点支持区域,优先享有省级经济管理权限。园区基础设施和公共服务平台建设不断完善,高起点、高标准建设了一批中小企业规模化专用厂房。目前大连市模具企业70%汇集在模具工业园,产业聚集度提高,区域优势逐步显现,在对外合作接单、缩短制造周期方面效果显著。为更好地服务企业和社会,大连市政府投资7 000万元建设了3 600 m^2 的模具技术服务中心,引进了一批大型加工中心、高精度三坐标测量机等加工和检测设备,使中心具有培训、加工、展示、检测、试模等功能,2012年正式投入使用。在软环境建设方面,加大了招商引资力度,出台了厂房租金减免、先进设备采购补贴、对符合条件的模具企业贷款贴息等一系列优惠政策,为企业发展创造了良好的外部环境,为大连市模具产业的快速发展提供了重要的体制保障。同时,大连市每年都由政府赞助出资组织企业到日本参观考察以及赴上海、江苏、浙江等国内模具发达地区参加模具展会,进行市场推广和技术交流。这些活动促使企业海外和跨地区订单增长25%。

为提高企业的竞争力,在大连市政府和市场的引导下,80%的模具企业通过了ISO 9000质量体系认证,20%的企业通过了QS 16949质量体系认证,10%的企业采用ERP、PDM等信息化管理系统,大大提高了管理水平,缩短了加工周期。同时,利用大连市的地域优势,许多企业聘请了日本专家做技术指导,既提升了企业的技术水平,也促进了日本模具市场的开发。

经过多年的发展,大连市模具设计与制造水平得到了很大提升,已形成模具制造、模具标准件、模具材料、模具设备、教学培训及配套服务等产业结构比较完善的产业体系。目前,模具企业设备数控化率达到45%以上,模具标准化率达到60%以上,可制造电子接插件冲压模具,手机导光板、照相机镜筒注塑模等精密模具,高光注塑铭板、双色注射等特种模具,汽车保险杠、内饰板注塑模,汽车四缸发动机缸体压铸模等大型模具,模具零部件加工精度达到±0.001mm,塑料件精度可控制在±0.01mm。具有塑料模具、冲压模具标准件和汽车模具用斜楔标准件等批量生产能力。部分模具和标准件产品已与世界先进水平相当并替代进口,部分产品出口到日韩、欧美等多个国家。

大连市具有模具钢生产供应和热处理的完整配套体系以及大型冲模模坯铸造生产能力。能够生产电火花加工机床、电火花线切割机床、加工中心、激光加工机等高端模具加工设备以及数控车床、铣床等通用模具加工设备。

通过大力推动大连理工大学等高等院校与模具企业进行产学研合作,积极调整和优化模具及模具制造专业课程设置,新编普通高等教育“十一五”国家级规划教材《模具制造工艺》等4本模具专业教材,有效促进了模具专业学生基础理论与实践技能的协调发展。2009年开始,连续4年组织设有模具专业的相关院校学生参加“中日韩大学生模具大赛”,为模具产业发展储备了一批专业人才。2011年起,组织大连高校教师、先进企业中的计算能手,举办了多场模具设计方法以及加工中心、数控电加工机床的编程与加工技术交流。

随着东北老工业基地振兴和辽宁沿海经济带开发开放两个国家级战略的深入实施,东北腹地产业升级改造迎来了良好的发展机遇。“十二五”期间,大连市制造业将迈入加速发展的新阶段,到2015年,装备制造业规模以上企业工业总产值将达到7 000亿元。随着英特尔、东风日产英菲尼迪、奇瑞、曙光、鹏迪、华晨特种车、STX等一系列电子信息、汽车、船舶等重大产业项目陆续入驻投产,对于模具的需求也将急速提升。这都为大连市加快提高模具产业规模和水平提供了良好的机遇。

未来的大连市模具产业将坚持以科学发展观为指导，建立以企业为主体、市场为导向、产学研相结合的创新体系。依托大连市地理位置、产业基础、政策环境等综合优势，积极承接国内外模具产业转移，引进国内外先进的技术、人才、资金和企业，同时积极开拓国内外中高端模具市场；积极促进信息化技术在行业内的广泛应用，结合大连市汽车产业和电子信息产业的需求，大力发展以大型、精密、复杂、长寿命模具为主要代表的高技术含量模具；拥有自主知识产权，掌握核心技术，推动模具产业向高端发展。引导和培育模具企业在现有基础上向“专、精、特”方向发展，提高标准件使用的覆盖率，不断提高专业化协作水平，加快提升企业核心竞争力，营造便捷、高效的产业发展服务环境，努力使大连市的模具产业成为辽宁沿海经济带模具产业的龙头，带动相关产业快速发展。

〔供稿单位：大连市模具协会〕

上海市模具工业

模具是工业生产的基础工艺装备，在工业生产中具有十分重要的作用，模具技术已成为衡量一个国家工业水平的重要标志之一。上海模具工业历史悠久，具有深厚的基础，改革开放后，上海模具工业也进入快速发展阶段。随着众多世界著名企业进驻上海，许多民营企业的发展壮大，上海模具工业的技术水平不断提高，制造实力不断增强，国际竞争力持续提升，产值以年均12%的速度递增 。截至2010年底，上海已有一定规模的模具及其相关企业4 000 余家，从业人员逾15 万人(其中工程技术人员超6 万人、熟练技术工人超9 万人)，年产值超过250 亿元。上海模具企业普遍拥有UG、Pro/E 、Cimatron 、Catia 等代表世界先进水平的模具设计软件，并以生产大中型注塑、冲压模具及精密模具见长，模具产品的市场竞争力相当强。上海赛科利汽车模具技术应用有限公司、亿森(上海)模具有限公司、上海屹丰模具有限公司、赫比(上海)精密模具有限公司、延锋伟世通汽车饰件系统有限公司、上海夏普模具工业控制系统有限公司、上海宏旭模具工业有限公司等已成为模具行业主要企业，其所拥有的五轴加工中心、慢走丝线切割机床、高速高精度电火花机床及数控三坐标测量机等各种先进的加工及测量设备，可满足上海模具工业的发展需要，尤其是汽车行业对高档模具的需求，上海已成为我国模具的重要制造基地。

一、模具设计、制造能力强大，高新技术广泛应用，市场竞争能力较强

当前，上海模具工业的构成情况大致是：国有企业占2%，民营企业占70%，三资企业占28% ，民营和三资企业已成为上海模具工业的主力。这些企业使用各种代表世界先进水平的计算机模具软件，如Catia、UG、Pro/E、Cimatron、DELCAM、Moldflow、AutoCAD 等。许多企业也应用CAD/CAM/CAE 一体化技术、三维设计技术、ERP 和IM3 等信息管理技术以及高速加工技术、快速成形技术、逆向工程、热流道技术、敏捷制造、虚拟仿真和网络技术等许多高新技术，不少企业还制定了“生产专业化、产品品牌化、企业现代化、市场国际化”的企业发展战略。

上海赛科利汽车模具技术应用有限公司、亿森(上海)模具有限公司、上海夏普模具工业系统控制有限公司、上海屹丰模具有限公司、上海宏旭模具工业有限公司、上海亚虹塑料模具制造有限公司、上海黄燕模塑工程有限公司、上海翰氏模具成型有限公司、上海台丽通塑胶模具有限公司等为上海的支柱产业——汽车制造业和家电行业提供中大型模具和冲压模具，上海柏斯高模具有限公司、上海公准精密模具有限公司、应用精密制造(上海)有限公司等设计制造的硬质合金级进模、半导体用塑料模具和半自动冲模及其他精密冲模，以及上海赫比电子有限公司、上海南部塑料制品有限公司、上海戈冉泊精密模塑有限公司、凯纳捷—交通模具有限公司等制造的小型精密模具等均受到国际客户的青睐。

二、新型模具企业成为发展主流，老模具企业不断发展壮大

随着工业经济的快速发展，上海涌现出一批既拥有新观念、新的管理方式，又有装备、工艺、技术优势的新型模具企业。现将几家有代表性的企业介绍如下：

1. 上海赛科利汽车模具技术应用有限公司

上海赛科利汽车模具技术应用有限公司由上汽集团下属华域汽车系统股份有限公司和上海汽车工业香港有限公司合资组建。公司总投资1.26 亿美元，年销售收入超过20 亿元，员工近1 100 人。公司拥有一流的联合厂房、精密的冲模装备以及自动化焊接集成流水线，具有年产45 万套白车身四门两盖冲压焊接能力、700 万冲次带清洗的开卷落料能力、年产350 副白车身大型覆盖件的模具设计制造能力和原型车白车身样件制作与模具开发能力，研究并掌握了热冲压模具及其制品的设计、制造技术。公司是上海市高新技术企业。

上海赛科利汽车模具技术应用有限公司按照“以冲养

模、冲模并举、以模带冲"三步走发展战略，着力打造汽车外覆盖件产品和模具在质量、技术、价格、成本、服务等方面的优势，为客户提供优质的产品和服务。

此外，上海赛科利汽车模具技术应用有限公司已通过ISO/TS 16949 、ISO 14000 、OHSAS 18001 、ISO 9001 等质量体系认证，并先后荣获"上海市文明单位"、"上海市高新技术企业"、"上海市职工最满意企业"、"上海市外商投资先进企业"、"上海通用最佳供应商"、"上海汽车优秀服务支持供应商"等称号；2009 年公司被评为"中国自主创新百强企业"、"中国设备管理先进企业"。截至2011 年底，公司已获得10 项专利技术，同时在受理6 项专利技术。

2. 亿森(上海)模具有限公司

亿森(上海)模具有限公司是一家以设计制造汽车覆盖件模具为主的现代化企业，坐落在上海嘉定汽车工业城。公司依托2005 年模具销售额超亿元的上海华庄模具有限公司，投入1.6 亿元建造了现代化工业厂房6.6 万 m^2，购置了意大利、日本、中国台湾生产的高端模具加工设备、三坐标检测设备30 余台，搭建了具有国际水平的模具CAD/CAM/CAE 的技术平台，形成了设计、制造、质量控制、售后服务网络化管理体系。

公司拥有500 多名员工，其中高、中级技术人员和5 年以上工作经验的员工300 余名，具备了年产(5T 标准套)1 000 多套模、检具的规模生产能力，出口份额已占30% 以上。公司始终坚持"诚信务实、求精进取"的宗旨，科学发展、勇于创新，积极引进人才和国外的先进经验，着力制造性价比高的具有国际水准的高端优质汽车模具，成为具有中国特色的汽车模具集团公司。

3. 延锋伟世通汽车饰件系统有限公司

延锋伟世通汽车饰件系统有限公司是由上海汽车工业(集团)总公司和美国伟世通国际控股有限公司共同投资建立的。公司成立于1994 年，业务领域覆盖汽车内饰系统、外饰系统、座椅系统、电子系统和安全系统等，2008 年实现销售收入138.6 亿元，出口2.02 亿美元。延锋伟世通汽车模具公司位于上海浦东金桥出口加工区，拥有先进的制造、检测设备和强大的管理、技术团队及优秀的员工队伍，主要为集团公司制造、维护模具，年销售收入3.8 亿元，是国内汽车内饰件模具的主力军。公司在全国各主要汽车制造商集聚区建立工厂，为客户提供零距离的即时化供货与服务。同时，公司已进入众多跨国汽车企业的全球采购体系，为国际客户提供超越期望的产品与服务。

4. 上海亚虹塑料模具制造有限公司

上海亚虹塑料模具制造有限公司成立于1997 年，是一家以精密塑料模具设计、制造及塑料制品注塑、喷涂、丝印、热铆、热印、超声波焊接、汽车零件、家用电器组装等为主营业务的民营企业，总投资额1.5 亿元，现有员工960 名，其中工程技术人员165 名，模具制造工80 名。公司拥有进出口自主经营权，已通过ISO 9001:2000 质量管理体系认证及ISO 14001 环境体系标准认证，2006 年通过了ISO/TS 16949 汽车质量管理技术规范体系认证，2008 年再次被评为上海市高新技术企业。在高精度注塑模具的设计与制造方面，较早地采用三维设计与数控加工技术，并配备了世界一流的检测仪器以满足精密模具的制造检测要求。此外，公司引进了东芝、德马格等先进的注塑设备及装配流水线，以确保模具和制品的质量，满足用户的要求。

该公司非常注重技术研发和自主创新，每年申请多项专利。公司坚持精益求精，以现代化专业制造为经营服务特色，以"做精做强，稳健发展"为企业长期经营方向，先后获得"上海市高新技术企业"、"上海市先进企业"称号，进入"上海市奉贤区财富百强"，产品被评为"上海市中小企业品牌产品"。

原有的模具企业不仅构筑了上海模具工业坚实的技术基础，而且在上海模具工业的腾飞中发挥着不可或缺的作用，如专门生产注塑用精密模架的上海龙记金属制品有限公司、上海得乐斯模具有限公司，提供各种牌号模具用钢的一胜百模具技术(上海)有限公司、乐嘉文合金钢技术(上海)有限公司、上海日嘉金属制品有限公司、宝钢集团上海五钢有限公司、东北特钢集团上海特殊钢有限公司等，从事高性能冷、热作模具钢研究的上海材料研究所，从事模具表面加工处理的上海棚泽八光模具表面加工有限公司，生产各种精密级模具标准件、非标准件的盘起工业、米思米(中国)精密机械公司及提供电加工辅助材料的上海东洋碳素有限公司等。

此外，合资企业的飞速发展也为上海模具工业注入了更多新鲜的血液，如上海科工机电设备(成套)有限公司、荣海(上海)模锻有限公司、上海戈冉泊精密模塑有限公司等。

三、拥有各种先进的加工设备，满足上海模具工业发展需要

模具的未来发展趋势向模具加工设备提出了特殊要求：一是制造模具的钢材硬度较高，要求模具加工设备具有热稳定性和高可靠性；二是复杂型腔和多功能复合模具的加工编程程序量大，要求模具加工设备具有高深孔腔综合切削能力和高稳定性；三是高动态精度。

面对激烈的市场竞争以及外资企业的推动，上海模具企业纷纷加大设备投资力度，一方面自主开发新工艺、新设备，另一方面也引进国外先进的加工设备。1997 年上海仅有1 台五轴高速铣床，2004 年已拥有30 多台五轴高速铣床，当前，上海已拥有该类设备160 多台。此外，还拥有立式加工中心、立式快速加工中心、数控铣床、数控仿形铣床、电加工机床、数控三坐标测量机、高速高精度电火花成形机、线切割机床、坐标磨床、坐标镗床、镗铣床、成形磨床、光学曲线磨床、带锯床、深孔钻床、电极加工机床、雕刻机、抛光机、合模机、模具标准件加工专机、高性能热处理设备、快速成形设备、各种刀具及磨刀机、计算机工作站及微机等。

四、打造模具人才培训基地，建立人才培训机制

上海模具工业也面临模具人才严重紧缺的现象，因此，大力培养模具人才、解决人才需求矛盾、为行业储备后备力量一直是上海模具工业发展的重中之重。

上海交大模具技术研究所、上海现代模具技术培训中心以及十余所大专院校和企业培训中心从事模具制造技术,CAD/CAM/CAE,数控机床操作、应用和维修以及电脑应用技术的职业培训工作。上海市模具行业协会也组建了上海华威模具职业技能培训中心,开办了UG三维建模设计、注塑模设计、数控机床编程、数控线切割机床、数控电火花成形机床操作,模具制造工(中级)等培训班。此外,为了缓解上海模具行业高技能人才的匮乏,上海市模具行业协会还与邦德职业技术学院合作办学,开设模具专业班,负责制定教育大纲,推荐双师型教师,帮助联系实习场所,推荐就业等。这些培训工作为上海模具行业的持续发展提供了技术人才保障。

上海市模具行业协会2004年开始评定模具企业工程技术人员的技术职称,7年来评定了高级工程师30余人、工程师50余人、助理工程师30余人,深受企业欢迎。

五、举办大型展会、研讨会,走品牌发展道路

上海市举办了一系列具有广泛影响力的展览会、研讨会和技术交流会,介绍国外先进的模具技术,加强了中外模具企业之间的交流。

在上海新国际博览中心举行的2011中国国际模具、模具装备及相关工业展览会,展位1 400个,展出面积35 000m²,共有来自海内外800余家模具厂商和机床企业参展,有15个国家和地区的专业人员参加或参观展会。展会期间还组织了多场具有代表性的模具及其相关的技术交流会。此外,2011中国国际金属加工工业展览会、2011上海国际汽车材料及装备技术展览会等为模具企业提供了开展经贸活动的最佳场所和开拓国内外市场的重要商机,使模具企业在展会现场密切接触了汽车等下游产业,了解其对模具的需求和要求。

上海地区还举办了多场论坛、技术研讨会和交流会。2008年7月1~2日,上海市模具行业协会和日本型技术协会、上海大学联合主办"压铸模国际技术研讨会";2009年8月18日,上海市模具行业协会在上海宾馆主办"2009年模具工业发展论坛",邀请了轨道交通、商用飞机、船舶和医疗器械4个行业的著名专家介绍了行业现状及对模具的需求。上海市模具行业协会还和三菱电机自动化(上海)有限公司及上海东洋碳素有限公司联合举办了"模具电火花加工及相关技术"研讨会,与中国台湾电脑辅助成型技术交流协会联合主办了"世界塑料模具高精密与检测技术的最新发展"技术交流会。协会还主办了"汽车工业与汽车模具发展论坛"和"采购汽车模具沟通会"。

六、汽车模具发展迅猛,走在国内同行前列

近年来,上海地区汽车工业飞速发展,形成以上海大众、上海通用以及上汽汽车制造有限公司为中心的汽车生产基地,汽车产量居全国第一,从而对汽车模具的需求也随之上升。上海已有一大批在国内有影响力的汽车模具企业,民营企业如亿森(上海)有限公司、上海黄燕模塑工程有限公司、上海翰氏成型模具有限公司、上海千缘汽车车身模具有限公司、上海屹丰模具有限公司、上海恒利汽配有限公司等,合资企业有上海赛科利汽车模具技术应用有限公司、延锋伟世通汽车饰件有限公司、上海科工机电有限公司、上海小系车灯有限公司等,台资企业如联恒工业(上海)有限公司、上海宏旭模具工业有限公司、上海台丽通塑胶模具有限公司、上海吉泰交通工业有限公司等,此外还有上海金品模具有限公司、上海和光模具有限公司、上海勇博模具有限公司等。这些汽车模具企业为上海汽车工业的发展作出了突出的贡献,也为全国的汽车工业提供了大批高质量模具。

当前,车型的更新速度不断加快,要求汽车模具加工周期更短、加工精度更高,因此客观上要求汽车模具加工设备必须向高速、高精方向发展。上海拥有几十条冲压流水线,其中上海大众就拥有4条;上海汽车模具企业已拥有龙门数控铣床、五轴数控铣床、高速数控铣床、龙门三坐标测量机、三维五轴激光切割机、热冲压成形机等重点加工设备,并发挥了巨大作用。

七、率先推行多项规范、标准,形成了较好的模具市场竞争秩序

机械产品市场的日趋激烈竞争对模具的制造精度、加工周期、交货期等提出了更高的要求,客观上要求模具企业间加强合作,但是由于上海模具市场乃至全国模具市场没有统一的合同规范标准,导致了一些不正当竞争。为了规范模具市场,上海市模具行业率先在全国同行中推广应用"模具行业合同文本",在部分模具企业中收到良好效果。同时,为了解决模具企业间、模具企业与模具人才间、模具企业与相关企业间信任度下降的问题,上海市模具行业协会建立了上海模具行业诚信体系;加强行业自律,规范模具市场。同时,在对注塑模架需求状况进行充分调研后,上海市模具行业协会还起草并发布了《塑料注射模标准模架》、《塑料注射模标准模架附加机构》、《压铸模标准模架》、《塑料注射模具验收条件》等标准。

八、开展国内外交流,加强行业和地区间的合作

上海市模具行业协会接待了韩国金型工业协同组合金福国专务理事率领的30余人韩国模具企业代表团;组织长三角模具界代表赴中国台湾考察;举办了"上海行业协会沙龙论坛",上海53个行业协会参加,推动了行业协会发展;协办了第十七届华东地区模协(扩大)联席会;总结了模具行业"十一五"期间存在的问题和差距,提出了"十二五"发展规划。

上海市模具行业协会还重新编制了中英版《上海模具企业和相关单位名录》。

九、上海模具行业未来的发展

近年来,我国经济持续高速增长,机械、建材、家电、办公设备、电子通信、仪器仪表等行业发展很快,特别是汽车工业和电子信息产业更是高速发展,这在质和量上对模具提出了更高的要求。与此同时,工业发达国家模具制造业向我国转移趋势加强,客观上迅速扩大了我国模具生产能力和市场容量。

上海作为长三角的“龙头地区”，模具发展速度和发展前景同样看好。根据上海模具行业“十二五”发展规划要求，上海模具工业将围绕以下6个方面发展：

一是继续大力发展汽车模具产业，一方面，汽车工业的飞速发展要求汽车模具产业必须满足上海汽车工业的需求，同时又要兼顾其他地区汽车工业的需求。另一方面，国内汽车企业为了降低汽车生产成本，越来越趋向使用国产化汽车模具，因此，塑料模具、冲压模具和压铸模具等汽车模具的发展潜力巨大。

在上海大众、上海通用及上汽荣威的强劲拉动下，上海的汽车模具企业蓬勃发展，不仅企业数量逐年翻番，而且规模也连年上新台阶，质量技术水平逐步提高。大中型覆盖件冲压模具是车身制造的重要组成部分，也是决定汽车开发能力的关键，而高档轿车的覆盖件模具一直是我国汽车模具企业发展的“软肋”。当前上海大众、上海通用、上海荣威都已具有生产整套汽车覆盖件模具的能力，还开发了一些新车型，在他们的带动下，今后上海的汽车模具企业将逐步开发中高档汽车覆盖件模具，以满足上海汽车工业的需求。

同时，开展汽车模具现状调研，建立预警机制协调产、学、研资源，开展大协作，建立战略联盟等，构筑上海汽车模具生产网络，助推汽车模具产业在技术、工艺、周期、质量等方面取得较大发展，保持并逐步提升上海汽车模具产业及汽车工业在全国的领先地位。

二是发展以芯片为代表的电子工业需要的精密冲压模具。多工位级进模和精冲模精度和寿命要求极高，代表了冲压模具的发展方向之一。伴随着手机、计算机、磁卡等的普及，以加工芯片为代表的精密冲压模具需求日益增加。

三是满足上海支柱产业如电子通信行业、家用电器、建材等行业需求的塑料模具、冲压模具和型材模具，这将是上海模具工业发展的重点。

四是推广和应用气体辅助注射模、高压注射成型工艺模具和快速热循环高光注塑模具。上海大部分模具企业已经生产气体辅助注射成型模具，取得了很好的经济收益。针对一些高强度、低流速的塑料制品，要大力推广蒸气辅助注射成型技术；而对一些技术要求高的面板，则要积极采用快速热循环高光注塑技术。

五是引进新观念、新技术、新工艺、新设备。普遍采用高新技术和先进适用技术，包括CAD/CAM/CAE一体化技术、高速切削/铣削加工技术、热流道技术、快速成形技术、复合加工技术、超精加工技术、新材料技术、逆向工程、网络技术、热冲压技术等，模具技术正朝柔性化、自动化、微型化、智能化、高速化方向发展。

六是提高管理水平，培养各专业模具行业的领军企业。将大力推广“亚虹”模式，争取在产品转型和管理转型方面有所突破。只有引进先进管理理念和方法，采用先进管理软件，才能从管理中求发展、求效率、求效益，形成自己独特的企业文化；只有创造出品牌或名牌，培养出一批行业领军人物和领军企业，才能使模具企业持续、高速、健康的发展。

此外，在行业内提倡模具生产专业化与模具带产品的两种发展模式；继续在模具企业间培养诚信经营，公平竞争，重合同守信用的经营作风；继续加大模具人才的培训力度，满足上海模具工业的需求；以多种形式交流先进经验，推广现代模具建设、经营模式，促进上海模具产业整体素质的提高。

〔撰稿人：上海市模具行业协会刘德普〕

江苏省模具工业

江苏省以加工工业为主，是模具需求的集中地区，是我国模具工业的大省。“十一五”期间，江苏省经济快速增长，汽车工业和电子信息产业发展迅猛，为模具工业提供了极大的发展空间。据不完全统计，2010年江苏省具有一定规模的模具企业1 000多家，其中规模以上模具企业产值达到350亿元以上，从业人员近15万人，全省模具出口3.44亿美元，比2006年增长161%。涌现出一批生产能力和技术水平都比较高的龙头企业，如南京南汽模具装备有限公司等6家企业被授予“中国重点骨干模具企业”称号，苏州海华集团有限公司被授予“中国模具制造服务业重点骨干企业”称号，无锡国盛精密模具有限公司等33家企业被认定为“高新技术企业”。江苏省模具工业协会2011年4月被省经信委评定为四星级行业协会。

江苏省模具工业的发展特点主要有：

一、模具制造装备水平普遍提高，新技术得到推广应用，企业研发、创新能力明显提高

欲精工先利器。“十一五”期间，江苏省模具企业加大了制造装备的投入力度：数控机床普遍使用，加工中心应用十分普及，大多数企业拥有三坐标测量机，线切割机床以慢走丝机为主，电脉冲加工机床多采用高效率装夹的高精度夹具，超精密平面磨床、光学曲线磨床、五轴联动坐标磨床等精密磨削机床已在精密模具制造企业广泛使用。

江苏华富电子有限公司拥有国际先进的精密模具加工设备，夏米尔2030慢走丝机床最小铜丝直径0.03mm，可实现零*R*角的切割加工；精密电加工机床配合EROW夹具可快速更换电极，加工精度±0.002mm；摩尔坐标磨床可用于磨削形位公差和表面精细度极高的模具零件；京利、布鲁德高速冲床，最高速度可达2 500次/min。

无锡曙光模具有限公司创建的子公司无锡德森精密模具有限公司拥有韩国昌汉平面磨床、日本WASINO光学曲线磨床、瑞士夏米尔线切割机床、美国穆尔坐标磨床和HASS加工中心等一批精密加工设备，构建了高层次工艺装备体系。

南京长江电子模具有限公司进口了20台国际先进的加工中心、慢走丝线切割机床、光学曲线磨床、坐标磨床等设备。

精利模塑科技（无锡）有限公司引进了国际先进的精密模具加工设备及精密注塑设备——瑞士CHARMILLES精密电火花机床和精密线切割机床，日本MAKINO精密加工中心，韩国ELITE精密成形磨床以及日本FANUC、JSW精密注塑机，提高了在精密模具和精密注塑领域的装备水平。

常州华威亚克模具有限公司现有国际先进的意大利SUCHMAA（加工行程2 500mm×1 500mm×1 400mm，立卧两用可360°旋转加工）、日本牧野、日本三菱、中国台湾永进（最大加工行程2 600mm）等数控加工机床近30台，瑞士夏米尔、北京阿奇夏米尔、中国台湾KINGSPARK等电脉冲加工机床30台，瑞士夏米尔等线切割加工机床15台以及其他配套加工机床和检测设备50余台（套）。

常熟市沙家浜镇是全国玻璃模具的主要产地，共有100余家模具企业，生产能力约占国内整个玻璃模具行业的70%，被授予“中国玻璃模具之乡”称号。自2000年以来，技改总投资约为3.5亿元，仅2008～2009年增加设备、技改投入1.5亿元，形成了以设备和技改带动产品质量提升的竞争态势，形成了在技术和市场定位上各有特色的企业格局。全镇模具企业有300多台（套）数控机床、150台（套）立式铣床、100多台电脑精雕机，500多台电脑用于CAD制图设计与三维编程设计。精工模具制造有限公司以250万元引进了英国生产的世界上最先进的枪钻车床，投入89万元引进了瑞士生产的炉前分析光谱仪，还购置了数控仿形铣床、复合铣床，采用数字仿真技术、电脑熔化材质金相分析系统等，实现了向全自动数控化的历史性跨越。沙家浜玻璃模具行业目前已形成集玻璃模具开发设计、生产制造于一体的产业基地，生产酒、饮料、食品、医药、化妆品等玻璃包装制品模具以及汽车灯具、玻璃器皿、玻璃工艺品等系列模具产品。精工模具制造有限公司、建华橡胶模具有限责任公司等一批领军企业的产品已进入日本、美国、德国、法国、比利时、捷克等20多个国家的高端市场。

江苏省模具企业已广泛采用数字化技术，普遍应用CAD/CAM/CAE技术，高速加工、精密加工、逆向数字技术、快速成形技术、热流道技术、气辅技术等也都得到推广应用。企业信息化管理技术受到重视，全省模具骨干企业开始应用ERP和PDM等先进管理技术，企业研发、创新能力明显提高，产品研发、设计、制造周期大大缩短，市场竞争力增强。无锡国盛精密模具有限公司拥有完善、先进的加工设备以及恒温、恒湿、恒氧、超静控制的高标准环境，在行业中率先成为具有现代化技术、采用信息化管理、生产高精密模具的生产企业，研发成功的制作医药生物晶片的模具与产品，填补了国内空白，并已用于临床试验，效果显著。

无锡微研有限公司依托科技管理创新，实现了集CAD/CAM/CAE/CAPP等工具软件为一体的设计制造信息化系统；通过全过程采用生产管理PM软件信息系统，实现生产流程管理的信息化。2009年出资3 000万元筹建江苏省微纳制造技术与设备工程技术中心，以精密、微细与微纳制造技术为核心，以产学研合作为基础，建立以江苏省为中心、服务于长江三角洲区域的微纳制造技术与装备研发、中试与产业化工程技术中心，承接并完成了国家科技部“863”重点项目——多功能超微细电加工机床，填补了国内空白。

常州华威亚克模具有限公司是主要为汽车、家用电器行业设计制造精密、大型注塑模具的企业，2009年被认定为国家高新技术企业，并创建了江苏省大型注塑模具工程技术中心，建立了先进的CAD/CAM/CAE系统和集中管理系统，在公司内部实现了信息资源的共享及高速传递，大大提高了模具设计与加工的一体化进程，为设计制造各种高、精、尖模具提供了有力的保障。

南京南汽模具装备有限公司自行研发了适合汽车工装与模具行业的ERP系统，实现了CAD/PDM/ERP系统的集成。

苏州汇众模塑有限公司开发了适合自己的ERP系统，设计加工技术在国内处于领先地位，年产大型注塑模具500副以上，能开制60t重的大型注塑模具，被中国模具工业协会授予“中国大型注塑模具重点骨干企业”称号。

江苏振世达汽车模具有限公司利用高精度三坐标激光扫描测量机开展逆向工程，开发了各种汽车模具，缩短了模具的开发周期，加快了车型开发的步伐。

无锡曙光模具有限公司积近50年的模具制造经验，坚持不断创新，追求“迅捷反应零缺陷”，研究“精细化作业”，创出了“曙光模具”的品牌，在模具制造及产品的生产过程中应用ERP技术，取得了较好的成果。

江苏森威精锻有限公司先后创建了江苏省冷温塑性成形工程技术研究中心、精密锻造联合研究中心，与北京机电研究所、上海交通大学等院校及科研院所开展产、学、研合作，并引进国外精密锻造模具先进加工技术，自主创新，打造冷精锻模产品核心竞争能力，汽车零件精锻模创新研发能力居国内领先。

连云港杰瑞模具技术有限公司重视高新技术产品的研发，多项科研技术成果处于行业领先水平，共取得发明专利4项、实用新型专利25项，编著出版了《塑料异型材挤出模技术》等3部行业专著。

昆山成功模具塑件有限公司以研发、制造多类型双色注塑模具和接插件、精密开关、电子产品精密塑料模具为龙头，研发成功双色注塑模具，并利用先进的多类型双色注塑机为客户生产最新款式的注塑产品。

二、产品结构不断优化，向大型、精密、复杂、长寿命模具发展，产品水平不断提高

经过“十一五”的快速发展，江苏省模具工业产品结构不断调整优化，行业内骨干企业以精密级进模、大型精密塑料模、精密压铸模、多工位高速冲模、双色注塑模、子午线轮胎模等高技术含量、高附加值模具为主，重点服务于汽车、电子信息等支柱产业；为进一步适应市场需求，产品结构向大型、精密、复杂、长寿命模具发展，产品水平不断提高，已有部分精密冲压模具的总体水平达到或接近国际同类模具。

无锡微研有限公司持续优化产品结构，专营空调翅片模具和半导体塑封模具等精密模具，大力实施模具标准化管理，提升了产品的稳定性，缩短了交货期，降低了成本，制模技术已达到国际先进水平。

无锡国盛精密模具有限公司生产的空调器翅片级进模使用寿命可达5亿冲次，研制的0.4mm间距高精度微型接插件级进模制造精度达0.5μm，最小的凸模0.13mm直接磨削达到镜面，保证了制件的针脚最细处0.17mm、折弯精度0.01mm和S形弯等高精度要求；精密冲压类模具及其备件、精密注塑类模具主要备件的产品精度达到±0.002mm，达到了世界先进水平。

江苏华富电子有限公司研制的高精度微型连接器级进模，在高速冲床上的冲速可达到2 500次/min，使用寿命可达4亿冲次，接近国外同类模具先进水平，被中国模具工业协会授予“中国精密冲压模具重点骨干企业”称号。

南京长江电子模具有限公司生产的电机铁心自动叠片级进模，制造精度达2μm，步距精度3μm，与国外同类模具水平相当；生产的D198外转子铁心大型叠片级进模，攻克了超大规格扭斜槽旋转机构等关键技术，槽形拼块近百件，精度达0.5μm，可互换；生产的D198吊扇电机硬质合金叠装模具在第十二届中国国际模具技术和设备展览会上获得“精模奖”一等奖。

常州市展翔精密模具厂生产的ϕ95mm空调电机定转子铁心三拼式套冲级进模，属国内首创，在第十三届中国国际模具技术和设备展览会上获得“精模奖”一等奖。

常州华威亚克模具有限公司是国内大型汽车注塑模具行业中的领军企业，拥有自主品牌和核心专利技术，2010年生产大型注塑模具500余套，其中41%出口，完成销售收入2.91亿元，列国内大型汽车注塑模具制造企业首位，被评为一汽大众中国唯一优秀模具供应商并荣获“优秀国产化奖”。

苏州胜利精密制造科技股份有限公司是国内结构模组制造服务行业的龙头企业，主要从事精密结构模组的研发、设计、生产和后续改进等全流程服务，产品包括精密金属结构件、精密塑胶结构件、平板电视机底座、精密模具等，是全球多家著名品牌电视厂商的供应商，成为飞利浦与冠捷全球合作的“优选供应商”，市场占有率持续扩大。

江苏振世达汽车模具有限公司研制的日本本田475C车型左右门槛加强梁多工位自动生产线全序模具共6副，同时在一台压力机上使用，模具总重量15t，使用寿命50万次以上。该模具合理地解决了制件高强度板的回弹问题，适用于配置多工位自动化生产线，经中国模具工业协会专家组评审，达到国内领先水平，获2009年度模具国家级新产品项目评审推荐。

昆山嘉华电子有限公司研制的多功能扩展槽连接器精密高速级进模（2列各8支），用于制造笔记本电脑连接器产品，在30t高速冲床上使用，冲压速度达到800次/min，可一次生产16件，大大提升了冲压效率，生产成本只有同行业的1/5。该模具采用高精度滚珠导柱内外导向，外主导柱倒装结构，模板位置精度在2μm内，凸模凹模精度达2μm内，经中国模具工业协会技术委员会专家组评审，达到国际同类模具水平，获2010年度模具国家级新产品项目评审推荐。

连云港杰瑞模具技术有限公司是国内综合实力最强的挤出模具专业制造厂商之一，2008年研制的6m/min高性能挤出模具获科技部“国家火炬计划”奖，高效节能挤出模具获科技部“国家星火计划”奖，企业被中国模具工业协会授予“中国塑料异型材挤出模具重点骨干企业”称号。

南通超达机械科技有限公司是PU、EPP、EPS发泡模具及检具和自动化工装设备的设计制造骨干企业。2008年起，公司加大技改研发投入，建成研发中心，研发的汽车内饰件热压成型模具、汽车内饰件热压成型冲切模具、PU发泡模具、EPS/EPP发泡模具均被评为“省高新技术产品”；2009年公司被认定为“高新技术企业”；2010年公司研发中心获“江苏省大型复杂模具工艺及制造工程技术研究中心”称号。三年共计申请专利39项，其中发明专利14项。

常州市申利模具有限公司是国内较早引进国际先进的韩国轮胎模铸造技术，自主生产精密铸造AC7A镁铝合金轮胎活络模的工厂之一，与常州政平模具有限公司、江苏太湖联轮模具有限公司联合组建专业生产轮胎模具的江苏申利联轮模具有限公司。新公司拥有雄厚的技术力量，设有博士后工作站，采用先进的加工工艺和制模技术，可年产半钢子午胎铝铸活络模具600余套、半钢子午胎钢花纹两半模具500余套、全钢子午胎活络模具300余套，产品水平有了较大的提高。

三、模具制造的配套服务体系日趋完善

经过“十一五”的发展，江苏省模具标准件制造技术进步很快，企业的自主研发能力也有了一定提高。模具标准件与模具生产相互促进，模具标准件行业规模不断扩大，产品门类基本齐全。

镇江船山模架厂是年产20万套精密冷冲模架及导向件的大型专业化生产企业，生产的导柱、导套采用超精珩磨先进工艺，可满足日本、德国等先进国家精度标准的要求。

2010年，粉末冶金模架在第十三届中国国际模具技术和设备展览会上获得“精模奖”。

苏州大通精密模具配件有限公司生产的自润滑斜顶座，在第十三届中国国际模具技术和设备展览会上获得“精模奖”。

苏州恒泰弹簧厂生产的矩形截面模具弹簧畅销全国各地，并销往东南亚、欧美等国家和中国香港地区。

常州市东力机械有限公司生产的国内拥有自主知识产权的氮气弹簧（氮缸），填补了国内空白，打破了国外模具标准件厂商对这一产品的垄断。

苏州海华集团有限公司是中国模具制造服务业重点骨干企业，是国内知名的模具材料、模具加工设备、模具标准件的大型供应商。

常州机电职业技术学院是国家骨干高职院校立项建设单位，学院设有模具技术系，是国家级模具技术实训基地；是江苏省模具工业协会副理事长兼秘书长单位，江苏省模具工业协会秘书处、江苏省模具技术培训中心设在该院。2008～2010年，学院连续三年荣获全国职业院校技能大赛金牌。江苏省拥有南京航空航天大学、江苏大学、南京理工大学、常州工学院、江苏信息职业技术学院、无锡科技职业学院、江海职业技术学院、徐州工业职业技术学院等一批从事模具专业技术人才教育培训的大专院校，可以培训从模具操作工到硕士学位的初、中、高级模具专业技术人才。另外，在昆山市建有中国模具工业协会昆山人才实训基地，在苏州海华集团有限公司建有苏州模具培训学校，在苏州微研有限公司建有国家高技能人才培训工程机电项目培训基地、苏州市数控技术技能型人才师资研修基地和苏州市数控应用技能名师工作室基地。江苏省模具人才教育培训基地建设已见成效。

常州工学院经过三年多的重点投入、重点建设，建成了常州市特种加工重点实验室，技术水平国内领先。

江苏省模具工业协会积极开拓服务功能，不断提升服务能力。一是加强模具行业信息平台建设，办好协会会刊，及时把政府制定的有关行业发展的政策、法规、规划以及行业科技进步、发展趋势、协会活动等信息传递给企业，推广企业做强做精方面的好做法、好经验、好成果。二是积极组织展会，开展对外交流活动。江苏省模具工业协会与展览公司合作每年在常州市主办中国·常州国际机床、模具及橡塑工业展览会，与昆山市人民政府每两年共同主办中国（昆山）国际模具周活动，与淮安市人民政府每年在淮安经济开发区仕泰隆国际博览城共同主办淮安国际工业博览会，每年组织模具企业参加由中国模具工业协会在上海举办的国际模具技术和设备展览会。三是根据企业需求组织协会专家库专家开展技术咨询和技术交流，开展新产品科技成果鉴定等一系列技术服务。

四、集聚式生产进一步发展，集群效应已经显现

随着江苏省工业经济的快速发展，模具产业逐渐向经济（制造业）发达地区集中。从1998年江苏省政府批准在昆山成立江苏省模具工业实验区起，已建立昆山国际模具城、仕泰隆国际机械模具城、苏州高新国际模具城、长三角模具城（常州），构建了模具产业集聚地。

苏州高新国际模具城发挥规划定位、功能理念、区位、交通、基础设施配套、水电资源、产业市场、配套服务、人力资源、政策导向十大优势，提供人力资源、国际信息、金融信贷、物流运输、综合配套五大服务，全力提高苏州地区模具产业水平，打造全国一流的模具城。

长三角模具城位于常州武进高新区核心区，以推进中小企业发展为宗旨，集聚了塑胶模具、五金模具、压铸模具、制鞋模具、汽车模具、铸造模具、挤出模具、冶金模具、锻造模具、玻璃模具、陶瓷模具、机械设计、模具材料等各种模具企业200多家，加工工艺、成型工艺、产品研发均已达到国内领先水平。

“十一五”期间，昆山模具产业基地发展最快。继2003年江苏省模具工业实验区正式成为“国家火炬计划昆山模具产业基地”后，2008年又分别被授予“江苏省科技兴贸出口创新基地（精密模具）”和“中国（昆山）精密模具产业基地”称号；2009年经商务部、科技部评审，成为模具行业首家科技兴贸创新基地。以昆山国际模具城和仕泰隆国际机械模具城为代表的昆山模具产业基地，经过多年的发展，无论从企业规模还是技术水平都凸显模具产业集群的效应，已形成集模具制造、模具标准件、模具材料、模具设备、模具培训、配套服务等产业结构比较完善的产业体系。基地内现有模具企业、设计单位、研发机构、培训机构近1 000家，从业人员5.51万人，2010年实现模具产品销售收入122.07亿元，占全国模具产品销售收入的10%。其中规模以上企业225家，超亿元企业20家，拥有华富、三建、鸿淮、牧野、双叶等众多骨干企业，基地产业规模列全国26家模具集聚式生产基地之首。基地始终把提高企业技术水平作为增强综合竞争力的重要工作，积极鼓励企业引进国内外一流的人才、一流的生产检测设备和先进的技术，加强行业共性技术和核心技术的研究和创新。基地内现拥有省级研发机构2家，省高新技术产品33个，国家重点新产品4个。实施各级各类科技项目80项，其中国家火炬计划项目1项、省火炬计划7项，模具产业整体技术水平国内领先。

五、模具企业积极转型升级，延伸产业链的发展走势十分明显

近几年来，江苏省部分模具企业为了生存和发展，延伸产业链的发展走势十分明显。许多模具企业尤其是技术力量较强、产品水平和管理水平较高的企业，加大技术改造投入，积极转型升级，向以模具为核心的上下游产业链延伸。

南京长江电子模具有限公司通过技术改造，扩建了高速冲床车间，引进高速冲床，使用自己制造的精密模具为客户冲制电机铁心硅钢片。

无锡曙光模具有限公司开拓创新，敢为人先，加大技改投入，延伸产业链，组建座椅、排气系统冲压生产线；为汽车工业配套生产高附加值产品，部分产品还进入北美与欧洲市场;致力于航空业关键精密零部件的研制,大力发展高端精密多工位级进模具及其相关产品,提高了企业经济效益。

无锡市雄伟精工机械厂为客户设计与制造先进的冷冲压模具,同时也生产冲压件,为国内外汽车、家用电器等行业提供专业的配套服务。

精利模塑科技(无锡)有限公司是全外资企业,在无锡创建了精密模具及精密产品的制造基地,生产精密注塑模具、精密冲压模具、精密注塑件。

常州华威亚克模具有限公司不断加大技改投入,在创建了铸造子公司后,又投资1.5亿元,建造大型精密汽车注塑模具生产线三期项目。建成达产后,将成为国内首家大型复杂精密汽车模具研发中心及生产基地,延伸完善产业链,确保企业在大型复杂精密模具研发生产领域的领先地位,成为全球最大的大型汽车注塑模具制造公司,将新增销售收入3亿元,其中50%以上产品出口。

江苏振世达汽车模具有限公司是国内车身冲压模具重点企业,注重延伸产业链,不但为客户提供一流的汽车覆盖件模具,还为客户提供一流的汽车冲压件、汽车驾驶室总成和承接钣金焊接、涂装、装潢、总装一条龙服务工程。这一趋向已被更多模具企业所认同。

六、贯彻"十二五"发展规划,推进模具工业创新发展

在"十二五"期间,江苏模具工业认真贯彻落实中国模具工业协会编制的《模具行业"十二五"发展规划》,坚持科学发展观,继续深化科技创新,要以科技促发展,以科技创优势;要进一步强化企业在技术创新中的主体地位,以培育自主知识产权、自主品牌和创新型企业为重点,鼓励和引导更多创新要素向企业集聚,全面提升企业自主创新能力;要把实施科技创新与转型升级结合起来,大力推进信息化与工业化、服务业与制造业融合发展,积极利用高新技术改造提升传统产业,围绕战略性新兴产业研发,加快产业转型升级步伐。

在发展方向上,模具产品向更大型、更精密、更复杂、更经济快速和智能化的方向发展;模具企业向管理信息化,技术集成化,设备精良化,制造数字化,精细化,加工高速化及自动化方向发展;企业经营向品牌化和国际化方向发展;行业向绿色制造和可持续方向发展。

在发展战略上,要重点做好四个结构调整。一是要做好行业结构调整,大力发展现代制造服务业(生产性服务业),继续支持模具产业集聚地建设,加快推进模具公共服务平台建设;积极稳妥地延伸以模具制造为核心的上下游产业链,逐步形成优势互补、协调发展的产业格局。二是要做好产品结构调整,大力发展技术附加值高的中高档模具产品,包括智能化模具,不断提高其在模具总量中的占比;鼓励发展高档模具标准件和高性能模具材料,提高为国民经济支柱产业、国家重点工程、重点项目及战略性新兴产业配套服务的能力。三是要做好企业结构调整,积极推动企业向"大而强"和"小而专"的方向发展;大力支持重点骨干企业发展,提升其水平和行业引领能力;引导和培育中小企业向"专、精、特"方向发展;鼓励企业资产优化重组,发展各种形式的产业联盟,促进行业发展;鼓励有条件的企业延伸以模具为核心的产业链,扩大服务范围。四是要搞好外贸结构调整,积极提高模具产品的出口比例,进一步提高出口产品的档次和附加值;鼓励发展替代进口产品,适当扩大技术服务出口,使江苏省由模具大省向模具强省迈进。

〔供稿单位:江苏省模具工业协会〕

无锡市模具行业

模具工业是制造业的基础产业。高端模具既是高新技术的载体,又是高新技术产品,在国民经济发展和"四个现代化"建设中具有十分重要的支撑作用。

"十一五"时期,无锡模具工业坚持技术改造和技术创新,推动企业产业和产品结构调整,不断增强模具企业的发展后劲与竞争力,在高端模具研发和生产方面取得了可喜的成绩。无锡高端精密模具业得到了中央领导的高度重视,国务院总理温家宝、政协主席贾庆林等中央领导视察了无锡国盛精密模具制造有限公司。

一、坚持技术改造,大力提升模具设计与制造技术水平,为发展高端模具奠定基础

"十一五"以来,无锡模具企业不断更新模具加工设备,仅协会会员企业拥有的进口模具加工设备已超过500台,模具加工能力和制造水平不断提升。行业企业已普遍采用加工中心,40 000r/min以上的加工中心已有数十台,发挥了很大的作用;拥有世界一流的精加工磨削机床,其中CNC光学曲线磨床超过50台,高精度CNC坐标磨床超过20台;拥有三坐标测量机等各种精密测量设备,检测精度可达0.000 1mm;高速走丝线切割机床逐步被慢走丝线切割机床替代,电脉冲机床得到广泛应用;槽型和型腔加工已逐步被高速铣削替代。

无锡企业已掌握各类模具的先进设计与制造技术:

冷冲压模具方面,无锡模具企业大部分应用CAD/CAM技术,模具设计与制造能力有了大幅度的提升。模具加工精度达到0.001~0.002mm、最小的孔径可达0.06~0.1mm、检测精度可达0.000 1mm,高精度多槽(槽宽0.2mm)的电子产品级进模具可满足设计制造精度要求。

塑料模具方面,大型、复杂、精密的塑料模具均采用CAE流道分析技术,保证模具加工质量,达到制作、试模一次成功。拥有万克以上大型注塑机多台,能制造大型汽车保险杠模具以及其他大型塑料模具,可为各种车型配套。高精度小模数齿轮模具能达到很高的精确度。

压铸、锻造模具方面,已有能力制造大型压铸模具。自动扶梯整体梯级模具在国内具有领先水平,属于国家级新产品。大型锻造模具中的大型叶片模具(模具面积1 700mm×1 700mm)均能设计制造,达到使用技术要求,保证了制品的质量。

无锡模具企业坚持技术改造,极大地增强了企业的综合技术优势,为高端模具的发展奠定了基础。

二、坚持技术创新和科学管理,高端模具成为模具企业发展的重要标志和强大推动力

以无锡国盛精密模具有限公司、无锡微研有限公司两大精密模具龙头企业为代表,无锡模具企业坚持技术创新和科学管理,在高端精密模具设计制造方面具有一定的知名度。

无锡国盛精密模具有限公司和无锡微研有限公司都已建立博士后工作站,在高端精密模具和精密加工技术研发方面取得了可喜成果。以空调散热器翅片大型多工位级进模具、电子束模具、引线框模具和电机铁心片级进模具为代表的高端精密模具的水平已经与国际接轨。

无锡国盛精密模具有限公司被中国模具工业协会授予“中国精密冲压模具重点骨干企业”称号,重点研发的生物芯片类模具取得可喜的进展。自主研发的大型、精密、高效、高寿命模具——复合型换热器翅片精密连续模具采用先进的复合成形工艺方案和一流的加工制造专利技术,达到了国际同类模具的先进水平,获得了2011年度中国机械工业科学技术奖二等奖。此外,工业控制器系列、传感器系列模具的设计制造技术也已基本达到国际先进水平。无锡微研有限公司依托“863”攻关项目,成立了江苏省微纳制造技术与装备工程技术研究中心,成为无锡科技创新型企业。

在发展高端精密模具的同时,大力推进先进的管理方式已经成为无锡模具企业的共识。无锡微研有限公司坚持质量第一,以5S为质量起点,实施ISO 9001:2008质量管理体系,推行国际先进管理方式,实现研发制造高端精密模具的目标。无锡龙筠模具制造有限公司、无锡杰美特模具技术有限公司、伟盈精密模具(无锡)有限公司、精利模塑科技(无锡)有限公司、无锡安迈科技有限公司、江阴精华模业有限公司、无锡申菱压铸有限公司、无锡雄伟精工机械厂、无锡恒源塑料模具厂等一大批模具企业都通过了ISO 9000或ISO 9001或ISO 9002质量体系认证,模具质量得到了国内外客户的认可。

与此同时,高端精密模具的发展有力地推动了模具出口,主要出口企业有无锡微研有限公司、无锡国盛精密模具有限公司、海特精密模具有限公司、无锡安迈科技有限公司、江阴万奇内饰系统有限公司、精利模塑科技(无锡)有限公司等模具企业。2007年以来,共有近20家企业模具年出口额超2 000万美元。

高端精密模具已成为无锡模具企业发展的强大推动力。不断提高模具国产化程度,大力推进模具出口,已经成为无锡模具工业发展的两大特点。

三、向两端延伸,探索无锡模具企业发展的新模式,不断提升企业的竞争力

“工业要发展,模具须先行”。“十一五”以来,无锡形成了为支柱产业和新兴产业服务的模具企业群体,其中有以无锡国盛精密模具有限公司、无锡微研有限公司为代表的大型精密模具制造企业;有以江阴万奇内饰系统有限公司为代表的大型精密塑料模具制造企业和以精利模塑科技(无锡)有限公司、无锡安迈科技有限公司为代表的小型精密塑料模具制造企业;有以无锡同捷汽车模具有限公司、无锡曙光模具有限公司、无锡雄伟精工机械厂、无锡鹏德汽车配件有限公司和无锡振华轿车附件有限公司为代表的汽车覆盖模具、大中型级进模具制造企业和汽车零部件生产企业。无锡模具企业发挥自身的专项技术优势,逐步向模具的延伸产品与部件方面发展,加入产品生产企业的供应商行列,提高模具企业的经济效益。无锡模具企业在国民经济发展中的地位更加凸显,发展空间更加宽阔。

进入“十二五”以来,无锡模具企业确立全新的发展理念,以现代模具设计制造技术和优良的模具加工设备为基础,面向国内外市场,立足高端精密模具的研发,关注物联网技术的应用,积极探索模具、标准件、制品互为促进补充的发展新模式,取得了实质性突破。无锡微研有限公司利用精密加工技术研发成功国内首创的微小孔径加工专机,最小加工孔径达0.015mm,已为汽车行业提供多台,用于加工油泵油嘴上的喷射孔,完全达到性能指标要求。无锡国盛精密模具有限公司攻克了医药生物晶片模具加工、产品研发的难题,填补了医药领域的空白。无锡雄伟精工机械厂以厚板的大型多工位级进模具为开发重点,引进了2 100t压力加工设备,采用大型多工位级进模具生产汽车零件。

模具行业是创新型行业,模具生产过程集精密制造、计算机技术、智能控制技术和绿色制造为一体。无锡模具企业正在加速向产业链两端延伸、向价值链高端攀升,不断提高产品附加值和市场竞争力;积极创建无锡高端精密模具生产基地,为进一步提高模具国产化程度,实现无锡“十二五”期间经济发展目标而努力。

〔供稿单位:无锡模具工业协会〕

昆山市模具行业

昆山地处长江三角洲,东靠上海,西依苏州,是江苏省的东大门。改革开放以来,昆山充分发挥区位优势、环境优势和服务优势,坚持艰苦创业、勇于创新、争先创优,以占全国0.01%的土地、0.05%的人口,集聚了占全国1.7%的外资,实现了占全国2.4%的进出口总额,创造了占全国0.5%的GDP,成为改革开放以来18个典型地区之一。

2011年,昆山积极应对宏观经济形势变化,经济保持平稳较快发展,完成地区生产总值2 432.3亿元,比上年增长15.8%;全口径财政收入602.2亿元,其中地方一般预算收入200.2亿元,分别增长25.3%和25.7%;完成工业总产值8 002亿元,比上年增长14.3%,其中高新技术产业产值2 982.2亿元,占规模以上工业总产值的40.2%;完成进出口总额855.3亿美元。先后荣获中国经济转型特别贡献奖及中国全面小康特别贡献城市、中国县级市最具创新竞争力城市、中国宜居典范城市、中国最具幸福感城市、全国国土资源节约集约模范市和全国双拥模范城等称号。

一、昆山模具行业"十一五"发展回顾

1. 昆山模具行业现状

昆山现有模具企业近1 560家(民营企业占70%、三资企业占30%),从业人员约8万人(其中工程技术人员近4万人),年工业产值近130亿元(年产值亿元以上的企业近20家,产值超过5 000万元的模具企业100余家),年均增长率超过18%。

2. 昆山模具行业的发展成果

汽车模具企业逐年增强。汽车模具过去一直是昆山市模具行业的薄弱环节,规模小、技术差、产值低。"十一五"期间,企业不断增强增多,如2010年引进的昆山鸿永盛模具有限公司专业从事汽车保险杠模具的开发制造,建厂两年,产值超亿元;亿升汽配模具(昆山)有限公司研发的高档轿车引擎盖模具达到国际先进水平,产品出口美国及欧洲等发达国家;昆山三众模具制造有限公司专业为大众配套,冲压、焊接汽车前后门等。

精密级进模替代进口。在精密冲模方面,昆山市用于电机铁心片、集成电路框架、空调器散热片等产品的多工位硬质合金级进模已可替代进口。如江苏华富电子有限公司的微型精密高性能SMT特小间距FPC/FFC电子连接器达到国际先进水平,已申请专利近20项;研究开发的4 000次/分的高速连续冲模为国内首创,达到国际先进水平。公司电气检测实验室通过CNAS认证,成为国家级检测实验室。

注塑模具趋于全部国产化。注塑模具广泛用于家电和汽车行业,基本上全部国产化。热流道、气辅成型技术和RPM技术得到全面推广,国产模具已达到相当高的水平。如马斯特模具(昆山)有限公司是国际著名的热流道注塑模具生产商;昆山市三建模具机械有限公司开发的电冰箱吸塑模、大型浴缸模具被中国模具工业协会评定为精模奖,产品出口日本、泰国、印度尼西亚,并进入日本的日立、东芝、三菱、夏普等六大公司。

模具出口保持稳步增长。"十一五"期间,昆山市模具行业发展较快,在模具制造的产量、质量、生产周期、技术水平等方面都迈上了一个新台阶。2008年以来,虽然受全球金融危机影响,但整个行业呈现一派朝气蓬勃、蒸蒸日上的新景象。2011年出口总额达7 800万美元。

标准化覆盖率逐年增大。昆山的模具标准化覆盖件在不断提高,绝大部分企业能优先选用商品化的模架、模板、顶针、顶杆、导柱、导套等标准件,标准件使用覆盖率从原来的50%提高到70%左右。

模具使用寿命大幅提高。"十一五"期间,国产的模具新钢种和国外引进的先进钢种得到普遍应用,明显提高了模具的使用寿命。昆山国产模具钢的使用率已占80%的模具钢市场份额。

二、昆山模具产业基地发展现状

昆山模具产业基地(以下简称"基地")是以经江苏省人民政府于1998年批准设立的江苏省模具工业实验区为核心的特色产业基地。基地位于昆山高新技术产业园区,总规划面积666.67万m^2(10 000亩),已开发逾333.3万m^2(5 000亩),现66.67万m^2(1 000亩)正在开发建设中。2003年9月,江苏模具实验区顺利通过科技部评审,成为全国第一家"国家火炬计划昆山模具产业基地";2008年8月基地被江苏省外经贸厅授予"江苏省科技兴贸出口创新基地(精密模具)"称号,9月被中国模具工业协会授予"中国(昆山)精密模具生产基地"称号。同年11月,昆山模具产业集群入围全国百佳产业集群。

(1)模具产业规模位列全国首位。基地依托便捷的区域位置、发达的产业基础及优越的人文环境等优势,吸引着来自美国、法国、日本、韩国、新加波、马来西亚等数十个国家和包括台湾、香港在内的众多国内模具企业,已成为我国模具行业中最具产业特色的基地之一。基地内现有模具企业、设计单位、研发机构、培训机构850多家,内资企业占比60%。作为基地发展的重要载体,投资25亿元的"中国昆山国际模具城"项目于2006年引进和培育,集模具研发、模具设备展示、模具制造、模具材料等功能为一体,一期总开发面积11.4万m^2,其中5.2万m^2的硬体建设全面竣工,已有近百家企业进驻。2011年,基地实现模具出口7 000万美元,基地产业规模列全国26家模具集群式生产基地之首。

(2)模具产业整体技术水平国内领先。基地始终把提高企业技术水平作为增强综合竞争力的重要工作,积极鼓励企业引进国内外一流的人才、一流的生产检测设备和先进的技术,加强行业共性技术和核心技术的研究和创新。基地骨干企业装备了国际先进的模具制造和检测设备,能生产大型、复杂、精密模具。昆山模具产业基地的规模和技术水平领先于国内其他模具产业集聚区。

基地内现拥有国家级高新技术企业1家、省级高新技术企业22家、省级研发机构2家,2011年认定为省高新技术产品33个、国家重点新产品4个。完成省科技创新公共技术服务平台项目和省科技创新服务体系项目各1项,实施各级各类科技项目80项,其中国家火炬计划项目1项、省火炬计划项目7项。

(3)建成一批具有高新技术特征的龙头企业。模具产业基地经过十年的发展已基本形成模具技术研究、开发、成果转化和产业化为一体的、产业链较为完善的高新技术示范基地。基地已培育产值超亿元企业7家。江苏华富电子有限公司、昆山荣腾模具部品制造有限公司均是省级高新技术企业。

(4)产业特色鲜明,产业链完整。昆山模具产业基地根据国内外市场需求状况,特别是周边地区产业基础,以电子信息和汽车两大产业为主要服务对象,重点发展精密冷冲模、复杂大型塑料模、压铸模。形成了鲜明的产业特色。经过多年的发展,基地内形成了模具材料、模具制造设备、模具标准件、模具制造、配件等完整的产业链,并衍生出数量庞大的为模具产业配套的中小企业,带动了基地内各种材料销售、物流配送、模具教育培训、设计服务的快速发展。

(5)建设自主创新体系,促进产业升级。基地为提高自主创新能力,不断增强创新体系建设,大力促进研发机构、创新人才、科技孵化器及高新技术企业的发展。以国家级高新技术创业服务中心、清华科技园昆山分园、留学人员创业为依托,建设了以企业为核心的"江苏省精密高速模具工程技术研究中心"、"江苏省鸿准精密模具研发中心"、"昆山高新区工业技术研究院模具技术研发平台"、"昆山模具技术开发配套服务中心"等研发机构,带动一批企业创建企业研发中心。同时与清华大学、华中科技大学、东南大学、南京航空航天大学、南京工程学院、核工业西南物理研究院等多所高校及科研单位建立了密切的产学研合作关系,初步形成了基地的技术创新体系。2010年,由昆山高新技术产业区同昆山技术质量监督局共建的江苏省精密模具检测中心正式成立,为广大中小模具企业提供公共检测检验服务。2012年,该中心升级为模具行业唯一的国家级检测中心。

(6)开展对外交流合作。基地积极开展对外行业技术交流与合作,自基地建设以来,已与国外诸多模具发达国家和地区建立了紧密交流与互访制度。为提升昆山模具产业水平,提高昆山模具工业知名度,使基地内企业积极参与国际交流与合作,自2003年开始,成功举办了四届"中国(昆山)国际 模具周"(每两年一届),主要包括昆山模具技术与装备展览、技术论坛等一系列活动。美国机械制造技术协会(AMT)、新加坡精密工程及模具协会、日本金型同业公会以及我国的台湾模具同业工会、香港模具协会先后率团参加。基地部分模具企业走出国门,参与国际合作,融入国际大市场。同时基地也积极组织部分企业赴德国、日本、新加坡等模具发达国家参观考察,学习先进的技术及管理经验,通过对比寻找差距,开拓思路,不断创新,以此缩短与国外模具水平的差距。基地部分企业通过设备改造,聘请国外专家顾问来提高装备利用效率和技术管理水平,部分模具企业已达到或接近国际先进水平。

(7)基地对外贸易。我国模具生产长期以来处于中低档水平,高档产品主要依赖进口,近年来这种状况正逐步改变。昆山产业基地成立后很重视外贸出口,在"十五"和"十一五"规划中都强调了要把基地建成"国内一流的出口基地"的目标。

昆山市是外向型经济比较发达的城市,其支柱产业主要出口国外,特别是世界发达国家,而模具及产品服务于电子信息、汽车等行业,因此,模具产品出口前景广阔。几年来基地得到了各级政府和中国模具工业协会的大力支持和指导,产业结构发生了巨大的变化,小作坊式的生产方式已被国内外先进和顶尖设备支撑的现代大生产所取代,生产技术和产品质量已接近或达到国际先进水平,具备了较强的国际竞争力。50余家企业实现出口,出口产品包括微型电子连接器模具、新型电子元器件模具、大型塑料模具、汽车及零部件模具及产品等,主要出口至欧美、日本等。

〔供稿单位:昆山市模具工业协会〕

浙江省模具工业

宁波市模具行业

模具是制造业的基础工艺装备,被称为"制造业之母"。随着经济全球化的进一步加快,世界性的产业结构调整和转移速度不断加快,国内区域间生产要素的流动也出现加快趋势,经济实力雄厚的"长三角"率先成为产业和资源转移的重要基地,为宁波市制造业的发展带来了难得的机遇,也为宁波市建设一个高起点、多功能、集约化的模具产业集聚基地提供了必要条件。

一、宁波模具行业发展现状

宁波市模具行业经过"十一五"期间的快速发展,总体规模、技术水平、生产装备和经营管理水平都有了很大提高。据不完全统计,2010 年宁波市规模以上模具企业(模具为主业)近 100 家;资产总计近 50 亿元,年均增长 80% 以上,剔除规模以上企业数量增加的因素,年均实际增长 40%。如果加上规模以下模具企业以及模具为非主业的企业,2005~2007 年工业总产值和销售额以年均 20% 以上的速度快速增长;2008 年虽受国际经济危机影响,增长仍达 9.8%,高于全国平均水平,对宁波市工业经济的拉动作用十分明显。2010 年,宁波市模具行业经济运行呈现“高开、缓降、稳走、转型”的基本态势,多项经济指标表现良好,超出年初预算。据不完全统计,2010 年宁波模具行业(包括各县市区)完成工业总产值 289 亿元,比上年增长 20.20%;销售收入 273 亿元,比上年增长 22.61%;新产品产值完成逾 235 亿元,比上年增长 27.94%;出口完成超 7 亿元,比上年增长 22.90%;实现利税逾 78 亿元,比上年增长 9.58%。

二、行业发展主要特点、产业规模、主导企业在全国的地位

1. 发展特点明显

当前,宁波模具行业发展逐渐成熟,呈现出五大特色。

(1)量多面广,区域特色明显,模具基地建设初见成效。模具企业遍布全市所属的宁海、象山、奉化、慈溪、余姚及北仑、镇海、江北、江东、鄞州等各个县(市)区。如在余姚、宁海模具城周边,集聚了近千家模具企业,仅慈溪范市镇周围就有大大小小的模具企业 300 余家,北仑大矸镇有 600 家模具企业。宁波模具行业经过“十一五”的快速发展,区域特色更加明显,宁海的大型塑料模、北仑的压铸模、余姚的精密塑料模、慈溪的家电模、象山的铸造模、鄞州的汽车零部件模等特色模具在国内已有较大影响。

宁波模具生产基地建设已初见成效,已拥有宁海模具城(集中 260 多家企业)、余姚模具城(集中 700 多家企业)、慈溪模具科技园区(范市)(集中 100 多家企业)、北仑开发区模具园区(集中 400 多家企业)、江北创业园区模具园、西郊海曙模具市场、浙东模具市场(慈溪)等多个模具基地。在全国已建成的 11 个集群式模具生产基地中,宁波市有 4 个,占全国的 36.4%。国家有关部门还分别授予宁海“中国模具生产基地”、余姚“中国轻工模具生产基地”、北仑“中国模具之乡”称号;也按各地模具特色称北仑为“压铸模之乡”,余姚、宁海为“塑料模之乡”,象山为“铸造模之乡”,成为宁波模具拓展市场的宣传“名片”。模具基地建设对一大批中小模具企业起到了培育和促进发展作用,在一定程度上实现了生产要素的有效组合,扩大了宁波市模具行业在国内外的知名度。

(2)生产方式、管理技术不断进步。当前,宁波市模具行业的生产方式发生了很大的转变,企业设计和生产装备的技术水平不断提升,CAD/CAM 技术应用更加广泛,不少企业引进了模具设计制造软件如 UG、Pro/E、Cimatron 等。加工中心、电脉冲机床、线切割机床、合模机、三坐标测量仪等现代化的加工检测设备在质量和数量上都有较大提高。模具标准件使用率有了一定提高,热流道技术的应用比较普遍,气体辅助技术和 CAE 技术开始在部分企业中应用,优质模具材料使用比例明显提高。企业积极追求新的管理模式,一些大企业在管理中主动引入先进的管理理念和管理软件,努力改变传统模具企业的管理格局,有些模具企业已率先应用 ERP 管理软件,通过了 ISO 9000 认证的企业日益增多。企业市场意识增强,提供最好的模具参加国内产品展览已成为许多企业的共识,通过参加国外展览会、专访国外客户、参观国外模具企业,得到市场信息和发展启示的企业逐年增加;品牌意识增强,立足市场,提高产品质量、开发新产品、创优质品牌已成为许多大企业发展的最基本手段。

(3)模具的制作水平进一步提高。“十一五”期间,宁波市高精度及复杂模具生产能力不断提升,全行业产品结构发生了较大改变。

塑料模具:宁波的模具企业具有较强的塑料模具生产实力,在国内处于较高地位,在国优模具推荐中,每年占有较大份额。在大型塑料模方面,已能生产 34in 大屏幕彩电塑壳模具,10kg 大容量洗衣机全套塑料模具及汽车保险杠和整体仪表板等塑料模具。在精密复杂塑料模方面,已能制作背投电视光学镜片的高精度模具和国际著名品牌的车灯模具,模具型腔制造精度可达到公差 0.02mm,型面表面粗糙度可达 0.1μm,塑料模寿命已达 100 万次。

铸造模具:宁波铸造模具在全国享有盛誉,仅象山地区铸造模具就占全国铸造模具产值的一半以上,所以有“铸造模具看象山”一说。宁波铸造模具精度达到公差 0.05mm,寿命达 15 万次以上,已为沈阳三菱、上海大众、上海通用、康明斯、北京现代等著名品牌发动机厂生产缸体、缸盖铸造模具。其中宁波合力模具科技股份有限公司生产的“三菱 4G6 进气歧管”、“通用 CAMI 下进气歧管”等铸造模具被中国模具工业协会评定为“具有国际水平模具”;生产的“4G6 发动机缸体模具”被国家科技部等四部委审定为“国家级重点新产品”;生产的“HLGY”铸造模具被宁波市人民政府认定为“宁波市名牌产品”。

压铸模具:作为铸造模具的一个重要分支,“十一五”期间宁波压铸模具快速发展。当前压铸模制造精度最高可达公差 0.04mm,型腔表面粗糙度 0.4~0.2μm,模具寿命达 15 万次,已为国内外汽车零配件、通用汽油机(割草机、发电机、水泵等系列)、摩托车发动机、电子通信等行业的名优产品提供配套。

冲压模具:冲压模在宁波市模具产量中占据的份额正在提升。宁波的电机铁心硬质合金多工位级进模,定、转子铁心复合模在全国模具界和用户中享有盛名,达到国内领先水平,接近国际水平。慈溪市鸿达电机模具有限公司生产的电机铁心模多次被认定为“国家重点新产品”和“具有国际水平的模具”,其主要零件制造精度达 2μm、步距精度 2μm 以内、表面粗糙度 0.1μm,模具在高速冲床上的冲裁速度达 400 次/min,总寿命达到 1.2 亿冲次以上。

粉末冶金模具:宁波拥有国内最大的粉末冶金机械零

件模具制造企业和当前国际最先进的数控设备，模具精度最高可达公差0.01mm，寿命25万次以上，与国际水平基本同步。

模具行业作为核心行业，有力支撑并极大地带动了宁波传统优势行业的发展，如上游产品的注塑机行业和下游产品的塑料制品、汽配件、电器、五金、家电（洗衣机产品已占全国一半）等行业。

（4）民营企业唱主角，龙头企业提升档次。在宁波市6 000余家模具企业中，民营企业占95%以上。在2010年宁波市推荐的模具行业规模最大的10家企业和模具生产企业50强中，除2家合资企业外，其余均为民营企业。

经过“十一五”时期的不断发展，宁波模具行业出现了一批像宁波双林精密模具有限公司、宁波合力模具有限公司、宁波远东制模有限公司、宁波北仑车灯模具电器有限公司、宁海县第一注塑模具厂、宁波横河模具有限公司等生产规模大、设备先进、产品质量高，在全国处于领先地位的模具龙头企业，提升了宁波模具的档次，有力地提高了宁波模具行业的知名度。

（5）模具行业协会作用增强。宁波市模具行业协会积极发挥服务、协调、监督以及桥梁与纽带作用，通过创办行业协会会刊、举办模具博览会，大力推广新技术、介绍新政策、宣传宁波市模具企业，提高了宁波模具知名度；多次组织模具企业参展、考察，开展行业新产品、新技术、新工艺、新设备等方面的信息交流。协会正在成为政府与企业、企业与企业沟通的桥梁。

2. 产业规模

（1）年销售额在全省、全国的比重。2010年宁波模具行业销售收入273亿元，比上年增长22.61%，占浙江全省模具行业销售额的48%，占全国模具行业销售额的24%。

（2）近三年宁波模具行业在全国计划单列市中的地位。宁波是国家计划单列城市，华东地区工业重地，浙江省经济中心；是长三角地区物流集散地，随着杭州湾跨海大桥的建成，其交通枢纽的地位将一步提升。宁波市模具行业近三年的销售额占全国的比重在计划单列城市中一直名列前茅。

（3）产业链及产业配套紧密度情况。宁波是我国三大家电生产基地之一，是我国文具之都，已建与在建的重要制造业基地有：汽车配件基地、移动通信基地及光通信基地、微电子及元器件基地、塑料制品基地、高低压电器基地、仪器仪表产业基地、电动工具基地、家用电器基地、电光源产业基地、新材料生产基地、密封件、气动元件生产基地等，这些基地都为模具提供了广阔市场。

宁波模具配套环境良好，全市有模具园区集聚地6个，产业链配套齐全，开发、设计、加工、装配、检测上下产业链完善，已形成一条龙服务体系。现有模具机床（如电火花机床、线切割机床、雕铣机、加工中心以及模具专用设备等）销售服务企业60余家，模具耗材及相关产品供应点50余个，模具配件、模具钢、模具制品服务企业百余家以及若干家模具技术服务企业（如模具设计、CAD/CAE/CAM、高速加工、工具表面处理技术等）。

宁波大学、浙大宁波理工学院、宁波工程学院、大红鹰学院、浙江工商学院、宁波职业技术学院、宁波纺织学院等八大院校设有模具或模具方向的专业，十余所职业技术教育中心（学校）设有模具班，每年毕业的模具专业学生万名以上，为模具行业发展提供了人才支撑。

（4）品种覆盖率高。塑料模具、铸造模具、压铸模具、粉末冶金模具、橡胶模具、陶瓷模具等中国模具工业协会所列的十大类模具，宁波均能生产，在国内有一定的知名度，其中压铸模产量占全国的45%，铸造模占全国的60%，粉末冶金模占全国的25%，塑料模占全国的16%。

（5）产品销售遍布世界各地。随着国内市场的不断拓展，宁波模具销售网络迅速扩大，产品已经遍布长三角地区，直销浙江、上海、北京、天津、江西、江苏、山西、陕西、南京、山东、辽宁等省市。全市模具出口企业80余家，为国内外著名品牌和著名企业（含世界500强）配套，远销日本、美国、英国、德国、加拿大、韩国、墨西哥、俄罗斯、印度、巴西等国家及中东等近80个国家和地区。宁波双林集团产品主要出口：日本、美国、加拿大、韩国、德国、法国等；宁波全力机械模具有限公司已为国内外多家著名企业生产包括压缩机机体、水冷V6缸体、风冷V8缸体模具在内的众多产品，产品销往10多个国家和地区，其中较大一部分进入欧美发达国家。宁波双林模具有限公司、宁波天正模具有限公司、宁波舜宇模具有限公司等模具企业还在德国、北美等建立了研发机构和售后服务机构。

3. 企业数、从业人员、主导企业在全国的地位

（1）企业数、从业人员。据不完全统计，宁波市规模以上模具企业（且模具为主业）近100家，资产总计近50亿元，年均增长80%以上，剔除规模以上企业数量增加的因素，年均实际增幅40%。如果加上规模以下模具企业以及模具为非主业的企业，到2010年底，仅余姚、慈溪、宁海、北仑、象山五大主要模具加工区域的模具企业近15 000家，从业人员达20万余人，模具产值达到288.9亿元，商品模具产值突破100亿元，其中五年模具出口合计突破20亿元，年均增长超过25%。

（2）主导企业在全国的地位。宁波双林模具有限公司：2010年8月6日成为创业板第100家上市公司，也是宁波市模具行业和宁海县第一家上市公司；宁波全力机械模具有限公司：积极深入铁路行业，2007年11月13日，正式成为铁道部唯一模具配套单位；宁波合力模具有限公司：合力模具是中国模具行业铸模“单打冠军”，中国铸造行业模具装备制造排头兵企业；象山优具模具有限公司：经过多年的努力，优具模具的质量进一步提高，与欧洲空客飞机的合作更加深入、更加全面。小企业显示了大实力，小模具产生了大影响，奥运祥云火炬模具为宁波企业制造。

获中国重点骨干模具企业称号的宁波市企业名单见表1。

表1　获中国重点骨干模具企业称号的宁波市企业名单

序号	企业名称	授牌名称	年份
1	宁海县第一注塑模具有限公司	中国大型注塑模具重点骨干企业	2007
2	宁海县大鹏模具塑料有限公司	中国大型注塑模具重点骨干企业	2007
3	宁波跃飞模具有限公司	中国大型精密注塑模具重点骨干企业	2007
4	宁波双林模具有限公司	中国精密注塑模具重点骨干企业	2007
5	宁波横河模具有限公司	中国精密注塑模具重点骨干企业	2007
6	宁波鸿达电机模具有限公司	中国电机铁心模具重点骨干企业	2007
7	象山同家铸造模具厂	中国铸造模具重点骨干企业	2007
8	宁波合力模具有限公司	中国铸造模具重点骨干企业	2007
9	宁波强盛机械模具有限公司	中国铸造模具重点骨干企业	2007
10	浙江省炜驰机械集团有限公司	中国汽车零部件冲压模具重点骨干企业	2007
11	宁波远东制模有限公司	中国大型塑料模具重点骨干企业	2008
12	宁波申江汽车部件有限公司	中国大型塑料模具重点骨干企业	2008
13	宁波舜宇模具有限公司	中国精密注塑模具重点骨干企业	2008
14	宁波震裕模具有限公司	中国电机铁心模具重点骨干企业	2008
15	宁波全力机械模具有限公司	中国铸造模具重点骨干企业	2009
16	宁波方正汽车模具有限公司	中国注塑、吹塑模具重点骨干企业	2009

三、坚持科学发展观、走质量效益型道路，效果显著

1. 建立企业标准化体系，提高产品质量

随着国际市场的开拓、进口模具国产化的加快以及三资企业要求按国际标准对其提供配套模具，宁波市模具企业一方面在制定标准时尽量采纳国际标准或国外发达国家标准，包括采纳国外先进企业的标准；另一方面许多模具标准件生产企业也按国外先进企业的标准生产模具标准件。

宁波已有能力生产精度、模具结构、寿命居国内领先的高精度压铸模、级进模、塑料模、粉末冶金模等。宁波模具企业注重产品质量，150家规模以上的模具企业90%以上通过了质量认证。如，宁波双林模具有限公司建立了国家级检测中心和实验中心，并与国内著名研究所合作设计了HDM（horizontal drive mechanism）终端振动检测系统以及记忆功能线性检测系统；建立了省级博士后工作站，与全球著名模具制造商山口精机工业株式会社开展技术合作，全面执行TS 16949质量认证体系，通过了ISO 9001质量管理体系、ISO 14001环境保证体系认证，公司的模具设计中心被授予“省级模具高新技术研究开发中心”称号。宁波燎原模铸有限公司是从事有色金属压铸模具设计、制造及铝合金压铸件的综合性企业，公司拥有三坐标测量机、X光探伤机、光谱分析仪、电子万能试验台等检测设备，并通过了TS 16949质量体系认证，为产品提供质量保证。宁波全力机械模具有限公司2007年与宁波象山县科学技术局合作成立宁波全力机械模具技术研究开发中心，已通过ISO/TS 16949: 2002质量管理体系认证；2008年其铸造模具被中国重汽集团（香港）有限公司动力事业部确认为“中国重汽”牌汽车发动机的配套模具，同年通过了ISO 9001: 2000、GB/T 19001—2000认证。宁波君灵模具技术有限公司2007年4月19日通过了ISO 9001认证；宁波舜宇模具有限公司2008年通过了法国BV认证，获得IATF认可的TS 16949证书。

2. 重视环保工作、可持续发展和资源利用

模具行业是宁波的支柱产业之一，但在起步阶段，由于噪声、油污及电磁波的污染曾经占信访投诉的很大部分。为彻底改变这一局面，宁波筹划建立了模具城，将分散在城区的所有模具加工企业都迁入模具城，实行含油废水集中治理、达标排放。通过对模具行业的整治，噪声污染问题得到解决，噪声功能区达标率显著提高。模具城的建立不仅起到了保护环境的作用，同时也使资源得到合理利用，极大地带动了其他行业的发展。

为贯彻落实科学发展观，根据《中华人民共和国节约能源法》、《国务院关于加强节能工作的决定》等有关法律和文件精神，用天然气取代柴油为燃料集中熔化铝锭，可达到节约生产成本、节能降耗和环保的目的。宁波燎原模铸有限公司于2008年进行节能项目改造，安装天然气管道，购置先进装置，采用先进工艺，降低了生产成本，减少了能源损耗，降低了烟尘排放。2010年9月，公司又投资引进11台节能装置，经过测试每台压铸机节电率达到30%以上。宁波勋辉电器有限公司2010年购置天然气集中式熔化炉4台，年节电601 920kW·h，年节标准煤211.3t等。

模具生产制品的高精度、高复杂程度、高一致性、高生产率以及低能耗，符合节能减排以及低碳经济发展方向。

3. 品牌战略

宁波民营模具企业的崛起是宁波模具产业结构调整重大成果。宁波的模具企业家富有创业、创新精神，善于总结模具行业发展历程，从中汲取有价值的经验教训，并将其纳

入企业的设计规划和发展战略中。很多民营模具企业实现了模具的专业化生产，注重企业的品牌建设和信息化建设，注重开拓国际市场。宁波鸿达电机模具有限公司的精密级进模被认定为宁波名牌产品，“HONGDA”、“鸿达模具”被认定为宁波知名商标；宁波跃飞模具有限公司的产品是宁波市名牌产品。越来越多的宁波模具企业开始进入汽车模具行业的前端。

4. 技术进步

从2005年“中国模具之都”授牌以来，宁波模具行业规模、技术、产品质量、经营管理等都得到了快速发展。

（1）核心技术逐步开发，产品水平明显提高。宁波东浩铸业有限公司应用激光表面仿生强化技术，使模具开裂次数由2 000模次提高到8 000模次。在2010年第十三届中国国际模具技术和设备展览会上，由中国模具工业协会技术委员会评定的“精模奖”中，宁波共计36个模具项目获奖，占全国的19.8%。宁波市获“精模奖”的模具项目见表2。

表2　宁波市获“精模奖”的模具项目

序号	模具项目名称	企业名称	奖项
1	W23汽车格栅注塑模具	宁海第一注塑模具有限公司	一等奖
2	全球同步开发高档汽车油箱蝶形吹塑模具	宁波方正汽车模具有限公司	一等奖
3	880mm×880mm大型精密拼块复合冲压模具	宁波鸿达电机模具有限公司	一等奖
4	1.8T发动机缸体铸造模具	宁波合力模具科技股份有限公司	一等奖
5	汽车发动机V6缸体压铸模具	宁波北仑辉旺铸模实业有限公司	一等奖
6	RS3630200钉仓注塑模具	宁波横河模具有限公司	一等奖
7	台盆注塑模具	宁波锦隆电器有限公司	一等奖
8	AudiC7饰条注塑模具	宁波舜宇模具有限公司	一等奖
9	T73前围进气格栅本体（双色）注塑模具	宁波神通模塑有限公司	一等奖
10	汽车发动机装配支架大型精密塑料注射模具	宁波跃飞模具有限公司	二等奖
11	储油桶注塑模具	宁波双林模具有限公司	二等奖
12	X90转向器壳体压铸模具	宁波鑫达模具制造有限公司	二等奖
13	汽车AT自动挡变速器壳体压铸模具	宁波北仑辉旺铸模实业有限公司	二等奖
14	PLS过滤器注塑模具	慈溪市观海卫镇龙海模具厂	二等奖
15	X23HD自动变速箱壳体模具	宁波合力模具科技股份有限公司	二等奖
16	地板吸头刷子支架注塑模具	宁波横河模具有限公司	二等奖
17	72in背投电视后盖注塑模具	宁波美灵塑模制造有限公司	二等奖
18	智能控制盒支架注塑模具	余姚市鼎鑫模塑有限公司	二等奖
19	密封圈注塑模具	宁波舜宇模具有限公司	二等奖
20	汽车挂钩底座注塑模具	宁波舜宇模具有限公司	二等奖
21	SGM308汽车前右门板注塑模具	宁波远东制模有限公司	二等奖
22	油壶翻盖注塑模具	余姚市竺凌塑模有限公司	二等奖
23	电动工具手柄（双色）注塑模具	余姚华迪模具制造有限公司	二等奖
24	油门壳体注塑模具	余姚市通运重型模具制造有限公司	二等奖
25	汽车内饰件低压注塑模具	宁波方正汽车模具有限公司	三等奖
26	干衣机底座盖注塑模具	宁波跃飞模具有限公司	三等奖
27	汽车空调风门组件注塑模具	宁波双林模具有限公司	三等奖
28	离合器壳体压铸模具	宁波中誉模具有限公司	三等奖
29	发动机变速器中间壳体压铸模具	宁波臻至机械模具有限公司	三等奖
30	72in背投电视前框注塑模具	宁波美灵塑模制造有限公司	三等奖
31	水表壳注塑模具	宁波锦隆电器有限公司	三等奖
32	后视镜罩壳注塑模具	宁波舜宇模具有限公司	三等奖
33	手套箱框注塑模具	宁波舜宇模具有限公司	三等奖
34	SGM618汽车仪表板本体注塑模具	宁波远东制模有限公司	三等奖
35	储物盒注塑模具	余姚市竺凌塑模有限公司	三等奖
36	园林工具手柄注塑模具	余姚市宏硕模具制造有限公司	三等奖

(2)模具产品精度提高,世界市场知名度提升。许多企业引进了国外先进制模设备和模具CAD/CAM/CAE集成系统,生产的塑料模公差均在0.01mm以内,制造的大型模具已达50t以上。宁海第一注塑模具有限公司、宁波双林模具有限公司、浙江宁海大鹏模具塑料有限公司、宁波跃飞模具有限公司、宁波横河模具有限公司等生产的塑料模具,宁波勋辉电器有限公司、宁波市佳利来机械制造有限公司、宁波埃利特模具制造有限公司等生产的压铸模具,宁波全力机械模具有限公司、宁波合力模具科技股份有限公司、象山同家模具制造有限公司、宁波强盛机械模具有限公司等生产的铸造模具,东睦新材料集团股份有限公司生产的粉末冶金模具,宁波鸿达电机模具有限公司、宁波震裕模具有限公司生产的电机铁心模具等出口到美国、日本、韩国、意大利、土耳其、巴基斯坦、荷兰、瑞士等国家和中国台湾,在国际上具有很大的影响力。宁波市的橡胶模具、陶瓷模具、玻璃模具等其他模具的设计制造也达到了一定的水准,已有能力制作较为复杂的产品模具。

(3)技术创新和研发能力提高。宁波模具行业科技创新和新产品研发能力不断增强,例如宁波合力模具科技股份有限公司开发的带有二次挤压机构的压铸模、压铸模侧抽芯上铸件顶出机构、汽车变速箱主壳体压铸模的浇道结构获得国家专利;宁波鸿达电机模具有限公司生产的双列大四转多工位级进模获得国家新产品称号等。2011年,宁波海天精工机械有限公司、宁波全力机械模具有限公司、宁海县大鹏模具塑料有限公司、宁波横河模具有限公司、宁波南方塑料模具有限公司、宁波方正汽车模具有限公司、宁波震裕模具有限公司等获宁波市工业“两创”倍增发展优秀示范企业称号。2010年度宁波市科技进步奖三等奖获奖项目见表3。

表3 2010年度宁波市科技进步奖三等奖获奖项目

项目名称	主要完成单位
基于YSNTEC控制系统的图形对话式自动编程系统软件在高性能雕刻机中的应用	宁波凯博数控机械有限公司
高精密级进模技术的研究及产业化	宁波震裕模具有限公司
PEEK蜗杆注塑在汽车电动座椅产业化中的应用	宁波双林汽车部件股份有限公司、宁波双林模具有限公司
汽车电动中滑门系统	宁波信泰机械有限公司

在2008年国家统一高新技术企业评定标准后,宁波双林模具有限公司、宁波勋辉电器有限公司、宁波博一格数码科技有限公司等28家企业获得高新技术企业称号。近两年,又有宁波君灵模具技术有限公司、宁波埃利特模具制造有限公司、宁波全力机械模具有限公司、宁波凯利机械模具有限公司等获得此项称号。这些高新技术企业为国内外著名企业配套服务,已具备一定的国际竞争能力。

(4)技术中心建设。全市规模以上的模具企业,不仅重视各种公共平台建设,还在企业内部陆续建立企业工程中心,加强企业自身的创新能力。当前,宁波市设有工程中心的模具企业及高校和科研院所有:浙江省企业技术中心——宁波合力模具科技股份有限公司,宁波市贝发制笔模具工程技术中心——宁波贝发集团有限公司,宁波市塑料模具工程技术中心——华翔集团,宁波市粉末冶金工程技术中心——宁波东睦粉末冶金有限公司,宁波市电器塑料模具工程技术中心——宁波车灯电器有限公司,宁波市压铸模具工程技术中心——北仑模具压铸有限公司,宁波市镁合金应用工艺及装备工程技术中心、宁波市先进复合材料工程技术中心、宁波市表面工程技术研究中心——兵科院宁波分院,企业工程技术中心——宁波海太机械制造公司,企业工程技术中心——宁波双林集团股份公司,宁波市宁海浙大模具工程技术中心——宁海县第一注塑模具厂,宁波市产品创新设计工程技术中心——慈溪横河塑料模具厂,宁波远东模具工程技术中心—宁波远东制模有限公司与浙江大学共建,宁波市刀模具工程技术研究中心——宁波工程学院,宁波大学模具技术研究所——宁波大学,华中科技大学塑性成型模拟及模具技术国家重点实验室宁波分中心——宁波海太机械制造有限公司与华中科技大学共建,省高新技术企业研究开发中心——宁波鸿达电机模具有限公司,设计研发中心——宁海模具城,模具CAD国家工程研究中心——宁波舜宇模具有限公司。

四、公共技术服务平台建设逐步完善

1. 充分发挥宁波市模具行业协会的作用

发挥协会的桥梁作用,促进行业自律,遏制恶性竞争;学习先进经验,推广行业标准;加强县、市行业协会纵向联系,建立与相关行业协会的横向联系。

2. 质量、标准、研发、培训、管理、信息等方面的技术服务工作及技术服务机构

模具行业是技术密集型产业,单个企业无力承担共性基础性新技术的研发。宁波模具企业创新意识强烈,各地区纷纷建立模具行业公共服务平台。宁波市模具公共服务平台见表4。

表4　宁波市模具公共服务平台

平台名称	类型
宁波模具网	提供技术支持、加工协作、产品检测、人员培训等全方位的服务
中国模具之都(宁波)博览会(1 200个展位)	展览、技术、信息
宁波国际模具产业开发中心	研发
宁波模具检测中心	质量、标准
宁海县模具信息中心	信息
宁海县模具产业培训服务中心	培训
宁海县模具展示中心	展示
宁海模具城热处理中心	技术
余姚模具共性技术研发中心	研发
余姚模具检测中心	质量、标准
余姚信息中心	信息
余姚培训中心	培训
余姚模具产品展示交易中心	展示
余姚实训精加工基地	培训
宁波九峰模具网	信息、管理、培训等
宁波九峰模具技术服务中心	技术
宁波模协技术咨询服务中心	技术
宁波模协刀具服务部	技术
冲压模、铸造模、红冲模专业委员会	技术
中国机械工业职业技能指导中心宁波模协鉴定站	鉴定、培训
宁波市装备制造业产学研技术创新联盟	技术
浙大理工与宁波模协研发中心	研发
浙大理工模具技术国家重点实验室宁波中心	研发
浙江工商模具产业园创新中心	研发
大红鹰模具拆装实验室	研发、培训
宁波职教中心德马吉宁波效能中心	培训
众行管理顾问有限公司宁波分公司	管理
宁波模协成长型企业专业委员会	管理、技术、质量、培训、信息等

3. 与金融及担保机构合作,为中小企业提供融资服务

宁波市模具行业协会与宁波市中小企业信用担保协会成为友好协会;2010年,与招商银行股份有限公司小企业信贷中心签订了战略合作框架协议;2011年,与宁波民生银行合作,为协会会员企业(中小企业、成长型企业)融资贷款。此外,协会还与宁波银行、交通银行等建立战略合作伙伴关系,为企业提供金融服务。

五、宁波模具行业发展中的主要问题

"十一五"期间,虽然宁波模具行业在产品精度、寿命、复杂程度上都有明显进步,但包括生产方式和企业管理在内的总体水平,与国外工业发达国家相比尚有10年以上的差距。突出体现在:

企业发展水平不平衡,产品技术档次总体较低。虽然有个别企业的部分产品达到或接近国际水平,但总体来看,宁波模具的精度、型腔表面粗糙度、交货期、模具寿命与可靠性等方面,与国外先进水平相比尚有较大差距。高精度模具生产能力不足,高技术含量模具还需要依靠进口。

技术装备与发达国家仍有很大差距。宁波市模具行业经过"十一五"期间的技术改造,工艺装备水平已有较大提高,但是高精度、高性能的高档设备,如高速加工中心、四轴以上联动铣床、检测设备、先进设计软件等远远不够。模具的质量、精度对设备依赖度高,没有高精设备就意味着没有能力生产高精密的模具。虽然我国机床工具行业已可提供成套的高精度模具加工设备,但在加工和定位精度、加工表面粗糙度、机床刚性、稳定性、可靠性、刀具和附件的配套性方面,和国外相比仍有较大差距。

模具高级人才严重缺乏,科研投入偏少。模具行业是技术密集、资金密集、劳动密集的产业,但模具高级技术人

才、高级钳工以及企业管理人员，特别是企业高层管理人才、技术领军人才、外经外贸人才非常紧缺。人才紧缺导致企业间争相挖聘，大大影响了模具企业的发展和稳定。

管理水平和企业信息化程度偏低。尽管“十一五”期间宁波市有200多家模具企业通过了ISO 9000、TS 16949等质量体系认证，总体管理水平大幅提升，但与国外模具企业的差距仍十分明显。企业的现场管理、技术管理、人事管理、物料管理等信息化程度很低，在模具交货期、成本核算、质量控制等方面问题较多。

专业化、标准化、商品化程度低。宁波有大量模具是企业自制自配的，商品化程度偏低；中低档次模具在整个市场出现过剩，企业往往依靠低价竞争求市场，不良竞争恶化了整个宁波模具行业的发展环境，导致企业盈利空间缩小、产品质量下降，从而影响了宁波高档次模具生产能力的提升。另外，宁波模具标准化水平和标准件覆盖率与国际先进水平差距较大，导致模具质量、成本、制造周期难以与国际接轨。

政府支持力度有待加强。高精密的模具必须依托高端机械设备和高科技人才，致使模具行业设备投入大、人员成本高，模具企业技术人员工资远远超出计税的社会平均工资。国家对工业产品实行的是增值税制，模具材料成本低，知识、劳动、技术的大量投入又不能在增值税中抵扣，导致缴纳的增值税极高，模具行业的实际税负比其他行业高5.07个百分点。模具行业的特殊性在于：在人力、技术、设备等方面的高投入及单件生产的特点导致模具净产值虽高，但所获的真正利润并不高，因此十分需要政府在税收上加大扶持力度。

六、宁波模具行业“十二五”发展规划建议

1.“十二五”发展指导思想

“十二五”模具行业应坚持科学发展观，以提高行业整体实力和企业核心竞争力为主要目标，以结构调整为主线，以技术进步为依托，“好”字当头，创新驱动，坚持信息化与工业化的融合，深化改革、苦练内功、开拓市场，着力转变发展方式，提升软实力，更好地为提高模具装备制造业总体水平，为发展低碳经济和现代制造服务业，为宁波模具行业2020年步入全国乃至世界模具强市奠定坚实的基础。

2.“十二五”发展目标

总体目标：到2015年，要把宁波市建成以中高档模具为主，区域特色更加显著，龙头企业作用更加明显，环境优雅、配套产业完善、辐射力强的具有国际竞争力的重要模具生产基地。

总量目标：规模以上企业在“十二五”期间按年均20%的速度增长，到2015年，全市规模以上模具企业工业总产值达到300亿元；全部模具企业产值按25%的年均速度增长，到2015年，全市模具行业工业总产值超过700亿元。模具出口额突破50亿元，模具标准件出口额突破20亿元。

结构调整目标：

(1)进一步强化区域特色，完善模具布局体系。进一步强化区域特色，优化模具产业布局结构，建成特色鲜明、区域统筹、错位发展、配套完善的宁波模具布局体系，把宁波打造成为国内一流、国际上有一定影响的模具设计和制造中心。

(2)扩大商品模具比例，提高标准件覆盖率。提高模具专业化、商业化比例，引导企业向标准化、集约化、规模化方向发展，促进产业结构调整，提升各地区模具工业的市场竞争力。到2015年商品模具比例提高到70%以上，标准件覆盖率从当前的50%左右提升到70%以上。

(3)提高模具档次，扩大模具出口。大力发展大型、精密、复杂、长寿命模具，优先扶持为电子信息、汽车配套的有较大需求缺口的模具，缩小缺乏竞争力、市场过剩的中低档模具比例。

(4)加强人才培训，提高模具人才素质。优化模具培训机制，整顿和整合社会培训、院校培训和行业培训机构，制定培训规划和措施，提高模具人才培训质量，以适应“十二五”行业发展需要。

技术发展目标：争取到2015年，设计制造技术达到工业发达国家先进水平，进入亚洲领先水平的行列。模具制造精度大幅提高，由当前的0.005～0.01mm提高到0.001～0.005mm；模具寿命大幅提升，塑料模具寿命由当前的30万～80万模次提升到100万模次以上，压铸模具寿命由当前的3万～15万模次提高到10万～60万模次，冷冲压模具每次刃磨寿命由当前的200～500次提升到800～1 000模次。大型、精密、复杂、长寿命模具国内市场占有率达到40%以上。

3.措施建议

(1)继续推动八个模具产业基地的建设。模具产业的集聚化发展可以使公共设施、大型专业设备、劳动力等资源共享，节约生产成本；促进模具企业之间的分工协作，促进模具行业的专业化发展，提高劳动效率；提升模具行业的研发和创新能力，进一步增强企业及整个模具行业的综合竞争力。“十二五”期间，要继续重点建设八大模具生产基地：宁海模具城、北仑压铸基地、余姚模具城、慈溪模具科技园区、象山铸造模具基地、宁波IT模具生产基地、宁波粉末冶金模具生产基地、江北创业园区汽配模具生产基地。

(2)扶持100家有国际竞争力的模具骨干企业。“十二五”期间，要大力培育一批生产规模大，产品质量高，设备、管理相对先进，在国内处于领先水平的模具龙头企业，充分发挥其对行业的带动作用。要重点以国家高新企业、特色模具企业为培育扶持对象；模具产品结构要向高精密、专业化、品牌化调整；提高模具企业的设计、制造和管理水平。

(3)发展若干技术含量高的模具产品。“十二五”期间，要加大国内尚需大量进口的模具的研发力度，鼓励企业大力开发各种中高档模具：大型、精密塑料模具——包括为汽车和家电配套的大型注塑模，为集成电路、手机、液晶显示器等电子信息产品配套的精密塑料模，为机械及包装配套的多层、多腔、多材质、多色精密注塑模等。精密铸造模具——关注高精度、大型精密铸造模具的生产，大力发展以汽车发动机为主导的铸造模具。压铸模具——发展以汽车发动机、变速箱、电动工具为重点的大型、复杂、精密、长寿命模具。粉末冶金模具——主要以提高寿命和精度，以扩大出口为目标。其他高技术含量的模具——如仪器仪表、船舶、游艇以及化妆品等实用模具。

(4)提高标准件的覆盖率，完善标准件供应体系。提高模具标准化水平，提高标准件覆盖率，缩短模具生产周期，降低成本。宁波应建立类似于 FUTABA、HASCO、DME 的标准件开发、生产、供应中心。在模具园区内，建立品种齐全、反应敏捷的模具标准件"超市"。

(5)大力培养模具人才。宁波市模具人才非常缺乏。大专院校的毕业生缺乏实际经验，而模具行业具有实践性强的特点，需着重强调理论联系实际，增加实习课时。建议宁波市经济委员会联合宁波市模具行业协会，选定20家左右的模具骨干企业作为高校的实习基地，强化锻炼，提高学生素质，并配套编写培训教材。"十二五"期间，拟规划培养模具高级工5 000人、技师500人、高级技师100人，初步满足模具行业对人才的需求。

(6)完善模具行业的相关产业链。为了更好地支持模具行业的健康发展，要加快培育、发展生产各种先进模具加工设备和测试设备的相关企业；外引内联，建立专业生产刀具、夹具和模具标准件的龙头企业；加快优质模具材料的研究，进一步加强模具材料热处理技术的研发。进一步加强机械工程、电子信息、冶金材料、化工工程、工程管理等应用技术如何为模具行业服务的理论研究，改善模具行业健康发展的软环境。

(7)加强产学研结合，加快重大技术项目的攻坚。建立企业与大学、科研院所的产学研联合体，包括与国内知名的院校、科研单位(如华东科技大学国家模具重点实验室、上海交大、郑州大学)等的合作，和与国外著名科研机构及大学(如瑞士联邦苏黎世理工学院虚拟制造技术研究所、德国亚琛工业大学机床研究所、德国慕尼黑工业大学金属成形研究所、美国俄亥俄州立大学)等的合作。不断开展技术论坛，推进技术攻关、成果转让、技术入股，形成以市场为导向的研究开发体系和开放式的产学研合作机制。根据行业技术比较优势、市场经营需要，选择独立开发、自主发展领域，探索新的技术路线，开发具有自主知识产权的技术，加快成果转化步伐，促进科技与经济的结合。

(8)进一步拓展市场，开拓新兴领域的模具产品。"十二五"期间，应着力开发、开拓以下新兴领域的模具产品：

一是航空技术装备模具。如钣金装备是航空制造技术的重要基础，制作航空钣金的主要设备是超塑成型设备、热成型设备、旋压成型设备、压弯成形设备等，这些设备均需要品种和数量可观的高档模具的支撑。又如飞机内饰件模具成套技术的研究开发及产业化，据不完全统计，飞机内饰件的模具200套左右，产值1亿元，带动制件产值约30亿元。而且，工程塑料在飞机工业的应用前景看好，中国民航已经考虑用塑料代替铝合金制造部分装置。

二是电子专用装备(IT、OA 模具)。以大规模、超大规模集成电路用引线框架精密多工位级进冲模，集成电路精密封装模具，电子元器件和精密接插件用精密模具，芯片用精密冲压模具，小模数精密塑料齿轮模具、汽车电子模具为前沿，以及电脑周边装置模具、数码产品模具、光电通信产品(照相机、摄像机、手机等)模具，网络产品模具、钟表礼品模具等随着 IT 和通信技术的发展需求将越来越大。同时，世界 OA 设备(复印机、传真机、打印机等)主要厂商在中国大量采购零部件也使得 OA 设备塑料模具发展迅速。

三是为新兴产业配套的模具。如医疗器械领域模具，据推算医疗器械约有4 000家企业生产34个门类、1万种产品保健器械(高分子塑料产品也是其中的一部分)，几乎全部制件由模具制造。由精密、超精密模具制造的医疗器械器材零部件将在医疗器械制造中具有举足轻重的地位。又如制作轨道交通设备的模具，动车组走行核心部件超高速(300 km/h 以上)精密轴承模具；200～350km/h 高速动车组、大功率交流传动电力/内燃机车、载重100t 铁路重载货车和城市轨道交通车辆用轴承模具；齿轮传动装置，高速动车组用齿轮箱精密铸造模具；重载25t 轴热锻模具、冷镦模具等都是亟待开发的模具。此外，还有新型能源、环保设备产业方面的模具，也有待于开发。

(9)积极引进、消化、推广十大模具新技术。"十二五"时期，模具行业要紧跟世界前沿新技术，不断提高模具企业核心竞争力，其关键在于积极推广运用现代模具的十大先进技术：数控加工技术、CAD/CAM 技术、柔性制造技术、超高速加工技术、特种加工技术、复合加工技术、精密与超精密加工技术、表面工程技术、微纳米技术、快速成型技术。

4. 政策建议

模具行业是制造业的重要组成部分，被称为"效益放大器"。但从效益角度分析，真正最大得益者是模具使用者，而不是模具制造者。模具行业的自身效益与其重要性并不对应，因此，要促使模具行业持续快速发展，政府的支持至关重要。建议宁波市政府制定相应政策，在金融、税收、技改等方面进一步给予模具行业重点支持，促进和带动宁波文具、塑机、家电、汽配、电子电器、IT、塑制品、五金等相关产业的发展。

(1)加大政策扶持力度，加快模具企业发展。模具行业绝大部分是单件生产，技术密集，人员费用、固定资产投入大，增值税可扣成本低，不可抵扣成本高。因此模具企业10%左右的实际负税率就显得过重。建议宁波市政府出台模具专项支持政策，设立模具专项基金，把扶持和提升宁波模具产业作为实施"十二五"规划的一个重点。此外，政府可以通过财政补贴或优惠贷款方式改造设备和推广运用先进制造技术等进行扶持；对一些重大装备进口的某些零部件和原材料，给予免征进口增值税。

(2)支持模具技术人才培训基地的建设。积极鼓励企业引进国内外模具高级设计人才，加快精密模具企业的高级管理和模具开发技术人才的培养及引进；利用宁波高等院校现有师资、设备优势,设置和扩充模具制造专业,成立宁波市模具人才培训基地,对在校或在职的各种模具设计制造人员进行培训;成立宁波市模具行业人才评估服务中心,组织模具设计师等资格认证。同时,给予一定的政策支持。

(3)充分发挥宁波市模具行业协会的作用。继续发挥协会的桥梁作用,促进行业自律,遏制恶性竞争;学习先进经验,推广行业生产标准;加强县、市行业协会纵向联系,建立与相关行业协会的横向联系。加大建议政府对行业协会的政策扶植力度。

(4)加强国际、国内交流,进一步拓展国际市场。通过国际、国内交流,提升宁波模具行业理论水平和技术水平;进一步扩大中高档模具的生产规模,加大宁波模具在发展中国家模具市场的占有率,同时提高模具精度以扩大宁波模具向发达国家的出口比例,做大做强宁波模具行业。

政府应建立和完善出口信用保险财政风险补偿机制,落实高新技术模具产品出口、融资、保险等专项资金。

(5)加强科技研发,提升行业水平。加快对模具发展具有重要意义的关键共性技术,如模具表面仿生强化、复合涂层、抛光、修复等技术的开发研究,并使成果产业化,以提高模具行业的整体技术水平;建立模具行业专利技术数据库,供模具企业查阅,加快模具技术创新步伐;加强模具绿色设计的研究与应用,推广国际先进的“绿色模具”理念;继续重视数字化制造、逆向工程、敏捷制造、精益生产等先进技术的研究。

政府可以直接投入科研资金和通过政策鼓励企业自身投入科研资金来提升企业的研发实力,使其通过自主创新生产出具有竞争力的产品以替代进口产品。对具有自主创新能力的企业应直接给予所得税、增值税等税收优惠,提升其盈利能力,增加企业的现金流,增强企业的发展后劲。

〔供稿单位:宁波市模具行业协会〕

北仑模具行业

北仑模具产业从20世纪60年代开始起步,90年代迅速发展,行业规模日益壮大,技术水平不断提升,产业结构渐趋合理。北仑模具特色明显,主要是压铸模具和塑料模具,其中压铸模具占80%,其产值占全国压铸模具总产值的40%以上,北仑享有“压铸模之乡”的称号,快速发展的北仑压铸模具产业呈现如下特点:

一、品牌优势明显

北仑模具制造业在全国同行业中已有较高的知名度。中国模具工业协会历任理事长和主要领导杨铿、王都、曹延安以及宁波市各级领导多次考察大碶模具,杨铿理事长题词“中国模具之乡——宁波北仑”、“中国压铸模生产基地——宁波北仑”。北仑压铸模制造企业集群密度全国领先,其中汽车发动机压铸模占全国市场份额的一半以上。全国性压铸模具技术交流会、压铸模具技术年会等模具行业会议多次在北仑召开。北仑模具企业注册的模具行业首个集体商标“北仑模具”,在国内外产生重要影响。

二、产业规模不断扩大

截至2010年底,北仑拥有各类模具企业1 743家,从业人员达到2.3万人,模具产值42.3亿元。北仑压铸模产业协作、配套齐全,已形成整体优势,2010年模具及产品产值超3 000万元的企业60多家,其中超亿元的企业8家,会员企业年缴纳税金超亿元。北仑区政府对模具产业高度重视,2010年发放财政补贴715万元。2010年,作为加快转变发展方式、推进北仑经济转型升级的重要平台——北仑大碶高档模具产业基地正式启动,基地各项建设工作有序推进。

压铸模具的快速发展也带动了北仑压铸制品产业的高速发展,北仑已拥有各类压铸机600多台,总吨位超过20万t。近年来压铸制品产值每年以50%左右的速度增长,2010年压铸件总销售额达30亿元,出口5 500万美元。压铸件产品产量在华东地区占主导地位。其中宁波勋辉电器有限公司、宁波久腾车灯电器有限公司、北仑辉旺铸模实业有限公司、北仑燎原模铸有限公司、宁波华朔模具机械有限公司等6家企业年销售额超1亿元。

三、技术水平不断提高

北仑模具制造业设备先进,拥有各类模具加工中心600多台,从日本、美国、德国、意大利、瑞典等国引进数控高速铣床、慢走丝线切割机床、电火花机床、深孔钻床、三坐标测量机、合模机、电子万能试验机等先进的精密加工机床和检测设备100多台(套),其中300万元以上的五轴加工中心也引进十余台,整体技术装备在国内居领先水平。北仑压铸件制造企业拥有125～3 000t各类压铸机床,其中1 000t以上的压铸机床拥有量在宁波地区居首位。压铸制品的档次不断提升,产品质量和精度达到国内外先进水平,德国博世(BOSCH)公司和TTI公司等世界著名厂商纷纷将北仑企业作为压铸件产品供应商。

北仑压铸模具产业拥有宁波压铸模工程技术中心、宁波塑料电器模具工程技术中心等省级模具工程技术中心。压铸模具企业自主创新研发能力强,注重发明创造以及新产品的研发,广泛应用CAD/CAM/CAE先进设计制造技术。注重专利申请,截至2011年1月已获得各类专利320余项,荣获国家科技进步奖一等奖1项、国家级创新产品4项,9家压铸模具企业入围国家高新技术企业。北仑10多家模具企业的产品获得2010年度“精模奖”,其中V6缸体压铸模具、AT自动挡变速器壳体模具、大型镁合金仪表盘模具等均为国内首创。

四、企业管理水平提升

管理水平的提升保障了产品质量。北仑模具企业积极开展ISO 9001/ISO/TS 16949等质量体系认证,300多家模具企业通过了各种质量体系认证。宁波勋辉电器有限公司、宁波东昊汽车零部件有限公司、宁波旭升机械有限公司、宁波辉旺机械有限公司等多家企业通过了第三方认证机构德国TÜV产品服务有限公司的ISO/TS 16949认证。

部分模具企业正在通过ISO 14001环境体系认证。

北仑模具企业不断加强信息化管理系统的应用，骨干模具企业中广泛应用先进的物料管理、财务管理、模具车间生产管理系统。同时，北仑模具企业也注重加强中层干部的管理培训工作。

五、产业配套日益完善

压铸产业（压铸件及其模具产业）的快速发展，也得益于配套行业的完善。继江西科学院宁波分院热处理中心落户大碶后，2003年瑞典一胜百公司在华东地区的第二个热处理基地也落户于此，北仑就此定位为宁波地区的热处理中心，提升了压铸产业配套行业的层次。加工配套业和制造业有机结合，使包括机械设备、材料供应、热处理、模锻件加工、模具设计制造、压铸制品精加工等在内的压铸产业的全部工序能够在北仑就地完成，形成了较完善的体系，社会化协作程度较高，节约了企业物流成本，缩短了生产周期，提高了生产效率。

产品轻量化、节能化、绿色化的发展趋势必将大大促进铝镁合金压铸成形工艺、压铸模具和设备的发展。国内、国际对压铸模具和压铸制品的需求巨大，也必将促使北仑压铸模具产业在"十二五"期间继续快速发展。

〔撰稿人：宁波市北仑区模具工业协会乐善康〕

宁海模具行业

2008～2011年，宁海模具行业虽然受国际金融危机、人民币升值、用工成本上升和材料价格上涨等外部因素的冲击，又面临行业内模具价格竞争日趋激烈、模具企业亟需转型升级的巨大压力，但全行业通过积极调整发展思路，转变模具生产发展模式，行业经济总量仍保持了稳定增长的态势，2011年模具产销超56亿元，模具工业产值占全县工业总产值的1/10强。宁海模具行业在国内模具业中继续保持领先地位。

一、树立发展信心，加快技改步伐

工欲善其事，必先利其器。宁海模具企业大胆引进各类尖端设备，以满足宁海模具向高端模具转移的需求。如，宁海县南杰模塑有限公司引进了菲迪亚双头五轴联动机床，宁波震裕模具有限公司引进了瑞士高精度连续轨迹坐标磨床，宁海县第一注塑模具有限公司相继引进了3+2德马吉加工中心、菲迪亚五轴联动机床、海克斯康Alpha大型三坐标测量机，宁波方正汽车模具有限公司相继引进了意大利高速镗铣加工中心、3+2德马吉加工中心，宁波如强模塑有限公司引进了意大利高速镗铣加工中心，宁海县大鹏模具塑料有限公司引进了海克斯康Alpha大型三坐标测量机等。

二、调整产业结构，积极创建高新技术企业

自2008年国家出台新的高新技术企业评选办法后，宁海县第一注塑模具有限公司、宁波跃飞模具有限公司、宁海县大鹏模具塑料有限公司、宁波震裕模具有限公司、宁波方正汽车模具有限公司、宁波双林模具有限公司、宁海县现代模具有限公司、宁波如强模塑有限公司、宁波振业杨亭模具有限公司等9家企业先后被评为高新技术企业。宁海县第一注塑模具有限公司、宁波跃飞模具有限公司、宁波震裕模具有限公司、宁海县大鹏模具塑料有限公司、宁波方正汽车模具有限公司、宁波双林模具有限公司、宁波申江汽车部件有限公司等7家企业先后荣获中国重点骨干模具企业称号。

三、抓住"两化融合"的契机，推动企业转型升级

四年来，宁海模具行业涌现出一批信息化与工业化完美融合的典型企业，宁波震裕模具有限公司、宁海县第一注塑模具有限公司、宁波双林模具有限公司等企业在"两化融合"工作中成为行业翘楚。特别是宁波震裕模具有限公司的两化融合工作，经市长批示成为全市的标杆。

四、坚持产学研合作，培养多层次的模具人才

四年来，宁海模具行业在人才培养和引进方面也有长足的发展。各企业加强了对在职职工的职称培训，分批次、分阶段地鼓励职工考取中级工、高职工、技师、高级技师、助理工程师、工程师及高级工程师等职称。模具行业协会在人才培养方面也发挥了积极的作用，如与县技工学校合作成立模具行业职工培训基地，推动县职教中心成立宁海县模具设计与制造学校，积极鼓励县机电学院模具专业的高职学生留在宁海发展。另外，协会还每月开展诸如软件技术、企业管理、技术开发、英语等方面的培训，提升在职职工的素质。积极引进各类尖端人才，促进企业转型升级，如宁波双林模具有限公司建立了博士后工作站，宁海县第一注塑模具有限公司建立了院士工作站。积极鼓励企业开展产学研合作，宁波华宝塑胶模具有限公司成为宁海模具企业产学研合作的典范企业。2011年该公司与浙江工商职业技术学院、浙江工业大学之江学院联合成立产学研合作机构，共同解决企业技术难题。各企业还加大对专科生、本科生、硕士生及博士生的引进力度。

五、开拓国际模具市场，保持良好发展势头

四年来，宁海模具企业加大了对国际模具市场的开拓力度。各企业在协会的组织协调下，以组团方式相继参加德国、美国、巴西、印度等国家的专业展览会。宁海县第一注塑模具有限公司、宁波方正汽车模具有限公司、金辉模具、天下模塑、现代模具、宁波双林模具有限公司、宁波跃飞模具有限公司、大鹏模具塑料有限公司、宁波如强模塑有限公司等企业，都在国际市场开拓方面取得了骄人的业绩。宁海模具远销美国、德国、日本、法国、印度、加拿大等国家，并获得了良好的国际声誉。

六、建设模具城服务平台，为中小企业转型升级提供全方位支撑

素有"孵化器"美誉的宁海模具城，已接纳620家企业入城创业，就业人员1.1万多人，年产值逾10亿元，先后荣获省级塑料模具高新技术特色产业基地、省级小企业创业

基地、省级小企业创业示范基地、宁波市中小企业公共服务平台、宁波市中小企业技术服务平台、优秀服务平台、浙江省供销社系统十强社有企业等称号。信息中心、产业培训服务中心、检测中心、国际模具产业开发中心、模具展示中心、热处理中心等城属六大公共服务平台也有了长足的发展,为城内企业提供了全方位的服务。为进一步推动模具城向纵深发展,更好地发挥模具城促进产业转型升级、推动块状经济向集群化发展的作用,模具城启动了建筑面积199 920m^2,投资概算13.1亿元的工贸区建设。工贸区建成后,城内外相关企业可在此进行模具机械设备、模具工量具和模钢模坯的交易,同时也为集聚模具产品的研发、设计、销售资源,培育模具行业总部经济,完善模具城六大公共服务平台发挥了积极的推动作用。

七、长远规划,打造现代模具产业园

宁海县委、县政府已在宁东园区规划了占地面积166.67m^2,拥有核心商务区、生产制造区、加工配套区、商贸流通区、生活居住区等五大功能区的现代模具产业园。力争到2018年,园区培育引进上市模具企业2~3家,国内外特大型模具制造企业4~5家(产值超亿元),大型模具制造企业(产值5000万~1亿元)20家,高成长型模具制造企业(产值3 000万~5 000万元)15家,小巨人型模具制造企业(产值1 000万~3 000万元)25家,生产协作型企业1 500家(其中国际品牌配套企业15~20家),模具设计及工业产品创意设计50家,科技创新型模具研发企业50家,引进各类中高端人才6 000人,年产值达100亿元。

八、高举科技大旗,勇立先进科技前沿

宁海模具拥有良好的技术创新基础,曾开创了数项全国第一,如双桶洗衣机模具、43in液晶电视机模具、汽车油箱模具等都填补了国内空白。近年来,宁海模具企业连续在"精模奖"评比中获奖,为第29届奥运会制作了奥运火炬模具,为神七飞船生产了配套的接插件等。宁海模具企业已普遍使用CAD/CAM/CAE、UG、Pro/E、Moldflow等设计软件,相继引进使用了Eman生产管理系统和不二精机生产管理系统;相继采用了热流道注射成型、气体辅助成型、双色成型、贴膜成型、薄壁成型、微注塑等模具新技术,以及铝合金铸造制模工艺。宁海县第一注塑模具有限公司、宁波跃飞模具有限公司、大鹏模具塑料有限公司、方正模具、宁波双林模具有限公司、宁波震裕模具有限公司等企业均成为宁海模具企业拥有发明专利、实用新型专利的示范企业。

〔供稿单位:宁海县模具行业协会〕

余姚模具行业

余姚模具起源于20世纪50年代末,成长于80年代,发展于90年代。约于20世纪50年代末期,在余姚一些社队企业中(如当时的环城、永丰胶木厂等)开始以胶木粉为原料,压制结构简单的低压电器开关等产品,这些小厂内大都设有简单的模具车间。这是余姚塑料模具的雏形。60年代后期,散见于余姚各机械厂的制模高手,凭借手工技术,制作了若干毛主席像章。这是余姚冲压模具的雏形。80年代,随着乡镇企业的崛起和二轻集体的蓬勃发展,在我国经济体制由计划经济向市场经济过渡的特殊背景下,余姚市的塑料制品业和量大面广的小家电企业得到空前发展,而支撑这些企业发展的技术手段就是塑料模具。80年代中期到90年代初,余姚市的塑料制品产量约占当时全国产量的1/4。余姚市逐渐被外界称为"塑料王国"。所有塑料制品和90%的家电产品的外形需以模具注塑成型,从而促使塑料模具快速发展。90年代初期,塑料模具逐步从塑料制品企业中分离出来,由原来的附属车间转变为独立的模具企业,散布于全市各地。余姚城区主要集中在新建北路、长城路、新西门路、南河沿路和富巷北路等地,以新建北路为主要集中地。1992年底余姚市安山塑胶厂(后改为宁波美灵塑模有限公司)最早进入新建北路,而后从南河沿路陆续搬入一批小模具厂,至1995年底,该处有小模具企业300余家。其中,地处新建北路的余姚塑料总厂的浙江塑料模具制造中心,拥有当时一流先进水平的沙迪克制模设备,在全国也有较高的知名度。此外,有代表性的企业还有余姚通运模具厂(后改为余姚市通运重型模具制造有限公司)、余姚新洲模具厂(是余姚市线切割的祖师,后改为余姚市新洲模具中心)、余姚联盟塑料厂等。因此,新建北路被称为"余姚模具一条街"。乡镇中则以泗门、临山、丈亭、马渚、陆埠等地为主。据不完全统计,当时约有大小模具企业600多家,模具工约2万余人,余姚市逐渐被外界称为"模具之乡"。

余姚模具的蓬勃发展始于中国轻工模具城的开发。1995年4月,余姚市人民政府与国家轻工部(后改为国家轻工业局,现为中国轻工业联合会)在北京饭店就开发建设余姚模具城签署了合作协议。余姚市人民政府明确由当时的余姚二轻工业总公司(即市二轻局)为开发建设的责任单位。1996年3月,市政府成立余姚模具城开发领导小组办公室。但由于开发地块与当时模具集中地分离,难以进入实质性开发,1996年10月将模具城开发地块转移至新建北路以东地块(即现址)。1996年11月,余姚市政府决定撤销原模具城开发领导小组办公室,成立"中国轻工(余姚)模具城管委会",1996年12月,模具城首条东西道路开通(即现金型路)。1997年初,浙江塑料模具制造中心、宁波远东电脑制模有限公司(后改名为宁波远东制模有限公司)、余姚市通运重型模具制造有限公司等企业以及新建北路30多家模具小企业首批入城。1997年6月,余姚市政府主持召开了全国规模的模具城推介招商会,确定模具开发"保两头,放中间和税费优惠"的有关政策。上钢、马钢、本钢等知名材料企业率先在模具城内设立模具钢销售点。全国首家模具城自此正式开工。1997年11月,余姚市模具工业协会成立,余姚市模具业进入稳步发展时期。至2010年,余姚模具城经过15年的开发建设,开发面积达到2km^2,

总投资38.76亿元,引进企业985余家,实现工业总产值69.25亿元、销售收入66.96亿元,建立了宁波塑料模具公共服务平台,已经成为余姚模具最具竞争力的产业基地。

从2000年开始,余姚市委市政府对模具行业实施专项扶持政策。当时,国家财政部和国家税务总局对全国重点模具企业实施增值税先征后返的优惠政策,余姚市有4家企业享受此优惠政策。2007年,余姚市委市政府发布余政办47号文件《余姚市人民政府关于进一步鼓励发展模具行业的若干意见》,出台了模具行业全方位的优惠政策;2009年余姚市委市政府继续出台《余姚市人民政府关于印发余姚市进一步鼓励发展模具行业若干意见的通知》。在政策的引导下,余姚模具行业技术进步加快,到2010年全行业拥有先进设备4 500多台;中高档模具占70%;模具商品化率达到了71%;100%的模具企业应用CAD技术,30%的企业应用CAM/CAE技术;20%的企业与国际、国内知名品牌形成合作关系。全市有117副模具被中国模具工业协会技术委员会评定为国家级优质模具,其中67副达到国际先进水平。浙江华锦微电子有限公司的大规模集成电路引线框架冲压模具、宁波舜宇模具有限公司的audic7注塑模具、宁波贝隆模具有限公司的测距仪主体注塑模具等都达到了国际先进水平。宁波远东制模公司的汽车前后保险杠模具生产能力已经位于全国先进行列,该公司和日本合资的远东春日井科技公司生产的快速成形模具达到国内先进水平。

截至2010年,全市模具工业总产值达到110.25亿元,商品模具销售达到79.34亿元,其中出口模具7.95亿元。全市有模具企业1 300余家,从业人员约5万人。其中,宁波远东制模有限公司、宁波舜宇模具有限公司被中国模具工业协会命名为全国重点骨干模具企业。2008年余姚市被中国模具工业协会命名为“中国塑料模具制造基地”,2009年被国家科技部命名为“国家火炬计划宁波余姚塑料模具特色产业基地”。2010年余姚模具协会、宁波远东制模有限公司与上海交通大学建立了中国工程院院士工作站。

〔供稿单位:余姚模具工业协会〕

台州市模具行业

黄岩模具行业

一、黄岩模具行业概况

黄岩模具行业以生产汽车、摩托车、家电、电子、音像、管件、物流以及日常生活和办公用品等制品的塑料模具为主,同时也生产金属制品的冲压模、铸造模、压铸模及其他模具。2010年,黄岩地区模具实现产值110亿元,约占全国的1/10;销售总额70亿元,规模以上企业出口模具10.95亿元。拥有一定的模具生产能力和从事模具加工服务的专业生产厂(点)2 200多家,从业人员近5万人,生产面积166.7万m^2。拥有主要加工设备1万余台,其中数控设备8 000多台(加工中心1 500多台,其中五轴加工中心30余台)。

2008年6月,中国社科院授予黄岩模具“产业集群品牌50强”称号;2009年5月,“黄岩模具”被浙江省政府定为全省21个块状经济转型升级示范产业集群。黄岩正在申报国家新型工业化产业示范基地。

二、黄岩模具产业集群的优势

1.集聚度高,专业化、社会化分工明显

黄岩模具产业由于高度的集聚,催生了专业化、社会化的分工。在小范围的区域内,各类模具的专业加工和服务应有尽有,从塑料件测绘、模具材料及部件供应、模具设计、造型、编程、粗加工、精加工,一直到热处理、试模一应俱全。除了具有一定规模的模具企业生产设备、设施、机构人员比较齐全,可完成模具大部分设计制造过程外,许多企业都需要依靠社会化的专业分工协作来完成模具生产全过程。高度的产业集聚和竞争,凝聚了大量的技术、信息、人才和市场资源,不断地推动产业集群的发展。

2.对其他产业的带动作用巨大

黄岩凭借发达的塑料模具产业带动并促进了许多产业的发展,如日用塑料制品产量约占国内市场的30%,占出口市场的10%;黄岩是全国最大的踏板式摩托车及电动自行车塑料覆盖件生产基地,产量占全国总量的80%。此外,模具产业的技术改造,特别是加工中心的广泛引进,也间接推动了机床行业的技术进步。因此,模具行业是黄岩工业中最具核心竞争力的行业,对整体工业发展影响巨大。

3.产品结构合理

黄岩模具企业选择了做专、做精的道路,坚持错位发展,重点做好拳头产品、特色产品,避开普通模具的过度竞争;模具的整体质量有所提高,产品层次丰富,特色明显,高、中、低档模具共生共存,汽车、摩托车、电动自行车塑料注塑模具是第一大亮点,吹塑模具和挤出模产量在同类行业中也高居榜首。

4.创业与研发氛围浓厚

黄岩模具产业基础扎实,其中最重要的是拥有充足的具有强烈创新意识和探索精神的人力资源。模具企业经常将收益投入新工艺、新技术的研发。

三、产业效益与社会效益

黄岩模具企业逐步向专业化、高精度方向迈进,2009年有22副模具被中国模具工业协会技术委员会推荐为国家级新产品;2010 年有 18 家企业的 45 副模具参加评审,19 副模具被推荐为国家级新产品,占全国推荐产品的 50%。陶氏、赛豪 2 家企业被评为国家级高新技术企业;浙江模具厂、浙江凯华模具有限公司等 7 家企业被评为 2010 年省级高新技术企业;浙江天翀车灯集团公司等 23 家企业获黄岩区"2010 年度百强企业"称号;荣信、炜大等多家企业获得了省级科技型、专利示范、市级高新技术企业等称号;陶氏、赛豪、嘉仁、星泰、伟基、凯华、美多等 10 家企业被中国模具工业协会评定为"中国重点骨干模具企业"。依据黄岩区政府出台的《黄岩区模具产业创建浙江区域名牌工作实施方案》,黄岩模具行业积极开展创建浙江区域名牌工作。2010 年,黄岩模具行业没有一家年耗标煤超过 1 000t,标准化试点企业万元产值耗标准煤也从试点前的 0.120 7t 下降到0.084 7 t,模具制造过程实现了无污染排放。

四、产业发展重点

总体布局:以推动黄岩模具产业块状经济向现代产业集群转变为目标,结合黄岩城市与产业发展形态,构建"一主一副一中心"的产业布局;以高度集聚为主要形式,合理调整产业梯度和企业布局,大力提升各类公共平台的作用。

一主:即规划 153.3 万 m^2 面积的中国(黄岩)模具新城,是黄岩模具产业发展的最核心区块,要大力引进优质模具企业入驻,提升资源利用率和投入产出率,成为带动黄岩模具行业发展的龙头。

一副:即西城和北城两块拥有较强产业发展基础的片区。要依托两大片区模具产业的现有优势,在鼓励区块内优质企业向模具新城集聚的同时,着力培育和孵化有潜力、有特色的模具企业,使西城和北城成为黄岩模具产业后备力量的重要培育区域。

一中心:即中国黄岩模具博览中心。这是黄岩模具行业最集中、最重要的公共服务平台和交易平台,构建专业交易市场以及研发、检测、培训、展示、信息五大中心,使其成为推动黄岩模具行业向更高层次发展的重要平台和产业发展副中心。

高精度、高寿命和高效益是黄岩模具行业的三个主要发展方向。

(1)充分利用黄岩塑料模具优势大力发展中高档汽车塑料覆盖件模具和大中型汽车内饰件模具,由配件市场向主机市场的进军;发展为家电配套的大型注塑模具和为集成电路配套的精密塑封模具;发展塑料板、片、膜挤出模头及配套生产设备;发展为新型建材及节水农业配套的塑料异型材挤出模。

(2)在模具发展的薄弱环节寻求突破,发展技术含量高、附加值高的多工位级进模和小型精密模具;开拓模具使用新领域,如新能源、新材料、医疗和航天等领域,拓展精冲模制造、精密型腔模具制造、大型薄壁精密压铸模具制造等其他领域模具产品。

(3)提高大型、精密、复杂与长寿命模具的设计与制造水平,快速提高汽配、家电等大型模具的设计制造能力,加快引进国外先进制模设备,应用国际先进模具设计软件特别是 CAE 软件,提高模具制作的数字化水平。

(4)积极采用快速成型设备和技术,发展推广模具标准件制作,推广热流道、气体辅助注射等新技术和新工艺,提高大型精密复杂模具的制造水平。

(5)大力突破模具技术和工艺领域的盲区,如激光焊接、三维微加工技术(DME)、三维型腔的精密成型和镜面电火花加工一体化技术以及稀土元素表面强化、化学镀工艺、纳米表面处理、铝材模制作等大量先进加工工艺、材料和技术。

(6)探索模具相关配套技术领域的重大突破,如铸造、锻造、粉末冶金、热处理与表面处理技术等;进一步开发、应用快速成形、快速经济模具制造新技术和模具制造的节能、节材技术。

〔供稿单位:黄岩模具行业协会〕

安徽省模具工业

安徽是制造业大省之一,汽车、家用电器、工程机械、化学建材、信息技术以及新能源和新材料等产业均处于全国先进地位。2010 年,安徽共生产汽车 110 多万辆;2011 年上半年,奇瑞汽车产量 32 万辆、江淮汽车产量 28 万多辆,分别列全国的第 6 位和第 8 位。家电行业集中了十多个国内外知名品牌,2010 年冰箱、洗衣机、空调器和彩电四大家电合计产量 5 400 多万台,居全国省市产量的第 1 位。其中,电冰箱产量居全国第 1 位,洗衣机和空调器居第 2 位,彩电居第 3 位。安徽已成为世界家电研发制造中心,是全国最大的平板显示器制造中心和产量占全国半壁江山的太阳能光伏生产基地。制造业的快速发展带动了模具需求的增长,安徽模具年需求量约在 60 亿元以上,强大的市场需求拉动了模具产业的快速发展。模具企业纷纷进行技术改造,扩大产能,提升产品和技术水平;省外、境外模具企业不断前来投资办厂;早期到沿海地区从事模具工作的人员也纷纷回乡兴办模具企业。安徽模具产业总量有所增加,技术队伍不断扩大，产品和装备水平大大提高。到2010年底，全省共有模具及配套企业1 500多家，其中规模以上（销售额超2 000万元）企业达200多家，从业人数达30 000多人，商品模具产值50多亿元，出口2 000多万美元，模具综合实力排名在全国逐年上升。

近年来，安徽模具产业的发展有如下几个特点：

一、汽车模具异军突起，芜湖正成为汽车模具企业最集中的城市

芜湖市经工商注册的各类模具企业近300家，其中多数是汽车及其零部件模具企业。瑞鹄汽车模具有限公司2008年以来加大了改革、改造和对外合作的力度，通过重组、合资、合作和独资等多种形式组建了7个分公司，形成了汽车模具工业集团。瑞鹄汽车模具有限公司构成见图1。

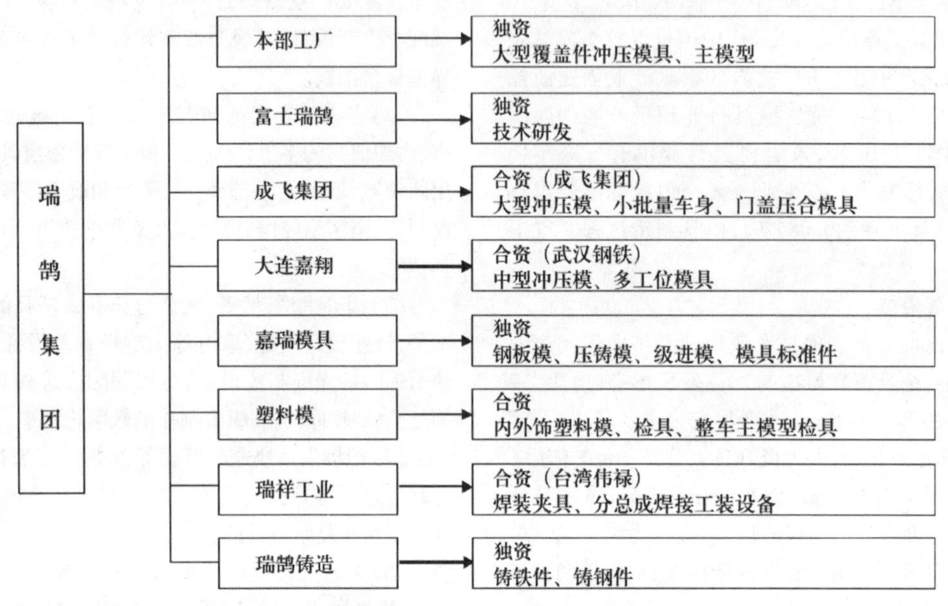

图1 瑞鹄汽车模具有限公司构成

瑞鹄汽车模具有限公司已经构建模具研发、模具配套、汽车零部件和检夹具制造四大平台；集独立承担冲压、焊装、SE分析、实型铸造、模检具设计制造、冲压焊装件小批量生产和白车身组装于一体；基本形成了模具、夹具、检具制造及零部件生产基地和以技术研发为中心的白车身组装基地，实现了以铸造、材料、热处理为关键配套的“一体系”建设。已投产的4家企业，2010年销售额达到52 761.75万元。

除芜湖外，合肥、宣城、马鞍山、蚌埠等市的汽车模具产业发展也很快，其中江淮福臻车体装备有限公司、安徽福达汽车模具制造有限公司、合肥华龙模具有限公司和安徽省尚展模具公司尤为突出。江淮福臻车体装备有限公司2011年投资7 200万元新建厂房16 000m^2，新购大型设备5台，技术水平和装备水平大大提高，产能翻了一番。安徽福达汽车模具制造有限公司由河北泊头兴达模具公司投资2.2亿元兴建，占地面积5.53万m^2（83亩），生产厂房等建筑面积48 000 m^2，职工220人，拥有龙门数控铣床30台，冲压调试等机械设备20余台，达产后年模具产值超亿元。安徽省尚展模具公司和合肥华龙模具有限公司2010年产值分别超4 000万元和3 000万元。

二、家电模具一枝独秀，滁州市已成为中国家电模具之乡

滁州市是安徽家电企业聚集的三个城市之一，康佳、西门子、扬子等国内外八大知名家电企业齐聚滁州，连同配套企业，全市共有家电企业800多家。

滁州模具主要由三部分组成：

一是电冰箱吸塑发泡模具、钣金模具和冰箱生产装备。全市共有这类企业80多家，其中规模以上企业20多家，从业人数4 000多人。2010年模具及配套产品销售额达6亿元左右，占全国同类产品市场60%以上的份额。安徽鲲鹏装备模具制造有限公司、宏达模具制造有限公司、经纬模具制造有限公司、科创模具制造有限公司、科昌机械制造有限公司和博精模具设备制造有限公司等20多家骨干企业的产品水平和装备水平都进入国内同行业先进行列，产品广泛用于海尔、西门子、美的、格力、康佳、长虹和三洋等知名家电企业。近年来各企业都加强了技术研发能力的建设，广泛开展同高校和科研院所的合作研发，获得新产品、新技术和新工艺成果200多项，申请各类专利数十项。5家企业被认定为高新技术企业，3家企业为中国重点骨干模具企业，6家企业为安徽省重点骨干模具企业。滁州已成为名副其实的家电模具之乡。

二是大型复杂型腔注塑模具。天长市天大集团模具公司和安徽皖美模塑有限公司都是专门从事空调器壳体和风叶模具研发生产的骨干企业。两家企业共有模具加工设备108台、从业人员334人，2010年销售额合计12 800万元，出口800万美元。安徽皖美模塑有限公司2010年产销额达9 000万元，其中50%出口，产品远销欧洲、亚洲多个国家和地区。

三是拉丝模具。这是滁州市模具产业的新亮点，主要集中在滁州市天长市杨村镇。杨村镇同河北省河间、山东省并列为全国三大拉丝模具生产集中地。杨村的拉丝模具企业总数、产品水平、工艺水平和装备水平均处于领先地位。全镇共有拉丝模具企业80多家，2010年销售额近5亿元，其中安徽振兴拉丝模有限公司销售额达5 000万元。

三、橡胶模具急起直追，产品全面更新换代

宁国市是安徽最早生产橡胶制品模具的城市，产品主要是密封件模具和轮胎模具。全市共有模具及配套企业10多家，从业人数近千人，2010年销售收入2亿多元。宁国市中鼎模具制造公司是中鼎集团的全资子公司，由中鼎密封件公司的模具分厂起步，以单一生产油气密封圈模具为主。公司化改造以后，为适应新的产品生产要求，企业加大了投入，加快了技术更新改造步伐，规模迅速扩大，产品水平和装备水平大大提高，均处于全国同行的领先地位。产品也由密封圈模具转向汽车和家电的密封件模具，产品涵盖汽车门窗、操纵系统、减振系统、防尘装置等油气密封件模具。2010年销售额7 925.7万元，汽车密封件模具出口50多万美元，产品已出口到美国。

橡胶轮胎模具是宁国市第二大类模具，主要生产企业有安徽迈吉尔模具有限公司和大道模具有限公司等。安徽迈吉尔模具有限公司以工程车和载重汽车轮胎模具为主，大道模具有限公司则以中小型轮胎模具为主。大道模具除在宁国市投资建设铸造生产线外，还配合合肥工厂全部转向子午线轮胎模具生产。三年来新投入8 000多万元，轮胎花纹制造工艺在电脉冲刻蚀和镶块为主的基础上，增加了精铸和数控雕刻工艺，产品工艺进入国内先进行列。2010年实现销售收入11 000万元，改造完成后年产能将达到3亿元以上。安徽迈吉尔模具有限公司为适应产品及工艺升级的要求，自2010年起移地扩建改造，总投资15 900万元。2010年实现产值10 317万元、出口486万元，产品出口至美国、斯里兰卡、印度等国家。2012年技改完成后，年产值将达4.5亿元以上，进入大型轮胎模具企业行列。

四、产业聚集度大大提高，配套体系逐步形成

模具企业以订单式生产为主，单件、交货期严格，要求协作方便、配套及时。为此，安徽省模具工业协会积极倡导专业化大协作，引导企业向模具聚集地和园区集中，初步形成了6大模具产业聚集区：以瑞鹄汽车模具有限公司、安徽韦尔汽车科技有限公司和芜湖模具城为代表的芜湖市汽车模具产业集中区；以安徽联盟模具工业股份有限公司和安徽力源数控刃模具制造有限公司为代表的马鞍山市博望数控刀模具产业集中区；以中鼎模具制造有限公司、安徽迈吉尔模具有限公司和大道模具有限公司为代表的宣城宁国市橡胶模具集中区；以铜陵三佳科技有限公司和铜陵耐科科技有限公司为代表的铜陵挤出模和封装模集中区；以安徽鲲鹏装备模具制造有限公司、宏达模具制造有限公司、滁州科创模具有限公司和滁州经纬模具制造有限公司为代表的滁州市家电模具集中区；以江淮福臻车体装备有限公司、安徽福达汽车模具制造有限公司、合肥华龙模具有限公司和安徽省尚展模具公司为代表的合肥汽车与家电模具集中区。

继芜湖经济技术开发区模具城基本建成后，2008年又在高新区征地9.3万m^2(140亩)，建设芜湖国际模具城，已基本建成投产；2010年又在南陵工业园再征地33.3万m^2(500亩)，新建南陵模具工业园，一期50 000m^2厂房已建成，陆续有模具企业进驻，二期100 000m^2厂房建设也即将展开，届时，芜湖市将形成一城三园的格局。滁州市2011年开始集中兴建滁州家电模具园。一期用地33.3万m^2(500亩)，进园企业将达8～10家，宏达模具制造有限公司、滁州科创模具有限公司和滁州经纬模具制造有限公司以土地置换的方式进园建设，安徽振华科技工业有限公司已签约入驻，配套生产标准件。合肥市也在积极筹划建设模具园区，广州模具企业拟抱团投资8亿元建设合肥模具园；浙江慈溪模具行业协会将组织5家企业进驻，征地33.3万m^2(500亩)，建设家电模具园区，合肥本地3家企业也拟入驻。届时合肥将形成两个模具产业园区，以此改变模具产业落后的被动局面。

模具配套体系近年来也有显著进展。芜湖市已建成较为完整的汽车模具配套体系：瑞鹄铸造公司和裕隆模具铸业公司解决了汽车模具铸件长期依赖外省的困局，芜湖金龙模具锻造有限公司配有大型真空热处理炉，可以提供材料和热处理的一条龙服务。滁州家电模具用铸铝件较多，已建成3家铸铝企业，可年产铝铸件4 000t；锻件厂1家，配有750t和1 000t锻锤和加工设备，可提供锻造加工一体化服务。合肥市配套服务企业也较齐全，从标准件、原材料、数控加工和热处理都能基本解决。

模具材料品种多、要求高、批量小，一般企业不愿生产。马鞍山当涂特种材料厂在马钢公司和钢铁研究总院的技术支持下，建成专业模具材料公司，现配有20t电熔炼炉2台、5t电炉2台、8t重熔炉4台，模具钢年生产能力达30 000t，2010年模具钢产值2亿多元。近期拟再投入8 000多万元，新增2 500t快速精锻设备和加工设备，可为用户提供六面光的模具钢，减少模具厂家的加工量。

此外，安徽的高效复合模具也有较快发展。铜陵三佳科技和黄山三佳谊华精密机械有限公司的精密级进冲模，其精度、速度和寿命都处于国内领先地位，广泛用于引线框架、空调器翅片的生产。北泰汽车底盘系统安徽公司的厚板级进模具，步距精度2μm，可冲5～8mm厚板，生产的汽车刹车片、刹车体出口美国等工业化国家。

〔撰稿人：安徽省模具工业协会刘传经〕

滁州市家电模具

滁州市地处皖东,是皖江城市带承接产业转移区的重要一翼,毗邻南京,是南京一小时经济圈的主要成员。滁州是安徽的工业重镇,尤以家电工业最为突出。20世纪末,扬子电扇、扬子冰箱已闻名遐迩;进入21世纪以来,随着世界白色家电制造商博世—西门子家用电器集团和康佳集团在滁州投资建厂、发展壮大,家电产业的区域集聚效应日益显现。滁州已集中国内外著名家电企业8家,配套企业780家。2010年,合肥、滁州和芜湖市的四大家电合计产量已达5 400多万台,稳居我国第一位,滁州已成为名副其实的家电城。

一、滁州家电模具发展现状

滁州的家电模具主要集中在三个方面:

一是冰箱吸塑发泡模具。滁州是我国家电模具的最早发源地,其家电模具的规模实力在全国首屈一指。近年来,滁州家电配套企业发展迅猛,现有模具生产企业近百家,规模以上企业20多家,从业人员4 000人左右。冰箱真空成型模具和发泡模具是滁州模具行业的特色产品,滁州已经成为全国最大的冰箱产品制造和模具生产基地;冰箱箱体和门的发泡线、发泡模、吸塑成型模具等关键主体设备产量在国内市场占据70%份额。代表性的企业有安徽鲲鹏装备模具制造有限公司(原中国扬子集团滁州装备模具制造有限公司,以下简称鲲鹏装备模具)、滁州市宏达模具制造有限公司(以下简称宏达模具)、滁州市经纬模具制造有限公司(以下简称经纬模具)、滁州科创模具制造有限公司(以下简称科创模具)、滁州市博精模具设备制造有限公司等。2010年滁州市模具行业产值11.5亿元,其中家电模具实现销售收入6.5亿元左右。近年来,各模具企业与国内外多所大专院校、科研院所建立了产学研联合攻关的自主创新体系,每年自主研发新产品、新技术、新工艺达200多项,申报了多项专利。鲲鹏装备模具、宏达模具、经纬模具、科创模具被认定为高新技术企业,其中鲲鹏装备模具、宏达模具、经纬模具还被中国模具工业协会评定为“中国塑料发泡模具、吸塑模具重点骨干企业”。

二是注塑模具。注塑模具是滁州家电模具家族中又一特色模具。天大集团模具公司和皖美模塑有限公司专门从事空调器壳体和贯流风叶的精密注塑模的研发和生产,专业化程度高,产品技术水平、生产工艺和装备水平均处于国内同行先进行列。皖美模塑有限公司现有职工250人,2010年销售收入已达9 000多万元,产品50%出口,销售到欧洲、亚洲等多个国家和地区,国内海尔、美的、LG、三洋等大型空调器生产企业均使用该厂的模具产品和配套塑件。

三是拉丝模具。拉丝模具是线材和贵金属丝材生产的关键工艺装备,丝材的尺寸精度和表面粗糙度靠模具保证。为保证耐磨性,拉丝模具的原料多为超硬天然或人造宝石,采用激光打孔、超声波研磨和精细抛光等一体化工艺生产。滁州市天长杨村镇已有拉丝模生产企业80多家,销售额占全国拉丝模市场的1/3。2010年全镇拉丝模销售额4亿~5亿元,其中最大的安徽振兴拉丝模公司销售额已近5 000万元。

滁州模具行业取得很大成绩,但仍有很多亟待解决的问题,如市场环境不规范,人才缺乏,企业档次拉不开,协作困难,电视机壳体模具尚属空白等。

二、滁州模具发展思路

1. 建立以吸塑发泡模具为特色的滁州模具工业园

依托现有近百家模具制造企业的群体优势,大力发展各类家电模具,进一步提高产品的质量和档次,继续保持冰箱吸塑、发泡模具的全国领先地位,重点在大型精密塑料模具、高速冲压模具、级进模具等方面实现跨越发展。

围绕家电及装备制造业结构调整和产业升级,重点发展中高档模具企业,建立以吸塑模具、发泡模具和精密注塑模具为特色的滁州家电模具工业园,积极促进产业资源优化配置及产业升级,发挥家电及装备制造业在工业经济发展中的支柱先导作用。

以产业链为纽带,完善专业配套服务体系。加强产业布局导向,统筹规划和建设滁州模具工业园区,以骨干企业和主导产品为主体,鼓励家电模具企业,特别是具有全国领先地位的模具企业向滁州模具工业园集中,并积极招商引资,培育重点骨干企业,引进配套企业,包括协作件厂商、工业设计机构、物流企业等,形成人才、资金、主导产品、配套件、研发设计、营销、物流相对集中的一体化家电装备产业体系,形成产业集聚、土地集约、工业集中,提高家电及装备制造业集群的整体竞争力。到2015年,争取全市规模以上模具生产企业达到50家,模具产业规模超过15亿元,打造中国最大的家电装备制造基地。重点发展冰箱真空成型模具和发泡模具,发展成套生产线非标设备、精密塑料模具及其他新领域模具装备制造。

继续巩固和扩大鲲鹏装备模具、宏达模具、经纬模具、科创模具、滁州市博精模具设备制造有限公司在冰箱真空成型模具和发泡模具制造方面的技术和市场优势,做大做强。继续扩大鲲鹏装备模具、滁州鑫隆机电有限公司等企业在家电成套生产线非标设备生产方面的竞争优势,同时积极开拓新领域的成套生产线非标设备的生产。积极拓展服务范围,为高速列车、汽车等行业提供模具。继续促进天大集团模具公司、皖美模塑有限公司、迪蒙德模具制造有限公司等企业加快在精密塑料模具、汽车配件模具等方面的发展速度。在以上重点模具企业的带动下,促进其他中小模具企业的共同发展。

2. 积极推动优势企业资产重组

经过3~5年的努力，帮助和促成1~2家企业上市，以带动滁州整个模具产业的集聚、升级和发展。

3. 建立企业技术中心，走产学研联合道路，提升自主创新能力

面对激烈的市场竞争，必须加强与高校、科研院所合作，建立以企业为主体、市场为导向、产学研相结合的创新体系，提升自主创新能力，掌握拥有自主知识产权的核心技术，申请技术专利，向高新技术方向发展，研制高技术含量的高端模具，这样才能赢得市场，掌握市场的主动权。

4. 加强人才培养，充分发挥人才在企业中的作用

企业的兴旺发达和可持续发展离不开高素质人才，各企业应采取积极有效的措施，吸引人才、留住人才、使用人才、培养人才，减少人才流失，同时加强员工培训，练好内功，提高企业的全员素质。

5. 成立滁州模具协会，加强企业间的沟通和联合

成立滁州市模具协会，加强模具企业间的沟通和理解，逐步构建诚信体系，在互惠互利的基础上，通力合作。协会内的企业可以以联盟的名义承接业务，根据企业情况和各自特点，充分发挥各自优势，进行协会内部专业分工，减少内耗，避免恶性竞争，维护企业利益。

〔撰稿人：滁州市宏达模具制造有限公司吕俊斌〕

山东省模具工业

一、山东模具工业现状

近年来，山东省经济的飞速发展给模具制造业提供前所未有的发展空间，模具工业迅速发展，企业数量增加，规模扩大，企业性质也趋向多元化，民营、中外合资、国外独资企业数量急剧增加。对山东而言，未来制造业的跨越发展，更需要模具工业的发展与支撑。

1. 产业规模居国内前列

山东省约有各类模具企业1 100多家，从业人员7万多人，全省模具产值约100亿元，产业总体规模居全国第五位。

2. 产业基础较为完备

山东省模具工业产品涵盖冲压模具、铸造模具、塑料模具、锻压模具、橡胶模具、粉末冶金模具、拉丝模具、无机材料成型模具等10大类。其中，塑料模具、冲压模具、橡胶轮胎模具、热锻模具、大型挤出模具的产业规模较大，具备发展模具产业的基础。

3. 总体技术水平较高

山东省模具工业总体技术水平处于国内先进地位。其中，青岛海尔模具有限公司、青岛海信模具有限公司的精密塑料模具，龙口市丛林机械制造有限公司的铝型材大型挤出模具，青岛鸿森集团的家电模具，山东豪迈机械科技股份有限公司及荣成宏昌模具公司的子午线轮胎活络模具均处于国内领先水平；冲压模具、热锻模具等为国内先进水平。

4. 技术装备基本齐全

主要骨干企业拥有数控铣床、数控龙门镗铣床、数控龙门五轴联动加工中心、数控慢走丝线切割机床、三坐标测量机等进口的国外先进工艺装备及检测设备，以及UG、Pro/E、Cimatron、DEFORM、Dynaform、Moldflow等进口的CAD/CAE/CAM软件，具备发展模具工业的良好条件。

5. 企业集团初具雏形

青岛海尔模具有限公司、青岛海信模具有限公司、山东潍坊福田模具有限责任公司、山东豪迈机械科技股份有限公司、山东通裕集团有限公司、烟台爱开天隆模塑有限公司、龙口市丛林机械制造有限公司先后被中国模具工业协会评定为“中国重点骨干模具企业”。这些企业均具有较强的核心竞争力和行业引导作用，具备发展成为大型企业集团的基础。

6. 品牌经济初显成效

山东省模具工业先后有10多种产品被科技部评定为国家级重点新产品，20多种产品被中国模具工业协会评定为“精模奖”。这些产品是山东省模具工业的知名品牌，在国内外模具用户中具有较高的市场知名度，为模具工业的进一步发展奠定了坚实的基础。

7. 人才培训体系基本完善

山东省已有山东大学、山东理工大学、山东科技大学、青岛理工大学、青岛大学、山东建筑大学等10多所大学设立了模具专业，山东劳动职业学院、济南铁道职业技术学院等30多所职业院校培训模具制造工等职业技能人才，基本可以满足模具开发设计和制造的需要。

总之，经过十几年的快速发展，山东省模具工业发生了非常大的变化，涌现出一批具有代表性的优秀企业。这些企业在规模、产值、技术水平、设备条件和利税等方面均大大超过了以前全省专业模具厂的水平。几年来，山东的模具产值以每年30%的速度增长，保持高速发展的重要原因之一就是不断追求科技进步和技术领先，紧紧围绕产品开发和制造两个中心环节，大力推进知识创新，整体水平提高到国际先进水平，为更好地参与国际竞争奠定了基础。

虽然山东省模具工业近年来发展迅速,但仍然存在产业和产品结构不合理、技术创新能力不强、产品水平不高、经济效益和人均劳动生产率低、配套能力不强、产业集中度低、模具企业分布不平衡、企业管理水平不高等问题。山东模具无论是在数量还是在质量、技术和能力上都有了很大进步,但与国民经济发展的需求,与国内外先进水平相比,差距仍很大。一些大型、精密、复杂、长寿命的中高档模具每年仍需大量进口;在总量供不应求的同时,一些低档模具却供过于求,一些技术含量不太高的中档模具也有供过于求的趋势,市场竞争激烈。

二、山东模具工业面临的机遇

我国凭借市场潜力、劳动力价格、人才资源等方面的优势,正在成为承接世界模具工业转移的中心之一,这也为山东省模具工业的发展提供了重要机遇。但这种竞争优势主要还是以成本和价格为主,随着我国劳动力和原材料价格的大幅上涨,这种优势会逐渐削弱。

山东省是制造业大省,以青岛为龙头的八地市联手打造山东制造业基地,山东半岛城市群制造业基地已经形成,在能源、技术、资金、人才、设备等方面可以互补,力争把山东的制造业做大、做强,这无疑给山东的模具工业发展带来了契机。汽车工业已被列入全省发展重点,随着上海通用东岳汽车落户烟台,青岛一汽、中国重汽、中汽、福田汽车、淄博轻骑汽车加上时风等农用车,山东已成为从轿车、商务车、重型汽车、工具车、轻型载货汽车到农用车等多品种多系列的汽车生产大省。汽车模具的需求量非常大,这为全省乃至全国的模具企业提供了广阔的市场。

山东得天独厚的地理环境也成为外商的投资热土。山东地处东部沿海,与日本、韩国隔海相望,日本和韩国企业遍布青岛、烟台、威海等城市,仅青岛市就有6 700多家韩资企业;日本公司在烟台投资的模具公司正在建设中,这对山东的模具工业是一个不小的冲击。山东模具工业更应从自身上下工夫,建立完善的机制,坚持如下发展原则:

(1)技术创新原则。建立和完善技术创新体系,加快新工艺、新技术的引进、消化、吸收和再创新,用高新技术和先进适用技术改造提升传统产业,培育企业自主创新机制,提升模具设计与制造水平,用新工艺催生新模具,全面推进全省模具工业的技术进步。

(2)市场先导原则。以市场为导向,立足山东省模具工业现状,努力化解国际金融危机造成的不利影响,研究市场、开拓市场、培育市场,结合国内、国际市场的预期需求,有针对性地开发新产品。

(3)集聚发展原则。提高优势产业集中度,提高行业整体协作配套水平,提高模具工业的整体质量和效益,创造良好的产业发展环境,加快龙头企业发展,从而实现优势产业集群化发展,扩大产业规模。

(4)国际化发展原则。积极承接国际产业和资本转移,有针对性地开展对外招商工作,引进国外资金、技术、品牌和管理理念,提高模具产品技术含量,努力开拓国际市场,扩大产品出口。

(5)名牌培育原则。引导企业建立和完善质量保证体系,提高产品标准化水平,尽快培育一批市场占有率较高的国内外名牌产品,形成一批拥有著名品牌、有实力参与国际市场竞争的企业集团。

(6)信息化推动原则。加快实施模具工业信息化工程,应用信息技术改造、提升传统产业,以信息技术提升企业模具研究开发以及设计与制造技术水平,进一步提高工艺装备、生产管理和产品水平,推动模具行业发展。

三、山东模具工业面临的问题

山东省模具工业尽管发展很快,竞争力逐渐增强,但也存在很多不足。主要表现为:

1. 发展不平衡,模具厂(点)分散,产品水平低,专业化和商品化水平不高

山东省具有一定水平、能够承接有一定技术要求的项目,且能独立运作的模具企业不过几十家,行业总体人才设备利用率低。大量模具到外省协作,而自己的力量又没有充分发挥作用。虽然个别企业的产品已达到或接近国际先进水平,但总体来看,模具的精度、型腔表面粗糙度、生产周期、寿命等指标与国内外先进水平相比尚有较大差距。

2. 工艺装备落后,组织协调能力差

近几年,山东省模具企业的技术装备和工艺水平虽有很大提高,与国内外先进水平相比,差距仍然存在,一些小企业设备依然陈旧、精度差、工效低,不能满足用户对模具产品品种和质量的需求。山东省汽车模具企业间的协作还不够充分,企业组织协调能力差,难以整合或调动社会资源为己所用,难以承接比较大的项目。所以,模具企业的交流与协作有待进一步加强,模具生产企业与模具用户的联系也需进一步沟通。

3. 企业创新能力明显不足

模具CAD/CAM技术发展不平衡,CAE的应用更少。这一方面是由于技术人员占比低、水平不够高,另一方面则是由于科研开发投入少,对创新和开发不够重视。

4. 体制和人才问题的解决尚需时日

在社会主义市场经济中,国有和集体所有制企业的体制和经营机制已越来越不适应竞争性行业,特别是像模具这样依赖于特殊用户、主要承制单件生产的行业尤甚。人才的数量和素质也跟不上行业的快速发展需要。学校培训偏重于计算机技术,人员的实际经验尚需在实践中锻炼。因此必须采取措施,大力开展各类模具人才培训工作。

四、山东模具工业发展重点

现代模具行业在制造业中起着重要的支撑作用,对地区经济的发展发挥着辐射性的作用。因此,要理清思路、突出重点、分类服务,建设具有山东特色的模具工业体系。山东模具工业应着重发展以下几类模具:

1. 汽车覆盖件模具

汽车覆盖件模具主要为汽车产业配套,也可为农用车、工程机械、农业机械等配套,其特点是形体大、结构复杂、技

术要求高，在冲压模具中具有很强的代表性。重点支持山东潍坊福田模具有限责任公司、寿光万龙模具制造有限公司、即墨海隆机械有限公司、烟台泰利汽车模具制造有限公司、烟台汽车模具厂、烟台骏辉模具有限公司、烟台只楚屹丰模具有限公司等冲压模具骨干企业发展。

2. 精密冲压模具

多工位级进模和精冲模精度要求和寿命要求极高，代表了冲压模具的发展方向，主要为电子信息、汽车、仪器仪表、电机电器等行业配套。

3. 大型及精密塑料模具

塑料模具主要为汽车、家电和集成电路等产业配套，占模具市场总量的40%以上。重点支持青岛海尔模具有限公司、青岛海信模具有限公司、青岛塑料模具有限公司、青岛联科塑胶模具有限公司、烟台爱开天隆模塑有限公司、青岛海泰模具有限公司、山东华泽精密模塑有限公司等塑料模具骨干企业发展。

4. 子午线轮胎活络模具

山东省的全钢子午线轮胎产能占全国的50%以上，中低档轿车轮胎产能占全国的30%以上，橡胶轮胎产能占全国的40%以上，对高档子午线轮胎活络模具的市场需求具有显著的拉动作用。山东省模具工业要全面具备高档轿车子午线轮胎活络模具、工程机械巨型子午线轮胎活络模具的开发与生产能力，总体技术达到国际先进水平。重点支持山东豪迈机械科技股份有限公司、山东万通模具有限公司、青岛元通机械有限公司、荣城宏昌模具有限公司、山东大王金泰集团公司等橡胶轮胎模具企业发展。

5. 大型铝型材挤出模具、大型热锻模具

大型铝型材挤出模具主要应用于高速列车、高档客车等车身及底板生产，大型热锻模具主要应用于大功率发动机曲轴、风力发电机主轴、重型卡车前梁等高强度核心零部件的毛坯锻造。重点支持山东通裕集团有限公司、山东锦润实业有限公司、龙口市丛林机械制造有限公司、龙口南山集团有限公司等企业发展。

6. 汽车模具

中国重型汽车有限公司、济南吉利汽车有限公司、济南青年汽车有限公司等大型企业对模具的需求量非常大，济南市应重点支持济南小鸭模具有限公司、济南兴达模具有限公司、济南方得利模具有限公司、山东精益模具有限公司等企业的发展壮大，尽快提升汽车模具生产水平，提高为上述企业的配套能力。

在技术方面应重点开发拥有自主知识产权、适合我国国情、具有较高水平的模具设计、加工及企业管理软件，不断提高软件的智能化、集成化程度，并推广应用。进一步开发和推广快速成形技术、快速经济模具技术、虚拟制造技术、逆向工程、并行工程、敏捷制造等先进制造技术。加强与模具加工制造密切相关的模具材料、模具热处理、模具加工与表面强化等配套技术的研发。

山东模具工业要把握机遇、开拓市场，不断提高综合素质和国际竞争力，借鉴学习国内外先进技术，加快自己的发展步伐，为我国模具工业的进步，为山东制造业的发展贡献更大的力量。

〔撰稿人：山东省模具工业协会姜彪〕

青岛市模具行业

随着国民经济的飞速发展和现代制造业对模具市场的拉动，我国模具工业近几年一直保持高速增长的良好态势。青岛作为我国第一批沿海开放城市和山东省的经济中心、计划单列市，“十一五”期间的快速发展有目共睹。青岛市模具行业将紧跟经济腾飞的步伐，加快发展，加大对支柱工业、新兴产业和重点行业的支持力度，争取为青岛工业发展作出更大的贡献。

一、青岛模具行业“十一五”发展回顾

1. 青岛模具行业现状

青岛是我国著名的家电产业基地，涌现出海尔、海信、澳柯玛等著名的家电公司，也带动了青岛塑料模具工业的发展。原国营青岛塑料模具厂（现为青岛塑料模具实业公司和青岛华涛汽车模具有限公司）、海尔集团的前身青岛电冰箱总厂、海信集团的前身青岛电视机厂3家企业撑起了青岛塑料模具工业。随着改革开放的深入，青岛工业开始向多元化方向发展，新兴产业不断涌现，这些行业都需要大量的模具来支撑，因此青岛模具行业也从单一的塑料模具发展到汽车覆盖件模具、橡胶模具、压铸模具、大型精密铸造模具、子午线轮胎活络模具等，大大丰富了青岛模具的产品门类。目前，青岛模具工业在山东省处于领先地位，在全国也占有一席之地。模具企业主要是由国有、民营和三资企业组成，民营企业占主导地位，拥有海尔模具有限公司（以下简称海尔模具）、海信模具有限公司（以下简称海信模具）国内外知名的模具公司。

在“十五”期间快速发展的基础上，“十一五”期间青岛模具行业针对发展中的突出问题，着重在调整企业结构、产品结构及提高产品档次上下工夫，呈现出装备日益改善、产品水平快速提升、产业特色逐步显现、区域优势日趋明显、整体实力进一步增强的可喜局面。

2. “十一五”期间，青岛模具行业的发展成果

（1）产业结构优化，汽车模具企业逐年增强。汽车模具曾是青岛模具工业的薄弱环节，大型内饰结构件、大型覆盖件模具企业规模小、生产能力差、技术水平低。“十一五”期间，企业不断发展壮大，技术水平不断提高，如青岛吉泰汽车模具有限

公司、青岛浩洲模具有限公司、青岛一豪模具有限公司等已成为青岛市汽车模具的骨干企业,成为一汽、二汽、现代、大众、奇瑞、广汽等汽车制造厂的良好合作伙伴,其生产的大型汽车覆盖件模具水平已进入国内汽车模具先进行列。青岛吉泰汽车模具有限公司从2011年起进行大规模技术、设备搬迁改造,新建厂房3万多m^2,订购了日本、欧美等大型数控加工设备,使原有的加工能力提高到一个很高的层次。青岛市汽车覆盖件模具生产企业目前生产的基本是A、B类轿车上外板件模具工装,还缺乏C级车车身模具的成熟制造经验,技术改造后的吉泰汽车模具有限公司将填补这一空白。

(2)注塑模具的制造技术与装备水平大大提高,企业信息化、数字化技术快速发展。青岛是我国重要的大型、精密、复杂、长寿命注塑模具的生产基地,最具代表性的是海尔模具和海信模具。这两大公司在"十一五"期间先后进行了大规模的扩建、搬迁、技术改造,现已成为全国乃至亚洲,甚至世界上知名的模具公司。

除两大公司以外,"十一五"期间青岛市又涌现出一批具有一定水平的大型注塑模具生产企业,模具产值均达到5 000万元以上,有的甚至达到亿元以上。最具代表性的有青岛海泰科模具有限公司、青岛英联精密模具有限公司、青岛佳友模具科技有限公司,青岛海瑞德模具有限公司、青岛海艺模具有限公司、青岛华涛模具有限公司等一批大中型汽车、家电、精密注塑模具企业。这些企业的现代化装备、先进的技术和较高的数字化、信息化水平使得青岛市的注塑模具行业在国内保持领先地位。

青岛市的注塑模具主要面向家电、汽车、医疗、电子等行业,基本实现了国产化。热流道系统、气辅成型技术和RPM技术得到全面推广,生产的模具已达到相当高的水平。如海信模具生产的电加热高光无痕注塑模具和大型双色高光无熔痕注塑模具,海尔模具生产的低压一体注塑模具,青岛英联精密模具有限公司生产的高级商务车汽车尾板左饰板立柱气辅模具等达到了国际先进水平。其中,大型双色高光无熔痕注塑模具获2010年"精模奖"一等奖,低压一体注塑模具获2011年机械工业科学技术奖一等奖。除大型精密、复杂、长寿命注塑模具外,办公、汽车内饰、电子、通信、医疗等用小型精密注塑模具在国内外的知名度均很高,注塑模具已成为青岛市模具行业的一大亮点。

(3)模具生产链初具规模,整体配套及标准化程度大大提高。模具标准化可以提高模具质量,缩短模具生产周期。青岛的模具标准化水平不断提高,标准件使用覆盖率达到70%以上,绝大部分企业有条件优先选用商品化的模架、模板、顶针、导柱、导套和弹簧等标准件。

新型模具材料的应用提高了模具的寿命。"十一五"期间国产的模具新钢种和国外引进钢种普遍应用,明显提高了模具的使用寿命。

(4)重视模具人才培育,打造模具人才培养网络。青岛市模具人才培训机构在"十一五"期间有了长足的发展,山东科技大学青岛校区、青岛大学、青岛理工大学、青岛科技大学、青岛恒星职业技术学院、青岛技师学院等一批院校先后建立了模具专业,加上山东省较早建立模具专业的山东大学、山东理工大学、山东高级技师学院等院校以及一些民办的模具培训学校,基本构建了山东省、青岛市模具行业人才的培训网络。

二、青岛模具行业的发展趋势

1. 需求预测和发展前景

青岛市的模具品种齐全,产值占山东省的2/3。2011年,国务院正式批复《山东半岛蓝色经济区发展规划》,青岛定位为山东半岛蓝色海洋经济区的龙头。青岛市提出的发展先进制造行业的方针和发展海洋蓝色经济、科技兴市的六大产业及15个重点行业,基本都需要模具支撑。特别是交通运输设备产业、信息产业、重大装备产业中的汽车、城市轨道交通设备、游艇船舶、航空航天、计算机、数字移动通信设备、数字音视频设备、医疗器材、发电及输配电设备等行业都是模具的使用大户,其他如家电、办公设备、仪器仪表、玩具、洁具、建材等传统产业也都是模具的大市场。

"十二五"期间,我国的汽车工业继续高速发展,除几大汽车厂外,北汽福田"十二五"期间也将在潍坊高新区建成30万辆整车生产线,这些都需要大量的模具来支撑。上述这些行业的高速发展以及模具应用领域的不断扩大,对模具提出更多、更高的要求,青岛市模具行业的发展速度必须跟上制造业的发展步伐,为制造业提供高端模具产品。

2. 目标及措施

紧跟青岛市经济发展步伐,以支柱产业和重点行业为服务对象,积极培育模具市场,大幅度提升模具行业总体生产能力和设计制造技术水平,努力缩小与先进国家(地区)的差距,全力提高模具国产化水平。扶持和鼓励民营模具企业,促其加快发展、扩大规模、提高质量、发展特色模具;调动不同所有制企业的积极性,大力推广和应用以计算机和信息技术为主的先进制造技术,积极培养人才,推动模具行业的科技创新;加快模具标准化、专业化和商品化的发展;加强国际交流和合作,鼓励出口,开拓模具国际市场,开创青岛模具行业新局面。

(1)在青岛原有的特色模具产业基础上,面向汽车、IT产业和其他重点行业,大力发展精密注塑模、精密镁合金模和大型零部件压铸模;注重发展汽车大型零部件级进模、多工位一体复合冲压模具、微小零件冲压模、特殊板材的冲压模等微特冲压模具和技术;注重高精度级进模、复杂零件连续精冲模、精冲精锻复合工艺的技术研究与开发,填补青岛市模具行业领域的空白。

对现有的汽车模具企业进行必要的技术改造,提高其整体水平。着重生产大中型汽车零部件模具和环保节能低碳汽车模具;改变青岛市汽车模具企业单打独斗的局面,争取采用集群式的发展模式提高汽车模具整体生产水平;支持和鼓励有潜力的民营企业发展相应的汽车模具和IT模具。

(2)积极培育重点骨干模具企业队伍和行业"龙头"企业,充分发挥其引领行业的作用。

(3)加大技术改造力度,大力推进技术创新,坚持两化融合和现代企业制度的建立。技术改造和技术创新是全面提升行业素质与水平,转变发展方式的突破口。坚持两化融合和企业管理现代化是当前企业技术改造的重要内容。除海尔、海信等少数模具公司外,大部分企业在转变发展方式上没有大的突破。模具企业应在市场上跟踪用户产品的发展(模具最终为产品服务),抓住重点,正确定位,通过加大技术改造、技术创新力度,采用高新技术,依靠先进核心竞争力,造就一大批"专、精、特、新"的模具企业,提高规模效益。

(4)推进产学研用结合,构建技术创新平台。

(5)推进标准化工作,完善标准件供应体系,提高模具标准件使用率。

(6)大力培养模具人才,增强模具行业的发展后劲。

〔供稿单位:青岛市模具行业协会〕

河南省模具工业

模具是当今制造业中使用极为广泛的主要工艺装备,家电产品80%以上的零件、塑料制品加工业90%以上的制品都是由模具成型的。河南省近十几年来,工业经济发展很快,工业总产值每年都保持20%～30%的增长速度,其中近60%左右的产品与模具有关。

一、河南模具工业的发展概况

1. 河南模具工业的发展历程及优势

河南是农业大省,工业发展水平特别是模具工业的发展水平与沿海发达地区相比相对滞后,改革开放以前几乎没有独立的模具生产企业。省内所需的模具近一半依靠外地(主要是南方)和进口。

近十几年来,河南省模具工业迅速发展,技术水平不断提高,经济效益不断提升,行业面貌发生了很大变化。洛阳一拖、洛轴等许多国营模具厂纷纷走向市场;安彩集团模具厂的总产值和人均产值连年在全国模具行业榜上有名;天鹰集团模具公司坚持以模具技术带产品,以产品效益促模具,取得了可喜的成果;许继集团模具公司和南阳防爆集团模具公司在内部机制创新方面进行了不懈的探索;洛阳市建园模具制造有限公司、河南环球模具股份有限公司、郑州矢崎等一批民营和外资模具企业显示出勃勃生机;天津汽车模具股份有限公司与鹤壁矿务局合资建设的汽车模具厂,填补了省内汽车覆盖件模具制造领域的空白;郑州工业高专开设的"国家模具示范专业",走校企结合之路,获得成功,模具专业毕业生在全国供不应求;8种模具被中国模具工业协会推荐为"国产优质模具"。郑州大学国家橡塑模具工程中心在模具CAE领域取得丰硕成果,其研制的神舟七号航天员出舱用头盔面窗模具,解决了航天领域重要产品的国产化问题,获得了"为神舟七号载人航天飞行任务圆满成功作出贡献"的荣誉奖牌。

2. 河南模具工业的发展概况

从总体上看,河南省模具工业总体实力不断壮大,以国有企业或国有控股企业为主体,以众多股份制和民营企业为补充的模具工业体系正在逐步形成。一批集体和私营模具企业涌现,部分企业在人才、设备、技术以及模具产品方面已经达到国内先进水平。

从技术水平上看,主要模具产品的技术水平和工艺水平均有较大提高。如大型复杂型腔注塑模具、玻壳模具等已接近或达到国内同类产品的先进水平,并逐步进入国际市场。CAD/CAM/CAE技术在全省模具企业中逐步推广应用,热流道技术、气体辅助注射技术已普遍用于实际生产,加工中心、数控电加工机床、慢走丝线切割机床已逐步取代普通机床普遍应用于精密模具的生产加工。

从经营成分上看,民营和股份制模具企业正在崛起。随着市场化进程的不断加快,大而全的模具经营理念正在被专业化、标准化和大市场相互协作的经营理念所取代,民营企业和股份制企业正适合于这种发展模式,正在崛起。

从产品结构上看,产品结构构成日趋完善。随着河南省工业发展水平的不断提高以及国家对中西部开发力度的进一步加大,河南省制造业的模具需求数量和品种在不断增加,模具的产量和品种也随之增加,从仅能生产普通的冷冲模具、注塑模具发展到生产、精密和大型复杂型腔模具,模具品种构成更加完善。

另外,模具加工的专业化、标准化和商品化水平逐步提高。

3. 存在的主要问题

河南省模具工业虽然取得了不少成绩,但模具工业发展的总体水平还不高,大部分企业的经营理念和思想观念还远远跟不上时代的发展,观念转变较慢,远落后于全国总体水平。主要表现在:

一是模具企业的总体实力不强,专业化、标准化和商品化水平相对偏低。

二是模具制作周期长,成本偏高,缺乏市场竞争力。

三是模具产品结构和企业分布还不够合理。普通产品生产过剩,竞争激烈;高、精、尖模具产品生产能力不足。模具生产企业主要集中在郑州、洛阳、新乡地区,部分地区还没有专业的模具生产企业。

四是先进制造技术推广缓慢，发展不平衡。CAD/CAM/CAE技术仅在一些大中型模具企业中应用，许多中小企业还没有推广应用或应用水平较低。

五是模具人才流失较重，后备力量匮乏。模具技术人才向模具工业相对发达地区流动，造成河南省模具技术人才匮乏，特别是高级技术人才和高级技工的缺乏，已经成为制约河南省模具企业持续发展的瓶颈。

二、河南模具工业的特色

河南省模具工业起步很早，始于20世纪70年代，但发展非常缓慢。1995年河南省模具工业协会成立时全省生产模具的厂（点）仅数百家，从业职工不足3 000人，产值不到1亿元，出口为零。90年代初，河南省制造业的不断发展带动了模具工业的起飞。目前，河南省模具工业已形成模具品种较齐全、规模较大、技术水平和装备水平较高的独立工业门类。

1. 规模较大、特色突出

河南省模具工业特色突出：集成电路封装模具及相关设备国内领先，其水平已接近国际同类产品水平；型材挤出模国内市场占有率和出口额均进全国前十；家电模具已占较大的市场份额；数控精密模具水平可与进口模具相媲美；汽车模具快速发展，以宇通客车集团为首的多家汽车模具企业，已能生产中高档汽车类整套模具；航天精密级模具的生产和装备已处于国际先进水平；模具材料、模具标准件等也在国内占有重要位置。

2. 产业集中、区域特色明显

贴近用户、就近服务是河南省模具工业发展的重要指导思想。河南省是制造业大省，家电、汽车、化工、建材的产能、产量基本进入全国省（市）的前十名。围绕这些用户，形成了8个模具产业群，分别是：新飞家电模具产业群、宇通客车模具产业群、安彩家电模具产业群、天鹰集团高压电器行业模具产业群、洛阳洛轴模具产业群、许继集团电力装备自动化模具产业群、南阳防爆集团模具产业群和郑州大学国家橡塑模具工程中心先进材料成型与模具技术产业群。此外，河南省的模具教育培训也快速发展，郑州、新乡、许昌已形成技工教育、高等职业教育、本科教育、硕士教育和博士教育的整体模具教育培训体系，是培养中高级模具工程技术人员和模具技术工人的培训基地。

三、河南模具工业未来的发展趋势

1. 协助企业改善经营管理

针对河南省模具企业普遍存在的思想观念落后、管理水平较低、市场反应速度慢、决策效率低等问题，河南省模具工业协会拟组织企业到先进省市的模具企业交流考察，条件成熟时可以组织到国外的模具企业交流考察，学习国内外先进经验，切实提高企业管理水平和经营者的素质及能力。

2. 充分发挥协会的人才和技术优势，做好咨询服务和信息服务工作

协会工作的重点是服务，而咨询服务和信息服务是协会服务的两大支柱，搞好咨询服务和信息服务既可在技术创新、技术改造、项目评审及技术成果鉴定等方面为企业提供一定的帮助，也有助于政府在制定产业政策时更清晰地了解河南省模具行业发展水平。

3. 筹建河南模具工业信息网站

创办模协通讯，促进技术和管理信息交流，为企业和科研机构搭建快速便捷的交流平台。

4. 加快模具人才培养，完善模具教育体系

利用河南省模具教育资源丰富的有利条件，选择不同层次的高等院校，有针对性地对企业内部技术和管理人员进行系统培训，普遍提高模具企业的人员素质，以适应人才激烈竞争的需求。

〔供稿单位：河南省模具工业协会〕

湖北省模具工业

一、湖北模具发展概况

湖北省模具工业起步于20世纪50年代，具有较好的工业基础和模具制造能力，拥有一批具有先进技术装备和科技力量的重要企业。改革开放后，湖北省模具工业有了很大的发展，模具生产企业遍及全省各地，基本形成了十堰、襄樊、随州以汽车模具为主，鄂州、黄石以塑料模具为主，荆州、宜昌、孝感以轻工、军工所需模具为主的格局。截至2010年，湖北省模具及模具标准件生产厂家和科研机构已有450余家，其中，产值过亿元的企业2家，5 000万~1亿元企业3家，1 000万~5 000万元企业近20家；从业人员约3万人；模具产值26亿元。

（一）湖北模具主要优势

1. 汽车模具制造水平较高

以东风汽车模具有限公司、十堰先锋模具股份有限公司为代表的汽车模具制造企业在汽车大型覆盖件等模具设计、制造方面，处于国内先进水平，部分模具达到国际先进水平，可为国内中档轿车设计、制造关键模具。

2. 精密模具制造能力较强

湖北鄂丰模具有限公司、武汉电菱科技股份有限公司等企业都具有较强的精密模具设计、制造能力。

3. 模具材料具有独特优势

作为全国重点特种钢厂之一的大冶特种钢集团和武汉钢铁(集团)公司,近年来研制生产出许多先进的新型模具钢,特别是黄石市的模具材料行业以及与之配套的生产服务业已具备相当规模。年生产模坯模块、锻件锻材等模具材料(统称为模具钢)近百万吨,品种包括冷作模具钢、热作模具钢、塑料模具钢、高速工具钢、不锈钢等,年销售收入超过100亿元。

4. 模具科研开发力量雄厚

华中科技大学材料成形与模具技术国家重点实验室是我国模具领域唯一的国家重点实验室,在模具材料研制、模具CAD/CAM/CAE等技术开发方面代表国家先进水平。武汉理工大学在汽车模具、陶瓷模具研究与开发方面处于国内领先地位,拥有较多的科技成果。

5. 开展模具教育培训条件优越

湖北省拥有华中科技大学、武汉理工大学、江汉大学、湖北工业大学、机械工业武汉高级模具工培训中心等一大批重点院校和培训机构,师资力量雄厚,教学设施齐全,可开展从模具操作工到学士、硕士、博士学位等初、中、高级教育和培训,为模具行业培养各类专业人才。

6. 省委省政府对模具工业发展非常重视,支持力度不断加大

2008年,国家对模具产品增值税先征后返扶持政策停止后,新一轮的扶持政策尚未出台。为加强湖北省模具工业发展,借鉴外省经验,2011年6月,省人民政府办公厅专门制定了《关于加快全省模具行业发展的若干意见》(鄂政办发〔2011〕64号),武汉、十堰、黄石等地也将出台系列支持模具工业发展的政策措施,为促进全省模具行业发展起到有力的推动作用。

(二)存在的不足

湖北省模具工业虽然有了很大的发展,但在许多方面同国外和国内发达省份相比,仍有较大差距。湖北省模具工业的发展远远落后于广东、浙江和江苏,也落后于上海、河北、山东、长春、天津等省市。主要存在以下几个方面的问题:

1. 整体水平不高,专业化、商品化、市场化、标准化程度较低,配套能力弱

尽管湖北省拥有东风汽车模具有限公司、湖北十堰先锋模具股份有限公司、湖北鄂丰模具有限公司等一批国内知名模具企业,但从整体看,大型、精密、复杂、长寿命高档模具设计制造水平还较低,拥有精密数控加工设备的比重不大;CAD/CAM/CAE技术的普及率和应用水平不高,许多先进模具技术的推广应用不够广泛;模具生产厂家相对不集中,部分企业的模具分厂(车间)生产的模具属自产自用,市场化程度低;小规模甚至作坊式的模具企业仍占较大的比例,规模小,实力较弱;模具的设计制造技术和模具标准化水平与国外先进水平相比尚有较大差距。

2. 行业的协作环境较差

企业之间缺乏专业化分工与协作,缺少模具加工的中间配套环节,不利于模具企业向专而精的方向发展,例如在级进模、高强度板模具、热成型模具等方面很难做精做强。多数企业没有明显的特点和优势,产品雷同,导致中低档次模具产能过剩,企业只能依靠低价竞争求生存。非良性的竞争影响了整个模具的发展环境,导致企业盈利空间缩小,产品质量下降,不利于模具行业的发展和整体水平的提高。

3. 开发能力弱,经济效益欠佳

模具企业生产配套和协作环境较差,导致模具生产周期比较长。许多企业缺乏先进的设备和高级设计人员,技术创新能力低,高精度模具生产能力不足,以至于湖北省所需的高技术含量模具主要依靠从外部购进。要形成有序、完备、集中、有协作能力的按现代机制运行的市场,还要做大量的工作。

4. 管理水平和企业信息化程度偏低

大多数模具企业的信息化程度较低,在生产管理、技术管理、人事管理等方面很少应用现代化的信息手段,企业经济效益差,大多数企业微利经营,缺乏发展后劲。主要表现在:软件应用水平较低,缺乏二次开发能力;许多企业在工艺和流程、标准化设计与生产方面尚存在一些问题,试模首次合格率较低;大多数模具企业的管理模式基本属于作坊式管理,即使是条件较好的国有或国有控股企业,在管理理念和管理模式上仍有许多亟待改进的地方。

二、湖北模具“十二五”发展趋势

(一)发展目标

科学的政策指引和合理的产业布局促使湖北模具产业发展速度加快,产业链条整合完备,产品结构调整合理,装备水平不断提升。在2010年模具产值实现26亿元的基础上,按照模具和模具相关产业产值年均递增30%和15%的速度计算,到“十二五”末,模具和模具相关产业产值将分别达到100亿元和200亿元。培育一批龙头企业,力争产值亿元以上企业达到3~5家,5 000万~1亿元企业8~10家,1 000万~5 000万元企业超过100家。

(二)发展重点

1. 模具制造

重点发展技术含量高的模具,主要包括汽车覆盖件模具、精密冲压模具、大型及精密塑料模具和主要的模具标准件。

2. 模具技术

重点开发拥有自主知识产权、具有较高水平的模具设计、加工及模具企业管理软件,不断提高软件的智能化、集成化水平;推广应用高速、高精加工技术;重点推广模具的节能、节材制造技术,先进的模具热处理、表面光整加工和表面处理新技术等。

3. 模具材料

重点加强高性能模具材料的研制、系列化生产及其推

广应用。

（三）主要工作任务

1. 加快模具产业市场化进程

鼓励大中型企业将模具分厂、模具车间从其母体中分离出来，改变企业内部以自产自配为主、附属于产品生产企业的状况，使其成为独立法人，独立核算，面向市场自主经营。

2. 建立集群式产业发展模式

根据各地模具产业发展需求，未来几年通过整合全省模具产业资源，汇聚模具产业链上下游企业，打造公共服务平台，拟在湖北境内至少建立5家集研发、设计、生产、培训、标准件供应、物流等为一体的模具产业集群，其中4个在建设之中。湖北省模具产业集群建设规划见表1。

表1　湖北省模具产业集群建设规划

园区名称	建设内容	完成时间
武汉模具产业园	2011年初，武汉市蔡甸区通过招商与香港亿和精密工业控股有限公司（以下简称亿和公司）正式签订协议，亿和公司购地500亩（1亩=666.67m^2，下同），总投资20亿元，建立以汽车模具及汽车零部件为主的生产基地。按照武汉市总体规划，借助亿和公司的力量，拟在常福工业园安排土地1 000亩，建立武汉模具产业园，内设模具制造加工、模具技术人才培训、模具技术研发中心、模具产品检测、模具网络信息、模具商贸交易、模具产品和机床设备展销中心等7大服务平台，形成较完整的模具产业链，建成国际化的模具产业基地	2015年
黄石西塞模具材料产业园	整合模具材料资源，开发技术含量高、附加值高且市场紧缺的大型模坯、模块和大型铸锻件，将基于资源比较优势的发展转变为凭借创新优势的发展。未来10年，将把西塞山模具城扩展为建筑面积超过120万m^2、入驻企业超过100家的具有国际水平的模具工业园	2015年
大冶灵成模具产业园	该产业园规划用地3 500亩，总投资34亿元，引进模具企业100家左右，其中大型项目2个、中型项目20个、小型模具厂和综合性配套服务项目80个。项目完成后，将形成集产品研发、设计制造、试模检验、功能齐全的集群式大型模具产业基地	2015年
华中模具城	该项目在孝感市孝南区焦湖片区建设，项目用地800～1 000亩，总建设面积70万m^2，总投资18亿元。园区内将构建六大功能区，即为创业者提供的科技创新区；为大（模具品牌企业）、中、小型模具生产企业规划的模具制造区；集中模钢、模坯、模具机械设备、模具工量具和辅材等专业交易市场的模具工贸区；模具材料加工区；模具五金机电设备区；综合配套服务区	2015年

3. 引进、培育龙头企业，做专做精中小企业

充分利用国家中部崛起的战略机遇和湖北省独特的地理优势，加大招商引资力度，引进3～5家国内外知名的大型模具企业在湖北投资建厂，大力扶持本地优质企业和规模以上的区域特色模具企业。鼓励龙头企业在生产经营、管理、品牌等方面与国际接轨，积极拓宽市场，提高市场占有率和品牌知名度。提升湖北省模具产业配套水平和标准化水平。鼓励中小企业实施差异化竞争策略，明确企业的市场定位，专注于适合自身发展的细分市场，避免同质化竞争，通过租金补贴、技术支持等形式给予专项扶持，使其在细分领域做专做精做强，构建模具企业梯队发展的良好格局。

4. 鼓励模具企业技术创新，提高模具企业技术装备水平

充分发挥政策的导向作用，引导企业增加研发投入，强化企业技术中心建设和精品模具开发，培育具有自主创新能力的高新技术企业，推动模具企业尤其是龙头企业创建省级乃至国家级技术中心，取得更多的模具科技成果。鼓励企业引进应用快速成形技术、快速制模技术、高速切削技术、热流道技术、精密测试技术等先进模具制造和检测技术，增加高端关键模具加工设备的投资，提高模具企业的技术装备水平。

5. 强化以技术转化为主的产学研合作机制

建立区域性的行业技术研发中心和成果转化中心，积极开发推广新技术、新工艺、新产品，推进科技成果向现实生产力转化；整合高等院校、科研机构、设计公司、知识产权机构等的资源，形成综合的技术服务力量，提高研究成果的产业化和市场化程度；加强企业与大专院校、科研院所的技术协作，通过购买专利、委托合作开发、与高校共建研发机构及实验基地、人才培训基地等多种途径，形成有效的产学研合作机制。大力发展和推广模具制造新技术，提高CAD/CAM/CAE和信息化技术应用水平，提高标准件的覆盖率，提高大型、精密、复杂、长寿命模具的设计制造水平。

6. 完善模具人才培训方式，留住模具专业人才

因省内模具企业工作人员待遇偏低造成的人才紧缺现象，已成为制约湖北省模具工业发展的重要因素。未来几年，要改进各个层次的模具技术人才教育培训方式，通过聘请企业一线专业人员授课，开展岗位技能竞赛活动，发放模具工等级证书等多种渠道，不断提高模具工作人员专业素质，缩短学校毕业生进入企业后的二次培训时间。努力提高模具专业人员待遇，扭转模具人才外流局面，满足湖北省模具企业的人才需求。

〔供稿单位：湖北省模具工业协会〕

湖南省模具工业

近年来，湖南省模具市场产销两旺，模具产业规模不断扩大，结构不断改善，技术和装备水平不断提高，模具水平不断提升，产值大幅度增长，企业经济效益显著提高；创新和信息化技术越来越受到重视，集群产业与高新技术企业规模迅速壮大。

一、规模迅速扩大

2005 年前，湖南省模具产值不到 10 亿元，2010 年模具产值超过 20 亿元，翻了一番多。2005 年前，产值超 3 000 万元的企业只有 5 家，现在产值超亿元的企业有 5 家，年产值达到 5 000 万元的有 10 多家，专业模具企业产值年均增长 20% 以上。

二、行业结构明显改善

主要表现在：

以大型、精密、复杂、长寿命模具为主要代表的高技术含量模具的总量占比逐年提高，塑料模和压铸模、汽车模具在模具总量中的比例也明显提高，品种结构可进一步满足市场需求。

国有和国有控股模具企业的占比逐年减少，民营企业和三资企业已成为行业主力。“十一五”期间，民营企业和三资企业模具投资合计是国有和国有控股企业的 1.5 倍。通过企业改革、改组、改制和改造以及其他经济成分的加入，一批具有生命力和特色的专业模具企业应运而生。这些专业模具企业有的是大中型国有企业通过改制重组分离出来的专业厂；有的则是以新技术为核心，按市场经济规律、现代企业模式组建的高新技术企业；还有以民营资本为主体、专业模具技术为依托组合起来的民营模具企业。

规模以上模具企业和重点骨干模具企业不断增多，高新技术企业队伍不断壮大。南方航空动力机械公司模具分公司 2007 年被中国模具工业协会授予压铸模全国重点骨干模具企业。湖南晓光汽车模具有限公司、湖大三佳（湖南）模具工程有限公司 2010 年被中国模具工业协会授予全国汽车覆盖件重点骨干模具企业。

三、大力投入技术改造

近几年，湖南省模具工业技术改造投入大，设备更新快，多数企业购置了先进的数控设备，基本完善了计算机辅助设计与制造系统。省内的重点骨干模具企业在技术改造方面投入资金逾 3 亿元，购置了加工中心、精密电加工设备、三坐标测量仪和各种应用软件等，模具设计制造能力大大增强，销售总额成倍增长，经济效益显著提高，企业普遍实现了增盈。

通过技术改造，湖南省的模具设计、制造水平有了较大提高，模具产品技术不断进步。如湘潭电机力源模具有限公司、南方航空动力机械公司工模具分公司、株洲九方模具公司、长沙同心实业模具厂、长沙北山汽车模具制造厂等成套引进了模具设计制造新技术，增添了先进的数控设备和加工中心。湖南晓光汽车模具有限公司、湖大三佳（湖南）模具工程有限公司等购置了大型成套数控设备与加工中心，创建了新的管理模式，为汽车覆盖件模具生产打下了坚实的基础。湖南晓光汽车模具有限公司 2008 年下半年试生产，2010 年销售收入达到 1.5 亿元。在 2010 中国国际第十三届模具技术及设备展览会上，长沙金镂实业有限公司的膨胀发泡模被中国模具工业协会评为精模奖一等奖。省内许多中小模具企业、民营模具企业的技术装备条件有一定程度的改善，生产管理水平也有一定的提高。

四、厂校结合，转化科研成果

湖南省几所重点大学如湖南大学、中南大学、湘潭大学均在模具技术研究方面取得较大进展，模具重大攻关项目取得了阶段性成果。湖大三佳（湖南）模具工程有限公司专业从事轿车覆盖件模具生产，依靠湖南大学科研成果研发了高品质的汽车覆盖件模具。湖南同心实业股份有限公司长期与湖南大学合作成为省内汽车行业的骨干企业之一，具有长期的开发、设计、生产和使用经验。根据国内外模具产业的发展形势，该公司已将模具产业确定为未来三大产业之一，投入 7 000 多万元购置精密数控装备，致力于专业化的模具开发和生产。北山汽车模具公司是湖南省最早从事商品化模具生产的行业骨干企业，近几年销售收入以年均递增 30% 的速度平稳发展。在塑料模具领域，长沙博盛塑胶制品有限公司凭借先进的 IMC 模内覆膜新技术，成为伊莱克斯的专业供货商。这些模具企业都与学校保持长期合作，将科研项目转化为企业发展的实际成果，取得了较好的经济效益。

五、创新和信息化备受重视

湖南省模具企业越来越重视创新和信息化工作，资金投入逐年增加，企业的技术研究中心不断涌现，专利授权和经过鉴定的创新成果也逐渐增多。在信息化、数字化方面，CAD/CAM 技术得到普及，CAE、CAPP 和 CRP 正在积极推广，一些企业已实现完全信息化管理和全数字无图生产，在缩短模具生产周期、降低成本、提高劳动生产率和增加企业效益等方面收到成效。特别突出的是湘潭电机力源模具有限公司随着主业电机、新能源设备的开发研制,从设备更新到信息化管理以及新工艺、新材料的应用都取得较好效果,走在湖南省模具工业的前列。

六、模具企业转换经营机制取得了突破性进展

湖南省较具实力的重点模具企业通过深化改革,转换经营机制,变成了具有独立法人资格、直接面向社会参与市场竞争的专业模具企业,生产能力得到充分发挥,经济效益逐年提高。一批有生命力的、有各自专业特色和具有明确服务方向的专业模具企业应运而生。这一批技术先进、设备精良、机制灵活、各具特色的实力雄厚重点骨干模具企业是发展湖南模具工业、振兴制造业、发展湖南经济的希望。

湖南模具还没有形成产业,只能归属机械工业中。不少国有和国有控股模具企业体制与机制仍不适应市场经济,人才紧缺,生产效率和企业管理水平较低,综合水平与外省先进水平仍有较大差距。为此,要进一步调整结构,改革体制和机制,努力提高行业总体水平和实力,进一步开拓省内外市场,从模具生产弱省向模具生产强省迈进。

〔供稿单位:湖南省模具工业协会〕

广东省模具工业

广东拥有毗邻港澳的地理优势及优越的综合商业发展空间,GDP 总量位于全国前列。2010 年,广东省模具工业继续保持 12% ~15% 的平稳增长势头,实现工业总产值 720 亿元,依旧保持模具大省、强省的优势地位。广东是我国最重要的模具市场和最大的模具进出口省份,其模具产能、企业规模、总体领先,技术装备、研发能力、管理水平、产品档次和品质品牌均为行业翘楚。

一、广东省模具工业现状

2011 年,由于原材料价格上涨、人力成本上升、人民币升值的原因,“中国制造”的成本攀升,成本优势被削减近 20%。成本上涨有力推动了广东模具制造业优势向高端模具机械制造业转移,促进了模具制造业向为中高档轿车、轨道交通设备、船舶配套设施、航天航空等高端装备制造业的配套领域发展。

1. 高端模具制造前景广阔

模具工业正处于黄金发展时期。后经济危机时代,美国、日本及西欧等工业发达国家,向我国转移大批工厂,加大在我国投资设厂的力度,其中模具工业转移的趋势越来越明显。随着我国汽车的国产化率逐年提高,国产干支线大飞机、卫星导航、智能控制系统、大型船舶、高档数控机床、高速列车以及城市轨道交通装备等一批“十二五”规划的高端制造业的崛起,模具工业将迎来巨大的市场需求及广阔的市场前景。

“十二五”期间,广东省在高端制造业项目引进方面取得突破性进展,南车集团、中国船舶、东方核动力设备、西电广开、一汽大众、中航支线飞机、群达高铁零部件、海尔等集团落户广东。在精密仪器、航空、高铁等关键领域,已有一批重点骨干企业参与到高端模具的制造体系中,如亿和精密工业控股有限公司(以下简称亿和控股)、群达科技控股有限公司(以下简称群达控股)等。2010 年,广东省轿车产量全国第二;美的集团产值已冲破 1 500 亿元大关;TCL 电器、格力空调、海信科龙、创维集团等家电企业及比亚迪汽车的产能均有两位数的增长。可以预计,未来几年,广东高端模具制造企业将迎来巨大的市场机遇与挑战。

2. 谋求汽车零部件产业新突破

广东正在谋求成为汽车工业大省,实现产能全国第一的突破。2010 年,广东省轿车产量 132.67 万辆,居全国第二位,同比增长 14.5%。广东汽车国产化率仅为 35%,远逊于上海的 80% 和长春的 50%。广东模具工业通过依托高端国际化的产业集群,为广东汽车的国产化提供有力支撑,也将大力推动上游高端机械装备制造业及下游汽车、家电、电子、通信等行业零部件的发展。

广东省模具工业协会和清远高新区共同积极筹建的清远国际汽车零部件产业基地,连接广州花都汽车城、广本汽车、丰田汽车,一汽大众在南海狮山、顺德两个生产基地以及珠江三角洲汽车产业供应圈,园区精密模具和汽车核心部件服务于一汽、二汽、上汽、奇瑞等汽车产业基地,将彻底改变我国汽车制造业依赖跨国公司提供核心技术和关键零部件的被动局面,实现从中国加工向中国制造,最后向中国创造转型的现代工业目标,真正实现广东汽车产业制造国产化。

3. 模具工业统计数据不甚精确

改革开放 30 年来,民营制造企业发展很快,大都主营终端产品。民营企业占广东尤其是珠江三角洲地区企业的占比超过 70%。格力、美的、海信科龙、科达机电等大型民营企业的产值均超亿元,但其中并未单一列出模具产值。

由于模具价格不断下降，利润空间有限，模具企业不再单纯生产模具，而是转做制成品，向以模具为核心的上下游产业链延伸，模具企业产品趋于多元化。省内一批龙头企业已经完成原始资本积累，率先进行扩张，如亿和控股的年销售额达30亿元以上，而模具销售额只占其中极少部分；广东巨轮模具股份有限公司也开始向下游硫化机与上游数控机床等产业延伸；龙记集团、群达控股、平进股份有限公司、深圳市银宝山新科技股份有限公司、鸿图高科、广州市型腔模具制造有限公司等企业的产业链延伸趋势明显；揭阳大立也由生产中低端塑料模具转向生产日用、家用等终端产品。模具工业的数据统计工作始终存在较大的漏洞与难题，亟待改革。

4. 保持市场龙头地位，国际化趋势明显

依托珠江三角洲高度密集的制造业，广东模具工业在产品开发、技术创新、科技含量上位居全国前列，长期占据模具龙头大省地位。据不完全统计，2010年广东省模具企业达8 000多家，其中，外资企业占60%左右，合资企业约占10%，主要集中在广州、深圳、东莞、佛山、揭阳、中山、珠海等地，其中也有一批具有先进技术装备和管理水平的中国香港、中国台湾企业和日资、中外合资模具企业踊跃进入广东市场。广东模具由于品质高，产品已出口美国、日本、意大利、德国等工业发达国家，出口额占全国模具出口总额的近一半。广东模具市场国际化、研发高端化和人才精尖化的趋势日益明显。

二、广东模具工业主要特点

1. 模具产业集群效益显著

“十一五”中期后，我国模具工业集聚化、高端化、专业化趋势日益明显，国内先进制造企业加快资本扩张、产能升级，由分散设厂向集聚发展转变。随着装备制造业的高速发展，广东省模具企业释放大量产能，向上下游产业延伸，加之广东省的机械模具企业基本靠自身积累和民间借贷成长，企业发展氛围宽松、自由，集中分布在广州、深圳、东莞、佛山等珠江三角洲地区，其中85%左右的企业租赁厂房，产业集聚扩张意愿强烈。

近年来，各级政府部门逐步意识到模具的重要性，重视模具投资发展；意识到在模具企业的生产规模、研发水平、现金能力发生质的变化后，政府部门在产业方针、扶持政策上的积极引导作用，多次邀请协会与模具企业反映行业情况。广东省模具工业协会在2010年换届后，经常向政府部门反映企业诉求，争取各项扶持政策。协会开展的两个产业集聚项目已取得重大的进展：南沙模具产业园133.3万m^2(2 000亩)工业用地和研发中心用地指标已基本落实，清远国家级汽车零部件机械装备产业基地第一期133.3万m^2(2 000亩)工业用地已基本到位。广东省模具工业协会将尽力部署落实广东模具产业集群发展的相关工作：一是与政府部门积极协调沟通，争取更多土地指标；二是动员模具企业积极参与模具产业集群的各项工作，学习江浙、上海、重庆等地成功经验，积极筹备模具产业园区建设。

2. 拥有装备精良、管理先进的龙头企业

面对激烈的市场竞争，在大批外资、合资企业的推动下，近几年广东模具企业纷纷加大投资，引进国内外高新技术装备，提升技术设备水平和产品档次，广泛应用CAD/CAM/CAE技术，完善企业管理。广东已涌现出一批模具行业的骨干带头企业，如广东巨轮模具股份有限公司、亿和控股、深圳市群达行精密模具有限公司、佛山华达高木模具有限公司、深圳市平进股份有限公司、广东圣都模具股份有限公司、佛山顺德百年科技有限公司、广东科龙模具有限公司、深圳康佳精密模具制造有限公司、珠海格力电器股份有限公司、揭阳市天阳模具有限公司、河源龙记金属制品有限公司、深圳市银宝山新科技股份有限公司等龙头企业。这些企业技术装备精良，生产经营管理规范，综合实力较强，得到国内乃至国际的一致赞誉。

广东巨轮模具股份有限公司：全国模具民营企业第一家上市公司，生产的轮胎模具在品种和产能上进入世界前三强，工业总产值和产品销售收入、实现利税等指标居全国橡胶轮胎模具行业前列，获广东省民营企业百强称号，被国家科技部认定为国家重点高新技术企业，其主导产品汽车子午线轮胎模具和“吉阳”牌商标被认定为“广东省名牌产品”和“广东省著名商标”。

亿和精密工业控股有限公司：2005年香港主板上市，是行业知名度高、上市健康、管理理念健全的代表企业；被认定为国家高新技术企业，获广东省制造100强、广东省最具投资价值企业50强、深圳市百强企业、深圳市技术中心企业等殊荣。主要产业链向零部件延伸。

深圳市群达行精密模具有限公司：新加坡主板上市，被认定为国家高新技术企业，是我国第一批大型精密塑料模具重点骨干企业，获科技部、教育部、广东省的部省合作产学示范基地及重点科技专项实施单位，广东省创新型企业等称号。设计制造的高端汽车模具深受世界各大汽车制造厂商的欢迎，获深圳市知名品牌，广东省名牌产品等殊荣。

佛山华达高木模具有限公司：中日合资企业，合作超过15年，积累了丰富的日本模具设计、制造技术及汽车、摩托车等产品的研发经验，并有广泛的日本客户基础。获省企业技术中心、省高新技术企业、市知识产权示范企业、市百强企业殊荣。

河源龙记金属制品有限公司，是世界五大模架制造商、销售量居亚洲之冠的香港龙记集团成员之一，主要生产销售精密型腔模、模具标准件，是国内乃至亚洲规模可数的标准件专业生产企业，其中精密型腔模架及模具标准件销售额稳居全国第一，公司积极推动了模具生产的标准化、专业化和国产化。

揭阳市天阳模具有限公司：被化工部定点为轮胎模具

专业生产厂，被科技部确定为“国家火炬计划重点高新技术企业”。公司开发的子午线轮胎活络模具开国家轮胎模具先河，注册商标“天鹅”牌被认定为“广东省著名商标”。获广东省先进企业、中国乡镇企业科技奖、百家知识产权优势民营企业等殊荣。

广东科龙模具有限公司：专业从事各类大中型、精密、复杂的五金、注塑、吸塑、发泡、压铸模具的开发、设计和制造，是我国规模较大、技术设备先进、综合实力强的模具制造中心之一。生产的空调机面板注塑模具被认定为国家级新产品，与日本的大金、日立、松下、雅马哈、本田、三菱和瑞士弗兰卡、GE、惠尔浦、伊莱克斯以及国内的创维、海信、美的等大公司保持良好的合作关系。

三、广东模具工业的发展趋势

后金融危机时期，欧美日等工业发达国家将大量模具产品外包至中国，因此，广东模具产业逆势增长，中低端及高端模具订单大增。广东模具企业国际化水准高，市场适应力强，技术水平一流，其产品可替代国外同等产品。当前，广东模具产业呈现以下几个发展趋势：

1. 产业链延伸与企业扩张并举

由于模具价格不断降低，利润空间有限，模具企业向以模具为核心的上下游产业链延伸。省内一批龙头企业率先扩张，产业链延伸趋势明显，如亿和控股、群达控股、平进股份等龙头企业纷纷在苏州、重庆、长春、上海等地进行扩张，产业和产品结构随市场发生了变化。模具企业由分散发展向行业扎堆、梯度内迁，由沿海中心城市向内陆次中心城市梯度转移，由深圳、东莞等一线城市向清远等二线城市梯度转移的意愿越发强烈。

2. 做好高端制造领域项目对接

航空航天、游艇船舶、轨道交通、高中档轿车、兵工武器、电力能源装备、工程机械及新能源、新材料、生物工程、海洋工程及物联网等战略性新兴产业的兴起，对模具研发与生产提出了特殊化、专业化要求，模具行业既面临巨大挑战，又迎来巨大的市场空间。加强新兴高端模具的研发制造，提高为战略性新兴产业的配套能力，为优化广东省模具产业结构及实现模具产业升级提供了助力。

广东省模具工业协会积极筹备与大型高端制造及相关配套领域的项目对接工作，如分别与西飞国际、珠江船务就航空、船舶制造领域展开战略交流，针对航空、船舶制造领域的模具工业设计、加工技术装备交换了意见，并就模具产品项目对接达成初步共识。协会将根据模具企业的意愿，分期分批与大型装备制造企业、大型国企央企开展高端制造领域的战略合作交流，真正实现模具产品与重点领域项目的有效对接。

3. 模具技术突飞猛进

模具技术发展迅速，模具生产越来越依赖高性能的装备及软件。2010年，模具技术发展的趋势是不单纯依靠技能也可以开发优良的模具产品和生产技术，其中有高度自动化的模具生产技术，可省去试模工程的模具技术，可超短期交货的模具技术。模具加工技术正朝着无人工修磨、无电加工、缩短加工时间及五轴加工四个方向发展。

4. 模具行业仍需政策扶持

国家对模具企业部分模具产品的增值税先征后返政策停止后，新的模具扶持政策至今尚未出台，严重制约了模具行业的发展。模具企业是资金密集、技术密集、劳动密集型企业，技术工人比例大、平均工资高，企业生产资料和生存成本居高不下，尽管现阶段订单爆发性增长，企业仍面临诸多压力。模具行业的技术改造和产业升级仍需政府政策性扶持及赋税优惠，以保障模具行业健康可持续发展。

〔撰稿人：广东省模具工业协会王其俊、虞洁〕

重庆市模具工业

一、产业背景

重庆历来是我国重要的制造业基地和国防科研生产基地，拥有雄厚的工业基础，制造业门类齐全、综合配套能力较强。重庆成为直辖市以来，制造业发展迅速，对模具也形成了巨大的需求。

2011年，重庆工业销售产值达到1.2万亿元。其中，汽车工业销售产值4 038亿元，汽车产销量突破200万辆，摩托车产销量突破1 000万辆。除了原有的长安体系，上汽、一汽、北汽、东风汽车等全国四大汽车集团也集聚重庆，形成了门类齐全、产业链完整的汽车产业集群。到2015年，重庆汽车工业销售产值将突破6 000亿元，汽车产销量将达400万辆。与此同时，重庆创新了加工贸易模式，两年走完了沿海十年发展之路，形成了以惠普、宏碁等品牌商为龙头的“4+6+400”的笔记本电脑产业集群，2011年实现产量2 500万台，电子信息制造业产值达到2 016亿元；创新了离岸数据管理体系，开始建设亚洲最大的云计算产业基地。通过“云端计划”的实施，预计到2015年，电子信息产业总规模将达到8 000亿元，逐渐成为重庆工业第一支柱。届时,重庆模具市场总需求将超过150亿元。

二、发展概况

重庆市模具厂点1 200余家,其中规模以上模具企业300多家,从业职工约2.8万人,工程技术人员约占14.1%。2011年全市模具工业产值约39亿元。全行业企业获得高新技术企业认定22家,上市公司子公司企业3家,重庆股份转让中心(OTC市场)挂牌企业2家。

作为老工业基地,重庆模具工业20世纪80年代末期曾处于全国前列,2000年以前重庆模具生产多数分布在主机厂的工模具分厂、车间,自产自用的模具比重大,专业化、商品化、市场化、标准化程度低,企业间的生产技术协作比较差,模具制造周期比较长。进入21世纪以来,随着重庆汽车、摩托车工业的快速崛起,重庆模具工业结构调整和资源整合加快,以民营和三资企业为主流的专业模具企业大量涌现,模具发展提速,整体实力大幅提高,重庆模具工业体系逐渐形成。元创股份、长安模具、重庆数码模车身模具有限公司、平伟精密、重庆庆铃模具有限公司等一批汽车车身冲压模具龙头企业已经形成,以重庆渝江新高模具有限公司、重庆盛源模具制造有限公司、重庆高金实业有限公司为代表的重庆压铸模具行业也已开始崛起。重庆模具行业已经全面普及了CAD/CAM计算机辅助设计制造、数控化加工技术和工艺流程,国际先进的新设备、新技术、新材料、新工艺也已经在行业内广泛应用。

模具按国家标准分为十大类,其中冲压模、塑料模、压铸模占模具用量的主要部分。重庆模具产品以冷冲压模具和压铸模具为代表,需求量很大的塑料模生产能力严重不足,用于电子信息行业的精密模具刚刚起步。当前,以产值计,重庆模具种类的占比大致是:冲压模约占52%、塑料模13%、压铸模19%,其中归属大型、精密、复杂、长寿命模具的约占25%。近几年,随着重庆市专业模具企业的发展,模具商品化程度提高,压铸模、塑料模占比有所提高,但还远不能满足市场需求,中高档次模具是产品结构调整的方向。

重庆市汽车模具的配套结构大致为:进口占15%;国内配套占85%,其中本地配套占25%,本地配套的多为自产自用。摩托车模具商品化程度很高,已实现国产化,其中本地配套占55%。而为电子信息医疗器械行业配套服务的高速冲压模具、精密冲压模具、精密塑胶模具本地配套率则低于10%。重庆模具工业的生产技术和制造水平虽有长足进步,但无论从产能还是产品结构以及技术水平,都还远远不能满足重庆制造业快速发展的需要,与国际、国内先进水平相比仍有很大差距,突出表现在大型、复杂、精密、长寿命、高效率模具,本地配套的不到20%。

模具是特殊基础装备,单件生产和订单制造是大多数模具的特征,产品企业与模具企业在产品开发过程中需要紧密沟通与交流,大量的异地配套增加了制造成本,延长了生产周期,降低了产品的市场竞争力。重庆市模具工业的现状与汽车工业、电子信息产业的支柱地位极不匹配,已经成为支柱产业发展的瓶颈之一。改善重庆市模具工业的现状,已成当务之急。

三、存在的问题

对模具工业的重要性认识不足。模具工业普遍以中小企业为主,单个企业的规模、产值、利税、效益等经济指标都不突出,没有比较优势,未能引起各级主管部门的重视。

重庆模具市场需求与本地模具供应的矛盾突出。一方面,重庆模具厂点众多,但大都规模小,技术、设备能力差,低档模具能力过剩,低层次的恶性竞争激烈;另一方面,中高档次的精密、复杂、大型、高效、高附加值模具短缺,产品厂的发展受制于模具开发的滞后。

模具工业投入严重不足。现代模具工业是资金密集、技术密集型产业,模具制造技术位于先进制造技术的前沿,技术和设备更新速度很快,需要不断进行资金投入。重庆市模具企业多、散、乱,规模普遍很小,融资渠道稀少,基本靠企业自身积累发展,投入严重不足,发展很慢。

模具企业普遍面临回款周期长、现金流紧张、财务状况不佳的困境,制约了产业发展。

模具行业用地难,集群式发展模具产业无法实现。

四、建议采取的措施

提高认识,制定行业扶持发展政策,引导投资,加快发展模具工业。只有深刻地认识到模具工业的基础地位、支撑地位以及带动产业高效发展的地位,才能从社会效益的高度正确审视模具工业,予以关注、重视和支持。

尽快落实土地供给,尽快建设重庆模具产业集聚地,发挥产业聚集与产业辐射作用。

培育和支持重庆模具行业龙头企业发展,发挥其示范带头作用,缓解供需矛盾。

引导模具企业实现专业化生产和以模具带产品两种发展模式,适应市场的需要。

加大招商引资力度,利用外来资金和技术,迅速提升重庆模具工业水平。

落实行业协会职能,发挥其行业管理与自律的作用,促进全市模具工业健康稳定发展。

五、发展目标

充分发挥重庆产业基础好,模具市场巨大,各项生产要素保障有力且成本较低、创新科技人才及人力资源保障相对较好的优势,依托重庆汽车、摩托车的发展,做大做强传统汽车摩托车模具;以重庆发展IT电子产业为契机,通过招商引资大力发展集成电路塑封模以及制造计算机机壳及接插件等许多元器件的精密塑料模具与精密冲压模具等。争取到2015年,形成年销售产值80亿元的重庆模具产业集群。

〔供稿单位:重庆市模具工业协会〕

四川省模具工业

一、四川模具工业总况

四川省模具工业现有2 000多家企业，年产值近40亿元。从产值占比看，仍然是上市公司、国有公司及其他股份制企业为主体，其合计产值约占65%。近年，产值有望突破10亿元的模具企业1~2家。民营企业的占比逐年提高，规模也逐步扩大，年产值超过3 000万元的企业已超过30家，其中有2家企业的年产值近亿元。

四川省模具种类基本齐全，橡胶模和挤出模产能较为薄弱。最近几年冲压模、塑料模和锻模发展较快，分别占模具总产值的48%、38%、7%，冲压模具的占比还在逐步提高。冲压模中，以汽车覆盖件大型冲压模和电子精密冷冲模为代表，塑料模在精密注塑模基础上向大型精密和微小型注塑模具发展，锻模在大型的基础上向长寿命发展。

从模具技术水平看，四川的模具以覆盖件模具、大型锻压和电子精密模具为代表，大型锻压模具主要服务于重装设备及航空航天产品，汽车覆盖件模具掌握了高强度板及激光拼焊板的成形工艺。以成都宏明双新科技股份有限公司、宝利根精密工业、莫仕、华丰模具为代表的精密电子模具在行业内和用户享有较高的声誉，为世界高端智能手机、IT电子元器件及军工、航天高精密产品配套。

模具企业普遍重视模具新技术、新工艺的研究，尤其是为应对服务领域产品的升级和新兴产业的突起，全省模具企业的不断提高创新能力和信息化水平。2010年，四川省获中国模具工业协会“精模奖”一等奖、二等奖、三等奖各3项，四川省近三年科技进步奖都有模具项目。

四川有5家企业被中国模具工业协会授予重点骨干企业称号，有十余家企业获得国家高新技术企业授牌。四川省科技厅新近授予的精密模具制造服务平台提高了四川省模具制造的配套能力。

二、四川模具工业现状

1. 为以绵阳、成都为主的“数字化视听产业基地”的电子产业配套

四川省大部分电子信息类产品模具根源于原来的军工企业，技术实力较强，在国际、国内市场上都有相当强的竞争力。长虹模塑科技有限公司、长虹技佳精工有限公司、九州电器集团有限责任公司、锦江电器工模具公司等主要为数字电视、显示器、平板、摄录机、数字音响、机顶盒等家电视听产品零部件提供提供配套模具；前锋、川嘉、汇源、索贝、康特等公司主要为数字电视前端设备、检测仪器等提供配套模具；菲斯特、奥晶等在投影镜头及元器件模具制造方面，数字电视机卡一体化整机、信号源及测试仪器、前端设备以及系统设备模具等方面，具有整体优势。

2. 为以成都、绵阳、广元、遂宁为主的电子、IT产业配套

成都近年来电子产业发展迅猛。成都高新综合保税区力主发展电子信息产业和精密机械加工业，产业门类包括芯片制造及封装测试、笔记本电脑及平板电脑制造、航空零部件及电子元器件制造，投资总额22.3亿美元，已有英特尔等24家企业入驻，区内从业人员近5万人，已形成1亿台电脑的生产能力。到2015年，成都高新综合保税区将形成5 000亿元产值的IT产业集群。

绵阳的电子信息化产业产值占全市工业总产值的近40%。随着绵阳在民用特别是消费电子产品方面的发展潜力越来越突出，电子产业在绵阳工业中的地位越来越重要。

广元现已建成国家先进电子产品及配套材料产业化基地。该基地聚集了四川电子军工集团、长虹欣锐、飞业新材料有限公司等14家重点企业。他们主要从事生产公共安全保障系列电子产品；事件自动监控与自动控制系列电子产品；航空航天电源配套装备系统及各种专用特种电源为主的电源系列产品；以微波组件、天线、特种电子元器件及数字家电用电子元器件等九个方面的产品系列，已逐步建成西南大型电子装备科研生产军民结合产业基地。

遂宁的电子工业园近年已入驻金湾、立泰、柏狮光电、金剑、宝利根等近百家知名电子企业。

随着四川电子信息产业园区的建成和壮大，园区企业既对电子产品模具提出了更高的要求，也为电子产品模具发展提供了广阔空间，电子模具工业地位越来越重要。

3. 为以德阳、自贡为主的“重装产业基地”的重型装备产业配套

东方电气集团、二重集团、南车集团资阳机车、成都神钢工程机械（集团）有限公司、宏华集团、四川川大智胜软件股份有限公司、九洲电器等一批重大技术装备制造企业，初步构建了以大型发电设备、大型冶金化工成套设备为代表包括大型工程施工成套设备、机车车辆、石油天然气成套设备、大型环保成套设备、航空及空中交通管制系统成套设备以及数控技术与设备等在国内具有较强竞争优势的重点产品链。

为这些重型装备配套的模具公司有东方电机工模具公司、东汽工模具公司、东锅装备工程公司、万航模锻公司、南

车模锻等，为火电、水电、风电、核电等重型装备的制造提供了强有力的支撑。其中万航模锻公司不仅为我国航空、航天产品提供大量锻模，同时提供大量优质轻合金锻件，南车资阳锻铸事业部在为轨道交通提供锻模的同时，也提供优质锻铸件。

4. 为以成都、宜宾、资阳为主的“西部汽车城”的汽车产业配套

近年来，一汽大众成都基地、四川一汽丰田、吉利沃尔沃成都基地等10个整车制造项目在成都经济开发区聚集发展，初步形成年产125万辆整车生产平台。南骏汽车集团与韩国现代将在资阳合资设立四川现代汽车有限公司，拟在2015年达到产销30万辆的规模。绵阳华瑞、中国重汽、富临集团越来越重视专用车辆、特种车辆、重型载货汽车、轻型载货汽车、发动机、变速器的研发，到2015年将达到各类轻型载货汽车、重型载货汽车、面包车、新能源车辆30多万辆的产能，发动机及自动变速器均达50万台（套）的生产能力。福田与四川腾中重工机械有限公司合作在德阳什邡投资设厂，生产自卸车、牵引车、普通平板改装车、环卫车、商混类产品搅拌车等专用车。

四川的汽车模具企业原为重庆的汽车厂配套较多，工艺装备制造水平有较好的基础，四川汽车产业的发展，给省内汽车覆盖件模具厂商、汽车内饰件模具厂商、压铸件模具厂商等提供了更好的发展空间。汽车覆盖件模具在四川省的模具总量中占有较大比重，其中相当一部分外销。四川成飞集成科技、四川宜宾普什模具、四川集成天元模具、东莞航天模塑精密模具成都公司、四川也美汽车模具有限公司等都有较强的汽车模具研发和制造实力，其中成飞集成科技在国内率先通过了VAD6.4质量体系认证，航天模塑拥有西南唯一的一条搪塑生产线。

5. 为以乐山为主的半导体产业配套

乐山先后培育出许多在国际、国内和业界都具有相当影响力的企业。以半导体产业为基础，将乐山打造成开片式元器件、高频功率器件、半导体照明元器件、芯片、混合集成电路、新型印制电路板等产品的产业城市。与之配套的典型的半导体封装模具供应商乐山飞舸模具、天阳精密电子、乐山LRC、希尔电子、北都电子等都具有较高的技术水准。

6. 为以成都、雅安为主的航空航天产业配套

航空航天产业在四川有着深厚的基础，现已发展成为以成都飞机设计研究所和成都飞机工业（集团）有限责任公司为代表的飞机整机和大型关键零部件的研制生产产业；以5701厂为代表的中型直升机制造维修业；以成都发动机公司为代表的飞机发动机制造业；以中电集团10所、29所和成都航空仪表公司为代表的航空电子和飞机机载设备研制生产产业；以5719厂、四川斯奈克航空发动机维修公司和四川海特公司为代表的飞机维修产业；以川大智胜公司和成飞集团大雁企业公司为代表的航空地面控制系统及设备研制生产产业，并先后与中航总公司合作建成了成都航空高科技产业园、成都市高新区航空电子产业园。

为上述主机厂配套的成都飞行器研究所、成都飞机工业集团公司技装公司、成都航发集团工装公司、泛华航空仪表工模具公司、航天模塑公司在模具研发设计及新工艺应用等方面有着极强的实力。

7. 为成都、眉山、攀枝花、甘孜、凉山等地的光伏产业配套

四川省的多晶硅技术国内领先，在国家对新能源、清洁能源政策及四川省地方“7+3”政策的扶持下，形成了以乐山为主，成都双流及眉山部分地区为辅的完整光伏产业链。近几年，为光伏产业装备配套模具成为四川省模具工业的新领域。

8. 为以南充、达州、广安、泸州为主的化工产业配套

利用本土的资源优势，南充将石化工业规划为支撑产业，筹建了化学工业园；达州也建成了达州化工园区，天然气化工及氯碱化工为下游产品薄膜、医塑、包装、瓶盖、建材、生活用品等提供了良好的原料；广安冶金建材产业园和北新建材广安科技园很好地开展了废弃资源深加工，提高了原料产品附加值，模具装备在其中起到了决定性作用，广安霖集团就是该行业的典型企业；泸州的主导产业之一是化工产业，既有历史的积淀也有地方政策的引导，培育出泸天化等知名企业。当前，各个地方从原料供应到精细化工再到资源的深加工进行产业链延伸，这都需要塑料模具行业提供支撑。

9. 为网络通信产业配套

四川省在光纤、光缆、光传输设备、路由器以及交换机等方面具有传统优势。近年来，爱立信、诺基亚、西门子、华为、中兴等国内外大公司在川设立研发机构和生产基地，为3G、NGN、NGI的发展奠定了基础。四川省为视听产业、电子信息产业配套的模具商，同时也可以满足通信产业产品对模具的配套要求。

10. 为宜宾、成都酒业等轻工业配套

为四川酒业以及饮料、食品、医用等轻工业提供的制作瓶坯、瓶盖的多腔注塑模、玻璃模具，其产品水平和生产规模在国内都名列前茅。2011年宜宾被科技部列为首批“国家级精密模具及特种材料产业化基地”。

三、四川模具工业的发展前景

1. 电子信息产业转移带动投资力度逐年加大

电子信息产业近两年向四川快速转移，转移方式已由原来沿海地区难以控制成本的小规模配套企业逐步演变为主机厂直接在川投资扩产，比如联想、戴尔等。这些主机厂带动了很多配套厂商和电子元器件供应商入川发展。如，联发科技、纬创、奇宏电子、万和国际、台湾润泰集团、凌阳科技、奇宏科技、精元电脑、协禧电机、佶优科等已入驻或即

将入驻成都；统懋入驻遂宁；龙腾国际入驻内江；斐成科技、永弛电子、吉豪科技、特鼎工业、伟成电子入驻绵阳。这些企业都对当地的电子信息产业发展起到了一定的带动作用，未来这种趋势将会加大。

上述企业的入驻对本土模具企业的提升作用还没有显现出来，但部分芯片生产商如德州仪器引进部分特种加工和高端工艺装备将使本地区在精密模具制造领域产生质的飞跃。

2. 省内二线城市的模具行业发展迅速

成都的产业布局集中，产业链较完善，但随着入川企业的增加，则需要考虑到物流方便、成本相对低廉的二线城市投资建厂。其中模具企业发展较快的有融入“天府新区”规划的眉山、乐山地区，也有作为“成渝经济区”纽带的遂宁、内江、南充等地区。这些地区物流基本完善，到中心集散地如成都、重庆也非常便捷。

3. 人力资源逐年回流

四川省作为模具人才培养的大省，开设模具专业的本科、大专高职、中专技校共30多所，每年为行业培养模具人员4 000多人，其中有很多毕业生到省外就业。四川省对模具人才的培养以塑料成型、压铸成型、板料成型、模具结构设计等专业方向为主，近年来，随着一线工人需求的大量增加，四川省的技工学校发展迅速，成都技师学院的建立也带动了对一线应用型人才培养的探索。

随着省内模具逐步向高附加值方向发展，外流的人才在产业西迁过程中也逐步回流，并且带回了先进的设计技术及制作工艺方法为本土模具行业服务，形成了良性循环。

4. 高端设备应用将越来越普及

四川省的汽车工业特别是B级以上的车型模具制作需要的高速加工设备、电子信息产业部分精度在1μm以下模具制作需要的特种加工设备，部分手机、相机、投影设备光学镜头等模具制作需要的镜面加工设备，已成为高端模具企业必备的设备，为此模具企业在加大研发投入、追逐高附加值模具的同时，注重购置更多高端加工设备促使硬件升级。

5. 高效清洁能源装备比重将越来越大

东方电机、东汽等为水电、风电等提供清洁能源装备，甘孜、阿坝、凉山、西昌等地的光伏产业逐步成为地区主打产业，与此对应的成都双流、眉山、乐山等模具配套企业将获得更多的发展机遇。

面对国家西部大开发政策的延续、地方引进外资、沿海东企西迁、四川灾后重建等一系列的经济发展机遇，四川模具工业将迎来更加广阔的发展前景。根据四川省政府规划，在“十二五”末电子信息产业和装备制造产业产值双双突破万亿元，这两个产业的发展均与模具息息相关；全球500强企业中170余家落户四川，近三年的外商投资和东部企业西迁引资到位额相当于四川前30年的总和，这些企业的新产品、新工艺对本土模具的需求也将促进模具行业的发展，模具本土化和用户对模具提出的高技术指标要求，也将在一定程度上推动四川模具技术水平的提升。

〔撰稿人：四川省模具工业协会郑朝霞、江秉华〕

成都市模具行业

在西部大开发、承接东部产业转移的大背景下，成都地区经济增长迅速。在装备制造业的拉动下，成都地区模具工业快速发展，已形成一批汽车车身覆盖件、汽车内饰件、汽车零部件模具，集成电路精密封装、引线框架精密多工位级进模具，电子元器件、汽车电子、电脑周边、多媒体数码产品、光电通信产品和精密接插件精密模具以及医疗器械、包装、建材模具等门类较为齐全的模具制造企业。

一、成都模具工业的基本情况

1. 模具企业规模和总量进入快速增长时期

以四川成飞集成科技股份有限公司、成都宏明双新科技股份有限公司、东莞航天精密模具有限公司为代表的国有成分为主体的企业成功转型，高起点、高投入，迅速成长；新入驻的外资模具企业莫仕全球模具制造中心、富士康成都模具工厂等；给成都模具产业注入了推动力，宝利根（成都）精密模塑有限公司、赫比（成都）精密塑胶制品有限公司、成都伟创力机械制造有限公司等三资企业发展势头强劲；以成都新志实业有限公司、成都联余精密模具有限公司、四川科思精密模具有限公司为代表的本土中小企业也实现了跨越式成长。成都地区已拥有模具企业厂点约500家，产值约25亿元，出口交货值1.5亿元。成都地区模具企业规模概况见表1。

表1　成都地区模具企业规模概况

产值	1亿元以上	5 000万～1亿元	1 000万～5 000万元	500万～1 000万元
数量(家)	2	6	19	14

2. 技术水平有很大提升

近几年来，模具企业不仅大量投入厂房和基础设施建设，更主要的是加大设备更新改造和软件升级投资。企业针对高端产品与高端技术相结合项目的开发有计划地购进高端设备，引进高端人才，开发和应用新技术。如成都联余精密模具有限公司是2005年100万元起步的一家本土小企业，为了进入多腔模具的前沿领域，开发属于自己的热流道技术，投入高额资金购入精度为纳米级的瑞士 STUDER S31 万能数控内外圆磨床，同时购入日本、德国、瑞士、英国的车削加工中心、立式加工中心、电火花加工机床、三坐标检测仪器。短短几年时间，企业拥有了自己的热流道技术，已能批量制造 128 腔全热流道精密瓶坯模具、72 腔全热流道精密瓶盖模具、96 腔全热流道注射器针帽模具、32 腔全热流道注射器针筒模具，产品达到国内先进水平。

成飞集成科技股份有限公司全面实施信息化管理，运用 ERP 及 OA 软件，建立了以计算机辅助结构设计、计算机辅助工艺设计、计算机仿真强度和刚度分析系统以及设计系统数据库，可以使具有复杂型面的汽车样件转变成精度很高的数学模型，较好地解决了模具测量这一难点，为制造高精度的汽车模具创造了条件。

当前，成都地区许多企业已广泛应用 CAD/CAM/CAE/CAPP 一体化技术、信息化管理、高速加工、逆向工程、并行工程等技术，在技术提升的同时，也高度重视创新和研发，不少企业建立了技术研发中心。目前成都已有 16 家企业获得国家高新技术企业认定。

但是，在成都地区，处于国内前沿水平的精密电子、汽车覆盖件模具企业占比还很小，还不能满足本地对高端模具的需求。尤其是近些年来，高端产品、高端装备制造企业大量进入成都，而其所需的高端模具的大量订单却流向东部沿海地区或国外，这进一步显示提升成都地区的模具制造能力和水平的迫切性。

二、成都地区模具产业发展的几个方向

1. 汽车覆盖件、汽车内饰件、汽车零配件模具和汽车焊接装备

整车制造业是成都未来工业发展的重要产业，以一汽大众、一汽丰田、沃尔沃、吉利为代表的国内外整车制造企业已陆续投产，而模具配套产业才刚刚起步，模具的产能和水平根本无法满足现实和长远的需求。

成飞集成科技股份有限公司出台了汽车模具发展规划，新落成 4 万 m^2 高标准厂房，在区域内率先迈出了进军高端汽车模具产业的第一步；东莞航天模塑股份有限公司、四川集成天元模具制造有限公司通过整合资源，发展蓝图也已初步形成；中小模具企业通过联合开发汽车零部件模具，向精冲技术的开发应用方向发展。但汽车模具产业支撑未来成都汽车产业的发展还任重道远。

2. 精密电子、3C 模具

在这一领域，成都已具有一定的基础。以成都尚明工业有限公司、成都中科精密模具有限公司为代表的封装模具、引线框架模具已进入国内先进水平；成都宏明双新科技股份有限公司先后从瑞士、德国、美国等引进世界一流的 CNC 模具制造设备，积极推行高精度、高效率、高寿命模具的开发和研制，已成为 NYPRO、RIM、Motorola 等多家国际一流制造商的合作伙伴；宝利根（成都）精密模塑有限公司是一家来自新加坡的企业，一直致力于精密电子连接器、精密电子产品及通信行业高精密模具的开发和生产，订单来自欧洲、美国、日本、东南亚和中国地区。此外，赫比（成都）精密塑胶制品有限公司、四川科思精密模具有限公司、成都正欣精密模具有限公司等企业都具有较强的实力。

另一方面，成都地区的模具制造能力还不能满足该地区英特尔、尤尼森、德州仪器微电子企业等的需求；以戴尔、联想、富士康、纬创、仁宝、伟创力为代表的 3C 产业集群陆续进入成都，在精密电子模具方面产需双方的对接与合作刚刚起步，成都地区电子产业模具的发展既存在巨大的空间，也需要产业自身的进一步完善和努力。

3. 塑胶模具及特色模具

成都地区塑胶模具的制造能力还比较薄弱，目前许多中小企业已在设备更新、新技术引进和人才引进方面做出了努力，缩小了与东部沿海地区的差距。成都万顺达模具零件有限公司、成都协展模具制造有限公司、四川中邦模具有限公司等快速成长的模具企业代表着成都塑胶模具的未来。

培育有特色的模具企业快速成长是成都地区模具产业发展的又一个目标。成都新志实业有限公司是一家专业生产玻璃制品模具的企业，从一家民营乡镇小企业快速成长，目前产值 8 000 多万元，位居西部同类模具企业产值第一位。

三、模具专业人才培养发展较快

成都有着较好的模具专业人才培养基础，拥有技术、技能人才培养的良好资源，以四川大学、成都电子机械高等专科学校、成都航空职业技术学院、成都技师学院、成都工业职业技术学院为代表的十余所院校都设有不同层次的模具专业。近年来，鉴于技能型人才需求的急剧扩大，成都市政府投入 10 亿元建立成都技师学院，不仅在教材、教学模式上进行探索创新，更投入大量资金建立了拥有国内外先进的加工、检测、辅助教学设备的实训中心。实训中心的辅导人员由具有丰富实践经验的专业人员担任，使学院培养的人才数量和质量都有了很大提高。

校企合作是成都地区模具人才培养的另一个重要方面，定向班、对口班已成为校企合作的重要方式，有的企业在学生学习期间就介入教学和实训活动并提供奖学金。培养满足模具产业发展需求的实用型人才已成为成都地区人才战略的重要目标。

同时，成都地区模具企业也十分注重高端人才的引进。成都宏明双新科技股份有限公司、宝利根（成都）精密模塑有限公司等引进了外国专家，为企业的项目开发、工艺水平和管理水平的提升提供了人才支撑。

四、区域发展中存在的问题

成都模具产业二次发展起步较晚，存在的问题主要有：

产业集群集中度不够高；区域内模具门类集聚的特点不明显；社会化分工不强、缺乏广泛的社会化协作环境；和产品集散地、市场联系不够，缺乏本土品牌的产业支撑；企业外向发展的意识不足；企业技术更新、设备更新、资金再投入不够；模具标准化程度不高；表面热处理工艺薄弱。

以上存在的问题，引起了业界的关注，已着手制定相关措施解决发展中的问题。

五、成都模具产业发展目标

完善和优化产业环境。包括加大提升产业集群的力度，强化社会化协作环境；完善产业链，进一步提高表面热处理能力。

提高模具标准化程度。加强标准件应用的技术交流，通过引进标准件制造企业和销售商解决周期和服务的问题，争取模具标准化程度得到大幅提升。

提高信息化水平，与国际化管理接轨，推动更多的企业走出去。

消化吸收模具制造先进工艺、先进技术，提高成都地区模具产业的技术水平，逐步建立起较为完善的创新机制和创新平台。

力争在“十二五”末期，满足本地区高端装备制造产业、高端产品对模具的需求；积极拓展国际市场，扩大成都模具在国际市场的影响力，提升成都模具的地位。

〔撰稿人：成都市模具工业协会温成义〕

陕西省模具工业

陕西省是我国西部大开发的重点省份，在承东启西中具有重要的战略地位，国防军工、航空航天、电子、机械、汽车、能源工业是陕西省的重要支柱产业，在我国占有重要的地位。模具工业已成为陕西省国民经济的重要组成部分。“十一五”期间，人才、技术、装备的优势，良好的地域和环境、支柱产业的发展，为陕西模具工业创造了十分优越的发展条件，提供了广阔的市场，陕西模具工业快速发展。

一、陕西省模具工业概况

“十一五”期间，陕西模具工业结合实际，提出和实施了“以潜在优势为突破口发展现实优势，以虚拟联合为切入点实施强强联合，以提升质量发展特色模具为主线，立足陕西，面向全国”的指导思想和发展战略，全省模具产业结构、企业结构、产品结构得到了进一步调整优化，一批国营大中型企业加快了体制改革和机制创新，以股份制、独立法人、模拟二级法人等多种形式走向市场。

在此战略指导下，陕西模具工业有了长足发展，模具工业产值年均增速达到12%以上，2010年产值达到22.5亿元。数字化制造技术、三维动态设计技术、信息技术、精益制造、项目管理在重点骨干模具企业得到广泛应用，快速成形技术在模具制造领域的研究开发处于国内领先水平。

同时，陕西模具工业企业在推广新技术、新工艺、新装备以及技术改造方面取得显著成效，较快地提升了企业的技术装备水平和工艺制造水平，有力地保证了企业的持续发展和市场适应能力。

二、陕西省模具工业发展环境分析和需求预测

我国国民经济长期、持续、高速发展，国家对装备制造业高度重视，中央开发西部的发展战略，都为模具工业的发展提供了良好的宏观环境。

陕西是我国国防军工和机械制造的重要基地，具有雄厚的物质基础和加工能力；陕西又是我国大专院校和科研院所的集中地，拥有一批优秀的科技人才。这些都为模具工业的发展提供了可靠的物质保证和人才支持。

陕西是我国航空航天工业重要的研发生产基地，是我国唯一拥有两个整机(大型运输机、大型客机)及系列化研制生产和一批独占性资源的省份，行业资产规模、生产总值、人才总量和科技成果均占全国1/3左右，是我国航空工业第一大省。陕西又是我国重要的大型载重汽车、军用越野汽车、商用汽车及轿车的研制生产基地。除此之外，机械工业、军工工业、电子信息工业、家电行业、建材行业也是陕西发展的重要产业。所有这些产业都需要大量高水平的模具，从而促进了陕西模具工业的发展。

三、“十二五”模具工业总体发展目标

在“十一五”的基础上，经过五年的努力，到“十二五”末，陕西省模具工业应达到的水平：

1.模具的设计技术水平

三维动态设计技术在陕西省大中型模具企业中得到广泛、深入的应用，在汽车、航空、航天、家电行业中依赖进口的大型、精密复合型模具，经过引进消化，逐步实现自行设计，争取在“十二五”后期，逐步形成一套较完整的模具设计体系。模具设计中标准化程度应从目前不足8%上升到15%以上，国内外先进的制模技术应在模具设计中得到充分的应用。

2. 模具的制造技术水平

数字化制造技术、精益制造技术应作为模具制造的主要手段。在大中型模具企业中，CAM 技术、CAPP 技术应深入研究、广泛应用，以提高模具制造精度、缩短模具制造周期。在“十二五”后期，模具制造周期比目前缩短一半左右；能制造 20 工位以上级进模；模具精度能满足其冲压件精度不低于 5 级的要求；模具的冲切寿命从目前 30 万次提高至 80 万次以上，特殊要求的模具达到 100 万次以上。

3. 模具经营管理水平

依赖信息技术、计算机软件技术，逐步地从自制、自给的经营管理方式，向产业化、市场化的经营方式转变，形成科学的经营管理体系。全省模具经营管理水平应进入国内先进行列。

4. 综合能力(指标)

在“十二五”期间，陕西省模具产值年均增速 10% ~ 12%，到“十二五”末模具总产值达到 36 亿 ~39 亿元。

四、指导思想与发展战略

1. 指导思想

陕西省模具工业的发展必须以现有模具工业为基础，以陕西省模具市场为重点，充分发挥宏观环境和地域优势，加快企业体制改革和结构调整，推进转型升级，创立一批省级模具品牌，实现跨越式发展，把陕西建成模具制造强省。

2. 发展战略

(1)加速模具企业尤其是国有企业的体制改革和机制转换的步伐，建立适应社会主义市场经济规律的运作机制。

(2)利用陕西省汽车、航空航天、机械、家电、农机和建材等优势产业提供的模具市场，逐步把模具产业做专、做强，创立陕西特有的模具品牌，并将其推向国内外市场。

(3)大力扶植、发展、壮大民营企业，加速扩大民营企业在陕西省模具制造业中的比重并提升其地位，以信息化技术推进民营企业向专和精的方向发展。

(4)加强国内外先进模具技术交流与合作，积极引进国内外先进的模具设计、制造、管理技术，特别是计算机软件技术、信息技术、数字化技术，普及提高 CAD/CAE/CAM 应用水平，在发展大型、精密、复杂、长寿命、高附加值的高中档模具的制造技术的同时，研究与开发快速成形技术和快速制模技术，以适应国内外模具市场的新变化。

(5)采取多元化融资方式、联合方式，建立具有较强专业水平的模具科研基地、制造基地、培训基地，加速陕西省模具产业化进程，增强模具行业的持续发展能力。

(6)提高模具标准化水平。

五、“十二五”期间发展重点

“十二五”期间陕西省模具工业发展的重点是：技术含量高、需求量大、高附加值并具有发展潜力的模具产品。

1. 模具产品

(1)汽车结构件、覆盖件模具。当前，陕西省汽车制造所需的模具大量依赖外购或进口，为此，在“十二五”期间，组织有能力的企业、院校、科研单位，全力研制一批陕西省汽车制造所需的模具。

(2)航空、航天业模具。陕西省是国家航空航天产品的重点制造基地，“十二五”期间将制造一批新机、改型机。同时，国家将在陕西省组建亚洲第一的航空工业园。航空航天工业的发展，为陕西省航空航天模具行业的发展提供了一次较好的机遇。鉴于陕西省航空航天模具制造的良好基础，航空航天模具应作为陕西省“十二五”期间的重点发展项目。

(3)精密冲压、注塑、压铸模具。为电子信息、汽车、仪器仪表、电机电器等产业配套的精密模具行业在陕西省已有悠久的历史和相当基础，拥有大量精密模具加工设备，许多产品达到国内一流水平。重点提高企业间配套能力和设备利用率，进一步提升精密模具的研发、设计和制造水平。

(4)进一步开发应用快速成形技术。陕西省在快速成形技术方面的优势明显，扩大快速成形的应用范围，增加快速成形的品种，保持快速成形技术在模具制造业中的生命力，应作为陕西省“十二五”期间的重点研究开发项目。

2. 设计制造技术

(1)在大中型企业中，要深入开展三维动态设计技术的研究与应用，突破汽车覆盖件、拉深弯曲件设计软件智能化的难题，提高软件集成化程度；应逐步开展冲压工艺设计系统、模具型面设计系统、成形面工艺分析系统、模具结构设计系统的研究、开发与应用，形成一套特有的汽车覆盖件、结构件设计体系。

在精密模具、高附加值模具、自动化、智能化较高的模具以及专业性较强的模具设计方面，在引进、吸收国内外先进设计技术基础上，提高专业化设计程度，扩大标准件应用范围，逐步使陕西省模具的设计技术水平位居全国前列。

(2)大力研发和推广应用数字化制造技术，特别是大型模具制造技术、高精度模具制造技术、毛坯精化制造技术、模具的 CAM/CAE/CAPP 技术，把陕西省模具行业的技术水平提高到一个新层次。

六、采取措施

1. 加快体制改革，调整产业结构

在“十二五”期间，必须加速体制改革的步伐，一方面是以建立现代企业为核心内容的股份制体制改革，另一方面是以占据国内、国外市场为目的的机制改革，增强企业的竞争能力，以适应陕西省经济发展的新形势。

2. 组建专业性模具制造战略联盟

通过组建战略联盟获得竞争优势，以迅速占据陕西省重点模具市场。要组建一个具有战略方向一致、优势互补、利益公平分享、坚实互信、应变能力强、价值取向相近等基本要素的战略联盟。

3. 引进国内外先进的模具制造技术和设备

“十二五”期间，必须引进一批目前急需的先进技术与设备，如汽车覆盖件工艺分析系统、型面设计软件、制造工艺设计专家系统等。制造技术上，在提高 CAM/CAE 技术水平的同时，注重高精密模具制造技术、材料表面强化技术、热处理技术及相应设备的引进。

4. 吸收民间资本，发展模具工业

由于模具工业发展需要大量资金的支持，靠企业本身解决资金的难度较大，许多大中型模具企业在股份制改制的同时，应积极吸收民间资本，加快技改速度，可以采用投资、融资、联合及入股等多种方式与东部沿海较发达企业和国外企业联营开发西部模具产业。

5. 建立模具专业人员培训基地

“十一五”期间，陕西省拥有许多模具设计、制造、管理的人才培训基地，一些基地在全国有较大的影响，如西安交大、西工大模具研制基地，陕西科技大学、陕西工业职业技术学院模具设计制造培训基地。“十二五”期间，陕西省模具设计、制造、管理培训基地要采取多样灵活的培训方式，设置相关新技术专业，特别是信息技术、数字化制造技术、设计软件技术及精益制造技术的专业。

6. 加强协会核心、引导、协调、组织服务作用

陕西省模具工业协会在全省模具行业享有较高的威望，要加强对国家产业政策的学习，从宏观上为陕西省模具企业的健康发展予以指导，并发挥好政府和企业间的桥梁纽带作用，做好有效的沟通，更好地为企业和行业发展提供服务，推动落实“十二五”模具工业发展规划。

随着西部大开发的深入，陕西省工业在“十二五”期间必然有较大的发展。陕西省的模具工业具备了良好的发展环境和明确的发展目标，只要措施得力、有效，在模具工业战线全体干部、职工的不懈努力下，求实创新，一定会得到更大发展。

〔撰稿人：陕西省模具工业协会陈博源〕

统计资料

用数据表明 2008 年以来模具工业的发展状况，包括进出口、规模以上企业、科技成果、精模奖产品等，展示行业内的高新技术企业

现状综述

五年规划专题

行业概况及专文

地区概况

统计资料

展会专栏

企业概况
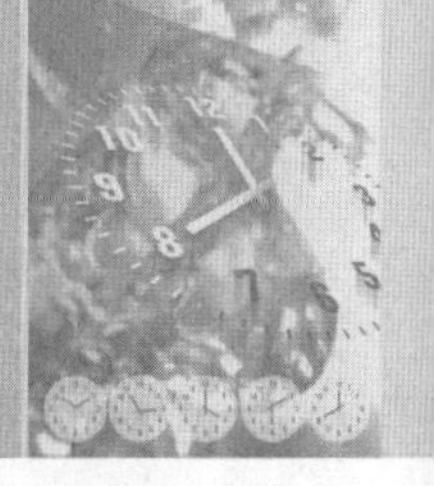

附录

现状综述

五年规划专题

行业概况及专文
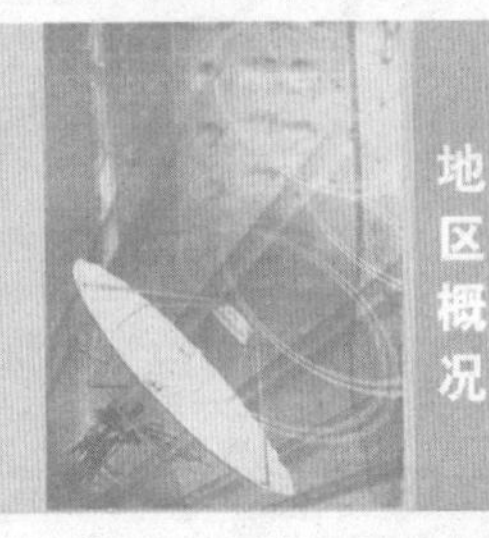
地区概况

统计资料

展会专栏

企业概况
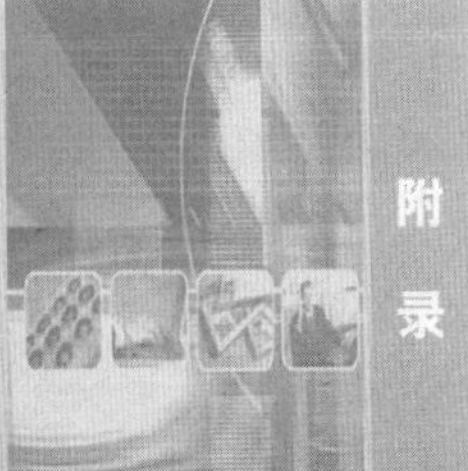
附录

讲述企业自己的故事

豪迈向前

始创于1995年的豪迈集团股份有限公司，是一家股份制高新技术企业。历经十多年的稳健发展，已经成长为拥有高档轮胎模具和高端机械制造两大产业体系的国际化集团公司。

豪迈科技外景

高档轮胎活络模具

精密机械零部件

从34人到3 500人，资产从100万元到30亿元，从默默无闻到轮胎模具世界领先，从平淡无奇到拥有15家世界500强客户，豪迈集团不断创造出行业瞩目的一个又一个成就，连续十几年以70%以上的年均增长速度，高速发展。

一、轮胎模具产业体系

1997年，豪迈科技公司成功研制的轮胎模具专用电火花成型机床，填补了该类产品的国内空白。相继开发了系列轮胎模具专用数控加工设备，成为中国轮胎模具专用设备制造的领军企业，使中国轮胎模具制造行业由半手工操作进入数控机械化生产时代。

电火花机群

活络模具开放图

工程胎活络模具

2002年，豪迈科技公司凭借自主研发专机的技术优势，开始大规模进行子午线轮胎模具的研发与制造，仅用8年时间就达到年产6 500套的生产能力，成为世界著名的轮胎模具制造商。

时代，在科技发展中进步
豪迈，在创新动力下成长

豪迈科技公司专注于轮胎模具前沿技术的研究与探索，不仅拥有世界领先的电火花加工设备和加工工艺，同时掌握雕刻和精铸铝工艺，成为世界上少有的熟练掌握三大主流轮胎模具加工工艺的企业。

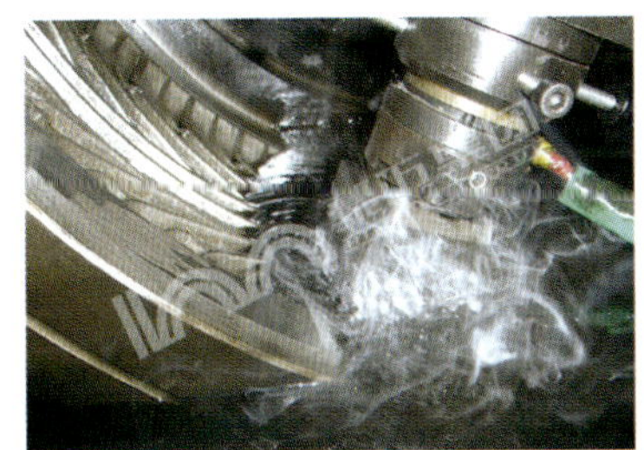
电火花工艺

雕刻工艺

精铸铝工艺

卓越的品质、可信赖的工期保障以及在中国、欧洲、北美等地区的售后服务体系，使豪迈科技公司赢得了国内外著名轮胎企业的信赖。

全球服务体系分布图

全球市场分布图

豪迈科技公司是固特异在全球大型的模具供应商，是普利司通在中国的大型模具供应商，是米其林在亚洲通过CPV认证的模壳供应商，还是国内轮胎企业和固铂的优选模具供应商，并与倍耐力、横滨、佳通、瑞典特瑞堡、捷克MITAS、印度JK、双钱、中策、华南、风神和贵轮等世界著名轮胎企业建立了长期稳定的合作关系。

二、高端机械制造产业体系

2007年，在世界机械制造业向中国转移的大潮中，豪迈制造公司果断决策，快速引进大型精密制造设备，高端切入机械制造领域。

机械加工车间

为科研机构精制的设备——风洞

2008年，仅用不到一年时间，公司就成为卡特彼勒的工装供应商，标志着豪迈制造公司具备了向世界一流制造厂家提供产品和服务的能力。

同年，豪迈制造公司还顺利通过了美国通用电气（GE）的认证，并荣获其“优秀新供应商”称号；2010年，成为其全球主要的燃气轮机缸体制造商。公司还与西门子、东芝、卡麦龙、中石油、中石化和潍柴动力等国内外高端客户建立了良好的合作关系，销售收入从2007年的100万美元迅速增长到2011年的4 500万美元，豪迈制造公司的机械制造产业已初具规模。

GE授予的最佳新供应商称号

与众多世界500百强企业的合作，使豪迈制造公司的机械加工能力大幅度提升，品质保证体系不断完善，与国外客户的沟通更加高效顺畅，为豪迈制造公司在高端机械制造行业的发展奠定了坚实的基础。

三、企业文化

集团拥有400多名实践经验丰富、创新能力强的优秀工程师，为企业的快速发展提供了强有力的技术支持。

公司设有山东省认定企业技术中心、山东省子午线轮胎模具工程实验室，并荣获国家高新技术企业、中国子午线轮胎模具重点骨干企业、山东省专利明星企业等荣誉称号。

众多荣誉的取得，源于公司的全员创新机制。在宽容失败、持续改进的氛围中，集团公司涌现出一大批创新型人才和成果。只有初中学历的全国劳模王钦峰，从普通操作工成长为世界级轮胎模具电火花专家，就是豪迈集团公司的优秀代表。

全国劳模王钦峰

豪迈科技职业学校实训基地

集团公司还建立了独特的多元化人才培养体系，为每一位员工定制培训规划，并与日照职业技术学院、山东科技职业技术学院等多所院校合作办学，定向培养高级技工。经政府批准，“豪迈科技职业学校”成立并顺利招生，为集团公司的快速发展提供了强有力的人力资源保障。

集团公司秉承“努力把豪迈建设成员工实现自我价值、奉献社会的理想平台”的企业宗旨，吸纳优秀骨干员工持股，使其参与公司决策、承担经营风险、分享经营成果。

平台，演绎着豪迈奋进的历史；
平台，陶冶着豪迈人生的情操。
在这里，每个人，每一天，都在分享着进步与喜悦，收获着成功和快乐。

四、未来发展

2009年5月1日，规划占地面积140万m^2的豪迈产业园隆重奠基，为企业的未来提供了广阔的发展空间。

豪迈产业园

上市敲钟时刻

2011年6月28日，豪迈科技公司在深交所成功上市，完成了与资本市场的对接，实现了历史性跨越。

从高端铸造到压力容器，从风电轴承到巨胎硫化机，从高效节能换热器到汽车爆胎稳向系统，豪迈集团在做大、做强轮胎模具和高端机械制造的基础上，不断寻求产业升级，持续打造理想平台，在追求卓越的过程中，为员工、为客户、为社会创造更大的价值！

豪迈，在和谐发展中不断积累
豪迈，在持续创新中实现超越
豪迈，向前！

地址：山东省高密市豪迈路1号
邮编：261500
Http: //www.himile.com
E-mail: hm@himile.com

上海赛科利汽车模具

上海赛科利汽车模具技术应用有限公司由上汽集团下属华域汽车系统股份有限公司和上海汽车工业香港有限公司合资组建的企业。公司总投资1.26亿美元，年销售额超过20亿元，员工达1 100人。公司坐落在上海浦东金桥出口加工区，占地面积20万m^2，拥有一流的联合厂房、精密的冲模装备以及自动化焊接集成流水线。公司已形成年产45万套白车身四门两盖冲压焊接能力、700万冲次带清洗的开卷落料能力、年产350副白车身大型外覆盖件的模具设计、制造能力，具备原型车白车身样件制作与模具开发能力，研究并掌握热冲压模具及其应用产品的设计、制造能力。

公司已通过ISO/TS16949、ISO14000、OHSAS18001、ISO9001等质量体系认证，并先后荣获“上海市文明单位”、“上海市高新技术企业”、“上海市职工满意企业”、“上海市外商投资先进企业”、“上海通用优秀供应商”、“上海汽车优秀服务支持供应商”等称号；公司被评为2009年中国自主创新百强企业、中国设备管理先进企业。截至2011年底，公司已获得了10项专利技术，6项专利技术在受理。

“十二五”期间，公司将以“创建一流的汽车车身金属成型和模具制造专业公司”为企业发展定位、以“做强模具业务显技术、做大冲焊业务拓规模、做优同步开发促发展”为总体发展思路，着力打造汽车外覆盖件产品和模具在质量、服务、技术、价格、成本等方面的优势，为客户提供更优质的产品和服务，成为整车企业的战略核心合作伙伴。

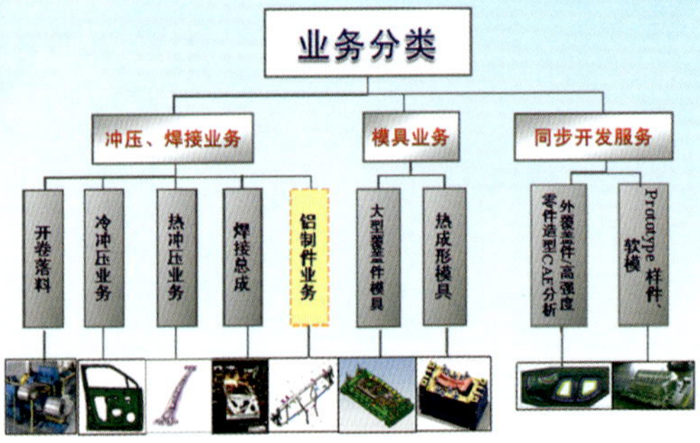

业务分类
- 冲压、焊接业务
  - 开卷落料
  - 冷冲压业务
  - 热冲压业务
  - 焊接总成
  - 铝制件业务
- 模具业务
  - 大型覆盖件模具
  - 热成形模具
- 同步开发服务
  - 外覆盖件/高强度零件造型CAE分析
  - Prototype 样件、软模

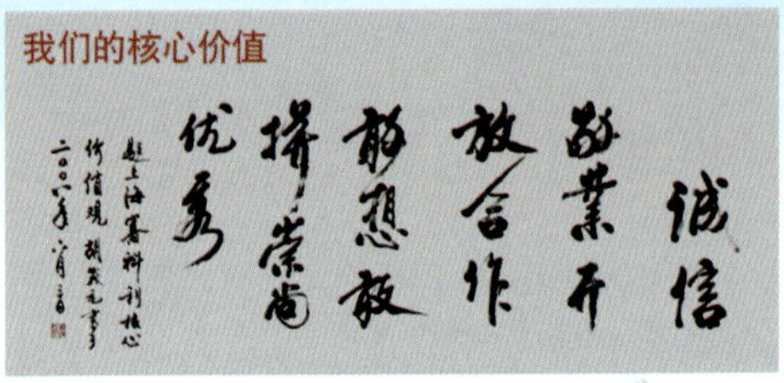

我们的核心价值

工作方法

五力	四化	三系
产品开发能力	流程化	参照系
项目管理能力	规范化	评审系
资源集成能力	标准化	会签系
运营控制能力	知识化	
成本预控能力		

塑造一流品质
成就业界高峰

技术应用有限公司

技术创新企业

2003 在浦东新区金桥出口加工区金穗路775号打下第一根桩，正式奠基

2005 正式向上海通用批量提供凯越车型前后地板及四门两盖产品

2006 正式向上海汽车提供荣威750车型四门两盖产品

2008 正式向上海汽车提供荣威550车型四门内外板、前后盖外板冲压产品
自行设计制造的上海大众MODELL-H激光拼焊板落料模正式交付
获实用新型专利1项（一种液体流动监视器），专利号：ZL 200720074747.7

2009 上海通用雪佛兰新赛欧四门内外板模具正式交付客户
公司成立5周年暨第一届科技大会召开
获实用新型专利7项（电气对接导套、级进模集料器、旋转杠杆机械、旋转凸轮滑配导板、压杆上翻机构、压力测试器），专利号：ZL 200820151059.0、ZL 200820058609.4、ZL 200820151060.3、ZL 200820058610.7、ZL 200820151956.1 、ZL 200620043255.7
获国家发明专利1项（汽车门盖包边压机换模系统），专利号：ZL 200810040945.0

2010 获实用新型专利2项（旋转斜楔机构、V形零件双侧翻边一次成型模具），专利号：ZL 200920212414.5、ZL 200920212919.1
获汽车覆盖件自动冲压线运动仿真优化系统软件和SSDT冲孔组件（Dayton）2项计算机软件著作权
在“创新中国——中国企业创新论坛2009年年会”上，被授予2009年度中国自主创新百强企业
荣获2008~2009年度上海市职工满意企（事）业单位、上海通用优秀供应商

2011 获发明新型专利1项（可伸缩式水平传送台），专利号：ZL 200810040790.0
获实用新型专利3项（电极帽拆卸工具、万能试验机与超高强度板试样的连接结构、斜上翻机械），专利号：ZL 201020188562.0、ZL 201020188565.4、ZL 201020204105.6
再度荣获上海通用优秀供应商奖项，被评为上海市第十五届文明单位

地址：上海市浦东新区金穗路775号　　邮编：201209
总机：021-50211888　　传真：021-50212950
http: //www.ssdt.com.cn　　E-mail: sales@ssdt.com.cn

装备篇

生产加工设备

检测设备

技术成就品牌
品牌创造价值

成就篇

IQNet
CERTIFICATE
诚信创建企业
创新中国
INNOVATION CHINA
2009年度中国自主创新百强企业
第八届全国设备管理
优秀单位
二等奖
SGM绿色供应链
2009年绿色供应商
上海赛科利汽车模具技术应用有限公司
优秀集体
上海市认定
企业技术中心
上海市
高新技术企业
上海市科学技术委员会颁发
2009~2010年度
行业贡献奖
三等奖
奖状
三等奖
奖状
三等奖

技术篇

车身同步开发及样件模具技术

针对车身同步开发及样件设计阶段的特点，采用不同的快速模具设计开发方式，不仅可帮助整车厂在车身设计阶段消除产品在工艺性、成形性、可装配性等方面的潜在缺陷和风险，而且缩短了整车白车身开发周期，降低了工装制造成本，提高了材料利用率。另外，公司在锌基合金快速模具开发制造方面拥有成熟的技术和经验。

CAE仿真分析技术

通过Autoform软件进行初步的工艺分析，发现冲压过程中拉延、修边、翻边和整形等工序的潜在起皱开裂风险，确定初步的工艺方案。再通过Pamstamp软件进行精算，用更准确的模具仿真技术获得技术数据，最终将风险控制在前期的开发阶段。

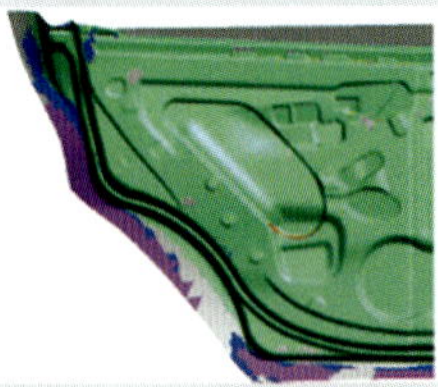
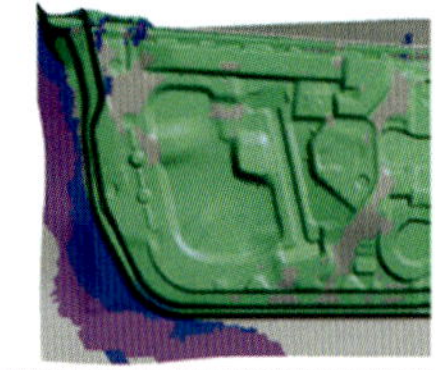

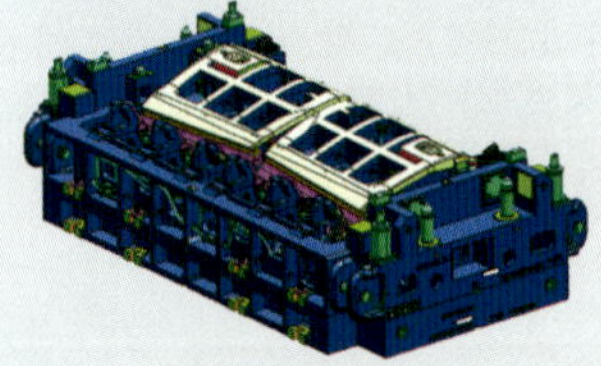
旋转斜切机构

旋转斜切机构

模具结构设计技术

采用三维模具结构设计，拥有完善的模具设计标准库、标准件库、模具结构库。

模具加工和装配技术

通过现场计算机显示模具实体造型数据实现模具无纸化加工、装配。

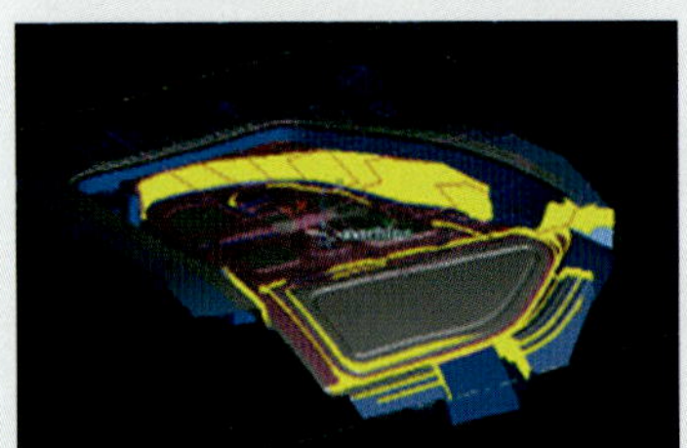
CAM 3D 编程序

无纸化加工

表面检查

扬中国制造魅力 攀汽车模具高峰

模具调试和检验技术

CAE分析指导生产现场模具调试，缩短模具调试周期，同时将调试零件置于光检台下，通过光线对车型零件线条及表面进行检测。

在线调试

压件检测

表面检查

级进模工艺设计技术

上海赛科利拥有成熟的级进模设计和生产应用技术能力，

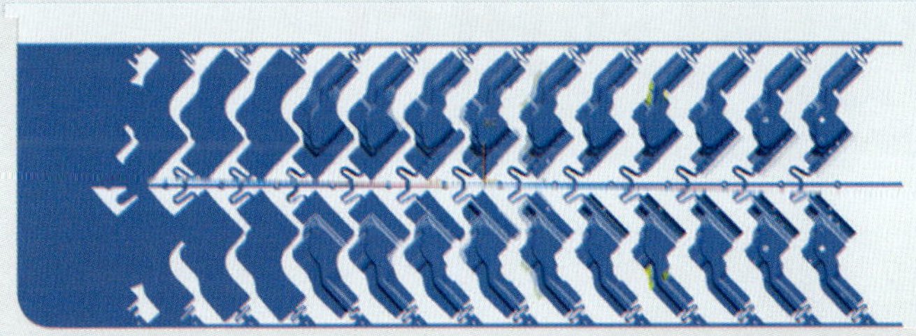

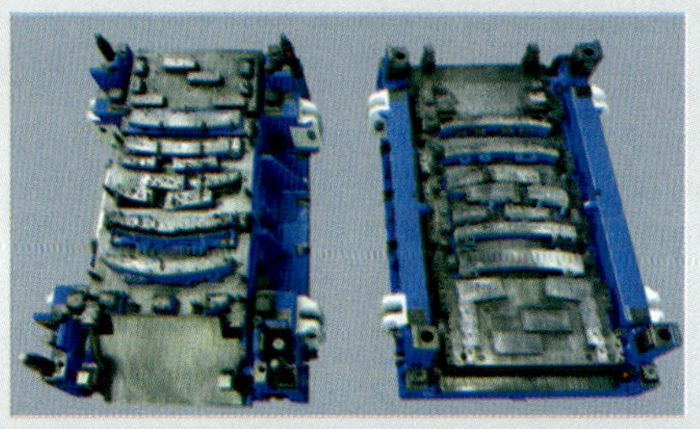

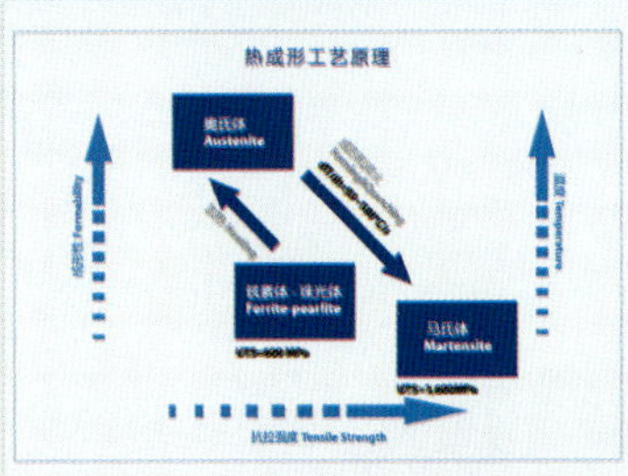

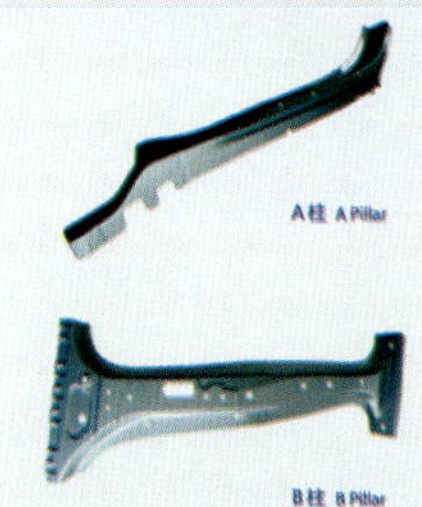

热成型工艺技术

上海赛科利不仅拥有CAE/CAD/CAM三类工作站系统，配以UG、CATIA、AUTOCADTEBIS、WORK NC、SIMIRTDIE NC、AUTOFORM、PAM-STAMP等设计软件，而且引进先进的eMan模具生产管理系统，实现远程实时监控模具项目开发进度，从模具设计、铸件、加工、装配、调试到发运，甚至细化到每一工序都实时监控，确保每一个项目节点按时完成，优化现场的生产设备资源。

一个品牌一个故事
讲述故事　感动用户

2008年以来中国模具工业历年销售额及各类模具比例变化情况

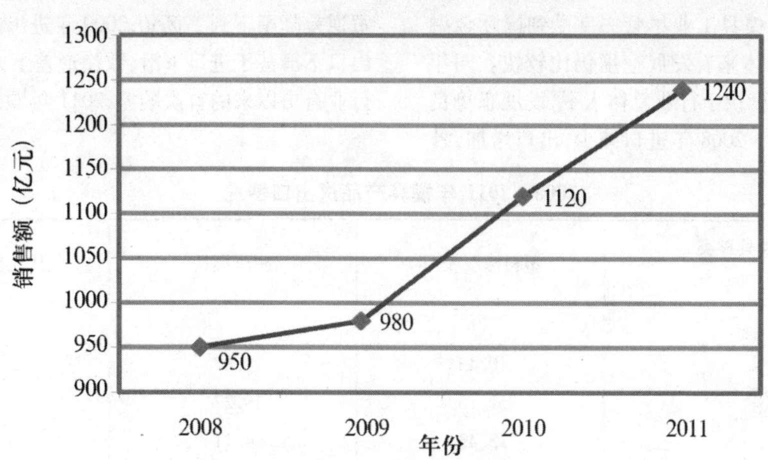

图1　2008～2011年全国模具销售情况

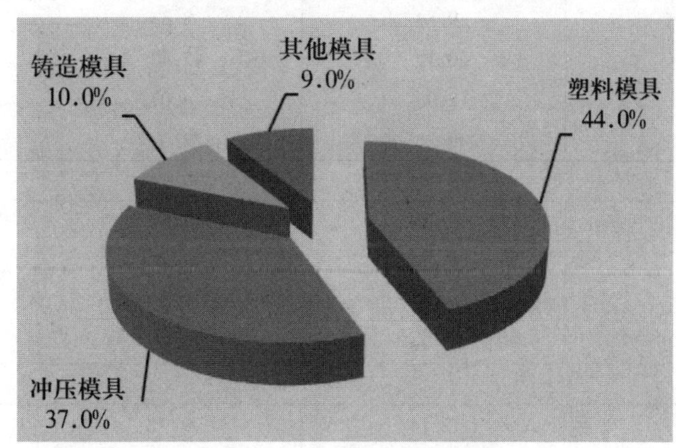

图2　2008年各类模具所占比例

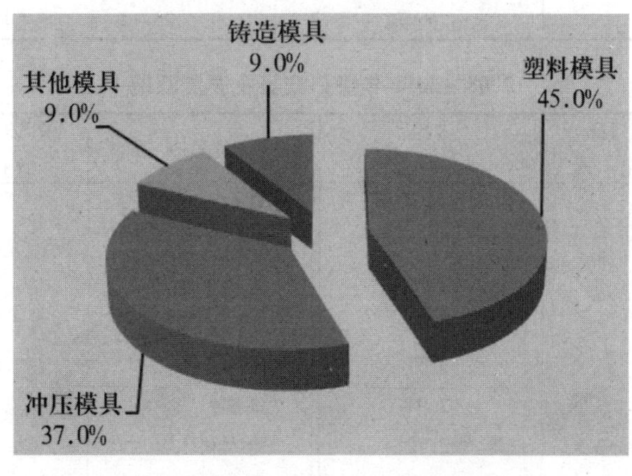

图3　2009年、2010年、2011年各类模具所占比例

2008～2011年模具产品进出口情况

2008～2011年，我国模具工业尽管一度受到国际金融危机影响发展缓慢，但总体来看发展速度仍比较快。四年中，多数年份出口增长速度快于行业总体水平，发展态势良好，结构进一步趋向合理。2008年进口减少，出口增加，外贸逆差降至不到1亿元；2009年进出口双双下滑致负增长，出口下滑甚于进口下滑，致使逆差上升；2010年实现了模具行业有史以来的首次顺差；2011年顺差进一步扩大。

2008～2011年模具产品进出口情况

指标名称＼模具种类	塑料橡胶模具	冲压模具	其他模具及模具标准件
2008年			
进口额(亿美元)	10.45	7.87	1.72
占比(%)	52.16	39.27	8.57
出口额(亿美元)	13.43	4.11	1.68
占比(%)	69.92	21.37	8.71
2009年			
进口额(亿美元)	9.84	8.33	1.47
占比(%)	50.12	42.42	7.46
出口额(亿美元)	12.95	4.07	1.41
占比(%)	70.26	22.07	7.67
2010年			
进口额(亿美元)	11.49	7.87	1.26
占比(%)	55.74	38.17	6.09
出口额(亿美元)	15.14	5.03	1.79
占比(%)	68.96	22.90	8.14
2011年			
进口额(亿美元)	12.14	9.01	1.20
占比(%)	54.30	40.33	5.37
出口额(亿美元)	20.05	7.55	2.45
占比(%)	66.72	25.12	8.16

2008～2011年进口模具主要货源地

货源地	2008年进口额(亿美元)	占比(%)	货源地	2009年进口额(亿美元)	占比(%)
日本	7.73	38.58	日本	6.70	34.10
韩国	4.01	20.00	韩国	3.98	20.26
中国台湾	2.66	13.29	德国	2.41	12.27
德国	1.96	9.78	中国台湾	1.69	8.58
美国	0.67	3.37	美国	0.54	2.73
加拿大	0.59	2.94	加拿大	0.49	2.49
意大利	0.54	2.72	意大利	0.39	2.01
法国	0.34	1.72	新加坡	0.22	1.10
中国香港	0.24	1.23	丹麦	0.19	0.96
新加坡	0.19	0.93	法国	0.18	0.90

（续）

货源地	2010年进口额（亿美元）	占比（%）	货源地	2011年进口额（亿美元）	占比（%）
日本	6.38	30.94	日本	7.71	34.51
韩国	5.43	26.35	韩国	4.23	18.94
中国台湾	2.09	10.14	德国	2.35	10.50
德国	1.16	5.62	中国台湾	2.02	9.05
加拿大	0.78	3.76	美国	0.84	3.78
美国	0.61	2.95	加拿大	0.83	3.70
意大利	0.54	2.60	意大利	0.61	2.72
马来西亚	0.30	1.47	新加坡	0.25	1.10
新加坡	0.27	1.31	卢森堡	0.22	1.00
丹麦	0.15	0.74	丹麦	0.16	0.74

2008～2011年出口模具主要目的地

目的地	2008年出口额（亿美元）	占比（%）	目的地	2009年出口额（亿美元）	占比（%）
中国香港	4.00	20.81	中国香港	3.78	20.54
日本	1.84	9.57	美国	1.72	9.32
美国	1.78	9.26	日本	1.58	8.56
德国	0.84	4.36	德国	0.97	5.26
印度	0.80	4.17	印度	0.94	5.09
中国台湾	0.75	3.91	中国台湾	0.67	3.65
法国	0.70	3.66	法国	0.52	2.83
西班牙	0.58	3.02	巴西	0.46	2.48
巴西	0.42	2.17	韩国	0.38	2.04
意大利	0.32	1.65	越南	0.36	1.97

目的地	2010年出口额（亿美元）	占比（%）	目的地	2011年出口额（亿美元）	占比（%）
中国香港	4.14	18.85	中国香港	4.82	16.02
美国	2.2	10.04	美国	3.20	10.65
日本	1.92	8.75	日本	2.48	8.25
印度	1.14	5.21	印度	1.63	5.43
德国	1.10	5.03	德国	1.39	4.63
中国台湾	0.86	3.92	泰国	1.12	3.73
泰国	0.52	2.38	巴西	1.05	3.48
法国	0.50	2.30	法国	0.93	3.11
越南	0.40	1.83	中国台湾	0.67	2.24
英国	0.24	1.08	越南	0.50	1.67

2008～2011年进口模具最多的10个省市

省市	2008年进口额（亿美元）	占比（%）	省市	2009年进口额（亿美元）	占比（%）
广东	4.34	21.64	广东	3.68	18.75
江苏	4.21	21.02	江苏	3.39	17.26
上海	3.31	16.53	上海	2.36	12.00
天津	2.46	12.26	天津	2.04	10.38
山东	1.23	6.14	北京	1.40	7.13

（续）

省市	2008 年进口额（亿美元）	占比（%）	省市	2009 年进口额（亿美元）	占比（%）
浙江	0.98	4.90	辽宁	1.24	6.29
吉林	0.9	4.49	吉林	1.07	5.47
辽宁	0.78	3.90	福建	0.70	3.56
北京	0.62	3.08	山东	0.67	3.43
安徽	0.50	2.49	浙江	0.44	2.27

省市	2010 年进口额（亿美元）	占比（%）	省市	2011 年进口额（亿美元）	占比（%）
广东	4.78	23.19	广东	5.00	22.35
江苏	4.20	20.38	江苏	4.80	21.5
上海	2.82	13.69	上海	3.15	14.11
天津	1.98	9.60	天津	1.52	6.80
山东	1.38	6.67	吉林	1.26	5.65
北京	1.24	6.01	山东	1.25	5.59
浙江	1.12	5.43	浙江	1.20	5.36
辽宁	1.06	5.12	辽宁	1.12	5.00
福建	0.48	2.33	北京	0.81	3.62
湖北	0.16	0.77	福建	0.31	1.41

2008～2011 年出口模具最多的 10 个省市

省市	2008 年出口额（亿美元）	占比（%）	省市	2009 年出口额（亿美元）	占比（%）
广东	7.39	38.45	广东	7.56	41.04
浙江	3.22	16.73	浙江	2.92	15.83
江苏	3.03	15.79	江苏	2.78	15.06
上海	2.06	10.74	上海	1.84	9.99
山东	0.78	4.04	山东	0.68	3.70
天津	0.73	3.80	天津	0.65	3.55
福建	0.53	2.74	福建	0.55	2.97
辽宁	0.42	2.19	辽宁	0.31	1.68
北京	0.22	1.16	北京	0.15	0.83
安徽	0.14	0.73	吉林	0.11	0.60

省市	2010 年出口额（亿美元）	占比（%）	省市	2011 年出口额（亿美元）	占比（%）
广东	8.76	39.90	广东	11.93	39.68
浙江	3.63	16.54	浙江	4.93	16.42
江苏	3.44	15.65	江苏	4.56	15.16
上海	1.75	7.98	上海	2.35	7.83
山东	1.04	4.74	天津	1.30	4.32
福建	0.93	4.23	山东	1.25	4.16
天津	0.87	3.96	福建	1.09	3.63
辽宁	0.32	1.46	辽宁	0.52	1.72
北京	0.28	1.28	湖北	0.18	0.60
吉林	0.12	0.57	河北	0.17	0.58

2007～2011 年规模以上模具企业主要指标

指 标 名 称	单位	2011 年	2010 年	2009 年	2008 年	2007 年
企业数	家	1 589	2 884	2 797	1 934	1 767
同比增长	%	47.98	3.11	44.62	9.45	23.74
工业总产值	亿元	1 703.87	1 630.76	1 266.12	1 005.55	817.27
同比增长	%	27.50	28.88	25.91	23.03	42.37
产品销售收入	亿元	1 639.88	1 599.61	1 237.93	972.56	798.68
同比增长	%	27.35	29.22	27.29	21.77	42.41
利润总额	亿元	107.10	94.00	76.36	58.62	71.49
同比增长	%		23.10	30.26	-18.00	48.66
亏损企业数	家	187	492	552	416	240
同比增长	%	16.15	-10.87	32.69	73.33	
亏损企业亏损总额	亿元	8.82	9.51	12.42	10.91	5.84
同比增长	%	64.25	-23.43	13.84	86.82	
资产总计	亿元	1 394.82	1 529	1 244.99	1 062.5	834.57
同比增长	%	6.28	22.81	17.18	27.31	
职工人数	万人	36.48	43.70	40.20	34.80	31.54
同比增长	%	6.45	8.71	15.52	10.34	22.68
人均年产值	万元/人	46.71	37.32	31.50	28.89	25.91
同比增长	%	19.74	18.41	9.03	8.97	16.05

注：1. 工业总产值和产品销售收入等不完全是模具产品，包括了模具制品及其他产品。

2. 摘录国家统计局的部分数据，由中国模具工业协会秘书处提供。

3. 2007～2010 年规模以上企业为主营业务收入 500 万元以上，2011 年规模以上企业为主营业务收入 2 000 万元以上企业。

4. 2011 年各经济指标增长率按主营业务收入 2 000 万元以上企业同比计算。

2008 年模具产值 8 000 万元及以上的部分企业

序号	企 业 名 称	序号	企 业 名 称
1	河源龙记五金制品有限公司	10	瑞鹄汽车模具有限公司
2	天津汽车模具有限公司	11	佛山顺德区圣都模具有限公司
3	盘起工业（大连）有限公司	12	揭阳市天阳模具有限公司
4	青岛海尔模具有限公司	13	常州华威亚克模具有限公司
5	山东豪迈机械科技有限公司	14	一汽模具制造有限公司
6	四川宜宾普什模具有限公司	15	泊头市兴达汽车模具制造厂
7	广东巨轮模具股份有限公司	16	广州市联盛塑料五金模具有限公司
8	上海龙记金属制品有限公司	17	东风汽车模具有限公司
9	北京比亚迪模具有限公司	18	台州龙记金属制品有限公司

（续）

序号	企业名称	序号	企业名称
19	东江科技（深圳）有限公司	34	浙江赛豪实业有限公司
20	山东通裕集团有限公司	35	无锡国盛精密模具有限公司
21	哈尔滨哈飞模具制造有限责任公司	36	浙江精诚模具机械有限公司
22	青岛海信模具有限公司	37	湖大三佳（湖南）模具工程有限公司
23	上海夏普模具工业控制系统有限公司	38	南通超达机械科技有限公司
24	四川成飞集成科技股份有限公司	39	浙江炜驰机械集团有限公司
25	浙江来福模具有限公司	40	佛山市顺德区宏力模具有限公司
26	广东星联精密机械有限公司	41	宁波双林模具有限公司
27	深圳市群达行精密模具有限公司	42	南京南汽模具装备有限公司
28	深圳市银宝山新实业发展有限公司	43	亿森（上海）模具有限公司
29	广东国珠精密模具有限公司	44	慈溪市鸿达电机模具有限公司
30	湖北十堰先锋模具股份有限公司	45	宁波远东制模有限公司
31	宁波合力模具有限公司	46	河北金环模具有限公司
32	铜陵三佳模具股份有限公司	47	湖南同心模具制造有限公司
33	河北兴林车身制造集团有限公司		

注：1. 来源于中国模具工业协会经营管理委员会2008年度《全国模具专业厂基本情况》。

2. 包括模架和标准件。

2009年模具产值8 000万元及以上的部分企业

序号	企业名称	序号	企业名称
1	河源龙记五金制品有限公司	19	广州市联盛塑料五金模具有限公司
2	山东豪迈机械科技有限公司	20	北京比亚迪模具有限公司
3	盘起工业（大连）有限公司	21	上海龙记金属制品有限公司
4	天津汽车模具股份有限公司	22	亿森（上海）模具有限公司
5	青岛海尔模具有限公司	23	山东通裕集团有限公司
6	广东巨轮模具股份有限公司	24	上海夏普模具工业控制系统有限公司
7	泊头市兴达汽车模具制造厂	25	广东国珠精密模具有限公司
8	一汽模具制造有限公司	26	深圳市群达行精密模具有限公司
9	四川省宜宾普什模具有限公司	27	湖北十堰先锋模具股份有限公司
10	瑞鹄汽车模具有限公司	28	浙江赛豪实业有限公司
11	常州华威亚克模具有限公司	29	宁波合力模具科技股份有限公司
12	广东圣都模具股份有限公司	30	铜陵三佳模具股份有限公司
13	东江科技（深圳）有限公司	31	即墨市吉泰模具制作公司
14	揭阳市天阳模具有限公司	32	南通超达机械科技有限公司
15	河北兴林车身制造集团有限公司	33	湖大三佳（湖南）模具工程有限公司
16	青岛海信模具有限公司	34	湖南同心模具制造有限公司
17	东风汽车模具有限公司	35	宁波远东制模有限公司
18	深圳市银宝山新科技股份有限公司		

注：1. 来源于中国模具工业协会经营管理委员会2009年度《全国模具专业厂基本情况》。

2. 包括模架和标准件。

2010 年模具产值 8 000 万元及以上的部分企业

序号	企业名称	序号	企业名称
1	河源龙记五金制品有限公司	25	上海夏普模具工业控制系统有限公司
2	天津汽车模具股份有限公司	26	上海威虹模塑科技有限公司
3	青岛海尔模具有限公司	27	湖北十堰先锋模具股份有限公司
4	山东豪迈机械科技有限公司	28	四川成飞集成科技股份有限公司
5	盘起工业(大连)有限公司	29	浙江赛豪实业有限公司
6	广东巨轮模具股份有限公司	30	亿森(上海)模具有限公司
7	四川省宜宾普什模具有限公司	31	安徽江淮福臻车体装备有限公司
8	广东圣都模具股份有限公司	32	无锡市国盛精密模具有限公司
9	瑞鹄汽车模具有限公司	33	群达科技控股有限公司
10	常州华威亚克模具有限公司	34	东风汽车模具有限公司
11	上海龙记金属制品有限公司	35	南通超达机械科技有限公司
12	一汽模具制造有限公司	36	台州龙记金属制品有限公司
13	泊头市兴达汽车模具制造厂	37	河北兴林车身制造集团有限公司
14	东江科技(深圳)有限公司	38	浙江凯华模具有限公司
15	青岛海信模具有限公司	39	慈溪市鸿达电机模具有限公司
16	广东星联精密机械有限公司	40	宁波横河模具有限公司
17	宁波合力模具科技股份有限公司	41	湖南晓光汽车模具有限公司
18	浙江精诚模具机械有限公司	42	通裕重工股份有限公司
19	铜陵三佳模具股份有限公司	43	泊头市京泊汽车模具有限责任公司
20	深圳市银宝山新科技股份有限公司	44	湖南同心模具制造有限公司
21	揭阳市天阳模具有限公司	45	广东科龙模具有限公司
22	北京比亚迪模具有限公司	46	柳州福臻车体实业有限公司
23	广州市联盛塑料五金模具有限公司	47	合肥市强力机械有限公司
24	广东国珠精密模具有限公司	48	宁波远东制模有限公司

注:1. 来源于中国模具工业协会经营管理委员会 2010 年度《全国模具专业厂基本情况》。

2. 包括模架和标准件。

2011 年模具产值 10 000 万元及以上的部分企业

序号	企业名称	序号	企业名称
1	河源龙记五金制品有限公司	5	盘起工业(大连)有限公司
2	豪迈集团股份有限公司	6	广东巨轮模具股份有限公司
3	天津汽车模具股份有限公司	7	一汽模具制造有限公司
4	青岛海尔模具有限公司	8	揭阳市天阳模具有限公司

（续）

序号	企业名称	序号	企业名称
9	深圳市银宝山新实业发展有限公司	33	中国南方航空工业（集团）有限公司工模具分公司
10	四川省宜宾普什模具有限公司	34	无锡微研有限公司
11	宁海县模具城有限公司	35	上海夏普模具工业控制系统有限公司
12	常州华威亚克模具有限公司	36	浙江赛豪实业有限公司
13	瑞鹄汽车模具有限公司	37	宁波震裕模具有限公司
14	广东圣都模具股份有限公司	38	浙江炜驰机械集团有限公司
15	东江科技（深圳）有限公司	39	湖北十堰先锋模具股份有限公司
16	深圳市平进股份有限公司	40	鹤壁天汽模汽车模具有限公司
17	广东星联精密机械有限公司	41	通裕重工股份有限公司
18	亿森（上海）模具有限公司	42	湖南晓光汽车模具有限公司
19	四川成飞集成科技股份有限公司	43	群达科技控股有限公司
20	苏州海华集团有限公司	44	深圳市东方亮彩精密技术有限公司
21	宁波合力模具科技股份有限公司	45	河北金环模具有限公司
22	无锡同捷公司模具基地	46	浙江凯华模具有限公司
23	东风模具冲压技术有限公司	47	广州市型腔模具制造有限公司
24	铜陵中发三佳科技股份有限公司	48	合兴集团有限公司（模具中心）
25	青岛海信模具有限公司	49	宁波鸿达电机模具有限公司
26	浙江精诚模具机械有限公司	50	安徽宁国中鼎模具制造有限公司
27	河北兴林车身制造集团有限公司	51	孝感三江航天红林模具制造有限公司
28	北京比亚迪模具有限公司	52	湖南同心模具制造有限公司
29	宁波横河模具有限公司	53	苏州汇众模塑有限公司
30	无锡市国盛精密模具有限公司	54	山东潍坊福田模具有限责任公司
31	广州市联盛塑料五金模具有限公司	55	苏州金鸿顺汽车部件股份有限公司
32	南通超达机械科技有限公司		

注：1. 来源于中国模具工业协会经营管理委员会2011年度《全国模具专业厂基本情况》。

2. 包括模架和标准件。

高新技术企业名单

天津市

天津汽车模具股份有限公司

天津七六四通信导航技术有限公司

际华三五二二装具饰品有限公司

天津市天大银泰科技有限公司

天津市津荣天宇精密机械有限公司

天津市英辰精密模具有限公司

天津津兆机电开发有限公司

天津海鸥表业集团公司工具制造厂

天津市天发重型水电设备制造有限公司

天津畅意科技发展有限公司

天津雅马哈电子乐器有限公司

天津福臻工业装备有限公司

天津市津荣天和机电有限公司

天津铁路信号工厂

天津天汽模车身装备技术有限公司

上海市

上海赛科利汽车模具技术应用有限公司

上海黄燕模塑工程有限公司

上海大量电子设备有限公司

上海材料研究所

上海亚虹塑料模具制造有限公司

上海派瑞特塑业有限公司

上海第三机床厂
上海申驰实业有限公司
上海克朗宁技术设备有限公司
上海模具技术研究所有限公司
上海瀚氏模具成型有限公司
上海延锋伟世通汽车模具有限公司
上海标准件模具厂
上海宏旭模具工业有限公司
上海南部塑料制品有限公司
上海戈冉泊精密模塑有限公司
上海英提尔交运汽车零部件有限公司
上海天海电子有限公司
上海隆达软件有限公司
上海富亿德塑胶有限公司
上海皮尔博格有色零部件有限公司
上海汉霸机电有限公司
凤凰光学(上海)有限公司
上海华庄模具有限公司
上海明嘉金属科技有限公司
上海徕木电子股份有限公司

江苏省

无锡国盛精密模具有限公司
无锡曙光模具有限公司
无锡微研有限公司
无锡市美杰特模具技术有限公司
无锡安迈科技有限公司
南京南汽模具装备有限公司
南京四开电子企业有限公司
南京普天通信股份有限公司
常州华威亚克模具有限公司
南车戚墅堰机车有限公司
江苏国光信息产业股份有限公司
腾普(常州)精机有限公司
常州市申利模具有限公司
江苏新瑞重工科技有限公司
苏州汇众模塑有限公司
苏州胜利精密制造科技股份有限公司
苏州三光科技股份有限公司
苏州中谷模具有限公司
苏州乐开塑胶模具有限公司
苏州红枫风电模具有限公司
江苏华富电子有限公司
昆山荣腾模具部品制造有限公司
昆山嘉华电子有限公司
鸿准精密模具(昆山)有限公司
昆山誉球模塑有限公司
张家港市天江精密模具制造有限公司
张家港金鸿顺机械工业有限公司
常熟市精工模具制造有限公司
常熟市建华模具有限责任公司
南通超达机械科技有限公司
连云港杰瑞模具技术有限公司
江苏森威精锻有限公司
扬州恒德模具有限公司
泰州市创新电子有限公司
苏州汇众模塑有限公司
苏州金鸿顺汽车部件股份有限公司
常州市申利模具有限公司

浙江省

贝发集团股份有限公司
宁波勋辉电器有限公司
宁波双林汽车部件股份有限公司
宁波横河模具有限公司
宁波灿东模具技术有限公司
宁海县大鹏模具塑料有限公司
宁波方正汽车模具有限公司
宁波信泰机械有限公司
宁波如意股份有限公司
宁波博威麦特莱材料有限公司
宁波顺兴机械制造有限公司
宁波久腾车灯电器有限公司
宁波中誉模具有限公司
宁波鸿达电机模具有限公司
东睦新材料集团股份有限公司
宁波跃飞模具有限公司
宁海县第一注塑模具有限公司
宁波合力模具科技股份有限公司
宁波宇环机械设备有限公司
宁波申江科技股份有限公司
宁波市精恒凯翔机械有限公司
宁波鑫达模具制造有限公司
宁波震裕模具有限公司
慈溪市天龙模具有限公司
宁波辉旺机械有限公司
宁波锦海模具塑胶有限公司
宁波如强模塑有限公司
宁波市北仑辉旺铸模实业有限公司
宁波双林模具有限公司
宁波舜宇电子有限公司
宁波旭升机械有限公司
宁波振业杨亭模具有限公司
宁波舜宇模具有限公司
宁波远东制模有限公司
宁海县现代模具有限公司

宁波天安(集团)股份有限公司
宁波凯利机械模具有限公司
宁波埃利特模具制造有限公司
宁波君灵模具技术有限公司
宁波市北仑模具压铸有限公司
宁波华朔模具机械有限公司
宁波盛技机械有限公司
浙江黄岩美多模具厂
黄岩星泰塑料模具有限公司
精诚模具机械有限公司
台州市黄岩双盛塑模有限公司
赛豪实业有限公司
嘉仁模具有限公司
黄岩冲模厂有限公司
黄岩炜大塑料机械有限公司
滨海模塑集团
德玛克机械有限公司

安徽省

安徽鲲鹏装备模具制造有限公司
滁州市宏达模具制造有限公司
滁州经纬模具制造有限公司
滁州市科创模具制造有限公司
合肥大道模具有限责任公司
联盟模具工业股份有限公司

福建省

福建胜亚模具有限公司
福州萱裕金属配套有限公司
福建东方电器有限公司
福建福日模具有限公司
路达(厦门)工业有限公司
厦门耐德电气有限公司
厦门建霖工业有限公司
厦门永红科技有限公司
唯科(厦门)精密塑胶模具有限公司
厦门升正机械有限公司
厦门市捷昕精密科技有限公司
厦门捷信达模具塑胶有限公司
厦门精卫模具有限公司
厦门华盛弘精密模具有限公司
厦门特克模具工业有限公司
厦门加新精密金属有限公司
厦门市驰杰模具工业有限公司
厦门市松竹精密科技有限公司
宇科模具(厦门)有限公司
厦门威迪亚精密模具塑胶有限公司
厦门市欣成业工贸有限公司

山东省

青岛海尔模具有限公司
青岛海信模具有限公司
青岛英联精密模具有限公司
青岛塑料模具实业公司
青岛吉泰汽车模具有限公司
青岛元通机械有限公司
青岛纺机金惠模具有限公司
青岛浩州模具有限公司
海克斯康(青岛)测量技术有限公司
烟台爱开天隆模塑有限公司
烟台泰利汽车模具制作有限公司
烟台汽车模具厂
龙口丛林机械制造有限公司
龙口道恩模具有限公司
山东潍坊福田模具有限公司
山东豪迈机械科技有限公司
山东万龙模具制造有限公司
山东华泽精密模塑有限公司
山东济宁模具厂
莱芜精瑞模具有限公司
山东万通模具有限公司
山东通裕集团公司
山东小鸭模具有限公司
豪迈机械科技股份有限公司
山东潍坊福田模具有限责任公司

河南省

洛阳市建园模具制造有限公司

湖北省

湖北鄂中模具有限公司
一汽模具制造有限公司
十堰先锋模具股份有限公司
齐星模具制造股份有限公司

湖南省

湖南湖大三佳车辆技术装备有限公司
湖南晓光汽车模具有限公司
湖南同心模具制造有限公司
湖南亚太实业有限公司模具分公司
中国南方航空动力机械公司模具分公司
湘潭电机力源模具有限公司

广东省

群达模具(深圳)有限公司
深圳市银宝山新科技股份有限公司
深圳市长盈精密技术股份有限公司

深圳创维精密科技有限公司
深圳市昌红模具科技股份有限公司
深圳市金洲精工科技股份有限公司
深圳市平进模具有限公司
星联精密机械有限公司
揭阳市天阳模具有限公司
揭阳市大众模具厂有限公司
深圳市东方亮彩精密技术有限公司
忠信制模(东莞)有限公司
东莞康佳模具塑胶有限公司

重庆市

重庆杰信模具股份有限公司
重庆元创汽车整线集成股份有限公司
重庆创隆实业有限公司
重庆高金实业有限公司
重庆灵龙电子有限公司
重庆平伟精密模具股份有限公司
重庆大江至信模具工业有限公司
重庆市明远橡塑模具有限公司
重庆盛源模具制造有限公司
重庆擎一模具制造有限公司
重庆庆铃模具股份有限公司
重庆数码模车身模具有限公司

四川省

四川成飞集成科技股份有限公司
四川省宜宾普什模具有限公司
成都宏明双新科技股份有限公司
长虹模塑科技有限公司
四川普什模具有限公司
中国第二重型机械集团(德阳)万航模锻厂
四川航天模塑有限公司
四川集成天元模具有限公司
东方电机工模具有限公司
成都碳素有限责任公司
乐山飞舸模具有限公司
成都敏捷制造工程有限公司
宝利根(成都)精密模塑有限公司
赫比(成都)精密塑胶制品有限公司
成都尚明工业有限公司
成都多沐汽车工程有限公司
成都新志实业有限公司
成都华冠精密机械加工有限公司
成都锦江电器制造有限公司
成都金品科技发展有限公司
成都宁江机床集团股份有限公司
成都天兴仪表股份有限公司
成都旭光电子股份有限公司模具分厂
四川成焊宝玛焊接装备工程有限公司
四川永星电子有限公司零件工装制造厂

陕西省

西安飞机公司模具厂
秦川机床精密工模具有限公司
宝鸡烽火工模具技术有限公司
陕西华达工模具制造有限责任公司

2008年以来模具行业科技成果(部分)汇编

序号	项目名称	主要完成单位	成果水平及获奖情况	时间
1	慢走丝电火花线切割高频无电解镜面加工	清华大学、苏州三光科技有限公司	中国机械工业科学技术奖二等奖	2008年
2	高光无熔痕模具设计、制造技术	青岛海信模具有限公司、山东大学	中国机械工业科学技术奖三等奖	2008年
3	矩形件材料展开公式	江铃汽车股份有限公司模具厂	中国机械工业科学技术奖三等奖	2008年
4	不等厚度高强度板轿车前纵梁冲压成形工艺研究	四川成飞集成科技股份有限公司	成都市科技进步奖三等奖	2008年
5	大型工程车翻新胎模具	广东巨轮模具股份有限公司	国家级新产品、国内领先水平	2008年
6	BGA芯片封装模具	铜陵三佳山田科技有限公司	国家级新产品	2008年
7	双列大四转多工位级进模具	宁波鸿达电机模具有限公司	国家级新产品	2008年

（续）

序号	项 目 名 称	主要完成单位	成果水平及获奖情况	时间
8	大断面复杂截面铝合金型材挤压用模具	江阴市江顺模具有限公司	国家级新产品	2008年
9	双开门冰箱发泡模具	滁州市宏达模具制造有限公司	安徽省重点新产品	2008年
10	宜家椅子模具	陶氏模具集团有限公司	国际领先水平	2008年
11	可互换性精密标准注塑模架	广东圣都模具股份有限公司	国际先进水平，发明专利	2008年
12	精密汽车注塑模具	广东圣都模具股份有限公司	国际先进水平	2008年
13	汽车内饰件模内层压成套技术研究与产业化应用	群达模具（深圳）有限公司	国际先进水平，发明专利，实用新型专利，中国产学研合作创新成果奖，广东省科技奖二等奖	2008年
14	精密多腔PET模具的开发及应用	四川省宜宾普什模具有限公司	四川省科学技术进步奖三等奖	2008年
15	法国门板模具	陶氏模具集团有限公司	国际先进水平	2008年
16	大型深腔件模内装饰注塑（IMD）精密模具及其产品开发	群达模具（深圳）有限公司	发明专利、实用新型专利、国内领先水平	2008年
17	大型精冲开卷落料模	浙江黄岩冲模厂	国内领先水平	2008年
18	轮胎模具高速高精度并行加工技术	广东巨轮模具股份有限公司	国内领先水平	2008年
19	控制高强度板冷冲压零件回弹的模具设计及制造技术研究	哈尔滨哈飞模具股份有限公司	国内先进水平	2008年
20	外覆盖件模具高速精加工技术的开发	哈尔滨哈飞模具股份有限公司	国内先进水平	2008年
21	汽车大型覆盖件整体侧围外板模具的设计及制造技术的开发	哈尔滨哈飞模具股份有限公司	国内先进水平	2008年
22	参数化三维模具实体设计模板及参数化典型结构研究	哈尔滨哈飞模具股份有限公司	国内先进水平	2008年
23	核电整体顶盖专用锻造模具	中国第一重型机械集团	填补国内空白	2008年
24	氮气弹簧活塞杆的加工工艺	十堰兴升工贸有限公司	发明专利	2008年
25	氮气弹簧缸筒的加工工艺	十堰兴升工贸有限公司	发明专利	2008年
26	多级组合浮动式斜楔机构	四川成飞集成科技股份有限公司	发明专利	2008年
27	翻边冲孔双动复合模	四川成飞集成科技股份有限公司	发明专利	2008年
28	单双动压机通用拉延模具	四川成飞集成科技股份有限公司	发明专利	2008年
29	精确定位三维激光切割零件的坐标平台	四川成飞集成科技股份有限公司	发明专利	2008年
30	落料模送料机构	四川成飞集成科技股份有限公司	发明专利	2008年
31	玻璃隔板一体化注塑模具	苏州汇众模型有限公司	发明专利	2008年
32	利用水泥制作样件模具的方法	四川集成天元模具制造有限公司	发明专利	2008年
33	一种A、B工位模头的装配夹具	扬州恒德模具有限公司	发明专利	2008年
34	塑料蜗杆成型模具	宁波双林模具有限公司	发明专利	2008年
35	子午线轮胎活络模具花纹扇形块的精确制造方法	揭阳市天阳模具有限公司、汕头天阳模具有限公司	发明专利	2008年
36	单杆双轮机械反包金属鼓	揭阳市天阳模具有限公司、汕头天阳模具有限公司	发明专利	2008年
37	真空吸塑成型模具脱模机构	滁州市经纬模具制造有限公司	发明专利	2008年
38	一种可以调整定位零件相对位置的定位方法	连云港杰瑞模具技术有限公司	发明专利	2008年
39	注塑模具进料多向选择调节装置	宁波跃飞模具有限公司	发明专利	2008年
40	滑轨连接式顶杆加速顶出机构	宁波跃飞模具有限公司	发明专利	2008年
41	注塑模具内侧面大角度斜走顶块抽芯机构	宁波跃飞模具有限公司	发明专利	2008年
42	注塑模具滑块顶针与斜顶块顶针延时抽保护技术装置	宁波跃飞模具有限公司	发明专利	2008年

（续）

序号	项目名称	主要完成单位	成果水平及获奖情况	时间
43	单杆双轮机械反包金属鼓	揭阳市天阳模具有限公司	发明专利、实用新型专利	2008年
44	双杆双轮机械反包金属鼓	揭阳市天阳模具有限公司、汕头天阳模具有限公司	发明专利、实用新型专利	2008年
45	衬套高精度非标准尺寸孔的加工方法的开发	哈尔滨哈飞模具股份有限公司	国家专利	2008年
46	简易可调钻孔导具的开发	哈尔滨哈飞模具股份有限公司	国家专利	2008年
47	TOMS汽车模具摄影测量系统	哈尔滨哈飞模具股份有限公司	国家专利	2008年
48	组合注塑模具	华奥模具有限公司	专利产品	2008年
49	带有二次挤压机构的压铸模	宁波合力模具科技股份有限公司	实用新型专利	2008年
50	压铸模侧抽芯上铸件顶出机构	宁波合力模具科技股份有限公司	实用新型专利	2008年
51	汽车变速器主壳体压铸模的浇道结构	宁波合力模具科技股份有限公司	实用新型专利	2008年
52	双凹内张式抽芯放口模	湖北鄂丰模具有限公司	实用新型专利	2008年
53	快速内螺纹旋脱模具	湖北鄂丰模具有限公司	实用新型专利	2008年
54	多级复合运动斜楔机构	四川成飞集成科技股份有限公司	实用新型专利	2008年
55	冲孔反向斜楔翻边复合模具	四川成飞集成科技股份有限公司	实用新型专利	2008年
56	单动和双动压机通用型拉延模具	四川成飞集成科技股份有限公司	实用新型专利	2008年
57	用于汽车覆盖件拉延模具的挡料托料机构	四川成飞集成科技股份有限公司	实用新型专利	2008年
58	斜楔制件孔专用旋转工装支架	四川成飞集成科技股份有限公司	实用新型专利	2008年
59	V形平衡块	四川成飞集成科技股份有限公司	实用新型专利	2008年
60	落料模送料机构	四川成飞集成科技股份有限公司	实用新型专利	2008年
61	开卷落料模具	四川成飞集成科技股份有限公司	实用新型专利	2008年
62	一种拉延压边圈镶块的防侧装置	四川集成天元模具制造有限公司	实用新型专利	2008年
63	采用优化结构的限位螺钉组件	四川集成天元模具制造有限公司	实用新型专利	2008年
64	一种瓶罐玻璃分体组合模具	常熟市精工模具制造有限公司	实用新型专利	2008年
65	上模导套总成调整座	庄瑞斌	实用新型专利	2008年
66	新型冲头	庄瑞斌	实用新型专利	2008年
67	A、B工位模头的装配夹具	庄瑞斌	实用新型专利	2008年
68	数控压力机的上模头	庄瑞斌	实用新型专利	2008年
69	拉伸孔上缘的翻边模具	庄瑞斌	实用新型专利	2008年
70	弹性样冲模具	庄瑞斌	实用新型专利	2008年
71	冲孔及孔缘拉伸模具	庄瑞斌	实用新型专利	2008年
72	百叶窗成型模具	庄瑞斌	实用新型专利	2008年
73	一种孔缘整形模具	庄瑞斌	实用新型专利	2008年
74	数控转塔冲床上的模具转换套	庄瑞斌	实用新型专利	2008年
75	数控转塔冲床上的防废料反弹下模	庄瑞斌	实用新型专利	2008年
76	工模套、下模座的校正装置	庄瑞斌	实用新型专利	2008年
77	一种薄带料高速冲压模具	黄山三佳谊华精密机械有限公司	实用新型专利	2008年
78	薄料冲压引伸模具防起皱结构	黄山三佳谊华精密机械有限公司	实用新型专利	2008年
79	薄带料高速冲裁模具防堵料装置	黄山三佳谊华精密机械有限公司	实用新型专利	2008年
80	一种薄料冲压模具异形横向切断装置	黄山三佳谊华精密机械有限公司	实用新型专利	2008年
81	一种注塑模具的斜顶机构及包括该斜顶机构的注塑模具	深圳市银宝山新科技股份有限公司	实用新型专利	2008年
82	冷镦短粗圆柱/锥滚子的凹模	洛阳LYC轴承有限公司	实用新型专利	2008年
83	汽车轮罩模具结构	宁波远东制模有限公司	实用新型专利	2008年
84	深筒模具顶出自动脱落装置	宁波远东制模有限公司	实用新型专利	2008年

（续）

序号	项目名称	主要完成单位	成果水平及获奖情况	时间
85	模具热流道杯套冷却结构	宁波远东制模有限公司	实用新型专利	2008年
86	深孔钻装夹台	宁波远东制模有限公司	实用新型专利	2008年
87	注塑模具的顶出装置	宁波远东制模有限公司	实用新型专利	2008年
88	真空辅助注塑模具	宁波远东制模有限公司	实用新型专利	2008年
89	注塑模具流道流量控制开关	宁波远东制模有限公司	实用新型专利	2008年
90	一种模具嵌件成型装置	宁波远东制模有限公司	实用新型专利	2008年
91	汽车门板喇叭罩的注塑模结构	宁波远东制模有限公司	实用新型专利	2008年
92	应用于模具的司针或镶针更换装置	宁波远东制模有限公司	实用新型专利	2008年
93	教学用汽车插件塑胶透明模具	合兴集团有限公司	实用新型专利	2008年
94	一种制作汽车传感器中金属嵌件塑料制品的复合模具	合兴集团有限公司	实用新型专利	2008年
95	一种电机铁芯自动叠铆模大回转机械保护装置	宁波震裕模具有限公司	实用新型专利	2008年
96	一种防废料上跳、翻转的定、转子槽形凹模	宁波震裕模具有限公司	实用新型专利	2008年
97	双色车灯面罩一次成型模具	台州职业技术学院	实用新型专利	2008年
98	一种注射模具的加热装置	台州职业技术学院	实用新型专利	2008年
99	气动双压边金属板材折弯模具	安徽联盟模具工业股份有限公司	实用新型专利	2008年
100	带有摆动机构的汽车零部件发泡模架	胡德云	实用新型专利	2008年
101	低密度发泡塑料型材挤出模模头	铜陵市耐科科技有限公司	实用新型专利	2008年
102	用于低发泡型材的共挤模头	铜陵市耐科科技有限公司	实用新型专利	2008年
103	挤出模具用锁紧装置	铜陵市耐科科技有限公司	实用新型专利	2008年
104	内置式对型材表面增亮的干式定型模	铜陵市耐科科技有限公司	实用新型专利	2008年
105	塑料型材挤出模具在线调弯装置	铜陵市耐科科技有限公司	实用新型专利	2008年
106	塑料挤出模具抗变形模头	铜陵市耐科科技有限公司	实用新型专利	2008年
107	干式定型模供排水装置	铜陵市耐科科技有限公司	实用新型专利	2008年
108	可提高共挤面均匀度的共挤模头	铜陵市耐科科技有限公司	实用新型专利	2008年
109	塑料型材挤出后共挤加热装置	铜陵市耐科科技有限公司	实用新型专利	2008年
110	塑料型材挤出模具分流体防变形装置	铜陵市耐科科技有限公司	实用新型专利	2008年
111	新型橡胶防尘罩模具	安徽宁国中鼎模具制造有限公司	实用新型专利	2008年
112	全自动滚筒洗衣机门封模具	安徽宁国中鼎模具制造有限公司	实用新型专利	2008年
113	一种注塑机的开/合模装置	深圳市平进股份有限公司	实用新型专利	2008年
114	设置随行滑块的箱体发泡模具	滁州市宏达模具制造有限公司	实用新型专利	2008年
115	可快速换模的模具装配结构	滁州市宏达模具制造有限公司	实用新型专利	2008年
116	门内胆成型模具抽芯机构	滁州市宏达模具制造有限公司	实用新型专利	2008年
117	门内胆成型模具的活动翻板脱模机构	滁州市宏达模具制造有限公司	实用新型专利	2008年
118	箱体发泡胀模连杆座	滁州市宏达模具制造有限公司	实用新型专利	2008年
119	吸塑模切割框托料板	滁州市宏达模具制造有限公司	实用新型专利	2008年
120	冷冻箱内胆成型模具镶块结构	滁州市宏达模具制造有限公司	实用新型专利	2008年
121	一种用于实现单型腔双射模的复合型抽芯装置	黄岩星泰塑料模具有限公司	实用新型专利	2008年
122	一种应用于模具与注塑机配套使用的试压机	黄岩星泰塑料模具有限公司	实用新型专利	2008年
123	一种吸尘器用旋转刷子支架注塑模具	胡志军	实用新型专利	2008年
124	一种新型电动机马达用塑封组件注塑模具	胡志军	实用新型专利	2008年
125	一种中空塑料型材抽气式内冷却挤出模具	洛阳市建园模具制造有限公司	实用新型专利	2008年

（续）

序号	项目名称	主要完成单位	成果水平及获奖情况	时间
126	一种均匀分料塑料型材挤出模具	洛阳市建园模具制造有限公司	实用新型专利	2008年
127	型材生产在线切割装置	连云港杰瑞模具技术有限公司	实用新型专利	2008年
128	模具设计系统(简称:MDS)V2.0	忠信制模(东莞)有限公司	计算机软件著作权	2008年
129	模具工程进度系统(简称:MPS)V1.0	忠信制模(东莞)有限公司	计算机软件著作权	2008年
130	江淮福臻车体生产现场工序管理软件V1.0	安徽江淮福臻车体装备有限公司	计算机软件著作权	2008年
131	江淮福臻车体大型铣床加工控制软件V1.0	安徽江淮福臻车体装备有限公司	计算机软件著作权	2008年
132	模具设计水路快速生成软件(简称:UG软件)V1.0	深圳市银宝山新科技股份有限公司	计算机软件著作权	2008年
133	基于电弧喷涂方法的汽车钢基模具快速制造技术	沈阳工业大学、沈阳金杯汽车工业有限公司	中国机械工业科学技术奖二等奖	2009年
134	金属零件注射成形模具CAD及连续烧结温控系统开发与应用	山东金属粉末注射制造有限公司、济南大学、山东大丰机械有限公司	中国机械工业科学技术奖三等奖	2009年
135	集成电路自动冲切成形系统高技术产业化示范工程	安徽铜陵三佳科技股份有限公司	国家高技术产业化十年成就奖	2009年
136	钢化玻璃风栅成形器	福建宏达模具塑料厂、福建工程学院	福建省科学技术奖一等奖	2009年
137	高等级轮胎大型成型装备技术开发及其产业化	广东巨轮模具股份有限公司	广东省科学技术奖二等奖	2009年
138	精密热流道模具技术的开发及产业化	四川省宜宾普什模具有限公司	四川省重点技术创新项目	2009年
139	后模斜顶结构的研究	深圳市昌红模具科技股份有限公司	深圳市龙岗区科技创新奖	2009年
140	芯片封装模具	铜陵三佳山田科技股份有限公司	国家重点新产品	2009年
141	双列大回转多工位级进模(108mm×108mm)	宁波鸿达电机模具有限公司	国家重点新产品	2009年
142	大型工程车翻新胎模具	广东巨轮模具股份有限公司	国家重点新产品	2009年
143	大断面复杂截面铝合金型材挤压用模具	江阴市江顺模具有限公司	国家重点新产品	2009年
144	高韧、高耐磨冷作模具钢HYC3	河冶科技股份有限公司	国家重点新产品	2009年
145	高工效液压机模一体式巨型轮胎定型硫化装备	宁国市华龙工贸有限公司	安徽省新产品	2009年
146	高精密巨型轮胎两半贴花模具	宁国市华龙工贸有限公司	安徽省新产品	2009年
147	精密汽车注塑模具	广东圣都模具股份有限公司	广东省重点新产品	2009年
148	多腔(带模外冷却装置)高速精密注塑模具	广东星联精密机械有限公司	广东省高新技术产品	2009年
149	轻量耐高压PET精密吹瓶模具	广东星联精密机械有限公司	广东省高新技术产品	2009年
150	大型复合材料模具采用低膨胀铸造Fe-Ni因瓦合金制造工艺研究	哈尔滨哈飞模具股份有限公司	国际领先水平	2009年
151	HM型钢质子午线轮胎模具	山东豪迈机械科技股份有限公司	国际先进水平,潍坊市科技进步奖一等奖	2009年
152	巨型子午线轮胎模具	山东豪迈机械科技股份有限公司	国际先进水平	2009年
153	锻造铝合金子午线轮胎模具	山东豪迈机械科技股份有限公司	国际先进水平	2009年
154	高精度液压式轮胎硫化机	广东巨轮模具股份有限公司	国际先进水平	2009年
155	无碴轨道I型板钢模具技术	南车集团洛阳机车公司	国际先进水平	2009年
156	汽车发动机进气歧管模具技术	深圳市群达行精密模具有限公司	国内领先水平	2009年
157	汽车内饰件模内层压注塑模具及数控设备	深圳市群达行精密模具有限公司	国内领先水平	2009年
158	电冰箱发泡模研发	江苏省昆山市三建模具机械有限公司	国内领先水平,实用新型专利	2009年
159	双色注塑成型工艺及数控装备	群达模具(深圳)有限公司	国内领先水平,发明专利,实用新型专利	2009年
160	注射式胶囊模具	广东巨轮模具股份有限公司	国内领先水平,实用新型专利,广东省专利奖优秀奖	2009年

（续）

序号	项目名称	主要完成单位	成果水平及获奖情况	时间
161	方太热水器前壳模具	陶氏模具集团有限公司	国内领先水平	2009年
162	德国封口管道模具	陶氏模具集团有限公司	国内领先水平	2009年
163	模具智能化设计软件的开发	宁波舜宇模具有限公司	国内领先水平	2009年
164	汽车模具铸件实体加工技术的开发	哈尔滨哈飞模具股份有限公司	国内先进水平	2009年
165	基于AUTOFORM软件的CAE分析系统在模具成型工艺中的研究	哈尔滨哈飞模具股份有限公司	国内先进水平	2009年
166	三维摄影测量系统在铸件实体加工中的开发	哈尔滨哈飞模具股份有限公司	国内先进水平	2009年
167	实验室基因存储板多孔模具防止崩裂的加工方法	深圳市昌红模具科技股份有限公司	发明专利	2009年
168	子午线轮胎活络模具花纹扇形块的精确制造方法	揭阳市天阳模具有限公司	发明专利	2009年
169	一种波纹片压制模具及波纹片生产系统	昆山荣腾模具部品制造有限公司	发明专利	2009年
170	子午胎胎面无气孔模具	常州市申利模具有限公司	发明专利	2009年
171	冲裁类模具修边刃口的加工方法	山东潍坊福田模具有限责任公司	发明专利	2009年
172	慢走丝加工细长铍青铜精密镶件的防变形工艺方法	宁波双林模具有限公司	发明专利	2009年
173	一种适应PET瓶轻量化吹塑成型模具底模的制备方法	广东星联精密机械有限公司、华南理工大学	发明专利	2009年
174	保证注坯模具冷却深孔与外成型面同轴度的制造方法	广东星联精密机械有限公司、华南理工大学	发明专利	2009年
175	一种模具存放支撑件	瑞鹄汽车模具有限公司	发明专利	2009年
176	注塑模具动定模双向螺旋脱模机构	宁海县大鹏模具塑料有限公司	发明专利	2009年
177	隔热节能结构的电热高光注塑模具	宁海县大鹏模具塑料有限公司	发明专利	2009年
178	一种标准模架及其加工方法	广东圣都模棋股份有限公司	发明专利	2009年
179	一种应用于电火花加工的组合电极夹具	黄岩星泰塑料模具有限公司	发明专利	2009年
180	塑料注塑模具的浇口套结构	深圳市昌红模具科技股份有限公司	实用新型专利	2009年
181	铸造用砂芯模具的内抽机构	宁波合力模具科技股份有限公司	实用新型专利	2009年
182	一种用于汽车轮胎模具表面纳米化的装置	广东巨轮模具股份有限公司	实用新型专利	2009年
183	一种注塑模具的斜顶机构及包括该斜顶机构的注塑模具	深圳市银宝山新实业发展有限公司	实用新型专利	2009年
184	管件叠层模具	湖北鄂丰模具有限公司	实用新型专利	2009年
185	螺纹径向定位旋脱模具	湖北鄂丰模具有限公司	实用新型专利	2009年
186	塑料椅子模具脱料机构	陶氏模具集团有限公司	实用新型专利	2009年
187	内分型保险杠塑料模具	陶氏模具集团有限公司	实用新型专利	2009年
188	封管道内圆环倒扣脱模机构	陶氏模具集团有限公司	实用新型专利	2009年
189	注塑模复合斜顶脱模机构	宁波舜宇模具有限公司	实用新型专利	2009年
190	复合多功能滑块机构	宁波舜宇模具有限公司	实用新型专利	2009年
191	细冲头的保护装置	厦门市捷昕精密科技有限公司	实用新型专利	2009年
192	多工位冲压模具的拉料装置	厦门市捷昕精密科技有限公司	实用新型专利	2009年
193	数控冲压模具的上模装置	广州市启泰模具工业有限公司	实用新型专利	2009年
194	模具料缸冷却装置	宁波旭升机械有限公司	实用新型专利	2009年
195	具有行程限位装置的模具料缸	宁波旭升机械有限公司	实用新型专利	2009年
196	双层注塑模具	浙江凯华模具有限公司	实用新型专利	2009年
197	弧形弯头管件的脱模机构	浙江凯华模具有限公司	实用新型专利	2009年

（续）

序号	项目名称	主要完成单位	成果水平及获奖情况	时间
198	一种塑料防盗盖的加工模具	浙江凯华模具有限公司	实用新型专利	2009年
199	滑雪杖手柄模具脱模装置	浙江凯华模具有限公司	实用新型专利	2009年
200	食用油桶用塑料油嘴模具二次抽芯机构	浙江凯华模具有限公司	实用新型专利	2009年
201	90°弧形弯管塑料模具	浙江凯华模具有限公司	实用新型专利	2009年
202	汽车水槽模具二次侧抽芯机构	浙江凯华模具有限公司	实用新型专利	2009年
203	注塑模具大浇口扭断装置	浙江凯华模具有限公司	实用新型专利	2009年
204	塑料盖模具电气辅助脱模机构	浙江凯华模具有限公司	实用新型专利	2009年
205	汽车风扇模具偏心调整动平衡机构	浙江凯华模具有限公司	实用新型专利	2009年
206	汽车水槽二次复合抽芯机构	浙江凯华模具有限公司	实用新型专利	2009年
207	注塑塑料件斜孔内抽芯机构	浙江凯华模具有限公司	实用新型专利	2009年
208	塑料保险杠内抽脱模机构	浙江凯华模具有限公司	实用新型专利	2009年
209	齿轮箱压铸模具的滑块顶杆机构	宁波勋辉电器有限公司	实用新型专利	2009年
210	底和盖镁合金压铸模具的热平衡结构	宁波勋辉电器有限公司	实用新型专利	2009年
211	支架铝合金压铸模具的真空压铸机构	宁波勋辉电器有限公司	实用新型专利	2009年
212	用于制作碳氮化硅点火器的专用模具	上海汉源特种陶瓷有限公司	实用新型专利	2009年
213	一种波纹片压制模具	昆山荣腾模具部品制造有限公司	实用新型专利	2009年
214	带薄片收集装置的冲压模具	昆山荣腾模具部品制造有限公司	实用新型专利	2009年
215	冲压机床上模压紧模具	昆山荣腾模具部品制造有限公司	实用新型专利	2009年
216	冲压机床的自动脱模模具	昆山荣腾模具部品制造有限公司	实用新型专利	2009年
217	带弯折冲件的冲压模具	昆山荣腾模具部品制造有限公司	实用新型专利	2009年
218	一种瓶罐玻璃分体组合模具	常熟市精工模具制造有限公司	实用新型专利	2009年
219	一种电机磁场线圈绕制模具	湘潭电机力源模具有限公司	实用新型专利	2009年
220	一种定子线圈整形模具	湘潭电机力源模具有限公司	实用新型专利	2009年
221	抽芯转换机构	宁波辉旺机械有限公司	实用新型专利	2009年
222	双油缸抽芯滑块装置	宁波辉旺机械有限公司	实用新型专利	2009年
223	模具斜顶装置	宁波辉旺机械有限公司	实用新型专利	2009年
224	斜导柱、油缸抽芯装置	宁波辉旺机械有限公司	实用新型专利	2009年
225	带侧销减震降噪装置的压料器	四川集成天元模具制造有限公司	实用新型专利	2009年
226	冷冲合边模具的双驱动双滑轨复合折边机构	天津众鑫模具标准件有限公司	实用新型专利	2009年
227	冷冲合边模具的超宽面大落差复杂形面折边机构	天津众鑫模具标准件有限公司	实用新型专利	2009年
228	吊装斜楔机械的加长装置	天津众鑫模具标准件有限公司	实用新型专利	2009年
229	内模水路点冷却组件结构	宁波市北仑赛维达机械有限公司	实用新型专利	2009年
230	滑块抽拔及油缸行程装置	宁波市北仑赛维达机械有限公司	实用新型专利	2009年
231	模具分型面预防错位的定位结构	宁波市北仑赛维达机械有限公司	实用新型专利	2009年
232	模具竖放辅助装置	宁波市北仑赛维达机械有限公司	实用新型专利	2009年
233	模具真空抽气结构及装置	宁波市北仑赛维达机械有限公司	实用新型专利	2009年
234	模具料筒水路循环冷却结构	宁波市北仑赛维达机械有限公司	实用新型专利	2009年
235	汽车油底壳的整边模具	江苏卡明模具有限公司	实用新型专利	2009年
236	一种拼装模具	江苏卡明模具有限公司	实用新型专利	2009年
237	冷冲模的限位支承装置	哈尔滨航天模夹具制造有限责任公司	实用新型专利	2009年
238	冷冲模的组合式平衡块	哈尔滨航天模夹具制造有限责任公司	实用新型专利	2009年
239	一种电视机壳绿色环保注塑模具装置	东莞康佳模具塑胶有限公司	实用新型专利	2009年
240	一种模具温度控制装置	东莞康佳模具塑胶有限公司	实用新型专利	2009年

（续）

序号	项目名称	主要完成单位	成果水平及获奖情况	时间
241	注塑模具装置	东莞康佳模具塑胶有限公司	实用新型专利	2009年
242	多色注塑模具装置	东莞康佳模具塑胶有限公司	实用新型专利	2009年
243	一种注塑模具装置	东莞康佳模具塑胶有限公司	实用新型专利	2009年
244	一种多色注塑模具装置	东莞康佳模具塑胶有限公司	实用新型专利	2009年
245	自动切除废料的注塑模具	东莞康佳模具塑胶有限公司	实用新型专利	2009年
246	新型注塑模具	东莞康佳模具塑胶有限公司	实用新型专利	2009年
247	拼装模具	扬州恒德模具有限公司	实用新型专利	2009年
248	数控转搭冲床的分体式上模	扬州恒德模具有限公司	实用新型专利	2009年
249	数控转塔冲床的快换型分体式上模	扬州恒德模具有限公司	实用新型专利	2009年
250	数控转塔冲床上模的导套	扬州恒德模具有限公司	实用新型专利	2009年
251	数控转塔冲床的下模转换套	扬州恒德模具有限公司	实用新型专利	2009年
252	数控转塔冲床旋转工位用滚筋上模	扬州恒德模具有限公司	实用新型专利	2009年
253	无接点剪板模具	扬州恒德模具有限公司	实用新型专利	2009年
254	点冲成型模具	扬州恒德模具有限公司	实用新型专利	2009年
255	多子模	扬州恒德模具有限公司	实用新型专利	2009年
256	数控冲床涂层模具	扬州恒德模具有限公司	实用新型专利	2009年
257	分体式快换上模	扬州恒德模具有限公司	实用新型专利	2009年
258	分体式上模装置	扬州恒德模具有限公司	实用新型专利	2009年
259	段差成型模具	扬州恒德模具有限公司	实用新型专利	2009年
260	滚筋模具	扬州恒德模具有限公司	实用新型专利	2009年
261	塑料模具大跨度潜伏式浇口	滨海模塑集团有限公司	实用新型专利	2009年
262	注塑模具潜伏分体式浇口镶块	滨海模塑集团有限公司	实用新型专利	2009年
263	注塑模具二级侧浇口	滨海模塑集团有限公司	实用新型专利	2009年
264	塑料制件互配限位筋顶杆制出模具	滨海模塑集团有限公司	实用新型专利	2009年
265	内外侧倒钩塑料模具脱模机构	滨海模塑集团有限公司	实用新型专利	2009年
266	塑料模具分型线内移脱模机构	滨海模塑集团有限公司	实用新型专利	2009年
267	塑料模具二次顶出机构	滨海模塑集团有限公司	实用新型专利	2009年
268	塑料模具二次滑块抽芯机构	滨海模塑集团有限公司	实用新型专利	2009年
269	冷却分水块	宁波旭升机械有限公司	实用新型专利	2009年
270	模具料缸冷却装置	宁波旭升机械有限公司	实用新型专利	2009年
271	一种产品水口的冲切模具	深圳市东方亮彩精密技术有限公司	实用新型专利	2009年
272	一种具旋转剪水口的模具	忠信制模（东莞）有限公司	实用新型专利	2009年
273	用于螺旋齿轮加工模具的螺旋齿形镶件	成都宏明双新科技股份有限公司	实用新型专利	2009年
274	带冷却功能的高速精密落料模	四川省宜宾普什模具有限公司、重庆大学	实用新型专利	2009年
275	高速精密浮动落料模	四川省宜宾普什模具有限公司、重庆大学	实用新型专利	2009年
276	旋转式翻边模具	四川省宜宾普什模具有限公司、重庆大学	实用新型专利	2009年
277	多产品共模防错机构	四川省宜宾普什模具有限公司	实用新型专利	2009年
278	喇叭网孔模具结构及包括该结构的注塑模具	深圳市银宝山新科技股份有限公司	实用新型专利	2009年
279	冲压模具上用的悬吊式斜楔机构	嘉兴迈特尔宝欣机械工业有限公司	实用新型专利	2009年
280	金属型重力铸造模具定位及导向装置	宁波全力机械模具有限公司	实用新型专利	2009年
281	一种铁路车辆侧架整体射芯盒模具	宁波全力机械模具有限公司	实用新型专利	2009年

（续）

序号	项 目 名 称	主要完成单位	成果水平及获奖情况	时间
282	一种铁路车辆侧架中央导框整体射芯盒模具	宁波全力机械模具有限公司	实用新型专利	2009年
283	一种铁路车辆车钩内腔整体芯竖直分型冷芯盒模具	宁波全力机械模具有限公司	实用新型专利	2009年
284	一种铁路车辆车钩内腔整体芯水平分型冷射芯盒模具	宁波全力机械模具有限公司	实用新型专利	2009年
285	铸造模具局部特殊冷却结构	宁波全力机械模具有限公司	实用新型专利	2009年
286	汽车发动机缸体水套芯一出二冷芯盒模具	宁波全力机械模具有限公司	实用新型专利	2009年
287	大型发动机机体缸筒芯整体芯盒金属模具	宁波全力机械模具有限公司	实用新型专利	2009年
288	解决地板类零件拉延成形时开裂的模具	山东潍坊福田模具有限责任公司	实用新型专利	2009年
289	压合模预弯装置	山东潍坊福田模具有限责任公司	实用新型专利	2009年
290	一种克服大凸模自重的结构	宁波震裕模具有限公司	实用新型专利	2009年
291	一种弹簧克服凸模自重结构	宁波震裕模具有限公司	实用新型专利	2009年
292	数控冲床模具的上模装置	广州市启泰模具工业有限公司	实用新型专利	2009年
293	一种易于更换瓶形结构的单模体多瓶型吹塑成型模具	广东星联精密机械有限公司、华南理工大学	实用新型专利	2009年
294	一种汽车部件冲压模具的冲压部	瑞鹊汽车模具有限公司	实用新型专利	2009年
295	具有新型冷却通道的吹塑防尘罩模具	安徽宁国中鼎模具制造有限公司	实用新型专利	2009年
296	电子鼓膜片模具	安徽宁国中鼎模具制造有限公司	实用新型专利	2009年
297	一种新型扇形模具	安徽宁国中鼎模具制造有限公司	实用新型专利	2009年
298	一种新型防尘罩模具	安徽宁国中鼎模具制造有限公司	实用新型专利	2009年
299	一种新型橡胶密封圈模具	安徽宁国中鼎模具制造有限公司	实用新型专利	2009年
300	一种橡胶专用模具脱模器	安徽宁国中鼎模具制造有限公司	实用新型专利	2009年
301	腰形孔密封条的上模模芯总成	安徽宁国中鼎模具制造有限公司	实用新型专利	2009年
302	一种骨架加料装置	安徽宁国中鼎模具制造有限公司	实用新型专利	2009年
303	一种新型橡胶制品专用模具	安徽宁国中鼎模具制造有限公司	实用新型专利	2009年
304	注塑模具斜顶双向抽芯机构	宁海县大鹏模具塑料有限公司	实用新型专利	2009年
305	子午线轮胎活络模具中的限位块	合肥大道模具有限责任公司	实用新型专利	2009年
306	三轴机床子午线轮胎活络模具加工的工装	合肥大道模具有限责任公司	实用新型专利	2009年
307	子午线轮胎模具中导条与滑块间的限位结构	合肥大道具模具有责任公司	实用新型专利	2009年
308	一种应用于汽车油箱吹塑模具中的杠杆加速、精确定位吹气机构	黄岩星泰塑料模具有限公司	实用新型专利	2009年
309	一种应用于塑料模具大角度内部抽芯的杠杆锁模机构	黄岩星泰塑料模具有限公司	实用新型专利	2009年
310	一种应用于模具两个角度工件加工的数控分度盘机构	黄岩星泰塑料模具有限公司	实用新型专利	2009年
311	一种应用于内分型保险杠的变速抽芯机构	黄岩星泰塑料模具有限公司	实用新型专利	2009年
312	一种用于桶状产品模具回旋型冷却系统	黄岩星泰塑料模具有限公司	实用新型专利	2009年
313	一种消除模具抽芯的侧向顶出机构	黄岩星泰塑料模具有限公司	实用新型专利	2009年
314	一种斜顶块内置于滑块的复合抽芯机构	黄岩星泰塑料模具有限公司	实用新型专利	2009年
315	定向四轴卧式机床用装夹夹具	黄岩星泰塑料模具有限公司	实用新型专利	2009年
316	自动排气顶芯机构	宁波强盛机械模具有限公司	实用新型专利	2009年
317	模具存放限制器安全保障系统	湖北十堰先锋模具股份有限公司	实用新型专利	2009年
318	多功能旋转工作台	湖北十堰先锋模具股份有限公司	实用新型专利	2009年
319	一种快换冲修机构	湖北十堰先锋模具股份有限公司	实用新型专利	2009年

（续）

序号	项目名称	主要完成单位	成果水平及获奖情况	时间
320	落料模具托料架	湖北十堰先锋模具股份有限公司	实用新型专利	2009年
321	一种弹性侧挡料总成	湖北十堰先锋模具股份有限公司	实用新型专利	2009年
322	一种检具面差测量仪	湖北十堰先锋模具股份有限公司	实用新型专利	2009年
323	模具用液压驱动式斜楔机构	湖北十堰先锋模具股份有限公司	实用新型专利	2009年
324	一种模具侧冲修快换机构	湖北十堰先锋模具股份有限公司	实用新型专利	2009年
325	一种修边机构	湖北十堰先锋模具股份有限公司	实用新型专利	2009年
326	一种弯管注塑模具	胡志军	实用新型专利	2009年
327	一种洗碗机碗架注塑模具	胡志军	实用新型专利	2009年
328	一种马桶盖注塑模具	胡志军	实用新型专利	2009年
329	一种刀台注塑模具	胡志军	实用新型专利	2009年
330	一种自动缝合器的钉仓注塑模具	胡志军	实用新型专利	2009年
331	一种双料共挤出塑料型材挤出模具	洛阳市建园模具制造有限公司	实用新型专利	2009年
332	一种双腔表面全包覆塑料型材挤出模具	洛阳市建园模具制造有限公司	实用新型专利	2009年
333	一种双包覆料表面全包覆塑料型材挤出模具	洛阳市建园模具制造有限公司	实用新型专利	2009年
334	一种表面全包覆塑料型材挤出模具	洛阳市建园模具制造有限公司	实用新型专利	2009年
335	快捷拆装锁扣	洛阳市建园模具制造有限公司	实用新型专利	2009年
336	玻璃塑料包连注塑成型模具的复合型定位、顶出机构	宁波跃飞模具有限公司	实用新型专利	2009年
337	注塑模具的简易延时顶出机构	宁波跃飞模具有限公司	实用新型专利	2009年
338	一种简易手压机模具造型工装	成都新志实业有限公司	实用新型专利	2009年
339	多种模具设计工具、辅助检测、加工和管理软件	深圳市银宝山新实业发展有限公司	计算机软件著作权	2009年
340	精密注塑过程及模具的模拟仿真软件	深圳市昌红模具科技股份有限公司	计算机软件著作权	2009年
341	基于MOLDWIZARD的模具标准件系统软件V1.0	浙江赛豪实业有限公司	计算机软件著作权	2009年
342	江淮福臻车体生产现场流程一体化监管软件V1.0	安徽江淮福臻车体装备有限公司	计算机软件著作权	2009年
343	江淮福臻车体车身内、外覆盖件冲压模具管理系统V1.0	安徽江淮福臻车体装备有限公司	计算机软件著作权	2009年
344	江淮福臻车体装备零部件检测软件V1.0	安徽江淮福臻车体装备有限公司	计算机软件著作权	2009年
345	电火花线切割自动编程软件	深圳市银宝山新科技股份有限公司	计算机软件著作权	2009年
346	EDM加工用电极辅助管理软件(转让给天津)	深圳市银宝山新科技股份有限公司	计算机软件著作权	2009年
347	数控机床曲面加工辅助检测软件(转让给天津)	深圳市银宝山新科技股份有限公司	计算机软件著作权	2009年
348	880mm×880mm大型精密拼快复合模	宁波鸿达电机模具有限公司	中国机械工业科学技术奖二等奖	2010年
349	快速开口挤出模头	浙江精诚模具机械有限公司	中国机械工业科学技术奖二等奖	2010年
350	MIM胃镜钳头模具	天津津荣天和机电有限公司	中国机械工业科学技术奖二等奖	2010年
351	超薄注塑模具	北京东明兴业科技有限公司	中国机械工业科学技术奖三等奖	2010年
352	汽车变速箱壳体精密大型压铸模具开发	宁波北仑赛维达机械有限公司	中国机械工业科学技术奖三等奖	2010年
353	派克·Midi汽车车身模具	山东潍坊福田模具有限责任公司	中国机械工业科学技术奖三等奖	2010年
354	汽车模具智能化快速设计和高速加工集成系统	瑞鹄汽车模具有限公司、安徽恒明模具科技有限公司	安徽省科学技术奖三等奖	2010年
355	UPVC中温压花共挤出模具	洛阳市建园模具制造有限公司	河南省科学技术进步奖三等奖、洛阳市科学技术进步奖二等奖	2010年

（续）

序号	项目名称	主要完成单位	成果水平及获奖情况	时间
356	基于知识的模具设计、制造与管理技术及应用	武汉益模软件科技有限公司	湖北省科技进步奖一等奖	2010年
357	巨型工程车子午线轮胎活络模具	广东巨轮模具股份有限公司	广东省科学技术奖一等奖，国内领先水平，实用新型专利	2010年
358	高精密级进模具技术的研究及产业化项目	宁波震裕模具有限公司	宁波市科技进步奖三等奖	2010年
359	KV6汽车发动机铝缸体低压组芯铸造模	宁波合力模具科技股份有限公司	国家重点新产品	2010年
360	子午线轮胎注射式硫化胶囊模具	南通通轮模具有限公司	国家重点新产品	2010年
361	空客380飞机雷达罩、风道内饰件碳纤维成形模具	象山优具模具制造厂	国家重点新产品	2010年
362	新型铝镁合金精铸子午线轮胎活络模具	合肥大道模具有限责任公司	安徽省新产品	2010年
363	新型分体式限位结构的三轴精铣全钢活络模	合肥大道模具有限责任公司	安徽省新产品	2010年
364	玻璃隔板一体化注塑模具	苏州汇众模型有限公司	江苏省高新技术产品、专利产品	2010年
365	精密注塑模具设计制造技术	宁波舜宇模具有限公司	国际先进水平	2010年
366	模具自动加工系统的研发和应用	青岛海尔模具有限公司	国际先进水平	2010年
367	汽车内饰件模内层压成套技术	群达模具（深圳）有限公司、华中科技大学	国际先进水平	2010年
368	多工位传递模（出口美国）	浙江黄岩冲模厂	国际先进水平，专利产品	2010年
369	先进近净成形与模具制造技术	机械科学研究总院	国内领先水平	2010年
370	PVC发泡内结皮外包覆共挤技术与模具	北京长城牡丹模具制造有限公司	国内领先水平	2010年
371	面向模具数字化设计制造和管理综合集成技术开发应用	陶氏模具集团有限公司	国内领先水平	2010年
372	发动机盖模具	陶氏模具集团有限公司	国内领先水平	2010年
373	电冰箱成型模研发	江苏省昆山市三建模具机械有限公司	国内领先水平	2010年
374	电冰箱整形模研发	江苏省昆山市三建模具机械有限公司	国内领先水平	2010年
375	有限元分析软件中虚拟筋与实际应用拉延筋对照研究	哈尔滨哈飞模具股份有限公司	国内先进水平	2010年
376	导轨件高速成形工艺	浙江黄岩冲模厂	发明专利（受理）	2010年
377	多片扇形件一次成形工艺	浙江黄岩冲模厂	发明专利（受理）	2010年
378	能消除注塑有孔制品外观熔接痕的模具及其使用方法	青岛海尔模具有限公司	发明专利	2010年
379	注塑成型模具	群达模具（深圳）有限公司	发明专利、实用新型专利	2010年
380	新型铸造模具钢	浙江黄岩冲模厂	发明专利（受理）	2010年
381	冰箱门胆横向冲孔模	江苏省昆山市三建模具机械有限公司	发明专利	2010年
382	冰箱发泡内模支撑定位装置	江苏省昆山市三建模具机械有限公司	发明专利	2010年
383	电冰箱门壳弯曲成型模	江苏省昆山市三建模具机械有限公司	发明专利	2010年
384	电冰箱门胆封槽成型模	江苏省昆山市三建模具机械有限公司	发明专利	2010年
385	复合多功能滑块机构	宁波舜宇模具有限公司	发明专利	2010年
386	一种放热焊接头裂纹试验用模具	中国电力科学研究院	发明专利	2010年
387	工模具的熔积制造方法	华中科技大学	发明专利	2010年
388	离合器膜片弹簧、碟形弹簧成型模具	浙江龙华汽配制造有限公司	发明专利	2010年
389	一种挤压铸造用双重液态模锻模具	苏州三基机械有限公司	发明专利	2010年
390	大型接插类零件多工位级进冲压的柔性模块化模具结构	北京机电研究所	发明专利	2010年
391	钻杆管体管端内外加厚模具	江阴德玛斯特钻具有限公司	发明专利	2010年

（续）

序号	项目名称	主要完成单位	成果水平及获奖情况	时间
392	无胶囊二段式轮胎定型鼓	揭阳市天阳模具有限公司	发明专利	2010年
393	用于制作汽车后纵梁的模具的热处理工艺	南方金康汽车零部件有限公司	发明专利	2010年
394	连续挤压铝及铝合金管材和异形空心型材的新型模具	佛山市禅城区南庄兴顺精密模具有限公司	发明专利	2010年
395	WC、SiC光学模压模具的大气等离子体化学加工方法	哈尔滨工业大学	发明专利	2010年
396	一种内振动顺序注塑模具装置及其注塑工艺	广东工业大学	发明专利	2010年
397	一种薄带料高速冲压模具及油气喷射控制方法	黄山三佳谊华精密机械有限公司	发明专利	2010年
398	弧形滑块抽芯机构及应用该机构的模具	深圳市银宝山新科技股份有限公司	发明专利(受理)	2010年
399	一种模具及应用于该模具的互换镶件	深圳市银宝山新科技股份有限公司	发明专利(受理)	2010年
400	一种万向夹具	深圳市银宝山新科技股份有限公司	发明专利(受理)	2010年
401	夹具	深圳市银宝山新科技股份有限公司	发明专利(受理)	2010年
402	一种发泡模具的排气结构	深圳市银宝山新科技股份有限公司	发明专利(受理)	2010年
403	基于UG平台的机械线切割数据处理方法、装置和系统	深圳市银宝山新科技股份有限公司	发明专利(受理)	2010年
404	一种吸尘器用旋转刷子支架注塑模具	胡志军	发明专利	2010年
405	折弯机四片配合料斜楔式挠度补偿装置	安徽联盟模具工业股份有限公司	发明专利	2010年
406	SMD－LED单晶模块	昆山市华英精密模具工业有限公司	实用新型专利	2010年
407	一种带弯折冲头的快速冲压模具	昆山荣腾模具部品制造有限公司	实用新型专利	2010年
408	一种八板式铁芯模架	昆山荣腾模具部品制造有限公司	实用新型专利	2010年
409	PE管件模具钢骨架模腔内加热机构	台州市黄岩炜大塑料机械有限公司	实用新型专利	2010年
410	一种检测模具密闭性的装置	青岛海信模具有限公司	专利技术	2010年
411	基于装配约束的合边模具干涉检查方法	天津汽车模具股份有限公司	专利技术	2010年
412	多工位冲压模具的拉料装置	厦门市捷昕精密科技有限公司	专利技术	2010年
413	细冲头的保护装置	厦门市捷昕精密科技有限公司	专利技术	2010年
414	模具辅助锁紧装置	洛阳北方企业集团	专利技术	2010年
415	用于制作汽车后纵梁模具的热处理工艺	南京金康汽车零部件有限公司	专利技术	2010年
416	连续挤压铝及铝合金管材和异型材的新型模具	佛山市禅城区南庄兴顺精密模具有限公司	专利技术	2010年
417	一种玻璃加工模具	成都志发热熔玻璃厂	专利技术	2010年
418	桥式吊楔	浙江黄岩冲模厂	实用新型专利	2010年
419	驱动器和滑块全部上置式斜楔	浙江黄岩冲模厂	实用新型专利	2010年
420	扇形件成形模具	浙江黄岩冲模厂	实用新型专利	2010年
421	水平拉冲斜楔	浙江黄岩冲模厂	实用新型专利	2010年
422	导轨件高速成形模具	浙江黄岩冲模厂	实用新型专利	2010年
423	厚板正拉与反拉一次拉深模具	浙江黄岩冲模厂	实用新型专利(受理)	2010年
424	用于单动机上的正装拉延模	浙江黄岩冲模厂	实用新型专利(受理)	2010年
425	汽车摇臂多工位传递模	浙江黄岩冲模厂	实用新型专利(受理)	2010年
426	一种组合模块系统结构	深圳市昌红模具科技股份有限公司	实用新型专利	2010年
427	塑料模具二次滑块抽芯机构	滨海模塑集团有限公司	实用新型专利	2010年
428	塑料模具二次顶出机构	滨海模塑集团有限公司	实用新型专利	2010年
429	塑料模具二次分型线内移脱模机构	滨海模塑集团有限公司	实用新型专利	2010年
430	内外侧倒钩塑料模具脱模机构	滨海模塑集团有限公司	实用新型专利	2010年

（续）

序号	项 目 名 称	主要完成单位	成果水平及获奖情况	时间
431	塑料制件互配限检筋顶杆制出模具	滨海模塑集团有限公司	实用新型专利	2010 年
432	注塑模具二级侧浇口	滨海模塑集团有限公司	实用新型专利	2010 年
433	注塑模具潜伏分体式浇口镶块	滨海模塑集团有限公司	实用新型专利	2010 年
434	塑料模具大跨度潜伏式浇口	滨海模塑集团有限公司	实用新型专利	2010 年
435	一种模具连杆抽芯机构	宁波舜宇模具有限公司	实用新型专利	2010 年
436	一体式轮胎定型硫化设备	宁国市华龙工贸有限公司	实用新型专利	2010 年
437	组合式数控冲压小工位模具冲头	广州市启泰模具工业有限公司	实用新型专利	2010 年
438	模具用镶入式可调节锁紧块	宁波旭升机械有限公司	实用新型专利	2010 年
439	模具分流锥	宁波旭升机械有限公司	实用新型专利	2010 年
440	模具正定位结构	宁波旭升机械有限公司	实用新型专利	2010 年
441	模具用特殊冷却水管	宁波旭升机械有限公司	实用新型专利	2010 年
442	模具镶块排气结构	宁波旭升机械有限公司	实用新型专利	2010 年
443	一种非垂直向上翻孔、翻边凹模活动斜楔退料结构	亿森（上海）模具有限公司、上海华庄模具有限公司	实用新型专利	2010 年
444	一种冲压模生产共用压力机的组合结构	亿森（上海）模具有限公司、上海华庄模具有限公司	实用新型专利	2010 年
445	一种级进落料模排料传送机构	亿森（上海）模具有限公司、上海华庄模具有限公司	实用新型专利	2010 年
446	一种双向自动出料机构	亿森（上海）模具有限公司、上海华庄模具有限公司	实用新型专利	2010 年
447	一种级进落料出件的自动出料机构	亿森（上海）模具有限公司、上海华庄模具有限公司	实用新型专利	2010 年
448	一体成型塑料方桌模具脱模机构	浙江凯华模具有限公司	实用新型专利	2010 年
449	塑料模具的直顶摆动内抽芯机构	浙江凯华模具有限公司	实用新型专利	2010 年
450	塑料模具斜顶机构的导向装置	浙江凯华模具有限公司	实用新型专利	2010 年
451	汽车水槽模具安装卡扣滑块侧抽芯机构	浙江凯华模具有限公司	实用新型专利	2010 年
452	注塑模具滑块斜顶组合脱模机构	浙江凯华模具有限公司	实用新型专利	2010 年
453	注塑模具机械式斜抽脱倒扣机构	浙江凯华模具有限公司	实用新型专利	2010 年
454	塑料周转箱模具脱模机构	浙江凯华模具有限公司	实用新型专利	2010 年
455	注塑模具旋转无损脱螺纹机构	浙江凯华模具有限公司	实用新型专利	2010 年
456	注塑模具内滑块脱倒扣机构	浙江凯华模具有限公司	实用新型专利	2010 年
457	塑料椅模具脱模机构	浙江凯华模具有限公司	实用新型专利	2010 年
458	汽车水槽模具斜顶脱倒扣机构	浙江凯华模具有限公司	实用新型专利	2010 年
459	一种压铸模具的定模顶出机构	宁波勋辉电器有限公司	实用新型专利	2010 年
460	一种压铸模具用分流锥点冷却装置	宁波勋辉电器有限公司	实用新型专利	2010 年
461	一种玻璃加工模具	成都市志发热熔玻璃厂	实用新型专利	2010 年
462	注坯模分区域走胶热流道板	浙江德玛克机械有限公司	实用新型专利	2010 年
463	吹瓶机制品底部脱模机构	浙江德玛克机械有限公司	实用新型专利	2010 年
464	塑料瓶盖模具的双水冷和脱模机构	浙江德玛克机械有限公司	实用新型专利	2010 年
465	塑料瓶盖模具热嘴双封胶和换色装置	浙江德玛克机械有限公司	实用新型专利	2010 年
466	旋转式吹瓶机开合模双层轨道	浙江德玛克机械有限公司	实用新型专利	2010 年
467	旋转式吹瓶模高度调整装置	浙江德玛克机械有限公司	实用新型专利	2010 年
468	旋转式吹瓶模容量调整装置	浙江德玛克机械有限公司	实用新型专利	2010 年
469	注坯模热流道板	浙江德玛克机械有限公司	实用新型专利	2010 年

（续）

序号	项 目 名 称	主要完成单位	成果水平及获奖情况	时间
470	注坯模具后置式主流道板	浙江德玛克机械有限公司	实用新型专利	2010年
471	注坯模具一体式气缸流道板	浙江德玛克机械有限公司	实用新型专利	2010年
472	冲孔冲头快换器	江苏卡明模具有限公司	实用新型专利	2010年
473	快速夹模器	江苏卡明模具有限公司	实用新型专利	2010年
474	口模夹具	常熟市精工模具制造有限公司	实用新型专利	2010年
475	数控转塔冲床A、B工位的上模	扬州恒德模具有限公司	实用新型专利	2010年
476	数控转塔冲床C、D工位的上模	扬州恒德模具有限公司	实用新型专利	2010年
477	数控冲床切边模具的上模	扬州恒德模具有限公司	实用新型专利	2010年
478	塑料管件模具扩口三次强脱抽芯机构	台州市黄岩炜大塑料机械有限公司	实用新型专利	2010年
479	外螺纹三通管件模具的脱模结构	台州市黄岩炜大塑料机械有限公司	实用新型专利	2010年
480	三通塑包铁管件模具卡件芯子复位机构	台州市黄岩炜大塑料机械有限公司	实用新型专利	2010年
481	塑包铁注塑模具的磁固定机构	台州市黄岩炜大塑料机械有限公司	实用新型专利	2010年
482	模具侧型芯导滑机构	台州市黄岩炜大塑料机械有限公司	实用新型专利	2010年
483	内螺纹三通管件模具的横向抽芯机构	台州市黄岩炜大塑料机械有限公司	实用新型专利	2010年
484	三通管件模具的浮动脱模机构	台州市黄岩炜大塑料机械有限公司	实用新型专利	2010年
485	注塑模具便换式浇口镶块	台州市黄岩炜大塑料机械有限公司	实用新型专利	2010年
486	PE材料注塑模具分层进料机构	台州市黄岩炜大塑料机械有限公司	实用新型专利	2010年
487	PE管件模具钢骨架模腔内定位机构	台州市黄岩炜大塑料 机械有限公司	实用新型专利	2010年
488	PE管件模具钢骨架模腔内加热机构	台州市黄岩炜大塑料机械有限公司	实用新型专利	2010年
489	半圆形弯头模具脱模机构	台州市黄岩炜大塑料机械有限公司	实用新型专利	2010年
490	分体式PE管件模具模腔	台州市黄岩炜大塑料机械有限公司	实用新型专利	2010年
491	防废料堵塞五金冲压模具	深圳亿和模具制造有限公司	实用新型专利	2010年
492	一种深U形折弯工件自复位装置	安徽力源数控刃模具制造有限公司、张迎年	实用新型专利	2010年
493	一种斜压式平口钳	安徽力源数控刃模具制造有限公司、张迎年	实用新型专利	2010年
494	模具分流锥	宁波旭升机械有限公司	实用新型专利	2010年
495	模具用镶入式可调节锁紧块	宁波旭升机械有限公司	实用新型专利	2010年
496	模具正定位结构	宁波旭升机械有限公司	实用新型专利	2010年
497	模具用特殊冷切水管	宁波旭升机械有限公司	实用新型专利	2010年
498	模具镶块排气结构	宁波旭升机械有限公司	实用新型专利	2010年
499	模具用套管顶杆	宁波旭升机械有限公司	实用新型专利	2010年
500	模具浇口套	宁波旭升机械有限公司	实用新型专利	2010年
501	冰箱门外壳端头折弯模具	滁州市科创模具制造有限公司	实用新型专利	2010年
502	冰箱门胆吸塑模具	滁州市科创模具制造有限公司	实用新型专利	2010年
503	冰箱门外壳端头折弯模具	滁州市科创模具制造有限公司	实用新型专利	2010年
504	一体式轮定型硫化设备	宁国市华龙工贸有限公司、刘维龙、尹红伟	实用新型专利	2010年
505	硫化机大模具的导向条	安徽迈吉尔模具有限公司、刘维龙	实用新型专利	2010年
506	一种简易配模器	揭阳市大立模具厂有限公司	实用新型专利	2010年
507	一种高精度凸凹模结构	成都宏明双新科技股份有限公司	实用新型专利	2010年
508	用于成型带有内螺纹的瓶盖的模具及其模仁	四川省宜宾普什模具有限公司	实用新型专利	2010年
509	针阀式热流道结构	四川省宜宾普什模具有限公司	实用新型专利	2010年
510	可调节产品局部成型厚度的模具	四川省宜宾普什模具有限公司	实用新型专利	2010年

（续）

序号	项 目 名 称	主要完成单位	成果水平及获奖情况	时间
511	侧向分型瓶盖模具	四川省宜宾普什模具有限公司	实用新型专利	2010年
512	模座块速定位装置	山东潍坊福田模具有限责任公司	实用新型专利	2010年
513	消失模用自动调节倒角器	山东潍坊福田模具有限责任公司	实用新型专利	2010年
514	模具用翻孔或翻边传动机构	山东潍坊福田模具有限责任公司	实用新型专利	2010年
515	冲压模具用工件弹顶装置	山东潍坊福田模具有限责任公司	实用新型专利	2010年
516	梁类落冲模导向式快换装置	山东潍坊福田模具有限责任公司	实用新型专利	2010年
517	浮动凸模快换装置	山东潍坊福田模具有限责任公司	实用新型专利	2010年
518	一种模具进料口安全保护装置	宁波震裕模具有限公司	实用新型专利	2010年
519	一种多工位精密级进模自动导料装置	宁波震裕模具有限公司	实用新型专利	2010年
520	一种多工位级进模的电机冲片排出废料装置	宁波震裕模具有限公司	实用新型专利	2010年
521	无胶囊二段式轮胎定型鼓	揭阳市天阳模具有限公司	实用新型专利	2010年
522	汽车尾灯灯罩模具倒扣脱模机构	浙江伟基模业有限公司	实用新型专利	2010年
523	汽车反射镜壳模具滑块二次抽芯机构	浙江伟基模业有限公司	实用新型专利	2010年
524	汽车前大灯装饰杠模具直顶块抽芯机构	浙江伟基模业有限公司	实用新型专利	2010年
525	汽车前大灯底座模具斜导柱二次抽芯机构	浙江伟基模业有限公司	实用新型专利	2010年
526	汽车前大灯灯罩双色二次注塑成型模具	浙江伟基模业有限公司	实用新型专利	2010年
527	汽车前大灯模具倒扣二次同步抽芯机构	浙江伟基模业有限公司	实用新型专利	2010年
528	汽车灯罩注塑模具斜顶脱模机构	浙江伟基模业有限公司	实用新型专利	2010年
529	组合式数控冲床小工位模具冲头	广州市启泰模具工业有限公司	实用新型专利	2010年
530	一种级进落料出件的自动出料机构	亿森(上海)模具有限公司、上海华庄模具有限公司、上海科森汽车零部件有限公司	实用新型专利	2010年
531	一种双向自动出料机构	亿森(上海)模具有限公司、上海华庄模具有限公司、上海科森汽车零部件有限公司	实用新型专利	2010年
532	一种级进模中实现在制品上压螺母的结构	亿森(上海)模具有限公司、上海华庄模具有限公司、上海科森汽车零部件有限公司	实用新型专利	2010年
533	一种级进落料模排料传送机构	亿森(上海)模具有限公司、上海华庄模具有限公司、上海科森汽车零部件有限公司	实用新型专利	2010年
534	一种冲压模生产共用压力机的组合结构	亿森(上海)模具有限公司、上海华庄模具有限公司、上海科森汽车零部件有限公司	实用新型专利	2010年
535	一种非垂直向上翻孔、翻边凹模活动斜楔退料结构	亿森(上海)模具有限公司、上海华庄模具有限公司、上海科森汽车零部件有限公司	实用新型专利	2010年
536	一种拉延类模具旋转压料定位装置	瑞鹄汽车模具有限公司	实用新型专利	2010年
537	冲压模具的压芯导向驱动斜楔	瑞鹄汽车模具有限公司	实用新型专利	2010年
538	带有后模板长度和侧板、输送小车宽度调整机构的发泡模架	安徽鲲鹏装备模具制造有限公司	实用新型专利	2010年
539	一种带有气体导入装置的双料复合真空成型模具	胡德云	实用新型专利	2010年
540	保险丝插座上盖模具的脱模机构	台州市黄岩双盛塑模有限公司	实用新型专利	2010年

（续）

序号	项目名称	主要完成单位	成果水平及获奖情况	时间
541	SMC发动机进气盖模具侧壁预埋件的后打入机构	台州市黄岩双盛塑模有限公司	实用新型专利	2010年
542	一种用于橡胶模具电火花成型加工的电极模具	安徽宁国中鼎模具制造有限公司	实用新型专利	2010年
543	一种衬套注射模具	安徽宁国中鼎模具制造有限公司	实用新型专利	2010年
544	一种圆柱密封圈注射模具	安徽宁国中鼎模具制造有限公司	实用新型专利	2010年
545	一种改进的密封圈模具	安徽宁国中鼎模具制造有限公司	实用新型专利	2010年
546	一种新型导向销防尘罩模具	安徽宁国中鼎模具制造有限公司	实用新型专利	2010年
547	一种真空动力器用皮膜成型模具	安徽宁国中鼎模具制造有限公司	实用新型专利	2010年
548	一种具有可翻转式模芯结构的橡胶模具	安徽宁国中鼎模具制造有限公司	实用新型专利	2010年
549	注塑模具的直插式冷却插管	宁海县大鹏模具塑料有限公司	实用新型专利	2010年
550	一种注塑模具的三开钩挂式开合模机构	宁海县大鹏模具塑料有限公司	实用新型专利	2010年
551	可提升的冰箱门体发泡夹具上模板结构	滁州市宏达模具制造有限公司	实用新型专利	2010年
552	吸塑模胆边可调切刀	滁州市宏达模具制造有限公司	实用新型专利	2010年
553	铝合金花纹圈低压铸造外模结构	合肥大道模具有限责任公司	实用新型专利	2010年
554	子午线轮胎模具名铝合金花纹中自紧式钢片	合肥大道模具有限责任公司	实用新型专利	2010年
555	铝合金金属型铸造模具的冷却装置	宁波强盛机械模具有限公司	实用新型专利	2010年
556	铝合金缸盖重力浇铸模	宁波强盛机械模具有限公司	实用新型专利	2010年
557	一种具有内冷却装置的压花辊	洛阳市建园模具制造有限公司	实用新型专利	2010年
558	一种防脱安全铰链	洛阳市建园模具制造有限公司	实用新型专利	2010年
559	一种自锁安全铰链	洛阳市建园模具制造有限公司	实用新型专利	2010年
560	一种挤出机的物料分配装置	连云港杰瑞模具技术有限公司	实用新型专利	2010年
561	一种机械涨轴	连云港杰瑞模具技术有限公司	实用新型专利	2010年
562	一种塑料挤出料斗强制加料装置	连云港杰瑞模具技术有限公司	实用新型专利	2010年
563	注塑模具的自动顶出脱落制品装置	宁波跃飞模具有限公司	实用新型专利	2010年
564	注塑模具的自动拉料断料顶杆装置	宁波跃飞模具有限公司	实用新型专利	2010年
565	一种注塑模具的简易二次顶出机构	宁波跃飞模具有限公司	实用新型专利	2010年
566	大尺寸精密V形折弯可调机构	安徽联盟模具工业股份有限公司	实用新型专利	2010年
567	注塑模CAE软件V1.0	群达模具（深圳）有限公司	计算机软件著作权	2010年
568	模具标准件自动卡片编制系统	哈尔滨哈飞模具股份有限公司	计算机软件著作权	2010年
569	SAP辅助管理系统软件V1.0	昆山荣腾模具部品制造有限公司	计算机软件著作权	2010年
570	注塑、冲压及结构CAE技术服务平台软件（简称：PSSCAEPlatform）V1.0	上海模具技术研究所有限公司、宁波远东制模有限公司	计算机软件著作权	2010年
571	注塑模具CAE技术服务平台软件（简称：PIMCAEPlatform）V1.0	上海模具技术研究所有限公司、宁波远东制模有限公司	计算机软件著作权	2010年
572	装备模具制造业生产管理软件V1.0	安徽鲲鹏装备模具制造有限公司	计算机软件著作权	2010年
573	江淮福臻车体部件高精度数据采集检测软件V1.0	安徽江淮福臻车体装备有限公司	计算机软件著作权	2010年
574	UG辅助盲孔批量标注软件	深圳市银宝山新科技股份有限公司	计算机软件著作权	2010年
575	UG辅助模具采购订料软件	深圳市银宝山新科技股份有限公司	计算机软件著作权	2010年
576	复合型换热器翅片精密连续模	无锡国盛精密模具有限公司	中国机械工业科学技术奖二等奖	2011年
577	汽车内饰件模内层压成套技术研究与产业化应用	群达模具（深圳）有限公司、华中科技大学	中国机械工业科学技术奖二等奖	2011年
578	超高速精密级进冲模	昆山嘉华电子有限公司	中国机械工业科学技术奖二等奖	2011年

（续）

序号	项 目 名 称	主要完成单位	成果水平及获奖情况	时间
579	低压一体注塑模具研制开发	青岛海尔模具有限公司	中国机械工业科学技术奖三等奖	2011 年
580	巨型工程车子午线轮胎系列活络模	广东巨轮模具股份有限公司	中国机械工业科学技术奖三等奖	2011 年
581	双料复合真空成型模具	安徽鲲鹏装备模具制造有限公司、合肥工业大学、中国扬子集团滁州扬子模具制造有限公司、滁州市扬子江有色金属铸造有限公司	中国机械工业科学技术奖三等奖	2011 年
582	大规模集成电路引线框架精密级进模	浙江华锦微电子有限公司	中国机械工业科学技术奖三等奖	2011 年
583	基于数字化制造技术的汽车整车匹配主模型研制及应用	上海申模模具制造有限公司、上海交通大学、上海模具技术研究所有限公司	中国机械工业科学技术奖三等奖	2011 年
584	精密波纹片一次成型冲压模具	昆山荣腾模具部品制造有限公司	昆山市科技进步奖二等奖	2011 年
585	注塑模具进料脱模关键技术在注塑模具制造中的应用	宁波跃飞模具有限公司	宁海县科技进步奖三等奖	2011 年
586	大型精密子午线轮胎组合胶囊模具	南通通轮模具有限公司	国家重点新产品	2011 年
587	1.8TS 发动机缸体铸造模具	宁波合力模具科技股份有限公司	国家重点新产品	2011 年
588	高精密大型双料复合真空成型模具	安徽鲲鹏装备模具制造有限公司	国家重点新产品	2011 年
589	C 级轿车覆盖件模具	瑞鹊汽车模具有限公司	国家重点新产品	2011 年
590	大型双色高光无痕注塑模具	东莞康佳模具塑胶有限公司	国家重点新产品	2011 年
591	高性能聚合物复合材料的陶瓷砖模具	佛山市石湾陶瓷工业研究所有限公司	国家重点新产品	2011 年
592	大型精密 V 开口自动可调下模	安徽联盟模具工业股份有限公司	安徽省新产品	2011 年
593	精密机械特种加工工艺技术研究与应用	成都敏捷制造工程有限公司	国内领先	2011 年
594	注塑模复合斜顶脱模机构	宁波舜宇模具有限公司	发明专利	2011 年
595	钢带增强聚乙烯螺旋波纹管连接部件的成型装置	湖北鄂丰模具有限公司	发明专利	2011 年
596	汽车保险杠注塑模内斜滑块脱模机构	浙江凯华模具有限公司	发明专利	2011 年
597	汽车水槽上、下倒扣双滑块脱模机构	浙江凯华模具有限公司	发明专利	2011 年
598	汽车保险杠注塑模外拉脱模机构	浙江凯华模具有限公司	发明专利	2011 年
599	压合模双动压合机构	山东潍坊福田模具有限责任公司	发明专利	2011 年
600	压合模链式双动压合机构	山东潍坊福田模具有限责任公司	发明专利	2011 年
601	万向节保持架的方孔加工装置	浙江金特模具有限公司	发明专利	2011 年
602	电机定子铁芯圆点叠铆模具	江苏泽恩汽机车部品制造有限公司	发明专利	2011 年
603	带活动拉延筋的高强度板过拉延模	浙江黄岩冲模厂	发明专利	2011 年
604	一种使模具翻转的装置	深圳市平进股份有限公司	发明专利	2011 年
605	快速内螺纹旋脱注塑模具	湖北鄂丰模具有限公司	实用新型专利	2011 年
606	U 形管件注塑模具	湖北鄂丰模具有限公司	实用新型专利	2011 年
607	内胀式抽芯模具	湖北鄂丰模具有限公司	实用新型专利	2011 年
608	大脱模角反向顶出斜顶脱模导向机构	宁波舜宇模具有限公司	实用新型专利	2011 年
609	大脱模角反向顶针机构	宁波舜宇模具有限公司	实用新型专利	2011 年
610	防废料堵塞五金冲压模具	深圳亿和模具制造有限公司	实用新型专利	2011 年
611	模具浇口套	宁波旭升机械有限公司	实用新型专利	2011 年
612	快速定位机构	昆山市三景精密模具有限公司	实用新型专利	2011 年
613	PE 材料注塑模具分层进料机构	台州市黄岩炜大塑料机械有限公司	实用新型专利	2011 年
614	半圆形弯头模具脱模机构	台州市黄岩炜大塑料机械有限公司	实用新型专利	2011 年
615	PE 管件模具钢骨架模腔内定位机构	台州市黄岩炜大塑料机械有限公司	实用新型专利	2011 年
616	分体式 PE 管件模具模腔	台州市黄岩炜大塑料机械有限公司	实用新型专利	2011 年

（续）

序号	项 目 名 称	主要完成单位	成果水平及获奖情况	时间
617	四通扩口管接头模具脱模机构	台州市黄岩炜大塑料机械有限公司	实用新型专利	2011年
618	口模夹具、具有新型排气装置的玻璃模具	常熟市精工模具制造有限公司	实用新型专利	2011年
619	一种自动冲压线扇形模具	湘潭电机力源模具有限公司	实用新型专利	2011年
620	注塑机组合一体式锁模连杆	浙江德玛克机械有限公司	实用新型专利	2011年
621	注塑机脱坯检测机构	浙江德玛克机械有限公司	实用新型专利	2011年
622	具有新型排气装置的玻璃模具	常熟市精工模具制造有限公司	实用新型专利	2011年
623	一种折弯机用的挠度补偿装置	安徽力源数控刃模具制造有限公司	实用新型专利	2011年
624	一种折弯机的斜楔式挠度补偿装置	安徽力源数控刃模具制造有限公司	实用新型专利	2011年
625	一种防压线模具零件崩裂装置	昆山申凌精密金属工业有限公司	实用新型专利	2011年
626	一种翻盖手机转轴孔的加工模具	深圳市东方亮彩精密技术有限公司	实用新型专利	2011年

第十二届中国国际模具技术和设备展览会“精模奖”评定结果

在第十二届中国国际模具技术和设备展览会上，45个模具项目及模具标准件项目获得“精模奖”一等奖，50个模具项目及模具标准件项目获得“精模奖”二等奖，67个模具项目及模具标准件项目获得“精模奖”三等奖。

序号	制 造 单 位	项 目 名 称
一等奖		
1	南京长江电子模具有限公司	D198吊扇电机硬质合金叠装模具
2	佛山市科尔技术发展有限公司	电热水壶大身注塑模具
3	上海申模模具制造有限公司	功能主模型(Cubing)
4	浙江省慈溪市鸿达电机模具制造中心	108×108电机定子铁心大回转自动叠铆双列级进模具
5	广州市型腔模具制造有限公司	汽车缸体压铸模具、汽车离合器壳体压铸模具
6	天津东明电子工业有限公司	汽车保险盒模具
7	黄骅忠义精工模具有限公司	本田通信电子回路、手机接插件模具
8	台州市黄岩金塑模具有限公司	大弧度三通模具
9	广东巨轮模具股份有限公司	注射式汽车轮胎胶囊模具
10	湖北十堰先锋模具股份有限公司	转向节支架全序模具
11	东风模具冲压技术有限公司	侧围拉延模具
12	湖北鄂丰模具有限公司	管件叠层模具
13	天津国丰模具有限公司	翼子板(FENDER)模具
14	陶氏模具集团有限公司	宜家椅子模具
15	浙江嘉仁模具有限公司	C307汽车后保险杠注塑模具
16	铜陵市耐科科技有限公司	宽幅塑料中空格子板材成型模具
17	慈溪市观海卫镇龙海模具厂	裁床垫注塑模具
18	四川华丰企业集团有限公司	十六位基座热流道注塑模具
19	贝隆精密模具有限公司	6301A－706壳体模具
20	余姚市华迪模具制造有限公司	A13汽车燃油箱模具
21	宁波合力模具科技股份有限公司	KV6发动机铝缸体低压组芯铸造模具

（续）

序号	制造单位	项目名称
22	四川省宜宾普什模具有限公司	48 腔 3025 水盖模具
23	上海超日精密模具有限公司	起泡器组件注塑模具
24	广东星联精密机械有限公司	一出 72 腔瓶坯模具
25	厦门驰杰模具工业有限公司	方形底座模具
26	厦门耐得模具制造有限公司	磁悬浮长定子封装模具
27	厦门海盛模具有限公司	52in 平板电视外壳注塑模具
28	厦门威迪亚精密模具塑胶有限公司	马桶盖板模具
29	烟台泰利汽车模具制造有限公司	控制臂下体多工位联合安装模具
30	北京康迪普瑞模具技术有限公司	多排系列(24 列)引线框架级进模具(SOT－23B6/D6)
31	四川长虹模塑科技有限公司	面板冷热模具
32	厦门精卫模具有限公司	节能灯下壳双层注塑模具
33	北京莱比德精密模具有限责任公司	牙科治疗机用光纤针头座模具
34	浙江赛豪有限公司	D186－L 前大灯罩模具
35	天津市津兆机电开发有限公司	现代汽车摇窗机 GUIDE RALL 级进模具
36	重庆市明远橡塑模具有限公司	CF418 塑料进气歧管模具
37	峰川模具(东莞)有限公司	步进模具 T07－0436
38	滁州市宏达模具制造有限公司	冰箱箱体发泡模具
39	一汽模具制造有限公司	不等料厚前围纵梁拉延模具
40	青岛海信模具有限公司	高光无熔痕注塑模具
41	湖北兴升科技发展有限公司	氮气弹簧
42	武汉东风科尔模具标准件有限公司	斜楔
43	北京永茂机电科技有限公司	北京永茂旋转斜楔
44	盘起工业(大连)有限公司	盒式反向斜楔机构
二等奖		
1	广州市型腔模具制造有限公司	汽车变速器前壳压铸模具
2	东风模具冲压技术有限公司	翼子板拉延模具
3	浙江嘉仁模具有限公司	LA－1210－2 托盘注塑模具
4	四川华丰企业集团有限公司	多接触点小间距簧片连续成形模具
5	贝隆精密模具有限公司	6301A－705 群筒注塑模具
6	宁波合力模具科技股份有限公司	JAC AT F460 变速器壳体压铸模具(3550T)
7	盘起工业(大连)有限公司	冷锻凸凹模具
8	宁波广达制模有限公司	UNDER TRAY 注塑模具
9	泊头市兴达汽车模具制造厂	前翼子板拉延模具
10	深圳市银宝山新实业发展有限公司	前车门内板模具
11	南京三乐集团有限公司机械分厂	膜片弹簧级进模具
12	上海标准件模具厂	SBM 内六角冲针模具
13	浙江模具厂	哈飞 9 右侧围内饰板模具
14	宁波强盛机械模具有限公司	奇瑞 481A－1002015MA 汽缸体铸造模具
15	浙江凯华模具有限公司	大众汽车保险杠注塑模具
16	黄岩辉达塑料模具厂	带检 90°扩口弯头模具
17	昆山鑫泰利精密模具有限公司	135950 模具(汽车电器端子)
18	浙江伟基模业有限公司	V08 后尾灯灯罩三色注塑模具
19	河北金环模具有限公司	轿车行李箱外板斜楔翻孔模具
20	宁波久腾车灯电器有限公司	轿车安全气囊防护系统气囊盖模具

（续）

序号	制造单位	项目名称
21	广东省佛山市南海区粤诚五金塑料模具有限公司	输液调节器F精密注塑模具
22	台州精超力模塑有限公司	FORD前格栅注塑模具
23	宁波美灵塑模制造有限公司	60in背投后盖模具
24	宁波浩普模具有限公司	水表座模具
25	宁波远东制模有限公司	D162汽车仪表板骨架注塑模具
26	宁波杰士达工程塑模有限公司	120－02面壳包胶模具
27	宁波神通模塑有限公司	一汽海马进气歧管下壳体模具
28	宁波舜宇模具有限公司	M070108宾利后视镜模具
29	天津轻工职业技术学院	汽车碳罐壳体注塑模具
30	成都宏明双新科技股份有限公司	连接器级进模具
31	瑞鹄汽车模具有限公司	S18－5701201顶盖(有/无天窗)翻边侧翻边模具
32	黄山三佳谊华精密机械有限公司	空调翅片高速精密级进模具
33	天津津荣天和机电有限公司	前盖注塑模具
34	宁波市北仑模具压铸有限公司	2V80箱体模具
35	浙江金典模具有限公司	奥迪A6L后视镜模具
36	浙江荣信模具塑料有限公司	1411田字形塑料托盘模具
37	北汽福田汽车股份有限公司潍坊模具厂	左/右翼子板侧翻边侧整形侧冲孔模具
38	宁海县第一注塑模具有限公司	大型卡车挡泥板铝合金注塑模具
39	厦门市捷昕精密科技有限公司	SSOP－16集成电路引线框架模具
40	宁波跃飞模具有限公司	汽车挡泥板(后保险板)大型精密注塑模具
41	浙江来福模具有限公司	带保护套锻打铝合金轿车轮胎活络模具
42	浙江黄岩美多模具厂	右前门护板下部护板模具
43	浙江黄岩纪元模具有限公司	365＋食品盒上盖模具
44	亿森(上海)模具有限公司	侧翻边整形侧冲孔模具
45	天津兆上模具部品有限公司	双动揣手斜楔
46	北京世茂机电科技有限公司	双动斜楔机构
47	杭州萧山精密模具标准件厂	高精度水晶模架系列
48	天津众鑫模具标准件有限公司	双动折边机构
49	北京派腾模具有限公司	卸料组件
50	西安101模具标准件研究所	数控冲床用凸凹模具
三等奖		
1	台州市黄岩金塑模具有限公司	内螺纹旋转模具
2	湖北十堰先锋模具股份有限公司	前挡板上板斜楔修边冲孔模具
3	铜陵市耐科科技有限公司	新型PVC低密度发泡材料挤出模具
4	四川省宜宾普什模具有限公司	连续精密落料模具
5	厦门精卫模具有限公司	高速路全角度反射突起路标座压铸模具
6	北京莱比德精密模具有限责任公司	汽车管路支架双色模具
7	浙江赛豪有限公司	D157－L后灯灯罩双色模具
8	天津市津兆机电开发有限公司	丰田卡罗拉HINGE,RR SEATBACK级进模具
9	泊头市兴达汽车模具制造厂	整体侧围外板拉延模具
10	深圳市银宝山新实业发展有限公司	后车门内板模具
11	浙江模具厂	骏捷发动机上仓盖模具
12	宁波强盛机械模具有限公司	奇瑞汽车473H—10003015MA缸盖模具
13	浙江凯华模具有限公司	雷诺汽车装饰条注塑模具

（续）

序号	制 造 单 位	项 目 名 称
14	黄岩辉达塑料模具厂	一模双腔内丝洁具弯头模具
15	台州精超力模塑有限公司	奔驰汽车保险杠前格栅注塑模具
16	宁波美灵塑模制造有限公司	60in 背投音箱面板模具
17	宁波浩普模具有限公司	水密封盖模具
18	宁波远东制模有限公司	BITO XL64220 周转箱模具
19	宁波舜宇模具有限公司	M070148 打孔机上盖注塑模具
20	天津轻工职业技术学院	电器插座芯盖注塑模具
21	黄山三佳谊华精密机械有限公司	整体穿管式空调翅片高速精密级进模具
22	浙江黄岩纪元模具有限公司	MOLD－Y 内拉手盖板模具
23	杭州萧山精密模具标准件厂	高性能四导柱电机模架系列
24	河北兴林车身制造集团有限公司	发动机盖外板旋转斜楔、双滑块侧翻边冲孔复合模具，53213/4－398L 多工位自动化冲压模具
25	宁波中誉模具有限公司	赛车变速箱下箱体压铸模具
26	浙江黄岩冲模厂	汽车横梁多工位级进模具
27	深圳市生辉精密模具五金有限公司	35 型气箱盖一出一件十五工位级进模具
28	台州正立塑模制造有限公司	管夹子（双色）注塑模具
29	宁波市北仑赛维达机械有限公司	汽车滤清器模具
30	浙江黄岩亿力模具有限公司	YL75 吸尘器中框注塑模具
31	洛阳卫创轴承模具有限公司	改进型滚子冷镦组合下模具
32	宁波市北仑大兴模具有限公司	清洗设备电机壳体压铸模具
33	浙江黄岩永宁塑料模具有限公司	TV 29in 彩电前框注塑模具、制氧机 A 前、后盖注塑模具
34	余姚市通运重型模具制造有限公司	澳大利亚园艺用花瓶注塑模具
35	余姚市恒利塑胶钢模有限公司	汽车中程壳体注塑模具
36	余姚市鼎鑫模塑有限公司	车体注塑模具、净化过滤器连接管注塑模具
37	宁波锦隆电器有限公司	C4001 吸尘器过滤网模具、Reflector bracket 模具
38	余姚市同创万和模具科技有限公司	灯罩模具、地板刷模具
39	余姚市金球塑料模具有限公司	24 腔热流道防盗盖模具、4 腔异形翻盖模具
40	河北省泊头市京泊汽车模具有限责任公司	左右 B 柱加强板拉延模具
41	宁波凯利机械模具有限公司	HIC 涡轮增压器叶轮机精铸模具
42	上海黄燕模塑工程有限公司	汽车座椅下装饰件注塑模具
43	厦门市欣成业工贸有限公司	G096 基座模具
44	宁波勋辉电器有限公司	镁合金齿轮箱压铸模具
45	宁波臻至机械模具有限公司	发电机空调压缩机中支架模具、83C 电油泵模具
46	广东圣都模具股份有限公司	雷诺汽车模具（前风格栅）
47	宁波盛技机械有限公司	通用汽车温控阀体模具
48	厦门市特克模具工业有限公司	HDDF 引线框架模具
49	长城汽车模具中心	下摆臂工艺及模具，翼子板侧翻边、侧整形模具
50	重庆长安汽车模具有限公司	车门外板拉延模具
51	浙江华锦微电子有限公司	大规模集成电路引线框架多工位级进模具 PQFP64 210×210 双列
52	浙江亨达塑料模具有限公司	新捷达－镜壳模具
53	宁波双林模具有限公司	塑料蜗杆模具
54	广州经济技术开发区黄海精密模具有限公司	FEIP10.15 磁芯压粉（锰锌类磁铁）模具
55	镇江船山模架厂	冷挤压四导柱模架
56	河北三达模具标准件有限公司	斜楔机构（OSV 30A）

（续）

序号	制造单位	项目名称
57	浙江亚轮塑料模架有限公司	电机转子模模架
58	深圳市乐华行模具有限公司	十字导柱
59	东莞市新纪元精密模具有限公司	模架用滚珠导向组件

第十三届中国国际模具技术和设备展览会“精模奖”评定结果

在第十三届中国国际模具技术和设备展览会上，55个模具项目及模具标准件项目获得“精模奖”一等奖，64个模具项目及模具标准件项目获得“精模奖”二等奖，62个模具项目及模具标准件项目获得“精模奖”三等奖。

序号	制造单位	项目名称
一等奖		
1	安徽鲲鹏装备模具制造有限公司	双料复合真空成型模具
2	安徽迈吉尔模具有限公司（原宁国市华龙工贸有限公司）	高工效液压机模一体式巨型轮胎模具
3	北京东明兴业科技有限公司	超薄注塑模具
4	北京永茂机电科技有限公司	高精度下置式斜楔
5	贝隆精密模具有限公司	测距仪主体注塑模具
6	长沙市金镂实业有限公司	冰箱箱体发泡膨胀模具
7	常州市展翔精密模具厂	ϕ95空调电机定转子铁心三拼式套冲级进模具
8	滁州市经纬模具制造有限公司	膨胀式发泡模具
9	东风模具冲压技术有限公司	侧围斜楔整形斜楔冲孔模具
10	福建信息职业技术学院	汽车电器开关插座组件冲压注射组合模具
11	广东巨轮模具股份有限公司	大型工程车轮胎翻新模具
12	广州市型腔模具制造有限公司	康明斯大齿轮室压铸模具
13	黄山三佳谊华精密机械有限公司	空调翅片高速精密级进模具（ϕ9.9×12列×1步进）
14	黄岩星泰塑料模具有限公司	前除霜隔栅注塑模具
15	昆山超日精密模具有限公司	起泡器组件注塑模具
16	宁波北仑辉旺铸模实业有限公司	汽车发动机V6缸体压铸模具
17	宁波方正汽车模具有限公司	全球同步开发高档汽车油箱蝶形吹塑模具
18	宁波合力模具科技股份有限公司	1.8T发动机缸体铸造模具
19	宁波横河模具有限公司	RS3630200钉仓注塑模具
20	宁波鸿达电机模具有限公司	880mm×880mm大型精密拼块复合冲压模具
21	宁波锦隆电器有限公司	台盆注塑模具
22	宁波神通模塑有限公司	T73前围进气格栅本体（双色注塑模具）
23	宁波舜宇模具有限公司	AudiC7饰条注塑模具
24	宁海县第一注塑模具有限公司	W23汽车格栅注塑模具
25	盘起工业（大连）有限公司	PUCNBK斜楔机构
26	青岛海尔模具有限公司	叠层注塑模具（5kg全自动洗衣机外桶盖）
27	青岛海信模具有限公司	大型双色高光无熔痕注塑模具
28	山东豪迈机械科技股份有限公司	巨型轮胎活络橡胶模具

（续）

序号	制造单位	项目名称
29	上海威虹模塑制造有限公司	Housing of sealing 油箱盖注塑模具
30	深圳市昌红模具科技股份有限公司	一模十六穴墨盒注塑模具
31	深圳亿和模具制造有限公司	纵列式注塑模具(TandemMould)
32	深圳银宝山新科技股份有限公司	椅子注塑模具
33	四川长虹模塑科技有限公司	平板底座双色注塑模具
34	四川成飞集成科技股份有限公司	行李箱盖内板侧修边冲孔模具
35	四川省宜宾普什模具有限公司	32 腔 PC01881 含气盖注塑模具
36	陶氏模具集团有限公司	英国路虎汽车后保险杠注塑模具
37	天津国丰模具有限公司	翼子板注塑模具
38	天津津荣天和机电有限公司	MIM 胃镜钳头注塑模具
39	天津轻工职业技术学院	110850－1GII120 燃油蒸发控制净化器注塑模具
40	天津众鑫模具标准件有限公司	双驱动双滑轨复合折边机构
41	唯科(厦门)精密塑胶模具有限公司	汽车方向盘安全气囊注塑模具
42	厦门海盛模具有限公司	LC－40X70 前机壳注塑模具
43	厦门捷信达模具塑胶有限公司	氮气辅助成型热流道汽车后视镜注塑模具
44	厦门精卫模具有限公司	医疗用品毛刷注塑模具
45	厦门市驰杰模具工业有限公司	飞机座椅真空复材模具
46	厦门市捷昕精密科技有限公司	TS003 精密弹片级进模具
47	厦门市特克模具工业有限公司	LQFP48L 引线框架级进冲压模具
48	厦门威迪亚精密模具塑胶有限公司	卫浴陶瓷成型模具
49	烟台泰利汽车模具制造有限公司	Z655021W－55024W 高温镍基合金板拉延模具
50	浙江航宇模具有限公司	HY－V3 座椅本体注塑模具
51	浙江华锦微电子有限公司	集成电路引线框架模具
52	浙江黄岩美多模具厂	高音喇叭罩注塑模具
53	浙江嘉仁模具有限公司	YC5 后保险杠本体注塑模具
54	浙江凯华模具有限公司	FIATBRAVO 水槽注塑模具
55	浙江赛豪实业有限公司	D279 格栅注塑模具
二等奖		
1	贝隆精密模具有限公司	光学变焦部件镜筒注塑模具
2	东风模具冲压技术有限公司	前门外板翻边斜楔翻边模具
3	广州市型腔模具制造有限公司	汽车下缸体压铸模具
4	宁波北仑辉旺铸模实业有限公司	汽车 AT 自动挡变速器壳体压铸模具
5	宁波合力模具科技股份有限公司	X23HD 自动变速器壳体模具
6	宁波横河模具有限公司	地板吸头刷子支架注塑模具
7	宁波舜宇模具有限公司	密封圈注塑模具、汽车挂钩底座注塑模具
8	深圳银宝山新科技股份有限公司	汽车安全气囊盖注塑模具
9	四川省宜宾普什模具有限公司	48 腔 28mm 含气盖注塑模具
10	天津轻工职业技术学院	汽车碳罐壳体 1104850－1GI82 注塑模具
11	厦门精卫模具有限公司	花洒头双色注塑模具
12	浙江黄岩美多模具厂	中部上面板注塑模具
13	浙江凯华模具有限公司	沃尔沃卡车外板玻璃钢模具
14	浙江赛豪实业有限公司	D223－L/B 高位刹车灯注塑模具
15	安徽联盟模具工业股份有限公司	大型精密数控可调式折弯模具
16	北京康迪普瑞模具技术有限公司	大型电机定转子复合模具(450)

（续）

序号	制 造 单 位	项 目 名 称
17	北京莱比德精密模具有限责任公司、北京电子科技职业学院	牙科针管的全自动生产注塑模具
18	滨海模塑集团有限公司	CN100 仪表板本体注塑模具
19	成都宏明双新科技股份有限公司	盘形螺旋棘轮注塑模具
20	慈溪市观海卫镇龙海模具厂	PLS 过滤器注塑模具
21	广东圣都模具股份有限公司	汽车挡泥板注塑模具
22	杭州合立机械有限公司	4114 缸体模具
23	杭州萧山精密模具标准件厂	高精度粘结磁模具模架、加工水晶模具
24	河北三达模具标准件有限公司	翻边机构
25	湖北十堰先锋模具股份有限公司	左右前纵梁全序模具
26	揭阳市天阳模具有限公司	子午线轮胎活络模具（花纹扇形块）
27	昆山汇美塑胶模具工业有限公司	高速纸币智能分拣机支架注塑模具
28	宁波美灵塑模制造有限公司	72in 背投电视后盖注塑模具
29	宁波双林模具有限公司	储油桶注塑模具
30	宁波鑫达模具制造有限公司	X90 转向器壳体压铸模具
31	宁波远东制模有限公司	SGM308 汽车前右门板注塑模具
32	宁波跃飞模具有限公司	汽车发动机装配支架大型精密塑料注射模具
33	青岛英联精密模具有限公司	Y190 仪表板注塑模具
34	群达模具（深圳）有限公司	汽车通风器罩双色注塑模具
35	瑞鹄汽车模具有限公司	S18D 项目 S18D－5401031 翻边侧翻边修边冲孔侧冲孔模具
36	山东潍坊福田模具有限公司	左右前车门外板压合模具
37	山东小鸭模具有限公司	轮辐一次冲风孔模具
38	上海赛科利汽车模具技术应用有限公司	E10 前盖锁扣加强件多工位级进模具
39	深圳市泰能特模具技术有限公司	26in LED 塑胶中框注塑模具
40	沈阳锦达精密模具制造有限公司	嵌入式骨架成型注塑模具
41	沈阳钜恒模具制造有限公司	方向盘上盖注塑模具
42	台州精超力模塑有限公司	德国保时捷雾灯支架注塑模具
43	台州市黄岩炜大塑料机械有限公司	双内丝圆弧弯头全自动脱模塑料管件注塑模具、圆弧内弹式结构扩口抽芯平面四通塑料管件注塑模具
44	天津市津兆机电开发有限公司	汽车座椅 BACKREST 成型模具
45	铜陵三佳科技股份有限公司	网格式内腔门窗型材挤出模具
46	铜陵市耐科科技有限公司	木塑复合高速挤出模具
47	无锡微研有限公司	勺形双向旋转端子级进模具
48	武汉东风科尔模具标准件有限公司	北美斜楔
49	厦门华盛弘精密模具有限公司	10507－17，.28－快速接头注塑模具
50	厦门市超日精密模具有限公司	搅拌器底座注塑模具
51	余姚市鼎鑫模塑有限公司	智能控制盒支架注塑模具
52	余姚市华迪模具制造有限公司	电动工具手柄（双色）注塑模具
53	余姚市通运重型模具制造有限公司	油门壳体注塑模具
54	余姚市竺凌塑模有限公司	油壶翻盖注塑模具
55	浙江亨达塑料模具有限公司	B5 镜壳注塑模具
56	浙江黄岩冲模厂	超高强度车门防撞梁成形模具
57	浙江黄岩永宁塑料模具有限公司	LCD55 前框注塑模具
58	浙江金典模具有限公司	车灯光圈注塑模具
59	浙江伟基模业有限公司	铃木后尾灯配光镜双色精密注塑模具
60	浙江正立塑模有限公司	前围面罩（用于电动汽车引擎盖板）注塑模具
61	自贡大力精密导向件有限公司	钢球保持圈

（续）

序号	制造单位	项目名称
三等奖		
1	北京永茂机电科技有限公司	倾斜式旋转斜楔
2	黄山三佳谊华精密机械有限公司	空调翅片高速精密级进模具（$\phi 7.2 \times 60$ 列 $\times 22$ 步进）
3	黄岩星泰塑料模具有限公司	仪表板中部饰板骨架右件注塑模具
4	宁波方正汽车模具有限公司	汽车内饰件低压注塑模具
5	宁波锦隆电器有限公司	水表壳注塑模具
6	宁波舜宇模具有限公司	后视镜罩壳注塑模具、手套箱框注塑模具
7	盘起工业（大连）有限公司	双合金导板
8	深圳市昌红模具科技股份有限公司	多穴位高镜面试管注塑模具
9	深圳银宝山新科技股份有限公司	前保险杠注塑模具
10	四川省宜宾普什模具有限公司	48 腔 66gPET 瓶坯注塑模具、X73 项目顶盖模具
11	天津国丰模具有限公司	法国雷诺 L38Ve 后保险杠注塑模具、福特 T6 项目仪表板注塑模具
12	唯科（厦门）精密塑胶模具有限公司	割草机外壳注塑模具、汽车内饰面壳注塑模具
13	厦门捷信达模具塑胶有限公司	热流道汽车内把手注塑模具
14	厦门精卫模具有限公司	水管接头本体注塑模具
15	厦门市特克模具工业有限公司	TD－D－X 滑轨下盖模具
16	浙江航宇模具有限公司	HY－C100 前格栅注塑模具
17	浙江凯华模具有限公司	双层型腔医药瓶盖注塑模具
18	北京莱比德精密模具有限责任公司、北京电子科技职业学院	汽车门板音响面板注塑模具
19	滨海模塑集团有限公司	日本 ADJ“B 柱上”注塑模具
20	成都宏明双新科技股份有限公司	簧片多工位精密级进模具
21	河北三达模具标准件有限公司	旋转机构
22	湖北十堰先锋模具股份有限公司	前横梁上板全序模具
23	宁波美灵塑模制造有限公司	72in 背投电视前框注塑模具
24	宁波双林模具有限公司	汽车空调风门组件注塑模具
25	宁波远东制模有限公司	SGM618 汽车仪表板本体注塑模具
26	宁波跃飞模具有限公司	干衣机底座盖注塑模具
27	青岛英联精密模具有限公司	46in 电视机后壳注塑模具
28	瑞鹄汽车模具有限公司	Q21 车型 Q21－6301101 后背门压合模具
29	山东潍坊福田模具有限公司	发动机盖外板翻边整形侧翻边模具
30	台州精超力模塑有限公司	俄罗斯大众前保险杠注塑模具
31	铜陵三佳科技股份有限公司	集成电路自动封装模具
32	无锡微研有限公司	汽车安全件锁板级进模具
33	厦门华盛弘精密模具有限公司	2400.188－工程管类接头注塑模具
34	余姚市竺凌塑模有限公司	储物盒注塑模具
35	浙江黄岩永宁塑料模具有限公司	擦窗器手柄注塑模具
36	浙江正立塑模有限公司	后保险杠（用于汽车）注塑模具
37	安徽江淮福臻车体装备有限公司	侧围外板下段、后地板（5101301U8010）翻边模具，（71154/254－V7010）模具
38	安徽力源数控刃模具制造有限公司	高精度超长一体双折边模具
39	泊头市兴达汽车模具制造厂	右后纵梁拉延模具（CP21－P2A5101092－OP10）
40	滁州市科创模具制造有限公司	冰箱门壳端折弯模具
41	东莞市新纪元精密模具有限公司	铝合金滚珠套
42	合肥大道模具有限公司	低压铸造 AC7A 铝镁合金花纹圈子午线轮胎活络模具

（续）

序号	制造单位	项目名称
43	河北兴林车身制造集团有限公司	左右前门外板翻边侧翻边冲孔模具
44	昆山华星模具导向件有限公司	盾构机密封件橡胶模具
45	洛阳轴承(集团)工模具制造有限公司	球面滚子冷镦模具(冲压短粗球面滚子)
46	宁波臻至机械模具有限公司	发动机变速器中间壳体压铸模具
47	宁波中誉模具有限公司	离合器壳体压铸模具
48	山东寿光万龙模具制造有限公司	微面后侧围内板全序模具
49	深圳市乐华行模具有限公司	烧结铜套
50	沈阳金杯汽车模具制造有限公司	5301015/6－6/6 转角(左/右)侧整形、冲孔、侧冲孔模具
51	世纪机械(安徽)有限公司	重型锁定器级进模具、93173 钢背级进模具
52	苏州市大通精密模具制品厂	自润滑斜顶座
53	亿森(上海)模具有限公司	纵梁成形模具
54	余姚市宏硕模具制造有限公司	园林工具手柄注塑模具
55	浙江荣信模具塑料有限公司	精密复杂塑料物流箱注塑模具
56	镇江船山模架厂	粉末冶金模架

中国模具工业年鉴 2012

展会专栏

展会是模具工业的年度大事件，展会同期举办丰富的活动，是模具工业先进技术和产品的展示平台

行业概况及专文

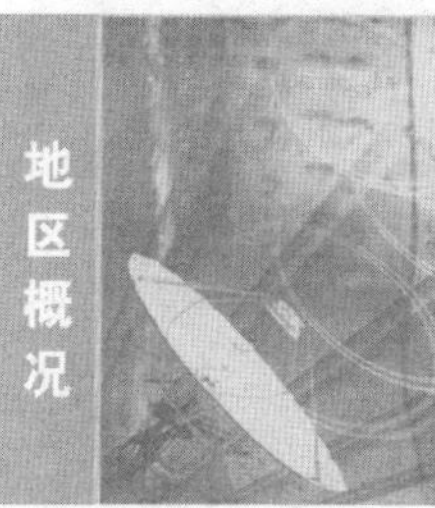

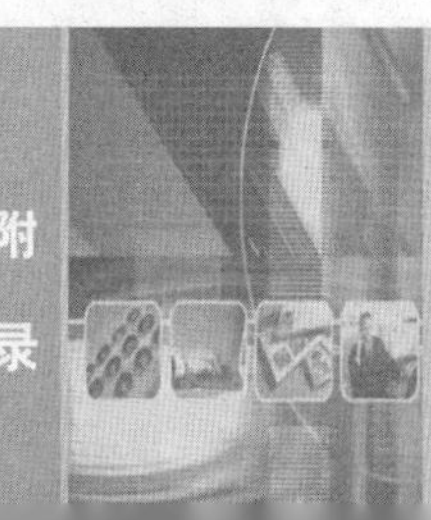

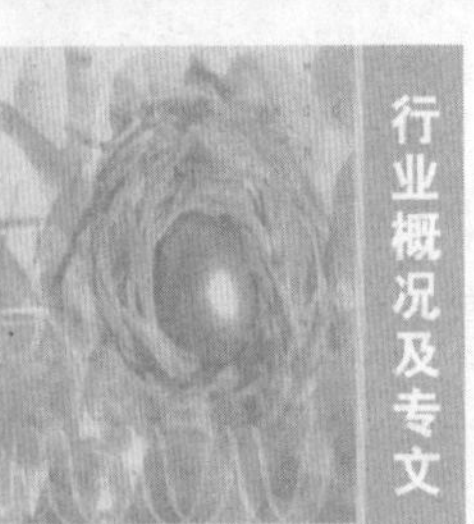

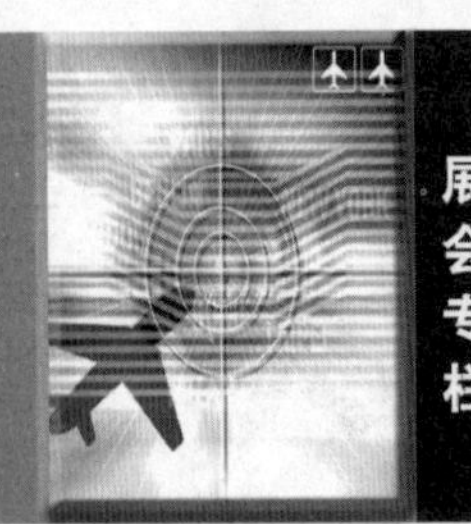

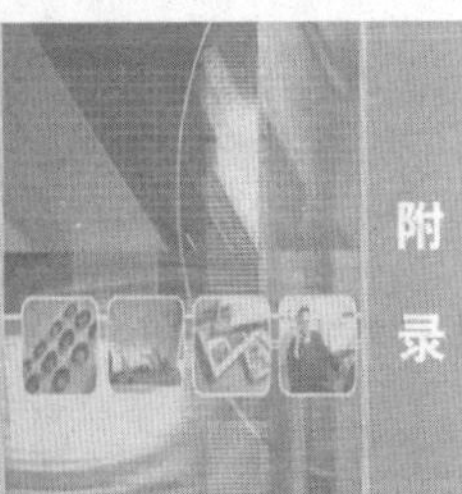

展会专栏

全面提升水平　沟通模具上下游产业

——中国国际模具技术和设备展览会与系列活动回顾

2008年以来,由中国模具工业协会和上海市国际展览有限公司共同主办的每逢公历双年5月在上海举办的中国国际模具技术和设备展览会(DMC国际模展)在展览规模、展品水平、国际化程度等方面已进入较成熟的时期,2008年第十二届、2010年十三届、2012年十四届中国国际模展均为7万m^2的展览规模,海外展商已占展商总数的1/3以上;观众持续在10万人次以上,海外观众来自41个国家,充分体现了展览会的国际性,是展示国内外模具精密制造技术的重要舞台,更是国内外同行开展交流和贸易活动的高层平台,已成为亚洲地区乃至全世界以模具为纽带的精密制造业的交流盛会。逢公历单年举办的中国国际模具、制造应用设备及相关工业展览会(DMC国际模展)以专题技术与展示为主,侧重开展技术信息交流和市场对接,国际参与度同样较高,吸引了近60个国家和地区的专业观众。

2011年恰逢"十二五"开局,我国模具行业继续向大型、精密、复杂、高效及更加经济的方向发展,技术含量将不断提高,模具制造周期不断缩短。模具制造继续向信息与集成化、数字与精细化、高速与自动化的方向发展。实现这些目标,必须依赖制造、研发与科学管理技术的进步。在继续向技术集成化、设备精良化、管理信息化方向发展的前提下,还要实现产品品牌化、研发先导化、经营国际化的发展模式,提供全套成型工艺解决方案来实现以提供成形技术为第二附带产品的模具产品新模式。国际模展作为行业重要交流活动的平台,注重对行业产业发展和技术水平提升的引导,注重对市场的开拓,在已有展览会现场展示交流的基础上,全面对接、沟通模具上下游产业的需求,使展览会真正起到助推行业技术进步、促进市场发展的作用。

一、展前积极开展行业对接交流活动

在展前积极努力开展"现代制造与模具报告会"系列活动,全面向模具下游的制造业介绍模具、精密制造装备以及与模具关联性极高的新技术、新材料、新工艺,将我国模具的制造能力、制造水平在制造业内广为宣传、展示,提高DMC国际模展的影响力。几年来与当地政府合作,在天津、芜湖、重庆、成都等地开展模具与制造行业的系列交流报告会,在宁波、深圳、浙江黄岩、苏州昆山等地介绍展览会重点新技术和高端装备,对接制造业上下游产业,引导企业赴沪采购、交流,使专业性、高端化的展览品牌得到进一步认可。

2012年3月13日,中国模具工业协会与四川省经济和信息化委员会在成都召开"现代制造技术与模具交流报告会",来自四川各地包括重装、模具、航空航天、机械制造等装备行业的企业领导和技术人员、院校专业教师等超过260人参会,绵阳市、达州市经济和信息化委员会相关领导带队前来,天津和重庆市模具工业协会组团参会,湖南和陕西的模具企业也响应参会。四川省经济和信息化委员会重装与机械处处长钟开华介绍了四川装备业的形势、重点产品以及近年发展目标,工信部装备司机械处处长刘涛强调了提高高端装备业比重的问题,也提到"十二五"期间国家将在"三基规划"实施方案的基础上,加大对三基产品的投入力度。中国模具工业协会秘书长武兵书综合报告了中国模具工业的全面发展情况,对比了切削加工和模具成形2011年的量化指标。在现代制造技术交流方面:瑞士GF阿奇夏米尔亚太区经理马艳娣介绍了该公司线切割的最新技术——油割技术以及双丝自动切换技术,在线测量集成技术在精密线切割中的应用,高速铣削加工的最新技术趋势;德国海德汉公司数控应用经理彭程阐述了先进的数字化控制技术在高效精密生产中的保障作用。在模具企业如何为下游制造业提供装备保障方面:天津汽车模具股份有限公司副董事长常世平强调模具企业不仅提供模具产品,更多的是提供系统工程服务,模具向上可延伸到产品开发,向下可提供模具生产制件的现场服务,模具企业应具有项目开发管理能力。昆山嘉华电子有限公司技术部主任殷黎明以"系统改进模具质量、量身打造产业化模具"为主题,将该公司的产品应用领域、模具质量指标、控制质量的方法以及量身打造产业化模具的具体做法进行了详尽的描述。会议达到了交流现代制造技术和质量控制技术、展示模具行业能力、提升企业综合能力、对接上下游产业的目的。

2012年3月21日,中国模具工业协会联合中国家用电器协会在上海召开"中国家电模具技术与市场分析研讨会"。随着"十二五"时期新一轮消费结构的快速升级和产品的大批量更新,家电和模具两大产业都迎来新的发展机遇。我国家电模具企业针对家电领域的新形势推出有针对性的塑料成型、高效模具,令家电企业耳目一新。

二、注重技术引导与市场开拓,展览会同期活动丰富多彩

展览会同期活动中,"2010模具设计制造新技术论坛"致力于模具技术的前瞻性,国家模具CAD工程研究中心主任阮雪榆院士、国家橡塑模具工程研究中心申长雨院士做

主题报告，知名学者、专家进行模具最新技术及发展趋势的演讲，开展高层研讨，使企业了解世界模具技术的最新动向。“2010模具检测学术交流会”上，11家院校及国内外知名企业诠释模具检测的应用技术。在“模具材料发展与模具新材料应用研讨会”上，上海大学的“我国模具钢生产水平及发展动态”、宝钢集团的“喷射成型冷作模具钢研究报告以及超细晶硬质合金发展现状”等报告使企业收益良多。同期还有润滑油品和YG—1切削工具发展及技术交流会等活动。

DMC2011国际模展开展了高效先进模具制造技术研讨、模具标准化研讨、模具检测新技术应用与检测案例分析、模具材料发展与模具新材料应用研讨会等相关产品的技术、解决方案案例的交流会。

2011年展览会期间举办的高效先进模具制造技术研讨会围绕“高效先进模具”行业热点展开，叠层注塑模具的研发，高光无熔痕模具新技术、新工艺，精密压铸模具技术，汽车内饰件模内层压工艺及数控注射成型加工技术、精密子午线轮胎活络模具技术、汽车内外饰件注塑模具设计制造技术案例分析等内容具有实战意义。中国模具工业协会车身模具及装备委员会以“偕同发展 · 共创未来”为主题，在德马吉(上海)机床有限公司成功举办“2011中德汽车模具制造技术高端发展论坛”、“DMG上海开放日”活动，以东风日产自动化线模具搬送条件的报告、神龙汽车的车身模具自动化等为内容开展模具技术与模具制件产品开发对话。DMC2011期间举行的2011模具标准化研讨会就国内外模具标准的研究现状及动态，我国模具标准体系研究，模具国家标准、行业标准申报条件及程序，企业标准的建设及企业标准升格为行业标准的进程，标准制定对企业技术进步的影响等方面展开研讨。

DMC2012展览会期间，瑞士先进制造金属、成型技术报告会以高速冲压精密模具加工及高速冲压模具冲压成形工艺优化方案、模具加工及精冲模具冲压成形工艺优化方案为主要内容。议题涉及加工工艺流程优化、高步距精度、尺寸精度、精细表面、高性能冲压工艺流程控制与提升效率，优化加工工艺流程、模具精度和寿命提升、经济性，超厚板冲压工艺控制与变形控制等。2012年模具检测新技术应用与检测案例分析会议关注模具制造业质量控制、测试、检测和测量以及产品设计逆向工程、反求技术、自动化生产等领域，从技术创新、发展观点、最新进展和应用案例的等方面进行分析和研讨。多腔、多色、多料模具与成型技术解析及特种模具材料询洽会同期举行，主题研讨如何延长金属锻压模具的寿命、高效模具新技术与提高成型效率。模具实用制造技术论坛以推广和应用柔性化、自动化、微型化、智能化与高速化模具技术为主题讨论。金属切削技术在航空航天上的应用也为模具企业开拓新市场深入研讨。

展览会也关注企业人才提升和人才培训工作。2011年举办的“模具人才与企业发展人才培训研讨会”上，使中国模具工业协会72家人才培训基地聆听了阮雪榆院士“模具成型技术发展趋势与人才培养”的报告，以及大连相关学院的“日韩模具人才的培养体系与中日韩大学生模具大赛”的报告。2012年DMC举办的师资德国培训研讨也将给中国模具工业协会80多家培训基地的老师带来新体验。

为体现行业引领作用，每年在展览会同期举办的中国模具工业协会会员代表大会、理事会、常务理事会都适时分析形势，研讨行业发展大计，使企业充分利用展览会的时机参加行业的权威活动。

几年来，DMC国际模展在推动精密制造技术进步，提升模具制造水平的同时，还举办模具上下游产业沟通活动，开展模具与制造业行业对接活动。中国模具工业协会积极与中国医疗器械工业协会、中国家用电器工业协会、中国五金制品协会、上海市金属切削技术协会、上海塑料行业协会等多家用户行业协会以及BOSCH汽车零部件采购、BOSCH西门子公司跨国采购公司合作，举办国际模具采购商与中国模具企业见面会等一系列以商贸接洽、技术交流为主题的同期会议，开展多种形式的交流活动，为模具产业开辟市场新空间。精密模具：为医疗器械产业作技术支撑，全面深入研讨医疗器械行业精密加工应用的技术热点、亮点；模具与塑料制品行业：针对模具在塑料制品行业的最新技术应用进行对接交流；汽车工业企业与汽车模具企业共同举办的汽车工业与汽车模具发展论坛推动了企业的全面合作，促进制造企业和用户企业的面对面交流合作。

DMC2011展览会举办了13个主题的系列活动，除了中国模具工业协会第六届理事会第四次全体会议外，还举行了一系列的市场开拓活动：B/SH博世和西门子家用电器集团有限公司、俄罗斯敬德公司等参与的以塑料模具采购为主的“国际模具采购商与中国模具企业见面会”；上海汽车、大众、通用、延锋、申沃、华域等与我国汽车模具厂商举办了“采购汽车模具沟通会”；中国模具工业协会与中国医疗器械行业协会共同举办“模具在医疗器械行业的应用研讨会”，架起制造业上下游沟通的桥梁，共同促进制造业的发展。鉴于日本到我国采购模具的趋势，中国模具工业协会特别安排日本塑料协会会长及企业与我国企业的见面会，就采购中国塑料模具、开展塑料制品加工开展交流。

BOSCH公司汽车零部件模具采购交流会已连续两年在DMC国际模展期间举办，向业内发布博世公司全球采购流程及采购需求，寻求合作机会，补充模具供应商库。BOSCH公司从模具到产品进行汽车零部件全产业链质量控制，从其认定的模具供应商库中进行模具采购，同时也积极帮助入围的模具企业提升技术、共同发展。

同期活动丰富了展览会的内容，为企业搭建了多个层面的交流平台，实现技术资源优化系统推介。DMC国际模展力求打造“展、会一体”的综合品牌，利用展览会的交流平台，充分举办前沿、实用技术交流，开展行业对接工作是今后展览工作的重要方面。

〔撰稿人：中国模具工业协会秦珂〕

第十二届中国国际模具技术和设备展览会模具水平评述

第十二届中国国际模具技术和设备展览会于2008年5月12～16日在上海举行。与往届相比，本届展会无论在规模、面积还是展商数量和模具展品技术层次等方面均创历史新高。展出面积由上届的逾60 000多m^2扩大到近80 000m^2，吸引了北京、上海、天津、广东及香港、台湾等27个国内代表团参展，国外的美国、德国、英国、法国、日本、瑞士、意大利和韩国等国家的企业也参加了展会。参展企业共计1 500多家，囊括了国内外模具行业绝大部分的顶级品牌企业。本届展会是高层次、高水平的国际化展览会，从一个侧面反映了近年来中国模具市场和模具技术快速发展的良好势头。

本届展会展出的塑料模具、冲压模具、汽车覆盖件模具、铸造模具、轮胎模具、快速经济模具与快速成形技术、模具标准件、模具材料等，从多个方面展现了我国模具及其相关技术的发展现状和技术水平。中国模具工业协会技术委员会组织专家组对参展模具及相关产品进行了现场考察调研，对参评模具“精模奖”的产品进行了评审。本文就专家组的考察调研及评审情况分别对塑料模具、冲压模具、汽车覆盖件模具、铸造模具、快速经济模具与快速成形技术、模具标准件、模具材料等产品技术及其发展进行综合评述。

一、塑料模具

本届展会参展最多的仍然是塑料模具，申报参评的塑料模具项目138副，占参评模具项目总数的57%；参评模具项目的地区涉及华北、华中、华东、华南、西部等地，参评模具项目的数量之大、水平之高是历届模展之最。

“创新”成为本届参评塑料模具的一个鲜明的亮点。从参评模具来看，仅申请的专利就有18项，其中不乏价值和水平较高的创新技术。如青岛海信模具有限公司研制的“高光无熔痕注塑模具”是一种全新注塑理念的注塑模具，该模具运用高温蒸汽迅速加热型腔，待料流充满型腔，再用冰水冷却，从而达到高光、无熔痕、无缩痕的效果，展出的塑制品显示出其良好的效果。该公司在提高模具的寿命方面也有所创新，申请了2项专利。四川长虹模塑有限公司，采用模温控制技术也达到了同样的效果，申请了模温控制方面的专利。

在冷流道模具中进行流量控制，也引起了专家的很大关注。深圳市银宝山新实业发展有限公司研制的轿车前门板内板注塑模，在冷流道中设置流量调节装置，控制了熔接线位于排气镶件的位置，确保了塑制件的质量；为了提高喇叭网孔的质量，在其相应的定模位置设置了加热和感温装置进行控温。

二次料辅注塑成型新工艺。气体辅助注塑已经是运用较为成熟的技术，但厦门威迪亚精密模具塑胶有限公司研制的马桶盖模具，独创了“二次料辅助注塑成型”新工艺。即用二次料替代气体充入塑件内部的方法，不但获得了塑制品良好的外观质量，还提高了塑制品的抗压强度，降低了塑制品的成本，是一项很有应用前景的新技术。

抽芯机构的技术和应用也发展很快。台州市黄岩金塑模具有限公司参评的大弧度三通注塑模，提出了一种适用于长距离抽芯的新颖机构(已申请专利)，与传统的液压机构相比，更为简单和实用。天津国丰模具有限公司研制的高档轿车翼子板模具，设计了能同步、平衡顶出的复杂抽芯脱模机构，以满足该模塑制品表面形状复杂、要求高，变形和装配尺寸精度要求高，所有区域不允许有明显的镶拼线、缩痕、熔接痕及飞边等要求。另外，模具中还设计了一套针控制系统，便于注塑成型时对料流进行控制，从而简化传统的热流道系统，降低了成本。

复杂、精密的塑料模具继续引领技术发展。佛山市科尔技术发展有限公司研制的“电热水壶大身注塑模”，其塑制品很难发现拼缝线，制造精度已达到很高水平，滑块间隙很小。浙江贝隆精密模具有限公司研制的6301A－706壳体模具，其塑制品精度仅允许0.01mm，相应的模具零件精度0.005mm，十分精密。天津东明电子工业有限公司参展的汽车保险盒模具，为保证上百个孔的配合精度，采用了多组型芯拼接结构，共计7个类型、90余种、320件型芯；为保证复杂型芯处的塑料冷却，在型腔外周设计了立体式双层循环水道。模具零件加工精度达0.005mm，保证了塑制品达到0.05mm的精度要求。河北黄骅忠义精工模具有限公司研制的“本田通信电子回路、手机接插件模具”，具有超高精度、耐腐蚀、耐高温、使用寿命长等特点，生产和检测环境为温度21～22℃、湿度38%～42%。北京莱比德精密模具有限责任公司研制的“牙科治疗机用光纤针头模具”突破了注塑零件微孔成型技术，实现了0.26mm小孔的成型。

注塑件的生产效率是企业的关注重点。在本次展会上还展示了多腔、多层模具。黄岩辉达塑料模具厂参展的45°弯头，采用新颖的斜导柱抽芯，突破了通常的一模二腔，达到了一模十六腔，经济效益显著。湖北鄂丰模具有限公司参展的“管件叠层模具”采用了叠层模具，进一步提高了生产效率。广东星联精密机械有限公司研制的“一出72腔瓶坯模”不但精度要求高，而且型腔数量多，大大提高了生产效率。厦门精卫模具有限公司参展的“节能灯下壳复式注塑模”也是一种叠层模具。叠层模具的多项展出，说明节能、高效正是塑料模具行业的又一发展趋势。

其他塑料制品模具也各具特色。铜陵市耐科科技有限公司参展的“0.9m宽幅塑料中空格子板材成型模”是挤塑模中的佼佼者。滁州市宏达模具制造有限公司研制的“西门子双门冰箱发泡模”，突破了以往发泡模具结构简单的传统模式，满足了客户的要求。另外，上海超日精密模具有限公司的起泡器组件模具、黄岩辉达塑料模具厂的“带检90°护口弯头模”等模塑制品都申请了专利。这种由模具企业利用自身的优势，开发自有技术，提升企业的核心竞争力，是塑料模具行业的一种新动向。

二、冲压模具

本届展会冲压模具参展的企业数量多、品种覆盖面大、技术含量高，是历届之最。展品覆盖了为电子、通信、汽车、机械、电机电器、仪器仪表、办公设备和家电产品等配套的模具。从展出的模具及制品水平分析，模具结构、精度、寿命、性能、技术含量、制品质量和加工周期等的总体水平均比上届展会明显提高。一些国产高档模具在寿命和性能等主要指标上与国际先进水平的差距越来越小，部分高档优质模具的总体水平与国际先进模具水平相当，不仅可以替代进口，相当一部分模具还出口到工业发达国家和地区。

大型多工位级进模发展势头强劲，是本届展会的亮点。河北兴林车身制造集团有限公司展出了左右对称件同模的16工位连续模的制件，它集切边落料、冲孔翻边、成形翻边、成形、弯曲、整形冲孔侧冲孔、剖切为一体，一分钟冲压60～80次。天津津兆机电开发有限公司生产的汽车摇窗件级进模、广东科龙模具有限公司生产的刮雨器底盘级进模及峰川模具（东莞）有限公司生产的汽车零件级进模的总体水平与国外同类模具水平相当，还有众多的为办公设备和家电等产品配套的大型级进模均各具特色，发展与普及之快出乎预料。

高性能、高水平的小型精密多工位级进模精品荟萃。其中有代表性的是四川华中企业集团有限公司生产的多接触点小间距簧片级进模，45工位，制品5个小间距接触点，巧妙地用2个工位的45°精密成形机构，实现簧片拍口的90°扭转。成都宏明双新科技有限公司生产的连接器级进模，一次冲出10个细长足并经8次弯曲成形，保证制品镀金面无擦伤要求。江苏华富电子有限公司的特小间距电子连接器级进模，在高速冲床上使用冲速达2 000次/分以上。昆山鑫泰利精密模具有限公司生产的汽车电器端子级进模，双向进料，在模具内铆合成制品。北京康迪普瑞模具技术有限公司生产的424列引线框架级进模，采用PVD化膜沉积处理技术，提高凸模寿命2～4倍。厦门捷昕、特克及浙江锦华等公司生产的集成电路引线框架级进模均达到国外同类先进模具水平。

此外，具有国际先进水平的还有电机定转子铁心自动叠片级进模和空调器翅片级进模，模具综合了高精度、高难度、高效率、长寿命和多功能的特点，其中铁心自动叠片级进模中的大型铁心叠片、双列铁心叠片、三列铁心叠片、铁心双回转叠片、双列方形铁心大回转叠片、大型外转子铁心叠片等级进模给参观者留下了深刻的印象。最具代表性的是南京长江电子模具有限公司生产的D198外转子铁心大型叠片级进模，突破超大规格扭斜槽旋转机构等关键技术，槽形拼块近百件，精度达0.5μm，可互换。慈溪市鸿达电机模具制造中心生产的108mm×108mm定子铁心大回转叠片双列级进模技术难度大，双列方形铁心大回转精度达1′，新开发的控制系统保证了180°大回转的实现，制品质量明显提高。空调器翅片级进模中有ϕ7.2×48列×2步进空调翅片、ϕ6.7×24列整体穿管式空调翅片及异形孔42列×3步进空调翅片级进模，制造精度达2μm，零件易损件可互换，模具寿命3亿冲次，加工周期90天。代表性企业有无锡国盛精密模具有限公司。该公司和美国OAK公司合资，形成翅片级进模、高速冲床及整套装置一体化的规模生产能力，技术水平国际先进。另外，值得一提的是黄山三佳谊华精密机械有限公司，该公司生产的上述翅片级进模，技术水平与国外相比毫不逊色。

上述情况说明当前我国的精密级进冲模总体水平已逼近国际先进水平，相当一部分类型的精密级进冲模已完全可以替代进口，并走出国门参与国际竞争。

三、汽车覆盖件模具

此次展会，可谓是中国汽车模具行业的群英会，国内车身模具骨干企业均参展，展台面积比往届更大，装潢也更为讲究，充分展示了我国车身模具行业近几年的迅速发展态势和今后几年良好的发展前景。

车身模具产品档次显著提升。与上届不同的是，轿车外覆盖件展品明显增加，包括轿车的左右前翼子板、整体侧围、三盖（发动机盖内外板、顶盖、行李箱盖内外板）、四门（左右前后门内外板），大型复杂地板等主要覆盖件。过去只能做结构件和内覆盖件模具的企业如今开始向外覆盖件模具拓展，过去没有做过整体侧围和翼子板模具的企业也开始尝试该类模具，过去只做低档轿车外覆盖件模具的企业如今开始中档轿车模具的设计制造。这说明我国汽车覆盖件模具从以前的以内覆盖件为主转向中高档的外覆盖件模具，模具产品水平、质量和档次都有显著提升。

整车模具制造能力明显提高。整车白车身模具的制造是顶尖车身模具企业的技术水平标志，只有拥有雄厚的技术实力、先进的工艺装备，强大的生产能力、高超的项目协调能力以及优秀的经营业绩并得到客户信赖的企业才能做到。一汽模具制造有限公司、天津汽车模具有限公司都在探索联合集聚多家大型骨干模具企业尝试整车车身模具制造，天津汽车模具有限公司展出了其提供整车模具的一款轿车，特别引人注目。

整体侧围和翼子板模具制造商逐年增加，标志着汽车模具向高水平技术领域进发。由于整体侧围总成由四五个甚至更多的部件组成，它还和前翼子板、前轮罩、前挡玻璃、前后门、顶盖、后轮罩、行李箱盖板、后围上下连接板、前后地板等很多部件有匹配关系，尺寸大，精度要求高，模具设计制造难度很大。而前翼子板和前大灯、前轮罩、发动机盖板、整体侧围等部件有匹配关系，形状精度要求高，也是模具设计制造的难点。所以，轿车覆盖件模具中最难做的就是整体侧围和前翼子板模具，此次展会，涉及整体侧围和前翼子板模具的有6~7家，还有向国内顶尖汽车客户提供中档轿车的整体侧围和翼子板模具的企业。如一汽模具设计制造了奔腾、速腾、迈腾等中档车的外覆盖件模具以及上海大众斯柯达的整体侧围模具等。东风模具等企业也首次展出了整体侧围和翼子板，其表面质量也很好。

功能模具的迅速崛起。本次展会出现了许多功能模具，包括多功能模具、高效多件冲模、多工位自动化模具等。如亿森(上海)模具有限公司为一汽轿车公司设计制造的顶盖侧翻边整形侧冲孔模，采用气缸推动垫块，顶出驱动块对下模侧翻滑块起作用，实现轿车顶盖天窗翻边工序，在一副模具中实现两种工作状态。安徽瑞鹄、长城汽车模具中心也展出了同类制件。为了减少模具数量、节省冲压设备，越来越多的模具采用一模多件。主要有左、右翼子板同模和左、右门板同模模具，甚至有左右前后四个门板同模的模具。一模多件显著减少工艺补充和压料，极大地提高了板材的利用率，对汽车整车厂来说，具有很大的战略意义。多工位自动化模具历来是汽车整车厂实现高效优质生产的重要手段，国内模具企业在近几年相继制造这类模具，替代进口，满足了高端客户需求。烟台泰利汽车模具公司2007年为长春塔奥金环公司提供了控制臂下体多工位联合安装模具。由于制件抗拉强度700MPa，成形困难，易产生回弹和扭曲，该公司将7个工序的模具一次安装在公用底板上组成多工位模具，生产出了合格制件。泊头京泊汽车模具有限责任公司也展出了一模两件多工位自动化模具制件。

汽车轻量化制造需要模具技术支持。减重节能是当前汽车发展的重要方向，拼焊板和高强度钢的应用越来越广泛，汽车不等料厚冲压件占比增加，如侧围内板、门内板、立柱、地板、轮罩、前后纵梁等制件。由于焊缝两侧材料性能及料厚的差异，在相同外力的作用下，薄板侧金属容易发生变形，并且变形程度大于厚板金属一侧，从而使得厚板在没有完全发挥其变形能力之前，薄板一侧提前失效，焊缝漂移，从而导致拼焊板成型能力降低。因此，在不等料厚模具的设计和制造中焊缝的控制和优化极为重要。本届模展中，部分企业展出了不等料厚激光拼焊板冲压件。如一汽模具制造有限公司为一汽大众迈腾设计制造的不等料厚纵梁模具，采取焊缝两侧设置合理的渡区、调整板料两侧的压料筋系数、改进拼焊板料落料形状以及设计压料圈跟动装置等，满足了冲压工艺的需求。另外，高强度钢板覆盖件制件也比上届有所增加。如先锋模具展出了转向节支架全序制件，其材质为 QSTE 高强板，料厚 3.75mm，外形尺寸 310mm×290mm×141mm，通过9道工序完成，成型难度很大。一汽模具和东风模具也都展出了高强钢板制件。拼焊板和高强度钢板冲压模具和技术还有很大的上升空间，也蕴含着更多的模具市场机遇。

汽车检具的新发展。大型高档汽车检具一直是国外企业的专利，这次展会上海申模模具制造有限公司展出了为上海大众和上海通用制造的整车匹配主模型检具。这种主模型在当今世界的轿车生产中具有极其重要的地位，是汽车整车厂的关键工装，能真实反映车体外覆盖件的几何形状、尺寸精度、匹配关系及有关结构要素。可以检测整车匹配进度，也可以测定单个覆盖件，既为检验整车设计的合理性和每个覆盖件的制造精度提供可靠依据，也能为汽车覆盖件模具和焊接夹具的设计制造调试提供协调依据。国产主模型检具的出现，标志着我国检具制造技术进入国际先进技术领域。

虽然我国车身模具行业规模很大，产品档次迅速提升，产值增长迅速，但是与国外先进企业还存在差距。如国内汽车模具企业虽然设计制造手段不逊色于发达国家，但模具质量、寿命以及交货周期等低于国外先进模具。隐性知识的缺失以及经验不足已经制约了汽车模具企业的发展；我国汽车模具行业缺乏高水平的技术人才，汽车模具企业之间的人才、技术竞争的白热化以及诚信问题直接影响了汽车模具行业的发展；汽车模具制造的规模不经济问题、服务欠缺以及相关工业发展的滞后制约了汽车模具的发展。因此，汽车模具的发展任重而道远。

四、铸造模具及轮胎模具

近年来，我国铸造(重力铸造、低压铸造、压铸)产业蓬勃发展，国外采购铸造模具数量剧增，促使国内模具制造厂商在产品质量和模具品种、产量方面都得到了较大的提升。本届展览会共有50家铸造模具参展商，比往届增多，其中浙江省参展商最多，占总的铸造模具参展商的比例超过60%，来自压铸模具产业聚集地——宁波北仑地区的22家压铸模制造厂家，由北仑模具行业协会牵头组织参展。纵观本届展会，为汽车行业提供的铸造模具比重增大，制造工艺精湛、结构新颖和技术创新的铸造模具不少。大型的、形状特别复杂的、尺寸精度高的铸件以及难度大、质量要求严、制作水平高的出口模具明显增多，从一个侧面反映出我国当前铸造模具的总体制造水平。

汽车铸件模具发展迅速。发动机缸体和缸盖模具的研发和制造难度很大，铸件技术及质量指标甚高。从不少厂家的展品来看，这类低压铸造模具和重力铸造模具比以往更精、更好、工艺更成熟。如一汽铸造模具厂、象山同家铸造模具厂展出的多品种的铸铁重力铸造模、铸铝的重力铸造模具和低压铸造模具，水平都很高。宁波合力模具科技股份有限公司送展的“KV6发动机铝缸体低压组芯铸造模具”是生产荣威轿车2.5L发动机V型6缸的缸体大型低压铸造模具，由包括砂芯模在内的共5副模具组成，较好地解决了26个砂芯间的定位和组合的可靠性，砂芯分布合理，一盒多腔，模具采用了两级抽芯机构，设备利用率高，得到使用单位的认可。宁波强盛机械模具有限公司制造的“奇瑞481A—1002015MA汽缸体铸造模具”，是一套设计制造较成功的预埋铁缸套的铸铝低压铸造模，该模具解决了预埋铸铁缸套的有效定位问题，使用水和压缩空气作为模具的冷却介质，并加强冒口处温度的控制，使生产的铸件合格率很高。利用压铸工艺生产铝合金或镁合金缸体是为了适应全球汽车轻量化的发展需求，该类模具在压铸模研发和制造领域内属难度极高的模具，当前国内使用的缸体压铸模具绝大多数从欧洲或日本购买，国产铸铝合金缸体压铸模具的诞生，冲破了该类模具完全依靠进口的局面。广州市型腔模具制造有限公司送展的直排四缸“汽车缸体压铸模”是在消化吸收国外模具结构的基础上，改进后自主设计制造的。该模具是由超过6 000个单独零件组合而成的结构复杂的大型压铸模具，共有11个不同方向的油缸抽芯机构，位置设计紧凑；模具的温控系统复杂且庞大，冷却点密集，冷却零件品种繁多，管路复杂：共布置了超过100个温控点，使用了36个分水器，温控部分的零件超过3 000个，可依各处的模具工作温度要求，由压铸机通过冷却时间的起止与长短的程序实现控制。采用高压与低压联合冷却，空气与冷却液联合冷却、直冷与点冷联合冷却方式，将高压冷却装置用于模具镶块以及细长型芯冷却，极大地增强了模具的冷却能力，保证了模具工作时良好的温控能力，缩短了开模时间，提高了压铸生产的效率。

我国大型压铸模具制造能力增强。展示的铸造模具表明，不少企业具有研发、制造在20 000～35 000N压铸机上使用的大型、复杂压铸模具的能力。宁波合力模具科技股份有限公司送展的“JACATF460变速箱壳体压铸模”就是在35 000N压铸机上使用的大型汽车模具，模具重量32t，形状十分复杂，在模具侧抽芯端面上有多处深油槽，并设计有顶出机构，很好地解决了充型的油槽排气、出模和变形等问题。广州市型腔模具制造有限公司研制成功“汽车变速器前壳压铸模”，生产的压铸件净重11kg，模具外形尺寸1 890mm×1 560mm×1 720mm，模具总重量42t，属特大型压铸模具。该模具抽芯方向多，除了分别在左、右、上三个位置设置大型的抽芯机构外，动模底部还有需要抽拔的四个不同角度的9支小型芯（最大角度差为28°），设计成多角度联合抽芯机构，把多个角度的抽拔方向转变为同一个方向由一个油缸抽拔，模具结构非常紧凑。另外，模具还设置了油和水的加热、冷却控温装置，选用新型透气模具钢Poqceqax Ⅱ作排气钉，采用潜伏式排气，取得了理想的效果，生产成品率高。

质量高、难度大的出口模具增多。近年来出口的铸造模具增长超过20%，部分企业出口模具已占总产值的30%以上。这些模具的共同特点是用料考究，制作精良，采用最先进的加工设备和检测仪器、CAD/CAE/CAM技术和现代设计方法，部分模具的精度、使用寿命和铸件质量达到或趋近于国外先进水平。一汽铸造模具厂出口到加拿大的“汽车油底盘”压铸模，设计合理，制作精湛，得到外商好评，一再追加订单。宁波臻至机械模具有限公司向欧洲出口的“4370机壳”压铸模，制作精美，铸件外观非常漂亮。宁波市北仑大兴模具有限公司制作的“清洗设备电机壳压铸模”为四面哈夫结构，横向抽芯采用滑板结构，使到压铸时生产节拍大大缩小，铸件外观质量好。此外，宁波市北仑辉煌铸模实业有限公司、广州市型腔模具制造有限公司、一汽铸造模具厂亦展示近年来出口的大型、复杂汽车压铸件。

涌现出一批结构新颖、设计巧妙的模具。本次展会出现了一批基于塑料模具自主创新设计的结构新颖、设计巧妙的铸造模具。如厦门精卫模具有限公司制造的“高速路全角度反射突起路标压铸模”，针对产品外形的特殊性，在圆锥台侧面设置6个不同方向的斜抽小滑块，解决了原进口模具无法通过一次成型铸造出外形凹位的问题。宁波盛技机械有限公司设计的“汽车温控阀体压铸模”具有两个抽拔方向的连体油缸，有效解决了因产品在同一部位有两个不同方向的斜抽芯，位置所限又无法安置两个油缸的问题。宁波臻至机械模具有限公司送展的“发电机空调压缩机中支架压铸模”，设计了滑块反向抽拔装置，压铸过程做到一次成型并顺利脱模，能实现自动化生产，提高了生产效率。此外，在定模抽芯机构、侧滑块顶出机构、滑板抽芯机构、抽真空压铸模、铸镁合金压铸模、多形式的排气板设计、细长型芯的超细冷却孔的设计及加工、型腔和型芯表面处理的多种选择(氮化、渗稀有元素、特尼弗表面处理、TD覆层处理)等方面均有很多突破和创新,不少企业申报了国家专利。

轮胎模具的新进展。浙江来福模具有限公司的带保护套轮胎模具是具有自主知识产权并获得发明专利的新产品,主要适用于中、高档轿车轮胎的定型硫化。模具的主要特点:①精密:整个模具精度小于0.04mm。②耐用:钢制模具保护装置和滑块,能保护内部的铝花纹块,提高了铝花纹块寿命。③设计及制造工艺先进:铝花纹块与保护装置配合设计达到了铝花纹块各自变形可控的目的;铝花纹块背部环形槽设计降低了硫化过程的热量损失,达到了保温效果,还能排出橡胶填充型腔时积压的气体。铝花纹块的材料采用锻打铝合金,寿命长、变形小;花纹采用五轴数控加工中心加工,花纹和分型面精度可控制在0.03mm以内。广东巨轮模具股份有限公司的注射式胶囊模具是国际先进的汽车子午线轮胎硫化胶囊成型的关键设备,采用胶料注射方式、循环热油加热方式、抽真空排气方式、高压吹气自动脱模方式等新技术和新工艺,克服了平板式胶囊的技术弱点;成功运用了热流道结构、上下模自定位结构等,保证了模具的先进性。

五、快速经济模具与快速成形技术

本届展会展示快速经济模具技术、快速成形技术以及与快速模具、快速制造相关联的新材料等厂商20余家,其中绝大部分展示快速成形技术、快速成型设备及快速成形材料,汽车覆盖件快速模具技术参展厂商很少。

汽车覆盖件快速模具是发展亮点。本次参展的大型快速模具主要是汽车覆盖件快速模具。烟台泰利公司(山东省快速模具工程技术研究中心)参展的低熔点合金快速模具、中熔点合金快速模具以及钢、合金复合快速模具等都有一个共同的特点,即已经完全克服了原来快速模具尺寸精度差的缺点,保留了快速、经济的特性,技术接近国际水平,可替代进口。该公司展出的低熔点合金快速模具技术,是以三维数模、二维图样或实物样件为基础,利用低熔点合金材料热微胀的特点,直接根据原型制造模具,突破了传统的模具制造模式,形成了全新的快速模具设计制造系统,适用于简单空间曲面的薄板冲压。中熔点合金快速模具技术解决了低熔点合金模具材料硬度低的问题,适用于复杂空间曲面的薄板冲压。而钢、合金复合快速模具适用于形状复杂的结构件及高强度板件。

快速原型技术作为快速制造的代表,应用领域逐步扩大。很多领域和企业已普遍采用该RP技术进行新产品研发试制,以缩短研发周期,确保设计质量。快速原型设备的研究开发基本集中在高等院校及研究院所,近两年快速成型技术的发展主要体现在新工艺、新材料及信息化等方面。比利时Materialise公司展出的RP/RT/RM专家系统,提供SLA、SLS、FDM、真空铸造等快速原型服务;利用R. I. M和快速制模技术,在短时间内小批量生产注塑件;利用Mammoth SLA设备实现巨型零件,如大型汽车零件等的整体快速成型。国外公司参展的快速成形技术还有以色列Objet公司超薄层三维打印机系统,通过Polyjet技术和Objet的高速三维打印成型平台提供了办公室环境下使用的,能够提高精度、洁净、光顺和高细节度三维模型件。马路科技顾问股份有限公司展出的美国ProJet HD3000,是办公室专用的高解析度RP设备。

国内快速原型制造技术及设备参展商主要有北京殷华激光快速成形与模具技术有限公司、武汉滨湖机电技术产业有限公司、天津市天大银泰科技有限公司、陕西恒通智能机器有限公司、北京隆源自动成型系统有限公司、上海联泰科技有限公司、上海福斐科技发展有限公司、东尔快速成型企业等,展示了国内最新的快速成形技术及设备。其中北京殷华激光快速成形与模具技术有限公司展出的熔融挤压快速成形系列产品,全部采用双喷头系统,单件成型速度可达15~50cm^3/h(相当于15~50g/h),最高速度已接近100cm^3/h。该工艺不使用激光,维护成本低。

展示快速原型制造系统解决方案。例如帝斯曼速模师(DSM Somos®)开发出完整系列的ProtoFunctional®快速成形材料,从热塑性弹性体到聚乙烯、聚丙烯和丙烯腈-丁二烯-苯乙烯(ABS)。帝斯曼速模师能为产品的功能性模型、安装/组装、一般用途、熔模铸造、扣合、注射成型/直接制模和风洞测试等众多应用领域提供ProtoFunctional解决方案。特别是DSM Somos借用金属电镀法进行光固化立体造型技术,将优质原料结合在一起,生产更强有力和耐用的复合材料产品,已经应用于光固化立体造型(SL)技术中,成为快速原型技术的先导技术。如用DSM Somos®生产的精密高温树脂,表面用金属包层封住而生产强度很高且耐用的类金属部件。对比SL技术,金属包层更容易使部件具有接近固体金属的性能和耐用性,成本是机械加工或压铸部件低1/4~1/3。金属包层可满足大多数测试实验和小批量生产过程的需要。

此外,展会上展出快速成形材料、快速模具材料以及制作检具材料的厂商还有很多,可以明显地看出快速成形技术及快速成形材料正处于飞速发展阶段。这是快速成形技术的发展带动了新材料发展,新材料发展又推动着快速制造业发展的结果。

本届模展显示出我国快速模具及快速制造技术发展较快,反映出当前快速模具、快速制造技术的发展方向及现状。但是超大尺寸的快速原型制作技术和设备还不多,用于大型冲压模具的快速原型、快速制模技术展示的还不多。未来应着眼于新的成型工艺方法研究、新设备与新材料的开发，以拓宽快速成形技术的应用领域。

六、模具标准件

模具标准件是模具的基础构件。模具零部件的质量水平、标准化程度直接影响模具的交货周期、使用寿命和生产成本，是体现模具整体制造水平的重要指标之一。近年来模具标准件制造业快速发展，模具标准件企业在不断增强自身技术实力的同时，求实创新的意识也在不断增强。

参展企业多，标准件新品多。本届展览会上，国内外模具标准件参展商约90多家，比上届有较大的增加。日本Futaba双叶精密模具、IEM、DAYTON、PUNCH、武汉科尔、盘起工业（大连）有限公司等著名企业，有北京世茂、北京永茂、西安1001、天津众鑫、镇江船山模架、杭州萧山模架、上海鑫阳模架、浙江亚轮等模具标准件企业纷纷展示各自的展品。此届参展商展出的标准件品种多、规格全，不仅有历届展出的导向类件、冲切类件、弹性元件、侧冲机构、预翻边连杆机构等标准件，而且展示了许多技术比较成熟的新产品。湖北十堰兴升科工贸公司展出了自己研制生产的氮气弹簧，该产品已通过国家相关机构的检验认可，2007年度也实现一定的销量，用户涉及数十家汽车、模具制造企业。国产氮气弹簧在交货周期和性价比上较进口产品优势较大，在展会上引起了瑞典KALLER、美国HYSON、韩国“别特”等国外氮气弹簧生产厂商的特别关注，国内的汽车、模具制造企业也对此表现出了很大兴趣。北京永茂展出的旋转斜楔机构，是适用于需要负角成形的冲压件的标准工装。可用于车门、顶盖、发动机盖、翼子板等部件的局部负角成形。此机构成型精度高，而且能够减少模具的数量，在汽车模具中应用较广泛。北京世茂、天津兆上模具部品有限公司等展出的双动斜楔机构，在工作过程中能够实现水平面上（X方向）正、负两个方向的运动，具有一定的创新性。此机构应用于翻边模的设计中，能够减少模具内腔活动块的数量，简化模具的设计，得到用户的好评。北京派腾模具有限公司展出的小单元压（卸）料机构，结构紧凑、体积小、易于安装，广泛应用于汽车外板件翻边后侧冲孔类模具中。盘起工业（大连）有限公司展出的冷锻凸凹模，热处理之后，刃口部分进行PVD涂层处理，提高了凸凹模具强度、硬度，降低了表面粗糙度，有效延长了凸凹模在冷、热挤压过程中的使用寿命。近几年来，原材料价格涨幅较大，铜材价格更为突出，国内模具标准件企业为了应对铜材涨价，积极采用新工艺、新方法，采用工作表面烧结铜、钼粉末的方法替代本体为铜合金的导板，凸、凹V形，压板等零部件，有力地推动了模具标准件向深度加工、生产技术更精细方向进步。这些创新和改进充分地体现出我国模具标准件厂商从实际出发，为满足市场需求而开发模具标准件新产品的意识和思路。

模具标准件的制造工艺水平提高快，技术标准向3D过渡。我国模具标准件企业在积极创新的同时，不断提高自身的制造和生产工艺水平，大量采用了数控加工、电加工等先进加工设备，在生产工艺上采用实芯铸造、金属粉末烧结、特殊表面处理、真空热处理等新工艺，推动了模具标准件的发展。与此同时，为了适应模具设计的需求，国内大部分模具标准件企业向用户提供2D或3D的技术标准，对减轻模具设计工作量，缩短模具设计周期起到了积极作用。

新的模具标准件企业多，呈现产业集群发展的态势。随着我国模具制造业的发展，在模具成本、交货期、特别是汽车生产厂家对模具标准化程度的要求等因素的作用下，模具工业对模具标准件的需求有较大的增加。模具标准件市场化、竞争充分的情况吸到很多有资金和技术实力的公司进入。此届展览会上，模具标准件参展商比上届明显增多，新企业呈现出以下几个特征：①企业的初期投资额大，设备先进，生产规模大。②专业化程度高，专注于生产某几类模具标准件产品。③技术水平起点高，相当多的技术和营销人员曾经从事过模具标准件的设计、生产、营销工作，具有一定经验。④企业注重技术基础和创新能力的积累。

我国汽车模具行业的发展呈现出一定的区域性，这与我国汽车工业及零部件产业的分布密切相关。模具标准件产业在京津唐、长三角两大区域集中度较高，有向集群产业发展的趋势，此区域内的企业近几年发展比较迅速。但是，该行业还存在以下几方面问题，应该引起重视：

行业市场竞争激烈，新产品开发面临考验。随着国内模具标准件行业的日趋成熟，进入标准件行业企业增多，市场竞争加剧，价格趋于透明，利润空间缩小。当前，国内模具标准件行业大的规模化生产企业不多，新产品开发、模具标准件精细加工是企业的重要利润方向，如何在规模经济与新产品开发之间协调发展是模具标准件企业必须面临的问题。

汽车模具标准件标准的编制、修订工作滞后于模具工业的发展。1993年，中汽公司组织编制了汽车模具标准件“绿皮”标准，2002年又修订的“蓝皮”标准，被汽车生产企业和模具生产企业广泛应用。但随着汽车工业的发展，进口模具数量的不断增加，外资企业对其配套模具要求的提高，使模具标准件企业只能根据市场需求，采用不同国家、企业的标准，形成我国标准件市场上标准比较杂乱，以日本、欧、美几家著名的汽车企业和模具标准件企业标准为多的局面。应加快我国QM标准的编制、修订工作，使其与先进、成熟的国外企业标准接轨。

七、模具材料

展示出较多的新型模具材料。在本届展览会上，模具材料参展商有20余家，国外企业或其代销商占多数，基本反映了当前模具材料的技术水平和发展趋势。特别值得提出的是，与上届展览会相比，本届参展商在展览会上推出了较多新型模具材料，其中塑胶模具材料占较大比例。如日本大同特殊钢株式会社在塑料模具钢PX4的基础上，开发了硬度为33～39HRC的预硬高硬度通用塑料模具钢PAC5000。该钢的强度和镜面性能不仅得到了进一步提高，而且还可被直接用于刻模加工，焊接性能良好。一胜百模具技术有限公司推出UDDEHOLM钢厂新研制的大型塑料模具钢NIMAX和长寿命塑料模具钢UNIMAX。NIMAX是一种预硬型塑料模具钢，淬透性好、性能均匀，硬度360～400HB，适用于厚度1 000mm的大型模具。UNIMAX是一种中碳铬钼钢，经淬火后600℃回火，硬度为49 HRC，塑性和韧性良好，尺寸稳定，不易变形，而且具有极佳的抛光性能，适用于制造增强塑料模具。该公司还推出了新型塑料模具钢RoyAlloy，该钢经特殊加硫处理，交货状态为预硬态，硬度290～330HB，有极佳的机加工性能，且机加工后尺寸稳定，耐蚀性能好。奥地利"百禄"公司采用保护气体加压电渣重融工艺生产的塑胶模具钢M333也已成功推向市场。该钢的纯净度高，镜面效果特佳，耐蚀性能也得到了提高。该公司还开发了第三代粉末冶金塑料模具钢M390MICROCLEAN，该钢种烧结前粉末颗粒精细且纯度高，经高温、高压制作后均匀、无偏析、各向同性，耐磨性、韧性、抗疲劳性和抛光性能得到了革命性改善。日立金属特殊钢有限公司开发了通用预硬塑料模具钢HPM－MAGIC。该钢种具有稳定的镜面抛光性、优良的切削加工性能和焊接性能，在40HRC时仍拥有较高的韧性，厚度达到300mm时，其心部冲击值$A_{kv}\geqslant 55$J。重村钢模机械股份有限公司推出的CS1615HH钢是一种耐腐蚀模具模架专用预硬钢，供货硬度280～320HB。该钢的S含量提高到0.1%，有极佳的加工性能，且硬度均匀、耐磨性好。

首次参展的瑞典钢铁奥克塞隆德有限公司（SSAB Oxelosund AB）生产了高强度和高韧性相结合的TOOLOX钢。该钢以两种硬度交货：硬度约33HRC时用于注塑、橡胶等模具，而44HRC时则用于压铸、弯曲等模具。日本高周波钢业株式会社生产的KDAMAX钢是一种高性能压铸模具钢，具有优异的淬透性、抗热疲劳和抗角部局部开裂性能，适于制作大型、复杂形状的热作模具。用KDAMAX钢制造的模具，冷却孔裂纹问题得到了较大改善，在水中也不易生锈，使用寿命高。法国奥伯·杜瓦公司展示了玻璃模具钢系列APXV和X25V钢。APVX钢为预硬马氏体不锈钢，有优良的耐腐蚀和良好的抛光性能，预硬硬度300HB，当以1 020℃淬油、600℃回火时，其抗拉强度1 000N/mm^2。该钢对于有机酸、某些无机酸和氯化物介质具有很强的抗腐蚀能力，抗高温氧化性能也好，适用于玻璃制品模具。X25V钢为预硬奥氏体不锈钢，含有较高的Cr和Ni，抗腐蚀性好，工作温度较高，抗氧化性能优良，适用于更高工作温度的玻璃制品模具。

追求发展优质或性能特殊的模具材料。从本届展览会来看，模具材料研究、生产企业不仅已普遍追求实现模具材料质量高、性能稳定、品种规格齐全和系列化，而且还在根据需求不断开发或改良出质量更高或具有特殊性能要求的新材料，这在一些较大型或较知名的企业中表现得尤为突出。如热作模具钢P含量≤0.01、S含量≤0.003，并向组织均匀、淬透性好、抗冷热疲劳性能优良以及满足模具大型、尺寸稳定、使用寿命长方向发展。冷作模具钢以高纯净度、高耐磨性、均匀的组织和高强韧性作为发展方向。为提高模具的抛光性能，改善表面粗糙度，各大模具钢生产企业都在尽量提高钢的纯净度、降低材料偏析，并在模块预硬化、尺寸大型化、改善可加工性和耐腐蚀性能方面进行了大量的工作，如大同、百禄、日立、一胜百等企业都在展会上推出了新开发的高纯净度、低偏析、高淬透性、预硬化的大型塑料模具钢，以适应不断发展的家电、汽车等行业的需求。

相比国外企业，国产模具材料虽有较大进展，但在质量、性能、系列化方面仍有相当的差距，国内企业开发模具新材料的意识不强，进展不快。

八、模具CAD/CAM/CAE技术

参加本届模展的CAD/CAM/CAE软件主要有：英国华沃软件（上海）有限公司的VERO软件以及为模具CAD/CAM提供的成套解决方案。北京达尔康（DELCAM）集成系统有限公司的DELCAM软件系列，包括设计、加工、质量检测和逆向工程以及协同合作管理等应用领域。思美创（CIMATRON）科技有限公司CIMATRON软件。北京数码大方科技有限公司提供的CAXA 9大系列30多种CAD、CAPP、CAM、DNC、PDM、MPM和PLM软件产品及解决方案。华中科技大学材料成形与模具技术国家重点实验室提供的注塑成型模拟软件"华塑CAE"、铸造成形模拟软件"华铸CAE"以及板料成形模拟软件"FASTAMP"。数模软件（上海）有限公司展出德国GNS公司INDEED软件，该软件是用于板料成形模拟的专用软件包。上海模具技术研究所提供的系列化模具CAD/CAM/CAE技术、模具KBE技术、模具企业信息化管理技术和数字化制造技术等。

参展的软件基本代表了当今新一代模具CAD/CAM/CAE技术的先进水平和发展趋势。新一代模具CAD/CAM/CAE系统是先进设计理念、先进成形理论和先进制造方法相结合的产物，其特点是专业化、网络化、集成化和智能化。这四个特点在这次参展的软件中都有所体现。

国外CAD/CAM/CAE软件方面，以色列CIMATRON公司开发的冲压模具CAD/CAM系统能够覆盖整个冲压模具设计与制造过程，提供整体解决方案。其过程从模具报价准备开始，应用工程变更管理技术贯穿始终，包含了数据导入、报价准备、板料展平与成型、带料布局设计、冲压模具结构设计、出图、数控加工和线切割加工编程。

英国 DELCAM 公司的 Power SHAPE 是一套完整的造型设计系统，具有全中文用户界面和智能化光标技术，采用了所谓的“完全造型”专利技术，将实体、曲面和三角面片造型建模技术相结合，充分发挥了三种造型建模技术的优势，提供塑料注射模具、冲压模具和自动电极设计的专业化模块。

美国 SOLIDWORKS 公司的产品 CAPPWorks 是一个支持多种数据库，运行在网络环境下的 CAPP 系统，在三维 CAD 的支持下能方便地进行参数化工艺设计。其开发的塑料注射模具设计软件 IMOLD 能在 SOLIDWORKS 的环境下完成模具结构设计，如分形面生成、模具型芯型腔的镶块分割和插入等功能。

国内的 CAD/CAM/CAE 技术两年来也取得了长足的进步。上海模具 CAD 国家工程研究中心在国内较早地开始了基于知识的工程技术（KBE）研究，在塑性成形和模具设计知识的获取与表示、知识的推理机制、知识的集成与管理以及知识的发现等 KBE 关键技术上进行了行之有效的研究，形成了适用于不同行业、不同类型 KBE 系统的一整套开发思路及相关的 KBE 应用软件。

两年来，华中科技大学材料成形与模具技术国家重点实验室开发的注塑成型模拟软件“华塑 CAE”，铸造成形模拟软件“华铸 CAE”和板料成形模拟软件“FASTAMP”又有新发展。当前研究的重点是微宏观分析相结合，数值计算和人工智能相结合，目标是将模拟软件由传统的被动式计算工具提升为主动式优化系统。华塑 CAE、华铸 CAE 和 FASTAMP 已成为我国模具行业具有自主知识产权的主导技术是模具行业的知名品牌。

上海海谛软件有限公司开发的“模具制造管理执行系统海谛 E2”总结了国内外模具企业的实际管理经验，以制造执行系统 MES 为整体架构，结合企业资源计划（ERP）、集成任务执行（BE）、精益生产（LP）、智能调度（APS）、质量体系（ISO）、异常问题（8D）、管理工具（5W）以及海尔的“日事日毕、日清日高（OEC）”管理等国内外先进管理理念和方法，是针对模具生产的单件、小批量生产特点开发的模具制造管理执行系统。

CAXA 系列化软件在开发自主知名品牌的道路上不断取得新成果，如新一代集成软件 CAXA V5 PLM 首次将成熟的 2D、3D、CAPP、MPM 和 DDM 技术在统一的数据模型基础上进行整合，覆盖了从概念设计、详细设计、工艺流程到生产制造管理的各个环节，并通过数字化仿真帮助企业优化从产品设计到生产制造的整个流程。

从整个展会情况看，模具软件开发与应用进入了相对稳定的发展阶段，软件技术领域的专业化越来越强，要求越来越细，模具企业的选择也越来越实际。

九、我国模具的发展趋势与问题

从模具国家级新产品的评审推荐以及第十二届中国国际模展来看，我国模具技术发展显示出以下一些发展趋势，暴露出一些问题：

（1）创新已经成为模具企业发展的主旋律。模具技术本身就是要求不断创新的技术装备，每一副模具都是一个新的起点。随着国家创新工程的推广，模具无疑是创新实施的焦点之一，新结构、新方法、新工艺以及新技术在本届展会上不断闪现，为我国的模具技术发展注入了新的动力。

（2）模具整体水平向大型、精密、高技术发展。随着模具中高端市场由国外进口转向国内采购，大型精密模具层出不穷，百吨模具、微米级制件模具、极高冲速模具、大型汽车零件冲压级进模、先进技术新型模具以及复杂多功能模具等纷纷成功开发，带动国内模具技术的迅速发展。

（3）随着国家自主创新、出口模具需求的急剧增加以及民族汽车企业的兴起，模具行业遇到了前所未有的发展机遇。近年来，国内模具技术水平的提升和低成本优势的显现，使模具出口需求大增，加上国内的外资与合资企业也纷纷采购国内模具，给我国模具行业带来了极好的发展机遇。特别是轿车的低成本发展趋势迫使汽车模具本土化，给汽车模具行业带来的发展前景无法估量。

（4）成型过程中工艺参数在线检测、随机控制技术发展迅速。继“汽车扶手饰条注塑模”在模具内采用了压力测控装置，测定注塑时的模内压力、控制注塑工艺参数后，又出现了模具生产过程中的温度控制、熔接痕控制、流量控制、冷却过程控制等模具成型过程中的在线检测、随机控制技术，表明我国模具产品及成形技术已经进入了一个新的阶段。

（5）企业的知识产权意识越来越强。在本次参展模具中，申请国家专利的企业和产品占有很大比例，有的甚至申请国外专利，这不仅说明国内模具企业开始向自主创新方向转变，而且也说明模具企业已具有很强的知识产权保护意识。

（6）模具标准件、模具材料等模具基础行业的快速发展将有力地推动模具技术发展。新的模具标准件、标准组合工装、新型模具材料、特殊专用模具材料大量涌现，必然会促进模具新技术、新工艺、新产品的出现，从而有力地推动模具技术的快速发展。

（7）模具企业专业化是提升我国模具企业核心竞争力的关键。我国的模具企业大多数还没有摆脱“大而全”、“小而全”的组织结构形式，难以形成专业技术的核心竞争力，制约了模具企业技术水平的提升。我国模具企业和模具技术的专业化之路任重而道远。

（8）快速经济模具具有广阔的市场前景。快速经济模具经过不断地发展、创新、完善，基本退出了批量生产，转向新产品的开发、试制及工艺验证。特别是自主知识品牌汽车的研发使快速经济模具成为汽车开发的重要支撑。但当前国内致力于该项技术研究、开发的厂商相对较少，还无法满足我国汽车自主开发的发展需求，市场前景广阔。

综上所述，我国模具行业正在迅速与国际接轨，模具技术发展很快，成效斐然，但面临的问题也是严峻的，国内模具生产设备水平与国外相同，而模具水平与国外的差距依然不容小觑。如何迅速缩小我国模具与国外先进模具技术水平的差距，形成我国模具技术的核心竞争力是必须面对的问题。

模具产品的专业化和差异化是模具企业国际化的生存之道。历史证明：工业文明越发展，社会职能分工程度也愈高。技术的交叉、价值链的分解、企业和技术的专业化、服务资源配置的社会化是制造业发展的必然趋势。种种迹象表明，我国模具产业的价值链已经开始进一步分解，企业更需要系统解决问题的专业化模具产业集群。因此，强调模具企业的专业化发展，提升模具企业的专有技术水平和社会化能力是我国模具行业发展的必由之路。

〔撰稿：第十二届中国国际模展评定评述专家组〕

第十三届中国国际模具技术和设备展览会模具水平评述

第十三届中国国际模具技术和设备展览会于2010年5月11～15日在上海举行。与往届相比，本届展会无论在规模、面积还是展商数量方面又创历史新高。展会共设6个展馆，吸引了北京、上海、天津、广东、香港、台湾等国内各省、市、自治区的代表团，美国、德国、英国、日本、意大利和韩国等15个发达国家的企业展团，共计1 500多家企业参展，囊括了国内外模具行业及其加工机床的品牌及骨干企业，是一届规模继续保持世界领先的高水准、高质量的国际化展览会。

本届展会展出的塑料模具、冲压模具、汽车覆盖件模具、铸造模具、快速经济模具与快速成形技术、模具标准件、模具材料、模具CAD/CAM/CAE等，反映出我国模具及其相关技术的发展现状和技术水平。下面就塑料模具、冲压模具、汽车覆盖件模具、铸造模具、快速经济模具与快速成形技术、模具标准件、模具材料、模具CAD/CAM/CAE等进行评述。

一、塑料模具

本届展会是塑料模参评最多、参展品种最多、水平最高的一届。本届塑料模具最鲜明的一个亮点是“新工艺、新技术层出不穷”。

新工艺、技术层出不穷。如安徽鲲鹏装备模具制造有限公司研制的双料复合真空成型模，用于成型拖拉机的双层顶篷，模具采用新型复合成型工艺，中空气缸和新型真空成型模具材料及热处理工艺的应用，保证双料一次成型、压合。厦门市驰杰模具工业有限公司研制出飞机座椅真空复材吸塑模，由于该模具成型的是覆有碳纤维的飞机座椅，形状复杂，故而在成型中采用了创新的特殊工艺，制成了合格的制件。宁波方正汽车模具有限公司研制的“高档汽车蝶形模具”系大型、复杂吹塑模具，多层吹塑技术成功应用于油箱模具，满足了油箱的技术要求。模具结构复杂，脱模滑块的距离、挤压盘的行程均设计成可调，实现顺利脱模。

大型、精密、高效、长寿命仍然是注塑模的主题。陶氏模具集团有限公司研制的“英国路虎汽车后保险杠注塑模”，模具型腔深达850mm，模具型腔及其零件加工均采取新的措施，取得很好的效果。宁海县第一注塑模具有限公司展示的“W23汽车格栅注塑模具”，有效解决了分布于整个表面的大面积六角形小孔的型芯的加工关键技术，采取针阀程序控制及网眼部分的模温调节，解决了大面积网孔的脱模及熔接痕难题。海尔模具有限公司展示的重卡底盘叠层模具，模具尺寸达3 300mm×1 720mm×1 600mm，开创了特大型叠层高效模具的先例。浙江黄岩美多模具厂研制的“高音喇叭注塑模”，其网孔脱模方向与水平面成45°角，需解决石墨电极加工及成型加工中的诸多问题。黄岩星泰塑精模具有限公司研制的“前除霜隔栅注塑模”，形状复杂，抽芯滑块多，很好地满足了塑制品长2.15m但仅允许变形0.35mm的需求，制作品质佳。宁波舜宇模具有限公司研制的“AudiC7饰条注塑模具”，模具制作的关键是饰条的模内固定及保护，并且不允许有熔接痕等，为此该模具采用程序控制热流道，确保了制品质量。深圳银宝山新科技股份有限公司展示的“椅子注塑模”采用多方向抽芯脱模，其制件是透明件，采用气辅注射，制件品质高。浙江航宇模具有限公司展示了“HY－V3－座椅本体注塑模具”，其塑制件有大量的不同方向的抽芯，模具结构异常复杂，制品质量优异。四川省宜宾普什模具有限公司研制的32腔PC01881含气盖注塑模，其制品为螺旋纹瓶盖，硬脱模困难，为此，模具型芯进行表面处理使硬度达85HRC左右，寿命可达3 000万模次。

多种材料混合的注塑模异军突起。天津津荣天和机电有限公司研制的MIM胃镜钳头模具。用90%的金属粉末与塑料混合的料，注射成型后，再将塑件烧结，得到最后的金属件，由于收缩率达17.5%，而最后的制件精度要求0.5%，技术难度很高。宁波贝隆精密模具有限公司也展示了同类的模具制品。这类模具由于制件精度高、可批量生产制件，大大提高了生产效率，降低了生产成本。宁波锦隆电器有限公司研制的台盆注塑模，是混有80%～85%纳米级矿物粉末的特殊注塑模，结构特殊；其制品最薄处仅3mm，可达到花岗岩的硬度，且造型复杂，较之目前市场上的人造大理石台面，其用途更广泛，可替代陶瓷制品，有很高的社会经济效益。

高精度精密模具水平迈上新台阶。如宁波横河模具有限公司展示的RS3630200钉仓注塑模及贝隆精密模具有限公司研制的测距仪主体注塑模，塑制件用于医疗手术中替代传统羊肠线的钛钉储仓，制件的精度要求很高，模具零件加工精度达0.002mm，材料要去应力，塑件允差0.008mm，不允许有任何毛刺，在恒温车间中(20±0.5)℃生产模具和塑件，属精密注塑模。而贝隆精密模具有限公司研制的测距仪主体注塑模，塑制品形状复杂，在同轴的两端有不等径的三组装镜片调焦用的精密螺纹，模具有4个不同方向的抽芯，结构复杂，因制件要装光学镜片，故精度要求高，飞边毛刺不得大于0.05mm。深圳市昌红模具科技股份有限公司研制的一模十六穴墨盒注塑模，结构复杂，改变了国外一模八穴的结构，此模有208块镶块，并可互换，实现了一副模具多种用途，模具寿命在100万模以上。北京东明兴业科技有限公司的电器元件外壳的超薄注塑模，设计了有效的排气和导气(抽真空)结构，模具零件加工精度高，达±0.002mm；成型最薄壁厚0.8mm，成形面积达1 429mm^2，塑制品精度达±0.01mm。厦门精卫模具有限公司研制的"医疗用毛刷注塑模"，其制件形状异常复杂，有很多的小刺，脱模困难，该公司为此开发出一套加工工艺，保证了成型质量。

模具信息化向成型过程智能控制方向发展。天津国丰模具有限公司研制的轿车翼子板注塑模，采用三点进料，其中一点为针阀式热流道，另两点进料用顶针替代，应用计算机进行程序控制料流，消除了塑制件的熔接痕，节约了制造成本和塑制件生产时的耗能费用。

双色(料)注塑模各领风骚。青岛海信模具有限公司研制的大型"双色高光无熔痕注塑模具"，其塑制品是42in电视机前框。大型双色无痕注塑模在国内尚属首例，有效解决了第一次注塑后由于收缩等原因脱离第一型腔及第二次注塑过程中的排气不畅、排气困难等问题。四川长虹模塑科技有限公司的"平板底座双色注塑模具"，腔采用蒸汽模水路实现产品高光外观，使用具有型芯旋转机构的一副模具，替换了常用的具有两副模具的双色成型模，实现一次开模取出成品的高生产率。型芯从旋转轴中间进水，解决了水路密封的难题。上海威虹模塑制造有限公司生产的"Housing of sealing 油箱盖注塑模"，由于成型的大型双色件太大，不能用通常的双色模方式，而是采用机械手取、放件的形式实现双色注射。

总之，本届展会的塑料模具较之历届均有较大的进步，技术、质量、创新达到了新的高度，模具企业注重创新、注重质量、注重新技术的应用已经蔚然成风。

二、冲压模具

冲压模具仍然是本届展会重点，展品覆盖了电子、通信设备、汽车、机械、电机电器、仪器仪表和家电等产品范畴，在新能源、自动化装备、医疗器械、航空航天和节能减排等产品领域发展势头强劲。其中精密多工位级进模占据主流产品地位，参展的数量多，品种覆盖面大，模具品质和技术含量也远高于历届模展。与上届展会相比，包括模具结构、制造精度、使用寿命、性能、技术含量、制品质量和加工周期等在内的总体水平进步显著。许多国产精密冲压模具的寿命和主要性能与国际先进水平的差距越来越小，部分精密冲压模具的总体水平与国际先进水平相当，不仅完全替代进口，还有相当一部分模具出口到美国、日本等工业发达国家和地区。

精密冲压模具引领冲模技术的发展。近年来，先进精密冲压模具的总体技术水平提升很快，模具技术水平、制造精度、使用寿命和制造周期等性能指标均有明显提升，相当一部分高档优质模具的总体水平已达到或接近国际同类模具水平。无锡国盛精密模具有限公司生产的空调器翅片级进模使用寿命可达5亿冲次，生产规模和技术发展国内领先。研制的0.4mm间距高精度微型接插件级进模制造精度达0.5μm，最小的凸模0.13mm直接磨削达到镜面，保证了制件的针脚最细处0.17mm、折弯精度0.01mm、S形弯等高精度要求。江苏华富电子有限公司研制的高精度微型连接器级进模，在高速冲床上的冲速可达到2 500次/min以上，寿命可达4亿冲次，接近国外同类模具先进水平。宁波鸿达电机模具有限公司生产的电机铁心自动叠片级进模，使用寿命可达1.5亿冲次以上，技术水平和叠片技术等已接近国外同类模具先进水平。研制的直径0.5m在400t高速冲床上生产的大型铁心片级进模、0.88m方形铁心片带90°旋转的大型精密拼块复合模和直径1.2m定转子片的特大型精密冲模的专业化生产水平和能力处于国内领先地位。广东科龙模具有限公司研制的汽车结构件大型级进模结构新颖，工艺先进，制件形状复杂，曲面深度起伏大，精度要求高，材料厚及强度高。模具水平与国外同类模具水平相当。

专业化的模具企业发展势头强劲。专业化使冲压模具企业创新能力大大提高，技术水平向专、精、优、强方向发展，涌现出许多具有高技术水平的精密冲压模具和新技术。黄山三佳谊华精密机械有限公司的空调翅片 ϕ9.9 × 12 列 ×1 步进精密级进模，提出了“异形切”的简单快速切换方式，能满足 5 类片形的快速切换生产，具备一定的柔性化生产特点，为国内首创，模具水平与国际先进水平相当。厦门特克模具工业有限公司参展的引线框架 37 工位级进模，一模三列，在 12mm × 12mm 内冲制 48 条内外引线腿，最小间距 0.12mm，产品的平面度 0.01mm 内。其高速批量的生产性能和寿命与国际先进水平相当，并获结构创新专利。厦门捷昕精密科技有限公司参展的 TS003 精密弹片级进模，14 工位双列冲制手机侧向开关高精度微型弹片，较好地解决了 0.14mm 微细凸模强度差、易磨损难题；开发了前送后拉送料机构，解决了 0.06mm 超薄料带的送料顺畅问题，高速生产连续运行 150 万冲次无故障。常州展翔精密模具厂参展的 95 空调电机定转子铁心三拼式套冲级进模，其定子铁心由三部分共 13 个部件拼接组合而成，在一副模具上实现了成套冲和微量冲切，技术属国内首创。浙江华锦微电子有限公司参展的集成电路引线框架 42 工位级进模，结构新颖，工艺先进，超过进口模具水平。

综述本次模展，我国的精密冲模总体水平接近国际先进水平，相当一部分精密冲模正在走出国门，参与国际竞争。

三、汽车车身模具

汽车覆盖件模具充分显示了整体实力。本次展会，国内各主要汽车覆盖件模具企业悉数到会，既有龙头企业如一汽模具、东风模具、成飞集成和天汽模具，也有后起之秀如湖北先锋模具、宜宾普什模具、安徽瑞鹄模具、泊头模具团组、潍坊福田模具、湖南晓光模具、上海屹丰模具、上海赛科利模具、上海亿森模具等。模具整体水平明显提高，汽车覆盖件模具企业层次分明，以一汽模具、东风模具、成飞集成和天汽模具为代表的汽车模具领军企业集团，模具水平直逼发达国家汽车覆盖件模具水平，反映出我国汽车模具飞速发展的良好势头。

汽车模具类型广泛、品种齐全，涉及白车身所有关键零件。参展模具类型包括单工序模具、多工位模具、大型结构件级进模等；覆盖了轿车的所有重要冲压件，如左右前翼子板、左右整体侧围、发动机盖内外板、顶盖、行李箱盖内外板、举升门内外板、左右前后门内外板、大型复杂地板、左右纵梁等主要冲压件；涵盖了所有压合包边零件，如发动机盖包边模、车门边包边模、行李箱盖包边模等。参展汽车模具的显著特点是：外覆盖件模具制造技术已经普及。此次参展的模具企业几乎都具备外覆盖件模具制造能力，如瑞鹄汽车模具有限公司为奇瑞轿车制造的整体侧围模具，山东潍坊福田模具有限公司制造的发动机盖外板模具，四川省宜宾普什模具有限公司制造的顶盖模具等都非常出色。由此可见，近两年来，国内汽车模具制造企业在模具品种、档次和质量提升上取得了长足的进步。

多工位模具技术在汽车模具中广泛应用是未来的发展方向，引起了模具行业的普遍关注，广东南方冲压联盟集体展示的汽车结构件多工位级进模具显示了相当的实力。

参展模具结构新颖、技术难度大、创新点多。由于汽车冲压件形状复杂、技术要求高，本次模展出现了很多新颖、巧妙的结构。瑞鹄汽车模具有限公司设计、制造的翻边侧翻边冲孔模具采用了气缸驱动式旋转斜楔，由气缸提供动力推动旋转臂绕旋转轴进行旋转，使与旋转臂一体的成形凸模到达工作位置，进而实现翻边整形等成型动作。该公司的另一副侧围翻边、冲孔模具，采用了镶嵌式子母斜楔机构，大大改善制件整形的质量。山东潍坊福田模具有限责任公司的发动机盖外板翻边整形侧翻边模，在发动机盖前侧、左右侧共三面的侧翻边活动凸模上采用了新颖的“中心滑块驱动活动凸模开花结构”，利用中心滑块内侧异向斜导板使三块活动凸模沿翻边方向运动，实现了同时正翻与侧翻边，结构巧妙，安全性高，制造成本低，使用寿命长。

东风模具冲压技术有限公司设计、制造的侧围斜楔整形斜楔冲孔模，结构紧凑，设计了三处往复斜楔和氮气弹簧压料，确保良好的成形效果。四川省宜宾普什模具有限公司为武汉神龙汽车设计、制造的顶盖翻边整形冲孔模具，通过气动切换机构实现汽车顶盖带天窗零件与无天窗零件共模，采用四工序完成零件冲压制造。该套模具生产可靠性高，零件品质优于同车型法国原厂冲压件。

此次模展，湖北十堰先锋模具、泊头市兴达汽车模具、泊头市京泊汽车模具、亿森（上海）模具有限公司提交了不等料厚激光焊接纵梁模具，说明汽车拼焊板模具技术已经被广泛掌握。

三维 CAD 设计以及成形仿真技术已经得到广泛应用。此次模展，以模具三维设计为代表的汽车模具 CAD 技术和以钣金成形仿真为代表的模具 CAE 技术得到了广泛、普及性的应用。汽车模具三维设计技术由传统的结构设计向虚拟装配、运动仿真、干涉检查延伸。山东潍坊福田模具参展的门板包边模，要求窗口内部三面压合，但由于窗口空间狭小，用一般的预弯机构和普通的正向压合方式难以实现，该模具使用 UG NX 进行三维运动仿真分析，设计出双动压合机构，实现了车门周圈包边压合及窗口内部三面压合。四川成飞集成科技公司参展的行李箱盖内板吊楔修边冲孔模，适应全自动冲压线的生产要求，运用三维设计手段结合干涉曲线进行运动仿真，成功地解决了模具结构与零件冲压中的传送干涉问题。

随着计算机成形仿真技术（CAE）的日趋成熟，在冲压设计阶段使用CAE技术已经发展为各模具企业的标准流程。烟台泰利汽车模具制造有限公司在高温镍基合金板拉延模的制造过程中使用AutoForm软件进行成形分析,效果很好。东风模具在日产轿车前门外板模具补充面设计中,应用CAE技术分析门框沿周边区域及窗口处的塑性变形,判断了模具设计的合理性,缩短了模具调试周期。

大企业优势明显,中小企业急于做大做全。由于汽车模具市场日趋饱和模具价格竞争激烈。大的模具企业采用锁定用户或锁定产品策略。“锁定用户”的大模具厂与汽车整车制造厂有关联,往往具有得天独厚的优势;而其他大模具企业只有想方设法地“锁定产品”,专心于复杂、附加值高的汽车冲压件如侧围、翼子板、四门(前后左右)三盖(发盖、顶盖、行李箱盖)等模具,做精做强。

对于大多数中小模具企业而言,激烈的市场竞争迫使企业从结构件到覆盖件、从普通板料到高强度厚板料来者不拒,急于做大做全。这些企业在模具制造工艺和水平上很接近,特色和优势明显的企业很少,表现出强者不强、弱者不弱,也映射出当今我国汽车模具行业的阶段性特征。

四、铸造模具

压铸模、低压铸造模、重力铸造模仍然是铸造模具制造厂家展台上的主角,铸件品种之广、质量之高和技术的创新亮点都超越以往,集中反映了近年来我国铸造模具朝大型化、复杂化、注重结构设计的合理性和人性化发展的趋势。各企业紧跟国外同行的新动向,努力缩短我国与国外先进工业国之间的差距。作为国内最大的商品铸造模制造基地,宁波北仑地区和象山地区的参展商数量最多,显示出“中国压铸模之乡”和“中国铸造模之乡”的强大优势和实力。

铸造模具大型化趋势明显。随着我国压铸行业大吨位压铸机数量激增,对大型压铸模的需求越来越迫切,相应的模具国内无法配套一直阻碍着压铸业的同步发展。而近年来不少模具企业通过技术改造,购置了大型加工及热处理设备,设计制造水平提高,这种情况得到了初步缓解。宁波北仑辉旺铸模实业有限公司展出的模重53t的“汽车发动机V6缸体压铸模具”、宁波臻至机械模具有限公司和宁波北仑辉旺铸模实业有限公司的模重达50t的“发动机变速器中间壳体”压铸模具,都是安装在38 000~40 000N大型压铸机上使用的超级大型的压铸模。模重20~30t,像汽车自动挡变速器壳体、汽车缸体、电梯踏板、大型载重汽车变速箱等压铸模具也在多个展台上出现。此外,杭州合立机械有限公司展出的由“4114缸体模具”生产的大铸铁柴油缸体,产品体积大、形状复杂。这些表明我国制造大型铸造模的能力和水平有了长足的进步,大型铸造模具国产化率得到提高。

铸件复杂,模具制造难度越来越高。铸件的轻量化要求以及功能的增加,造成铸件形状愈加复杂,尺寸精度和内外质量要求也愈加严格,给模具的制作提出了更高的要求。此次模具展览会上的几副高水平模具引人注目。如广州市型腔模具制造有限公司的重型卡车发动机零件“康明斯大齿轮室压铸模”,模具由2 400个零件组合而成,周边有5个用油缸抽拔的滑块,采用3个方导柱导向,4个精定位元件定位,保证了铸件精度。为满足产品内在质量要求,采用了真空压铸和在模具内设置挤压销技术。采用指形流道设计方案,较好地控制金属液的流向、流量和流速,提高产品质量。模具使用大型活块辅助成型,合理地设计了复杂的温控系统,布置了40条冷却路线、25个分水器,温控部件的零件超过800个;同时在模具上布置温度监测点21个,外接温度值数字显示器,根据实时温度监测的反馈,在压铸机控制端输入参数,实现冷却时间起止与长短的程序控制,从而保证了模具工作时良好的温控能力。宁波鑫达模具制造有限公司的“X90转向器壳体”压铸模,很好地解决了分模选择、细长型芯的冷却和重复定位等问题,现已生产系列的转向器壳体压铸模具,并多套出口到欧洲。宁波合力铸造模具科技股份有限公司送展的“1.8T发动机缸体模具”,采用变截面浇注系统,模具结构上采用了异形芯撑和特殊的芯头结构,解决了冷芯薄壁水套在浇注过程中的变形。该模具用来生产广州汽车集团1.8TS汽车发动机缸体,是一套对国内自主品牌汽车发展作出贡献的成功的铸造模。宁波盛技机械有限公司展示的“齿条壳体”、“变速箱体”压铸件,反映了该公司注重模具制作细节,造工精湛,尺寸精度高,外观轮廓清晰美观。

V形汽车缸体大型压铸模具问世。发动机缸体压铸模具研发和制造难度极大,技术含量极高,产品技术质量指标极严,一直是压铸模制造厂家致力攻克的难题。上届模具展览会“汽车直排四缸压铸模”首次亮相,在行业中引起了关注,时隔两年,国内已有7~8家厂家能够制造该类模具。此次展会宁波北仑辉旺铸模实业有限公司展出的“汽车发动机V6缸体压铸模具”,再次在行业中引起轰动。该模具是国内首次研制成功的V形缸体压铸模具,国外生产过同类模具的厂家也为数不多。模具外形尺寸大(1 935mm×1 850mm×1 690mm),模具重量达53t,加工和装配难度大,产品外形特征多,所需滑块数量多;铸件尺寸530mm×360mm×300mm,有较高的致密性和压铸成品率要求,属大型、复杂、难度大的压铸模。该模具采用双边进料的浇道,各大滑块采用了双油缸抽拔、特殊的滑块摩擦副和后定位结构,保证运行平稳可靠。由于铸件重、热容量大,模具工作温度平衡条件差,因而必须通过多项措施加强模具工作温度的控制。

技术进步提升了行业的整体水平。本次展会,我国铸造模制造产业技术水平有了明显的提升。CAE的应用已从过去只为争取订单回归到发挥其实际技术功能,从客户要求到成为设计人员必不可少的辅助工具。不少企业还建立了本企业的模具基础结构图库、标准件图库、铸机机型图册、铸造工艺参数等资料库,方便工程师在设计时选用典型案例和利用参数化手段实现资源共享,缩短了设计周期。另外,企业在承接模具时从考虑“能否造出”过渡到“能否做好”,“以质取胜”的意念增强,关注延长使用寿命、确保可靠性和稳定性、提高成品合格率以及生产效率,关注模具运行时各参数的监控、反馈及自动调整,使模具更人性化和智能化。企业申报国家专利热情高涨,知识产权保护意识明显增强。

五、快速经济模具与快速成形技术

参加本届展会的快速经济模具技术和快速成形技术的厂商虽然有一定程度的增加,但仍然不多,约有20余家。其中大部分参展商展出的是快速成形技术与快速成型设备,冷冲压快速制模技术比上届有所增加,基本是汽车覆盖件冷冲压快速模具,并已基本从快速模具制造理论阶段、试验阶段转向了汽车车身开发的快速试制。

汽车覆盖件冷冲压快速模具技术。本次展会参展的大型冷冲压快速模具技术,全部是针对汽车覆盖件开发的快速模具技术,主要用于汽车车身设计与同步开发。烟台泰利公司(山东省快速模具工程技术研究中心)展出的铋锡合金快速模具技术、锌基合金快速模具技术以及钢、合金复合快速模具技术,已为国内众多汽车主机厂的车身开发同步服务,技术水平已接近国际先进水平,完全可替代进口。西安交通大学先进制造技术研究所展出的金属电弧喷涂制模技术,是一种基于电弧喷涂、快速原型、数控加工和材料科学技术等的经济、快速的模具制造工艺。它通过电弧喷涂工艺制造模具金属型壳,并通过材料累加方法制造出具有材料梯度、功能梯度结构的模具,是一种近净成形的模具制造技术,可用于制作金属冲压模具、热压成型模具以及塑料模具等。该研究所还发明了金属喷涂和电刷镀相结合的模具制造方法,发明了金属电弧喷涂快速制造汽车覆盖件模具专用机器人。

真空浇注及低压灌注快速模具。真空浇注是一种小批量生产方式,使用聚氨酯材料生产用于原型或者检验功能的产品。即在真空条件下对浇注材料进行脱泡、搅拌、预热、浇注并固化成型。低压灌注是利用快速原型翻制树脂简易模具,然后将改性的聚氨酯树脂在常温、低压环境下注入快速模具内,在常温下快速固化形成产品。深圳殷华快速模具制造有限公司和无锡易维模型设计制造有限公司都展出了这两种快速模具,可根据不同的要求制作成硅胶模具、树脂模具、铝合金模具等,适用于汽车、电子、玩具、医疗、航天等领域各种塑料件的快速制作。低压灌注技术特别适合试制汽车保险杠、仪表盘、车门内板等大型汽车塑料装饰件。

快速原型技术与快速原型设备。快速原型技术是顺应小批量个性化生产而产生的,我国的快速成形技术已应用到先进制造领域和新产品研发领域。材料成型与模具技术国家重点实验室、快速制造国家工程研究中心(教育部快速成形工程中心)、北京殷华激光快速成形与模具技术有限公司等分别展示出了最新的研究成果、研发的设备和快速制造工艺。材料成型与模具技术国家重点实验室发明了振镜式激光扫描系统,实现了激光快速成形制造装备关键部件的国产化;研制成功了高性能低成本快速成型制造用系列材料;解决了大尺寸选择性激光烧结制件易翘曲变形等技术难点,研制出世界最大成型尺寸的SLS装备;发明了小功率光纤和YAG激光直接成型复杂精细金属件的选择性激光熔化(SLM)装备。快速制造国家工程研究中心展出了SPS系列激光快速成形机、SCPS紫外光快速成形机等。北京殷华激光快速成形与模具技术有限公司展出了熔融挤压快速成形系列产品以及激光固化快速成形设备等。

快速成形材料。在本次展会上众多国内外展商展出了快速模具材料和快速成形材料。快速模具的发展始终伴随着先进技术和新材料的发展,互为促进、互为带动。如,亨斯迈(HUNTSMAN)展出了用于模型和模具制作的可加工塑料板材,用于原型和部件生产的光敏树脂聚合物等。

本届模展展出的快速模具及快速制造技术充分反映出快速模具和快速成形技术,已经应用于我国不同领域的工业产品开发,为我国自主品牌开发作出了重要贡献。

六、模具标准件

模具标准件是模具的重要组成部分。本届展览会,参展的模具标准件厂商约80多家,与上一届展会基本相当,美国的IEM、戴顿,日本的盘起工业、三住,昆山优德、大同弹簧,北京世茂,北京永茂,西安1001,天津众鑫,河北三达,武汉东风科尔和镇江船山模架等著名公司参展,众多模具标准件小企业也带来了自己的模具标准件产品。

从本届参展的情况看,国内外模具标准件厂商家都不同程度地加大了新产品开发的力度,力求用新产品提高企业效益,占据更多的市场份额。北京世茂为了满足用户大幅度提高侧冲机构使用寿命的要求,开发了菱形定位的“下置式”侧冲机构,将传统的滑块和下底座用钩扳组装在一起,依靠凸V形的自动导向和钩扳的导向使侧冲机构更加可靠,精度达到0.01~0.02mm,使用寿命超过100万次。天津众鑫公司设计开发的复合折边机构,其翻边机构采用双滑轨、双驱动结构,将传统的预翻边、翻边保压两个动作集合在一套翻边机构上完成,缩小了翻边机构的结构尺寸,简化了翻边模的装配和调试过程,取得了良好的经济效益。氮气弹簧是重要的模具标准件,湖北十堰兴升公司展出了研制的氮气弹簧产品,品种和规格已比较齐全。常州东力公司、湖北邵阳兴达公司也展出了氮气弹簧产品。氮气弹簧国内实现自主研制，促使其价格明显下降，打破了国外模具标准件厂商对这一产品的垄断。

国内外模具标准件厂商为了应对铜等原材料的涨价，现大部分已采用了工作表面烧结铜、钼粉末，爆炸焊接的方法有效降低了产品的成本。盘起工业（大连）有限公司展出了用爆炸焊接的方法将3mm厚度的铜板焊接在钢基体上，导板的强度高，使用效果和铜导板完全相同，单价下降30%左右。近几年，模具标准件的价格不断下降，而原材料又在不断涨价，模具标准件厂商受到了双重的压力，改进工艺技术、提高生产率已成为标准件企业的共识。

模具标准件生产厂随市场变化调整产品结构，专业化生产。此次展览会，除几家大公司的展品种类比较齐全外，众多小公司为了适应模具市场变化的要求，都不同程度地调整了产品结构，选择强项产品，专业化生产，力争提高产品质量，降低生产成本，缩短交货周期，满足用户的要求。以冲切类为主的昆山优得，以侧冲机构为主的天津众鑫、河北三达、北京世茂、北京永茂和以生产北美汽车标准件为主的武汉东风科尔都给人们留下了很深的印象。这些公司侧重发展自己的特色产品，实现专业化生产，在模具标准件市场的竞争中占据主动。

模具标准件快速向3D转变。这几年，模具标准件企业为提高生产率，降低生产成本，使模具标准件的一致性、互换性满足模具制造的要求，大量采用数控加工、电加工等设备和特殊表面处理、真空热处理工艺，铸件采用实芯铸造，有力地推动了模具标准件生产技术的进步和产品质量、档次的提升。为满足模具设计的要求，模具标准件企业向模具用户提供3D标准数模，减少了模具设计的工作量，缩短了模具设计周期。

模具标准件市场竞争激烈，小企业面临困难。在模具标准件高度市场化的情况下，有技术和资金实力的模具标准件企业为了占领更多的市场份额，加大投资规模，引进先进设备，扩大生产规模；此外，提高专业化程度，专注于某几类模具标准件；利用自身在模具用户比较关注的价格、交货周期、质量、售后服务、销售等方面的优势抢占市场。但模具标准件小企业的生存压力很大。

尽管我国的模具标准件技术水平这几年进步较快，质量有了很大的提高，模具新品增加较多，已经基本可以满足我国模具工业发展的要求，但还存以下问题，应引起足够重视。

我国模具标准件标准的编制、修订滞后于模具工业的发展。模具标准件市场上采用的标准比较多，日本和欧美几家著名的标准件厂商的标准已占据主导地位，应加快国外精密模具标准件的国产化推进工作，积极制定相应的国家标准、行业标准。

努力培育创建我国自己的模具标准件品牌是必须考虑的问题。许多国内的标准件企业为适应市场而依照别人的标准进行生产，难以形成自己品牌，致使高端模具很少采用国产模具标准件。国内标准件企业做大、做强，需要有自己的知名品牌，培育自己的知名品牌需要企业、政府、模具协会的共同努力。

技术含量较低的模具标准件占比偏高。当前，各模具标准件企业拥有了一定的自主开发能力，但技术含量不高，结构先进的模具标准件基本是参照国外的标准生产。本届展会上，低技术含量的模具标准件占比和上届展览会相比，相差不大，本届“精模奖”的申报数量下降也说明模具标准件的创新和研发工作仍是我国标准件的薄弱环节，亟待加强。

七、模具材料

本届展览会，模具材料参展商的数量超过历届，达到40余家，其中包括十余家国内外较知名的模具材料生产企业，基本反映了当前国内外模具材料的发展状况。

新型模具钢的开发又有新进展。在本届展览会上，一些企业根据应用需求，通过调整成分或改进工艺，开发了一些具有特殊使用性能的新型模具钢。

在压铸模具钢方面，针对压铸模具78%为龟裂（热疲劳）失效、8%为开裂破坏的统计结果，日本大同特殊钢株式会社通过优化成分配比，采用电炉+炉外精炼和均质化热处理工艺，开发了DHA—WORLD压铸模具钢，改善了钢中碳化物，特别是粗大碳化物和非金属夹杂物的形态和分布，钢的质量达到了电渣重熔（ESR）的品质，提高了韧性（夏氏冲击值大于20J/cm^2），改善了压铸模具的热龟裂问题，降低了开裂破坏的机率。与经电渣重熔的SKD61（相当于AISI H13）相比，DHA—WORLD的淬透性、韧性、抗热龟裂性和抗回火软化能力都有所提高，热处理变形也小，适用于大型铝、镁合金压铸模具。该公司还推出了DH31—EX和DHA—Thermo两种钢，其中DHA—Thermo的导热率高，可降低模具的表面温度，粘附性得到改善，适用于有冷却孔的中小型压铸模具。日立金属株式会社致力于减小材料的纵向和横向力学性能的差异，开发了DAC—MAGIC热作模具钢。与SKD61钢相比较，该钢的高温强度大，耐热疲劳性能优良，可延迟热疲劳裂纹的产生；具有较强的耐应力腐蚀开裂的能力，可以防止模具在冷却孔出现开裂。法国奥伯杜瓦公司推出的SMV4S钢具有耐磨性高、抗高温氧化性好的特点。

在塑料模具钢方面，德国斯穆—碧根柏特种钢材集团推出了该集团Formadur PH × Supra高镜面时效硬化不锈钢。该钢精炼后再经真空或电渣重熔，达到了高纯度和细晶粒，时效后硬度可达37～42HRC，耐磨性和镜面抛光性优良，适用于注塑模和高级车灯模具。日本大同特殊钢株式会社在NAK80的基础上，改进推出了NAK—PRM镜面塑料模具钢。该钢镜面度可达10 000目，耐蚀性优良，韧性高，预硬硬度可达 37 ~ 43HRC，适用于液晶面板、摄像机、化妆品容器、透明罩、透明胶片等模具。

在冷作模具钢方面，大同特殊钢株式会社开发的 DC-MX 钢，不仅硬度高、韧性好，而且耐磨性好、热处理变形小。德国斯穆—碧根柏特种钢材集团推出的 FlnklS7 钢，是一种高强度、高耐磨铬钼钢，热处理方便、不易变形，可用于制造冷冲压模具，也可用于制造某些塑料、热作模具。上海大学和宝山钢铁股份有限公司特钢事业部合作开发了冷作模具钢 SDC90 和 SDC99，可以替代大同 DC53 钢。

降低材料成本、提高性能价格比成为先进模具钢生产企业新型模具钢开发的重点。日立金属株式会社、大同特殊钢株式会社开发了 DAC—MAGIC 热作模具钢、HPM—MAGIC 和 CENA1 塑料模具钢、DHA—WORLD 压铸模具钢。日本高周波钢业株式会社针对高强度钢板冲压模具的使用要求，在 SKD11（相当于 AISI D2）的基础上，调整成分，开发了 NOGA 冷作模具钢。该钢种一次碳化物均匀细小，与 SKD11 相比，价格低、抗划痕性好、模具出现崩裂的可能性小、可焊性好、热处理变形小、切削性能优异。

近年来，国内模具钢生产进步很大。国内许多钢厂在批量生产国际上通用性强或性能优良的钢种，如 4Cr5MoSiV1（相当于 AISI H13）、3Cr2Mo（相当于 AISI P20）、10Ni3MnCuAl 、Cr12MolV1（相当于 AISI D2）等，4Cr5MoSiV1、3Cr2Mo 的生产和使用量相对较多，研究改进工作也较深入。宝山钢铁股份有限公司特钢事业部采用电炉熔炼（EF）+ 钢包精炼微调成分（LF）+ 真空脱气精炼（VD）以及多向锻造工艺，生产 SW718（相当于 AISI P20 + Ni）大型预硬化模块，用于制造汽车保险杠等大型塑料模具。当其厚度达 1 200mm、宽度 1 500mm 时，仍然能够保证心部硬度与表层硬度均匀一致（30 ~ 36HRC）。在本届展览会上该公司展示了一块凹型汽车保险杠大型模具坯料和一块 2 300mm × 1 000mm × 1 300 mm的 SW718H 预硬化模块。东北特钢集团抚顺特殊钢股份有限公司批量生产 10Ni3MnCuAl，年产量近千吨；该公司还生产 Cr12MolV1 薄板和中厚板，ϕ703mm Cr12MolV1 锻件，探伤级别可达欧洲标准 E/e 级。另外，Cr8Mo2VSi 钢（类似于大同 DC53）也在该公司实现批量生产。

本届展览会反映出国产模具钢与进口模具钢的差距。总体来看，国外一些知名的模具钢生产企业在生产手段、品种规格、系列化程度、售后服务以及开发新钢种的意识和效果上仍有明显优势。国产模具钢系列化程度和质量稳定性不高的状况仍待改善；性能优良的模具钢的生产和应用的比例仍然偏低，多数新钢种的应用量仍然不大，缺少有效的推广销售手段，售后服务待改进；还有待开发具有特殊使用性能的新钢种。改进和完善上述不足，仍将是今后一段时期内我国模具钢发展的主要任务。

八、模具 CAD/CAM/CAE 技术

模具 CAD/CAM/CAE 是改造传统模具生产方式的关键技术，是一项高科技、高效益的系统工程。模具 CAD/CAM/CAE 技术能显著缩短模具设计与制造周期，降低生产成本和提高产品质量已成为模具界的共识。

从申报第十三届国际模具展“精模奖”的 130 多副塑料注射模的技术资料中可以看到，绝大部分模具企业已在模具设计中使用三维造型和二维绘图的 CAD 技术，数控加工技术 CAM 也已得到广泛使用，CAD/CAM 技术在模具行业中已产生了显著的社会和经济效益。

相当多的企业在模具设计时使用了 CAE 技术。这些企业采用计算机模拟软件，分析塑料熔体在充模、保压和冷却阶段的行为来优化模具的浇注系统、冷却系统和工艺参数，采用应力和翘曲分析软件预测和减少塑料制品成型时可能产生的变形，产生较好的成效。

近几年来，CAD/CAM/CAE/PDM 技术发展很快。

英国 Delcam 公司提供的 CAD/CAM 软件集设计、制造、测量和管理为一体，其系列软件已广泛应用于模具的设计和制造。如 Delcam PowerSHAPE 是三合一的混合造型 CAD 设计系统，它集实体、曲面、三角形造型建模于一体，系统提供了完整的线框造型、曲面造型和实体造型工具，可广泛应用于模具设计和加工模型修整准备中。Delcam FeatureCAM 是基于特征、基于知识的智能型 CAM 系统，基于知识的加工功能组合加速了从设计到制造的全过程，使数控编程更方便，管理更有效。

加拿大 PolyWorks 公司的系列软件包括检测模块和模拟模块。检测模块通过引入和完善全新的点云数据计算技术，可以将高密度 3D 扫描仪转化为实用的测量仪器，模拟模块能够将点云扫描设备和三角化模型、曲面模型和实体模型完全协同起来，做到 CAC/CAM 的关联和互动。

我国的益模软件公司是一家专业从事模具、工装、非标等单件小批量类型生产企业信息化技术研究、开发与应用的软件公司。这次展示了 eMan 和 MoldDM 两款软件。eMan 用于生产管理，包括模具厂的主计划管理、设计管理、工艺编制管理、车间生产优化调度、物料管理、车间实时监控和统计分析。MoldDM 用于模具的结构设计，其特点是在模具 3D 设计完成后可全自动、高效率地生成 2D 的结构和图形，能显著提高模具的设计效率和质量。

华中科技大学材料成形与模具技术国家重点实验室开发的注塑成型模拟软件“华塑 CAE”、铸造成形模拟软件“华铸 CAE”和板料成形模拟软件“FASTAMP”又有新进展，无论在软件的功能还是水平上都有很大的提升。华塑 CAE、华铸 CAE 和 FASTAMP 作为我国模具行业具有自主知识产权的国产优秀模具软件的代表，已越来越得到模具界广泛的应用和好评。该公司的研究重点是微宏观分析相

结合，数值计算和人工智能相结合，目标是将模拟软件由传统的被动式计算工具提升为主动式优化系统。

上海交通大学的模具 CAD 国家工程研究中心也展示了其在 CAD/CAM/CAE/PDM 方面的研究成果。该中心在机械产品结构和材料加工过程 CAE 分析与工艺优化方面的成果十分显著。机械产品结构 CAE 的成果包括机械产品的强度分析、振动分析、疲劳寿命分析、冲击与碰撞分析、多体动力学分析和多学科优化。材料加工过程 CAE 的成果包括金属冷温挤压成形工艺分析、金属热塑性成形工艺分析、板料成形工艺分析、注塑成型工艺分析和铸造成形工艺分析，均得到了广泛的应用。

九、我国模具的发展趋势

从模具国家级新产品的评审推荐以及第十三届中国国际模展来看，我国模具技术发展显示出以下一些发展趋势：

(1)模具整体水平继续向大型、精密、复合方向发展。近几年，模具中的高端市场由替代进口转向开始出口，向发达国家市场拓展。国内模具技术发展迅速，大型精密模具水平节节攀升，大型模具、精密模具、大型汽车结构件冲压级进模、先进新型复合模具以及复杂多功能模具等纷纷涌现，引领国内模具技术飞速发展。

(2)创新依然是模具企业提高核心竞争力的关键。模具技术的特点注定创新能力是模具企业生存的关键。本次模展出现的大量新结构、新方法、新工艺以及新技术已经成为我国模具技术发展的新动力，许多新结构、新方法、新工艺以及新技术处于国际领先水平，必将形成我国模具技术新的核心竞争力。

(3)模具信息化技术不断突破，模具成形过程的在线智能化控制成为模具发展的里程碑。继上届模展出现的模具生产过程中的温度控制、熔接痕控制、流量控制、冷却过程控制等模具信息控制应用技术，本届模展出现了塑料膜成型过程在线控制、压铸模成形过程在线控制、冷冲模成形过程在线控制等一大批成形过程在线控制模具。这种模具成形过程的在线智能化控制必将成为我国乃至世界模具发展的里程碑。

(4)模具企业开始由制造型向制造服务型转变。随着市场需求的变化以及竞争的加剧，单纯的模具设计制造模式已经不能满足市场竞争的需要，部分企业已经开始主动配合产品生产企业，参与产品生产企业的研发、设计和生产服务，提供全过程的模具、工装甚至产品服务。

(5)模具产业集群优势凸显。经过多年的发展，模具产业的集群效应已在本届展会上显现，以昆山模具城为代表的模具产业集群，无论从企业规模还是技术水平上都显现出模具产业集群的成效，说明模具产业集群是模具发展的有效途径。

(6)专业化发展仍然是模具企业的必由之路。本届展会，许多专业化模具企业因其专、特而发展迅速，直追国际先进水平，但是大多数模具企业还是“大而全”、“小而全”。必须努力发展自己的专有模具技术，形成核心竞争力，使企业在未来的市场竞争中占有一席之地。

(7)精密冲裁模具任重而道远。本届展会，国际主流精冲模具企业没有参展，国内参展的精密冲裁模具主要是将精冲工艺与冲裁工艺相结合的冲压模具，与国际先进水平相差甚远。精密冲裁模具还是国内模具技术的短板。

综上所述，随着我国先进制造业的发展和制造业的国际化，我国模具行业正在由进口替代转向出口，技术水平快速与国际接轨。但国内市场竞争日趋白热化，已经严重影响了模具企业的生存。种种迹象表明，模具行业面临重新洗牌的问题，模具企业必须认识和充分重视核心竞争力的形成，利用模具产品的专业化和差异化发展，为产品企业提供更好的服务。因此，创新能力是模具企业生存的关键，专业化发展是模具企业的必由之路。

〔撰稿：第十三届中国国际模展评定评述专家组〕

企业形象展播

勋辉企业 XUNHUI ENTERPRISE

企业简介 Enterprise Introduction

宁波勋辉电器有限公司成立于1985年，是一家集模具设计制造及铝、锌、镁合金零件压铸、精密机械加工、表面处理为一体的专业制造公司，为汽车、电动工具、燃气用具、纺织机械等行业提供各类精密压铸模具、压铸零件及精密机械加工零部件，是国际著名公司德国博世、德国西门子、美国天合、德国大陆、日本松下、德国贝尔、美国博格华纳、美国唐纳森及中国香港创科等指定配套供应商。

勋辉企业，坐落在宁波市北仑区，毗连宁波北仑港，紧靠同三高速公路入口，公司占地面积45 000余m^2，厂房建筑面积35 000余m^2，拥有各型国际著名品牌压铸设备20余台，高速、高精度加工中心、数控车床200余台，高精度电加工机床、表面处理设备、其他精密专用设备200余台。公司拥有5台高精度三坐标测量机、光谱摄制仪和其他各类精密计量检测设备。

公司通过了ISO9001：2008和ISO/TS16949：2009质量体系及ISO14001：2004环境体系认证，并以其为基础，建立了现代化企业管理制度。公司拥有省级研发中心，依托技术创新，以产品“做精做专”为理念，致力于成为行业的领先者，坚持“零缺陷”的质量原则和“以质量求生存，以信誉求发展”的经营方针，于2008年成为国家认定的高新技术企业，是宁波市“模具和铝压铸行业”综合实力、发展速度均领先的企业之一。

企业的发展需要良好的环境和机遇，需要先进的管理理念，更需要优秀的员工队伍。勋辉公司始终坚持“以人为本，不拘一格”的用人机制，为人才提供充分发展的机会和施展自我才华的舞台。“以诚相待，共同发展”的人性化管理理念使企业的凝聚力不断提高，成为持续发展的行业领先者。

Founded in 1985, Ningbo Xunhui Electric Appliance Co.Ltd. is an enterprise that integrates mould design, mould manufacturing, Aluminum alloy, Zinc alloy and Magnesium alloy casting, surface treatment and finish machining. Xunhui supply various precise die-casting mould, die-casting and machining parts for power tool, automobile, gas outfit and textile machinery. It is also the authorised supplier of the famous international companies like BOSCH、SIEMENS、TRW、CONTINENTAL、PANASONIC、TTI、BEHR、BORGWARNER、DONALDSON, etc.

Xunhui Enterprise, locating at Ningbo Beilun Science & Technology Park. It is closing to Beilun International port, and is nearby entrance of Tongsan Expressway. The company covers a ground area of over 45,000 square meters, building area of workshop over 35,000 square meters. It has 20 sets of international famous die casting equipments, 200 sets of high speed & precision CNC, another 200 sets of surface treating and high precision special equipments as well as 5 sets of high-precision CMM, spectrograph, and other precision measuring and testing devices.

Xunhui has got quality system certification ISO9001:2008、ISO/TS16949:2009 and environment system certification ISO14001:2004. Besides these certifications, it has also established modern enterprise management system, enjoyed provincial R&D center that depends on the technical innovation, insisted on improving the product quality, is dedicating to become the industrial leader. It persists in “Zero Defect” quality principle and believes in the management principle “living on quality and developing on credit”. In 2008, it became High-Tec enterprises of the country. It is now one of stronger enterprises that enjoy rapid development in “mould and aluminum die-casting” industry of Ningbo.

The development of an enterprise depends on good environment, opportunities and advanced managing concept, furthermore, it requires a group of excellent staffs. Therefore, adheres to the HR system of “People foremost, giving people free space to develop.”, Xunhui Company broadly absorbs excellent people and fully provides them developing opportunities and a stage where they can show themselves. The humanistic managing concept of “treating others with all sincerity, achieving mutual development” continuously enhances the unity of our enterprise, and making the company as a leader of this industry characterized by continuous development.

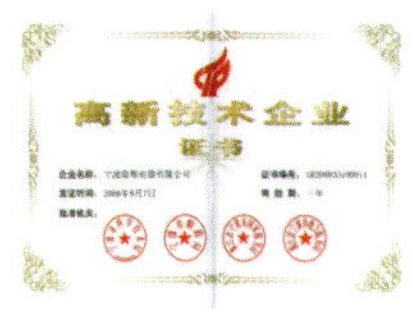

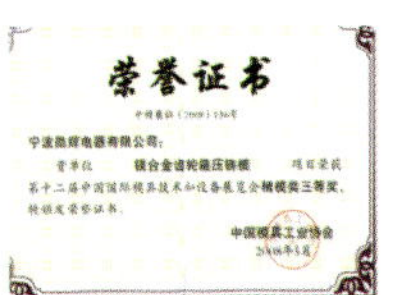

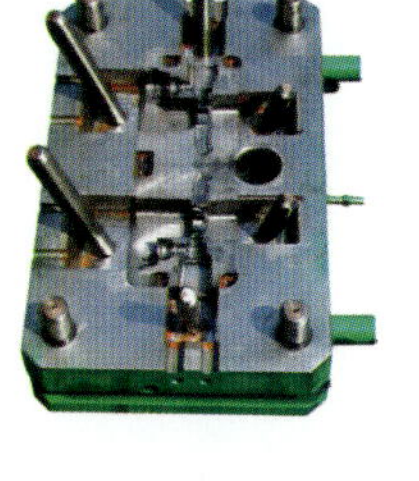
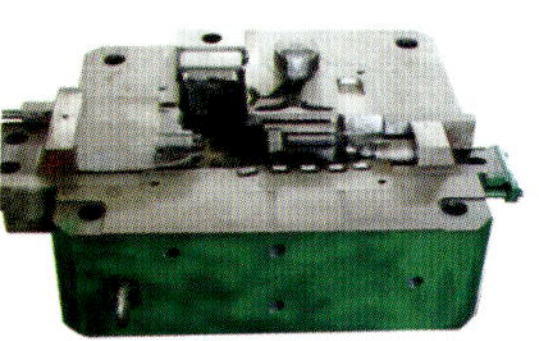

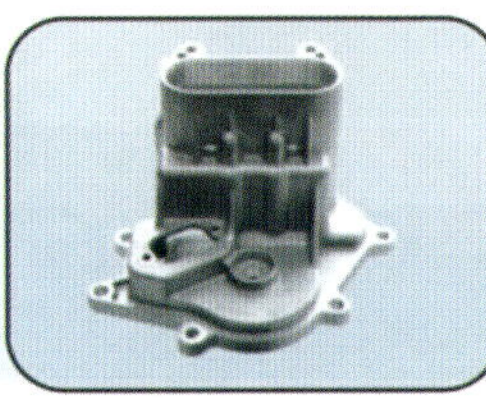
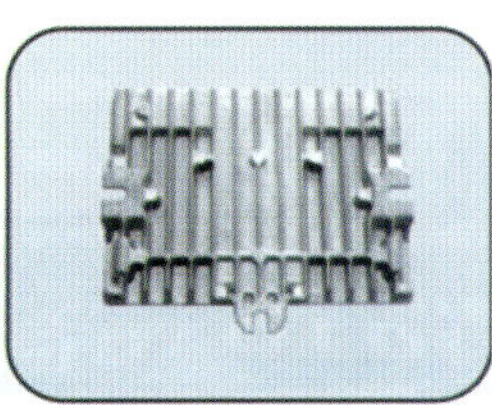

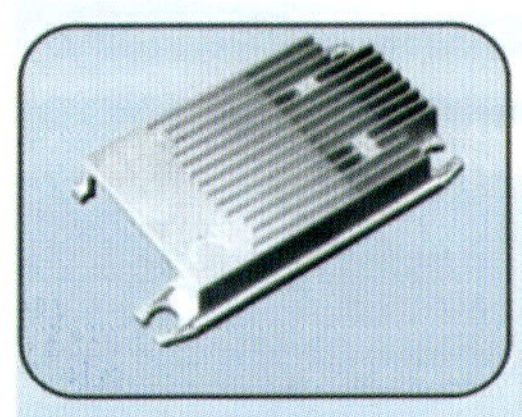
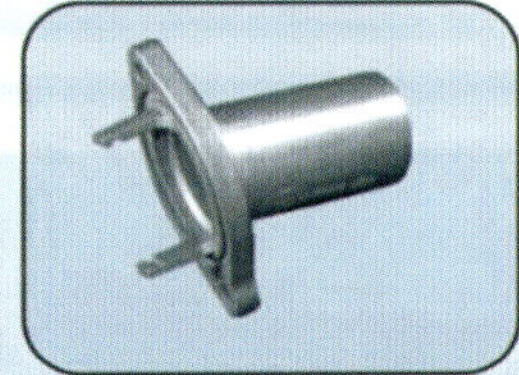
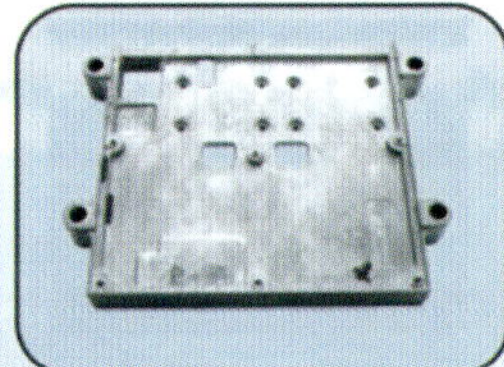

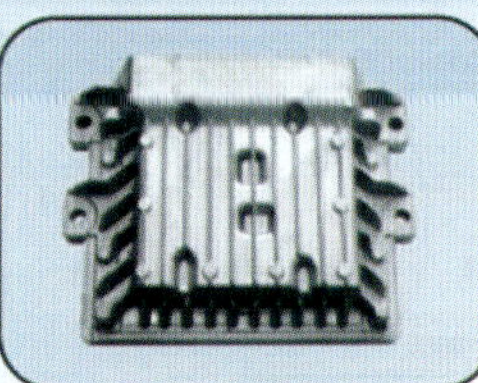

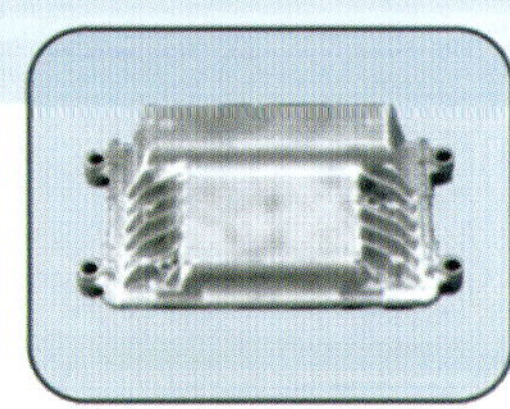

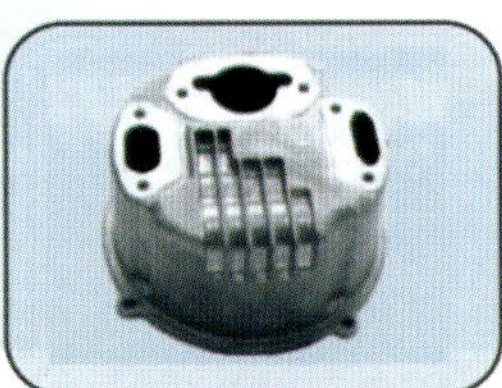

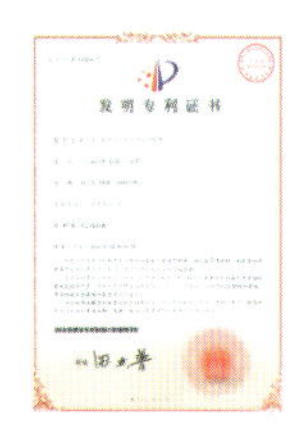

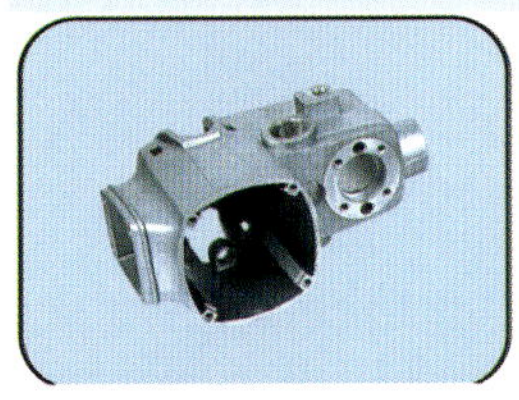
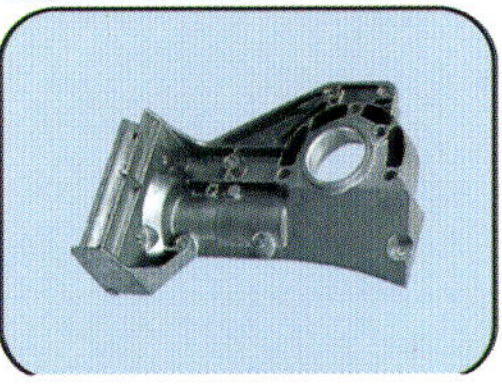
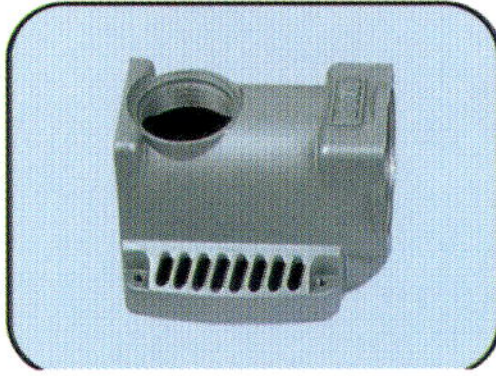
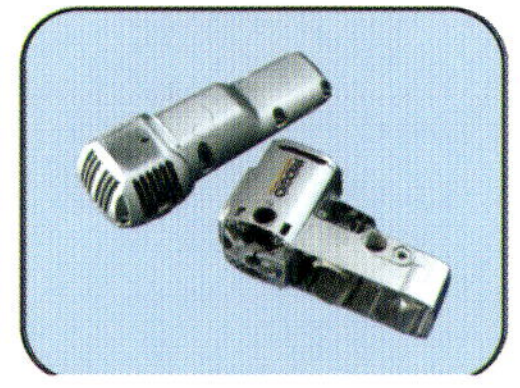
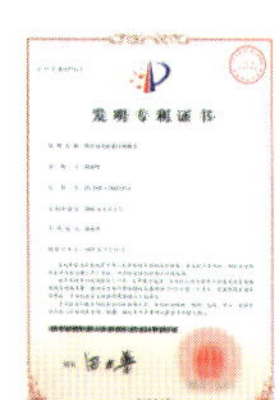

地址：浙江省宁波市北仑科技园区钱塘江中路498号　　邮编：315800
Add: 498 Qiantangjiang Middle Road, Beilun Science and Technology Park, Ningbo, China P.C.:315800
电话(Tel)：总机(switchboard) 0086-574-86813263 / 市场部(Marketing Dept.) 0086-574-86813260　传真(Fax)：0086-574-86813261
http://www.nbxunhui.cn　　E-mail: Xunhui@nbxunhui.cn

ZHONGYU MOULD

以人为本 追求卓越

宁波中誉模具有限公司系2000年与台湾中誉公司合资组建。公司坐落在东南沿海港口城市宁波北仑，专业从事铝、镁合金压铸模具的研发、设计与制造，并实现了ERP信息资源管理。

公司以科技为先导，纵深企业文化，注重客户需求的个性化分析，拥有以CNC数控加工中心、电脉冲、数控线切割机床、穿孔机、超声波损磨机、三坐标测绘仪、合模机、雕刻机等为基础的模具专业生产线，全面运用CAD/CAM/CAE进行模具设计研发，运用美国FCOW-3D软件进行热平衡流道分析。2003年通过了ISO9001质量体系认证。

烟台泰利汽车模具制造有限公司

Yantai Taili Automobile Tooling Co.,Ltd.

烟台泰利汽车模具制造有限公司(原烟台机械工艺研究所)是专业从事汽车车身覆盖件、内饰件模具及各类冷冲压模具的设计、制造与技术开发的模具生产企业。公司是山东省高新技术企业，已通过ISO9001:2008、TS16949质量管理体系认证，曾多次获得国家发明奖、科技进步奖及省、部级科技进步奖、并三次获得国际模展精模奖一等奖、模具设计制造优质奖，是我国模具行业较早从事汽车模具技术研究与开发的单位之一，为我国汽车工业的发展特别是我国自主品牌轿车工业的发展作出了重要贡献。

数控车间

冲压车间

机器人焊接生产线

车架焊装线

YANTAI TAILI 烟台泰利

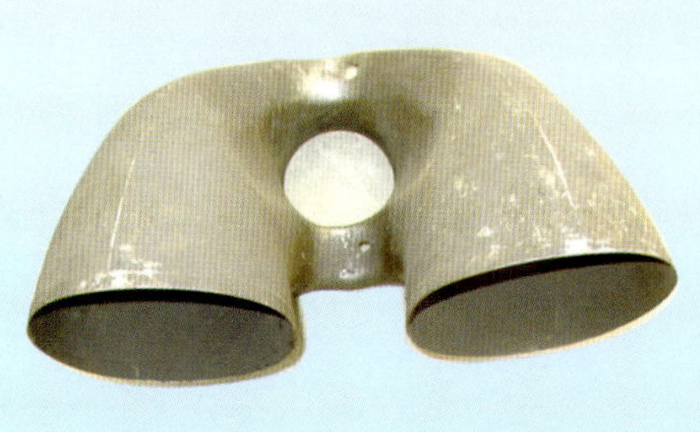

为我军某型号直升机研制的发动机喷流口模具及制件

承担了国庆引航车（东风猛士）全部外覆盖件模具及冲压件供应的任务

荣获国际模展精模奖一等奖

设计室

国庆检阅车

为60周年大庆检阅车制作的HQE主车架

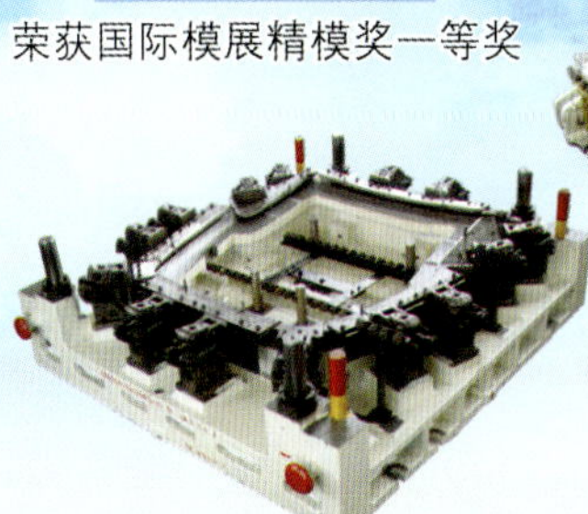
后背门包边模

后背门内板拉延模

获得一汽集团四大优秀供应商嘉奖

地址：山东省烟台市烟台高新区创业路42号
邮编：264670
电话：0535-5521018、5521009
传真：0535-5521020
E-mail:Tooling-163@tom.com
E-mail: Info@yt-taili.com
http: //www.yt-taili.com

四川集成天元模具制造有限公司

四川集成天元模具制造有限公司（原四川天元模具制造有限公司）创建于1993年，是一家以模具制造为主业的民营股份制企业，地处成都市青羊区日月大道一段，交通便利、环境优美。

公司占地面积6.67万m^2，其中厂房面积约10 000m^2。现有资产总额约8 000万元，拥有各类设备146台，其中用于模具制造的设备约50多台（其中数控加工机床11台），2010年销售收入约8 290万元（其中模具销售收入6 897万元）。公司现设有6个部、1个室：制造一部（模具与工装制造）、制造二部（汽车零部件制造）、工程技术部、市场部、质量管理部（下设2个检验室）、财务部、公司办公室。公司拥有一支技术水平较高的员工队伍，现有职工215名，工程技术人员40多人，其中高级技术人员10人，中级技术人员12人；拥有各类计算机工作站30台（套），采用UG、CATIA等先进的三维工程设计软件，模具设计采用三维设计技术，整个制造过程全面采用CAD/CAM/CAE、CAPP技术，管理采用ERP系统对制造过程进行系统的管理和成本核算。

公司主要产品有两大类：一类是汽车冲压模具、检具和焊装夹具等工装类产品，其中又以汽车覆盖件、结构件模具为主；另一类是汽车冲压件和汽车座椅铁件等冲压、焊接类产品。公司成立以来长期为长安汽车集团、长安福特、长安铃木、四川一汽丰田、奇瑞汽车以及意大利、瑞士等多家汽车制造厂商进行模具和产品的配套服务。2010年完成了60万美元瑞士立达出口汽车模具项目。

2011年，公司新建12 000m^2的厂房，新增1～2台进口高速数控龙门铣床和3台大型压机，重点加强和扩大了模具制造能力，以形成年销售收入上亿元的模具制造能力。

公司按照ISO9001质量体系的要求建立自己的质量管理体系，并配置了专职的质量管理和检验人员，并在2002年就已通过了ISO9001质量体系认证；新厂区建成后，还将完成环境体系的认证工作。公司在与客户的长期合作中，坚持“用户第一、质量第一”的服务理念，在与几十个厂家的合作中也得到了用户的支持、帮助和肯定，并享有较高的信誉。

地址：四川省成都市青羊区日月大道一段867号
邮编：610091
电话：028−87460135
传真：028−87466274

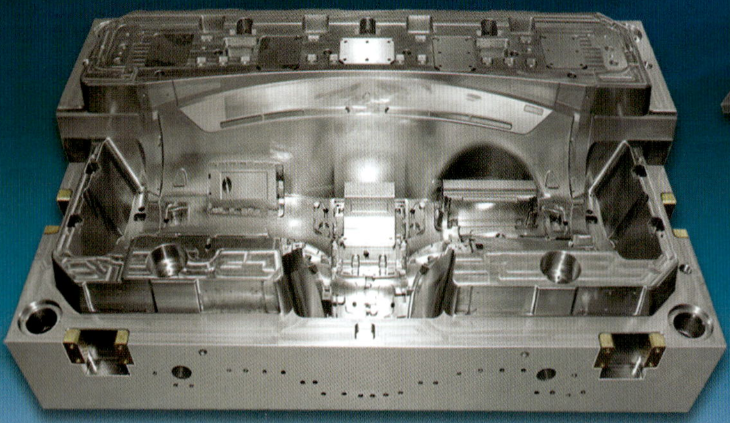

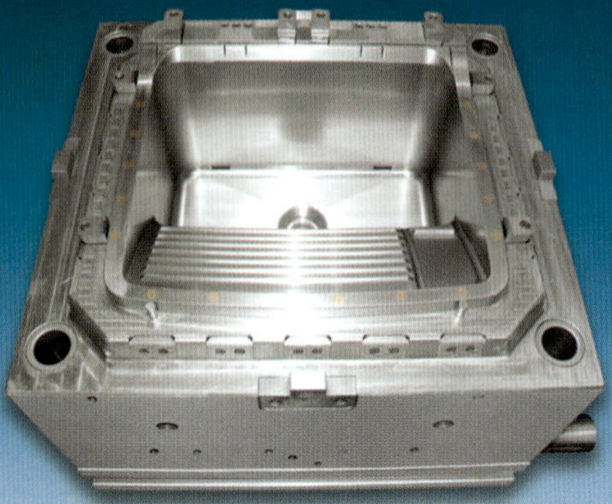

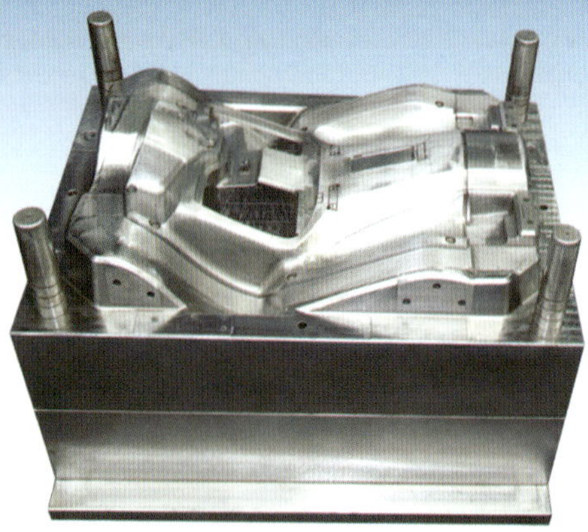

SOOT 索特冲压件
SUOTE STAMPING WORKS

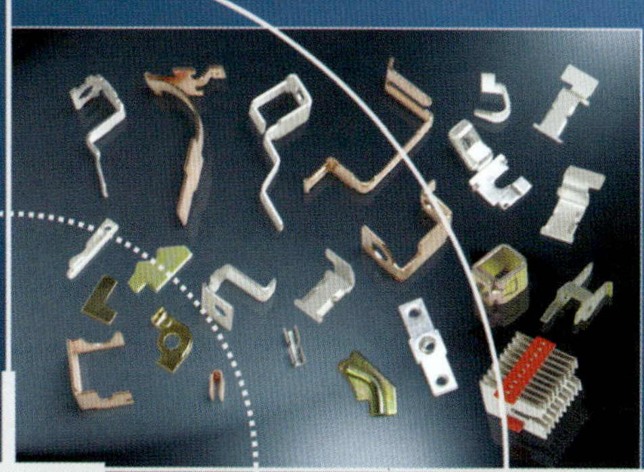

无惧考验 源于专业……

Http：//www.chinasoot.com

浙江索特电气有限公司
ZHEJIANG SUOTE ELECTRIC CO.,LTD.

地址:浙江省乐清市七里港镇楼下工业区
电话(Tel):0086-577-62677888　62675788
邮编(P.C.):325605
传真(Fax):0086-577-62677000

浙江索特电气有限公司是国内专业生产各种冲压件系列产品的现代企业。
专业致力于小型断路器冲压件及漏电开关、电子配件、汽车配件等其他冲压件系列产品的研制生产。
公司年生产产品超亿万套，成为目前国内规模领先的电器冲压件生产基地之一。
公司技术力量雄厚，引进国内外先进设备，现有员工200多人，工程师、技术人员30余人，
建立了一套专业化、自动化、配套化的硬件设施，实现了集模具研发、设计、制造、
服务为一体的现代化专业生产企业。
为扩大公司对外出口贸易份额，公司在安徽芜湖投资兴建出口生产基地，占地面积39 800 m^2，
为产品走出国门、走向国际奠定了坚实基础。
公司坚持以“一流的产品，一流的管理，一流的服务”致力于企业的长期发展。
面对新时代的挑战，我们愿与广大新老用户携起手来，与时俱进，开拓创新，共创和谐美好明天。

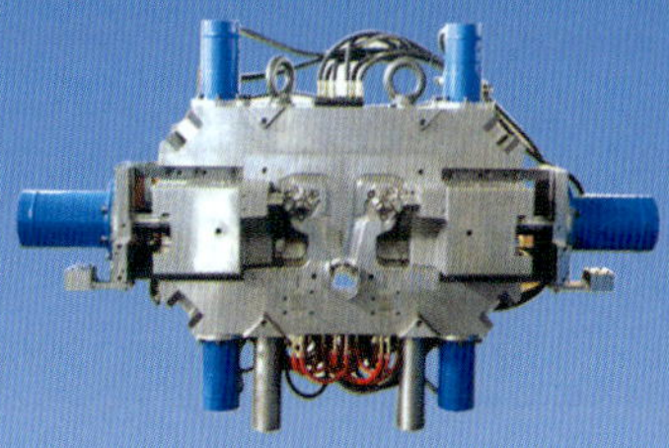

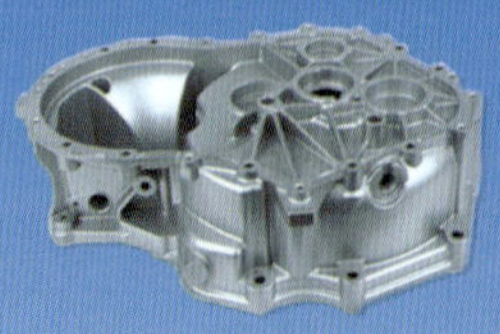

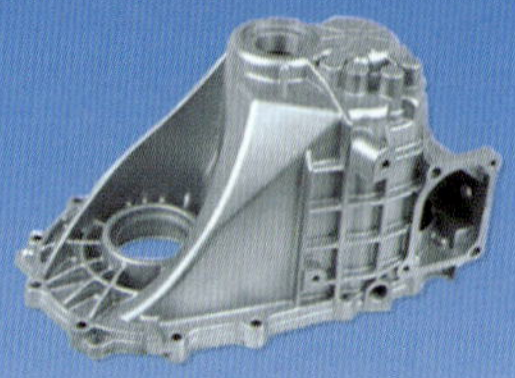

宁波臻至机械模具有限公司

ZDM(zhen zhi) Machinery & Mould CO.,Ltd.

车间一角 德马吉加工中心 慢走丝机 牧野高速铣床 布朗夏普三坐标测量仪

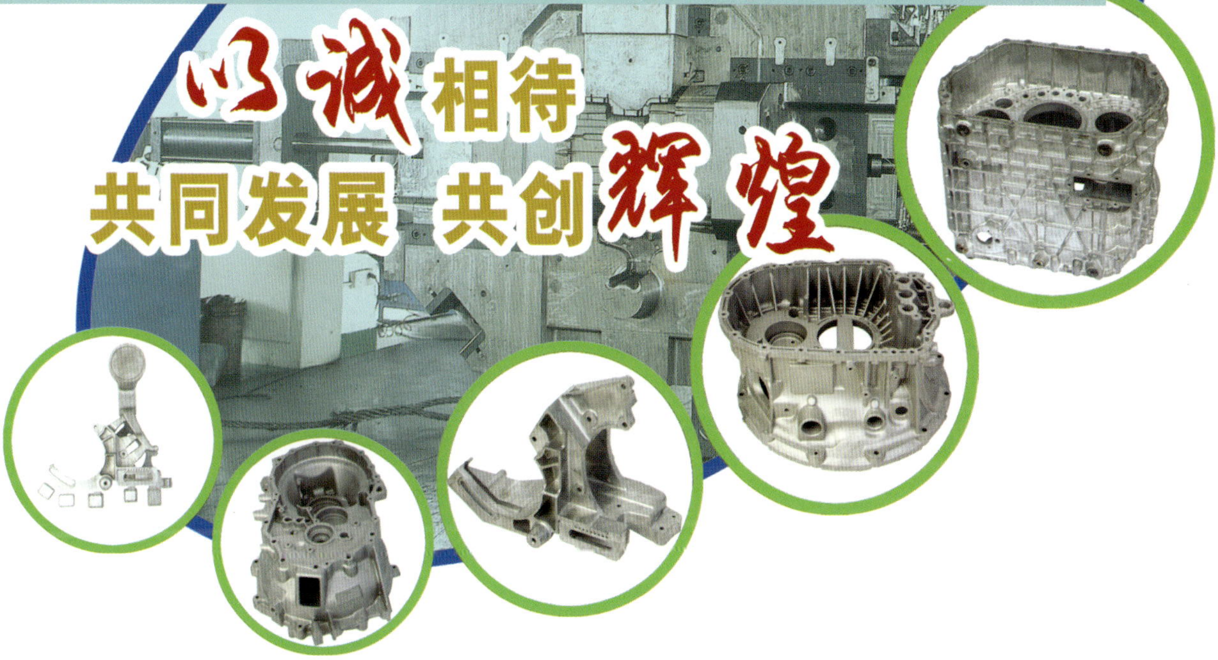

以诚相待 共同发展 共创辉煌

宁波臻至机械模具有限公司创建于1999年，是一家集模具设计、制造、销售为一体的中外合资企业。公司主要生产汽车零部件、摩托车零部件、通信部件等精密压铸模具，部分模具出口到意大利、日本、美国、印度、马来西亚、乌克兰等国家。为促进公司进一步发展，公司于2010年成立压铸部，引进400t、500t压铸机2台。

臻至公司坐落于宁波市北仑区汽配工业园区内，占地面积13 300m²。目前拥有员工100多人，其中技术人员35人。公司引进各类国内外先进设备，其中包括高速加工中心11台、高精度电火花机8台、线切割机12台、合模机2台、其他专用设备30余台，还拥有美国布朗夏普三坐标测量机和其他精密计量设备。公司使用国际先进的模流分析系统，CAD/CAM/CAE等各类二维、三维设计软件。

臻至模具热忱欢迎广大国内外客户来访、来函洽谈合作。

联系人：张群峰
手 机：13906693902
地址：浙江省宁波市北仑区汽配工业园区天龙山路26号
电话：0086-574-86108368-8011
传真：0086-574-86108378
http://www.nbzhenzhi.com
E-mail:sales@nbzhenzhi.com

泊头市金键模具有限责任公司

泊头市金键模具有限责任公司成立于1997年，是以开发制造大、中型汽车模具为主的专业企业，是中国模具工业协会会员单位、河北省汽车模具行业先锋企业。公司占地面积3万多m^2，建筑面积2万多m^2，生产作业面积9 600多m^2，员工近300人，其中有大、中专学历的100余人，专业技术人员47人，高级职称人员12人。

2009年成立霸州分公司和重庆双兵汽车配件有限公司两个分公司，为企业注入了新的活力。二期工程投资数万元，占地面积4万m^2，建筑面积约12 000m^2的金键工业园区，现已投入生产。

公司一直致力于引进国内外先进技术，运用现代化企业管理方法，培养了一支具有国内一流水平的设计开发队伍，设计开发全部采用国际领先的计算机辅助设计，从逆向工程到模拟冲压全过程全部自行完成，形成了从产品三维造型、过程模拟分析、模具结构设计、数控加工编程、模具加工、模具检测到试模一体化的全封闭科学完善的生产工艺体系，从而保证了工艺的可靠性和产品质量。公司一贯重视产品质量保证体系的建立，于2006年通过了ISO9001：2000质量管理体系认证，成为泊头市早期通过质量认证的模具企业之一。

追求卓越的技术

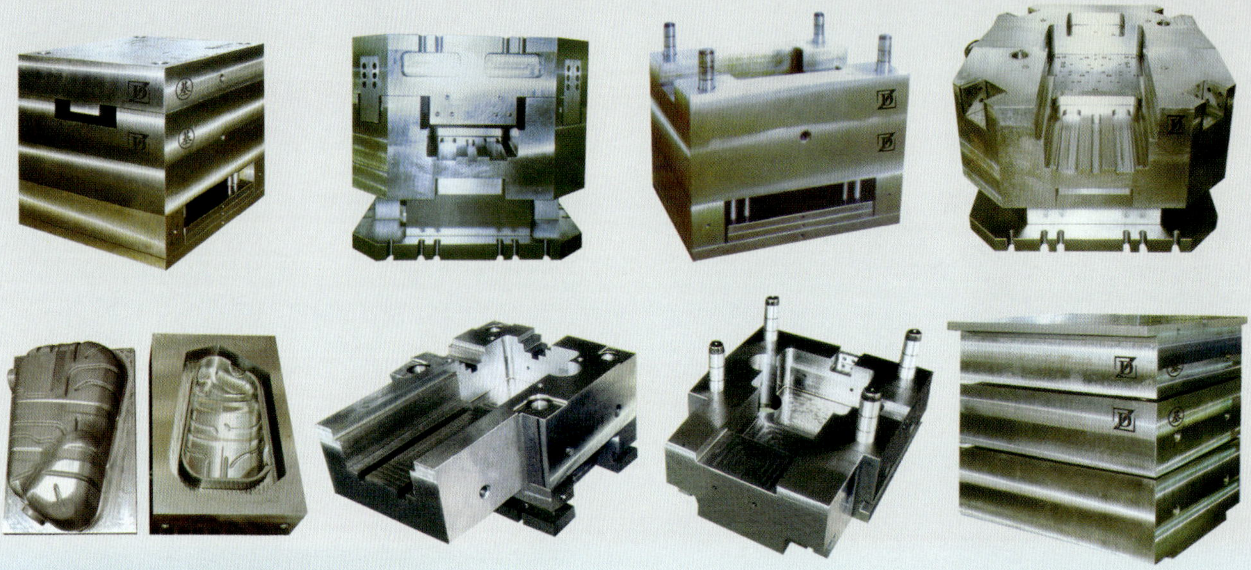

昆山市中大模架有限公司

KUNSHAN ZHONGDA MOULD BASES CO., LTD.

提供优质的产品和服务

昆山市中大模架有限公司位于昆山经济技术开发区，东距上海 55km，西离苏州 37km，312 国道、沪宁铁路、沪宁高速公路、苏昆太高速公路和苏虹机场路横贯昆山，交通便捷。

昆山市中大模架有限公司是由原国营昆山市大型塑料模架厂转制的民营企业，原企业成立于 1985 年，是国内规模领先的生产模架的专业公司之一，可生产各类塑料模架、压铸模架、冷冲模架。最大可制造 2m×3m 大型模架和 2m×4m 特大型模架。

公司现有技术人员 20 余名，中级以上熟练技术工人近 60 名。拥有龙门数控加工中心；数显坐标镗床；卧式数控铣镗床；龙门铣、刨床；镗床、大型龙门磨床，卧式、立式带锯自动切割机；中国台湾产深孔钻；超声波探伤仪；大型台式电阻炉等设备。

公司已建立专门用于模具开发的 CAD/CAM 中心，配备相应的软件及 CAD/CAM 技术人员，配置大型数控加工中心，满足用户模具型腔的半精加工、精加工并装配整副精密模架的要求。

中大公司——以追求卓越的技术，精益求精，为客户提供更优质的产品和服务。

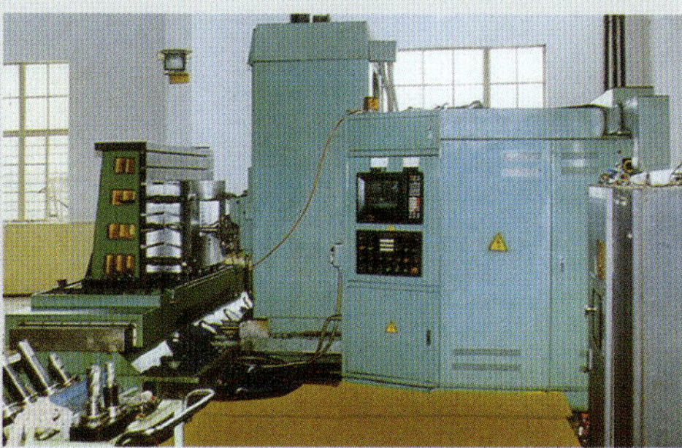

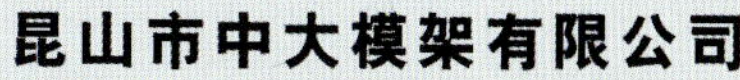

昆山市中大模架有限公司
KUNSHAN ZHONGDA MOULD BASES CO., LTD.
地址：浙江省昆山市周市镇陆扬金茂路1238号
邮编：215313
电话：0512-57647757 57647752
传真：0512-57647753
http://www.kszdmj.com
E-mail:kszdmj@pub.ks.js.cn

热处理车间

DYG

中国模具
规划占地面积113万m² 规划建筑面积约120万m²
首期规划鸟瞰图
旺!

KUNSHAN INTERNATIONAL MOULD PARK
DYG
昆山国际模具城
模具及加工 | 五金及机电 | 工业原材料
5000
元/m²起
成熟市场 500家企业已入驻
密模具
安诺伊精密模具
榕美电子

正泰隆国际装备采购中心

CHINA ZHENGTAILONG INTERNATIONAL EQUIPMENT PURCHASE CENTER

20万m²全球装备一站式采购和服务平台

全球装备 装备中国

全球机床4S总部基地 中国模具产品交易基地

200个机床品牌 /600家零组件企业 / 年交易额100亿元

招商对象

★国际机床、机床配件、工装夹具、有色金属、工量刃具、模具配件、精密仪器、电子元器件、五金机电、工业电器等制造商、供应商；
★国际工业设计研发机构、企业；
★国内外行业分公司；
★国内外行业媒体、电子商务等；
★国际品牌工业书店、大型餐饮、星级酒店、娱乐休闲、超市等；
★各家银行、担保公司、会计事务所、律师事务所、融资租赁公司等服务业。

六大中心

★ 工业会展中心：工业年会、新品发布、行业论坛；
★ 人才交流中心：人才培训、交流、招聘；
★ 检验检测中心：机床、模具等检验检测；
★ 工业设计中心：电子、测量、模具等工业设计集成平台；
★ 金融服务中心：担保、保险、租赁、融资；
★ 商业生活中心：星级酒店、商住公寓、精品超市、休闲购物、餐饮娱乐

功能分区

机床展览交易区、零组件交易区、工业电子电器交易区、综合商业配套区、中国模具历史发展博览馆、机械模具人才培训中心、模具质量检验检测中心

招租热线 0512 57758888 地址：江苏省昆山市城北大道1288号（环庆路口）
开发商：正泰隆投资发展(昆山)有限公司 网址：www.stljt.com

企业形象展播

丰富的产品类别

冲压模具标准件

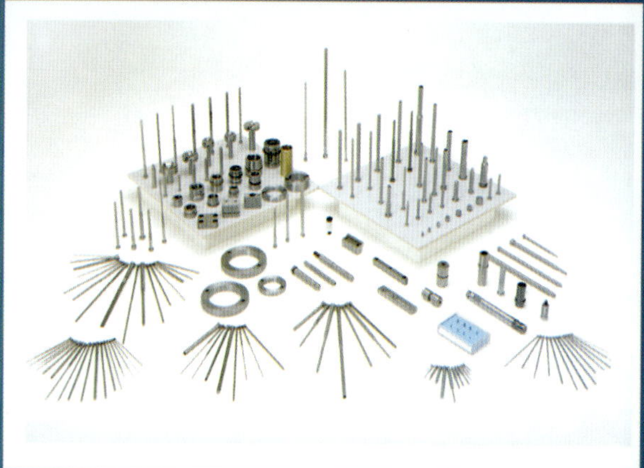

塑料模具标准件

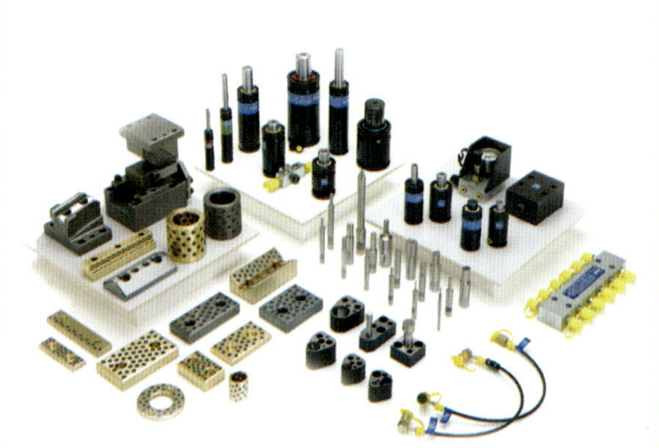

汽车模具标准件

FA模具标准件

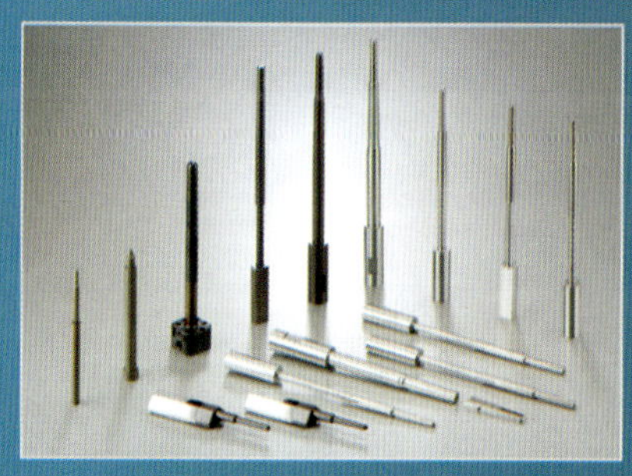

压铸型芯

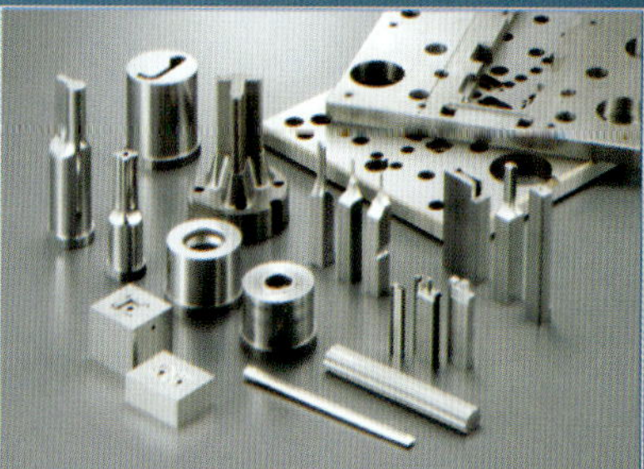

(碳)氮化钛镀覆处理

客户附图定制

5大标准体系

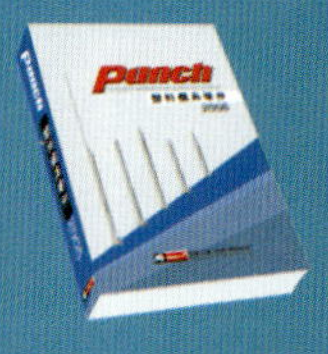

《塑料模具零件2006》

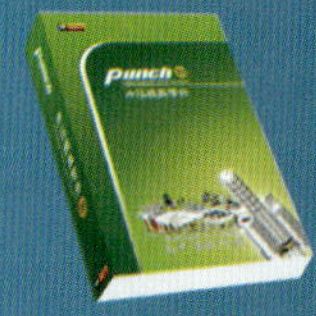

《冲压模具零件2009》

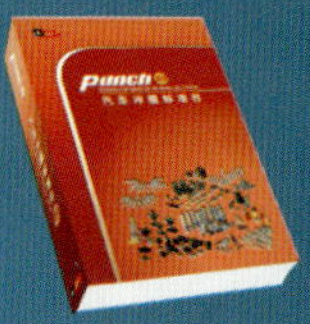

《汽车冲模标准件2010》

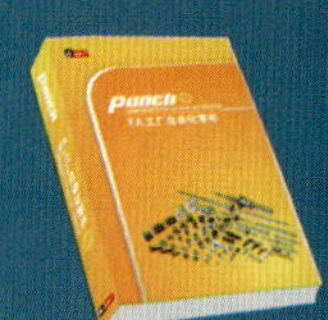

《FA工厂自动化零件2010》

《硬质合金模具标准件2007》

免费咨询电话：800—9151787

地址：辽宁省大连市经济技术开发区锦州街5号
电话：0086-411-87613087
传真：0086-411-87929398

http ://www.punch.com.cn
E-mail: service@punch.com.cn

CNR QRRS

齐齐哈尔齐车集团

用我的努力赢得你的认可

齐齐哈尔齐车集团方圆工模具有限责任公司是中国北车集团齐齐哈尔轨道交通装备有限责任公司全资股份子公司，集量刃具、工具、工装、模具、非标设备的设计、制造、安装、维修和技术咨询服务为一体的专业生产厂家，占地面积约8 600m²，资产总额约2 000万元，年销售额5 000万元以上，现有职工218人，其中中高级工程师26人、中高级技师68人。现为中国模具工业协会团体会员、国家高新技术企业。

公司主要为全国百余家企业及铁路各站段提供模具工装及检测量具等产品，并为出口美国、澳大利亚、新西兰、巴西、蒙古、印度、哈萨克斯坦等国家铁路公司的铁路货车产品制造提供所需的模具、检测量具和非标工装及设备。

公司先后通过了GB/T19001质量管理体系、GB/T24001环境管理体系、GB/T28001职业健康安全管理体系认证和美国AAR协会M-1003质量体系认证。

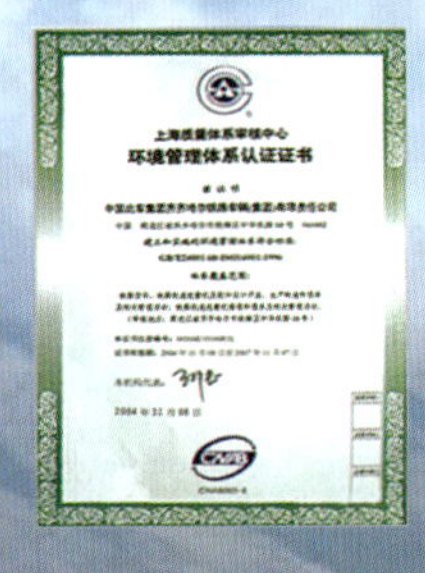

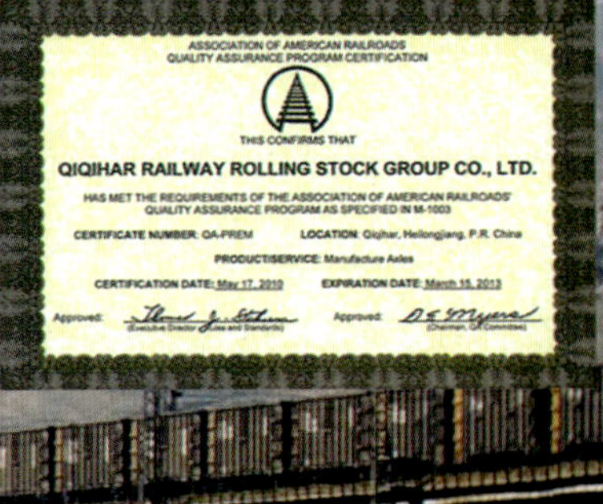

ASSOCIATION OF AMERICAN RAILROADS
QUALITY ASSURANCE PROGRAM CERTIFICATION

THIS CONFIRMS THAT

QIQIHAR RAILWAY ROLLING STOCK GROUP CO., LTD.

HAS MET THE REQUIREMENTS OF THE ASSOCIATION OF AMERICAN RAILROADS' QUALITY ASSURANCE PROGRAM AS SPECIFIED IN M-1003

CERTIFICATE NUMBER: QA-PREM LOCATION: Qiqihar, Heilongjiang, P.R. China

PRODUCT/SERVICE: Manufacture Axles

CERTIFICATION DATE: May 17, 2010 EXPIRATION DATE: March 15, 2013

Approved: Approved: (Chairman, QA Committee)

Sinhomold
星火模具
宁波市星火模具有限公司位于宁波市宁海经济开发区，是中国模具工业协会的会员企业。公司创建于1985年，专业从事注塑模具制造。公司主要为国内外汽车零部件和家电制造商配套大、中型注塑模具。公司营业面积2 500m²，固定资产2 000万元，年产值2 000万元以上。
公司拥有十多台包括进口加工中心和数控火花机在内的现代化加工设备。公司对模具品质要求高，工期紧，针对每一套模具，严格控制接单、品质、进度直到客户反馈的各个环节。现代化的软硬件设施和多年的模具制造经验，使"优良的品质和快捷的周期"成为公司的优势。
经验丰富 优良品质 快捷周期
地址：浙江省宁海经济开发区跃龙二路2号 邮编：315600
电话：0574-65589925 传真：0574-65589924 E-mail: xhmould@126.com

湖北兴升科技发展有限公司（原十堰兴升工贸有限公司），始建于1994年，是一家专业从事氮气弹簧系列产品生产和销售的民营企业，是湖北省高新技术企业。公司于2002年以来研制开发的氮气弹簧总成产品，获得国家3项发明专利、湖北省著名品牌产品；企业自主研发生产的氮气弹簧产品在第十二届国际模具技术及设备博览会上被评为“精模奖”一等奖。现形成2种结构（柱塞式和活塞式）、4大类型（国际标准型、紧凑型、强力性、短矮型）、400多个品种，同时还可承接各类非标氮气弹簧的设计与加工，供用户选购。产品价格低、交货周期短、售后服务优。

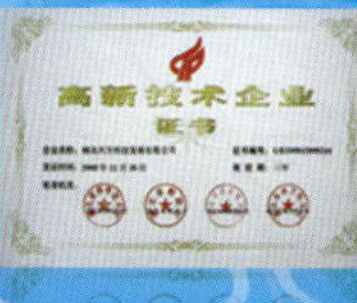

联系人：易继海　手机：13872793026

湖北兴升科技发展有限公司

地址：湖北省郧县民营工业园区　邮编：442500
电话：0719-7200818 7200218　销售热线：0719-7200818 7200068
传真：0719-7200818 7200218　E-mail: xsgslzd@163.com
http: //www.hbxskj.com.cn

宁波万隆模塑成型有限公司，坐落在宁波市北仑大矸科技工业区。公司地理位置优越，交通便利，距我国出口贸易深水良港——北仑港仅 6km。公司 1997 年创业至今，已有固定资产 2 600 万元，占地面积 5 890m²，建筑面积 7 800m²，员工 96 人。专业制造塑料模具、铝合金压铸模具及塑料件注塑成型，能够根据不同客户的要求，制作符合 AISI、DIN、JIS 各种标准的模具。

公司拥有一支经验丰富、高素质、专业化技术人才，具备较强的技术研发实力，配备各种高精度的加工设备，采用 CAD/CAM 模具设计系统和 CNC 加工系统，缩短了模具加工的周期，保证了产品质量。

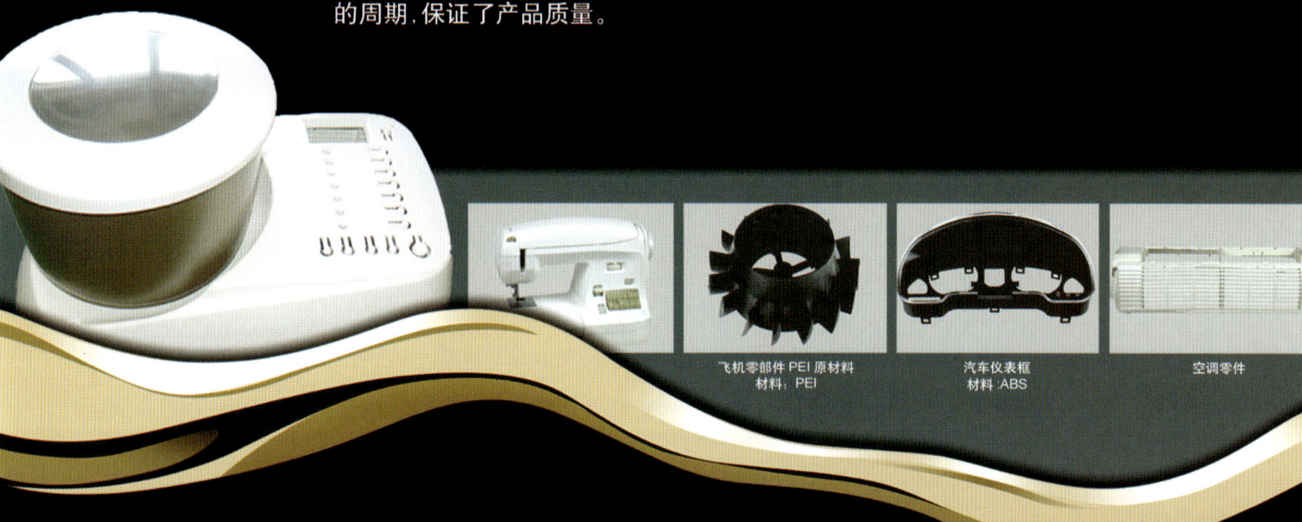

地址：浙江省宁波北仑大矸科技工业区
邮编：315000
电话：0574-86102668
传真：0574-86106222

沈阳金杯汽车模具制造有限公司

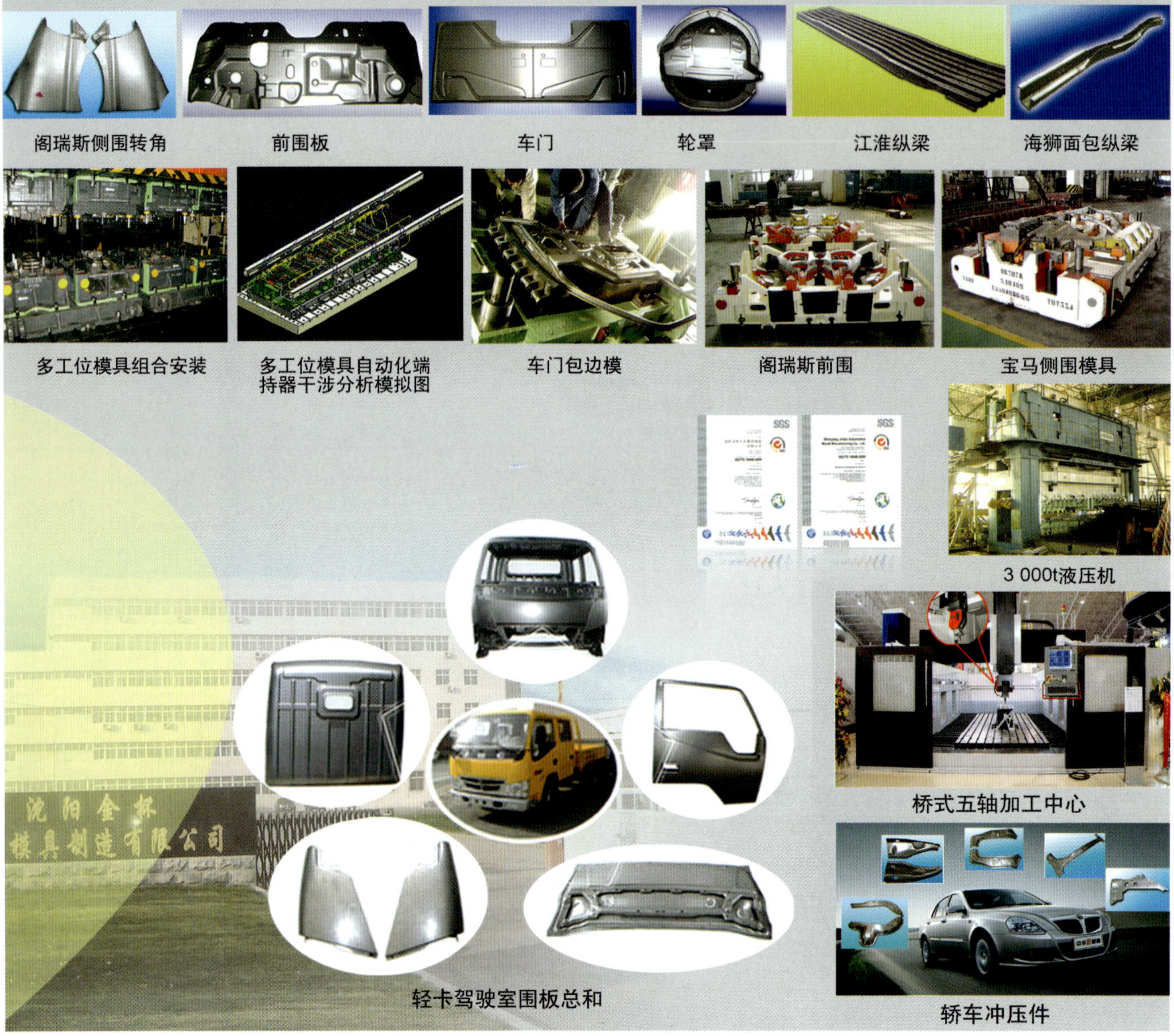

阁瑞斯侧围转角　前围板　车门　轮罩　江淮纵梁　海狮面包纵梁

多工位模具组合安装　多工位模具自动化端持器干涉分析模拟图　车门包边模　阁瑞斯前围　宝马侧围模具

3 000t液压机

桥式五轴加工中心

轻卡驾驶室围板总和

轿车冲压件

沈阳金杯汽车模具制造有限公司是华晨汽车集团下属企业。位于辽宁省沈阳市于洪区，占地面积10万m²。

公司是以制造冷冲压模具、冲压件为主的专业生产企业。现有主要生产设备70余台，有产自意大利、日本等国家以及中国台湾的数控仿形铣床及国产五轴数控加工中心，从美国进口的三坐标测量机，从德国进口的3 000t液压机，以及国产的线切割机、电火花机、验模用的大型冲压设备等。公司具有先进的CAD/CAE/CAM一体化设计制造功能，采用先进的软件进行产品的三维建模、冲压工艺分析、DL图设计、模具结构设计和数控加工。生产的“金杯模具”广泛用于国内各大汽车厂家。

公司主要客户有华晨宝马、华晨中华、华晨金杯、金杯车辆、长城汽车、吉利汽车、奇瑞汽车、江淮汽车、一汽集团等。公司秉承“团结奋进、优质高效、创新求实、拼搏争先”的企业精神，已通过ISO9001：2008及ISO/TS16949：2009质量管理体系认证。

公司是“沈阳市工装模具行业协会”理事长单位，公司技术中心为“辽宁省省级企业技术中心”，是沈阳市命名的“院士专家工作站”。

地址：辽宁省沈阳市于洪区沈大路83号　邮编：110141
电话：024-25315519　25315629　传真：024-25315539
http://www.jbzz.com　E-mail:jbmjc@163.com

以**精诚**之心 ◎ 铸**金石**之业

宁波市北仑新生模具制造有限公司建于1996年，系以各类高难度、大型压铸模具的设计、开发、制造为主的专业模具企业，主要生产汽车配件、电动工具、通信系列等压铸模具及压铸件。公司在2004年通过ISO9001质量体系认证。公司设备先进，配套齐全，拥有各种模具加工设备如CNC加工中心、合模机、三坐标测量仪、电火花机、线切割机和常规机械加工设备，大大提高了制模质量和速度。企业技术力量雄厚，拥有一批敬业、爱岗、创新的优秀管理人员、技术人员和技术工人。公司长期为国内外著名铸造企业（北美、欧洲、日本和中国的北京、哈尔滨、长春、山东以及天津等企业压铸件公司）提供配套服务，专业服务得到了客户的认可。

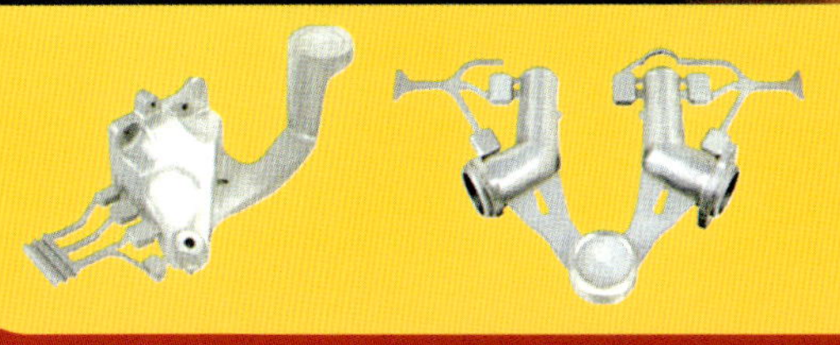

宁波市北仑新生模具制造有限公司

地址：浙江省宁波市北仑区大矸东岙工业园　邮编：315800

电话：0574-86145073 86148368　传真：0574-86148368

E-mail:guwenbo2003@yahoo.com.cn　http://www.nb-xs.cn

浙江黄岩东方模具厂

树立永久模具品牌　铸就东方模具臻品

本厂制造管件模具遵循的主要标准有：

（PE管材类）EN 1555—3、GB 15558.2—2005、EN 12201—3、GB/T 13663—2000 neq ISO 4427—1996，（PP管材类）DIN EN 1451—1、DIN 8077，（PVC管材类）EN 1401—1、GB/T 5836.2—1992、GB/T 10002.2—2003，BS (3505-3506—1988)，JIS K6742、JWWAK128等。

本厂具有40余年的制模历史，在工程管配件与工程注塑工艺方面突破传统，控制（PE）电熔管件承口最大不圆度不超过0.006dn。目前本厂具有制造 ϕ1000mm模具的能力，深受国内外用户欢迎。

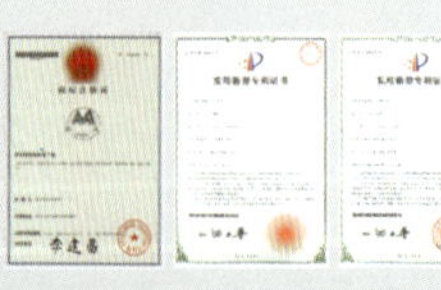

地址：浙江省台州市黄岩区兴东路67号　邮编：318020
电话：0086-576-84013641　传真：0086-576-84013859
http://www.dfmjc.com　E-mail:zjhydf@dfmjc.com

宁波市北仑区大研银河模具厂

宁波市北仑大研银河模具厂坐落于宁波经济技术开发区永久工业园区，固定资产6 000多万元，拥有员工130多人。公司技术力量雄厚，设备先进。主要的设备有：压铸机、数控机床、加工中心、液压机、合模机、磨床、电火花机、线切割机、研磨机、抛光机等几十台精密的制模及加工设备，拥有三坐标测量仪、X光探伤仪、万能拉力机、光谱分析仪、布氏硬度计、洛氏硬度计等各种先进的测量设备。

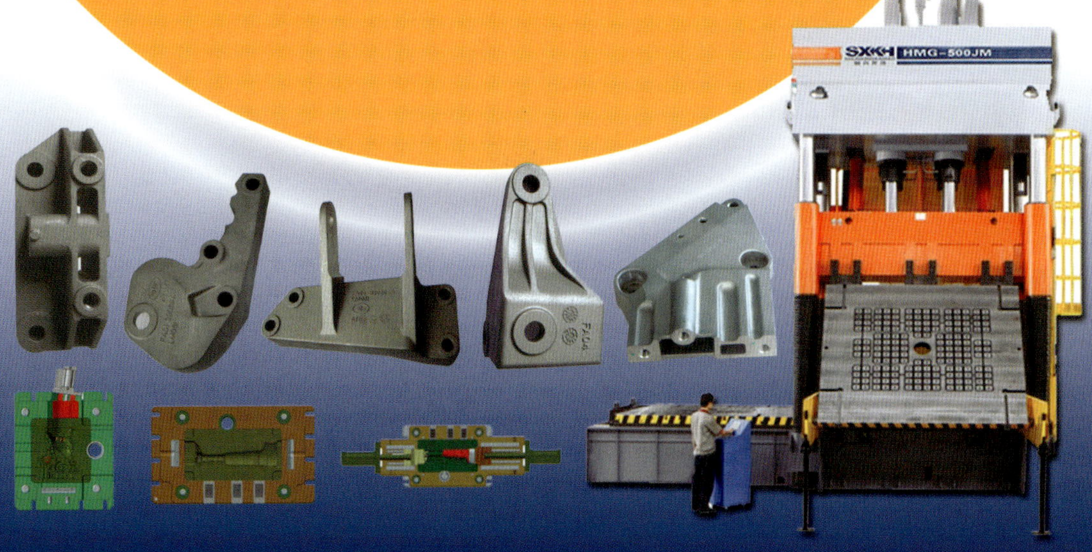

地址：浙江省宁波市北仑区新矸永久工业区永久路1号
邮编：315806
总经理：顾银明 13906692602
电话：0574-86814598 86812380 86814998
传真：0574-86814898 86812380

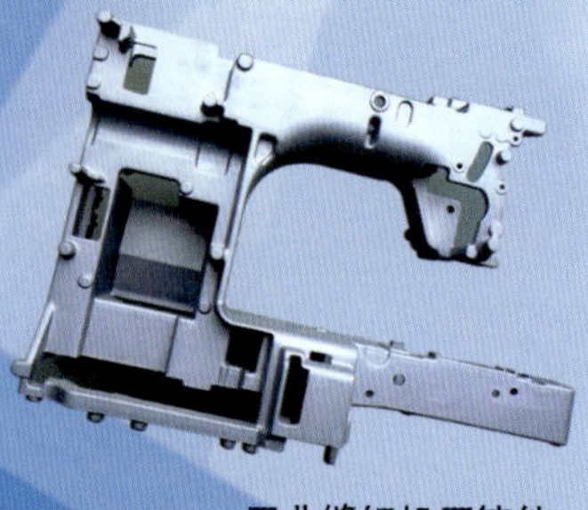

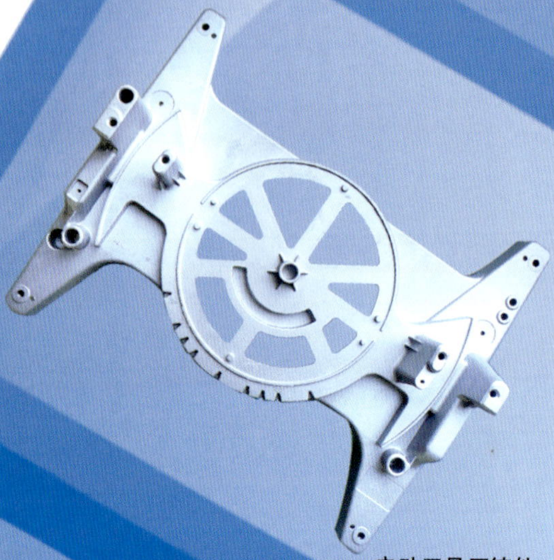

严谨、激情、务实

他们，在品牌创新的路上奋斗着

他们，是行业未来发展的储备军

企业概况

介绍获得“中国重点骨干模具企业”称号的企业以及优秀会员企业

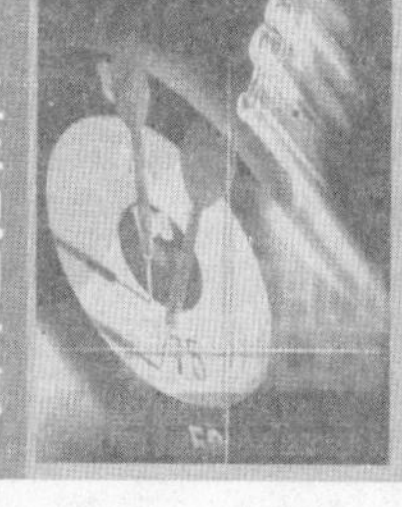

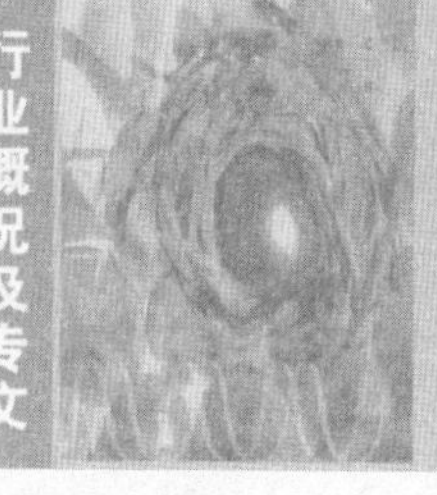

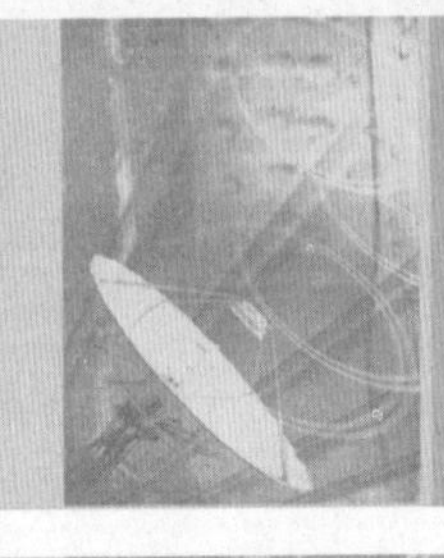

企业概况

中国重点骨干模具企业介绍

回眸“十一五”展望“十二五”
——天津汽车模具股份有限公司

“十一五”是天津汽车模具股份有限公司(以下简称天汽模)极不寻常、极不平凡的五年。直面金融危机的巨大冲击,天汽模人锐意进取,苦练内功,开拓创新,坚守把不可能变为可能的梦想,书写了一份科学发展、率先发展、持续发展的精彩答卷。公司成功在深交所上市,规模和经济效益增长5~10倍,平均经济增长速度超过20%,资产总额达到21亿元,利润总额持续大比例提高……

一个个鲜活的数字,犹如跳动的音符,演绎了天汽模人顽强拼搏的豪迈情怀,奏响了天汽模空前发展的辉煌乐章。

展望“十二五”,天汽模正迎来前所未有的历史性发展机遇,将以主业为依托,不断延伸产业链,力争“十二五”期间将公司发展成为配套齐全、技术实力雄厚、产业链完整的世界汽车模具产业的新“旗舰”。

一、回眸“十一五”

1.“小企业”模式结出累累硕果

2004年完成国有改制后,天汽模的产能远远不能适应模具市场的旺盛需求,特别是进入“十一五”后,天汽模一直努力打造“专业化分工的小企业”模式,迅速实现低成本扩张,抢占市场的制高点。负责软件的系统科独立后成为软件公司,生产零部件模具的部门成为模具部件公司,承担设备维修服务的公司成为设备公司……天汽模已经发展成为拥有9家控股子公司和4家参股公司的专业化企业集团,各公司统一设计、统一营销、统一采购,专业化分工明确。“小企业模式”使天汽模生产效率大为提高,短短的几年间,各子公司不断发展壮大,现已成为国内同行中有实力和影响力的专业厂家。

2.加大科研投入,夯实发展基础

天汽模不断加大科技研发投入,每年的科研投入均在销售额的5%以上,已经建成现代化的汽车模具研发中心、标准化的模具制造车间以及为整车工艺装备的综合配套车间。拥有大型数控加工设备70余台、大型冲压设备30余台、大型三坐标测量设备5台以及多台(套)先进的研发和自动化办公设备。通过承接并主导“863”计划、“十一五”科技支撑计划等国家级项目及天津市重大科技攻关项目,掌握了汽车模具开发的多项关键技术,提升了公司的整体技术水平,为提升公司核心竞争力、保持行业领先地位奠定了坚实的基础。

3.数字化制造,初见成效

“十一五”期间,天汽模更加突出和重视CAE/CAD/CAM技术的应用,采用全数字化制造技术,三维设计、全数控加工、无图生产、全面信息化管理的普遍运用推动了天汽模技术和生产管理水平的迅速提高,实现与世界先进水平接轨。

4.初闯海外市场,让梦想在世界的舞台腾飞

“十一五”初期,天汽模认真分析了自身现状和国内外市场需求,一方面通过建新厂树立企业形象,练内功提高自身技术水平,增加产品科技含量;另一方面,走出去积极开展国际营销,终于在国际市场上拿到第一批订单,尽管还是供需双方试探性的磨合阶段,但实现了国际市场零的突破。

“十一五”末,天汽模的国内市场占有率达到10%,海外市场占有率为中国汽车模具出口额的30%以上,用户遍及国内外知名汽车厂商60家,拥有一汽大众、上海通用、北京奔驰、奇瑞汽车、一汽丰田、广州本田等34家国内客户,同时还为德国奔驰、德国宝马、法国雷诺、瑞典沃尔沃、美国通用、美国福特、印度马恒达、土耳其福特、巴西菲亚特、俄罗斯雷诺等26家国际知名汽车品牌提供模具。作为我国汽车模具的龙头企业,“天汽模”已经成为国际同行中中国制造的知名品牌,已经成为世界著名汽车品牌在中国的首选供应商。

5.成功登陆资本市场 实现新跨越

2010年11月25日,天汽模在深圳交易所正式挂牌交易,标志着天汽模发展又迈上了一个新的台阶,从此将踏上新的具有更加广阔前景的征程。天汽模将紧紧抓住这次中小板上市的契机,进一步提升企业核心竞争力,完善产业链条,加大市场开拓力度,实现公司新的跨越式发展。

二、展望“十二五”

“十二五”期间,天汽模将围绕“建设成为配套齐全、技

术实力雄厚、产业链完整的世界汽车模具产业的新‘旗舰’”的总体目标,充分利用公司领先的技术水平、国际领先的装备和规模优势,不断优化产品结构,在巩固并扩大国内市场的基础上实现市场的全球化,以科学发展观为指导,加快创新体系建设,为实现“十二五”规划目标开好局、起好步。

未来五年,公司将秉承“以人为本、技术领先”的经营理念;讲究“学习、诚信、简单、快速”的企业文化核心;坚持以高端汽车覆盖件模具业务为核心,整车车身装备开发与系统集成服务为延伸的业务路线;采用“统一市场、统一设计、统一采购、专业制造”的汽车模具集群化生产模式;巩固并扩大国内市场份额,积极开拓国际市场,强化整车模具设计业务,完善公司产业链和价值链,不断提高公司盈利能力。

未来五年,公司将把握国内汽车自主开发速度加快和全球汽车模具采购向中国转移的历史机遇,力争发展成为配套齐全、技术实力雄厚、产业链完整的世界汽车模具产业的新“旗舰”,并成为全球重要的汽车模具供应商和研发生产基地。

〔供稿单位:天津汽车模具股份有限公司〕

回顾“十一五”展望“十二五”

——青岛海尔模具有限公司

一、企业发展情况

青岛海尔模具有限公司(以下简称海尔模具)起源于青岛电冰箱厂,始建于1993年,隶属海尔集团。现有员工1 100余人,其中各类专业技术人才900余人,拥有超过300人的专业设计队伍。公司的模具产品涉及电器、电子、汽车、通信等领域,主要包括注塑模具、钣金冲压模具和吸附发泡模具。

2007年9月,海尔模具投资5.5亿元建成新的模具工业园,建筑面积达15万m^2,拥有世界一流的加工设备250余台,其中数控加工中心85台,五轴数控加工中心21台。迄今为止,固定资产投入超过8亿元,海尔模具已跻身国际化大型模具供应商行列。

公司拥有UG、Pro－E、CATIA、PressCAD、CAMTools、HYPERMILL、MOLDFLOW等专业CAD/CAE/CAM工具软件,拥有汽车模具、家电以及非标设备等完善的设计经验和解决方案。新建流水线式生产加工车间,拥有大型高速五轴加工中心、五轴深孔钻铣中心、镜面火花机和精密线切割机等高精度的加工设备群。按照生产工艺流程布局,以ERP项目全程信息管理系统为基础,实现单件模具流水线式生产。公司拥有超过800人的模具加工装配队伍。根据不同模具类型和不同客户标准建立相应的加工装配团队及培训机制,拥有与国内国外主要一级供应商合作的丰富经验。车间配有最大500t的合模机和70t的梁式起重机,保证有足够的能力处理各类模具的生产和装配。

试模车间拥有20余台800～33 000kN的注塑设备,其中,业界最先进的32 000kN Krauss Maffei注塑机可满足各类用户的模具试制与生产要求。16 000kN双色水平旋转注塑机、六轴机械手IMD试制设备,用于试制高光模具的蒸汽发生器,可完全按照客户真实生产环境进行试模。配备齐全的国际通用接头、快速装夹装置、机械手取件,使模具试模最大限度接近于客户量产时的生产状态。

海尔模具早在1998年就通过了ISO 9001质量体系认证,实施全流程的质量控制。经验丰富和训练有素的员工,先进的加工和检测设备,合格认证的供应商以及完善的质量保证体系,保证每一个零件从设计到交付全程可以追溯到每个人和每台机器。

海尔模具可进行量产化的检具制作。检具设计工程师具有丰富的保险杠、仪表板、门板、立柱等汽车内外饰产品检具设计经验,熟悉国内外各主机厂检具设计制作标准。检测设计采用UG全三维设计,提供全尺寸彩色公差图误差检测报告,提供完善的产品售后服务。

海尔汽车注塑模具是雷诺、日产、大众、标致、雪铁龙、通用、丰田等品牌认可的保险杠供应商,已为上述客户制作完成几十套保险杠模具。欧洲标准的长周期量产模具超过45t,日系低成本集约型模具25t,最短注塑周期为40s。

海尔汽车内饰注塑模具是大众、奥迪、通用、雷诺、日产、一汽、上汽、东风、奇瑞等企业认可的仪表板、门板类模具供应商,已经为上述客户制作上百套仪表板、门板类模具。仪表板本体模具最短注塑周期60s,单门板模具最短注塑周期40s。

海尔模具公司钣金分厂现有员工150余人,当前已拥有专业工程技术人员50余人,拥有加工中心、慢走丝线切割机床、精密磨床、三坐标测量机在内的专业设备80余台,Pro－E、UG、PressCAD等先进的软件20余套。能够为家电、汽车领域内的客户提供专业的产品设计、模具设计制作、模具调试及小批量生产等一站式服务。海尔钣金模具已销往美国、意大利、瑞士、尼日利亚、伊朗、约旦、埃及等国家和地区。

海尔模具自1993年起研制吸附发泡模具,是我国最大的吸附发泡研制基地之一。当前拥有CAD/CAE/CAM专业工程师30余人,意大利、日本产加工中心、三坐标测量机、吸附机、直线发泡机等专业设备30余台,年产各类家电、汽车吸附发泡模具1 200套,并批量出口美国、意大利、奥地利、约旦、巴基斯坦和尼日利亚等国家。海尔模具的产品已经远销德国、法国、英国、西班牙、葡萄牙、俄罗斯、土耳其、美国、墨西哥、巴西、南非、日本及澳大利亚等十几个国家,为全球顶级客户提供模具解决方案。遍布全球的专业服务网络为您提供专业及时的售后服务。

海尔模具是中国模具工业协会副理事长单位、全国CAD应用工程示范企业、大型精密模具骨干企业、高新技术企业、山东省管理创新优秀企业,多次承担国家、省、市科技攻关项目。2010年12月,获批筹建“国家家电模具工程技术研究中心”,成为行业第一个以企业为依托单位的国家级模具工程技术研究中心。

海尔模具是国家CAD/CAE/CAM应用示范企业,已通过ISO 9001、ISO 14001体系认证,开展数字化模具技术、先进成型工艺和新型模具结构等高端模具技术探索和创新。海尔模具已成为具有国际竞争力的模具研发基地,以生产效率高、性能优良、交货期短而受到客户的广泛赞誉。

二、“十一五”发展回顾

2010年,海尔模具实现模具产值近10亿元,模具销售收入超过7亿元,客户遍及世界各地。在汽车注塑模具方面,是大众、奥迪、通用、福特、丰田、本田等国际知名汽车品牌的模具供应商,产品包括大型仪表板、保险杠、门板等内、外饰注塑模具。在家电模具方面,为海尔、三星、LG、佳能、三洋、JVC等众多国际知名家电品牌提供一站式模具配套服务,产品涉及家电注塑、冲压钣金、吸附发泡模具及自动化机械手等。

1. 开发高端模具

在高端模具研发方面,海尔模具坚持自主创新,每年将销售收入的5%作为研发经费,用于模具的开发。在“十一五”期间,先后完成了对高光无熔接痕类模具、IMD/IML模内注塑类模具,叠层模具、低压注塑模具、大型双色模具、快速成型模具等多类高端模具的开发,掌握了这些模具的关键技术,并拥有多项模具发明专利。

在高光无熔接痕类模具方面,海尔模具实现了从小型到大型高光模具的开发,掌握了蒸汽加热和电加热两种加热技术,完成了55in电视前壳高光模具的开发。在叠层模具方面,海尔模具通过自主研发,已成功将叠层模具技术应用到家电和汽车等多款产品中,实现生产效率翻倍,单件产品成本降低10%以上。在低压注塑模具方面,成功开发了蒙皮和蒙布类低压注塑模具,满足了市场多样化的需求,同时采用一体注塑技术,减少对环境的污染。此外,海尔模具还成功开发了大型双色模具、铝合金快速成型模具等,提高了产品的美观性,缩短了生产周期。

2. 推行模具标准化

海尔模具从零部件标准化、结构标准化、原材料标准化、刀具标准化、程序标准化等模具制造的各个节点切入,进行重点开发,形成了一个比较全面的专业化标准平台,给设计、采购、工艺、加工等各个环节提供技术支持。在CAD知识库方面,完成了模具标准件、设计特征、模块化组件等数据库的开发,实现直接调用,有效地提高了设计效率;在CAE方面,初步完成了注塑工艺参数、材料性能、分析经验数据库的开发,保证了注塑工艺参数准确性,节约了试模成本;在CAM方面,正在推进对专业化的工艺、程序、刀具、工装夹具等标准数据库的开发,以保证加工一次到位。到2010年底,海尔模具零部件标准化覆盖率已达到65%以上。

3. 模具加工实现自动化

在自动化加工制造方面,海尔模具建成国内首条模具自动化柔性生产线。生产线由高精度柔性自动定位夹治具系统、自动化机器人系统、智能RFID芯片识别系统、自动化软件管理系统以及CMM自动化校正和检测五大系统组成,将模具的单件生产变成自动化的流水线生产,将模具零部件的NC加工、电蚀加工、线切割等工序进行信息化整合,只需要一次装夹,就可以完成多工序的加工,实现了管理信息化、系统柔性化及加工标准化、参数化、全面自动化,对模具产业的发展将起到重要的推动作用。

4. 实施特色信息化管理

在企业信息化管理方面,海尔模具先后实施上线了具有模具特色的MES、ERP、PLM系统,梳理和优化了模具研发的信息流,实现模具进度的可视化。构建了包括SAP、PDM、PROJECT、DEX POP排产系统及LEMOINE机床实时监控系统的信息化平台,实现全流程的信息化管理,用信息化模式提升模具制造竞争力。通过全面成本预算,对整个供应链资源进行项目管理,实现精益生产,缩短产品的开发制造周期,建立可视化项目界面,与客户信息共享,满足客户需求,追求服务一票到底的信息化模式。

5. 加强产学研合作

海尔模具在加强自主创新的基础上,注重与高等院校、科研院所及配套企业的合作。与上海交通大学、华中科技大学、西门子、弗吉亚等国内外知名院校、企业建立了长期合作关系。其中,与上海交通大学CAE仿真中心合作进行滚筒洗衣机Gaia新品开发整机CAE分析,使产品性能得到了改良。在与国内模具配套企业的项目合作方面,先后与河北宝钢、上海凌力、龙记等多家企业开展新型模具材料开发应用项目,在模具材料降成本方面取得了显著成效。

海尔模具通过自主创新及技术合作,“十一五”期间取得了一定成果。2008年被认定为高新技术企业,同年被青岛市评为青岛塑料模具工程技术研究中心;2009年获得山东省管理创新成果一等奖以及“山东省管理创新优秀企业”称号,同年建成山东省模具产品信息化制造工程技术研究中心;2010年凭借自主研发的叠层模具获得“精模奖”一等奖;2010年12月,获批筹建“国家家电模具工程技术研究中心”。

三、“十二五”发展规划及展望

“十二五”期间,海尔模具在保持现有优势项目的基础上,将大力发展模具领域内的先进成型工艺及新型模具结构,开发高效精密模具技术、绿色环保模具技术、高品质外观模具技术,提升企业在高端模具领域内的技术竞争力。同时,在模具标准化、信息化、自动化等方面加大投入力度,进行深度开发,在企业发展的同时,引领国内模具行业向更高的水平发展。

1. 发展高效生产的模具技术

通过对高效成型工艺和新型模具结构的应用,提高塑料产品的生产效率,降低生产成本,重点发展叠层模具技术、高导热性模具技术。在叠层模具技术方面,研发推广大型叠层注塑模具技术,研制大容模量注塑机,使更多塑料制品能够应用叠层模具技术;在高导热性模具技术方面,大力推广铝合金、锌合金快速模具技术,充分利用其导热性强、易加工的特点,实现产品验证的短周期、低成本。

2. 发展绿色环保模具技术

将塑料制品生产的多个工序通过新型模具技术一次成型,省去了制品的电镀、喷涂、粘合等其他后处理装饰工序,避免环境污染和能源浪费,重点发展新型高光免喷涂模具技术、低压一体注塑模具的自动化生产技术。在新型高光免喷涂模具技术方面,重点发展电磁加热、红外加热等新型加热方式的高光模具技术,实现更高效、更节能、长寿命的模具生产;在低压一体注塑模具方面,开发该技术在大型、复杂产品上的应用,提高生产的自动化程度,采用自动送布、机械手取件等自动化生产方式,实现产业化推广。

3. 发展高品质外观模具技术

开发新型模具结构、新型成型工艺,生产外观、质感等满足高端需求的产品。重点加大对多色注塑模具技术的研发投入,将模具技术应用到大型、复杂形状制品上,并攻克大型双色旋转注塑模具关键技术,提高家电产品的美观度,满足消费者对高档家电产品外观的要求。

4. 在CAD、CAE、CAM方面进行深度开发

通过对标准模块、批处理工具集成,建立具有自主知识产权的专业化CAD工作站,实现工程设计人员的自动化设计;建立把工艺参数、材料性能、分析经验集成在一起的CAE工作站,实现产品设计、模流分析一次到位;开发基于模具信息化制造的工艺、程序、刀具、夹具数据库,形成标准化、自动化制造的CAM工作站。通过工作站平台来指导设计、加工等各个环节,实现人均效率翻番。

经过“十一五”期间的努力,海尔模具在模具的研发和制造方面有了较大的进步,与国外模具行业的差距正在逐步缩小。“十二五”期间,海尔模具将继续走技术创新路线,积极投入新型模具的研发应用,通过对高效、环保、高品质外观等高端模具的开发应用,使国内的模具技术更上一层楼。同时,加大在模具的标准化开发、自动化制造以及信息化管理等方面的投入,实现模具质量、成本、交期竞争力的再提升。

在中国模具工业协会的大力支持下,海尔模具会紧紧把握筹建“国家家电模具工程技术研究中心”这一机遇,加强与高等院校产学研合作,推进模具行业科技开发和技术攻关工作,引领国内模具行业向更高的水平迈进。

〔供稿单位:青岛海尔模具有限公司〕

广东巨轮乘风破浪,唱响民族工业品牌

一、唱响民族工业品牌

广东巨轮模具股份有限公司位于揭阳市揭东经济开发区,是目前国内最具影响力、技术领先、首家上市的子午线轮胎模具、轮胎机械开发制造专业公司。

近年来,广东巨轮模具股份有限公司通过自主创新和转型升级,成功搭建起以子午线轮胎模具和液压式轮胎硫化机为主体、联动上下游产业的轮胎装备工业制造基地。广东巨轮模具股份有限公司先后建立了国家级企业技术中心、博士后科研工作站、广东省轮胎模具工程技术研究开发中心,组建了广东省橡胶机械标准化委员会,被认定为国家“火炬”计划重点高新技术企业、国家技术创新示范企业、广东省百强民营企业、广东省装备制造业50家重点企业、广东省战略性新兴产业重点骨干企业,是我国轮胎模具标准主编写单位,并被推举为中国模具工业协会副理事长单位、广东省模具工业协会会长单位。

目前,广东巨轮模具股份有限公司已建成两个现代化花园式工业小区,总占地面积80万 m^2,现有员工2 200多人,其中从事研发的工程技术人员达350多人。公司除采购国产重大精稀装备外,还从美国、德国、瑞士、意大利、日本等国家进口了大型龙门式落地镗铣床、高速五轴五联动加工中心、大型三坐标检测仪、轮胎花纹雕刻中心等尖端设备,装备水平领先于国内同行,达到国际先进水平。公司是国内极少数同时掌握直接雕刻、铝合金铸造和电火花加工工艺的模具制造企业,并同时广泛应用高速切削技术、绿色制造技术、CAD/CAM/CAE技术、并行加工技术、精密铸造技术、多元共渗表面强化技术和各种先进检测技术,导入了

ERP系统和精益管理体系，逐步实现了制造信息化、无图纸化、精细化、自动化，使公司的轮胎模具和液压式轮胎硫化机从技术到装备、从工艺到制造、从设计到研发均达到国际先进水平。近几年，公司获得了7项发明专利、21项实用新型专利，连年获得省市科学技术进步奖，产品获“精模奖”一等奖，多个项目被列入国家级科技计划项目。

广东巨轮模具股份有限公司注册商标“吉阳”和主导产品子午线轮胎模具分别荣获了“广东省著名商标”和“广东省名牌产品”称号，在竞争中散发出国际化魅力，产品畅销全国并远销意大利、美国、英国、印度等国家，成为米其林、普利司通、固特异、邓禄普、阿波罗、佳通、河南风神、贵州轮胎、青岛双星、华南轮胎等国内外高端轮胎制造企业的主流供应商，成为中国子午胎模具行业知名的领军企业，改变了我国高精密模具和高精度液压式轮胎硫化机长期依赖进口的被动状况，尤其是打破了我国高档轿车胎、赛车胎、巨型工程车胎、军用车胎和飞机轮胎等模具长期被“卡”的局面，打响了民族工业品牌，形成了聚集品牌效应，凝合技术优势，集成优质资产，依托科研实力和资本平台的高新技术产业格局。

二、把握契机　发挥优势

1. 技术研发优势

广东巨轮模具股份有限公司为国家级重点高新技术企业，在技术研发、市场、管理等方面都有较大优势，并且十分注重优势的发挥。公司拥有轮胎模具行业唯一一家国家级技术中心和唯一一家省级认定的轮胎模具工程中心。2006年6月，公司经国家人事部批准设立“博士后科研工作站”，是目前轮胎模具行业唯一的博士后工作站；公司还与广东工业大学联合组建“轮胎模具数字化工程产学研基地”，与香港理工大学合作建立“轮胎模具精光技术中心”。目前，公司研发人员和工程技术人员达到350人，其中，包括董事长吴潮忠在内的5人享受国务院政府特殊津贴。

近年来，广东巨轮模具股份有限公司独立研发的项目有11项通过省级专家技术鉴定，均被评为国内领先或国际先进水平，其中6项填补了国内空白。公司多个项目被列入国家级“火炬”计划项目、国家重点技术创新项目、国家重点产业振兴和技术改造项目。多项产品被列入“国家重点新产品计划”。“线性轻触式轮胎活络模具”和“高性能轿车轮胎一次成型鼓”产品分别在第十届、十一届中国国际模具技术和设备展览会上，获得“具有国际水平的模具”称号和“精模奖”一等奖。截至2010年底，公司拥有28项专利技术；拥有非专利技术45项，其中新技术11项，新产品20项，新工艺14项。

广东巨轮模具股份有限公司技术装备达到国际先进水平，长期在国内同行业中保持技术装备优势，凭借先进的技术装备和熟练的技术工人，成功实现了技术成果的转化，为生产高档轮胎专用设备提供了有力的保障。公司采用重复定位精度在±0.005mm以内的精密数控雕刻设备、意大利FIDIA高速加工中心、日本马扎克大型复合加工中心、瑞士WILLEMIN五轴五联动加工中心、西班牙道格拉斯大型落地镗铣床以及其他先进的数控镗铣床、数控车削机床、数控电火花蚀刻机等设备；采用进口大型三坐标检测仪进行CAD联机检测；采用德国、以色列CAD/CAM/CAE系统进行设计、模拟、制图，公司建有大型轮胎花纹和造型数据库，关键工序实现了从产品设计、制图到加工无图纸化作业。公司充分发挥民营企业的灵活经营机制，吸引并留住了一批经验丰富、技术精湛的技术工人。目前，公司技术工人近1 800人，其中中专以上学历占74%，3年以上工作经验的熟练技工1 500人。另外，公司每年都聘请行业专家对技术工人进行业务培训，不断提高工人的理论知识和实践操作水平。

2. 客户资源优势

法国米其林、日本普利司通、美国固特异三大轮胎巨头占据国际轮胎市场份额近70%。广东巨轮模具股份有限公司抓住国际轮胎制造业向中国转移和轮胎子午化的契机，和多家世界知名轮胎制造商建立了业务关系，还与意大利倍耐力、新加坡佳通等国际轮胎巨头在中国设立的分厂建立了良好的合作关系。经过多年的发展，公司已在轮胎模具行业内树立了良好的口碑，并凭借产品的高技术含量、高适应性、高性价比以及周到的售后服务等综合优势，得到国内众多知名轮胎制造企业的认可，被中国橡胶工业协会轮胎分会誉为“中国子午线轮胎模具第一品牌”。在公司的主要国内客户中，风神轮胎、贵州轮胎、广州华南等已与公司签订长期供货协议，连续三年位于公司十大客户行列。轮胎专用设备制造公司与轮胎生产商之间是长期的技术合作关系，广东巨轮模具股份有限公司已成为国内外高端客户的主流供应商，可以充分利用现有的中高端市场平台和双方建立的信任关系，快捷地向现有客户推销工程胎及特种胎模具产品和液压式硫化机产品。

3. 管理优势

作为一家轮胎模具民营上市公司，广东巨轮模具股份有限公司管理结构规范、经营机制灵活，公司在充分借鉴国内外同行业先进管理经验的基础上，结合自身特点，推行精益化管理。

灵活高效的管理机制，不仅大大提高了公司的市场反应能力，也为公司的快速发展奠定了坚实的基础。自2001年成立以来，公司已建立了一支团结稳定、忠诚敬业、工作务实的专家型、高素质的管理团队。同时，通过高效的激励机制吸引并留住了一批具有轮胎模具和轮胎机械行业经验的技术研究人员，增强了公司的凝聚力和创新能力。

三、扬帆加速　展望未来

短短十年时间，广东巨轮模具股份有限公司实现了由地区性民营企业向上市公众公司的跨越式发展，实现了从行业参与者到行业翘楚的角色转变。公司提出国际化战略,投资上亿元在印度设立分厂,迈开跨国经营的步伐;同时,开展国际并购,发展装备制造业。未来任重而道远,公司将不断努力,继续通过提升自主创新能力、加大技术改造力度和发展名牌战略,利用公司优越的资源条件和灵活的机制,延揽国内外知名专家和科研人才,融合信息化和数字化技术,提升企业乃至行业的技术和管理水平,推动本行业的技术进步和人才工程建设,向高敏捷化、高智能化、高集成化方向发展,在做精、做专、做强轮胎模具产业的基础上,加快从单一轮胎模具制造商向更具综合竞争实力的轮胎成套装备制造商和高端数控装备制造商转型,向着"打造民族工业品牌,打破国外技术垄断;成为国际轮胎模具行业领跑者,进入国际轮胎成套装备领域第一阵营"的战略目标迈进,为我国模具工业、装备制造业、子午线轮胎工业乃至汽车工业的发展作出更大贡献。

〔供稿单位:广东巨轮模具股份有限公司〕

长虹模塑的变革与创新

四川长虹模塑科技有限公司(以下简称长虹模塑公司)是集工业设计、塑料模具设计制造、注塑加工、喷涂、镭雕及表面装饰技术、服务于一体的综合性模塑企业,位于中国科技城——四川省绵阳市高新技术产业开发区,以原长虹模具公司和塑胶公司为基础改制并于2005年独立注册,注册资金1.2亿元,厂房面积15万余m^2,员工2 000余人,属国家高新技术企业,中国大型精密塑料模具重点骨干企业。

长虹模塑公司是长虹集团整体变革与创新的产物,是长虹领导者变革与创新战略思想的践行者。公司在成立之初就将变革与创新作为公司发展的基石,以变革求突破,以创新图发展。"十一五"期间,公司通过实施组织架构搭建、经营体制与机制改革、观念变革与创新,在制度建设、能力建设、市场建设与企业文化建设方面取得了令人瞩目的成就,由一个为长虹集团内部配套的绵阳本地化公司,成长为在合肥、中山、无锡、青岛和长春拥有5家分(子)公司,净资产达3亿元,年销售收入超过10亿元(集团外销售收入超过4亿元),为国内各大知名家电企业提供塑料件系统解决方案的全国性公司。

长虹模塑公司从2006年开始实施的股权激励制度建设,使个人价值与企业价值高度统一,充分激发了各级人员的创业热情,并不断吸引各类优秀人才加入公司,建立起了一支有活力、有激情的和谐团队。

公司将创新能力建设作为核心竞争力建设的依托,以创新促进升级、以升级促进公司核心竞争力的形成,通过实施管理创新和技术创新能力建设,提升公司的核心竞争力。

管理创新方面,公司将5S与精细化管理有机结合,提出了"5S就是管理"的管理理念。通过2007年的整理与整顿、2008年的目视化、2009年的标准化、2010年的持续改善与素养,实现了从现场治乱到素养的质变。核算精细化和物料精细化,激发了基层组织的活力和员工的积极性,"把毛刺和铁屑变为利润"的理念已深入人心,浪费大幅减少。"十一五"期间,5S和精细化管理累计创造效益超过1亿元。

技术创新方面,在"做实做强技术中心,打造行业领先的规模化技术创新能力"的指导思想下,公司确立了"支持精益制造技术的研究,提升技术升级能力和培养客户系统解决方案能力"的技术创新战略。以省级技术中心为平台,以研发项目为核心,积极探索创新激励机制,努力营造"鼓励创新,宽容失败"的创新土壤,激发创新原动力。经过多年的努力,公司建立了一套有效的创新激励制度和利润分享制度,激发了各级人员的创新积极性,在新型模具设计、模具加工新技术(如超硬材料精密加工技术、高速加工技术、微孔成型技术、硬模加工技术、冷热模加工技术等)、新材料技术(如利用废弃EPS生产的电视机后罩专用材料、水性涂料、高光高硬免漆材料、PDP后盖屏蔽塑料等)、新工艺技术(如蒸汽高光注塑、双色注塑、透明塑料件内喷技术、渐变喷涂技术、裂变喷涂技术、免喷底直接UV罩光技术、纳米喷镀技术等)、IE(工业工程)和先进制造技术(模具加工自动化、注塑生产自动化、喷涂生产自动化、装配自动化)等领域取得了丰硕的技术创新成果。其中利用废弃EPS生产的电视机后罩专用材料、高光免漆抗划痕ABS、水性涂料、免喷底直接UV罩光技术和透明塑料件内喷技术等技术创新成果获得了省市科技进步奖;液晶电视面框冷热模具和平板电视底座双色注塑模具获得了精模奖一等奖。申请国家专利11项,其中发明专利7项、实用新型3项、外观专利1项。技术创新成果的大量应用,有力推动了公司的技术升级,促进了公司的产业升级,为公司的可持续发展奠定了基础。

公司在成立之初就确立了"走出去"的市场战略,通过建立异地分(子)公司为客户就近配套,有效盘活了绵阳本部的大量闲置资产,创造了向外扩张市场的机会。随着经营规模的扩大,公司确立了"以家电产品配套为主业"的产品定位和"将有限的资源聚焦于优质大客户"的市场战略,在平板时代找到了新的生存空间和发展渠道。

公司从企业文化理念开始企业文化建设,遵循集团公司"员工满意、顾客满意、股东满意"的核心价值理念,重点围绕"人"为核心,将人本管理放在最重要的位置,提出了

"团队、敬业、和谐、自律、同创共享"的企业核心价值观。设立企业文化专员,通过员工手册、画说员工行为规范、挖掘身边的案例和主题培训等方式,达到企业文化建设和培育的目的,创造了和谐的企业环境,激发了员工的内在潜力和工作的使命感。

总结和回顾过去,是为了明天更好的发展。"十二五"的开年之初,公司提出了"做强做大白电产业,培育两大新兴产业(导光板和汽车配套),精耕细作模具产业,稳步升级黑电产业"的"十二五"战略规划,并确定了"5212"的战略目标,即:5 年(2011 ~ 2015)销售收入达到 20 亿元、利润超过 1 亿元、培育 1 ~ 2 个新兴产业。

在新的战略规划和发展目标的指引下,长虹模塑人正以专业的精神、宽广的胸怀、高瞻远瞩的目光,竭诚为客户提供更多、更快捷的优质产品和服务。通过 3 ~ 5 年的发展,力争使长虹模塑成为"中国最优秀、最值得信赖、受人尊敬的模塑制品制造、技术和服务提供商"。

〔供稿单位:四川长虹模塑科技有限公司〕

以创新谋求合力模具产业升级

宁波合力模具科技股份有限公司(以下简称合力模具)通过 30 年的不懈努力,已成为拥有固定资产 1.5 亿元、产值 2.5 亿元的中国铸造模具重点骨干企业、中国铸造模具行业排头兵企业和国家级高新技术企业,拥有员工 278 人。50 余名工程技术人员组成的技术中心为浙江省级企业技术中心和省级高新技术企业研究发展中心。公司占地面积 41 000m^2,建筑面积 28 000m^2,是集模具开发、设计(包括铸造工艺设计)、制造于一体的专业化铸造模具生产基地,在压铸模具、低压铸造模具、重力铸造模具等方面有较强的试模能力,可以满足客户的交钥匙工程,连续 12 年被宁波市命名为"重合同、守信誉"单位和象山县强势型企业。据中国模具工业协会统计,合力模具产值、销售连续 9 年居全国同类企业第一。

合力模具越做越好,越来越受到业内人士的称赞,特别是客户的称赞与高度认可,离不开的是创新。

一是技术创新。合力模具技术中心现有 57 名工程技术人员,这是合力核心竞争力的最宝贵财富。多年来,合力模具注重学习运用先进的设计手段和方法,注重开发科技含量较高的产品,并不断推向市场。1997 年,CAD/CAM 技术得到应用,并被宁波市科委授予 CAD/CAM 应用推广企业;1998 年,CMM 技术得到应用;2001 年,逆向工程、激光扫描技术得到应用;2002 年被浙江省科委审定为"浙江省高新技术企业"; 2003 年 CAE 技术得到应用;2008 年被评为"国家级高新技术企业";2009 年被省科技厅评定为"省级高新技术企业研究发展中心"。截至 2010 年,已获得实用新型专利、发明专利 20 多项。2011 年检测中心被中国合格评定国家认可委员会授予 CNAS 认可资格。

二是管理创新。合力模具致力于完善管理体制,1999 年通过 ISO 9002 质量体系认证,建立"创时代精品,为顾客提供最佳服务"的质量方针;2001 年通过 ISO 9001 质量体系认证;2002 年推行 6S 管理,采取制度化、标准化、数字化及信息化管理模式,以实现精益管理、精细制造的目的。2008 年通过 ISO 14001 环境管理体系、OHSA 18001 职业健康安全体系认证。

三是能力创新。合力模具侧重于提升设计、制造能力,通过引进、培养不断充实开发、设计团队,提高产品开发设计能力。投资近亿元添置高速加工中心、大型四轴联动镗铣加工中心、五轴加工中心、高速石墨加工中心、智能型中走丝线切割机、数控电火花成型机、合模机、大型行车、大型三坐标测量仪等多台高精尖设备,提高产品制造与检测能力。

四是服务创新。服务不是单纯的产品修理,合力模具侧重于产品的售前、售中服务,以了解客户产品的特性,掌握第一手信息,再进入开发、设计、制作阶段,以满足客户的要求。

合力模具注重企业文化建设,将企业文化渗透到生产、经营和管理的每一个环节、每一个步骤和每一个细节中。经过 20 多年的不断创新与发展,借助较浓厚的文化积淀,形成了具有合力特色的企业文化。在企业文化理念层面,构建了"和衷共济,自强不息,务真笃行,力志卓越"的经营理念及"诚信、奋进、创新、责任奉献"的价值观等;在企业文化制度层面,制定并推行了生产经营、市场营销、财务成本、人力资源等方面的管理制度,用以支撑公司有序和有效的运转;在企业文化视觉识别层面,建立了包括司徽、司旗、标准字、标准色等识别系统。可以说,企业文化建设是随着企业的进步和发展逐步建立和完善的,经营理念和价值观已经深入人心,形成了强大的内聚力和向心力。

合力模具凭借多年的不断创新与企业文化的积淀,赢得了市场,先后为一汽、东风、上汽、三菱、丰田、奇瑞、广汽、北汽、华晨、长城、长安、江淮等企业的发动机缸体、缸盖、进气歧管、排气歧管、凸轮轴、曲轴、变速箱壳体、离合器壳体等有色、黑色铸件配套了压铸模具、低压铸造模具、重力铸造模具、造型线模具、冷热芯盒模具等,同时还为船舶、电机、机车、风电等行业配套模具,部分模具出口美国、德国、巴西、西班牙等国家。其中,研制、开发的4G6发动机缸体模具、1.9L发动机缸体重力铸造模具被国家科技部等四部委评定为“国家级重点新产品”。1.8T发动机缸体模具铸造模具、1.9L缸体重力铸造模具、KV6发动机缸体低压铸造模具获中国模具工业协会“精模奖”一等奖,X23HD自动变速箱壳体压铸模具、ATF460自动变速箱壳体压铸模具、B5 1.8T缸盖重力铸造模具获中国模具工业协会“精模奖”二等奖。“HLGY”牌铸造模具商标被浙江质量技术监督局评定为“浙江省名牌产品”,得到了行业同仁及客户的称赞与好评。

展望“十二五”,合力模具将继续走创新之路,继续引进与培养技术人才,加强产、学、研合作,与国外先进模具企业合作,侧重于大型、复杂、精密、长寿命模具的设计与开发,以合力模具的核心技术与能力赢得市场,做精、做强、做大,为中国铸造模具业和中国铸造业的发展、壮大贡献力量。

〔撰稿人:宁波合力模具科技股份有限公司施良才〕

龙记模架誉天下 质优创新铸品牌

龙记集团成立于1975年,创业初期主要以销售模具钢材为主,1985年正式开设标准及订造模架部,并逐步拓展为以模架制造、钢材销售及零件供应为主的大型集团。

龙记集团是香港首家利用数控加工中心生产的模架制造商,亦是瑞典一胜百、日本大同及LKM等优质钢材品牌在中国最大的分销商之一。

早在1987年,龙记集团为提高模架精度及质量,突破性地引入数控加工中心加工模架,提高精度及效率;采用计算机辅助设计系统(CAD/CAM SYSTEM),提高了绘图及高精度三轴弧面加工技术水平,大大提高了工作效率及服务水平;可为客户150mm × 150mm小型模架至2 500mm × 5 000mm超大型模架及模板提供材料、零件、粗加工至精加工的全面服务,使客户在制模能力提升上无后顾之忧。

经过多年的不懈努力与创新求索,今天的龙记集团已成为享誉全球的四大模架制造商之一,模架销售多年来稳居亚洲之首。1993年,龙记集团在香港联合交易所上市,成为同行中首家上市公司。龙记集团多年来被评选为“全国百家明星侨资企业”、“中国机械500强”、“中国模具10强”等。曾被《亚洲周刊》评选为“华商500强”,被《福布斯》评选为“亚太100大最佳小型企业”,并当选为“中国制造业1 000家最具成长性中小企业”。

龙记集团生产的模架,源源不断地供应珠三角、长三角、渤海湾及中国其他地区,除此之外龙记还拓展全球市场,销售网络覆盖五大洲多个国家和地区,海内外客户可以方便地在龙记集团的分销机构处订购龙记的产品。同时,龙记集团在国内设立了多家专卖店和办事处,使客户可以更直接地和龙记集团专业的推广、客户服务人员面对面的沟通,也可以即时在专卖店选购和下单订造龙记的产品。

今天,龙记模架和产品在中国、亚洲、大洋洲、欧洲及北美洲市场上均已成功地建立了享有极高声誉的“LKM”品牌!

除了不断壮大的生产网络和销售网络外,龙记集团同时拥有高效的物流网络,确保交货准确、及时、可靠。根据客户的所在地,龙记集团把客户划分在不同区域内,然后在每一个区域设立一个物流中转站,各生产基地将生产出来的货物运送到各个物流点,然后再由物流点的工作人员运送给客户,每天有多班固定班车把产品从生产基地配送到物流中转站,再由各物流中转站送到客户手中。

龙记集团始终秉承务实、专业的精神,凭借品质信誉、交货快捷可靠、具有较强的价格优势以及为客户提供一站式的优质服务,赢得了广大客户的青睐和赞誉。

龙记集团不断研发新技术,为客户提供全面的增值服务。

龙记集团拥有由超过700台加工中心组成的庞大生产线,近年来更从日本及欧洲引进高速锯床、五轴加工中心及五轴深孔钻等高精度、高效率设备,能够高效优质地加工各类大型模具上的复合斜孔、复杂曲面、三维立体成型等,加工服务水平遥遥领先国内同行,并名列国际前列。

除了生产标准模架、订造模架、高精度互换板模架及与之配套的模架零配件,龙记集团还通过优化热处理工艺,增强模具的硬度和耐用性,消除加工后产生的内应力。

龙记集团总体装备规模和技术水平遥遥领先国内同行,进入国际同行前列。

龙记集团坚持“以客户需求为中心,与客学习,持续改善与创新,警觉变化,迅速变革”的经营理念和“公平公正,重视优秀人才,重视效益、减少浪费,追求卓越”的管理理念,形成了独特的“经营管理”模式,创造了连续10多年高速增长的奇迹,行业排名稳占全国首位。

以“植根中国,扬名海外,在国际模具业界稳占领导地位”为企业愿景的龙记人,将谨记“为全世界的模具工业提供最具竞争力的优质产品及配套服务”的企业使命,上下一心,共同学习、共同进步,精益求精、追求卓越,全力打造世界一流的“模架制造王国”。

〔供稿单位:龙记集团〕

质量为本　专业制胜

——湖北鄂丰模具有限公司

湖北鄂丰模具有限公司成立于1992年,注册资金1 000万元,是国家高新技术企业,于2000年通过ISO 9001质量管理体系认证。公司现有员工110人,拥有从事产品开发、模具设计制造、企业管理、国际贸易等领域的高素质人才,组成了一支专业知识丰富、办事高效、竞争力强、具备国际拓展能力的团队。

公司拥有各类模具研发、加工制作与检测设备90多台(套),致力于精密、复杂、高技术含量塑料模具的开发与制造,主要产品为塑料管材管件模具、汽车塑料件模具、汽车零部件检具。公司在塑料管材管件模具上拥有独到的技术和服务,获得该领域发明及实用新型专利10项。2006年被中国模具工业协会评定为唯一的一家"中国塑料管材管件重点骨干模具企业"。

公司坚持以研发为主导,生产销售、售后服务一条龙体制的经营发展模式,下设企业技术中心,专职于技术与产品研发、技术创新、新技术的引进与应用、技术交流及人员培训,以确保经营目标与质量目标的实现。

公司建有网站(www. efeng. com),有中、英、俄、西班牙四种文字版本。公司具有自营进出口权,自2002年起通过电子商务平台进行国际市场拓展,模具产品出口至欧洲、美洲、非洲及东南亚的20多个国家和地区。经过近19年的发展,"鄂丰"品牌的模具产品在国内外享有良好的声誉与口碑。

一、主推强项产品,率先制定塑料管材管件模具标准,以专业取胜

湖北鄂丰模具有限公司建立之初,对客户订单不加筛选,家电、汽车、玩具、日用品、建材等注塑模具订单都一一承接,难以体现公司在成本、交期和质量控制方面的优势。经过总结与分析公司的设计制作经验,顺应现代工业分工细化的趋势,自2001年起,公司将塑料管材管件模具确定为主打产品。迄今为止,公司可设计制作各种类型的塑料管材管件模具,包括各类建筑用PVC、ABS、PP、PE、PA等系列管材、管件、阀门模具;采用柔性互动抽芯结构的"S"形、"U"形、"C"形特种管件模具;PVC球阀系列注射成型模具;内张式抽芯系列模具;快速内螺纹系列模具;管件叠层模具等。公司能够根据客户的要求提供快速原型制作,产品优化设计,高效率的模具设计制造,模具使用与保养培训,合适的注塑生产工艺参数推荐,全套塑料管材管件生产线的工程设计,关键设备的制造、安装调试、系统集成等一站式服务。

公司在塑料建材模具的设计制造、成本控制、制作周期控制、模具调试和售后服务等方面积累了丰富的经验,并率先在行业内建立了模具设计制作标准,客户可根据自己的产品定位选择不同档次的模具配置,极大地方便了客户,节省了工作时间。

独到的技术及专业的服务,为鄂丰模具打开了通向世界的大门,80%以上的产品出口,客户来自世界20多个国家。

二、重视质量和服务,提高客户满意度

公司所有的生产经营活动都围绕客户展开,客户的满意程度是检验公司各部门工作成效的唯一准则。湖北鄂丰模具对每一副模具,从选材到工艺、从设计到制作都实行严格的质量管理:制造过程实行自检、互检与专检并行的质量控制模式,杜绝不合格零件的转序;模具产品在出厂前进行多次试模与验证,保证产品交付客户后,经过适当的工艺调试,就能进入批量生产。公司积极处理好技术、服务和价格之间的关系,通过优质的服务与客户建立起相互信任的关系。在交货期、成本或产品审核等过程中遇到问题时,鄂丰均以帮助客户快速解决问题为出发点,为客户争取效率与效益。除了为国内客户提供快捷优质的售前与售后服务外,公司还在欧洲、南美洲设立了服务代表,对国外客户提供服务保障。只有质量和服务都让客户满意了,企业才会获得良好的声誉,才会不断赢得市场青睐。

三、不断创新与提升,做世界最好的管件模具供应商

湖北鄂丰模具有限公司的发展目标是:做世界最好的管件模具供应商。未来几年里,公司将继续坚持以塑料建材模具为主导产品,不断进行该领域新技术新产品的创新与研发,以高技术含量的产品与一站式的服务为依托继续开拓国内外市场,使"鄂丰"品牌的塑料管材管件模具成为行业内的标杆产品。

目前,公司正在进行工厂扩建,按国际一流标准设计与建设新厂房。同时,引进先进的设备及技术,加大人才引进力度,使扩建后的湖北鄂丰模具有限公司在厂房设施、软硬件配置、员工素质及研发创新、企业管理、市场拓展各方面的能力均达到国际一流模具企业水平。

公司坚持"技术创新、产品一流、服务优质、顾客满意"的品质方针,坚持"诚信与共赢"的经营理念,竭诚为客户提供专业、优质的产品与服务。

〔供稿单位:湖北鄂丰模具有限公司〕

精益制造　聚力创新

——合兴集团有限公司模具中心

合兴集团有限公司模具中心是合兴集团下属的模具技术研发中心，专业致力于汽车电器/电子、低频连接器、低压电器等领域精密模具的开发，拥有25年小型精密模具制造经验，在业内具有一定的知名度及影响力。模具研发技术得到Delphi、BOSCH、GE、三星等客户的一致好评，2008年1月15日被中国模具工业协会授予“中国小型精密模具重点骨干企业”称号。

一、概况

模具中心现有员工500余人，90%以上人员具备中专及中专以上学历，大专及大专以上学历人员占40%，其中大部分为CAD/CAM/CAE/PDM专业工程师；80%以上的操作员具备三年以上现场加工经验，45%以上的操作员具备五年以上现场加工经验。高素质的人才队伍保证了模具中心拥有强大的技术研发、创新能力。

模具中心引进、二次开发及自主开发了模具设计、工艺分析、加工控制等各类软件，配备了包括坐标磨床、光学曲线磨床、阿奇夏米尔慢走丝机等在内的国内外各类先进的专业主辅加工设备450多台。真空热处理中心及实验中心保证了模具制造前期的材料处理及质量分析。同时，中心配备了工具显微镜、三坐标光学投影仪、三坐标接触式测量仪及OGP影像仪等各类检测设备30余台，充分保证了模具制造的品质。

模具中心致力研制的小型精密模具尺寸大部分集中在350mm×350mm×500mm以内，模具重量50～200kg，模具精度控制在0.01～0.005mm。研制的模具精度高、生产稳定性好，在同类行业中享有一定的知名度和美誉度。

2010年，模具中心共研制塑胶模具700余套、五金模具500余套。

二、管理体系

人才培养方面，模具中心定期引进优秀的本专科毕业生作为人才储备；适时组织模具中心关键、骨干人员进行经验分享、技术沟通以及培训学习；引进外部优秀人才、参加外部技术研讨会汲取优良资源；针对各岗位的人员素养及岗位需求，采取技术等级考核与职级晋升管理相结合的方式，运用合理、有效、及时、透明的绩效考核方案，评估、激励、指导员工不同成长阶段的能力提升，促进全员稳步、有序、快速成长。

模具开发方面，自主开发的模具管理系统，在无纸化办公的同时实现了对计划—设计—加工—装配—交付等模具研发全过程的有效控制。配备的400余台高性能工作站和高档微机，保证了技术资料、加工数据通过网络实时传递与共享，计划、管理人员能够随时评估公司资源，及时跟进、调控研发与加工等进度。

质量管理方面，在保证内部品质管控的同时建立了以质量管理为核心的管理体系，并先后通过了ISO 9001、QS 9000、ISO/TS 16949质量体系认证，ISO 14001环境管理体系认证和OHSAS 18001职业健康安全管理体系认证，各体系在日常工作中得到有效运行，全员参与质量管理保证了用户对产品的质量要求。

日常管理中，全方位定期专人负责周、月、季度及年度不同频次的考核，保证各阶段目标的及时完成，适时调整思路、总结经验，实现公司中长期发展目标。

三、技术创新

公司自2005年引进复合模具技术，在注塑成型过程中完成冲裁、打弯、注塑等不同工序；后期陆续开发121针产品、尝试光电传感器在模具中的应用、设计软件二次开发、申报国家专利等不同阶段多形式的技术开发及运用。

经验汇总方面，除在专业期刊发表论文外，模具中心根据国家及行业相关标准，制定符合公司实际的技术标准，如《冲压模具设计规范》、《塑模模温控制系统设计规范》、《塑模浇注系统设计规范》、《慢走丝加工参数选用标准》、《模具钢材金相分析标准》等。技术标准的制修订及运用极大地提高了设计、加工及检验效率，保证了模具的按期交付。

2011年10月，新的合兴工业区落成并投产使用，合兴集团模具中心迎来新的发展机遇。面对市场竞争，模具中心将秉持双赢、信誉、进取、和谐的经营理念，集中内外部一切有利资源，竭诚为客户服务，对客户负责。

优秀的模具源自优秀的人，随着人才储备队伍的不断壮大与成长，外部有利因素的不断利用，精良设备的不断引进、优化，合兴集团模具中心能够实现自身的成长与突破，使精密模具的研制能力达到或接近国际一流水平，用新技术、新设备带动和提升模具工业的制造技术水平。

〔供稿单位：合兴集团模具中心〕

努力推动客户价值　推动精密制造快速发展

——厦门唯科模塑科技有限公司

一、公司概况

厦门唯科模塑科技有限公司(以下简称唯科模塑)于2003年8月投资成立,现坐落于厦门市火炬高新区(翔安)产业区,自有厂房面积18 000多m^2,是研发、生产、营销一体化全面发展的高新技术企业。公司致力于各种复杂、精密的塑胶模具及其塑胶产品的研发与制造,主要产品涉及电子、汽车、医疗、光电、通信、IT、接插件、电气等领域的精密模具及塑胶产品,坚持以“科学管理、诚信为本、精心设计、优化生产、持续改进、顾客满意”为质量方针,全力打造成为以品质和创新提升价值,做国内领先、世界知名备受信赖的精密塑胶模具,提供研发、设计、制造一体化配套解决方案的供应商。

自创办以来,公司秉持“严管理、高质量、重信誉、优服务”的宗旨和“天天改善、年年进步”的企业文化,取得了长足的发展。先后成功开辟欧美、日韩等国际市场 ,模具及相关产品80%以上出口到欧美,在我国工业中心城市上海建立加工基地,在厦门高新技术园区拓展生产规模,已经具有了年产量600套以上精密模具的设计制造能力和与之配套的精密注塑加工能力。

公司以“质量第一、信誉至上”为理念,“互惠互利、双方共赢”为原则,始终瞄准高技术并加大投入力度,注重培养高技术人才,配备高精度设备,在吸收、消化国内外先进的模具制造技术和不断累计的丰富加工经验基础上,开发、制造高难度、高附加值的新兴模具,以精密生产为主旨,专注于精密模具及其产业一体化建设。

二、开拓创新,积极进取

公司以品质为核心,满足市场需求,促进了企业发展,取得了良好的经济效益和社会效益。积极研究、吸收、开发新技术和新工艺,不断进行技术改造,采用MoldX-3D模拟模具注塑成型过程软件对塑胶熔融体进行流动、冷却模拟、分析,优化模具结构,缩短模具交货期,提升生产效率,提高产品质量;采用多种ERP信息化管理软件,实现工程及工序的有效管理与结合、通过流程再造,提高员工技能和生产管理效率。

在硬件上引进了日本牧野精密高速加工中心,瑞士夏米尔慢走丝机床,日本牧野、瑞士夏米尔镜面EDM机床,中国香港明利深孔钻床、中国台湾准力高精度磨床等一系列精密加工设备,以及德国温泽三坐标测量仪、日本NIKON投影机、数字式高度测量仪、工具显微镜等先进的模具制造和检测设备,加工精度达0.001mm。公司拥有一批高素质的专业管理人员、高水平的模具设计专业技术人员及训练有素的制作加工技术人员,采用CAD/CAM/CAE一体化技术,应用并行制造与设计技术,积极推行高精度、高效率、高寿命模具的开发和研制,有效地缩短了制模周期,基本实现了生产自动化、业务网络化、管理规范化的现代化企业。

唯科模塑秉持“致力提升客户价值,推动精密制造快速发展”、“做国内领先、世界知名的精密模具研发、设计、制造及产业一体化配套解决方案提供商”经营理念及“以自主创新推动的精密模具研发、设计、制造及相关产业链一体化”的成长战略,不断开拓创新、积极进取,近年来获得了几十项发明和实用新型专利,承担了多项市级科研计划,并多次获得“具有国际水平的模具”评定和 “精模奖”,是中国精密注塑模具重点骨干企业。

三、致力提升客户价值,推动精密制造快速发展

立足中国、面向世界,唯科模塑正在瞄准新起点。2010年在厦门翔安火炬高新区投资建设占地面积3万m^2的唯科模塑产业工业园,将形成先进技术、高效研发团队、高精度设备相配套的一条龙服务体系,以精密模具制造为核心,以规模企业为龙头,以高新技术为先导,进一步完善TFT-LCD、汽车、电工等产业链,打造国际知名的新型专业性模塑产业化基地。以点带面,迅速扩大产业规模,大幅度提高行业素质和整体竞争力,促进境内外优势模具企业和园区合作。打破行业界限,加强行业内的信息沟通,交流经验,合作攻关,调整生产结构,适应市场需求,走出国门,寻找新的商机,面向国际市场,不断开拓新的业务领域,为海西经济的腾飞作出更大的贡献。

业成于精,精益求精。唯科——精密设计、精密制造、精密服务,以品质和创新提升价值,成就今天的成功,又在创造明天的辉煌。

〔供稿单位:厦门唯科模塑科技有限公司〕

以创新务实为根本　在竞争中求发展

——滁州市宏达模具制造有限公司

滁州市宏达模具制造有限公司成立于 1996 年 9 月，坐落于风景秀丽的琅琊山脚下，是专业从事家电模具及其配套设备的高新技术企业，也是中国模具工业协会认定的塑料发泡模具、吸塑模具重点骨干企业，拥有员工 160 人，厂房 10 000m²，资产 5 000 万元。

多年来，公司十分重视科技创新和技术投入，培养了一支理论知识全面实践经验丰富的技术队伍，员工中 45% 具有大专以上学历。依托雄厚的技术力量和先进的数控加工设备，公司产品的技术水平和加工质量在同行业中名列前茅，深得客户的信赖，2009 年被海信容声（广东）冰箱公司评选为优秀供应商。

公司始建于 1996 年 9 月，建厂初期依靠自筹的 17 万元在滁州技校内租用了 90m² 的学生实习厂房及 5 台简单的加工设备，带领 22 名下岗职工，从 200 元的零修业务起步，依靠诚实、守信的经营理念和兢兢业业的工作作风，赢得了客户的信任，逐步发展壮大。

1998 年，公司的厂房面积已扩大至 3 800 m²，厂区占地面积 1 万 m²，购置了平面磨床、电火花加工机床、大铣床等。随着设备的不断增加，技术的不断提高，公司的业务量也越来越大。1999 年，滁州市科委利用三项资金，给公司无息贷款 40 万元，帮助公司购置了多台计算机及相关软件，全面实现了 CAD 辅助设计，并部分采用了 CAM 辅助加工，建立了拥有 14 台计算机的公司内部局域网，使技术人员彻底告别了手工绘图，初步实现了资源共享和信息自动传输的办公现代化。截至 2000 年底，公司先后投入近千万元，购置了包括先进的加工中心在内的 50 多台生产设备，生产能力有了很大的提高，先后与博西华制冷有限公司、合肥美菱集团、荣事达冰箱公司、广东科龙集团、南京依维柯等大型企业建立了良好的合作关系。至此，公司由初创时作坊式的小型加工厂发展为具有良好加工能力的专业模具制造企业，实现了发展过程的第一次飞跃。

随着市场的不断开发、业务量的不断增加，公司的经营状况越来越好。2001 年 6 月，公司投资 75.18 万元在滁州市腰铺工业园区征地 4.9 万 m²（73.7 亩），为长远发展打下了坚实的基础。2002 年 4 月，公司被安徽省科技厅认定为高新技术企业，其主导产品——真空成型模、发泡模通过了安徽省科技厅组织的专家鉴定，并被认定为高新技术产品。2002 年，公司投资 1 000 多万元进行技术改造，新建了 1 500m² 厂房，购置了数控铣床、电火花成型机、龙门刨床、慢走丝线切割机等 15 台加工设备，升级现有局域网，全面提升了公司的信息化建设水平。截至 2003 年底，达到了年产值 3 000 万元的模具生产能力，居滁州市同行业之首。

随着模具企业的增多，模具市场竞争日趋激烈，利润空间越来越小，公司决策者们认识到：要想在激烈的市场竞争中求生存、寻发展，必须走出国门，放眼世界，把产品投入国际市场。2003 年起，先后有美国、意大利、越南、菲律宾等多家公司及中国台湾公司前来考察，多批模具出口越南、加拿大、菲律宾等国家和地区，累计出口创汇 100 多万美元。

2005 年，对于宏达公司来说，是发展壮大的又一年。在这一年里，公司不仅在激烈的市场竞争中经营稳定，还在腰铺工业园区投资 1 800 万元新建了注塑模具分公司和注塑制品车间，形成了注塑模具和注塑制品一条龙的生产模式。新建了 6 000m² 厂房，新增数控机床、电火花成型机、注塑机等各类加工设备 26 台，形成年产注塑模具 1 500 万元、塑料制品 5 000 万元的生产能力。

近年来，公司十分重视新产品的开发研制，2009 年公司成立了企业技术中心，以提高新产品开发和技术创新的能力。2009 ~ 2011 年，公司开发研制了节能型对开门冰箱模具、超大型冰箱吸塑模、发泡模，多门零度室箱吸塑模，特大型商用冰箱发泡机，对开门冰箱内胆冲孔转机等 10 项新产品，获得了 14 项实用新型专利，其中节能型对开门冰箱模具和超大型冰箱吸塑模、发泡模有 3 项关键指标填补国内空白，一举改变了此类模具一直从国外进口的状况。在中国国际模具技术和设备展览会上，对开门冰箱发泡模被中国模具工业协会专家组评定为“精模奖”一等奖，产品已在博西华电器公司、合肥美的冰箱公司等多家客户应用，效果较好。当前，公司新产品的销售收入达 40% 以上。

〔供稿单位：滁州市宏达模具制造有限公司〕

变化的天津津兆

天津市津兆机电开发有限公司成立于 2000 年 6 月，是一家以精密级进冲压模具、精密注塑模具的设计开发为核心，集精密冲压加工、注塑部品加工、冲压深层次加工、部品组装为一体的国家级高新技术企业，产品覆盖航空航天、汽车、家电、移动通信、电机、医疗等领域。

多年来,公司凭借全面精湛的技术研发能力、过硬的质量控制以及出色的管理能力积极参与国内外市场竞争,不断做大做强,已与韩国现代汽车、LG 电子、三星电子、MOBIS 公司,美国 SPX 公司,日本丰田汽车、丰田铁工、爱信车身等多家世界知名企业建立了长期稳定的战略合作关系,产品出口巴西、墨西哥、韩国等国家。2002 年作为唯一中资企业获得 LG 模具开发制作资质奖牌,连续多年获得 LG 公司、三星公司最佳供应商奖牌。2005 年通过 ISO 9001、ISO 14001 管理体系认证,2007 年通过汽车行业 TS 16949: 2002 质量管理体系认证。

天津市津兆机电开发有限公司是国家级高新技术企业、中国重点骨干模具企业、天津市小巨人成长计划企业和天津市模具工业协会理事会员单位,2010 年获滨海新区百优科技型企业称号,拥有天津市认定企业技术中心。申请专利 18 项,授权专利 9 项,承接多项天津市科委项目,曾荣获滨海高新区科学技术奖一等奖、天津市模具行业精模奖一等奖,模具水平经专家评定为达到国际先进水平

公司现有日本 SODICK AQ750L/550L/360L 慢走丝切割机、瑞士 AGIE 慢走丝切割机、中国台湾健生慢走丝切割机及国产线切割机 48 台,中国台湾高峰数控龙门铣床、德国 DMG/CHIRON、日本北一大限等加工中心 25 台,45 ~ 630t 全自动冲压机床 126 台,数控磨床、数控铣床等各类机加工设备 118 台,冲压周边设备 165 台,三坐标测量仪 2 台。完备的生产设施与先进的工艺技术、科学的管理体制相结合,建立了以"快速反应、高效服务"为特征的生产运营体系,充分实现客户利益最大化。

公司在快速发展的同时,注重培养企业人才与行业人才,坚持以人为本、科技创新发展企业的道路。公司主要管理者和技术人员每年参加国际、国内重要展会,如上海中国国际模具技术和设备展览会、德国法兰克福模具展等,参与学术研讨,参观先进工厂,学习世界前沿技术。公司与天津理工大学、天津轻工职业技术学院、天津职业技术师范大学建立了长期的产学研合作关系,每年对模具专业优秀学生颁发奖学金,聘请教授为公司的技术咨询专家,共同进行课题研究。与天津理工大学共建了金属板材测试实验室、计算机模拟实验室,与天津职业技术师范大学共建了精密检测与逆向工程实验室,建设了津兆精密模具检测实验室,为科技创新积累了数据基础。2011 年,公司在天津理工大学成功组建了津兆机电模具专业大专大本班,52 人成功考取,为津兆人员创造了深造的机会。

未来五年,天津市津兆机电开发有限公司将秉承"观念创新是津兆发展的原动力,管理创新是津兆发展的坚实保障,技术创新是津兆专业化道路的根本,文化创新是津兆持续发展的源泉"的经营理念,夯实基础,加大创新,整合资源,发挥公司精密级进模具的竞争优势,紧紧抓住国家"十二五"发展与天津市大力扶持科技型企业的契机,实现新的跨越式发展。

〔供稿单位:天津市津兆机电开发有限公司〕

努力打造玻璃模具"航母"

——成都新志实业有限公司

成都新志实业有限公司建于 1996 年,位于四川省成都国家级经济技术开发区龙工南路 1133 号,占地面积 2.7 万 m^2,注册资金 1 805 万元,总资产 7 000 多万元,是一家专业从事玻璃模具和陶瓷模具生产的有限责任制公司。

公司自创建以来,一直坚持"以质量求生存,以信誉赢市场"的经营宗旨,将打造"新志阳光"品牌作为企业长期发展战略目标。公司生产经营玻璃模具、绝缘子模具、灯饰模具、活塞模具、陶瓷模具等系列产品,年生产能力 10 万余套。

公司现有员工 300 多名,其中工程师、模具设计师、中高级技术工人等 100 多名。拥有加工中心、精雕机、数控机床、扫描仪、金相分析仪、激光抄数仪等高端生产设备和质量检测设备 100 多台。建有配方研究室和材质化验室,用科学手段监控模具材质和生产加工过程。公司实现了设计电脑化、加工数字化、生产规模化、管理现代化的体系格局。

公司诚信的经营理念、优质的产品、完善的售后服务得到了用户的认可,是五粮液、剑南春、泸州老窖、国窖 1573、水井坊、宋河粮液、酒鬼酒等众多中国名酒的模具定点生产企业。"新志阳光"模具已走向全国各地,产品销售、服务网络覆盖浙江、广州、重庆、新疆、山东等 28 个省市、自治区、直辖市,已成为用户信赖的知名品牌产品。目前,"新志阳光"模具已成为西部地区规模大、效益好、装备先进、技术雄厚、市场占有率高的企业,在全国同行业中排名前列。

2003 年初,公司通过了 ISO 9001: 2000 质量管理体系认证,成为全国同行率先通过质量管理体系认证的企业之一。1997 年至今保持"成都市级文明单位"称号 。1998 年被评为"优秀私营企业" 。1999 年被评为"成都私营企业 50 强(名列 30 位)"。2002 年,公司成为中国日用玻璃包装协会理事单位。2006 年,成为四川省模具工业协会理事单位和成都市模具工业协会副理事长单位。2007 年分别被评为纳

税大户和成都市用户满意企业,成为世界杰出华商协会副理事长单位,被推选为中华爱国先进示范单位。2008 年,"新志阳光"模具商标获得成都市著名商标称号,并通过了计量检测保证体系认证。2009 年,"新志阳光"模具被评为"四川省名牌"产品,公司被评为四川省质量管理先进企业和四川省成长型中小企业,成为成都经济技术开发区模具工业协会理事长单位。2010 年,被评为国家级高新技术企业。

站在新起点,谋求新跨越,新志实业的奋斗目标是:打造西部最优、中国一流、世界知名的玻璃模具"航母"。

站在最前沿,聆听最强音,新志实业愿与国内外新老客户精诚合作,携手并进,敢为人先,超前发展,追随时代潮流,共创辉煌未来!

〔供稿单位:成都新志实业有限公司〕

科技创造卓越　创新铸就辉煌

——宁波强盛机械模具有限公司

宁波强盛机械模具有限公司位于风景优美的海滨城市象山,专业设计制作高难度、复杂铸件模具。公司成立于2000 年,十年励精图治,规模及生产能力不断发展壮大,从年销售额只有 1 000 多万元逐渐成长为年销售额 1 亿元的模具企业,并跻身于中国重点骨干模具企业的行列。回顾十年发展历程,强盛的进步和以下各方面的发展密切相关:

设计方面,先进软件的应用使模具设计如虎添翼,大大提高了设计能力和效率。2011 年先后引进 CAE、CAD、NC 数控编程及产品逆向工程等技术,覆盖了从模具的初加工到模具装配的整个设计制作流程。

工艺方面,公司从成立之日开始就努力引进各方面人才,壮大设计队伍,拓宽工艺设计方向,建立了一支高效、优质、创新的优良设计团队。公司已经熟练掌握了铝合金缸盖低压铸造(有色)、铝合金缸体低压铸造(有色),铸铁缸体缸盖(黑色)、铁模覆砂、V 法铸造等各种先进工艺铸造技术,应用这些先进技术制造的模具得到了客户的肯定和好评。设计人员具有很强的创新意识,并不断实践于模具设计中,公司的设计和创新能力不断提高,先后获得了数十项模具专利技术。

加工方面,从最初只有几台车床、铣床、钻床开始,发展到目前拥有数十台数控加工中心和高速加工中心等各种先进、高效的制造设备,实现了设备精、技术精、人员精、质量精。模具制造设备的改良和扩充不仅提升了模具加工精度,也大大缩短了模具生产周期。

模具检测方面,最初采用的是手动三坐标测量仪,精度和效率都比较低。公司 2010 年从意大利进口了全自动 coord3 三坐标测量仪,全自动输出检测报告,真实可信。采用先进技术的测量仪不仅能够准确、迅速地测绘模具产品,还可将所测数据和图形直接反映在三维图形上。

售后服务方面,严格遵守并履行售后服务承诺,委派模具技师到生产现场排疑解难,帮助客户迅速解决模具问题,使模具尽快投入生产。多年现场服务经验的积累,形成了一支技术完备、经验丰富的售后服务队伍。只有完备的模具售后服务和领先的解决方案才能使强盛锐意进取、稳中求胜!

目前强盛已经与国内数十家整车企业和汽车零部件企业建立了业务关系,产品网络覆盖了国内 20 余个省。近几年在继续巩固和扩大传统优势的同时,积极拓宽市场,产品已出口波兰、日本、加拿大、美国等发达国家,得到了用户的肯定,在国外市场建立了良好的信誉。强盛一直以来积极主推现代化企业管理,重视市场运作与产品质量,强化品牌意识,力倡诚信服务,遵循员工、企业、社会协调发展。只有真诚携手,才能不断向前! 优质、高效、创新、责任是公司的核心价值观,强盛人将以一流的产品质量和一流的服务面对广大客户。

〔供稿单位:宁波强盛机械模具有限公司〕

全力打造大中型覆盖件模具领先企业

——安徽江淮福臻车体装备有限公司

安徽江淮福臻车体装备有限公司是中国模具工业协会重点骨干模具企业,位于合肥经济技术开发区繁华大道216 号。

公司成立于2004 年5 月31 日,由安徽江淮汽车股份有限公司和台湾福臻实业股份有限公司共同出资设立,是专门从事汽车车身开发、制造、销售及其模具、检具、夹具设计、制造、销售的高新技术企业。截至2011 年6 月30 日,员工总数223 人,其中研发中心46 人。

公司占地面积 42 000m^2,分二期建设,一期投资总额 800 万美元,建筑面积 13 100m^2。安徽江淮福臻车体装备有限公司一期工程生产设备见表1。

表1　安徽江淮福臻车体装备有限公司一期工程生产设备

设备名称	型号	数量	工作台尺寸(mm)
三坐标测量划线仪	NHL—603225CNC	1	3 000×5 800
振动时效仪	02K2000B3	1	
数控铣床			
定梁龙门加工中心	DMC—2100SH	1	1 500×2 200
高速数控龙门加工中心	RB—4VW	1	2 000×4 000
五面数控铣床	XK2725/5X—600	1	2 500×5 000
五轴数控铣床	XK2125—500	1	2 500×6 000
数控铣床	LP4021	2	2 000×4 000
	SP3016	1	1 600×3 000
	XK714A	1	450×1 600
龙门铣床	CL—2504+2D	1	2 000×4 000
	CL—2504	1	2 000×4 000
	X2012C	1	1 250×4 000
压力机			
200t 研配压机	YPJ—200T	1	2 300×3 500
600t 研配压机	YJ—600T	2	2 300×3 500
1600t 研配压机	YJ—1600T	1	2 500×4 600
200t 四柱液压机	YJ—200T	3	950×950
315t 四柱液压机	YJ—315T	1	2 400×2 700
摇臂、台式钻床	Z3050161、ZY3725	7	
磨床			
万能外圆磨床	MA1420/750—H	1	
卧轴矩台平面磨床	M7140H	1	

二期建设于2010年6月动工,2011年12月交付使用,投资总额16 000万元,建筑面积14 400m²,达产产能2 500t。二期工程选购标准配置NC设备10台,高速数控铣床2台,研配压机(200～2 400 t)6台。二期工程竣工投产后,公司产能达到4 000t。

公司以“制造更好的产品、创造更美好的社会”为企业愿景,以“系统思考、团队学习”为核心理念,以“培育学习力和快速反应市场能力”为核心竞争力,全面参与市场的竞争与合作。

公司成立初期,专职技术人员10人,技能员工60余人,主要设计制造钢板模具及部分覆盖件内板模具。虽然创业条件艰苦,但始终坚持“以人为本、以德为先、人为为人”的管理理念,积极提升技术水平,采用国际先进的模具设计技术与设计标准,不断加大对技术力量的投入,大力引进专业化技术人才。

2007年10月,安徽江淮汽车股份有限公司将三厢同悦和二厢同悦两款车的内板模具交由公司全权开发。公司借此积累了诸多经验,培养了一批年轻有为的技术骨干,研发能力和生产能力发生了质的飞跃。随后,成功开发了和悦、和悦RS、瑞风二代、江淮N721载货汽车等车型覆盖件模具。

2009年3月公司实现了网络化管理。研发中心使用UG、CATIA三维软件设计模具、夹具、检具,前期CAE分析使用Dynaform软件,数控编程部门使用PowerMill、UG、HyperMill软件,生产制造工序实现无图纸化管理操作。

安徽江淮福臻车体装备公司的快速成长,得到了公司股东的肯定,尤其是江淮汽车(也是客户)的肯定。精于大、中型覆盖件模具的研发制造是企业的另一大亮点,所开发的大型、精密、复杂、长寿命模具处于行业领先地位,产品获得中国模具工业协会“精模奖”,并先后与奇瑞公司、广汽吉奥、南汽公司、重汽公司等国内著名汽车厂商开展了广泛的业务合作。

公司制定了“研发制造两款新车型的模具,兼顾其他外板覆盖件模具”的年任务目标,力争在“十二五”期间跻身国内一流模具制造企业行列。

〔供稿单位:安徽江淮福臻车体装备有限公司〕

致力于提升精密制造技术水平

——深圳市银宝山新科技股份有限公司

深圳市银宝山新科技股份有限公司为大型精密注塑模具及精密结构件整体解决方案供应商，主要从事产品结构设计、大型精密注塑模具的研发、设计、生产、销售及精密结构件成型生产、热流道检具的研发生产。

公司是我国模具行业大型精密注塑模具重点骨干企业、广东省模具工业协会副会长企业、深圳市机械行业副会长企业、深圳市第一批自主创新行业龙头企业是宝安区模具开放性研究开发基地。2009年，公司通过高新技术企业认定；2008年，在深圳市贸工局统计局评选“深圳市效益500强企业”中列第218位；2009年，被评为深圳市成长型中小工业企业500强；2010年，公司品牌“银宝山新”当选“深圳知名品牌”；2010年6月，公司技术中心通过深圳市市级技术中心认定。

公司拥有大量高档加工设备，包括大型高速五轴加工中心、大型双头电火花加工中心等高端大型加工设备。其中，设备最大加工行程为4 000mm × 2 500mm × 16 500mm，最高加工精度可达1μm以内，能有效应对各类汽车模具大型精密零部件的加工，高效地完成客户模具生产的精密度需求，保证模具加工制造品质。

公司建有独立的检测中心，拥有6台大型卧式三次元检测设备、2台移动式三次元检测设备，以及其他功能全面的各种检验检测设备仪器，为模具制造、注塑五金生产等生产环节的过程控制、结果验证提供精确、快捷的检测服务。检测中心已于2010年获得中国合格评定国家认可委员会(CNAS)颁发的实验室认可证书(注册号:CNASL4845)，成为全国第二家、华南地区首家获得认可的模具零件、机械零件、塑料产品几何尺寸与形位公差的专业检测机构。同时，公司检测中心还获得了洛氏硬度测试与内螺纹检测的资格，标志着公司的检测设备与检测技术水平达到了模具行业的领先地位。公司主要产品包括大型汽车外饰件模具(保险杠、翼子板、扰流板、车轮拱罩、防擦条)、大型汽车内饰件模具(仪表盘、中控箱、门板)、大型汽车功能结构件模具(前端模块框架、车轮罩)以及主要应用于通信、家电行业的精密结构件产品。

公司战略布局合理，具有全球服务优势。公司在法国、意大利、葡萄牙、日本、墨西哥、印度、泰国、南非及北美等地发展了售后服务合作伙伴，经过多年的业务联系，公司与这些国际合作伙伴建立了持续稳定的合作关系，可以很方便地为国际客户提供完善、及时的售后服务。2007年，公司抓住国家兴建“环渤海经济开发区”的热点，在天津滨海新区投资了天津国丰模具有限公司，主要生产大型精密注塑模具，正式完成了一南一北的战略布局。2010年初，为进一步延伸产品链，公司在惠州设立了惠州市银宝山新科技发展有限公司，主要生产结构件产品。这些布局完成后，公司可以更方便地为客户提供服务，提升服务能力，保障服务质量。

公司技术开发优势突出，高度重视研发和技术创新工作。公司设立专门的技术中心，现有技术、研发和试验人员240人，其中，1人拥有博士学位，2人拥有硕士学位，3人拥有高级职称。截至2011年12月31日，公司已获得发明专利1项、实用新型专利12项、软件著作权24项，进入实质审核的发明专利16项。公司在高光注塑、低压注塑、双色注塑等领域形成了独特的技术工艺。

2008年6月，在中国模具工业协会“精模奖”评选中，公司“翼子板模具”荣获一等奖，“前车门内板模具”荣获二等奖，“后车门内板模具”荣获三等奖。2010年7月，在中国模具工业协会“精模奖”评选中，公司“椅子模具”荣获一等奖，“安全气囊模具”荣获二等奖，国丰“翼子板模具”荣获一等奖，“雷诺后保险杠模具”和“福特仪表盘模具”荣获三等奖。

公司自2003年开始建立技术标准化体系，2008年形成比较完善的技术标准化体系。公司拥有各种类型汽车模具的设计、加工、制造经验，基本涵盖了主要汽车注塑模具以及金属压铸类模具，在汽车仪表盘、门板、中控箱、保险杠、翼子板、轮毂内衬、车灯、安全气囊盖、进气歧管和进气格栅等汽车内外部结构件生产方面积累了大量生产案例。在此基础上，公司技术中心对模具生产制造业务中应用到的技术与工艺标准进行统一的整理，按照模具制造生产工序流程主体环节的分类，建立类别明确、涵盖全面、数据信息统一的工艺技术标准化体系，实现了模具生产的加工工序标准化、加工工艺标准化和工艺参数标准化，缩短了模具设计制造周期，降低模具生产成本，提高模具质量。公司的技术标准化体系内容涵盖塑胶原材料与注塑成型工艺、模具金属材料与加工工艺、模具设计与制图、CNC编程与加工、EDM电极制图与编程加工、WEDM编程加工、深孔钻编程加工、模具装配、试模包装以及其他加工工艺与生产管理等内容。

公司建立了“以企业为主体，市场为导向，产学研相结合”的技术创新机制，与清华大学、华中科技大学、深圳大学、深圳职业信息技术学院、广东工业大学等国内高校建立了紧密的合作，通过联合培养研究生、联合开发等方法，在了解世界技术发展方向的同时，将先进制造技术和加工手段融合在生产过程中。

公司在生产质量管理方面处于行业前列，先后通过ISO 9001质量管理体系认证(2000年8月)、美国保险商实验室(简称UL)的工厂认证(2004年6月)、ISO 14001环境管理体系认证(2007年3月)和ISO/TS 16949汽车产品质量管理体系认证(2007年11月)。

经过十多年的发展，公司在模具行业积累了综合竞争优势。当前，汽车行业核心客户有福特FORD、日产NISSAN等汽车厂商以及佛吉亚集团(Faurecia)、全耐塑料制造集团(Plastic Omnium)、伟世通集团(Visteon)等全球领先的汽车零部件总成生产企业。通过客户的全球采购平台，为主机厂的车型配套，公司服务的汽车品牌有福特FORD、日产NISSAN、丰田TOYOTA、宝马BMW、雷诺RENAULT、菲亚特FIAT、广汽GAC、大众VW和奔驰BENZ等。

〔供稿单位：深圳市银宝山新科技股份有限公司〕

博采众长　创新发展

——宁波双林模具有限公司

宁波双林模具有限公司创建于1987年。经过多年的求索与创新，公司不断发展壮大，现已发展成为中国模具制造基地——浙江省宁海县的模具龙头企业。公司占地面积7 200m²，总资产2.2亿元，模具年加工能力1 600余套。公司管理先进，技术力量雄厚，现有员工350余人，其中管理及技术人员150余人。

宁波双林模具公司现为中国模具工业协会副理事长单位、宁波模具工业协会会长单位、中国精密模具重点骨干企业。

一、公司实力

为满足客户需求，公司配备了260余台套先进的模具制造设备，包括五轴联动高速加工中心、CNC高速加工中心、瑞士高精电火花成型机、大型双头电火花成型机、多功能深孔加工机、大型合模机、真空热处理设备以及显微镜、投影仪、大中型三坐标测量机等高精度检测设备，并配有110～280t试模注塑机。

公司运用现代化管理模式和管理方法，选用国际先进的资源管理软件ERP系统和模具生产管理软件EMan系统，实行全面生产管理和质量控制，以保证模具质量和周期要求。公司配有国际先进的CAD/CAM/CAE集成系统，包括模流分析、模具设计、加工及检测等软件工具。公司可为汽车厂商提供各类模具项目开发和配套服务，可制造各类大中型、高精度注塑模具、橡胶模具和冲压模具，模具质量高、周期短、成本低。

“坚持持续改进，满足顾客期望，确保品质第一，开拓全球市场”，公司秉承此信念全面实行ISO 9001质量管理体系、ISO 14001环境管理体系，确保了模具质量和制造周期。为使双林模具技术水平长期处于行业领先水平，并与国际水平接轨，满足全球高端模具的需求，公司与日本山口精机株式会社开展全面技术合作，以提升技术能力和技术水平。

近年来，公司多次获得各项荣誉称号，通过多项模具专利审核，模具技术中心被授予“省级模具技术研究开发中心”称号。凭借优秀的品质和优良的服务，双林模具已与通用、福特、大众、丰田、佛吉亚、法雷奥、贝洱、博泽、博格华纳、AutoLiv、TRW、博世、李尔等国际知名企业建立了良好的合作关系。

二、经济指标及发展规划

宁波双林模具有限公司作为宁海县模具行业的龙头企业，生产能力强，生产规模大。2010年，双林模具产值达1亿元，模具出口额达5 000多万元。

为顺应行业发展趋势，加快自我提升，公司制定了发展规划：

结合公司的产业发展需要，确立专项模具技术研究课题，重点突破模具关键和核心技术，掌握行业领先技术，提升企业竞争优势。

继续推进公司管理体系建设、模具标准化和信息化建设，有效缩短模具开发周期，满足汽车产业快速发展的需要。

加快模具加工制造技术及装备研究工作，进一步提升模具制造技术水平，占领结构复杂、精度要求和技术含量高的高档模具市场。

三、近年荣誉

2008年2月，荣获“宁海县工业实力型企业”和“宁海模具行业龙头企业”称号；2008年8月，荣获“宁波市先进装备制造业重点企业”称号；2009年4月，荣获“宁波市模具行业协会第一会长”称号；2009年9月，通过“国家模具高新技术企业”审核；2010年4月，荣获“宁海县工人先锋号”称号，通过“宁海县企业劳动关系信用等级AAA”评定。

产品方面，2008年12月，“塑料蜗杆模具”获“精模奖”三等奖；2010年5月，“储油桶注塑模具”和“汽车空调风门组件注塑模具”分别获“精模奖”二等奖、三等奖；2010年12月，“塑料蜗杆成型模具”获第六届宁波市发明创新大赛发明创新奖。

四、专利情况

获4项发明专利：慢走丝加工细长铍青铜精密镶件的防变形工艺方法、螺杆塑料斜齿轮模具、塑料蜗杆成型模具、一种注塑成型柔性滑拉门制品的技术方案。

获5项实用新型专利：用于小螺旋角双联齿轮的精密模具、一种双杆单滑大角度斜顶脱模机构、汽车门板检具的快速卡扣机构、塑料蜗杆成型模具、可旋转二面使用的汽车门板检具。

〔供稿单位：宁波双林模具有限公司〕

技术引领市场　品质成就卓越

——青岛海信模具有限公司

青岛海信模具有限公司(以下简称海信模具)起源于青岛电视机厂，已有30多年的历史。“十一五”期间经过大规模的技术改造、重建搬迁，于2008年5月正式落户青岛市高新技术产业开发区市北新产业园。新厂区占地面积6万m^2，固定资产1.4亿元。公司集工业与产品设计、模具设计与加工制造及注塑成型于一身，包括模具制造及注塑成型两大生产基地，拥有员工500余人，年加工制作大型注塑模具500余套(最大可达60t)、精密模具200余套，产品涉及家电、汽车、通信、电子、洁具等制造业。公司拥有一流的技术人才队伍、世界先进的加工设备、丰富的模具开发和注塑经验、先进的检测设备和完善的国际质量控制体系，先后被评为青岛市高新技术企业、国家级安全质量标准化认证单位，产品获青岛市名牌产品称号。

大量先进技术的应用，极大提升了海信模具研发的速度与竞争力。公司拥有完善的设计、编程、工艺、管理一体化的计算机网络，应用美国UG软件设计和数控编程，并引进美国Moldfolw/MP软件模拟分析注塑过程，包括填充、保压、冷却、气辅翘曲等各个阶段，并把注塑CAE技术与公司多年从事模具开发积累的丰富实践经验相结合，大大提高了模具内在品质和开发的可靠性系数。在国内率先成功地将热流道应用于模具的制造；与英国GAS－INJECTION公司合作，在国内较早地将气辅成型技术应用在模具的设计制造和注塑生产过程中。2007年成功开发出高光无熔痕注塑模具，取消了传统注塑生产所需的喷涂罩光工艺，减少喷涂环节造成的环境污染，大大提高了整机产品的外观效果。

海信模具在日常的模具设计开发之外，还先后承担了国家火炬计划项目、国家科技支撑计划项目、科技型中小企业技术创新基金项目、青岛市重点技术创新计划项目等重点研究项目。与山东大学、华中科技大学等高校进行了卓有成效的合作，在模具新技术、新工艺研究方面成绩斐然，已申报发明专利1项，实用新型专利3项。

实力源自海信的厚积薄发。公司模具基地拥有中国及东南亚地区一流的模具加工设备，包括德国五轴数控加工设备，辛辛那提、东芝、米克朗、牧野、日立、森精机、马豪等高速数控加工中心，沙迪克的大型数控电火花机床、精密线切割机床以及大型配套设备200余台。率先引进、建成并开发了基于数据库的模具CAD/CAM集成制造系统，应用软件不断升级，始终与国际最新技术保持同步。

公司塑品基地拥有注塑设备38台，其中大型注塑机32台，包括6台蒸汽高光生产线、4台精密全电动注塑机、2台精密全液压注塑机，并拥有3 200t的行业“巨无霸”注塑设备。掌握并全面使用国内同行业中领先的中空注塑成型技术及国际领先的RHCM蒸汽辅助无痕注塑技术。

细节成就完美，品质成就卓越。公司引进三坐标测量仪、高分辨率光线投影仪和精密检测仪以及英国具有数字化功能的3D激光扫描仪、自动合模设备等，检测手段更加完善。ISO 9001质量管理体系的有效运行，严格的三级检验制度，持续保证产品从原材料使用、生产过程到产品入库的全程控制，让产品质量保持零缺陷。

创新管理、人才为本。海信模具在不断完善和创新管理的过程中，坚持对员工进行全方位的技术培训，公司拥有不同层次人员组成的技术开发队伍，其中大部分在新加坡、日本和美国接受过专业培训，既能从事模具CAD/CAM/CAE开发的设计工作，也能进行系统培训、咨询和技术服务。

专业化、精细化、国际化。跻身世界先进模具制造企业行列的海信模具赢得了包括松下、三星、夏普、LG电器、东芝、通用、丰田、大众、宝马、奔驰等国际知名公司的精诚合作，持续满足全球客户对模具大型、精细、复杂、高效、复合的要求。产品出口到美国、日本、德国、法国、丹麦、瑞典、英国、墨西哥、伊朗、俄罗斯、土耳其、马来西亚、泰国、印度、印度尼西亚等30多个国家和地区。

〔供稿单位：青岛海信模具有限公司〕

做世界家电装备领先者

——安徽鲲鹏装备模具制造有限公司

安徽鲲鹏装备模具制造有限公司是一家专门从事家电、汽车、新能源等行业成套装备研发、生产和制造的高科技企业，拥有该行业唯一的“国家级企业技术中心”，是行业中唯一一家“国家火炬计划重点高新技术企业”、全国模具50强企业，是我国最大的家电成套装备制造商。

公司坐落在安徽省滁州市经济技术开发区，现有员工700多人，其中技术研发人员占1/3以上。公司研发制造的家电成套装备不仅占据国内70%以上的市场份额，还直接出口到法国、埃及、巴基斯坦、印度尼西亚、墨西哥、印度、伊朗、约旦、美国等30多个国家和地区。

近年来，公司紧密跟踪世界家电装备业的前沿技术，先后应用液压比例技术、网络技术、伺服技术等，实现了光、电、机、液 的系统集成创新。以“多用途无氟发泡设备”、“基于网络控制技术的多工位真空成型机”、“滚筒洗衣机内筒外壳柔性生产线”等国家重点新产品的成功研制和安徽省重大技术装备攻关项目完成为标志，公司在我国家电装备制造领域的核心地位进一步巩固。公司还拥有数十项产品专利，是行业中唯一的一家主持家电装备和模具3项国家标准起草的单位。

凭借数十年的专业技术积累和数百个成套工程的经验，安徽鲲鹏装备模具制造有限公司始终引领并推动非标装备行业的技术革新和前端研发，主要产品完全达到国际先进水平。

1. 金属薄板成型成套设备

适用于冰箱、冷柜、洗衣机、热水器、汽车、灯具等产品的钣金件连续生产。该设备集机械、电气、液压、气动等综合技术于一体，多采用伺服系统控制，实现多种产品混合生产，具有日本、欧洲制造同类产品的全部功能，而性价比则远远优于日本、欧洲同类产品。

2. 全自动真空吸附设备

适用于冰箱、冷柜、汽车零部件、照明灯具、产品包装等行业。应用于大型、复杂零部件热塑性塑料真空吸附成型时，效率和原料节约指标达到甚至超过了国外同类设备。

3. 柔性聚氨酯发泡生产设备

广泛适用于冰箱、热水器、建筑材料、汽车零部件制造等行业。该设备功能上体现了更安全、更高效、更人性化的设计，全面提升发泡生产的质量和效率，同时也为聚氨酯原料行业的新发展提供了有力支持。

4. 真空吸附、发泡及各类钣金模具

作为中国重点骨干模具企业，安徽鲲鹏装备模具制造有限公司致力于高端吸塑、发泡和钣金模具的设计制造，长期服务于国内外高端家电和汽车零部件企业。如多门冰箱的内胆门胆真空成型模具、发泡模具，汽车内饰件的真空吸附模具、发泡模具，各类家电产品外壳的钣金件冲压模具的成功开发，帮助众多国际化大公司的新产品顺利上市。其中，公司开发的工程机械覆盖件双层真空成型模具在2010年中国国际模具技术和设备展览会上获得“精模奖”一等奖。

在一切以客户服务为中心的时代，安徽鲲鹏装备模具制造有限公司始终贯彻品质制胜、服务先行的经营理念，持续推动国内外家电、汽车等制造商向更高层次发展。

“做世界家电装备行业的领先者，做新型装备行业的开拓者”。公司将依据这一战略目标，大力实施“创新工程、人才工程、精品工程和国际化工程”建设，以筹建“家电装备国家工程研究中心”为契机，努力实现家电装备由“中国制造”向“中国创造”的跨越，为引领世界家电装备的发展作出自己的贡献。

〔供稿单位：安徽鲲鹏装备模具制造有限公司〕

软硬实力助推远东制模迈向卓越

宁波远东制模有限公司创建于1999年，是中国模具工业协会重点骨干企业、国家级高新技术企业，专业从事大型精密塑料模具的设计、加工、制造，主导产品是汽车内外饰件大型精密注塑模具。

一、历史沿革

1999年，浙江塑料模具制造中心破产转制后，直接吸收具有多年模具设计、制造经验的专业人才，由几个技术骨干共同出资组建宁波远东制模有限公司。

2000年，接受日本贸易振兴会模具专家为期3年的经营管理和模具先进制造技术辅导，被国家列为144家重点扶持的模具企业之一。

2001年,完成国家"九五"科技攻关项目(97-776-02-02)——国家数控技术在塑料模具加工中的应用。

2002年,聘请日本、韩国模具专家长驻辅导,开始与日本HI技研技术合作,引进先进技术和设备,形成汽车内外饰件大型精密模具生产能力。

2003年,再次列入全国160家重点扶持的模具生产企业;浙江省工商局授予"守合同 重信用"A级企业称号;相继被认定为宁波市高新技术企业和浙江省高新技术企业;通过了ISO 9001质量体系认证。

2004年,开始实施总投资2 996万元的技术改造项目,第一期投资1 500万元的新厂房工程于12月竣工;投资设立宁波沃尔电器有限公司,生产的真空吸尘器全部外销。

2005年,总投资2 996万元的技改项目完工,新建厂房11 000m²;引进的大型龙门数控铣床、大型数控电火花加工机床、300t合模机、数控深孔钻床等关键设备全部投入生产,开始实施模具制造信息化工程,与日本春日井株式会社合资成立宁波远东春日井注型技研有限公司,主要生产快速样件及真空注型件,并于当年投入生产。

2006年,新增海天精工HTM3216数控龙门加工中心、台湾匠泽H9高速龙门加工中心以及UG NX13200、NX13410设计软件等。

2007年,新增HTM-3216G数控龙门加工中心和龙门雕铣等设备,在芜湖经济开发区投资设立芜湖远东制模有限公司,厂区占地面积17 208m²。

2008年,被评为中国模具重点骨干企业,与欧洲第三大汽车塑料模具制造企业德国SF建立了技术合作关系,被评为余姚市唯一的"五星级模具企业",芜湖远东制模有限公司第一期8 300m² 新厂房工程竣工。

2009年,被认定为"国家级高新技术企业",被评为余姚市纳税百强企业。芜湖远东制模有限公司当年8月正式投入生产。

2010年,与国家模具CAD工程研究中心合作,设立了"院士工作站"。

2011年,远东制模注册商标注塑模具,被认定为"宁波名牌产品"。

二、企业现状

企业拥有总资产12 700万元,生产用房11 000m²,现有员工280人,其中大专以上学历人员占30%,拥有现代化模具加工制造设备93台,大型精密塑料模具年生产能力500套。公司能设计加工制造汽车保险杠、仪表板、门板等整车型大型精密注塑模具,并为客户提供工艺分析、快速样件制造、试作模、量产模的整体解决方案,模具年销售8 000万元,生产规模位列全国前50位。

公司董事长兼总经理黄金申,是从事模具设计制造已有20多年的专业技术人员,浙江大学研究生学历,是国家"九五"科技攻关项目,"国家数控技术在塑料模具加工中的应用开发研究项目"技术负责人。他既是公司的总经理,又是研究开发的技术带头人,并兼任中国模协技术委员会委员和余姚模具协会会长职务。

通过引进和自行培养相结合,公司已形成一支研究开发、科技创新的专业技术人员队伍。公司与浙江大学合作建立了浙江大学余姚模具技术开发中心;与上海交通大学国家模具CAD工程研究中心建立了技术合作关系,设立了院士工作站,合作研究开发注塑模具CAE技术平台等项目。产学研合作为企业的创新发展提供了有力的技术支持。

"汽车仪表板注塑模"、"汽车保险杠注塑模"、"汽车门板注塑模"等模具产品多次被中国模具工业协会评为具有国际先进水平的优质模具。获得由中国模具工业协会颁发的"精模奖"一等奖1项、二等奖6项、三等奖2项。

〔供稿单位:宁波远东制模有限公司〕

培育竞争优势　助力精密塑胶模具发展

——深圳市昌红模具科技股份有限公司

深圳市昌红模具科技股份有限公司成立于2001年,于2010年12月22日在深圳证券交易所创业板上市。经营范围包括:精密塑胶模具开发制造,医疗、汽车、OA、家用电器等产品的精密塑胶成型以及模具技术咨询和服务,主要生产复印机、打印机等办公自动化设备(OA)结构件、外观件模具及其注塑成型,是国内专业从事精密非金属制品模具研发、设计、制造、注塑成型及销售的龙头企业之一,在模具行业率先获得国家级高新技术企业认证。公司在技术、质量、标准、完整产品解决方案及核心客户资源等方面具有较强的竞争优势。

公司拥有精密非金属制品模具研发、设计、制造及注塑成型的核心技术,模具结构的创新走在行业前列。公司已获得28项专利、1项计算机软件著作权,已申报并获得国家知识产权局正式受理的专利13项,均为发明专利。基于出色的研发实力,公司研发部门与柯尼卡美能达日本总部研发中心直接对接,在柯尼卡美能达开发新产品的同时,同步开发新产品的模具,并能够对最终产品的结构从模具研发设计的角度提出建议,实现了在第一时间同步推出相应设计和产品的目标。

公司拥有的模具核心技术在国内同行业中处于领先地位,2008 年研发生产的打印机墨盒模具首次采用 1 模 16 穴技术,2009 年经广东省企业联合会、广东省企业创新纪录审定委员会认定为国内同行业首创,在大尺寸模具一模多穴技术上获得重大突破。同时,公司获得广东省企业联合会、广东省企业创新纪录审定委员会颁发的“2009 年广东省企业创新纪录优秀奖”,深圳市龙岗区人民政府颁发的“2007—2009 年度科技创新奖”。2010 年 2 月,公司的“CHT”标识获得“深圳知名品牌”称号。2010 年 4 月,公司成为中国精密注塑模具重点骨干企业和中国模具工业协会团体会员。2010 年 5 月,“一模十六穴墨盒注塑模具”获得“精模奖”一等奖、“多穴位高镜面试管注塑模”获得“精模奖”三等奖。

公司于 2002 年开始推行 QS 9000 汽车质量管理体系,以对汽车产品的质量要求控制生产的 OA 设备,力求持续不断向客户提供高质量的产品。2006 年通过 ISO/TS 16949: 2002 质量管理体系认证和 ISO 14001: 2004 环境管理体系认证。通过多年的持续改进,质量管理体系与控制手段日臻完善,产品质量不断提升,再检不良率控制在 0.005% 以内。公司在产品质量上的提升与成效,得到了核心客户的肯定,先后获得柯尼卡美能达公司“2006 年柯尼卡美能达品质和纳期改善贡献奖”、“2007 年度品质金奖”、“2008 年度业绩贡献奖”,获得兄弟公司“2007 年度兄弟贡献奖”。

公司自成立以来一直致力于非标行业的标准化目标,每个环节都挑选更合理的方案并固定下来,成为公司标准化流程的一部分。公司已建立标准作业体系 300 多项,流程体系涵盖了模具设计、加工制造、组立、成型、品质检测、客户服务等全过程。通过对非标行业进行标准化管理,公司大幅缩短了制模周期,持续降低了生产成本,不断积累核心技术,不断增强抵御核心技术及技术人才流失风险的能力,摆脱了传统模具行业单件作业模式的束缚和对核心技术人员的依赖。

公司在技术、质量及标准化等方面的竞争优势,赢得了核心客户柯尼卡美能达、兄弟及理光等世界 500 强公司的认可与信任,成为国际几大主要知名品牌办公设备厂商的供应商。通过长期合作,公司与核心客户的合作关系日趋稳定,核心客户订单逐步增长,柯尼卡美能达已将公司评为特级供应商,即优先扩大订单的最大、最难部品供应商。公司与柯尼卡美能达之间实现的融合创新、同步开发,无形中提高了竞争对手的进入壁垒。除长期合作伙伴柯尼卡美能达、兄弟及理光外,佳能、京瓷美达等大型 OA 设备厂商已对公司进行多次考察与论证,公司核心客户将不断拓展。

公司以合法经营、合理利润、对社会有回报为宗旨,在董事长李焕昌先生的带领下,在全体同仁的共同努力下,一定会创造出更加辉煌的明天!

〔供稿单位:深圳市昌红模具科技股份有限公司〕

做模架领域的科技型标杆企业

——深圳市平进股份有限公司

深圳市平进股份有限公司原名深圳市平进模具有限公司,成立于 1997 年 2 月 20 日,是专业从事模具产业的大型民营高科技制造企业,总部位于深圳市光明新区圳美同富裕工业园。2010 年 12 月 2 日,公司整体变更为股份有限公司,注册资本 21 000 万元。下辖深圳市裕鼎模具钢有限公司、深圳市裕鼎精密工业科技有限公司及惠州市平进模具有限公司 3 个全资子公司。

深圳市平进股份有限公司工厂占地面积近 5 万 m^2,现有职工 1 700 余人,企业总资产 5.5 亿元。2010 年销售额 40 985 万元,当年净利润 6 051 万元。

公司拥有 400 余台高端制造设备,包括 CNC 数控加工中心、精密铣床、精密注塑机等先进生产设备,核心业务是研发、生产、销售各种精密模具、塑胶模架、冷冲模座、高精度模具配件,并提供精料加工、调质热处理等服务和 IMD/IML 精密塑胶产品。13 年来坚持提供优质的产品和服务,获得了市场及客户的广泛认同,成功塑造了“平进”优质品牌形象。产品和服务辐射到东南亚地区以及国内的厦门、福州、天津、潮汕及珠三角等地区,已发展成为国内模架领域的龙头企业之一。

深圳市平进股份有限公司是中国模具标准件重点骨干企业、中国模具工业协会团体会员、广东省模具工业协会副会长单位、深圳市机械行业协会副会长单位和深圳市手机行业协会首届副会长单位,2002 年顺利通过 ISO 9001: 2000 质量体系认证,2009 年 12 月通过“国家高新技术企业”认证。

公司注重研发创新,其科研发展方向是与模具制造生产关联的工艺、材料、装备及信息化管理系统,近三年投入的研发费用逐年大幅增加。公司设有专家技术咨询委员会,除自有的高级技术专家外,还长期聘任各类专家顾问,其中包括管理学、冶金学、金属学、机械、模具、计算机和自动化等多个领域的专家。已自主研发并掌握了精密模具及精密模具配件制造技术、IMD/IML 工艺产品设计制造技术等核心技术，已自主研发并成功应用ERP系统，拥有大型双色模架制造技术、超深型腔机械切削加工技术、超大型拼装模架、大型矩型工件内螺纹加工工艺、模具数控加工在线机电检测技术等行业内的先进核心技术，拥有已获授权的发明专利1项，已进入发明实质审查阶段的专利5项，已获授权的实用新型专利6项，申请已被受理的实用新型专利6项，申请已被受理的发明专利2项，已获授权的软件著作权4项。与中科院广州工业技术研究院、华南理工大学、华中科技大学等进行了深入的产学研合作。

现正在进行UGNX5.0的二次开发、模具钢易切削钢种研发、大型模具数控加工移动变位机器人研制、模具钢材深冷处理研发、激光在线热处理研发、大型模具加工精度在线监控系统研制和模具流体抛光工艺设备研制等项目。这些项目的研发应用，可保持公司在国内模具模架行业的领先技术优势，增强公司的核心竞争力，更重要的是，解决了行业的共性技术难题。

公司追求高效运营，不断自我改进和提升，优化管理系统，取得了良好的财务绩效，得到了市场认可。公司目前在模架行业、IMD塑胶行业、模具钢行业在深圳、广东乃至全国位居前列。公司将不断提升“平进”品牌，力争成为在中国模架领域具有行业主导及竞争力的科技型标杆企业。

〔供稿单位：深圳市平进股份有限公司〕

十年积淀　成功跨越

——台州市黄岩双盛塑模有限公司

台州市黄岩双盛塑模有限公司是一家专业生产热固性、热塑性模压模具、冲压模具的厂家。企业坐落于素有“中国模具之乡”之称的浙江黄岩。地理位置优越，东邻港口，西毗国道，南临机场，北靠高速，交通十分便捷。公司自2002年10月创立以来，努力借鉴和学习欧洲先进的模具制造经验，结合国内模具制造业的现状，在创业短短几年内已取得了飞跃式的发展。

公司是目前台州地区唯一专门从事SMC、BMC、GMT和LFT模具生产的厂家。有高级工程师2人、工程师9人、助理工程师23人，模具设计绘图工程师13人、高级钳工21人。

公司拥有优良的模具设计加工软、硬件资产：有3套AutoCAD、1套PRO－E、2套UG模具设计软件；4台加工中心，其中3台产自中国台湾，1台产自意大利；1台便携式三坐标测量仪，产自美国；产自中国台湾的深孔钻床；1台高速加工机床、1台五轴数控机床，并配备了一般模具加工厂极少有的用于试模的大吨位(2 000t)、大台面(3 000 mm×2 000mm)液压机以及多台机械加工车、磨床等。

公司主要为一汽、重汽、陕汽、丹东黄河、金华尼奥普兰、上汽和上汽大众、沃尔沃的配套厂生产SMC、BMC、GMT和LFT汽车零件模具；也为上海澳金、温州东方集团、长春铁路客车厂等生产整体卫浴系列产品模具。此外公司还为客户生产SMC复合门、卫星接收天线罩、地铁电缆支架、高低压及弱电电器外壳等制品模具。

公司模具制造以大、精著称。温州东意地板模(3 070mm×2 175 mm×712mm)净重21t；法国Inoplast前樑模具净重31.6t；河北枣强沼气池模具(2 560mm×2 560mm×1 456mm)净重约70t；为日本三菱公司制作的接触器BMC模具，其精度达±0.01mm；为美国Prodelin公司制作的天线罩模具分割成4块加工，总重量172t，单副尺寸(2 810mm×2 540mm×1 033mm)重43t，产品尺寸直径3 800mm。自主开发的豪华型SMC门模具，技术达国内领先水平。

近年来，企业取得了较好的经济效益和社会效益。通过了ISO 9001:2008质量体系认证，并与国内及美国、法国、德国等十余家企业建立了长期合作关系。2006年底成为中国复合材料工艺协会推荐的模具加工企业，同年底成为中国玻璃钢工业协会推荐SMC/BMC模具供应商；2007年获得了“浙江省工商企业信用A级守合同重信用企业”称号；2008年1月被中国模具工业协会评为“中国玻璃钢模具重点骨干企业”；2009年10月被台州市科学技术局认定为“台州市高新技术企业”，并作为台州市科学技术局市级高新技术研究开发中心的依托单位；2010年12月获得“SMC发动机进气盖模具侧壁预埋件的后打入机构”及“保险丝插座上盖模具的脱模机构”专利。

〔供稿单位：台州市黄岩双盛塑模有限公司〕

科技创新助跃飞腾飞

——宁波跃飞模具有限公司

宁波跃飞模具有限公司专业从事大型、精密、复杂、长寿命注塑模具的设计、制造，开发各类汽车、摩托车、家用电器、IT产品、视听产品和日用品等注塑模具。公司于1987年创办，2003年起被评为浙江省高新技术企业；2006年获

"中国大型精密注塑模具重点骨干企业"称号;2008年被评为国家级高新技术企业,获"宁波市名牌产品企业"称号。企业资信等级AAA级。公司于2001年通过ISO 9001:2000质量管理体系认证,2008年通过ISO 14001:2004环境管理体系认证。

公司制造的G—D6/C滚筒洗衣机外筒大型精密注塑模具被认定为2002年度国家级重点新产品;汽车挡泥板(后保险板)大型精密注塑模具和汽车发动机装配支架大型精密塑料注射模具荣获2008~2010年度"精模奖"二等奖;干衣机底座盖注塑模具荣获"精模奖"三等奖。2009~2010年度公司获得4项发明专利和5项实用新型专利授权。

公司技术力量雄厚、生产工艺先进,拥有强大的设计、制造、管理队伍和先进的CAD/CAM/CAE系统,熟悉美洲、欧洲、大洋洲、亚洲等国家和地区的模具设计、制造的标准并具有丰富经验。主要的设备有立式、卧式、龙门式数控加工中心,其中拥有意大利萨克曼RC270五轴联动高速加工铣床,日本牧野V77、德国德马吉64V高速加工中心,高速石墨加工中心,多功能深孔加工机,慢走丝线切割机,大型立式合模机,大型双头高精度数控火花机,三坐标测量机等。备有大、中、小型注塑机(80~1 250t)。

公司创建以来,坚持走艰苦奋斗、严谨务实,依靠科技创新的发展道路,每年投入高端的装备进行技术改造。公司以"不断探索、不断学习、不断创新、不断超越"为奋斗目标,以"应用国际管理标准、掌握世界精尖技术、争创全球一流模具,全面满足客户需求"为经营理念,大胆开拓,诚实经营,勇于进取,在激烈的市场竞争中逐步壮大和发展。2006年投资成立苏州跃飞模具有限公司,为公司跨地域发展奠定了基础。

公司十分重视人才的培养,采取多样化、多层次、多规格的人才培养方式。通过理论学习结合实践经验,提高员工的专业知识的水平,提升实践技能和实际管理水平,员工的整体素质迈上了一个新台阶。同时,公司也十分重视培育自身的企业文化,把关爱员工放在首位,以提高员工的素质为核心,通过旅游、文艺晚会、体育锻炼、技能比赛、定期体检等活动拉近领导与员工之间的距离,增强了企业的凝聚力和向心力。管理也不断创新,已开始采用E-man生产管理软件进一步规范管理、制造标准,控制模具、产品的品质,开拓更广泛的国内外市场,吸引更多的客户源。

公司严格按照ISO 9001:2000质量管理体系的流程进行运作,并积极推行现场6S管理,最大限度保障终端客户的利益。已为国内外众多知名大公司提供优质的模具服务,模具出口美国、加拿大、墨西哥、巴西、澳大利亚、德国、法国、意大利、西班牙、葡萄牙、伊朗、韩国和日本等国家。

〔供稿单位:宁波跃飞模具有限公司〕

昆山嘉华　连接世界

——昆山嘉华电子有限公司

昆山嘉华电子有限公司(以下简称昆山嘉华)位于国家火炬计划昆山模具特色产业基地,致力于精密模具和电子连接器的研发制造,产品应用于笔记本电脑、手机、数码相机、家用电器和汽车电子等领域。公司已发展成为集精密模具研发和产品规模化生产于一体的连接器解决方案供应商。

昆山嘉华现有4个全资子公司:东莞昆嘉电子有限公司、乐清市嘉得电子有限公司、江苏华富精密高速模具工程技术研究有限公司和香港特诺电子科技有限公司。在昆山有2个制造厂区,合计占地面积74 000m^2。

公司建立了ISO 9001、ISO/TS 16949、SONY GP质量管理体系,ISO 14001环境管理体系及ISO 17025实验室质量管理体系。主营业务为电子连接器和零组件的研发制造,电子连接器产品包括输入输出接口连接器(Input/Output)、计算机内存和扩展卡连接器(Socket/Memory)、显示屏和主板连接用连接器(LVDS)、板对板连接器(Board to Board)、线对板连接器(Wire to Board)、子系统连接用连接器(Wire to Wire)、汽车音响及控制部分用连接器、天线信号发射及接收用同轴连接器(Coaxial);微型精密零件包括微型扬声器盆架(Speaker Basket)、助听器支架等。产品进入国际市场,为先端电子产品提供可靠连接,成为索尼、松下、美的、中兴、仁宝、华硕、恩智浦等品牌的供应商。

昆山嘉华建有企业技术中心、检测实验室、江苏省精密高速模具工程技术研究中心。投入了各类先进模具制造设备、精密注塑机、精密高速冲床计350余台(套),各类检测设备100余台(套),检测实验室通过中国合格评定国家认可委员会(CNAS)认可。自主开发的超高速精密级进冲模最高速度达到3 500次/min,居国内领先、国际先进水平。

昆山嘉华承担多个省市科技项目,超高速精密级进冲模被列入2011年度江苏省成果转化项目、国家火炬计划项目,获得中国机械工业科学技术奖二等奖。近年来,企业每年研发及技改投入均在5 000万元以上,具有持续研发创新能力,快速响应未来市场需求。

昆山嘉华为江苏省高新技术企业,是全国模具标准化技术委员会委员单位、中国精密冲压模具重点骨干企业、中国模具工业协会常务理事单位。2011年起，公司牵头起草《电连接器级进冲模技术条件》行业标准。与多个高校及研究机构开展多个技术领域的合作。

昆山嘉华由江苏华富电子有限公司投资控股，江苏华富电子有限公司除重点投资电子连接器产业外，另在昆山和苏州投资了LED光电产业、MEMS技术研究，在北京建立了无线射频技术研究中心。未来，江苏华富电子有限公司将以昆山为发展中心，投入高技术新兴产业的研究应用，并逐步实现产业化。

〔供稿单位：昆山嘉华电子有限公司〕

经纬十年发展路

——滁州市经纬模具制造有限公司

滁州市经纬模具制造有限公司是一家专业设计制造各类模具、大型加工件的科技型民营企业。公司于2001年成立，占地面积4万m^2，组织机构健全，技术力量雄厚，拥有员工200余人，其中40%以上为工程技术人员。2001年公司通过了ISO 9001质量管理体系认证；2005年被认定为"安徽省制造业信息化示范企业"；2008年获"中国塑料发泡、真空吸塑模具重点骨干企业"称号，同年荣获滁州市"技术中心"称号；2009年获"安徽省重点骨干模具企业"称号；2010年荣获"精模奖"一等奖，同年获高新技术企业称号。公司拥有数项发明专利和实用新型专利。

公司历经十年发展，树立起"经营求精、管理求严、用人求贤、交往求俭、领导求真"的良好风气，综合实力明显增强，规模不断壮大。公司资产6 000万元，拥有20余台数控加工中心、数显卧式镗铣床等精密设备，先进的CAD/CAM/CAE辅助设计及制造系统，UG、Pro/e造型软件及Cimatron加工软件和完善的检测设施，具有很强的竞争能力，在同行业中处于领先地位。

公司坚持以市场为导向组织生产，生产围绕市场转，市场围绕客户转，多领域地开拓市场。凭借良好的品质和服务与西门子、LG、美的集团、美菱、庞巴迪、南车集团等国内外几十家公司形成长期稳定的合作关系。还与中国电子科技集团第十四研究所成为良好的合作伙伴。

公司未来的战略规划愿景是：把经纬公司发展成为我国吸塑、发泡模具行业设计、制造及综合服务方面的领跑者。凭借自身独特的资源与能力，为交通运输、发电设备、军工产品等行业中极具领导地位的企业提供深度利益的配套服务，成为长期战略性合作伙伴。着力打造并成为华东地区最大的综合机械制造加工民营企业！

〔供稿单位：滁州市经纬模具制造有限公司〕

十年开拓路　十年客户情

——浙江伟基模业有限公司

2002年5月，新生的浙江伟基模业有限公司（以下简称伟基）致力于汽车灯具设计及模具制造。那时的企业相当艰难，没有自己的厂房和加工设备，通过整合当地资源、自主研发、外协生产，推动着企业不断发展壮大，创造了行业和地域产值与发展的奇迹。在中国模具制造业迅猛发展的时代，伟基固有的创业模式显然跟不上时代发展的步伐，站在交叉路口的郏正江总经理没有丝毫犹豫，规划了一条超常规的发展之路。

励志5年春风化雨。2007年6月，公司投资7 000余万元建设的车灯模具生产基地坐落在黄岩北城经济开发区，占地面积16 000m^2，建筑面积13 000 m^2。拥有包括瑞士米克朗高速加工中心、日本牧野四轴卧式加工中心、日本牧野立式加工中心、电火花设备、中国台湾三色注塑机、三坐标测量机等高精设备在内的70余台（套）模具生产、检测设备，组成了一条高起点、高精度、高效率的车灯模具生产线。

公司成立以来一直坚持"技术为先、客户至上"的发展理念，积极拓展海内外市场，已为客户设计开发了数百套车灯模具，客户群涉及国内20余家汽车主机厂和包括中国台湾在内的30余家一级车灯灯具供应商。在采用CAD/CAM/CAE辅助设计的基础上进行模拟仿真分析，并设立了机动车光型配光、测试实验室，设计开发制造的双色模具、三色模具已具备了领先的技术，大大提高了产品的技术含量和市场竞争能力，获得了广大客户的赞誉。公司一贯重质量、讲诚信，已通过了VDA6.4德国汽车行业标准和ISO 9001:2008质量管理体系认证，并先后被客户评为"优秀配套商"、"优秀协力厂商"称号；汽车车灯多色精密模具被列入国家火炬计划项目，与汽车车灯装饰框模具、汽车车灯BMC单色注塑模具也被评为市级高新技术产品；公司顺利通过市级高新技术企业和省级科技型中小企业的认定；多项产品取得国内先进和国内领先水平。2009 年 11 月公司被评为“2009 年度诚信守法示范企业”，公司的发展得到了客户、行业、各级政府的大力支持和充分肯定。

在日益激烈的市场竞争中，机遇和挑战并存，伟基公司秉承“不争第一、只求唯一”的核心理念，在“不断完善、不断超越客户期望”的质量方针指导下，以优秀的文化、良好的信誉、创新的技术、卓越的品质、满意的服务，积极探索企业发展的未来之路，实现企业、员工、客户的共赢。

〔供稿单位：浙江伟基模业有限公司〕

打造世界一流的精密模具和 IMD 产品制造商

——群达模具（深圳）有限公司

群达模具（深圳）有限公司（以下简称群达）是从事各类大型、精密、复杂注塑模具开发的国家级高新技术企业和广东省创新型企业，主营业务为高档精密汽车塑料模具和 IMD/IML 新产品，于 2008 年在新加坡股票交易所主板市场上市。

自 2006 年起，群达在引进、吸收和消化国际先进技术的基础上开展产学研合作，取得了许多技术创新成果。已开发了汽车内饰件模内层压技术及汽车发动机塑料进气歧管、汽车门板、汽车立柱、汽车前后保险杠、汽车仪表盘、汽车车灯和倒车镜等核心部件的高中档汽车塑料模具，并进行相关技术服务。如今，公司开发的汽车模具已进入全球汽车零部件的主流市场，供货给为宝马、奔驰、奥迪、大众、通用、丰田等提供汽车零部件的高中端客户。

近五年来，群达坚持以技术创新和产学研相结合为主的企业发展战略，开辟了一条产学研相结合的企业发展新路，并建立了一系列的产学研研发平台。公司是广东省教育部科技部产学研结合示范基地及广东省重大科技专项实施单位，是广东省、教育部、科技部“数字化制造装备产学研战略联盟”的重点成员，2007 年设立了深圳市龙岗区先进注塑成型与模具技术研究工程中心。公司具有强大的“产学研”研发基础，与华中科技大学、华南理工大学、香港科技大学强强联合，分别建立了群达—华中科技大学联合实验室、广东省华南理工大学—群达博士后创新实践基地，开展了深圳创新圈项目合作。公司于 2008 年成功申报省部产学研合作重大科技专项项目——汽车内饰件模内层压工艺及数控注射机研制，获得了 2010 年度中国产学研合作创新成果奖、广东省科技进步奖二等奖、深圳市科技创新奖。

群达总经理蔡考群 2010 年获得机械模具高级工程师职称，营运总裁杨金表 2010 年入选广东省科技厅专家库成员和深圳市龙岗区优秀专家。群达积极倡导以先进制造业为己任，以技术进步和技术创新为动力，以现代企业管理为基础，以国际化经营为目标，打造世界一流的精密模具和 IMD 产品制造商。群达将秉承“群策群力，共创共达”的经营理念，竭诚为广大客户提供一流的产品和服务！

〔供稿单位：群达模具（深圳）有限公司〕

致力人文科技　驱动现代生活

——山东潍坊福田模具有限责任公司

山东潍坊福田模具有限责任公司是北汽福田汽车股份有限公司设在潍坊的汽车工艺装备专业子公司，占地面积 4.8 万 m^2，总资产 3.5 亿元。企业面向国内外承接各种大中型汽车覆盖件模具、车身检具及车身焊装夹具生产制造。

企业以“致力人文科技，驱动现代生活”为使命，秉承“热情 创新 永不止步”的核心价值观，坚守“诚信、业绩、创新”的经营准则，制定了“走以内涵式增长为基础的业务发展道路”的发展战略。拥有模具制造关键设备——意大利高速五轴联动数控铣床、日本高速数控铣床、意大利三坐标测量机、美国激光扫描测量机、日本激光切割机等 20 台，大型试冲、研配压床等设备 34 台。

公司在 2002 年通过 ISO 9000 国际质量管理体系认证，2008 年通过 ISO 14000 环境管理体系认证和 GB/T 28000 职业健康安全管理体系认证，2010 年获“机械工业管理进步示范企业”认定。2008 年被中国模具工业协会授予“中国汽车覆盖件模具重点骨干企业”称号，2009 年被认定为国家高新技术企业。2009 年“福田”汽车模具（冲压）产品被认定为山东名牌产品。

通过不断的自主创新，企业技术开发和制造能力处于国内较高水平，整车车身模具装配协调能力业内知名。率先利用信息化技术推动单件生产方式向流水线式生产方式转变，成为山东省首家模具制造业信息化示范企业。

CAD、CAE、CAPP、CAM的参数化设计二次开发技术走在行业前沿。现已成为山东半岛模具行业技术龙头企业，带动地方汽车覆盖件模具生产基地健康发展。车身开发技术达到国内先进水平，可实现从商用车全系列到乘用车A、B级车身模具的开发。凭借领先的技术研发能力和精湛的制造工艺，福田模具先后为福田汽车开发了欧曼重卡、欧V客车、欧马可高端轻卡、传奇SUV、蒙派克·Midi轿车等系列车型车身模具2 500余套，并与一汽、二汽、上海大众、上海通用等各大汽车品牌企业建立了稳固的战略合作关系，长期为日本、韩国等国的著名汽车厂商加工、制造轿车模具。

〔供稿单位：山东潍坊福田模具有限责任公司〕

中国模具工业协会会员企业介绍

与时俱进的盘起工业

盘起工业（大连）有限公司（以下简称盘起工业）成立于1990年，是由日本パンチ工业株式会社在中国境内全资兴建的子公司，投资总额5 100万美元，员工2 700多人，专业生产模具标准件和机械基础零配件，产品广泛应用于精密塑料模具、冲压模具、汽车模具、半导体模具、压铸模具以及其他精密工装夹具等领域。现有产品113大类。14 000多种，完全能够满足模具相关企业的一站式采购需求。公司已形成集计划、仓储、加工、库存、物流、营销、技术支持于一体、产销一条龙的经营体系。

盘起工业的产品标准体系和加工技术源于日本パンチ工业株式会社。经过20多年的积累和发展，在不断引进和消化日本总社的加工技术的同时，也积极进行各种技术开发工作，加工能力持续提高，加工范围不断扩展。近年来，公司加大研发力度，投入上千万元购入世界一流高精尖机械加工设备，已拥有无心磨床、平面磨床、光学曲线磨床、阶梯磨床、内圆磨床、坐标磨床、线切割机、放电加工机等先进的机加工、电加工设备1 000余台，为满足市场需求及客户对产品的品质要求，提供了强大的设备保障。

质量是企业生存之本。1997年7月，盘起工业通过了ISO 9002质量体系认证，2001年10月又顺利通过了ISO 9001：2000的换版认证，2011年通过了ISO 9001：2008换版认证。在品质保障上，拥有一整套品质管控流程，从订单的下达到产品的物流发送，每一环节都实时监控，严格的质量管理体系、高度标准化的生产过程保证了盘起产品稳定的质量。

为了能够向国内客户提供品质更加优良的产品和更加完善的服务，2002年4月，盘起工业正式在上海、东莞、天津建立营业所，以直销形式提供专业化产品及服务，截至2011年12月，已经在全国设立了30多个服务机构，并在行业内率先开通800客户免费服务电话，第一时间为客户提供服务。同时，为满足客户采购方便，编制发行了盘起5大标准体系目录，分别是《塑料模具标准件产品目录》、《冲压模具标准件产品目录》、《汽车模具标准件产品目录》、《FA工厂自动化零件目录》以及《压铸模具零件》。目录的发行，大大节省了客户设计、采购的时间成本，为客户提高生产效率提供了有效的支持和帮助。

保护环境、保障员工职业健康也是盘起工业的一个重要目标。公司在2006年完成对欧盟RoHS指令的对应，2007年完成对我国《电子信息产品污染控制管理办法》要求的对应、2009年通过了ISO 14001环境管理体系和OHSAS 18001职业及健康安全体系认证，让产品更加符合环保标准，让员工更具有职业安全感！

盘起工业点滴的进步都离不开社会与客户的支持，其努力也得到了政府、模具行业以及客户的认可。盘起多次进入中国机械500强、中国机械500大行列，获得纳税大户、中国模具市场用户十大满意品牌、全国名优产品售后服务先进单位、优秀供应商等称号。面对诸多的殊荣，盘起更加坚定信心，全力回报社会和客户。

迄今为止，盘起工业赢得了海内外客户的广泛认可和信赖，客户总数15 000余家。技术先进、质量稳定、供货便捷使盘起工业成为许多知名企业的首选供应商。

盘起工业在全球经济一体化的进程中，与广大客户携手并进，共同推动中国模具事业的发展，共同开创未来无限的辉煌！

〔供稿单位：盘起工业（大连）有限公司〕

用科技、质量、诚信推动汽车产业发展

——烟台泰利汽车模具制造有限公司

烟台泰利汽车模具制造有限公司成立于2000年6月28日，是烟台泰利集团有限公司（原烟台机械工艺研究所）具有独立法人资格的最核心子公司。公司秉承原烟台机械工艺研究所的人才和技术优势，按照“专、精、特、新”的企业发展模式，以汽车模具开发与制造、汽车车身快速试制、汽车零部件配套为主导产业，研发、制造、加工实力日益增强，现已发展成为拥有资产规模近1.5亿元，占地面积4万m^2，建筑面积2.6万m^2，拥有模具、车身快速试制等高端技术人才42人、员工200多人的山东省高新技术企业。

公司已通过ISO 9001:2008、TS 16949质量管理体系认证，曾多次获得国家发明奖、科技进步奖及省、部级科技进步奖，并多次获得“精模奖”一等奖、二等奖及模具设计制造优质奖。公司技术力量雄厚，拥有一批技术水平高、不断创新、锐意进取的专业技术人员，全面采用CAD/CAM/CAE技术实现三维设计与三维加工。公司内部实行计算机网络化管理，快速地进行数据交换和信息传递，实现资源共享。

公司拥有完备的冲压线（从1 300t、800t、630t、400t、250t到40t等20台冲压设备）、十几台数控加工中心以及日本TLM—610C20F型三维五轴数控激光切割机、研模机、三坐标测量机等先进的机械加工设备；拥有松下机器人焊接等成套设备，形成年产量20万台配套能力的全自动焊接生产线，满足了公司模具制造、数控加工、焊接、冲压的需要。

多年来，公司先后为一汽、东风、上汽、南汽、南京长安、江淮、昌河等知名企业提供汽车覆盖件模具、多工位联合安装模具、底盘及车桥副车架厚板料模具，特别是在高强度板的成型工艺方面具有独特的技术优势，先后为东风越野猛士车外覆件、一汽塔奥轿车底盘类安全件提供了设计研发和制造服务。公司承担并完成了国庆60周年“国庆检阅车（HQE）底盘车架项目”的研制任务，精度和强度性能均达到指标要求，获得一汽集团的四大优秀供应商称号。公司现已成为一汽大众、上海大众、上海通用、天津夏利等著名汽车公司重要的车身开发合作伙伴。

公司始终坚持以创新求发展，以质量为根本，立足现实，放眼未来，志在以自身的发展推动国内模具行业走向产业化、全球化；以高品质、高技术含量、高满意度的产品和服务打造“泰利”品牌，为振兴我国模具工业作出贡献。

〔供稿单位：烟台泰利汽车模具制造有限公司〕

十年芳华　成就共享

——约翰内斯·海德汉博士（中国）有限公司

德国约翰内斯·海德汉博士有限公司是一家研发和制造光栅尺，角度、旋转编码器，长度计，数控系统，测头和数显表等的专业公司。产品遍布全球，具有广泛的应用领域，包括机床、自动化设备制造、半导体和电子器件设备制造、航空航天、纺织和印刷机械以及电梯等行业。

海德汉公司非常重视中国市场，为了更好地为中国广大客户提供优质的服务，2001年成立了约翰内斯·海德汉博士（中国）有限公司（以下简称海德汉中国）。依托海德汉公司100多年深厚的产业积淀以及精湛的技术和丰实的管理经验，海德汉中国成立伊始就能为中国市场提供优质的产品以及完善的服务。作为海德汉全球市场中重要的一员，海德汉中国如今除了设立在北京的总部外，还先后在上海、广州、哈尔滨、沈阳、西安、成都、武汉和宁波设立了8个办事处，加上设立在香港的海德汉分公司，可以面对不同区域的客户作出最迅速的反应，使客户获得最详实和准确的技术咨询，并得到优质的售后服务。一流的技术、产品和服务使得海德汉在中国市场的业务发展非常迅速，客户遍及工业、科研和教育等许多不同的领域。

为了更进一步贴近客户以适应中国地区日益增长的需求，2005年海德汉德国总部投资3 000万美元在北京天竺空港工业区建立了占地面积14 650m^2的新厂区；2008年天竺新厂二期工程竣工落成，进一步加快了在中国应用研发和生产制造的步伐。海德汉中国全部移植了德国总部的生产技术、管理经验和质量标准，确保了海德汉德国的品质要求和服务理念在中国的贯彻和实施。

海德汉中国依靠母公司强大的技术和研发力量，取得了不计其数的奖励。这些奖项镌刻着在中国光刻及数控技术发展中海德汉中国的巨大推动作用，同时更体现了海德汉中国在这些工业领域的领袖风范。

负责任的公司对于社会的回馈不仅体现在推动所在行

业的技术革新上,也体现在积极承担企业社会责任上。海德汉中国接连获得由北京市顺义区人民政府、天津保税区管委会和北京天竺空港开发区管委会等各级政府部门颁发的区域经济贡献荣誉。2004 年起连续 4 年获得“天津港保税区空港加工区百强企业”称号,2007 年起连续 4 年获得“顺义区区域经济百强企业”和“天竺开发区区域经济杰出贡献奖”。海德汉的产品和服务也在业内获得了广泛的好评,iTNC 530 数控系统 2010 年成为第四届全国数控技能大赛五轴应用指定数控系统。

百年春华秋实,十年砥砺前行。秉承百年如一的企业文化精髓——专注、进取,海德汉扎根中国整整十年。这是开拓前行的十年,也是值得欣慰和骄傲的十年。

2001 年海德汉在中国成立全资子公司,与很多国际同类企业相比,这个时间并不算早。从 2001 年的几间办公室,七八名员工,到今天北京总部几万平方米的厂区,设置在全国 8 个城市的办事处,海德汉中国经历十年发展,已经形成了符合中国市场特点的产品销售和服务网络。如今,海德汉已经在中国扎稳脚跟,并凭借技术领先的产品和完善的服务,在行业内脱颖而出,成为一面代表业内最高水准的旗帜。

未来十年,随着中国制造业的转型升级,设备也将进一步大规模升级。基于这样的背景,中国市场对具有更高性能的机床数控系统、更高品质的光栅和编码器产品的需求仍在逐步扩大,顶级的技术和广阔的市场注定要汇聚于此。海德汉中国的全体员工将秉承海德汉的宗旨:为客户提供最优质的服务、最优良的产品并不断完善自己,成为广大客户在发展其事业过程中最亲密的伙伴。下一个十年,海德汉将继续秉持技术理念,与中国市场不断互动,更加全面地关注各行业用户,助力企业、回报社会,朝着更远大的目标进发。

〔供稿单位:约翰内斯·海德汉博士(中国)有限公司〕

工模具及精密零件制造领域一流的系统供应商

——GF 阿奇夏米尔

瑞士 GF 阿奇夏米尔集团是世界领先的工模具及精密零件加工领域的系统供应商,分支机构遍布五大洲,在 50 多个国家和地区建有驻地,拥有 3 000 余名员工。

一、GF 阿奇夏米尔关注中国市场

GF 阿奇夏米尔的产品线包括电火花加工机床、高速铣削加工中心(HSM)、高性能加工中心(HPM)、三维激光纹理加工机以及相关的机床附件、耗品和自动化设备。自从 20 世纪 90 年代初进入中国,GF 阿奇夏米尔在中国已经有着 20 多年的市场经验。如今,GF 阿奇夏米尔在中国地区拥有 4 家销售公司,包括 GF 阿奇夏米尔国际贸易(天津)有限公司(华北公司)、GF 阿奇夏米尔阿机电(上海)有限公司(华东公司)、GF 阿奇夏米尔中国(香港)有限公司(华南公司)和北京阿奇夏米尔技术服务有限公司。另外,在北京和常州,GF 阿奇夏米尔拥有两家生产基地。随着中国市场的重要性逐步增加,中国的生产基地逐渐扩大生产规模,越来越多的全球畅销机型转入中国生产基地生产。

作为最早进入中国市场的国际品牌之一,GF 阿奇夏米尔始终将中国市场作为首要关注的市场之一。近年来,GF 阿奇夏米尔不仅频繁在各大机床行业展会中推出最新的机床产品,更专注于在不同市场领域的整体解决方案,凭借其在放电加工、铣削加工、激光加工和自动化方面的专业优势,为精密加工领域如电子元器件及微细加工、ICT 模具加工、航空航天精密零件加工等领域提供专业化的应用解决方案。同时,GF 阿奇夏米尔将更多的研发生产投入中国。在常州成立了其在中国的第二家工厂——常州阿奇夏米尔机床有限公司,生产全新设计的面向标准应用领域的 HEM 高效立式加工中心。在放电加工方面,继将全球最畅销的 FO350SP 精密数控电火花成形机床转移到北京工厂生产之后,2011 年又在北京工厂组装最畅销的 CUT200 精密数控慢走丝线切割机床。这些举措都显示出 GF 阿奇夏米尔对中国用户的关注和对中国市场的信心。通过 2011 年 9 月的 EMO 机床展,GF 阿奇夏米尔针对 2012 年推出的新产品和新方案已经在欧洲初步亮相。GF 阿奇夏米尔将继续致力于精密加工领域的系统解决方案,推出应用更广泛的针对高端电子模具等的 CUT2000Oiltech 精密数控电火花加工机床,以及面向中小型精密零件加工的 HPM450U 5 轴联动高性能加工中心。同时,更好地开拓汽车和家用电器模具领域的系统解决方案。

二、GF 阿奇夏米尔致力于模具行业

GF 阿奇夏米尔长期以来一直专注模具行业,在精密电子模具、汽车模具、ICT 模具等方面拥有领先的加工设备和技术。比如,2011 年,CUT1000Oiltech 超精密数控慢走丝线切割机床进入中国,是提升中国高端模具制造水平的有力保证,其卓越的加工精度为精密电子元器件模具等微细加工领域提供了保证,其双丝自动交换的设计又极大程度地提高了加工效率。同时,GF 阿奇夏米尔面向以精密注塑模具制造为主的 ICT 模具、汽车内饰件模具和家用电器模具等领域也推出了包括慢走丝线切割机、电火花成形机、高速加工中心、激光纹理加工在内的高性价比整体解决方案,简化了客户的采购流程,优化了各个工艺环节,便于客户售后使用中的沟通。

GF 阿奇夏米尔在中国模具行业发展近 20 年,有着数

千家长期以来共同发展的客户。比如中国精密模具的旗舰企业——无锡国盛精密模具有限公司、亚洲第一玻璃模企业——常熟市建华模具有限公司、全球手机类模具的主要供货商——宝利根精密工业有限公司等。中国模具工业协会副理事长、无锡国盛精密模具有限公司董事长兼总经理戴品荣这样评价GF阿奇夏米尔公司:“我们与GF阿奇夏米尔有20年的合作关系。如今,我们拥有32台GF阿奇夏米尔的机床。长期的合作让我们深刻了解到:GF阿奇夏米尔的机床能够很好地保证生产的精度和稳定性。我信赖GF阿奇夏米尔。”

以客户为导向一直是GF阿奇夏米尔中国各销售公司的共同企业文化和基本原则。我们通过完善的应用支持和服务网络,在销售机床的同时,帮助客户提高生产效率并获得更大的效益,从而使得GF阿奇夏米尔成为中国用户的首选合作伙伴。

〔供稿单位:GF阿奇夏米尔〕

最新精密计量技术助力模具企业成功转型

——海克斯康测量技术(青岛)有限公司

一、海克斯康与中国制造

自1963年意大利DEA推出全球第一台具有真正意义的三坐标测量机至今,已经过去了将近50年。在这50年里,全球范围的制造技术与品质都产生了质的飞跃。这其中,除了CAD技术广泛应用和数控加工技术的自身发展之外,精密计量技术更是功不可没:产品品种与技术应用的领域不断扩大,与制造环节的融合越来越紧密,通过软件技术的发展实现工厂制造的数字化检测。

海克斯康进入中国市场始于1968年,那一年,中国安装了第一台海克斯康旗下品牌的龙门式测量机。海克斯康在中国的前身——前哨精密机械厂,则从1984年开始自主研发计量型三坐标测量机;2000年前后,海克斯康开始在其中国青岛工厂实现Global国际品牌桥式测量机的本地化生产制造,由此开启了国际品牌测量机在中国本地化生产的先河。

伴随着制造技术的迅速崛起,几何量计量技术也由常规意义上应用于测量室的固定式测量机(桥式、龙门、悬臂式测量机),拓展到更贴近制造现场的便携式在线测量技术(包括便携式关节臂测量机、激光跟踪仪与白光测量系统及固定式在线测量机等),并且随着对质控过程更严格的监控要求,对加工过程工序控制的在机测量技术也得到广泛的应用。探测技术则从单一的触发式传感器发展到CCD相机、激光、白光等多种光学传感器,出现了整合所有探测技术的复合式影像测量系统。从高精密计量的作业场地这个因素来看,精密计量设备已经走出严格控制湿度和温度的专业计量室,进入到车间现场甚至加工机床内部。

作为全球最大的计量产业集团,海克斯康计量产业集团旗下汇聚了上述所有的先进计量产品技术,并且囊括了全球数一数二的知名测量品牌。海克斯康测量技术(青岛)有限公司是海克斯康计量产业集团全球最大的测量机制造基地之一,也是当前中国最大的测量机生产销售商。除了不断扩大其本地化制造的能力外,生产线已经由桥式测量机扩展到龙门测量机、水平臂测量机、复合式影像测量仪及关节臂测量机等,同时更不断引进全球最先进的计量技术产品和行业应用经验,以其专业强大的技术支持能力和服务能力服务中国本地用户,助力中国制造业。

二、海克斯康为模具行业提供“一站式”全面计量解决方案

当前,以品质为中心提升质量、效率、成本成为模具行业乃至整个机械制造业能否顺利过渡、成功转型的关键。基于宽广的测量产品线和强大的综合解决方案能力,海克斯康计量产业集团能够为任何行业提供“一站式”全面的计量解决方案。针对模具行业,海克斯康的计量解决方案囊括模具测绘研发、铸件加工、模型加工、模具装配、模具调试、制件试制、制件批量检测、模具维护复制等全过程的全面计量技术。

在模具研发过程中,逆向工程中的外形测绘环节离不开高精密测量设备,尤其当模具零部件存有复杂曲线曲面时,没有任何方式可以替代精密三坐标测量机的三维点云获取能力。固定式三坐标测量机(含活动桥式机、固定桥式机、龙门机、悬臂机等类型)、便携式测量设备(含关节臂测量机、激光跟踪仪、白光测量机)等,都能实现三维点云的采集。二者的区别在于:便携式测量机的便携应用能力更为灵活,适应车间现场或者研发室,测量死角少,也即便携式测量设备往往更易采集到复杂零部件的隐藏点,如闭式叶轮常采用关节臂测量机完成测绘测量。

近年,消失模成为模具铸造的重要手段,而加工消失模的轻型泡沫雕刻机或重型数控加工机床,存在行程受限、需要固定地基、投资大、效率低等问题,海克斯康集团开发出的整合高精密计量设备的可移动式数控铣削机器人ROMOCUT,可以完全解决上述所有问题;同时,可移动式铣削加工系统与便携式测量系统的结合,还提高了消失模的制作精度。当前,可移动式机器人铣削系统ROMOCUT已经广泛应用于欧美汽车行业,该系统或将成为传统消失模铣

削系统的替代品。

模具加工工序中的质量监控是制约模具加工调试周期的重要环节,在机测量技术的出现及时提供模具加工的质量数据,为模具下一工序的调整提供数据支持。在机测量技术已经被以模具行业为典型的多数制造行业广泛采纳。

由于可为模具现场质检再修复节约时间,在线测量技术得到广泛使用。海克斯康拥有当前最先进的便携式测量设备——ROMER 绝对关节臂测量机、Cognitens 拍照设备、Leica 激光跟踪仪,关节臂小巧灵活出众,Cogitens 速度迅捷胜众,Leica 激光跟踪仪以大行程范围胜出。

在质量验证环节,因为精度突出、自动化程度高、通用性强,固定式三坐标测量机一直是模具及其制件、工装等制造企业常选的解决方案。

信息化也成为模具企业实现高效生产管理的有效途径。基于能够贯穿模具制造全过程的全面数字化解决方案能力,海克斯康提供了具有同一个测量技术内核的 PC - DMIS 系列测量及测量管理软件一体化解决方案——PC - DMIS EMS。该软件方案提供支持上述所有测量设备的测量软件,并提供基于网络技术的检测报告软件和基于服务器管理技术的测量管理软件。该软件平台使得所有的质检环节贯通互融,所有的数据能够及时传递到工厂各个层面,从而使得现代化数字工厂能够实现更好的质量信息收集、共享、分析、管理和决策。

三、结语

“十二五”期间,加快转变经济发展方式,调整和优化产业结构结构升级,实现由“粗放”向“集约”发展是我国制造业的发展方向。中国模具行业转型成功与否将在很大程度上影响其下游制造业的结构升级,模具行业任重而道远,而作为精密计量技术提供者的高精密计量业亦是如此。从面向精密计量领域的固定式测量系统到适合车间现场测量需求的便携式测量系统、在机测量系统以及各种量仪量具产品,海克斯康计量产业集团拥有全系列的测量产品与技术,能够满足模具行业全面的质量控制要求。而如何在众多计量产品和技术中选择更适合企业需求的方案,如何让这些计量设备发挥其最大的效益,如何让企业建立更高水平的数字化计量体系,如何研发更先进的测量技术,是海克斯康的目标和核心竞争力所在。

〔供稿单位:海克斯康测量技术(青岛)有限公司〕

国家模具技术创新机构专栏

促进科技产业化　原始性创新　科技储备

材料成形与模具技术国家重点实验室

State Key Laboratory of Materials Processing and Die & Mould Technology

材料成形与模具技术国家重点实验室是国家在材料成形、新材料和模具技术领域建设的国家重点实验室。实验室现有固定研究人员45人，其中，中国工程院院士2人(含双聘1名)、教授32人、博士生导师30人。实验室现有国家杰出青年基金获得者3名、长江学者5名、"千人计划"2名、"青年千人计划"1名。现任实验室主任为李建军教授，学术委员会主任为卢秉恒院士。

实验室的总体定位和目标：围绕成形制造的科学与技术问题，以应用基础研究为主，并向基础研究和应用开发研究延伸，通过材料、成形、力学、计算机、激光等学科的交叉，研究先进的材料制备、材料成形和模具技术，为提高我国成形制造技术的自主创新能力、促进我国成形制造技术的快速发展作出应有的贡献。实验室的主要研究方向：材料成形过程模拟理论与方法、数字化模具设计制造技术、快速成形与快速制模、精密成形工艺与装备、先进材料制备及应用等。

实验室近5年累计承担了112项国家及省部级科研课题，其中国家课题占70%。在上述项目的支持下，实验室开展了卓有成效的研究工作，取得了一批创新成果：(1)材料成形与模具数字化技术在国内外独树一帜；(2)快速成形技术不断推陈出新，在国内外产生了一定的影响；(3)以轻量化、精确化、高效化为目标的精密成形工艺技术形成了鲜明特色和优势；(4)先进材料制备与应用方面的成果获得国内外同行的认可。实验室自成立以来先后获得国家科技奖励9项、省部级科技一等奖20多项。近5年在权威核心学术刊物上发表署名学术论文(著)1 500余篇，其中SCI/EI/ISTP收录论文1 200余篇，获授权发明专利110余项，获授权软件注册版权十余项。

地　　址：湖北省武汉市珞瑜路1037号
邮政编码：430074
依托单位：华中科技大学
电　　话：027-87543678
传　　真：027-87554405
E-mail：pfsdt@mail.hust.edu.cn
http://pfsdt.hust.edu.cn
联 系 人：李亚农

材料成形与模具技术国家重点实验室

State Key Laboratory of Materials Processing and **Die & Mould Technology**

国家模具技术创新机构

模具CAD关键技术

Key Technology in Die & Mould CAD

采用基于仿真的优化设计、基于知识的关联设计等技术，研究开发专业化的模具设计系统，解决大型、精密、复杂模具设计过程中存在的可靠性差、质量不稳定等关键问题。

基于仿真的优化设计技术

- 设计和分析共享一体化模型
- 基于知识的数据挖掘
- 分析自动响应设计变更

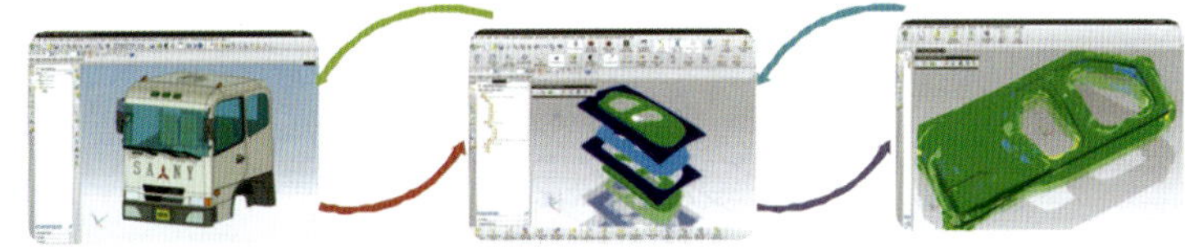

基于知识挖掘的自适应设计技术

- 基于粗糙集理论和空间模型映射技术的启发式知识挖掘方法；
- 基于神经网络法的关联知识发现；
- 基于知识发现和KBE的冲压工艺自适应设计。

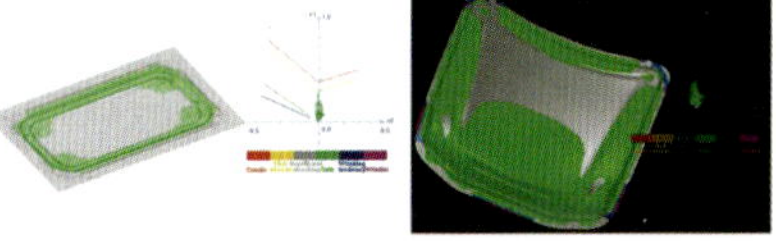

基于知识的关联设计技术

- 参数关联
- 几何关联
- 特征关联
- 知识重用。

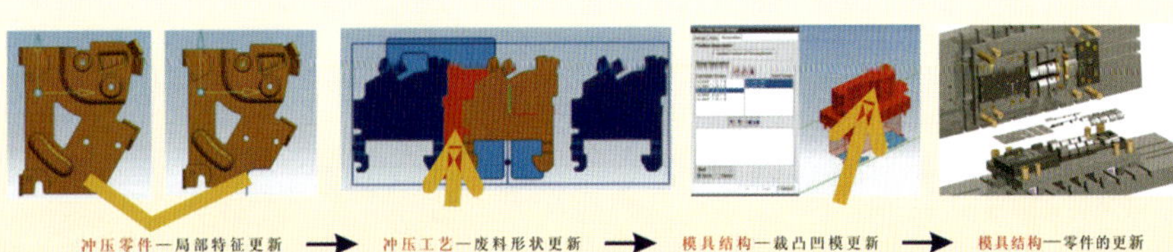

冲压零件—局部特征更新 → 冲压工艺—废料形状更新 → 模具结构—裁凸凹模更新 → 模具结构—零件的更新

协同设计技术

应用网络文件管理、几何关联技术、主模型和装配设计方法，模具设计过程分解为概念设计、结构详细设计、BOM表和工程图等几部分，由主任设计工程师和一、二级设计工程师组成一个设计团队，协同完成模具的设计工作。

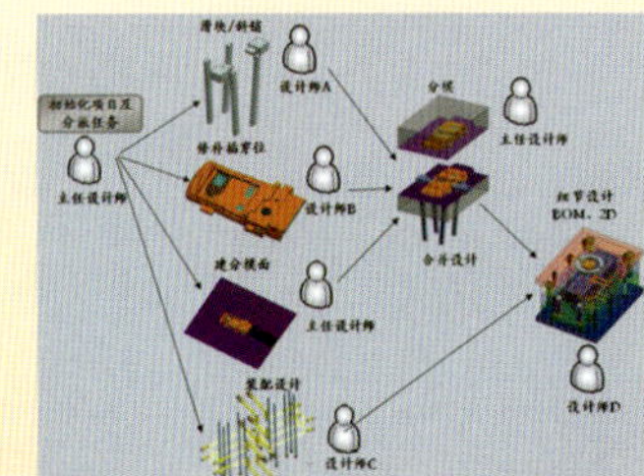

郑州大学

河南郑工橡塑模具国家工程研究中心

河南郑工橡塑模具国家工程研究中心有限公司（简称：郑工模具）是从事注塑成型模具设计与制造以及相关塑料件生产的专业性公司，拥有先进的数控加工中心、数控电火花成型机床、数控线切割机床及各种型号的系列注塑机，为模具和注塑产品提供了可靠的设备保证，迄今为止，先后为汽车、摩托车、通信、家用电器等行业百余家企业设计制造了大量精密模具及高品质的塑料制品。

生产车间 Production Workshop

“中心”对外可提供的主要服务有：

- 各类塑料模具的设计与制造；
- 各类塑料制品的成型加工；
- 各类精密复杂制件的数控编程、加工；
- 模具CAD/CAE/CAM软件的应用及技术培训。

大型精密数控加工中心 Vertical NC Machining Center

工件加工 Workpiece tooling

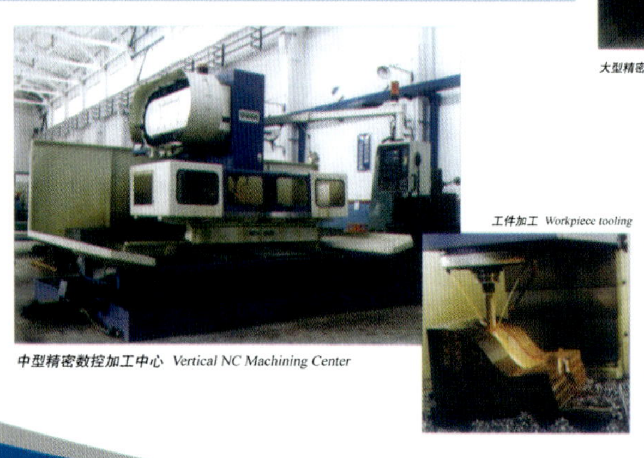
中型精密数控加工中心 Vertical NC Machining Center

工件加工 Workpiece tooling

地址：河南省郑州市金水区文化路97号附1号模具大厦11楼　　邮编：450002

电话：0086-371-63887777　63887485　　传真：0086-371-63887621

E-mail：ZGMJ7621@163.com　　联系人：范建勇

CAD

模具CAD国家工程研究中心
National Engineering Research Center of Die&Mold CAD

National Engineering Research Center of Die&Mold CAD

国家数字化制造技术中心
National Digital Manufacturing Technology Center

上海模具技术研究所有限公司
Shanghai Research Institute of Tool & Die Technology Co.,Ltd.

塑性成形工程系
Department of Plasticity Technology,Shanghai Jiao Tong Univ.

模具CAD国家工程研究中心1996年4月在上海交通大学塑性成形工程系和上海模具技术研究所的基础上成立，主要从事先进塑性加工工艺与模具及其数字化制造技术的基础研究、应用开发和工程支持。现有员工200余人，其中中国工程院院士1名、长江学者1名、教育部门新世纪人才1名。教授6名、研究员2名，副高职称10名，具有博士学位人员21名。

中心分别在徐汇校区、张江高科技园和镇江设有研发和中试产业化基地，形成了上海东西联动、涵盖长三角、辐射全国的产学研发展格局。中心先后与美国福特汽车公司等30多家国际知名公司建立了广泛的产学研合作关系。

研究方向：

1. 先进塑性加工工艺（新材料冲压、冷锻/精冲、精密锻造、大型锻件热加工、注塑成型和微细成形工艺）理论与成套模具技术
2. 塑性加工多学科数值仿真、智能设计与设计自动化、稳健设计优化理论与方法
3. 面向数字化制造的定制式工业应用软件开发
4. 轿车匹配主模型精密检验工装开发与高速加工及变形控制

地址：上海市华山路1954号(上海交通大学校内)　　邮编：200030
电话：021-62812991 62812992 62813430 62812530
传真：021-62826575　　E-mail:nmcad@shenmogroup.com

国家家电模具工程技术研究中心

国家家电模具工程技术研究中心2010年筹建，依托青岛海尔模具有限公司运行，与华中科技大学、山东大学等高校紧密合作，面向全国家电模具领域技术研究和应用开发的国家高新技术研发实体。

“中心”以模具工业、家电行业的市场需求为导向，围绕家电模具的先进成形工艺与新型模具结构、数字化模具技术、高效精密模具加工、企业信息化管理4个领域存在的前沿技术问题进行研发，对有市场价值的重要科技成果进行共性技术、关键技术的系统集成、工程化、产业化，并为国内外企业、高等院校及科研院所提供家电模具方面的技术开发、成果转化、加工检测、技术咨询和培训等服务。

“中心”在2011年筹建期内，承担了国家科技支撑计划项目1项，在新型模具结构开发、模具技术标准化、高速五轴加工技术及企业SAP管理等方面取得了创新性的技术突破，申请发明专利13项，形成了自有知识产权的技术成果，多项成果处于国内领先水平，部分达到国际先进水平，如大型精密叠层模具、双色模具技术等；完成成果转化3项，加快了家电模具行业数字化、标准化、信息化及智能化建设步伐，为提高我国家电模具行业技术水平及国际市场竞争力提供有力的技术支撑。

自动化线直线机器人

重型载货汽车底板叠层模具及产品

“中心”顺利通过同行专家论证

地址：山东省青岛市崂山区高科园海尔路一号
邮编：266103
电话：0532-88935136

国家工程技术研究中心是国家科技发展计划的重要组成部分，是研究开发条件能力建设的重要内容。在"创新、产业化"方针指引下，国家工程技术研究中心加强科技成果向生产力转化的中间环节，促进科技产业化；促进新兴产业的崛起和传统产业的升级改造；促进科技体制改革，培养一流的工程技术人才，建设一流的工程化实验条件，形成我国科研开发、技术创新和产业化基地。

国家重点实验室是国家科技创新体系的重要组成部分，是国家组织高水平基础研究和应用基础研究、聚集和培养优秀科学家、开展高层次学术交流的重要基地。国家重点实验室实行“开放、流动、联合、竞争”的运行机制。

中国模具工业协会各分支机构及团体会员的联系方式

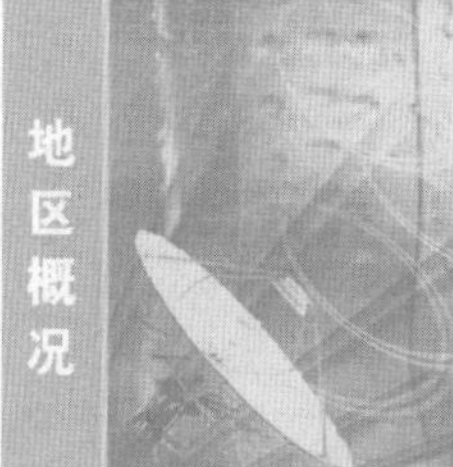

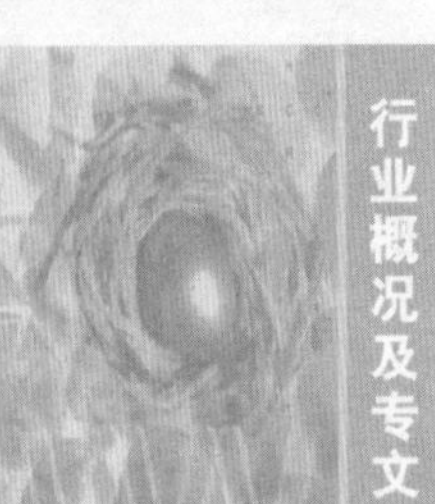

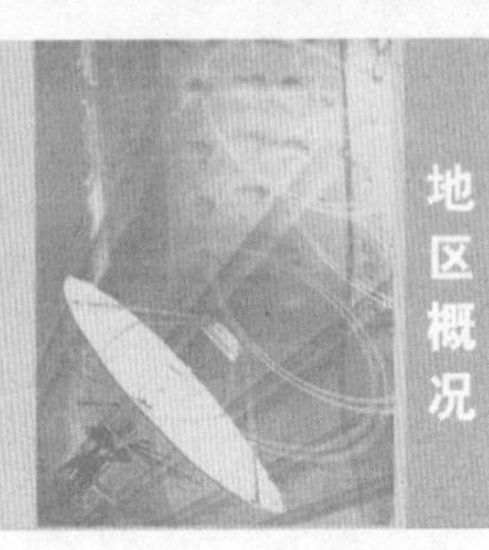

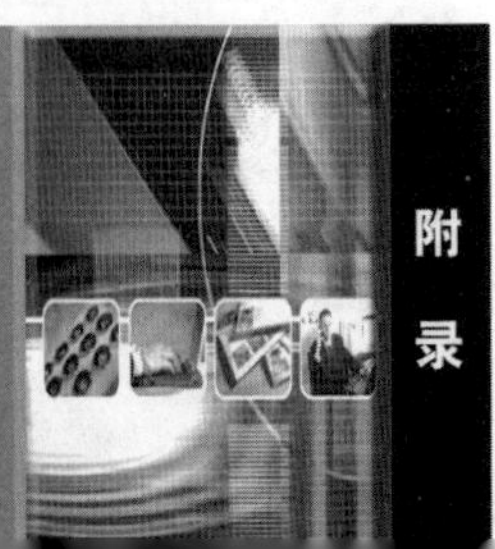

附录

中国模具工业协会第六届理事会理事长、副理事长、常务理事、理事、秘书长、副秘书长、专务名单

（按姓氏笔画排序）

理事长：

褚克辛

常务副理事长：

曹延安

副理事长：

王锦田	叶　军	邬永林	李志刚	李建华	杨世伟	杨国华	陈迎志
柳学宏	武兵书	洪惠平	赵西金	胡津生	郭　椒	陶永华	戴品荣

常务理事：

马广兴	孔　啸	王士磊	王建拓	王锦田	叶　军	刘晶波	刘德普
吕俊斌	邬永林	陈　芳	陈迎志	李玉华	李立赐	李志刚	李学瑜
李建华	宋竹润	宋红杰	严全良	严志强	杨　明	杨世伟	杨国华
张时成	张嘉敏	经伟民	武兵书	周永泰	周芝福	周利民	施良才
柯小荣	洪惠平	胡津生	郝福春	柳学宏	赵西金	郭　椒	钱一欣
秦　珂	陶永华	翁史振	高龙生	曹延安	曹曙峰	鲍明飞	褚克辛
董宝林	蔡安定	蔡考群	戴品荣				

理事：

丁宗浩	于忠维	马广兴	马党参	马振溪	方　禾	孔　啸	王　剑
王　晋	王　军	王上游	王义华	王士磊	王玉恒	王旭原	王孝培
王建拓	王建强	王锦田	王榕慧	冯禹绍	卢光伟	卢建鸣	卢瓯武
宁甲明	司兴奎	叶　军	叶　青	叶华彪	左　刚	江正平	刘　杰
刘云平	刘玉华	刘立平	刘传经	刘忠东	刘放明	刘明军	刘晶波
刘德普	吕　方	吕俊斌	牟能杰	牟毅伟	乔宏普	乔爱君	权　力
孙　伟	孙力生	孙广谱	孙宪华	孙浩东	孙道俊	邬永林	许子林
闫学伟	阳　光	朱　华	朱关强	庄辉阳	陈　芳	陈　侠	陈　强
陈六九	陈长志	陈世哲	陈迎志	陈京生	陈建文	陈建康	陈博源
陈增宝	陈耀东	何桂华	李　军	李永侠	李玉华	李立赐	李立新
李志刚	李京平	李学军	李学瑜	李建军	李建华	李建初	陆迎旗
邱水树	邱遵文	沈加伟	宋竹润	宋红杰	宋剑波	时　庆	吴代斌
吴桂琴	肖　胜	忻尧传	严全良	严志强	杨　迎	杨　明	杨友利
杨世伟	杨国华	杨宝金	余　健	余方春	张友亮	张可均	张立功
张伟明	张庆德	张时成	张和君	张金阳	张恭运	张楚惠	张靖懿
张嘉敏	张德标	邹　强	邹发明	邹建良	范建勇	范家秋	金　辉
金成勇	经伟民	净栓省	林　锋	林共等	林爱民	林森茂	孟　强
单嘉祥	武军（山东）	武军（湖北）	武兵书	郑　健	郑匡富	郑有义	郑朝霞
郑瑞国	周永泰	周芝福	周利民	周清南	周富强	宗海啸	郝福春
洪惠平	胡卫民	胡云飞	胡志军	胡建立	胡津生	胡家存	姜立忠
柯小荣	柳学宏	骆安君	秋立鹏	施良才	赵　文	赵　康	赵西金
钟燕锋	胥邦君	祝伟忠	欧阳振宇	柴　震	高　济	高　鹏	高龙生
高如磬	郭　成	郭　椒	郭建桥	郭艳梅	凌萃祥	莫志健	钱一欣
秦　珂	秦　雁	唐志忠	陶永华	翁史振	徐　林	徐琤颖	曹　伟

中国模具工业协会专业委员会

单位名称：技术委员会
挂靠单位：苏州电加工机床研究所
地　　址：江苏省苏州市高新区金山路180号
邮　　编：215011
电　　话：0512－67274551
传　　真：0512－67778215
E－mail：tzjgfh@pub.sz.jsinfo.net

单位名称：模具标准件委员会
挂靠单位：西安航光仪器厂
地　　址：陕西省西安市高新产业园学士路10号
邮　　编：710119
电　　话：029－84730488－815
传　　真：029－84730480
E－mail：13909259508@139.com

单位名称：经营管理委员会
挂靠单位：无锡曙光模具有限公司
地　　址：江苏省无锡市新街巷43号（荣耀花园6号楼底层）
邮　　编：214001
电　　话：0510－83152383
传　　真：0510－83152383
E－mail：wdmia@163.com

单位名称：模具材料委员会
挂靠单位：上海材料研究所十室
地　　址：上海市虹口区邯郸路99号
邮　　编：200437
电　　话：021－65556775－259
传　　真：021－65545434
E－mail：yudaowu@163.com

单位名称：汽车车身模具及装备委员会
挂靠单位：东风模具冲压技术有限公司
地　　址：湖北省武汉市经济技术开发区神龙大道158号
邮　　编：430056
电　　话：027－84210396
传　　真：027－84893125
E－mail：hudaozhong@126.com

单位名称：兵器模具委员会
挂靠单位：中国兵器装备集团公司
地　　址：北京市8933信箱科技信息化部转
邮　　编：100089
电　　话：010－68963833
传　　真：010－68963925
挂靠单位：长安汽车模具有限公司渝北模具工厂
地　　址：重庆市渝北区空港大道603号
邮　　编：401120
电　　话：023－67921326
传　　真：023－67921339
E－mail：chenjuan@changan.com.cn

单位名称：橡胶模具委员会
挂靠单位：广东巨轮模具股份有限公司
地　　址：广东省揭阳市揭东经济开发试验区5号路
邮　　编：515500
电　　话：0663－3271838

传　　真:0663－3269266
E－mail:3271838@163.com

单位名称:人才培训部
挂靠单位:桂林电器科学研究所模具分所
地　　址:广西桂林市辰山路1号
邮　　编:541004
电　　话:0773－5888145
传　　真:0773－5888375
E－mail:mjqytpy@126.com

单位名称:拉丝模具委员会
挂靠单位:北京三信拉丝模具有限公司
地　　址:北京市海淀区苏州街18号长远天地大厦A2座1211室
邮　　编:100080
电　　话:010－82608920
传　　真:010－82608971
E－mail:wjt@sanxin.cn

单位名称:经济技术信息委员会
挂靠单位:中国模具工业协会
地　　址:北京市海淀区首体南路20号4－506室
邮　　编:100044
电　　话:010－88356465
传　　真:010－88356461
E－mail:wubingshu@sohu.com

中国模具工业协会地方行业协会

单位名称:北京市模具行业协会
地　　址:北京市宣武区马连道南街12号中国气象局商务楼309室
邮　　编:100055
电　　话:010－63542962
传　　真:010－63407718
网　　址:www.mouldnetwork.com
E－mail:bjmjxh@126.com

单位名称:天津市模具工业协会
地　　址:天津市河西区闽侯路5号
邮　　编:300020
电　　话:022－83833297
传　　真:022－83833297
E－mail:tjmxzxj@sohu.com

单位名称:河北省模具行业协会
地　　址:河北省石家庄市合作路81号
邮　　编:050051
电　　话:0311－87054237
传　　真:0311－87061235
E－mail:hb－mx@126.com

单位名称:泊头市模具工业协会
地　　址:河北省泊头市裕华路泊头市工业信息化局
邮　　编:062150
电　　话:0317－8260936
传　　真:0317－8263710
E－mail:dalong1680@163.com

单位名称:黄骅市模具工业协会
地　　址:河北省沧州市黄骅市经济开发区模具城
邮　　编:061100
电　　话:0317－5232929
传　　真:0317－5232929
E－mail:spread@vip.163.com

单位名称:沈阳市工装模具行业协会
地　　址:辽宁省沈阳市于洪区沈大路83号
邮　　编:110141
电　　话:024－25301817
传　　真:024－25315539
网　　址:www.sytdmia.com
E－mail:sytdmia@126.com

单位名称:大连市模具协会
地　　址:辽宁省大连市西岗区中山路315号
邮　　编:116011
电　　话:0411－83637756
传　　真:0411－83637756
E－mail:lnmould@163.com

单位名称:瓦房店市模具行业协会
地　　址:辽宁省大连市瓦房店市李店镇
邮　　编:116307
电　　话:0411-85399418-808
传　　真:0411-85399677
E-mail:rrzm@rrzm.com

单位名称:吉林省模具工业协会
地　　址:吉林省长春市前进大街3号晨光花园B座1305号
邮　　编:130021
电　　话:0431-85521616
传　　真:0431-85526677

单位名称:长春市模具工业协会
地　　址:吉林省长春市卫星路3278号长春职业技术学院D楼D206室
邮　　编:130033
电　　话:0431-84649005
传　　真:0431-84648619
网　　址:www.cdmia.com
E-mail:ccmujuxiehui@163.com

单位名称:黑龙江省模具工业协会
地　　址:黑龙江省哈尔滨市西大直街92号哈工大425信箱
邮　　编:150001
电　　话:0451-86402406
传　　真:0451-86402406
网　　址:www.hljmuju.com
E-mail:quanli1968@163.com

单位名称:上海市模具行业协会
地　　址:上海市河南北路441号-461号(锦艺大厦)1403室
邮　　编:200071
电　　话:021-63244555、63576368
传　　真:021-63257006
网　　址:www.sdmta.com
E-mail:mail@sdmta.com

单位名称:上海市模具技术协会
地　　址:上海市制造局路787号208-210室
邮　　编:200023
电　　话:021-63028739
传　　真:021-63025925
网　　址:www.shmould.org
E-mail:shmould@126.com

单位名称:江苏省模具工业协会
地　　址:江苏省常州市大学城机电技术学院信息北楼427室
邮　　编:213164
电　　话:0519-86331222
传　　真:0519-86331222
网　　址:www.jsdmia.com
E-mail:1579@czmec.cn

单位名称:南京市模具工业协会
地　　址:江苏省南京市秦淮区翁家营78号
邮　　编:210022
电　　话:025-52255961
传　　真:025-52653175

单位名称:常州市模具工业协会
地　　址:江苏省常州市武宜南路588号
邮　　编:213164
电　　话:0519-68877908
传　　真:0519-68877958
E-mail:mt@hc360.com

单位名称:无锡市模具工业协会
地　　址:江苏省无锡市新街巷43号(荣耀花园6号楼底层)
邮　　编:214001
电　　话:0510-83152383
传　　真:0510-83152383
E-mail:pan_yaonan@163.com

单位名称:苏州市模具行业协会
地　　址:江苏省苏州市平江新城(312国道)梅巷工业区海华集团
邮　　编:215001
电　　话:0512-67543002
传　　真:0512-67524677
E-mail:hechw@163.com

单位名称:昆山市模具工业协会
地　　址:江苏省苏州市昆山市北门路2099号
邮　　编:215316
电　　话:0512-57767101、57782229
传　　真:0512-57779111
E-mail:xxddqq1019@126.com、zhoujianjsmd@163.com

单位名称:扬州市模具技术协会
地　　址:江苏省扬州市友谊路29号景旺南苑7-102室
邮　　编:225003

电　　话:0514－87222326
传　　真:0514－87340356

单位名称:常熟市沙家浜镇玻璃模具协会
地　　址:江苏省常熟市沙家浜镇东(江苏常熟市精工模具制造有限公司内)
邮　　编:215559
电　　话:0512－52506000
传　　真:0512－52502888
网　　址:www. csjg. com
E－mail:jinggong124@ 21cn. com

单位名称:徐州市模具工业协会
地　　址:江苏省徐州市鼓楼区东关镇杨庄徐州煤矿机械厂内
邮　　编:221004
电　　话:0516－87777170
传　　真:0516－87775186

单位名称:宁波市模具行业协会
地　　址:浙江省宁波市江北区文教路132弄2号
邮　　编:315020
电　　话:0574－87210388
传　　真:0574－27782100
E－mail:nbmx2001@ 126. com

单位名称:宁波市北仑区模具工业协会
地　　址:浙江省宁波市北仑区大碶街道镇兴路26号
邮　　编:315806
电　　话:0574－86786127
传　　真:0574－86786191
网　　址:www. mould. org. cn
E－mail:blmoju@ 163. com

单位名称:象山县模具行业协会
地　　址:浙江省宁波市象山县丹城街新华路80号2楼(小绵羊火锅对面)
邮　　编:315700
电　　话:0574－65089343
传　　真:0574－65089343

单位名称:象山县贤庠镇模具协会
地　　址:浙江省宁波市象山县贤庠镇政府大楼
邮　　编:315701
电　　话:0574－65640189
传　　真:0574－65642678

单位名称:宁海县模具行业协会
地　　址:浙江省宁波市宁海县模具城综合楼
邮　　编:315600
电　　话:0574－65539598、65539551
传　　真:0574－65539552
E－mail:nhmould@ 126. com

单位名称:余姚市模具工业协会
地　　址:浙江省宁波市余姚市金型路245号
邮　　编:315400
电　　话:0574－22681026、22681025
传　　真:0574－22681023
E－mail:yy22681025@ 126. com

单位名称:慈溪市模具行业协会
地　　址:浙江省宁波市慈溪范市湖滨北路8号
邮　　编:315300
电　　话:0574－63710659
传　　真:0574－63710660
网　　址:www. cxmj. cn
E－mail:nbyxj@ 126. com

单位名称:奉化市模具行业协会
地　　址:浙江省宁波市奉化东郊开发区东峰路57号
邮　　编:315500
电　　话:0574－88923922
传　　真:0574－88938306
E－mail:lf@ mkmj. cn

单位名称:嘉兴市模具行业协会
地　　址:浙江省嘉兴市文昌路1848号(新320国道口)
邮　　编:314001
电　　话:0573－82619355
传　　真:0573－82611356
网　　址:www. jxmould. org
E－mail:jxmta@ 163. com

单位名称:黄岩模具行业协会
地　　址:浙江省台州市黄岩区劳动北路总商会大厦5楼
邮　　编:318020
电　　话:0576－81117033、84223311
传　　真:0576－84223323
E－mail:84223323@ 163. com

单位名称:温州市模具协会
地　　址:浙江省温州市惠民路职业中专街面房西首1－3号

邮　　编:325000
电　　话:0577－88816720
传　　真:0577－88816725
网　　址:www. wzmjw. com

单位名称:乐清市模具行业协会
地　　址:浙江省温州市乐清市虹桥镇新凯路235号
邮　　编:325608
电　　话:0577－62373942
传　　真:0577－62355011
E－mail:657124598@ qq. com

单位名称:金华市模具行业协会
地　　址:浙江省金华市开发区仙源路855号
邮　　编:321016
电　　话:0579－82238808
传　　真:0579－82273036
网　　址:www. zz－mj. com
E－mail:mouldcity@ zz－mj. com

单位名称:永康市模具行业协会
地　　址:浙江省金华市永康市金山东路1号
邮　　编:321300
电　　话:0579－87231566、87230998
传　　真:0579－87231516、87235169
网　　址:www. ykmjxh. com

单位名称:安徽省模具工业协会
地　　址:安徽省合肥市芜湖路155号升华大厦616室
邮　　编:230001
电　　话:0551－2889817
传　　真:0551－2889817
E－mail:zanxm@ 126. com、hmmjyxgs@ 126. com

单位名称:芜湖市模具协会
地　　址:安徽省芜湖市经济技术开发区银湖北路39号
邮　　编:241009
电　　话:0553－5311463
传　　真:0553－5312825
E－mail:zhg9082@ 126. com

单位名称:福建省模具工业协会
地　　址:福建省福州市金山开发区金塘路11号
邮　　编:350002
电　　话:0591－83740184
传　　真:0591－83740184
网　　址:www. 35btob. cn
E－mail:787338066@ qq. com

单位名称:厦门市模具行业协会
地　　址:福建省厦门市禾山路266－268号联谊大厦A座5层
邮　　编:361009
电　　话:0592－5257383
传　　真:0592－6022015
网　　址:www. xdmia. com
E－mail:xdmia@ xdmia. com

单位名称:泉州市模具工业协会
地　　址:福建省泉州市新门外仙塘新村36号
邮　　编:362005
电　　话:0595－22459878
传　　真:0595－22421812
E－mail:qdma@ chinaqdma. com

单位名称:江西省模具工业协会
地　　址:江西省南昌市上坊路382号
邮　　编:330029
电　　话:0791－8176043
传　　真:0791－8176237
网　　址:wwwjxas. as. cn
E－mail:ahangy10923@ 163. com

单位名称:山东省模具工业协会
地　　址:山东省济南市济洛路129号
邮　　编:250031
电　　话:0531－85951943、85806468
传　　真:0531－85951943
网　　址:www. mjsd. net
E－mail:keyan804@ sina. com、sdmia@ sina. com

单位名称:青岛市模具行业协会
地　　址:山东省青岛市李沧区金水路318号
邮　　编:266100
电　　话:0532－66761170
传　　真:0532－66761161
E－mail:qdmx20080610@ sina. com

单位名称:济南市模具工业协会
地　　址:山东省济南市章丘明水经发区明埠西路(济南新北方模具有限责任公司)
邮　　编:250001
电　　话:0531－83726099

单位名称:河南省模具工业协会
地　　址:河南省郑州市文化路97号模具大厦1110室
邮　　编:450002

电　　话:0371－63887600、63887485
传　　真:0371－63887570、63887621
E－mail:qjyao@zzu.edu.cn

单位名称:洛阳市模具工业协会
地　　址:河南省洛阳市涧西区建设路96号
邮　　编:471039
电　　话:0379－64985779
传　　真:0379－64986679
E－mail:lycgmjjsb@163.com

单位名称:湖北省模具工业协会
地　　址:湖北省武汉市武昌区洪山路64号湖光大厦9楼东边
邮　　编:430071
电　　话:027－87821107－901/902、87303199
传　　真:027－87821107－907
E－mail:pns1951@yeah.net、lxping49@163.com

单位名称:武汉市模具工业协会
地　　址:湖北省武汉市汉阳区七里庙舒家湾70号
邮　　编:430051
电　　话:027－84674865
传　　真:027－84866296

单位名称:十堰市模具行业协会
地　　址:湖北省十堰市张湾区公园路86号(东风就业大厦1008室)
邮　　编:442001
电　　话:0719－8226057
传　　真:0719－8226057
E－mail:symjhyxh@163.com

单位名称:湖南省模具工业协会
地　　址:湖南省长沙市芙蓉区八一路417号
邮　　编:410011
电　　话:0731－85860653
传　　真:0731－82233010
E－mail:lanjian28@sohu.com

单位名称:广东省模具工业协会
地　　址:广东省广州市淘金路36－38号25楼F房
邮　　编:510095
电　　话:020－83503178、83593163
传　　真:020－83577380
网　　址:www.mouldnet.com.cn
E－mail:gdmould@gmail.com

单位名称:广东省机械模具科技促进协会
地　　址:广东省广州市越秀区先烈南路23号13号楼309室
邮　　编:510000
电　　话:020－87761609
传　　真:020－87761679
网　　址:www.gmta.org.cn
E－mail:gdmmta@163.com

单位名称:广州市模具工业协会
地　　址:广东省广州市天河北路663号
邮　　编:510635
电　　话:020－38731925
传　　真:020－38731925
网　　址:www.s－mould.com
E－mail:s－mould@163.com

单位名称:汕头市模具工业协会
地　　址:广东省汕头市金湖路30号2楼
邮　　编:515021
电　　话:0754－88109668
传　　真:0754－88109668
E－mail:odm@oudaman.com

单位名称:佛山市模具行业协会
地　　址:广东省佛山市佛罗路1号天马大厦4楼
邮　　编:528000
电　　话:0757－82804622
传　　真:0757－82820287
网　　址:www.fsmta.cn
E－mail:fsmat001@163.com

单位名称:佛山市南海区里水模具塑料五金行业协会
地　　址:广东省佛山市南海区里水镇佛山一环盐南路出口边模具城招商中心3楼
邮　　编:528244
电　　话:0757－85619931
传　　真:0757－85619932
E－mail:fslsmta@163.com

单位名称:东莞市五金机械模具行业协会
地　　址:广东省东莞市长安镇厦岗路段金铭国际工业模具城展厅3B幢二楼2007
邮　　编:523840
电　　话:0769－85097999
传　　真:0769－85097999
网　　址:www.hmad.cc
E－mail:dg_hmad@126.com、caiyunan668101@126.com

单位名称:东莞市横沥模具机械行业协会

地　　址:广东省东莞市横沥镇兴业大道1号汇英国际模具城2楼

邮　　编:523460

电　　话:0769－83732818

传　　真:0769－82306818

E－mail:dhmma8@163.com

地　　址:广东省东莞市横沥镇沿江路发展中心4楼

电　　话:0769－83799266

传　　真:0769－83723848

E－mail:dghongbq@yahoo.com.cn

单位名称:深圳市模具技术学会

地　　址:广东省深圳市平湖华南国际工业原料城五金化工塑料区M08栋128号

邮　　编:518111

电　　话:0755－83892668

传　　真:0755－83891333

网　　址:www.topmould.cn

E－mail:szmolds@163.com

单位名称:深圳市机械行业协会

地　　址:广东省深圳市福田区深南大道6021号A座1218室

邮　　编:518040

电　　话:0755－83458818

传　　真:0755－83458918

E－mail:member@chinaszma.com

单位名称:广西壮族自治区模具工业协会

地　　址:广西南宁市金湖路63号金源CBD现代城7层(工程招标部)

邮　　编:530021

电　　话:0771－2828218

传　　真:0771－2843545

E－mail:luguangwei@gxbidding.com

单位名称:重庆市模具工业协会

地　　址:重庆市江北区五里店五江花园B座15－2

邮　　编:400023

电　　话:023－86846821

传　　真:023－86846822

网　　址:www.cqmj.org

E－mail:cqmjxh@163.com

单位名称:四川省模具工业协会

地　　址:四川省成都市花牌坊街2号(成都电子机械高等专科学校内)

邮　　编:610031

电　　话:028－87770912

传　　真:028－87770912

网　　址:www.westernmould.net

E－mail:scmuxie@163.com

单位名称:成都市模具工业协会

地　　址:四川省成都市青羊工业集中发展区文家大道1号

邮　　编:610091

电　　话:028－87079809

传　　真:028－87079809

网　　址:www.cdmould.com

E－mail:Cdmx2005@163.com

单位名称:成都经济技术开发区模具工业协会

地　　址:四川省成都市经济技术开发区龙工南路1133号

邮　　编:610100

电　　话:028－88432301

传　　真:028－88432548

E－mail:598693586@qq.com

单位名称:贵州省模具工业协会

地　　址:贵州省贵阳市市府路15号贵阳市经委转

邮　　编:550002

电　　话:0851－5816937

传　　真:0851－6508298

单位名称:云南省模具工业协会

地　　址:云南省昆明市教场西路39号昆明奥宇机电有限责任公司转

邮　　编:650223

电　　话:0871－5522859

传　　真:0871－5151098

单位名称:陕西省模具工业协会

地　　址:陕西省西安市莲湖区西甜水井双仁府小区南区一号楼5单元303号

邮　　编:710002

电　　话:029－87629257

传　　真:029－87629257

E－mail:272515020@qq.com

单位名称:西安模具工业协会

地　　址:陕西省西安市高新产业园学士路10号

邮　　编:710119

电　　话:029－86691001

传　　真:029－86691002

网　　址:pla01mbs@163.com

E－mail:info@1001mbs.com

单位名称:甘肃省模具工业协会
地　　址:甘肃省兰州市金昌北路212号
邮　　编:730030
电　　话:0931－2741812
传　　真:0931－2741812

中国模具工业协会团体会员名录

北京市

单位名称:北京市机电院高技术股份有限公司
地　　址:北京市朝外工体北路4号
邮　　编:100027
电　　话:010－65956548
传　　真:010－65044302
主要产品:精密冲压模

单位名称:北京东方模具有限责任公司
地　　址:北京市朝阳区东坝后街116号
邮　　编:100018
电　　话:010－84312830
传　　真:010－84316591
主要产品:冲压模

单位名称:北京万晟鑫迪模具制造公司
地　　址:北京市大兴区清源路32号
邮　　编:102600
电　　话:010－69249719
传　　真:010－69231289
主要产品:塑料模、橡胶模等

单位名称:北京长城牡丹模具制造有限公司
地　　址:北京市朝阳区科荟西路甲2号北京自动化工业学校实训楼3层
北京市通州区光机电一体化产业基地
邮　　编:100192
101111
电　　话:010－62354981
传　　真:010－82614135
主要产品:塑料异型材挤出模具

单位名称:中国航空航天工具协会模具专业委员会
地　　址:北京市朝阳区京顺路7号工具协会
邮　　编:100028
电　　话:010－64622010
传　　真:010－64663322

单位名称:北京阿奇夏米尔工业电子有限公司
地　　址:北京市顺义区马坡镇阿奇路1号
邮　　编:101300
电　　话:010－69403355
传　　真:010－69402266
主要产品:电火花成型机、线切割机、小孔加工机

单位名称:北京兆维工装有限公司
地　　址:北京市朝阳酒仙桥路14号
邮　　编:100016
电　　话:010－84563181
传　　真:010－64371498
主要产品:塑料模具、冲压模具、压铸模具

单位名称:瑞士卡斯特林厄特蒂国际公司北京维修站
地　　址:北京市德胜门外北沙滩1号
邮　　编:100083
电　　话:010－64882552
传　　真:010－64879322
主要产品:各种模具补焊维修与表面强化、各种精密零部件修复等

单位名称:钢铁研究总院结构材料研究所
地　　址:北京市海淀区学院南路76号
邮　　编:100081
电　　话:010－62182762
传　　真:010－62182762
主要产品:钢铁材料及冶金生产工艺的研究

单位名称:北京数码大方科技有限公司
地　　址:北京市海淀区知春路甲63号卫星大厦802室
邮　　编:100190
电　　话:010－82321350
传　　真:010－82321350－5
主要产品:精密注塑模、CAD/CAM软件开发与销售

单位名称:北京格雷维尔电子有限公司(总部地址)
地　　址:北京市海淀区苏州街75号
邮　　编:100080
电　　话:010－62553592
传　　真:010－62555096
主要产品:电子元器件、冲压模、压铸模具、塑料模具等

单位名称:北京吉弛汽车模具有限公司
地　　址:北京市通州区台湖镇江场路149号
邮　　编:101116
电　　话:010－61535758
传　　真:010－61537633－603
主要产品:汽车覆盖件模具

单位名称:北京三信拉丝模具有限公司
地　　址:北京市海淀区苏州街18号长远天地大厦A2座1211号
邮　　编:100080
电　　话:010－82608920
传　　真:010－82608971
主要产品:拉丝模具

单位名称:北京机床研究所
地　　址:北京市朝阳区望京路4号
邮　　编:100102
电　　话:010－64739694
传　　真:010－64739727
主要产品:加工各类模具

单位名称:中国航空工业总公司第625研究所
地　　址:北京市朝阳区八里桥北340信箱
邮　　编:100024
电　　话:010－65761731－2322
传　　真:010－65762306
主要产品:CAD/CAM集成系统,提供技术咨询和培训

单位名称:清华大学机械系激光快速成形中心
地　　址:清华大学机械系激光快速成形中心
邮　　编:100084
电　　话:010－62783565、62782938
传　　真:010－62785718
主要产品:快速模具、快速成形设备研发与生产

单位名称:北京华诚应用技术开发公司
地　　址:北京市海淀区东北旺唐家岭南
邮　　编:100094
电　　话:010－62985406
传　　真:010－62985409－811
主要产品:汽车车身主模型及各类工艺模型、车身零部件检具

单位名称:北京自动化工程学校
地　　址:北京市朝阳区科荟路甲2号
邮　　编:100192
电　　话:010－64871046
传　　真:010－64871046
主要产品:面向社会培训应用数控机床加工模具的操作人员、应用模具设计软件进行模具设计的技术人员

单位名称:壹胜百模具(北京)有限公司
地　　址:北京市经济技术开发区荣京东街甲10号
邮　　编:100176
电　　话:010－67865588
传　　真:010－67862988
主要产品:主要经销瑞典进口工模具钢,并提供相关技术支持、热处理服务以及机加工服务

单位名称:北京龙苑伟业新材料有限公司
地　　址:北京市海淀区永丰科技园区
邮　　编:100094
电　　话:010－62479038
传　　真:010－62478221
主要产品:汽车密封胶及补强材料非金属材料

单位名称:北京朝阳兴隆模具厂
地　　址:北京市朝阳区将台路小陈各庄1号
邮　　编:100016
电　　话:010－64386101
传　　真:010－64325726
主要产品:冲压模具、压铸模具、塑料模具

单位名称:北京康迪普瑞模具技术有限公司
地　　址:北京市海淀区中关村永丰基地丰贤中路7号院2号楼
邮　　编:100094

电　　话:010－58717542、58711545
传　　真:010－58717543
主要产品:精密冲压模具、塑料模具

单位名称:北京市北铝同益模具技术有限公司
地　　址:北京市通州区梨园小街
邮　　编:101149
电　　话:010－60525041
传　　真:010－60528207
主要产品:挤压模、精密冲模

单位名称:首都航天机械公司
地　　址:北京市34信箱89分箱(丰台区南警备东路2号)
邮　　编:100076
电　　话:010－68750172－806、13436630257
主要产品:各种模具

单位名称:北京夏金宇模具科技有限公司
地　　址:北京市昌平区南口镇道北南口机车车辆机械厂内
邮　　编:102202
电　　话:010－51013130
传　　真:010－69785722
主要产品:冲压模具、其他类模具,并提供专用量、刃、工、钻卡具及非标机械设备

单位名称:北京华廷润世科技有限公司华廷模具厂
地　　址:北京市朝阳区祁家豁子华严北里29楼
邮　　编:100029
电　　话:010－82841765、62382375
传　　真:010－82845470

单位名称:北京比亚迪模具有限公司
地　　址:北京市通州区科创东五街1号
邮　　编:101111
电　　话:010－69508888－5158
传　　真:010－69509999
主要产品:汽车整车模具、检具、装焊夹具、冲压件产品

单位名称:思美创(北京)科技有限公司
地　　址:北京市朝阳区北辰东路8号汇宾大厦B0411
邮　　编:100101
电　　话:010－84978203
传　　真:010－84985152
主要产品:CIMATRON软件

单位名称:北京航天振邦精密机械有限公司
地　　址:北京市丰台区万源路六营门2230工厂
邮　　编:100076
电　　话:010－68753552
传　　真:010－68757718
主要产品:精密冷冲级进模具

单位名称:北京永茂机电科技有限公司
地　　址:北京市大兴区生物医药基地庆丰路2号
邮　　编:102609
电　　话:010－60279696
传　　真:010－60279091
主要产品:冲压模具标准件

单位名称:清华大学基础工业训练中心
地　　址:北京市海淀区清华大学校内
邮　　编:100084
电　　话:010－62782458
传　　真:010－62795370
主要产品:教学

单位名称:约翰内斯·海德汉博士(中国)有限公司
地　　址:北京市顺义区天竺空港工业区A区天纬三街6号
邮　　编:101312
电　　话:010－80420000
传　　真:010－80420010
主要产品:数控系统、光栅尺、编码器、长度计

单位名称:牧野机床(中国)有限公司
地　　址:北京市南礼士路66号建威大厦818室
邮　　编:100045
电　　话:010－68053955
传　　真:010－68053957
主要产品:加工中心、放电加工机慢走丝切割机

单位名称:北京安德建奇数字设备有限公司
地　　址:北京市怀柔区杨宋镇凤翔科技开发区凤翔一园8号
邮　　编:101400
电　　话:010－61678832
传　　真:010－61678865
主要产品:各类精密电加工机床,立式、龙门式加工中心

单位名称:北京精雕科技有限公司
地　　址:北京市门头沟区石龙工业区永安路10号

邮　　编:102308
电　　话:010－60801188－1157、60801955
传　　真:010－60801955
主要产品:精雕 CNC 雕刻机

单位名称:北京东明兴业科技有限公司
地　　址:北京市怀柔区雁栖经济开发区
邮　　编:101407
电　　话:010－61665518
传　　真:010－61667191
主要产品:通信、精密电子产品、汽车零部件的精密注塑模具和精密冲压模具及制件

天津市

单位名称:天津汽车模具股份有限公司
地　　址:天津市空港经济区航天路77号
邮　　编:300308
电　　话:022－24890729、24890530
传　　真:022－24896985
主要产品:汽车覆盖件模具

单位名称:天津市恭华模具标准件厂
地　　址:天津市北辰区津国公路宜兴埠科技园兴帼大道东一号路
邮　　编:300402
电　　话:022－26995268
传　　真:022－26995168
主要产品:模具标准件

单位名称:天津神光新技术开发公司
地　　址:天津市河西区怒江道8号
邮　　编:300220
电　　话:022－28112657
传　　真:022－28112657
主要产品:塑料模具

单位名称:天津组合夹具厂
地　　址:天津市和平区烟台道23号
邮　　编:300042
电　　话:022－26424634
传　　真:022－26437537
主要产品:冲压模具

单位名称:天津斯坦雷电气有限公司
地　　址:天津市经济技术开发区南海路140号
邮　　编:300457
电　　话:022－25290664
传　　真:022－25320173
主要产品:塑料模具

单位名称:天津津京玻壳股份有限公司
地　　址:天津市西青区杨柳青公路口
邮　　编:300380
电　　话:022－27950477
传　　真:022－27950806
主要产品:玻壳模具

单位名称:天津市天龙工具公司
地　　址:天津市河北区万柳村大街56号
邮　　编:300241
电　　话:022－26432721－24066

单位名称:天津一汽夏利汽车有限公司
地　　址:天津市西青区中北斜乡李楼南
邮　　编:300380
电　　话:022－87915010
传　　真:022－87915123

单位名称:天津通广集团模具塑料有限公司
地　　址:天津市河北区新大路185号
邮　　编:300140
电　　话:022－26237277
传　　真:022－26270477
主要产品:注塑模、压铸模

单位名称:天津鑫茂天和机电科技有限公司
地　　址:天津市西青区中北工业园辰星路22号
邮　　编:300112
电　　话:022－87915088
传　　真:022－26953723
主要产品:标准件、模具斜楔、中小模具

单位名称:天津市津荣天宇精密机械有限公司
地　　址:天津市高新技术产业园区海泰大道创新四路3号
邮　　编:300384
电　　话:022－27537496、27532727
传　　真:022－27531650
主要产品:精密冲压模具设计制造及模具的冲压制品,服务于低压电工类产品和汽车减振器、汽车空调

单位名称：天津中德职业技术学院
地　　址：天津市海河教育园区雅深路 2 号 C 座
邮　　编：300191
电　　话：022－23010211、23010203
传　　真：022－23616667
主要产品：培养模具设计与制造专业人才

单位名称：天津中西机床技术培训中心
地　　址：天津市海河教育园区雅深路 2 号 C 座
邮　　编：300191
电　　话：022－23012769
传　　真：022－23012650
主要产品：人员培训

单位名称：丰田一汽（天津）模具有限公司
地　　址：天津市经济技术开发区黄海路 228 号
邮　　编：300457
电　　话：022－66237102
传　　真：022－66237144
主要产品：汽车冲压模具

单位名称：天津康悦汽车模具有限公司
地　　址：天津市西青区中北工业园辰星路 26 号
邮　　编：300112
电　　话：022－26953159
传　　真：022－26952310
主要产品：汽车检具、模型、夹具检测支架

单位名称：天津市泰亨模具制造有限公司
地　　址：天津市北辰区大张庄镇下殷庄村
邮　　编：300402
电　　话：022－86825777
传　　真：022－86829231
主要产品：注塑模、压铸模、冲模

单位名称：天津市津兆机电开发有限公司
地　　址：天津市西青区泰和工业园大明道营玉路 5 号
邮　　编：300112
电　　话：022－27796721－801
传　　真：022－27718578
主要产品：电机、手机、电子元器件精密冲模

单位名称：麦格纳技术与模具系统（天津）有限公司
地　　址：天津市空港物流加工区保税区 01－01 地块
邮　　编：300308
电　　话：022－84905200
传　　真：022－84909641
主要产品：汽车大型冲压模具

单位名称：天津东方金工表面涂层有限公司
地　　址：天津市北辰区铁东路天盈道天盈三支路 7 号
邮　　编：300402
电　　话：022－26913072、26913080
传　　真：022－26913070
主要产品：冲压模具、模具 PVD 处理

单位名称：阿奇夏米尔国际贸易（天津）有限公司
地　　址：北京市朝阳区左家庄 1 号国门大厦 B－201
邮　　编：100028
电　　话：010－64606822、021－58685000、0769－85473000
传　　真：010－64606829
主要产品：放电加工机床、铣削加工中心

河北省

单位名称：石家庄煤矿机械有限公司
地　　址：河北省石家庄市跃进路 111 号
邮　　编：050031
电　　话：0311－85052996－2635
传　　真：0311－85052437
主要产品：各类模具及金刚石制品，汽车起动机、液压元件、换热元件、地质勘探设备等

单位名称：国营汉光机械厂模具分厂
地　　址：河北省邯郸市联纺路 32 号
邮　　编：056028
电　　话：0310－7208636
传　　真：0310－7208636
主要产品：塑料模具、冲压模具、压铸模具等

单位名称：河北太行机械厂工具处
地　　址：河北省石家庄市和平西路 221 号
邮　　编：050000
电　　话：0311－86811979
传　　真：0311－86811979
主要产品：各类模具、各种刀、夹、量、辅具的设计及制造

单位名称：石家庄宝石电子玻璃股份有限公司工模具部
地　　址：河北省石家庄市黄河大道 9 号
邮　　编：050031
电　　话：0311－85054566－4411

主要产品:玻壳模具、冲压模具、塑料模具

单位名称:**保定市电加工设备厂**
地　　址:河北省保定市阳光北大街物探北库南院
邮　　编:071051
电　　话:0312－83110359
传　　真:0312－83110359

单位名称:**保定市电器开关厂**
地　　址:河北省保定市长城南大街144号
邮　　编:071000
电　　话:0312－2052779
传　　真:0312－2022457
主要产品:冲压模具及低压电器元件

单位名称:**河北高碑店市航城机械厂**
地　　址:河北省高碑店市白沟镇义合庄
邮　　编:074004
电　　话:0312－2895161
传　　真:0312－2895813
主要产品:模具标准件

单位名称:**河北兴林车身制造集团有限公司**
地　　址:河北省泊头市工业开发区8号
邮　　编:062150
电　　话:0317－8188461
传　　真:0317－8223399
主要产品:汽车车身钣金模具、冲压件、铸件

单位名称:**河北天辰锻压机械有限公司**
地　　址:河北省沧州市南环中路32号
邮　　编:061001
电　　话:0317－2023901－203
传　　真:0317－2023036
主要产品:冲压模具及其他模具

单位名称:**石家庄天同拖拉机有限公司**
地　　址:河北省石家庄市和平东路418号
邮　　编:050033
电　　话:0311－85051173
传　　真:0311－85082693
主要产品:冲压模具、塑料模具、橡胶模具

单位名称:**石家庄中威电机厂工具分厂**
地　　址:河北省石家庄市鹿泉市开发区昌盛大街
邮　　编:050200
电　　话:0311－82195573
主要产品:冲压模具

单位名称:**河北田野汽车集团文安塑料有限公司**
地　　址:河北省廊坊市文安县城西澎耳湾工业区
邮　　编:065800
电　　话:0316－5066246
传　　真:0316－5062646
主要产品:塑料模具、冲压模具、橡胶模具等

单位名称:**河北工业大学材料学院(南院)模具研究室**
地　　址:天津市红桥区光荣道
邮　　编:300132
电　　话:022－26510052
主要产品:冲压模具、压铸模具、塑料模具、水基拉伸润滑剂

单位名称:**河北模具厂**
地　　址:河北省石家庄市311信箱
邮　　编:050021
电　　话:0311－85491184－2094
主要产品:各类模具

单位名称:**高碑店市圣亚泰汽车模具有限公司**
地　　址:河北省高碑店市七一东路
邮　　编:074012
电　　话:0312－2812340
传　　真:0312－2812777

单位名称:**河北省邯郸市紫山特钢集团有限公司**
地　　址:河北省邯郸市永年县洺焦路
邮　　编:057150
电　　话:0310－6789164
传　　真:0310－6789209
主要产品:模具钢、合金结构钢、轴承钢、轧辊用钢

单位名称:**泊头市兴达汽车模具制造厂**
地　　址:河北省泊头市交河镇工业开发区
邮　　编:062151
电　　话:0317－8337906
传　　真:0317－8332230
主要产品:汽车覆盖件模具

单位名称:**泊头市京泊汽车模具有限责任公司**
地　　址:河北省泊头市工业开发区
邮　　编:062150
电　　话:0317－8187907

传　　真:0317－8188046
主要产品:汽车覆盖件冷冲模、铸钢、铸件

单位名称:泊头市金键模具有限责任公司
地　　址:河北省泊头市西环路口
邮　　编:062150
电　　话:0317－8291923
传　　真:0317－8293210
主要产品:汽车冲压模具

单位名称:泊头市福锐汽车模业有限公司
地　　址:河北省泊头市工业开发区
邮　　编:062150
电　　话:0317－5565888
传　　真:0317－5565878
主要产品:汽车覆盖件冲压模具

单位名称:泊头市通达汽车模具有限责任公司
地　　址:河北省泊头市郝村镇
邮　　编:062159
电　　话:0317－8382776
传　　真:0317－8382050
主要产品:汽车内外覆盖件模具、铸件、机械加工

单位名称:泊头市三达模具标准件有限公司
地　　址:河北省泊头市工业开发区
邮　　编:062150
电　　话:0317－8296168
主要产品:汽车覆盖件模具、模具标准件加工

单位名称:河北金环模具有限公司
地　　址:河北省石家庄市高新技术产业开发区长江大道338号
邮　　编:050035
电　　话:0311－85903751
传　　真:0311－85903756
主要产品:汽车覆盖件冲模

单位名称:河北长安胜利汽车有限公司
地　　址:河北省定州市103信箱模具公司
邮　　编:073000
电　　话:0312－23564438
传　　真:0312－23562426
主要产品:冲压模具、模具标准

单位名称:圣亚泰汽车模具有限公司
地　　址:河北省高碑店市世纪东路2号
邮　　编:074012
电　　话:0312－2812340
传　　真:0312－2812777
主要产品:冲压模具

单位名称:邯郸市蓝天信息工程中等专业学校
地　　址:河北省邯郸市107国道马庄收费站南200米路东
邮　　编:056001
电　　话:0310－6093666
传　　真:0310－6093789
主要产品:模具设计专业、数控技术专业教学及培训

单位名称:涿州市兴亚模具厂
地　　址:河北省涿州市北环路中段
邮　　编:072750
电　　话:0312－3610288
传　　真:0312－3610555
主要产品:铝压铸模具、冲压模具、塑料模具及铝压制件、DLP机箱

单位名称:涿州市万达模具制造有限公司
地　　址:河北省涿州市桃园大街西口
邮　　编:072750
电　　话:0312－3657991
传　　真:0312－3657991
主要产品:注塑模具、冷冲模具、热压模具、环氧树脂浇铸模具

单位名称:沧州惠邦机电产品制造有限公司
地　　址:河北省沧州市南皮县南皮镇东外环路西侧
邮　　编:061500
电　　话:0317－8861191、13832772616
传　　真:0317－8861190
主要产品:五金冲压、汽车模具、级进模具、集成弯曲模具、大型复合落料模

山西省

单位名称:山西联运集团太原模具有限责任公司
地　　址:山西省太原市小店区建设南路447号
邮　　编:030006
电　　话:0351－7071166、7071176
传　　真:0351－7040869
主要产品:汽车覆盖件冲压模具、热锻模具及其他模具

单位名称:国营山西冲压厂(国营5449厂)
地　　址:山西省运城市绛县5号信箱技术部
邮　　编:043604
电　　话:0359－6555050
传　　真:0359－6555038

单位名称:山西北方惠丰机电有限公司工模具制造分公司
地　　址:山西省长治市惠丰街
邮　　编:046012
电　　话:0355－3915694
传　　真:0355－3091922
主要产品:模具及高精密非标量具

内蒙古自治区

单位名称:内蒙古第一机械制造集团瑞特精密工模具有限公司(内蒙第一机械制造集团模具制造分公司)
地　　址:内蒙古自治区包头市青山区民主路北
邮　　编:014032
电　　话:0472－3118372、3118618、3116617
传　　真:0472－3116083
主要产品:冷冲模、铸造模、锻造模、热压模、硫化模

单位名称:包头北方工模具制造有限责任公司
地　　址:内蒙古包头市3号信箱800分箱
邮　　编:014033
电　　话:0472－3385684
传　　真:0472－3311876

单位名称:内蒙古北方重工业集团有限公司
地　　址:内蒙古包头市青山区兵工大道3#信箱
邮　　编:014033
电　　话:13500625086
传　　真: 0472－3384363
主要产品:非公路矿车、大型锻件

辽宁省

单位名称:沈阳黎明航空发动机集团有限责任公司工具分公司
地　　址:辽宁省沈阳市大东区东塔街6号
邮　　编:110043
电　　话:024－24830004
传　　真:024－24830004
主要产品:冲模、蜡模、锻模、胶模

单位名称:沈阳风动工具厂
地　　址:辽宁省沈阳市铁西区云峰北街12号
邮　　编:110025
电　　话:024－25344453
主要产品:冲压模及其他模具

单位名称:沈阳沈信模具有限责任公司(沈阳铁路信号工厂)
地　　址:辽宁省沈阳市铁西区北三中路16号
邮　　编:110025
电　　话:024－62071564
传　　真:024－62071913
主要产品:注塑模、冷冲模、压铸模、挤压模

单位名称:大连瓦轴集团轴承装备制造有限公司
地　　址:辽宁省瓦房店市北共济街一段1号
邮　　编:116300
电　　话:0411－39117576、13084102737
传　　真:0411－39117566
主要产品:轴承专用装备,轴承专用模具、量具、刀具及仪器制造,数控转台,轴承总成,铆焊加工等

单位名称:沈阳机车车辆厂工模具分厂
地　　址:辽宁省沈阳市皇姑区昆山西路75号
邮　　编:110035
电　　话:024－62053631
主要产品:冷冲模、热压模、铸造金型、橡胶模

单位名称:国营777总厂
地　　址:辽宁省锦州市第27号信箱
邮　　编:121001
电　　话:0416－4174865
传　　真:0416－4165171
主要产品:冲压模具、模具标准件

单位名称:锦州市太和区模具厂
地　　址:辽宁省锦州市太和区钟屯乡东王村西王屯451号
邮　　编:121015
电　　话:0416－4565743
传　　真:0416－4567493
主要产品:冲压模具

单位名称:沈阳市松陵通用设备厂
地　　址:辽宁省沈阳市皇姑区三台子陵北街84号
邮　　编:110034
电　　话:024－86520195

传　　真:024－86520195
主要产品:塑料模具

单位名称:沈阳松陵机械制造厂
地　　址:辽宁省沈阳市皇姑区三台子阳山路1号
邮　　编:110034
电　　话:024－86522277
传　　真:024－86525380

单位名称:中国华录松下电子信息有限公司
地　　址:辽宁省大连市高新技术园区七贤岭华路1号
邮　　编:116023
电　　话:0411－84790599－3820
传　　真:0411－84792531
主要产品:外观模具:AV产品外壳塑模、冲模;机构模具:精密齿轮、杠杆类塑模、冲模及合成形模具

单位名称:中国兵器工业总公司沈阳模具技术培训中心
地　　址:辽宁省沈阳市铁西区凌宝二街36－1号
邮　　编:110000
电　　话:024－88261384
传　　真:024－88261384

单位名称:本溪钢铁(集团)有限责任公司
地　　址:辽宁省本溪市平山区人民路16号
邮　　编:117000
电　　话:0414－2843889
传　　真:0414－7827625
主要产品:模具钢

单位名称:大连理工大学模具研究所
地　　址:辽宁省大连市甘井子区406车站
邮　　编:116024
电　　话:0411－84708424
传　　真:0411－84708742
主要产品:塑料制品、技术开发、技术培训

单位名称:辽宁省模具工业有限公司
地　　址:辽宁省沈阳市沈河区惠工街泽工南巷6号
邮　　编:110013
电　　话:024－22720878
传　　真:024－22720878
主要产品:经营各种冷冲模架、塑料模架

单位名称:沈阳飞机工业(集团)有限公司模具厂
地　　址:辽宁省沈阳市皇姑区陵北街1号
邮　　编:110034
电　　话:024－86599054
传　　真:024－86896689
主要产品:冲压模具

单位名称:沈阳子午线轮胎模具有限公司
地　　址:辽宁省沈阳市皇姑区黄河北大街116号
邮　　编:110034
电　　话:024－86527395
传　　真:024－86527168
主要产品:子午线轮胎活络模

单位名称:沈阳模具中心(有限责任公司)
地　　址:辽宁省沈阳市于洪区于洪乡东民村
邮　　编:110141
电　　话:024－89363868
传　　真:024－89364250
主要产品:加工各种模具及CAD/CAM设计

单位名称:沈阳电机股份有限公司工具分厂
地　　址:辽宁省沈阳市铁西区卫工北街20号
邮　　编:110026
电　　话:024－25552409
主要产品:冲压模、热加工模具、专用模具

单位名称:沈阳东机工具制造有限责任公司
地　　址:辽宁省沈阳市大东区正新路42号
邮　　编:110025
电　　话:024－88262347
传　　真:024－88267057
主要产品:冲压模具、压铸模具

单位名称:沈阳低压开关厂模具制造厂
地　　址:辽宁省沈阳市于洪区五金工业园
邮　　编:110025
电　　话:024－25728206
主要产品:冲压模具

单位名称:沈阳兴华模具开发有限公司
地　　址:辽宁省沈阳市铁西区兴华北街36号
邮　　编:110021
电　　话:024－25639553
传　　真:024－25853371
主要产品:冷冲、塑料、压铸

单位名称:沈阳亚特扭矩工具制造有限公司
地　　址:辽宁省沈阳市大东区望花南街41号
邮　　编:110044
电　　话:024-88322432
传　　真:024-88321085
主要产品:扭矩工具及各种非标工具

单位名称:沈阳金杯汽车模具制造有限公司（沈阳金杯模具厂）
地　　址:辽宁省沈阳市于洪区沈大路83号
邮　　编:110141
电　　话:024-25315629
传　　真:024-25315539
主要产品:汽车模具的设计、制造、冲压件加工,夹具、机械零件的加工

单位名称:大连达利精密模具开发公司
地　　址:辽宁省大连市甘井子区西北路882号
邮　　编:116035
电　　话:0411-85963999
传　　真:0411-85963688
主要产品:冲压模具

单位名称:凌源鸿达汽车模具制造有限公司
地　　址:辽宁省凌源市城北街北段42-3号
邮　　编:122500
电　　话:0421-6952220
传　　真:0421-6952366
主要产品:汽车覆盖件模具、汽车横梁、纵梁模具

单位名称:朝阳博文机床有限公司（朝阳机床厂）
地　　址:辽宁省朝阳市友谊大街一段25号
邮　　编:122000
电　　话:0421-2720906
传　　真:0421-2720884
主要产品:磨床

单位名称:沈阳传动机械厂
地　　址:辽宁省沈阳市大东区大东路178号
邮　　编:110042
电　　话:024-62164361
传　　真:024-62164196
主要产品:工装模具

单位名称:沈阳新阳冶金设备制造厂
地　　址:辽宁省沈阳市707信箱17分箱
邮　　编:110034
电　　话:024-86511636
主要产品:模具、夹具、非标设备、机械加工

单位名称:沈阳航天新光集团有限公司工模具厂
地　　址:辽宁省沈阳市大东区东塔街1号
邮　　编:110043
电　　话:024-24830854
传　　真:024-24830461
主要产品:冷热模具,各种工、夹、量具及部分机加、锻造产品

单位名称:辽宁机电职业技术学院
地　　址:辽宁省丹东市振兴区桃源街814号
邮　　编:118002
电　　话:0415-6169475
传　　真:0415-6163186

单位名称:沈阳工业大学机械学院
地　　址:辽宁省沈阳市铁西区兴华南街58号
邮　　编:110023
电　　话:024-25691899
传　　真:024-25691729
主要产品:教学、科研

单位名称:沈阳航空模具制造有限公司
地　　址:辽宁省沈阳市七〇一信箱
邮　　编:110034
电　　话:024-86539809
传　　真:024-86510391
主要产品:模具设计、制造

单位名称:辽宁东北模具有限责任公司
地　　址:辽宁省铁岭市银州工业园辽海南路6号
邮　　编:110032
电　　话:024-72614165、72810045
传　　真:024-72223325
主要产品:模具设备、模具标准件

单位名称:大连录音器材厂金环模具分厂
地　　址:辽宁省大连市中山区解放路810号
邮　　编:116013
电　　话:0411-82681012
主要产品:大、中型注塑模具、冲压模具和压铸模具

单位名称:沈阳航天新新集团工模具厂
地　　址:辽宁省沈阳市皇姑区三台子乐山路1号
邮　　编:110034
电　　话:024－86526630
传　　真:024－86526369
主要产品:中小型金属压铸模、冷冲模、注塑模、橡胶模、夹具类

单位名称:沈阳标准件制造总厂工模具厂
地　　址:辽宁省沈阳市铁西区启工街3号
邮　　编:110026
电　　话:024－25822825
主要产品:标准件、冷热镦模具、冲压模具、螺纹工具、锻造、热处理、金属加工

单位名称:沈阳模具制造(有限)公司
地　　址:辽宁省沈阳市大东区东望街
邮　　编:110044
电　　话:024－88201821
传　　真:024－88873464
主要产品:冲压模、注塑模、压铸模、锻模等

单位名称:沈阳模具技术培训中心
地　　址:辽宁省沈阳市文化路81号
邮　　编:110015
电　　话:024－88251850
传　　真:024－88261384
主要产品:模具技术培训

单位名称:盘起工业(大连)有限公司
地　　址:辽宁省大连市经济技术开发区锦州街5号
邮　　编:116600
电　　话:0411－87613087－800
传　　真:0411－87623493
主要产品:各种模具标准件

单位名称:共立精机(大连)有限公司
地　　址:辽宁省大连市甘井子区七贤岭产业化基地三达街3号
邮　　编:116023
电　　话:0411－84790567
传　　真:0411－84790535
主要产品:铝合金专用压铸模具

单位名称:朝阳辽钢特殊钢有限公司
地　　址:辽宁省朝阳市孙家湾乡洞子沟村
邮　　编:122601
电　　话:0421－8711909
传　　真:0421－8711909
主要产品:压铸模、冷冲模、各种材质锻件

单位名称:辽宁中金模具钢有限公司
地　　址:辽宁省沈阳市经济技术开发区26号
邮　　编:110041
电　　话:024－86602088
传　　真:024－86629997
主要产品:模具钢制品、热处理

单位名称:沈阳长胜汽车模具制造有限公司
地　　址:辽宁省沈阳市经济技术开发区中央南大街开发东26路27号
邮　　编:110027
电　　话:024－86750703
传　　真:024－86752482
主要产品:大型冷冲模

单位名称:大连东非特钢制品有限公司
地　　址:辽宁省大连市经济技术开发区41号小区天华9号
邮　　编:116600
电　　话:0411－87570980
传　　真:0411－87570168
土要产品:模具配件用钢

单位名称:大连神通模具有限公司
地　　址:辽宁省大连市甘井子区迎金路777号
邮　　编:116021
电　　话:0411－87122262
传　　真:0411－87122286、87122261
主要产品:精密冲压模具、钣金冲压加工

单位名称:大连东明精密模具有限公司
地　　址:辽宁省大连市经济技术开发区41号小区天华9号
邮　　编:116600
电　　话:0411－87570858
传　　真:0411－87570838
主要产品:汽车模具、塑胶模具、冲压模具

单位名称:大连大显高木模具有限公司
地　　址:辽宁省大连市保税区仓储加工区IC－31
邮　　编:116600

电　　话:0411-87327022
传　　真:0411-87308632,87545737
主要产品:大中型注塑模及冲压模具的设计、制造、销售、修理及零部件加工

单位名称:大连锦田精密模具有限公司
地　　址:辽宁省大连市经济技术开发区26号小区模具专用厂房2-5号
邮　　编:116600
电　　话:0411-87639989
传　　真:0411-87639949
主要产品:冲压模、塑料模具

单位名称:沈阳市工装模具行业协会
地　　址:辽宁省沈阳市于洪区沈大路83号
邮　　编:110141
电　　话:024-25315177
传　　真:024-25315539

单位名称:鞍山技师学院
地　　址:辽宁省鞍山市千山西路690号职教城三号教学楼
邮　　编:114020
电　　话:15842053979
传　　真:0412-6313836
主要产品:技能培训、学历教育、职业需求预测、技能鉴定、就业服务,开设数控技术、模具制造、焊接、轧钢、化工、机械加工、电气等40多个专业

吉林省

单位名称:白城中一精锻股份有限公司
地　　址:吉林省白城市明仁北街30号
邮　　编:137000
电　　话:0436-3266064
传　　真:0436-3266161
主要产品:发动机连杆系列产品的锻模、辊锻模等

单位名称:一汽吉林汽车有限公司工装部
地　　址:吉林省吉林市高新区恒山东路18号
邮　　编:132013
电　　话:0432-4641464
传　　真:0432-4668062
主要产品:汽车车身覆盖件模具、车身焊装夹具及其他冲压件模具,并提供制件

单位名称:一汽模具制造有限公司
地　　址:吉林省长春市东风大街5519号
邮　　编:130011
电　　话:0431-85905985
传　　真:0431-85905984
主要产品:汽车车身覆盖件模具、塑料模具,并提供冲压件

单位名称:一汽辽源汽车电器有限公司
地　　址:吉林省辽源市龙山区新兴街817号
邮　　编:136200
电　　话:0437-3313978
传　　真:0437-3316409
主要产品:冲压模具、压铸模具、模具标准件

单位名称:长春一汽工艺装备有限公司
地　　址:吉林省长春市东风大街149号
邮　　编:130011
电　　话:0431-85901801
传　　真:0431-85907526
主要产品:热锻模、冷镦模、夹具、刀具

单位名称:长春一东离合器股份有限公司
地　　址:吉林省长春市繁荣路17-1号
邮　　编:130012
电　　话:0431-85179752
传　　真:0431-85174234
主要产品:冲压模具、压铸模具、塑料模具

单位名称:一汽铸造有限公司铸造模具设备厂
地　　址:吉林省长春市绿园区东风大街153-1号
邮　　编:130011
电　　话:0431-85759541
传　　真:0431-85759517
主要产品:砂型铸造模具、压铸模具、重力浇注模具、热锻模具、冷挤压模具、熔模具、壳型模具、消失模具

单位名称:长春市飞跃模具厂
地　　址:吉林省长春市二道区八里堡新乡路101-1号
邮　　编:130032
传　　真:0431-82561575
主要产品:铝型材挤压模、塑料挤出模、塑料注射模、吹塑模、压塑模、冲压拉伸模、压铸模等

单位名称:长春市三鑫模具厂
地　　址:吉林省长春市开运街162-4号
邮　　编:130012

电　　话:0431－85516074
传　　真:0431－85516074
主要产品:冷模、热模

单位名称:**吉林市江机工模具有限公司**
地　　址:吉林省吉林市遵义西路17号
邮　　编:132021
电　　话:0432－3044281
传　　真:0432－3039392
主要产品:冲压模具、塑料模具、压铸模具、橡胶模具、铸造模具、硬质合金模具

单位名称:**一汽铸造有限公司特种铸造厂**
地　　址:吉林省长春市东风大街95号
邮　　编:130011
电　　话:0431－85751185
传　　真:0431－85751100
主要产品:黑色铸件和有色铸件

单位名称:**吉林汽车工业集团白城红钻股份有限公司**
地　　址:吉林省白城市新华西大路2号
邮　　编:137000
电　　话:0436－3662731
传　　真:0436－3670634
主要产品:冲压模具、塑料模具、压铸模具、橡胶模具、模具标准件

单位名称:**吉林模具制造有限公司**
地　　址:吉林省吉林市永吉县经济开发区
邮　　编:132200
电　　话:0432－4205116
传　　真:0432－4205116
主要产品:注塑模具、冲压模具

单位名称:**吉林省创意模具有限公司**
地　　址:吉林省长春市前进大街3号晨光花园B座1305室
邮　　编:130021
电　　话:0431－85521616
传　　真:0431－85526677
主要产品:汽车冲压模具及模具标准件

黑龙江省

单位名称:**哈尔滨模具厂**
地　　址:黑龙江省哈尔滨市道外区迎新街5号
邮　　编:150026
电　　话:0451－88685251
主要产品:各种模具

单位名称:**哈尔滨电机厂有限责任公司工装分厂**
地　　址:黑龙江省哈尔滨市动力区大庆路71号
邮　　编:150040
电　　话:0451－82102601－2111
主要产品:冲压模具、压铸模具、工装刃具、夹具

单位名称:**北满特殊钢股份有限公司**
地　　址:黑龙江省齐齐哈尔市富拉尔基区红岸大街7号
邮　　编:161041
电　　话:0452－6802158
传　　真:0452－6801662
主要产品:模具钢材

单位名称:**哈尔滨标牌厂**
地　　址:黑龙江省哈尔滨市道里区地段街86号
邮　　编:150010
电　　话:0451－84618842
传　　真:0451－84610568
主要产品:冲压模具、塑料模具

单位名称:**哈尔滨哈飞西玛工装工业优良中心有限公司**
地　　址:黑龙江省哈尔滨市平房区友协大街15号
邮　　编:150066
电　　话:0451－86583351
传　　真:0451－86526284
主要产品:航空产品钣金模具、复合材料压模、冷冲压模、塑料模、压铸模

单位名称:**哈尔滨航天风华科技股份有限公司**
地　　址:黑龙江省哈尔滨市中山路137号
邮　　编:150036
电　　话:0451－86798290
传　　真:0451－82616498
主要产品:冲压模具、塑料模具

单位名称:**哈尔滨哈飞模具制造有限责任公司**
地　　址:黑龙江省哈尔滨市平房区友协大街15号
邮　　编:150066
电　　话:0451－86583354
传　　真:0451－86546211
主要产品:汽车模具、检具、焊接夹具

单位名称:哈尔滨东轻特种材料有限责任公司
地　　址:黑龙江省哈尔滨市平房区新疆三道街
邮　　编:150060
电　　话:0451－86564132
传　　真:0451－86562255
主要产品:锻压模具

单位名称:黑龙江省模具技术开发中心有限责任公司
地　　址:黑龙江省齐齐哈尔市永安大街54号
邮　　编:161005
电　　话:0452－2479168、2475931
传　　真:0452－2479168
主要产品:压铸模、注塑模、吹塑模、冷冲模、热压模、冷墩模

单位名称:黑龙江省鼎华模具制造有限公司
地　　址:黑龙江省哈尔滨市阿城区河东街
邮　　编:150302
电　　话:0451－53709656
传　　真:0451－53709660
主要产品:冷冲模、热模

单位名称:哈尔滨航天模夹具制造有限责任公司
地　　址:黑龙江省哈尔滨市平房经济技术开发区渤海路32号
邮　　编:150060
电　　话:0451－86589676－8020、86810477
传　　真:0451－86814266
主要产品:汽车车身零件模具、汽车底盘零件模具、飞机钣金类模、焊接夹具、汽车零件检具

单位名称:哈尔滨龙飞模具制造有限公司
地　　址:黑龙江省哈尔滨市平房区龙滨路30号
邮　　编:150066
电　　话:0451－86500741
传　　真:0451－86512690
主要产品:模具、钣金、金属制造加工、三坐标测量以及非标准设备

单位名称:哈尔滨东安发动机(集团)有限公司航空锻铸公司
地　　址:黑龙江省哈尔滨市平房区保国街51号
邮　　编:150066
电　　话:0451－86574378
传　　真:0451－86573696
主要产品:铸造模具

单位名称:齐齐哈尔齐车集团方圆工模具有限责任公司
地　　址:黑龙江省齐齐哈尔市铁锋区中华东路厂前一街36号
邮　　编:161002
电　　话:0452－2939184
传　　真:0452－2938281
主要产品:冲压模、锻造模、铸造模、塑料模

单位名称:哈尔滨广联模具制造有限公司
地　　址:黑龙江省哈尔滨市双城市周家工业园区繁荣大道11号
邮　　编:150000
电　　话:0451－53190513
传　　真:0451－53190512
主要产品:冷冲模具、钣金模具、复合材料成型模具、热成型模等

单位名称:齐齐哈尔职业学院机电系
地　　址:黑龙江省齐齐哈尔市龙沙区喜庆路1号
邮　　编:161005
电　　话:13846270806
传　　真:0452－6053985
主要产品:模具设计与制造专业

上海市

单位名称:上海东华热挤压模具有限公司
地　　址:上海市浦东新区龚路镇北庙后路3号
邮　　编:201209
电　　话:021－58562504
传　　真:021－58562504
主要产品:高压容器模具

单位名称:上海市工业技术学校
地　　址:上海市中山南二路530号
邮　　编:200032
电　　话:021－64042526
传　　真:021－54098529
主要产品:注塑/冷冲/压铸模及零部件加工、模具设计与制造技术培训、等级工培训

单位名称:上海飞机制造有限公司工装部
地　　址:上海市场中路3115号
邮　　编:200436
电　　话:021－61385690
传　　真:021－61385690
主要产品:冲压模具、塑料模具、压铸模具、橡胶模具等

单位名称:上海电器集团电机厂有限公司工具分厂
地　　址:上海市闵行区江川路555号
邮　　编:200240
电　　话:021－64638221－3094
传　　真:021－64626936
主要产品:金属冷冲模及产品

单位名称:上海电器陶瓷有限公司
地　　址:上海市闸北区青云路517号
邮　　编:200071
电　　话:021－56629791
传　　真:021－56630045
主要产品:电器陶瓷工模具

单位名称:上海理工大学中德学院
地　　址:上海市军工路516号229信箱
邮　　编:200093
电　　话:021－55271579
传　　真:021－55271499
主要产品:线切割加工与编程培训、模具设计培训和各种软件的应用培训

单位名称:上海天驰制药机械合作公司
地　　址:上海市闸北区长安路550弄3号
邮　　编:200070
电　　话:021－59471135
传　　真:021－63532281
主要产品:冲压模具、药机工模具

单位名称:上海协博精密模具有限公司
地　　址:上海市桂平路471号10号底层
邮　　编:200233
电　　话:021－64853881－3
传　　真:021－64853231
主要产品:塑料模具

单位名称:上海材料研究所10室
地　　址:上海市虹口区邯郸路99号
邮　　编:200437
电　　话:021－65556775－370
传　　真:021－65545434
主要产品:模具材料研发、热处理及表面处理

单位名称:上海模具技术研究所有限公司
地　　址:上海市徐汇区华山路1954号
邮　　编:200030
电　　话:021－62831506、38953261
传　　真:021－62826575
主要产品:模具检具设计和制造、CAD/CAM/CAE技术、塑性成形技术、反向工程、快速原型与快速模具制造技术、企业应用集成技术、特种加工技术的研究与咨询服务

单位名称:上海申模模具制造有限公司
地　　址:上海市浦东新区春晓路100号(张江高科技园区内)
邮　　编:201203
主要产品:高精度冲模、注塑模具汽车零部件模、检具的设计与制造、各类零部件的加工及注塑零件的生产

单位名称:上海柏斯高微电子工程有限公司
地　　址:上海市东杨高中路3658号
邮　　编:201208
电　　话:021－58656166、58658101
传　　真:021－58652994
主要产品:集成电路引线框架级进模具、塑封模

单位名称:宝钢集团上海五钢有限公司
地　　址:上海市宝山区水产路1269号
邮　　编:200940
电　　话:021－56679080
传　　真:021－56670867
主要产品:汽车用钢、轴承钢、不锈钢、工模具钢及高温钛合金等

单位名称:上海第三机床厂
地　　址:上海市松江区乐都路539号
邮　　编:201600
电　　话:021－57728668
传　　真:021－60911230
主要产品:磨床和镗床的研制、开发和生产,加工中心、数控铣床

单位名称:上海日立电动工具有限公司
地　　址:上海市闵行区华宁路200号
邮　　编:200240
电　　话:021－64300041
传　　真:021－64301835
主要产品:塑料模,压铸模,工、夹、量具等

单位名称:上海三盾汽车饰件有限公司
地　　址:上海市青浦区华新镇纪鹤路3188号
邮　　编:201708

电　　话:021－59790588－8005
传　　真:021－59791298
主要产品:通用 GM 的下饰面板、杂物箱,风神扶手、瓶架等塑料、冲压模具

单位名称:上海黄燕模塑工程有限公司
地　　址:上海市奉贤区奉浦大道 109 号
邮　　编:201400
电　　话:021－67101199－824
传　　真:021－67101585
主要产品:模架、标准件、模具钢材、注塑模及产品、冷冲模及检具

单位名称:上海久元拉丝模有限公司
地　　址:上海市闵行区银都路 555 号
邮　　编:201108
电　　话:021－64974462
传　　真:021－64974381
主要产品:金刚石拉丝模、涂漆模、硬质合金拉丝模、挤出导向模

单位名称:上海器皿模具厂有限公司(上海办事处)
地　　址:上海市闵行区吴宝路 1255 号
邮　　编:201105
电　　话:021－54478909
传　　真:021－64205466
主要产品:各种玻璃模具及玻璃机械

单位名称:上海宝钢工贸有限公司
地　　址:上海市宝山区共悦路 18 号
邮　　编:201901
电　　话:021－56390862
传　　真:021－56390218
主要产品:加工配送宝钢生产的模具钢及模架产品

单位名称:亿森(上海)模具有限公司
上海华庄模具有限公司
地　　址:上海市嘉定区北工业区北和公路 268 号
邮　　编:201807
电　　话:021－33517978、33517070
传　　真:021－33517057
主要产品:汽车冲模、检具、夹具

单位名称:上海润升精密配件有限公司
地　　址:上海市闵行区黎安路 655 号
邮　　编:201100

电　　话:021－54183870
传　　真:021－54887631
主要产品:模具、模具标准件、非标准件

单位名称:上海善能机械有限公司
地　　址:上海市浦东新区康桥东路 889 号
邮　　编:201319
电　　话:021－58133399
传　　真:021－58132299
主要产品:孔精加工技术研究与开发,提供整套珩磨系统,全系列立式和卧式珩磨机,工、夹具、磨料、冷却液、测量仪等

单位名称:上海崴泓模塑科技有限公司
地　　址:上海市浦东新区合庆镇汇庆路 218 号
邮　　编:201201
电　　话:021－68915038
传　　真:021－68915081
主要产品:精密注塑模具及塑料制品

单位名称:上海赛科利汽车模具技术应用有限公司
地　　址:上海市浦东新区金穗路 775 号
邮　　编:201209
电　　话:021－50214853
传　　真:021－50213937
主要产品:车身大型外覆盖件模具、地板等大型骨架件模具、中小型结构骨架件模具

单位名称:上海津隆模具制造有限公司
地　　址:上海市闵行区都会路 188 号
邮　　编:201108
电　　话:021－64908161
传　　真:021－54466015
主要产品:汽车中型冲模、检具

单位名称:赫斯基注塑系统(上海)有限公司
地　　址:上海市浦东新区外高桥保税区巴圣路 101 号
邮　　编:200131
电　　话:021－50484800
传　　真:021－52484900
主要产品:注塑设备、热流道系统

单位名称:上海大量光电科技有限公司
地　　址:上海市闵行区金都路 618 号
邮　　编:201108
电　　话:021－64976378

传　　真:021－54404349
主要产品:电火花线切割机、电火花成形机

单位名称:西艾意(上海)汽车零配件有限公司
地　　址:上海市嘉定区嘉安公路菊城路288弄7号厂房
邮　　编:201821
电　　话:021－69168823－214
传　　真:021－69168786
主要产品:汽车零配件,与汽车相关的冲压、压铸、锻造和注塑技术

单位名称:上海屹丰模具制造有限公司
地　　址:上海市沪太路5559号
邮　　编:201907
电　　话:021－33851689
传　　真:021－66730106
主要产品:车身纵梁、翼子板冲压模

单位名称:山特维克可乐满模具应用中心
地　　址:上海市莘庄工业区银都路4599号
邮　　编:201108
电　　话:021－65399918
传　　真:021－65399888

单位名称:米思米(中国)精密机械贸易有限公司
地　　址:上海市福州路666号金陵海欣大厦16楼
邮　　编:200001
电　　话:021－63917301－8236
传　　真:021－63917033
主要产品:模具用零件、工厂自动化零件、加工用工具

单位名称:上海上飞飞机装备制造有限公司
地　　址:上海市徐汇区华济路100弄
邮　　编:200030
电　　话:021－54256065
传　　真:021－54256639
主要产品:拉型模、拉弯模、检验模、成型模、手敲模、模胎、冲切模

单位名称:上海隆达软件有限公司
地　　址:上海市郭守敬路498号浦东软件园10号楼302室
邮　　编:201203
电　　话:021－50273211
传　　真:021－50273212
主要产品:模具行业管理软件

单位名称:上海同捷三花汽车系统有限公司
地　　址:上海市浦东新区南芦公路160号
邮　　编:201300
电　　话:021－58186058－3005
传　　真:021－68016984
主要产品:样车试制及高精度模具制造

单位名称:上海宏旭模具工业有限公司
地　　址:上海市松江区车墩镇茸昌路100号
邮　　编:201611
电　　话:021－57609158
传　　真:021－57609331
主要产品:汽车外覆盖件模具、高强度零件模具、自动化模具、级进模具,检具、治具、夹具、胎模等

单位名称:上海天泽精密模具有限公司
地　　址:上海市嘉定区外冈镇长泾村588号
邮　　编:201806
电　　话:021－59586292
传　　真:021－59586264
主要产品:塑胶模具、冲压模具、模具零件

单位名称:吉特迈技术贸易(上海)有限公司
地　　址:上海市银都西路178号
邮　　编:201612
电　　话:021－67648876
传　　真:021－67649827
主要产品:五轴联动的万能机床、车铣复合加工、激光加工、超声加工

单位名称:信昌精密模具(上海)有限公司
地　　址:上海市松江区新桥镇新效路255号
邮　　编:201612
电　　话:021－33738146
传　　真:021－33738193
主要产品:销售模具钢材及模具材料的加工

单位名称:上海亚虹塑料模具制造有限公司
地　　址:上海市奉贤区沪杭公路732号
邮　　编:201401
电　　话:021－57431672－805
传　　真:021－57434441
主要产品:汽车电子仪表盘、家用电器、电子产品外壳,汽车仪表塑料制品、微波炉塑料制品、卫浴塑料制品、电子控制器塑料制品

单位名称:黛杰工业株式会社
地　　址:上海市浦东新区东方路 710 号汤臣金融大厦 1008 室
邮　　编:200122
电　　话:021－50581698
传　　真:021－50581699
主要产品:硬质合金刀具、模具

单位名称:上海戈冉泊精密模塑有限公司
地　　址:上海市闵行区双柏路 688 号 2 栋
邮　　编:201108
电　　话:021－64341113
传　　真:021－64341123
主要产品:精密注塑模具及塑料制品

江苏省

单位名称:江苏清拖农机具有限公司
地　　址:江苏省淮安市经济开发区青岛路 28 号
邮　　编:223001
电　　话:0517－83715118
传　　真:0517－83915058
主要产品:塑料模、冷冲模、其他模具

单位名称:苏州电讯电机厂有限公司
地　　址:江苏省苏州市胥江路 482 号
邮　　编:215002
电　　话:0512－68113616
传　　真:0512－68204348
主要产品:塑料模、冷冲模、压铸模、橡胶模、其他模具

单位名称:昆山市中大模架有限公司
地　　址:江苏省昆山市周市镇陆扬金茂路 1238 号
邮　　编:215313
电　　话:0512－57647618
传　　真:0512－57647753
主要产品:注塑模架、压铸模架、冷冲模架

单位名称:无锡华晶利达电子有限公司
地　　址:江苏省无锡市惠山区杨市工业园富士路 8 号
邮　　编:214061
电　　话:0510－81889260
传　　真:0510－85811699
主要产品:引线框冲模

单位名称:镇江船山模架厂
地　　址:江苏省镇江市经济开发区健力宝路
邮　　编:212009
电　　话:0511－88882527
传　　真:0511－88895701
主要产品:精冲模架,冷精锻模具(冷挤、冷镦、温镦)粉末冶金、硅钢行业级进模架,通用冷冲钢板模架,精密铸铁模架及用于非标异型冷冲业的独立导柱、滚动、滑动导向件等

单位名称:常州东风农机集团有限公司
地　　址:江苏省常州市新闸镇新冶路 328 号
邮　　编:213012
电　　话:0519－83260234
传　　真:0519－83260445

单位名称:无锡市东风模具模架厂
地　　址:江苏省无锡市井亭东路
邮　　编:214026
电　　话:0510－82101871
传　　真:0510－82104698
主要产品:塑料模、冷冲模、压铸模、橡胶模、模具标准件和其他模具

单位名称:武进市南夏墅镇常南塑料模具厂
地　　址:江苏省常州市武进区南夏墅街道常漕路 58 号
邮　　编:213166
电　　话:0519－86483207
传　　真:0519－86483207
主要产品:塑料模具及制件

单位名称:江阴模塑集团有限公司
地　　址:江苏省江阴市澄江中路 77－79 号
邮　　编:214434
电　　话:0510－86401433
传　　真:0510－86401454
主要产品:汽车零件注塑模具、冲压模具、压铸模具

单位名称:苏州市恒泰弹簧厂
地　　址:江苏省苏州市相城区北桥镇北凤南路 4 号
邮　　编:215144
电　　话:0512－65412413
传　　真:0512－65412374
主要产品:模具用弹簧

单位名称：江苏省兴化市华海抛磨材料有限公司
地　　址：江苏省泰州市兴化市陶庄新洋工业园区
邮　　编：225733
电　　话：0523－83858186
传　　真：0523－83856302
主要产品：研磨抛光类工具、磨料磨具的生产

单位名称：南通恒源模具有限公司
地　　址：江苏省南通市外环北路108号－18
邮　　编：226000
电　　话：0513－85663148
传　　真：0513－82031768

单位名称：南京线路器材厂
地　　址：江苏省南京市中央门小市
邮　　编：210037
电　　话：025－85504501－8138
主要产品：冲压模具、压铸模具、其他模具和模具标准件

单位名称：南京汽轮电机（集团）有限责任公司工具公司
地　　址：江苏省南京市中央北路80号
邮　　编：210037
电　　话：025－85503264－6222
传　　真：025－85502858
主要产品：冲压模具、压铸模具、其他模具

单位名称：南京三乐电器总公司机械分厂
地　　址：江苏省南京市中山北路215号
邮　　编：210009
电　　话：025－83728124
传　　真：025－83728124
主要产品：冲压模具、塑料模具

单位名称：南京绿洲机器厂工艺装备分厂
地　　址：江苏省南京市3901信箱10分箱
邮　　编：210039
电　　话：025－86707458
传　　真：025－86700325
主要产品：拉挤模、冲压模、压铸模及天文望远镜等产品

单位名称：信息产业部电子第十四研究所二分厂
地　　址：江苏省南京市1316信箱2分箱
邮　　编：210013
电　　话：025－83773720
传　　真：025－83462912
主要产品：冲压模、塑料模、橡胶模、压铸模及其他模具

单位名称：南京熊猫电子股份有限公司模具制造部
地　　址：江苏省南京市中山东路301号
邮　　编：210002
电　　话：025－84800855
传　　真：025－84824016
主要产品：塑料模具、冲压模具、橡胶模具和压铸模具

单位名称：南京金城精密机械有限公司模具分厂（511厂）
地　　址：江苏省南京市江宁区湖熟工业区
邮　　编：211121
电　　话：025－52690884
传　　真：025－52690665
主要产品：压铸模具、冲压模具、塑料模具、其他模具

单位名称：南京博腾粉末冶金有限公司
地　　址：江苏省南京市浦口高新开发区高科7路
邮　　编：210061
电　　话：025－58844733
传　　真：025－58843438
主要产品：粉末冶金模具与工装设计、粉末冶金制品制造与销售

单位名称：南京南方电加工有限公司
地　　址：江苏省南京市金沙井92号
邮　　编：210006
电　　话：025－52306124
传　　真：025－86622442
主要产品：电加工产品开发、制造、销售

单位名称：昆山宏顺大型模架有限公司
地　　址：江苏省苏州市昆山高科技园模具区富士康路
邮　　编：215316
电　　话：0512－57799262
传　　真：0512－57799263
主要产品：大型注塑模架、大型冷冲模架、汽车保险杠模块模架

单位名称：苏州东风精冲工程有限公司
地　　址：江苏省苏州市新亭路18号
邮　　编：215151
电　　话：0512－66161055
传　　真：0512－66161050
主要产品：精冲模具及汽车零件、电动工具零件

单位名称：常州微特电机总厂机修模具厂
地　　址：江苏省常州市戚墅堰区芳渚泡桐路114号

邮　　编:213011
电　　话:0519－83991318
主要产品:冲压模具、压铸模具、塑料模具和其他模具,电机类专用设备、精车机、绕线机等冲制件、压铸件、注塑件

单位名称:南京长江电子模具有限公司
地　　址:江苏省南京市新港经济技术开发区恒谊路9号
邮　　编:210038
电　　话:025－85800247
传　　真:025－85800244
主要产品:精密冲压模具及制件

单位名称:无锡康利精机有限公司
地　　址:江苏省无锡市滨湖区梁溪路80号
邮　　编:214062
电　　话:0510－85807647
主要产品:精密机械结构件,注塑、热处理加工

单位名称:南京晨光集团有限责任公司工艺装备分公司
地　　址:江苏省南京市正学路1号605信箱98分箱
邮　　编:210006
电　　话:025－52413078－2479
传　　真:025－52419336
主要产品:冷冲模、热锻模、金属模、塑料模、各种夹具、各种刀具、各种量具、各种验具等,机械零件加工

单位名称:国营第七七二厂机械分厂
地　　址:江苏省南京市中山北路215号
邮　　编:210009
电　　话:025－83728124
传　　真:025－83728124
主要产品:冷冲模、塑料模、玻璃模、陶瓷模、冷挤模及其他各类模具

单位名称:江苏宏源纺机股份有限公司
地　　址:江苏省无锡市东顺1路899号
邮　　编:214106
电　　话:0510－85804827
传　　真:0510－85807923
主要产品:冲压模、塑料模、压铸模、其他模具、模具标准件及夹具制造

单位名称:无锡市标准模具模架厂
地　　址:江苏省无锡市大浮乡张塘村71号
邮　　编:214081
电　　话:0510－85556160
传　　真:0510－85556281
主要产品:标准模具模架制造、冷冲模架、金属切削加工等

单位名称:常州新阳模具有限公司
地　　址:江苏省常州市武进区南夏墅街道华阳村
邮　　编:213167
电　　话:0519－86461233
传　　真:0519－86466866
主要产品:冲模、压铸模具

单位名称:常熟市模架厂
地　　址:江苏省常熟市沙家浜镇唐市南桥
邮　　编:215542
电　　话:0512－52571473
传　　真:0512－52355216
主要产品:冷冲模架

单位名称:无锡曙光模具有限公司
地　　址:江苏省无锡市鸿山镇机光电工业园鸿达路
邮　　编:214145
电　　话:0510－82403952
传　　真:0510－82414974
主要产品:冲压模具、压铸模具、其他模具、模具标准件,生产模具冲压件和压铸件

单位名称:连云港杰瑞模具技术有限公司
地　　址:江苏省连云港市新浦区海连东路42号
邮　　编:222006
电　　话:0518－85821689、85823095
传　　真:0518－85821685
主要产品:塑料型材挤出模具、塑料型材及塑钢门窗、塑料助剂

单位名称:苏州电加工机床研究所有限公司
地　　址:江苏省苏州市高新区金山路180号
邮　　编:215011
电　　话:0512－68255781
传　　真:0512－68253876
主要产品:特种加工(主要是电加工)技术及设备

单位名称:南京新金刚石工具有限公司
地　　址:江苏省南京市老虎桥37号
邮　　编:210018
电　　话:025－83379390
传　　真:025－83379390

主要产品:CVD 金刚石膜片、各种规格的拉丝模芯

单位名称:南通龙腾机械有限责任公司
地　　址:江苏省南通市如东经济开发区朝阳路 17 号
邮　　编:226400
电　　话:0513－84194999
传　　真:0513－84162269
主要产品:塑料模具、压铸模具及模具标准件

单位名称:江苏振世达汽车模具有限公司
地　　址:江苏省扬州市江都市丁沟镇振兴东路 27 号
邮　　编:225235
电　　话:0514－86381108、86381888
传　　真:0514－86387777
主要产品:汽车覆盖件冲压模具及冲压件、组装焊件

单位名称:太仓求精塑模有限公司
地　　址:江苏省太仓市金浪镇老闸区新华路 7 号
邮　　编:215422
电　　话:0512－53262888
传　　真:0512－53262886
主要产品:视频类注塑模具

单位名称:昆山市三建模具机械有限公司
地　　址:江苏省昆山市巴城镇石牌区人民南路 18 号
邮　　编:215312
电　　话:0512－57681328
传　　真:0512－57681572
主要产品:真空成形模、冲压模

单位名称:无锡小天鹅江波模具精机制造有限公司
地　　址:江苏省无锡市惠钱路 67 号
邮　　编:214035
传　　真:0510－83708447
主要产品:冲模、注塑模具

单位名称:南京金宁工装有限责任公司
地　　址:江苏省南京市经济技术开发区兴建路 9 号
邮　　编:210046
电　　话:025－85573760、85573761
传　　真:025－85573763
主要产品:软磁铁氧体成型模具及中小型冲压模具

单位名称:南京南汽模具装备有限公司
地　　址:江苏省南京市玄武区红山路 118 号
邮　　编:210028
电　　话:025－85417698
传　　真:025－85424469
主要产品:汽车覆盖件冲压模具、冲压检具、内饰件成形模具、汽车玻璃成形模具

单位名称:江苏卡明模具有限公司
地　　址:江苏省扬州市江都经济开发区大桥工业园
邮　　编:225211
电　　话:0514－86497143
传　　真:0514－86497012
主要产品:汽车车身覆盖件模具及各种冲压件

单位名称:苏州市振元模具制造有限公司
地　　址:江苏省苏州市吴中区木渎镇沈东路 88 号
邮　　编:215101
电　　话:0512－66258762
传　　真:0512－66257806
主要产品:塑胶模具

单位名称:苏州不二精机有限公司
地　　址:江苏省苏州工业园区二区苏虹中路 385 号
邮　　编:215021
电　　话:0512－62750586
传　　真:0512－62755092
主要产品:精密模具、电子零部件及自动化生产设备

单位名称:无锡市雄伟精工机械厂
地　　址:江苏省无锡市扬名高新技术产业园 B 区 68 号
邮　　编:214024
电　　话:0510－85432828、85425518
传　　真:0510－85433939
主要产品:冲压加工、冲压模

单位名称:南京工艺装备制造厂
地　　址:江苏省南京市莫愁路 329 号
邮　　编:210004
电　　话:025－86561707
传　　真:025－86519408
主要产品:模具制造专用设备

单位名称:江苏省模具行业协会
地　　址:江苏省常州市大学城机电职业技术学院信息北楼 427 室
邮　　编:213164
电　　话:0519－86331222
传　　真:0519－86331231

主要产品:模具设计与制造技术培训

单位名称:无锡市国盛精密模具制造有限公司
地　　址:江苏省无锡市扬名高新技术产业园 B 区 088 号
邮　　编:214024
电　　话:0510 - 85430310
传　　真:0510 - 85430320
主要产品:精密冷冲模及其备件

单位名称:常州市华威亚克模具有限公司
地　　址:江苏省常州市国家高新技术开发区秦岭路 155 号
邮　　编:213000
电　　话:0519 - 85166608、85166610
传　　真:0519 - 85166698
主要产品:塑料模具

单位名称:昆山嘉华电子有限公司
地　　址:江苏省苏州市昆山高科技工业园模具区华富路 8 号
邮　　编:215316
电　　话:0512 - 57169666 - 8826
传　　真:0512 - 57781117
主要产品:精密高速冲压模、精密注塑模

单位名称:常州不二精机有限公司
地　　址:江苏省常州市高新技术产业开发区天山路 81 号
邮　　编:213032
电　　话:0519 - 88228880
传　　真:0519 - 88228088
主要产品:医疗机器、信息通信、光学仪器、导光板模具及产品

单位名称:常州天盛模具有限公司
地　　址:江苏省常州市南门外政平
邮　　编:213173
电　　话: 0519 - 86254252
主要产品:轮胎模具

单位名称:扬州宏图工业开发有限公司
地　　址:江苏省扬州市江都区经济开发区
邮　　编:225200
电　　话:0514 - 86838729
传　　真:0514 - 86978709
主要产品:汽机车模、夹冶具、量具、零部件

单位名称:常州市政平模具有限公司
地　　址:江苏省常州市武进区前黄镇大路村
邮　　编:213173
电　　话:0519 - 86251023
传　　真:0519 - 86252635
主要产品:轮胎模具

单位名称:无锡微研有限公司
地　　址:江苏省无锡市蠡园经济开发区 3 - 2 - 3
邮　　编:214072
电　　话:0510 - 85163235、85167012
传　　真:0510 - 85166662、85165501
主要产品:空调翅片模具、电机铁心模、手机电池壳模具、半导体检具、接插件模具等各类精密模具及汽车保险带、电喷发动机喷头、道路反光镜

单位名称:江苏大学模具技术研究所
地　　址:江苏省镇江市学府路 301 号
邮　　编:212009
电　　话:0511 - 85872986
传　　真:0511 - 88791739
主要产品:模具设计与制造的教学、科研和技术开发

单位名称:苏州汇众模塑有限公司
地　　址:江苏省苏州市相城区渭塘镇渭中路 399 号
邮　　编:215134
电　　话:0512 - 65402422
传　　真:0512 - 65902558
主要产品:大中型汽车内外饰件和家电类等注塑模具

单位名称:苏州三光科技股份有限公司
地　　址:江苏省苏州市嵩山路 145 号
邮　　编:215011
电　　话:0512 - 66900965、66901800
传　　真:0512 - 66900965
主要产品:电火花数控线切割机床

单位名称:常州市申利模具有限公司
地　　址:江苏省常州市武进区潘家镇东街 15 号
邮　　编:213179
电　　话:0519 - 86543668
传　　真:0519 - 86544608
主要产品:全钢子午胎活络模、轿车胎精铸活络模具、轿车胎精制两半模具、贴花模具、无气孔胎面模具等

单位名称:张家港市宏宝模具有限公司
地　　址:江苏省张家港市大新人民桥西
邮　　编:215636
电　　话:0512 - 58713991

传　　真:0512－58761638
主要产品:热锻模具、塑料模具

单位名称:南通市杰利达碳业有限公司
地　　址:江苏省南通市海门市包场镇通光大道169号
邮　　编:226151
电　　话:0513－82671230
传　　真:0513－82860458
主要产品:特种石墨制品模具等

单位名称:无锡市杰美特模具技术有限公司
地　　址:江苏省无锡市新区新梅路100号
邮　　编:214028
电　　话:0510－85343665
传　　真:0510－85343663
主要产品:电子类级进模、制冷部件级进模

单位名称:常州精佳精密模具有限公司
地　　址:江苏省常州市新闸镇新龙路19号
邮　　编:213012
电　　话:0519－83260928
传　　真:0519－83260918
主要产品:冲模、压铸模、注塑模

单位名称:江阴市精华模业有限公司
地　　址:江苏省江阴市璜土镇盘龙工业区璜石路508号
邮　　编:214446
电　　话:0510－86666233
传　　真:0510－86666150
主要产品:汽车、灯具类模具

单位名称:无锡市恒源塑料模具厂
地　　址:江苏省无锡市滨湖区梅园军民路88号
邮　　编:214064
电　　话:13606196982
传　　真:0510－85501133
主要产品:汽车内饰件塑料模具、汽车橡胶模具以及其他各种塑料、橡胶模具

单位名称:苏州市高科精密模具有限公司
地　　址:江苏省苏州市木渎镇金桥工业园钟塔路8号
邮　　编:215101
电　　话:0512－66568305
传　　真:0512－66386002
主要产品:精密塑料模

单位名称:苏州海华集团有限公司
地　　址:江苏省苏州市平江新城梅巷工业区(313国道旁)
邮　　编:215031
电　　话:0512－67524777、67543002
传　　真:0512－67524677
主要产品:模具材料、模架与配件、机床、塑机等相关设备,工量具、磨具、化工剂料、耗材等,以及模具材料的机械初加工

单位名称:江苏长三角模具城发展有限公司
地　　址:江苏常州市武进高新区南区武宜南路588号
邮　　编:213164
电　　话:0519－86536668
传　　真:0519－86536668

单位名称:宜兴市芙蓉特种钢厂
地　　址:江苏省宜兴市芙蓉寺
邮　　编:214232
电　　话:0510－87399152
传　　真:0510－87399220
主要产品:电渣重熔生产模具钢材3Cr2W8V、H13、H11、5CrNiMO、5CrMnMo、LM2、(6Cr5W2Mo3SiVTi)5H12(5Cr5WMoSiV)、65NB、Cr12、Cr12MoV等钢种各种规格的模块以及轧辊材料9Cr2Mo、86CrMoV各种规格的钢锭和锻件

单位名称:无锡相川铁龙电子有限公司
地　　址:江苏省无锡市国家高新技术产业开发区长江南路28－1号
邮　　编:214028
电　　话:0510－85345557
传　　真:0510－85345438
主要产品:冲压模、成型模及制件

单位名称:苏州海拓精密模塑有限公司
地　　址:江苏省苏州工业园区娄葑金田路2号东景工业坊63号
邮　　编:215122
电　　话:0512－88855209
传　　真:0512－88855206
主要产品:汽车车灯模具(注塑模)

单位名称:苏州胜利精密制造有限公司
地　　址:江苏省苏州市高新区浒关新区阳山工业园11－13厂房
邮　　编:215151

电　　话:0512－55167028
传　　真:0512－66167028
主要产品:冲压模、注塑模、数字平板电视冲压件、注塑件

单位名称:六丰模具(昆山)有限公司
地　　址:江苏省昆山市经济技术开发区三巷路403号
邮　　编:215334
电　　话:0512－57634918－6732
传　　真:0512－57634918－6734
主要产品:A－C级冲压模具、焊装夹具、检具

单位名称:扬州恒德模具有限公司
地　　址:江苏省扬州市扬为路16号
邮　　编:225127
电　　话:0514－87848398
传　　真:0514－87843700
主要产品:数控冲床模具

单位名称:无锡鹏德汽车配件有限公司
地　　址:江苏省宜兴市和桥北庄
邮　　编:214211
电　　话:0510－87816600
传　　真:0510－87816655
主要产品:落料模、拉延模、成形模、冲切模及汽车零部件类、家电类、洗衣机类制件

单位名称:通用模具工业(吴江)有限公司
地　　址:江苏省吴江市松陵镇中山北路1300号
邮　　编:215200
电　　话:0512－63461251
传　　真:0512－63461250
主要产品:连续模、手动传送模、机械传送模

单位名称:昆山汇美塑胶模具工业有限公司
地　　址:江苏省昆山市高新区水秀路1401号
邮　　编:215316
电　　话:0512－57738958
主要产品:精密塑胶模具

单位名称:海安县恒益滑动轴承有限公司
地　　址:江苏省南通市海安县海安镇同建路9－105号
邮　　编:226600
电　　话:0513－88698086
传　　真:0513－88698566
主要产品:组合轴承、自润滑轴承、固体润滑剂轴承、双金属轴承

单位名称:靖江华强模具有限公司
地　　址:江苏省靖江市城北工业园区新一路1号
邮　　编:214522
电　　话:0523－84913103
传　　真:0523－84552259
主要产品:高强度板冲压模、铝隔热板冲压模、深拉伸冲压模等及冲压制品

单位名称:苏州新火花机床有限公司
地　　址:江苏省苏州市东吴南路179－5号
邮　　编:215128
电　　话:0512－65255223－8008
传　　真:0512－65278951
主要产品:中走丝线切割电火花成形机、小孔机、雕刻机

单位名称:马斯特模具(昆山)有限公司
地　　址:江苏省昆山市陆家镇金阳中路赵田路2号
邮　　编:215331
电　　话:0512－86162882
传　　真:0512－86162883
主要产品:热流道系统

单位名称:苏州金鸿顺汽车部件股份有限公司
地　　址:江苏省张家港市省级开发区长兴路30号
邮　　编:215600
电　　话:0512－58796199
传　　真:0512－58796198
主要产品:普通拉延成形模、切边冲孔模、精冲模、多工位级进模、自动冲压模,轿车骨架冲压零件

单位名称:昆山奥马热工科技有限公司
地　　址:江苏省昆山市张浦镇花苑路1220号
邮　　编:215321
电　　话:0512－36825808
传　　真:0512－36825800
主要产品:EST(一胜特)品牌工模具钢热处理

单位名称:昆山德盛精密模具有限公司
地　　址:江苏省昆山市城北优德路9号
邮　　编:215316
电　　话:0512－57769026－8010
传　　真:0512－57769025
主要产品:连接器、端子、铁壳、天线类、引线框架等精密冲压模具

单位名称:常熟市精工模具制造有限公司
地　　址:江苏省常熟市沙家浜镇红石村
邮　　编:215559
电　　话:0512-52506569
传　　真:0512-52506572
主要产品:玻璃模具及铸件

单位名称:昆山久锦精密模具有限公司
地　　址:江苏省昆山市玉山镇城北北门路3888号模具制造区19幢
邮　　编:215300
电　　话:0512-50128688
传　　真:0512-50126098
主要产品:半导体、LED等五金、塑胶类模具,模具备件

浙江省

宁波市北仑区

单位名称:宁波市精鑫压铸模研究有限公司
地　　址:浙江省宁波市北仑区大矸王隘工业区模具路76号
邮　　编:315806
电　　话:0574-86107288
传　　真:0574-86102888
主要产品:压铸模具

单位名称:宁波万隆模塑成型有限公司
地　　址:浙江省宁波市北仑大矸科技工业区海菱路40号
邮　　编:315806
电　　话:0574-86106228
传　　真:0574-86106222
主要产品:注塑模压铸模塑件

单位名称:宁波北仑东雄模具电器有限公司
地　　址:浙江省宁波市北仑科技园区庐山西路15号
邮　　编:315800
电　　话:0574-86813089
传　　真:0574-86813089
主要产品:复印机系列产品模具、汽车内饰件模具、家电及电动工具产品模具

单位名称:宁波市北仑辉旺铸模实业有限公司
地　　址:浙江省宁波市北仑区庐山西路2号
邮　　编:315806
电　　话:0574-86142111、86817866
传　　真:0574-86813501、86142222
主要产品:压铸模具

单位名称:宁波北仑区大矸东海压铸模具厂
地　　址:浙江省宁波市北仑大矸镇城东村
邮　　编:315826
电　　话:0574-86141233
传　　真:0574-86141233
主要产品:压铸模具

单位名称:宁波德业威龙模塑有限公司
地　　址:浙江省宁波市北仑汽配园区甬江南路26-30号
邮　　编:315806
电　　话:0574-86222335、86228838、86228538
传　　真:0574-86222338
主要产品:塑料模具、钣金模具

单位名称:宁波鑫达模具制造有限公司
地　　址:浙江省宁波市北仑区北仑科技园区庐山西路1号
邮　　编:315827
电　　话:0574-86813387
传　　真:0574-86813387
主要产品:汽车、摩托车发动机箱机、箱盖及汽油机等压铸模具

单位名称:宁波市北仑华盛模具厂
地　　址:浙江省宁波市北仑压铸园区汇鑫路17号
邮　　编:315828
电　　话:0574-26861618
传　　真:0574-26860488
主要产品:塑料模具、压铸模具

单位名称:宁波经济技术开发区吉业汽配模具有限公司
地　　址:浙江省宁波市开发区汽配园沿山河北路65号
邮　　编:315806
电　　话:0574-86113866
传　　真:0574-86113877
主要产品:镁、铝合金模

单位名称:宁波臻至机械模具有限公司
地　　址:浙江省宁波市大矸天龙山路26号
邮　　编:315806
电　　话:0574-86108368
传　　真:0574-86108378
主要产品:压铸模

单位名称:宁波盛技机械有限公司
地 址:浙江省宁波市北仑区大矸科技工业园区新大路南首
邮 编:315806
电 话:13906842600
传 真:0574-86107448
主要产品:真空压铸模

单位名称:宁波北仑赛维达机械有限公司
地 址:浙江省宁波市北仑区小港纬六路65号-2号厂房
邮 编:315803
电 话:0574-86112176、86175061
传 真:0574-86112176
主要产品:压铸模、浇注模、冷冲模

单位名称:宁波海天精工机械有限公司
地 址:浙江省宁波市北仑区大港工业城黄山西路235号
邮 编:315016
电 话:0574-86182577
传 真:0574-86182518
主要产品:数控机床

单位名称:宁波市北仑车灯模具电器有限公司
地 址:浙江省宁波市北仑大港工业城五台山路369号
邮 编:315806
电 话:0574-86806730
传 真:0574-86806727
主要产品:汽车灯体及配光镜模具

单位名称:宁波市北仑燎原模铸有限公司
地 址:浙江省宁波市北仑大矸沿山河北路7号
邮 编:315806
电 话:0574-86146016
传 真:0574-86146106
主要产品:压铸模具及制件

单位名称:宁波中誉模具有限公司
地 址:浙江省宁波市北仑区汽配工业园区甬江南路45号
邮 编:315806
电 话:0574-86104240
传 真:0574-86104240
主要产品:压铸模具

单位名称:宁波市北仑成龙汽摩配件模具制造有限公司
地 址:浙江省宁波市北仑区汽配工业园区甬江南路45号
邮 编:315806
电 话:0574-86104240
传 真:0574-86104240
主要产品:压铸模具

单位名称:宁波海菱电器有限公司
地 址:浙江省宁波市北仑区大矸工业区
邮 编:315806
电 话:0574-86102288
传 真:0574-86101887
主要产品:塑料模具、冲压模具

单位名称:宁波市北仑区塔峙模具厂
地 址:浙江省宁波市北仑区大碶镇青山村
邮 编:315806
电 话:0574-86142506
传 真:0574-86140214
主要产品:压铸模具、塑料模具及制件

单位名称:华利保模具(宁波)有限公司
地 址:浙江省宁波市北仑区汽配园区大浦河路
邮 编:315806
电 话:0574-86111877
传 真:0574-86104660
主要产品:塑料模具

单位名称:宁波勋辉电器有限公司
地 址:浙江省宁波市北仑区钱塘江中路498号
邮 编:315800
电 话:0574-86813263
传 真:0574-86813261
主要产品:精密压铸模具,锌、镁、铝合金精密压铸零件及精密机械加工、表面处理

单位名称:宁波开发区精艺模具有限公司
地 址:浙江省宁波市北仑区井冈山路29号
邮 编:315800
电 话:0574-86829926
传 真:0574-86829925

单位名称:宁波埃利特模具制造有限公司
地 址:浙江省宁波市北仑区甬江南路17号

邮　　编:315806
电　　话:0574－86117178－801
传　　真:0574－86117138
主要产品:汽车配件压铸模具及压铸件

单位名称:宁波华朔模具机械有限公司
地　　址:浙江省宁波市北仑区科技园区茅洋山路518号
邮　　编:315806
电　　话:0574－86112688
传　　真:0574－86112687

单位名称:宁波精磊机械有限公司
地　　址:浙江省宁波市经济开发区北海路25号
邮　　编:315800
电　　话:0574－86847799
传　　真:0574－86816006
主要产品:各种压铸模具及制品

单位名称:宁波君灵模具技术有限公司
地　　址:浙江省宁波市北仑大矸压铸园区沿山河北路8号
邮　　编:315806
电　　话:0574－86103666
传　　真:0574－86145106
主要产品:压铸模具

宁波慈溪市

单位名称:慈溪市翔龙实业总公司
地　　址:浙江省慈溪市横河工业开发区翔龙路
邮　　编:315318
电　　话:0574－63198808
传　　真:0574－63197470
主要产品:注塑模(家电汽车类)

单位名称:宁波鸿达电机模具有限公司
地　　址:浙江省慈溪市匡堰工业区
邮　　编:315333
电　　话:0574－63530266
传　　真:0574－63531088
主要产品:电机硅钢片精密级进模

单位名称:慈溪市坎墩镇建业模标厂
地　　址:浙江省慈溪坎墩镇南孙方孙家弄7号
邮　　编:315303
电　　话:0574－63288467
传　　真:0574－63284372
主要产品:模具标准件

单位名称:慈溪市天龙模具有限公司
地　　址:浙江省慈溪市杭州湾经济开发区八塘路
邮　　编:315336
电　　话:0574－63206666
传　　真:0574－63205387
主要产品:塑料模具

单位名称:宁波三和壳体公司
地　　址:浙江省慈溪市开发大道西宗兴路东头
邮　　编:315301
电　　话:0574－63226912
传　　真:0574－63226908
主要产品:注塑模具、压铸模具及仪表壳体

单位名称:慈溪市盛艺模具有限公司
地　　址:浙江省慈溪市龙山镇范市湖滨北路8号
邮　　编:315312
电　　话:0574－63700008
传　　真:0574－63710289
主要产品:高光电镀汽车饰件、大型家电、汽车模具、精密模具,家电、汽车塑料件

单位名称:宁波横河模具有限公司
地　　址:浙江省慈溪市横河镇工业园区
邮　　编:315318
电　　话:0574－63267558
传　　真:0574－63265678
主要产品:精密注塑模具、塑料制品加工装配,家用电器及配件制造

单位名称:慈溪市海燕塑料制品有限公司
地　　址:浙江省慈溪市天元工业区芦庵公路209号
邮　　编:315325
电　　话:0574－63451888
传　　真:0574－63451588
主要产品:塑料模具

单位名称:慈溪市浒山镇信誉模具厂
地　　址:浙江省慈溪市浒山镇工业开发小区大发路105号
邮　　编:315300
电　　话:0574－63017317
传　　真:0574－63017261
主要产品:塑料模具、冲压模具

单位名称:宁波泰尔斯塑料制品有限公司
地　　址:浙江省慈溪市掌起镇
邮　　编:315313
电　　话:0574－63743111
主要产品:塑料模具

单位名称:慈溪市三北工量具实业公司
地　　址:浙江省慈溪市观海卫镇工业园东区
邮　　编:315314
电　　话:0574－63668210
传　　真:0574－63668217
主要产品:塑料模具及模具标准件

单位名称:慈溪市光华塑料有限公司
地　　址:浙江省慈溪市逍林镇新横路
邮　　编:315321
电　　话:0574－63507596
传　　真:0574－63504806
主要产品:塑料模具及制品

单位名称:宁波杜湖电器实业有限公司
地　　址:浙江省慈溪市观海卫工业开发区
邮　　编:315316
电　　话:0574－63678508
传　　真:0574－63678523
主要产品:塑料模具及制品

单位名称:宁波海鹏塑胶电器有限公司
地　　址:浙江省慈溪市庵东镇跃进江村
邮　　编:315327
电　　话:0574－63471901
传　　真:0574－63472832
主要产品:塑料模具及制品

单位名称:宁波方太厨具有限公司
地　　址:浙江省慈溪市杭州湾新区滨海二路18号
邮　　编:315336
电　　话:0574－23456258
传　　真:0574－23456250
主要产品:灶具、吸油烟机、烤箱、热水器、微波炉产品及钣金类模具

单位名称:宁波乐顺电器公司
地　　址:浙江省慈溪市横河工业开发区
邮　　编:315318
电　　话:0574－63259568
传　　真:0574－63267160
主要产品:塑料模具及产品

单位名称:宁波四维尔汽车装饰件有限公司
地　　址:浙江省慈溪市匡堰镇
邮　　编:315333
电　　话:0574－63530788
传　　真:0574－63530988
主要产品:塑料模具及制品

单位名称:宁波凯森电器实业有限公司
地　　址:浙江省慈溪市匡堰镇经济开发区
邮　　编:315333
传　　真:0574－63530312
主要产品:家电类塑料模具

单位名称:慈溪恒益塑料制品有限公司
地　　址:浙江省慈溪市三北镇
邮　　编:315331
电　　话:0574－63685366
传　　真:0574－63733037
主要产品:塑料模具及制件

单位名称:先锋电器集团有限公司
地　　址:浙江省慈溪市附海镇工业开发区
邮　　编:315332
电　　话:0574－63682259
传　　真:0574－63568063
主要产品:塑料模具及制件

宁波余姚市

单位名称:余姚市舜神电器塑模有限公司
地　　址:浙江省余姚市模具城金型二路199号
邮　　编:315400
电　　话:0574－62664598
传　　真:0574－62664598
主要产品:塑料模

单位名称:宁波远东制模有限公司
地　　址:浙江省余姚市金型二路205号
邮　　编:315400
电　　话:0574－62630468
传　　真:0574－62660628
主要产品:汽车内外饰件注塑模具

单位名称:宁波杰士达工程塑模有限公司
地　　址:浙江省余姚市阳明西路801号
邮　　编:315400
电　　话:0574-62800834
传　　真:0574-62800495
主要产品:注塑模

单位名称:宁波舜宇模具有限公司
地　　址:浙江省余姚市金舜东路518号
邮　　编:315400
电　　话:0574-62555860、62882341
传　　真:0574-62882302、62882301
主要产品:精密、复杂、长寿命、多色、多腔类注塑模具

单位名称:余姚市金球塑料模具有限公司
地　　址:浙江省余姚市低塘街道
邮　　编:315490
电　　话:0574-62270031
传　　真:0574-62270288
主要产品:中空吹塑模具、瓶盖模具、化妆品模具

单位名称:宁波美灵塑模制造有限公司
地　　址:浙江省余姚市模具城金型二路199号
邮　　编:315400
电　　话:0574-22665318、22663288
传　　真:0574-62664598
主要产品:塑料模

单位名称:余姚市通运重型模具制造有限公司
地　　址:浙江省上虞市永和镇工业区(工厂地址)
邮　　编:312361
电　　话:0575-82939999、82937008、82937118
传　　真:0575-82937338
主要产品:注塑模、五金模

单位名称:宁波锦隆电器有限公司
地　　址:浙江省余姚市谭家岭东路188号
邮　　编:315400
电　　话:0574-62761111
传　　真:0574-62761990
主要产品:塑料模

单位名称:余姚市新华塑模有限公司
地　　址:浙江省余姚市马渚镇东二路43号
邮　　编:315450
电　　话:0574-62466898
传　　真:0574-62468898
主要产品:塑料模

宁波市宁海县

单位名称:宁波广达制模有限公司
地　　址:浙江省宁波市宁海县科技工业园区C区金山三路26号
邮　　编:315600
电　　话:0574-65599081
传　　真:0574-65581081
主要产品:PC灯罩汽车内饰件家电日用品模

单位名称:宁波双林模具有限公司
地　　址:浙江省宁波市宁海县西店璜溪口
邮　　编:315613
电　　话:0574-65178888-1323
传　　真:0574-65183500-207
主要产品:精密注塑模具

单位名称:宁波跃飞模具有限公司
地　　址:浙江省宁波市宁海县新兴工业园区C区
邮　　编:315600
电　　话:0574-65332696
传　　真:0574-65332695
主要产品:注塑模具

单位名称:宁波申江汽车部件有限公司
地　　址:浙江省宁波市宁海县跃龙开发区跃龙二路1号
邮　　编:315600
电　　话:0574-65583404
传　　真:0574-65598877
主要产品:大型塑料模具

单位名称:宁海县春雷模具制造有限公司
地　　址:浙江省宁波市宁海县新兴工业园区(兴宁北路)500号
邮　　编:315600
电　　话:0574-65531666
传　　真:0574-65531658
主要产品:注塑模具

单位名称:宁波震裕模具有限公司
地　　址:浙江省宁波市宁海县西店镇香山
邮　　编:315613
电　　话:0574-65172918

传　　真:0574－65172929
主要产品:高速冲压电机铁心级进模具、转子铝压铸模

单位名称:宁波市正德模具有限公司
地　　址:浙江省宁波市宁海县城关新兴工业园区 B 区
邮　　编:315600
电　　话:0574－65331586
传　　真:0574－65331581
主要产品:汽车仪表板类、家电类塑模

单位名称:宁海县第一注塑模具有限公司
地　　址:浙江省宁波市宁海县兴宁中路 131 号
邮　　编:315600
电　　话:0574－65582678
传　　真:0574－65200605
主要产品:塑料模

单位名称:宁海县上达模具有限公司
地　　址:浙江省宁波市宁海县跃龙街道中山西路 168 号
邮　　编:315600
电　　话:0574－65582379
传　　真:0574－65556655
主要产品:注塑模具

单位名称:宁海南杰模塑有限公司
地　　址:浙江省宁波市宁海县桃源街道金桥路 19 号
邮　　编:315600
电　　话:0574－65571561
传　　真:0574－65571561
主要产品:注塑模具

单位名称:宁波市星火模具有限公司
地　　址:浙江省宁波市宁海经济开发区跃龙二路 2 号
邮　　编:315600
电　　话:0574－65569925
传　　真:0574－65589924
主要产品:注塑模具

单位名称:宁海县大鹏模具塑料有限公司
地　　址:浙江省宁波市宁海县科技工业园区竹泉路 41 号
邮　　编:315600
电　　话:0574－65593515
传　　真:0574－65593618
主要产品:塑料模具

单位名称:宁波华东模具制造有限公司
地　　址:浙江省宁波市宁海县科技工业园区兴海北路 168 号
邮　　编:315600
传　　真:0574－65339900
主要产品:注塑、吹塑

单位名称:宁海县现代模具有限公司
地　　址:浙江省宁波市宁海县城关新兴工业园区新园二路 29 号
邮　　编:315600
电　　话:0574－65530338
传　　真:0574－65530339
主要产品:精密注塑模具

单位名称:宁海县中兴实业有限公司
地　　址:浙江省宁波市宁海县兴宁路
邮　　编:315700
传　　真:0574－65588737
主要产品:塑料模、冲压模

单位名称:宁海鑫城无线电元件厂
地　　址:浙江省宁波市宁海县西店镇大路
邮　　编:315613
电　　话:0574－65183513
传　　真:0574－65184262
主要产品:中小型注塑模具

单位名称:宁海县模具城有限公司
地　　址:浙江省宁波市宁海县跃龙街道檀树路
邮　　编:315600
电　　话:0574－65570909
传　　真:0574－65539902
主要产品:电机过滤网、电机绝缘架、复印机配件

宁波市象山县

单位名称:象山同家铸造模具厂
地　　址:浙江省宁波市象山县丹城镇东谷路 1 号
邮　　编:315700
电　　话:0574－65623002、13656844089
传　　真:0574－65712302
主要产品:各类发动机成套铸造模具和压铸模具

单位名称:宁波华众模具制造有限公司
地　　址:浙江省宁波市象山县西周镇镇安路 104 号

邮　　编:315722
电　　话:0574－65837888、65836971
传　　真:0574－65837800
主要产品:空调壳体汽车内饰件模

单位名称:宁波合力模具科技股份有限公司
地　　址:浙江省宁波市象山县工业园区西谷路358号
邮　　编:315700
电　　话:0574－65724681
传　　真:0574－65724167
主要产品:高低压铸模、重力铸造、砂型铸造

单位名称:象山金丰模业有限公司
地　　址:浙江省宁波市象山县贤庠镇珠溪
邮　　编:315703
电　　话:0574－65660668、65660095
传　　真:0574－65661095
主要产品:铸造模具压铸模具

单位名称:宁波强盛机械模具有限公司
地　　址:浙江省宁波市象山县工业园区沿区路22号
邮　　编:315700
电　　话:0574－65733640
传　　真:0574－65732222
主要产品:重力铸造(汽车发动机缸体)

单位名称:象山达和模业有限公司
地　　址:浙江省宁波市象山县西周镇崟港路107号
邮　　编:315722
电　　话:0574－65836333
传　　真:0574－65830177
主要产品:道路交通器材模具及产品

单位名称:宁波锦泰机模有限公司
地　　址:浙江省宁波市象山县西泽锦泰路15号
邮　　编:315701
电　　话:0574－65640666－8201
传　　真:0574－65640055
主要产品:压铸模、注塑、冷冲模及热、冷芯盒模

单位名称:宁波神洲机模铸造有限公司
地　　址:浙江省宁波市象山县贤庠镇砑头陈村
邮　　编:315701
电　　话:0574－65644803、65640049
传　　真:0574－65641197
主要产品:铸造模、浇注模、精铸模、压铸模、冲压模、反砂模

单位名称:象山东风模具制造有限公司
地　　址:浙江省宁波市象山县贤庠镇东风工业城
邮　　编:315701
电　　话:0574－65643887
传　　真:0574－65643885
主要产品:压铸模

单位名称:宁波民望铸造模具有限公司
地　　址:浙江省宁波市象山县贤庠镇盐厂村
邮　　编:315701
电　　话:0574－65644022
传　　真:0574－65642200
主要产品:压铸模

单位名称:象山永安机模厂
地　　址:浙江省宁波市象山工业园区蓬莱路302号
邮　　编:315700
电　　话:0574－65780200、65780271
传　　真:0574－65780298
主要产品:机械金属模具

单位名称:象山惠丰机械模具有限公司
地　　址:浙江省宁波市象山县贤庠镇泰和路25号
邮　　编:315701
电　　话:0574－65640173
传　　真:0574－65640107
主要产品:铸造模

单位名称:宁波全力机械模具有限公司
地　　址:浙江省宁波市象山县滨海工业园区金兴路29号
邮　　编:315712
电　　话:0574－65803797
传　　真:0574－65803788
主要产品:重型卡车发动机缸体、缸盖、前后桥壳,铁路机车摇枕、侧架、车钩钩体、钩舌等模具及其他机械设备模具,空压机机体、变速箱壳体、进气管等有色铸件

单位名称:宁波凯利机械模具有限公司
地　　址:浙江省宁波市象山经济开发区山河西路485号
邮　　编:315700
电　　话:0574－65780928
传　　真:0574－65780918
主要产品:铸造模、重力浇注模、低压浇注模

金华市

单位名称:浙江亚轮塑料模架有限公司
地　　址:浙江省金华市工业园区白露街389号
邮　　编:321016
电　　话:0579－82272599
传　　真:0579－82271799
主要产品:塑料模具、塑料模架、塑料制品

单位名称:浙江铁牛科技股份有限公司
地　　址:浙江省永康市五金科技工业园
邮　　编:321301
电　　话:0579－87229826
传　　真:0579－87229886
主要产品:微型车覆盖件及结构件模具

单位名称:永康市蓝星模具厂
地　　址:浙江省永康市七里经堂
邮　　编:321300
电　　话:0579－87277288
传　　真:0579－87277266
主要产品:电机定转子级进模及各种拉伸、成形级进模具

单位名称:浙江易生模具有限公司
地　　址:浙江省永康市九铃西路1030号
邮　　编:321300
电　　话:13806770816
传　　真:0579－88020177
主要产品:高速冲级进模、汽车电机

台州市

单位名称:浙江黄岩辉达塑料模具厂
地　　址:浙江省台州市黄岩西工业园区茂丰街17号
邮　　编:318020
电　　话:0576－84019859
传　　真:0576－84019959
主要产品:塑料管材管件模具

单位名称:浙江黄岩永宁塑料模具有限公司
地　　址:浙江省台州市黄岩西城黄轴路47－4
邮　　编:317400
电　　话:0576－89181666－908
传　　真:0576－89181669
主要产品:塑料模具

单位名称:台州模具集团有限公司
地　　址:浙江省台州市路桥区新桥工业区
邮　　编:318055
电　　话:0576－82663838
传　　真:0576－82661039
主要产品:塑料模具及制件

单位名称:浙江中亚实业有限公司
地　　址:浙江省台州市黄岩北城经济开发区拱新大道30号
邮　　编:318020
电　　话:0576－84229881
传　　真:0576－84116958
主要产品:塑料模具及制件

单位名称:黄岩方山模具厂
地　　址:浙江省台州市黄岩区印山路293号
邮　　编:318020
电　　话:0576－84222855
传　　真:0576－84190578
主要产品:塑料模具

单位名称:浙江赛豪实业有限公司
地　　址:浙江省台州市黄岩区西工业园区北院大道36号
邮　　编:318020
电　　话:0576－84062518－8002
传　　真:0576－84051089
主要产品:汽车内外饰件塑料模具、汽车灯具模具及产品

单位名称:浙江剑豪塑模有限公司
地　　址:浙江省台州市路桥区峰江街道后黄5区88号
邮　　编:318054
电　　话:0576－82678911
传　　真:0576－82678900
主要产品:汽车、摩托车、家电类塑料模具

单位名称:浙江黄岩通发塑料模具厂
地　　址:浙江省台州市城关镇方山路45号
邮　　编:318020
电　　话:0576－84128373
传　　真:0576－84218373
主要产品:塑料模具

单位名称:浙江黄岩西南模具厂
地　　址:浙江省台州市黄岩城关新堂黄长路449号
邮　　编:318020

电　　话:0576 - 84235579
传　　真:0574 - 84113847
主要产品:塑料模具及制品

单位名称:浙江黄岩宇驰塑料模具厂
地　　址:浙江省台州市黄岩东城开发区龙浦路23号
邮　　编:318020
电　　话:0576 - 84276779
传　　真:0576 - 84276577
主要产品:塑料模具

单位名称:台州市星星模具有限公司
地　　址:浙江台州市椒江区葭芷街道马庄村工业园630号
邮　　编:318015
电　　话:0576 - 88022601
传　　真:0576 - 88022575
主要产品:注塑模、压铸模、冲压模具及汽车、摩托车、日用品、家电产品

单位名称:浙江天翀车灯集团有限公司
地　　址:浙江省台州市黄岩西工业园新屿路68号
邮　　编:318020
电　　话:0576 - 84350888
传　　真:0576 - 84350889
主要产品:汽车灯具塑料模具及产品,各类汽车、摩托车注塑模具及制件

单位名称:浙江日成模具有限公司
地　　址:浙江省台州市黄岩区西工业园区金牛路2号
邮　　编:318020
电　　话:0576 - 84285930、84285856
传　　真:0576 - 84285810
主要产品:汽车内外饰件及家电类塑料模具,塑件成型加工、喷涂、组装

单位名称:黄岩城区恒鑫模具厂
地　　址:浙江省台州市黄岩城关镇印山路303号
邮　　编:318020
电　　话:13806572226
传　　真:0576 - 84195070
主要产品:PET瓶坯模具及瓶盖模具

单位名称:台州市黄岩金塑模具有限公司
地　　址:浙江省台州市黄岩区北城开发区翔光路9号
邮　　编:318020
电　　话:0576 - 84020668
传　　真:0576 - 84020663
主要产品:塑料模具、压铸模具

单位名称:浙江凯华模具有限公司
地　　址:浙江省台州市黄岩经济开发区西工业园区经四(2)路
邮　　编:318020
电　　话:0576 - 84025717
传　　真:0576 - 85025707
主要产品:汽车内外件、家电日用品注塑模、摩托车全套注塑模

单位名称:浙江精诚模具机械有限公司
地　　址:浙江省台州市黄岩区西城模具城
邮　　编:318020
电　　话:0576 - 84025800
传　　真:0576 - 84025880
主要产品:挤出模及产品

单位名称:台州市黄岩大立模具有限公司
地　　址:浙江省台州市黄岩新前模具城
邮　　编:318020
电　　话:0576 - 84025531
传　　真:0576 - 84025532
主要产品:注塑模

单位名称:黄岩星泰塑料模具有限公司
地　　址:浙江省台州市黄岩北城经济开发区惠民路12号
邮　　编:318020
电　　话:0576 - 84081888
传　　真:0576 - 84081228
主要产品:双色注塑模、低压注塑模、汽车内外饰件塑料模具

单位名称:台州市黄岩双盛塑模有限公司
地　　址:浙江省台州市黄岩区澄江街道桥头王
邮　　编:318020
电　　话:0576 - 84301553
传　　真:0576 - 84301507
主要产品:玻璃钢模具的设计开发及生产

单位名称:台州市新立模塑有限公司
地　　址:浙江省台州市黄岩区西工业园区北院路886号
邮　　编:318020
电　　话:0576 - 84298833、84298818
传　　真:0576 - 84298881

主要产品:汽车内外饰件模具及相关零部件模具

单位名称:浙江伟基模业有限公司
地　　址:浙江省台州市黄岩北城开发区庆丰大道15号
邮　　编:318020
电　　话:0576-84089777
传　　真:0576-84089789
主要产品:汽车车灯模具

单位名称:浙江嘉仁模具有限公司
地　　址:浙江省台州市黄岩区西城模具城
邮　　编:318020
电　　话:0576-84025958、84025825
传　　真:0576-84025828
主要产品:大型塑料模具及注塑件

单位名称:陶氏模具集团有限公司
地　　址:浙江省台州市黄岩二环西路356号
邮　　编:318020
电　　话:0576-84225578
传　　真:0576-84112778
主要产品:大型精密塑料模具及制件

单位名称:浙江模具厂
地　　址:浙江省台州市黄岩区北城大桥路626号
邮　　编:318020
电　　话:0576-84223720
传　　真:0576-84111094
主要产品:塑料模具

单位名称:浙江黄岩黄燕模具集团公司
地　　址:浙江省台州市黄岩区黄长路471号
邮　　编:318020
电　　话:0576-84220275
传　　真:0576-84220276
主要产品:塑料模具、冲压模具、模具标准件、模具钢材

单位名称:滨海模塑集团有限公司
地　　址:浙江省台州市黄岩东城黄椒路131-8号
邮　　编:318020
电　　话:0576-84275510
传　　真:0576-84275510
主要产品:塑料模具

单位名称:浙江黄岩美多模具厂
地　　址:浙江省台州市黄岩西工业园区朝元路31号
邮　　编:318020
电　　话:0576-89183883
传　　真:0576-84632887
主要产品:家电类汽车灯体内外饰件注塑模

单位名称:浙江黄岩冲模厂
地　　址:浙江省台州市黄岩西城工业区圣堂路26号
邮　　编:318020
电　　话:0576-84227084
传　　真:0576-84117076
主要产品:冲压模具

单位名称:浙江黄岩纪元模具有限公司
地　　址:浙江省台州市黄岩西城工业园区经五路
邮　　编:318020
电　　话:0576-84065996
传　　真:0576-84065997
主要产品:汽车、家电日用品等塑料模具

单位名称:浙江三雷模塑有限公司
地　　址:浙江省台州市黄岩新城路1012号
邮　　编:318020
电　　话:0576-84010888
传　　真:0576-84010989
主要产品:塑料模具

单位名称:浙江黄岩亨达塑料模具有限公司
地　　址:浙江省台州市黄岩西城模具城
邮　　编:318020
电　　话:0576-84111918
主要产品:塑料模具

单位名称:浙江黄岩亿力模具有限公司
地　　址:浙江省台州市黄岩城关镇东城开发区
邮　　编:318020
主要产品:塑料模具

单位名称:黄岩兰华塑料模具厂
地　　址:浙江省台州市黄岩西城新堂工业区36号
邮　　编:318020
电　　话:0576-84113625
传　　真:0576-84234826
主要产品:塑料模具

单位名称:浙江黄岩东方模具厂
地　　址:浙江省台州市黄岩区兴东路67号

邮　　编:318020
电　　话:0576-84013641
传　　真:0576-84013859
主要产品:PE电熔管件及PE、PP、U-PVC给排水系列管件模具,塑料包装箱模具

单位名称:浙江黄岩沿江模具有限公司
地　　址:浙江省台州市黄岩西城东路村
邮　　编:318020
电　　话:0576-84013702
传　　真:0576-84013675

单位名称:浙江黄岩红旗塑料模具厂
地　　址:浙江省台州市黄岩城关二环西路818号
邮　　编:318020
电　　话:0576-84222089
传　　真:0576-84115930
主要产品:塑料模具

单位名称:黄岩精惠普模塑厂
地　　址:浙江省台州市黄岩西城模具城二环西路800号
邮　　编:318020
电　　话:0576-84025588
传　　真:0576-84025518
主要产品:塑料模具

单位名称:台州市好娃娃婴童用品有限公司
地　　址:浙江省台州临海沿江镇后洋岙工业区
邮　　编:318020
电　　话:0576-85696318
传　　真:0576-85692088
主要产品:塑料模具、婴童用品系列产品

单位名称:浙江黄岩华美塑料模具有限公司
地　　址:浙江省台州市黄岩北工业园区庆丰大道7号
邮　　编:318020
电　　话:0576-84211118
传　　真:0576-84236118
主要产品:塑料模具及制件

单位名称:浙江黄岩豪马塑料模具有限公司
地　　址:浙江省台州市黄岩西城东路工业区
邮　　编:318020
电　　话:0576-84013815
传　　真:0576-84013550
主要产品:塑料模具及制件

单位名称:浙江黄岩华通塑料模具厂
地　　址:浙江省台州市黄岩区城关镇黄轴路
邮　　编:318020
电　　话:13806581398
传　　真:0576-84235239
主要产品:防盗瓶盖模具、保温瓶模具等塑料模具

单位名称:浙江黄岩电塑模具厂
地　　址:浙江省台州市黄岩城关黄长路469号
邮　　编:318020
电　　话:0576-84225497
传　　真:0576-84115048
主要产品:塑料模具及制件、离子水设备塑机制造

单位名称:宁波黄岩澄江模具厂
地　　址:浙江省台州市黄岩西城圣堂
邮　　编:318020
电　　话:0576-84111088
传　　真:0576-84216786
主要产品:塑料模具及制件

单位名称:浙江大发模具制造有限公司
地　　址:浙江省台州市路桥区新桥镇新桥路292号
邮　　编:318055
电　　话:0576-82661555、82618803
传　　真:0576-82661558
主要产品:汽车灯具塑料模具、汽车装饰件

单位名称:台州精超力模塑有限公司(JCLMOULD)
地　　址:浙江省台州市黄岩区新城路219号
邮　　编:318020
电　　话:0576-84025721
传　　真:0576-84025720
主要产品:保险杠、仪表板、内饰及空调系统注塑模具

单位名称:台州市黄岩西诺模具有限公司
地　　址:浙江省台州市黄岩新前镇新江路369号
邮　　编:318020
电　　话:0576-84086666
传　　真:0576-81106900
主要产品:塑料模具

单位名称:台州伊瑞模具有限公司
地　　址:浙江省台州市黄岩区北城开发区拱新大道2号
邮　　编:318020
电　　话:0576-84059881

传　　真:0576－84059880
主要产品:汽车模具、管件模具、家电模具、军工模具

单位名称:浙江泰鸿机电有限公司
地　　址:浙江省台州市滨海工业区海丰路1178号
邮　　编:318000
电　　话:0576－82380999、82887777
传　　真:0576－82386777
主要产品:钢板模、件模

单位名称:台州泽圣模具制造有限公司
地　　址:浙江省台州市玉环县楚门中山工业区
邮　　编:317605
电　　话:0570－87442070、87429698
传　　真:0576－87446635
主要产品:铝合金重力浇铸模具

温州市

单位名称:浙江省苍南县拉丝模厂
地　　址:浙江省温州市苍南县桥墩镇镇府路128号
邮　　编:325806
电　　话:0577－64611687
主要产品:金刚石拉丝模及电线电缆挤压模具

单位名称:温州市鹿城机械模具厂
地　　址:浙江省温州市飞霞南路52号
邮　　编:325003
电　　话:0577－88622727
传　　真:0577－88622727

单位名称:温州市瓯海高翔模具有限公司
地　　址:浙江省温州市新桥高翔工业区鸿翔路330号
邮　　编:325006
电　　话:0577－88418110
传　　真:0577－88411259
主要产品:塑胶模、镜片模、眼镜盒模

单位名称:温州市丰日模具厂
地　　址:浙江省温州市双屿路31号
邮　　编:325000
电　　话:0577－88788278
传　　真:0577－88788298
主要产品:注塑模具

单位名称:温州市鹿城区南郊昆仑模具加工厂
地　　址:浙江省温州市葡萄棚工业区吴丰路16号
邮　　编:325028
电　　话:0577－88631127
传　　真:0577－88631127
主要产品:注塑模具

单位名称:温州华科工业发展有限公司
地　　址:浙江省温州市经济技术开发区机场大道5135号
邮　　编:325600
电　　话:0577－86523823
传　　真:0577－86523823
主要产品:电阻器、传感器、化油器等类模具及产品

单位名称:温州市金特模具有限公司
地　　址:浙江省温州市瓯北镇和三工业区
邮　　编:325105
电　　话:0577－67318589
传　　真:0577－67319859
主要产品:电器模具(开关塑料模具)

单位名称:温州市胜利精密模具有限公司
地　　址:浙江省温州市龙湾滨海园区一道六路1628号
邮　　编:325025
电　　话:0577－86811803
传　　真:0577－86811802
主要产品:墙壁开头、插座、汽配件塑料模具

单位名称:浙江中精汽车部件有限公司
地　　址:浙江省温州市瑞安塘下中南北工业区
邮　　编:325204
电　　话:0577－65325068
传　　真:0577－65323568
主要产品:精冲模、连续模、各类冲压模具

单位名称:浙江正泰电器股份有限公司
地　　址:浙江省乐清市温州大桥工业区C地块
邮　　编:325603
电　　话:0577－62877777
传　　真:0577－62877777－6103
主要产品:精密塑料模具、精密冲压模具

单位名称:合兴集团有限公司
地　　址:浙江省乐清市虹桥镇高新工业区A—8号
邮　　编:325608

电　　话:0577－62337269、62337107、13567778205
传　　真:0577－62335756、62335881
主要产品:汽车电器、电子、低频连接器、低压电器等领域精密产品的模具开发

单位名称:乐清市迪奥克电器设备有限公司
地　　址:浙江省乐清市白象镇东大街569号
邮　　编:325603
电　　话:0577－62981738
传　　真:0577－62981728
主要产品:家用电器、低压电器、自动化设备模具设计和制造

单位名称:温州市建达电子有限公司
地　　址:浙江省乐清市北白象镇旺林工业区东路2号
邮　　编:325603
电　　话:0577－62888828
传　　真:0577－62888500
主要产品:塑胶模、冲压模

单位名称:浙江精实电子科技有限公司
地　　址:浙江省乐清市淡溪工业区E幢
邮　　编:325608
电　　话:0577－61300021
传　　真:0577－61301626
主要产品:塑料模、冲压模

单位名称:中国国光集团
地　　址:浙江省乐清市虹桥镇西工业区A—18号
邮　　编:325608
电　　话:0577－62321888
传　　真:0577－62311552
主要产品:电子元件、插座、连接器、电脑配件及相关模具

单位名称:德力西电气有限公司
地　　址:浙江省乐清市柳市镇德力西电气高科技工业园区
邮　　编:325604
电　　话:0577－61778388
传　　真:0577－61778388
主要产品:高低压电器元件和成套电气设备、汽车摩托车配件的模具及产品

单位名称:乐清市东瓯模具设备发展有限公司
地　　址:浙江省乐清市虹桥镇新凯路231－235号
邮　　编:325608
电　　话:0577－62352772
传　　真:0577－62355011
主要产品:塑料模具

单位名称:乐清市奥力电子公司
地　　址:浙江省乐清市虹桥镇仙垟工业区
邮　　编:325608
电　　话:0577－62351343
传　　真:0577－62357343
主要产品:组合开关及汽车、家电连接器模具和产品

单位名称:中国国威科技有限公司
地　　址:浙江省乐清市经济开发区伟九路中心大道
邮　　编:325608
电　　话:0577－62366666
传　　真:0577－62366680
主要产品:开关类模具及产品

单位名称:长城电器集团有限公司
地　　址:浙江省乐清市柳市镇长城大厦
邮　　编:325604
电　　话:0577－62731556
传　　真:0577－62727095
主要产品:低压电器、成套电气设备、空调控制系统等模具及产品

单位名称:中国环宇集团有限公司
地　　址:浙江省乐清市白象镇温州大桥工业区
邮　　编:325603
电　　话:0577－62889999
传　　真:0577－62885588
主要产品:电器类、开关类模具及产品

单位名称:温州市力博电子有限公司
地　　址:浙江省乐清市虹桥镇淡溪工业区力博路1号
邮　　编:325608
电　　话:0577－61301001
传　　真:0577－61301666

单位名称:乐清市昌顺电子有限公司
地　　址:浙江省乐清市虹桥镇朴湖工业区
邮　　编:325608
电　　话:0577－62321815
传　　真:0577－62328107
主要产品:低频连接器模具及产品

单位名称:浙江新东联机电有限公司
地　　址:浙江省乐清市虹桥镇石矾朴湖工业区
邮　　编:325608
电　　话:0577－62318200
传　　真:0577－62310500
主要产品:保险盒总成、汽车线束护套模具及产品

单位名称:浙江新星光电有限公司
地　　址:浙江省乐清市虹桥镇西工业区B—1号
邮　　编:325608
电　　话:0577－62316826
传　　真:0577－62316825
主要产品:汽车音响机芯、收音调谐器、CD机芯等模具及产品

单位名称:中国华仪集团公司
地　　址:浙江省乐清市宁康西路138号
邮　　编:325600
电　　话:0577－62666666
传　　真:0577－62527329
主要产品:高低压开关设备、真空断路器及负荷开关、电子器电能表等模具及产品

单位名称:耀华电器集团有限公司
地　　址:浙江省乐清柳市镇东风工业区
邮　　编:325604
电　　话:0577－62777332
传　　真:0577－62785588
主要产品:低压电器类模具制造及产品

单位名称:温州罗格朗电器有限公司
地　　址:浙江省乐清市北白象镇旺林工业区28号
邮　　编:325603
电　　话:0577－62887980
传　　真:0577－62887879
主要产品:小型断路器、交流接触器开关模具及产品

单位名称:乐清市恒泰电子有限公司
地　　址:浙江省乐清市虹桥镇西工业区G—4号
邮　　编:325608
电　　话:0577－62310344
传　　真:0577－62316825
主要产品:录放磁头、磁卡、电视机配件模具及产品

单位名称:温州大发电器有限公司
地　　址:浙江省温州市北白象镇白塔第二工业区
邮　　编:325663
电　　话:0577－62992666
传　　真:0577－62998968

单位名称:浙江索特电气有限公司
地　　址:浙江省温州市乐清七里港楼下工业区
邮　　编:325604
电　　话:0577－62675788
传　　真:0577－62677000
主要产品:复合冲模、级进冲模、工程冲模

单位名称:温州市联钢精密模具有限公司
地　　址:浙江省乐清市石帆镇山前村工业区
邮　　编:325608
电　　话:0577－57159777
传　　真:0577－57159776
主要产品:精密模具配件

其他地区

单位名称:嘉兴电气控制设备厂
地　　址:浙江省嘉兴市洪坡路58号
邮　　编:314001
电　　话:0573－82084941
传　　真:0573－82084828
主要产品:断路器、控制电器、电器成套装置模具及产品

单位名称:杭州谷口精工模具有限公司
地　　址:浙江省杭州市余杭区瓶窑镇东兴路156号
邮　　编:311115
电　　话:0571－88512617
传　　真:0571－88542606
主要产品:注塑模、压铸模

单位名称:湖州金城振华机械有限公司
地　　址:浙江省湖州市埭溪镇
邮　　编:313023
电　　话:0572－3981288
传　　真:0572－3981182
主要产品:冲压模具

单位名称:平湖美嘉保温容器工业有限公司
地　　址:浙江省平湖市独山港镇兴港路1389号
邮　　编:314204
电　　话:0573－85811083
传　　真:0573－85800072

主要产品:塑料模具及制品

单位名称:浙江炜驰机械集团有限公司
地　　址:浙江省舟山市普陀区勾山街道新弛路51号
邮　　编:316102
电　　话:0580-3096084
传　　真:0580-3096947
主要产品:汽车冷冲模、压铸模、橡胶模

单位名称:宁波华信模塑制造公司
地　　址:浙江省宁波市环城北西段332号
邮　　编:315020
电　　话:0574-87386929
主要产品:家用空调系列模具设计制造

单位名称:绍兴县骏马机械制造有限公司
地　　址:浙江省绍兴市绍兴县柯岩街道州山村
邮　　编:312031
电　　话:0575-84361365
传　　真:0575-84360812
主要产品:同步带模具及设备

单位名称:浙江保尔模具成套有限公司
地　　址:浙江省嵊州市领带工业园区仙湖路832号
邮　　编:312400
电　　话:0575-83218888
传　　真:0575-83266777
主要产品:模具材料、模具标准件

单位名称:浙江金平拉丝模有限公司
地　　址:浙江省平湖市新埭镇工业区
邮　　编:314211
电　　话:0573-85604107
传　　真:0573-85604356
主要产品:硬质合金类拉丝模涂漆模

单位名称:宁波大榭开发区天正模具有限公司
地　　址:浙江省宁波市大榭开发区榭西工业园
邮　　编:315812
电　　话:0574-86764358
传　　真:0574-86763198
主要产品:各类铝、镁合金压铸模及低压铸造模具、重力铸造模具

单位名称:平阳县机模厂
地　　址:浙江省温州市平阳县宋桥镇清思堂
邮　　编:325400
电　　话:0577-63771509
传　　真:0577-63774516
主要产品:铸造模具

单位名称:浙江来福模具有限公司
地　　址:浙江省绍兴市绍兴县柯岩街道梅市
邮　　编:312030
电　　话:0575-84311170
传　　真:0575-84315143
主要产品:轮胎模具

单位名称:嵊州市普莱特特殊钢有限公司
地　　址:浙江省嵊州市城关镇仙湖路832号
邮　　编:312400
传　　真:0575-84315143
主要产品:模具材料及模具加工、热处理

单位名称:杭州娃哈哈非常可乐饮料有限公司精密机械制造分公司
地　　址:浙江省杭州市下沙经济技术开发区14号大街
邮　　编:310018
电　　话:0571-86845965
传　　真:0571-86796009
主要产品:注塑模具、注坯及吹塑模具等

单位名称:杭州机床集团有限公司
地　　址:浙江省杭州市学院路50号四楼
邮　　编:310000
电　　话:0571-28028285
传　　真:0571-87296277
主要产品:数控龙门或平面磨床系列产品、数控铣床、电火花线切割机

单位名称:杭州大安模具制造有限公司
地　　址:浙江省杭州市经济技术开发区二号大街28号
邮　　编:310018
电　　话:0571-86912202
传　　真:0571-86912202
主要产品:塑料模具、冲压模具、压铸模具及各类标牌模具

单位名称:宁波经济技术开发区博泰模具制造有限公司
地　　址:浙江省宁波开发区中小工业园区井岗山路31号
邮　　编:315800
电　　话:0574-86878078
传　　真:0574-86829172

主要产品:压铸模具

单位名称:嵊州市欧达电器有限公司
地　　址:浙江省嵊州市领带园区3路10号
邮　　编:312400
电　　话:0575－83361968
传　　真:0575－83363079
主要产品:冲压模、油烟机灶具和家用厨具的模具及制品

单位名称:浙江吉利控股集团有限公司
地　　址:浙江省杭州市滨江区江陵路1760号
邮　　编:310053
电　　话:0571－28001111
传　　真:0571－87766217
主要产品:吉利汽车

单位名称:宁波博威麦特莱材料有限公司
地　　址:浙江省宁波市鄞州区云龙镇前后陈村
邮　　编:315137
电　　话:0574－83004027
传　　真:0574－83004000
主要产品:慢走丝切割线

单位名称:宁波南方塑料模具有限公司
地　　址:浙江省宁波市集仕港工业园区工贸四路
邮　　编:315175
电　　话:0574－88158850
传　　真:0574－88158851
邮　　箱:ybj@ southmold. com
主要产品:汽车、家电塑模

单位名称:浙江西门冲片有限公司
地　　址:浙江省嵊州市环城公路41号
邮　　编:312400
电　　话:0575－83105819
传　　真:0575－83105819
主要产品:电机定转子冲片模、定子叠压模、转子铸铝模

单位名称:平湖市吉方模具制造有限公司
地　　址:浙江省平湖市当湖工业园兴平一路
邮　　编:314200
电　　话:0573－85307201
传　　真:0573－85096060
主要产品:冲压模

单位名称:杭州萧山精密模具标准件厂
地　　址:浙江省杭州市萧山区湘湖路40号
邮　　编:311203
电　　话:0571－82673091、82681209
传　　真:0571－82679814
主要产品:“金龟”牌精密冷冲模架

单位名称:浙江友成塑料模具有限公司
地　　址:浙江省杭州市萧山经济技术开发区友成路8号
邮　　编:311215
电　　话:0571－82831843
传　　真:0571－82832054
主要产品:车灯类、镜类注塑模

单位名称:杭州鸿雁电器公司
地　　址:浙江省杭州市翠苑三区庆隆桥
邮　　编:310012
电　　话:0571－88863670－4101
传　　真:0571－88853799
主要产品:塑料模具

单位名称:浙江万里学院工程技术系
地　　址:浙江省宁波市邱隘回龙
邮　　编:315041
电　　话:0574－88357759
传　　真:0574－88411744
主要产品:模具设计与制造培训、模具加工

单位名称:绍兴县同济塑业有限公司
地　　址:浙江省绍兴市兰亭镇娄宫
邮　　编:312044
电　　话:0575－84605878
传　　真:0575－84605878
主要产品:塑料模具、塑料异形材、连接材及其他PVC材料产品加工

单位名称:浙江省诸暨弹簧总厂有限公司
地　　址:浙江省诸暨市草塔镇府洲路113号
邮　　编:311812
电　　话:0575－87071568
传　　真:0575－87071577
主要产品:十大系列弹簧

单位名称:申湖汽车电机厂模具分厂
地　　址:浙江省湖州市环城东路63号
邮　　编:313000

电　　话:0572－2105906
传　　真:0572－2105906
主要产品:汽车、电机、摩托车行业的压铸模具、冲压模具

单位名称:湖州金城振华机械有限公司
地　　址:浙江省湖州市埭溪镇
邮　　编:313023
电　　话:0572－3980082
传　　真:0572－3981182

单位名称:杭州合立机械有限公司
地　　址:浙江省杭州市莫干山路勾庄120号
邮　　编:311112
电　　话:0571－57872600
传　　真:0571－88753177
主要产品:铸造模具、重力浇注模具、压力铸造模具

单位名称:嘉兴迈特尔宝欣机械工业有限公司
地　　址:浙江省嘉兴市嘉善县城西开发区人民大道2501号
邮　　编:314100
电　　话:0573－84062665、84062599
传　　真:0573－84062677
主要产品:模具标准件

单位名称:宁波米勒模具制造有限公司
地　　址:浙江省宁波市江北区(创业园C区)长兴路525号
邮　　编:315033
电　　话:0574－83006289
传　　真:0574－83006233
主要产品:汽车内外饰件模具、塑料件

单位名称:浙江华勇机械制造有限公司
地　　址:浙江省丽水市水阁工业区文宝一路2号
邮　　编:323000
电　　话:0578－2956333
传　　真:0578－2956222
主要产品:压铸模具、注塑模具、精铸模具、铝模、冲压模、木模

单位名称:杭州博洋科技有限公司
地　　址:浙江省杭州市莫干山路1418号浙江求是科技园3楼
邮　　编:310011
电　　话:0571－85223086
传　　真:0571－85222369
主要产品:复合式三坐标测量机及相配套系列、快速成形机、真空注型机

单位名称:浙江伟晟控股有限公司
地　　址:浙江省杭州市萧山区宁围镇盈二村635号
邮　　编:311215
电　　话:0571－83782297
传　　真:0571－83782297
主要产品:工模具、核电、风电等系列用钢,压力容器、石油化工、铁路机车系列用钢

单位名称:英格斯模具制造(杭州)有限公司
地　　址:浙江省杭州市经济技术开发区18号大街385号
邮　　编:310018
电　　话:0571－86686939
传　　真:0571－86686901
主要产品:精密注塑模具、热流道系统

单位名称:奉化市永朝模具有限公司
地　　址:浙江省宁波市奉化江口街道坝桥村
邮　　编:315504
电　　话:0574－88552060
传　　真:0574－88551979
主要产品:低压浇铸模具、砂型重力浇铸模、金属型重力浇铸模、缸体、电机座等机械配件模具

单位名称:浙江一胜特工模具股份有限公司
地　　址:浙江省丽水市缙云县五云镇上交岭18号
邮　　编:321400
电　　话:0578－3149048
传　　真:0578－3149047
主要产品:工模具材料、工具、刃具

安徽省

单位名称:安徽省江北机械厂
地　　址:安徽省蚌埠市大庆南路437号
邮　　编:233010
电　　话:0552－4922849
传　　真:0552－4923559
主要产品:各类模具

单位名称:江淮航空仪表厂
地　　址:安徽省合肥市9341信箱2号分箱
邮　　编:230035

电　　话:0551－5128355－3255
传　　真:0551－5128473
主要产品:各类模具

单位名称:合肥市强力机械有限公司
地　　址:安徽省合肥市肥西县山南镇杨桃路203号
邮　　编:231251
电　　话:0551－8201148－8000
传　　真:0551－8201148
主要产品:汽车模具、汽车覆盖件冲压件、汽车零配件,铸钢、铸铁件

单位名称:合肥荣事达模具有限公司
地　　址:安徽省合肥市长江西路669号
邮　　编:230088
电　　话:0551－5320049
传　　真:0551－5311445
主要产品:塑料模具、冲压模具

单位名称:安徽鲲鹏装备模具制造有限公司
地　　址:安徽省滁州市城东工业园南京北路459号
邮　　编:239064
电　　话:0550－3306666
传　　真:0550－3161374
主要产品:吸塑模、发泡模、冲模、注塑模

单位名称:铜陵中发三佳科技股份有限公司
地　　址:安徽省铜陵市石城路电子工业区
邮　　编:244000
电　　话:0562－2627780
传　　真:0562－2627535
主要产品:塑料模具、冲压模具、塑料型材、冲压件

单位名称:安徽天大集团有限公司模具制造厂
地　　址:安徽省天长市铜城镇振兴路
邮　　编:239311
电　　话:0550－7518613
传　　真:0550－7518613
主要产品:各类精密注塑模具、注塑制品

单位名称:合肥众邦科技有限责任公司
地　　址:安徽省合肥市高新技术开发区科学大道57号
邮　　编:230088
电　　话:0551－5310979－801
传　　真:0551－5310979
主要产品:汽车类冲压模具

单位名称:芜湖金牛模具塑料厂
地　　址:安徽省芜湖市九华山路275号
邮　　编:241000
电　　话:0553－3845830
主要产品:冲压模具、塑料模具、压铸模具、橡胶模具、塑料制件

单位名称:宁国市王子模具有限公司
地　　址:安徽省宁国市山门南路123号
邮　　编:242300
电　　话:0563－4180205
传　　真:0563－4180512
主要产品:斜交胎模具、半钢子午线轮胎模、工程轮胎模具,内胎、垫带模具及其他杂品模具

单位名称:安徽省振华模具标准件有限公司
地　　址:安徽省芜湖市九华中路巨龙城市花园6幢
邮　　编:241000
电　　话:0553－5861133、5862233
传　　真:0553－5865500
主要产品:冲压模具标准件、塑料模具标准件、其他配件

单位名称:合肥昌河汽车零部件有限责任公司
地　　址:安徽省合肥市经济开发区青湾路29号
邮　　编:230031
电　　话:0551－3848929
传　　真:0551－5313510
主要产品:冲压模具及制件

单位名称:安徽合力股份有限公司
地　　址:安徽省合肥市望江路15号
邮　　编:230022
电　　话:0551－3648005－6045
传　　真:0551－3648005－6019
主要产品:冲压模具、塑料模具

单位名称:安徽国风塑业股份集团有限公司
地　　址:安徽省合肥市国家高新技术产业开发区天智路36号
邮　　编:230001
电　　话:0551－5329009
传　　真:0551－5319421
主要产品:塑料模具及制品

单位名称:合肥工业大学摩擦学研究所
地　　址:安徽省合肥市屯溪路193号合肥工业大学130信箱

邮　　编:230009
电　　话:0551－2901359
传　　真:0551－2901359
主要产品:异型材挤出模及其CAD系统的研究开发及教学

单位名称:安徽省当涂新型模具厂
地　　址:安徽省马鞍山市当涂309信箱
邮　　编:243131
电　　话:0555－6761118
主要产品:折弯机模具、冲模

单位名称:安徽宁国中鼎模具制造有限公司
地　　址:安徽省宁国经济技术开发区中鼎工业园
邮　　编:242300
电　　话:0563－4182121
传　　真:0563－4182880
主要产品:橡胶模、塑料模

单位名称:合肥大道模具有限责任公司
地　　址:安徽省合肥市经济技术开发区佛掌路1号
邮　　编:230601
电　　话:0551－3813351
传　　真:0551－3817361
主要产品:子午线轮胎活络模具、两半模具

单位名称:滁州市科创模具制造有限公司
地　　址:安徽省滁州市经济技术开发区紫薇南路668号
邮　　编:239000
电　　话:0550－3018160
传　　真:0550－3075388
主要产品:冰箱、冰柜成套钣金模具,吸塑模具、发泡模具、汽车部分零部件模具及冰箱生产线专用工装、专机等

单位名称:滁州市宏达模具制造有限公司
地　　址:安徽省滁州市凤阳路488号
邮　　编:239000
电　　话:0550－3211607
传　　真:0550－3211607
主要产品:真空成型模、发泡模

单位名称:安徽安缆模具有限公司
地　　址:安徽省天长市安乐路100号
邮　　编:239300
电　　话:0550－7037379
传　　真:0550－7033532
主要产品:高精密注塑模具

单位名称:滁州市鑫隆机电有限公司
地　　址:安徽省滁州市南谯区城南科技园
邮　　编:239000
电　　话:0550－3951222
传　　真:0550－3952913
主要产品:发泡模、吸塑模、钣金模

单位名称:滁州市经纬模具制造有限公司
地　　址:安徽省滁州市来安县工业新区A区
邮　　编:239200
电　　话:0550－5682666
传　　真:0550－5682222
主要产品:真空成型模、发泡模

单位名称:安徽联盟模具工业股份有限公司
地　　址:安徽省马鞍山市东郊博望工业园区
邮　　编:243131
电　　话:0555－6769232
传　　真:0555－6766568
主要产品:折弯模具、无压痕模具

单位名称:黄山三佳谊华精密机械有限公司
地　　址:安徽省黄山市休宁县海阳镇玉宁街135号
邮　　编:245400
电　　话:0559－7510017
传　　真:0559－7516598
主要产品:精密模具,主导产品空调换热器翅片模

单位名称:瑞鹄汽车模具有限公司
地　　址:安徽省芜湖市经济技术开发区银湖北路22号
邮　　编:241006
电　　话:0553－7517588－204
传　　真:0553－7517588－815
主要产品:大型覆盖件模、多工位级进模

单位名称:安徽迈吉尔模具有限公司
地　　址:安徽省宁国经济技术开发区白云路
邮　　编:242300
电　　话:0563－4022437
传　　真:0563－4180458
网　　址:www.mcqilmould.com
邮　　箱:mcqilmould@163.com
主要产品:大型轮胎模具

单位名称:安徽力源数控刃模具制造有限公司
地　　址:安徽省马鞍山市博望工业开发区
邮　　编:243131
电　　话:0555－6760837
传　　真:0555－6767116
主要产品:铂金成型模具、数控折弯机模具

单位名称:安徽江淮福臻车体装备有限公司
地　　址:安徽省合肥市经济技术开发区繁华大道216号
邮　　编:230601
电　　话:0551－2297178
传　　真:0551－2297179
主要产品:汽车覆盖件内外板模具

单位名称:安徽耐科挤出科技股份有限公司
地　　址:安徽省铜陵市经济技术开发区泰山大道951号
邮　　编:244000
电　　话:0562－5880898
传　　真:0562－5880883
主要产品:门窗型材模具、宽幅片板材成型模具、低密度发泡模具、木塑复合高速模具

单位名称:马鞍山市精华机械刀模制造有限公司
地　　址:安徽省马鞍山市当涂县博望镇三杨工业区
邮　　编:243131
电　　话:0555－6767888
传　　真:0555－6767666
主要产品:折弯机模具、折边机模具、剪板机刀片、特殊模具等

单位名称:大陆马牌轮胎(合肥)有限公司
地　　址:安徽省合肥市高新区南岗科技园大别山路1588号
邮　　编:231283
电　　话:0551－5125556
传　　真:0551－5177359

单位名称:安徽韦尔汽车科技有限公司
地　　址:安徽省芜湖市大桥镇经济技术开发区桥北工业园上闸路一号
邮　　编:241000
电　　话:0553－5690901
传　　真:0553－5690903
主要产品:铸造模具(汽车模具)、钢板模具、外板件发盖(翼子板及侧围),螺钉车生产及调试、汽车焊装生产线制作

单位名称:安徽振兴拉丝模有限公司
地　　址:安徽省天长市杨村镇工业园
邮　　编:239304
电　　话:0550－7768888
传　　真:0550－7762212
主要产品:拉丝模具

福建省

单位名称:福州佳新创辉机电有限公司
地　　址:福建省福州市金山开发区金塘路11号
邮　　编:350002
电　　话:0591－83058628
传　　真:0591－83740488
主要产品:冲压模、塑料模

单位名称:福建新东建机械模具有限公司
地　　址:福建省福州市仓山区连江南路505号
邮　　编:350007
电　　话:0591－83438693
传　　真:0591－83438511
主要产品:模具标准件

单位名称:福建工模具厂
地　　址:福建省三明市梅列区陈大镇
邮　　编:365009
电　　话:0598－8365501
传　　真:0598－8365723
主要产品:冲压模具、塑料模具

单位名称:福州蓝建模具模架有限公司
地　　址:福建省福州市徐家村光明下宅37号
邮　　编:350101
电　　话:0591－22621053
传　　真:0591－22612541
主要产品:模具标准件

单位名称:漳州工业学校
地　　址:福建省漳州龙海市九湖镇院后村
邮　　编:363118
电　　话:0596－2030659
传　　真:0596－6637460
主要产品:模具专业教学

单位名称:福建信息职业技术学院
地　　址:福建省福州市鼓楼区福飞南路106号

邮　　编:350003
电　　话:0591－87410359、83518741
传　　真:0591－87834434
主要产品:塑料模具、冲压模具

单位名称:福州大学机械系
地　　址:福建省福州市工业路 523 号
邮　　编:350002
电　　话:0591－87893262
传　　真:0591－87892531
主要产品:科研、教学

单位名称:福建福模精密技术有限公司
地　　址:福建省福州市晋安区鼓山镇东山路 98 号
邮　　编:350014
电　　话:0591－28319688－8006
传　　真:0591－28319680
主要产品:液晶背投、等离子电视塑壳、冲模

单位名称:福建东方电器有限公司
地　　址:福建省福州市仓山区展进巷 88 号
邮　　编:350007
电　　话:0591－83434509
传　　真:0591－83441808
主要产品:模具标准件

单位名称:福建晋江光宇电脑模具有限公司
地　　址:福建省晋江市陈埭镇沟西工业路 90 号
邮　　编:362211
电　　话:0595－85187690、85187698、85188805
传　　真:0595－85180858
主要产品:TPR、RB、CMEVA、PU、TPV 鞋底模具、模具标准件

单位名称:厦门华侨电子企业有限公司模具厂
地　　址:福建省厦门市集美区灌南工业区灌中路 84 号
邮　　编:361023
电　　话:0592－3157567
传　　真:0592－3157480
主要产品:塑料模具、冲压模具

单位名称:福州胜亚模具有限公司
地　　址:福建省福州市闽侯县青口镇杨厝村千家山工业区
邮　　编:350119
电　　话:0591－38260629
传　　真:0591－38260626
主要产品:压铸模具及压铸件

单位名称:福建新福达汽车公司(福州汽车厂)
地　　址:福建省福州市福新东路 368 号
邮　　编:350014
电　　话:0591－83672368－3316
传　　真:0591－83674088
主要产品:压铸模、塑料模、冷冲模、粉末冶金模

单位名称:福建实达电脑设备公司
地　　址:福建省福州市福二工业区实达科技城
邮　　编:350002
电　　话:0591－83703333－7416
传　　真:0591－87093277

单位名称:泉州市宝铃综合发展有限公司
地　　址:福建省泉州市南门土地后 3 号楼 101－102
邮　　编:362000
电　　话:0595－22376670、22397003
传　　真:0595－22373212
主要产品:模具、工具、量具、模具材料、塑料色粒、电热器材等

单位名称:福建宏达模具塑料厂
地　　址:福建省福州市仓山区螺洲敖山工业小区
邮　　编:350019
电　　话:0591－83536601
传　　真:0591－83531283
主要产品:塑料模具、模具标准件

单位名称:福州新光塑胶模具有限公司
地　　址:福建省福州市金山工业区埔上园 65 座
邮　　编:350008
电　　话:0591－83850955－881
传　　真:0591－83849677
主要产品:塑料模具、压铸模具、冷冲模具

单位名称:厦门市湖里区诚兴精密模具厂
地　　址:福建省厦门市湖里大道银丰工业大厦 36 号厂房
邮　　编:361006
电　　话:0592－5257383
传　　真:0592－6022015
主要产品:塑料模具、快速成型模具

单位名称:厦门市林光工贸有限公司
地　　址:福建省厦门市集美区天凤路158号
邮　　编:361021
电　　话:0592－6061088
传　　真:0592－6290183
主要产品:钻石磨棒、锉刀砂轮、气动工具、电动工具等系列抛光工具

单位名称:厦门市金浦工贸有限公司
地　　址:福建省厦门市湖里区兴隆路29号
邮　　编:361006
电　　话:0592－5651806
传　　真:0592－5624806

单位名称:厦门鑫华光机械设备有限公司
地　　址:福建省厦门市湖里区海天路65号鹭辉大厦10楼1010号
邮　　编:361006
电　　话:0592－5651698
传　　真:0592－5651598

单位名称:厦门弘愿欣工贸有限公司
地　　址:福建省厦门市湖里大道鸿发苑第一层106
邮　　编:361006
电　　话:0592－8869181
传　　真:0592－6028029

单位名称:厦门市和江精密模具有限公司
地　　址:福建省厦门市海沧区东孚镇东孚工业区二区三边路588号
邮　　编:361027
电　　话:0592－5753025
传　　真:0592－5753027
主要产品:注塑模具

单位名称:厦门市驰杰模具工业有限公司
地　　址:福建省厦门市湖里区江头北区圆山南路798号
邮　　编:361009
电　　话:0592－5599682
传　　真:0592－5599683
主要产品:塑料模具、压铸模具

单位名称:厦门超日精密模具有限公司
地　　址:福建省厦门市湖里区兴隆路71号(联发18号厂房一楼)
邮　　编:361006
电　　话:0592－5626789
传　　真:0592－5626418
主要产品:塑料模具及制件

单位名称:厦门新精工制造有限公司
地　　址:福建省厦门市禾山镇后坑顶湖厝后工业区6号厂房(上湖社1332号)
邮　　编:361009
传　　真:0592－5221816
主要产品:塑胶、五金冲压模具等

单位名称:厦门金鹭特种合金有限公司
地　　址:福建省厦门市湖里区兴隆路69号
邮　　编:361006
电　　话:0592－5668627
传　　真:0592－2650639
主要产品:钨粉、碳化钨粉、硬质合金、切削刀具等钨系列产品的研发、生产和销售

单位名称:厦门海盛模具有限公司
地　　址:福建省厦门市集美区灌南工业区灌中路84号1－2
邮　　编:361000
电　　话:0592－5687566、5687495
传　　真:0592－5744179
主要产品:家电类注塑模、日用品类吹塑模

单位名称:厦门耐得电器制造有限公司
地　　址:福建省厦门市集美区灌口镇三社路514号
邮　　编:361000
电　　话:0592－5223553、18959278836
传　　真:0592－5223553－9
主要产品:中、高开关环氧树脂绝缘模具及制品

单位名称:福州富佳机电制造有限公司
地　　址:福建省福州市连江县敖江青塘口
邮　　编:350500
传　　真:0591－26226887

单位名称:福建省福安市长盛模具工艺厂
地　　址:福建省福安市洋边工业区新阳路金蟹垅27号
邮　　编:355000
电　　话:0593－6389133
传　　真:0593－6382138
主要产品:冷冲模、电机冲片及配件

单位名称:嘉诚(厦门)工业有限公司
地　　址:福建省厦门市海沧区马青路1233号
邮　　编:361026
电　　话:0592－6897799
传　　真:0592－5968348
主要产品:注塑模、压铸模、压胶模、冷冲模、铆接模、热锻模

单位名称:福鼎市精宇机械部件有限公司
地　　址:福建省福鼎市星火民营工业园区2－5号
邮　　编:355200
电　　话:0593－7871868
传　　真:0593－7871000
主要产品:压铸模具、塑料模具、冲压模具、橡胶模具等

单位名称:福州跃华塑胶模具有限公司
地　　址:福建省福州市仓山区金山大道桔园洲工业园25座一层
邮　　编:350000
电　　话:0591－83058075
传　　真:0591－83055045
主要产品:塑料模具

单位名称:福州鑫文达机械模具有限公司
地　　址:福建省福州市金山工业区埔上园A区66幢
邮　　编:350008
电　　话:0591－83855660
传　　真:0591－83855771

单位名称:福清市五友机械模具有限公司
地　　址:福建省福清市融侨经济开发区(福融路)
邮　　编:350301
电　　话:0591－85381111
传　　真:0591－85385535
主要产品:塑胶、鞋模、五金模

单位名称:泉州协力模具有限公司
地　　址:福建省泉州市清濛科技工业区
邮　　编:362200
电　　话:0595－22491855
传　　真:0595－22491955
主要产品:鞋模具、注塑模具、橡胶模具

单位名称:福建南平电机厂
地　　址:福建省南平市西芹兴华二路291号
邮　　编:353001
电　　话:0599－8505553
传　　真:0599－8506768
主要产品:冲压模具、机床夹具、量具等

单位名称:泉州市生产力促进中心
地　　址:福建省泉州市清濛科技工业区科技工业大楼
邮　　编:362000
电　　话:0595－22460010
传　　真:0595－22462466
主要产品:科技、经济、人才、政策等方面的信息服务

单位名称:福州大学材料研究所
地　　址:福建省福州市工业路523号
邮　　编:350002
电　　话:0591－87893253
传　　真:0591－83713866
主要产品:科研课题研究

单位名称:厦门技师学院
地　　址:福建省厦门市翔安区新店镇浦尾路8号
邮　　编:361102
电　　话:0592－7760085、7760018
传　　真:0592－2911528
主要产品:培养模具设计、模具制造与维修、现代精密电加工人才

单位名称:厦门威迪亚精密模具塑胶有限公司
地　　址:福建省厦门市海沧区霞飞东路2号
邮　　编:361006
电　　话:0592－6803871
传　　真:0592－6803210
主要产品:精密注塑模具、压铸模具

单位名称:厦门唯科模塑科技有限公司
地　　址:福建省厦门市火炬高新区翔安产业区翔虹路16号
邮　　编:361101
电　　话:0592－5783372、5788695
传　　真:0592－7769626
主要产品:精密塑胶模

单位名称:厦门华盛弘精密模具有限公司
地　　址:福建省厦门市厦门火炬高新区(翔安)产业区翔岳路65号北幢
邮　　编:361009
电　　话:0592－6036576
传　　真:0592－5745557

主要产品:塑胶模

单位名称:厦门市捷昕精密科技有限公司
地　　址:福建省厦门市湖里大道78号万山工业厂房一层西南侧
邮　　编:361006
电　　话:0592-5666139
传　　真:0592-5789166
主要产品:高精度半导体引线框架模具

单位名称:三明市普诺维机械有限公司
地　　址:福建省三明市梅列区瑞云高源开发区6号
邮　　编:365009
电　　话:0598-8365199-101
传　　真:0598-8365689
主要产品:旋切辊模、压花辊模及其配套的模切刀架等相关零部件

单位名称:福建省龙竣金属制品有限公司
地　　址:福建省厦门市同安工业集中区集成路666号
邮　　编:361000
电　　话:0592-6616999
传　　真:0592-6617999
主要产品:标准、非标模架,精料及钢材、刀具、配件

单位名称:厦门捷信达模具塑胶有限公司
地　　址:福建省厦门市湖里区悦华路143号之二1A、1B单元(天安工业区3号楼)
邮　　编:361006
电　　话:0592-2616939
传　　真:0592-5782726

单位名称:厦门达莱电子科技有限公司
地　　址:福建省厦门市集美区杏林中亚城锦园西二路288号
邮　　编:361022
电　　话:13859916961、0592-5778088
传　　真:0592-7795333
主要产品:电子模具、卫浴模具、汽车模具等精密塑胶模具及塑胶件产品

单位名称:厦门市特克模具工业有限公司
地　　址:福建省厦门市湖里区湖里大道40号
邮　　编:361006
电　　话:0592-3916528
传　　真:0592-3916537
主要产品:精密冷冲压模具、精密引线框架模具

江西省

单位名称:红声器材厂(4380厂)
地　　址:江西省吉安市615信箱
邮　　编:343006
电　　话:0796-8391361
传　　真:0796-8390268
主要产品:塑料模具、模具

单位名称:江西昌河汽车股份有限公司模具中心
地　　址:江西省景德镇市东郊108信箱
邮　　编:333002
电　　话:0798-8462010
传　　真:0798-8432000
主要产品:冲压模具、压铸模具

单位名称:江西威克模具有限公司
地　　址:江西省南昌市东湖区南京东路(长春工业区)
邮　　编:330029
电　　话:0791-8106542

单位名称:江铃汽车股份有限公司
地　　址:江西省南昌市迎宾北大道509号
邮　　编:330001
电　　话:0791-5266258
传　　真:0791-5266445
主要产品:冲压模具、夹具、检具、辅具

单位名称:南昌东驰铸造有限公司
地　　址:江西省南昌市小兰经济技术开发区玉湖路222号
邮　　编:330200
电　　话:0791-85297208
传　　真:0791-85297265
主要产品:生产合金铜、模具材料

山东省

单位名称:山东推土工程机械有限公司
地　　址:山东省济宁市吴太闸路9号
邮　　编:272023
电　　话:0537-2909262
主要产品:冲压模等其他模具

单位名称:山东济宁模具厂
地　　址:山东省济宁市环城北路36号
邮　　编:272031
电　　话:0537－2212659
传　　真:0537－2214864
主要产品:锻压、冲压、塑料模

单位名称:山东莱州市砂轮模具有限公司
地　　址:山东省莱州市府前西街402号
邮　　编:261400
电　　话:0535－6371649
传　　真:0535－2480488
主要产品:冲压模具

单位名称:烟台大川玻璃模具有限公司
地　　址:山东省烟台开发区漓江路15号
邮　　编:264006
电　　话:0535－6371649
传　　真:0535－6372583
主要产品:玻璃模具

单位名称:中国重汽集团青岛重工公司
地　　址:山东省青岛市北方区瑞昌路141号
邮　　编:266031
电　　话:0532－84855594
主要产品:冲压模具及模具标准件

单位名称:中国第一汽车集团青岛汽车厂
地　　址:山东省青岛市李沧区娄山路2号
邮　　编:266043
电　　话:0532－83073700
传　　真:0532－84913529
主要产品:冲压模具等

单位名称:青岛纺机金惠模具有限公司
地　　址:山东省青岛市四流南路22号
邮　　编:266042
电　　话:0532－84892626
传　　真:0532－84892854
主要产品:各类模具

单位名称:青岛塑料模具实业公司
地　　址:山东省青岛市四方区重庆南路67号
邮　　编:266032
电　　话:0532－85624897
传　　真:0532－85621385
主要产品:塑料模具

单位名称:山东华泽精密模塑有限公司
地　　址:山东省菏泽市开发区南京路北段南华工业园
邮　　编:274000
电　　话:0530－5388172
传　　真:0530－5139060
主要产品:注塑模具、压铸模具、冲压模具

单位名称:莱芜精瑞模具有限公司
地　　址:山东省莱芜市长勺北路286号
邮　　编:271100
电　　话:0634－6272138
传　　真:0634－6272095
主要产品:塑料模具、农业节水灌溉器材系列精密模具

单位名称:诸城市宏达模具股份有限公司
地　　址:山东省诸城市朱解镇
邮　　编:262234
电　　话:0536－6551015
传　　真:0536－6556212
主要产品:橡胶模具

单位名称:济南齐鲁模具有限公司
地　　址:山东省济南市天桥区粟山路88号
邮　　编:250031
电　　话:0531－88775677
传　　真:0531－88771193
主要产品:模具材料、非标模架、塑架

单位名称:威海市第一模具厂
地　　址:山东省威海市烟台东路4号
邮　　编:264200
电　　话:0631－5814814
传　　真:0631－5817497
主要产品:塑料模具及制件

单位名称:青岛海尔模具有限公司
地　　址:山东省青岛市海尔路1号海尔信息园
邮　　编:266101
电　　话:0532－88935133
传　　真:0532－88938921
主要产品:精密塑料模具、压铸模具等

单位名称:淄博三维模具有限公司
地　　址:山东省淄博市博山区人民路42号

邮　　编:255200
电　　话:0533－2641129
传　　真:0533－4165156
主要产品:冷冲、铝压铸、医用类橡胶硫化模

单位名称:山东电加工技术开发服务中心
地　　址:山东省济南市解放路 73 号
邮　　编:250013
电　　话:0531－86958870
传　　真:0531－86958870
主要产品:电加工设备、机床配件、设备维修服务、技术咨询等

单位名称:山东大学模具工程技术研究中心
地　　址:山东省济南市经十路 73 号山东大学(南校区)模具中心
邮　　编:250061
电　　话:0531－82955081－5811
传　　真:0531－82955081－5811
主要产品:产品快速设计与制造、成形过程仿真、结构优化与评估,科研、教学和工程服务等

单位名称:中国轻骑集团聊城手表厂工具处
地　　址:山东省聊城市东昌东路 97 号
邮　　编:252000
电　　话:0635－8261047
传　　真:0635－8261293
主要产品:冲压模具等

单位名称:青岛海信模具有限公司
地　　址:山东省青岛市高新技术产业开发区聚贤桥路 18 号
邮　　编:266114
电　　话:0532－86683489、86683456
传　　真:0532－86683490
主要产品:高光模具、热流道模具、气辅模具等精密注塑模具

单位名称:山东潍坊福田模具有限责任公司
地　　址:山东省潍坊市坊子区北海路 7001 号
邮　　编:261206
电　　话:0536－7602270
传　　真:0536－7527009
主要产品:汽车覆盖件模具及制件

单位名称:青岛天平钟表机械电子有限公司
地　　址:山东省青岛市北区镇江路 16 号
邮　　编:266021
电　　话:0532－85820017
主要产品:冲压模具、塑料模具、压铸模具、橡胶模具等

单位名称:青岛大桥铜材有限公司
地　　址:山东省青岛市重庆中路 558－2 号(重庆路与文安路交叉口)
邮　　编:266100
电　　话:0532－87066092
传　　真:0532－84675523
主要产品:销售铜材、铝材、模具用纯铜、合金铜、石墨电极

单位名称:中国重型汽车集团济南卡车有限公司工具厂
地　　址:山东省济南市天桥区西工商河路 13 号
邮　　编:250031
电　　话:0531－85582731
传　　真:0531－85944014
主要产品:为汽车行业配套大、中、小型的冲模、锻模、刃量具、夹具

单位名称:济南柴油机股份有限公司装备分厂
地　　址:山东省济南市文化西路 14 号
邮　　编:250063
电　　话:0531－82965971－2883
传　　真:0531－82962706
主要产品:各类模具、机床夹、量、刃具,

单位名称:青岛精工模具电子技术有限公司
地　　址:山东省青岛即墨市烟青路 332 号
邮　　编:266012
电　　话:0532－88522891
传　　真:0532－83812062
主要产品:模架、弹簧,导柱,螺丝、压板、工作液、钼丝、脱模剂、Crd12 材料等模具配件

单位名称:山东莱阳市华中模具厂
地　　址:山东省莱阳市同心路
邮　　编:265200
电　　话:0535－7210328
传　　真:0535－7213548
主要产品:冷冲模具、塑料模具、橡胶模具、压铸模具、锻造模具

单位名称:烟台汽车模具厂
地　　址:山东省烟台市芝罘区卧龙工业园区象山路10号
邮　　编:264004
电　　话:0535－6732508－8006
传　　真:0535－6731919
主要产品:冲压模具,农机具模具及冲压件

单位名称:山东淄博万达模具塑胶有限公司
地　　址:山东省淄博市张店区桑北西路24号
邮　　编:255000
电　　话:0533－3183950
传　　真:0533－3183815

单位名称:海克斯康测量技术(青岛)有限公司
地　　址:山东省青岛市株州路188号
邮　　编:266101
电　　话:0532－88702188
传　　真:0532－88703060
主要产品:数控测量设备及其控制系统、软件

单位名称:济宁高新区东方模具厂
地　　址:山东省327国道路南
邮　　编:272100
电　　话:0537－2336531
传　　真:0537－2351412
主要产品:铝型材、塑钢挤出模具、压铸模具、注塑模具

单位名称:豪迈集团股份有限公司
地　　址:山东省高密市密水工业园豪迈路1号
邮　　编:261500
电　　话:0536－2361037
传　　真:0536－2361037
主要产品:全系列子午线轮胎模

单位名称:青岛元通机械有限公司
地　　址:山东省青岛市城阳区金岭工业园
邮　　编:266111
电　　话:0532－87906070、87909071
传　　真:0532－87909318
主要产品:子午线轮胎活络模具和数控机床

单位名称:山东中天模具有限公司
地　　址:山东省淄博市周村区西环路1527号模具城
邮　　编:255300
电　　话:0533－6869988
传　　真:0533－6869977
主要产品:经营国产、进口优质工模具钢、不锈钢、耐热钢、耐磨钢、模具加工设备及耗材、激光加工设备及耗材、模具标准件、标准模具,承接热处理、注塑加工、模具制造及机械加工

单位名称:烟台中亚汽车模具有限公司
地　　址:山东省烟台市福山区福桃路明泉工业区
邮　　编:265500
电　　话:0535－6986886
传　　真:0535－6986887
主要产品:汽车覆盖件模具

单位名称:通裕重工股份有限公司
地　　址:山东省禹城市高新技术产业开发区
邮　　编:251211
电　　话:0534－7520690、7520668
传　　真:0534－7287789
主要产品:球墨铸铁管管模

单位名称:龙口市丛林机械制造有限公司
地　　址:山东省龙口市丛林工业区
邮　　编:265705
电　　话:0535－8560448
传　　真:0535－8560507
主要产品:各种大型铝合金型材挤压模具

单位名称:龙口道恩模具有限公司
地　　址:山东省龙口市龙港经济开发区
邮　　编:265703
电　　话:0535－8866555
传　　真:0535－8869879
主要产品:各种注塑模具、中小型精密双色注塑模等

单位名称:烟台泰利汽车模具制造有限公司
地　　址:山东省烟台市高新区纬三路42号
邮　　编:264670
电　　话:0535－5521005
传　　真:0535－5521005
主要产品:汽车外覆盖件、内骨架件、内饰件模具及其他冷冲压模具、快速经济模具设计制造

单位名称:泰安市良达机械制造有限责任公司
地　　址:山东省泰安市良达科技工业园
邮　　编:271219
电　　话:0538－7835737
传　　真:0538－7835737

主要产品:各类锻模、冲模等

单位名称:青岛吉泰汽车模具有限公司
地　　址:山东省即墨市城北四路199号
邮　　编:266221
电　　话:0532－87501730、87501526
传　　真:0532－87502031
主要产品:汽车覆盖件模具、冲制件

单位名称:烟台天隆模塑有限公司
地　　址:山东省烟台市福山高新技术产业区振华街771号
邮　　编:265500
电　　话:0535－2135055
传　　真:0535－6302537
主要产品:中小型精密塑料模具

单位名称:山东鲁南机床有限公司
地　　址:山东省滕州市荆河东路14号
邮　　编:277500
电　　话:0632－5586093
传　　真:0632－5567998
主要产品:立卧式加工中心,数控车、钻、铣、金切成形机床

单位名称:德州广顺模具有限公司
地　　址:山东省德州市经济开发区晶华路
邮　　编:253000
电　　话:0534－2754923
传　　真:0534－2186286
主要产品:汽车模具

单位名称:山东鑫锐模具制造有限公司、
寿光万龙模具制造有限公司
地　　址:山东省寿光市洛城街办驻地淮高路南
邮　　编:262705
电　　话:0536－5678780
传　　真:0536－5678781
主要产品:汽车覆盖件冲压模具

单位名称:山东小鸭模具有限公司
地　　址:山东省济南市工业南路51号小鸭集团工业园
邮　　编:250101
电　　话:0531－83122526
传　　真:0531－83122736
主要产品:冷冲压模具、车轮模具、塑料模具

单位名称:青岛科技大学与机电工程学院
地　　址:山东省青岛市崂山区松岭路69号青岛科技大学687信箱
邮　　编:266061
电　　话:0532－84025980
传　　真:0532－84852159
主要产品:教学、研究、承担重大科研项目

单位名称:山东中机模具有限公司
地　　址:山东省乳山市青山路南端(乳山口工业园)
邮　　编:264509
电　　话:0631－6688656
传　　真:0631－6688657
主要产品:冲压模、锻造模、塑料模

单位名称:荣成宏昌模具有限公司
地　　址:山东省荣成市人和镇朱口村
邮　　编:264306
电　　话:0631－7453072、7456832
传　　真:0631－7454408
主要产品:汽车轮胎模具

单位名称:济南绿景软件有限公司
地　　址:山东省济南市高新区齐鲁软件园区E座B426室
邮　　编:250101
电　　话:0531－88889008
主要产品:绿景模具智能化制造系统V1.0

单位名称:日照市遨游机电制造有限公司
地　　址:山东省日照市山东路511号
邮　　编:276825
电　　话:0633－2213176
传　　真:0633－2213176
主要产品:冲压模具、汽车覆盖件模具、塑料模具

单位名称:山东硕泰科技发展有限公司
地　　址:山东省青岛市城阳河套出口加工区
邮　　编:266113
电　　话:0532－87923987、87923977
传　　真:0532－87923988
主要产品:精密塑胶模具、精密级进冲压模、精密压铸模具

河南省

单位名称:洛阳轴承集团工模具制造有限公司
地　　址:河南省洛阳市涧西区建设路96号

邮　　编:471039
电　　话:0379－64985555、13007588196
传　　真:0379－64986679
主要产品:轴承专用模具、砂轮模具、各种量具、电主轴及皮带轴、各类工装

单位名称:机械工业部第四设计研究院
地　　址:河南省洛阳市西苑路13号
邮　　编:471039
电　　话:0379－64818505
传　　真:0379－64913310
主要产品:工程设计,锻造、冲压、铸造、注塑等工艺及工艺装备设计

单位名称:中国一拖许昌通用机械有限公司
地　　址:河南省许昌市五一路176号
邮　　编:461000
电　　话:0374－3352928
传　　真:0374－3315483
主要产品:冲压模具、塑料模具

单位名称:开封仪表厂有限公司
地　　址:河南省开封市汴京路38号
邮　　编:475002
电　　话:0378－2925988
传　　真:0378－2921101
主要产品:各类模具、流量仪表、流量测量校检装置、流量显示仪表及物位仪表

单位名称:机械工业部第六设计研究院有限公司
地　　址:河南省郑州市中原西路119号
邮　　编:450007
电　　话:0371－67631136－6004
传　　真:0371－67628091
主要产品:模具及模具生产工厂设计

单位名称:河南省南阳模具厂
地　　址:河南省南阳市八一路361号
邮　　编:473003
电　　话:0377－63212371
传　　真:0377－63212371
主要产品:冲压模具、模具标准件

单位名称:中国一拖集团有限公司冲压厂
地　　址:河南省洛阳市涧西区建设路154号
邮　　编:471004
电　　话:0379－64961343
传　　真:0379－64973129
主要产品:冲压模具

单位名称:郑州金阳电气有限公司工具公司
地　　址:河南省郑州市伏牛路1号
邮　　编:450006
电　　话:0371－68618120－3347
传　　真:0371－68619059
主要产品:冲压模具

单位名称:鹤壁天汽模汽车模具有限公司
地　　址:河南省鹤壁市山城区新建街8号
邮　　编:458000
电　　话:0392－2696937
传　　真:0392－2696943
主要产品:覆盖件模、梁架件模

单位名称:河南星光机械制造有限公司模具分厂
地　　址:河南省邓州市古城路001号
邮　　编:474150
传　　真:0377－62287000
主要产品:冷冲连续模、注塑、压铸模、专用量、夹、刃具等工装

单位名称:郑州纺织机械厂工具分厂
地　　址:河南省郑州市南阳路290号
邮　　编:450053
电　　话:0371－63586601
传　　真:0371－63935814
主要产品:冲压模具

单位名称:许继集团模具制造有限公司
地　　址:河南省许昌市许继大道1298号
邮　　编:461000
电　　话:0374－3212430
传　　真:0374－3311897
主要产品:中小型精密注射模、冷冲模、金属压铸模及自动弯曲机模具

单位名称:河南安彩高科股份有限公司模具厂
地　　址:河南省安阳市中州路南段
邮　　编:455000
电　　话:0372－3932916－2442
传　　真:0372－3932808
主要产品:玻璃模具

单位名称:洛阳四塑包装材料有限公司
地　　址:河南省洛阳市天津路39号
邮　　编:471003
电　　话:0379 - 64836378
传　　真:0379 - 64836184
主要产品:塑料模具

单位名称:郑州海特模具有限公司
地　　址:河南省郑州市高新技术产业开发区玉兰街18号
邮　　编:450001
电　　话:0371 - 67981009
传　　真:0371 - 67981287
主要产品:玻璃模、显像管玻壳模、车用灯模

单位名称:一拖(洛阳)东晨模具科技有限公司
地　　址:河南省洛阳市高新技术开发区春城路12号
邮　　编:471039
电　　话:0379 - 64967250
传　　真:0379 - 64961942
主要产品:冲压模具、铸造模具、锻压模具

单位名称:平高集团模具有限公司
地　　址:河南省平顶山市南环东路22号
邮　　编:467001
电　　话:0375 - 3804455
传　　真:0375 - 3804462
主要产品:冲压模具、塑料模具、橡胶模具、弹簧机构、环氧树脂成型模具

单位名称:新乡太行电源(集团)有限责任公司模具分厂
地　　址:河南省新乡市建设路10号
邮　　编:453069
电　　话:0373 - 3381755 - 202

单位名称:豫新机械有限公司工具制造厂
地　　址:河南省新乡市建设路20号
邮　　编:453049
电　　话:0373 - 3386600 - 2336
传　　真:0373 - 3351282
主要产品:冲压模具、压铸模具、多工位翅片成形模,各种刀、量、夹具,各种热交换器、散热器、表冷器

单位名称:河南科技大学材料学院
地　　址:河南省洛阳市西苑路48号
邮　　编:471003
电　　话:0379 - 64231846
传　　真:0379 - 64230597
主要产品:模具专业的人才培养

单位名称:洛阳普天电话装备制造有限责任公司
地　　址:河南省洛阳市瀍河回族区大庆路1号
邮　　编:471013
电　　话:0379 - 63655079
传　　真:0379 - 63651966
主要产品:塑料模具、冲压模具、塑料制件

单位名称:洛阳铜加工集团机电设备修造公司
地　　址:河南省洛阳市建设路50号
邮　　编:471039
电　　话:0379 - 64949284
传　　真:0379 - 64855857
主要产品:铜铝挤压模具、拉伸模具等

单位名称:中航光电科技股份有限公司
地　　址:河南省洛阳市涧西区周山路060信箱
邮　　编:471003
电　　话:0379 - 64323140
传　　真:0379 - 64321742
主要产品:塑料模具,冲压模具,橡胶模具,专用刀具、量具、夹具

单位名称:洛阳中重设备工程工具有限责任公司
地　　址:河南省洛阳市涧西区建设路206号
邮　　编:471039
电　　话:0379 - 64088028
传　　真:0379 - 64277677
主要产品:冲压模具、各类齿轮加工刀具、各类工装夹具、设备配件、安装、修理

单位名称:安阳市金光模具模架厂
地　　址:河南省林州市东姚镇马平村
邮　　编:456573
电　　话:0372 - 6971159
主要产品:模具模架系列产品、各种铸件

单位名称:洛阳河柴模具有限责任公司
地　　址:河南省洛阳市中州西路173号
邮　　编:471039
电　　话:0379 - 64076411
传　　真:0379 - 64225395
主要产品:冲压模具、压铸模具、塑料模具等

单位名称:洛阳北方企业集团有限公司模具公司
地　　址:河南省洛阳市涧西区徐家营
邮　　编:471031
电　　话:0379－64937827
传　　真:0379－64937932
主要产品:塑料模具、冲压模具、压铸模具、橡胶模具

单位名称:洛阳卫创轴承模具有限公司
地　　址:河南省洛阳市洛龙区李楼乡工业园区
邮　　编:471021
电　　话:0379－65811188
传　　真:0379－65811482
主要产品:滚子、铜球冷镦模具

单位名称:河南省环球模具股份有限公司
地　　址:河南省洛阳市春都路27号
邮　　编:471001
电　　话:0379－62314965
传　　真:0379－62322076
主要产品:橡胶轮胎模

单位名称:南阳东兴模具中心
地　　址:河南省南阳市龙升工业园王安路
邮　　编:473000
电　　话:0377－68062689
传　　真:0377－68062689
主要产品:冷冲模具设计、制造、汽车配件加工、冷冲模架设计加工、热处理、机械加工

单位名称:洛阳市建园模具制造有限公司
地　　址:河南省偃师市商都西路开洛高速公路入口西50米
邮　　编:471900
电　　话:0379－67750924、13783158061
传　　真:0379－67758219
主要产品:塑料挤出模具

单位名称:鹤壁市天淇汽车模具有限公司
地　　址:河南省鹤壁市淇滨区卫河路东段
邮　　编:458030
电　　话:0392－3360977
传　　真:0392－3360977
主要产品:汽车车身覆盖件模具、冷冲模

湖北省

单位名称:湖北华中精密仪器厂(国营第二三八厂)
地　　址:湖北省宜都市14信箱研究所
邮　　编:443304
电　　话:0717－4791042
传　　真:0717－4790214
主要产品:激光测距机类、汽车灯具、枪用瞄准器、光栅类仪器

单位名称:武汉机械工艺研究所
地　　址:湖北省武汉市东西湖区万家墩东村59号
邮　　编:430022
电　　话:027－83941421
传　　真:027－83941417
主要产品:冲压模具、塑料模具

单位名称:东风模具冲压技术有限公司
地　　址:湖北省武汉市经济技术开发区神龙大道69号
邮　　编:430056
电　　话:027－84210190、84210396
传　　真:027－84893125
主要产品:汽车冲压模具、检具及制件

单位名称:湖北航天三江红林机电科技有限公司
地　　址:湖北省孝感市长征路219号
邮　　编:432000
电　　话:0712－2959350
传　　真:0712－2959350
主要产品:丁基胶塞系列模具、硫化模具、切边模

单位名称:国营汉光电工厂(4404厂)三分厂
地　　址:湖北省孝感市40信箱
邮　　编:432104
电　　话:0712－2324404－3301
传　　真:0712－2323424
主要产品:冲压模具及冲压件、精密冷挤冷墩件

单位名称:湖北神电汽车电机有限公司
地　　址:湖北省荆州市沙市区北京路102号
邮　　编:434000
电　　话:0716－8216034
传　　真:0716－8216952
主要产品:各类模具

单位名称:湖北鄂丰精密模具有限公司
地　　址:湖北省鄂州市吴都大道59号
邮　　编:436003
电　　话:0711－3350266

传　　真:0711－3350299
主要产品:塑料模具及塑胶制品

单位名称:武汉市科达电子模具公司
地　　址:湖北省武汉市江岸区六合路28号
邮　　编:430010
电　　话:027－82708052
传　　真:027－82708052

单位名称:国营733厂
地　　址:湖北省武汉市74009信箱6分箱
邮　　编:430073
电　　话:027－87801491
传　　真:027－87801495
主要产品:冲压模具

单位名称:武汉电菱科技股份有限公司
地　　址:湖北省武汉市硚口区解放大道123号
邮　　编:430034
电　　话:027－83851852
传　　真:027－83851851
主要产品:冲压模具

单位名称:中原无线电厂工模具分厂(国营第701厂)
地　　址:湖北省武汉市胜利街226号
邮　　编:430010
传　　真:027－82724212
主要产品:冲压模具等

单位名称:华中科技大学、模具技术国家重点实验室
地　　址:湖北省武汉市珞瑜路1037号
邮　　编:430074
电　　话:027－87557539
传　　真:027－87554405
主要产品:模具技术,包括CAD/CAM/CAE软件开发、快速成形、新型模具材料等方面的研究

单位名称:武汉电缆集团有限公司模具中心
地　　址:湖北省武汉市汉口古田一路2号
邮　　编:430035
电　　话:027－83831211
传　　真:027－83842012
主要产品:塑料模等

单位名称:国营612厂模具分厂
地　　址:湖北省宜昌市112信箱
邮　　编:443104
电　　话:0717－7801087
传　　真:0717－7801812
主要产品:塑料模具、冲压模具、压铸模具

单位名称:武汉长江电源厂模具分厂
地　　址:湖北省武汉市经济技术开发区新华村工业园16号厂房
邮　　编:430056
电　　话:027－84622889
传　　真:027－84622889
主要产品:压铸模具

单位名称:中国长江航运集团电机厂
地　　址:湖北省武汉市武昌区关山路76号
邮　　编:430074
电　　话:027－87423156
传　　真:027－87803624
主要产品:冲压模具

单位名称:武汉三联模具有限责任公司
地　　址:湖北省武汉市江岸区后湖大道8号
邮　　编:430010
电　　话:027－85309951
传　　真:027－85638017
主要产品:塑料模具、冲压模具

单位名称:荆州市南湖机械总厂
地　　址:湖北省荆州市沙市区金龙路51号
邮　　编:434007
电　　话:0716－8478033
传　　真:0716－8477194

单位名称:武汉龙安集团有限责任公司
地　　址:湖北省武汉市洪山区民院路124号
邮　　编:430074
电　　话:027－52111885、52111886
传　　真:027－87491728
主要产品:冲压模具

单位名称:武汉华星电子有限公司
地　　址:湖北省武汉市汉黄路50号(堤角都市工业区光达集团工业园)
邮　　编:430000
电　　话:027－82316570
传　　真:027－82303088

主要产品:引线框架模具

单位名称:湖北十堰市先锋模具股份有限公司
地　　址:湖北省十堰市高新技术产业开发区滨河东路66号
邮　　编:442013
电　　话:0719 – 8301881
传　　真:0719 – 8301880
主要产品:汽车覆盖件冷冲模具及制件

单位名称:武汉同亨精密制造有限公司
地　　址:湖北省武汉市东湖新技术开发区关东工业园5号 – 1
邮　　编:430074
电　　话:027 – 87561001
传　　真:027 – 87561102
主要产品:冲压模具、塑料模具、模具标准件

单位名称:武汉理工大学物流系
地　　址:湖北省武汉市武昌余家头
邮　　编:430063
电　　话:027 – 86534379
主要产品:压铸模具、冲压模具、塑料模具

单位名称:中国航空工业第609研究所
地　　址:湖北省襄樊市隆中路2号
邮　　编:441052
电　　话:0710 – 3590029 – 8845
传　　真:0710 – 3591882
主要产品:冲压模具

单位名称:武汉金龙模板公司
地　　址:湖北省武汉市江夏区武昌大道2号
邮　　编:430200
电　　话:027 – 87021702
传　　真:027 – 87021702
主要产品:模具标准件

单位名称:黄石高新宏源塑胶模具有限公司
地　　址:湖北省黄石市团城山开发区天虹小区
邮　　编:435002
电　　话:0714 – 6512012
主要产品:塑料模具

单位名称:襄阳汽车轴承股份有限公司工模具公司
地　　址:湖北省襄樊市襄城区轴承路1号
邮　　编:441022
电　　话:0710 – 3577500
传　　真:0710 – 3564019
主要产品:冲压模具

单位名称:武汉火花电加工科技公司
地　　址:湖北省武汉市江汉区门塨路40号
邮　　编:430015
电　　话:027 – 85771707
传　　真:027 – 85784942
主要产品:塑料模具

单位名称:湖北省亚通机械总公司工模具厂
地　　址:湖北省随州市烈山大道400号
邮　　编:441300
电　　话:0722 – 3314400
传　　真:0722 – 3310401

单位名称:武汉离子化学热处理研究所
地　　址:湖北省武汉市江岸区工农兵路125号
邮　　编:430015
电　　话:027 – 82885371
传　　真:027 – 82885371

单位名称:湖北省罗田县田丰工模具有限责任公司
地　　址:湖北省黄冈市罗田县凤山镇民建街67号
邮　　编:436600
电　　话:0713 – 5053596
传　　真:0713 – 5052501
主要产品:冲压模具

单位名称:东风汽车有限公司通用铸锻厂
地　　址:湖北省十堰市车城西路115号
邮　　编:442020
电　　话:0719 – 8238148
传　　真:0719 – 8260205

单位名称:武汉迪克精冲有限公司
地　　址:湖北省武汉市经济技术开发区锦龙路8号
邮　　编:430056
电　　话:027 – 84897207
传　　真:027 – 84897211
主要产品:厚板精冲模

单位名称:宜都市仝鑫模具制造有限公司
地　　址:湖北省宜都市枝城南门九号

邮　　编:443311
电　　话:0717－4665795
传　　真:0717－4665795
主要产品:注塑模具、冲压模具、锻模、压铸模具

单位名称:湖北中航经济科技股份有限公司
地　　址:湖北省襄樊市高新技术开发区江山追月8号
邮　　编:441003
电　　话:0710－3345013
传　　真:0710－3345024
主要产品:精密冲压模具、救生系统工程技术开发和应用

单位名称:武汉金石凯激光技术有限公司
地　　址:湖北省武汉市东湖新技术开发区庙山小区金石凯工业园
邮　　编:430223
电　　话:027－87924929
传　　真:027－87925936
主要产品:激光器及无源器件

单位名称:十堰凸凹模具制造有限公司
地　　址:湖北省十堰市方山路26号
邮　　编:442000
电　　话:0719－8548958
传　　真:0719－8548998
主要产品:汽车覆盖件冲压模具、检具、夹具

单位名称:十堰世通模具制造有限公司
地　　址:湖北省十堰市高新区白浪东路66号
邮　　编:442013
电　　话:0719－8310800
传　　真:0719－8310559
主要产品:冷冲模汽车零部件

单位名称:武汉东风科尔模具标准件有限公司
地　　址:湖北省武汉经济技术开发区(沌口)红升工业园D栋
邮　　编:430056
电　　话:027－84222224
传　　真:027－84222574、84281898
主要产品:“日系”和“欧系”冲压模具标准件

单位名称:湖北兴升科技发展有限公司
地　　址:湖北省十堰市郧县民营工业园区
邮　　编:442500
电　　话:0719－7200218
传　　真:0719－7200118
主要产品:汽车冲压模具、氮气弹簧系列

单位名称:武汉涉外服务技工学校
地　　址:湖北省武汉市洪山区雄楚大街634号
邮　　编:430079
电　　话:027－87786871
传　　真:027－87786872
主要产品:培养专业模具设计与制作人才

单位名称:十堰亮剑豪龙模具有限公司
地　　址:湖北省十堰市西城路105号
邮　　编:442000
电　　话:0719－8671568
传　　真:0719－8671568
主要产品:冷冲模

单位名称:湖北齐星模具制造股份有限公司
地　　址:湖北省随州市经济技术开发区十里铺村
邮　　编:441300
电　　话:0722－3587029
传　　真:0722－3587175
主要产品:精铸模

单位名称:武汉市锦绣前程职业培训学校
地　　址:湖北省武汉市江汉区沿江大道186号
邮　　编:430000
电　　话:027－82949941
传　　真:027－82965092
主要产品:五金塑胶工模技师班、模具制造高级班等

单位名称:武汉职业技术学院
地　　址:湖北省武汉市洪山区关山大道463号
邮　　编:430074
电　　话:027－87766668
传　　真:027－87766668
主要产品:模具设计与制造专业的人才培养

湖南省

单位名称:湘潭江南工模具制造有限责任公司
地　　址:湖南省湘潭市楠竹山
邮　　编:411207
电　　话:0731－58300519
传　　真:0731－58300519
主要产品:冲压模具、塑料模具、压铸模具、橡胶模具、其他模具

单位名称:湖南省锻造厂
地　　址:湖南省涟源市04号信箱
邮　　编:417118
电　　话:0738－4611604
传　　真:0738－4611300
主要产品:锻模、冲压模、塑料模、模具标准件

单位名称:长沙汽电模具有限公司
地　　址:湖南省长沙市东风路9号
邮　　编:410005
电　　话:0731－84555045
传　　真:0731－84516882
主要产品:冲压模具、塑料模具、压铸模具、橡胶模具、其他模具、模具标准件

单位名称:航空第二集团公司长江动力机械厂工具分厂
地　　址:湖南省岳阳市18信箱34分箱
邮　　编:414001
电　　话:0730－8511926－3313
传　　真:0730－8511926－3341
主要产品:塑料模具、压铸模具、冲压模具、橡胶模具、其他模具

单位名称:湖南华南光电科技股份公司精密机械制造部
地　　址:湖南省常德市武陵区滨湖路670号
邮　　编:415105
电　　话:0736－7725801
传　　真:0736－7725847
主要产品:压铸模及其他各种模具

单位名称:湖南华峰电子集团有限公司
地　　址:湖南省怀化市迎丰东路168号
邮　　编:418000
电　　话:0745－2751968
传　　真:0745－2751818
主要产品:冲压模具、塑料模具、压铸模具、橡胶模具及其他模具

单位名称:中国南方航空工业有限责任公司工模具分公司
地　　址:湖南省株洲市芦淞区董家段
邮　　编:412002
电　　话:0731－28551061
传　　真:0731－28558369
主要产品:塑封模、电机端盖模、压铸模、蜡模、轧滚模、冲孔模

单位名称:湘潭电机力源模具有限公司
地　　址:湖南省湘潭市下摄司街302号
邮　　编:411101
电　　话:0731－58595372
传　　真:0731－58595801
主要产品:电机定转子冲片复冲模、空调室外机模具、军品化压模具等

单位名称:株洲九方工模具有限责任公司
地　　址:湖南省株洲市石峰区田心
邮　　编:412001
电　　话:0731－28456662
传　　真:0731－28441293、28441192
主要产品:冲压模具、压铸模具、其他模具

单位名称:中国航空工业第608所
地　　址:湖南省株洲市芦淞区215信箱13号
邮　　编:412002
电　　话:0731－28590301
传　　真:0731－22571142
主要产品:冲压模具及其他模具

单位名称:衡阳市塑料模具厂
地　　址:湖南省衡阳市石鼓区五一巷18号
邮　　编:421005
电　　话:0734－8528274
主要产品:塑料模具

单位名称:株洲钻石切削刀具股份有限公司
地　　址:湖南省株洲市天元区黄河南路钻石工业园28号
邮　　编:412007
电　　话:0731－22881671
传　　真:0731－22882721
主要产品:冲压模及模具标准件

单位名称:湖南长沙北山汽车模具制造厂
地　　址:湖南省长沙市长沙县北山镇新城街35号
邮　　编:410152
电　　话:0731－86745056
传　　真:0731－86749218
主要产品:高精度数控加工模具、精密铸造模具

单位名称:株洲市长江硬质合金工具有限公司
地　　址:湖南省株洲市茨菇塘
邮　　编:412000
电　　话:0731－28260894

传　　真:0731-28160399
主要产品:冲压模具及其他模具

单位名称:湖南省工具厂
地　　址:湖南省益阳市金龙路291号
邮　　编:413000
电　　话:0737-4261257
传　　真:0737-4260754
主要产品:模具、夹具、刀具、量具等

单位名称:湖南岳阳9634厂设备制造分厂
地　　址:湖南省岳阳市岳阳县东方路288号
邮　　编:414100
电　　话:0730-7756284

单位名称:湖南省跃进机电有限责任公司
地　　址:湖南省永州市凤凰园区9613号
邮　　编:425000
电　　话:0746-8223174
传　　真:0746-8223174
主要产品:盘式制动电机、盘式电机变压器潜油泵系列产品

单位名称:湖南省模具公司
地　　址:湖南省长沙市八一路433号
邮　　编:410011
电　　话:0731-84570940
传　　真:0731-84570917
主要产品:模具钢材、模具标准件、辅件、辅料销售,模具设计、制造、开发、技术咨询

单位名称:长沙振兴模具有限公司
地　　址:湖南省长沙市东站南路88号
邮　　编:410111
电　　话:0731-86955199
传　　真:0731-86955198
主要产品:模具标准件、模具钢材各种锻件

单位名称:湘潭市恒兴机床有限责任公司
地　　址:湖南省湘潭市建设中路科技一条街27号
邮　　编:411104
电　　话:0731-58560202
传　　真:0731-58560184
主要产品:生产自旋式电火花线切割机床及精密高频脉冲电源

单位名称:湖南航天模具有限责任公司
地　　址:湖南省长沙市望城坡航天大院内
邮　　编:410205
电　　话:0731-88836586
传　　真:0731-88836103
主要产品:压铸模、冲压模、冷挤模具和塑胶模等

单位名称:湖南博云东方粉末冶金有限公司
地　　址:湖南省长沙市中南大学粉冶院内
邮　　编:410205
电　　话:0731-88836586
传　　真:0731-88836103
主要产品:硬质合金产品

单位名称:湖南涉外经济学院机械工程系
地　　址:湖南省长沙市岳麓区高新技术产业开发区麓谷园
邮　　编:410205
电　　话:0731-88118852
主要产品:模具设计与制造专业人才的培养

单位名称:湖南湖大三佳车辆技术装备有限公司
地　　址:湖南省长沙市河西麓谷高新区谷苑路186号
邮　　编:410205
电　　话:0731-88664550-8000
传　　真:0731-88664550-8000
主要产品:大型复杂、精密成型类汽车内外板模具,高强度板模具、梁类模具,快速制模

单位名称:湖南同心模具制造有限公司
地　　址:湖南省长沙市长沙县江背镇朱家桥
邮　　编:410135
电　　话:0731-86264637
传　　真:0731-86293037
主要产品:汽车覆盖件模具、工装夹具模具设计、制造生产

单位名称:长沙申大科技有限公司
地　　址:湖南省长沙市高新技术开发区麓谷大道599号
邮　　编:410205
电　　话:0731-82858299
传　　真:0731-82858292
主要产品:注塑模、吸塑模、挤出模、压铸模、真空成型模

单位名称:长沙暮云亚太塑胶模具有限责任公司
地　　址:湖南省长沙市长沙县暮云工业园中意二路595号
邮　　编:410119
电　　话:0731-86906728
传　　真:0731-86906728

主要产品:精密塑胶,五金模具

单位名称:湖南晓光汽车模具有限公司
地　　址:湖南省长沙市雨花区振华路218号
邮　　编:410117
电　　话:0731－82887926
传　　真:0731－82887927
主要产品:汽车大中型覆盖件模具、检具、装焊夹具

单位名称:邵阳兴达精密机械制造有限公司
地　　址:湖南省邵阳市东大路482号(桩机厂内)
邮　　编:422001
电　　话:0739－5310172、18973988718
传　　真:0739－5356286
主要产品:模具专用氮气弹簧、氮气弹簧安装附件、氮气弹簧系统组件

单位名称:湖南成远模具材料有限公司
地　　址:湖南省株洲市中南金属物流大市场B5－B7
邮　　编:412007
电　　话:0731－22862237
传　　真:0731－22862237
主要产品:冷冲模具、热作模具及材料

广东省

单位名称:广州市型腔模具制造有限公司
地　　址:广东省广州市海珠区宝岗大道1099号
邮　　编:510250
电　　话:020－84419488、84234113
传　　真:020－84429134
主要产品:各种铝镁合金压铸模具

单位名称:广州手表厂
地　　址:广东省广州市海珠区石榴岗路14号
邮　　编:510310
电　　话:020－84168663
传　　真:020－84420605

单位名称:增城市实力模具标准件有限公司
地　　址:广东省广州增城市增江街西山仓6号
邮　　编:511300
电　　话:020－82710301
传　　真:020－82850611
主要产品:模具标准件

单位名称:佛山市南海华达高木模具塑料有限公司
地　　址:广东省佛山市南海区狮山镇松岗松夏工业园工业大道西6号
邮　　编:528234
电　　话:0757－85212300－328
传　　真:0757－85212310
主要产品:中大型汽车、摩托车、空调家电等注塑模具的设计、制造

单位名称:深圳成飞实业有限公司
地　　址:广东省深圳市宝安区龙华镇清湖村第二工业区B栋
邮　　编:518109
电　　话:0755－28079081
传　　真:0755－28079618
主要产品:压铸模具、塑料模具、冲压模具

单位名称:佛山市顺德区百年科技发展有限公司
地　　址:广州省佛山市顺德区北滘镇蓬莱路美的工业城西区B座
邮　　编:528311
电　　话:0757－22393066
传　　真:0757－26632777
主要产品:塑料模具

单位名称:增城富强模具实业有限公司
地　　址:广东省广州增城市荔城罗岗工业区天桥边
邮　　编:511300
电　　话:020－82732656
传　　真:020－82750418
主要产品:模具标准件

单位名称:东莞汇科模具塑胶制品有限公司
地　　址:广东省东莞市长安镇新安工业区
邮　　编:523860
电　　话:0769－85411901
传　　真:0769－35231296
主要产品:塑料模具

单位名称:广州广电林仕豪模具制造有限公司
地　　址:广东省广州市经济技术开发区秀丽小区银谊街3号
邮　　编:510730
电　　话:020－82099988、82098433
传　　真:020－82098433
主要产品:塑料模具、冲压模具

单位名称:广东湛江第二机械厂
地　　址:广东省湛江市赤坎农林一路 14 号
邮　　编:524037
电　　话:0759 – 3338533
传　　真:0759 – 3327470
主要产品:冲压模具

单位名称:广东省韶关市模具厂
地　　址:广东省韶关市浈江中路 124 号
邮　　编:512023
电　　话:0751 – 8885574
传　　真:0751 – 8866448
主要产品:金属模具

单位名称:广东韶关铸锻厂模具制造中心
地　　址:广东省韶关市北郊十里亭
邮　　编:512031
电　　话:0751 – 8832673
传　　真:0751 – 8855300
主要产品:锻模、冲压模,压铸机、精锻机、锻锤机配件

单位名称:深圳南方模具厂
地　　址:广东省深圳市宝安区西乡九围村 A1A2 栋
邮　　编:518126
电　　话:0755 – 81469928、81469968
传　　真:0755 – 81469881
主要产品:标准及非标准注塑模架

单位名称:深圳兴龙华实业有限公司
地　　址:广东省深圳市水贝工业区贝丽北路 71 号
邮　　编:518020
电　　话:0755 – 26693460
传　　真:0755 – 26696461
主要产品:塑料模具

单位名称:广州市标准件模具厂
地　　址:广东省广州市番禺区钟村镇都那村都那西路
邮　　编:511495
电　　话:020 – 86486223
传　　真:020 – 86484343
主要产品:标准件模具

单位名称:广州市联合科技发展有限公司
地　　址:广东省广州市番禺区石楼镇南环路 83 号
邮　　编:511447
电　　话:020 – 34861001、34861003
传　　真:020 – 34861020
主要产品:汽车、家电类塑胶模具、压铸模具、吹瓶模具

单位名称:揭阳市大立模具厂有限公司
地　　址:广东省揭阳市开发区塘埔工业村
邮　　编:522021
电　　话:0663 – 8779291
传　　真:0663 – 8320091
主要产品:塑料模具

单位名称:中山市安山机械模具导向件有限公司
地　　址:广东省中山市湖滨北路 29 号水利工业大厦
邮　　编:528440
电　　话:0760 – 88780112
传　　真:0760 – 88418112
主要产品:模具标准件

单位名称:中山威力模具制造中心
地　　址:广东省中山市孙文东路 76 号
邮　　编:528403
电　　话:0760 – 88384361
传　　真:0760 – 88384362
主要产品:塑料模具

单位名称:珠海经济特区兴华器件厂
地　　址:广东省珠海市前山兰埔工业区
邮　　编:519070
电　　话:0756 – 8613001
传　　真:0756 – 8612037
主要产品:冲压模具

单位名称:珠海格力电器股份有限公司模具分厂
地　　址:广东省珠海市前山金鸡西路 6 号
邮　　编:519020
电　　话:0756 – 8669291 – 3291
传　　真:0756 – 8669801
主要产品:塑料模具、冲压模具

单位名称:佛山市科尔技术发展有限公司
地　　址:广东省佛山市顺德区桂洲镇高黎工业区朝光路 23 号
邮　　编:528306
电　　话:0757 – 28373699
传　　真:0757 – 28308681
主要产品:塑料模具

单位名称:广东省东莞电机有限公司
地　　址:广东省东莞市城区建设路 11 号
邮　　编:523072
电　　话:0769－22412480－183
传　　真:0769－22412134
主要产品:冲压模具、压铸模具

单位名称:广州导新模具注塑有限公司
地　　址:广东省广州市白云区石井镇石潭西路 118 号
邮　　编:510430
电　　话:020－86418271
传　　真:020－86414393
主要产品:注塑模具及注塑加工

单位名称:广东科龙模具有限公司
地　　址:广东省佛山市顺德区容桂镇容港路 11 号
邮　　编:528303
电　　话:0757－28362553、28362554
传　　真:0757－28361493
主要产品:塑料模具、大中型精密冷冲模、吸塑模、发泡模

单位名称:广州市天河风行模具厂
地　　址:广东省广州市天河区棠下新围中心路 1 号
邮　　编:511430
电　　话:020－85548993
传　　真:020－85546914
主要产品:冲压模具、塑料模具、锻造模具、模具标准件

单位名称:广州市高级技工学校
地　　址:广东省广州市黄石东路 68 号
邮　　编:510410
电　　话:020－86253314
传　　真:020－86254817
主要产品:培训模具钳工、数控制模工,模具加工

单位名称:深圳市广恒钢实业有限公司
地　　址:广东省深圳市宝安区西乡镇园艺园大院 15 栋
邮　　编:518126
电　　话:0755－27491780
传　　真:0755－27491781
主要产品:冷冲系列模架、模具钢材、模具标准件

单位名称:佛山市科骏陶瓷设备有限公司
地　　址:广东省佛山市石湾工农路 35 号
邮　　编:528031
电　　话:0757－82263487
传　　真:0757－82273040
主要产品:陶瓷冲压模具、抛光模具、防污打蜡机

单位名称:广州南洋电器厂模具中心
地　　址:广东省广州市黄华路 43 号
邮　　编:510050
电　　话:020－83830229
传　　真:020－83828485
主要产品:冲压模具等

单位名称:广东工业大学(机电工程学院)
地　　址:广东省广州市东风东路 729 号机电楼
邮　　编:510090
电　　话:020－87627201
传　　真:020－87627201
主要产品:模具设计与制造的研究与教学

单位名称:广州数控设备有限公司
地　　址:广东省广州市罗冲围螺涌北路一街 52 号
邮　　编:510165
电　　话:020－81986808
传　　真:020－81993683、81991030
主要产品:各种配置的数控车床、数控铣床

单位名称:高要鸿图模具制造有限公司
地　　址:广东省高要市新城路 35 号
邮　　编:526100
电　　话:0758－8381606
传　　真:0758－8399449
主要产品:压铸模具

单位名称:广州东泰机械工具有限公司
地　　址:广东省广州市天河高新技术开发区建工路 15 号
邮　　编:510630
电　　话:020－85530158
传　　真:020－85538848
主要产品:模具零配件、模具标准件、自动送料装置等

单位名称:广东省澄海市崇锦实业(集团)有限公司
地　　址:广东省汕头市澄海区岭亭工业区
邮　　编:515800
电　　话:0754－85868839
传　　真:0754－85868939
主要产品:各类模具设计与制造

单位名称:汕头市欧达曼实业有限公司
地　　址:广东省汕头市金湖路 30 号
邮　　编:515021
电　　话:0754－88202690
传　　真:0754－88202697
主要产品:注塑模架、五金模架、模具钢材、模具配件、刀具刃具、五金工具、机床设备等

单位名称:珠海市通晶塑胶有限公司
地　　址:广东省珠海市南屏科技园屏东三路 11 号
邮　　编:519060
电　　话:0756－8625640
传　　真:0756－8621908
主要产品:塑料模具及注塑产品

单位名称:东莞伟易达电子厂工模部
地　　址:广东省东莞市厚街三屯管理区
邮　　编:523941
电　　话:0769－85581806－3827
传　　真:0769－85589211
主要产品:塑料模具

单位名称:佛山市顺德区威利坚模具有限公司
地　　址:广东省佛山市顺德区容桂街成业路 16 号
邮　　编:528522
电　　话:0757－26381569、26381566、26381567
传　　真:0757－26381570
主要产品:塑胶模具及制品

单位名称:广东圣都模具股份有限公司
地　　址:广东省佛山市顺德区北窖镇三乐东路 22－28 号
邮　　编:528313
电　　话:0757－23323818
传　　真:0757－23323818
主要产品:各类标准模架、非标模架和出口模具产品

单位名称:河源龙记金属制品有限公司
地　　址:广东省河源市高埔工业园龙记集团
邮　　编:517003
电　　话:0762－3210502
传　　真:0762－3210502
主要产品:精密型腔模及模具标准件

单位名称:深圳市恒昌兴实业发展有限公司
地　　址:广东省深圳市宝安区龙华镇龙华路 417 号
邮　　编:518109
电　　话:0755－28070777
传　　真:0755－28137649
主要产品:精密冷冲模、注塑模、压铸模、模具配件、模具进口材料

单位名称:东莞航天精密模具有限公司
地　　址:广东省东莞市长安镇锦厦河西工业区
邮　　编:523850
电　　话:0769－83857846
传　　真:0769－81604211
主要产品:大、中型塑胶模具和其他型腔模具及制品

单位名称:深圳市兆恒抚顺特钢有限公司
地　　址:广东省深圳市南山区西丽火车站货四线侧第 1 栋
邮　　编:518055
电　　话:0755－85645795
传　　真:0755－85645795

单位名称:广州市振兴塑料模具有限公司
地　　址:广东省广州市天河区东圃二马路 72 号内北侧
邮　　编:510660
电　　话:020－82306571－630
传　　真:020－82325748
主要产品:塑料模具

单位名称:广东巨轮模具股份有限公司
地　　址:广东省揭阳市揭东经济开发试验区 5 号路
邮　　编:515500
电　　话:0663－3271838
传　　真:0663－3269266
主要产品:汽车子午线轮胎模具

单位名称:广东天乐通信设备有限公司
地　　址:广东省佛山市顺德区伦教羊大路 168 号
邮　　编:528308
电　　话:0757－27722228
传　　真:0757－27722233
主要产品:通信产品所需冲压模具、塑料模具及制品

单位名称:深圳市华益盛模具有限公司
地　　址:广东省深圳市宝安区福永镇凤凰第四工业区华益盛工业园
邮　　编:518103
电　　话:0755－61150888
传　　真:0755－61150883

主要产品:汽车保险杠、内饰件、仪表板模具,家电模具,大型水管接头、三通、五通等精密塑料模具及制品

单位名称:**番禺职业技术学院**
地　　址:广东省广州市番禺区沙湾青山湖
邮　　编:511483
电　　话:020-34739115、84736666
传　　真:020-34739115

单位名称:**深圳市宗泰电子有限公司**
地　　址:广东省深圳市布吉镇吉华工业区C2栋1楼
邮　　编:518112
电　　话:0755-28542819-13
传　　真:0755-28543458
主要产品:冲压模具、塑料模具

单位名称:**佛山市新的模具制造有限公司**
地　　址:广东省佛山市顺德区北滘镇工业大道中发西路5号
邮　　编:528311
电　　话:0757-26671964、26671989
传　　真:0757-26671693
主要产品:冲压模具

单位名称:**永大精密模具(东莞)有限公司**
地　　址:广东省东莞市长安镇上沙村合和区中南中路
邮　　编:523870
电　　话:0769-85312541-4
传　　真:0769-85312545-6
主要产品:模板、模座、CNC加工、精密冲头、衬套等

单位名称:**揭阳市天阳模具有限公司**
地　　址:广东省揭阳市炮台镇天鹅山下
邮　　编:515559
电　　话:0663-3353505
传　　真:0663-3353502
主要产品:斜交线轮胎模具、轮胎成型鼓、摩托车轮胎模具、胶囊模具、内胎模具、垫带模具等

单位名称:**深圳金洲精工科技股份有限公司**
地　　址:广东省深圳市龙岗区龙岗镇龙城北路高新技术产业园
邮　　编:518116
电　　话:0755-84877666、84877237
传　　真:0755-84878800
主要产品:空调翅片、电机电表、电子接插件级进模

单位名称:**广州启泰模具工业有限公司**
地　　址:广东省广州市从化明珠工业园丽峰路7号
邮　　编:510931
电　　话:020-87868333
传　　真:020-37965360
主要产品:数控冲床模具、汽车冲压模具、冷冲模具标准件

单位名称:**广东省阳江市江城区亿利模具厂**
地　　址:广东省阳江市东风四路216号
邮　　编:529500
电　　话:0662-6623833
传　　真:0662-6623866
主要产品:注塑模、压铸模、蜡模、冲压模

单位名称:**峰川模具(东莞)有限公司**
地　　址:广东省东莞市凤岗镇雁田村祥新东路55号
邮　　编:523700
电　　话:0769-87513998
传　　真:0769-87512008
主要产品:精密金属冲压模具、模具软件、汽车冲压件模具

单位名称:**深圳市赛琪模具塑胶制品有限公司**
地　　址:广东省深圳市龙华镇潭罗村
邮　　编:518109
电　　话:0755-28115555
传　　真:0755-28176008
主要产品:汽车、家电类塑料模具

单位名称:**广州庆成金属工业有限公司**
地　　址:广东省广州市经济技术开发区永和经济区新庄三路9号
邮　　编:511356
电　　话:020-82978558、82978856
传　　真:020-82978658
主要产品:车身中大型钣金件、覆盖件、底盘件模具、检具制造及冲压件和组焊生产

单位名称:**广东深宝蓝职业培训学校**
地　　址:广东省广州市下塘西路23号
邮　　编:510091
电　　话:020-83505672
传　　真:020-83573532
主要产品:模具行业认证考试

单位名称：深圳市久正模具有限公司
地　　址：广东省深圳市宝安区西乡鹤洲富源工业城C16栋一楼
邮　　编：518126
电　　话：0755－81453390、88825969
传　　真：0755－81453395
主要产品：铝合金低压铸造模具、重力铸造模具

单位名称：佛山市顺德区宏力模具有限公司
地　　址：广东省佛山市顺德区陈村镇大都工业区创业路9号
邮　　编：528313
电　　话：0757－23300201
传　　真：0757－23300232
主要产品：模具标准件、非标模架

单位名称：佛山市金型制钢有限公司
地　　址：广东省佛山市顺德区北滘镇三乐东路28号
邮　　编：528311
电　　话：0757－26326326
传　　真：0757－26326318
主要产品：热轧标准塑料模具扁钢、热作模具扁钢、冷作模具扁钢

单位名称：东莞明利钢材模具制品有限公司
地　　址：广东省东莞市大朗镇高英村高英路118号
邮　　编：523771
电　　话：0769－83316878
传　　真：0769－83317023
主要产品：代理各国优质合金工具钢、EDM红铜、铍铜及专业石墨成型加工服务、明利标准模坯、订制模坯

单位名称：广州黄海精密模具有限公司
地　　址：广东省广州市经济技术开发区锦绣路明华三街振兴工业大厦B—3
邮　　编：510730
电　　话：020－82212288
传　　真：020－82229809
主要产品：精密塑封模具、连续冲压模具、精密注塑模具、粉末冶金模具

单位名称：中山市创奇实业科技有限公司
地　　址：广东省中山市南头镇升辉北工业区
邮　　编：528427
电　　话：0760－88233663
传　　真：0760－87831991
主要产品：五金模、塑料模

单位名称：中山市精瑞模具制品有限公司
地　　址：广东省中山市东升镇东升工业园迎福路
邮　　编：528414
电　　话：0760－88417118
传　　真：0760－88405055
主要产品：导柱导套、模架、冲针、保持架

单位名称：东莞南博职业技术学院
地　　址：广东省东莞市南城区西湖路99号
邮　　编：523083
电　　话：13322608571
传　　真：0769－22856379
主要产品：模具专业教育

单位名称：群达模具(深圳)有限公司
地　　址：广东省深圳市龙岗区布吉坂田街道办坂田大道南6号
邮　　编：518129
电　　话：0755－28778999
传　　真：0755－28778099
主要产品：精密注塑模具、汽车低压注塑模具

单位名称：深圳市银宝山新科技股份有限公司
地　　址：广东省深圳市宝安区石岩镇第四工业区
邮　　编：518108
电　　话：0755－27642892
传　　真：0755－27643775
主要产品：大型精密注塑模具、镁合金压铸模

单位名称：深圳市盛凌实业有限公司
地　　址：广东省深圳市光明新区田寮宏发高新产业园一栋二楼
邮　　编：518108
电　　话：0755－26700275
传　　真：0755－26700330
主要产品：电子连接器、连接器线缆组件、五金冲压模具、塑胶模具

单位名称：广东德豪润达电气股份有限公司模具厂
地　　址：广东省珠海市香洲区唐家湾镇金凤路1号
邮　　编：519085
电　　话：0756－3390998
传　　真：0756－3390988
主要产品：家电类注塑模、压铸模

单位名称：佛山市顺德区汇精实业有限公司
地　　址：广东省佛山市顺德区大良凤翔工业区顺翔路28号
邮　　编：528300
电　　话：0575－22360338－3
传　　真：0757－22360337
主要产品：精密注塑模

单位名称：广州市联盛塑料五金模具有限公司
地　　址：广东省广州市番禺区榄核镇太平工业区民生路165号
邮　　编：511480
电　　话：020－84928001
传　　真：020－84928002
主要产品：压铸模具、注塑模具、吹塑模

单位名称：开平市蓝光精机科技有限公司
地　　址：广东省开平市祥龙中路42号5幢
邮　　编：529300
电　　话：0750－2371033
传　　真：0750－2373019
主要产品：超精密模具设计与制造、超精密镜面抛光（光盘）模具

单位名称：广东今明模具职业培训学校
地　　址：广东省广州市大观中路492号岭南科技中心2楼广东今明科技有限公司
邮　　编：510663
电　　话：020－32051668
传　　真：020－32050990
主要产品：产品设计、模具设计、CNC数控编程加工、电火花、线切割项目培训

单位名称：广东国珠精密模具有限公司
地　　址：广东省清远市佛冈县黄花湖工业区
邮　　编：511675
电　　话：0763－4631718
传　　真：0763－4632200
主要产品：注塑、吹塑模具

单位名称：广东星联精密机械有限公司
地　　址：广东省佛山市南海区桂城夏北宝石路A29区
邮　　编：528251
电　　话：0757－86777168
传　　真：0757－86233168
主要产品：PET注塑模具、吹塑模具

单位名称：深圳市长盈精密技术股份有限公司
地　　址：广东省深圳市宝安区福永镇富桥第三工业区三号厂
邮　　编：518103
电　　话：0755－27343880
传　　真：0755－27343856
主要产品：精密级进模具

单位名称：佛山市南海华达模具塑料有限公司
地　　址：广东省佛山市南海区里水镇里水大道56号
邮　　编：528244
电　　话：0757－85610427
传　　真：0757－85610421
主要产品：汽车、摩托车、办公设备、家电塑料模具

单位名称：深圳市泰能特模具技术有限公司
地　　址：广东省深圳市宝安区石岩街道北环路西王利电机厂24栋
邮　　编：518108
电　　话：0755－86180584
传　　真：0755－86180584
主要产品：注塑模具

单位名称：东莞市永舜精密模具有限公司
地　　址：广东省东莞市长安镇上沙第三工业区第二路6号
邮　　编：523850
电　　话：0769－85849509
传　　真：0769－85849529
主要产品：连接器塑胶模具及其他

单位名称：深圳市欣旺达电子股份有限公司
地　　址：广东省深圳市宝安区石岩街道水田同富康工业区C栋
邮　　编：518108
电　　话：0755－27623775
传　　真：0755－27623078
主要产品：精密注塑模具、精密电子接插件模具、薄壁注塑模具、双色模具、金属嵌入套啤注塑模具

单位名称：佛山市顺德区兴益康金属科技有限公司
地　　址：广东省佛山市顺德区北滘镇碧江工业区
邮　　编：528312
电　　话：0757－26325730
传　　真：0757－26325731
主要产品：铝型材挤压模具、挤压工具、挤压设备

单位名称:深圳市昌恒丰精密模具有限公司
地　　址:广东省深圳市龙岗区联龙腾工业区
邮　　编:518172
电　　话:0755－28980681
传　　真:0755－28980679
主要产品:汽车模具、家电模具、医疗模具

单位名称:深圳市平进股份有限公司
地　　址:广东省深圳市宝安区光明街道办圳美同富裕工业园
邮　　编:518137
电　　话:0755－27430333、27430503
传　　真:0755－27480928
主要产品:模架、模具、模具制件

单位名称:恩平市恒业塑料模具厂
地　　址:广东省恩平市外资民资工业区 D19 号
邮　　编:529400
电　　话:0750－7821988
传　　真:0750－7821988
主要产品:塑料模具

单位名称:深圳创维精密科技有限公司
地　　址:广东省深圳市宝安区石岩镇创维工业园研发大楼一楼
邮　　编:518108
电　　话:0755－29689669、29689662
传　　真:0755－29689665
主要产品:注塑模具,汽车保险杠、仪表盘,空调挂机,电视机高光、双色模具等

单位名称:东莞盈拓科技实业股份有限公司
地　　址:广东省东莞市横沥镇水边工业园南区
邮　　编:523470
电　　话:0769－83798103、82830262
传　　真:0769－82830380
主要产品:电火花放电加工机、慢走丝线切割机、加工中心机、铣床、磨床、钻床

单位名称:深圳市昌红模具科技股份有限公司
地　　址:广东省深圳市龙岗区坪山镇锦龙大道 3 号
邮　　编:518118
电　　话:0755－89785568
传　　真:0755－89785598
主要产品:精密塑胶模具(OA、医疗、家用电器等)

单位名称:东莞市中泰模具有限公司
(深圳中泰五金模具有限公司)
地　　址:广东省东莞市横沥镇村头村桃子工业园
邮　　编:523475
电　　话:0769－87069057
传　　真:0769－88971211
主要产品:五金模具:连续模、工程模、机械手模;注塑模

单位名称:西班牙尼古拉斯克雷亚机床中国总代理
地　　址:广东省深圳市福田区新洲南路金地海景花园 31 栋 2B
邮　　编:518048
电　　话:0755－83472116
传　　真:0755－83472096
主要产品:数控铣床和加工中心

单位名称:深圳市信懋实业有限公司
地　　址:广东省深圳市福田保税区红棉道 8 号英达利数码科技园 A 栋 201 室
邮　　编:518038
电　　话:0755－83595445
传　　真:0755－88321210
主要产品:注塑模具、五金模具、冲压模具、压铸模具、吹塑/吸塑模具

单位名称:三威实业(珠海)有限公司
地　　址:广东省珠海市香洲区华威路 111 号(前山工业园)
邮　　编:519060
电　　话:0756－3927288－3211
传　　真:0756－8511523
主要产品:塑胶模具(汽车类、办公类、卫浴类、家居类等)

单位名称:亿和精密工业控股有限公司
地　　址:广东省深圳市石岩镇塘兴路亿和科技工业园
邮　　编:518108
电　　话:0755－27629999－2104
传　　真:0755－27629180
主要产品:塑胶模具、五金模具

单位名称:深圳市金三维模具有限公司
地　　址:广东省深圳市宝安区石岩镇料坑村
邮　　编:518108
电　　话:0755－29688569、29688157、29688649、29688694
传　　真:0755－29687190
主要产品:注塑模具、压铸模具

单位名称:迪恩易模具科技(深圳)有限公司
地　　址:广东省深圳市南山区朗山路16号华瀚大厦C108室
邮　　编:518057
电　　话:0755－86019031－816
传　　真:0755－86016583
主要产品:热流道系统、DME标准零配件、模具周边设备

单位名称:东莞市常平向华模具材料有限公司
地　　址:广东省东莞市常平桥沥南门988号
邮　　编:523586
电　　话:0769－83812549
传　　真:0769－83917461
主要产品:模具钢

单位名称:深圳市福沃德模具有限公司
地　　址:广东省深圳市宝安区沙井西环路九九工业城D区
邮　　编:518104
电　　话:0755－33671998
传　　真:0755－33671912
主要产品:各类精密冲压模具、福沃德模具平台、福沃德通用模架

单位名称:珠海格力大金精密模具有限公司
地　　址:广东省珠海市香洲区前山金鸡西路688号
邮　　编:519070
电　　话:0756－8522102
传　　真:0756－8522099
主要产品:钣金模具、注塑模具

单位名称:精森源模具(深圳)有限公司
地　　址:广东省深圳市宝安区前进路园艺园工业区第26栋3楼
邮　　编:518100
电　　话:0755－27346111－126
传　　真:0755－27346569
主要产品:精密塑料模具

单位名称:东莞市大金钢材模具有限公司
地　　址:广东省东莞市清溪镇三中金龙工业区福龙路
邮　　编:523660
电　　话:0769－86985588
传　　真:0769－87310267
主要产品:模具钢材、热流道

单位名称:东莞钜升塑胶电子制品有限公司
地　　址:广东省东莞市长安镇厦岗村复兴工业区复兴路26号
邮　　编:523875
电　　话:0769－88611111－8277
传　　真:0769－86075262
主要产品:手机模型精密模具

单位名称:深圳市大通精密五金有限公司
地　　址:广东省深圳市宝安区松岗街道罗田社区第三工业区广田路华丰科技园第五园区
邮　　编:518105
电　　话:0755－27650078－8053
传　　真:0755－27637886
主要产品:塑胶模具零配件,锁模扣系列、限位夹系列、日期章系列、行位系列、模仁、型芯等

单位名称:忠信制模(东莞)有限公司
地　　址:广东省东莞市横沥镇新城工业区
邮　　编:523460
电　　话:0769－83739600
传　　真:0769－83734178
主要产品:冲金属制品模具

单位名称:东莞市鑫品模具有限公司
地　　址:广东省东莞市横沥镇桃子园高新产业园
邮　　编:523460
电　　话:0769－82850548
传　　真:0769－82850366
主要产品:汽车及摩托车类、家电及办公设备类、工业设备等类冲压模具

单位名称:东莞市汇英实业投资有限公司
地　　址:广东省东莞市横沥镇兴业大道1号
邮　　编:523460
电　　话:0769－83723928
传　　真:0769－81891111
主要产品:展会、检测、租赁、电子商务

广西壮族自治区

单位名称:广西大学机械工程学院现代设计与先进制造技术中心
地　　址:广西南宁市大学路东10号
邮　　编:530004
电　　话:0771－3232234

传　　真:0771－3232294
主要产品:科研、教学及人才培训

单位名称:广西柳州长虹机器制造公司工具处
地　　址:广西柳州市115信箱工具分厂
邮　　编:545012
电　　话:0772－2542320
传　　真:0772－2542005
主要产品:冲压模具、塑料模具等

单位名称:桂林量具刃具厂
地　　址:广西桂林市崇信路106号
邮　　编:541002
电　　话:0773－3854341
传　　真:0773－3835544
主要产品:计量器具制造

单位名称:桂林机床电器有限公司
地　　址:广西桂林市龙船坪路1号
邮　　编:541002
电　　话:0773－2157281
传　　真:0773－2157280
主要产品:冷冲模、压铸模、塑料模、橡胶模

单位名称:桂林电器科学研究所模具分所
地　　址:广西桂林市七星区辰山路1号
邮　　编:541004
电　　话:0773－5811505
传　　真:0773－5811505
主要产品:《模具工业》杂志、咨询、培训、标准化

单位名称:广西南宁机械厂
地　　址:广西南宁市中尧路48号
邮　　编:520003
电　　话:0771－3171547
传　　真:0771－3153054
主要产品:冲压模具、塑料模具、压铸模具等

单位名称:南宁市理工职业技术学校
（南宁高新开发区模具教育培训基地）
地　　址:广西南宁市科园大道创新路2号
邮　　编:530004
电　　话:0771－3219030
传　　真:0771－2200812
主要产品:模具设计与制造及相关专业人才培训

单位名称:柳州市裕龙模具冲压件制造厂
地　　址:广西柳州市桂柳路汽配四厂旁
邮　　编:545005
电　　话:0772－2612118
传　　真:0772－2612138
主要产品:汽车零件与配套、冲压模具

单位名称:桂林机床股份有限公司
地　　址:广西桂林市九华路18号
邮　　编:541001
电　　话:0773－2825568
传　　真:0773－2824287
主要产品:龙门系列铣床、滑枕式系列铣床、床身式系列铣床、立卧式升降台铣床、龙门式系列加工中心、滑枕式系列加工中心、床身式系列加工中心

单位名称:玉林市玉洲区诚鸿模具有限公司
地　　址:广西玉林市城西区工业园印刷厂
邮　　编:537000
电　　话:0775－2082559
传　　真:0775－3822683
主要产品:塑料模

单位名称:柳州市五顺汽车模具部件有限责任公司
地　　址:广西柳州市金峰区静兰工业园
邮　　编:545003
电　　话:0772－3161960
传　　真:0772－3161303
主要产品:汽车冲压模具

单位名称:柳州广菱模具技术有限公司
地　　址:广西柳州河西路18号
邮　　编:545007
电　　话:0772－3750023
传　　真:0772－3750024
主要产品:冲压模具等

单位名称:柳州福臻车体实业有限公司
地　　址:广西柳州市阳和工业新区阳和片区C－24号地块
邮　　编:545006
电　　话:0772－8852072
传　　真:0772－8852082
主要产品:各类汽车覆盖件数模开发;模具及检具的设计、制造;各类汽车底盘零件冲压模具的设计、制造;焊接夹具设计、制造;各类汽车内饰塑料件数模开发及模具的设计、制造

重庆市

单位名称:嘉陵集团重庆亿基科技发展有限公司
地　　址:重庆市沙坪坝区双碑自由村100号
邮　　编:400032
电　　话:023-89813777
传　　真:023-65194192
主要产品:冷冲级进模、锻模、型腔模

单位名称:重庆天翔合成材料有限公司
地　　址:重庆市大渡口区建胜镇回龙桥
邮　　编:400082
电　　话:023-61575293
传　　真:023-61575279
主要产品:塑料模具、压铸模具、橡胶模具

单位名称:重庆川仪模具制造有限公司
地　　址:重庆市北碚区歇马镇小磨滩
邮　　编:400712
电　　话:023-68242720
传　　真:023-68242720
主要产品:压铸模具

单位名称:重庆江东模具有限责任公司
地　　址:重庆市万州区五桥百安大道1008号
邮　　编:404020
电　　话:023-58555068
传　　真:023-58555328
主要产品:塑料模具、冲压模具、压铸模具

单位名称:西南计算机有限责任公司机械制造厂
地　　址:重庆市南坪经济技术开发区光电路1号机械制造厂
邮　　编:400060
电　　话:023-62928403
传　　真:023-62928044
主要产品:注塑模、冷冲模、压铸模,纸杯模具及配件

单位名称:重庆长安汽车股份有限公司渝北模具工厂
地　　址:重庆市渝北区空港大道603号
邮　　编:401120
电　　话:023-67418843
传　　真:023-67418835
主要产品:汽车覆盖件模具、焊接夹具、检具、树脂模等

单位名称:重庆数码模车身模具有限公司
地　　址:重庆市大渡口区建桥工业园区建桥大道1号
邮　　编:400084
电　　话:023-61554600
传　　真:023-61554617
主要产品:数码模具

单位名称:重庆大江至信模具工业有限公司
地　　址:重庆市巴南区渔洞镇大江西路自编314号
邮　　编:401321
电　　话:023-66288824
传　　真:023-66288424
主要产品:汽车冲压模具、检具、夹具

单位名称:重庆渝江新高模具有限公司
地　　址:重庆市北部新区大竹林镇黑沟村
邮　　编:401123
电　　话:023-67683666
传　　真:023-67685556
主要产品:压铸模具设计、加工制造及服务

单位名称:重庆平伟精密模具股份有限公司
地　　址:重庆市经济技术开发区出口加工区六路一号
邮　　编:401122
电　　话:023-67465240、18696671568
传　　真:023-67463488
主要产品:汽车车身冷冲压模具

四川省

单位名称:成都今朝企业总公司
地　　址:四川省成都市外东静居寿军民村6组1号
邮　　编:610061
电　　话:028-84522869
传　　真:028-84522869
主要产品:玻璃模具

单位名称:四川省宜宾华威电声有限公司
地　　址:四川省宜宾市长江大道西段45号
邮　　编:644006
电　　话:0831-2200339
传　　真:0831-2200339
主要产品:冲压模具

单位名称:中国第二重型机械集团(德阳)万航模锻厂
地　　址:四川省德阳市珠江路460号

邮　　编:618013
电　　话:0838－2343015
传　　真:0838－2343015
主要产品:热锻模、拉延模、轴瓦模、橡胶模、塑料模等

单位名称:自贡市大鹏塑模工业有限责任公司
地　　址:四川省自贡市大安区大山铺牌坊巷19号
邮　　编:643013
电　　话:0813－5801332
传　　真:0813－5801332
主要产品:塑料模、橡胶模、冷冲模

单位名称:四川科学城神工实业总公司模具厂
地　　址:四川省绵阳市919信箱602分箱
邮　　编:621900
电　　话:0816－2485662
传　　真:0816－2281591
主要产品:各类模具

单位名称:国营天源机械厂
地　　址:四川省广元市112信箱
邮　　编:628017
电　　话:0839－3362043
传　　真:0839－3362112
主要产品:冲压模、塑料模、冷挤模、玻璃钢天线模

单位名称:四川宜宾力源电机有限公司
地　　址:四川省宜宾市翠屏区盐坪坝
邮　　编:644008
电　　话:0831－2400331
传　　真:0831－2400355
主要产品:电动机类模具

单位名称:四川长庆机器厂
地　　址:四川省宜宾市南溪县105信箱50分箱
邮　　编:644103
电　　话:0831－3210157－2328
传　　真:0831－3210165
主要产品:冲压模、塑料模、压铸模等,刀具、夹具、量具、机械零件

单位名称:国营第九一三厂模具分厂
地　　址:四川省彭州市15信箱
邮　　编:611941
电　　话:028－3836061－2943
传　　真:028－3836097
主要产品:热成型模具、冲压模具、各类机械加工

单位名称:成都中科精密模具有限公司
地　　址:四川省成都市科园南一路七号
邮　　编:610041
电　　话:028－85121835
传　　真:028－85121807
主要产品:半导体元器件塑封模、三级管切筋模等,精密零配件、工装

单位名称:四川成飞集成科技股份有限公司
地　　址:四川省成都市青羊区日月大道666号附1号
邮　　编:610091
电　　话:028－87406530、87406521、87405205
传　　真:028－87455111
主要产品:汽车覆盖件冲压模具、航空装配型架及工艺装备、计算机集成技术开发与应用等

单位名称:四川大学高分子材料学与工程系
地　　址:四川省成都市一环路南一段24号
邮　　编:610065
电　　话:028－85405401
传　　真:028－85405402
主要产品:模具设计、制造,CAD/CAM/CAE气体辅助注塑技术、热流道技术的教学、培训及技术咨询

单位名称:成都宏明双新科技股份有限公司
地　　址:四川省成都市青羊区腾飞大道265号
邮　　编:610091
电　　话:028－87077090、87335511－8140
传　　真:028－87073539
主要产品:中小型高速精密级进模、型腔模设计制造、精密冲压零件、嵌塑零件、电镀生产

单位名称:德阳东汽工模具有限公司
地　　址:四川省德阳市汉旺镇
邮　　编:618201
电　　话:0838－6354239
传　　真:0838－6355170
主要产品:冲压模具、压铸模具

单位名称:成都兴光压铸工业有限公司
地　　址:四川省成都市郫县南段三段125号
邮　　编:611730
电　　话:028－87920927
传　　真:028－87927568

主要产品:汽车、摩托车大中型复杂压铸模具及压铸件

单位名称:中国航天科技集团长征机器厂模架厂
地　　址:四川省成都市龙泉驿区万源路
邮　　编:610100
电　　话:028－84804359
传　　真:028－84804746
主要产品:精密冷冲模架、精密冲模导向副、精密冷冲钢模架、含油导板系列

单位名称:四川自贡市东新电碳股份有限公司
地　　址:四川省自贡市东光路桌子山22号
邮　　编:643000
电　　话:0813－2600860
传　　真:0813－2600861
主要产品:制造设计压模、冲模及工装

单位名称:四川广汉锐星塑胶有限公司
地　　址:四川省广汉市南昌路二段
邮　　编:618300
电　　话:0838－5101412
传　　真:0838－5102222
主要产品:塑料模具

单位名称:四川普什宁江机床集团公司
地　　址:四川省都江堰市经济开发区
邮　　编:611831
电　　话:028－87229053
传　　真:028－66751989
主要产品:数控坐标磨床、坐标镗床、数控铣床、加工中心

单位名称:东莞航天精密模具有限公司成都分公司
地　　址:四川省成都市龙泉经济技术开发区航天北路(818信箱2分箱)118号
邮　　编:610100
电　　话:028－84805703
传　　真:028－84850143
主要产品:注塑模、气辅成型模具

单位名称:东方电机工模具有限公司
地　　址:四川省德阳市黄河西路188号
邮　　编:618000
电　　话:0838－2412339
传　　真:0838－2409732
主要产品:发电机组全套冲压模具、汽车覆盖件拉延模、注塑模具

单位名称:四川省宜宾普什模具有限公司
地　　址:四川省宜宾市翠屏区岷江西路150号
邮　　编:644007
电　　话:0831－3566363－555
传　　真:0831－3552158
主要产品:汽车覆盖件冲压模具、大型多工位模具、大型汽车注塑模具、压铸模具、热流道塑料瓶盖模具、吹瓶模具

单位名称:四川集成天元模具制造有限公司
地　　址:四川省成都市青羊区日月大道一段867号
邮　　编:610091
电　　话:028－87460135
传　　真:028－87466274
主要产品:汽车覆盖件及结构件冲压模具,冲压零件及焊接总成

单位名称:四川长虹模塑科技有限公司
地　　址:四川省绵阳市高新区绵兴东路35号
邮　　编:621000
电　　话:0816－2418389
传　　真:0816－2410334
主要产品:成套精密塑料模具开发制造和塑料制品加工

单位名称:成都新志实业有限公司
地　　址:四川省成都市经济技术开发区龙工南路1133号
邮　　编:610100
电　　话:028－88432301
传　　真:028－88432458
主要产品:玻璃模具、陶瓷模具、灯饰模具、绝缘子模具

贵州省

单位名称:中国振华集团华联无线电器材厂(国营第851厂)
地　　址:贵州省凯里市202信箱
邮　　编:556000
电　　话:0855－8255961
传　　真:0855－8255961
主要产品:各种模具

单位名称:永光仪表压铸件厂
地　　址:贵州省贵阳市花溪道北段233号
邮　　编:550003
电　　话:0851－5965663
传　　真:0851－5968084

主要产品:压铸模具、塑料模具及有色金属压铸件、注塑件

单位名称:贵阳矿山机器厂
地　　址:贵州省贵阳市中曹司97号
邮　　编:550006
电　　话:0851－3898941
传　　真:0851－3834602
主要产品:冲压模具等

单位名称:中国贵航集团安吉铸造厂模具车间
地　　址:贵州省安顺市第16号信箱
邮　　编:561003
电　　话:0853－3853915
传　　真:0853－3854223
主要产品:铸造模具

单位名称:中国贵航集团云马飞机制造厂
地　　址:贵州省安顺市40信箱(西秀区幺铺镇)
邮　　编:561019
电　　话:0853－3385199
传　　真:0853－3385200
主要产品:冲压模具等

单位名称:贵州华昌实业总公司
地　　址:贵州省贵阳市花溪区上板桥
邮　　编:550025
电　　话:0851－3871470
传　　真:0851－3871624
主要产品:塑料模具

单位名称:贵航集团华阳电工厂
地　　址:贵州省贵阳市盘江南路20号
邮　　编:550009
电　　话:0851－3833019
传　　真:0851－3834600

单位名称:贵州华宇压铸有限公司
地　　址:贵州省凯里市华联路146号
邮　　编:556000
电　　话:0855－8223141
传　　真:0855－8223141

单位名称:遵义群建塑胶制品有限公司
地　　址:贵州省遵义市大连路江南航天高科技工业园
邮　　编:563003
电　　话:0852－8612614
传　　真:0852－8693558
主要产品:冰箱、电视、汽车注塑模具及注塑件

单位名称:贵州新昌精密机电有限公司
地　　址:贵州省贵阳市小河区金竹镇
邮　　编:550006
电　　话:0851－3761518－8006
传　　真:0851－3761977
主要产品:压铸模具、塑料模具、冲压模具及产品

云南省

单位名称:云南烟草机械厂
地　　址:云南省昆明市高新技术开发区科医路43号
邮　　编:650106
电　　话:0871－8319035
传　　真:0871－3160591
主要产品:塑料模具、冲压模具、压铸模具

单位名称:国营云南模具二厂
地　　址:云南省曲靖市廖廓北路269号
邮　　编:655000
电　　话:0874－6155139
传　　真:0874－3385754
主要产品:冲压模具

单位名称:昆明红云机械厂702车间
地　　址:云南省昆明市东郊大石坝航天城
邮　　编:650229
电　　话:0871－7204707
主要产品:冲压模具、模具标准件

单位名称:昆明化油器厂
地　　址:云南省昆明市东郊县华寺
邮　　编:650216
电　　话:0871－3853777－3011
传　　真:0871－3853976
主要产品:压铸模具

单位名称:中国人民解放军7321工厂
地　　址:云南省昆明市西郊龙院村
邮　　编:650106
电　　话:0871－8306281
传　　真:0871－8305251
主要产品:机械加工

单位名称:一汽红塔云南汽车制造有限公司工模具厂
地　　址:云南省曲靖市教场东路47号
邮　　编:655002
电　　话:0874-3143616
主要产品:冲压模具

单位名称:云南金马机械总厂
地　　址:云南省昆明市西郊林家院
邮　　编:650102
电　　话:0871-5091350
传　　真:0871-5091651
主要产品:冲压模具、塑料模具

单位名称:东风云南汽车有限公司
地　　址:云南省昆明市黑林铺
邮　　编:650106
电　　话:0871-8187694
传　　真:0871-8181277
主要产品:冲压模具、夹具、刃具、非标量具

单位名称:昆明电工有限责任公司
地　　址:云南省昆明市穿金路723号
邮　　编:650224
电　　话:0871-5633438-32
传　　真:0871-5632854
主要产品:冲压模具、压铸模具

单位名称:昆明电机有限责任公司
地　　址:云南省昆明市西山区马街
邮　　编:650100
电　　话:0871-8182411-2202
主要产品:中小型水轮发电机组

单位名称:昆明云内动力股份有限公司
地　　址:云南省昆明市盘龙区川金路715号
邮　　编:650224
电　　话:0871-5633185-3318
传　　真:0871-5633176
主要产品:铸造模具、冲压模具

单位名称:昆明奥宇机电有限责任公司
地　　址:云南省昆明市教场西路39号
邮　　编:650223
电　　话:0871-5522859
传　　真:0871-5153298
主要产品:塑料模、冲压模、压铸模具

单位名称:云南飞隆劳尔设备有限公司
地　　址:云南省昆明市海口300号信箱
邮　　编:650114
电　　话:0871-8590413
传　　真:0871-8590342
主要产品:塑料模具、压铸模具

单位名称:云南西仪工业股份有限公司工具分厂
地　　址:云南省昆明市海口镇200号信箱工具分厂
邮　　编:650114
电　　话:0871-8598271、8598324
传　　真:0871-8597186
主要产品:各种模具、工装夹具、刀具

单位名称:云南变压器有限责任公司
地　　址:云南省昆明市西郊马街
邮　　编:650100
电　　话:0871-8182952
传　　真:0871-8182742
主要产品:电力变压器、特种变压器

陕西省

单位名称:陕西渭河工模具总厂(702厂)
地　　址:陕西省宝鸡市岐山县蔡家坡24号信箱
邮　　编:722405
电　　话:0917-8583502
传　　真:0917-8583593
主要产品:精密模具及模具标准件、谐波传动减速器及精密齿轮、量刃具、硬质合金刀具、机床及附件等

单位名称:西安飞机工业公司模具厂
地　　址:陕西省西安市140号信箱764分箱
邮　　编:710089
电　　话:029-86845164
传　　真:029-86845164
主要产品:冲压模、精铸模及其他模具

单位名称:陕西宝光真空电器股份有限公司工装处
地　　址:陕西省宝鸡市29信箱90分箱
邮　　编:721304
电　　话:0917-6788259

单位名称:宝鸡烽火工模具技术有限公司
地　　址:陕西省宝鸡市清姜路72号
邮　　编:721006

电　　话:0917－3623740、3616887
传　　真:0917－3623740
主要产品:冲压模具、塑料模具等

单位名称:陕西宝城航空仪表有限责任公司工模具制造分公司
地　　址:陕西省宝鸡市38信箱224分箱
邮　　编:721006
电　　话:0917－3629418
传　　真:0917－3621907
主要产品:冲压模具、塑料模具、铸造模具、橡胶模具

单位名称:信息产业部第二十研究所
地　　址:陕西省西安市92信箱85分箱
邮　　编:710068
电　　话:029－88221001－8352
传　　真:029－88234112
主要产品:冲压模具、塑料模具等

单位名称:西安锅炉总厂
地　　址:陕西省西安市西郊红光路95号
邮　　编:710077
电　　话:029－84241128
传　　真:029－84263872
主要产品:冲压模具

单位名称:西安航光仪器厂（中国人民解放军第1001研究所）
地　　址:陕西省西安市高新产业园学士路10号
邮　　编:710119
电　　话:029－85247845、86691001
传　　真:029－86691002
主要产品:模具标准件、氮气弹簧

单位名称:陕西华星工模具厂
地　　址:陕西省咸阳市文汇东路16号
邮　　编:712099
电　　话:029－33786259、33786258
传　　真:029－33763711
主要产品:电子零件冲压模、塑料模、陶瓷模

单位名称:陕西群力电工有限责任公司工模具分厂
地　　址:陕西省宝鸡市陈仓区群力路1号
邮　　编:721300
电　　话:0917－6293486
传　　真:0917－6293485
主要产品:超薄料多工位级进模、高精度多腔热流道注塑模、冷挤模、锻模等

单位名称:西安交通大学机械工程学院模具与塑性加工研究所
地　　址:陕西省西安市咸宁西路28号
邮　　编:710049
电　　话:029－82664583、82327098
传　　真:029－82669103
主要产品:人才培养、科研

单位名称:西安工业学院机械系
地　　址:陕西省西安市金花北路4号
邮　　编:710032
电　　话:029－83208888

单位名称:西安昆仑机械厂
地　　址:陕西省西安市幸福北路67号
邮　　编:710043
电　　话:029－88303258
传　　真:029－82527851
主要产品:冷冲模、锻模、精铸模、橡胶压模、塑料模具、硬质合金模具等

单位名称:国营东方仪器厂
地　　址:陕西省汉中市南郑县郭滩乡南部57号信箱
邮　　编:723100
电　　话:0916－5302188
传　　真:0916－5671171
主要产品:扭矩扳手系列、扭矩检定仪、转弯表

单位名称:西安航空发动机(集团)有限公司工具厂
地　　址:陕西省西安市北郊徐家湾
邮　　编:710021
电　　话:029－86613888
传　　真:029－86614010
主要产品:冲压模具及其他模具,专用刀、夹、测具,螺纹工具等

单位名称:西安西光模具制造有限公司
地　　址:陕西省西安市长康乐路15街坊8号楼
邮　　编:710043
电　　话:029－82556649
传　　真:029－82556649
主要产品:注塑模、冷冲模、橡胶模、热压模、精铸模、压铸模、环氧树脂浇注模

单位名称:陕西西玛机床有限责任公司
地　　址:陕西省汉中市西乡县河滨路1号
邮　　编:723500
电　　话:0916－6222433
主要产品:电火花成形机、线切割机床、磨床

单位名称:宝鸡市德奥机械加工技术有限公司
地　　址:陕西省宝鸡市渭滨区川陕路
邮　　编:721006
电　　话:0917－3618800
传　　真:0917－3617272
主要产品:彩电、电脑显示器背后的偏转磁环模具

单位名称:陕西华达工模具制造有限责任公司
地　　址:陕西省西安市100号信箱43分箱
邮　　编:710065
电　　话:029－88249641
传　　真:029－88262282
主要产品:注塑模、冷冲模、橡胶模

单位名称:西安泰富西玛模具有限责任公司
地　　址:陕西省西安市经济技术开发区凤城一路29号
邮　　编:710016
电　　话:029－86523327
传　　真:029－86525595－888
主要产品:冲压模具、压铸模具、塑料模具等

单位名称:陕西秦川工模具有限责任公司
地　　址:陕西省宝鸡市渭滨区姜谭路22号
邮　　编:721009
电　　话:0917－3670699、3670951
传　　真:0917－3392255
主要产品:中空吹塑模、注塑模、发泡模

单位名称:西北工业集团有限公司工具制造二分厂
地　　址:陕西省西安市幸福中路123号
邮　　编:710043
电　　话:029－83203663
传　　真:029－83202974
主要产品:冷热锻模、注塑模、压铸模、级进模、引伸模

甘肃省

单位名称:天水长城精密模具厂
地　　址:甘肃省天水市秦州区义皇大道西段
邮　　编:741000
电　　话:0938－8212917
传　　真:0938－8212917
主要产品:翅片模

单位名称:天水213精密模具厂
地　　址:甘肃省天水市秦州区赤峪路35号
邮　　编:741001
电　　话:0938－8212888－332
传　　真:0938－8362569

单位名称:兰州兰电电机有限公司
地　　址:甘肃省兰州市七里河区民乐路66号
邮　　编:730050
电　　话:0931－2866951－8066
传　　真:0931－2865068

单位名称:兰州兰新集团整机制造公司工模部
地　　址:甘肃省兰州市九洲中路295号
邮　　编:730047
电　　话:0931－8332694

单位名称:航空工业万里机电总厂
地　　址:甘肃省兰州市安宁区新路71号
邮　　编:730070
电　　话:0931－7612869
传　　真:0931－7667486

单位名称:天水长城精密电表厂设备分厂
地　　址:甘肃省天水市秦州区精表路40号
邮　　编:741000
电　　话:0938－8365301
传　　真: 0938－8366616

单位名称:甘光公司精工模具厂
地　　址:甘肃省临夏市民主西路49号
邮　　编:731100
电　　话:0930－6230139
传　　真:0930－6214396

单位名称:兰州模具厂
地　　址:甘肃省兰州市城关区安定门外27号
邮　　编:730030
电　　话:0931－8478406

单位名称:兰州通用机器制造有限公司
地　　址:甘肃省兰州市七里河区南湾1号
邮　　编:730050
电　　话:0931－2921413
传　　真:0931－2565609

单位名称:兰州职业技术学院(机电工程系)
地　　址:甘肃省兰州市安宁区刘沙公路37号
邮　　编:730070
电　　话:0931－7658812
传　　真:0931－7658813

单位名称:甘肃光学仪器工业公司兰州照相机厂工具分厂
地　　址:甘肃省兰州市段家滩420号
邮　　编:730020
电　　话:0931－8670511
传　　真:0931－8670511
主要产品:注塑模、冷冲模、压铸模

单位名称:国营万里机电总厂工模具一分厂
地　　址:甘肃省兰州市56号信箱73分箱
邮　　编:730070
电　　话:0931－7666521－644
传　　真:0931－7666201

单位名称:兰州长新模具厂
地　　址:甘肃省兰州市安宁区长新路4号
邮　　编:730070
电　　话:0931－7650155
传　　真:0931－7666201

单位名称:天水长城低压电器有限公司
地　　址:甘肃省天水市秦州区长开路41号
邮　　编:741018
电　　话:0938－8384257
传　　真:0938－8384557

青海省

单位名称:青海康泰铸锻机械有限责任公司
地　　址:青海省海东地区乐都县寿乐镇
邮　　编:810700
电　　话:13909721221
传　　真:0972－8628817
主要产品:锻造模具、塑料模具

宁夏回族自治区

单位名称:吴忠仪表集团有限公司
地　　址:宁夏吴忠市朝阳街67号
邮　　编:751100
电　　话:0953－3929016
传　　真:0953－3929014

新疆维吾尔自治区

单位名称:新疆磐基实业有限公司亚飞模具制造中心
地　　址:新疆乌鲁木齐市喀什东路44号附3号
邮　　编:830014
电　　话:0991－6633208
传　　真:0991－6638556、6631851

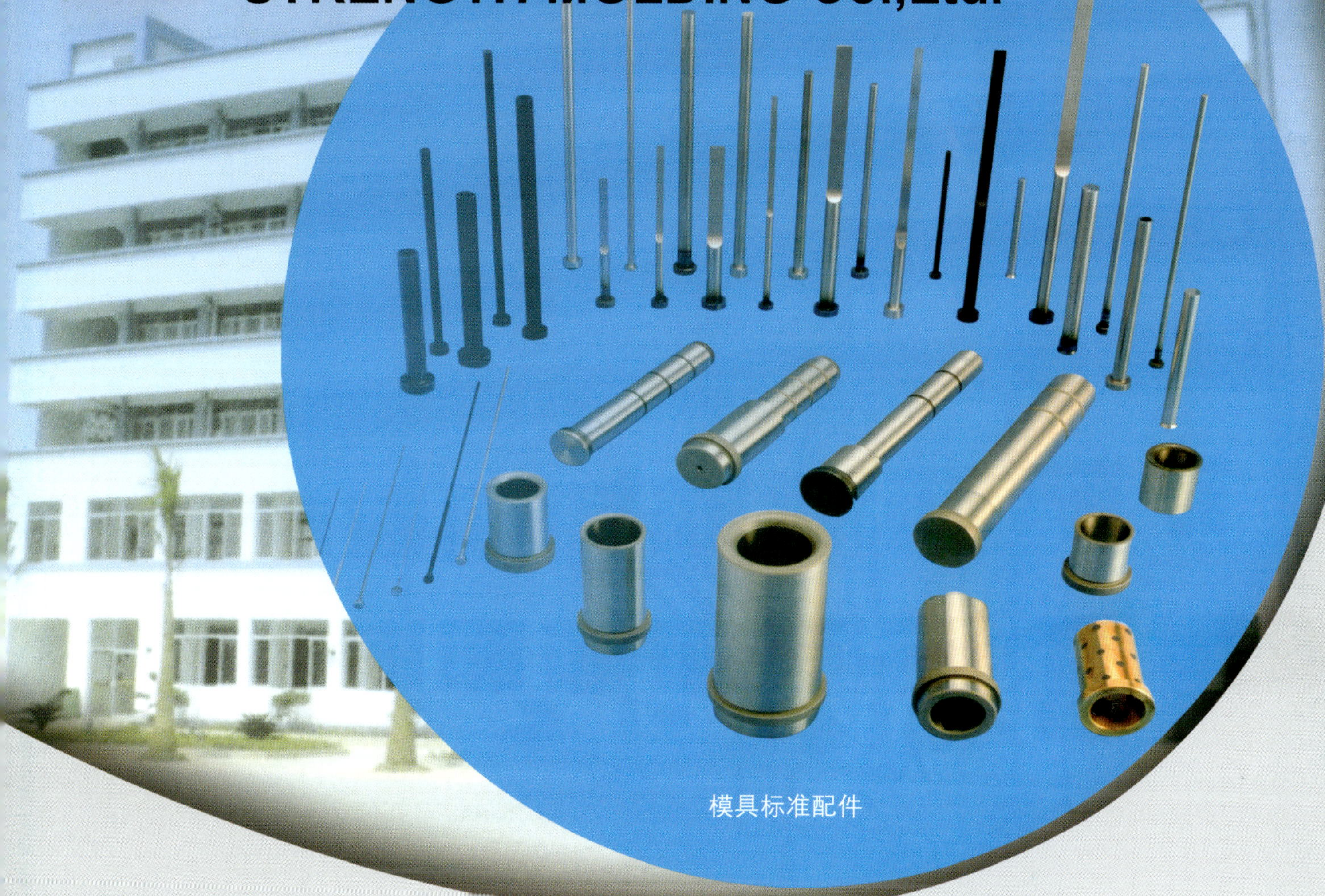

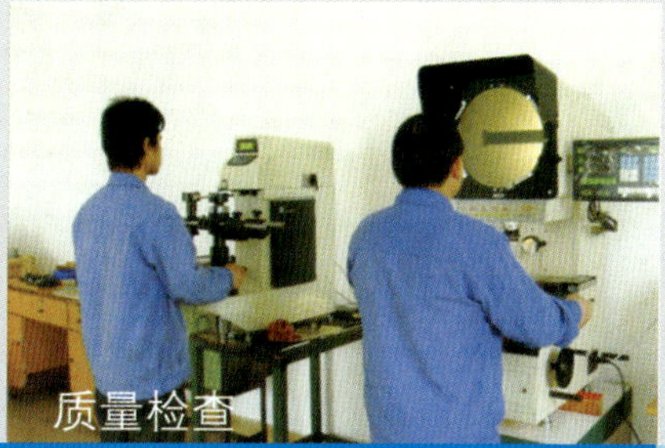

DEMARK
德玛克机械
DEMARS
100511-28g-36
DEMARS
100511-28g-42
DEMARS
100511-28g-48
DMK-PET72
PET LINE
HIGH-SPEED
DMK-PET72
DEMARK
DEMARK